신비한 동양철학 109

주역 평생운 비록

임 삼 업 편저

삼한

저자 **경의제(敬義齋) 임삼업(林三業)**

· 전라남도 나주 출생
· 광주상업고등학교 졸업
· 공군 병장 전역
· 전주 영생대학교 1년 수료
· 광주지방국세청 산하 세무서 근무(1967~1999년)
· 광주대학교 평생교육원 교수 역임
· 현재 성균관 30대 전인
　　　　광주 연금 아카데미 교수
　　　　一等 작명사주연구소 운영
· 저서 『아호연구』, 『작명 백과사전』, 『호책』, 『비법 작명기술』, 『인
　　명용 한자사전』, 『하락이수정해』, 『주역타로64』, 『풍수지리
　　나경반상해』, 『주역 평생운 비록』

전화 (062)431-0996　　팩스 (062)361-9119
휴대폰 010-5922-7324
이메일 kwansan1292@naver.com

주역 평생운 비록

1판 1쇄 인쇄일 ｜ 2014년 11월 6일
1판 1쇄 발행일 ｜ 2014년 11월 16일

발행처 ｜ 삼한출판사
발행인 ｜ 김충호
지은이 ｜ 임삼업

신고년월일 ｜ 1975년 10월 18일
신고번호 ｜ 제305-1975-000001호

411-776 경기도 고양시 일산서구 고양대로 724-17호
(304동 2001호)

대표전화 (031) 921-0441
팩시밀리 (031) 925-2647

값 49,000원
ISBN 978-89-7460-170-6　03180

이 도서의 국립중앙도서관 출판예정도서목록(CIP)은 서지정보유통지원시스
템 홈페이지(http://seoji.nl.go.kr)와 국가자료공동목록시스템(http://www.
nl.go.kr/kolisnet)에서 이용하실 수 있습니다.(CIP제어번호: CIP2014029278)

積善之家必有餘慶
積不善之家必有餘殃

敬義齋 林三業大雅正
為祝周易平生運秘錄發刊
甲午初秋厚山鄭在錫

후산(原山) 정재석(鄭在錫) 작

책머리에

책 제목을 『주역 평생운 비록』이라 한 것은 상수역(象數易)의 최고인 하락이수 (河洛理數)를 비결류식으로 붙인 것이다. 하락(河洛)은 선천복희(先天伏羲) 팔 괘(八卦)의 용마하도(龍馬河圖)와 후천문왕(後天文王) 팔괘(八卦)의 영구낙서 (靈龜洛書)를 합친 말이다. 그 수(數)는 하도(河圖)의 수 45와 낙서(洛書)의 수 55의 합 100(數之終)인데, 이는 하늘에서 내린 상수(象數)다.

주역은 우주의 변화와 조화 속에서 음양이 순환하며 귀일하는 법칙으로 천문 과 지리, 천지만물과 세상만사의 생멸원리를 규명하는 학문이다. 즉 인간생활의 논리서이며 고차원의 자연과학인 것이다. 주역은 3천여 년 전에 만든 예지서로 동서고금을 통틀어 가장 으뜸으로 꼽는데, 동양의 문화와 사상의 근본을 이루 는 사서삼경(四書三經) 중에서도 가장 심오하며 어려운 책이다.

주역은 유가경전의 의리학(義理學)인데 조선시대 때 성리학이 성인숭배사상 에 치중하면서 상수학(象數學)이 경전을 모독한다 하여 일방적으로 의리역(義 理易)에만 치우쳐 상수역(象數易)을 지나치게 배제해왔다. 상수역(象數易)은 우 주만물의 근본 요소와 역리(易理)를 표현하는 수(數)를 상(象)을 통해 생성·변 화·원리를 탐구하는 학문이다.

주역은 상(象)과 수(數)와 이(理)를 알고 때(時)를 따라 행하는 학문이다. 하도 (河圖)와 낙서(洛書)의 수는 100이고, 음양을 토대로 괘(卦)와 효(爻)는 상을 이 루는데 그 상과 수를 보고 이치를 아는 것이다. 그 해석은 64괘사(卦辭)와 384 효사(爻辭)로 한다. 공자는 『계사전(繫辭傳)』에서 '글로는 다 말할 수 없고, 말로는 뜻을 다 알 수 없다. 그렇다면 성인의 뜻을 알 수 없는가. 성인이 상으로 그 말을 다 하고, 변하고 통함으로 그 이로움을 다 안다'고 했다.

주역은 변역(變易)이다. 인간은 대자연의 보살핌을 받으며 생성·성장·운행·윤회하므로 소우주라 하는 것이고, 대자연은 시간적·공간적·고차원적으로 끊임없이 변한다. 이런 대자연의 이치를 담은 주역은 그 변화를 괘효(卦爻)로 표현하는데, 이 책의 하락이수(河洛理數)는 그 괘효(卦爻)의 변화를 수학적인 공식으로 밝힌 것이다.

상수학(象數學)을 대표하는 하락이수(河洛理數)는 송나라 초 역학사(易學史)의 시선인 진단(陳搏, 希夷)이 창시하고, 그의 4전제자인 소강절(邵康節)이 주석했다. 그후 명나라 말 사응선(史應選) 염충보(念冲甫)가 고치고, 진인석(陳仁錫)이 서(序)하여 1632년에 증보판을 냈다. 그리고 우리나라에 들어온 것은 1632년(인조10) 즈음인 조선 중기로 보는데, 조선 말까지 유지되다가 일제시대와 국가적 혼란기를 거치면서 쇠퇴했다. 그후 몇몇 학자에게만 전수되어 오다 최근에 다시 활발하게 연구하며 활용하는 추세다.

평생정단(平生正斷)에는 하락이수(河洛理數) 외에도 대정수(大定數)·토정비결(土亭秘訣)·황극비결(皇極秘訣)·황극책수조수(皇極策數祖數)·원조수(元祖數)·홍형기수(洪炯奇數)·열역신수(閱易神數)·범위수(範圍數)·월영도(月影圖) 등이 있고, 년·월·일·시나 일·시·분으로 보는 매화역수(梅花易數)와 육효신단(六爻神斷)이 있다.

이 중에서 황극책수조수(皇極策數祖數)·열역신수(閱易神數)·매화역수(梅花易數)·범위수(範圍數)는 사안별로 길흉을 보고, 토정비결(土亭秘訣)·황극비결(皇極秘訣)·홍형기수(洪炯奇數)는 시(時)를 제외한 3주(년·월·일)로 운세를 본다. 그리고 하락이수(河洛理數)·원조수(元祖數)·토정비결(土亭秘訣)·황극비결(皇極秘訣)로는 당년 신수와 월운을 보는데, 원조수(元祖數)·토정비결(土亭秘訣)·황극비결(皇極秘訣)은 월(月)·괘(卦)·효(爻) 없이 사언절구로만 해설하나, 하락이수(河洛理數)의 12월운은 월(月)·괘(卦)·효(爻)를 산출해 해설한다.

유독 널리 쓰는 대정수(大定數)는 평생운이나 년운 등을 작괘만 하고, 그 풀이는 괘(卦)·효(爻)·사(辭)나 범위수(範圍數)를 활용한다. 그리고 신비하며 어려운 월영도(月影圖)는 사안별로 작괘하는 방법이 다른데 사언시구 두 개로 풀이한다.

육효(六爻)는 2천여 년 전 경방(京房)에서 시작되었고, 하락이수(河洛理數)·황극비결(皇極秘訣)·매화역수(梅花易數)는 소강절(邵康節)이 처음 시작했으니 1천 년이 넘었고, 토정비결(土亭秘訣)은 1517년생인 이지함(李之菡)이 생전에 저술한 것이니 5백 년이 넘은 셈이다.

지금도 인기가 많은 토정비결은 144괘를 이용한다. 원래는 384괘였는데 개인의 운명이나 국운을 기록한 하권 240괘를 무위도식하거나 기회만 노리며 악용하는 사람들이 많아 버렸기 때문에 전하지 않는다고 한다. 그런데 시중에 이 토정비결을 384괘로 만들어 본래의 것인 양 주장하기도 한다. 그러나 144괘와 240괘의 작괘하는 방법은 다르고, 단순히 상·하권 192괘로 구성한 것이 아니라는 점, 그 내용이 개인의 운명과 국운은 전혀 논하지 않는다는 점을 보면 다른 것을 끼워넣었거나 전부 다른 것으로 바꿔놓았음을 알 수 있다.

이렇게 세상에는 예언서가 많지만 상수역(象數易)인 하락이수(河洛理數)는 주역의 384괘를 모두 포함하고, 내용은 주역의 원래 의미에 더 가깝고, 사람의 신분을 구별하는 등 내용이 풍부하다. 더구나 운명을 산술적으로 도출해 매우 논리적이므로 불확실한 미래를 알아보려는 목적에 충분히 부응할 수 있는 예언서라고 할 수 있다.

이 책에서는 하락이수(河洛理數)의 평생운·대상운·유년운·월운을 주역의 표상인 괘효(卦爻)의 수로 적고, 사언시로 된 원문의 5만여 한자는 어려운 글자나 흔히 쓰지 않는 낯선 글자나 주역의 괘(卦)·효(爻)·사(辭)를 인용한 것도 있어 생략하고 현대인이 활용하기 쉽게 한글 해석만을 수록했다.

예를 들어, 881 중지곤괘초효(重地坤卦初爻)의 '履霜堅氷 積善之家 積不善則 官防讒佞 防之仇怨 陰始凝也 必有餘慶 必有餘殃 士備妬忌 災亂可畏'는 '서리를 밟으면 두터운 얼음이니 음이 비로소 응고됨이다. 선을 쌓은 집에는 반드시 남은 경사가 있고, 불선을 쌓은 집은 반드시 남은 재앙이 있다. 관직자는 참소와 아첨을 조심하고, 선비는 투기를 조심하라. 원수와 원한을 조심하라 재난이 두렵다'라고 했다. 여기서 '積不善之家 必有餘殃'은 공자가 『문언전(文言傳)』의 중지곤괘초효(重地坤卦初爻)를 부연한 것이다. 역전서(易傳序)의 '聖人之憂患 後世可謂至矣'는 '성인이 후세의 우환을 걱정하심이 가히 지극하다'라고 했다.

주역의 효(爻)는 상·하괘로 되어 있는데 상괘는 상류사회, 하괘는 하층사회를 말하고, 초효는 천민, 2효는 선비, 3효는 사대부, 4효는 경대부, 5효는 임금, 상효는 상왕이라는 뜻으로 차별적이며 단계적인 개념이 있다. 하락이수(河洛理數)의 해당운과 해당 괘효(卦爻)의 길흉 해설은 운을 보려는 사람에 따라 보통 사람·벼슬한 사람·선비·농민·승려·불자·도인·여인·부인·종·첩·늙은이·어린이·배타는 사람 등으로 구분해 설명한 것도 있다.

주역의 효(爻)는 6개에 불과하지만 음양(남녀)을 상징하고, 효(爻) 사이에는 응(應)이 있어 친과 불친을 나타낸다. 주역의 괘를 상징하는 동물·사건·심정 등을 은유한 괘사(卦辭), 특히 효사(爻辭)에는 정도·강약·차별·과정·진척도 등이 내포되어 있다. 몇 가지 예를 들어 보면 다음과 같다.

중천건괘(重天乾卦)는 강건하며 막강한 용인데, 초효는 잠룡(潛龍, 잠겨 있는 용), 2효는 현룡(見龍, 나타난 용), 3효는 군자, 4효는 약용(躍龍, 뛰어오르는 용), 5효는 비룡(飛龍, 하늘을 나는 용), 상효는 항룡(亢龍, 끝까지 올라간 용), 용구(用九)는 무수룡(无首龍, 우두머리가 없는 용, 순조로운 왕위 계승)을 나타낸다.

지산겸괘(地山謙卦)는 왕이 백성을 다스리는 것인데, 초효는 함감(咸監, 감화로 다스림) 2효는 함감(咸監, 온화하게 다스림), 3효는 감감(甘監, 강압으로 다스림), 4효는 지감(至監, 친하게 다스림), 5효는 지감(知監, 지혜로 다스림), 상효는 돈감(敦監, 돈후하게 다스림)을 나타낸다.

천산둔괘(天山遯卦)는 군자의 사졸들이 적을 잡는 것인데, 초효는 둔미(遯尾, 꽁무니를 빼고 도망감), 2효는 집지(執之, 생포한 적을 묶음), 3효는 계둔(係遯, 적을 묶어 고통스럽게 함), 4효는 호둔(好遯, 적이 무사히 도망감), 5효는 가둔(嘉遯, 흔적없이 도망감), 상효는 비둔(肥遯, 날듯이 도망감)을 나타낸다.

중산간괘(重山艮卦)는 신체를 보호하는 것인데, 초효는 간기지(艮其趾, 발을 보살핌), 2효는 간기비(艮其腓, 장딴지를 보살핌), 3효는 간기한(艮其限, 허리를 보살핌), 4효는 간기신(艮其身, 가슴과 배를 보살핌), 5효는 간기보(艮其輔, 얼굴을 보살핌), 상효는 돈간(敦艮, 머리를 보살핌)을 나타낸다.

풍수환괘(風水渙卦)는 왕이 큰 물을 만나는 것인데, 초효는 용증마장(用拯馬壯, 타고가는 말이 튼튼함), 2효는 환분기궤(渙奔其机, 큰 물이 섬돌을 만나 급히 흐름), 3효는 환기궁(渙其躬, 큰 물이 왕을 휩쓸고 감), 4효 환기군(渙其羣, 큰 물이 무리를 휩쓸고 감), 5효는 환기거(渙其居, 큰 물이 왕이 피신한 거소를 휩쓸고 감), 상효는 혈거적출(血去逖出, 큰 물이 흘러갔음)을 나타낸다.

이 책은 해당운을 해석하는 데 이러한 괘(卦)·효(爻)·사(辭)를 활용해 이해하기 쉽지 않은 부분도 있으나 주역을 쓴 당시의 시대상이 들어 있다. 은나라 말 주나라 초 절대군주시대의 주왕·문왕·무왕·주공·제후들의 경국(經國)과 가

부장제도와 일부다처제, 천자에서 종복에 이르는 봉건종법제도, 목축·수렵기와 농경 초기의 경제생활, 군자의 덕행 등 당시 생활상이 내포되어 있다. 그리고 징벌·제사·소송·혼인·질병·취식·성교·설시(揲蓍) 등의 사건, 수레·활·창·도끼·가마솥·줄 등의 도구, 천둥·번개·강물·연못 등의 자연현상, 나무·꽃·새·물고기 등 동식물이 등장한다. 물론 현대의 모습과 많이 다르나 괘(卦)·효(爻)·사(辭)를 설명하는 대상을 비유한 것이니 그 뜻을 알아야 한다.

다음은 하락이수(河洛理數)의 개설 중에서 「선유논수인증(先儒論數印證)」을 소개하니 참고하기 바란다.

어떤 사람이 소강절(邵康節)에게 "이 수를 불허하는 데 가서 후천(後天)의 5효나 4효에 이르러야 사람의 생사를 단정하는데, 20세도 안돼 죽거나 8~9세에 죽기도 하니 화복이 어디 있는 것입니까?"라고 물었다. 그러자 "사람이 이치와 물리와 귀천수요(貴賤壽夭)에 통달하지 못했기 때문이다. 나는 수에서 이미 말했으니 다시 보면 헤아리지 못할 것도 없다"라고 했다.

정이천(程利川)이 말년에 이 수를 얻고 매우 기뻐하며 문인 형돈부에게 말했다. "내 평생의 길흉이 털끝까지 모두 보이는데 궁음극양(窮陰極陽)으로 허술하게 추산하겠는가." 또 윤화정에게 "이 수는 극히 정대하다. 화복은 모두 정경(正經)을 근본으로 말하는 것이니 보통으로 음양을 말하는 것과 달라 보통 사람에게 경솔하게 천기를 누설할 수 없다"라고 했다. 정이천은 또 "나에게 인물이 매우 수려한 종이 있는데 그의 년월일시로 건괘(乾卦) 94효를 얻었다. 천수(天數)가 부족해 물어보니 부친상을 당했다 했고, 평생의 길흉의 물어보니 다 맞아 후하게 대우했는데 19세에 갑자기 망했다. 그러니 무명의 야초가 한 가지에 좋은 꽃이 피었다고 해도 좋은 것은 아니라는 뜻이다"라고 했다.

정이천의 말을 되새겨 보면 양남(陽男)이 틀림없다. 고로 천수(天數)가 부족해 먼저 부친상을 당한 것이고, 건괘(乾卦) 94와 95효는 모두 18년인데 19세로 교차되면 상효의 분별이다. 이는 너무 과한 용을 만나 후회할 일이 생기고, 극을 만나면 뒤집히고, 궁하면 변하고, 변하면 통하는 것이다. 그런데 소인이니 어떻게 군자의 괘를 당해낼 것이며, 이미 불변인데 어찌 통할 수 있겠는가. 따라서 궁극의 재난임을 어찌 의심하리.

소인이 길괘(吉卦)를 얻으면 효(爻)의 위치를 보아야 하고, 효위(爻位)가 길하면 수가 족한지 부족한지를 보아야 한다. 만일 소인이 길한 괘(卦)를 얻었는데 효(爻)가 흉하면 반드시 폭발해 죽음에 이른다. 군자도 괘효(卦爻)가 모두 불길하면 대상(大象)을 보아야 한다. 만일 뇌성과 번개를 뜻하는 서합(噬嗑)이면 선왕이 벌을 밝히고 법을 삼가하며 경계한다 했으니 위엄을 소인에게 쓴다. 만일 박상(剝象)이면 산이 땅에 부딪혀 있는 상이라 윗사람이 아래를 두텁게 하여 집이 편안하다고 하니 차분하게 응험해보라.

옛날에 소동파(蘇東坡)가 비괘(賁卦) 62효를 얻었는데, 본조(本朝)에 문채가 소씨부자(蘇氏父子)로 일변하게 되었다. 이것은 학문을 꾸미는 상이 아니다. 이에 소동파(蘇東坡)가 "내 효(爻)는 비록 아름다우나 행년에 길흉이 상반해 모두 아름답지 못하니 돌아왔다가 다시 귀양가 평생 험난함이 많았다 하여 이 수로 세 번 달래면서 성인이 내 마음을 아셨으니 무슨 유감이 있겠는가"라고 했다.

산곡(山谷)이 진무기(陳無己)에게 "황룡회당(黃龍晦堂)에 그의 장로(長老)는 도가 있는 사람인데, 항상 나에게 묻기를 이 수를 주었는데 퇴석하지도 않았다"라고 했다. 장횡거(張橫渠)에게 그 연유를 물으니 "지난해에 서합(噬嗑)의 상구(上九)로 행할 때 느닷없이 관부의 능욕을 당했는데, 올해 다시 서합(噬嗑)이 오니 두문불출하고 뜻을 행한다"라고 하길래, "사람은 음양으로 태어나니 어찌 수에서 도망칠 수 있겠느냐"고 했다. 또 "학문은 세상 법에서 벗어났으니 어찌 누를 면할 수 있겠느냐"고 하길래, "공은 처현(棲賢)의 승려에 대해 듣지 못했느냐"고 하니, 장횡거는 "간혹 이런 것도 있다"라고 했다. 조심하며 근심함이 이와 같았던 것이다.

산곡(山谷)이 처음 오주 별가로 귀양갔을 때 형돈부에게 말했다. "내가 금년에 돈괘(屯卦) 62효를 얻었으니 10년의 수가 다해야 돌아갈 것이다." 또 용주(溶州)에 안치되어 아들에게 "내가 지난해에 돈괘(屯卦) 62효를 얻었을 때는 돌아갈 이치가 있었는데, 지금은 상육(上六)이니 회복이 어두워 돌아갈 수 없을 것 같다"라고 하더니 과연 용주에서 죽었다.

부정공(富鄭公)은 유년의 괘효(卦爻)를 중정 벽에 크게 써놓고는 흉한 효(爻)를 만나면 자식에게 "올해 효상(爻像)이 불길하니 조심해라. 일을 만들어 나를 더럽히지 말라"라고 했다. 수신과 살피기를 이와 같이 한 것이다.

이문정(李文靖)은 곤괘(坤卦) 62효를 얻고는 "곧고 모나고 크니 익히지 않아도 이롭지 않음이 없다"라고 했다. 또 우인에게 "내가 평생 얻은 것은 성경(聖經)에 합치되어야 한다는 것이다"라고 했고, 이괘(離卦) 94효를 얻고는 방인(方人)에게 "나는 올해 반드시 죽을 것이다"라고 하더니 과연 죽었다. 시기는 6월이었는데 더러운 기운이 한점도 없었으니 그가 평생 밟은 증험이었던 것이다.

범문정공(范文正公)은 대유(大有) 92효를 얻고는 큰 수레에 짐을 실었다. 상에 "중(中)에 싸여 실패하지 않는다"라고 했는데 과연 세상을 경영하는 책임을 지었다.

구래공(寇萊公)은 고주(孤注)의 화가 있었는데 그 행년에 곤괘(坤卦) 63효를 얻고는 우인에게 "나는 다시 돌아갈 수 없을 것이다"라고 하더니 과연 귀양지에서 죽었다.

사마온공(司馬溫公)은 "도남(圖南)의 수는 크게 유익하다. 가히 존심양성(存心養性)의 글로 진정으로 얻으면 화는 피하고 복은 이룰 수 있으니 매우 좋다"라고 했다. 또 "괘(卦)를 볼 때는 대상(大象)을 보아야 한다. 만일 어떤 괘효(卦爻)를 얻어 길하거나 흉한 것은 모두 정해진 것이니 대상(大象)과 사의(辭義)에 의지해 행해야 한다"라고 했다. 예를 들어 지세곤(地勢坤)이면 군자는 후한 덕으로 사물을 적재하니 모름지기 두터운 덕과 넓은 도량으로 응해야 하고, 산 아래 샘이 흐르면 군자는 과감한 행실로 덕을 길러야 한다. 소상(小象)도 이와 같다.

괘(卦)를 변별하고 수(數)를 고찰할 때는 잘 헤아려야 한다. 얻은 괘(卦)가 어떤 이치에 합당하며, 효(爻)는 어떤 지위와 길흉이 있는가로 어떤 사람인가를 알게 된다. 즉 괘(卦)의 길흉은 각각 그 유형을 따르는 것이다. 명(名)으로 수(數)를 찾는 것은 이치로 찾는 것만 못해 일시적인 길이 흉이 되기도 하고, 일시덕인 제도는 도리어 쓰기도 한다. 예를 들어, 비태(否泰)의 제도는 오히려 하늘의 거리이기도 하니 나중에 기쁘고, 구렁에 얽매여 물러나 숨지도 못하고, 동지(動止)가 무상하고 굴신(屈伸)에 변이 있으니 이치로 추리해야 한다.

「선유논수인증(先儒論數印證)」은 하락이수(河洛理數)를 만든 11세기 때 현자·학자·공경들이 자신의 운을 예지하면서 삶의 체험담을 설파한 것인데 적중률이 비상하다. 우리 인간은 눈앞의 현실이 녹녹치 않다는 것을 알면서도 막연한 4차원의 영계를 믿으면서 살아가는 것은 아닌지.

주역은 과학을 넘어 철학이며 신학이다. 과학이 눈부시게 발전한 오늘날에도 자신의 앞일을 예견한다는 것은 매우 어려운 일이다. 미래에 대한 궁금증은 옛날이나 지금이나 마찬가지다. 21세기의 복잡한 환경에서도 자신의 운세를 알고 싶은 마음은 점점 더 높아가고, 그러한 노력도 계속되고 있다.

주역의 64괘 384효는 상(象)과 길흉을 설명한 경문(經文)으로, 인간의 행동과 형태가 변하는 원리를 내포하고 있다. 그리고 하락이수(河洛理數)는 역(易)을 현실에서 이용할 수 있도록 만들어 인간사를 세부적으로 예지한다. 구체적으로 사주팔자를 수(數)로 바꿔 괘상(卦像)과 효상(爻像)을 도출해 평생운은 물론 대상운(6~9년운), 유년운, 월운을 살펴보는 것이다.

사람은 일생을 살다보면 수없는 길흉화복을 겪는다. 때로는 뜻밖의 행운을 만나거나 예기치 못한 불행을 겪기도 한다. 이러한 운명을 어떻게 순종하며 개척하고 관리하느냐가 인생의 성패를 가른다. 복잡다단하며 불확실한 온갖 문제를 지혜로운 주역의 이치로 예측하면 하늘이 준 명운을 좀더 슬기롭게 영위할 수 있을 것이다. 이것이 곧 진정한 진인사대천명(盡人事待天命)하는 길이며, 명철보신(明哲保身)하는 첩경일 것이다.

이 책의 하락이수(河洛理數)는 상수역(象數易)이지만 생년월일을 근거로 하므로 각 운을 정확하게 볼 수 있다. 그러나 얻은 괘가 마음에 들지 않아 다시 해도 마찬가지이니 공연히 헛수고할 필요는 없다. 문제는 해석을 어떻게 응용하며 실천하느냐다. 이 책을 자신의 미래를 예견하는 지침서로 삼아 좀더 인간다운 삶을 영위해 나가기를 바란다.

이 책을 쓰면서 돌아가신 지관 송충석 은사님 생각이 떠나지 않았다. 귀중한 지도와 자료를 주신 데 대해 다시 한번 감사드린다. 그리고 출간을 축하하며 서화를 내주신 후산 정재석 님, 정서와 편집에 힘써준 이미영 님, 출판계의 어려움에도 기꺼이 출판을 허락해주신 삼한출판사 김충호 사장님께도 깊은 감사를 드린다.

임 삼 업 드림

차례

Ⅰ. 주역의 괘를 짓는 방법

1. 작괘(作卦)

먼저 사주의 명식(命式)을 정한 다음 팔자에 수를 붙여 홀수(기수, 奇數)의 합을 천수(天數), 짝수(우수, 偶數)의 합을 지수(地數)라 하고, 각각 88제지(除之)하여 나머지 수로 작괘하되 양남음녀(陽男陰女)는 천수(天數)를 상괘(上卦), 지수(地數)를 하괘(下卦)로 하고 음남양녀(陰男陽女)는 그 반대로 한다.

1) 천간수(天干數)

天干	甲	乙	丙	丁	戊	己	庚	辛	壬	癸	中央
數	6	2	8	7	1	9	3	4	6	2	5

※ 천간수는 낙서(洛書, 후천문왕팔괘後天文王八卦)에 천간을 배당한 것임.
   양남음녀 → 갑 병 무 경 임(자 인 진 오 신 술) 생
   음남양녀 → 을 정 기 신 계(축 묘 사 미 유 해) 생

2) 지지수(地支數)

地支	子	丑	寅	卯	辰	巳	午	未	申	酉	戌	亥
數	1 6	5 10	3 8	3 8	5 10	2 7	2 7	5 10	4 9	4 9	5 10	1 6

※ 지지 수는 하도(河圖, 선천복희팔괘先天伏羲八卦)에 지지를 배당한 것임.

예> 1963(계묘癸卯)년 10월 22일 미시(未時)생 곤명(坤命)

사주 四柱	時		日		月		年	
	辛 未	4 5.10	甲 申	6 4.9	癸 亥	2 1.6	癸 卯	2 3.8

천수(天數) 홀수의 합 : 5+9+1+3=18(양수 陽數)

지수(地數) 짝수의 합 : 4+6+2+2+10+4+6+8=42(음수 陰數)

2. 사주명식(四柱命式)

1) 년주(年柱)

생년(生年)의 간지(干支)

기준(基準)은 입춘(立春, 양력 2월 3 4 5일)

2) 월주(月柱)

생월(生月)의 간지(干支). 월건(月建)

기준(基準)은 절입일(節入日),

※ 절입일 이전이면 전월월건, 매년 매월의 절입일을 모르기 때문에 만세력이나 컴퓨터에 의할 수 있다.

■ 월두법(月頭法)

음력월 / 절명 / 년간	1 입춘 立春	2 경칩 驚蟄	3 청명 淸明	4 입하 立夏	5 망종 芒種	6 소서 小暑	7 입추 立秋	8 백로 白露	9 한로 寒露	10 입동 立冬	11 대설 大雪	12 소한 小寒
갑기 甲己	丙寅	丁卯	戊辰	己巳	庚午	辛未	壬申	癸酉	甲戌	乙亥	丙子	丁丑
을경 乙庚	戊寅	己卯	庚辰	辛巳	壬午	癸未	甲申	乙酉	丙戌	丁亥	戊子	己丑
병신 丙辛	庚寅	辛卯	壬辰	癸巳	甲午	乙未	丙申	丁酉	戊戌	己亥	庚子	辛丑
정임 丁壬	壬寅	癸卯	甲辰	乙巳	丙午	丁未	戊申	己酉	庚戌	辛亥	壬子	癸丑
무계 戊癸	甲寅	乙卯	丙辰	丁巳	戊午	己未	庚申	辛酉	壬戌	癸亥	甲子	乙丑

3) 일주(日柱)

생일(生日)의 간지(干支), 일진日辰)

※ 매일의 일진은 만세력이나 컴퓨터에 의할 수 있다.

4) 시주(時柱)

생시(生時)의 간지(干支)

표준시 기준, 예> 자시(子時) 11:30~01:30

■ 시두법(時頭法)

시 시간 일진	자子 0시반 1시반	축丑 1시반 3시반	인寅 3시반 5시반	묘卯 5시반 7시반	진辰 7시반 9시반	사巳 9시반 11반	오午 11반 13반	미未 13반 15반	신申 15반 17반	유酉 17반 19반	술戌 19반 21반	해亥 21반 23반	자子 23반 0시반
갑기 甲己	甲子	乙丑	丙寅	丁卯	戊辰	己巳	庚午	辛未	壬申	癸酉	甲戌	乙亥	丙子
을경 乙庚	丙子	丁丑	戊寅	己卯	庚辰	辛巳	壬午	癸未	甲申	乙酉	丙戌	丁亥	戊子
병신 丙辛	戊子	己丑	庚寅	辛卯	壬辰	癸巳	甲午	乙未	丙申	丁酉	戊戌	己亥	庚子
정임 丁壬	庚子	辛丑	壬寅	癸卯	甲辰	乙巳	丙午	丁未	戊申	己酉	庚戌	辛亥	壬子
무계 戊癸	壬子	癸丑	甲寅	乙卯	丙辰	丁巳	戊午	己未	庚申	辛酉	壬戌	癸亥	甲子

3. 작괘수(作卦數)

1) 일반수(1~9)

수(數)	1	2	3	4	5	6	7	8	9
괘(卦)	감坎	곤坤	진震	손巽	-	건乾	태兌	간艮	이離
	☵	☷	☳	☴	-	☰	☱	☶	☲
	수水	지地	뢰雷	풍風	-	천天	택澤	산山	화火

2) 중앙수(5)는 8방위에 자리가 없어 별도 관리

삼원	상원	중원	하원	상원	중원	하원	상원	중원	하원
년 도	1504~1563	1564~1623	1624~1683	1684~1743	1744~1803	1804~1863	1864~1923	1924~1983	1984~2043
양 남	간괘	간괘	리괘	간괘	간괘	리괘	간괘	간괘	리괘
음 남	간괘	곤괘	리괘	간괘	곤괘	리괘	간괘	곤괘	리괘
양 녀	곤괘	곤괘	태괘	곤괘	곤괘	태괘	곤괘	곤괘	태괘
음 녀	곤괘	간괘	태괘	곤괘	간괘	태괘	곤괘	간괘	태괘

앞의 예를 보면

천수(天數) 18 → 8 간(艮) 산(山)   상괘(上卦)

                         음녀(陰女) 이므로   ∴ 산지박괘(山地剝卦)

지수(地數) 42-30=12→2 곤(坤), 지(地)   하괘(下卦)

천수(天數) - 1 3 5 7 9의 합

기준수인 25보다 많은 경우 25를 뺀후 10자리는 쓰지 않고 단자리수만 쓴다.

단자리수가 0인 경우는 10자리를 나머지 수로 쓴다.

(예)   7→7 18→8 20→2 25→5 26→1 30→5 45→2

지수(地數) - 2 4 6 8 10의 합

기준수인 30보다 많은 경우 30을 뺀후 10자리는 버리고 단자리수만 쓴다.

단자리수가 0인 경우는 10자리를 나머지 수로 쓴다.

(예)　9→9　10→1　17→7　30→3　34→4　40→1　55→5

4. 원당(元堂)

　다음의 64괘 출생시별 원당(元堂)조견표를 보고 본인의 출생시(出生時) 해당 효(爻)가 원당(元堂)이 된다.

　상육시(上六時) 자(子) 축(丑) 인(寅) 묘(卯) 진(辰) 사(巳)→양시(陽時)와 하육시(下六時) 오(午) 미(未) 신(申) 유(酉) 술(戌) 해(亥)→음시(陰時)로 구분하고, 1양괘(陽卦)~6양괘(陽卦)와 1음괘(陰卦)~6음괘(陰卦)로 나누되, 건곤괘(乾坤卦)는 음(陰)·양둔(陽遁) 및 남녀(男女)로 구별하는 등 그 내용이 복잡한 것을 괘별(卦別)로 출생시를 12시(時)별로 표시하였으니 지극히 편리하게 사용할 수 있다.

※ 원당을 일으켜서 정하는 시(기원당시起元堂詩)

　　음양일이중이기(陰陽一二重而寄)

　　삼위수중몰기궁(三位雖重沒寄宮)

　　사오무중응유기(四五無重應有寄)

　　순효남녀불상동(純爻男女不相同) 이라 하였으니

이는 음양효가 둘이면 거듭하여 붙이고, 음양이 셋이면 거듭 2시를 붙이지만 붙이는 궁을 빼라 했으니 양시는 양효에만 음시는 음효에만 붙이는 것이며, 음시일때 음효 양시일때 양효가 음효는 거듭 붙이지 않고 따라가면서 밑에서부터 붙이게 되며, 순음이나 순양괘는 남녀가 서로 같지 않다로 풀이한다.

64괘 출생시별 원당조견표

重天乾	해설	重天乾	해설	天澤履	天火同人卦	天雷无妄卦	天風姤	天水訟	天山遯	天地否	澤天夬	重澤兌	澤火革
亥申 戌未 酉午 巳寅 辰丑 卯子	男子命 夏至辛 冬至前 女子도 갈다.	卯子 辰丑 巳寅 酉午 戌未 亥申	冬至辛 夏至전 女子에 한함.	辰 卯 寅戌 巳丑未 丑酉 子申	辰 卯亥 寅戌 巳午未 丑酉 子申	卯 寅 丑亥 巳午未 辰午申 子戌	辰 卯亥 寅戌 巳未酉 辰午申 子戌	卯 寅 丑亥 子戌 巳午未 辰午申	卯 寅 丑亥 子戌 辰午申 辰午申	寅巳 丑辰 子卯 申亥 未戌 午酉	巳午未 辰 卯亥 寅戌 丑酉 子午酉	巳未酉 卯亥 寅 辰午申 丑亥 子戌	巳未酉 卯寅 寅 辰午申 丑亥 子戌

澤雷隨	大過卦	澤水困	澤山咸	澤地萃	火天大有卦	火澤睽	重火離	火雷噬嗑卦	火風鼎	火水未濟卦	火山旅	火地晉	雷天大壯卦
申亥 寅巳 丑辰 未戌 午酉 子卯	巳未酉 卯 寅 丑亥 子戌 辰午申	申亥 寅巳 丑辰 未戌 子卯 午酉	申亥 寅巳 丑辰 未戌 子卯 午酉	酉 丑卯亥 子寅戌 申 巳未 辰午	辰 巳午未 卯亥 寅戌 丑酉 子午酉	卯 巳午未 卯亥 寅 丑亥 子戌	卯 巳午未 寅 丑亥 辰午申 子戌	寅巳 申亥 丑辰 未戌 午酉 子卯	卯 巳午未 寅 丑辰 子卯 辰午申	寅巳 申亥 丑辰 未戌 子卯 午酉	丑卯亥 戌 子寅酉 申 巳未 辰午	丑卯亥 戌 子寅酉 申 巳未 辰午	巳未酉 辰午申 卯 寅 丑 子戌

雷澤歸妹卦	雷火豊	重雷震	雷風恒	雷水解	雷山小過卦	雷地豫	風天小畜卦	風澤中孚卦	風火家人卦	風雷益	重風巽	風水渙	風山漸
申亥 未戌 寅巳 午酉 丑辰 子卯	申亥 未戌 寅巳 丑辰 午酉 子卯	酉 申 丑卯亥 巳未 午酉 子戌	申亥 未戌 寅巳 丑辰 子卯 午酉	酉 申 丑卯亥 巳未 子寅戌 辰午	酉 申 丑卯亥 子寅戌 巳未 辰午	戌 巳酉 子丑亥 辰申 卯未 寅午	辰 卯亥 巳午未 寅戌 丑酉 子戌	卯 寅 巳未酉 辰午申 丑亥 子戌	卯 寅 巳未酉 丑辰 辰午申 子戌	寅巳 丑辰 申亥 未戌 午酉 子卯	卯 寅 巳未酉 丑辰 子戌 辰午申	寅巳 丑辰 申亥 未戌 子卯 午酉	寅巳 丑辰 申亥 子卯 未戌 午酉

風地觀	水天需	水澤節	水火旣濟卦	水雷屯	水風井	重水坎	水山蹇	水地比	山天大畜卦	山澤損	山火賁	山雷頤	山風蠱
丑卯亥 子寅戌 酉 申 巳未 辰午	巳未酉 卯 辰午申 寅 丑亥 子戌	申亥 寅巳 未戌 午酉 丑辰 子卯	申亥 寅巳 未戌 寅 丑辰 子卯	酉 丑卯亥 申 巳未 辰午 子寅戌	申亥 寅巳 未戌 丑辰 子卯 午酉	酉 丑卯亥 申 巳未 子寅戌 辰午	戌 子丑亥 巳酉 辰申 卯未 寅午	戌 巳酉 辰申 子丑亥 卯未 寅午	卯 巳未酉 申亥 寅 丑辰 子卯	寅巳 巳未酉 申亥 未戌 丑辰 子卯	丑卯亥 酉 申 丑辰 午酉 辰午申	丑卯亥 酉 申 丑辰 子卯 午酉	寅巳 申亥 未戌 子卯 丑辰 午酉

山水蒙	重山艮	山地剝	地天泰	地澤臨	地火明夷卦	地雷復	地風升	地水師	地山謙	重地坤	설명	重地坤	설명
丑卯亥 酉 申 巳未 子寅戌 辰午	丑卯亥 酉 申 子寅戌 巳未 辰午	子丑亥 戌 巳酉 辰申 卯未 寅午	申亥 未戌 午酉 辰申 巳未 寅巳	酉 申 巳未 辰申 丑卯亥 子寅戌	酉 申 巳未 辰申 卯未 子寅戌	戌 巳酉 辰申 丑卯亥 午酉 子丑亥	戌 巳酉 辰申 卯未 丑卯亥 辰午	戌 巳酉 辰申 子丑亥 寅午 辰午	申亥 未戌 午酉 寅巳 丑辰 寅午	申亥 未戌 午酉 寅巳 丑辰 子卯	女子命 冬至辛 夏至前 男子도 갈다.	子卯 丑辰 寅巳 午酉 未戌 申亥	夏至辛 冬至前 男子에 한함.

26 주역 평생운 비록

5. 후천괘(後天卦) 변환

　평생괘(平生卦, 선천괘先天卦)가 마련되고 원당(元堂 동효動爻)까지 정하여 졌으면 후천괘(後天卦, 선천괘先天卦가 인생의 전반부라면 후천괘는 인생의 후반기)로 변환(變換) 되는데 외괘(外卦, 상괘上卦)는 내괘(內卦 하괘下卦), 내괘(內卦)는 외괘(外卦)로 자리바꿈을 하고 (이를 착종錯綜이라 한다). 원당효(元堂爻)는 양효(陽爻)이면 음효(陰爻)로 변(환)하고 음효(陰爻)는 양효(陽爻)로 (변)화 한다. 이는 하늘도 돌고 땅도 구르는(천선지전天旋地轉) 변혁의 상(象)인 것이다.

※ 평생괘(平生卦, 선천괘先天卦)는 6효(爻)이므로 전부 양효(陽爻)이어도 대상(大象) 기간이 양효(陽爻)는 9년 음효(陰爻)는 6년이므로 6효×9년 = 54년이요, 전부 음효이여도 6효×6년=36년이 되는데, 이는 인생의 전반부(前半部)이며 55세 또는 37세부터는 후천괘(後天卦)의 후반부가 되는 것이다.

예)

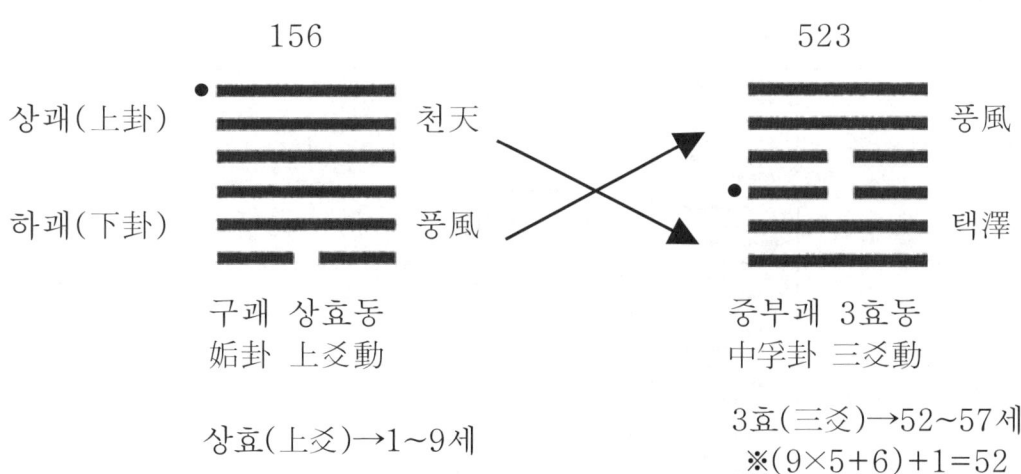

156		523
상괘(上卦) 천天	→	풍風
하괘(下卦) 풍風	→	택澤

구괘 상효동　　　　　　　　중부괘 3효동
姤卦 上爻動　　　　　　　　中孚卦 三爻動

상효(上爻)→1~9세　　　　　3효(三爻)→52~57세
　　　　　　　　　　　　　　※(9×5+6)+1=52

6. 64괘(卦)의 의미

괘순	괘명	괘상	의미
1	중천건 重天件		하늘, 강건하다, 형통하다, 하늘의 움직임, 창조력 비롯, 신의 태동이며 성장. 건(健).
2	중지곤 重地坤		땅, 온순, 인내, 생성력, 여성(사회적으로 부하), 요조숙녀(窈窕淑女), 큰 발전. 순(順).유(柔).
3	수뢰둔 水雷屯		나타남. 막히다. 일에 장애가 많다. 정체하다. 고민하다. 사대난괘(四大難卦). 현(見)
4	산수몽 山水蒙		어리다. 어둡다. 몽매하다. 장래를 위해 덕을 기르다. 잡되다. 매(眛). 저(著).
5	수천수 水天需		아직 이르다. (때를)기다리다. 대기한다. 기쁘다. 연고없다. 대(待). 부진(不進).
6	천수송 天水訟		싸운다. 다툼. 소송(재판), 송사를 일으킨다. 시비 가릴 일 생긴다. 친하지 않다. 논(論). 불친(不親)
7	지수사 地水師		집단. 다수의 군대. 군대지휘자. 전쟁. 윗사람의 고충, 근심된다. 중(衆). 우(憂).
8	수지비 水地比		인화. 친근하다. 즐겁다. 인화단결을 요구한다. 인화의 상징, 화(和). 낙(樂).
9	풍천소축 風天小畜		조금 저축하여 기른다. 작게 기른다. 조금 망설이게 한다. 조금 막아둔다. 적다. 과(寡).
10	천택리 天澤履		밟는다. 실천한다. 처하지 아니한다. 예(禮). 불처(不處)
11	지천태 地天泰		태평하다. 통한다. 크다. 열린다. 사귄다. 과(過)한다.

괘순	괘명	괘상	의미
12	천지비 天地否		비색하다. 막혀서 통하지 않는다. 무슨 일이든 막힌다(부정의 의미). 건(蹇).
13	천화동인 天火同人		남과 같이한다. 동업 동행한다. 상하가 호응 협력한다. 비밀을 고백한다. 친(親).
14	화천대유 火天大有		크다. 크게 소유한다. 큰 것을 두었다. 다유(多有). 밝다. 태양. 대중(大衆). 관(寬). 중(衆)
15	지산겸 地山謙		겸손. 겸허. 겸손하다. 양보하다. 자중하다. 퇴(退). 경(輕).
16	뇌지예 雷地豫		기쁨. 준비한다. 미리 한다. 사전에 방지한다. 기뻐한다. 즐겁다. 게으르다. 열(悅). 태(怠).
17	택뢰수 澤雷隨		남을 따른다. 본을 받는다. 따라간다. 입(入). 무고(无故).
18	산풍고 山風蠱		병들다. 벌레 먹다. (어려운)일. 복잡하고 뜻밖의 일. 닦는다. 썩은 음식. 사(事). 칙(飭).
19	지택림 地澤臨		군림. 임한다. 음기응변. 혹 주거나 구한다. 구(求).
20	풍지관 風地觀		밝게 비친다. 자세히 본다. 살펴본다. 탐색. 심관(心觀). 응시. 혹 주거나 촉구 한다. 관(觀).
21	회뢰서합 火雷噬嗑		씹는다. 사이에 있는 것. 먹는 것. 소화를 잘 시킨다. 설(囓). 식(食).
22	산화비 山火賁		아름답다. 장식하다. 꾸민다. 겉치레. 식(飾). 무색(无色).

괘순	괘명	괘상	의미
23	산지박 山地剝	䷖	벗긴다. 깎는다. 갉아 먹는다. 깎아 없앤다. 떨어진다. 실패직전. 낙(落). 난(爛).
24	지뢰복 地雷復	䷗	돌아온다. 다시 되돌아온다. 회복한다. 발전 번영. 반(反).
25	천뢰무망 天雷无妄	䷘	재앙. 생각지 않는 것. 예기치 않는 것. 욕망없이 자연법칙에 순응한다. 재(災).
26	산천대축 山天大畜	䷙	크게 저축한다. 많은 것을 저축한다. 비축한다. 크게 기른다. 앞날을 대비한다. 때. 시(時)
27	산뢰이 山雷頤	䷚	기른다. 기르는 것. 덕(德). 말과 음식을 조심한다. 턱, 덕양정(德養正).
28	택풍대과 澤風大過	䷛	너무 지나치다. 너무하다. 심하다. 전도된다. 화(禍). 전(顚).
29	중수감 重水坎	䷜	물. 습감(習坎 거듭 빠진다). 내린다. 험난하다. 구덩이에 빠진다. 4대난괘(四大難卦). 함(陷). 하(下).
30	중화리 重火離	䷝	불. 불꽃. 타오르는 태양. 광명. 정열. 약동. 타오르다. 려(麗). 상(上).
31	택산함 澤山咸	䷞	느끼다. 깨닫다. 감성적이다. 감동이 빠르다. 咸=感. 속(束).
32	뇌풍항 雷風恒	䷟	한결같다. 오래간다. 항구하다. 항상 언제나 계속한다. 구(久).
33	천산돈 天山遯	䷠	피해서 숨는다. 피한다. 달아난다. 멀리한다. 물러난다. 퇴(退)

괘순	괘명	괘상	의미
34	뇌천대장 雷天大壯		건강하다. 장하다. 크게 왕성하다. 성대하다. 크고 바르게 움직인다. 그친다. 성(盛). 지(止).
35	화지진 火地晋		나아진다. 발전한다. 활기차게 전진한다. 발전 번영한다. 낮. 晋=進. 진(進). 주(晝).
36	지화명이 地火明夷		밝음이 상한다. 밝음을 깨뜨린다. 거짓이 참된 것을 어지럽힌다. 상(傷). 주(誅).
37	풍화가인 風火家人		가족. 가정. 가화(家和). 사소한 일에도 주의력 가지라. 내(內).
38	화택규 火澤睽		서로 괴리한다. 서로 반목한다. 뜻이 맞지않다. 물과 불이 어긋난다. 흘겨본다. 밖. 배(背). 외(外).
39	수산건 水山蹇		절름발이. 다리를 절다. 험난하다. 어렵다 험하여 앞으로 나아가기 어렵다. 4대난괘(四大難卦). 난(難).
40	뇌수해 雷水解		푼다. 험하고 어려운 과정이 풀린다. 잘 풀려간다. 해결한다. 해방된다. 원만하다. 완(緩)
41	산택손 山澤損		손실. 봉사. 투자. 아랫 것을 덜어서 위에 더해 준다. 단순 손실 아닌 이익을 얻는 손해. 나중에 이익. 익(益). 성(盛)
42	풍뢰익 風雷益		이익. 공적인 일의 이익. 보탠다든가 더한다. 위를 덜어서 아래를 돕는다. 손(損). 쇠(衰).
43	택천쾌 澤天夬		결단한다. 해결한다. 결행한다. 처결한다. 결열하다. 결(決).
44	천풍구 天風姤		우연히 만난다. 뜻밖에 재난을 당하다. 사건이 돌발한다. 우(遇).

괘순	괘명	괘상	의미
45	택지취 澤地萃	䷬	모인다. 모여든다. 모든 것을 취합한다. 연못에 물이 모인다. 무성하다. 만원. 취(聚).
46	지풍승 地風升	䷭	오른다. 올라간다. 점진한다. 작은 것을 쌓아 크게 자란다. 젊음(새싹)이 오지 않는다. 제사. 升=昇 진(進). 불래(不來).
47	택수곤 澤水困	䷮	곤란. 곤란하다. 곤궁하다. 위험하다. 따분하다. 가로 막힌다. 4대난괘(四大難卦). 위(危). 상우(相遇)
48	수풍정 水風井	䷯	우물, (약간 노력 필요)통한다. 정(靜), 통(通).
49	택화혁 澤火革	䷰	개혁, 변혁, 혁명, 묵은것을 버림. 개(改). 거고(去故)
50	화풍정 火風鼎	䷱	안정. (불을 사용하는)솥. 기초가 튼튼하다. 협력. 새로운 것을 취한다. 정(正). 취신(取新)
51	중뢰진 重雷震	䷲	울린다. 움직인다. 일어난다. 상하가 모두 진동한다. 위엄 떨친다. 실속보다 소리만 크다. 공포. 진동. 결산. 발운하다. 동(動).
52	중산간 重山艮	䷳	산. 그친다. 정지한다. 머무른다. 지(止).
53	풍산점 風山漸	䷴	점진한다. 순서 밟아 서서히 나아간다. 점차적으로 크게 자란다. 시집가는 것. 여귀(女歸).
54	뇌택귀매 雷澤歸昧	䷵	중매한다. 젊은 여자가 시집간다. 꾸민다. 결혼. 크게 형성한다. 여종(女終).
55	뇌화풍 雷火風	䷶	풍만. 풍족. 풍년. 만원. 풍성하다. 성대하다. 가득차다. 한결같다. 오래간다. 대(大). 다고(多故).

괘순	괘명	괘상	의미
56	화산여 火山旅	䷢	나그네. 여행. 안정을 못하고 허둥대다. 이름을 높인다. 여인(旅人). 객(客). 친과(親寡).
57	중풍손 重風巽	䷸	엎어진다. (거듭난)바람. 흔들리기 쉽다. 불안정. 틈새로 찾아든다. 희(喜). 복(伏).
58	중택태 重澤兌	䷹	못. 입. 기쁨이 넘친다. 밖으로의 즐거움. 즐거움이 겹쳤다. 나타난다. 말조심해야 한다. 열(說). 현(見).
59	풍수환 風水渙	䷺	흩어진다. 산란(散亂)하다. 바뀐다. 떠난다. 밖으로 발산한다. 이(離).
60	수택절 水澤節	䷻	절제. 절도. 절약. 그친다. 넘치면 흐르고 부족하면 다시 고인다. 지(止).
61	풍택중부 風澤中孚	䷼	성실. 신의. 성심. 믿음성. 매사에 충실하라. 새가 부화한다. 신(信).
62	뇌산소과 雷山小過	䷽	과실. (작은 것이)조금 지나치다. (정도를) 약간 벗어난다. 과(過).
63	수화기제 水火旣濟	䷾	완성. 결정. 이미 이루어졌다(앞으로 어둠 올 기미). 모든 것이 바르게 다스려졌다. 남자의 궁극. 정(定).
64	화수미제 火水未濟	䷿	미완성. 미제. 아직 이루어지지 않았다. 완성은 아니다. 부족하다. 모든 것이 다스려지지 못했다. 사귀지 못하고 서로 어긋난다. 남궁(男窮).

Ⅱ. 대상괘(大象卦) 변화도

<예> 정사생(丁巳生) 음년(陰年) 평생괘(平生卦 선천괘先天卦)

지수사괘(地水師卦) 상효동(上爻動) 866

■ 선천괘(先天卦) 지수사괘(地水師卦) 상효동(上爻動) 866

1 ●		6	866	766	721	742	733	334	135			
34		39	865	665	566	521	542	533	134			
28		33	864	464	265	166	121	142	133			
22		27	863	853	454	255	156	111	132			
13		21	862	882	685	662	653	254	455	356	311	332
7		12	861	821	842	833	434	235	136			

※ 대상 기간(명리의 대운과 유사한 것으로 6년이나 9년)별 대상괘(大象卦)는 해당 각 괘의 1-6효 괘효 숫자이다(1-6세 866).

■ 후천괘(後天卦) 수산건괘(水山蹇卦) 3효동(三爻動) 673

64		69	676	576	531	512	523	124	325			
55		63	675	875	852	655	556	511	532	543	144	345
49		54	674	274	475	376	331	312	323			
40 ●		48	673	673	576	583	184	385	486	441	422	413
76		81	672	652	663	264	465	366	321			
70		75	671	631	612	623	224	425	326			

이는 하락이수대상괘변화도 42쪽의 671~676과 44쪽의 861~866의 1~6세 또는 1~9세의 괘효 숫자를 옮겨 쓴 것으로 하락이수유년괘변화도 95쪽의 음년란 1세부터 계속 연결하여 98쪽의 81세까지의 괘효 숫자와 같다. 따라서 대상괘(大象卦)로 유년괘(流年卦)를 추리할 수 있다(각효별로 연령별 괘효 변화는 일반 예와 같으므로 생략).

하락이수(下洛理數) 대상괘(大象卦) 변화도

원괘효	남녀	1세	2세	3세	4세	5세	6세	7세	8세	9세
111	양년	111	541	551	572	583	184	385	486	441
	음년	151	554	511	532	543	144	345	446	481
112	양년	112	315	332	343	744	545	646	681	662
	음년	132	335	312	323	724	525	626	661	682
113	양년	113	216	223	624	825	726	761	782	773
	음년	123	226	213	614	815	716	751	772	783
114	양년	114	151	554	755	856	811	832	843	444
	음년	514	551	154	355	456	411	432	443	844
115	양년	115	132	335	436	471	452	563	864	665
	음년	315	332	135	236	271	252	263	664	865
116	양년	116	123	226	261	282	273	674	875	776
	음년	216	223	126	161	182	173	574	775	876
121	양년	121	524	561	582	573	174	375	476	431
	음년	161	564	521	542	533	134	335	436	471
122	양년	122	325	342	333	734	535	636	671	652
	음년	142	345	322	313	714	515	616	651	672
123	양년	113	514	715	816	851	872			
	음년	113	514	715	816	851	872			
124	양년	124	161	564	765	866	821	842	833	434
	음년	524	561	164	365	466	421	442	433	834
125	양년	125	142	345	446	481	462	453	854	655
	음년	325	342	145	246	281	262	253	654	855
126	양년	126	113	216	251	272	283	684	885	786
	음년	226	213	116	151	172	183	584	785	886
131	양년	131	534	571	552	563	164	365	466	421
	음년	171	574	531	512	523	124	325	426	461
132	양년	112	123	524	725	826	861			
	음년	112	123	524	725	826	861			
133	양년	133	236	243	644	845	746	781	762	753
	음년	143	246	233	634	835	736	771	752	763
134	양년	134	171	574	775	876	831	812	823	424
	음년	534	571	174	375	476	431	412	423	824
135	양년	135	112	315	416	451	472	483	884	685
	음년	335	312	115	216	251	272	283	684	885
136	양년	136	143	246	281	262	253	654	855	756
	음년	236	243	146	181	162	153	554	755	856
141	양년	141	544	581	562	553	154	355	456	411
	음년	181	584	541	522	513	114	315	416	451
142	양년	122	113	514	715	816	851			
	음년	122	113	514	715	816	851			
143	양년	133	534	735	836	871	852			
	음년	133	534	735	836	871	852			
144	양년	144	181	584	785	886	841	822	813	414
	음년	544	581	184	385	486	441	422	413	814
145	양년	145	122	325	426	461	482	473	874	675
	음년	345	322	125	226	261	282	273	674	875
146	양년	146	133	236	271	252	263	664	865	766
	음년	246	233	136	171	152	163	564	765	866
151	양년	111	132	143	544	745	846			
	음년	111	132	143	544	745	846			
152	양년	152	355	372	383	784	585	686	641	622
	음년	172	375	352	363	764	565	666	621	642
153	양년	153	256	263	664	865	766	721	742	733
	음년	163	266	253	654	855	756	711	732	743
154	양년	154	111	514	715	816	851	872	883	484
	음년	554	511	114	315	416	451	472	483	884
155	양년	155	172	375	476	431	412	423	824	625
	음년	355	372	175	276	231	212	223	624	825
156	양년	156	163	266	221	242	233	634	835	736
	음년	256	263	166	121	142	133	534	735	836
161	양년	121	142	133	534	735	836			
	음년	121	142	133	534	735	836			
162	양년	162	365	382	373	774	575	676	631	612
	음년	182	385	362	353	754	555	656	611	632
163	양년	153	554	755	856	811	832			
	음년	153	554	755	856	811	832			
164	양년	164	121	524	725	826	861	882	873	474
	음년	564	521	124	325	426	461	482	473	874
165	양년	165	182	385	486	441	422	413	814	615
	음년	365	382	185	286	241	222	213	614	815
166	양년	166	153	256	211	232	243	644	845	746
	음년	266	253	156	111	132	143	544	745	846
171	양년	131	112	123	524	725	826			
	음년	131	112	123	524	725	826			
172	양년	152	163	564	765	866	821			
	음년	152	163	564	765	866	821			
173	양년	173	276	283	684	885	786	741	722	713
	음년	183	286	273	674	875	776	731	712	723
174	양년	174	131	534	735	836	871	852	863	464
	음년	574	531	134	335	436	471	452	463	864
175	양년	175	152	355	456	411	432	443	844	645
	음년	375	352	155	256	211	232	243	644	845
176	양년	176	183	286	241	222	213	614	815	716
	음년	276	283	186	141	122	113	514	715	816
181	양년	141	122	113	514	715	816			
	음년	141	122	113	514	715	816			
182	양년	162	153	554	755	856	811			
	음년	162	153	554	755	856	811			
183	양년	173	574	775	876	831	812			
	음년	173	574	775	876	831	812			
184	양년	184	141	544	745	846	881	862	853	454
	음년	584	541	144	345	446	481	462	453	854
185	양년	185	162	365	466	421	442	433	834	635
	음년	385	362	165	266	221	242	233	634	835
186	양년	186	173	276	231	212	223	624	825	726
	음년	286	273	176	131	112	123	524	725	826

하락이수(下洛理數) 대상괘(大象卦) 변화도

원괘효	남녀 1세. 2세. 3세. 4세. 5세. 6세. 7세. 8세 9세	원괘효	남녀 1세. 2세. 3세. 4세. 5세. 6세. 7세. 8세 9세
211	양년..211.614.651.672.683.284.485.386.341. 음년..251.654.611.632.643.244.445.346.381	251	양년..211.232.243.644.845.746. 음년..211.232.243.644.845.746.
212	양년..212.415.432.443.844.645.546.581.562. 음년..232.435.412.423.824.625.526.561.582	252	양년..252.455.472.483.884.685.586.541.522. 음년..272.475.452.463.864.665.566.521.542.
213	양년..213.116.123.524.725.826.861.882.873. 음년..223.126.113.514.715.816.851.872.883.	253	양년..253.156.163.564.765.866.821.842.833. 음년..263.166.153.554.755.856.811.832.843.
214	양년..214.251.654.855.756.711.732.743.344. 음년..614.651.254.455.356.311.332.343.744.	254	양년..254.211.614.815.716.751.772.783.384. 음년..654.611.214.415.316.351.372.383.784.
215	양년..215.232.435.336.371.352.363.764.565. 음년..415.432.235.136.171.152.163.564.765.	255	양년..255.272.475.376.331.312.323.724.525. 음년..455.472.275.176.131.112.123.524.725.
216	양년..116.151.172.183.584.785. 음년..116.151.172.183.584.785.	256	양년..156.111.132.143.544.745. 음년..156.111.132.143.544.745.
221	양년..221.624.661.682.673.274.475.376.331. 음년..261.664.621.642.633.234.435.336.371.	261	양년..221.242.233.634.835.736. 음년..221.242.233.634.835.736.
222	양년..222.425.442.433.834.635.536.571.552. 음년..242.445.422.413.814.615.516.551.572.	262	양년..262.465.482.473.874.675.576.531.512. 음년..282.485.462.453.854.655.556.511.532.
223	양년..213.614.815.716.751.772. 음년..213.614.815.716.751.772.	263	양년..253.654.855.756.711.732. 음년..253.654.855.756.711.732.
224	양년..224.261.664.865.766.721.742.733.334. 음년..624.661.264.465.366.321.342.333.734.	264	양년..264.221.624.825.726.761.782.773.374. 음년..664.621.224.425.326.361.382.373.774.
225	양년..225.242.445.346.381.362.353.754.555. 음년..425.442.245.146.181.162.153.554.755.	265	양년..265.282.485.386.341.322.313.714.515. 음년..465.482.285.186.141.122.113.514.715.
226	양년..126.161.182.173.574.775. 음년..126.161.182.173.574.775.	266	양년..166.121.142.133.534.735. 음년..166.121.142.133.534.735.
231	양년..231.634.671.652.663.264.465.366.321. 음년..271.674.631.612.623.224.425.326.361.	271	양년..231.212.223.624.825.726. 음년..231.212.223.624.825.726.
232	양년..212.223.624.825.726.761. 음년..212.223.624.825.726.761.	272	양년..252.263.664.865.766.721. 음년..252.263.664.865.766.721.
233	양년..233.136.143.544.745.846.881.862.853. 음년..243.146.133.534.735.836.871.852.863.	273	양년..273.176.183.584.785.886.841.822.813. 음년..283.186.173.574.775.876.831.812.823.
234	양년..234.271.674.875.776.731.712.723.324.. 음년..634.671.274.475.376.331.312.323.724.	274	양년..274.231.634.835.736.771.752.763.364. 음년..674.631.234.435.336.371.352.363.764.
235	양년..235.212.415.316.351.372.383.784.585. 음년..435.412.215.116.151.172.183.584.785.	275	양년..275.252.455.356.311.332.343.744.545. 음년..475.452.255.156.111.132.143.544.745.
236	양년..136.171.152.163.564.765. 음년..136.171.152.163.564.765.	276	양년..176.131.112.123.524.725. 음년..176.131.112.123.524.725.
241	양년..241.644.681.662.653.254.455.356.311. 음년..281.684.641.622.613.214.415.316.351.	281	양년..241.222.213.614.815.716. 음년..241.222.213.614.815.716.
242	양년..222.213.614.815.716.751. 음년..222.213.614.815.716.751.	282	양년..262.253.654.855.756.711. 음년..262.253.654.855.756.711.
243	양년..233.634.835.736.771.752. 음년..233.634.835.736.771.752.	283	양년..273.674.875.776.731.712. 음년..273.674.875.776.731.712.
244	양년..244.281.684.885.786.741.722.713.314. 음년..644.681.284.485.386.341.322.313.714.	284	양년..284.241.644.845.746.781.762.753.354. 음년..684.641.244.445.346.381.362.353.754.
245	양년..245.222.425.326.361.382.373.774.575. 음년..445.422.225.126.161.182.173.574.775.	285	양년..285.262.465.366.321.342.333.734.535. 음년..485.462.265.166.121.142.133.534.735.
246	양년..146.181.162.153.554.755. 음년..146.181.162.153.554.755.	286	양년..186.141.122.113.514.715. 음년..186.141.122.113.514.715.

하락이수(下洛理數) 대상괘(大象卦) 변화도

원괘효	남녀	1세. 2세. 3세. 4세. 5세. 6세. 7세 8세 9세	원괘효	남녀	1세. 2세. 3세. 4세. 5세. 6세. 7세 8세 9세
311	양년	..311.714.751.772.783.384.185.286.241.	351	양년	..311.332.343.744.545.646.
	음년	..351.754.711.732.743.344.145.246.281.		음년	..311.332.343.744.545.646.
312	양년	..312.115.132.143.544.745.846.881.862.	352	양년	..352.155.172.183.584.785.886.841.822.
	음년	..332.135.112.123.524.725.826.861.882.		음년	..372.175.152.163.564.765.866.821.842.
313	양년	..313.416.423.824.625.526.561.582.573.	353	양년	..353.456.463.864.665.566.521.542.533.
	음년	..323.426.413.814.615.516.551.572.583.		음년	..363.466.453.854.655.556.511.532.543.
314	양년	..314.351.754.555.656.611.632.643.244.	354	양년	..354.311.714.515.616.651.672.683.284.
	음년	..714.751.354.155.256.211.232.243.644.		음년	..754.711.314.115.216.251.272.283.684.
315	양년	..115.216.251.272.283.684.	355	양년	..155.256.211.232.243.644.
	음년	..115.216.251.272.283.684.		음년	..155.256.211.232.243.644.
316	양년	..316.323.426.461.482.473.874.675.576.	356	양년	..356.363.466.421.442.433.834.635.536.
	음년	..416.423.326.361.382.373.774.575.676.		음년	..456.463.366.321.342.333.734.535.636.
321	양년	..321.724.761.782.773.374.175.276.231.	361	양년	..321.342.333.734.535.636.
	음년	..361.764.721.742.733.334.135.236.271.		음년	..321.342.333.734.535.636.
322	양년	..322.125.142.133.534.735.836.871.852.	362	양년	..362.165.182.173.574.775.876.831.812.
	음년	..342.145.122.113.514.715.816.851.872.		음년	..382.185.162.153.554.755.856.811.832.
323	양년	..313.714.515.616.651.672.	363	양년	..353.754.555.656.611.632.
	음년	..313.714.515.616.651.672.		음년	..353.754.555.656.611.632.
324	양년	..324.361.764.565.666.621.642.633.234.	364	양년	..364.321.724.525.626.661.682.673.274.
	음년	..724.761.364.165.266.221.242.233.634.		음년	..764.721.324.125.226.261.282.273.674.
325	양년	..125.226.261.282.273.674.	365	양년	..165.266.221.242.233.634.
	음년	..125.226.261.282.273.674.		음년	..165.266.221.242.233.634.
326	양년	..326.313.416.451.472.483.884.685.586.	366	양년	..366.353.456.411.432.443.844.645.546.
	음년	..426.413.316.351.372.383.784.585.686.		음년	..466.453.356.311.332.343.744.545.646.
331	양년	..331.734.771.752.763.364.165.266.221.	371	양년	..331.312.323.724.525.626.
	음년	..371.774.731.712.723.324.125.226.261.		음년	..331.312.323.724.525.626.
332	양년	..312.323.724.525.626.661.	372	양년	..352.363.764.564.666.621.
	음년	..312.323.724.525.626.661.		음년	..352.363.764.564.666.621.
333	양년	..333.436.443.844.645.546.581.562.553.	373	양년	..373.476.483.884.685.586.541.522.513.
	음년	..343.446.433.834.635.536.571.552.563.		음년	..383.486.473.874.675.576.531.512.523.
334	양년	..334.371.774.575.676.631.612.623.224.	374	양년	..374.331.734.535.636.671.652.663.264.
	음년	..734.771.374.175.276.231.212.223.624.		음년	..774.731.334.135.236.271.252.263.664.
335	양년	..135.236.271.252.263.664.	375	양년	..175.276.231.212.223.624.
	음년	..135.236.271.252.263.664.		음년	..175.276.231.212.223.624.
336	양년	..336.343.446.481.462.453.854.655.556.	376	양년	..376.383.486.441.422.413.814.615.516.
	음년	..436.443.346.381.362.353.754.555.656.		음년	..476.483.386.341.322.313.714.515.616.
341	양년	..341.744.781.762.753.354.155.256.211	381	양년	..341.322.313.714.515.616.
	음년	..381.784.741.722.713.314.115.216.251.		음년	..341.322.313.714.515.616.
342	양년	..322.313.714.515.616.651.	382	양년	..362.353.754.555.656.611.
	음년	..322.313.714.515.616.651.		음년	..362.353.754.555.656.611.
343	양년	..333.734.535.636.671.652.	383	양년	..373.774.575.676.631.612.
	음년	..333.734.535.636.671.652.		음년	..373.774.575.676.631.612.
344	양년	..344.381.784.585.686.641.622.613.214.	384	양년	..384.341.744.545.646.681.662.653.254.
	음년	..744.781.384.185.286.241.222.213.614.		음년	..784.741.344.145.246.281.262.253.654.
345	양년	..145.246.281.262.253.654.	385	양년	..185.286.241.222.213.614.
	음년	..145.246.281.262.253.654.		음년	..185.286.241.222.213.614.
346	양년	..346.333.436.471.452.463.864.665.566.	386	양년	..386.373.476.431.412.423.824.625.526.
	음년	..446.433.336.371.352.363.764.565.666.		음년	..486.473.376.331.312.323.724.525.626.

하락이수(下洛理數) 대상괘(大象卦) 변화도

원괘효	남녀	1세. 2세. 3세. 4세. 5세. 6세. 7세 8세 9세	원괘효	남녀	1세. 2세. 3세. 4세. 5세. 6세. 7세 8세 9세
411	양년	..411.814.851.872.883.484.285.186.141.	451	양년	..411.432.443.844.645.546.
	음년	..451.854.811.832.843.444.245.146.181.		음년	..411.432.443.844.645.546.
412	양년	..412.215.232.243.644.845.746.781.762.	452	양년	..452.255.272.283.684.885.786.741.722.
	음년	..432.235.212.223.624.825.726.761.782.		음년	..472.275.252.263.664.865.766.721.742.
413	양년	..413.316.323.724.525.626.661.682.673.	453	양년	..453.356.363.764.565.666.621.642.633.
	음년	..423.326.313.714.515.616.651.672.683.		음년	..463.366.353.754.555.656.611.632.643.
414	양년	..414.451.854.655.556.511.532.543.144.	454	양년	..454.411.814.615.516.551.572.583.104.
	음년	..814.851.454.255.156.111.132.143.544.		음년	..854.811.414.215.116.151.172.183.504.
415	양년	..215.116.151.172.183.584.	455	양년	..255.156.111.132.143.544.
	음년	..215.116.151.172.183.584.		음년	..255.156.111.132.143.544.
416	양년	..316.351.372.383.784.585.	456	양년	..356.311.332.343.744.545.
	음년	..316.351.372.383.784.585.		음년	..356.311.332.343.744.545.
421	양년	..421.824.861.882.873.474.275.176.131.	461	양년	..421.442.433.834.635.536.
	음년	..461.864.821.842.833.434.235.136.171.		음년	..421.442.433.834.635.536
422	양년	..422.225.242.233.634.835.736.771.752.	462	양년	..462.265.282.273.674.875.776.731.712.
	음년	..442.245.222.213.614.815.716.751.772.		음년	..482.285.262.253.654.855.756.711.732.
423	양년	..413.814.615.516.551.572.	463	양년	..453.854.655.556.511.532.
	음년	..413.814.615.516.551.572.		음년	..453.854.655.556.511.532.
424	양년	..424.461.864.665.566.521.542.533.134.	464	양년	..464.421.824.625.526.561.582.573.174.
	음년	..824.861.464.265.166.121.142.133.534.		음년	..864.821.424.225.126.161.182.173.574.
425	양년	..225.126.161.182.173.574.	465	양년	..265.166.121.142.133.534.
	음년	..225.126.161.182.173.574.		음년	..265.166.121.142.133.534.
426	양년	..326.361.382.373.774.575.	466	양년	..366.321.342.333.734.535.
	음년	..326.361.382.373.774.575.		음년	..366.321.342.333.734.535.
431	양년	..431.834.871.852.863.464.265.166.121.	471	양년	..431.412.423.824.625.526.
	음년	..471.874.831.812.823.424.225.126.161.		음년	..431.412.423.824.625.526.
432	양년	..412.423.824.625.526.561.	472	양년	..452.463.864.665.566.521.
	음년	..412.423.824.625.526.561.		음년	..452.463.864.665.566.521.
433	양년	..433.336.343.744.545.646.681.662.653.	473	양년	..473.376.383.784.585.686.641.622.613.
	음년	..443.346.333.734.535.636.671.652.663.		음년	..483.386.373.774.575.676.631.612.623.
434	양년	..434.471.874.675.576.531.512.523.124.	474	양년	..474.431.834.635.536.571.552.563.164.
	음년	..834.871.474.275.176.131.112.123.524.		음년	..874.831.434.235.136.171.152.163.564.
435	양년	..235.136.171.152.163.564.	475	양년	..275.176.131.112.123.524.
	음년	..235.136.171.152.163.564.		음년	..275.176.131.112.123.524.
436	양년	..336.371.352.363.764.565.	476	양년	..376.331.312.323.724.525.
	음년	..336.371.352.363.764.565.		음년	..376.331.312.323.724.525.
441	양년	..441.844.881.862.853.454.255.156.111.	481	양년	..441.422.413.814.615.516.
	음년	..481.884.841.822.813.414.215.116.151.		음년	..441.422.413.814.615.516.
442	양년	..422.413.814.615.516.551.	482	양년	..462.453.854.655.556.511.
	음년	..422.413.814.615.516.551.		음년	..462.453.854.655.556.511.
443	양년	..433.834.635.536.571.552.	483	양년	..473.874.675.576.531.512.
	음년	..433.834.635.536.571.552.		음년	..473.874.675.576.531.512.
444	양년	..444.481.884.685.586.541.522.513.114.	484	양년	..484.441.844.645.546.581.562.553.154.
	음년	..844.881.484.285.186.141.122.113.514.		음년	..884.841.444.245.146.181.162.153.554.
445	양년	..245.146.181.162.153.554.	485	양년	..285.186.141.122.113.514.
	음년	..245.146.181.162.153.554.		음년	..285.186.141.122.113.514.
446	양년	..346.381.362.353.754.555.	486	양년	..386.341.322.313.714.515.
	음년	..346.381.362.353.754.555.		음년	..386.341.322.313.714.515.

하락이수(下洛理數) 대상괘(大象卦) 변화도

원괘효	남녀	1세	2세	3세	4세	5세	6세	7세	8세	9세
511	양년	511	114	151	172	183	584	785	886	841
	음년	551	154	111	132	143	544	745	846	881
512	양년	512	715	732	743	344	145	246	281	262
	음년	532	735	712	723	324	125	226	261	282
513	양년	513	616	623	224	425	326	361	382	373
	음년	523	626	613	214	415	316	351	372	383
514	양년	114	315	416	451	472	483			
	음년	114	315	416	451	472	483			
515	양년	515	532	735	836	871	852	863	464	265
	음년	715	732	535	636	671	652	663	264	465
516	양년	516	523	626	661	682	673	274	475	376
	음년	616	623	526	561	582	573	174	375	476
521	양년	521	124	161	182	173	574	775	876	831
	음년	561	164	121	142	133	534	735	836	871
522	양년	522	725	742	733	334	135	236	271	252
	음년	542	745	722	713	314	115	216	251	272
523	양년	513	114	315	416	451	472			
	음년	513	114	315	416	451	472			
524	양년	124	325	426	461	482	473			
	음년	124	325	426	461	482	473			
525	양년	525	542	745	846	881	862	853	454	255
	음년	725	742	545	646	681	662	653	254	455
526	양년	526	513	616	651	672	683	284	485	386
	음년	626	613	516	551	572	583	184	385	486
531	양년	531	134	171	152	163	564	765	866	821
	음년	571	174	131	112	123	524	725	826	861
532	양년	512	523	124	325	426	461			
	음년	512	523	124	325	426	461			
533	양년	533	636	643	244	445	346	381	362	353
	음년	543	646	633	234	435	336	371	352	363
534	양년	134	335	436	471	452	463			
	음년	134	335	436	471	452	463			
535	양년	535	512	715	816	851	872	883	484	285
	음년	735	712	515	616	651	672	683	284	485
536	양년	536	543	646	681	662	653	254	455	356
	음년	636	643	546	581	561	553	154	355	456
541	양년	541	144	181	162	153	554	755	856	811
	음년	581	184	141	122	113	514	715	816	851
542	양년	522	513	114	315	416	451			
	음년	522	513	114	315	416	451			
543	양년	533	134	335	436	471	452			
	음년	533	134	335	436	471	452			
544	양년	144	345	446	481	462	453			
	음년	144	345	446	481	462	453			
545	양년	545	522	725	826	861	882	873	474	275
	음년	745	722	525	626	661	682	673	274	475
546	양년	546	533	636	671	652	663	264	465	366
	음년	646	633	536	571	552	563	164	365	466
551	양년	511	532	543	144	345	446			
	음년	511	532	543	144	345	446			
552	양년	552	755	772	783	384	185	286	241	222
	음년	572	775	752	763	364	165	266	221	242
553	양년	553	656	663	264	465	366	321	342	333
	음년	563	666	653	254	455	356	311	332	343
554	양년	154	355	456	411	432	443			
	음년	154	355	456	411	432	443			
555	양년	555	572	775	876	831	812	823	424	225
	음년	755	772	575	676	631	612	623	224	425
556	양년	556	563	666	621	642	633	234	435	336
	음년	656	663	566	521	542	533	134	335	436
561	양년	521	542	533	134	335	436			
	음년	521	542	533	134	335	436			
562	양년	562	765	782	773	374	175	276	231	212
	음년	582	785	762	753	354	155	256	211	232
563	양년	553	154	355	456	411	432			
	음년	553	154	355	456	411	432			
564	양년	164	365	466	421	442	433			
	음년	164	365	466	421	442	433			
565	양년	565	582	785	886	841	822	813	414	215
	음년	765	782	585	686	641	622	613	214	415
566	음년	666	653	556	511	532	543	144	345	446
	양년	566	553	656	611	632	643	244	445	346
571	양년	531	512	523	124	325	426			
	음년	531	512	523	124	325	426			
572	양년	552	563	164	365	466	421			
	음년	552	563	164	365	466	421			
573	양년	573	676	683	284	485	386	341	322	313
	음년	583	686	673	274	475	376	331	312	323
574	양년	174	375	476	431	412	423			
	음년	174	375	476	431	412	423			
575	양년	575	552	755	856	811	832	843	444	245
	음년	775	752	555	656	611	632	643	244	445
576	양년	576	583	686	641	622	613	214	415	316
	음년	676	683	586	541	522	513	114	315	416
581	양년	541	522	513	114	315	416			
	음년	541	522	513	114	315	416			
582	양년	562	553	154	355	456	411			
	음년	562	553	154	355	456	411			
583	양년	573	174	375	476	431	412			
	음년	573	174	375	476	431	412			
584	양년	184	385	486	441	422	413			
	음년	184	385	486	441	422	413			
585	양년	585	562	765	866	821	842	833	434	235
	음년	785	762	565	666	621	642	633	234	435
586	양년	586	573	676	631	612	623	224	425	326
	음년	686	673	576	531	512	523	124	325	426

하락이수(下洛理數) 대상괘(大象卦) 변화도

원괘효	남녀	1세	2세	3세	4세	5세	6세	7세	8세	9세
611	양년	611	214	251	272	283	684	885	786	741
	음년	651	254	211	232	243	644	845	746	781
612	양년	612	815	832	843	444	245	146	181	162
	음년	632	835	812	823	424	225	126	161	182
613	양년	613	516	523	124	325	426	461	482	473
	음년	623	526	513	114	315	416	451	472	483
614	양년	214	415	316	351	372	383			
	음년	214	415	316	351	372	383			
615	양년	615	632	835	736	771	752	763	364	165
	음년	815	832	635	536	571	552	563	164	365
616	양년	516	551	572	583	184	385			
	음년	516	551	572	583	184	385			
621	양년	621	224	261	282	273	674	875	776	731
	음년	661	264	221	242	233	634	835	736	771
622	양년	622	825	842	833	434	235	136	171	152
	음년	642	845	822	813	414	215	116	152	172
623	양년	613	214	415	316	351	372			
	음년	613	214	415	316	351	372			
624	양년	224	425	326	361	382	373			
	음년	224	425	326	361	382	373			
625	양년	625	642	845	746	781	762	753	354	155
	음년	825	842	645	546	581	562	553	154	355
626	양년	526	561	582	573	174	375			
	음년	526	561	582	573	174	375			
631	양년	631	234	271	252	263	664	865	766	721
	음년	671	274	231	212	223	624	825	726	761
632	양년	612	623	224	425	326	361			
	음년	612	623	224	425	326	361			
633	양년	633	536	543	144	345	446	481	462	453
	음년	643	546	533	134	335	436	471	452	463
634	양년	234	435	336	371	352	363			
	음년	234	435	336	371	352	363			
635	양년	635	612	815	716	751	772	783	384	185
	음년	835	812	615	516	551	572	583	184	385
636	양년	536	571	552	563	164	365			
	음년	536	571	552	563	164	365			
641	양년	641	244	281	262	253	654	855	756	711
	음년	681	284	241	222	213	614	815	716	751
642	양년	622	613	214	415	316	351			
	음년	622	613	214	415	316	351			
643	양년	633	234	435	336	371	352			
	음년	633	234	435	336	371	352			
644	양년	244	445	346	381	362	353			
	음년	244	445	346	381	362	353			
645	양년	645	622	825	726	761	782	773	374	175
	음년	845	822	625	526	561	582	573	174	375
646	양년	546	581	562	553	154	355			
	음년	546	581	562	553	154	355			
651	양년	611	632	643	244	445	346			
	음년	611	632	643	244	445	346			
652	양년	652	855	872	883	484	285	186	141	122
	음년	672	875	852	863	464	265	166	121	142
653	양년	653	556	563	164	365	466	421	442	433
	음년	663	566	553	154	355	456	411	432	443
654	양년	254	455	356	311	332	343			
	음년	254	455	356	311	332	343			
655	양년	655	672	875	776	731	712	723	324	125
	음년	855	872	675	576	531	512	523	124	325
656	양년	556	511	532	543	144	345			
	음년	556	511	532	543	144	345			
661	양년	621	642	633	234	435	336			
	음년	621	642	633	234	435	336			
662	양년	662	865	882	873	474	275	176	131	112
	음년	682	885	862	853	454	255	156	111	132
663	양년	653	254	455	356	311	332			
	음년	653	254	455	356	311	332			
664	양년	264	465	366	321	342	333			
	음년	264	465	366	321	342	333			
665	양년	665	682	885	786	741	722	713	314	115
	음년	865	882	685	586	541	522	513	114	315
666	양년	566	521	542	533	134	335			
	음년	566	521	542	533	134	335			
671	양년	631	612	623	224	425	326			
	음년	631	612	623	224	425	326			
672	양년	652	663	264	465	366	321			
	음년	652	663	264	465	366	321			
673	양년	673	576	583	184	385	486	441	422	413
	음년	683	586	573	174	375	476	431	412	423
674	양년	274	475	376	331	312	323			
	음년	274	475	376	331	312	323			
675	양년	675	652	855	756	711	732	743	344	145
	음년	875	852	655	556	511	532	543	144	345
676	양년	576	531	512	523	124	325			
	음년	576	531	512	523	124	325			
681	양년	641	622	613	214	415	316			
	음년	641	622	613	214	415	316			
682	양년	662	653	254	455	356	311			
	음년	662	653	254	455	356	311			
683	양년	673	274	475	376	331	312			
	음년	673	274	475	376	331	312			
684	양년	284	485	386	341	322	313			
	음년	284	485	386	341	322	313			
685	양년	685	662	865	766	721	742	733	334	135
	음년	885	862	665	566	521	542	533	134	335
686	양년	586	541	522	513	114	315			
	음년	586	541	522	513	114	315			

하락이수(下洛理數) 대상괘(大象卦) 변화도

원괘효	남녀	1세	2세	3세	4세	5세	6세	7세	8세	9세
711	양년	711	314	351	372	383	784	585	686	641
	음년	751	354	311	332	343	744	545	646	681
712	양년	712	515	532	543	144	345	446	481	462
	음년	732	535	512	523	124	325	426	461	482
713	양년	713	816	823	424	225	126	161	182	173
	음년	723	826	813	414	215	116	151	172	183
714	양년	314	115	216	251	272	283			
	음년	314	115	216	251	272	283			
715	양년	515	616	651	672	683	284			
	음년	515	616	651	672	683	284			
716	양년	716	723	826	861	882	873	474	275	176
	음년	816	823	726	761	782	773	374	175	276
721	양년	721	324	361	382	373	774	575	676	631
	음년	761	364	321	342	333	734,535	636	671	
722	양년	722	525	542	533	134	335	436	471	452
	음년	742	545	522	513	114	315	416	451	472
723	양년	713	314	115	216	251	272			
	음년	713	314	115	216	251	272			
724	양년	324	125	226	261	282	273			
	음년	324	125	226	261	282	273			
725	양년	525	626	661	682	673	274			
	음년	525	626	661	682	673	274			
726	양년	726	713	816	851	872	883	484	285	186
	음년	826	813	716	851	772	783	384	185	286
731	양년	731	334	371	352	363	764	565	666	621
	음년	771	374	331	312	323	724	525	626	661
732	양년	712	723	324	125	226	261			
	음년	712	723	324	125	226	261			
733	양년	733	836	843	444	245	146	181	162	153
	음년	743	846	833	434	235	136	171	152	163
734	양년	334	135	236	271	252	263			
	음년	334	135	236	271	252	263			
735	양년	535	636	671	652	663	264			
	음년	535	636	671	652	663	264			
736	양년	736	743	846	881	862	853	454	255	156
	음년	836	843	746	781	762	753	354	155	256
741	양년	741	344	381	362	353	754	555	656	611
	음년	781	384	341	322	313	714	515	616	651
742	양년	722	713	314	115	216	251			
	음년	722	713	314	115	216	251			
743	양년	733	334	135	236	271	252			
	음년	733	334	135	236	271	252			
744	양년	344	145	246	281	262	253			
	음년	344	145	246	281	262	253			
745	양년	545	646	681	662	653	254			
	음년	545	646	681	662	653	254			
746	양년	746	733	836	871	852	863	464	265	166
	음년	846	833	736	771	752	763	364	165	266
751	양년	711	732	743	344	145	246			
	음년	711	732	743	344	145	246			
752	양년	752	555	572	583	184	385	486	441	422
	음년	772	575	552	563	164	365	466	421	442
753	양년	753	856	863	464	265	166	121	142	133
	음년	763	866	853	454	255	156	111	132	143
754	양년	354	155	256	211	232	243			
	음년	354	155	256	211	232	243			
755	양년	555	656	611	632	643	244			
	음년	555	656	611	632	643	244			
756	양년	756	763	866	821	842	833	434	235	136
	음년	856	863	766	721	742	733	334	135	236
761	양년	721	742	733	334	135	236			
	음년	721	742	733	334	135	236			
762	양년	762	565	582	573	174	375	476	431	412
	음년	782	585	562	553	154	355	456	411	432
763	양년	753	354	155	256	211	232			
	음년	753	354	155	256	211	232			
764	양년	364	165	266	221	242	233			
	음년	364	165	266	221	242	233			
765	양년	565	666	621	642	633	234			
	음년	565	666	621	642	633	234			
766	양년	766	753	856	811	832	843	444	245	146
	음년	866	853	756	711	732	743	344	145	246
771	양년	731	712	723	324	125	226			
	음년	731	712	723	324	125	226			
772	양년	752	763	364	165	266	221			
	음년	752	763	364	165	266	221			
773	양년	773	876	883	484	285	186	141	122	113
	음년	783	886	873	474	275	176	131	112	123
774	양년	374	175	276	231	212	223			
	음년	374	175	276	231	212	223			
775	양년	575	676	631	612	623	224			
	음년	575	676	631	612	623	224			
776	양년	776	783	886	841	822	813	414	215	116
	음년	876	883	786	741	722	713	314	115	216
781	양년	741	722	713	314	115	216			
	음년	741	722	713	314	115	216			
782	양년	762	753	354	155	256	211			
	음년	762	753	354	155	256	211			
783	양년	773	374	175	276	231	212			
	음년	773	374	175	276	231	212			
784	양년	384	185	286	241	222	213			
	음년	384	185	286	241	222	213			
785	양년	585	686	641	622	613	214			
	음년	585	686	641	622	613	214			
786	양년	786	773	876	831	812	823	424	225	126
	음년	886	873	776	731	712	723	324	125	226

하락이수(下洛理數) 대상괘(大象卦) 변화도

원패효	남녀	1세	2세	3세	4세	5세	6세	7세	8세	9세
811	양년	811	414	451	472	483	884	685	586	541
	음년	851	454	411	432	443	844	645	546	581
812	양년	812	615	632	643	244	445	346	381	362
	음년	832	635	612	623	224	425	326	361	382
813	양년	813	716	723	324	125	226	261	282	273
	음년	823	726	713	314	115	216	251	272	283
814	양년	414	215	116	151	172	183			
	음년	414	215	116	151	172	183			
815	양년	615	516	551	572	583	184			
	음년	615	516	551	572	583	184			
816	양년	716	751	772	783	384	185			
	음년	716	751	772	783	384	185			
821	양년	821	424	461	482	473	874	675	576	531
	음년	861	464	421	442	433	834	635	536	571
822	양년	822	625	642	633	234	435	336	371	352
	음년	842	645	622	613	214	415	316	351	372
823	양년	813	414	215	116	151	172			
	음년	813	414	215	116	151	172			
824	양년	424	225	126	161	182	173			
	음년	424	225	126	161	182	173			
825	양년	625	526	561	582	573	174			
	음년	625	526	561	582	573	174			
826	양년	726	761	782	773	374	175			
	음년	726	761	782	773	374	175			
831	양년	831	434	471	452	463	864	665	566	521
	음년	871	474	431	412	423	824	625	526	561
832	양년	812	823	424	225	126	161			
	음년	812	823	424	225	126	161			
833	양년	833	736	743	344	145	246	281	262	253
	음년	843	746	733	334	135	236	271	252	263
834	양년	434	235	136	171	152	163			
	음년	434	235	136	171	152	163			
835	양년	635	536	571	552	563	164			
	음년	635	536	571	552	563	164			
836	양년	736	771	752	763	364	165			
	음년	736	771	752	763	364	165			
841	양년	841	444	481	462	453	854	655	556	511
	음년	881	484	441	422	413	814	615	516	551
842	양년	822	813	414	215	116	151			
	음년	822	813	414	215	116	151			
843	양년	833	434	235	136	171	152			
	음년	833	434	235	136	171	152			
844	양년	444	245	146	181	162	153			
	음년	444	245	146	181	162	153			
845	양년	645	546	581	562	553	154			
	음년	645	546	581	562	553	154			
846	양년	746	781	762	753	354	155			
	음년	746	781	762	753	354	155			
851	양년	811	832	843	444	245	146			
	음년	811	832	843	444	245	146			
852	양년	852	655	672	683	284	485	386	341	322
	음년	872	675	652	663	264	465	366	321	342
853	양년	853	756	763	364	165	266	221	242	233
	음년	863	766	753	354	155	256	211	232	243
854	양년	454	255	156	111	132	143			
	음년	454	255	156	111	132	143			
855	양년	655	556	511	532	543	144			
	음년	655	556	511	532	543	144			
856	양년	756	711	732	743	344	145			
	음년	756	711	732	743	344	145			
861	양년	821	842	833	434	235	136			
	음년	821	842	833	434	235	136			
862	양년	862	665	682	673	274	475	376	331	312
	음년	882	685	662	653	254	455	356	311	332
863	양년	853	454	255	156	111	132			
	음년	853	454	255	156	111	132			
864	양년	464	265	166	121	142	133			
	음년	464	265	166	121	142	133			
865	양년	665	566	521	542	533	134			
	음년	665	566	521	542	533	134			
866	양년	766	721	742	733	334	135			
	음년	766	721	742	733	334	135			
871	양년	831	812	823	424	225	126			
	음년	831	812	823	424	225	126			
872	양년	852	863	464	265	166	121			
	음년	852	863	464	265	166	121			
873	양년	873	776	783	384	185	286	241	222	213
	음년	883	786	773	374	175	276	231	212	223
874	양년	474	275	176	131	112	123			
	음년	474	275	176	131	112	123			
875	양년	675	576	531	512	523	124			
	음년	675	576	531	512	523	124			
876	양년	776	731	712	723	324	125			
	음년	776	731	712	723	324	125			
881	양년	841	822	813	414	215	116			
	음년	841	822	813	414	215	116			
882	양년	862	853	454	255	156	111			
	음년	862	853	454	255	156	111			
883	양년	873	474	275	176	131	112			
	음년	873	474	275	176	131	112			
884	양년	484	285	186	141	122	113			
	음년	484	285	186	141	122	113			
885	양년	685	586	541	522	513	114			
	음년	685	586	541	522	513	114			
886	양년	786	741	722	713	314	115			
	음년	786	741	722	713	314	115			

Ⅲ. 유년괘(流年卦) 변화도

예> 133 천화동인괘(天火同人卦) 양년(陽年) 유년괘(流年卦 이를 소상小象이라 한다)→양효(陽爻)가 9년을 운행(運行)하는 예

| 1세 | 2세 | 3세 | 4세 | 5세 | 6세 | 7세 | 8세 | 9세 |

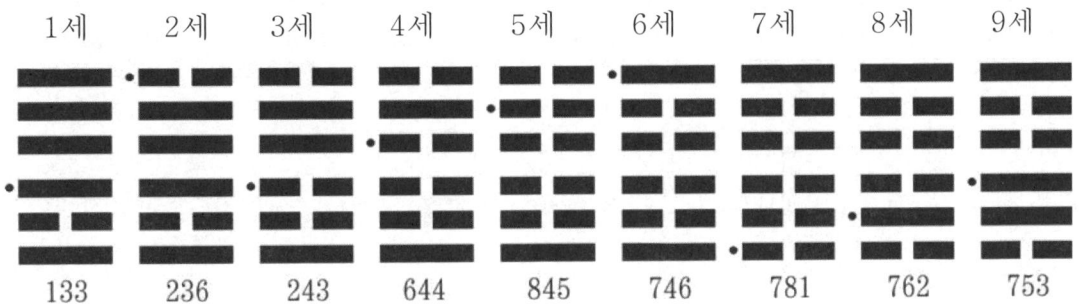

| 133 | 236 | 243 | 644 | 845 | 746 | 781 | 762 | 753 |

※ 양효(陽爻)는 1년 다음에 응효(應爻)에서 1년, 다시 본효(本爻)로 환원 (응효)하여 1년이 지난다. 다음해부터는 차례로 6효를 상향(上向) 운행 (運行)한다.(음효의 6년과 차이, 3년의 응효 변화)

| 10세 | 11세 | 12세 | 13세 | 14세 | 15세 | 16세 | 17세 | 18세 |

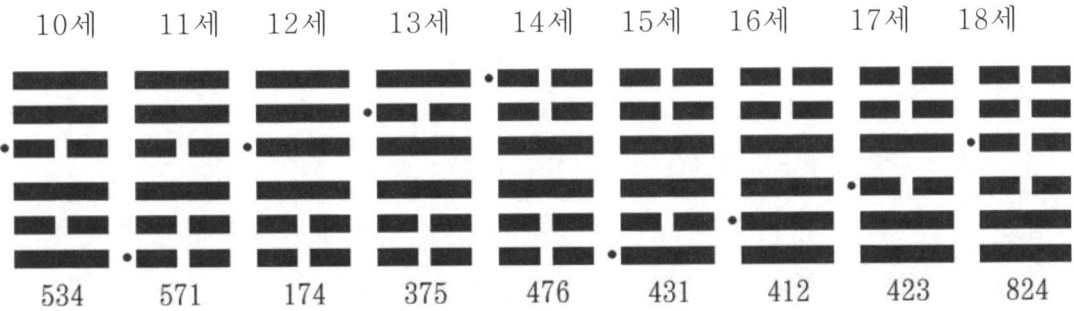

| 534 | 571 | 174 | 375 | 476 | 431 | 412 | 423 | 824 |

10세의 경우 원괘(原卦) 133에서 134로 변화하는데, 원당(元堂) 4효는 10세가 음년(陰年)이므로 반드시 변화(變化)하게 된다. 따라서 상괘(上卦)의 ☰건(乾)이 ☴손(巽)으로 변화하여 534가 된 것이다. 만약 10세가 양년(陽年)이라면 변화하지 않고 134가 되는 것이다.

  ※ 양년(陽年) 1 3 5 7 9세, 음년(陰年) 2 4 6 8 10세

132 천화동인괘(天火同人卦) 음년(陰年) 유년괘(流年卦 소상小象)→ 양효(陽爻)가 6년을 운행(運行)하는 예

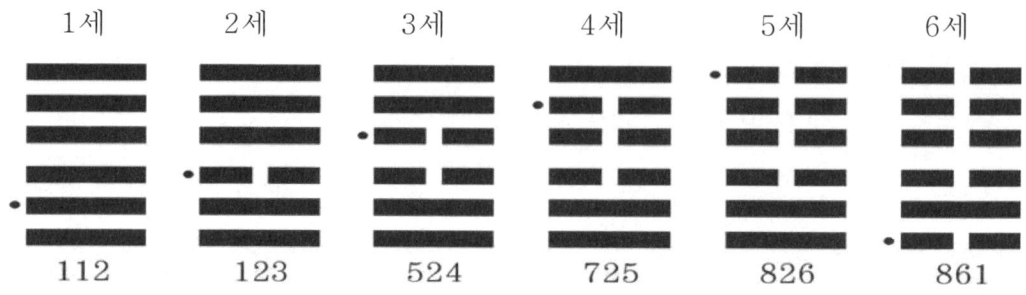

1세	2세	3세	4세	5세	6세
112	123	524	725	826	861

※ 원괘(原卦) 132의 내괘(內卦) ☲(리離)가 ☰(건乾)으로 변화(變化)하여 1세 112가 된다.

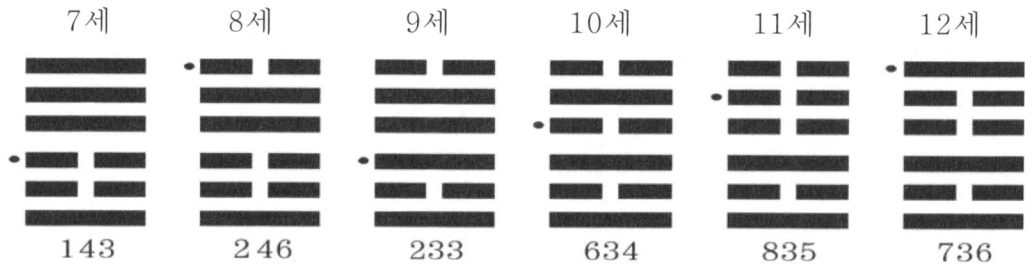

7세	8세	9세	10세	11세	12세
143	246	233	634	835	736

원괘(原卦) 132에서 7세의 경우는 다시 3효로 옮겨 133이 되는데 133의 내괘(內卦) ☲(리離)가 ☳(진震)로 변화(變化)하여 143이 된다.

다음 해인 8세는 3효의 응효인 상효(上爻)가 변화하고 9세에는 다시 본효(本爻)로 환원(응효)하여 3효가 변한다.(☳ → ☲)

※ 이러한 유년별(流年別 연령별年齡別) 괘효(卦爻)의 변화는 상당한 복잡성을 지니고 있다는 점을 위의 예를 통하여 인식하였으리라 믿는다. 그러나 실제 활용에 있어서는 하락이수유년괘변화도 에서 당사자 생년(生年)의 음양(陰陽)과 작괘(作卦)한 괘효(卦爻) 숫자만 1세부터 연결해서 봐 나가면 된다.

하락이수(河洛理數) 유년괘(流年卦) 변화도

원괘효	남녀 1세. 2세. 3세. 4세. 5세. 6세. 7세 8세 9세	10세.11세.12세.13세14세15세16세17세18세19세	20세21세22세23세24세
111	양년..111.514.551.572.583.184.385.486.441. 음년..151.554.511.532.543.144.345.446.481.	132.335.312.323.724.525.626.661.682.113. 112.315.332.343.744.545.646.681.662.123.	216.223.624.825.726. 226.213.614.815.716.
112	양년..112.315.332.343.744.545.646.681.662. 음년..132.335.312.323.724.525.626.661.682.	123.226.213.614.815.716.751.772.783.114. 113.216.223.624.825.726.761.782.773.514.	151.554.755.856.811. 551.154.355.456.411.
113	양년..113.216.223.624.825.726.761.782.773. 음년..123.226.213.614.815.716.751.772.783.	514.551.154.355.456.411.432.443.844.115. 114.151.554.755.856.811.832.843.444.315.	132.335.436.471.452. 332.135.236.271.252.
114	양년..114.151.554.755.856.811.832.843.444. 음년..514.551.154.355.456.411.432.443.844.	315.332.135.236.271.252.263.664.865.116. 115.132.335.436.471.452.463.864.665.216.	123.226.261.282.273. 223.126.161.182.173.
115	양년..115.132.335.436.471.452.463.864.665. 음년..315.332.135.236.271.252.263.664.865.	216.223.126.161.182.173.574.775.876.111. 116.123.226.261.282.273.674.875.776.151.	541.551.572.583.184. 554.511.532.543.144.
116	양년..116.123.226.261.282.273.674.875.776. 음년..216.223.126.161.182.173.574.775.876.	151.554.511.532.543.144.345.446.481.112. 111.541.551.572.583.184.385.486.441.132.	315.332.343.744.545. 335.312.323.724.525.
121	양년..121.524.561.582.573.174.375.476.431. 음년..161.564.521.542.533.134.335.436.471.	142.345.322.313.714.515.616.651.672.113 122.325.342.333.734.535.636.671.652.113.	.514.715.816.851.872. 514.715.816.851.872.
122	양년..122.325.342.333.734.535.636.671.652. 음년..142.345.322.313.714.515.616.651.672.	113.514.715.816.851.872.524.561.164.365. 113.514.715.816.851.872.124.161.564.765.	466.421.442.433.834. 866.821.842.833.434.
123	양년..113.514.715.816.851.872.124.161.564. 음년..113.514.715.816.851.872.524.561.164.	765.866.821.842.833.434.325.342.145.246. 365.466.421.442.433.834.125.142.345.446.	281.262.253.654.855. 481.462.453.854.655.
124	양년..124.161.564.765.866.821.842.833.434. 음년..524.561.164.365.466.421.442.433.834.	325.342.145.246.281.262.253.654.855.126. 125.142.345.446.481.462.453.854.655.226.	113.216.251.272.283. 213.116.151.172.183.
125	양년..125.142.345.446.481.462.453.854.655. 음년..325.342.145.246.281.262.253.654.855.	226.213.116.151.172.183.584.785.886.121. 126.113.216.251.272.283.684.885.786.161.	524.561.582.573.174. 564.521.542.533.134.
126	양년..126.113.216.251.272.283.684.885.786. 음년..226.213.116.151.172.183.584.785.886.	161.564.521.542.533.134.335.436.471.122. 121.524.561.582.573.174.375.476.431.142.	325.342.333.734.535. 345.322.313.714.515.
131	양년..131.534.571.552.563.164.365.466.421. 음년..171.574.531.512.523.124.325.426.461.	112.123.524.725.826.861.143.246.233.634. 112.123.524.725.826.861.133.236.243.644.	835.736.771.752.763. 845.746.781.762.753.
132	양년..112.123.524.725.826.861.133.236.243. 음년..112.123.524.725.826.861.143.246.233.	644.845.746.781.762.753.534.571.174.375. 634.835.736.771.752.763.134.171.574.775.	476.431.412.423.824. 876.831.812.823.424.
133	양년..133.236.243.644.845.746.781.762.753. 음년..143.246.233.634.835.736.771.752.763.	534.571.174.375.476.431.412.423.824.135. 134.171.574.775.876.831.812.823.424.335.	112.315.416.451.472. 312.115.216.251.272.
134	양년..134.171.574.775.876.831.812.823.424. 음년..534.571.174.375.476.431.412.423.824.	335.312.115.216.251.272.283.684.885.136. 135.112.315.416.451.472.483.884.685.236	143.246.281.262.253. .243.146.181.162.153.
135	양년..135.112.315.416.451.472.483.884.685. 음년..335.312.115.216.251.272.283.684.885.	236.243.146.181.162.153.554.755.856.131. 136.143.246.281.262.253.654.855.756.171.	534.571.552.563.164. 574.531.512.523.124.
136	양년..136.143.246.281.262.253.654.855.756. 음년..236.243.146.181.162.153.554.755.856.	171.574.531.512.523.124.325.426.461.112. 131.534.571.552.563.164.365.466.421.112.	123.524.725.826.861. 123.524.725.826.861.
141	양년..141.544.581.562.553.154.355.456.411. 음년..181.584.541.522.513.114.315.416.451.	122.113.514.715.816.851.133.534.735.836. 122.113.514.715.816.851.133.534.735.836.	871.852.144.181.584. 871.852.544.581.184.
142	양년..122.113.514.715.816.851.133.534.735. 음년..122.113.514.715.816.851.133.534.735.	836.871.852.144.181.584.785.886.841.822. 836.871.852.544.581.184.385.486.441.422.	813.414.345.322.125. 413.814.145.122.325.
143	양년..133.534.735.836.871.852.144.181.584. 음년..133.534.735.836.871.852.544.581.184.	785.886.841.822.813.414.345.322.125.226. 385.486.441.422.413.814.145.122.325.426.	261.282.273.674.875. 461.482.473.874.675.
144	양년..144.181.584.785.886.841.822.813.414. 음년..544.581.184.385.486.441.422.413.814.	345.322.125.226.261.282.273.674.875.146. 145.122.325.426.461.482.473.874.675.246.	133.236.271.252.263. 233.136.171.152.163.
145	양년..145.122.325.426.461.482.473.874.675. 음년..345.322.125.226.261.282.273.674.875.	246.233.136.171.152.163.564.765.866.141. 146.133.236.271.252.263.664.865.766.181.	544.581.562.553.154. 584.541.522.513.114.
146	양년..146.133.236.271.252.263.664.865.766. 음년..246.233.136.171.152.163.564.765.866.	181.584.541.522.513.114.315.416.451.122. 141.544.581.562.553.154.355.456.411.122.	113.514.715.816.851. 113.514.715.816.851.
151	양년..111.132.143.544.745.846.152.355.372. 음년..111.132.143.544.745.846.172.375.352.	383.784.585.686.641.622.163.266.253.654. 363.764.565.666.621.642.153.256.263.664.	855.756.711.732.743. 865.766.721.742.733.
152	양년..152.355.372.383.784.585.686.641.622. 음년..172.375.352.363.764.565.666.621.642.	163.266.253.654.855.756.711.732.743.154. 153.256.263.664.865.766.721.742.733.554.	111.514.715.816.851. 511.114.315.416.451.
153	양년..153.256.263.664.865.766.721.742.733. 음년..163.266.253.654.855.756.711.732.743.	554.511.114.315.416.451.472.483.884.155. 154.111.514.715.816.851.872.883.484.355.	172.375.476.431.412. 372.175.276.231.212.
154	양년..154.111.514.715.816.851.872.883.484. 음년..554.511.114.315.416.451.472.483.884.	355.372.175.276.231.212.223.624.825.156. 155.172.375.476.431.412.423.824.625.256.	163.266.221.242.233. 263.166.121.142.133.
155	양년..155.172.375.476.431.412.423.824.625. 음년..355.372.175.276.231.212.223.624.825.	256.263.166.121.142.133.534.735.836.111. 156.163.266.221.242.233.634.835.736.111.	132.143.544.745.846. 132.143.544.745.846.
156	양년..156.163.266.221.242.233.634.835.736. 음년..256.263.166.121.142.133.534.735.836.	111.132.143.544.745.846.172.375.352.363. 111.132.143.544.745.846.152.355.372.383.	764.565.666.621.642. 784.585.686.641.622.

원괘효	남녀	25세.26세.27세28세.29세.	30세.31세32세33세34새35세36세.37세38세39세	40세41세42세43세44세.45세.46세47세48세
111	양년..	761.782.773.514.551.	154.355.456.411.432.443.844.115.132.335.	436.471.452.463.864.665.216.223.126.
	음년..	751.772.783.114.151.	554.755.856.811.832.843.444.315.332.135.	236.271.252.263.664.865.116.123.226.
112	양년..	832.843.444.315.332.	135.236.271.252.263.664.865.116.123.226.	261.282.273.674.875.776.151.554.511.
	음년..	432.443.844.115.132.	335.436.471.452.463.864.665.216.223.126.	161.182.173.574.775.876.111.541.551.
113	양년..	463.864.665.216.223.	126.161.182.173.574.775.876.111.541.551.	572.583.184.385.486.441.132.335.312.
	음년..	263.664.865.116.123.	226.261.282.273.674.875.776.151.554.511.	532.543.144.345.446.481.112.315.332.
114	양년..	674.875.776.151.554.	511.532.543.144.345.446.481.112.315.332.	343.744.545.646.681.662.123.226.213.
	음년..	574.775.876.111.541.	551.572.583.184.385.486.441.132.335.312.	323.724.525.626.661.682.113.216.223.
115	양년..	385.486.441.132.335.	312.323.724.525.626.661.682.113.216.223.	624.825.726.761.782.773.514.551.154.
	음년..	345.446.481.112.315.	332.343.744.545.646.681.662.123.226.213.	614.815.716.751.772.783.114.151.554.
116	양년..	646.681.662.123.226.	213.614.815.716.751.772.783.114.151.554.	755.856.811.832.843.444.315.332.135.
	음년..	626.661.682.113.216.	223.624.825.726.761.782.773.514.551.154.	355.456.411.432.443.844.115.132.335.
121	양년..	124.161.564.765.866.	821.842.833.434.325.342.145.246.281.262.	253.654.855.126.113.216.251.272.283.
	음년..	524.561.164.365.466.	421.442.433.834.125.142.345.446.481.462.	453.854.655.226.213.116.151.172.183.
122	양년..	125.142.345.446.481.	462.453.854.655.226.213.116.151.172.183.	584.785.886.121.524.561.582.573.174.
	음년..	325.342.145.246.281.	262.253.654.855.126.113.216.251.272.283.	684.885.786.161.564.521.542.533.134.
123	양년..	126.113.216.251.272.	283.684.885.786.161.564.521.542.533.134.	335.436.471.122.325.342.333.734.535.
	음년..	226.213.116.151.172.	183.584.785.886.121.524.561.582.573.174.	375.476.431.142.345.322.313.714.515.
124	양년..	684.885.786.161.564.	521.542.533.134.335.436.471.122.325.342.	333.734.535.636.671.652.113.514.715.
	음년..	584.785.886.121.524.	561.582.573.174.375.476.431.142.345.322.	313.714.515.616.651.672.113.514.715.
125	양년..	375.476.431.142.345.	322.313.714.515.616.651.672.113.514.715.	816.851.872.124.161.564.765.866.821.
	음년..	335.436.471.122.325.	342.333.734.535.636.671.652.113.514.715.	816.851.872.524.561.164.365.466.421.
126	양년..	636.671.652.113.514.	715.816.851.872.524.561.164.365.466.421.	442.433.834.125.142.345.446.481.462.
	음년..	616.651.672.113.514.	715.816.851.872.124.161.564.765.866.821.	842.833.434.325.342.145.246.281.262.
131	양년..	134.171.574.775.876.	831.812.823.424.335.312.115.216.251.272.	283.684.885.136.143.246.281.262.253.
	음년..	534.571.174.375.476.	431.412.423.824.135.112.315.416.451.472.	483.884.685.236.243.146.181.162.153.
132	양년..	135.112.315.416.451.	472.483.884.685.236.243.146.181.162.153.	554.755.856.131.534.571.552.563.164.
	음년..	335.312.115.216.251.	272.283.684.885.136.143.246.281.262.253.	654.855.756.171.574.531.512.523.124.
133	양년..	483.884.685.236.243.	146.181.162.153.554.755.856.131.534.571.	552.563.164.365.466.421.112.123.524.
	음년..	283.684.885.136.143.	246.281.262.253.654.855.756.171.574.531.	512.523.124.325.426.461.112.123.524.
134	양년..	654.855.756.171.574.	531.512.523.124.325.426.461.112.123.524.	725.826.861.133.236.243.644.845.746.
	음년..	554.755.856.131.534.	571.552.563.164.365.466.421.112.123.524.	725.826.861.143.246.233.634.835.736.
135	양년..	365.466.421.112.123.	524.725.826.861.143.246.233.634.835.736.	771.752.763.134.171.574.775.876.831.
	음년..	325.426.461.112.123.	524.725.826.861.133.236.243.644.845.746.	781.762.753.534.571.174.375.476.431.
136	양년..	133.236.243.644.845.	746.781.762.753.534.571.174.375.476.431.	412.423.824.135.112.315.416.451.472.
	음년..	143.246.233.634.835.	736.771.752.763.134.171.574.775.876.831.	812.823.424.335.312.115.216.251.272.
141	양년..	385.486.441.422.413.	814.145.122.325.426.461.482.473.874.675.	246.233.136.171.152.163.564.765.866.
	음년..	785.886.841.822.813.	414.345.322.125.226.261.282.273.674.875.	146.133.236.271.252.263.664.865.766.
142	양년..	226.261.282.273.674.	875.146.133.236.271.252.263.664.865.766.	181.584.541.522.513.114.315.416.451.
	음년..	426.461.482.473.874.	675.246.233.136.171.152.163.564.765.866.	141.544.581.562.553.154.355.456.411.
143	양년..	146.133.236.271.252.	263.664.865.766.181.584.541.522.513.114.	315.416.451.122.113.514.715.816.851.
	음년..	246.233.136.171.152.	163.564.765.866.141.544.581.562.553.154.	355.456.411.122.113.514.715.816.851.
144	양년..	664.865.766.181.584.	541.522.513.114.315.416.451.122.113.514.	715.816.851.133.534.735.836.871.852.
	음년..	564.765.866.141.544.	581.562.553.154.355.456.411.122.113.514.	715.816.851.133.534.735.836.871.852.
145	양년..	355.456.411.122.113.	514.715.816.851.133.534.735.836.871.852.	544.581.184.385.486.441.422.413.814.
	음년..	315.416.451.122.113.	514.715.816.851.133.534.735.836.871.852.	144.181.584.785.886.841.822.813.414
146	양년..	133.534.735.836.871.	852.144.181.584.785.886.841.822.813.414.	345.322.125.226.261.282.273.674.875.
	음년..	133.534.735.836.871.	852.544.581.184.385.486.441.422.413.814.	145.122.325.426.461.482.473.874.675.
151	양년..	154.111.514.715.816.	851.872.883.484.355.372.175.276.231.212.	223.624.825.156.163.266.221.242.233.
	음년..	554.511.114.315.416.	451.472.483.884.155.172.375.476.431.412.	423.824.625. 256.263.166.121.142.133.
152	양년..	872.883.484.355.372.	175.276.231.212.223.624.825.156.163.266.	221.242.233.634.835.736.111.132.143.
	음년..	472.483.884.155.172.	375.476.431.412.423.824.625.256.263.166.	121.142.133.534.735.836.111.132.143.
153	양년..	423.824.625.256.263.	166.121.142.133.534.735.836.111.132.143	.544.745.846.152.355.372.383.784.585.
	음년..	223.624.825.156.163.	266.221.242.233.634.835.736.111.132.143.	544.745.846.172.375.352.363.764.565.
154	양년..	634.835.736.111.132.	143.544.745.846.172.375.352.363.764.565.	666.621.642.153.256.263.664.865.766.
	음년..	534.735.836.111.132.	143.544.745.846.152.355.372.383.784.585.	686.641.622.163.266.253.654.855.756.
155	양년..	152.355.372.383.784.	585.686.641.622.163.266.253.654.855.756.	711.732.743.154.111.514.715.816.851.
	음년..	172.375.352.363.764.	565.666.621.642.153.256.263.664.865.766.	721.742.733.554.511.114.315.416.451.
156	양년..	153.256.263.664.865.	766.721.742.733.554.511.114.315.416.451.	472.483.884.155.172.375.476.431.412.
	음년..	163.266.253.654.855.	756.711.732.743.154.111.514.715.816.851.	872.883.484.355.372.175.276.231.212.

원괘효	남녀 49세	50세51세52세53세.54세55세56세57세58새.59세.	60세61세62세63세64세65세66세67세68세.69세	70세.71세72세
111	양년..161.	182.173.574.775.876.114.315.416.451.472.	483.515.532.735.836.871.852.863.464.265.	616.623.526.
	음년..261.	282.273.674.875.776.114.315.416.451.472.	483.715.732.535.636.671.652.663.264.465.	516.523.626.
112	양년..532.	543.144.345.446.481.115.216.251.272.283.	684.316.323.426.461.482.473.874.675.576.	351.754.711.
	음년..572.	583.184.385.486.441.115.216.251.272.283.	684.416.423.326.361.382.373.774.575.676.	311.714.751.
113	양년..323.	724.525.626.661.682.116.151.172.183.584.	785.211.614.651.672.683.284.485.386.341.	232.435.412.
	음년..343.	744.545.646.681.662.116.151.172.183.584.	785.251.654.611.632.643.244.445.346.381.	212.415.432.
114	양년..614.	815.716.751.772.783.111.132.143.544.745.	846.152.355.372.383.784.585.686.641.622.	163.266.253.
	음년..624.	825.726.761.782.773.111.132.143.544.745.	846.172.375.352.363.764.565.666.621.642.	153.256.263
115	양년..355.	456.411.432.443.844.112.123.524.725.826.	861.133.236.243.644.845.746.781.762.753.	534.571.174
	음년..755.	856.811.832.843.444.112.123.524.725.826.	861.143.246.233.634.835.736.771.752.763.	134.171.154
116	양년..236.	271.252.263.664.865.113.514.715.816.851.	872.124.161.564.765.866.821.842.833.434.	325.342.145.
	음년..436.	471.452.463.864.665.113.514.715.816.851	.872.524.561.164.365.466.421.442.433.834.	125.142.345.
121	양년..684.	885.786.214.415.316.351.372.383.815.832.	635.536.571.552.563.164.365.516.551.572.	583.184.385.
	음년..584.	785.886.214.415.316.351.372.383.615.632.	835.736.771.752.763.364.165.516.551.572.	583.184.385.
122	양년..375.	476.431.215.116.151.172.183.584.316.351.	372.383.784.585.451.854.811.832.843.444.	245.146.181.
	음년..335.	436.471.215.116.151.172.183.584.316.351.	372.383.784.585.411.814.851.872.883.484.	285.186.141.
123	양년..636.	671.652.216.223.126.161.182.173.574.775.	876.111.541.551.572.583.184.385.486.441.	132.335.312.
	음년..616.	651.672.116.123.226.261.282.273.674.875.	776. 51.554.511.532.543.144.345.446.481.	112.315.332.
124	양년..816.	851.872.211.232.243.644.845.746.272.475.	452.463.864.665.566.521.542.253.156.163.	564.765.866.
	음년..816.	851.872.211.232.243.644.845.746.252.455.	472.483.884.685.586.541.522.263.166.153.	554.755.856.
125	양년..842.	833.434.212.223.624.825.726.761.243.146.	133.534.735.836.871.852.863.234.271.674.	875.776.731.
	음년..442.	433.834.212.223.624.825.726.761.233.136.	143.544.745.846.881.862.853.634.671.274.	475.376.331.
126	양년..453.	854.655.213.614.815.716.751.772.624.661.	264.465.366.321.342.333.734.225.242.445.	346.381.362.
	음년..253.	654.855.213.614.815.716.751.772.224.261.	664.865.766.721.742.733.334.425.442.245.	146.181.162.
131	양년..654.	855.756.314.115.216.251.272.283.515.616.	651.672.683.284.816.823.726.761.782.773.	374.175.276.
	음년..554.	755.856.314.115.216.251.272.283.515.616.	651.672.683.284.716.723.826.861.882.873.	474.275.176.
132	양년..365.	466.421.315.332.135.236.271.252.263.664.	865.116.123.226.261.282.273.674.875.776.	151.554.511.
	음년..325.	426.461.115.132.335.436.471.452.463.864.	665.216.223.126.161.182.173.574.775.876.	111.541.551.
133	양년..725.	826.861.316.351.372.383.784.585.451.854.	811.832.843.444.245.146.181.412.215.232.	243.644.845.
	음년..725.	826.861.316.351.372.383.784.585.411.814.	851.872.883.484.285.186.141.432.235.212.	223.624.825.
134	양년..781.	762.753.311.332.343.744.545.646.372.175.	152.163.564.765.866.821.842.353.456.463.	864.665.566.
	음년..771.	752.763.311.332.343.744.545.646.352.155.	172.183.584.785.886.841.822.363.466.453.	854.655.556.
135	양년..812.	823.424.312.323.724.525.626.661.343.446.	433.834.635.536.571.552.563.334.371.774.	575.676.631.
	음년..412.	423.824.312.323.724.525.626.661.333.436.	443.844.645.546.581.562.553.734.771.374.	175.276.231..
136	양년..483.	884.685.313.714.515.616.651.672.724.761.	364.165.266.221.242.233.634.125.226.261.	282.273.674.
	음년..283.	684.885.313.714.515.616.651.672.324.361.	764.565.666.621.642.633.234.125.226.261.	282.273.674.
141	양년..414.	215.116.151.172.183.615.516.551.572.583.	184.716.751.772.783.384.185.811.414.451.	472.483.884.
	음년..414.	215.116.151.172.183.615.516.551.572.583.	184.716.751.772.783.384.185.851.454.411.	432.443.844.
142	양년..215.	232.435.336.371.352.363.764.565.116.151.	172.183.584.785.251.654.611.632.643.244.	445.346.381.
	음년..415.	432.235.136.171.152.163.564.765.116.151.	172.183.584.785.211.614.651.672.683.284.	485.386.341.
143	양년..316.	323.426.461.482.473.874.675.576.351.754.	711.732.743.344.145.246.281.312.115.132.	143.544.745.
	음년..416.	423.326.361.382.373.774.575.676.311.714.	751.772.783.384.185.286.241.332.135.112.	123.524.725.
144	양년..411.	432.443.844.645.546.452.255.272.283.684.	885.786.741.722.463.366.353.754.555.656.	611.632.643
	음년..411.	432.443.844.645.546.472.275.252.263.664.	865.766.721.742.453.356.363.764.565.666.	621.642.633.
145	양년..412.	423.824.625.526.561.433.336.343.744.545.	646.681.662.653.834.871.474.275.176.131.	112.123.524.
	음년..412.	423.824.625.526.561.443.346.333.734.535.	636.671.652.663.434.471.874.675.576.531.	512.523.124.
146	양년..413.	814.615.516.551.572.424.461.864.665.566.	521.542.533.134.225.126.161.182.173.574.	326.361.382.
	음년..413.	814.615.516.551.572.824.861.464.265.166.	121.142.133.534.225.126.161.182.173.574.	326.361.382.
151	양년..634.	835.736.514.551.154.355.456.411.432.443.	844.115.132.335.436.471.452.463.864.665.	216.223.126.
	음년..534.	735.836.114.151.554.755.856.811.832.843.	444.315.332.135.236.271.252.263.664.865.	116.123.226.
152	양년..544.	745.846.515.616.651.672.683.284.816.823.	726.761.782.773.374.175.276.711.314.351.	372.383.784.
	음년..544.	745.846.515.616.651.672.683.284.716.723.	826.861.882.873.474.275.176.751.354.311.	332.343.744.
153	양년..686.	641.622.516.551.572.583.184.385.651.254.	211.232.243.644.845.746.781.612.815.832.	843.444.245.
	음년..666.	621.642.516.551.572.583.184.385.611.214.	251.272.283.684.885.786.741.632.835.812.	823.424.225.
154	양년..721.	742.733.511.532.543.144.345.446.572.775.	752.763.364.165.266.221.242.553.656.663.	264.465.366.
	음년..711.	732.743.511.532.543.144.345.446.552.755.	772.783.384.185.286.241.222.563.666.653.	254.455.356.
155	양년..872.	883.484.512.523.124.325.426.461.543.646.	633.234.435.336.371.352.363.134.335.436.	471.452.463.
	음년..472.	483.884.512.523.124.325.426.461.533.636.	643.244.445.346.381.362.353.134.335.436.	471.452.463.
156	양년..423.	824.625.513.114.315.416.451.472.124.325.	426.461.482.473.725.742.545.646.681.662.	653.254.455.
	음년..223.	624.825.513.114.315.416.451.472.124.325.	426.461.482.473.525.542.745.846.881.862.	853.454.255.

원괘효	남녀	73세74세75세76세.77세.78세.79세	80세81세82새83세84세85세86세87세88세.89세.	90세91세92세93세94세.95세96세
111	양년 음년	..561.582.573.174.375.476.511. ..661.682.673.274.475.376.551.	114.151.172.183.584.785.886.841.532.735. 154.111.132.143.544.745.846.881.512.715.	712.723.324.125.226.261.282. 732.743.344.145.246.281.262.
112	양년 음년	..732.743.344.145.246.281.312. ..772.783.384.185.286.241.332.	115.132.143.544.745.846.881.862.323.426. 135.112.123.524.725.826.861.882.313.416.	413.814.615.516.551.572.583. 423.824.625.526.561.582.573.
113	양년 음년	..423.824.625.526.561.582.213. ..443.844.645.546.581.562.223.	116.123.524.725.826.861.882.873.614.651. 126.113.514.715.816.851.872.883.214.251.	254.455.356.311.332.343.744. 654.855.756.711.732.743.344.
114	양년 음년	..654.855.756.711.732.743.154. ..664.865.766.721.742.733.554.	111.514.715.816.851.872.883.484.355.372. 511.114.315.416.451.472.483.884.155.172.	175.276.231.212.223.624.825. 375.476.431.412.423.824.625.
115	양년 음년	..375.476.431.412.423.824.135. ..775.876.831.812.823.424.335.	112.315.416.451.472.483.884.685.236.243. 312.115.216.251.272.283.684.885.136.143.	146.181.162.153.554.755.856. 246.281.262.253.654.855.756.
116	양년 음년	..246.281.262.253.654.855.126. ..446.481.462.453.854.655.226.	113.216.251.272.283.684.885.786.161.564. 213.116.151.172.183.584.785.886.121.524.	521.542.533.134.335.436.471. 561.582.573.174.375.476.431.
121	양년 음년	..611.214.251.272.283.684.885. ..651.254.211.232.243.644.845.	786.741.632.835.812.823.424.225.126.161. 746.781.612.815.832.843.444.245.146.181.	182.613.516.523.124.325.426. 162.623.526.513.114.315.416.
122	양년 음년	..412.215.232.243.644.845.746. ..432.235.212.223.624.825.726.	781.762.423.326.313.714.515.616.651.672. 761.782.413.316.323.724.525.626.661.682.	683.414.451.854.655.556.511. 673.814.851.454.255.156.111.
123	양년 음년	..323.724.525.626.661.682.113. ..343.744.545.646.681.662.123.	216.223.624.825.726.761.782.773.514.551. 226.213.614.815.716.751.772.783.114.151.	154.355.456.411.432.443.844. 554.755.856.811.832.843.444.
124	양년 음년	..821.842.833.654.611.214.415. ..811.832.843.254.211.614.815.	316.351.372.383.784.255.272.475.376.331. 716.751.772.783.384.455.472.275.176.131.	312.323.724.525.156.111.132. 112.123.524.725.156.111.132.
125	양년 음년	..712.723.324.435.412.215.116. ..312.323.724.235.212.415.316.	151.172.183.584.785.136.171.152.163.564. 351.372.383.784.585.136.171.152.163.564.	765.231.634.671.652.663.264. 765.271.674.631.612.623.224.
126	양년 음년	..353.754.555.126.161.182.173. ..153.554.755.126.161.182.173.	574.775.261.664.621.642.633.234.435.336. 574.775.221.624.661.682.673.274.475.376.	371.222.425.442.433.834.635. 331.242.445.422.413.814.615.
131	양년 음년	..711.314.351.372.383.784.585. ..751.354.311.332.343.744.545.	686.641.732.535.512.523.124.325.426.461. 646.681.712.515.532.543.144.345.446.481.	482.713.816.823.424.225.126. 462.723.826.813.414.215.116.
132	양년 음년	..532.543.144.345.446.481.112. ..572.583.184.385.486.441.132.	315.332.343.744.545.646.681.662.123.226. 335.312.323.724.525.626.661.682.113.216.	213.614.815.716.751.772.783. 223.624.825.726.761.782.773.
133	양년 음년	..746.781.762.423.326.313.714. ..726.761.782.413.316.323.724.	515.616.651.672.683.414.451.854.655.556. 525.626.661.682.673.814.851.454.255.156.	511.532.543.144.215.116.151. 111.132.143.544.215.116.151.
134	양년 음년	..521.542.533.754.711.314.115. ..511.532.543.354.311.714.515.	216.251.272.283.684.855.156.256.211.232.243. 616.651.672.683.284.155.256.211.232.243.	644.356.363.466.421.442.433. 644.456.463.366.321.342.333.
135	양년 음년	..612.623.224.135.236.271.252. ..212.223.624.135.236.271.252.	263.664.436.443.346.381.362.353.754.555. 263.664.336.343.446.481.462.453.854.655.	656.371.774.731.712.723.324. 556.331.734.771.752.763.364.
136	양년 음년	..326.313.416.451.472.483.884. ..426.413.316.351.372.383.784.	685.586.361.764.721.742.733.334.135.236. 585.686.321.724.761.782.773.374.175.276.	271.322.125.142.133.534.735. 231.342.145.122.113.514.715.
141	양년 음년	..685.586.541.832.635.612.623. ..645.546.581.812.615.632.643.	224.425.326.361.382.813.716.723.324.125. 244.445.346.381.362.823.726.713.314.115.	226.261.282.273. 216.251.272.283.
142	양년 음년	..212.415.432.443.844.645.546. ..232.435.412.423.824.625.526.	581.562.223.126.113.514.715.816.851.872. 561.582.213.116.123.524.725.826.861.882.	883.214.251.654.855.756.711. 873.614.651.254.455.356.311.
143	양년 음년	..846.881.862.323.426.413.814. ..826.861.882.313.416.423.824.	615.516.551.572.583.314.351.754.555.656. 625.526.561.582.573.714.751.354.155.256.	611.632.643.244.115.216.251. 211.232.243.644.115.216.251.
144	양년 음년	..454.411.814.615.516.551.572. ..854.811.414.215.116.151.172.	583.184.255.156.111.132.143.544.356.311. 183.584.255.156.111.132.143.544.356.311.	332.343.744.545. 332.343.744.545.
145	양년 음년	..235.136.171.152.163.564.336. ..235.136.171.152.163.564.336.	371.352.363.764.565.431.834.871.852.863. 371.352.363.764.565.471.874.831.812.823.	464.265.166.121. 424.225.126.161.
146	양년 음년	..373.774.575.461.864.821.842. ..373.774.575.421.824.861.882.	833.434.235.136.171.422.225.242.233.634. 873.474.275.176.131.442.245.222.213.614.	835.736.771.752.. 815.716.751.752.
151	양년 음년	..161.182.173.574.775.876.111. ..261.282.273.674.875.776.151.	541.551.572.583.184.385.486.441.132.335. 554.511.532.543.144.345.446.481.112.315.	312.323.724.525.626.661.682. 332.343.744.545.646.681.662.
152	양년 음년	..585.686.641.732.535.512.523. ..545.646.681.712.515.532.543.	124.325.426.461.482.713.816.823.424.225. 144.345.446.481.462.723.826.813.414.215.	126.161.182.173.314.115.216. 116.151.172.183.314.115.216.
153	양년 음년	..146.181.162.625.516.523.114. ..126.161.182.613.516.523.124.	315.416.451.472.483.214.415.316.351.372. 325.416.451.482.473.214.415.316.351.372.	383.615.632.835.736.771.752. 383.815.832.635.536.571.552.
154	양년 음년	..321.342.333.154.355.456.411. ..311.332.343.154.355.456.411.	432.443.755.772.575.676.631.612.623.224. 432.443.555.572.775.876.831.812.823.424.	425.556.563.666.621.642.633. 225.656.663.566.521.542.533.
155	양년 음년	..535.512.715.816.851.872.883. ..735.712.515.616.651.672.683.	484.285.636.643.546.581.561.553.154.355. 284.485.536.543.646.681.662.653.254.455.	456.531.134.171.152.163.564. 356.571.174.131.112.123.524.
156	양년 음년	..526.513.616.651.672.683.284. ..626.613.516.551.572.583.184.	485.386.561.164.121.142.133.534.735.836. 385.486.521.124.161.182.173.574.775.876.	871.522.725.742.733.334.135. 831.542.745.722.713.314.115.

원괘효	남녀	1세. 2세. 3세. 4세. 5세. 6세. 7세 8세 9세	10새.11세.12세.13세14세15세16세17세18세19세	20세21세22세.23세24세
161	양년	..121.142.133.534.735.836.162.365.382.	373.774.575.676.631.612.153.554.755.856.	811.832.564.521.124.
	음년	..121.142.133.534.735.836.182.385.362.	353.754.555.656.611.632.153.554.755.856.	811.832.164.121.524.
162	양년	..162.365.382.373.774.575.676.631.612.	153.554.755.856.811.832.564.521.124.325.	426.461.482.473.874.
	음년	..182.385.362.353.754.555.656.611.632.	153.554.755.856.811.832.164.121.524.725.	826.861.882.873.474.
163	양년	..153.554.755.856.811.832.164.121.524.	725.826.861.882.873.474.365.382.185.286.	241.222.213.614.815.
	음년	..153.554.755.856.811.832.564.521.124.	325.426.461.482.473.874.165.182.385.486.	441.422.413.814.615.
164	양년	..164.121.524.725.826.861.882.873.474.	365.382.185.286.241.222.213.614.815.166.	153.256.211.232.243.
	음년	..564.521.124.325.426.461.482.473.874.	165.182.385.486.441.422.413.814.615.266.	253.156.111.132.143.
165	양년	..165.182.385.486.441.422.413.814.615.	266.253.156.111.132.143.544.745.846.121.	142.133.534.735.836.
	음년	..365.382.185.286.241.222.213.614.815.	166.153.256.211.232.243.544.845.746.121.	142.133.534.735.836.
166	양년	..166.153.256.211.232.243.644.845.746.	121.142.133.534.735.836.182.385.362.353.	754.555.656.611.632.
	음년	..266.253.156.111.132.143.544.745.846.	121.142.133.534.735.836.162.365.382.373.	774.575.676.631.612.
171	양년	..131.112.123.524.725.826.152.163.564.	765.866.821.173.276.283.684.885.786.741.	722.713.574.531.134.
	음년	..131.112.123.524.725.826.152.163.564.	765.866.821.183.286.273.674.875.776.731.	712.723. 174.131.534.
172	양년	..152.163.564.765.866.821.173.276.283.	684.885.786.741.722.713.574.531.134.335.	436.471.452.463.864.
	음년	..152.163.564.765.866.821.183.286.273.	674.875.776.731.712.723.174.131.534.735.	836.871.852.863.464.
173	양년	..173.276.283.684.885.786.741.722.713.	574.531.134.335.436.471.452.463.864.175.	152.355.456.411.432.
	음년	..183.286.273.674.875.776.731.712.723.	174.131.534.735.836.871.852.863.464.375.	352.155.256.211.232.
174	양년	..174.131.534.735.836.871.852.863.464.	375.352.155.256.211.232.243.644.845.176.	183.286.241.222.213.
	음년	..574.531.134.335.436.471.452.463.864.	175.152.355.456.411.432.443.844.645.276.	283.186.141.122.113.
175	양년	..175.152.355.456.411.432.443.844.645.	276.283.186.141.122.113.514.715.816.131.	112.123.524.725.826.
	음년	..375.352.155.256.211.232.243.644.845.	176.183.286.241.222.213.614.815.716.131.	112.123.524.725.826.
176	양년	..176.183.286.241.222.213.614.815.716.	131.112.123.524.725.826.152.163.564.765.	866.821.183.286.273.
	음년	..276.283.186.141.122.113.514.715.816.	131.112.123.524.725.826.152.163.564.765.	866.821.173.276.283.
181	양년	..141.122.113.514.715.816.162.153.554.	755.856.811.173.574.775.876.831.812.184.	141.544.745.846.881.
	음년	..141.122.113.514.715.816.162.153.554.	755.856.811.173.574.775.876.831.812.584.	541.144.345.446.481.
182	양년	..162.153.554.755.856.811.173.574.775.	876.831.812.184.141.544.745.846.881.862.	853.454.385.362.165.
	음년	..162.153.554.755.856.811.173.574.775.	876.831.812.584.541.144.345.446.481.462.	453.854.185.162.365.
183	양년	..173.574.775.876.831.812.184.141.544.	745.846.881.862.853.454.385.362.165.266.	221.242.233.634.835.
	음년	..173.574.775.876.831.812.584.541.144.	345.446.481.462.453.854.185.162.365.466.	421.442.433.834.635.
184	양년	..184.141.544.745.846.881.862.853.454.	385.362.165.266.221.242.233.634.835.186.	173.276.231.212.223.
	음년	..584.541.144.345.446.481.462.453.854.	185.162.365.466.421.442.433.834.635.286.	273.176.131.112.123.
185	양년	..185.162.365.466.421.442.433.834.635.	286.273.176.131.112.123.524.725.826.141.	122.113.514.715.816.
	음년	..385.362.165.266.221.242.233.634.835.	186.173.276.231.212.223.624.825.726.141.	122.113.514.715.816.
186	양년	..186.173.276.231.212.223.624.825.726.	141.122.113.514.715.816.162.153.554.755.	856.811.173.574.775.
	음년	..286.273.176.131.112.123.524.725.826.	141.122.113.514.715.816.162.153.554.755.	856.811.173.574.775.
211	양년	..211.614.651.672.683.284.485.386.341.	232.435.412.423.824.625.526.561.582.213.	116.123.524.725.826.
	음년	..251.654.611.632.643.244.445.346.381.	212.415.432.443.844.645.546.581.562.223.	126.113.514.715.816.
212	양년	..212.415.432.443.844.645.546.581.562.	223.126.113.514.715.816.851.872.883.214.	251.654.855.756.711.
	음년	..232.435.412.423.824.625.526.561.582.	213.116.123.524.725.826.861.882.873.614.	651.254.455.356.311.
213	양년	..213.116.123.524.725.826.861.882.873.	614.651.254.455.356.311.332.343.744.215	.232.435.336.371.352.
	음년	..223.126.113.514.715.816.851.872.883.	214.251.654.855.756.711.732.743.344.415.	432.235.136.171.152.
214	양년	..214.251.654.855.756.711.732.743.344.	415.432.235.136.171.152.163.564.765.116.	151.172.183.584.785.
	음년	..614.651.254.455.356.311.332.343.744.	215.232.435.336.371.352.363.764.565.116.	151.172.183.584.785.
215	양년	..215.232.435.336.371.352.363.764.565.	116.151.172.183.584.785.251.654.611.632.	643.244.445.346.381.
	음년	..415.432.235.136.171.152.163.564.765.	116.151.172.183.584.785.211.614.651.672.	683.284.485.386.341.
216	양년	..116.151.172.183.584.785.211.614.651.	672.683.284.485.386.341.232.435.412.423.	824.625.526.561.582.
	음년	..116.151.172.183.584.785.251.654.611.	632.643.244.445.346.381.212.415.432.443.	844.645.546.581.562.
221	양년	..221.624.661.682.673.274.475.376.331.	242.445.422.413.814.615.516.551.572.213.	614.815.716.751.772.
	음년	..261.664.621.642.633.234.435.336.371.	222.425.442.433.834.635.536.571.552.213.	614.815.716.751.772.
222	양년	..222.425.442.433.834.635.536.571.552.	213.614.815.716.751.772.624.661.264.465.	366.321.342.333.734.
	음년	..242.445.422.413.814.615.516.551.572.	213.614.815.716.751.772.224.261.664.865.	766.721.742.733.334.
223	양년	..213.614.815.716.751.772.224.261.664.	865.766.721.742.733.334.425.442.245.146.	181.162.153.554.755.
	음년	..213.614.815.716.751.772.624.661.264.	465.366.321.342.333.734.225.242.445.346.	381.362.353.754.555.
224	양년	..224.261.664.865.766.721.742.733.334.	425.442.245.146.181.162.153.554.755.126.	161.182.173.574.775.
	음년	..624.661.264.465.366.321.342.333.734.	225.242.445.346.381.362.353.754.555.126.	161.182.173.574.775.
225	양년	..225.242.445.346.381.362.353.754.555.	126.161.182.173.574.775.261.664.621.642.	633.234.435.336.371.
	음년	..425.442.245.146.181.162.153.554.755.	126.161.182.173.574.775.221.624.661.682.	673.274.475.376.331.
226	양년	..126.161.182.173.574.775.221.624.661.	682.673.274.475.376.331.242.445.422.413.	814.615.516.551.572.
	음년	..126.161.182.173.574.775.261.664.621.	642.633.234.435.336.371.222.425.442.433.	834.635.536.571.552.

원괘효	남녀	25세26세.27세28세.29세.	30세.31세32세33세34새35세36세.37세38세39세	40세41세42세43세44새.45세.46세47세48세
161	양년..	325.426.461.482.473.	874.165.182.385.486.441.422.413.814.615.	266.253.156.111.132.143.544.745.846.
	음년..	725.826.861.882.873.	474.365.382.185.286.241.222.213.614.815.	166.153.256.211.232.243.644.845.746.
162	양년..	165.182.385.486.441.	422.413.814.615.266.253.156.111.132.143.	544.745.846.121.142.133.534.735.836.
	음년..	365.382.185.286.241.	222.213.614.815.166.153.256.211.232.243.	644.845.746.121.142.133.534.735.836.
163	양년..	166.153.256.211.232.	243.644.845.746.121.142.133.534.735.836.	182.385.362.353.754.555.656.611.632.
	음년..	266.253.156.111.132.	143.544.745.846.121.142.133.534.735.836.	162.365.382.373.774.575.676.631.612.
164	양년..	644.845.746.121.142.	133.534.735.836.182.385.362.353.754.555.	656.611.632.153.554.755.856.811.832.
	음년..	544.745.846.121.142.	133.534.735.836.162.365.382.373.774.575.	676.631.612.153.554.755.856.811.832.
165	양년..	162.365.382.373.774.	575.676.631.612.153.554.755.856.811.832.	564.521.124.325.426.461.482.473.874.
	음년..	182.385.362.353.754.	555.656.611.632.153.554.755.856.811.832.	164.121.524.725.826.861.882.873.474.
166	양년..	153.554.755.856.811.	832.164.121.524.725.826.861.882.873.474.	365.382.185.286.241.222.213.614.815.
	음년..	153.554.755.856.811.	832.564.521.124.325.426.461.482.473.874.	165.182.385.486.441.422.413.814.615.
171	양년..	335.436.471.452.463.	864.175.152.355.456.411.432.443.844.645.	276.283.186.141.122.113.514.715.816.
	음년..	735.836.871.852.863.	464.375.352.155.256.211.232.243.644.845.	176.183.286.241.222.213.614.815.716.
172	양년..	175.152.355.456.411.	432.443.844.645.276.283.186.141.122.113.	514.715.816.131.112.123.524.725.826.
	음년..	375.352.155.256.211.	232.243.644.845.176.183.286.241.222.213.	614.815.716.131.112.123.524.725.826.
173	양년..	443.844.645.276.283.	186.141.122.113.514.715.816.131.112.123.	524.725.826.152.163.564.765.866.821.
	음년..	243.644.845.176.183.	286.241.222.213.614.815.716.131.112.123.	524.725.826.152.163.564.765.866.821.
174	양년..	614.815.716.131.112.	123.524.725.826.152.163.564.765.866.821.	183.286.273.674.875.776.731.712.723.
	음년..	614.815.716.131.112.	123.524.725.826.152.163.564.765.866.821.	173.276.283.684.885.786.741.722.713.
175	양년..	152.163.564.765.866.	821.173.276.283.684.885.786.741.722.713.	574.531.134.335.436.471.452.463.864.
	음년..	152.163.564.765.866.	821.183.286.273.674.875.776.731.712.723.	174.131.534.735.836.871.852.863.464.
176	양년..	674.875.776.731.712.	723.174.131.534.735.836.871.852.863.464.	375.352.155.256.211.232.243.644.845.
	음년..	684.885.786.741.722.	713.574.531.134.335.436.471.452.463.864.	175.152.355.456.411.432.443.844.645.
181	양년..	862.853.454.385.362.	165.266.221.242.233.634.835.186.173.276.	231.212.223.624.825.726.814.851.454.
	음년..	462.453.854.185.162.	365.466.421.442.433.834.635.286.273.176.	131.112.123.524.725.826.414.451.854.
182	양년..	266.221.242.233.634.	835.186.173.276.231.212.223.624.825.726.	141.122.113.514.715.816.815.832.635.
	음년..	466.421.442.433.834.	635.286.273.176.131.112.123.524.725.826.	141.122.113.514.715.816.615.632.835.
183	양년..	186.173.276.231.212.	223.624.825.726.141.122.113.514.715.816.	162.153.554.755.856.811.816.823.726.
	음년..	286.273.176.131.112.	123.524.725.826.141.122.113.514.715.816.	162.153.554.755.856.811.716.723.826.
184	양년..	624.825.726.141.122.	113.514.715.816.162.153.554.755.856.811.	173.574.775.876.831.812.811.832.843.
	음년..	524.725.826.141.122.	113.514.715.816.162.153.554.755.856.811.	173.574.775.876.831.812.811.832.843.
185	양년..	162.153.554.755.856.	811.173.574.775.876.831.812.184.141.544.	745.846.881.862.853.454.812.823.424.
	음년..	162.153.554.755.856.	811.173.574.775.876.831.812.584.541.144.	345.446.481.462.453.854.812.823.424.
186	양년..	876.831.812.584.541.	144.345.446.481.462.453.854.185.162.365.	466.421.442.433.834.635.813.414.215.
	음년..	876.831.812.184.141.	544.745.846.881.862.853.454.385.362.165.	266.221.242.233.634.835.813.414.215.
211	양년..	861.882.873.614.651.	254.455.356.311.332.343.744.215.232.435.	336.371.352.363.764.565.116.151.172.
	음년..	851.872.883.214.251.	654.855.756.711.732.743.344.415.432.235.	136.171.152.163.564.765.116.151.172.
212	양년..	732.743.344.415.432.	235.136.171.152.163.564.765.116.151.172.	183.584.785.211.614.651.672.683.284.
	음년..	332.343.744.215.232.	435.336.371.352.363.764.565.116.151.172.	183.584.785.251.654.611.632.643.244.
213	양년..	363.764.565.116.151.	172.183.584.785.251.654.611.632.643.244.	445.346.381.212.415.432.443.844.645.
	음년..	163.564.765.116.151.	172.183.584.785.211.614.651.672.683.284.	485.386.341.232.435.412.423.824.625.
214	양년..	211.614.651.672.683.	284.485.386.341.232.435.412.423.824.625.	526.561.582.213.116.123.524.725.826.
	음년..	251.654.611.632.643.	244.445.346.381.212.415.432.443.844.645.	546.581.562.223.126.113.514.715.816.
215	양년..	212.415.432.443.844.	645.546.581.562.223.126.113.514.715.816.	851.872.883.214.251.654.855.756.711.
	음년..	232.435.412.423.824.	625.526.561.582.213.116.123.524.725.826.	861.882.873.614.651.254.455.356.311.
216	양년..	213.116.123.524.725.	826.861.882.873.614.651.254.455.356.311.	332.343.744.215.232.435.336.371.352.
	음년..	223.126.113.514.715.	816.851.872.883.214.251.654.855.756.711.	732.743.344.415.432.235.136.171.152.
221	양년..	624.661.264.465.366.	321.342.333.734.425.442.245.146.181.162.	153.554.755.126.161.182.173.574.775.
	음년..	624.661.264.465.366.	321.342.333.734.225.242.445.346.381.362.	353.754.555.126.161.182.173.574.775.
222	양년..	225.242.445.346.381.	362.353.754.555.126.161.182.173.574.775.	261.664.621.642.633.234.435.336.371.
	음년..	425.442.245.146.181.	162.153.554.755.126.161.182.173.574.775.	221.624.661.682.673.274.475.376.371.
223	양년..	126.161.182.173.574.	775.221.624.661.682.673.274.475.376.331.	242.445.422.413.814.615.516.551.572.
	음년..	126.161.182.173.574.	775.261.664.621.642.633.234.435.336.371.	222.425.442.433.834.635.536.571.552.
224	양년..	221.624.661.682.673.	274.475.376.331.242.445.422.413.814.615.	516.551.572.213.614.815.716.751.772.
	음년..	261.664.621.642.633.	234.435.336.371.222.425.442.433.834.635.	536.571.552.213.614.815.716.751.772.
225	양년..	222.425.442.433.834.	635.536.571.552.213.614.815.716.751.772.	624.661.264.465.366.321.342.333.734.
	음년..	242.445.422.413.814.	615.516.551.572.213.614.815.716.751.772.	224.261.664.865.766.721.742.733.334.
226	양년..	213.614.815.716.751.	772.224.261.664.865.766.721.742.733.334.	425.442.245.146.181.162.153.554.755.
	음년..	213.614.815.716.751.	772.624.661.264.465.366.321.342.333.734.	225.242.445.346.381.362.353.754.555.

원괘효	남녀 49세	50세51세52세53세.54세55세.56세57세58새.59세.	60세61세62세63세64세65세66세67세68세.69세	70세.71세72세
161	양년..214.	251.654.855.756.711.732.743.344.415.432.	235.136.171.152.163.564.765.116.151.172.	183.584.785.
	음년..614.	651.254.455.356.311.332.343.744.215.232.	435.336.371.352.363.764.565.116.151.172.	183.584.785.
162	양년..615.	516.551.572.583.184.716.751.772.783.384.	185.811.414.451.472.483.884.685.586.541.	832.635.612.
	음년..615.	516.551.572.583.184.716.751.772.783.384.	185.851.454.411.432.443.844.645.546.581.	812.615.632.
163	양년..516.	523.626.661.682.673.274.475.376.551.154.	111.132.143.544.745.846.881.512.715.732.	743.344.145.
	음년..616.	623.526.561.582.573.174.375.476.511.114.	151.172.183.584.785.886.841.532.735.712.	723.324.125.
164	양년..611.	632.643.244.445.346.652.855.872.883.484.	285.186.141.122.663.566.553.154.355.456.	411.432.443.
	음년..611.	632.643.244.445.346.672.875.852.863.464.	265.166.121.142.653.556.563.164.365.466.	421.442.433.
165	양년..612.	623.224.425.326.361.633.536.543.144.345.	446.481.462.453.234.435.336.371.352.363.	835.812.615.
	음년..612.	623.224.425.326.361.643.546.533.134.335.	436.471.452.443.234.435.336.371.352.363.	635.612.815.
166	양년..613.	214.415.316.351.372.224.425.326.361.382.	373.625.642.845.746.781.762.753.354.155.	526.561.582.
	음년..613.	214.415.316.351.372.224.425.326.361.382.	373.825.842.645.546.581.562.553.154.355.	526.561.582.
171	양년..314.	351.754.555.656.611.632.643.244.115.216.	251.272.283.684.416.423.326.361.382.373.	774.575.676.
	음년..714.	751.354.155.256.211.232.243.644.115.216.	251.272.283.684.316.323.426.461.482.473.	874.675.576.
172	양년..515.	532.735.836.871.852.863.464.265.616.623.	526.561.582.573.174.375.476.511.114.151.	172.183.584.
	음년..715.	732.535.636.671.652.663.264.465.516.523.	626.661.682.673.274.475.376.551.154.111.	132.143.544.
173	양년..716.	751.772.783.384.185.811.414.451.472.483.	884.685.586.541.832.635.612.623.224.425.	326.361.382.
	음년..716.	751.772.783.384.185.851.454.411.432.443.	844.645.546.581.812.615.632.623.244.445.	346.381.362.
174	양년..711.	732.743.344.145.246.752.555.572.583.184.	385.486.441.422.763.866.853.454.255.156.	111.132.143.
	음년..711.	732.743.344.145.246.772.575.552.563.164.	365.466.421.442.753.856.863.464.265.166.	121.142.133.
175	양년..712.	723.324.125.226.261.733.836.843.444.245.	146.181.162.153.334.135.236.271.252.263.	535.636.671.
	음년..712.	723.324.125.226.261.743.846.833.434.235.	136.171.152.163.334.135.236.271.252.263.	535.636.671.
176	양년..713.	314.115.216.251.272.324.125.226.261.282.	273.525.626.661.682.673.274.726.713.816.	851.872.883.
	음년..713.	314.115.216.251.272.324.125.226.261.282.	273.525.626.661.682.673.274.826.813.716.	751.772.783.
181	양년..255.	156.111.132.143.544.215.116.151.172.183.	584.316.351.372.383.784.585.411.814.851.	872.883.484.
	음년..655.	556.511.532.543.144.215.116.151.172.183.	584.316.351.372.383.784.585.451.854.811.	832.843.444.
182	양년..536.	571.552.563.164.365.516.551.572.583.184.	385.611.214.251.272.283.684.885.786.741.	632.835.812.
	음년..736.	771.752.763.364.165.516.551.572.583.184.	385.651.254.211.232.243.644.845.746.781.	612.815.832.
183	양년..761.	782.773.374.175.276.711.314.351.372.383.	784.585.686.641.732.535.512.523124.325.	426.461.482.
	음년..861.	882.873.474.275.176.751.354.311.332.343.	744.545.646.681.712.515.532.543.144.345.	446.481.462.
184	양년..444.	245.146.872.675.652.663.264.465.366.321.	342.853.756.763.364.165.266.221.242.233.	454.255.156.
	음년..444.	245.146.852.655.672.683.284.485.386.341.	322.863.766.753.354.155.266.211.232.243.	454.255.156.
185	양년..225.	126.161.843.746.733.334.135.236.271.252.	263.434.235.136.171.152.163.635.536.571.	552.563.164.
	음년..225.	126.161.833.736.743.344.145.246.281.262.	253.434.235.136.171.152.163.635.536.571.	.552.563.164.
186	양년..116.	151.172.424.225.126.161.182.173.625.526.	561.582.573.174.726.761.782.773.374.175.	861.464.421.
	음년..116.	151.172.424.225.126.161.182.173.625.526.	561.582.573.174.726.761.782.773.374.175.	821.424.461.
211	양년..183.	584.785.124.325.426.461.482.473.725.742.	.545.646.681.662.653.254.455.526.513.616.	651.672.683.
	음년..183.	584.785.124.325.426.461.482.473.525.542.	745.846.881.862.853.454.255.526.513.516.	551.572.583.
212	양년..485.	386.341.125.226.261.282.273.674.426.413.	316.351.372.383.784.585.686.321.724.761.	782.773.374.
	음년..445.	346.381.125.226.261.282.273.674.326.313.	416.451.472.483.884.685.586.361.764.721.	742.733.334.
213	양년..546.	581.562.126.161.182.173.574.775.261.664.	621.642.633.234.435.336.371.222.425.442.	433.834.635.
	음년..526.	561.582.126.161.182.173.574.775.221.624.	661.682.673.274.475.376.331.242.445.422.	413.814.615.
214	양년..861.	882.873.121.142.133.534.735.836.182.385.	362.353.754.555.656.611.632.153.554.755.	856.811.832.
	음년..851.	872.883.121.142.133.534.735.836.162.365.	382.373.774.575.676.631.612.153.554.755.	856.811.832
215	양년..732.	743.344.122.113.514.715.816.851.133.534.	735.836.871.852.544.581.184.385.486.441.	422.413.814.
	음년..332.	343.744.122.113.514.715.816.851.133.534.	735.836.871.852.144.581.584.785.886.841.	822.813.414.
216	양년..363.	764.565.123.226.213.614.815.716.751.772.	783.114.151.554.755.856.811.832.843.444.	315.332.135.
	음년..163.	564.765.113,216.223.624.825.726.761.782.	773.514.551.154.355.456.411.432.443.844.	115.132.335.
221	양년..224.	425.326.361.382.373.625.642.845.746.781.	762.753.354.155.526.561.582.573.174.375.	661.264.221.
	음년..224.	425.326.361.382.373.825.842.645.546.581.	562.553.154.355.526.561.582.573.174.375.	621.224.261.
222	양년..225.	126.161.182.173.574.326.361.382.373.774.	575.421.824.861.882.873.474.275.176.131.	442.245.222.
	음년..225.	126.161.182.173.574.326.361.382.373.774.	575.461.864.821.842.833.434.235.136.171.	422.225.242.
223	양년..126.	113.216.251.272.283.684.885.786.161.564.	521.542.533.134.335.436.471.122.325.342.	333.734.535.
	음년..226.	213.116.151.172.183.584.785.886.121.524.	561.582.573.174.375.476.431.142.345.322.	313.714.515.
224	양년..221.	242.233.634.835.736.262.465.482.473.874.	675.576.531.512.253.654.855.756.711.732.	664.621.224.
	음년..221.	242.233.634.835.736.282.485.462.453.854.	655.556.511.532.253.654.855.756.711.732.	264.221.624,
225	양년..222.	213.614.815.716.751.233.634.835.736.771.	752.244.281.684.885.786.741.722.713.314.	445.422.225.
	음년..222.	213.614.815.716.751.233.634.835.736.771.	752.644.681.284.485.386.341.322.313.714.	245.222.425.
226	양년..213.	116.123.524.725.826.861.882.873.614.651.	254.455.356.311.332.343.744.215.232.435.	336.371.352.
	음년..223.	126.113.514.715.816.851.872.883.214.251.	654.855.756.711.732.743.344.415.432.235.	136.171.152.

원괘효	남녀 73세74세75세76세.77세.78세.79세	80세81세82새83세84세85세86세87세88세.89세.	90세91세92세93세94세.95세96세
161	양년..211.614.651.672.683.284.485.	386.341.232.435.412.423.824.625.526.561.	582.213.116.123.524.725.826.
	음년..251.654.611.632.643.244.445.	346.381.212.415.432.443.844.645.546.581.	562.223.126.113.514.715.816.
162	양년..623.224.425.326.361.382.813.	716.723.324.125.226.261.282.273.414.215.	116.151.172.183.
	음년..643.244.445.346.381.362.823.	726.713.314.115.216.251.272.283.414.215.	116.151.172.183.
163	양년..246.281.262.523.626.613.214.	415.316.351.372.383.114.315.416.451.472.	483.515.532.735.836.871.852.
	음년..226.261.282.513.616.623.224,	425.326.361.382.373.114.315.416.451.472.	483.715.732.535.636.671.652.
164	양년..254.455.356.311.332.343.655.	672.875.776.731.712.723.324.125.556.511.	532.543.144.345.
	음년..254.455.356.311.332.343.855.	872.675.576.531.512.523.124.325.556.511.	532.543.144.345.
165	양년..516.551.572.583.184.385.526.	571.552.563.164.365.671.274.231.212.223.	624.825.726.761.
	음년..716.751.772.783.384.185.536.	571.552.563.164.365.631.234.271.252.263.	664.865.766.721.
166	양년..573.174.375.661.264.221.242.	233.634.835.736.771.622.825.842.833.434.	235.136.171.152.
	음년..573.174.375.621.224.261.282.	273.674.875.776.731.642.845.822.813.414.	215.116.152.172.
171	양년..311.714.751.772.783.384.185.	286.241.332.135.112.123.524.725.826.861.	882.313.416.423.824.625.526.
	음년..351.754.711.732.743.344.145.	246.281.312.115.132.143.544.745.846.881.	862.323.426.413.814.615.516.
172	양년..785.886.841.532.735.712.723.	324.125.226.261.282.513.616.623.224.425.	326.361.382.373.114.315.416.
	음년..745.846.881.512.715.732.743.	344.145.246.281.262.523.626.613.214.415.	316.351.372.383.114.315.416.
173	양년..813.716.723.324.125.226.261.	282.273.414.215.116.151.172.183.615.516.	551.572.583.184.
	음년..823.726.713.314.115.216.251.	272.283.414.215.116.151.172.183.615.516.	551.572.583.184.
174	양년..354.155.256.211.232.243.555.	656.611.632.643.244.756.763.866.821.842.	833.434.235.136.
	음년..354.155.256.211.232.243.555.	656.611.632.643.244.856.863.766.721.742.	733.334.135.236.
175	양년..652.663.264.836.843.746.781.	762.753.354.155.256.731.334.371.352.363.	764.565.666.621
	음년..652.663.264.736.743.846.881.	862.853.454.255.156.771.374.331.312.323.	724.525.626.661.
176	양년..484.285.186.761.364.321.342.	333.734.535.636.671.722.525.542.533.134.	335.436.471.452.
	음년..384.185.286.721.324.361.382.	373.774.575.676.631.742.545.522.513.114.	315.416.451.472.
181	양년..285.186.141.432.235.212.223.	624.825.726.761.782.413.316.323.724.525.	626.661.682.673.
	음년..245.146.181.412.215.232.243.	644.845.746.781.762.423.326.313.714.515.	616.651.672.683.
182	양년..823.424.225.126.161.182.613.	516.523.124.325.426.461.482.473.214.415.	316.351.372.383.
	음년..843.444.245.146.181.162.623.	526.513.114.315.416.451.472.483.214.415.	316.351.372.383.
183	양년..713.816.823.424.225.126.161.	182.173.314.115.216.251.272.283.515.616.	651.672.683.284.
	음년..723.826.813.414.215.116.151.	172.183.314.115.216.251.272.283.515.616.	651.672.683.284.
184	양년..111.132.143.655.556.511.532.	543.144.756.711.732.743.344.145.	
	음년..111.132.143.655.556.511.532.	543.144.756.711.732.743.344.145.	
185	양년..736.771.752.763.364.165.831.	434.471.452.463.864.665.566.521.	
	음년..736.771.752.763.364.165.871.	474.431.412.423.824.625.526.561.	
186	양년..442.433.834.635.536.571.822.	625.642.633.234.435.336.371.352.	
	음년..482.473.874.675.576.531.842.	645.622.613.214.415.316.351.372.	
211	양년..284.485.386.561.164.121.142.	133.534.735.836.871.522.725.742.733.334.	135.236.271.252.513.114.315.
	음년..184.385.486.521.124.161.182.	173.574.775.876.831.542.745.722.713.314.	115.216.251.272.513.114.315.
212	양년..175.276.231.342.145.122.113.	514.715.816.851.872.313.714.515.616.651.	672.324.361.764.565.666.621
	음년..135.236.271.322.125.142.133.	534.735.836.871.852.313.714.515.616.651.	672.724.761.364.165.266.221.
213	양년..536.571.552.213.614.815.716.	751.772.624.661.264.465.366.321.342.333.	734.225.242.445.346.381.362.
	음년..516.551.572.213.614.815.716.	751.772.224.261.664.865.766.721.742.733.	334.425.442.245.146.181.162.
214	양년..164.121.524.725.826.861.882.	873.474.365.382.185.286.241.222.213.614.	815.166.153.256.211.232.243.
	음년..564.521.124.325.426.461.482.	473.874.165.182.385.486.441.422.413.814.	615.266.253.156.111.132.143.
215	양년..145.122.325.426.461.482.473.	874.675.246.233.136.171.152.163.564.765.	866.141.544.581.562.553.154.
	음년..345.322.125.226.261.282.273.	674.875.146.133.236.271.252.263.664.865.	766.181.584.541.522.513.114.
216	양년..236.271.252.463.864.665.216.	223.126.161.182.173.574.775.876.111.541.	551.572.583.184.385.486.441.
	음년..436.471.452.263.664.865.116.	123.226.261.282.273.674.875.776.151.554.	511.532.543.144.345.446.481.
221	양년..242.233.634.835.736.771.622.	825.842.833.434.235.136.171.152.613.214.	415.316.351.372.
	음년..282.273.674.875.776.731.642.	845.822.813.414.215.116.152.172.613.214.	415.316.351.372.
222	양년..213.614.815.716.751.772.413.	814.615.516.551.572.424.461.864.665.566.	521.542.533.134.
	음년..233.634.835.736.771.752.413.	814.615.516.551.572.824.861.464.265.166.	121.142.133.534.
223	양년..636.671.652.113.514.715.816.	851.872.524.561.164.365.466.421.442.433.	834.125.142.345.446.481.462.
	음년..616.651.672.113.514.715.816.	851.872.124.161.564.765.866.821.842.833.	434.325.342.145.246.281.262.
224	양년..425.326.361.382.373.774.265.	282.485.386.341.322.313.714.515.166.121.	142.133.534.735.
	음년..825.726.761.782.773.374.465.	482.285.186.141.122.113.514.715.166.121.	142.133.534.735.
225	양년..126.161.182.173.574.775.146.	181.162.153.554.755.241.644.681.662.653.	254.455.356.311.
	음년..326.361.382.373.774.575.146.	181.162.153.554.755.281.684.641.622.613.	214.415.316.351.
226	양년..363.764.565.116.151.172.183.	584.785.251.654.611.632.643.244.445.346.	381.212.415.432.443.844.645.
	음년..163.564.765.116.151.172.183.	584.785.211.614.651.672.683.284.485.386.	341.232.435.412.423.824.625.

원괘효	남녀	1세. 2세. 3세. 4세. 5세. 6세. 7세 8세 9세	10새.11세.12세.13세14세15세16세17세18세19세	20세21세22세.23세24세
231	양년..	231.634.671.652.663.264.465.366.321.	212.223.624.825.726.761.243.146.133.534.	735.836.871.852.863.
	음년..	271.674.631.612.623.224.425.326.361.	212.223.624.825.726.761.233.136.143.544.	745.846.881.862.853.
232	양년..	212.223.624.825.726.761.233.136.143.	544.745.846.881.862.853.634.671.274.475.	376.331.312.323.724.
	음년..	212.223.624.825.726.761.243.146.133.	534.735.836.871.852.863.234.271.674.875.	776.731.712.723.324.
233	양년..	233.136.143.544.745.846.881.862.853.	634.671.274.475.376.331.312.323.724.235.	212.415.316.351.372.
	음년..	243.146.133.534.735.836.871.852.863.	234.271.674.875.776.731.712.723.324.435.	412.215.116.151.172.
234	양년..	234.271.674.875.776.731.712.723.324.	435.412.215.116.151.172.183.584.785.136.	171.152.163.564.765.
	음년..	634.671.274.475.376.331.312.323.724.	235.212.415.316.351.372.383.784.585.136.	171.152.163.564.765.
235	양년..	235.212.415.316.351.372.383.784.585.	136.171.152.163.564.765.271.674.631.612.	623.224.425.326.361.
	음년..	435.412.215.116.151.172.183.584.785.	136.171.152.163.564.765.231.634.671.652.	663.264.465.366.321.
236	양년..	136.171.152.163.564.765.231.634.671.	652.663.264.465.366.321.212.223.624.825.	726.761.243.146.133.
	음년..	136.171.152.163.564.765.271.674.631.	612.623.224.425.326.361.212.223.624.825.	726.761.233.136.143.
241	양년..	241.644.681.662.653.254.455.356.311.	222.213.614.815.716.751.233.634.835.736.	771.752.644.681.284.
	음년..	281.684.641.622.613.214.415.316.351.	222.213.614.815.716.751.233.634.835.736.	771.752.244.281.684.
242	양년..	222.213.614.815.716.751.233.634.835.	736.771.752.244.281.684.885.786.741.722.	713.314.445.422.225.
	음년..	222.213.614.815.716.751.233.634.835.	736.771.752.644.681.284.485.386.341.322.	313.714. 245.222.425.
243	양년..	233.634.835.736.771.752.244.281.684.	885.786.741.722.713.314.445.422.225.126.	161.182.173.574.775.
	음년..	233.634.835.736.771.752.644.681.284.	485.386.341.322.313.714.245.222.425.326.	361.382.373.774.575.
244	양년..	244.281.684.885.786.741.722.713.314.	445.422.225.126.161.182.173.574.775.146.	181.162.153.554.755.
	음년..	644.681.284.485.386.341.322.313.714.	245.222.425.326.361.382.373.774.575.146.	181.162.153.554.755.
245	양년..	245.222.425.326.361.382.373.774.575.	146.181.162.153.554.755.281.684.641.622.	613.214.415.316.351.
	음년..	445.422.225.126.161.182.173.574.775.	146.181.162.153.554.755.241.644.681.662.	653.254.455.356.311.
246	양년..	146.181.162.153.554.755.241.644.681.	662.653.254.455.356.311.222.213.614.815.	716.751.233.634.835.
	음년..	146.181.162.153.554.755.281.684.641.	622.613.214.415.316.351.222.213.614.815.	716.751.233.634.835.
251	양년..	211.232.243.644.845.746.252.455.472.	483.884.685.586.541.522.263.166.153.554.	755.856.811.832.843.
	음년..	211.232.243.644.845.746.272.475.452.	463.864.665.566.521.542.253.156.163.564.	765.866.821.842.833.
252	양년..	252.455.472.483.884.685.586.541.522.	263.166.153.554.755.856.811.832.843.254.	211.614.815.716.751.
	음년..	272.475.452.463.864.665.566.521.542.	253.156.163.564.765.866.821.842.833.254.	611.214.415.316.351.
253	양년..	253.156.163.564.765.866.821.842.833.	654.611.214.415.316.351.372.383.784.255.	272.475.376.331.312.
	음년..	263.166.153.554.755.856.811.832.843.	254.211.614.815.716.751.772.783.384.455.	472.275.176.131.112.
254	양년..	254.211.614.815.716.751.772.783.384.	455.472.275.176.131.112.123.524.725.156.	111.132.143.544.745.
	음년..	654.611.214.415.316.351.372.383.784.	255.272.475.376.331.312.323.724.525.156.	111.132.143.544.745.
255	양년..	255.272.475.376.331.312.323.724.525.	156.111.132.143.544.745.211.232.243.644.	845.746.272.475.452.
	음년..	455.472.275.176.131.112.123.524.725.	156.111.132.143.544.745.211.232.243.644.	845.746.252.455.472.
256	양년..	156.111.132.143.544.745.211.232.243.	644.845.746.252.455.472.483.884.685.586.	541.522.263.166.153.
	음년..	156.111.132.143.544.745.211.232.243.	644.845.746.272.475.452.463.864.665.566.	521.542.253.156.163.
261	양년..	221.242.233.634.835.736.262.465.482.	473.874.675.576.531.512.253.654.855.756.	711.732.664.621.224.
	음년..	221.242.233.634.835.736.282.485.462.	453.854.655.556.511.532.253.654.855.756.	711.732.264.221.624.
262	양년..	262.465.482.473.874.675.576.531.512.	253.654.855.756.711.732.664.621.224.425.	326.361.382.373.774.
	음년..	282.485.462.453.854.655.556.511.532.	253.654.855.756.711.732.264.221.624.825.	726.761.782.773.374.
263	양년..	253.654.855.756.711.732.264.221.624.	825.726.761.782.773.374.465.482.285.186.	141.122.113.514.715.
	음년..	253.654.855.756.711.732.664.621.224.	425.326.361.382.373.774.265.282.485.386.	341.322.313.714.515.
264	양년..	264.221.624.825.726.761.782.773.374.	465.482.285.186.141.122.113.514.715.166.	121.142.133.534.735.
	음년..	664.621.224.425.326.361.382.373.774.	265.282.485.386.341.322.313.714.515.166.	121.142.133.534.735.
265	양년..	265.282.485.386.341.322.313.714.515.	166.121.142.133.534.735.221.242.233.634.	835.736.282.485.462.
	음년..	465.482.285.186.141.122.113.514.715.	166.121.142.133.534.735.221.242.233.634.	835.736.262.465.482.
266	양년..	166.121.142.133.534.735.221.242.233.	634.835.736.262.465.482.473.874.675.576.	531.512.253.654.855.
	음년..	166.121.142.133.534.735.221.242.233.	634.835.736.282.485.462.453.854.655.556.	511.532.253.654.855.
271	양년..	231.212.223.624.825.726.252.263.664.	865.766.721.273.176.183.584.785.886.841.	822.813.674.631.234.
	음년..	231.212.223.624.825.726.252.263.664.	865.766.721.283.186.173.574.775.876.831.	812.823.274.231.634.
272	양년..	252.263.664.865.766.721.273.176.183.	584.785.886.841.822.813.674.631.234.435.	336.371.352.363.764.
	음년..	252.263.664.865.766.721.283.186.173.	574.775.876.831.812.823.274.231.634.835.	736.771.752.763.364.
273	양년..	273.176.183.584.785.886.841.822.813.	674.631.234.435.336.371.352.363.764.275.	252.455.356.311.332.
	음년..	283.186.173.574.775.876.831.812.823.	274.231.634.835.736.771.752.763.364.475.	452.255.156.111.132.
274	양년..	274.231.634.835.736.771.752.763.364.	475.452.255.156.111.132.143.544.745.176.	131.112.123.524.725.
	음년..	674.631.234.435.336.371.352.363.764.	275.252.455.356.311.332.343.744.545.176.	131.112.123.524.725.
275	양년..	275.252.455.356.311.332.343.744.545.	176.131.112.123.524.725.231.212.223.624.	825.726.252.263.664.
	음년..	475.452.255.156.111.132.143.544.745.	176.131.112.123.524.725.231.212.223.624.	825.726.252.263.664.
276	양년..	176.131.112.123.524.725.231.212.223.	624.825.726.252.263.664.865.766.721.273.	176.183.584.785.886.
	음년..	176.131.112.123.524.725.231.212.223.	624.825.726.252.263.664.865.766.721.283.	186.173.574.775.876.

원괘효	남녀 25세26세.27세28세.29세. 30세.31세32세33세34새35세36세.37세38세39세 40세41세42세43세44세.45세.46세47세48세
231	양년..234.271.674.875.776. 731.712.723.324.435.412.215.116.151.172. 183.584.785.136.171.152.163.564.765.
	음년..634.671.274.475.376. 331.312.323.724.235.212.415.316.351.372. 383.784.585.136.171.152.163.564.765.
232	양년..235.212.415.316.351. 372.383.784.585.136.171.152.163.564.765. 271.674.631.612.623.224.425.326.361.
	음년..435.412.215.116.151. 172.183.584.785.136.171.152.163.564.765. 231.634.671.652.663.264.465.366.321.
233	양년..383.784.585.136.171. 152.163.564.765.271.674.631.612.623.224. 425.326.361.212.223.624.825.726.761.
	음년..183.584.785.136.171. 152.163.564.765.231.634.671.652.663.264. 465.366.321.212.223.624.825.726.761.
234	양년..231.634.671.652.663. 264.465.366.321.212.223.624.825.726.761. 243.146.133.534.735.836.871.852.863.
	음년..271.674.631.612.623. 224.425.326.361.212.223.624.825.726.761. 233.136.143. 544.745.846.881.862.853
235	양년..212.223.624.825.726. 761.233.136.143.544.745.846.881.862.853. 634.671.274.475.376.331.312.323.724.
	음년..212.223.624.825.726. 761.243.146.133.534.735.836.871.852.863. 234.271.674.875.776.731.712.723.324.
236	양년..534.735.836.871.852. 863.234.271.674.875.776.731.712.723.324. 631.671.274.475.376.331.312.323.724.
	음년..544.745.846.881.862. 853.634.671.274.475.376.331.312.323.724. 235.212.415.316.351.372.383.784.585.
241	양년..485.386.341.322.313. 714.245.222.425.326.361.382.373.774.575. 146.181.162.153.554.755.424.225.126.
	음년..885.786.741.722.713. 314.445.422.225.126.161.182.173.574.775. 146.181.162.153.554.755.424.225.126.
242	양년..126.161.182.173.574. 775.146.181.162.153.554.755.241.644.681. 662.653.254.455.356.311.425.442.245.
	음년..326.361.382.373.774. 575.146.181.162.153.554.755.281.684.641. 622.613.214.415.316.351.225.242.445.
243	양년..146.181.162.153.554. 755.241.644.681.662.653.254.455.356.311. 222.213.614.815.716.751.426.413.316.
	음년..146.181.162.153.554. 755.281.684.641.622.613.214.415.316.351. 222.213.614.815.716.751.326.313.416.
244	양년..241.644.681.662.653. 254.455.356.311.222.213.614.815.716.751. 233.634.835.736.771.752.421.442.433.
	음년..281.684.641.622.613. 214.415.316.351.222.213.614.815.716.751. 233.634.835.736.771.752.421.442.433.
245	양년..222.213.614.815.716. 751.233.634.835.736.771.752.244.281.684. 885.786.741.722.713.314.422.413.814.
	음년..222.213.614.815.716. 751.233.634.835.736.771.752.644.681.284. 485.386.341.322.313.714.422.413.814.
246	양년..736.771.752.244.281. 284.485.386.341.322.313.714.245.222.425. 326.361.382.373.774.575.423.326.313.
	음년..736.771.752.644.681. 684.885.786.741.722.713.314.445.422.225. 126.161.182.173.574.775.413.316.323.
251	양년..254.211.614.815.716. 751.772.783.384.455.472.275.176.131.112. 123.524.725.156.111.132.143.544.745.
	음년..654.611.214.415.316. 351.372.383.784.255.272.475.376.331.312. 323.724.525.156.111.132.143.544.745.
252	양년..772.783.384.455.472. 275.176.131.112.123.524.725.156.111.132. 143.544.745.211.232.243.644.845.746.
	음년..372.383.784.255.272. 475.376.331.312.323.724.525.156.111.132. 143.544.745.211.232.243.644.845.746.
253	양년..323.724.525.156.111. 132.143.544.745.211.232.243.644.845.746. 272.475.452.463.864.665.566.521.542.
	음년..123.524.725.156.111. 132.143.544.745.211.232.243.644.845.746. 252.455.472. 483.884.685.586.541.522.
254	양년..211.232.243.644.845. 746.252.455.472.483.884.665.566.521.542. 253.156.163.564.765.866.821.842.833.
	음년..211.232.243.644.845. 746.272.475.452.463.864.665.566.541.522. 263.166.153.554.755.856.811.832.843.
255	양년..463.864.665.566.521. 542.253.156.163.564.765.866.821.842.833. 654.611.214.415.316.351.372.383.784.
	음년..483.884.685.586.541. 522.263.166.153.554.755.856.811.832.843. 254.211.614.815.716.751.772.783.384.
256	양년..554.755.856.811.832. 843.254.211.614.815.716.751.772.783.384. 455.472.275.176.131.112.123.524.725.
	음년..564.765.866.821.842. 833.264.221.614.415.316.351.372.383.784. 255.272.475.376.331.312.323.724.525.
261	양년..425.326.361.382.373. 774.265.282.485.386.341.322.313.714.515. 166.121.142.133.534.735.624.661.264.
	음년..825.726.761.782.773. 374.465.482.285.186.141.122.113.514.715. 166.121.142.133.534.735.224.261.664.
262	양년..265.282.485.386.341. 322.313.714.515.166.121.142.133.534.735. 156.111.132.143.544.745.625.526.561.
	음년..465.482.285.186.141. 122.113.514.715.166.121.142.133.534.735. 156.111.132.143.544.745.625.526.561.
263	양년..166.121.142.133.534. 735.221.242.233.634.835.736.262.465.482. 473.874.675.576.531.512.626.613.516.
	음년..166.121.142.133.534. 735.221.242.233.634.835.736.282.485.462. 453.854.655.556.511.532.526.513.616.
264	양년..221.242.233.634.835. 736.262.465.482.473.874.675.576.531.512. 253.654.855.756.711.732.621.642.633.
	음년..221.242.233.634.835. 736.282.485.462.453.854.655.556.511.532. 253.654.855.756.711.732.621.642.633.
265	양년..453.854.655.556.511. 532.253.654.855.756.711.732.664.621.224. 425.326.361.382.373.774.622.613.214.
	음년..473.874.675.576.531. 512.253.654.855.756.711.732.264.221.624. 825.726.761.782.773.374.622.613.214.
266	양년..756.711.732.664.621. 224.425.326.361.382.373.774.265.282.485. 386.341.322.313.714.515.623.526.513.
	음년..756.711.732.264.221. 624.825.726.761.782.773.374.465.482.285. 186.141.122.113.514.715.613.516.523.
271	양년..435.336.371.352.363. 764.275.252.455.356.311.332.343.744.545. 176.131.112.123.524.725.724.761.364.
	음년..835.736.771.752.763. 364.475.452.255.156.111.132.143.544.745. 176.131.112.123.524.725.324.361.764.
272	양년..275.252.455.356.311. 332.343.744.545.176.131.112.123.524.725. 231.212.223.624.825.726.725.742.545.
	음년..475.452.255.156.111. 132.143.544.745.176.131.112.123.524.725. 231.212.223.624.825.726.525.542.745.
273	양년..343.744.545.176.131. 112.123.524.725.231.212.223.624.825.726. 252.263.664.865.766.721.726.761.782.
	음년..143.544.745.176.131. 112.123.524.725.231.212.223.624.825.726. 252.263.664.865.766.721.726.761.782.
274	양년..231.212.223.624.825. 726.252.263.664.865.766.721.273.176.183. 584.785.886.841.822.813.721.742.733.
	음년..231.212.223.624.825. 726.252.263.664.865.766.721.283.186.173. 574.775.876.831.812.823.721.742.733.
275	양년..865.766.721.283.186. 173.574.775.876.831.812.823.274.231.634. 835.736.771.752.763.364.722.713.314.
	음년..865.766.721.273.176. 183.584.785.886.841.822.813.674.631.234. 435.336.371.352.363.764.722.713.314.
276	양년..841.822.813.674.631. 234.435.336.371.352.363.764.275.252.455. 356.311.332.343.744.545.723.826.813.
	음년..831.812.823.274.231. 634.835.736.771.752.763.364.475.452.255. 156.111.132.143.544.745.713.816.823.

원괘효	남녀	49세	50세 51세 52세 53세 .54세 55세 56세 57세 58새 .59세.	60세 61세 62세 63세 64세 65세 66세 67세 68세 .69세	70세 .71세 72세
231	양년	.324.	125.226.261.282.273.525.626.661.682.673.	274.726.713.816.851.872.883.484.285.186.	761.364.321.
	음년	.324.	125.226.261.282.273.525.626.661.682.673.	274.826.813.716.751.772.783.384.185.286.	721.324.361.
232	양년	.125.	142.345.446.481.462.453.854.655.226.213.	116.151.172.183.584.785.886.121.524.561.	582.573.174.
	음년	.325.	342.145.246.281.262.253.654.855.126.113.	216.251.272.283.684.885.786.161.564.521.	542.533.134.
233	양년	.326.	361.382.373.774.575.421.824.861.882.873.	474.275.176.131.442.245.222.213.614.815.	716.751.772.
	음년	.326.	361.382.373.774.575.461.864.821.842.833.	434.235.136.171.422.225.242.233.634.835.	736.771.752.
234	양년	.321.	342.333.734.535.636.362.165.182.173.574.	775.876.831.812.353.754.555.656.611.632.	764.721.324.
	음년	.321.	342.333.734.535.636.382.185.162.153.554.	755.856.811.832.353.754.555.656.611.632.	364.321.724.
235	양년	.322.	313.714.515.616.651.333.734.535.636.671.	652.344.381.784.585.686.641.622.613.214.	145.246.281.
	음년	.322.	313.714.515.616.651.333.734.535.636.671.	652.744.781.384.185.286.241.222.213.614.	145.246.281.
236	양년	.313.	416.423.824.625.526.561.582.573.714.751.	354.155.256.211.232.243.644.115.216.251.	272.283.684.
	음년	.323.	426.413.814.615.516.551.572.583.314.351.	754.555.656.611.632.643.244.115.216.251.	272.283.684.
241	양년	.161.	182.173.625.526.561.582.573.174.726.761.	782.773.374.175.861.464.421.442.433.834.	635.536.571.
	음년	.161.	182.173.625.526.561.582.573.174.726.761.	782.773.374.175.821.424.461.482.473.874.	675.576.531.
242	양년	.146.	181.162.153.554.755.126.161.182.173.574.	775.221.624.661.682.673.274.475.376.331.	242.445.422.
	음년	.346.	381.362.353.754.555.126.161.182.173.574.	775.261.664.621.642.633.234.435.336.371.	222.425.442.
243	양년	.351.	372.383.784.585.686.321.724.761.782.773.	374.175.276.231.342.145.122.113.514.715.	816.851.872.
	음년	.451.	472.483.884.685.586.361.764.721.742.733.	334.135.236.271.322.125.142.133.534.735.	836.871.852.
244	양년	.834.	635.536.482.285.262.253.654.855.756.711.	732.453.854.655.556.511.532.464.421.824.	625.526.561.
	음년	.834.	635.536.462.265.282.273.674.875.776.731.	712.453.854.655.556.511.532.864.821.424.	225.126.161.
245	양년	.615.	516.551.433.834.635.536.571.552.844.881.	484.285.186.141.122.113.514.245.146.181.	162.153.554.
	음년	.615.	516.551.433.834.635.536.571.552.444.481.	484.685.586.541.522.513.114.245.146.181.	162.153.554.
246	양년	.714.	515.616.651.672.683.414.451.854.655.556.	511.532.543.144.215.116.151.172.183.584.	316.351.372.
	음년	.724.	525.626.661.682.673.814.851.454.255.156.	111.132.143.544.215.116.151.172.183.584.	316.351.372.
251	양년	.124.	161.564.765.866.821.842.833.434.325.342.	145.246.281.262.253.654.855.126.113.216.	251.272.283.
	음년	.524.	561.164.365.466.421.442.433.834.125.142.	345.446.481.462.453.854.655.226.213.116.	151.172.183.
252	양년	.525.	626.661.682.673.274.726.713.816.851.872.	883.484.285.186.761.364.321.342.333.734.	535.636.671.
	음년	.525.	626.661.682.673.274.826.813.716.751.772.	783.384.185.286.721.324.361.382.373.774.	575.676.631.
253	양년	.526.	561.582.573.174.375.621.224.261.282.273.	674.875.776.731.642.845.822.813.414.215.	116.152.172.
	음년	.526	.561.582.573.174.375.661.264.221.242.233.	634.835.736.771.622.825.842.833.434.235.	136.171.152.
254	양년	.521.	542.533.134.335.436.562.765.782.773.374.	175.276.231.212.553.154.355.456.411.432.	164.365.466.
	음년	.521	.542.533.134.335.436.582.785.762.753.354.	155.256.211.232.553.154.355.456.411.432.	164.365.466.
255	양년	.522.	513.114.315.416.451.533.134.335.436.471.	452.144.345.446.481.462.453.545.522.725.	826.861.882.
	음년	.522.	513.114.315.416.451.533.134.335.436.471.	452.144.345.446.481.462.453.745.722.525.	626.661.682.
256	양년	.513.	616.623.224.425.326.361.382.373.114.315.	416.451.472.483.715.732.535.636.671.652.	863.264.465.
	음년	.523.	626.613.214.415.316.351.372.383.114.315.	416.451.472.483.515.532.735.836.871.852.	863.464.265.
261	양년	.465.	366.321.342.333.734.225.242.445.346.381.	362.353.754.555.126.161.182.173.574.775.	261.664.621.
	음년	.865.	766.721.742.733.334.425.442.245.146.181.	162.153.554.755.126.161.182.173.574.775.	221.624.661.
262	양년	.582.	573.174.726.761.782.773.374.175.861.464.	421.442.433.834.635.536.571.822.625.642.	633.234.435.
	음년	.582.	573.174.726.761.782.773.374.175.821.424.	461.482.473.874.675.576.531.842.645.622.	613.214.415.
263	음년	.551.	572.583.184.385.486.521.124.161.182.173.	574.775.876.831.542.745.722.713.314.115.	216.251.272.
	양년	.651.	672.683.284.485.386.561.164.121.142.133.	534.735.836.871.522.725.742.733.334.135.	236.271.252.
264	양년	.234.	435.336.682.885.862.853.454.255.156.111.	132.653.254.455.356.311.332.264.465.366.	321.342.333.
	음년	.234.	435.336.662.865.882.873.474.275.176.131.	112.653.254.455.356.311.332.264.465.366.	321.342.333.
265	양년	.415.	316.351.633.234.435.336.371.352.244.445.	346.381.362.353.845.822.625.526.561.582.	573.174.375.
	음년	.415.	316.351.633.234.435.336.371.352.244.445.	346.381.362.353.645.622.825.726.761.782.	773.374.175.
266	양년	.114.	315.416.451.472.483.214.415.316.351.372.	383.615.632.835.736.771.752.763.364.165.	516.551.572.
	음년	.124.	325.426.461.482.473.214.415.316.351.372.	383.815.832.635.536.571.552.563.164.365.	516.551.572.
271	양년	.165.	266.221.242.233.634.125.226.261.282.273.	674.326.313.416.451.472.483.884.685.586.	361.764.721.
	음년	.565.	666.621.642.633.234.125.226.261.282.273.	674.426.413.316.351.372.383.784.585.686.	321.724.761.
272	음년	.646.	681.662.653.254.455.526.513.616.651.672.	683.284.485.386.561.164.121.142.133.534.	735.836.871.
	양년	.846.	881.862.853.454.255.626.613.516.551.572.	583.184.385.486.521.124.161.182.173.574.	775.876.831.
273	양년	.773.	374.175.861.464.421.442.433.834.635.536.	571.822.625.642.633.234.435.336.371.352.	813.414.215.
	음년	.773.	374.175.821.424.461.482.473.874.675.576.	531.842.645.622.613.214.415.316.351.372.	813.414.215.
274	양년	.334.	135.236.782.585.562.553.154.355.456.411.	432.753.354.155.256.211.232.364.165.266.	221.242.233.
	음년	.334.	135.236.762.565.582.573.174.375.476.431.	412.753.354.155.256.211.232.364.165.266.	221.242.233.
275	양년	.115.	216.251.733.334.135.236.271.252.344.145.	246.281.262.253.545.646.681.662.653.254.	846.833.736.
	음년	.115.	216.251.733.334.135.236.271.252.344.145.	246.281.262.253.545.646.681.662.653.254.	746.733.836.
276	양년	.414.	215.116.151.172.183.314.115.216.251.272.	283.515.616.651.672.683.284.716.723.826.	861.882.873.
	음년	.424.	225.126.161.182.173.314.115.216.251.272.	283.515.616.651.672.683.284.816.823.726.	761.782.773.

원괘효	남녀 73세74세75세76세.77세.78세.79세	80세81세82세83새84세85세86세87세88세.89세.	90세91세92세93세94세.95세96세
231	양년..342.333.734.535.636.671.722.	525.542.533.134.335.436.471.452.713.314.	115.216.251.272.
	음년..382.373.774.575.676.631.742.	545.522.513.114.315.436.471.452.713.314.	115.216.251.272.
232	양년..375.476.431.142.345.322.313.	714.515.616.651.672.113.514.715.816.851.	872.124.161.564.765.866.821.
	음년..335.436.471.122.325.342.333.	734.535.636.671.652.113.514.715.816.851.	872.524.561.164.365.466.421.
233	양년..413.814.615.516.551.572.424.	461.864.665.566.521.542.533.134.225.126.	161.182.173.574.
	음년..413.814.615.516.551.572.824.	861.464.265.166.121.142.133.534.225.126.	161.182.173.574.
234	양년..125.226.261.282.273.674.165.	266.221.242.233.634.366.353.456.411.432.	443.844.645.546.
	음년..525.626.661.682.673.274.165.	266.221.242.233.634.466.453.356.311.332.	343.744.545.646.
235	양년..262.253.654.446.433.336.371.	352.363.764.565.666.341.744.781.762.753.	354.155.256.211.
	음년..262.253.654.346.333.436.471.	452.463.864.665.566.381.784.741.722.713.	314.115.216.251.
236	양년..316.323.426.461.482.473.874.	675.576.351.754.711.732.743.344.145.246.	281.312.115.132.143.544.745.
	음년..416.423.326.361.382.373.774.	575.676.311.714.751.772.783.384.185.286.	241.332.135.112.123.524.725.
241	양년..822.625.642.633.234.435.336.	371.352.813.414.215.116.151.172.	
	음년..842.645.622.613.214.415.316.	351.372.813.414.215.116.151.172.	
242	양년..413.814.615.516.551.572.213.	614.815.716.751.772.224.261.664.865.766.	721.742.733.334.
	음년..433.834.635.536.571.552.213.	614.815.716.751.772.624.661.264.465.366.	321.342.333.734.
243	양년..313.714.515.616.651.672.324.	361.764.565.666.621.642.633.234.125.226.	261.282.273.674.
	음년..313.714.515.616.651.672.724.	761.364.165.266.221.242.233.634.125.226.	261.282.273.674.
244	양년..582.573.174.265.166.121.142.	133.534.366.321.342.333.734.535.	
	음년..182.173.574.265.166.121.142.	133.534.366.321.342.333.734.535.	
245	양년..346.381.362.353.754.555.441.	844.881.862.853.454.255.156.111.	·
	음년..346.381.362.353.754.555.481.	884.841.822.813.414.215.116.151.	
246	양년..383.784.585.451.854.811.832.	843.444.245.146.181.412.215.232.243.644.	845.746.781.762.
	음년..383.784.585.411.814.851.872.	883.484.285.186.141.432.235.212.223.624.	825.726.761.782.
251	양년..684.885.786.161.564.521.542.	533.134.335.436.471.122.325.342.333.734.	535.636.671.652.113.514.715.
	음년..584.785.886.121.524.561.582.	573.174.375.476.431.142.345.322.313.714.	515.616.651.672.113.514.715.
252	양년..722.525.542.533.134.335.436.	471.452.713.314.115.216.251.272.324.125.	226.261.282.273.
	음년..742.545.522.513.114.315.416.	451.472.713.314.115.216.251.272.324.125.	226.261.282.273.
253	양년..613.214.415.316.351.372.224.	425.326.361.382.373.625.642.845.746.781.	762.753.354.155.
	음년..613.214.415.316.351.372.224.	425.326.361.382.373.825.842.645.546.581.	562.553.154.355.
254	양년..421.442.433.765.782.585.686.	641.622.613.214.415.566.553.656.611.632.	643.244.445.346.
	음년..421.442.433.565.582.785.886.	841.822.813.414.215.666.653.556.511.532.	543.144.345.446.
255	양년..873.474.275.646.633.536.571.	552.563.164.365.466.541.144.181.162.153.	554.755.856.811.
	음년..673.274.475.546.533.636.671.	652.663.264.465.366.581.184.141.122.113.	514.715.816.851.
256	양년..516.523.626.661.682.673.274.	475.376.551.154.111.132.143.544.745.846.	881.512.715.732.743.344.145.
	음년..616.623.526.561.582.573.174.	375.476.511.114.151.172.183.584.785.886.	841.532.735.712.723.324.125.
261	양년..642.633. 234.435.336.371.222.	425.442.433.834.635. 536.571.552.213.614.815.716.751.772.	
	음년..682.673. 274.475.376.331.242.	445.422.413.814.615. 536.551.572.213.614.815.716.751.772.	
262	양년..336.371.352.813.414.215.116.	151.172.424.225.126.161.182.173.	
	음년..316.351.372.813.414.215.116.	151.172.424.225.126.161.182.173.	
263	음년..513.114.315.416.451.472.124.	325.426.461.482.473.525.542.745.846.881.	862.853.454.255.
	양년..513.114.315.416.451.472.124.	325.426.461.482.473.725.742.545.646.681.	662.653.254.455.
264	양년..665.682 885.786.741.722.713.	314.115.566.521.542.533.134.335	
	음년..865.882.685.586.541.522.513.	114.315.566.521.542.533.134.335.	
265	양년..546.581.562.553.154.355.641.	244.281 262.253.654.855.756.711.	
	음년..546.581.562.553.154.355.681.	284.241.222.213.614 815.716.751.	
266	양년..583.184.385.651.254.211.232.	243.644.845.746.781.612.815.832.843.444.	245.146.181.162.
	음년..583.184.385.611.214.251.272.	283.684.885.786.741.632.835.812.823.424.	225.126.161.182.
271	양년..742.733.334.135.236.271.322.	125.142.133.534.735.836.871.852.313.714.	515.616.651.672.
	음년..782.773.374.175.276.231.342.	145.122.113.514.715.816.851.872.313.714.	515.616.651.672.
272	양년..522.725.742.733.334.135.236.	271.322.125.142.133.514.315.416.451.472.124.325.	426.461.482.473.
	양년..542.745.722.713.314.115.216.	251.272.513.114.315.416.451.472.124.325.	426.461.482.473.
273	양년..116.151.172.424.225.126.161.	182.173.625.526.561.582.573.174.	
	음년..116.151.172.424.225.126.161.	182.173.625.526.561.582.573.174.	
274	양년..565.666.621.642.633.234.766.	753.865.811.832.843.444.345.146.	
	음년..565.666.621.642.633.234.866.	853.756.711.732.743.344.145.246.	
275	음년..771.752.763.364.165.266.741.	344.381.362.353.754.555.656.611.	
	양년..871.852.863.464.265.166.781.	384.341.822.313.714.515.616.651.	
276	양년..474.275.176.751.354.311.332.	343.744.545.646.681.712.515.532.543.144.	345.446.481.462.
	음년..374.175.276.711.314.351.372.	383.784.585.686.641.732.535.512.523.124.	325.426.461.482.

원괘효	남녀	1세. 2세. 3세. 4세. 5세. 6세. 7세 8세 9세 10세.11세.12세.13세14세15세16세17세18세19세 20세21세22세.23세24세
281	양년	..241.222.213.614.815.716.262.253.654. 855.756.711.273.674.875.776.731.712.284. 241.644.845.746.781.
	음년	..241.222.213.614.815.716.262.253.654. 855.756.711.273.674.875.776.731.712.684. 641.244.445.346.381.
282	양년	..262.253.654.855.756.711.273.674.875. 776.731.712.284.241.644.845.746.781.762. 753.354.485.462.265.
	음년	..262.253.654.855.756.711.273.674.875. 776.731.712.684.641.244.445.346.381.362. 353.754.285.262.465.
283	양년	..273.674.875.776.731.712.284.241.644. 845.746.781.762.753.354.485.462.265.166. 121.142.133.534.735.
	음년	..273.674.875.776.731.712.684.641.244. 445.346.381.362.353.754.285.262.465.366. 321.342.333.734.535.
284	양년	..284.241.644.845.746.781.762.753.354. 485.462.265.166.121.142.133.534.735.186. 141.122.113.514.715.
	음년	..684.641.244.445.346.381.362.353.754. 285.262.465.366.321.342.333.734.535.186. 141.122.113.514.715.
285	양년	..285.262.465.366.321.342.333.734.535. 186.141.122.113.514.715.241.222.213.614. 815.716.262.253.654.
	음년	..485.462.265.166.121.142.133.534.735. 186.141.122.113.514.715.241.222.213.614. 815.716.262.253.654.
286	양년	..186.141.122.113.514.715.241.222.213. 614.815.716.262.253.654.855.756.711.273. 674.875.776.731.712.
	음년	..186.141.122.113.514.715.241.222.213. 614.815.716.262.253.654.855.756.711.273. 674.875.776.731.712.
311	양년	..311.714.751.772.783.384.185.286.241. 332.135.112.123.524.725.826.861.882.313. 416.423.824.625.526.
	음년	..351.754.711.732.743.344.145.246.281. 312.115.132.143.544.745.846.881.862.323. 426.413.814.615.516.
312	양년	..312.115.132.143.544.745.846.881.862. 323.426.413.814.615.516.551.572.583.314. 351.754.555.656.611.
	음년	..332.135.112.123.524.725.826.861.882. 313.416.423.824.625.526.561.582.573.714. 751.354.155.256.211.
313	양년	..313.416.423.824.625.526.561.582.573. 714.751.354.155.256.211.232.243.644.115. 216.251.272.283.684.
	음년	..323.426.413.814.615.516.551.572.583. 314.351.754.555.656.611.632.643.244.115. 216.251.272.283.684.
314	양년	..314.351.754.555.656.611.632.643.244. 115.216.251.272.283.684.416.423.326.361. 382.373.774.575.676.
	음년	..714.751.354.155.256.211.232.243.644. 115.216.251.272.283.684.316.323.426.461. 482.473.874.675.576.
315	양년	..115.216.251.272.283.684.316.323.426. 461.482.473.874.675.576.351.754.711.732. 743.344.145.246.281.
	음년	..115.216.251.272.283.684.416.423.326. 361.382.373.774.575.676.311.714.751.772. 783.384.185.286.241.
316	양년	..316.323.426.461.482.473.874.675.576. 351.754.711.732.743.344.145.246.281.312. 115.132.143.544.745.
	음년	..416.423.326.361.382.373.774.575.676. 311.714.751.772.783.384.185.286.241.332. 135.112.123.524.725.
321	양년	..321.724.761.782.773.374.175.276.231. 342.145.122.113.514.715.816.851.872.313. 714.515.616.651.672.
	음년	..361.764.721.742.733.334.135.236.271. 322.125.142.133.534.735.836.871.852.313. 714.515.616.651.672.
322	양년	..322.125.142.133.534.735.836.871.852. 313.714.515.616.651.672.724.761.364.165. 266.221.242.233.634.
	음년	..342.145.122.113.514.715.816.851.872. 313.714.515.616.651.672.324.361.764.565. 666.621.642.633.234.
323	양년	..313.714.515.616.651.672.324.361.764. 565.666.621.642.633.234.125.226.261.282. 273.674.426.413.316.
	음년	..313.714.515.616.651.672.724.761.364. 165.266.221.242.233.634.125.226.261.282. 273.674.326.413.416.
324	양년	..324.361.764.565.666.621.642.633.234. 125.226.261.282.273.674.426.413.316.351. 372.383.784.585.686.
	음년	..724.761.364.165.266.221.242.233.634. 125.226.261.282.273.674.326.313.416.451. 472.483.884.685.586.
325	양년	..125.226.261.282.273.674.326.313.416. 451.472.483.884.685.586.361.764.721.742. 733.334.135.236.271.
	음년	..125.226.261.282.273.674.426.413.316. 351.372.383.784.585.686.321.724.761.782. 773.374.175.276.231.
326	양년	..326.313.416.451.472.483.884.685.586. 361.764.721.742.733.334.135.236.271.322. 125.142.133.534.735.
	음년	..426.413.316.351.372.383.784.585.686. 321.724.761.782.773.374.175.276.231.342. 145.122.113.514.715.
331	양년	..331.734.771.752.763.364.165.266.221. 312.323.724.525.626.661.343.446.433.834. 635.536.571.552.563.
	음년	..371.774.731.712.723.324.125.226.261. 312.323.724.525.626.661.333.436.443.844. 645.546.581.562.553.
332	양년	..312.323.724.525.626.661.333.436.443. 844.645.546.581.562.553.734.771.374.175. 276.231.212.223.624.
	음년	..312.323.724.525.626.661.343.446.433. 834.635.536.571.552.563.334.371.774.575. 676.631.612.623.224.
333	양년	..333.436.443.844.645.546.581.562.553. 734.771.374.175.276.231.212.223.624.135. 236.271.252.263.664.
	음년	..343.446.433.834.635.536.571.552.563. 334.371.774.575.676.631.612.623.224.135. 236.271.252.263.664.
334	양년	..334.371.774.575.676.631.612.623.224. 135.236.271.252.263.664.436.443.346.381. 362.353.754.555.656.
	음년	..734.771.374.175.276.231.212.223.624. 135.236.271.252.263.664.336.343.446.481. 462.453.854.655.556.
335	양년	..135.236.271.252.263.664.336.343.446. 481.462.453.854.655.656.331.734.771.752. 763.364.165.266.221.
	음년	..135.236.271.252.263.664.436.443.346. 381.362.353.754.555.656.371.774.731.712. 723.324.125.226.261.
336	양년	..336.343.446.481.462.453.854.655.556. 371.774.731.712.723.324.125.226.261.312. 323.724.525.626.661.
	음년	..436.443.346.381.362.353.754.555.656. 331.734.771.752.763.364.165.266.221.312. 323.724.525.626.661.
341	양년	..341.744.781.762.753.354.155.256.211. 322.313.714.515.616.651.333.734.535.636. 671.652.744.781.384.
	음년	..381.784.741.722.713.314.115.216.251. 322.313.714.515.616.651.333.734.535.636. 671.652.344.381.784.
342	양년	..322.313.714.515.616.651.333.734.535. 636.671.652.344.381.784.585.686.641.622. 613.214.145.246.281.
	음년	..322.313.714.515.616.651.333.734.535. 636.671.652.744.781.384.185.286.241.222. 213.614.145.246.281.
343	양년	..333.734.535.636.671.652.344.381.784. 585.686.641.622.613.214.145.246.281.262. 253.654.446.433.336.
	음년	..333.734.535.636.671.652.744.781.384. 185.286.241.222.213.614.145.246.281.262. 253.654.346.333.436.
344	양년	..344.381.784.585.686.641.622.613.214. 145.246.281.262.253.654.446.433.336.371. 352.363.764.565.666.
	음년	..744.781.384.185.286.241.222.213.614. 145.246.281.262.253.654.346.333.436.471. 452.463.864.665.566.
345	양년	..145.246.281.262.253.654.346.333.436. 471.452.463.864.665.566.381.784.741.722. 713.314.115.216.251.
	음년	..145.246.281.262.253.654.446.433.336. 371.352.363.764.565.666.341.744.781.762. 753.354.155.256.211.
346	양년	..346.333.436.471.452.463.864.665.566. 381.784.741.722.713.314.115.216.251.322. 313.714.515.616.651.
	음년	..446.433.336.371.352.363.764.565.666. 341.744.781.762.753.354.155.256.211.322. 313.714.515.616.651.

원괘효	남녀 25세26세.27세28세.29세. 30세.31세32세33세34새35세36세.37세38세39세	40세41세42세43세44세.45세.46세47세48세
281	양년..762.753.354.485.462. 265.166.121.142.133.534.735.186.141.122.	113.514.715.424.461.864.665.566.521.
	음년..362.353.754.285.262. 465.366.321.342.333.734.535.186.141.122.	113.514.715.824.861.464.265.166.121.
282	양년..166.121.142.133.534. 735.186.141.122.113.514.715.241.222.213.	614.815.716.625.642.845.746.781.762.
	음년..366.321.342.333.734. 535.186.141.122.113.514.715.241.222.213.	614.815.716.825.842.645.546.581.562.
283	양년..186.141.122.113.514. 715.241.222.213.614.815.716.262.253.654.	855.756.711.726.713.816.851.872.883.
	음년..186.141.122.113.514. 715.241.222.213.614.815.716.262.253.654.	855.756.711.826.813.716.751.772.783.
284	양년..241.222.213.614.815. 716.262.253.654.855.756.711.273.674.875.	776.731.712.821.842.833.434.235.136.
	음년..241.222.213.614.815. 716.262.253.654.855.756.711.273.674.875.	776.731.712.821.842.833.434.235.136.
285	양년..855.756.711.273.674. 875.776.731.712.684.641.244.445.346.381.	362.353.754.822.813.414.215.116.151.
	음년..855.756.711.273.674. 875.776.731.712.284.241.644.845.746.781.	762.753.354.822.813.414.215.116.151.
286	양년..284.241.644.845.746. 781.762.753.354.485.462.265.166.121.142.	133.534.735.813.716.723.324.125.226.
	음년..684.641.244.445.346. 381.362.353.754.285.262.465.366.321.342.	333.734.535.823.726.713.314.115.216.
311	양년..561.582.573.714.751. 354.155.256.211.232.243.644.115.216.251.	272.283.684.316.323.426.461.482.473.
	음년..551.572.583.314.351. 754.555.656.611.632.643.244.115.216.251.	272.283.684.416.423.326.361.382.373.
312	양년..632.643.244.115.216. 251.272.283.684.416.423.326.361.382.373.	774.575.676.311.714.751.772.783.384.
	음년..232.243.644.115.216. 251.272.283.684.316.323.426.461.482.473.	874.675.576.351.754.711.732.743.344.
313	양년..316.323.426.461.482. 473.874.675.576.351.754.711.732.743.344.	145.246.281.312.115.132.143.544.745.
	음년..416.423.326.361.382. 373.774.575.676.311.714.751.772.783.384.	185.286.241.332.135.112.123.524.725.
314	양년..311.714.751.772.783. 384.185.286.241.332.135.112.123.524.725.	826.861.882.313.416.423.824.625.526.
	음년..351.754.711.732.743. 344.145.246.281.312.115.132.143.544.745.	846.881.862.323.426.413.814.615.516.
315	양년..312.115.132.143.544. 745.846.881.862.323.426.413.814.615.516.	551.572.583.314.351.754.555.656.611.
	음년..332.135.112.123.524. 725.826.861.882.313.416.423.824.625.526.	561.582.573.714.751.354.155.256.211.
316	양년..846.881.862.323.426. 413.814.615.516.551.572.583.314.351.754.	555.656.611.632.643.244.115.216.251.
	음년..826.861.882.313.416. 423.824.625.526.561.582.573.714.751.354.	155.256.211.232.243.644.115.216.251.
321	양년..324.361.764.565.666. 621.642.633.234.125.226.261.282.273.674.	426.413.316.351.372.383.784.585.686
	음년..724.761.364.165.266. 221.242.233.634.125.226.261.282.273.674.	326.313.416.451.472.483.884.685.586.
322	양년..125.226.261.282.273. 674.326.313.416.451.472.483.884.685.586.	361.764.721.742.733.334.135.236.271.
	음년..125.226.261.282.273. 674.426.413.316.351.372.383.784.585.686.	321.724.761.782.773.374.175.276.231.
323	양년..351.372.383.784.585. 686.321.724.761.782.773.374.175.276.231.	342.145.122.113.514.715.816.851.872.
	음년..451.472.483.884.685. 586.361.764.721.742.733.334.135.236.271.	322.125.142.133.534.735.836.871.852.
324	양년..321.724.761.782.773. 374.175.276.231.342.145.122.113.514.715.	816.851.872.313.714.515.616.651.672.
	음년..361.764.721.742.733. 334.135.236.271.322.125.142.133.534.735.	836.871.852.313.714.515.616.651.672.
325	양년..322.125.142.133.534. 735.836.871.852.313.714.515.616.651.672.	724.761.364.165.266.221.242.233.634.
	음년..342.145.122.113.514. 715.816.851.872.313.714.515.616.651.672.	324.361.764.565.666.621.642.633.234.
326	양년..836.871.852.313.714. 515.616.651.672.724.761.364.165.266.221.	242.233.634.125.226.261.282.273.674.
	음년..816.851.872.313.714. 515.616.651.672.324.361.764.565.666.621.	642.633.234.125.226.261.282.273.674.
331	양년..334.371.774.575.676. 631.612.623.224.135.236.271.252.263.664.	436.443.346.381.362.353.754.555.656.
	음년..734.771.374.175.276. 231.212.223.624.135.236.271.252.263.664.	336.343.446.481.462.453.854.655.556.
332	양년..135.236.271.252.263. 664.336.343.446.481.462.453.854.655.556.	331.734.771.752.763.364.165.266.221.
	음년..135.236.271.252.263. 664.436.443.346.381.362.353.754.555.656.	371.774.731.712.723.324.125.226.261.
333	양년..336.343.446.481.462. 453.854.655.556.371.774.731.712.723.324.	125.226.261.312.323.724.525.626.661.
	음년..436.443.346.381.362. 353.754.555.656.331.734.771.752.763.364.	165.266.221.312.323.724.525.626.661.
334	양년..331.734.771.752.763. 364.165.266.221.312.323.724.525.626.661.	343.446.433.834.635.536.571.552.563.
	음년..371.774.731.712.723. 324.125.226.261.312.323.724.525.626.661.	333.436.443.844.645.546.581.562.553.
335	양년..312.323.724.525.626. 661.333.436.443.844.645.546.581.562.553.	734.771.374.175.276.231.212.223.624.
	음년..312.323.724.525.626. 661.343.446.433.834.635.536.571.552.563.	334.371.774.575.676.631.612.623.224.
336	양년..333.436.443.844.645. 546.581.562.553.734.771.374.175.276.231.	212.223.624.135.236.271.252.263.664.
	음년..343.446.433.834.635. 536.571.552.563.334.371.774.575.676.631.	612.623.224.135.236.271.252.263.664.
341	양년..344.381.784.585.686. 614.145.246.281.262.253.654.346.333.436.	471.452.463.864.665.566.434.235.136.
	음년..744.781.384.185.286. 214.145.246.281.262.253.654.446.433.336.	371.352.363.764.565.666.434.235.136.
342	양년..262.253.654.446.433. 336.371.352.363.764.565.666.341.744.781.	762.753.354.155.256.211.435.412.215.
	음년..262.253.654.346.333. 436.471.452.463.864.665.566.381.784.741.	722.713.314.115.216.251.235.212.415.
343	양년..346.333.436.471.452. 666.341.744.781.762.753.354.155.256.211.	322.313.714.515.616.651.436.443.346.
	음년..446.433.336.371.352. 566.381.784.741.722.713.314.115.216.251.	322.313.714.515.616.651.336.343.446.
344	양년..341.744.781.762.753. 354.155.256.211.322.313.714.515.616.651.	333.734.535.636.671.652.431.412.423.
	음년..381.784.741.722.713. 314.115.216.251.322.313.714.515.616.651.	333.734.535.636.671.652.431.412.423.
345	양년..322.313.714.515.616. 651.333.734.535.636.671.652.344.381.784.	585.686.641.622.613.214.412.215.232.
	음년..322.313.714.515.616. 651.333.734.535.636.671.652.744.781.384.	185.286.241.222.213.614.432.235.212.
346	양년..333.734.535.636.671. 652.344.381.784.585.686.641.622.613.214.	145.246.281.262. 253.654.433.834.635.
	음년..333.734.535.636.671. 652.744.781.384.185.286.241.222.213.614.	145.246.281.262. 253.654.433.834.635.

원괘효	남녀 49세	50세51세52세53세.54세55세.56세57세58새.59세.	60세61세62세63세64세65세66세67세68세.69세	70세.71세72세
281	양년..542. 음년..142.	533.134.225.126.161.182.173.574.326.361. 133.534.225.126.161.182.173.574.326.361.	382.373.774.575.461.864.821.842.833.434. 382.373.774.575.421.824.861.882.873.474.	235.136.171. 275.176.131.
282	양년..753. 음년..553.	354.155.526.561.582.573.174.375.661.264. 154.355.526.561.582.573.174.375.621.224.	221.242.233.634.835.736.771.622.825.842. 261.282.273.674.875.776.731.642.845.822.	833.434.235. 813.414. 215.
283	양년..484. 음년..384.	285.186.761.364.321.342.333.734,535.636. 185.286.721.324.361.382.373.774.575.676.	671.722.525.542.533.134.335.436.471.452. 631.742.545.522.513.114.315.416.451.472.	713.314.115. 713.314.115.
284	양년..862. 음년..882.	665.682.673.274.475.376.331.312.853.454. 685.662.653.254.455.356.311.332.853.454.	255.156.111.132.464.265.166.121.142,133. 255.156.111.132.464.265.166.121.142,133.	665.566.521 665.566.521.
285	양년..833. 음년..833.	434.235.136.171.152.444.245.146.181.162. 434.235.136.171.152.444.245.146.181.162.	153.645.546.581.562.553.154.746.781.762. 153.645.546.581.562.553.154.746.781.762.	753.354.155. 753.354.155.
286	양년..261. 음년..251.	282.273.414.215.116.151.172.183.615.516. 272.283.414.215.116.151.172.183.615.516.	551.572.583.184.716.751.772.783.384.185. 551.572.583.184.716.751.772.783.384.185.	851.454.411. 811.414.451.
311	양년..874. 음년..774.	675.576.134.335.436.471.452.463.735.712. 575.676.134.335.436.471.452.463.535.512.	515.616.651.672.683.284.485.536.543.646. 715.816.851.872.883.484.285.636.643.546.	681.662.653. 581.561.553.
312	양년..185. 음년..145.	286.241.135.236.271.252.263.664.436.443. 246.281.135.236.271.252.263.664.336.343.	346.381.362.353.754.555.656.371.774.731. 446.481.462.453.854.655.556.331.734.771.	712.723.324. 752.763.364.
313	양년..846. 음년..826.	881.862.136.171.152.163.564.765.271.674. 861.882.136.171.152.163.564.765.231.634.	631.612.623.224.425.326.361.212.223.624. 671.652.663.264.465.366.321.212.223.624.	825.726.761. 825.726.761.
314	양년..561. 음년..551.	582.573.131.112.123.524.725.826.152.163. 572.583.131.112.123.524.725.826.152.163.	564.765.866.821.183.286.273.674.875.776. 564.765.866.821.173.276.283.684.885.786.	731.712.723. 741.722.713.
315	양년..632. 음년..232.	643.244.132.335.312.323.724.525.626.661. 243.644.112.315.332.343.744.545.646.681.	.682.113.216.223.624.825.726.761.782.773. 662.123.226.213.614.815.716.751.772.783.	514.551.154. 114.151.554.
316	양년..272. 음년..272.	283.684.133.534.735.836.871.852.544.581. 283.684.133.534.735.836.841.822.144.181.	184.385.486.441.422.413.814.145.122.325. 584.785.886.841.822.813.414.345.322.125.	426.461.482. 226.261.282
321	양년..234. 음년..234.	435.336.371.352.363.635.612.815.716.751. 435.336.371.352.363.835.812.615.516.551.	772.783.384.185.536.571.552.563.164.365. 572.583.184.385.536.571.552.563.164.365.	671.274.231. 631.234.271.
322	양년..235. 음년..235.	136.171.152.163.564.336.371.352.363.764. 136.171.152.163.564.336.371.352.363.764.	565.431.834.871.852.863.464.265.166.121. 565.471.874.831.812.823.424.225.126.161.	412.423.824. 412.423.824.
323	양년..136. 음년..236.	143.246.281.262.253.654.855.756.171.574. 243.146.181.162.153.554.755.856.131.534.	531.512.523.124.325.426.461.112.123.524. 571.552.563.164.365.466.421.112.123.524.	725.826.861. 725.826.861.
324	양년..231. 음년..231.	212.223.624.825.726.252.263.664.865.766. 212.223.624.825.726.252.263.664.865.766.	721.273.176.183.584.785.886.841.822.813. 721.283.186.173.574.775.876.831.812.823.	674.631.234. 274.231.634.
325	양년..212. 음년..232.	415.432.443.844.645.546.581.562.223.126. 435.412.423.824.625.526.561.582.213.116.	113.514.715.816.851.872.883.214.251.654. 123.524.725.826.861.882.873.614.651.254.	855.756.711. 455.356.311.
326	양년..233. 음년..233.	634.835.736.771.752.244.281.684.885.786. 634.835.736.771.752.644.681.284.485.386.	741.722.713.314.445.422.225.126.161.182. 341.322.313.714.245.222.425.326.361.382.	173.574.775. 373.774.575.
331	양년..334. 음년..334.	135.236.271.252.263.535.636.671.652.663. 135.236.271.252.263.535.636.671.652.663.	264.736.743.846.881.862.853.454.255.156. 264.836.843.746.781.762.753.354.255.156.	771.374.331. 731.334.371.
332	양년..135. 음년..335.	112.315.416.451.472.483.884.685.236.243. 312.115.216.251.272.283.684.885.136.143.	146.181.162.153.554.755.856.131.534.571. 246.281.262.253.654.855.756.171.574.531.	552.563.164. 512.523.124.
333	양년..336. 음년..336.	371.352.363.764.565.431.834.871.852.863. 371.352.363.764.565.471.874.831.812.823.	464.265.166.121.412.423.824.625.526.561. 424.225.126.161.412.423.824.625.526.561.	443.346.333. 433.336.343.
334	양년..331. 음년..331.	312.323.724.525.626.352.363.764.564.666. 312.323.724.525.626.352.363.764.564.666.	621.373.476.483.884.685.586.541.522.513. 621.383.486.473.874.675.576.531.512.523.	774.731.334. 374.331.734.
335	양년..312. 음년..332.	115.132.143.544.745.846.881.862.323.426. 135.112.123.524.725.826.861.882.313.416.	413.814.615.516.551.572.583.314.351.754. 423.824.625.526.561.582.573.714.351.754.	555.656.611. 155.256.211.
336	양년..333. 음년..333.	734.535.636.671.652.344.381.784.585.686. 734.535.636.671.652.744.781.384.185.286.	641.622.613.214.145.246.281.262.253.654. 241.222.213.614.145.246.281.262.253.654.	446.433.336. 346.333.436.
341	양년..171. 음년..171.	152.163.635.536.571.552.563.164.736.771. 152.163.635.536.571.552.563.164.736.771.	752.763.364.165.871.474.431.412.423.824. 752.763.364.165.831.434.471.452.463.864.	625.526.561. 665.566.521.
342	양년..116. 음년..316.	151.172.183.584.785.136.171.152.163.564. 351.372.383.784.585.136.171.152.163.564.	765.231.634.671.652.663.264.465.366.321. 765.271.674.631.612.623.224.425.326.361.	212.223.624. 212.223.624.
343	양년..381. 음년..481.	362.353.754.555.656.331.734.771.752.763. 462.453.854.655.556.371.774.731.712.723.	364.165.266.221.312.323.724.525.626.661. 324.125.226.261.312.323.724.525.626.661.	343.446.433. 333.436.443.
344	양년..824. 음년..824.	625.526.452.463.864.665.566.521.483.386. 625.526.452.463.864.665.566.521.473.376.	373.774.575.676.631.612.623.474.431.834. 383.784.585.686.641.622.613.874.831.434.	635.536.571. 235.136.171.
345	양년..243. 음년..223.	644.845.746.781.762.423.326.313.714.515. 624.825.726.761.782.413.316.323.724.525.	616.651.672.683.414.451.854.655.556.511. 626.661.682.673.814.851.454.255.156.111.	532.543.144. 132.143.544.
346	양년..536. 음년..536.	571.552.844.881.484.285.186.141.122.113. 571.552.444.481.884.685.586.541.522.513.	514.245.146.181.162.153.554.346.381.362. 114.245.146.181.162.153.554.346.381.362.	353.754.555. 353.754.555.

원괘효	남녀	73세74세75세76세.77세.78세.79세	80세81세82새83세84세85세86세87세88세.89세.	90세91세92세93세94세.95세96세
281	양년..	422.225.242.233.634.835.736.	771.752.413.814.615.516.551.572.	
	음년..	442.245.222.213.614.815.716.	751.772.413.814.615.516.551.572.	
282	양년..	136.171.152.613.214.415.316.	351.372.224.425.326.361.382.373.	
	음년..	116.152.172.613.214.415.316.	351.372.224.425.326.361.382.373.	
283	양년..	216.251.272.324.125.226.261.	282.273.525.626.661.682.673.274.	
	음년..	216.251.272.324.125.226.261.	282.273.525.626.661.682.673.274.	
284	양년..	542.533.134.766.721.742.433.	334.135.	
	음년..	542.533.134.766.721.742.433.	334.135.	
285	양년..	841.444.481.462.453.854.655.	556.511.	
	음년..	881.484.441.422.413.814.615.	516.551.	
286	양년..	432.443.844.645.546.581.812.	615.632.643.244.445.346.381.362.	
	음년..	472.483.884.685.586.541.832.	635.612.623.224.425.326.361.382.	
311	양년..	254.455.356.571.174.131.112.	123.524.725.826.861.512.523.124.325.426.	461.533.636.643.244.445.346.
	음년..	154.355.456.531.134.171.152.	163.564.765.866.821.512.523.124.325.426.	461.543.646.633.234.435.336.
312	양년..	125.226.261.312.323.724.525.	626.661.343.446.433.834.635.536.571.552.	563.334.371.774.575.676.631.
	음년..	165.266.221.312.323.724.525.	626.661.333.436.443.844.645.546.581.562.	553.734.771.374.175.276.231.
313	양년..	233.136.143.544.745.846.881.	862.853.634.671.274.475.376.331.312.323.	724.235.212.415.316.351.372.
	음년..	243.146.133.534.735.836.871.	852.863.234.271.674.875.776.731.712.723.	324.634.671.274.475.376.331.
314	양년..	174.131.534.735.836.871.852.	863.464.375.352.155.256.211.232.243.644.	845.176.183.286.241.222.213.
	음년..	574.531.134.335.436.471.452.	463.864.175.152.355.456.411.432.443.844.	645.276.283.186.141.122.113.
315	양년..	355.456.411.432.443.844.115.	132.335.436.471.452.463.864.665.216.223.	126.161.182.173.574.775.876.
	음년..	755.856.811.832.843.444.315.	332.135.236.271.252.263.664.865.116.123.	226.261.282.273.674.875.776.
316	양년..	473.874.675.246.233.136.171.	152.163.564.765.866.141.544.581.562.553.	154.355.456.411.122.113.514.
	음년..	273.674.875.146.133.236.271.	252.263.664.865.766.181.584.541.522.513.	114.315.416.451.122.113.514.
321	양년..	212.223.624.825.726.761.612.	623.224.425.326.361.633.536.543.144.345.	446.481.462.453.
	음년..	252.263.664.865.766.721.612.	623.224.425.326.361.643.546.533.134.335.	436.471.452.463.
322	양년..	625.526.561.443.346.333.734.	535.636.671.652.663.434.471.874.675.576.	531.512.523.124.
	음년..	625.526.561.433.336.343.744.	545.646.681.662.653.834.871.474.275.176.	131.112.123.524.
323	양년..	133.236.243.644.845.746.781.	762.753.534.571.174.375.476.431.412.423.	824.135.112.315.416.451.472.
	음년..	143.246.233.634.835.736.771.	752.763.134.171.574.775.876.831.812.823.	424.335.312.115.216.251.272.
324	양년..	435.336.371.352.363.764.275.	252.455.356.311.332.343.744.545.176.131.	112.123.524.725.
	음년..	835.736.771.752.763.364.475.	452.255.156.111.132.143.544.745.176.131.	112.123.524.725.
325	양년..	732.743.344.415.432.235.136.	171.152.163.564.765.116.151.172.183.584.	785.211.614.651.672.683.284.
	음년..	332.343.744.215.232.435.336.	371.352.363.764.565.116.151.172.183.584.	785.251.654.611.632.643.244.
326	양년..	146.181.162.153.554.755.241.	644.681.662.653.254.455.356.311.222.213.	614.815.716.751.426.413.316.
	음년..	146.181.162.153.554.755.281.	684.641.622.613.214.415.316.351.222.213.	614.815.716.751.326.313.416.
331	양년..	352.363.764.565.666.621.712.	723.324.125.226.261.733.836.843.444.245.	146.181.162.153
	양년..	312.323.724.525.626.661.712.	723.324.125.226.261.743.846.833.434.235.	136.171.152.163.
332	양년..	365.466.421.112.123.524.725.	826.861.143.246.233.634.835.736.771.752.	763.134.171.574.775.876.831.
	음년..	325.426.461.112.123.524.725.	826.861.133.236.243.644.845.746.781.762.	753.534.571.174.375.476.431.
333	양년..	734.535.636.671.652.663.434.	471.874.675.576.531.512.523.124.235.136.	171.152.163.564.
	음년..	744.545.646.681.662.653.834.	871.474.275.176.131.112.123.524.235.136.	171.152.163.564.
334	양년..	135.236.271.252.263.664.175.	276.231.212.223.624.376.383.486.441.422.	413.814.615.516.
	음년..	535.636.671.652.663.264.175.	276.231.212.223.624.674.483.386.341.322.	313.714.515.616.
335	양년..	632.643.244.115.216.251.272.	283.684.416.423.326.361.382.373.774.575.	676.311.714.751.772.783.384.
	음년..	232.243.644.115.216.251.272.	283.684.316.323.426.461.482.473.874.675.	576.351.754.711.732.743.344.
336	양년..	346.333.436.471.452.666.341.	744.781.762.753.354.155.256.211.322.313.	714.515.616.651.
	음년..	446.433.336.371.352.566.381.	784.741.722.713.314.115.216.251.322.313.	714.515.616.651.
341	양년..	812.823.424.225.126.161.833.	736.743.344.145.246.281.262.253.	
	음년..	812.823.424.225.126.161.843.	746.733.334.135.236.271.252.263.	
342	양년..	825.726.761.243.146.133.534.	735.836.871.852.863.234.271.674.875.776.	731.712.723.324.
	음년..	825.726.761.233.136.143.544.	745.846.881.862.853.634.671.274.475.376.	331.312.323.724..
343	양년..	834.635.536.571.552.563.334.	371.774.575.676.631.612.623.224.135.236.	271.252.263.664.
	음년..	844.645.546.581.562.553.734.	771.374.175.276.231.212.223.624.135.236.	271.252.263.664.
344	양년..	552.563.164.275.176.131.112.	123.524.376.331.312.323.724.525.	
	음년..	152.163.564.275.176.131.112.	123.524.376.331.312.323.724.525.	
345	양년..	215.116.151.172.183.584.316.	351.372.383.784.585.451.854.811.832.843.	444.245.146.181
	음년..	215.116.151.172.183.584.316.	351.372.383.784.585.411.841.872.883.	484.285.186.141.
346	양년..	441.844.881.862.853.454.255.	156.111.422.413.814.615.516.551.	
	음년..	481.884.841.822.813.414.215.	116.151.422.413.814.615.516.551.	

원괘효	남녀	1세. 2세. 3세. 4세. 5세. 6세. 7세 8세 9세	10새.11세.12세.13세14세15세16세17세18세19세	20세21세22세.23세24세
351	양년..	311.332.343.744.545.646.352.155.172.	183.584.785.886.841.822.363.466.453.854.	655.556.511.532.543.
	음년..	311.332.343.744.545.646.372.175.152.	163.564.765.866.821.842.353.456.463.864.	665.566.521.542.533.
352	양년..	352.155.172.183.584.785.886.841.822.	363.466.453.854.655.556.511.532.543.354.	311.714.515.616.651.
	음년..	372.175.152.163.564.765.866.821.842.	353.456.463.864.665.566.521.542.533.754.	711.314.115.216.251.
353	양년..	353.456.463.864.665.566.521.542.533.	754.711.314.115.216.251.272.283.684.155.	256.211.232.243.644.
	음년..	363.466.453.854.655.556.511.532.543.	354.311.714.515.616.651.672.683.284.155.	256.211.232.243.644.
354	양년..	354.311.714.515.616.651.672.683.284.	155.256.211.232.243.644.456.463.366.321.	342.333.734.535.636.
	음년..	754.711.314.115.216.251.272.283.684.	155.256.211.232.243.644.356.363.466.421.	442.433.834.635.536.
355	양년..	155.256.211.232.243.644.356.363.466.	421.442.433.834.635.536.311.332.343.744.	545.646.372.175.152.
	음년..	155.256.211.232.243.644.456.463.366.	321.342.333.734.535.636.311.332.343.744.	545.646.352.155.172.
356	양년..	356.363.466.421.442.433.834.635.536.	311.332.343.744.545.646.372.175.152.163.	564.765.866.821.842.
	음년..	456.463.366.321.342.333.734.535.636.	311.332.343.744.545.646.352.155.172.183.	584.785.886.841.822.
361	양년..	321.342.333.734.535.636.362.165.182.	173.574.775.876.831.812.353.754.555.656.	611.632.764.721.324.
	음년..	321.342.333.734.535.636.382.185.162.	153.554.755.856.811.832.353.754.555.656.	611.632.364.321.724.
362	양년..	362.165.182.173.574.775.876.831.812.	353.754.555.656.611.632.764.721.324.125.	226.261.282.273.674.
	음년..	382.185.162.153.554.755.856.811.832.	353.754.555.656.611.632.324.321.724.525.	626.661.682.673.274.
363	양년..	353.754.555.656.611.632.364.321.724.	.525.626.661.682.673.274.165.266.221.242.	233.634.466.453.356.
	음년..	353.754.555.656.611.632.764.721.324.	125.226.261.282.273.674.165.266.221.242.	233.634.366.353.456.
364	양년..	364.321.724.525.626.661.682.673.274.	165.266.221.242.233.634.466.453.356.311.	332.343.744.545.646.
	음년..	764.721.324.125.226.261.282.273.674.	165.266.221.242.233.634.366.353.456.411.	432.443.844.645.546.
365	양년..	165.266.221.242.233.634.366.353.456.	411.432.443.844.645.546.321.342.333.734.	535.636.382.185.162.
	음년..	165.266.221.242.233.634.466.453.356.	311.332.343.744.545.646.321.342.333.734	.535.636.362.165.182.
366	양년..	366.353.456.411.432.443.844.645.546.	321.342.333.734.535.636.382.185.162.153.	554.755.856.811.832.
	음년..	466.453.356.311.332.343.744.545.646.	321.342.333.734.535.636.165.182.173.	574.775.876.831.812.
371	양년..	331.312.323.724.525.626.352.363.764.	564.666.621.373.476.483.884.685.586.541.	522.513.774.731.334.
	음년..	331.312.323.724.525.626.352.363.764.	564.666.621.383.486.473.874.675.576.531.	512.523.374.331.734.
372	양년..	352.363.764.565.666.621.373.476.483.	884.685.586.541.522.513.774.731.334.135.	236.271.252.263.664.
	음년..	352.363.764.565.666.621.383.486.473.	874.675.576.531.512.523.374.331.734.535.	636.671.652.663.264.
373	양년..	373.476.483.884.685.586.541.522.513.	774.731.334.135.236.271.252.263.664.175.	276.231.212.223.624.
	음년..	383.486.473.874.675.576.531.512.523.	374.331.734.535.636.671.652.663.264.175.	276.231.212.223.624.
374	양년..	374.331.734.535.636.671.652.663.264.	175.276.231.212.223.624.476.483.386.341.	322.313.714.515.616.
	음년..	774.731.334.135.236.271.252.263.664.	175.276.231.212.223.624.376.383.486.441.	422.413.814.615.516.
375	양년..	175.276.231.212.223.624.376.383.486.	441.422.413.814.615.516.331.312.323.724.	525.626.352.363.764.
	음년..	175.276.231.212.223.624.476.483.386.	341.322.313.714.515.616.331.312.323.724.	525.626.352.363.764.
376	양년..	376.383.486.441.422.413.814.615.516.	331.312.323.724.525.626.352.363.764.564.	666.621.383.486.473.
	음년..	476.483.386.341.322.313.714.515.616.	331.312.323.724.525.626.352.363.764.564.	666.621.373.476.483.
381	양년..	341.322.313.714.515.616.362.353.754.	555.656.611.373.774.575.676.631.612.384.	341.744.545.646.681.
	음년..	341.322.313.714.515.616.362.353.754.	555.656.611.373.774.575.676.631.612.784.	741.344.145.246.281.
382	양년..	362.353.754.555.656.611.373.774.575.	676.631.612.384.341.744.545.646.681.662.	653.254.185.286.241.
	음년..	362.353.754.555.656.611.373.774.575.	676.631.612.784.741.344.145.246.281.262.	253.654.185.286.241.
383	양년..	373.774.575.676.631.612.384.341.744.	545.646.681.662.653.254.185.286.241.222.	213.614.486.473.376.
	음년..	373.774.575.676.631.612.784.741.344.	145.246.281.262.253.654.185.286.241.222.	213.614.386.373.476.
384	양년..	384.341.744.545.646.681.662.653.254.	185.286.241.222.213.614.486.473.376.331.	312.323.724.525.626.
	음년..	784.741.344.145.246.281.262.253.654.	185.286.241.222.213.614.386.373.476.431.	412.423.824.625.526.
385	양년..	185.286.241.222.213.614.386.373.476.	431.412.423.824.625.526.341.322.313.714.	515.616.362.353.754.
	음년..	185.286.241.222.213.614.486.473.376.	331.312.323.724.525.626.341.322.313.714.	515.616.362.353.754.
386	양년..	386.373.476.431.412.423.824.625.526.	341.322.313.714.515.616.362.353.754.555.	656.611.373.774.575.
	음년..	486.473.376.331.312.323.724.525.626.	341.322.313.714.515.616.362.353.754.555.	656.611.373.774.575.
411	양년..	411.814.851.872.883.484.285.186.141.	432.235.212.223.624.825.726.761.782.413.	316.323.724.525.626.
	음년..	451.854.811.832.843.444.245.146.181.	412.215.232.243.644.845.746.781.762.423.	326.313.714.515.616.
412	양년..	412.215.232.243.644.845.746.781.762.	423.326.313.714.515.616.651.672.683.414.	451.854.655.556.511.
	음년..	432.235.212.223.624.825.726.761.782.	413.316.323.724.525.626.661.682.673.814.	851.454.255.156.111.
413	양년..	413.316.323.724.525.626.661.682.673.	814.851.454.255.156.111.132.143.544.215.	116.151.172.183.584.
	음년..	423.326.313.714.515.616.651.672.683.	414.451.854.655.556.511.532.543.144.215.	116.151.172.183.584.
414	양년..	414.451.854.655.556.511.532.543.144.	215.116.151.172.183.584.316.351.372.383.	784.585.451.854.811.
	음년..	814.851.454.255.156.111.132.143.544.	215.116.151.172.183.584.316.351.372.383.	784.585.411.814.851.
415	양년..	215.116.151.172.183.584.316.351.372.	383.784.585.411.814.851.872.883.484.285.	186.141.432.235.212.
	음년..	215.116.151.172.183.584.316.351.372.	383.784.585.451.854.811.832.843.444.245.	146.181.412.215.232.
416	양년..	316.351.372.383.784.585.411.814.851.	872.883.484.285.186.141.432.235.212.223.	624.825.726.761.782.
	음년..	316.351.372.383.784.585.451.854.811.	832.843.444.245.146.181.412.215.232.243.	644.845.746.781.762.

주역 평생운 비록 61

원괘효	남녀 25세26세.27세28세.29세. 30세.31세32세33세34새35세36세.37세38세39세 40세41세42세43세44세.45세.46세47세48세
351	양년..354.311.714.515.616. 651.672.683.284.155.256.211.232.243.644. 456.463.366.321.342.333.734.535.636. 음년..754.711.314.115.216. 251.272.283.684.155.256.211.232.243.644. 356.363.466.421.442.433.834.635.536.
352	양년..672.683.284.155.256. 211.232.243.644.456.463.366.321.342.333. 734.535.636.311.332.343.744.545.646. 음년..272.283.684.155.256. 211.232.243.644.356.363.466.421.442.433. 834.635.536.311.332.343.744.545.646.
353	양년..356.363.466.421.442. 433.834.635.536.311.332.343.744.545.646. 372.175.152.163.564.765.866.821.842. 음년..456.463.366.321.342. 333.734.535.636.311.332.343.744.545.646. 352.155.172.183.584.785.886.841.822.
354	양년..311.332.343.744.545. 646.352.155.172.183.584.785.886.841.822. 363.466.453.854.655.556.511.532.543. 양년..311.332.343.744.545. 646.372.175.152.163.564.765.866.821.842. 353.456.463.864.665.566.521.542.533.
355	양년..163.564.765.866.821. 842.353.456.463.864.665.566.521.542.533. 754.711.314.115.216.251.272.283.684. 음년..183.584.785.886.841. 822.363.466.453.854.655.556.511.532.543. 354.311.714.515.616.651.672.683.284.
356	양년..353.456.463.864.665. 566.521.542.533.754.711.314.115.216.251. 272.283.684.155.256.211.232.243.644. 음년..363.466.453.854.655. 556.511.532.543.354.311.714.515.616.651. 672.683.284.155.256.211.232.243.644.
361	양년..125.226.261.282.273. 674.165.266.221.242.233.634.366.353.456. 411.432.443.844.645.546.634.671.274. 음년..525.626.661.682.673. 274.165.266.221.242.233.634.466.453.356. 311.332.343.744.545.646.234.271.674.
362	양년..165.266.221.242.233. 634.366.353.456.411.432.443.844.645.546. 321.342.333.734.535.636.635.536.571. 음년..165.266.221.242.233. 634.466.453.356.311.332.343.744.545.646. 321.342.333.734.535.636.635.536.571.
363	양년..311.332.343.744.545. 646.321.342.333.734.535.636.362.165.182. 173.574.775.876.831.812.636.643.546. 음년..411.432.443.844.645. 546.321.342.333.734.535.636.382.185.162. 153.554.755.856.811.832.536.543.646.
364	양년..321.342.333.734.535. 636.362.165.182.173.574.775.876.831.812. 353.754.555.656.611.632.631.612.623. 음년..321.342.333.734.535. 636.382.185.162.153.554.755.856.811.832. 353.754.555.656.611.632.631.612.623.
365	양년..153.554.755.856.811. 832.353.754.555.656.611.632.364.321.724. 525.626.661.682.673.274.632.835.812. 음년..173.574.775.876.831. 812.353.754.555.656.611.632.764.721.324. 125.226.261.282.273.674.612.815.832.
366	양년..353.754.555.656.611. 632.364.321.724.525.626.661.682.673.274. 165.266.221.242.233.634.633.234.435. 음년..353.754.555.656.611. 632.764.721.324.125.226.261.282.273.674. 165.266.221.242.233.634.633.234.435.
371	양년..135.236.271.252.263. 664.175.276.231.212.223.624.376.383.486. 441.422.413.814.615.516.734.771.374. 음년..535.636.671.652.663. 264.175.276.231.212.223.624.476.483.386. 341.322.313.714.515.616.334.371.774.
372	양년..175.276.231.212.223. 624.376.383.486.441.422.413.814.615.516. 331.312.323.724.525.626.735.712.515. 음년..175.276.231.212.223. 624.476.483.386.341.322.313.714.515.616. 331.312.323.724.525.626.535.512.715.
373	양년..376.383.486.441.422. 413.814.615.516.331.312.323.724.525.626. 352.363.764.564.666.621.736.771.752. 음년..476.483.386.341.322. 313.714.515.616.331.312.323.724.525.626. 352.363.764.564.666.621.736.771.752.
374	양년..331.312.323.724.525. 626.352.363.764.564.666.621.373.476.483. 884.685.586.541.522.513.731.712.723. 음년..331.312.323.724.525. 626.352.363.764.564.666.621.383.486.473. 874.675.576.531.512.523.731.712.723.
375	양년..565.666.621.383.486. 473.874.675.576.531.512.523.374.331.734. 535.636.671.652.663.264.732.535.512. 음년..565.666.621.373.476. 483.884.685.586.541.522.513.774.731.334. 135.236.271.252.263.664.712.515.532.
376	양년..874.675.576.531.512. 523.374.331.734.535.636.671.652.663.264. 175.276.231.212.223.624.733.334.135. 음년..884.685.586.541.522. 513.774.731.334.135.236.271.252.263.664. 175.276.231.212.223.624.733.334.135.
381	양년..662.653.254.185.286. 241.222.213.614.486.473.376.331.312.323. 724.525.626.434.471.874.675.576.531. 음년..262.253.654.185.286. 241.222.213.614.386.373.476.431.412.423. 824.625.526.834.871.474.275.176.131.
382	양년..222.213.614.486.473. 376.331.312.323.724.525.626.341.322.313. 714.515.616.635.612.815.716.751.772. 음년..222.213.614.386.373. 476.431.412.423.824.625.526.341.322.313. 714.515.616.835.812.615.516.551.572.
383	양년..331.312.323.724.525. 626.341.322.313.714.515.616.362.353.754. 555.656.611.736.743.846.881.862.853. 음년..431.412.423.824.625. 526.341.322.313.714.515.616.362.353.754. 555.656.611.836.843.746.781.762.753.
384	양년..341.322.313.714.515. 616.362.353.754.555.656.611.373.774.575. 676.631.612.831.812.823.424.225.126. 음년..341.322.313.714.515. 616.362.353.754.555.656.611.373.774.575. 676.631.612.831.812.823.424.225.126.
385	양년..555.656.611.373.774. 575.676.631.612.784.741.344.145.246.281. 262.253.654.812.615.632.643.244.445. 음년..555.656.611.373.774. 575.676.631.612.384.341.744.545.646.681. 662.653.254.832.635.612.623.224.425.
386	양년..676.631.612.384.341. 744.545.646.681.662.653.254.185.286.241. 222.213.614.833.434.235.136.171.152. 음년..676.631.612.784.741. 344.145.246.281.262.253.654.185.286.241. 222.213.614.833.434.235.136.171.152.
411	양년..661.682.673.814.851. 454.255.156.111.132.143.544.215.116.151. 172.183.584.316.351.372.383.784.585 음년..651.672.683.414.451. 854.655.556.511.532.543.144.215.116.151. 172.183.584.316.351.372.383.784.585.
412	양년..532.543.144.215.116. 151.172.183.584.316.351.372.383.784.585. 451.854.811.832.843.444.245.146.181. 음년..132.143.544.215.116. 151.172.183.584.316.351.372.383.784.585. 411.814.851.872.883.484.285.186.141..
413	양년..316.351.372.383.784. 585.411.814.851.872.883.484.285.186.141. 432.235.212.223.624.825.726.761.782. 음년..316.351.372.383.784. 585.451.854.811.832.843.444.245.146.181. 412.215.232.243.644.845.746.781.762.
414	양년..832.843.444.245.146. 181.412.215.232.243.644.845.746.781.762. 423.326.313.714.515.616.651.672.683. 음년..872.883.484.285.186. 141.432.235.212.223.624.825.726.761.782. 413.316.323.724.525.626.661.682.673.
415	양년..223.624.825.726.761. 782.413.316.323.724.525.626.661.682.673. 814.851.454.255.156.111.132.143.544. 음년..243.644.845.746.781. 762.423.326.313.714.515.616.651.672.683. 414.451.854.655.556.511.532.543.144.
416	양년..413.316.323.724.525. 626.661.682.673.814.851.454.255.156.111. 132.143.544.215.116.151.172.183.584. 음년..423.326.313.714.515. 616.651.672.683.414.451.854.655.556.511. 532.543.144.215.116.151.172.183.584.

원괘효	남녀	49세	50세	51세	52세	53세	54세	55세	56세	57세	58새	59새	60세	61세	62세	63세	64세	65세	66세	67세	68세	69세	70세	71세	72세
351	양년	..134.	171.574.775.876.831.812.823.424.335.312.	115.216.251.272.283.684.885.136.143.246.	281.262.253.
	음년	..534.	571.174.375.476.431.412.423.824.135.112.	315.416.451.472.483.884.685.236.243.146.	181.162.153.
352	양년	..535.	636.671.652.663.264.736.743.846.881.862.	853.454.255.156.771.374.331.312.323.724.	525.626.661.
	음년	..535.	636.671.652.663.264.836.843.746.781.762.	753.354.155.256.731.334.371.352.363.764.	565.666.621
353	양년	..536.	571.552.563.164.365.631.234.271.252.263.	664.865.766.721.612.623.224.425.326.361.	643.546.533.
	음년	..536.	571.552.563.164.365.671.274.231.212.223.	624.825.726.761.612.623.224.425.326.361.	633.536.543.
354	양년	..531.	512.523.124.325.426.552.563.164.365.466.	421.573.676.683.284.485.386.341.322.313.	174.375.476.
	음년	..531.	512.523.124.325.426.552.563.164.365.466.	421.583.686.673.274.475.376.331.312.323.	174.375.476.
355	양년	..512.	715.732.743.344.145.246.281.262.523.626.	613.214.415.316.351.372.383.114.315.416.	451.472.483.
	음년	..532.	735.712.723.324.125.226.261.282.513.616.	623.224.425.326.361.382.373.114.315.416.	451.472.483.
356	양년	..533.	134.335.436.471.452.144.345.446.481.462.	453.545.522.725.826.861.882.873.474.275.	646.633.536.
	음년	..533.	134.335.436.471.452.144.345.446.481.462.	453.745.722.525.626.661.682.673.274.475.	546.533.636.
361	양년	..475.	376.331.312.323.724.235.212.415.316.351.	372.383.784.585.136.171.152.163.564.765.	271.674.631.
	음년	..875.	776.731.712.723.324.435.412.215.116.151.	172.183.584.785.136.171.152.163.564.765.	231.634.671.
362	양년	..552.	563.164.736.771.752.763.364.165.871.474.	431.412.423.824.625.526.561.812.823.424.	225.126.161.
	음년	..552.	563.164.736.771.752.763.364.165.831.434.	471.452.463.864.665.566.521.812.823.424.	225.126.161.
363	양년	..581.	561.553.154.355.456.531.134.171.152.163.	564.765.866.821.512.523.124.325.426.461.	543.646.633.
	음년	..681.	662.653.254.455.356.571.174.131.112.123.	524.725.826.861.512.523.124.325.426.461.	533.636.643.
364	양년	..224.	425.326.652.663.264.465.366.321.683.586.	573.174.375.476.431.412.423.274.475.376.	331.312.323.
	음년	..224.	425.326.652.663.264.465.366.321.673.576.	583.184.385.486.441.422.413.274.475.376.	331.312.323.
365	양년	..823.	424.225.126.161.182.613.516.523.124.325.	426.461.482.473.214.415.316.351.372.383.	815.832.635.
	음년	..843.	444.245.146.181.162.623.526.513.114.315.	416.451.472.483.214.415.316.351.372.383.	615.632.835.
366	양년	..371.	352.244.445.346.381.362.353.845.822.625.	526.561.582.573.174.375.546.581.562.336.	553.154.355.
	음년	..336.	371.352.244.445.346.381.362.353.645.622.	825.726.761.782.773.374.175.546.581.562.	553.154.355.
371	양년	..175.	276.231.212.223.624.135.236.271.252.263.	664.336.343.446.481.462.453.854.655.556.	371.774.731.
	음년	..575.	676.631.612.623.224.135.236.271.252.263.	664.436.443.346.381.362.353.754.555.656.	331.734.771.
372	양년	..616.	651.672.683.284.485.536.543.646.681.662.	653.254.455.356.571.174.131.112.123.524.	725.826.861.
	음년	..816.	851.872.883.484.285.636.643.546.581.561.	553.154.355.456.531.134.171.152.163.564.	765.866.821.
373	양년	..763.	364.165.871.474.431.412.423.824.625.526.	561.812.823.424.225.126.161.833.736.743.	344.145.246.
	음년	..763.	364.165.831.434.471.452.463.864.665.566.	521.812.823.424.225.126.161.843.746.733.	334.135.236.
374	양년	..324.	125.226.752.763.364.165.266.221.683.586.	873.474.275.176.131.112.123.174.175.276.	231.212.223.
	음년	..324.	125.226.752.763.364.165.266.221.773.876.	883.484.285.186.141.122.113.374.175.276.	231.212.223.
375	양년	..523.	124.325.426.461.482.713.816.823.424.225.	126.161.182.173.314.115.216.251.272.283.	515.616.651.
	음년	..543.	144.345.446.481.462.723.826.813.414.215.	116.151.172.183.314.115.216.251.272.283.	515.616.651.
376	양년	..236.	271.252.344.145.246.281.262.253.545.646.	681.662.653.254.846.833.736.771.752.763.	364.165.266.
	음년	..236.	271.252.344.145.246.281.262.253.545.646.	681.662.653.254.746.733.836.871.852.863.	464.265.166.
381	양년	..512.	523.124.235.136.171.152.163.564.336.371.	352.363.764.565.471.874.831.812.823.424.	225.126.161.
	음년	..112.	123.524.235.136.171.152.163.564.336.371.	352.363.764.565.431.834.871.852.863.464.	265.166.121.
382	양년	..783.	384.185.536.571.552.563.164.365.671.274.	231.212.223.624.825.726.761.612.623.224.	425.326.361.
	음년	..583.	184.385.536.571.552.563.164.365.631.234.	271.252.263.664.865.766.721.612.623.224.	425.326.361.
383	양년	..454.	255.156.771.374.331.312.323.724.525.626.	661.712.723.324.125.226.261.733.836.843.	444.245.146.
	음년	..354.	155.256.731.334.371.352.363.764.565.666.	621.712.723.324.125.226.261.743.846.833.	434.235.136.
384	양년	..852.	863.464.265.166.121.873.776.783.384.185.	286.241.222.213.474.275.176.131.112.123.	675.576. 531.
	음년	..852.	863.464.265.166.121.883.786.773.374.175.	276.231.222.223.474.275.176.131.112.123.	675.576. 531.
385	양년	..346.	381.362.823.726.713.314.115.216.251.272.	283.414.215.116.151.172.183.615.516.551.	572.583.184.
	음년	..326.	361.382.813.716.723.324.125.226.261.282.	273.414.215.116.151.172.183.615.516.551.	572.583.184.
386	양년	..444.	245.146.181.162.153.645.546.581.562.553.	154.746.781.762.753.354.155.841.444.481.	462.453.854.
	음년	..444.	245.146.181.162.153.645.546.581.562.553.	154.746.781.762.753.354.155.881.484.441.	422.413.814
411	양년	..144.	345.446.481.462.453.545.522.725.826.861.	882.873.474.275.646.633.536.571.552.563.	164.365.466.
	음년	..144.	345.446.481.462.453.745.722.525.626.661.	682.673.274.475.546.533.636.671.652.663.	264.465.366.
412	양년	..145.	246.281.262.253.654.346.333.436.471.452.	463.864.665.566.381.784.741.722.713.314.	115.216.251.
	음년	..145.	246.281.262.253.654.446.433.336.371.352.	363.764.565.666.341.744.781.762.753.354.	155.256.211.
413	양년	..146.	181.162.153.554.755.241.644.681.662.653.	254.455.356.311.222.213.614.815.716.751.	233.634.835.
	음년	..146.	181.162.153.554.755.281.684.641.622.613.	214.415.316.351.222.213.614.815.716.751.	233.634.835.
414	양년	..141.	122.113.514.715.816.162.153.554.755.856.	811.173.574.775.876.831.812.184.141.544.	745.846.881.
	음년	..141.	122.113.514.715.816.162.153.554.755.856.	811.173.574.775.876.831.812.584.541.144.	345.446.481.
415	양년	..122.	325.342.333.734.535.636.671.652.113.514.	715.816.851.872.524.561.164.365.466.421.	442.433.834.
	음년	..122.	345.322.313.714.515.616.651.672.113.514.	715.816.851.872.124.161.564.765.866.821.	842.833.434.
416	양년	..133.	236.243.644.845.746.781.762.753.534.571.	174.375.476.431.412.423.824.135.112.315.	416.451.472.
	음년	..143.	246.233.634.835.736.771.752.763.134.171.	574.775.876.831.812.823.424.335.312.115.	216.251.272.

원괘효	남녀 73세74세75세76세.77세.78세.79세	80세81세82세83세84세85세86세87세88세.89세.	90세91세92세93세94세.95세96세
351	양년..654.855.756.171.574.531.512.	523.124.325.426.461.112.123.524.725.826.	861.133.236.243.644.845.746.
	음년..554.755.856.131.534.571.552.	563.164.365.466.421.112.123.524.725.826.	861.143.246.233.634.835.736.
352	양년..712.723.324.125.226.261.733.	836.843.444.245.146.181.162.153.334.135.	236.271.252.263.
	음년..712.723.324.125.226.261.743.	846.833.434.235.136.171.152.163.334.135.	236.271.252.263.
353	양년..144.345.446.481.462.453.234.	435.336.371.352.363.835.812.615.516.551.	572.583.184.385.
	음년..134.335.436.471.452.463.234.	435.336.371.352.363.635.612.815.716.751.	772.783.384.185.
354	양년..431.412.423.775.752.555.656.	611.632.643.244.445.576.583.686.641.622.	613.214.415.316.
	음년..431.412.423.575.552.755.856.	811.832.843.444.245.676.683.586.541.522.	513.114.315.416.
355	양년..515.532.735.836.871.852.863.	464.265.616.623.526.561.582.573.174.375.	476.511.114.151.172.183.584.
	음년..715.732.535.636.671.652.663.	264.465.516.523.626.661.682.673.274.475.	376.551.154.111.132.143.544.
356	양년..571.552.563.164.365.466.541.	144.181.162.153.554.755.856.811.522.513.	114.315.416.451.
	음년..671.652.663.264.465.366.581.	184.141.122.113.514.715.816.851.522.513.	114.315.416.451.
361	양년..612.623.224.425.326.361.212.	223.624.825.726.761.233.136.143.544.745.	846.881.862.853
	음년..652.663.264.465.366.321.212.	223.624.825.726.761.243.146.133.534.735.	836.871.852.863.
362	양년..833.736.743.344.145.246.281.	262.253.434.235.136.171.152.163.	
	음년..843.746.733.334.135.236.271.	252.263.434.235.136.171.152.163.	
363	양년..234.435.336.371.352.363.134.	335.436.471.452.463.535.512.715.816.851.	872.883.484.285.
	음년..244.445.346.381.362.353.134.	335.436.471.452.463.735.712.515.616.651.	672.683.284.485.
364	양년..675.652.855.756.711.732.743.	344.145.576.531.512.523.124.325.	
	음년..875.852.655.556.511.532.543.	144.345.576.531.512.523.124.325.	
365	양년..536.571.552.563.164.365.516.	551.572.583.184.385.611.214.251.272.283.	684.885.786.741.
	음년..736.771.752.763.364.165.516.	551.572.583.184.385.651.254.211.232.243.	644.845.746.781.
366	양년..641.244.281.262.253.654.855.	756.711.622.613.214.415.316.351.	
	음년..681.284.241.222.213.614.815.	716.751.622.613.214.415.316.351.	
371	양년..712.723.324.125.226.261.312.	323.724.525.626.661.333.436.443.844.645.	546.581.562.553.
	음년..752.763.364.165.266.221.312.	323.724.525.626.661.343.446.433.834.635.	536.571.552.563.
372	양년..512.523.124.325.426.461.533.	636.643.244.445.346.381.362.353.134.335.	436.471.452.463.
	음년..512.523.124.325.426.461.543.	646.633.234.435.336.371.352.363.134.335.	436.471.452.463.
373	양년..281.262.253.434.235.136.171.	152.163.635.536.571.552.563.164.	
	음년..271.252.263.434.235.136.171.	152.163.635.536.571.552.563.164.	
374	양년..575.676.631.612.623.224.776.	783.886.841.822.813.414.215.116.	
	음년..575.676.631.612.623.224.876.	883.786.741.722.713.314.115.216.	
375	양년..672.683.284.816.823.726.761.	782.773.374.175.276.711.314.351.372.383.	784.585.686.641.
	음년..672.683.284.716.723.826.861.	882.873.474.275.176.751.354.311.332.343.	744.545.646.681.
376	양년..741.344.381.362.353.754.555.	656.611.722.713.314.115.216.251.	
	음년..781.384.341.322.313.714.515.	616.651.722.713.314.115.216.251.	
381	양년..412.423.824.625.526.561.433.	336.343.744.545.646.681.662.653.	
	음년..412.423.824.625.526.561.443.	346.333.734.535.636.671.652.663.	
382	양년..633.536.543.144.345.446.481.	462.453.234.435.336.371.352.363.	
	음년..643.546.533.134.335.436.471.	452.463.234.435.336.371.352.363.	
383	양년..181.162.153.334.135.236.271.	252.263.535.636.671.652.663.264.	
	음년..171.152.163.334.135.236.271.	252.263.535.636.671.652.663.264.	
384	양년..512.523.124.776.731.712.723.	324.125.	
	음년..512.523.124.776.731.712.723.	324.125.	
385	양년..716.751.772.783.384.185.811.	414.451.472.483.884.685.586.541.	
	음년..716.751.772.783.384.185.851.	454.411.432.443.844.645.546.581	
386	양년..655.556.511.822.813.414.215.	116.151.	
	음년..615.516.551.822.813.414.215.	116.151.	
411	양년..541.144.181.162.153.554.755.	856.811.522.513.114.315.416.451.533.134.	335.436.471.452.
	음년..581.184.141.122.113.514.715.	816.851.522.513.114.315.416.451.533.134.	335.436.471.452.
412	양년..322.313.714.515.616.651.333.	734.535.636.671.652.344.381.784.585.686.	641.622.613.214.
	음년..322.313.714.515.616.651.333.	734.535.636.671.652.344.781.384.185.286.	241.222.213.614.
413	양년..736.771.752.244.281.284.485.	386.341.322.313.714.245.222.425.326.361.	382.373.774.575.
	음년..736.771.752.644.681.684.885.	786.741.722.713.314.445.422.225.126.161.	182.173.574.775.
414	양년..862.853.454.385.362.165.266.	221.242.233.634.835.186.173.276.231.212.	223.624.825.726.
	음년..462.453.854.185.162.365.466.	421.442.433.834.635.286.273.176.131.112.	<u>123</u>.524.725.826.
415	양년..125.142.345.446.481.462.453.	854.655.226.213.116.151.172.183.584.785.	886.121.524.561.582.573.174.
	음년..325.342.145.246.281.262.253.	654.855.126.113.216.251.272.283.684.885.	786.161.564.521.542.533.134.
416	양년..725.826.861.316.351.372.383.	784.585.451.854.811.832.843.444.245.146.	181.412.215.232.243.644.845.
	음년..725.826.861.316.351.372.383.	784.585.411.814.851.872.883.484.285.186.	141.432.235.212.223.624.825.

원괘효	남녀	1세. 2세. 3세. 4세. 5세. 6세. 7세 8세 9세	10새.11세.12세.13세14세15세16세17세18세19세	20세21세22세.23세24세
421	양년..	421.824.861.882.873.474.275.176.131.	442.245.222.213.614.815.716.751.772.413.	814.615.516.551.572.
	음년..	461.864.821.842.833.434.235.136.171.	422.225.242.233.634.835.736.771.752.413.	814.615.516.551.572.
422	양년..	422.225.242.233.634.835.736.771.752.	413.814.615.516.551.572.824.861.464.265.	166.121.142.133.534.
	음년..	442.245.222.213.614.815.716.751.772.	413.814.615.516.551.572.424.461.864.665.	566.521.542.533.134.
423	양년..	413.814.615.516.551.572.424.461.864.	665.566.521.542.533.134.225.126.161.182.	173.574.326.361.382.
	음년..	413.814.615.516.551.572.824.861.464.	265.166.121.142.133.534.225.126.161.182.	173.574.326.361.382.
424	양년..	424.461.864.665.566.521.542.533.134.	225.126.161.182.173.574.326.361.382.373.	774.575.461.864.821.
	음년..	824.861.464.265.166.121.142.133.534.	225.126.161.182.173.574.326.361.382.373.	774.575.421.824.861.
425	양년..	225.126.161.182.173.574.326.361.382.	373.774.575.421.824.861.882.873.474.275.	176.131.442.245.222.
	음년..	225.126.161.182.173.574.326.361.382.	373.774.575.461.864.821.842.833.434.235.	136.171.422.225.242.
426	양년..	326.361.382.373.774.575.421.824.861.	882.873.474.275.176.131.442.245.222.213.	614.815.716.751.772.
	음년..	326.361.382.373.774.575.461.864.821.	842.833.434.235.136.171.422.225.242.233.	634.835.736.771.752.
431	양년..	431.834.871.852.863.464.265.166.121.	412.423.824.625.526.561.443.346.333.734.	535.636.671.652.663.
	음년..	471.874.831.812.823.424.225.126.161.	412.423.824.625.526.561.433.336.343.744.	545.646.681.662.653.
432	양년..	412.423.824.625.526.561.433.336.343.	744.545.646.681.662.653.834.871.474.275.	176.131.112.123.524.
	음년..	412.423.824.625.526.561.443.346.333.	734.535.636.671.652.663.434.471.874.675.	576.531.512.523.124.
433	양년..	433.336.343.744.545.646.681.662.653.	834.871.474.275.176.131.112.123.524.235.	136.171.152.163.564.
	음년..	443.346.333.734.535.636.671.652.663.	434.471.874.675.576.531.512.523.124.235.	136.171.152.163.564.
434	양년..	434.471.874.675.576.531.512.523.124.	235.136.171.152.163.564.336.371.352.363.	764.565.471.874.831.
	음년..	834.871.474.275.176.131.112.123.524.	235.136.171.152.163.564.336.371.352.363.	764.565.431.834.871.
435	양년..	235.136.171.152.163.564.336.371.352.	363.764.565.431.834.871.852.863.464.265.	166.121.412.423.824.
	음년..	235.136.171.152.163.564.336.371.352.	363.764.565.471.874.831.812.823.424.225.	126.161.412.423.824.
436	양년..	336.371.352.363.764.565.431.834.871.	852.863.464.265.166.121.412.423.824.625.	526.561.443.346.333.
	음년..	336.371.352.363.764.565.471.874.831.	812.823.424.225.126.161.412.423.824.625.	526.561.433.336.343.
441	양년..	441.844.881.862.853.454.255.156.111.	422.413.814.615.516.551.433.834.635.536.	571.552.844.881.484.
	음년..	481.884.841.822.813.414.215.116.151.	422.413.814.615.516.551.433.834.635.536.	571.552.444.481.884.
442	양년..	422.413.814.615.516.551.433.834.635.	536.571.552.444.481.884.685.586.541.522.	513.114.245.146.181.
	음년..	422.413.814.615.516.551.433.834.635.	536.571.552.844.881.484.285.186.141.122.	113.514.245.146.181.
443	양년..	433.834.635.536.571.552.444.481.884.	685.586.541.522.513.114.245.146.181.162.	153.554.346.381.362.
	음년..	433.834.635.536.571.552.844.881.484.	285.186.141.122.113.514.245.146.181.162.	153.554.346.381.362.
444	양년..	444.481.884.685.586.541.522.513.114.	245.146.181.162.153.554.346.381.362.353.	754.555.481.884.841.
	음년..	844.881.484.285.186.141.122.113.514.	245.146.181.162.153.554.346.381.362.353.	754.555.441.844.881.
445	양년..	245.146.181.162.153.554.346.381.362.	353.754.555.441.844.881.862.853.454.255.	156.111.422.413.814.
	음년..	245.146.181.162.153.554.346.381.362.	353.754.555.481.884.841.822.813.414.215.	116.151.422.413.814.
446	양년..	346.381.362.353.754.555.441.844.881.	862.853.454.255.156.111.422.413.814.615.	516.551.433.834.635.
	음년..	346.381.362.353.754.555.481.884.841.	822.813.414.215.116.151.422.413.814.615.	516.551.433.834.635.
451	양년..	411.432.443.844.645.546.452.255.272.	283.684.885.786.741.722.463.366.353.754.	555.656.611.632.643
	음년..	411.432.443.844.645.546.472.275.252.	263.664.865.766.721.742.453.356.363.764.	565.666.621.642.633.
452	양년..	452.255.272.283.684.885.786.741.722.	463.366.353.754.555.656.611.632.643.454.	411.814.615.516.551.
	음년..	472.275.252.263.664.865.766.721.742.	453.356.363.764.565.666.621.642.633.854.	811.414.215.116.151.
453	양년..	453.356.363.764.565.666.621.642.633.	854.811.414.215.116.151.172.183.584.255.	156.111.132.143.544.
	음년..	463.366.353.754.555.656.611.632.643.	454.411.814.615.516.551.572.583.184.255.	156.111.132.143.544.
454	양년..	454.411.814.615.516.551.572.583.184.	255.156.111.132.143.544.356.311.332.343.	744.545.411.432.443.
	음년..	854.811.414.215.116.151.172.183.584.	255.156.111.132.143.544.356.311.332.343.	744.545.411.432.443.
455	양년..	255.156.111.132.143.544.356.311.332.	343.744.545.411.432.443.844.645.546.452.	255.272.283.684.885.
	음년..	255.156.111.132.143.544.356.311.332.	343.744.545.411.432.443.844.645.546.472.	275.252.263.664.865.
456	양년..	356.311.332.343.744.545.411.432.443.	844.645.546.452.255.272.283.684.885.786.	741.722.463.366.353.
	음년..	356.311.332.343.744.545.411.432.443.	844.645.546.472.275.252.263.664.865.766.	721.742.453.356.363.
461	양년..	421.442.433.834.635.536.462.265.282.	273.674.875.776.731.712.453.854.655.556.	511.532.864.821.424.
	음년..	421.442.433.834.635.536.482.285.262.	253.654.855.756.711.732.453.854.655.556.	511.532.464.421.824.
462	양년..	462.265.282.273.674.875.776.731.712.	453.854.655.556.511.532.864.821.424.225.	126.161.182.173.574.
	음년..	482.285.262.253.654.855.756.711.732.	453.854.655.556.511.532.464.421.824.625.	526.561.582.573.174.
463	양년..	453.854.655.556.511.532.464.421.824.	625.526.561.582.573.174.265.166.121.142.	133.534.366.321.342.
	음년..	453.854.655.556.511.532.864.821.424.	225.126.161.182.173.574.265.166.121.142.	133.534.366.321.342.
464	양년..	464.421.824.625.526.561.582.573.174.	265.166.121.142.133.534.366.321.342.333.	734.535.421.442.433.
	음년..	864.821.424.225.126.161.182.173.574.	265.166.121.142.133.534.366.321.342.333.	734.535.421.442.433.
465	양년..	265.166.121.142.133.534.366.321.342.	333.734.535.421.442.433.834.635.536.462.	265.282.273.674.875.
	음년..	265.166.121.142.133.534.366.321.342.	333.734.535.421.442.433.834.635.536.482.	285.262.253.654.855.
466	양년..	366.321.342.333.734.535.421.442.433.	834.635.536.462.265.282.273.674.875.776.	731.712.453.854.655.
	음년..	366.321.342.333.734.535.421.442.433.	834.635.536.482.285.262.253.654.855.756.	711.732.453.854.655.

원괘효	남녀 25세26세.27세28세.29세. 30세.31세32세33세34새35세36세.37세38세39세 40세41세42세43세44세.45세.46세47세48세
421	양년..424.461.864.665.566. 521.542.533.134.225.126.161.182.173.574. 326.361.382.373.774.575.244.445.346. 음년..824.861.464.265.166. 121.142.133.534.225.126.161.182.173.574. 326.361.382.373.774.575.244.445.346.
422	양년..225.126.161.182.173. 574.326.361.382.373.774.575.421.824.861. 882.873.474.275.176.131.245.146.181. 음년..225.126.161.182.173. 574.326.361.382.373.774.575.461.864.821. 842.833.434.235.136.171.245.146.181.
423	양년..373.774.575.461.864. 821.842.833.434.235.136.171.422.225.242. 233.634.835.736.771.752.246.233.136. 음년..373.774.575.421.824. 861.882.873.474.275.176.131.442.245.222. 213.614.815.716.751.772.146.133.236.
424	양년..842.833.434.235.136. 171.422.225.242.233.634.835.736.771.752. 413.814.615.516.551.572.241.222.213. 음년..882.873.474.275.176. 131.442.245.222.213.614.815.716.751.772. 413.814.615.516.551.572.241.222.213.
425	양년..213.614.815.716.751. 772.413.814.615.516.551.572.424.461.864. 665.566.521.542.533.134.242.445.422. 음년..233.634.835.736.771. 752.413.814.615.516.551.572.824.861.464. 265.166.121.142.133.534.222.425.442.
426	양년..413.814.615.516.551. 572.424.461.864.665.566.521.542.533.134. 225.126.161.182.173.574.243.146.133. 음년..413.814.615.516.551 .572.824.861.464.265.166.121.142.133.534. 225.126.161.182.173.574.233.136.143.
431	양년..434.471.874.675.576. 531.512.523.124.235.136.171.152.163.564. 336.371.352.363.764.565.344.145.246. 음년..834.871.474.275.176. 131.112.123.524.235.136.171.152.163.564. 336.371.352.363.764.565.344.145.246.
432	양년..235.136.171.152.163. 564.336.371.352.363.764.565.431.834.871. 852.863.464.265.166.121.345.322.125. 음년..235.136.171.152.163. 564.336.371.352.363.764.565.471.874.831. 812.823.424.225.126.161.145.122.325.
433	양년..336.371.352.363.764. 565.431.834.871.852.863.464.265.166.121. 412.423.824.625.526.561.346.381.362. 음년..336.371.352.363.764. 565.471.874.831.812.823.424.225.126.161. 412.423.824.625.526.561.346.381.362.
434	양년..812.823.424.225.126. 161.412.423.824.625.526.561.433.336.343. 744.545.646.681.662.653.341.322.313. 음년..852.863.464.265.166. 121.412.423.824.625.526.561.443.346.333. 734.535.636.671.652.663.341.322.313.
435	양년..625.526.561.443.346. 333.734.535.636.671.652.663.434.471.874. 675.576.531.512.523.124.342.145.122. 음년..625.526.561.433.336. 343.744.545.646.681.662.653.834.871.474. 275.176.131.112.123.524.322.125.142.
436	양년..734.535.636.671.652. 663.434.471.874.675.576.531.512.523.124. 235.136.171.152.163.564.343.446.433. 음년..744.545.646.681.662. 653.834.871.474.275.176.131.112.123.524. 235.136.171.152.163.564.333.436.443.
441	양년..285.186.141.122.113. 514.245.146.181.162.153.554.346.381.362. 353.754.555.444.245.146.181.162.153. 음년..685.586.541.522.513. 114.245.146.181.162.153.554.346.381.362. 353.754.555.444.245.146.181.162.153.
442	양년..162.153.554.346.381. 362.353.754.555.481.884.841.822.813.414. 215.116.151.245.222.425.326.361.382. 음년..162.153.554.346.381. 362.353.754.555.441.844.881.862.853.454. 255.156.111.445.422.225.126.161.182.
443	양년..353.754.555.481.884. 841.822.813.414.215.116.151.422.413.814. 615.516.551.346.333.436.471.452.463. 음년..353.754.555.441.844. 881.862.853.454.255.156.111.422.413.814. 615.516.551.446.433.336.371.352.363.
444	양년..822.813.414.215.116. 151.422.413.814.615.516.551.433.834.635. 536.571.552.441.422.413.814.615.516. 음년..862.853.454.255.156. 111.422.413.814.615.516.551.433.834.635. 536.571.552.441.422.413.814.615.516.
445	양년..615.516.551.433.834. 635.536.571.552.844.881.484.285.186.141. 122.113.514.422.225.242.233.634.835. 음년..615.516.551.433.834. 635.536.571.552.444.481.884.685.586.541. 522.513.114.442.245.222.213.614.815.
446	양년..536.571.552.844.881. 484.285.186.141.122.113.514.245.146.181. 162.153.554.433.336.343.744.545.646. 음년..536.571.552.444.481. 884.685.586.541.522.513.114.245.146.181. 162.153.554.443.346.333.734.535.636.
451	양년..454.411.814.615.516. 551.572.583.184.255.156.111.132.143.544. 356.311.332.343.744.545.544.581.184. 음년..854.811.414.215.116. 151.172.183.584.255.156.111.132.143.544. 356.311.332.343.744.545.144.181.584.
452	양년..572.583.184.255.156. 111.132.143.544.356.311.332.343.744.545. 411.432.443.844.645.546.545.646.681. 음년..172.183.584.255.156. 111.132.143.544.356.311.332.343.744.545. 411.432.443.844.645.546.545.646.681.
453	양년..356.311.332.343.744. 545.411.432.443.844.645.546.452.255.272. 283.684.885.786.741.722.546.581.562. 음년..356.311.332.343.744. 545.411.432.443.844.645.546.472.275.252. 263.664.865.766.721.742.546.581.562.
454	양년..844.645.546.452.255. 272.283.684.885.786.741.722.463.366.353. 754.555.656.611.632.643.541.522.513. 음년..844.645.546.472.275. 252.263.664.865.766.721.742.453.356.363. 764.565.666.621.642.633.541.522.513.
455	양년..786.741.722.463.366. 353.754.555.656.611.632.643.454.411.814. 615.516.551.572.583.184.542.745.722. 음년..766.721.742.453.356. 363.764.565.666.621.642.633.854.811.414. 215.116.151.172.183.584.522.725.742.
456	양년..754.555.656.611.632. 643.454.411.814.615.516.551.572.583.184. 255.156.111.132.143.544.543.646.633. 음년..764.565.666.621.642. 633.854.811.414.215.116.151.172.183.584. 255.156.111.132.143.544.533.636.643.
461	양년..225.126.161.182.173. 574.265.166.121.142.133.534.366.321.342. 333.734.535.244.281.684.885.786.741. 음년..625.526.561.582.573. 174.265.166.121.142.133.534.366.321.342. 333.734.535.644.681.284.485.386.341.
462	양년..265.166.121.142.133. 534.366.321.342.333.734.535.421.442.433. 834.635.536.645.546.581.562.553.154. 음년..265.166.121.142.133. 534.366.321.342.333.734.535.421.442.433. 834.635.536.645.546.581.562.553.154.
463	양년..333.734.535.421.442. 433.834.635.536.482.285.262.253.654.855. 756.711.732.546.533.636.671.652.663. 음년..333.734.535.421.442. 433.834.635.536.462.265.282.273.674.875. 776.731.712.646.633.536.571.552.563.
464	양년..834.635.536.482.285. 262.253.654.855.756.711.732.453.854.655. 556.511.532.641.622.613.214.415.316. 음년..834.635.536.462.265. 282.273.674.875.776.731.712.453.854.655. 556.511.532.641.622.613.214.415.316.
465	양년..776.731.712.453.854. 655.556.511.532.864.821.424.225.126.161. 182.173.574.622.825.842.833.434.235. 음년..756.711.732.453.854. 655.556.511.532.464.421.824.625.526.561. 582.573.174.642.845.822.813.414.215.
466	양년..556.511.532.864.821. 424.225.126.161.182.173.574.265.166.121. 142.133.534.633.536.543.144.345.446. 음년..556.511.532.464.421. 824.625.526.561.582.573.174.265.166.121. 142.133.534.643.546.533.134.335.436.

원괘효	남녀 49세	50세	51세	52세	53세	54세	55세	56세	57세	58새	59세	60세	61세	62세	63세	64세	65세	66세	67세	68세	69세	70세	71세	72세
421	양년..381.	362.353.845.822.625.526.561.582.573.174.	375.546.581.562.553.154.355.641.244.281.	262.253.654.																		
	음년..381.	362.353.645.622.825.726.761.782.773.374.	175.546.581.562.553.154.355.681.284.241.	222.213.614.																		
422	양년..162.	153.554.346.381.362.353.754.555.481.884.	841.822.813.414.215.116.151.422.413.814.	615.516.551.																		
	음년..162.	153.554.346.381.362.353.754.555.441.844.	881.862.853.454.255.156.111.422.413.814.	615.516.551.																		
423	양년..171.	152.163.564.765.866.141.544.581.562.553.	154.355.456.411.122.113.514.715.816.851.	133.534.735.																		
	음년..271.	252.263.664.865.766.181.584.541.522.513.	114.315.416.451.122.113.514.715.816.851.	133.534.735.																		
424	양년..614.	815.716.262.253.654.855.756.711.273.674.	875.776.731.712.684.641.244.445.346.381.	362.353.754.																		
	음년..614.	815.716.262.253.654.855.756.711.273.674.	875.776.731.712.284.241.644.845.746.781.	762.753.354.																		
425	양년..413.	814.615.516.551.572.213.614.815.716.751.	772.224.261.664.865.766.721.742.733.334.	425.442.245.																		
	음년..433.	834.635.536.571.552.213.614.815.716.751.	772.624.661.264.465.366.321.342.333.734.	225.242.445.																		
426	양년..534.	735.836.871.852.863.234.271.674.875.776.	731.712.723.324.435.412.215.116.151.172.	183.584.785.																		
	음년..544.	745.846.881.862.853.634.671.274.475.376.	331.312.323.724.235.212.415.316.351.372.	383.784.585.																		
431	양년..281.	262.253.545.646.681.662.653.254.846.833.	736.771.752.763.364.165.266.741.344.381.	362.353.754.																		
	음년..281.	262.253.545.646.681.662.653.254.746.733.	836.871.852.863.464.265.166.781.384.341.	322.313.714.																		
432	양년..226.	261.282.273.674.875.146.133.236.271.252.	263.664.865.766.181.584.541.522.513.114.	315.416.451.																		
	음년..426.	461.482.473.874.675.246.233.136.171.152.	163.564.765.866.141.544.581.562.553.154.	355.456.411.																		
433	양년..353.	754.555.441.884.841.822.813.414.215.116.	151.422.413.814.615.516.551.433.834.635.	536.571.552.																		
	음년..353.	754.555.441.844.881.862.853.454.255.156.	111.422.413.814.615.516.551.433.834.635.	536.571.552.																		
434	양년..714.	515.616.362.353.754.555.656.611.373.774.	575.676.631.612.784.741.344.145.246.281.	262.253.654.																		
	음년..714.	515.616.362.353.754.555.656.611.373.774.	575.676.631.612.384.341.744.545.646.681.	662.653.254.																		
435	양년..113.	514.715.816.851.872.313.714.515.616.651.	672.324.361.764.565.666.621.642.633.234.	125.226.261.																		
	음년..133.	534.735.836.871.852.313.714.515.616.651.	672.724.761.364.165.266.221.242.233.634.	125.226.261.																		
436	양년..834.	635.536.571.552.563.334.371.774.575.676.	631.612.623.224.135.236.271.252.263.664.	436.443.346.																		
	음년..844.	645.546.581.562.553.734.771.374.175.276.	231.212.223.624.135.236.271.252.263.664.	836.343.446.																		
441	양년..645.	546.581.562.553.154.746.781.762.753.354.	155.841.444.481.462.453.854.655.556.511.	822.813.414.																		
	음년..645.	546.581.562.553.154.746.781.762.753.354.	155.881.484.441.422.413.814.615.516.551.	822.813.414.																		
442	양년..373.	774.575.146.181.162.153.554.755.281.684.	641.622.613.214.415.316.351.222.213.614.	815.716.751.																		
	음년..173.	574.775.146.181.162.153.554.755.241.644.	681.662.653.254.455.356.311.222.213.614.	815.716.751.																		
443	양년..864.	665.566.381.784.741.722.713.314.115.216.	251.322.313.714.515.616.651.333.734.535.	636.671.652.																		
	음년..764.	565.666.341.744.781.762.753.354.155.256.	211.322.313.714.515.616.651.333.734.535.	636.671.652.																		
444	양년..462.	453.854.655.556.511.473.874.675.576.531.	512.484.441.844.645.546.581.562.153.554.	285.186.141.																		
	음년..462.	453.854.655.556.511.473.874.675.576.531.	512.884.841.444.245.146.181.162.153.554.	285.186.141.																		
445	양년..736.	771.752.413.814.615.516.551.572.824.861.	464.265.166.121.142.133.534.225.126.161.	182.173.574.																		
	음년..716.	751.772.413.814.615.516.551.572.424.461.	864.665.566.521.542.533.134.225.126.161.	182.173.574.																		
446	양년..681.	662.653.834.871.474.275.176.131.112.123.	524.235.136.171.152.163.564.336.371.352.	363.764.565																		
	음년..671.	652.663.434.471.874.675.576.531.512.523.	124.235.136.171.152.163.564.336.371.352.	363.764.565.																		
451	양년..385.	486.441.422.413.814.145.122.325.426.461.	482.473.874.675.246.233.136.171.152.163.	564.765.866.																		
	음년..785.	886.841.822.813.414.345.322.125.226.261.	282.273.874.875.146.133.236.271.252.263.	664.865.766.																		
452	양년..662.	653.254.846.833.736.771.752.763.364.165.	266.781.384.341.322.313.714.515.616.651.	722.713.314.																		
	음년..662.	653.254.746.733.836.871.852.863.464.265.	166.781.384.341.322.313.714.515.616.651.	722.713.314.																		
453	양년..553.	154.355.681.284.241.222.213.614.815.716.	751.622.613.214.415.316.351.633.234.435.	336.371.352.																		
	음년..553.	154.355.641.244.281.262.253.654.855.756.	711.622.613.214.415.316.351.633.234.435.	336.371.352.																		
454	양년..114.	315.416.562.553.154.355.456.411.573.174.	375.476.431.412.184.385.486.441.422.413.	785.762.565.																		
	음년..114.	315.416.562.553.154.355.456.411.573.174.	375.476.431.412.184.385.486.441.422.413.	585.562.765																		
455	양년..713.	314.115.216.251.272.513.114.315.416.451.	472.124.325.426.461.482.473.525.542.745.	846.881.862.																		
	음년..733.	334.135.236.271.252.513.114.315.416.451.	472.124.325.426.461.482.473.725.742.545.	646.681.662.																		
456	양년..234.	435.336.371.352.363.134.335.436.471.452.	463.535.512.715.816.851.872.883.484.285.	636.643.546.																		
	음년..244.	445.346.381.362.353.134.335.436.471.452.	463.735.712.515.616.651.672.683.284.485.	536.543.646.																		
461	양년..722.	713.314.445.422.225.126.161.182.173.574.	775.146.181.162.153.554.755.241.644.681.	662.653.254.																		
	음년..322.	313.714.245.222.425.326.361.382.373.774.	.575.146.181.162.153.554.755.281.684.641.	622.613.214.																		
462	양년..746.	781.762.753.354.155.841.444.481.462.453.	854.655.556.511.822.813.414.215.116.151.	833.434.235.																		
	음년..746.	781.762.753.354.155.881.484.441.422.413.	814.615.516.551.822.813.414.215.116.151.	833.434.235.																		
463	양년..264.	465.366.541.144.181.162.153.554.755.856.	811.522.513.114.315.416.451.533.134.335.	436.471.452.																		
	음년..164.	365.466.581.184.141.122.113.514.715.816.	851.522.513.114.315.416.451.533.134.335.	436.471.452.																		
464	양년..662.	653.254.455.356.311.673.274.475.376.331.	312.284.485.386.341.322.313.685.662.865.	766.721.742.																		
	음년..662.	653.254.455.356.311.673.274.475.376.331.	312.284.485.386.341.322.313.885.862.665.	566.521.542.																		
465	양년..136.	171.152.613.214.415.316.351.372.224.425.	326.361.382.373.825.842.645.546.581.562.	553.154.355.																		
	음년..116.	152.172.613.214.415.316.351.372.224.425.	326.361.382.373.625.642.845.746.781.762.	753.354.155.																		
466	양년..481.	462.453.234.435.336.371.352.363.835.812.	615.516.551.572.583.184.385.536.571.552.	563.164.365.																		
	음년..471.	452.463.234.435.336.371.352.363.635.612.	815.716.751.772.783.384.185.536.571.552.	563.164. 365.																		

원괘효	남녀 73세74세75세76세.77세.78세.79세 80세81세82새83세84세85세86세87세88세.89세. 90세91세92세93세94세.95세96세
421	양년..855.756.711.622.613.214.415. 316.351.633.234.435.336.371.352. 음년..815.716.751.622.613.214.415. 316.351.633.234.435.336.371.352.
422	양년..433.834.635.536.571.552.444, 481.884.685.586.541.522.513.114. 음년..433.834.635.536.571.552.844. 881.484.285.186.141.122.113.514.
423	양년..836.871.852.544.581.184.385. 486.441.422.413.814.145.122.325.426.461. 482.473.874.675. 음년..836.871.852.144.181.584.785. 886.841.822.813.414.345.322.125.226.261. 282.273.674.875.
424	양년..285.262.465.366.321.342.333. 734.535.186.141.122.113.514.715. 음년..485.462.265.166.121.142.133. 534.735.186.141.122.113.514.715.
425	양년..146.181.162.153.554.755.126. 161.182.173.574.775.221.624.661.682.673. 274.475.376.331. 음년..346.381.362.353.754.555.126. 161.182.173.574.775.261.664.621.642.633. 234.435.336.371.
426	양년..136.171.152.163.564.765.231. 634.671.652.663.264.465.366.321.212.223. 624.825.726.761. 음년..136.171.152.163.564.765.271. 674.631.612.623.224.425.326.361.212.223. 624.825.726.761.
431	양년..555.656.611.722.713.314.115. 216.251.733.334.135.236.271.252. 음년..515.616.651.722.713.314.115. 216.251.733.334.135.236.271.252.
432	양년..122.113.514.715.816.851.133. 534.735.836.871.852.144.181.584.785.886. 841.822.813.414. 음년..122.113.514.715.816.851.133. 534.735.836.871.852.544.581.184.385.486. 441.422.413.814.
433	양년..444,481.884.685.586.541.522. 513.114.245.146.181.162.153.554. 음년..844.881.484.285.186.141.122. 113.514.245.146.181.162.153.554.
434	양년..185.286.241.222.213.614.386. 373.476.431.412.423.824.625.526. 음년..185.286.241.222.213.614.486. 473.376.331.312.323.724.525.626.
435	양년..282.273.674.426.413.316.351. 372.383.784.585.686.321.724.761.782.773. 374.175.276.231. 음년..282.273.674.326.313.416.451. 472.483.884.685.586.361.764.721.742.733. 334.135.236.271.
436	양년..381.362.353.754.555.656.331. 734.771.752.763.364.165.266.221.312.323. 724.525.626.661. 음년..481.462.453.854.655.556.371. 774.731.712.723.324.125.226.261.312.323. 724.525.626.661.
441	양년..215.116.151.833.434.235.136. 171.152. 음년..215.116.151.833.434.235.136. 171.152.
442	양년..233.634.835.736.771.752.244. 281.684.885.786.741.722.713.314. 음년..233.634.835.736.771.752.644. 681.284.485.386.341.322.313.714.
443	양년..344.381.784.585.686.641.622. 613.214.145.246.281.262.253.654. 음년..744.781.384.185.286.241.222. 213.614.145.246.281.262.253.654.
444	양년..122.113.514.386.341.322.313. 714.515. 음년..122.113.514.386.341.322.313. 714.515.
445	양년..326.361.382.373.774.575.421. 824.861.882.873.474.275.176.131. 음년..326.361.382.373.774.575.461. 864.821.842.833.434.235.136.171.
446	양년..431.834.871.852.863.464.265. 166.121.412.423.824.625.526.561. 음년..471.874.831.812.823.424.225. 126.161.412.423.824.625.526.561.
451	양년..141.544.581.562.553.154.355. 456.411.122.113.514.715.816.851.133.534. 735.836.871.852. 음년..181.584.541.522.513.114.315. 416.451.122.113.514.715.816.851.133.534. 735.836.871.852.
452	양년..115.216.251.733.334.135.236. 271.252.344.145.246.281.262.253. 음년..115.216.251.733.334.135.236. 271.252.344.145.246.281.262.253.
453	양년..244.445.346.381.362.353.645. 622.825.726.761.782.773.374.175. 음년..244.445.346.381.362.353.845. 822.625.526.561.582.573.174.375.
454	양년..666.621.642.633.234.435.586. 573.676.631.612.623.224.425.326. 음년..866.821.842.833.434.235.686. 673.576.531.512.523.124.325.426.
455	양년..853.454.255.626.613.516.551. 572.583.184.385.486.521.124.161.182.173. 574.775.876.831. 음년..653.254.455.526.513.616.651. 672.683.284.485.386.561.164.121.142.133. 534.735.836.871.
456	양년..581.561.553.154.355.456.531. 134.171.152.163.564.765.866.821.512.523. 124.325.426.461. 음년..681.662.653.254.455.356.571. 174.131.112.123.524.725.826.861.512.523. 124.325.426.461.
461	양년..455.356.311.222.213.614.815. 716.751.233.634.835.736.771.752. 음년..415.316.351.222.213.614.815. 716.751.233.634.835.736.771.752,
462	양년..136.171.152.444.245.146.181. 162.153. 음년..136.171.152.444.245.146.181. 162.153.
463	양년..144.345.446.481.462.453.545. 522.725.826.861.882.873.474.275. 음년..144.345.446.481.462.453.745. 722.525.626.661.682.673.274.475.
464	양년..733.334.135.586.541.522.513. 114.315. 음년..533.134.335.586.541.522.513. 114.315.
465	양년..526.561.582.573.174.375.621. 224.261.282.273.674.875.776.731. 음년..526.561.582.573.174.375.661. 264.221.242.233.634.835.736.771.
466	양년..631.234.271.252.263.664.865. 766.721.612.623.224.425.326.361. 음년..671.274.231.212.223.624.825. 726.761.612.623.224.425.326.361.

원괘효	남녀	1세. 2세. 3세.4세. 5세. 6세.7세 8세 9세	10세.11세.12세.13세14세15세16세17세18세19세	20세21세22세23세24세
471	양년..	431.412.423.824.625.526.452.463.864.	665.566.521.473.376.383.784.585.686.641.	622.613.874.831.434.
	음년..	431.412.423.824.625.526.452.463.864.	665.566.521.483.386.373.774.575.676.631.	612.623.474.431.834.
472	양년..	452.463.864.665.566.521.473.376.383.	784.585.686.641.622.613.874.831.434.235.	136.171.152.163.564.
	음년..	452.463.864.665.566.521.483.386.373.	774.575.676.631.612.623.474.431.834.635.	536.571.552.563.164.
473	양년..	473.376.383.784.585.686.641.622.613.	874.831.434.235.136.171.152.163.564.275.	176.131.112.123.524.
	음년..	483.386.373.774.575.676.631.612.623.	474.431.834.635.536.571.552.563.164.275.	176.131.112.123.524.
474	양년..	474.431.834.635.536.571.552.563.164.	275.176.131.112.123.524.376.331.312.323.	724.525.431.412.423.
	음년..	874.831.434.235.136.171.152.163.564.	275.176.131.112.123.524.376.331.312.323.	724.525.431.412.423.
475	양년..	275.176.131.112.123.524.376.331.312.	323.724.525.431.412.423.824.625.526.452.	463.864.665.566.521.
	음년..	275.176.131.112.123.524.376.331.312.	323.724.525.431.412.423.824.625.526.452.	463.864.665.566.521.
476	양년..	376.331.312.323.724.525.431.412.423.	824.625.526.452.463.864.665.566.521.473.	376.383.784.585.686.
	음년..	376.331.312.323.724.525.431.412.423.	824.625.526.452.463.864.665.566.521.483.	386.373.774.575.676.
481	양년..	441.422.413.814.615.516.462.453.854.	655.556.511.473.874.675.576.531.512.484.	441.844.645.546.581.
	음년..	441.422.413.814.615.516.462.453.854.	655.556.511.473.874.675.576.531.512.884.	841.444.245.146.181.
482	양년..	462.453.854.655.556.511.473.874.675.	576.531.512.484.441.844.645.546.581.562.	553.154.285.186.141.
	음년..	462.453.854.655.556.511.473.874.675.	576.531.512.884.841.444.245.146.181.162.	153.554.285.186.141.
483	양년..	473.874.675.576.531.512.484.441.844.	645.546.581.562.553.154.285.186.141.122.	113.514.386.341.322.
	음년..	473.874.675.576.531.512.884.841.444.	245.146.181.162.153.554.285.186.141.122.	884.841.444.245.146.
484	양년..	484.441.844.645.546.581.562.553.154.	285.186.141.122.113.514.386.341.322.313.	714.515.441.422.413.
	음년..	884.841.444.245.146.181.162.153.554.	285.186.141.122.113.514.386.341.322.313.	714.515.441.422.413.
485	양년..	285.186.141.122.113.514.386.341.322.	313.714.515.441.422.413.814.615.516.462.	453.854.655.556.511.
	음년..	285.186.141.122.113.514.386.341.322.	313.714.515.441.422.413.814.615.516.462.	453.854.655.556.511.
486	양년..	386.341.322.313.714.515.441.422.413.	814.615.516.462.453.854.655.556.511.473.	874.675.576.531.512.
	음년..	386.341.322.313.714.515.441.422.413.	814.615.516.462.453.854.655.556.511.473.	874.675.576.531.512.
511	양년..	511.114.151.172.183.584.785.886.841.	532.735.712.723.324.125.226.261.282.513.	616.623.224.425.326.
	음년..	551.154.111.132.143.544.745.846.881.	512.715.732.743.344.145.246.281.262.523.	626.613.214.415.316.
512	양년..	512.715.732.743.344.145.246.281.262.	523.626.613.214.415.316.351.372.383.114.	315.416.451.472.483.
	음년..	532.735.712.723.324.125.226.261.282.	513.616.623.224.425.326.361.382.373.114.	315.416.451.472.483.
513	양년..	513.616.623.224.425.326.361.382.373.	114.315.416.451.472.483.715.732.535.636.	671.652.663.264.465.
	음년..	523.626.613.214.415.316.351.372.383.	114.315.416.451.472.483.515.732.535.836.	871.852.863.464.265.
514	양년..	114.315.416.451.472.483.515.732.735.	836.871.852.863.464.265.616.623.526.561.	582.573.174.375.476.
	음년..	114.315.416.451.472.483.715.732.535.	636.671.652.663.264.465.516.523.626.661.	682.673.274.475.376.
515	양년..	515.532.735.836.871.852.863.464.265.	616.623.526.561.582.573.174.375.476.511.	114.151.172.183.584.
	음년..	715.732.535.636.671.652.663.264.465.	516.523.626.661.682.673.274.475.376.551.	154.111.132.143.544.
516	양년..	516.523.626.661.682.673.274.475.376.	551.154.111.132.143.544.745.846.881.512.	715.732.743.344.145.
	음년..	616.623.526.561.582.573.174.375.476.	511.114.151.172.183.584.785.886.841.532.	735.712.723.324.125.
521	양년..	521.124.161.182.173.574.775.876.831.	542.745.722.713.314.115.216.251.272.513.	114.315.416.451.472.
	음년..	561.164.121.142.133.534.735.836.871.	522.725.742.733.334.135.236.271.252.513.	114.315.416.451.472.
522	양년..	522.725.742.733.334.135.236.271.252.	513.114.315.416.451.472.124.325.426.461.	482.473.725.742.545.
	음년..	542.745.722.713.314.115.216.251.272.	513.114.315.416.451.472.124.325.426.461.	482.473.525.542.745.
523	양년..	513.114.315.416.451.472.124.325.426.	461.482.473.525.542.745.846.881.862.853.	454.255.626.613.516.
	음년..	513.114.315.416.451.472.124.325.426.	461.482.473.725.742.545.646.681.662.653.	254.455.526.513.616.
524	양년..	124.325.426.461.482.473.525.542.745.	846.881.862.853.454.255.626.613.516.551.	572.583.184.385.486.
	음년..	124.325.426.461.482.473.725.742.545.	646.681.662.653.254.455.526.513.616.651.	672.683.284.485.386.
525	양년..	525.542.745.846.881.862.853.454.255.	626.613.516.551.572.583.184.385.486.521.	124.161.182.173.574.
	음년..	725.742.545.646.681.662.653.254.455.	526.513.616.651.672.683.284.485.386.561.	164.121.142.133.534.
526	양년..	526.513.616.651.672.683.284.485.386.	561.164.121.142.133.534.735.836.871.522.	725.742.733.334.135.
	음년..	626.613.516.551.572.583.184.385.486.	521.124.161.182.173.574.775.876.831.542.	745.722.713.314.115.
531	양년..	531.134.171.152.163.564.765.866.821.	512.523.124.325.426.461.543.646.633.234.	435.336.371.352.363.
	음년..	571.174.131.112.123.524.725.826.861.	512.523.124.325.426.461.533.636.643.244.	445.346.381.362.353.
532	양년..	512.523.124.325.426.461.533.636.643.	244.445.346.381.362.353.134.335.436.471.	452.463.735.712.515.
	음년..	512.523.124.325.426.461.543.646.633.	234.435.336.371.352.363.134.335.436.471.	452.463.535.512.715.
533	양년..	533.636.643.244.445.346.381.362.353.	134.335.436.471.452.463.735.712.515.616.	651.672.683.284.485.
	음년..	543.646.633.234.435.336.371.352.363.	134.335.436.471.452.463.535.512.715.816.	851.872.883.484.285.
534	양년..	134.335.436.471.452.463.535.512.715.	816.851.872.883.484.285.636.643.546.581.	561.553.154.355.456.
	음년..	134.335.436.471.452.463.735.712.515.	616.651.672.683.284.485.536.543.646.681.	662.653.254.455.356.
535	양년..	535.512.715.816.851.872.883.484.285.	636.643.546.581.561.553.154.355.456.531.	134.171.152.163.564.
	음년..	735.712.515.616.651.672.683.284.485.	536.543.646.681.662.653.254.455.356.571.	174.131.112.123.524.
536	양년..	536.543.646.681.662.653.254.455.356.	571.174.131.112.123.524.725.826.861.512.	523.124.325.426.461.
	음년..	636.643.546.581.561.553.154.355.456.	531.134.171.152.163.564.765.866.821.512.	523.124.325.426.461.

원괘효	남녀 25세26세.27세28세.29세. 30세.31세32세33세34세35세36세.37세38세39세 40세41세42세43세44세.45세.46세47세48세
471	양년..235.136.171.152.163. 564.275.176.131.112.123.524.376.331.312. 323.724.525.344.381.784.585.686.641. 음년..635.536.571.552.563. 164.275.176.131.112.123.524.376.331.312. 323.724.525.744.781.384.185.286.241.
472	양년..275.176.131.112.123. 524.376.331.312.323.724.525.431.412.423. 824.625.526.545.522.725.826.861.882. 음년..275.176.131.112.123. 524.376.331.312.323.724.525.431.412.423. 824.625.526.745.722.525.626.661.682.
473	양년..376.331.312.323.724. 525.431.412.423.824.625.526.452.463.864. 665.566.521.746.781.762.753.354.155. 음년..376.331.312.323.724. 525.431.412.423.824.625.526.452.463.864. 665.566.521.746.781.762.753.354.155.
474	양년..824.625.526.452.463. 864.665.566.521.483.386.373.774.575.676. 631.612.623.741.722.713.314.115.216. 음년..824.625.526.452.463. 864.625.566.521.473.376.383.784.585.686. 641.622.613.741.722.713.314.115.216.
475	양년..473.376.383.784.585. 686.641.622.613.874.831.434.235.136.171. 152.163.564.722.525.542.533.134.335. 음년..483.386.373.774.575. 676.631.612.623.474.431.834.635.536.571. 552.563.164.742.545.522.513.114.315.
476	양년..641.622.613.874.831. 434.235.136.171.152.163.564.275.176.131. 112.123.524.733.836.843.444.245.146. 음년..631.612.623.474.431. 834.635.536.571.552.563.164.275.176.131. 112.123.524.743.846.833.434.235.136.
481	양년..162.153.554.285.186. 141.122.113.514.386.341.322.313.714.515. 844.881.484.285.186.141.122.113.514. 음년..162.153.554.285.186. 141.122.113.514.386.341.322.313.714.515. 444.481.884.685.586.541.522.513.114.
482	양년..122.113.514.386.341. 322.313.714.515.441.422.413.814.615.516. 845.822.625.526.561.582.573.174.375. 음년..122.113.514.386.341. 322.313.714.515.441.422.413.814.615.516. 645.622.825.726.761.782.773.374.175.
483	양년..313.714.515.441.422. 413.814.615.516.462.453.854.655.556.511. 846.833.736.771.752.763.364.165.266. 음년..313.714.515.441.422. 413.814.615.516.462.453.854.655.556.511. 746.733.836.871.852.863.464.265.166.
484	양년..814.615.516.462.453. 854 655.556.511.473.874.675.576.531.512. 841.822.813.414.215.116.862.853.454. 음년..814.615.516.462.453. 854 655.556.511.473.874.675.576.531.512. 841.822.813.414.215.116.862.853.454.
485	양년..473.874.675.576.531. 512.484.441.844.645.546.581.562.553.154. 842.645.622.613.214.415.316.351.372. 음년..473.874.675.576.531. 512.884.841.444.245.146.181.162.153.554. 822.625.642.633.234.435.336.371.352.
486	양년..484.441.844.645.546. 581.562.553.154.285.186.141.122.113.514. 843.746.733.334.135.236.271.252.263. 음년..884.841.444.245.146. 181.162.153.554.285.186.141.122.884.841. 833.736.743.344.145.246.281.262.253.
511	양년..361.382.373.114.315. 416.451.472.483.715.732.535.636.671.652. 663.264.465.516.523.626.661.682.673. 음년..351.372.383.114.315. 416.451.472.483.515.532.735.836.871.852. 863.464.265.616.623.526.561.582.573.
512	양년..515.532.735.836.871. 852.863.464.265.616.623.526.561.582.573. 174.375.476.511.114.151.172.183.584. 음년..715.732.535.636.671. 652.663.264.465.516.523.626.661.682.673. 274.475.376. 551.154.111.132.143.544.
513	양년..516.523.626.661.682. 673.274.475.376.551.154.111.132.143.544. 745.846.881.512.715.732.743.344.145. 음년..616.623.526.561.582. 573.174.375.476.511.114.151.172.183.584. 785.886.841.532.735.712.723.324.125.
514	양년..511.114.151.172.183. 584.785.886.841.532.735.712.723.324.125. 226.261.282.513.616.623.224.425.326. 음년..551.154.111.132.143. 544.745.846.881.512.715.732.743.344.145. 246.281.262.523.626.613.214.415.316.
515	양년..785.886.841.532.735. 712.723.324.125.226.261.282.513.616.623. 224.425.326.361.382.373.114.315.416. 음년..745.846.881.512.715. 732.743.344.145.246.281.262.523.626.613. 214.415.316.351.372.383.114.315.416.
516	양년..246.281.262.523.626. 613.214.415.316.351.372.383.114.315.416. 451.472.483.515.532.735.836.871.852. 음년..226.261.282.513.616. 623.224.425.326.361.382.373.114.315.416. 417.472.483.715.732.535.636.671.652.
521	양년..124.325.426.461.482. 473.525.542.745.846.881.862.853.454.255. 626.613.516.551.572.583.184.385.486. 음년..124.325.426.461.482. 473.725.742.545.646.681.662.653.254.455. 526.513.616.651.672.683.284.485.386.
522	양년..646.681.662.653.254. 455.526.513.616.651.672.683.284.485.386. 561.164.121.142.133.534.735.836.871. 음년..846.881.862.853.454. 255.626.613.516.551.572.583.184.385.486. 521.124.161.182.173.574.775.876.831.
523	양년..551.572.583.184.385. 486.521.124.161.182.173.574.775.876.831. 542.745.722.713.314.115.216.251.272. 음년..651.672.683.284.485. 386.561.164.121.142.133.534.735.836.871. 522.725.742.733.334.135.236.271.252.
524	양년..521.124.161.182.173. 574.775.876.831.542.745.722.713.314.115. 216.251.272.513.114.315.416.451.472. 음년..561.164.121.142.133. 534.735.836.871.522.725.742.733.334.135. 236.271.252.513.114.315.416.451.472.
525	양년..775.876.831.542.745. 722.713.314.115.216.251.272.513.114.315. 416.451.472.124.325.426.461.482.473. 음년..735.836.871.522.725. 742.733.334.135.236.271.252.513.114.315. 416.451.472.124.325.426.461.482.473.
526	양년..236.271.252.513.114. 315.416.451.472.124.325.426.461.482.473. 725.742.545.646.681.662.653.254.455. 음년..216.251.272.513.114. 315.416.451.472.124.325.426.461.482.473. 525.542.745.846.881.862.853.454.255.
531	양년..134.335.436.471.452. 463.535.512.715.816.851.872.883.484.285. 636.643.546.581.561.553.154.355.456. 음년..134.335.436.471.452. 463.735.712.515.616.651.672.683.284.485. 536.543.646.681.662.653.254.455.356.
532	양년..616.651.672.683.284. 485.536.543.646.681.662.653.254.455.356. 571.174.131.112.123.524.725.826.861. 음년..816.851.872.883.484. 285.636.643.546.581.561.553.154.355.456. 531.134.171.152.163.564.765.866.821.
533	양년..536.543.646.681.662. 653.254.455.356.571.174.131.112.123.524. 725.826.861.512.523.124.325.426.461. 음년..636.643.546.581.561. 553.154.355.456.531.134.171.152.163.564. 765.866.821.512.523.124.325.426.461.
534	양년..531.134.171.152.163. 564.765.866.821.512.523.124.325.426.461. 543.646.633.234.435.336.371.352.363. 음년..571.174.131.112.123. 524.725.826.861.512.523.124.325.426.461. 533.636.643.244.445.346.381.362.353.
535	양년..765.866.821.512.523. 124.325.426.461.543.646.633.234.435.336. 371.352.363.134.335.436.471.452.463. 음년..725.826.861.512.523. 124.325.426.461.533.636.643.244.445.346. 381.362.353.134.335.436.471.452.463.
536	양년..533.636.643.244.445. 346.381.362.353.134.335.436.471.452.463. 735.712.515.616.651.672.683.284.485. 음년..543.646.633.234.435. 336.371.352.363.134.335.436.471.452.463. 535.512.715.816.851.872.883.484.285.

원패효	남녀 49세	50세 51세 52세 53세 .54세 55세 .56세 57세 58새 .59세	60세 61세 62세 63세 64세 65세 66세 67세 68세 .69세	70세 .71세 72세
471	양년..622.	613.214.145.246.281.262.253.654.446.433.	336.371.352.363.764.565.666.341.744.781.	762.753.354.
	음년..222.	213.614.145.246.281.262.253.654.346.333.	436.471.452.463.864.665.566.381.784.741.	722.713.314.
472	양년..873.	474.275.646.633.536.571.552.563.164.365.	466.541.144.181.162.153.554.755.856.811.	522.513.114.
	음년..673.	274.475.546.533.636.671.652.663.264.465.	366.581.184.141.122.113.514.715.816.851.	522.513.114.
473	양년..841.	444.481.462.453.854.655.556.511.822.813.	414.215.116.151.833.434.235.136.171.152.	444.245.146.
	음년..881.	484.441.422.413.814.615.516.551.822.813.	414.215.116.151.833.434.235.136.171.152.	444.245.146.
474	양년..762.	753.354.155.256.211.773.374.175.276.231.	212.384.185.286.241.222.213.585.686.641.	622.613.214.
	음년..762.	753.354.155.256.211.773.374.175.276.231.	212.384.185.286.241.222.213.585.686.641.	622.613.214.
475	양년..436.	471.452.713.314.115.216.251.272.324.125.	226.261.282.273.525.626.661.682.673.274.	826.813.716.
	음년..416.	451.472.713.314.115.216.251.272.324.125.	226.261.282.273.525.626.661.682.673.274.	726.713.816.
476	양년..181.	162.153.334.135.236.271.252.263.535.636.	671.652.663.264.836.843.746.781.762.753.	354.155.256.
	음년..171.	152.163.334.135.236.271.252.263.535.636.	671.652.663.264.736.743.846.881.862.853.	454.255.156.
481	양년..245.	146.181.162.153.554.346.381.362.353.754.	555.441.844.881.862.853.454.255.156.111.	422.413.814.
	음년..245.	146.181.162.153.554.346.381.362.353.754.	555.481.884.841.822.813.414.215.116.151.	422.413.814.
482	양년..546.	581.562.553.154.355.641.244.281.262.253.	654.855.756.711.622.613.214.415.316.351.	633.234.435.
	음년..546.	581.562.553.154.355.681.284.241.222.213.	614.815.716.751.622.613.214.415.316.351.	633.234.435.
483	양년..741.	344.381.362.353.754.555.656.611.722.713.	314.115.216.251.733.334.135.236.271.252.	344.145.246.
	음년..781.	384.341.322.313.714.515.616.651.722.713.	314.115.216.251.733.334.135.236.271.252.	344.145.246.
484	양년..255.	156.111.873.474.275.176.131.112.484.285.	186.141.122.113.685.586.541.522.513.114.	786.741.722.
	음년..255.	156.111.873.474.275.176.131.112.484.285.	186.141.122.113.685.586.541.522.513.114.	786.741.722.
485	양년..813.	414.215.116.151.172.424.225.126.161.182.	173.625.526.561.582.573.174.726.761.782.	773.374.175.
	음년..813.	414.215.116.151.172.424.225.126.161.182.	173.625.526.561.582.573.174.726.761.782.	773.374.175.
486	양년..434.	235.136.171.152.163.635.536.571.552.563.	164.736.771.752.763.364.165.831.434.471.	452.463.864.
	음년..434.	235.136.171.152.163.635.536.571.552.563.	164.736.771.752.763.364.165.871.474.431.	412.423.824.
511	양년..274.	475.376.154.355.456.411.432.443.755.772.	575.676.631.612.623.224.425.556.563.666.	621.642.633
	음년..174.	375.476.154.355.456.411.432.443.555.572.	775.876.831.812.823.424.225.656.663.566.	521.542.533.
512	양년..785.	886.841.155.256.211.232.243.644.456.463.	366.321.342.333.734.535.636.311.332.343.	744.545.646.
	음년..745.	846.881.155.256.211.232.243.644.356.363.	466.421.442.433.834.635.536.311.332.343.	744.545.646.
513	양년..246.	281.262.156.111.132.143.544.745.211.232.	243.644.845.746.272.475.452.463.864.665.	566.521.542.
	음년..226.	261.282.156.111.132.143.544.745.211.232.	243.644.845.746.252.455.472.483.884.685.	586.541.522.
514	양년..361.	382.373.151.554.511.532.543.144.345.446.	481.112.315.332.343.744.545.646.681.662.	123.226.213.
	음년..351.	372.383.111.541.551.572.583.184.385.486.	441.132.335.312.323.724.525.626.661.682.	113, 216.223.
515	양년..451.	472.483.152.163.564.765.866.821.183.286.	273.674.875.776.731.712.723.174.131.534.	735.836.871.
	음년..451.	472.483.152.163.564.765.866.821.173.276.	283.684.885.786.741.722.713.574.531.134.	335.436.471.
516	양년..863.	464.265.153.554.755.856.811.832.564.521.	124.325.426.461.482.473.874.165.182.385.	486.441.422.
	음년..663.	264.465.153.554.755.856.811.832.164.121.	524.725.826.861.882.873.474.365.382.185.	286.241.222.
521	양년..254.	455.356.311.332.343.655.672.875.776.731.	712.723.324.125.556.511.532.543.144.345.	611.632.643.
	음년..254.	455.356.311.332.343.855.872.675.576.531.	512.523.124.325.556.511.532.543.144.345.	611.632.643.
522	양년..255.	156.111.132.143.544.356.311.332.343.744.	545.411.432.443.844.645.546.452.255.272.	283.684.885.
	음년..255.	156.111.132.143.544.356.311.332.343.744.	545.411.432.443.844.645.546.472.275.252.	263.664.865.
523	양년..156.	163.266.221.242.233.634.835.736.111.132.	143.544.745.846.172.375.352.363.764.565.	666.621.642.
	음년..256.	263.166.121.142.133.534.735.836.111.132.	143.544.745.846.152.355.372.383.784.585.	686.641.622.
524	양년..211.	614.651.672.683.284.485.386.341.232.435.	412.423.824.625.526.561.582.213.116.123.	524.725.826.
	음년..251.	654.611.632.643.244.445.346.381.212.415.	432.443.844.645.546.581.562.223.126.113.	514.715.816.
525	양년..275.	252.455.356.311.332.343.744.545.176.131.	112.123.524.725.231.212.223.624.825.726.	725.742.545.
	음년..475.	452.255.156.111.132.143.544.745.176.131.	112.123.524.725.231.212.223.624.825.726.	525.542.745.
526	양년..253.	654.855.756.711.732.264.221.624.825.726.	761.782.773.374.465.482.285.186.141.122.	113.514.715.
	음년..253.	654.855.756.711.732.664.621.224.425.326.	361.382.373.774.265.282.485.386.341.322.	313.714.515.
531	양년..354.	155.256.211.232.243.555.656.611.632.643.	244.756.763.866.821.842.833.434.235.136.	711.732.743.
	음년..354.	155.256.211.232.243.555.656.611.632.643.	244.856.863.766.721.742.733.334.135.236.	711.732.743.
532	양년..155.	172.375.476.431.412.423.824.625.256.263.	166.121.142.133.534.735.836.111.132.143.	544.745.846.
	음년..355.	372.175.276.231.212.223.624.825.156.163.	266.221.242.233.634.835.736.111.132.143.	544.745.846.
533	양년..356.	311.332.343.744.545.411.432.443.844.645.	546.452.255.272.283.684.885.786.741.722.	463.366.353.
	음년..356.	311.332.343.744.545.411.432.443.844.645.	546.472.275.252.263.664.885.766.721.742.	433.356.363.
534	양년..311.	714.751.772.783.384.185.286.241.332.135.	112.123.524.725.826.861.882.313.416.423.	824.625.526.
	음년..351.	754.711.732.743.344.145.246.281.312.115.	132.143.544.745.846.881.862.323.426.413.	814.615.516.
535	양년..352.	363.764.565.666.621.373.476.483.884.685.	586.541.522.513.774.731.334.135.236.271.	252.263.664.
	음년..352.	363.764.565.666.621.383.486.473.874.675.	576.531.512.523.374.331.734.535.636.671.	652.663.264.
536	양년..353.	754.555.656.611.632.364.321.724.525.626.	661.682.673.274.165.266.221.242.233.634.	466.453.356.
	음년..353.	754.555.656.611.632.764.721.324.125.226.	261.282.273.674.165.266.221.242.233.634.	366.353.456.

원괘효	남녀 73세74세75세76세.77세.78세.79세	80세81세82새83세84세85세86세87세88세.89세.	90세91세92세93세94세.95세96세
471	양년..155.256.211.322.313.714.515. 616.651.333.734.535.636.671.652. 음년..115.216.251.322.313.714.515. 616.651.333.734.535.636.671.652.		
472	양년..315.416.451.533.134.335.436. 471.452.144.345.446.481.462.453. 음년..315.416.451.533.134.335.436. 471.452.144.345.446.481.462.453.		
473	양년..181.162.153.645.546.581.562 .553.154. 음년..181.162.153.645.546.581.562. 553.154.		
474	양년..786.773.876.831.812.823.424. 225.126. 음년..886.873.776.731.712.723.324. 125.226		
475	양년..751.772.783.384.185.286.721. 324.361.382.373.774.575.676.631. 음년..851.872.883.484.285.186.761. 364.321.342.333.734.535.636.671.		
476	양년..731.334.371.352.363.764.565. 666.621.712.723.324.125.226.261. 음년..771.374.331.312.323.724.525. 626.661.712.723.324.125.226.261.		
481	음년..615.516.551.433.834.635.536. 571.552. 양년..615.516.551.433.834.635.536. 571.552.		
482	양년..336.371.352.244.445.346.381. 362.353. 음년..336.371.352.244.445.346.381. 362.353.		
483	양년..281.262.253.545.646.681.662. 653.254. 음년..281.262.253.545.646.681.662. 653.254.		
484	양년..713.314.115. 음년..713.314.115.		
485	양년..821.424.461.482.473.874.675. 576.531. 음년..861.464.421.442.433.834.635. 536.571.		
486	양년..665.566.521.812.823.424.225. 126.161. 음년..625.526.561.812.823.424.225. 126.161.		
511	양년..234.435.336.511.532.543.144. 345.446.572.775.752.763.364.165.266.221. 242.553.656.663.264.465.366. 음년..134.335.436.511.532.543.144. 345.446.552.755.772.783.384.185.286.241. 222.563.666.653.254.455.356.		
512	양년..352.155.172.183.584.785.886. 841.822.363.466.453.854.655.556.511.532. 543.354.311.714.515.616.651. 음년..372.175.152.163.564.765.866. 821.842.353.456.463.864.665.566.521.542. 533.754.711.314.115.216.251.		
513	양년..253.156.163.564.765.866.821. 842.833.654.611.214.415.316.351.372.383. 784.255.272.475.376.331.312. 음년..263.166.153.554.755.856.811. 832.843.254.211.614.815.716.751.772.783. 384.455.472.275.176.131.112.		
514	양년..614.815.716.751.772.783.114. 151.554.755.856.811.832.843.444.315.332. 135.236.271.252.263.664.865. 음년..624.825.726.761.782.773.514. 551.154.355.456.411.432.443.844.115.132. 335.436.471.452.463.864.665.		
515	양년..852.863.464.375.352.155.256. 211.232.243.644.845.176.183.286.241.222. 213.614.815.716.131.112.123. 음년..452.463.864.175.152.355.456. 411.432.443.844.645.276.283.186.141.122. 113.514.715.816.131.112.123		
516	양년..413.814.615.266.253.156.111. 132.143.544.745.846.121.142.133.534.735. 836.162.365.382.373.774.575. 음년..213.614.815.166.153.256.211. 232.243.644.845.746.121.142.133.534.735. 836.182.385.362.353.754.555.		
521	양년..244.445.346.672.875.852.863. 464.265.166.121.142.653.556.563.164.365. 466.421.442.433. 음년..244.445.346.652.855.872.883. 484.285.186.141.122.663.566.553.154.355. 456.411.432.443.		
522	양년..786.741.722.463.366.353.754. 555.656.611.632.643.454.411.814.615.516. 551.572.583.184. 음년..766.721.742.453.356.363.764. 565.666.621.642.633.854.811.414.215.116. 151.172.183.584		
523	양년..153.256.263.664.865.766.721. 742.733.554.511.114.315.416.451.472.483. 884.155.172.375.476.431.412. 음년..163.266.253.654.855.756.711. 732.743.154.111.514.715.816.851.872.883. 484.355.372.175.276.231.212.		
524	양년..861.882.873.614.651.254.455. 356.311.332.343.744.215.232.435.336.371. 352.363.764.565.116.151.172. 음년..851.872.883.214.251.654.855. 756.711.732.743.344.415.432.235.136.171. 152.163.564.765.116.151.172.		
525	양년..646.681.662.653.254.455.526. 513.616.651.672.683.284.485.386.561.164. 121.142.153.534. 음년..846.881.862.853.454.255.626. 613.516.551.572.583.184.385.486.521.124. 161.182.173.574.		
526	양년..166.121.142.133.534.735.221. 242.233.634.835.736.262.465.482.473.874. 675.576.531.512. 음년..166.121.142.133.534.735.221. 242.233.634.835.736.282.485.462.453.854. 655.556.511.532.		
531	양년..344.145.246.772.575.552.563. 164.365.466.421.442.753.856.863.464.265. 166.121.142.133. 음년..344.145.246.752.555.572.583. 184.385.486.441.422.763.866.853.454.255. 156.111.132.143.		
532	양년..152.355.372.383.784.585.686. 641.622.163.266.253.654.855.756.711.732. 743.154.111.514.715.816.851. 음년..172.375.362.363.764.565.666. 621.642.153.256.263.664.865.766.721.742. 733.554.511.114.315.416.451.		
533	양년..754.555.656.611.632.643.454. 411.814.615.516.551.572.583.184.255.156. 111.132.143.544. 음년..764.565.666.621.642.633.854. 811.414.215.116.151.172.183.584.255.156. 111.132.143.544.		
534	양년..561.582.573.714.751.354.155. 256.211.232.243.644.115.216.251.272.283. 684.316.323.426.461.482.473. 음년..551.572.583.314.351.754.555. 656.611.632.643.244.115.216.251.272.283. 684.416.423.326.361.382.373.		
535	양년..175.276.231.212.223.624.376. 383.486.441.422.413.814.615.516.331.312. 323.724.525.626. 음년..175.276.231.212.223.624.476. 483.386.341.322.313.714.515.616.331.312. 323.724.525.626.		
536	양년..311.332.343.744.545.646.321. 342.333.734.535.636.362.165.182.173.574. 775.876.831.812. 음년..411.432.443.844.645.546.321. 342.333.734.535.636.382.185.162.153.554. 755.856.811.832.		

원괘효	남녀 1세. 2세. 3세. 4세. 5세. 6세. 7세 8세 9세	10새.11세.12세.13세14세15세16세17세18세19세	20세21세22세.23세24세
541	양년..541.144.181.162.153.554.755.856.811.	522.513.114.315.416.451.533.134.335.436.	471.452.144.345.446.
	음년..581.184.141.122.113.514.715.816.851.	522.513.114.315.416.451.533.134.335.436.	471.452.144.345.446.
542	양년..522.513.114.315.416.451.533.134.335.	436.471.452.144.345.446.481.462.453.545.	522.725.826.861.882.
	음년..522.513.114.315.416.451.533.134.335.	436.471.452.144.345.446.481.462.453.745.	722.525.626.661.682.
543	양년..533.134.335.436.471.452.144.345.446.	481.462.453.545.522.725.826.861.882.873.	474.275.646.633.536.
	음년..533.134.335.436.471.452.144.345.446.	481.462.453.745.722.525.626.661.682.673.	274.475.546.533.636.
544	양년..144.345.446.481.462.453.545.522.725.	826.861.882.873.474.275.646.633.536.571.	552.563.164.365.466.
	음년..144.345.446.481.462.453.745.722.525.	626.661.682.673.274.475.546.533.636.671.	652.663.264.465.366.
545	양년..545.522.725.826.861.882.873.474.275.	646.633.536.571.552.563.164.365.466.541.	144.181.162.153.554.
	음년..745.722.525.626.661.682.673.274.475.	546.533.636.671.652.663.264.465.366.581.	184.141.122.113.514.
546	양년..546.533.636.671.652.663.264.465.366.	541.144.181.162.153.554.755.856.811.522.	513.114.315.416.451.
	음년..646.633.536.571.552.563.164.365.466.	581.184.141.122.113.514.715.816.851.522.	513.114.315.416.451.
551	양년..511.532.543.144.345.446.552.755.772.	783.384.185.286.241.222.563.666.653.254.	455.356.311.332.343.
	음년..511.532.543.144.345.446.572.775.752.	763.364.165.266.221.242.553.656.663.264.	465.366.321.342.333.
552	양년..552.755.772.783.384.185.286.241.222.	563.666.653.254.455.356.311.332.343.154.	355.456.411.432.443.
	음년..572.775.752.763.364.165.266.221.242.	553.656.663.264.465.366.321.342.333.154.	355.456.411.432.443.
553	양년..553.656.663.264.465.366.321.342.333.	154.355.456.411.432.443.755.772.575.676.	631.612.623.224.425.
	음년..563.666.653.254.455.356.311.332.343.	154.355.456.411.432.443.555.572.775.876.	831.812.823.424.225.
554	양년..154.355.456.411.432.443.555.572.775.	876.831.812.823.424.225.656.663.566.521.	542.533.134.335.436.
	음년..154.355.456.411.432.443.755.772.575.	676.631.612.623.224.425.556.563.666.621.	.642.633.234.435.336.
555	양년..555.572.775.876.831.812.823.424.225.	656.663.566.521.542.533.134.335.436.511.	532.543.144.345.446.
	음년..755.772.575.676.631.612.623.224.425.	556.563.666.621.642.633.234.435.336.511.	532.543.144.345.446.
556	양년..556.563.666.621.642.633.234.435.336.	511.532.543.144.345.446.572.775.752.763.	364.165.266.221.242.
	음년..656.663.566.521.542.533.134.335.436.	511.532.543.144.345.446.552.755.772.783.	384.185.286.241.222.
561	양년..521.542.533.134.335.436.562.765.782.	773.374.175.276.231.212.553.154.355.456.	411.432.164.365.466.
	음년..521.542.533.134.335.436.582.765.762.	753.354.155.256.211.232.553.154.355.456.	411.432.164.365.466.
562	양년..562.765.782.773.374.175.276.231.212.	553.154.355.456.411.432.164.365.466.421.	442.433.765.782.585.
	음년..582.785.762.753.354.155.256.211.232.	553.154.355.456.411.432.164.365.466.421.	442.433.565.582.785.
563	양년..553.154.355.456.411.432.164.365.466.	421.442.433.565.582.785.886.841.822.813.	414.215.666.653.556.
	음년..553.154.355.456.411.432.164.365.466.	421.442.433.765.782.585.686.641.622.613.	214.415.566.553.656.
564	양년..164.365.466.421.442.433.565.582.785.	886.841.822.813.414.215.666.653.556.511.	532.543.144.345.446.
	음년..164.365.466.421.442.433.765.782.585.	686.641.622.613.214.415.566.553.656.611.	632.643.244.445.346.
565	양년..565.582.785.886.841.822.813.414.215.	666.653.556.511.532.543.144.345.446.521.	542.533.134.335.436.
	음년..765.782.585.686.641.622.613.214.415.	566.553.656.611.632.643.244.445.346.521.	542.533.134.335.436.
566	양년..566.553.656.611.632.643.244.445.346.	521.542.533.134.335.436.582.785.762.753.	354.155.256.211.232.
	음년..666.653.556.511.532.543.144.345.446.	521.542.533.134.335.436.562.765.782.773.	374.175.276.231.212.
571	양년..531.512.523.124.325.426.552.563.164.	365.466.421.573.676.683.284.485.386.341.	322.313.174.375.476.
	음년..531.512.523.124.325.426.552.563.164.	365.466.421.583.686.673.274.475.376.331.	312.323.174.375.476.
572	양년..552.563.164.365.466.421.573.676.683.	284.485.386.341.322.313.174.375.476.431.	412.423.775.752.555.
	음년..552.563.164.365.466.421.583.686.673.	274.475.376.331.312.323.174.375.476.431.	412.423.575.552.755.
573	양년..573.676.683.284.485.386.341.322.313.	174.375.476.431.412.423.775.752.555.656.	611.632.643.244.445.
	음년..583.686.673.274.475.376.331.312.323.	174.375.476.431.412.423.575.552.755.856.	811.832.843.444.245.
574	양년..174.375.476.431.412.423.575.552.755.	856.811.832.843.444.245.676.683.586.541.	522.513.114.315.416.
	음년..174.375.476.431.412.423.775.752.555.	656.611.632.643.244.445.576.583.686.641.	622.613.214.415.316.
575	양년..575.552.755.856.811.832.843.444.245.	676.683.586.541.522.513.114.315.416.531.	512.523.124.325.426.
	음년..775.752.555.656.611.632.643.244.445.	576.583.686.641.622.613.214.415.316.531.	512.523.124.325.426.
576	양년..576.583.686.641.622.613.214.415.316.	531.512.523.124.325.426.552.563.164.365.	466.421.583.686.673.
	음년..676.683.586.541.622.613.114.315.416.	531.512.523.124.325.426.552.563.164.365.	466.421.573.676.683.
581	양년..541.522.513.114.315.416.562.553.154.	355.456.411.573.174.375.476.431.412.184.	385.486.441.422.413.
	음년..541.522.513.114.315.416.562.553.154.	355.456.411.573.174.375.476.431.412.184.	385.486.441.422.413.
582	양년..562.553.154.355.456.411.573.174.375.	476.431.412.184.385.486.441.422.413.585.	562.765.866.821.842.
	음년..562.553.154.355.456.411.573.174.375.	476.431.412.184.385.486.441.422.413.785.	762.565.666.621.642.
583	양년..573.174.375.476.431.412.184.385.486.	441.422.413.585.562.765.866.821.842.833.	434.235.686.673.576.
	음년..573.174.375.476.431.412.184.385.486.	441.422.413.785.762.565.666.621.642.633.	234.435.586.573.676.
584	양년..184.385.486.441.422.413.585.562.765.	866.821.842.833.434.235.686.673.576.531.	512.523.124.325.426.
	음년..184.385.486.441.422.413.785.762.565.	666.621.642.633.234.435.586.573.676.631.	612.623.224.425.326.
585	양년..585.562.765.866.821.842.833.434.235.	686.673.576.531.512.523.124.325.426.541.	522.513.114.315.416.
	음년..785.762.565.666.621.642.633.234.435.	586.573.676.631.612.623.224.425.326.541.	522.513.114.315.416.
586	양년..586.573.676.631.612.623.224.425.326.	541.522.513.114.315.416.562.553.154.355.	456.411.573.174.375.
	음년..686.673.576.531.512.523.124.325.426.	541.522.513.114.315.416.562.553.154.355.	456.411.573.174.375.

원괘효	남녀 25세26세.27세28세.29세. 30세.31세32세33세34새35세36세.37세.38세39세 40세41세42세43세44세.45세.46세47세48세
541	양년..481.462.453.745.722. 525.626.661.682.673.274.475.546.533.636. 671.652.663.264.465.366.454.255.156. 음년..481.462.453.545.522. 725.826.861.882.873.474.275 646.633.536. 571.552.563.164.365.466.454.255.156.
542	양년..873.474.275.646.633. 536.571.552.563.164.365.466.541.144.181. 162.153.554.755.856.811.455.472.275. 음년..673.274.475.546.533. 636.671.652.663.264.465.366.581.184.141. 122.113.514.715.816.851.255.272.475.
543	양년..571.552.563.164.365. 466.541.144.181.162.153.554.755.856.811. 522.513.114.315.416.451.456.463.366. 음년..671.652.663.264.465. 366.581.184.141.122.113.514.715.816.851. 522.513.114.315.416.451.356.363.466.
544	양년..541.144.181.162.153. 554.755.856.811.522.513.114.315.416.451. 533.134.335.436.471.452.451.854.811. 음년..581.184.141.122.113. 514.715.816.851.522.513.114.315.416.451. 533.134.335.436.471.452.411.814.851.
545	양년..755.856.811.522.513. 114.315.416.451.533.134.335.436.471.452. 144.345.446.481.462.453.452.463.864. 음년..715.816.851.522.513. 114.315.416.451.533.134.335.436.471.452. 144.345.446.481.462.453.452.463.864.
546	양년..533.134.335.436.471. 452.144.345.446.481.462.453.545.522.725. 826.861.882.873.474.275.453.854.655. 음년..533.134.335.436.471. 452.144.345.446.481.462.453.745.722.525. 826.861.882.673.274.475.453.854.655.
551	양년..154.355.456.411.432. 443.555.572.775.876.831.812.823.424.225. 656.663.566.521.542.533.134.335.436. 음년..154.355.456.411.432. 443.755.772.575.676.631.612.623.224.425. 556.563.666.621.642.633.234.435.336.
552	양년..555.572.775.876.831. 812.823.424.225.656.663.566.521.542.533. 134.335.436.511.532.543.144.345.446. 음년..755.772.575.676.631. 612.623.224.425.556.563.666.621.642.633. 234.435.336.511.532.543.144.345.446.
553	양년..556.563.666.621.642. 633.234.435.336.511.532.543.144.345.446. 572.775.752.763.364.165.266.221.242. 음년..656.663.566.621.542. 533.134.335.436.511.532.543.144.345.446. 552.755.772.783.384.185.286.241.222.
554	양년..511.532.543.144.345. 446.552.755.772.783.384.185.286.241.222. 563.666.653.254.455.356.311.332.343. 음년..511.532.543.144.345. 446.572.775.752.763.364.165.266.221.242. 553.656.663.264.465.366.321.342.333.
555	양년..552.755.772.783.384. 185.286.241.222.563.666.653.254.455.356. 311.332.343.154.355.456.411.432.443. 음년..572.775.752.763.364. 165.266.221.242.553.656.663.264.465.366. 321.342.333.154.355.456.411.432.443.
556	양년..553.656.663.264.465. 366.321.342.333.154.355.456.411.432.443. 755.772.575.676.631.612.623.224.425. 음년..563.666.653.254.455. 356.311.332.343.154.355.456.411.432.443. 555.572.775.876.831.812.823.424.225.
561	양년..421.442.433.765.782. 585.686.641.622.613.214.415.566.553.656. 611.632.643.244.445.346.654.611.214. 음년..421.442.433.565.582. 785.886.841.822.813.414.215.666.653.556. 511.532.543.144.345.446.254.211.614.
562	양년..686.641.622.613.214. 415.566.553.656.611.632.643.244.445.346. 521.542.533.134.335.436.655.556.511. 음년..886.841.822.813.414. 215.666.653.556.511.532.543.144.345.446. 521.542.533.134.335.436.655.556.511.
563	양년..511.532.543.144.345. 446.521.542.533.134.335.436.562.765.782. 773.374.175.276.231.212.656.663.566 음년..611.632.643.244.445. 346.521.542.533.134.335.436.582.785.762. 753.354.155.256.211.232.556.563.666.
564	양년..521.542.533.134.335. 436.562.765.782.773.374.175.276.231.212. 553.154.355.456.411.432.611.214.251. 음년..521.542.533.134.335. 436.582.785.762.753.354.155.256.211.232. 553.154.355.456.411.432.651.254.211.
565	양년..562.765.782.773.374. 175.276.231.212.553.154.355.456.411.432. 164.365.466.421.442.433.652.663.264. 음년..582.785.762.753.354. 155.256.211.232.553.154.355.456.411.432. 164.365.466.421.442.433.652.663.264.
566	양년..553.154.355.456.411. 432.164.365.466.421.442.433.565.582.785. 886.841.822.813.414.215.653.254.455. 음년..553.154.355.456.411. 432.164.365.466.421.442.433.765.782.585. 686.641.622.613.214.415.653.254.455.
571	양년..431.412.423.775.752. 555.656.611.632.643.244.445.576.583.686. 641.622.613.214.415.316.754.711.314. 음년..431.412.423.575.552. 755.856.811.832.843.444.245.676.683.586. 541.522.513.114.315.416.354.311.714.
572	양년..656.611.632.643.244. 445.576.583.686.641.622.613.214.415.316. 531.512.523.124.325.426.755.772.575. 음년..856.811.832.843.444. 245.676.683.586.541.522.513.114.315.416. 531.512.523.124.325.426.555.572.775.
573	양년..576.583.686.641.622. 613.214.415.316.531.512.523.124.325.426. 552.563.164.365.466.421.756.711.732. 음년..676.683.586.541.522. 513.114.315.416.552.563.164.365.466.421. 573.676.683.284.485.386.756.711.732.
574	양년..531.512.523.124.325. 426.552.563.164.365.466.421.573.676.683. 284.485.386.341.322.313.751.354.311. 음년..531.512.523.124.325. 426.552.563.164.365.466.421.583.686.673. 274.475.376.331.312.323.711.314.351.
575	양년..552.563.164.365.466. 421.573.676.683.284.485.386.341.322.313. 174.375.476.431.412.423.752.763.364. 음년..552.563.164.365.466. 421.583.686.673.274.475.376.331.312.323. 174.375.476.431.412.423.752.763.364.
576	양년..274.475.376.331.312. 323.174.375.476.431.412.423.575.552.755. 856.811.832.843.444.245.753.354.155. 음년..284.485.386.341.322. 313.174.375.476.431.412.423.775.752.555. 656.611.632.643.244.445.753.354.155.
581	양년..585.562.765.866.821. 842.833.434.235.686.673.576.531.512.523. 124.325.426.454.411.814.615.516.551. 음년..785.762.565.666.621. 642.633.234.435.586.573.676.631.612.623. 224.425.326.854.811.414.215.116.151.
582	양년..833.434.235.686.673. 576.531.512.523.124.325.426.541.522.513 .114.315.416.655.672.875.776.731.712. 음년..633.234.435.586.573. 676.631.612.623.224.425.326.541.522.513. 114.315.416.855.672.675.576.531.512.
583	양년..531.512.523.124.325. 426.541.522.513.114.315.416.562.553.154. 355.456.411.756.763.866.821.842.833. 음년..631.612.623.224.425. 326.541.522.513.114.315.416.562.553.154. 355.456.411.856.863.766.721.742.733.
584	양년..541.522.513.114.315. 416.562.553.154.355.456.411.573.174.375. 476.431.412.811.414.451.472.483.884. 음년..541.522.513.114.315. 416.562.553.154.355.456.411.573.174.375. 476.431.412.851.454.411.432.443.844.
585	양년..562.553.154.355.456. 411.573.174.375.476.431.412.184.385.486. 441.422.413.852.863.464.265.166.121. 음년..562.553.154.355.456. 411.573.174.375.476.431.412.184.385.486. 441.422.413.852.863.464.265.166.121.
586	양년..476.431.412.184.385. 486.441.422.413.785.762.565.666.621.642. 633.234.435.853.454.255.156.111.132. 음년..476.431.412.184.385. 486.441.422.413.585.562.765.866.821.842. 842.833.434.853.454.255.156.111.132.

원괘효	남녀 49세	50세 51세 52세 53세. 54세 55세. 56세 57세 58새. 59세.	60세 61세 62세 63세 64세 65세 66세 67세 68세. 69세	70세. 71세 72세
541	양년..111.	132.143.655.556.511.532.543.144.756.711.	732.743.344.145.811.832.843.444.245.146.	872.675.652.
	음년..111.	132.143.655.556.511.532.543.144.756.711.	732.743.344.145.811.832.843.444.245.146.	852.655.672.
542	양년..176.	131.112.123.524.725.156.111.132.143.544.	745.211.232.243.644.845.746.252.455.472.	483.884.685.
	음년..376.	331.312.323.724.525.156.111.132.143.544.	745.211.232.243.644.845.746.272.475.452.	463.864.665.
543	양년..321.	342.333.734.535.636.311.332.343.744.545.	646.352.155.172.183.584.785.886.841.822.	363.466.453.
	음년..421.	442.433.834.635.536.311.332.343.744.545.	646.372.175.152.163.564.765.866.821.842.	353.456.463.
544	양년..832.	843.444.245.146.181.412.215.232.243.644.	845.746.781.762.423.326.313.714.515.616.	651.672.683.
	음년..872.	883.484.285.186.141.432.235.212.223.624.	825.726.761.782.413.316.323.724.525.626.	661.682.673.
545	양년..665.	566.521.483.386.373.774.575.676.631.612.	623.474.431.834.635.536.571.552.563.164.	275.176.131.
	음년..665.	566.521.473.376.383.784.585.686.641.622.	613.874.831.434.235.136.171.152.163.564.	275.176.131.
546	양년..556.	511.532.864.821.424.225.126.161.182.173.	574.265.166.121.142.133.534.366.321.342.	333.734.535.
	음년..556.	511.532.464.421.824.625.526.561.582.573.	174.265.166.121.142.133.534.366.321.342.	333.734.535.
551	양년..154.	111.514.715.816.851.872.883.484.355.372.	175.276.231.212.223.624.825.156.163.266.	221.242.233.
	음년..554.	511.114.315.416.451.472.483.884.155.172.	375.476.431.412.423.824.625.256.263.166.	121.142.133.
552	양년..555.	656.611.632.643.244.756.763.866.821.842.	833.434.235.136.711.732.743.344.145.246.	772.575.552.
	음년..555.	656.611.632.643.244.856.863.766.721.742.	733.334.135.236.711.732.743.344.145.246.	752.555.572.
553	양년..556.	511.532.543.144.345.611.632.643.244.445.	346.652.855.872.883.484.285.186.141.122.	663.566.553.
	음년..556.	511.532.543.144.345.611.632.643.244.445.	346.672.875.852.863.464.265.166.121.142.	653.556.563.
554	양년..511.	114.151.172.183.584.785.886.841.532.735.	712.723.324.125.226.261.282.513.616.623.	224.425.326.
	음년..551.	154.111.132.143.544.745.846.881.512.715.	732.743.344.145.246.281.262.523.626.613.	214.415.316.
555	양년..552.	563.164.365.466.421.573.676.683.284.485.	386.341.322.313.174.375.476.431.412.423.	775.752.555.
	음년..552.	563.164.365.466.421.583.686.673.274.475.	376.331.312.323.174.375.476.431.412.423.	575.552.755.
556	양년..553.	154.355.411.432.164.365.466.421.442.	433.565.582.785.886.841.822.813.414.215.	666.653.556.
	음년..553.	154.355.456.411.432.164.365.466.421.442.	423.765.782.585.686.641.622.613.214.415.	566.553.656.
561	양년..415.	316.351.372.383.784.255.272.475.376.331.	312.323.724.525.156.111.132.143.544.745.	211.232.243
	음년..815.	716.751.772.783.384.455.472.275.176.131.	112.123.524.725.156.111.132.143.544.745.	211.232.243.
562	양년..532.	543.144.756.711.732.743.344.145.811.832.	843.444.245.146.872.675.652.663.264.465.	366.321.342.
	음년..532.	543.144.756.711.732.743.344.145.811.832.	843.444.245.146.852.655.672.683.284.485.	386.341.322.
563	양년..521.	542.533.134.335.436.511.532.543.144.345.	446.552.755.772.783.384.185.286.241.222.	563.666.653.
	음년..621.	642.633.234.435.336.511.532.543.144.345.	446.572.775.752.763.364.165.266.221.242.	553.656.663.
564	양년..232.	243.644.845.746.781.612.815.832.843.444.	245.146.181.162.823.526.513.114.315.416.	451.472.483.
	음년..272.	283.684.885.786.741.632.835.812.823.424.	225.126.161.182.613.516.523.124.325.426.	461.482.473.
565	양년..465.	366.321.683.586.573.174.375.476.431.412.	423.274.475.376.331.312.323.675.652.855.	756.711.732.
	음년..465.	366.321.673.576.583.184.385.486.441.422.	413.274.475.376.331.312.323.875.852.655.	556.511.532.
566	음년..356.	311.332.264.465.366.321.342.333.865.882.	685.586.541.522.513.114.315.566.521.542.	533.134.335.
	양년..356.	311.332.264.465.366.321.342.333.665.682.	885.786.741.722.713.314.115.566.521.542.	533.134.335
571	양년..115.	216.251.272.283.684.155.256.211.232.243.	644.356.363.466.421.442.433.834.635.536.	311.332.343
	음년..515.	616.651.672.683.284.155.256.211.232.243.	644.456.463.366.321.342.333.734.535.636.	311.332.343.
572	양년..676.	631.612.623.224.425.556.563.666.621.642.	633.234.435.336.511.532.543.144.345.446.	572.775.752.
	음년..876.	831.812.823.424.225.656.663.566.521.542.	533.134.335.436.511.532.543.144.345.446.	552.755.772.
573	양년..743.	344.145.811.832.843.444.245.146.872.675.	652.663.264.465.366.321.342.853.756.763.	364.165.266.
	음년..743.	344.145.811.832.843.444.245.146.852.655.	672.683.284.485.386.341.322.863.766.753.	354.155.256.
574	음년..332.	343.744.545.646.681.712.515.532.543.144.	345.446.481.462.723.826.813.414.215.116.	151.172.183.
	양년..372.	383.784.585.686.641.732.535.512.523.124.	325.426.461.482.713.816.823.424.225.126.	161.182.173.
575	양년..165.	266.221.783.886.873.474.275.176.131.112.	123.374.175.276.231.212.223.575.676.631.	612.623.224.
	음년..165.	266.221.773.876.883.484.285.186.141.122.	113.374.175.276.231.212.223.575.676.631.	612.623.224.
576	양년..256.	211.232.364.165.266.221.242.233.565.666.	621.642.633.234.866.853.756.711.732.743.	344.145.246.
	음년..256.	211.232.364.165.266.221.242.233.565.666.	621.642.633.234.766.753.856.811.832.843.	444.245.146.
581	양년..572.	583.184.255.156.111.132.143.544.356.311.	332.343.744.545.411.432.443.844.645.546.	452.255.272.
	음년..172.	183.584.255.156.111.132.143.544.356.311.	332.343.744.545.411.432.443.844.645.546.	472.275.252
582	양년..723.	324.125.556.511.532.543.144.345.611.632.	643.244.445.346.672.875.852.863.464.265.	166.121.142.
	음년..523.	124.325.556.511.532.543.144.345.611.632.	643.244.445.346.652.855.872.883.484.285.	186.141.122.
583	양년..434.	235.136.711.732.743.344.145.246.772.575.	552.563.164.365.466.421.442.753.856.863.	464.265.166.
	음년..334.	135.236.711.732.743.344.145.246.752.555.	572.583.184.385.486.441.422.763.866.853.	454.255.156.
584	양년..685.	586.541.832.635.612.623.224.425.326.361.	382.813.716.723.324.125.226.261.282.273.	414.215.116.
	음년..645.	546.581.812.615.632.643.244.445.346.381.	362.823.726.713.314.115.216.251.272.283.	414.215.116.
585	양년..873.	776.783.384.185.286.241.222.213.474.375.	176.131.112.123.675.576.531.512.523.124.	776.731.712.
	음년..883.	786.773.374.175.276.231.212.223.474.375.	176.131.112.123.675.576.531.512.523.124.	776.731.712.
586	양년..464.	265.166.121.142.133.665.566.521.542.533.	134.766.721.742.733.334.135.821.842.833.	434.235.136.
	음년..464.	265.166.121.142.133.665.566.521.542.533.	134.766.721.742.733.334.135.821.842.833.	434.235.136

원괘효	남녀	73세74세75세76세.77세.78세.79세	80세81세82새83세84세85세86세87세88세.89세.	90세91세92세93세94세.95세96세
541	양년..663.264.465.366.321.342.853.	756.763.364.165.266.221.242.233.	
	음년..683.284.485.386.341.322.863.	766.753.354.155.256.211.232.243.	
542	양년..586.541.522.263.166.153.554.	755.856.811.832.843.254.211.614.815.716.	751.772.783.384.
	음년..566.521.542.253.156.163.564.	765.866.821.842.833.654.611.214.415.316.	351.372.383.784.
543	양년..854.655.556.511.532.543.354.	311.714.515.616.651.672.683.284.155.256.	211.232.243.644.
	음년..864.665.566.521.542.533.754.	711.314.115.216.251.272.283.684.155.256.	211.232.243.644.
544	양년..414.451.854.655.556.511.532.	543.144.215.116.151.172.183.584.316.351.	372.383.784.585.
	음년..814.851.454.255.156.111.132.	143.544.215.116.151.172.183.584.316.351.	372.383.784.585
545	양년..112.123.524.376.331.312.323.	724.525.431.412.423.824.625.526.	
	음년..112.123.524.376.331.312.323.	724.525.431.412.423.824.625.526.	
546	양년..421.442.433.834.635.536.462.	265.282.273.674.875.776.731.712.	
	음년..421.442.433.834.635.536.482.	285.262.253.654.855.756.711.732.	
551	양년..634.835.736.111.132.143.544.	745.846.172.375.352.363.764.565.666.621.	642.153.256.263.664.865.766.
	음년..534.735.836.111.132.143.544.	745.846.152.355.372.383.784.585.686.641.	622.163.266.253.654.855.756.
552	양년..563.164.365.466.421.442.753.	856.863.464.265.166.121.142.133.354.155.	256.211.232.243.
	음년..583.184.385.486.441.422.763.	866.853.454.255.156.111.132.143.354.155.	256.211.232.243.
553	양년..164.365.466.421.442.433.254.	455.356.311.332.343.855.872.675.576.531.	512.523.124.325.
	음년..154.355.456.411.432.443.254.	455.356.311.332.343.655.672.875.776.731.	712.723.324.125.
554	양년..361.382.373.114.315.416.451.	472.483.715.732.535.636.671.652.663.264.	465.516.523.626.661.682.673.
	음년..351.372.383.114.315.416.451.	472.483.515.532.735.836.871.852.863.464.	265.616.623.526.561.582.573.
555	양년..656.611.632.643.244.445.576.	583.686.641.622.613.214.415.316.531.512.	523.124.325.426.
	음년..856.811.832.843.444.245.676.	683.586.541.522.513.114.315.416.531.512.	523.124.325.426.
556	양년..511.532.543.144.345.446.521.	542.533.134.335.436.562.765.782.773.374.	175.276.231.212.
	음년..611.632.643.244.445.346.521.	542.533.134.335.436.582.785.762.753.354.	155.256.211.232.
561	양년..644.845.746.272.475.452.463.	864.665.566.541.522.263.166.153.554.755.	856.811.832.843.
	음년..644.845.746.252.455.472.483.	884.685.586.521.542.253.156.163.564.765.	866.821.842.833.
562	양년..853.756.763.364.165.266.221.	242.233.454.255.156.111.132.143.	
	음년..863.766.753.354.155.256.211.	232.243.454.255.156.111.132.143.	
563	양년..254.455.356.311.332.343.154.	355.456.411.432.443.555.572.775.876.831.	812.823.424.225.
	음년..264.465.366.321.342.333.154.	355.456.411.432.443.772.575.676.631.	612.623.224.425.
564	양년..214.415.316.351.372.383.615.	632.835.736.771.752.763.364.165.516.551.	572.583.184.385.
	음년..214.415.316.351.372.383.815.	832.635.536.571.552.563.164.365.516.551.	572.583.184.385.
565	양년..743.344.145.576.531.512.523.	124.325.631.612.623.224.425.326.	
	음년..543.144.345.576.531.512.523.	124.325.631.612.623.224.425.326.	
566	양년..621.642.633.234.435.336.662.	865.882.873.474.275.176.131.112.	
	음년..621.642.633.234.435.336.682.	885.862.853.454.255.156.111.132.	
571	양년..744.545.646.372.175.152.163.	564.765.866.821.842.353.456.463.864.665.	566.521.542.533.
	음년..744.545.646.352.155.172.183.	584.785.886.841.822.363.466.453.854.655.	556.511.532.543.
572	양년..763.364.165.266.221.242.553.	656.663.264.465.366.321.342.333.154.355.	456.411.432.443.
	음년..783.384.185.286.241.222.563.	666.653.254.455.356.311.332.343.154.355.	456.411.432.443.
573	양년..221.242.233.454.255.156.111.	132.143.655.556.511.532.543.144.	
	음년..211.232.243.454.255.156.111.	132.143.655.556.511.532.543.144.	
574	음년..314.115.216.251.272.283.515.	616.651.672.683.284.716.723.826.861.882.	873.474.275.176.
	양년..314.115.216.251.272.283.515.	616.651.672.683.284.816.823.726.761.782.	773.374.175.276.
575	양년..776.783.886.841.822.813.414.	215.116.731.712.723.324.125.226.	
	음년..876.883.786.741.722.713.314.	115.216.731.712.723.324.125.226.	
576	양년..721.742.733.334.135.236.762.	565.582.573.174.375.476.431.412.	
	음년..721.742.733.334.135.236.782.	585.562.553.154.355.456.411.432.	
581	양년..283.684.885.786.741.722.463.	366.353.754.555.656.611.632.643.	
	음년..263.664.865.766.721.742.453.	356.363.764.565.666.621.642.633.	
582	양년..653.556.563.164.365.466.421.	442.433.254.455.356.311.332.343.	
	음년..663.566.553.154.355.456.411.	432.443.254.455.356.311.332.343.	
583	양년..121.142.133.354.155.256.211.	232.243.555.656.611.632.643.244.	
	음년..111.132.143.354.155.256.211.	232.243.555.656.611.632.643.244.	
584	양년..151.172.183.615.516.551.572.	583.184.716.751.772.783.384.185.	
	음년..151.172.183.615.516.551.572.	583.184.716.751.772.783.384.185.	
585	양년..723.324.125.831.812.823.424.	225.126.	
	음년..723.324.125.831.812.823.424.	225.126.	
586	양년..862.665.682.673.274.475.376.	331.312.	
	음년..882.685.662.653.254.455.356.	311.332.	

원괘효	남녀	1세. 2세. 3세. 4세. 5세. 6세. 7세 8세 9세	10새.11세.12세.13세14세15세16세17세18세19세	20세21세22세.23세24세
611	양년	..611.214.251.272.283.684.885.786.741.	632.835.812.823,424.225.126.161.182.613.	516.523.124.325.426.
	음년	..651.254.211.232.243.644.845.746.781.	612.815.832.843.444.245.146.181.162.623.	526.513.114.315.416.
612	양년	..612.815.832.843.444.245.146.181.162.	623.526.513.114.315.416.451.472.483.214.	415.316.351.372.383.
	음년	..632.835.812.823,424.225.126.161.182.	613.516.523.124.325.426.461.482.473.214.	415.316.351.372.383.
613	양년	..613.516.523.124.325.426.461.482.473.	214.415.316.351.372.383.815.832.635.536.	571.552.563.164.365.
	음년	..623.526.513.114.315.416.451.472.483.	214.415.316.351.372.383.615.632.835.736.	771.752.763.364.165.
614	양년	..214.415.316.351.372.383.615.632.835.	736.771.752.763.364.165.516.551.572.583.	184.385.651.254.211.
	음년	..214.415.316.351.372.383.815.832.635.	536.571.552.563.164.365.516.551.572.583.	184.385.611.214.251.
615	양년	..615.632.835.736.771.752.763.364.165.	516.551.572.583.184.385.651.254.211.232.	243.644.845.746.781.
	음년	..815.832.635.536.571.552.563.164.365.	516.551.572.583.184.385.611.214.251.272.	283.684.885.786.741.
616	양년	..516.551.572.583.184.385.611.214.251.	272.283.684.885.786.741.632.835.812.823.	424.225.126.161.182.
	음년	..516.551.572.583.184.385.651.254.211.	232.243.644.845.746.781.612.815.832.843.	444.245.146.181.162.
621	양년	..621.224.261.282.273.674.875.776.731.	642.845.822.813.414.215.116.152.172.613.	214.415.316.351.372.
	음년	..661.264.221.242.233.634.835.736.771.	622.825.842.833.434.235.136.171.152.613.	214.415.316.351.372.
622	양년	..622.825.842.833.434.235.136.171.152.	613.214.415.316.351.372.224.425.326.361.	382.373.825.842.645.
	음년	..642.845.822.813.414.215.116.152.172.	613.214.415.316.351.372.224.425.326.361.	382.373.625.642.845.
623	양년	..613.214.415.316.351.372.224.425.326.	361.382.373.625.642.845.746.781.762.753.	354.155.526.561.582.
	음년	..613.214.415.316.351.372.224.425.326.	361.382.373.825.842.645.546.581.562.553.	154.355.526.561.582.
624	양년	..224.425.326.361.382.373.625.642.845.	746.781.762.753.354.155.526.561.582.573.	174.375.661.264.221.
	음년	..224.425.326.361.382.373.825.842.645.	546.581.562.553.154.355.526.561.582.573.	174.375.621.224.261.
625	양년	..625.642.845.746.781.762.753.354.155.	526.561.582.573.174.375.661.264.221.242.	233.634.835.736.771.
	음년	..825.842.645.546.581.562.553.154.355.	526.561.582.573.174.375.621.224.261.282.	273.674.875.776.731.
626	양년	..526.561.582.573.174.375.621.224.261.	282.273.674.875.776.731.642.845.822.813.	414.215.116.152.172.
	음년	..526.561.582.573.174.375.661.264.221.	242.233.634.835.736.771.622.825.842.833.	434.235.136.171.152.
631	양년	..631.234.271.252.263.664.865.766.721.	612.623.224.425.326.361.643.546.533.134.	335.436.471.452.463.
	음년	..671.274.231.212.223.624.825.726.761.	612.623.224.425.326.361.633.536.543.144.	345.446.481.462.453.
632	양년	..612.623.224.425.326.361.633.536.543.	144.345.446.481.462.453.234.435.336.371.	352.363.835.812.615.
	음년	..612.623.224.425.326.361.643.546.533.	134.335.436.471.452.463.234.435.336.371.	352.363.635.612.815.
633	양년	..633.536.543.144.345.446.481.462.453.	234.435.336.371.352.363.835.812.615.516.	551.572.583.184.385.
	음년	..643.546.533.134.335.436.471.452.463.	234.435.336.371.352.363.635.612.815.716.	751.772.783.384.185.
634	양년	..234.435.336.371.352.363.635.612.815.	716.751.772.783.384.185.536.571.552.563.	164.365.671.274.231.
	음년	..234.435.336.371.352.363.835.812.615.	516.551.572.583.184.385.536.571.552.563.	164.365.631.234.271.
635	양년	..635.612.815.716.751.772.783.384.185.	536.571.552.563.164.365.671.274.231.212	.223.624.825.726.761.
	음년	..835.812.615.516.551.572.583.184.385.	536.571.552.563.164.365.631.234.271.252.	263.664.865.766.721.
636	양년	..536.571.552.563.164.365.631.234.271.	252.263.664.865.766.721.612.623.224.425.	326.361.643.546.533.
	음년	..536.571.552.563.164.365.671.274.231.	212.223.624.825.726.761.612.623.224.425.	326.361.633.536.543.
641	양년	..641.244.281.262.253.654.855.756.711.	622.613.214.415.316.351.633.234.435.336.	371.352.244.445.346.
	음년	..681.284.241.222.213.614.815.716.751.	622.613.214.415.316.351.633.234.435.336.	371.352.244.445.346.
642	양년	..622.613.214.415.316.351.633.234.435.	336.371.352.244.445.346.381.362.353.645.	622.825.726.761.782.
	음년	..622.613.214.415.316.351.633.234.435.	336.371.352.244.445.346.381.362.353.845.	822.625.526.561.582.
643	양년	..633.234.435.336.371.352.244.445.346.	381.362.353.645.622.825.726.761.782.773.	374.175.546.581.562.
	음년	..633.234.435.336.371.352.244.445.346.	381.362.353.845.822.625.526.561.582.573.	174.375.546.581.562.
644	양년	..244.445.346.381.362.353.645.622.825.	726.761.782.773.374.175.546.581.562.553.	154.355.681.284.241.
	음년	..244.445.346.381.362.353.845.822.625.	526.561.582.573.174.375.546.581.562.553.	154.355.641.244.281.
645	양년	..645.622.825.726.761.782.773.374.175.	546.581.562.553.154.355.681.284.241.222.	213.614.815.716.751.
	음년	..845.822.625.526.561.582.573.174.375.	546.581.562.553.154.355.641.244.281.262.	253.654.855.756.711.
646	양년	..546.581.562.553.154.355.641.244.281.	262.253.654.855.756.711.622.613.214.415.	316.351.633.234.435.
	음년	..546.581.562.553.154.355.681.284.241.	222.213.614.815.716.751.622.613.214.415.	316.351.633.234.435.
651	양년	..611.632.643.244.445.346.652.855.872.	883.484.285.186.141.122.663.566.553.154.	355.456.411.432.443.
	음년	..611.632.643.244.445.346.672.875.852.	863.464.265.166.121.142.653.556.563.164.	365.466.421.442.433.
652	양년	..652.855.872.883.484.285.186.141.122.	663.566.553.154.355.456.411.432.443.254.	455.356.311.332.343.
	음년	..672.875.852.863.464.265.166.121.142.	663.566.553.154.355.456.411.432.443.254.	455.356.311.332.343.
653	양년	..653.556.563.164.365.466.421.442.433.	254.455.356.311.332.343.855.872.675.576.	531.512.523.124.325.
	음년	..663.566.553.154.355.456.411.432.443.	254.455.356.311.332.343.655.672.875.776.	731.712.723.324.125.
654	양년	..254.455.356.311.332.343.655.672.875.	776.731.712.723.324.125.556.511.532.543.	144.345.611.632.643.
	음년	..254.455.356.311.332.343.855.872.675.	576.531.512.523.124.325.556.511.532.543.	144.345.611.632.643.
655	양년	..655.672.875.776.731.712.723.324.125.	556.511.532.543.144.345.611.632.643.244.	445.346.672.875.852.
	음년	..855.872.675.576.531.512.523.124.325.	556.511.532.543.144.345.611.632.643.244.	445.346.652.855.872.
656	양년	..556.511.532.543.144.345.611.632.643.	244.445.346.652.855.872.883.484.285.186.	141.122.663.566.553.
	음년	..556.511.532.543.144.345.611.632.643.	244.445.346.672.875.852.863.464.265.166.	121.142.653.556.563.

원괘효	남녀	25세	26세	27세	28세	29세	30세	31세	32세	33세	34새	35세	36세	37세	38세	39세	40세	41세	42세	43세	44세	45세	46세	47세	48세

611
양년..461.482.473.214.415. 316.351.372.383.815.832.635.536.571.552. 563.164.365.516.551.572.583.184.385.
음년..451.472.483.214.415. 316.351.372.383.615.632.835.736.771.752. 763.364.165 516.551.572.583.184.385.

612
양년..615.632.835.736.771. 752.763.364.165.516.551.572.583.184.385. 651.254.211.232.243.644.845.746.781.
음년..815.832.635.536.571. 552.563.164.365.516.551.572.583.184.385. 611.214.251.232.283.684.885.786.741.

613
양년..516.551.572.583.184. 385.611.214.251.272.283.684.885.786.741. 632.835.812.823,424.225.126.161.182.
음년..516.551.572.583.184. 385.651.254.211.232.243.644.845.746.781. 612.815.832.843.444.245.146.181.162.

614
양년..232.243.644.845.746. 781.612.815.832.843.444.245.146.181.162. 623.526.513.114.315.416.451.472.483.
음년..272.283.684.885.786. 741.632.835.812.823,424.225.126.161.182. 613.516.523.124.325.426.461.482.473.

615
양년..612.815.832.843.444. 245.146.181.162.623.526.513.114.315.416. 451.472.483.214.415.316.351.372.383.
음년..632.835.812.823,424. 225.126.161.182.613.516.523.124.325.426. 461.482.473.214.415.316.351.372.383.

616
양년..613.516.523.124.325. 426.461.482.473.214.415.316.351.372.383. 815.832.635.536.571.552.563.164.365.
음년..623.526.513.114.315. 416.451.472.483.214.415.316.351.372.383. 615.632.835.736.771.752.763.364.165.

621
양년..224.425.326.361.382. 373.625.642.845.746.781.762.753.354.155. 526.561.582.573.174.375.264.465.366.
음년..224.425.326.361.382. 373.825.842.645.546.581.562.553.154.355. 526.561.582.573.174.375.264.465.366.

622
양년..546.581.562.553.154. 355.526.561.582.573.174.375.621.224.261. 282.273.674.875.776.731.265.166.121.
음년..746.781.762.753.354. 155.526.561.582.573.174.375.661.264.221. 242.233.634.835.736.771.265.166.121.

623
양년..573.174.375.661.264. 221.242.233.634.835.736.771.622.825.842. 833.434.235.136.171.152.266.253.156.
음년..573.174.375.621.224. 261.282.273.674.875.776.731.642.845.822. 813.414.215.116.152.172.166.153.256.

624
양년..242.233.634.835.736. 771.622.825.842.833.434.235.136.171.152. 613.214.415.316.351.372.261.664.621.
음년..282.273.674.875.776. 731.642.845.822.813.414.215.116.152.172. 613.214.415.316.351.372.221.624.661.

625
양년..622.825.842.833.434. 235.136.171.152.613.214.415.316.351.372. 224.425.326.361.382.373.262.253.654.
음년..642.845.822.813.414. 215.116.152.172.613.214.415.316.351.372. 224.425.326.361.382.373.262.253.654.

626
양년..613.214.415.316.351. 372.224.425.326.361.382.373.625.642.845. 746.781.762.753.354.155.263.166.153.
음년..613.214.415.316.351. 372.224.425.326.361.382.373.825.842.645. 546.581.562.553.154.355.263.166.163.

631
양년..234.435.336.371.352. 363.835.812.615.516.551.572.583.184.385. 536.571.552.563.164.365.364.165.266.
음년..234.435.336.371.352. 363.635.612.815.716.751.772.783.384.185. 536.571.552.563.164.365.364.165.266.

632
양년..516.551.572.583.184. 385.536.571.552.563.164.365.671.274.231. 212.223.624.825.726.761.365.382.185.
음년..716.751.772.783.384. 185.536.571.552.563.164.365.631.234.271. 252.263.664.865.766.721.165.182.385.

633
양년..536.571.552.563.164. 365.631.234.271.252.263.664.865.766.721. 612.623.224.425.326.361.366.321.342.
음년..536.571.552.563.164. 365.671.274.231.212.223.624.825.726.761. 612.623.224.425.326.361.366.321.342.

634
양년..212.223.624.825.726. 761.612.623.224.425.326.361.633.536.543. 144.345.446.481.462.453.361.764.721.
음년..252.263.664.865.766. 721.642.623.224.425.326.361.643.546.533. 134.335.436.471.452.463.321.724.761.

635
양년..612.623.224.425.326. 361.633.536.543.144.345.446.481.462.453. 234.435.336.371.352.363.362.353.754.
음년..612.623.224.425.326. 361.643.546.533.134.335.436.471.452.463. 234.435.336.371.352.363.362.353.754.

636
양년..144.345.446.481.462. 453.234.435.336.371.352.363.835.812.615. 516.551.572.583.184.385.363.466.453.
음년..134.335.436.471.452. 463.234.435.336.371.352.363.635.612.815. 716.751.772.783.384.185.353.456.463.

641
양년..381.362.353.845.822. 625.526.561.582.573.174.375 546.581.562. 553.154.355.464.265.166.121.142,133.
음년..381.362.353.645.622. 825.726.761.782.773.374.175.546.581.562. 553.154.355.464.265.166.121.142,133.

642
양년..773.374.175.546.581. 562.553.154.355.681.284.241.222.213.614. 815.716.751.265.282.485.386.341.322.
음년..573.174.375.546.581. 562.553.154.355.641.244.281 262.253.654. 855.756.711.465.482.285.186.141.122.

643
양년..553.154.355.681.284. 241.222.213.614.815.716.751.622.613.214. 415.316.351.366.353.456.411.432.443.
음년..553.154.355.641.244. 281.262.253.654.855.756.711.622.613.214. 415.316.351.466.453.356.311.332.343.

644
양년..222.213.614.815.716. 751.622.613.214.415.316.351.633.234.435. 336.371.352.421.824.861.882.873.474.
음년..262.253.654.855.756. 711.622.613.214.415.316.351.633.234.435. 336.371.352.461.864.821.842.833.434.

645
양년..622.613.214.415.316. 351.633.234.435.336.371.352.244.445.346. 381.362.353.462.453.854.655.556.511.
음년..622.613.214.415.316. 351.633.234.435.336.371.352.244.445.346. 381.362.353.462.453.854.655.556.511.

646
양년..336.371.352.244.445. 346.381.362.353.845.822.625.526.561.582 .573.174.375.453.356.363.764.565.666.
음년..336.371.352.244.445. 346.381.362.353.645.622.825.726.761.782. 773.374.175.463.366.353.754.555.656.

651
양년..254.455.356.311.332. 343.655.672.875.776.731.712.723.324.125. 556.511.532.543.144.345.564.521.124.
음년..254.455.356.311.332. 343.855.872.675.576.531.512.523.124.325. 556.511.532.543.144.345.164.121.524.

652
양년..655.672.875.776.731. 712.723.324.125.556.511.532.543.144.345. 611.632.643.244.445.346.565.666.621.
음년..855.872.675.576.531. 512.523.124.325.556.511.532.543.144.345. 611.632.643.244.445.346.565.666.621.

653
양년..556.511.532.543.144. 345.611.632.643.244.445.346.652.855.872. 883.484.285.186.141.122.566.521.542.
음년..556.511.532.543.144. 345.611.632.643.244.445.346.672.875.862. 833.464.265.166.121.142.566.521.542.

654
양년..244.445.346.672.875. 852.863.464.265.166.121.142.653.556.563. 164.365.466.421.442.433.561.164.121.
음년..244.445.346.652.855. 872.883.484.285.186.141.122.663.566.553. 154.355.456.411.432.443.521.124.161.

655
양년..863.464.265.166.121. 142.653.556.563.164.365.466.421.442.433. 254.455.356.311.332.343.562.553.154.
음년..883.484.285.186.141. 122.663.566.553.154.355.456.411.432.443. 254.455.356.311.332.343.562.553.154.

656
양년..164.365.466.421.442. 433.254.455.356.311.332.343.855.872.675. 576.531.512.523.124.325.563.666.653.
음년..154.355.456.411.432. 443.254.455.356.311.332.343.655.672.875. 776.731.712.723.324.125.553.656.663.

원괘효	남녀	49세	50세	51세	52세	53세	54세	55세	56세	57세	58새	59세	60세	61세	62세	63세	64세	65세	66세	67세	68세	69세	70세	71세	72세
611	양년	.164.	365.	466.	421.	442.	433.	565.	582.	785.	886.	841.	822.	813.	414.	215.	666.	653.	556.	511.	532.	543.	144.	345.	446.
	음년	.164.	365.	466.	421.	442.	433.	765.	782.	585.	686.	641.	622.	613.	214.	415.	566.	553.	656.	611.	632.	643.	244.	445.	346.
612	양년	.165.	266.	221.	242.	233.	634.	366.	353.	456.	411.	432.	443.	844.	645.	546.	321.	342.	333.	734.	535.	636.	382.	185.	162.
	음년	.165.	266.	221.	242.	233.	634.	466.	453.	356.	311.	332.	343.	744.	545.	646.	321.	342.	333.	734.	535.	636.	362.	165.	182.
613	양년	.166.	121.	142.	133.	534.	735.	221.	242.	233.	634.	835.	736.	262.	465.	482.	473.	874.	675.	576.	531.	512.	253.	654.	855.
	음년	.166.	121.	142.	133.	534.	735.	221.	242.	233.	634.	835.	736.	282.	485.	462.	453.	854.	655.	556.	511.	532.	253.	654.	855.
614	양년	.121.	524.	561.	582.	573.	174.	375.	476.	431.	142.	345.	322.	313.	714.	515.	616.	651.	672.	113.	514.	715.	816.	851.	872.
	음년	.161.	564.	521.	542.	533.	134.	335.	436.	471.	122.	325.	342.	333.	734.	535.	636.	671.	652.	113.	514.	715.	816.	851.	872.
615	양년	.162.	153.	554.	755.	856.	811.	173.	574.	775.	876.	831.	812.	184.	141.	544.	745.	846.	881.	862.	853.	454.	385.	362.	165.
	음년	.162.	153.	554.	755.	856.	811.	173.	574.	775.	876.	831.	812.	584.	541.	144.	345.	446.	481.	462.	453.	854.	185.	162.	365.
616	양년	.153.	256.	263.	664.	865.	766.	721.	742.	733.	554.	511.	114.	315.	451.	472.	483.	884.	155.	172.	375.	476.	431.	412.	
	음년	.163.	266.	253.	654.	855.	766.	711.	732.	743.	154.	111.	514.	715.	816.	851.	872.	883.	484.	355.	372.	175.	276.	231.	212.
621	양년	.321.	342.	333.	865.	882.	685.	586.	541.	522.	513.	114.	315.	566.	521.	542.	533.	134.	335.	621.	642.	633.	234.	435.	336.
	음년	.321.	342.	333.	665.	682.	885.	786.	741.	722.	713.	314.	115.	566.	521.	542.	533.	134.	335.	621.	642.	633.	234.	435.	336.
622	양년	.142.	133.	534.	366.	321.	342.	333.	734.	535.	421.	442.	433.	834.	635.	536.	482.	285.	262.	253.	654.	855.	756.	711.	732.
	음년	.142.	133.	534.	366.	321.	342.	333.	734.	535.	421.	442.	433.	834.	635.	536.	462.	265.	282.	273.	674.	875.	776.	731.	712.
623	양년	.111.	132.	143.	544.	745.	846.	121.	142.	133.	534.	735.	836.	162.	365.	382.	373.	774.	575.	676.	631.	612.	153.	554.	755.
	음년	.211.	232.	243.	644.	845.	746.	121.	142.	133.	534.	735.	836.	182.	385.	362.	353.	754.	555.	656.	611.	632.	153.	554.	755.
624	양년	.642.	633.	234.	435.	336.	371.	222.	425.	442.	433.	834.	635.	536.	571.	552.	213.	614.	815.	716.	751.	772.	624.	661.	264.
	음년	.682.	673.	274.	475.	376.	331.	242.	445.	422.	413.	814.	615.	516.	551.	572.	213.	614.	815.	716.	751.	772.	624.	661.	264.
625	양년	.855.	756.	711.	273.	674.	875.	776.	731.	712.	684.	641.	244.	445.	346.	381.	362.	353.	754.	285.	262.	465.	366.	321.	342.
	음년	.855.	756.	711.	273.	674.	875.	776.	731.	712.	284.	241.	644.	845.	746.	781.	762.	753.	354.	485.	462.	265.	166.	121.	142.
626	양년	.554.	755.	856.	811.	832.	843.	254.	211.	614.	815.	716.	751.	772.	783.	384.	455.	472.	275.	176.	131.	112.	123.	524.	725.
	음년	.564.	765.	866.	821.	842.	833.	654.	611.	214.	415.	316.	351.	372.	383.	784.	255.	272.	475.	376.	331.	312.	323.	724.	525.
631	양년	.221.	242.	233.	565.	666.	621.	642.	633.	234.	866.	853.	756.	711.	732.	743.	344.	145.	246.	721.	742.	733.	334.	135.	236.
	음년	.221.	242.	233.	565.	666.	621.	642.	633.	234.	766.	753.	865.	811.	832.	843.	444.	345.	146.	721.	742.	733.	334.	135.	236.
632	양년	.286.	241.	222.	213.	614.	815.	166.	153.	256.	211.	232.	243.	644.	845.	746.	121.	142.	133.	534.	735.	836.	182.	385.	362.
	음년	.486.	441.	422.	413.	814.	615.	266.	253.	156.	111.	132.	143.	544.	745.	846.	121.	142.	133.	534.	735.	836.	162.	365.	382.
633	양년	.333.	734.	535.	421.	442.	433.	834.	635.	536.	482.	285.	262.	253.	654.	855.	756.	711.	732.	453.	854.	655.	556.	511.	532.
	음년	.333.	734.	535.	421.	442.	433.	834.	635.	536.	462.	265.	282.	273.	674.	875.	776.	731.	712.	453.	854.	655.	556.	511.	532.
634	양년	.742.	733.	334.	135.	236.	271.	322.	125.	142.	133.	534.	735.	836.	871.	852.	313.	714.	515.	616.	651.	672.	724.	761.	364.
	음년	.782.	773.	374.	175.	276.	231.	342.	145.	122.	113.	514.	715.	816.	851.	872.	313.	714.	515.	616.	651.	672.	324.	361.	764.
635	양년	.555.	656.	611.	373.	774.	575.	676.	631.	612.	784.	741.	344.	145.	246.	281.	262.	253.	654.	185.	286.	241.	222.	213.	614.
	음년	.555.	656.	611.	373.	774.	575.	676.	631.	612.	384.	341.	744.	545.	646.	681.	662.	653.	254.	185.	286.	241.	222.	213.	614.
636	양년	.854.	655.	556.	511.	532.	543.	354.	311.	714.	515.	616.	651.	672.	683.	284.	155.	256.	211.	232.	243.	644.	456.	463.	366.
	음년	.864.	665.	566.	521.	542.	533.	754.	711.	314.	115.	216.	251.	272.	283.	684.	155.	256.	211.	232.	243.	644.	356.	363.	466.
641	양년	.665.	566.	521.	542.	533.	134.	766.	721.	742.	433.	334.	135.	821.	842.	833.	434.	235.	136.	862.	665.	682.	673.	274.	475.
	음년	.665.	566.	521.	542.	533.	134.	766.	721.	742.	433.	334.	135.	821.	842.	833.	434.	235.	136.	882.	685.	662.	653.	254.	455.
642	양년	.313.	714.	515.	166.	121.	142.	133.	534.	735.	221.	242.	233.	634.	835.	736.	282.	485.	462.	453.	854.	655.	556.	511.	532.
	음년	.113.	514.	715.	166.	121.	142.	133.	534.	735.	221.	242.	233.	634.	835.	736.	262.	465.	482.	473.	874.	675.	576.	531.	512.
643	양년	.844.	645.	546.	321.	342.	333.	734.	535.	636.	382.	185.	162.	153.	554.	755.	856.	811.	832.	353.	754.	555.	656.	611.	632.
	음년	.744.	545.	646.	321.	342.	333.	734.	535.	636.	362.	165.	182.	173.	574.	775.	876.	831.	812.	353.	754.	555.	656.	611.	632.
644	양년	.275.	176.	131.	442.	245.	222.	213.	614.	815.	716.	751.	772.	413.	814.	615.	516.	551.	572.	424.	461.	864.	665.	566.	521.
	음년	.235.	136.	171.	422.	225.	242.	233.	634.	835.	736.	771.	752.	413.	814.	615.	516.	551.	572.	824.	861.	464.	265.	166.	121.
645	양년	.473.	874.	675.	576.	531.	512.	484.	441.	844.	645.	546.	581.	562.	553.	154.	285.	186.	141.	122.	113.	514.	386.	341.	322.
	음년	.473.	874.	675.	576.	531.	512.	884.	841.	444.	245.	146.	181.	162.	153.	554.	285.	186.	141.	122.	113.	514.	386.	341.	322.
646	양년	.621.	642.	633.	854.	811.	414.	215.	116.	151.	172.	183.	584.	255.	156.	111.	132.	143.	544.	356.	311.	332.	343.	744.	545.
	음년	.611.	632.	643.	454.	411.	814.	615.	516.	551.	572.	583.	184.	255.	156.	111.	132.	143.	544.	356.	311.	332.	343.	744.	545.
651	양년	.325.	426.	461.	482.	473.	874.	165.	182.	385.	486.	441.	422.	413.	814.	615.	266.	253.	156.	111.	132.	143.	544.	745.	846.
	음년	.725.	826.	861.	882.	873.	474.	365.	382.	185.	286.	241.	222.	213.	614.	815.	166.	153.	256.	211.	232.	243.	644.	845.	746.
652	양년	.642.	633.	234.	866.	853.	756.	711.	732.	743.	344.	145.	246.	721.	742.	733.	334.	135.	236.	762.	565.	582.	573.	174.	375.
	음년	.642.	633.	234.	766.	753.	865.	811.	832.	843.	444.	345.	146.	721.	742.	733.	334.	135.	236.	782.	585.	562.	553.	154.	355.
653	양년	.533.	134.	335.	621.	642.	633.	234.	435.	336.	682.	885.	862.	853.	454.	255.	156.	111.	132.	653.	254.	455.	356.	311.	332.
	음년	.533.	134.	335.	621.	642.	633.	234.	435.	336.	662.	865.	882.	873.	474.	275.	176.	131.	112.	653.	254.	455.	356.	311.	332.
654	양년	.142.	133.	534.	735.	836.	871.	522.	725.	742.	733.	334.	135.	236.	271.	252.	513.	114.	315.	416.	451.	472.	124.	325.	426.
	음년	.182.	173.	574.	775.	876.	831.	542.	745.	722.	713.	314.	115.	216.	251.	272.	513.	114.	315.	416.	451.	472.	124.	325.	426.
655	양년	.355.	456.	411.	573.	174.	375.	476.	431.	412.	184.	385.	486.	441.	422.	413.	785.	762.	565.	666.	621.	642.	633.	234.	435.
	음년	.355.	456.	411.	573.	174.	375.	476.	431.	412.	184.	385.	486.	441.	422.	413.	585.	562.	765.	866.	821.	842.	833.	434.	235.
656	양년	.254.	455.	356.	311.	332.	343.	154.	355.	456.	411.	432.	443.	555.	572.	775.	876.	831.	812.	823.	424.	225.	656.	663.	566.
	음년	.264.	465.	366.	321.	342.	333.	154.	355.	456.	411.	432.	443.	755.	772.	575.	676.	631.	612.	623.	224.	425.	556.	563.	666.

원괘효	남녀	73세74세75세76세.77세.78세.79세	80세81세82새83세84세85세86세87세88세.89세.	90세91세92세93세94세.95세96세
611	양년..	521.542.533.134.335.436.562.	765.782.773.374.175.276.231.212.553.154.	355.456.411.432.
	음년..	521.542.533.134.335.436.582.	785.762.753.354.155.256.211.232.553.154.	355.456.411.432.
612	양년..	153.554.755.856.811.832.353.	754.555.656.611.632.364.321.724.525.626.	661.682.673.274.
	음년..	173.574.775.876.831.812.353.	754.555.656.611.632.764.721.324.125.226.	261.282.273.674.
613	양년..	756.711.732.664.621.224.425.	326.361.382.373.774.265.282.485.386.341.	322.313.714.515.
	음년..	756.711.732.264.221.624.825.	726.761.782.773.374.465.482.285.186.141.	122.113.514.715.
614	양년..	124.161.564.765.866.821.842.	833.434.325.342.145.246.281.262.253.654.	855.126.113.216.251.272.283.
	음년..	524.561.164.365.466.421.442.	433.834.125.142.345.446.481.462.453.854.	655.226.213.116.151.172.183.
615	양년..	266.221.242.233.634.835.186.	173.276.231.212.223.624.825.726.141.122.	113.514.715.816.
	음년..	466.421.442.433.834.635.286.	273.176.131.112.123.524.725.826.141.122.	113.514.715.816.
616	양년..	423.824.625.256.263.166.121.	142.133.534.735.836.111.132.143.544.745.	846.152.355.372.383.784.585.
	음년..	223.624.825.156.163.266.221.	242.233.634.835.736.111.132.143.544.745.	846.172.375.352.363.764.565.
621	양년..	662.865.882.873.474.275.176.	131.112.653.254.455.356.311.332.	
	음년..	682.885.862.853.454.255.156.	111.132.653.254.455.356.311.332.	
622	양년..	453.854.655.556.511.532.464.	421.824.625.526.561.582.573.174.	
	음년..	453.854.655.556.511.532.864.	821.424.225.126.161.182.173.574.	
623	양년..	856.811.832.564.521.124.325.	426.461.482.473.874.185.286.441.	422.413.814.615.
	음년..	856.811.832.164.121.524.725.	826.861.882.873.374.365.382.185.286.241.	222.213.614.815.
624	양년..	465.366.321.342.333.734.225.	242.445.346.381.362.353.754.555.126.161.	182.173.574.775.
	음년..	465.366.321.342.333.734.425.	442.245.146.181.162.153.554.755.126.161.	182.173.574.775.
625	양년..	333.734.535.186.141.122.113.	514.715.241.222.213.614.815.716.	
	음년..	133.534.735.186.141.122.113.	514.715.241.222.213.614.815.716.	
626	양년..	156.111.132.143.544.745.211.	232.243.644.845.746.252.455.472.483.884.	685.586.541.522.
	음년..	156.111.132.143.544.745.211.	232.243.644.845.746.272.475.452.463.864.	665.566.521.542.
631	양년..	762.565.582.573.174.375.476.	431.412.753.354.155.256.211.232.	
	음년..	782.585.562.553.154.355.456.	411.432.753.354.155.256.211.232.	
632	양년..	353.754.555.656.611.632.153.	554.755.856.811.832.164.121.524.725.826.	861.882.873.474.
	음년..	373.774.575.676.631.612.153.	554.755.856.811.832.564.521.124.325.426.	461.482.473.874.
633	양년..	464.421.824.625.526.561.582.	573.174.265.166.121.142.133.534.	
	음년..	864.821.424.225.126.161.182.	173.574.265.166.121.142.133.534.	
634	양년..	165.266.221.242.233.634.125.	226.261.282.273.674.326.313.416.451.472.	483.884.685.586.
	음년..	565.666.621.642.633.234.125.	226.261.282.273.674.426.413.316.351.372.	383.784.585.686
635	양년..	386.373.476.431.412.423.824.	625.526.341.322.313.714.515.616.	
	음년..	486.473.376.331.312.323.724.	525.626.341.322.313.714.515.616.	
636	양년..	321.342.333.734.535.636.311.	332.343.744.545.646.352.155.172.183.584.	785.886.841.822.
	음년..	421.442.433.834.635.536.311.	332.343.744.545.646.372.175.152.163.564.	765.866.821.842.
641	양년..	376.331.312.853.454.255.156.	111.132.	
	음년..	356.311.332.853.454.255.156.	111.132.	
642	양년..	253.654.855.756.711.732.664.	621.224.425.326.361.382.373.774.	
	음년..	253.654.855.756.711.732.264.	221.624.825.726.761.782.773.374.	
643	양년..	364.321.724.525.626.661.682.	673.274.165.266.221.242.233.634.	
	음년..	764.721.324.125.226.261.282.	273.674.165.266.221.242.233.634.	
644	양년..	542.533.134.225.126.161.182.	173.574.326.361.382.373.774.575.	
	음년..	142.133.534.225.126.161.182.	173.574.326.361.382.373.774.575.	
645	양년..	313.714.515.441.422.413.814.	615.516.845.822.625.	
	음년..	313.714.515.441.422.413.814.	615.516.645.622.825.	
646	양년..	411.432.443.844.645.546.452.	255.272.283.684.885.786.741.722.	
	음년..	411.432.443.844.645.546.472.	275.252.263.664.865.766.721.742.	
651	양년..	121.142.133.534.735.836.162.	365.382.373.774.575.676.631.612.153.554.	755.856.811.832.
	음년..	121.142.133.534.735.836.162.	385.362.353.754.555.656.611.632.153.554.	755.856.811.832.
652	양년..	476.431.412.753.354.155.256.	211.232.364.165.266.221.242.233.	
	음년..	456.411.432.753.354.155.256.	211.232.364.165.266.221.242.233.	
653	양년..	264.465.366.321.342.333.665.	682.885.786.741.722.713.314.115.	
	음년..	264.465.366.321.342.333.865.	882.685.586.541.522.513.114.315.	
654	양년..	461.482.473.725.742.545.646.	681.662.653.254.455.526.513.616.651.672.	683.284.485.386.
	음년..	431.482.473.525.542.745.846.	881.862.853.454.255.626.613.516.551.572.	583.184.385.486.
655	양년..	586.573.676.631.612.623.224.	425.326.541.522.513.114.315.416.	
	음년..	686.673.576.531.512.523.124.	325.426.541.522.513.114.315.416.	
656	양년..	521.542.533.134.335.436.511.	532.543.144.345.446.552.755.772.783.384.	185.286.241.222.
	음년..	621.642.633.234.435.336.511.	532.543.144.345.446.572.775.752.763.364.	165.266.221.242.

원괘효	남녀	1세.	2세.	3세.	4세.	5세.	6세.	7세	8세	9세	10새.	11세.	12세.	13세	14세	15세	16세	17세	18세	19세	20세	21세	22세.	23세	24세

661
양년..621.642.633.234.435.336.662.865.882. 873.474.275.176.131.112.653.254.455.356. 311.332.264.465.366.
음년..621.642.633.234.435.336.682.885.862. 853.454.255.156.111.132.653.254.455.356. 311.332.264.465.366.

662
양년..662.865.882.873.474.275.176.131.112. 653.254.455.356.311.332.264.465.366.321. 342.333.865.882.685.
음년..682.885.862.853.454.255.156.111.132. 653.254.455.356.311.332.264.465.366.321. 342.333.665.682.885.

663
양년..653.254.455.356.311.332.264.465.366. 321.342.333.665.682.885.786.741.722.713. 314.115.566.521.542.
음년..653.254.455.356.311.332.264.465.366. 321.342.333.865.882.685.586.541.522.513. 114.315.566.521.542.

664
양년..264.465.366.321.342.333.665.682.885. 786.741.722.713.314.115.566.521.542.533. 134.335.621.642.633.
음년..264.465.366.321.342.333.865.882.685. 586.541.522.513.114.315.566.521.542.533. 134.335.621.642.633.

665
양년..665.682.885.786.741.722.713.314.115. 566.521.542.533.134.335.621.642.633.234. 435.336.682.885.862.
음년..865.882.685.586.541.522.513.114.315. 566.521.542.533.134.335.621.642.633.234. 435.336.662.865.882.

666
양년..566.521.542.533.134.335.621.642.633. 234.435.336.662.865.882.873.474.275.176. 131.112.653.254.455.
음년..566.521.542.533.134.335.621.642.633. 234.435.336.682.885.862.853.454.255.156. 111.132.653.254.455.

671
양년..631.612.623.224.425.326.652.663.264. 465.366.321.673.576.583.184.385.486.441. 422.413.274.475.376.
음년..631.612.623.224.425.326.652.663.264. 465.366.321.683.586.573.174.375.476.431. 412.423.274.475.376.

672
양년..652.663.264.465.366.321.673.576.583. 184.385.486.441.422.413.274.475.376.331. 312.323.875.852.655.
음년..652.663.264.465.366.321.683.586.573. 174.375.476.431.412.423.274.475.376.331. 312.323.675.652.855.

673
양년..673.576.583.184.385.486.441.422.413. 274.475.376.331.312.323.875.852.655.556. 511.532.543.144.345.
음년..683.586.573.174.375.476.431.412.423. 274.475.376.331.312.323.675.652.855.756. 711.732.743.344.145.

674
양년..274.475.376.331.312.323.675.652.855. 756.711.732.743.344.145.576.531.512.523. 124.325.631.612.623.
음년..274.475.376.331.312.323.875.852.655. 556.511.532.543.144.345.576.531.512.523. 124.325.631.612.623.

675
양년..675.652.855.756.711.732.743.344.145. 576.531.512.523.124.325.631.612.623.224. 425.326.652.663.264.
음년..875.852.655.556.511.532.543.144.345. 576.531.512.523.124.325.631.612.623.224. 425.326.652.663.264.

676
양년..576.531.512.523.124.325.631.612.623. 224.425.326.652.663.264.465.366.321.673. 576.583.184.385.486.
음년..576.531.512.523.124.325.631.612.623. 224.425.326.652.663.264.465.366.321.683. 586.573.174.375.476.

681
양년..641.622.613.214.415.316.662.653.254. 455.356.311.673.274.475.376.331.312.284. 485.386.341.322.313.
음년..641.622.613.214.415.316.662.653.254. 455.356.311.673.274.475.376.331.312.284. 485.386.341.322.313.

682
양년..662.653.254.455.356.311.673.274.475. 376.331.312.284.485.386.341.322.313.685. 662.865.766.721.742.
음년..662.653.254.455.356.311.673.274.475. 376.331.312.284.485.386.341.322.313.885. 862.665.566.521.542.

683
양년..673.274.475.376.331.312.284.485.386. 341.322.313.685.662.865.766.721.742.733. 334.135.586.541.522.
음년..673.274.475.376.331.312.284.485.386. 341.322.313.885.862.665.566.521.542.533. 134.335. 586.541.522.

684
양년..284.485.386.341.322.313.685.662.865. 766.721.742.733.334.135.586.541.522.513. 114.315.641.622.613.
음년..284.485.386.341.322.313.885.862.665. 566.521.542.533.134.335.586.541.522.513. 114.315.641.622.613.

685
양년..685.662.865.766.721.742.733.334.135. 586.541.522.513.114.315.641.622.613.214. 415.316.662.653.254.
음년..885.862.665.566.521.542.533.134.335. 586.541.522.513.114.315.641.622.613.214. 415.316.662.653.254.

686
양년..586.541.522.513.114.315.641.622.613. 214.415.316.662.653.254.455.356.311.673. 274.475.376.331.312.
음년..586.541.522.513.114.315.641.622.613. 214.415.316.662.653.254.455.356.311.673. 274.475.376.331.312.

711
양년..711.314.351.372.383.784.585.686.641. 732.535.512.523.124.325.426.461.482.713. 816.823.424.225.126.
음년..751.354.311.332.343.744.545.646.681. 712.515.532.543.144.345.446.481.462.723. 826.813.414.215.116.

712
양년..712.515.532.543.144.345.446.481.462. 723.826.813.414.215.116.151.172.183.314. 115.216.251.272.283.
음년..732.535.512.523.124.325.426.461.482. 713.816.823.424.225.126.161.182.173.314. 115.216.251.272.283.

713
양년..713.816.823.424.225.126.161.182.173. 314.115.216.251.272.283.515.616.651.672. 683.284.816.823.726.
음년..723.826.813.414.215.116.151.172.183. 314.115.216.251.272.283.515.616.651.672. 683.284.716.723.826.

714
양년..314.115.216.251.272.283.515.616.651. 672.683.284.716.723.826.861.882.873.474. 275.176.751.354.311.
음년..314.115.216.251.272.283.515.616.651. 672.683.284.816.823.726.761.782.773.374. 175.276.711.314.351.

715
양년..515.616.651.672.683.284.716.723.826. 861.882.873.474.275.176.751.354.311.332. 343.744.545.646.681.
음년..515.616.651.672.683.284.816.823.726. 761.782.773.374.175.276.711.314.351.372. 383.784.585.686.641.

716
양년..716.723.826.861.882.873.474.275.176. 751.354.311.332.343.744.545.646.681.712. 515.532.543.144.345.
음년..816.823.726.761.782.773.374.175.276. 711.314.351.372.383.784.585.686.641.732. 535.512.523124.325.

721
양년..721.324.361.382.373.774.575.676.631. 742.545.522.513.114.315.416.451.472.713. 314.115.216.251.272.
음년..761.364.321.342.333.734.535.636.671. 722.525.542.533.134.335.436.471.452.713. 314.115.216.251.272.

722
양년..722.525.542.533.134.335.436.471.452. 713.314.115.216.251.272.324.125.226.261. 282.273.525.626.661.
음년..742.545.522.513.114.315.416.451.472. 713.314.115.216.251.272.324.125.226.261. 282.273.525.626.661.

723
양년..713.314.115.216.251.272.324.125.226. 261.282.273.525.626.661.682.673.274.726. 713.816.851.872.883.
음년..713.314.115.216.251.272.324.125.226 .261.282.273.525.626.661.682.673.274.826. 813.716.751.772.783.

724
양년..324.125.226.261.282.273.525.626.661. 682.673.274.726.713.816.851.872.883.484. 285.186.761.364.321.
음년..324.125.226.261.282.273.525.626.661. 682.673.274.826.813.716.751.772.783.384. 185.286.721.324.361.

725
양년..525.626.661.682.673.274.726.713.816. 851.872.883.484.285.186.761.364.321.342. 333.734,535.636.671.
음년..525.626.661.682.673.274.826.813.716. 751.772.783.384.185.286.721.324.361.382. 373.774.575.676.631.

726
양년..726.713.816.851.872.883.484.285.186. 761.364.321.342.333.734,535.636.671.722. 525.542.533.134.335.
음년..826.813.716.751.772.783.384.185.286. 721.324.361.382.373.774.575.676.631.742. 545.522.513.114.315.

원괘효	남녀	25세.26세.27세.28세.29세. 30세.31세.32세.33세.34세.35세.36세. 37세.38세.39세 40세.41세.42세.43세.44세.45세.46세.47세.48세
661	양년..	321.342.333.865.882. 685.586.541.522.513.114.315.566.521.542. 533.134.335.264.221.624.825.726.761.
	음년..	321.342.333.665.682. 885.786.741.722.713.314.115.566.521.542. 533.134.335.664.621.224.425.326.361.
662	양년..	586.541.522.513.114. 315.566.521.542.533.134.335.621.642.633. 234.435.336.665.566.521.542.533.134.
	음년..	786.741.722.713.314. 115.566.521.542.533.134.335.621.642.633. 234.435.336.665.566.521.542.533.134.
663	양년..	533.134.335.621.642. 633.234.435.336.682.885.862.853.454.255. 156.111.132.566.553.656.611.632.643.
	음년..	533.134.335.621.642. 633.234.435.336.662.865.882.873.474.275. 176.131.112.666.653.556.511.532.543.
664	양년..	234.435.336.682.885. 862.853.454.255.156.111.132.653.254.455. 356.311.332.621.224.261.282.273.674.
	음년..	234.435.336.662.865. 882.873.474.275.176.131.112.653.254.455. 356.311.332.661.264.221.242.233.634.
665	양년..	853.454.255.156.111. 132.653.254.455.356.311.332.264.465.366. 321.342.333.662.653.254.455.356.311.
	음년..	873.474.275.176.131. 112.653.254.455.356.311.332.264.465.366. 321.342.333.662.653.254.455.356.311.
666	양년..	356.311.332.264.465. 366.321.342.333.865.882.685.586.541.522. 513.114.315.653.556.563.164.365.466.
	음년..	356.311.332.264.465. 366.321.342.333.665.682.885.786.741.722. 713.314.115.663.566.553.154.355.456.
671	양년..	331.312.323.875.852. 655.556.511.532.543.144.345.576.531.512. 523.124.325.364.321.724.525.626.661.
	음년..	331.312.323.675.652. 855.756.711.732.743.344.145.576.531.512. 523.124.325.764.721.324.125.226.261.
672	양년..	556.511.532.543.144. 345.576.531.512.523.124.325.631.612.623. 224.425.326.565.582.785.886.841.822.
	음년..	756.711.732.743.344. 145.576.531.512.523.124.325.631.612.623. 224.425.326.765.782.585.686.641.622.
673	양년..	576.531.512.523.124. 325.631.612.623.224.425.326.652.663.264. 465.366.321.766.721.742.733.334.135.
	음년..	576.531.512.523.124. 325.631.612.623.224.425.326.652.663.264. 465.366.321.766.721.742.733.334.135.
674	양년..	224.425.326.652.663. 264.465.366.321.683.586.573.174.375.476. 431.412.423.721.324.361.382.373.774.
	음년..	224.425.326.652.663. 264.465.366.321.673.576.583.184.385.486. 441.422.413.761.364.321.342.333.734,
675	양년..	465.366.321.683.586. 573.174.375.476.431.412.423.274.475.376. 331.312.323.762.753.354.155.256.211.
	음년..	465.366.321.673.576. 583.184.385.486.441.422.413.274.475.376. 331.312.323.762.753.354.155.256.211.
676	양년..	441.422.413.274.475. 376.331.312.323.875.852.655.556.511.532. 543.144.345.753.856.863.464.265.166.
	음년..	431.412.423.274.475. 376.331.312.323.675.652.855.756.711.732. 743.344.145.763.866.853.454.255.156.
681	양년..	685.662.865.766.721. 742.733.334.135.586.541.522.513.114.315. 864.821.424.225.126.161.182.173.574.
	음년..	885.862.665.566.521. 542.533.134.335.586.541.522.513.114.315. 464.421.824.625.526.561.582.573.174.
682	양년..	733.334.135.586.541. 522.513.114.315.641.622.613.214.415.316. 865.882.685.586.541.522.513.114.315.
	음년..	533.134.335.586.541. 522.513.114.315.641.622.613.214.415.316. 665.682.885.786.741.722.713.314.115.
683	양년..	513.114.315.641.622. 613.214.415.316.662.653.254.455.356.311. 866.853.756.711.732.743.344.145.246.
	음년..	513.114.315.641.622. 613.214.415.316.662.653.254.455.356.311. 766.753.856.811.832.843.444.245.146.
684	양년..	214.415.316.662.653. 254.455.356.311.673.274.475.376.331.312. 861.464.421.442.433.834.635.536.571.
	음년..	214.415.316.662.653. 254.455.356.311.673.274.475.376.331.312. 821.424.461.482.473.874.675.576.531.
685	양년..	455.356.311.673.274. 475.376.331.312.284.485.386.341.322.313. 862.853.454.255.156.111.873.474.275.
	음년..	455.356.311.673.274. 475.376.331.312.284.485.386.341.322.313. 862.853.454.255.156.111.873.474.275.
686	양년..	284.485.386.341.322. 313.685.662.865.766.721.742.733.334.135. 863.766.753.354.155.256.211.232.243.
	음년..	284.485.386.341.322. 313.885.862.665.566.521.542.533.134.335. 853.756.763.364.165.266.221.242.233.
711	양년..	161.182.173.314.115. 216.251.272.283.515.616.651.672.683.284. 816.823.726.761.782.773.374.175.276.
	음년..	151.172.183.314.115. 216.251.272.283.515.616.651.672.683.284. 716.723.826.861.882.873.474.275.176.
712	양년..	515.616.651.672.683. 284.716.723.826.861.882.873.474.275.176. 751.354.311.332.343.744.545.646.681.
	음년..	515.616.651.672.683. 284.816.823.726.761.782.773.374.175.276. 711.314.351.372.383.784.585.686.641.
713	양년..	761.782.773.374.175. 276.711.314.351.372.383.784.585.686.641. 732.535.512.523.124.325.426.461.482.
	음년..	861.882.873.474.275. 176.751.354.311.332.343.744.545.646.681. 712.515.532.543.144.345.446.481.462.
714	양년..	332.343.744.545.646. 681.712.515.532.543.144.345.446.481.462. 723.826.813.414.215.116.151.172.183.
	음년..	372.383.784.585.686. 641.732.535.512.523.124.325.426.461.482. 713.816.823.424.225.126.161.182.173.
715	양년..	712.515.532.543.144. 345.446.481.462.723.826.813.414.215.116. 151.172.183.314.115.216.251.272.283.
	음년..	732.535.512.523.124. 325.426.461.482.713.816.823.424.225.126. 161.182.173.314.115.216.251.272.283.
716	양년..	446.481.462.723.826. 813.414.215.116.151.172.183.314.115.216. 251.272.283.515.616.651.672.683.284.
	음년..	426.461.482.713.816. 823.424.225.126.161.182.173.314.115.216. 251.272.283.515.616.651.672.683.284.
721	양년..	324.125.226.261.282. 273.525.626.661.682.673.274.726.713.816. 851.872.883.484.285.186.274.475.376.
	음년..	324.125.226 261.282. 273.525.626.661.682.673.274.826.813.716. 751.772.783.384.185.286.274.475.376.
722	양년..	682.673.274.826.813. 716.751.772.783.384.185.286.721.324.361. 382.373.774.575.676.631.275.176.131.
	음년..	682.673.274.726.713. 816.851.872.883.484.285.186.761.364.321. 342.333.734.535.636.671.275.176.131.
723	양년..	484.285.186.761.364. 321.342.333.734.535.636.671.722.525.542. 533.134.335.436.471.452.276.283.186.
	음년..	384.185.286.721.324. 361.382.373.774.575.676.631.742.545.522. 513.114.315.416.451.472.176.183.186.
724	양년..	342.333.734.535.636. 671.722.525.542.533.134.335.436.471.452. 713.314.115.216.251.272.271.674.631.
	음년..	382.373.774.575.676. 631.742.545.522.513.114.315.436.471.452. 713.314.115.216.251.272.231.634.671.
725	양년..	722.525.542.533.134. 335.436.471.452.713.314.115.216.251.272. 324.125.226.261.282.273.272.475.452.
	음년..	742.545.522.513.114. 315.416.451.472.713.314.115.216.251.272. 324.125.226.261.282.273.252.455.472.
726	양년..	436.471.452.713.314. 115.216.251.272.324.125.226.261.282.273. 525.626.661.682.673.274.273.674.875.
	음년..	416.451.472.713.314. 115.216.251.272.324.125.226.261.282.273. 525.626.661.682.673.274.273.674.875.

원괘효	남녀	49세	50세	51세	52세	53세	54세	55세	56세	57세	58새	59세	60세	61세	62세	63세	64세	65세	66세	67세	68세	69세	70세	71세	72세
661	양년	782	773	374	465	482	285	186	141	122	113	514	715	166	121	142	133	534	735	221	242	233	634	835	736
	음년	382	373	774	265	282	485	386	341	322	313	714	515	166	121	142	133	534	735	221	242	233	634	835	736
662	양년	766	721	742	433	334	135	821	842	833	434	235	136	862	665	682	673	274	475	376	331	312	853	454	255
	음년	766	721	742	433	334	135	821	842	833	434	235	136	882	685	662	653	254	455	356	311	332	853	454	255
663	양년	244	445	346	521	542	533	134	335	436	582	785	762	753	354	155	256	211	232	553	154	355	456	411	432
	음년	144	345	446	521	542	533	134	335	436	562	765	782	773	374	175	276	231	212	553	154	355	456	411	432
664	양년	875	776	731	642	845	822	813	414	215	116	152	172	613	214	415	316	351	372	224	425	326	361	382	373
	음년	835	736	771	622	825	842	833	434	235	136	171	152	613	214	415	316	351	372	224	425	326	361	382	373
665	양년	673	274	475	376	331	312	284	485	386	341	322	313	685	662	865	766	721	742	733	334	135	586	541	522
	음년	673	274	475	376	331	312	284	485	386	341	322	313	885	662	665	566	521	542	533	134	335	586	541	522
666	양년	421	442	433	254	455	356	311	332	343	855	872	675	576	531	512	523	124	325	556	511	532	543	144	345
	음년	411	432	443	254	455	356	311	332	343	655	672	875	776	731	712	723	324	125	556	511	532	543	144	345
671	양년	682	673	274	165	266	221	242	233	634	466	453	356	311	332	343	744	545	646	321	342	333	734	535	636
	음년	282	273	674	165	266	221	242	233	634	366	353	456	411	432	443	844	645	546	321	342	333	734	535	636
672	양년	813	414	215	666	653	556	511	532	543	144	345	446	521	542	533	134	335	436	562	765	782	773	374	175
	음년	613	214	415	566	653	556	611	632	643	244	445	352	521	542	533	134	335	436	582	785	762	753	354	155
673	양년	821	842	833	434	235	136	862	665	682	673	274	475	376	331	312	853	454	255	156	111	132	464	265	166
	음년	821	842	833	434	235	136	882	685	662	653	254	455	356	311	332	853	454	255	156	111	132	464	265	166
674	양년	575	676	631	742	545	522	513	114	315	416	451	472	713	314	115	216	251	272	324	125	226	261	282	273
	음년	535	636	671	722	525	542	533	134	335	436	471	452	713	314	115	216	251	272	324	125	226	261	282	273
675	양년	773	374	175	276	231	212	384	185	286	241	222	213	585	686	641	622	613	214	786	773	876	831	812	823
	음년	773	374	175	276	231	212	384	185	286	241	222	213	585	686	641	622	613	214	886	873	776	731	712	723
676	양년	121	142	133	354	155	256	211	232	243	555	656	611	632	643	244	856	863	766	721	742	733	334	135	236
	음년	111	132	143	354	155	256	211	232	243	555	656	611	632	643	244	756	763	866	821	842	833	434	235	136
681	양년	265	166	121	142	133	534	366	321	342	333	734	535	421	442	433	834	635	536	462	265	282	273	674	875
	음년	265	166	121	142	133	534	366	321	342	333	734	535	421	442	433	834	635	536	482	285	262	253	654	855
682	양년	566	521	542	533	134	335	621	642	633	234	435	336	662	865	882	873	474	275	176	131	112	653	254	455
	음년	566	521	542	533	134	335	621	642	633	234	435	336	682	885	862	853	454	255	156	111	132	653	254	455
683	양년	721	742	733	334	135	236	762	565	582	573	174	375	476	431	412	753	354	155	256	211	232	364	165	266
	음년	721	742	733	334	135	236	782	585	562	553	154	355	456	411	432	753	354	155	256	211	232	364	165	266
684	양년	822	625	642	633	234	435	336	371	352	813	414	215	116	151	172	424	225	126	161	182	173	625	526	561
	음년	842	645	622	613	214	415	316	351	372	813	414	215	116	151	172	424	225	126	161	182	173	625	526	561
685	양년	176	131	112	484	285	186	141	122	113	685	586	541	522	513	114	786	741	722	713	314	115	841	822	813
	음년	176	131	112	484	285	186	141	122	113	685	586	541	522	513	114	786	741	722	713	314	115	841	822	813
686	양년	454	255	156	111	132	143	655	556	511	532	543	144	756	711	732	743	344	145	811	832	843	444	245	146
	음년	454	255	156	111	132	143	655	556	511	532	543	144	756	711	732	743	344	145	811	832	43	444	245	146
711	양년	174	375	476	431	412	423	575	552	755	856	811	832	843	444	245	676	683	586	541	522	513	114	315	416
	음년	174	375	476	431	412	423	775	752	555	656	611	632	643	244	445	576	583	686	641	622	613	214	415	316
712	양년	175	276	231	212	223	624	376	383	486	441	422	413	814	615	516	331	312	323	724	525	626	352	363	764
	음년	175	276	231	212	223	624	476	483	386	341	322	313	714	515	616	331	312	323	724	525	626	352	363	764
713	양년	176	131	112	123	524	725	231	212	223	624	825	726	252	263	664	865	766	721	273	176	183	584	785	886
	음년	176	131	112	123	524	725	231	212	223	624	825	726	252	263	664	865	766	721	283	186	173	574	775	876
714	양년	131	534	571	552	563	164	365	466	421	112	123	524	725	826	861	143	246	233	634	835	736	771	752	763
	음년	171	574	531	512	523	124	325	426	461	112	123	524	725	826	861	133	236	243	644	845	746	781	762	753
715	양년	152	355	372	383	784	585	686	641	622	163	266	253	654	855	756	711	732	743	154	111	514	715	816	851
	음년	172	375	352	363	764	565	666	621	642	153	256	263	664	865	766	721	742	733	554	511	114	315	416	451
716	양년	173	574	775	876	831	812	184	141	544	745	446	881	862	853	454	385	362	165	266	221	242	233	634	835
	음년	173	574	775	876	831	812	584	541	144	345	446	481	462	453	854	185	162	365	466	421	442	433	834	635
721	양년	331	312	323	875	852	655	556	511	532	543	144	345	576	531	512	523	124	325	631	612	623	224	425	326
	음년	331	312	323	675	652	855	756	711	732	743	344	145	576	531	512	523	124	325	631	612	623	224	425	326
722	양년	112	123	524	376	331	312	323	724	525	431	412	423	824	625	526	452	463	864	665	566	521	483	386	373
	음년	112	123	524	376	331	312	323	724	525	431	412	423	824	625	526	452	463	864	665	566	521	473	376	383
723	양년	141	122	113	514	715	816	131	112	123	524	725	826	152	163	564	765	866	821	173	276	283	684	885	786
	음년	241	222	213	614	815	716	131	112	123	524	725	826	152	163	564	765	866	821	183	286	273	674	875	776
724	양년	612	623	224	425	326	361	212	223	624	825	726	761	233	136	143	544	745	846	881	862	853	634	671	274
	음년	652	663	264	465	366	321	212	223	624	825	726	761	243	146	133	534	735	836	871	852	863	234	271	674
725	양년	463	864	665	566	521	542	253	156	163	564	765	866	821	842	833	654	611	214	415	316	351	372	383	784
	음년	483	884	685	586	541	522	263	166	153	554	755	856	811	832	843	254	211	614	815	716	751	772	783	384
726	양년	776	731	712	684	641	244	445	346	381	362	353	754	285	262	465	366	321	342	333	734	535	186	141	122
	음년	776	731	712	284	241	644	845	746	781	762	753	354	485	462	265	166	121	142	133	534	735	186	141	122

원괘효	남녀 73세74세75세76세.77세.78세.79세　80세81세82새83세84세85세86세87세88세.89세.　90세91세92세93세94세.95세96세
661	양년..262.465.482.473.874.675.576. 531.512.253.654.855.756.711.732. 음년..282.485.462.453.854.655.556. 511.532.253.654.855.756.711.732.
662	양년..156.111.132.464.265.166.121. 142,133. 음년..156.111.132.464.265.166.121. 142,133.
663	양년..164.365.466.421.442.433.565. 582.785.886.841.822.813.414.215. 음년..164.365.466.421.442.433.765. 782.585.686.641.622.613.214.415.
664	양년..625.642.845.746.781.762.753. 354.155.526.561.582.573.174.375. 음년..825.842.645.546.581.562.553. 154.355.526.561.582.573.174.375.
665	양년..513.114.315.641.622.613.214. 415.316. 음년..513.114.315.641.622.613.214. 415.316.
666	양년..611.632.643.244.445.346.652. 855.872.883.484.285.186.141.122. 음년..611.632.643.244.445.346.672. 875.852.863.464.265.166.121.142.
671	양년..362.165.182.173.574.775.876. 831.812.353.754.555.656.611.632. 음년..382.185.162.153.554.755.856. 811.832.353.754.555.656.611.632.
672	양년..276.231.212.553.154.355.456. 411.432.164.365.466.421.442.433. 음년..256.211.232.553.154.355.456. 411.432.164.365.466.421.442.433.
673	양년..121.142,133.665.566.521.542. 533.134. 음년..121.142,133.665.566.521.542. 533.134.
674	양년..525.626.661.682.673.274.726. 713.816.851.872.883.484.285.186. 음년..525.626.661.682.673.274.826. 813.716.751.772.783.384.185.286.
675	양년..424.225.126.741.722.713.314. 115.216. 음년..324.125.226.741.722.713.314. 115.216.
676	양년..711.732.743.344.145.246.752. 555.572.583.184.385.486.441.422. 음년..711.732.743.344.145.246.772. 575.552.563.164.365.466.421.442.
681	양년..776.731.712.453.854.655.556. 511.532. 음년..756.711.732.453.854.655.556. 511.532.
682	양년..356.311.332.264.465.366.321. 342.333. 음년..356.311.332.264.465.366.321. 342.333.
683	양년..221.242.233.565.666.621.642. 633.234. 음년..221.242.233.565.666.621.642. 633.234.
684	양년..582.573.174.726.761.782.773. 374.175. 음년..582.573.174.726.761.782.773. 374.175.
685	양년..414.215.116. 음년..414.215.116.
686	양년..852.655.672.683.284.485.386. 341.322 음년..872.675.652.663.264.465.366. 321.342.
711	양년..531.512.523.124.325.426.552. 563.164.365.466.421.573.676.683.284.485. 386.341.322.313. 음년..531.512.523.124.325.426.552. 563.164.365.466.421.583.686.673.274.475. 376.331.312.323.
712	양년..565.666.621.383.486.473.874. 675.576.531.512.523.374.331.734.535.636. 671.652.663.264. 음년..565.666.621.373.476.483.884. 685.586.541.522.513.774.731.334.135.236. 271.252.263.664.
713	양년..841.822.813.674.631.234.435. 336.371.352.363.764.275.252.455.356.311. 332.343.744.545. 음년..831.812.823.274.231.634.835. 736.771.752.763.364.475.452.255.156.111. 132.143.544.745.
714	양년..134.171.574.775.876.831.812. 823.424.335.312.115.216.251.272.283.684. 885.136.143.246.281.262.253. 음년..534.571.174.375.476.431.412. 423.824.135.112.315.416.451.472.483.884. 685.236.243.146.181.162.153.
715	양년..872.883.484.355.372.175.276. 231.212.223.624.825.156.163.266.221.242. 233.634.835.736.111.132.143. 음년..472.483.884.155.172.375.476. 431.412.423.824.625.256.263.166.121.142. 133.534.735.836.111.132.143.
716	양년..186.173.276.231.212.223.624. 825.726.141.122.113.514.715.816.162.153. 554.755.856.811. 음년..286.273.176.131.112.123.524. 725.826.141.122.113.514.715.816.162.153. 554.755.856.811.
721	양년..652.663.264.465.366.321.673. 576.583.184.385.486.441.422.413. 음년..652.663.264.465.366.321.683. 586.573.174.375.476.431.412.423.
722	양년..774.575.676.631.612.623.474. 431.834.635.536.571.552.563.164. 음년..784.585.686.641.622.613.874. 831.434.235.136.171.152.163.564.
723	양년..741.722.713.574.531.134.335. 436.471.452.463.864.175.152.355.456.411. 432.443.844.645. 음년..731.712.723.174.131.534.735. 836.871.852.863.464.375.352.155.256.211. 232.243.644.845.
724	양년..475.376.331.312.323.724.235. 212.415.316.351.372.383.784.585.136.171. 152.163.564.765. 음년..875.776.731.712.723.324.435. 412.215.116.151.172.183.584.785.136.171. 152.163.564.765.
725	양년..255.272.475.376.331.312.323. 724.525.156.111.132.143.544.745.211.232. 243.644.845.746. 음년..455.472.275.176.131.112.123. 524.725.156.111.132.143.544.745.211.232. 243.644.845.746.
726	양년..113.514.715.241.222.213.614. 815.716.262.253.654.855.756.711. 음년..113.514.715.241.222.213.614. 815.716.262.253.654.855.756.711.

원괘효	남녀 1세. 2세. 3세. 4세. 5세. 6세. 7세 8세 9세	10새.11세.12세.13세14세15세16세17세18세19세	20세21세22세.23세24세
731	양년..731.334.371.352.363.764.565.666.621.	712.723.324.125.226.261.743.846.833.434.	235.136.171.152.163.
	음년..771.374.331.312.323.724.525.626.661.	712.723.324.125.226.261.733.836.843.444.	245.146.181.162.153.
732	양년..712.723.324.125.226.261.733.836.843.	444.245.146.181.162.153.334.135.236.271.	252.263.535.636.671.
	음년..712.723.324.125.226.261.743.846.833.	434.235.136.171.152.163.334.135.236.271.	252.263.535.636.671.
733	양년..733.836.843.444.245.146.181.162.153.	334.135.236.271.252.263.535.636.671.652.	663.264.836.843.746.
	음년..743.846.833.434.235.136.171.152.163.	334.135.236.271.252.263.535.636.671.652.	663.264.736.743.846.
734	양년..334.135.236.271.252.263.535.636.671.	652.663.264.736.743.846.881.862.853.454.	255.156.771.374.331.
	음년..334.135.236.271.252.263.535.636.671.	652.663.264.836.843.746.781.762.753.354.	155.256.731.334.371.
735	양년..535.636.671.652.663.264.736.743.846.	881.862.853.454.255.156.771.374.331.312.	323.724.525.626.661.
	음년..535.636.671.652.663.264.836.843.746.	781.762.753.354.155.256.731.334.371.352.	363.764.565.666.621
736	양년..736.743.846.881.862.853.454.255.156.	771.374.331.312.323.724.525.626.661.712.	723.324.125.226.261.
	음년..836.843.746.781.762.753.354.155.256.	731.334.371.352.363.764.565.666.621.712.	723.324.125.226.261.
741	양년..741.344.381.362.353.754.555.656.611.	722.713.314.115.216.251.733.334.135.236.	271.252.344.145.246.
	음년..781.384.341.322.313.714.515.616.651.	722.713.314.115.216.251.733.334.135.236.	271.252.344.145.246.
742	양년..722.713.314.115.216.251.733.334.135.	236.271.252.344.145.246.281.262.253.545.	646.681.662.653.254.
	음년..722.713.314.115.216.251.733.334.135.	236.271.252.344.145.246.281.262.253.545.	646.681.662.653.254.
743	양년..733.334.135.236.271.252.344.145.246.	281.262.253.545.646.681.662.653.254.746.	733.836.871.852.863.
	음년..733.334.135.236.271.252.344.145.246.	281.262.253.545.646.681.662.653.254.846.	833.736.771.752.763.
744	양년..344.145.246.281.262.253.545.646.681.	662.653.254.746.733.836.871.852.863.464.	265.166.781.384.341.
	음년..344.145.246.281.262.253.545.646.681.	662.653.254.846.833.736.771.752.763.364.	165.266.741.344.381.
745	양년..545.646.681.662.653.254.746.733.836.	871.852.863.464.265.166.781.384.341.322.	313.714.515.616.651.
	음년..545.646.681.662.653.254.846.833.736.	771.752.763.364.165.266.781.384.341.322.	313.714.515.616.651.
746	양년..746.733.836.871.852.863.464.265.166.	781.384.341.322.313.714.515.616.651.722.	713.314.115.216.251.
	음년..846.833.736.771.752.763.364.165.266.	741.344.381.362.353.754.555.656.611.722.	713.314.115.216.251.
751	양년..711.732.743.344.145.246.752.555.572.	583.184.385.486.441.422.763.866.853.454.	255.156.111.132.143.
	음년..711.732.743.344.145.246.772.575.552.	563.164.365.466.421.442.753.856.863.464.	265.166.121.142.133.
752	양년..752.555.572.583.184.385.486.441.422.	763.866.853.454.255.156.111.132.143.354.	155.256.211.232.243.
	음년..772.575.552.563.164.365.466.421.442.	753.856.863.464.265.166.121.142.133.354.	155.256.211.232.243.
753	양년..753.856.863.464.265.166.121.142.133.	354.155.256.211.232.243.555.656.611.632.	643.244.856.863.766.
	음년..763.866.853.454.255.156.111.132.143.	354.155.256.211.232.243.555.656.611.632.	643.244.756.763.866.
754	양년..354.155.256.211.232.243.555.656.611.	632.643.244.756.763.866.821.842.833.434.	235.136.711.732.743.
	음년..354.155.256.211.232.243.555.656.611.	632.643.244.856.863.766.721.742.733.334.	135.236.711.732.743.
755	양년..555.656.611.632.643.244.756.763.866.	821.842.833.434.235.136.711.732.743.344.	145.246.772.575.552.
	음년..555.656.611.632.643.244.856.863.766.	721.742.733.334.135.236.711.732.743.344.	145.246.752.555.572.
756	양년..756.763.866.821.842.833.434.235.136.	711.732.743.344.145.246.772.575.552.563.	164.365.466.421.442.
	음년..856.863.766.721.742.733.334.135.236.	711.732.743.344.145.246.752.555.572.583.	184.385.486.441.422.
761	양년..721.742.733.334.135.236.762.565.582.	573.174.375.476.431.412.753.354.155.256.	211.232.364.165.266.
	음년..721.742.733.334.135.236.782.585.562.	553.154.355.456.411.432.753.354.155.256.	211.232.364.165.266.
762	양년..762.565.582.573.174.375.476.431.412.	753.354.155.256.211.232.364.165.266.221.	242.233.565.666.621.
	음년..782.585.562.553.154.355.456.411.432.	753.354.155.256.211.232.364.165.266.221.	242.233.565.666.621.
763	양년..753.354.155.256.211.232.364.165.266.	221.242.233.565.666.621.642.633.234.766.	753.856.811.832.843.
	음년..753.354.155.256.211.232.364.165.266.	221.242.233.565.666.621.642.633.234.866.	853.756.711.732.743.
764	양년..364.165.266.221.242.233.565.666.621.	642.633.234.766.753.865.811.832.843.444.	345.146.721.742.733.
	음년..364.165.266.221.242.233.565.666.621.	642.633.234.866.853.756.711.732.743.344.	145.246.721.742.733.
765	양년..565.666.621.642.633.234.766.753.865.	811.832.843.444.345.146.721.742.733.334.	135.236.782.585.562.
	음년..565.666.621.642.633.234.866.853.756.	711.732.743.344.145.246.721.742.733.334.	135.236.762.565.582.
766	양년..766.753.856.811.832.843.444.245.146.	721.742.733.334.135.236.782.585.562.553.	154.355.456.411.432.
	음년..866.853.756.711.732.743.344.145.246.	721.742.733.334.135.236.762.565.582.573.	174.375.476.431.412.
771	양년..731.712.723.324.125.226.752.763.364.	165.266.221.773.876.883.484.285.186.141.	122.113.374.175.276.
	음년..731.712.723.324.125.226.752.763.364.	165.266.221.783.886.873.474.275.176.131.	112.123.374.175.276.
772	양년..752.763.364.165.266.221.773.876.883.	484.285.186.141.122.113.374.175.276.231.	212.223.575.676.631.
	음년..752.763.364.165.266.221.783.886.873.	474.275.176.131.112.123.374.175.276.231.	212.223.575.676.631.
773	양년..773.876.883.484.285.186.141.122.113.	374.175.276.231.212.223.575.676.631.612.	623.224.876.883.786.
	음년..783.886.873.474.275.176.131.112.123.	374.175.276.231.212.223.575.676.631.612.	623.224.776.783.886.
774	양년..374.175.276.231.212.223.575.676.631.	612.623.224.776.783.886.841.822.813.414.	215.116.731.712.723.
	음년..374.175.276.231.212.223.575.676.631.	612.623.224.876.883.786.741.722.713.314.	115.216.731.712.723.
775	양년..575.676.631.612.623.224.776.783.886.	841.822.813.414.215.116.731.712.723.324.	125.226.752.763.364.
	음년..575.676.631.612.623.224.876.883.786.	741.722.713.314.115.216.731.712.723.324.	125.226.752.763.364.
776	양년..776.783.886.841.822.813.414.215.116.	731.712.723.324.125.226.752.763.364.165.	266.221.783.886.873.
	음년..876.883.786.741.722.713.314.115.216.	731.712.723.324.125.226.752.763.364.165.	266.221.773.876.883.

원괘효	남녀	25세	26세	27세	28세	29세.	30세.	31세	32세	33세	34세	35세	36세.	37세	38세	39세	40세	41세	42세	43세	44세.	45세.	46세	47세	48세
731	양년	..334.135.236.271.252.					263.535.636.671.652.663.264.736.743.846.										881.862.853.454.255.156.374.175.276.									
	음년	..334.135.236.271.252.					263.535.636.671.652.663.264.836.843.746.										781.762.753.354.155.256.374.175.276.									
732	양년	..652.663.264.836.843.					746.781.762.753.354.155.256.731.334.371.										352.363.764.565.666.621.375.352.155.									
	음년	..652.663.264.736.743.					846.881.862.853.454.255.156.771.374.331.										312.323.724.525.626.661.175.152.355.									
733	양년	..781.762.753.354.155.					256.731.334.371.352.363.764.565.666.621.										712.723.324.125.226.261.376.331.312.									
	음년	..881.862.853.454.255.					156.771.374.331.312.323.724.525.626.661.										712.723.324.125.226.261.376.331.312.									
734	양년	..352.363.764.565.666.					621.712.723.324.125.226.261.733.836.843.										444.245.146.181.162.153 371.774.731.									
	양년	..312.323.724.525.626.					661.712.723.324.125.226.261.743.846.833.										434.235.136.171.152.163.331.734.771.									
735	양년	..712.723.324.125.226.					261.733.836.843.444.245.146.181.162.153.										334.135.236.271.252.263.372.175.152.									
	음년	..712.723.324.125.226.					261.743.846.833.434.235.136.171.152.163.										334.135.236.271.252.263.352.155.172.									
736	양년	..733.836.843.444.245.					146.181.162.153.334.135.236.271.252.263.										535.636.671.652.663.264.373.774.575.									
	음년	..743.846.833.434.235.					136.171.152.163.334.135.236.271.252.263.										535.636.671.652.663.264.373.774.575.									
741	양년	..281.262.253.545.646.					681.662.653.254.846.833.736.771.752.763.										364.165.266.474.275.176.131.112.123.									
	음년	..281.262.253.545.646.					681.662.653.254.746.733.836.871.852.863.										464.265.166.474.275.176.131.112.123.									
742	양년	..746.733.836.871.852.					863.464.265.166.781.384.341.322.313.714.										515.616.651.275.252.455.356.311.332.									
	음년	..846.833.736.771.752.					763.364.165.266.741.344.381.362.353.754.										555.656.611.475.452.255.156.111.132.									
743	양년	..464.265.166.781.384.					341.322.313.714.515.616.651.722.713.314.										115.216.251.376.383.486.441.422.413.									
	음년	..364.165.266.741.344.					381.362.353.754.555.656.611.722.713.314.										115.216.251.476.483.386.341.322.313.									
744	양년	..322.313.714.515.616.					651.722.713.314.115.216.251.733.334.135.										236.271.252.431.834.871.852.863.464.									
	음년	..362.353.754.555.656.					611.722.713.314.115.216.251.733.334.135.										236.271.252.471.874.831.812.823.424.									
745	양년	..722.713.314.115.216.					251.733.334.135.236.271.252.344.145.246.										281.262.253.452.255.272.283.684.885.									
	음년	..722.713.314.115.216.					251.733.334.135.236.271.252.344.145.246.										281.262.253.472.275.252.263.664.865.									
746	양년	..733.334.135.236.271.					252.344.145.246.281.262.253.545.646.681.										662.653.254.473.874.675.576.531.512.									
	음년	..733.334.135.236.271.					252.344.145.246.281.262.253.545.646.681.										662.653.254.473.874.675.576.531.512.									
751	양년	..354.155.256.211.232					.243.555.656.611.632.643.244.756.763.866.										821.842.833.434.235.136.574.531.134.									
	음년	..354.155.256.211.232					243.555.656.611.632.643.244.856.863.766.										721.742.733.334.135.236.174.131.534.									
752	양년	..555.656.611.632.643.					244.756.763.866.821.842.833.434.235.136.										711.732.743.344.145.246.575.676.631.									
	음년	..555.656.611.632.643.					244.856.863.766.721.742.733.334.135.236.										711.732.743.344.145.246.575.676.631.									
753	양년	..721.742.733.334.135.					236.711.732.743.344.145.246.752.555.572.										583.184.385.486.441.422.576.531.512.									
	음년	..821.842.833.434.235.					136.711.732.743.344.145.246.772.575.552.										563.164.365.466.421.442.576.531.512.									
754	양년	..344.145.246.772.575.					552.563.164.365.466.421.442.753.856.863.										464.265.166.121.142.133.571.174.131.									
	음년	..344.145.246.752.555.					572.583.184.385.486.441.422.866.853.										454.255.156.111.132.143.531.132.143.171.									
755	양년	..563.164.365.466.421.					442.753.856.863.464.265.166.121.142.133.										354.155.256.211.232.243.572.775.752.									
	음년	..583.184.385.486.441.					422.763.866.853.454.255.156.111.132.143.										354.155.256.211.232.243.552.755.772.									
756	양년	..753.856.863.464.265.					166.121.142.133.354.155.256.211.232.243.										555.656.611.632.643.244.573.174.375.									
	음년	..763.866.853.454.255.					156.111.132.143.354.155.256.211.232.243.										555.656.611.632.643.244.573.174.375.									
761	양년	..221.242.233.565.666.					621.642.633.234.866.853.756.711.732.743.										344.145.246.274.231.634.835.736.771.									
	음년	..221.242.233.565.666.					621.642.633.234.766.753.865.811.832.843.										344.345.146.674.631.234.435.336.371.									
762	양년	..642.633.234.866.853.					756.711.732.743.344.145.246.721.742.733.										334.135.236.675.576.531.512.523.124.									
	음년	..642.633.234.766.753.					865.811.832.843.444.345.146.721.742.733.										334.135.236.675.576.531.512.523.124.									
763	양년	..444.245.146.721.742.					733.334.135.236.782.585.562.553.154.355.										456.411.432.576.583.686.641.622.613.									
	음년	..344.145.246.721.742.					733.334.135.236.762.565.582.573.174.375.										476.431.412.676.683.586.541.522.513.									
764	양년	..334.135.236.782.585.					562.553.154.355.456.411.432.753.354.155.										256.211.232.631.234.271.252.263.664.									
	음년	..334.135.236.762.565.					582.573.174.375.476.431.412.753.354.155.										256.211.232.671.274.231.212.223.624.									
765	양년	..553.154.355.456.411.					432.753.354.155.256.211.232.364.165.266.										221.242.233.652.855.872.883.484.285.									
	음년	..573.174.375.476.431.					412.753.354.155.256.211.232.364.165.266.										221.242.233.672.875.852.863.464.265.									
766	양년	..753.354.155.256.211.					232.364.165.266.221.242.233.565.666.621.										642.633.234.673.274.475.376.331.312.									
	음년	..753.354.155.256.211.					232.364.165.266.221.242.233.565.666.621.										642.633.234.673.274.475.376.331.312.									
771	양년	..231.212.223.575.676.					631.612.623.224.876.883.786.741.722.713.										314.115.216.374.331.734.535.636.671.									
	음년	..231.212.223.575.676.					631.612.623.224.776.783.886.841.822.813.										414.215.116.774.731.334.135.236.271.									
772	양년	..612.623.224.876.883.					786.741.722.713.314.115.216.731.712.723.										324.125.226.575.552.755.856.811.832.									
	음년	..612.623.224.776.783.					886.841.822.813.414.215.116.731.712.723.										324.125.226.775.752.555.656.611.632.									
773	양년	..741.722.713.314.115.					216.731.712.723.324.125.226.752.763.364.										165.266.221.776.731.712.723.324.125.									
	음년	..841.822.813.414.215.					116.731.712.723.324.125.226.752.763.364.										165.266.221.776.731.712.723.324.125.									
774	양년	..324.125.226.752.763.					364.165.266.221.783.886.873.474.275.176.										131.112.123.731.334.371.352.363.764.									
	음년	..324.125.226.752.763.					364.165.266.221.773.876.883.484.285.186.										141.122.113.771.374.331.312.323.724.									
775	양년	..165.266.221.783.886.					873.474.275.176.131.112.123.374.175.276.										231.212.223.752.555.572.583.184.385.									
	음년	..165.266.221.773.876.					883.484.285.186.141.122.113.374.175.276.										231.212.223.772.575.552.563.164.365.									
776	양년	..474.275.176.131.112.					123.374.175.276.231.212.223.575.676.631.										612.623.224.773.374.175.276.231.212.									
	음년	..484.285.186.141.122.					113.374.175.276.231.212.223.575.676.631.										612.623.224.773.374.175.276.231.212.									

원괘효	남녀	49세	50세51세52세53세.54세55세.56세57세58새.59세.	60세61세62세63세64세65세66세67세68세.69세	70세.71세72세
731	양년	231.	212.223.575.676.631.612.623.224.876.883.	786.741.722.713.314.115.216.731.712.723.	324.125.226.
731	음년	231.	212.223.575.676.631.612.623.224.776.783.	886.841.822.813.414.215.116.731.712.723.	324.125.226.
732	양년	256.	211.232.243.644.845.176.183.286.241.222.	213.614.815.716.131.112.123.524.725.826.	152.163.564.
732	음년	456.	411.432.443.844.645.276.283.186.141.122.	113.514.715.816.131.112.123.524.725.826.	152.163.564.
733	양년	323.	724.525.431.412.423.824.625.526.452.463.	864.665.566.521.483.386.373.774.575.676.	631.612.623.
733	음년	323.	724.525.431.412.423.824.625.526.452.463.	864.665.566.521.473.376.383.784.585.686.	641.622.613.
734	양년	712.	723.324.125.226.261.312.323.724.525.626.	661.333.436.443.844.645.546.581.562.553.	734.771.374.
734	음년	752.	763.364.165.266.221.312.323.724.525.626.	661.343.446.433.834.635.536.571.552.563.	334.371.774.
735	양년	163.	564.765.866.821.842.353.456.463.864.665.	566.521.542.533.754.711.314.115.216.251.	272.283.684.
735	음년	183.	584.785.886.841.822.363.466.453.854.655.	556.511.532.543.354.311.714.515.616.651.	672.683.284.
736	양년	676.	631.612.784.741.344.145.246.281.262.253.	654.185.286.241.222.213.614.386.373.476.	431.412.423.
736	음년	676.	631.612.384.341.744.545.646.681.662.653.	254.185.286.241.222.213.614.486.473.376.	331.312.323.
741	양년	675.	576.531.512.523.124.776.731.712.723.324.	125.831.812.823.424.225.126.852.863.464.	265.166.121.
741	음년	675.	576.531.512.523.124.776.731.712.723.324.	125.831.812.823.424.225.126.852.863.464.	265.166.121.
742	양년	343.	744.545.176.131.112.123.524.725.231.212.	223.624.825.726.252.263.664.865.766.721.	283.186.173.
742	음년	143.	544.745.176.131.112.123.524.725.231.212.	223.624.825.726.252.263.664.865.766.721.	273.176.183.
743	양년	814.	615.516.331.312.323.724.525.626.352.363.	764.564.666.621.383.486.473.874.675.576.	531.512.523.
743	음년	714.	515.516.331.312.323.724.525.626.352.363.	764.564.666.621.373.476.483.884.685.586.	541.522.513.
744	양년	265.	166.121.412.423.824.625.526.561.443.346.	333.734.535.636.671.652.663.434.471.874.	675.576.531.
744	음년	225.	126.161.412.423.824.625.526.561.433.336.	343.744.545.646.681.662.653.834.871.474.	275.176.131.
745	양년	786.	741.722.463.366.353.754.555.656.611.632.	643.454.411.814.615.516.551.572.583.184.	255.156.111.
745	음년	766.	721.742.453.356.363.764.565.666.621.642.	633.854.811.414.215.116.151.172.183.584.	255.156.111.
746	양년	484.	441.844.645.546.581.562.553.154.285.186.	141.122.113.514.386.341.322.313.714.515.	441.422.413.
746	음년	884.	841.444.245.146.181.162.153.554.285.186.	141.122.884.841.444.245.146.313.714.515.	441.422.413.
751	양년	335.	436.471.452.463.864.175.152.355.456.411.	432.443.844.645.276.283.186.141.122.113.	614.815.716.
751	음년	735.	836.871.852.863.464.375.352.155.256.211.	232.243.644.845.176.183.286.241.222.213.	614.815.716.
752	양년	612.	623.224.876.883.786.741.722.713.314.115.	216.731.712.723.324.125.226.752.763.364.	165.266.221.
752	음년	612.	623.224.776.783.886.841.822.813.414.215.	116.731.712.723.324.125.226.752.763.364.	165.266.221.
753	양년	523.	124.325.631.612.623.224.425.326.652.663.	264.465.366.321.683.586.573.174.375.476.	431.412.423.
753	음년	523.	124.325.631.612.623.224.425.326.652.663.	264.465.366.321.673.576.583.184.385.486.	441.422.413.
754	양년	112.	123.524.725.826.861.512.523.124.325.426.	461.533.636.643.244.445.346.381.362.353.	134.335.436.
754	음년	152.	163.564.765.866.821.512.523.124.325.426.	461.543.646.633.234.435.336.371.352.363.	134.335.436.
755	양년	763.	364.165.266.221.242.553.656.663.264.465.	366.321.342.333.154.355.456.411.432.443.	755.772.575.
755	음년	783.	384.185.286.241.222.563.666.653.254.455.	356.311.332.343.154.355.456.411.432.443.	555.572.775.
756	양년	476.	431.412.184.385.486.441.422.413.785.762.	565.666.621.642.633.234.435.586.573.676.	631.612.623.
756	음년	476.	431.412.184.385.486.441.422.413.585.562.	765.866.821.842.833.434.235.686.673.576.	531.512.523.
761	양년	752.	763.364.475.452.255.156.111.132.143.544.	745.176.131.112.123.524.725.231.212.223.	624.825.726.
761	음년	352.	363.764.275.252.455.356.311.332.343.744.	545.176.131.112.123.524.725.231.212.223.	624.825.726.
762	양년	776.	731.712.723.324.125.831.812.823.424.225.	126.852.863.464.265.166.121.873.776.783.	384.185.286.
762	음년	776.	731.712.723.324.125.831.812.823.424.225.	126.852.863.464.265.166.121.883.786.773.	374.175.276.
763	양년	214.	415.316.531.512.523.124.325.426.552.563.	164.365.466.421.583.686.673.274.475.376.	331.312.323.
763	음년	114.	315.416.531.512.523.124.325.426.552.563.	164.365.466.421.573.676.683.284.485.386.	341.322.313.
764	양년	865.	766.721.612.623.224.425.326.361.643.546.	533.134.335.436.471.452.463.234.435.336.	371.352.363.
764	음년	825.	726.761.612.623.224.425.326.361.633.536.	543.144.345.446.481.462.453.234.435.336.	371.352.363.
765	양년	186.	141.122.663.566.553.154.355.456.411.432.	443.254.455.356.311.332.343.655.672.875.	776.731.712.
765	음년	166.	121.142.653.566.553.154.355.466.421.442.	443.254.455.356.311.332.343.655.672.875.	776.531.512.
766	양년	284.	485.386.341.322.313.685.662.865.766.721.	742.733.334.135.586.541.522.513.114.315.	641.622.613.
766	음년	284.	485.386.341.322.313.885.862.665.566.521.	542.533.134.335.586.541.522.513.114.315.	641.622.613.
771	양년	652.	663.264.175.276.231.212.223.624.476.483.	386.341.322.313.714.515.616.331.312.323.	724.525.626.
771	음년	252.	263.664.175.276.231.212.223.624.376.383.	486.441.422.413.814.615.516.331.312.323.	724.525.626.
772	양년	843.	444.245.676.683.586.541.522.513.114.315.	416.531.512.523.124.325.426.552.563.164.	365.466.421.
772	음년	643.	244.445.576.583.686.641.622.613.214.415.	316.531.512.523.124.325.426.552.563.164.	365.466.421.
773	양년	831.	812.823.424.225.126.852.863.464.265.166.	121.873.776.783.384.185.286.241.222.213.	474.375.176.
773	음년	831.	812.823.424.225.126.852.863.464.265.166.	121.883.786.773.374.175.276.231.212.223.	474.375.176.
774	양년	565.	666.621.712.723.324.125.226.261.743.846.	833.434.235.136.171.152.163.334.135.236.	271.252.263.
774	음년	525.	626.661.712.723.324.125.226.261.733.836.	843.444.245.146.181.162.153.334.135.236.	271.252.263.
775	양년	486.	441.422.763.866.853.454.255.156.111.132.	143.354.155.256.211.232.243.555.656.611.	632.643.244.
775	음년	466.	421.442.753.856.863.464.265.166.121.142.	133.354.155.256.211.232.243.555.656.611.	632.643.244.
776	양년	384.	185.286.241.222.213.585.686.641.622.613.	214.786.773.876.831.812.823.424.225.126.	741.722.713.
776	음년	384.	185.286.241.222.213.585.686.641.622.613.	214.886.873.776.731.712.723.324.125.226.	741.722.713.

원괘효	남녀	73세74세75세76세.77세.78세.79세	80세81세82세83세84세85세86세87세88세.89세.	90세91세92세93세94세.95세96세
731	양년 음년	..752.763.364.165.266.221.773. ..752.763.364.165.266.221.783.	876.883.484.285.186.141.122.113. 886.873.474.275.176.131.112.123.	
732	양년 음년	..765.866.821.183.286.273.674. ..765.866.821.173.276.283.684.	875.776.731.712.723.174.131.534.735.836. 885.786.741.722.713.574.531.134.335.436.	871.852.863.464. 471.452.463.864.
733	양년 음년	..474.431.834.635.536.571.552. ..874.831.434.235.136.171.152.	563.164.275.176.131.112.123.524. 163.564.275.176.131.112.123.524.	
734	양년 음년	..175.276.231.212.223.624.135. ..575.676.631.612.623.224.135.	236.271.252.263.664.336.343.446.481.462. 236.271.252.263.664.436.443.346.381.362.	453.854.655.556. 353.754.555.656.
735	음년 양년	..155.256.211.232.243.644.356. ..155.256.211.232.243.644.456.	363.466.421.442.433.834.635.536.311.332. 463.366.321.342.333.734.535.636.311.332.	343.744.545.646. 343.744.545.646.
736	양년 음년	..824.625.526.341.322.313.714. ..724.525.626.341.322.313.714.	515.616.362.353.754.555.656.611. 515.616.362.353.754.555.656.611.	
741	양년 음년	..873.776.783.384.185.286.241. ..883.786.773.374.175.276.231.	222.213. 212.223.	
742	양년 음년	..574.775.876.831.812.823.274. ..584.785.886.841.822.813.674.	231.634.835.736.771.752.763.364. 631.234.435.336.371.352.363.764.	
743	양년 음년	..374.331.734.535.636.671.652. ..774.731.334.135.236.271.252.	663.264.175.276.231.212.223.624. 263.664.175.276.231.212.223.624.	
744	양년 음년	..512.523.124.235.136.171.152. ..112.123.524.235.136.171.152.	163.564.336.371.352.363.764.565. 163.564.336.371.352.363.764.565.	
745	양년 음년	..132.143.544.356.311.332.343. ..132.143.544.356.311.332.343.	744.545.411.432.443.844.645.546. 744.545.411.432.443.844.645.546.	
746	양년 음년	..814.615.516.462.453.854.655. ..814.615.516.462.453.854.655.	556.511. 556.511.	
751	양년 음년	..131.112.123.524.725.826.152. ..131.112.123.524.725.826.152.	163.564.765.866.821.173.276.283.684.885. 163.564.765.866.821.183.286.273.674.875.	786.741.722.713. 776.731.712.723.
752	양년 음년	..773.876.883.484.285.186.141. ..783.886.873.474.275.176.131.	122.113.374.175.276.231.212.223. 112.123.374.175.276.231.212.223.	
753	양년 음년	..274.475.376.331.312.323.675. ..274.475.376.331.312.323.875.	652.855.756.711.732.743.344.145. 852.655.556.511.532.543.144.345.	
754	양년 음년	..471.452.463.735.712.515.616. ..471.452.463.535.512.715.816.	651.672.683.284.485.536.543.646.681.662. 851.872.883.484.285.636.643.546.581.561.	653.254.455.356. 553.154.355.456.
755	양년 음년	..676.631.612.623.224.425.556. ..876.831.812.823.424.225.656.	563.666.621.642.633.234.435.336.511.532. 663.566.521.542.533.134.335.436.511.532.	543.144.345.446. 543.144.345.446.
756	양년 음년	..224.425.326.541.522.513.114. ..124.325.426.541.522.513.114.	315.416.562.553.154.355.456.411. 315.416.562.553.154.355.456.411.	
761	양년 음년	..252.263.664.865.766.721.273. ..252.263.664.865.766.721.283.	176.183.584.785.886.841.822.813. 186.173.574.775.876.831.812.823.	
762	양년 음년	..241.222.213.474.375.176.131. ..231.212.223.474.375.176.131.	112.123. 112.123.	
763	양년 음년	..174.375.476.431.412.423.575. ..174.375.476.431.412.423.775.	552.755.856.811.832.843.444.245. 752.555.656.611.632.643.244.445.	
764	양년 음년	..835.812.615.516.551.572.583. ..635.612.815.716.751.772.783.	184.385.536.571.552.563.164.365. 384.185.536.571.552.563.164.365.	
765	양년 음년	..723.324.125.556.511.532.543. ..523.124.325.556.511.532.543.	144.345.611.632.643.244.445.346. 144.345.611.632.643.244.445.346.	
766	양년 음년	..214.415.316.662.653.254.455. ..214.415.316.662.653.254.455.	356.311. 356.311.	
771	양년 음년	..352.363.764.564.666.621.373. ..352.363.764.564.666.621.383.	476.483.884.685.586.541.522.513. 486.473.874.675.576.531.512.523.	
772	양년 음년	..573.676.683.284.485.386.341. ..583.686.673.274.475.376.331.	322.313.174.375.476.431.412.423. 312.323.174.375.476.431.412.423.	
773	양년 음년	..131.112.123.675.576.531.512. ..131.112.123.675.576.531.512.	523.124. 523.124.	
774	양년 음년	..535.636.671.652.663.264.736. ..535.636.671.652.663.264.836.	743.846.881.862.853.454.255.156. 843.746.781.762.753.354.155.256.	
775	양년 음년	..756.763.866.821.842.833.434. ..856.863.766.721.742.733.334.	235.136.711.732.743.344.145.246. 135.236.711.732.743.344.145.246.	
776	양년 음년	..314.115.216.762.753.354.155. ..314.115.216.762.753.354.155.	256.211. 256.211.	

원괘효	남녀 1세. 2세. 3세. 4세. 5세. 6세. 7세 8세 9세	10세.11세.12세.13세14세15세16세17세18세19세	20세21세22세.23세24세
781	양년..741.722.713.314.115.216.762.753.354.	155.256.211.773.374.175.276.231.212.384.	185.286.241.222.213.
	음년..741.722.713.314.115.216.762.753.354.	155.256.211.773.374.175.276.231.212.384.	185.286.241.222.213.
782	양년..762.753.354.155.256.211.773.374.175.	276.231.212.384.185.286.241.222.213.585.	686.641.622.613.214.
	음년..762.753.354.155.256.211.773.374.175.	276.231.212.384.185.286.241.222.213.585.	686.641.622.613.214.
783	양년..773.374.175.276.231.212.384.185.286.	241.222.213.585.686.641.622.613.214.786.	773.876.831.812.823.
	음년..773.374.175.276.231.212.384.185.286.	241.222.213.585.686.641.622.613.214.886.	873.776.731.712.723.
784	양년..384.185.286.241.222.213.585.686.641.	622.613.214.786.773.876.831.812.823.424.	225.126.741.722.713.
	음년..384.185.286.241.222.213.585.686.641.	622.613.214.886.873.776.731.712.723.324.	125.226.741.722.713.
785	양년..585.686.641.622.613.214.786.773.876.	831.812.823.424.225.126.741.722.713.314.	115.216.762.753.354.
	음년..585.686.641.622.613.214.886.873.776.	731.712.723.324.125.226.741.722.713.314.	115.216.762.753.354.
786	양년..786.773.876.831.812.823.424.225.126.	741.722.713.314.115.216.762.753.354.155.	256.211.773.374.175.
	음년..886.873.776.731.712.723.324.125.226.	741.722.713.314.115.216.762.753.354.155.	256.211.773.374.175.
811	양년..811.414.451.472.483.884.685.586.541.	832.635.612.623.224.425.326.361.382.813.	716.723.324.125.226.
	음년..851.454.411.432.443.844.645.546.581.	812.615.632.643.244.445.346.381.362.823.	726.713.314.115.216.
812	양년..812.615.632.643.244.445.346.381.362.	823.726.713.314.115.216.251.272.283.414.	215.116.151.172.183.
	음년..832.635.612.623.224.425.326.361.382.	813.716.723.324.125.226.261.282.273.414.	215.116.151.172.183.
813	양년..813.716.723.324.125.226.261.282.273.	414.215.116.151.172.183.615.516.551.572.	583.184.716.751.772.
	음년..823.726.713.314.115.216.251.272.283.	414.215.116.151.172.183.615.516.551.572.	583.184.716.751.772.
814	양년..414.215.116.151.172.183.615.516.551.	572.583.184.716.751.772.783.384.185.811.	414.451.472.483.884.
	음년..414.215.116.151.172.183.615.516.551.	572.583.184.716.751.772.783.384.185.851.	454.411.432.443.844.
815	양년..615.516.551.572.583.184.716.751.772.	783.384.185.811.414.451.472.483.884.685.	586.541.832.635.612.
	음년..615.516.551.572.583.184.716.751.772.	783.384.185.851.454.411.432.443.844.645.	546.581.812.615.632.
816	양년..716.751.772.783.384.185.811.414.451.	472.483.884.685.586.541.832.635.612.623.	224.425.326.361.382.
	음년..716.751.772.783.384.185.851.454.411.	432.443.844.645.546.581.812.615.632.643.	244.445.346.381.362.
821	양년..821.424.461.482.473.874.675.576.531.	842.645.622.613.214.415.316.351.372.813.	414.215.116.151.172.
	음년..861.464.421.442.433.834.635.536.571.	822.625.642.633.234.435.336.371.352.813.	414.215.116.151.172.
822	양년..822.625.642.633.234.435.336.371.352.	813.414.215.116.151.172.424.225.126.161.	182.173.625.526.561.
	음년..842.645.622.613.214.415.316.351.372.	813.414.215.116.151.172.424.225.126.161.	182.173.625.526.561.
823	양년..813.414.215.116.151.172.424.225.126.	161.182.173.625.526.561.582.573.174.726.	761.782.773.374.175.
	음년..813.414.215.116.151.172.424.225.126.	161.182.173.625.526.561.582.573.174.726.	761.782.773.374.175.
824	양년..424.225.126.161.182.173.625.526.561.	582.573.174.726.761.782.773.374.175.821.	424.461.482.473.874.
	음년..424.225.126.161.182.173.625.526.561.	582.573.174.726.761.782.773.374.175.861.	464.421.442.433.834.
825	양년..625.526.561.582.573.174.726.761.782.	773.374.175.821.424.461.482.473.874.675.	576.531.842.645.622.
	음년..625.526.561.582.573.174.726.761.782.	773.374.175.861.464.421.442.433.834.635.	.536.571.822.625.642.
826	양년..726.761.782.773.374.175.821.424.461.	482.473.874.675.576.531.842.645.622.613.	214.415.316.351.372.
	음년..726.761.782.773.374.175.861.464.421.	442.433.834.635.536.571.822.625.642.633.	234.435.336.371.352.
831	양년..831.434.471.452.463.864.665.566.521.	812.823.424.225.126.161.843.746.733.334.	135.236.271.252.263.
	음년..871.474.431.412.423.824.625.526.561.	812.823.424.225.126.161.843.746.733.334.	135.236.271.252.263.
832	양년..812.823.424.225.126.161.833.736.743.	344.145.246.281.262.253.434.235.136.171.	152.163.635.536.571.
	음년..812.823.424.225.126.161.843.746.733.	334.135.236.271.252.263.434.235.136.171.	152.163.635.536.571.
833	양년..833.736.743.344.145.246.281.262.253.	434.235.136.171.152.163.635.536.571.552.	563.164.736.771.752.
	음년..843.746.733.334.135.236.271.252.263.	434.235.136.171.152.163.635.536.571.552.	563.164.736.771.752.
834	양년..434.235.136.171.152.163.635.536.571.	552.563.164.736.771.752.763.364.165.831.	434.471.452.463.864.
	음년..434.235.136.171.152.163.635.536.571.	552.563.164.736.771.752.763.364.165.871.	474.431.412.423.824.
835	양년..635.536.571.552.563.164.736.771.752.	763.364.165.831.434.471.452.463.864.665.	566.521.812.823.424.
	음년..635.536.571.552.563.164.736.771.752.	763.364.165.871.474.431.412.423.824.625.	526.561.812.823.424.
836	양년..736.771.752.763.364.165.831.434.471.	452.463.864.665.566.521.812.823.424.225.	126.161.843.746.733.
	음년..736.771.752.763.364.165.871.474.431.	412.423.824.625.526.561.822.813.414.215.	126.161.833.736.743.
841	양년..841.444.481.462.453.854.655.556.511.	822.813.414.215.116.151.833.434.235.136.	171.152.444.245.146.
	음년..881.484.441.422.413.814.615.516.551.	822.813.414.215.116.151.833.434.235.136.	171.152.444.245.146.
842	양년..822.813.414.215.116.151.833.434.235.	136.171.152.444.245.146.181.162.153.645.	546.581.562.553.154.
	음년..822.813.414.215.116.151.833.434.235.	136.171.152.444.245.146.181.162.153.645.	546.581.562.553.154.
843	양년..833.434.235.136.171.152.444.245.146.	181.162.153.645.546.581.562.553.154.746.	781.762.753.354.155.
	음년..833.434.235.136.171.152.444.245.146.	181.162.153.645.546.581.562.553.154.746.	781.762.753.354.155.
844	양년..444.245.146.181.162.153.645.546.581.	562.553.154.746.781.762.753.354.155.841.	444.481.462.453.854.
	음년..444.245.146.181.162.153.645.546.581.	562.553.154.746.781.762.753.354.155.881.	484.441.422.413.814.
845	양년..645.546.581.562.553.154.746.781.762.	753.354.155.841.444.481.462.453.854.655.	556.511.822.813.414.
	음년..645.546.581.562.553.154.746.781.762.	753.354.155.881.484.441.422.413.814.615.	516.551.822.813.414.
846	양년..746.781.762.753.354.155.841.444.481.	462.453.854.655.556.511.822.813.414.215.	116.151.833.434.235.
	음년..746.781.762.753.354.155.881.484.441.	422.413.814.615.516.551.822.813.414.215.	116.151.833.434.235.

원괘효	남녀 25세26세.27세28세.29세. 30세.31세32세33세34새35세36세.37세38세39세 40세41세42세43세44세.45세.46세47세48세
781	양년..585.686.641.622.613. 214.786.773.876.831.812.823.424.225.126. 874.831.434.235.136.171.152.163.564. 음년..585.686.641.622.613. 214.886.873.776.731.712.723.324.125.226. 474.431.834.635.536.571.552.563.164.
782	양년..786.773.876.831.812. 823.424.225.126.741.722.713.314.115.216. 875.852.655.556.511.532.543.144.345. 음년..886.873.776.731.712. 723.324.125.226.741.722.713.314.115.216. 675.652.855.756.711.732.743.344.145.
783	양년..424.225.126.741.722. 713.314.115.216.762.753.354.155.256.211. 876.883.786.741.722.713.314.115.216. 음년..324.125.226.741.722. 713.314.115.216.762.753.354.155.256.211. 776.783.886.841.822.813.414.215.116.
784	양년..314.115.216.762.753. 354.155.256.211.773.374.175.276.231.212. 871.474.431.412.423.824.625.526.561. 음년..314.115.216.762.753. 354.155.256.211.773.374.175.276.231.212. 831.434.471.452.463.864.665.566.521.
785	양년..155.256.211.773.374. 175.276.231.212.384.185.286.241.222.213. 872.675.652.663.264.465.366.321.342. 음년..155.256.211.773.374. 175.276.231.212.384.185.286.241.222.213. 852.655.672.683.284.485.386.341.322.
786	양년..276.231.212.384.185. 286.241.222.213.585.686.641.622.613.214. 873.474.275.176.131.112.484.285.186. 음년..276.231.212.384.185. 286.241.222.213.585.686.641.622.613.214. 873.474.275.176.131.112.484.285.186.
811	양년..261.282.273.414.215. 116.151.172.183.615.516.551.572.583.184. 716.751.772.783.384.185.184.385.486. 음년..251.272.283.414.215. 116.151.172.183.615.516.551.572.583.184. 716.751.772.783.384.185.184.385.486.
812	양년..615.516.551.572.583. 184.716.751.772.783.384.185.811.414.451. 472.483.884.685.586.541.185.286.241 음년..615.516.551.572.583. 184.716.751.772.783.384.185.851.454.411. 432.443.844.645.546.581.185.286.241.
813	양년..783.384.185.851.454. 411.432.443.844.645.546.581.812.615.632. 643.244.445.346.381.362.186.141.122. 음년..783.384.185.811.414. 451.472.483.884.685.586.541.832.635.612. 623.224.425.326.361.382.186.141.122.
814	양년..685.586.541.832.635. 612.623.224.425.326.361.382.813.716.723. 324.125.226.261.282.273.181.584.541. 음년..645.546.581.812.615. 632.643.244.445.346.381.362.823.726.713. 314.115.216.251.272.283.141.544.581
815	양년..623.224.425.326.361. 382.813.716.723.324.125.226.261.282.273. 414.215.116.151.172.183.182.385.362. 음년..643.244.445.346.381. 362.823.726.713.314.115.216.251.272.283. 414.215.116.151.172.183.162.365.382.
816	양년..813.716.723.324.125. 226.261.282.273.414.215.116.151.172.183. 615.516.551.572.583.184.183.286.273. 음년..823.726.713.314.115. 216.251.272.283.414.215.116.151.172.183. 615.516.551.572.583.184.173.276.283.
821	양년..424.225.126.161.182. 173.625.526.561.582.573.174.726.761.782. 773.374.175.284.485.386.341.322.313. 음년..424.225.126.161.182. 173.625.526.561.582.573.174.726.761.782. 773.374.175.284.485.386.341.322.313.
822	양년..582.573.174.726.761. 782.773.374.175.861.464.421.442.433.834. 635.536.571.285.186.141.122.113.514. 음년..582.573.174.726.761. 782.773.374.175.821.424.461.482.473.874. 675.576.531.285.186.141.122.113.514.
823	양년..821.424.461.482.473. 874.675.576.531.842.645.622.613.214.415. 316.351.372.186.173.276.231.212.223. 음년..861.464.421.442.433. 834.635.536.571.822.625.642.633.234.435. 336.371.352.286.273.176.131.112.<u>123</u>.
824	양년..675.576.531.842.645. 622.613.214.415.316.351.372.813.414.215. 116.151.172.241.644.681.662.653.254. 음년..635.536.571.822.625. 642.633.234.435.336.371.352.813.414.215. 116.151.172.281.684.641.622.613.214.
825	양년..613.214.415.316.351. 372.813.414.215.116.151.172.424.225.126. 161.182.173.262.465.482.473.874.675. 음년..633.234.435.336.371. 352.813.414.215.116.151.172.424.225.126. 161.182.173.282.485.462.453.854.655.
826	양년..813.414.215.116.151. 172.424.225.126.161.182.173.625.526.561. 582.573.174.273.176.183.584.785.886. 음년..813.414.215.116.151. 172.424.225.126.161.182.173.625.526.561. 582.573.174.283.186.173.574.775.876.
831	양년..434.235.136.171.152. 163.635.536.571.552.563.164.736.771.752. 763.364.165.384.185.286.241.222.213. 음년..434.235.136.171.152. 163.635.536.571.552.563.164.736.771.752. 763.364.165.384.185.286.241.222.213.
832	양년..552.563.164.736.771. 752.763.364.165.871.474.431.412.423.824. 625.526.561.185.162.365.466.421.442. 음년..552.563.164.736.771. 752.763.364.165.831.434.471.452.463.864. 665.566.521.385.362.165.266.221.242.
833	양년..763.364.165.871.474. 431.412.423.824.625.526.561.812.823.424. 225.126.161.386.341.322.313.714.515. 음년..763.364.165.831.434. 471.452.463.864.665.566.521.812.823.424. 225.126.161.386.341.322.313.714.515.
834	양년..665.566.521.812.823. 424.225.126.161.843.746.733.334.135.236. 271.252.263.341.744.781.762.753.354. 음년..625.526.561.812.823. 424.225.126.161.833.736.743.344.145.246. 281.262.253.381.784.741.722.713.314.
835	양년..225.126.161.843.746. 733.334.135.236.271.252.263.434.235.136. 171.152.163.362.165.182.173.574.775. 음년..225.126.161.833.736. 743.344.145.246.281.262.253.434.235.136. 171.152.163.382.185.162.153.554.755.
836	양년..334.135.236.271.252. 263.434.235.136.171.152.163.635.536.571. 552.563.164.373.476.483.884.685.586. 음년..344.145.246.281.262. 253.434.235.136.171.152.163.635.536.571. 552.563.164.383.486.473.874.675.576.
841	양년..181.162.153.645.546. 581.562.553.154.746.781.762.753.354.155. 484.285.186.141.122.113.685.586.541.' 음년..181.162.153.645.546. 581.562.553.154.746.781.762.753.354.155. 484.285.186.141.122.113.685.586.541.
842	양년..746.781.762.753.354. 155.841.444.481.462.453.854.655.556.511. 485.462.265.166.121.142.133.534.735. 음년..746.781.762.753.354. 155.881.484.441.422.413.814.615.516.551. 285.262.465.366.321.342.333.734.535.
843	양년..841.444.481.462.453. 854.655.556.511.822.813.414.215.116.151. 486.473.476.331.312.323.724.525.626. 음년..881.484.441.422.413. 814.615.516.551.822.813.414.215.116.151. 386.373.476.431.412.423.824.625.526.
844	양년..655.556.511.822.813. 414.215.116.151.833.434.235.136.171.152. 481.884.841.822.813.414.215.116.151. 음년..615.516.551.822.813. 414.215.116.151.833.434.235.136.171.152. 441.844.881.862.853.454.255.156.111.
845	양년..215.116.151.833.434. 235.136.171.152.444.245.146.181.162.153. 482.285.262.253.654.855.756.711.732. 음년..215.116.151.833.434. 235.136.171.152.444.245.146.181.162.153. 462.265.282.273.674.875.776.731.712.
846	양년..136.171.152.444.245. 146.181.162.153.645.546.581.562.553.154. 483.386.373.774.575.676.631.612.623. 음년..136.171.152.444.245. 146.181.162.153.645.546.581.562.553.154. 473.376.383.784.585.686.641.622.613.

원괘효	남녀 49세	50세 51세 52세 53세.54세 55세.56세 57세 58세.59세.	60세 61세 62세 63세 64세 65세 66세 67세 68세.69세	70세.71세 72세
781	양년..275.	176.131.112.123.524.376.331.312.323.724.	525.431.412.423.824.625.526.452.463.864.	665.566.521
	음년..275.	176.131.112.123.524.376.331.312.323.724.	525.431.412.423.824.625.526.452.463.864.	665.566.521.
782	양년..576.	531.512.523.124.325.631.612.623.224.425.	326.652.663.264.465.366.321.673.576.583.	184.385.486.
	음년..576.	531.512.523.124.325.631.612.623.224.425.	326.652.663.264.465.366.321.683.586.573.	174.375.476.
783	양년..731.	712.723.324.125.226.752.763.364.165.266.	221.773.876.883.484.285.186.141.122.113.	374.175.276.
	음년..731.	712.723.324.125.226.752.763.364.165.266.	221.783.886.873.474.275.176.131.112.123.	374.175.276.
784	양년..812.	823.424.225.126.161.843.746.733.334.135.	236.271.252.263.434.235.136.171.152.163.	635.536.571
	음년..812.	823.424.225.126.161.843.746.733.334.135.	236.271.252.263.434.235.136.171.152.163.	635.536.571.
785	양년..853.	756.763.364.165.266.221.242.233.454.255.	156.111.132.143.655.556.511.532.543.144.	756.711.732.
	음년..863.	766.753.354.155.256.211.232.243.454.255.	156.111.132.143.655.556.511.532.543.144.	756.711.732.
786	양년..141.	122.113.685.586.541.522.513.114.786.741.	722.713.314.115.841.822.813.414.215.116.	862.853.454.
	음년..141.	122.113.685.586.541.522.513.114.786.741.	722.713.314.115.841.822.813.414.215.116.	862.853.454.
811	양년..441.	422.413.785.762.565.666.621.642.633.234.	435.586.573.676.631.612.623.224.425.326.	541.522.513.
	음년..441.	422.413.585.562.765.866.821.842.833.434.	235.686.673.576.531.512.523.124.325.426.	541.522.513.
812	양년..222.	213.614.486.473.376.331.312.323.724.525.	626.341.322.313.714.515.616.362.353.754.	555.656.611.
	음년..222.	213.614.386.373.476.431.412.423.824.625.	526.341.322.313.714.515.616.362.353.754.	555.656.611.
813	음년..113.	514.715.241.222.213.614.815.716.262.253.	654.855.756.711.273.674.875.776.731.712.	684.641.244.
	음년..113.	514.715.241.222.213.614.815.716.262.253.	654.855.756.711.273.674.875.776.731.712.	284.241.644.
814	양년..522.	513.114.315.416.451.122.113.514.715.816.	851.133.534.735.836.871.852.544.581.184.	785.886.841.
	음년..562.	553.154.355.456.411.122.113.514.715.816.	851.133.534.735.836.871.852.144.181.584.	385.486.441.
815	양년..353.	754.555.656.611.632.153.554.755.856.811.	832.164.121.524.725.826.861.882.873.474.	365.382.185.
	음년..373.	774.575.676.631.612.153.554.755.856.811.	832.564.521.124.325.426.461.482.473.874.	165.182.385.
816	양년..674.	875.776.731.712.723.174.131.534.735.836.	871.852.863.464.375.352.155.256.211.232.	243.644.845.
	음년..684.	885.786.741.722.713.574.531.134.335.436.	471.452.463.864.175.152.355.456.411.432.	443.844.645.
821	양년..685.	662.865.766.721.742.733.334.135.586.541.	522.513.114.315.641.622.613.214.415.316.	662.653.254.
	음년..885.	862.665.566.521.542.533.134.335.586.541.	522.513.114.315.641.622.613.214.415.316.	662.653.254.
822	양년..386.	341.322.313.714.515.441.422.413.814.615.	516.462.453.854.655.556.511.473.874.675.	576.531.512.
	음년..386.	341.322.313.714.515.441.422.413.814.615.	516.462.453.854.655.556.511.473.874.675.	576.531.512.
823	양년..624.	825.726.141.122.113.514.715.816.162.153.	554.755.856.811.173.574.775.876.831.812.	584.541.144.
	음년..524.	725.826.141.122.113.514.715.816.162.153.	554.755.856.811.173.574.775.876.831.812.	184.141.544.
824	양년..455.	356.311.222.213.614.815.716.751.233.634.	835.736.771.752.644.681.284.485.386.341.	322.313.714.
	음년..415.	316.351.222.213.614.815.716.751.233.634.	835.736.771.752.244.281.684.885.786.741.	722.713.314.
825	양년..576.	531.512.253.654.855.756.711.732.664.621.	224.425.326.361.382.373.774.265.282.485.	386.341.322.
	음년..556.	511.532.253.654.855.756.711.732.264.221.	624.825.726.761.782.773.374.465.482.285.	186.141.122.
826	양년..841.	822.813.674.631.234.435.336.371.352.363.	764.275.252.455.356.311.332.343.744.545.	176.131.112.
	음년..831.	812.823.274.231.634.835.736.771.752.763.	364.475.452.255.156.111.132.143.544.745.	176.131.112.
831	양년..585.	686.641.622.613.214.786.773.876.831.812.	823.424.225.126.741.722.713.314.115.216.	762.753.354.
	음년..585.	686.641.622.613.214.886.873.776.731.712.	723.324.125.226.741.722.713.314.115.216.	762.753.354.
832	양년..433.	834.635.286.273.176.131.112.123.524.725.	826.141.122.113.514.715.816.162.153.554.	755.856.811.
	음년..233.	634.835.186.173.276.231.212.223.624.825.	726.141.122.113.514.715.816.162.153.554.	755.856.811.
833	양년..441.	422.413.814.615.516.462.453.854.655.556.	511.473.874.675.576.531.512.484.441.844.	645.546.581.
	음년..441.	422.413.814.615.516.462.453.854.655.556.	511.473.874.675.576.531.512.884.841.444.	245.146.181.
834	양년..155.	256.211.322.313.714.515.616.651.333.734.	535.636.671.652.744.781.384.344.381.784.	585.686.614.
	음년..115.	216.251.322.313.714.515.616.651.333.734.	535.636.671.652.344.381.784.744.781.384.	185.286.214.
835	양년..876.	831.812.353.754.555.656.611.632.764.721.	324.125.226.261.282.273.674.165.266.221.	242.233.634.
	음년..856.	811.832.353.754.555.656.611.632.364.321.	724.525.626.661.682.673.274.165.266.221.	242.233.634.
836	양년..541.	522.513.774.731.334.135.236.271.252.263.	664.175.276.231.212.223.624.376.383.486.	441.422.413.
	음년..531.	512.523.374.331.734.535.636.671.652.663.	264.175.276.231.212.223.624.476.483.386.	341.322.313.
841	양년..522.	513.114.786.741.722.713.314.115.841.822.	813.414.215.116.862.853.454.255.156.111.	873.474.275.
	음년..522.	513.114.786.741.722.713.314.115.841.822.	813.414.215.116.862.853.454.255.156.111.	873.474.275.
842	양년..186.	141.122.113.514.715.241.222.213.614.815.	716.262.253.654.855.756.711.273.674.875.	776.731.712.
	음년..186.	141.122.113.514.715.241.222.213.614.815.	716.262.253.654.855.756.711.273.674.875.	776.731.712.
843	양년..341.	322.313.714.515.616.362.353.754.555.656.	611.373.774.575.676.631.612.784.741.344.	145.246.281.
	음년..341.	322.313.714.515.616.362.353.754.555.656.	611.373.774.575.676.631.612.384.341.744.	545.646.681.
844	양년..422.	413.814.615.516.551.433.834.635.536.571.	552.444.481.884.685.586.541.522.513.114.	245.146.181.
	음년..422.	413.814.615.516.551.433.834.635.536.571.	552.844.881.484.285.186.141.122.113.514.	245.146.181.
845	양년..453.	854.655.556.511.532.464.421.824.625.526.	561.582.573.174.265.166.121.142.133.534.	366.321.342.
	음년..453.	854.655.556.511.532.864.821.424.225.126.	161.182.173.574.265.166.121.142.133.534.	366.321.342.
846	양년..474.	431.834.635.536.571.552.563.164.275.176.	131.112.123.524.376.331.312.323.724.525.	431.412.423.
	음년..874.	831.434.235.136.171.152.163.564.275.176.	131.112.123.524.376.331.312.323.724.525.	431.412.423.

원괘효	남녀 73세74세75세76세.77세.78세.79세 80세81세82세83세84세85세86세87세88세.89세. 90세91세92세93세94세.95세96세
781	양년..473.376.383.784.585.686.641. 622.613. 음년..483.386.373.774.575.676.631. 612.623.
782	양년..441.422.413.274.475.376.331. 312.323. 음년..431.412.423.274.475.376.331. 312.323.
783	양년..231.212.223.575.676.631.612. 623.224. 음년..231.212.223.575.676.631.612. 623.224.
784	양년..552.563.164.736.771.752.763. 364.165. 음년..552.563.164.736.771.752.763. 364.165.
785	양년..743.344.145.811.832.843.444. 245.146. 음년..743.344.145.811.832.843.444. 245.146.
786	양년..255.156.111. 음년..255.156.111..
811	양년..114.315.416.562.553.154.355. 456.411.573.174.375.476.431.412. 음년..114.315.416.562.553.154.355. 456.411.573.174.375.476.431.412.
812	양년..373.774.575.676.631.612.384. 341.744.545.646.681.662.653.254. 음년..373.774.575.676.631.612.784. 741.344.145.246.281.262.253.654.
813	양년..445.346.381.362.353.754.285. 262.465.366.321.342.333.734.535. 음년..845.746.781.762.753.354.485. 462.265.166.121.142.133.534.735.
814	양년..822.813.414.345.322.125.226. 261.282.273.674.875.146.133.236.271.252. 263.664.865.766. 음년..422.413.814.145.122.325.426. 461.482.473.874.675.246.233.136.171.152. 163.564.765.866.
815	양년..286.241.222.213.614.815.166. 153.256.211.232.243.644.845.746.121.142. 133.534.735.836. 음년..486.441.422.413.814.615.266. 253.156.111.132.143.544.745.846.121.142. 133.534.735.836.
816	양년..176.183.286.241.222.213.614. 815.716.131.112.123.524.725.826.152.163. 564.765.866.821. 음년..276.283.186.141.122.113.514. 715.816.131.112.123.524.725.826.152.163. 564.765.866.821.
821	양년..455.356.311.673.274.475.376. 331.312. 음년..455.356.311.673.274.475.376. 331.312.
822	양년..484.441.844.645.546.581.562. 553.154. 음년..884.841.444.245.146.181.162. 153.554.
823	양년..345.446.481.462.453.854.185. 162.365.466.421.442.433.834.635. 음년..745.846.881.862.853.454.385. 362.165.266.221.242.233.634.835.
824	양년..245.222.425.326.361.382.373. 774.575.146.181.162.153.554.755. 음년..445.422.225.126.161.182.173. 574.775.146.181.162.153.554.755.
825	양년..313.714.515.166.121.142.133. 534.735.156.111.132.143.544.745. 음년..113.514.715.166.121.142.133. 534.735.156.111.132.143.544.745.
826	양년..123.524.725.231.212.223.624. 825.726.252.263.664.865.766.721. 음년..123.524.725.231.212.223.624. 825.726.252.263.664.865.766.721.
831	양년..155.256.211.773.374.175.276. 231.212. 음년..155.256.211.773.374.175.276. 231.212.
832	양년..173.574.775.876.831.812.184. 141.544.745.846.881.862.853.454. 음년..173.574.775.876.831.812.584. 541.144.345.446.481.462.453.854.
833	양년..562.553.154.285.186.141.122. 113.514. 음년..162.153.554.285.186.141.122. 884.841.
834	양년..145.246.281.262.253.654.346. 333.436.471.452.463.864.665.566. 음년..145.246.281.262.253.654.446. 433.336.371.352.363.764.565.666.
835	양년..366.353.456.411.432.443.844. 645.546.321.342.333.734.535.636. 음년..466.453.356.311.332.343.744. 545.646.321.342.333.734.535.636.
836	양년..814.615.516.331.312.323.724. 525.626.352.363.764.564.666.621. 음년..714.515.616.331.312.323.724. 525.626.352.363.764.564.666.621.
841	양년..176.131.112. 음년..176.131.112.
842	양년..284.241.644.845.746.781.762. 753.354. 음년..684.641.244.445.346.381.362. 353.754.
843	양년..262.253.654.185.286.241.222. 213.614. 음년..662.653.254.185.286.241.222. 213.614.
844	양년..162.153.554.346.381.362.353. 754.555. 음년..162.153.554.346.381.362.353. 754.555.
845	양년..333.734.535.421.442.433.834. 635.536. 음년..333.734.535.421.442.433.834. 635.536.
846	양년..824.625.526.452.463.864.665. 566.521. 음년..824.625.526.452.463.864.665. 566.521.

원괘효	남녀 1세. 2세. 3세. 4세. 5세. 6세. 7세 8세 9세 10새.11세.12세.13세14세15세16세17세18세19세 20세21세22세.23세24세
851	양년..811.832.843.444.245.146.852.655.672. 683.284.485.386.341.322.863.766.753.354. 155.256.211.232.243. 음년..811.832.843.444.245.146.872.675.652. 663.264.465.366.321.342.853.756.763.364. 165.266.221.242.233.
852	양년..852.655.672.683.284.485.386.341.322. 863.766.753.354.155.256.211.232.243.454. 255.156.111.132.143. 음년..872.675.652.663.264.465.366.321.342. 853.756.763.364.165.266.221.242.233.454. 255.156.111.132.143.
853	양년..853.756.763.364.165.266.221.242.233. 454.255.156.111.132.143.655.556.511.532. 543.144.756.711.732. 음년..863.766.753.354.155.256.211.232.243. 454.255.156.111.132.143.655.556.511.532. 543.144.756.711.732.
854	양년..454.255.156.111.132.143.655.556.511. 532.543.144.756.711.732.743.344.145.811. 832.843.444.245.146. 음년..454.255.156.111.132.143.655.556.511. 532.543.144.756.711.732.743.344.145.811. 832.843.444.245.146.
855	양년..655.556.511.532.543.144.756.711.732. 743.344.145.811.832.843.444.245.146.852. 655.672.683.284.485. 음년..655.556.511.532.543.144.756.711.732. 743.344.145.811.832.843.444.245.146.872. 675.652.663.264.465.
856	양년..756.711.732.743.344.145.811.832.843. 444.245.146.852.655.672.683.284.485.386. 341.322.863.766.753. 음년..756.711.732.743.344.145.811.832.843. 444.245.146.872.675.652.663.264.465.366. 321.342.853.756.763.
861	양년..821.842.833.434.235.136.862.665.682. 673.274.475.376.331.312.853.454.255.156. 111.132.464.265.166. 음년..821.842.833.434.235.136.882.685.662. 653.254.455.356.311.332.853.454.255.156. 111.132.464.265.166.
862	양년..862.665.682.673.274.475.376.331.312. 853.454.255.156.111.132.464.265.166.121. 142.133.665.566.521. 음년..882.685.662.653.254.455.366.311.332. 853.454.255.156.111.132.464.265.166.121. 142.133.665.566.521.
863	양년..853.454.255.156.111.132.464.265.166. 121.142.133.665.566.521.542.533.134.766. 721.742.733.334.135. 음년..853.454.255.156.111.132.464.265.166. 121.142.133.665.566.521.542.533.134.766. 721.742.733.334.135.
864	양년..464.265.166.121.142.133.665.566.521. 542.533.134.766.721.742.433.334.135.821. 842.833.434.235.136. 음년..464.265.166.121.142.133.665.566.521. 542.533.134.766.721.742.433.334.135.821. 842.833.434.235.136.
865	양년..665.566.521.542.533.134.766.721.742. 433.334.135.821.842.833.434.235.136.862. 665.682.673.274.475. 음년..665.566.521.542.533.134.766.721.742. 433.334.135.821.842.833.434.235.136.882. 685.662.653.254.455.
866	양년..766.721.742.733.334.135.821.842.833. 434.235.136.862.665.682.673.274.475.376. 331.312.853.454.255. 음년..766.721.742.733.334.135.821.842.833. 434.235.136.882.685.662.653.254.455.356. 311.332.853.454.255.
871	양년..831.812.823.424.225.126.852.863.464. 265.166.121.873.776.783.384.185.286.241. 222.213.474.275.176. 음년..831.812.823.424.225.126.852.863.464. 265.166.121.883.786.773.374.175.276.231. 212.223.474.275.176.
872	양년..852.863.464.265.166.121.873.776.783. 384.185.286.241.222.213.474.375.176.131. 112.123.675.576.531. 음년..852.863.464.265.166.121.883.786.773. 374.175.276.231.212.223.474.375.176.131. 112.123.675.576.531.
873	양년..873.776.783.384.185.286.241.222.213. 474.375.176.131.112.123.675.576.531.512. 523.124.776.731.712. 음년..883.786.773.374.175.276.231.212.223. 474.375.176.131.112.123.675.576.531.512. 523.124.776.731.712.
874	양년..474.275.176.131.112.123.675.576.531. 512.523.124.776.731.712.723.324.125.831. 812.823.424.225.126. 음년..474.275.176.131.112.123.675.576.531. 512.523.124.776.731.712.723.324.125.831. 812.823.424.225.126.
875	양년..675.576.531.512.523.124.776.731.712. 723.324.125.831.812.823.424.225.126.852. 863.464.265.166.121. 음년..675.576.531.512.523.124.776.731.712. 723.324.125.831.812.823.424.225.126.852. 863.464.265.166.121.
876	양년..776.731.712.723.324.125.831.812.823. 424.225.126.852.863.464.265.166.121.873. 776.783.384.185.286. 음년..776.731.712.723.324.125.831.812.823. 424.225.126.852.863.464.265.166.121.883. 786.773.374.175.276.
881	양년..841.822.813.414.215.116.862.853.454. 255.156.111.873.474.275.176.131.112.484. 285.186.141.122.113. 음년..841.822.813.414.215.116.862.853.454. 255.156.111.873.474.275.176.131.112.484. 285.186.141.122.113.
882	양년..862.853.454.255.156.111.873.474.275. 176.131.112.484.285.186.141.122.113.685. 586.541.522.513.114. 음년..862.853.454.255.156.111.873.474.275. 176.131.112.484.285.186.141.122.113.685. 586.541.522.513.114.
883	양년..873.474.275.176.131.112.484.285.186. 141.122.113.685.586.541.522.513.114.786. 741.722.713.314.115. 음년..873.474.275.176.131.112.484.285.186. 141.122.113.685.586.541.522.513.114.786. 741.722.713.314.115.
884	양년..484.285.186.141.122.113.685.586.541. 522.513.114.786.741.722.713.314.115.841. 822.813.414.215.116. 음년..484.285.186.141.122.113.685.586.541. 522.513.114.786.741.722.713.314.115.841. 822.813.414.215.116.
885	양년..685.586.541.522.513.114.786.741.722. 713.314.115.841.822.813.414.215.116.862. 853.454.255.156.111. 음년..685.586.541.522.513.114.786.741.722. 713.314.115.841.822.813.414.215.116.862. 853.454.255.156.111.
886	양년..786.741.722.713.314.115.841.822.813. 414.215.116.862.853.454.255.156.111.873. 474.275.176.131.112. 음년..786.741.722.713.314.115.841.822.813. 414.215.116.862.853.454.255.156.111.873. 474.275.176.131.112.

97세.98세.99세.100.101.102.103.104.105세.

111	양년..513.616.623. 224.425.326.361.382.373. 음년..523.626.613. 214.415.316.351.372.383.	여기서부터 97세 이상 105세의 유년 변화도를 삽입하여 두었으니
112	양년..314.351.754. 555.656.611.632.643.244. 음년..714.751.354. 155.256.211.232.243.644.	이용에 차질이 없기를 바란다. 아래 886 즉 坤卦 6효동(원당) 이하에서부터 97세 이상의 년령이
113	양년..215.232.435. 336.371.352.363.764.565. 음년..415.432.235. 136.171.152.163.564.765.	있는 卦爻는 이와 같이 넣어 두었으므로 97세의 년령이 있는 괘효는 모두 이와 같이 찾아보기 바란다.
114	양년..156.163.266. 221.242.233.634.835.736. 음년..256.263.166. 121.142.133.534.735.836.	
115	양년..131.534.571. 552.563.164.365.466.421. 음년..171.574.531. 512.523.124.325.426.461	

원괘효	남녀 25세26세.27세28세.29세. 30세.31세32세33세34새35세36세.37세38세39세 40세41세42세43세44세.45세.46세47세48세
851	양년..454.255.156.111.132. 143.655.556.511.532.543.144.756.711.732. 743.344.145.184.141.544.745.846.881. 음년..454.255.156.111.132. 143.655.556.511.532.543.144.756.711.732. 743.344.145.584.541.144.345.446.481.
852	양년..655.556.511.532.543. 144.756.711.732.743.344.145.811.832.843. 444.245.146.585.686.641.622.613.214. 음년..655.556.511.532.543. 144.756.711.732.743.344.145.811.832.843. 444.245.146.585.686.641.622.613.214.
853	양년..743.344.145.811.832. 843.444.245.146.872.675.652.663.264.465. 366.321.342.586.541.522.513.114.315. 음년..743.344.145.811.832. 843.444.245.146.852.655.672.683.284.485. 386.341.322.586.541.522.513.114.315.
854	양년..852.655.672.683.284. 485.386.341.322.863.766.753.354.155.256. 211.232.243.541.144.181.162.153.554. 양년..872.675.652.663.264. 465.366.321.342.853.756.763.364.165.266. 221.242.233.581.184.141.122.113.514.
855	양년..386.341.322.863.766. 753.354.155.256.211.232.243.454.255.156. 111.132.143.562.765.782.773.374.175. 음년..366.321.342.853.756. 763.364.165.266.221.242.233.454.255.156. 111.132.143.582.785.762.753.354.155.
856	양년..354.155.256.211.232 .243.454.255.156.111.132.143.655.556.511. 532.543.144.573.676.683.284.485.386. 음년..364.165.266.221.242 .233.454.255.156.111.132.143.655.556.511. 532.543.144.583.686.673.274.475.376.
861	양년..121.142.133.665.566. 521.542.533.134.766.721.742.433.334.135. 684.641.244.445.346.381.362.353.754. 음년..121.142.133.665.566. 521.542.533.134.766.721.742.433.334.135. 284.241.644.845.746.781.762.753.354.
862	양년..542.533.134.766.721. 742.433.334.135.821.842.833.434.235.136. 685.586.541.522.513.114.786.741.722. 음년..542.533.134.766.721. 742.433.334.135.821.842.833.434.235.136. 685.586.541.522.513.114.786.741.722.
863	양년..821.842.833.434.235. 136.862.665.682.673.274.475.376.331.312. 686.673.576.531.512.523.124.325.426. 음년..821.842.833.434.235. 136.882.685.662.653.254.455.356.311.332. 586.573.676.631.612.623.224.425.326.
864	양년..862.665.682.673.274. 475.376.331.312.853.454.255.156.111.132. 681.284.241.222.213.614.815.716.751. 음년..882.685.662.653.254. 455.356.311.332.853.454.255.156.111.132. 641.244.281.262.253.654.855.756.711.
865	양년..376.331.312.853.454. 255.156.111.132.464.265.166.121.142.133. 682.885.862.853.454.255.156.111.132. 음년..356.311.332.853.454. 255.156.111.132.464.265.166.121.142.133. 662.865.882.873.474.275.176.131.112.
866	양년..156.111.132.464.265. 166.121.142.133.665.566.521.542.533.134. 683.586.573.174.375.476.431.412.423. 음년..156.111.132.464.265. 166.121.142.133.665.566.521.542.533.134. 673.576.583.184.385.486.441.422.413.
871	양년..131.112.123.675.576. 531.512.523.124.776.731.712.723.324.125. 784.741.344.145.246.281.262.253.654. 음년..131.112.123.675.576. 531.512.523.124.776.731.712.723.324.125. 384.341.744.545.646.681.662.653.254.
872	양년..512.523.124.776.731. 712.723.324.125.831.812.823.424.225.126. 785.762.565.666.621.642.633.234.435. 음년..512.523.124.776.731. 712.723.324.125.831.812.823.424.225.126. 585.562.765.866.821.842.833.434.235.
873	양년..723.324.125.831.812. 823.424.225.126.852.863.464.265.166.121. 786.741.722.713.314.115.841.822.813. 음년..723.324.125.831.812. 823.424.225.126.852.863.464.265.166.121. 786.741.722.713.314.115.841.822.813.
874	양년..852.863.464.265.166. 121.873.776.783.384.185.286.241.222.213. 781.384.341.322.313.714.515.616.651. 음년..852.863.464.265.166. 121.883.786.773.374.175.276.231.212.223. 741.344.381.362.353.754.555.656.611.
875	양년..873.776.783.384.185. 286.241.222.213.474.375.176.131.112.123. 782.585.562.553.154.355.456.411.432. 음년..883.786.773.374.175. 276.231.212.223.474.375.176.131.112.123. 762.565.582.573.174.375.476.431.412.
876	양년..241.222.213.474.375. 176.131.112.123.675.576.531.512.523.124. 783.886.873.474.275.176.131.112.123. 음년..231.212.223.474.375. 176.131.112.123.675.576.531.512.523.124. 773.876.883.484.285.186.141.122.113.
881	양년..685.586.541.522.513. 114.786.741.722.713.314.115.484.441.844. 645.546.581.562.553.154.285.186.141. 음년..685.586.541.522.513. 114.786.741.722.713.314.115.884.841.444. 245.146.181.162.153.554.285.186.141.
882	양년..786.741.722.713.314. 115.841.822.813.414.215.116.685.662.865. 766.721.742.733.334.135.586.541.522. 음년..786.741.722.713.314. 115.841.822.813.414.215.116.885.862.665. 566.521.542.533.134.335.586.541.522.
883	양년..841.822.813.414.215. 116.862.853.454.255.156.111.786.773.876. 831.812.823.424.225.126.741.722.713. 음년..841.822.813.414.215. 116.862.853.454.255.156.111.886.873.776. 731.712.723.324.125.226.741.722.713.
884	양년..862.853.454.255.156. 111.873.474.275.176.131.112.841.444.481. 462.453.854.655.556.511.822.813.414. 음년..862.853.454.255.156. 111.873.474.275.176.131.112.881.484.441. 422.413.814.615.516.551.822.813.414.
885	양년..873.474.275.176.131. 112.484.285.186.141.122.113.862.665.682. 673.274.475.376.331.312.853.454.255. 음년..873.474.275.176.131. 112.484.285.186.141.122.113.882.685.662. 653.254.455.356.311.332.853.454.255.
886	양년..484.285.186.141.122. 113.685.586.541.522.513.114.873.776.783. 384.185.286.241.222.213.474.375.176. 음년..484.285.186.141.122. 113.685.586.541.522.513.114.883.786.773. 374.175.276.231.212.223.474.375.176.

	97세.98세.99세. 100.101.102.103.104.105세.
116	양년..122.325.342. 333.734.535.636.671.652. 음년..142.345.322. 313.714.515.616.651.672.
121	양년..461.482.473. 음년..451.472.483.
122	양년..532.543.144. 음년..132.143.544.
123	양년..115.132.335. 436.471.452.463.864.665. 음년..315.332.135. 236.271.252.263.664.865.
124	양년..143.544.745. 음년..143.544.745.

원패효	남녀	49세	50세	51세	52세	53세	54세	55세	56세	57세	58새	59세	60세	61세	62세	63세	64세	65세	66세	67세	68세	69세	70세	71세	72세
851	양년	862.	853.	454.	385.	362.	165.	266.	221.	242.	233.	634.	835.	186.	173.	276.	231.	212.	223.	624.	825.	726.	141.	122.	113.
	음년	462.	453.	854.	185.	162.	365.	466.	421.	442.	433.	834.	635.	286.	273.	176.	131.	112.	123.	524.	725.	826.	141.	122.	113.
852	양년	786.	773.	876.	831.	812.	823.	424.	225.	126.	741.	722.	713.	314.	115.	216.	762.	753.	354.	155.	256.	211.	773.	374.	175.
	음년	886.	873.	776.	731.	712.	723.	324.	125.	226.	741.	722.	713.	314.	115.	216.	762.	753.	354.	155.	256.	211.	773.	374.	175.
853	양년	641.	622.	613.	214.	415.	316.	662.	653.	254.	455.	356.	311.	673.	274.	475.	376.	331.	312.	284.	485.	386.	341.	322.	313.
	음년	641.	622.	613.	214.	415.	316.	662.	653.	254.	455.	356.	311.	673.	274.	475.	376.	331.	312.	284.	485.	386.	341.	322.	313.
854	양년	755.	856.	811.	522.	513.	114.	315.	416.	451.	533.	134.	335.	436.	471.	452.	144.	345.	446.	481.	462.	453.	745.	722.	525.
	음년	715.	816.	851.	522.	513.	114.	315.	416.	451.	533.	134.	335.	436.	471.	452.	144.	345.	446.	481.	462.	453.	545.	522.	725.
855	양년	276.	231.	212.	553.	154.	355.	456.	411.	432.	164.	365.	466.	421.	442.	433.	765.	782.	585.	686.	641.	622.	613.	214.	415.
	음년	256.	211.	232.	553.	154.	355.	456.	411.	432.	164.	365.	466.	421.	442.	433.	565.	582.	785.	886.	841.	822.	813.	414.	215.
856	양년	341.	322.	313.	174.	375.	476.	431.	412.	423.	775.	752.	555.	656.	611.	632.	643.	244.	445.	576.	583.	686.	641.	622.	613.
	음년	331.	312.	323.	174.	375.	476.	431.	412.	423.	575.	552.	755.	856.	811.	832.	843.	444.	245.	676.	683.	586.	541.	522.	513.
861	음년	285.	262.	465.	366.	321.	342.	333.	734.	535.	186.	141.	122.	113.	514.	715.	241.	222.	213.	614.	815.	716.	262.	253.	654.
	양년	485.	462.	265.	166.	121.	142.	133.	534.	735.	186.	141.	122.	113.	514.	715.	241.	222.	213.	614.	815.	716.	262.	253.	654.
862	양년	713.	314.	115.	841.	822.	813.	414.	215.	116.	862.	853.	454.	255.	156.	111.	862.	853.	454.	255.	156.	111.	873.	474.	275.
	음년	713.	314.	115.	841.	822.	813.	414.	215.	116.	862.	853.	454.	255.	156.	111.	862.	853.	454.	255.	156.	111.	873.	474.	275.
863	양년	541.	522.	513.	114.	315.	416.	562.	553.	154.	355.	456.	411.	573.	174.	375.	476.	431.	412.	184.	385.	486.	441.	422.	413.
	음년	541.	522.	513.	114.	315.	416.	562.	553.	154.	355.	456.	411.	573.	174.	375.	476.	431.	412.	184.	385.	486.	441.	422.	413.
864	양년	622.	613.	214.	415.	316.	351.	633.	234.	435.	336.	371.	352.	244.	445.	346.	381.	362.	353.	645.	622.	825.	726.	761.	782.
	음년	622.	613.	214.	415.	316.	351.	633.	234.	435.	336.	371.	352.	244.	445.	346.	381.	362.	353.	845.	822.	625.	526.	561.	582.
865	양년	653.	254.	455.	356.	311.	332.	264.	465.	366.	321.	342.	333.	665.	682.	885.	786.	741.	722.	713.	314.	115.	566.	521.	542.
	음년	653.	254.	455.	356.	311.	332.	264.	465.	366.	321.	342.	333.	865.	882.	685.	586.	541.	522.	513.	114.	315.	566.	521.	542.
866	양년	274.	475.	376.	331.	312.	323.	675.	652.	855.	756.	711.	732.	743.	344.	145.	576.	531.	512.	523.	124.	325.	631.	612.	623.
	음년	274.	475.	376.	331.	312.	323.	875.	852.	655.	556.	511.	532.	543.	144.	345.	576.	531.	512.	523.	124.	325.	631.	612.	623.
871	양년	185.	286.	241.	222.	213.	614.	386.	373.	476.	431.	412.	423.	824.	625.	526.	341.	322.	313.	714.	515.	616.	362.	353.	754.
	음년	185.	286.	241.	222.	213.	614.	486.	473.	376.	331.	312.	323.	724.	525.	626.	341.	322.	313.	714.	515.	616.	362.	353.	754.
872	양년	586.	573.	676.	631.	612.	623.	224.	425.	326.	541.	522.	513.	114.	315.	416.	562.	553.	154.	355.	456.	411.	573.	174.	375.
	음년	686.	673.	576.	531.	512.	523.	124.	325.	426.	541.	522.	513.	114.	315.	416.	562.	553.	154.	355.	456.	411.	573.	174.	375.
873	양년	414.	215.	116.	862.	853.	454.	255.	156.	111.	873.	474.	275.	176.	131.	112.	484.	285.	186.	141.	122.	113.	685.	586.	541.
	양년	414.	215.	116.	862.	853.	454.	255.	156.	111.	873.	474.	275.	176.	131.	112.	484.	285.	186.	141.	122.	113.	685.	586.	541.
874	양년	722.	713.	314.	115.	216.	251.	733.	334.	135.	236.	271.	252.	344.	145.	246.	281.	262.	253.	545.	646.	681.	662.	653.	254.
	음년	722.	713.	314.	115.	216.	251.	733.	334.	135.	236.	271.	252.	344.	145.	246.	281.	262.	253.	545.	646.	681.	662.	653.	254.
875	양년	753.	354.	155.	256.	211.	232.	364.	165.	266.	221.	242.	233.	565.	666.	621.	642.	633.	234.	766.	753.	865.	811.	832.	843.
	음년	753.	354.	155.	256.	211.	232.	364.	165.	266.	221.	242.	233.	565.	666.	621.	642.	633.	234.	866.	853.	756.	711.	732.	743.
876	양년	374.	175.	276.	231.	212.	223.	575.	676.	631.	612.	623.	224.	776.	783.	886.	841.	822.	813.	414.	215.	116.	731.	712.	723.
	음년	374.	175.	276.	231.	212.	223.	575.	676.	631.	612.	623.	224.	876.	883.	786.	741.	722.	713.	314.	115.	216.	731.	712.	723.
881	양년	122.	113.	514.	386.	341.	322.	313.	714.	515.	441.	422.	413.	814.	615.	462.	453.	854.	655.	556.	511.	473.	874.	675.	
	음년	122.	113.	514.	386.	341.	322.	313.	714.	515.	441.	422.	413.	814.	615.	516.	462.	453.	854.	655.	556.	511.	473.	874.	675.
882	양년	513.	114.	315.	641.	622.	613.	214.	415.	316.	662.	653.	254.	455.	356.	311.	673.	274.	475.	376.	331.	312.	284.	485.	386.
	음년	513.	114.	315.	641.	622.	613.	214.	415.	316.	662.	653.	254.	455.	356.	311.	673.	274.	475.	376.	331.	312.	284.	485.	386.
883	양년	314.	115.	216.	762.	753.	354.	155.	256.	211.	773.	374.	175.	276.	231.	212.	384.	185.	286.	241.	222.	213.	585.	686.	641
	음년	314.	115.	216.	762.	753.	354.	155.	256.	211.	773.	374.	175.	276.	231.	212.	384.	185.	286.	241.	222.	213.	585.	686.	641.
884	양년	215.	116.	151.	833.	434.	235.	136.	171.	152.	444.	245.	146.	181.	162.	153.	645.	546.	581.	562.	553.	154.	746.	781.	762.
	음년	215.	116.	151.	833.	434.	235.	136.	171.	152.	444.	245.	146.	181.	162.	153.	645.	546.	581.	562.	553.	154.	746.	781.	762.
885	양년	156.	111.	132.	464.	265.	166.	121.	142,	133.	665.	566.	521.	542.	533.	134.	766.	721.	742.	433.	334.	135.	821.	842.	833.
	음년	156.	111.	132.	464.	265.	166.	121.	142.	133.	665.	566.	521.	542.	533.	134.	766.	721.	742.	433.	334.	135.	821.	842.	833.
886	양년	131.	112.	123.	675.	576.	531.	512.	523.	124.	776.	731.	712.	723.	324.	125.	831.	812.	823.	424.	225.	126.	852.	863.	464.
	음년	131.	112.	123.	675.	576.	531.	512.	523.	124.	776.	731.	712.	723.	324.	125.	831.	812.	823.	424.	225.	126.	852.	863.	464.

97세.98세.99세.100.101.102.103.104.105세.

125	양년	465.366.321.
	음년	425.326.361
126	양년	536.571.552.
	음년	516.551.572
131	양년	161.182.173.
	음년	151.172.183.
132	양년	114.151.554.　　755.856.811.832.843.444.
	음년	514.551.154.　　355.456.411.432.443.844.
133	양년	172.183.584.
	음년	172.183.584.

원괘효	남녀 73세74세75세76세.77세.78세.79세 80세81세82세83새84세85세86세87세88세.89세. 90세91세92세93세94세.95세96세
851	양년..514.715.816.162.153.554.755. 856.811.173.574.775.876.831.812. 음년..514.715.816.162.153.554.755. 856.811.173.574.775.876.831.812.
852	양년..276.231.212.384.185.286.241. 222.213. 음년..276.231.212.384.185.286.241. 222.213.
853	양년..685.662.865.766.721.742.733. 334.135. 음년..885.862.665.566.521.542.533. 134.335.
854	양년..626.661.682.673.274.475.546. 533.636.671.652.663.264.465.366. 음년..826.861.882.873.474.275.646. 633.536.571.552.563.164.365.466.
855	양년..566.553.656.611.632.643.244. 445.346.521.542.533.134.335.436. 음년..666.653.556.511.532.543.144. 345.446.521.542.533.134.335.436.
856	양년..214.415.316.531.512.523.124. 325.426.552.563.164.365.466.421. 음년..114.315.416.552.563.164.365. 466.421.573.676.683.284.485.386.
861	음년..855.756.711.273.674.875.776. 731.712. 양년..855.756.711.273.674.875.776. 731.712.
862	양년..176.131.112. 음년..176.131.112.
863	양년..585.562.765.866.821.842.842. 833.434. 음년..785.762.565.666.621.642.633. 234.435.
864	양년..773.374.175.546.581.562.553. 154.355. 음년..573.174.375 546.581.562.553. 154.355.
865	양년..533.134.335.621.642.633.234. 435.336. 음년..533.134.335.621.642.633.234. 435.336.
866	양년..224.425.326.652.663.264.465. 366.321. 음년..224.425.326.652.663.264.465. 366.321.
871	양년..555.656.611.373.774.575.676. 631.612. 음년..555.656.611.373.774.575.676. 631.612.
872	양년..476.431.412.184.385.486.441. 422.413. 음년..476.431.412.184.385.486.441. 422.413.
873	양년..522.513.114. 음년..522.513.114.
874	양년..746.733.836.871.852.863.464. 265.166. 음년..846.833.736.771.752.763.364. 165.266.
875	양년..444.345.146.721.742.733.334. 135.236. 음년..344.145.246.721.742.733.334. 135.236.
876	양년..324.125.226.752.763.364.165. 266.221. 음년..324.125.226.752.763.364.165. 266.221.
881	양년..576.531.512. 음년..576.531.512.
882	양년..341.322.313. 음년..341.322.313.
883	양년..622.613.214. 음년..622.613.214.
884	양년..753.354.155. 음년..753.354.155.
885	양년..434.235.136. 음년..434.235.136.
886	양년..265.166.121. 음년..265.166.121.
	97세.98세.99세.100.101.102.103.104.105세.
134	양년..834.635.536. 음년..734.535.636.
135	양년..125.226.261 음년..165.266.221.
136	양년..836.871.852. 음년..816.851.872.
142	양년..732.743.344. 음년..332.343.744.
143	양년..272.283.684. 음년..272.283.684.

원괘효	남녀 97세98세99세 100.101.102.103.104.105세	원괘효	남녀 97세98세99세 100.101.102.103.104.105세
151	음년..123.226.213.　614.815.716.751.772.783. 행년..113.216.223.　624.825.726.761.782.773.	335	양년..185.286.241. 음년..145.246.281.
152	양년..251.272.283. 음년..251.272.283.	351	양년..781.762.753. 음년..771.752.763.
153	양년..763.364.165. 음년..563.164.365.	355	양년..785.886.841. 음년..745.846.881.
154	양년..234.435.336. 음년..134.335.436.	415	양년..375.476.431. 음년..335.436.471.
155	양년..765.866.821. 음년..725.826.861.	416	양년..725.826.861. 음년..725.826.861.
156	양년..236.271.252. 음년..216.251.272.	511	양년..321.342.333. 음년..311.332.343.
161	양년..861.882.873. 음년..851.872.883.	512	양년..672.683.284. 음년..272.283.684.
163	양년..863.464.265. 음년..663.264.465.	513	양년..323.724.525. 음년..123.524.725.
171	양년..561.582.573. 음년..551.572.583.	514	양년..116.123.226.　261.282.273.674.875.776. 음년..216.223.126.　161.182.173.574.775.876.
172	양년..451.472.483. 음년..451.472.483.	515	양년..524.725.826. 음년..524.725.826.
211	양년..416.451.472. 음년..416.451.472.	516	양년..676.631.612. 음년..656.611.632.
212	양년..642.633.234. 음년..242.233.634.	523	양년..423.824.625.. 음년..223.624.825.
213	양년..353.754.555. 음년..153.554.755.	524	양년..183.584.785. 음년..183.584.785.
214	양년..644.845.746. 음년..544.745.846.	532	양년..872.883.484. 음년..472.483.884.
215	양년..355.456.411. 음년..315.416.451.	535	양년..874. 675.576. 음년..774. 575.676.
216	양년..132.335.312.　343.744.545.646.681.662. 음년..112.315.332.　323.724.525.626.661.682.	551	양년..721.742.733. 음년..711.732.743.
223	양년..453.854.655. 음년..253.654.855..	554	양년..274.475.376. 음년..174.375.476.
226	양년..546.581.562.. 음년..526.561.582.	614	양년..684.885.786. 음년..584.785.886.
232	양년..842.833.434. 음년..442.433.834.	616	양년..686.641.622. 음년..666.621.642.
236	양년..846.881.862. 음년..826.861.882.	714	양년..654.855.756. 음년..554.755.856.
251	양년..816.851.872 음년..816.851.872	715	양년..544.745.846. 음년..544.745.846.
256	양년..246.281.262. 음년..226.261.282.		
311	양년..381.362.353. 음년..371.352.363.		
312	양년..612.623.224. 음년..212.223.624.		
313	양년..383.784.585. 음년..312.323.724.		
314	양년..614.815.716. 음년..514.715.816.		
315	양년..111.541.551.　572.583.184.385.486.441. 음년. 151.554.511.　532.543.144.345.446.481.		
316	양년..715.816.851. 음년..715.816.851.		
323	양년..483.884.685. 음년..283.684.885.		
325	양년..485.386.341. 음년..445.346.381.		
332	양년..812.823.424. 음년..412.423.824.		

Ⅳ. 월괘(月卦) 변화도

　양월(陽月;1 3 5 7 9 11월)은 유년괘(流年卦) 원당(元堂) 다음 효(爻)부터 차례로 변화하여 정해지고, 음월(陰月;2 4 6 8 10 12월)은 각각 앞의 양월(2월은 1월) 원당의 응효(應爻)가 변화하여 정해진다. (응효 1-4, 2-5, 3-6효)

<예> 유년괘(流年卦) 풍지관괘(風地觀卦) 상효(上爻) 586의 경우

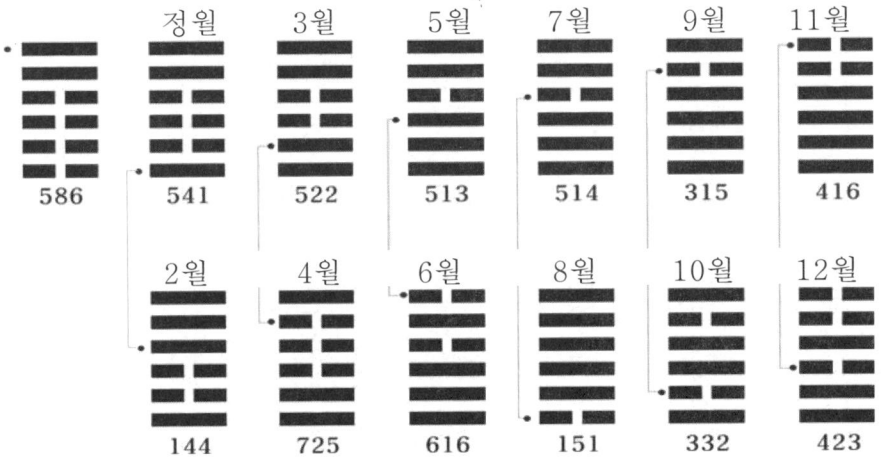

	정월	3월	5월	7월	9월	11월
586	541	522	513	514	315	416

	2월	4월	6월	8월	10월	12월
144	725	616	151	332	423	

　단, 1~12월은 역월(曆月 절기력節氣曆)에 따라 보아야 할 것인가 아니면 당사자의 생월(生月)을 첫달 정월(正月)로 보아(2월생이면 2월이 정월, 3월이 2월 ···12월이 정월)야 할 것인지 양론(兩論)이 있으나 하락이수(河洛理數)의 이치(理致)로 보아서는 후자(後者)의 방법이 타당시 된다.(경험에 의한 적중율 감안 선택 가능)

◆ 월괘(月卦)

익·42	무망·25	중부·61	손·41	소축·9	수·5	건·1	구·44	대유·14	리·30	대장·34	귀매·54
1월	2월	3월	4월	5월	6월	7월	8월	9월	10월	11월	12월

하락이수(河洛理數) 월괘(月卦) 변화도

년괘	1월	2월	3월	4월	5월	6월	7월	8월	9월	10월	11월	12월	년괘	1월	2월	3월	4월	5월	6월	7월	8월	9월	10월	11월	12월
111	132	335	143	246	544	581	745	722	846	833	881	484	211	232	435	243	146	644	681	845	822	746	733	781	384
112	123	226	524	561	725	724	826	813	861	464	882	685	212	223	126	624	661	825	842	726	713	761	364	782	585
113	514	551	715	732	816	823	851	454	872	675	883	786	213	614	651	815	832	716	723	751	354	772	575	783	886
114	315	332	416	423	451	854	472	275	483	386	884	841	214	415	432	316	323	351	754	372	175	383	486	784	741
115	216	223	251	654	272	475	283	186	684	641	885	862	215	116	123	151	554	172	375	183	286	584	541	785	762
116	151	554	172	375	183	286	584	541	785	762	886	873	216	251	654	272	475	283	186	684	641	885	862	786	773
121	142	345	133	236	534	571	735	712	836	843	871	474	221	242	445	233	136	634	671	835	812	736	743	771	374
122	113	216	514	551	715	732	816	823	851	454	872	675	222	213	116	614	651	815	832	716	723	751	354	772	555
123	524	561	725	742	826	813	861	464	882	685	873	776	223	624	661	825	842	726	713	761	364	782	585	773	876
124	325	342	426	413	461	864	482	285	473	376	874	831	224	425	442	326	313	361	764	382	185	373	476	774	731
125	226	213	261	664	282	485	273	176	674	631	875	852	225	126	113	161	564	182	385	173	276	574	531	775	752
126	161	564	182	385	173	276	574	531	775	752	876	883	226	261	664	282	485	273	176	674	631	875	852	776	783
131	112	315	123	226	524	561	725	742	826	813	861	464	231	212	415	223	126	624	661	825	842	726	713	761	364
132	143	246	544	581	745	722	846	833	881	484	862	665	232	243	146	644	681	845	822	747	733	781	384	762	565
133	534	571	735	712	836	843	871	474	852	655	863	766	233	634	671	835	812	736	743	771	374	752	555	763	866
134	335	312	436	443	471	874	452	255	463	366	864	821	234	435	412	336	343	371	774	352	155	363	466	764	721
135	236	243	271	674	252	455	263	166	664	621	865	882	235	136	143	171	574	152	355	163	266	564	521	765	782
136	171	574	152	355	163	266	564	521	765	782	866	853	236	271	674	252	455	263	166	664	621	865	882	766	753
141	122	325	113	216	514	551	715	732	816	823	851	454	241	222	425	213	116	614	651	815	832	716	723	751	354
142	133	236	534	571	735	712	836	943	871	474	852	655	242	233	136	634	671	835	812	736	743	771	374	752	555
143	544	581	745	722	846	833	881	484	862	665	853	756	243	644	681	845	822	746	733	781	384	762	565	753	856
144	345	322	446	433	481	884	462	265	473	356	854	811	244	445	422	346	333	381	784	362	165	353	456	754	711
145	246	233	281	684	262	465	253	156	654	611	855	872	245	146	133	181	584	162	365	153	256	554	511	755	772
146	181	584	162	365	153	256	554	511	755	772	856	863	246	281	684	262	465	253	156	654	611	855	872	756	763
151	172	375	183	286	584	541	785	762	886	873	841	444	251	272	475	283	186	684	641	885	862	786	773	741	344
152	163	266	564	521	765	782	856	853	821	424	842	645	252	263	166	664	621	865	882	766	753	721	324	742	545
153	554	511	755	772	856	863	811	414	832	635	843	746	253	654	611	855	872	756	763	711	314	732	535	743	846
154	355	372	456	463	411	814	432	235	443	346	844	881	254	455	472	356	363	311	714	332	135	343	446	744	781
155	256	263	211	614	232	435	243	146	644	681	845	822	255	156	163	111	514	132	335	143	246	544	581	745	722
156	111	514	132	335	143	246	544	581	745	722	846	833	256	211	614	232	435	243	146	644	681	845	822	746	733
161	182	385	173	276	574	531	775	752	876	883	831	434	261	282	485	273	176	674	631	875	852	776	783	731	334
162	153	256	554	511	755	772	856	863	811	414	832	635	262	253	456	654	611	855	872	756	763	711	314	732	535
163	564	521	765	782	866	853	821	424	842	645	833	736	263	664	621	865	882	766	753	721	324	742	545	733	836
164	365	382	466	453	421	824	442	245	433	336	834	871	264	465	482	366	353	321	724	342	145	333	436	734	771
165	266	253	221	624	242	445	233	136	634	671	835	812	265	166	153	121	524	142	345	133	236	534	571	735	712
166	121	524	142	345	133	236	534	571	735	712	836	843	266	221	624	242	445	233	136	634	671	835	812	736	743
171	152	355	163	266	564	521	765	782	866	853	821	424	271	252	455	263	166	664	621	865	882	766	753	721	324
172	183	286	584	541	785	762	886	873	841	444	822	625	272	283	186	684	641	885	862	786	773	741	344	722	525
173	574	531	775	752	876	883	831	434	812	615	823	726	273	674	631	875	852	776	783	731	334	712	515	723	826
174	375	352	476	483	431	834	412	215	423	326	824	861	274	475	452	376	383	331	734	312	115	323	426	724	761
175	276	283	231	634	212	415	223	126	624	661	825	842	275	176	183	131	534	112	315	123	226	524	561	725	742
176	131	534	112	315	123	226	524	561	725	742	826	813	276	231	634	212	415	223	126	624	661	825	842	726	713
181	162	365	153	256	554	511	755	772	856	863	811	414	281	262	465	253	156	654	611	855	872	756	763	711	314
182	173	276	574	531	775	752	876	883	831	434	812	615	282	273	176	674	631	875	852	776	783	731	334	712	515
183	584	541	785	762	886	873	841	444	822	625	813	716	283	684	641	885	862	786	773	741	344	722	525	713	816
184	385	362	486	473	441	844	422	225	413	316	814	851	284	485	762	386	373	341	744	322	125	313	416	713	751
185	281	273	241	644	222	425	213	116	614	651	815	832	285	186	173	141	544	122	325	113	216	514	551	715	732
186	141	544	122	325	113	216	514	551	715	732	816	823	286	241	644	222	425	213	116	614	651	815	832	716	723

하락이수(河洛理數) 월괘(月卦) 변화도

년괘	1월	2월	3월	4월	5월	6월	7월	8월	9월	10월	11월	12월	년괘	1월	2월	3월	4월	5월	6월	7월	8월	9월	10월	11월	12월
311	332	135	343	446	744	781	545	522	646	633	681	284	411	432	235	443	348	844	881	645	622	546	533	581	384
312	323	426	724	761	525	524	626	613	661	264	682	885	412	423	326	824	861	625	642	526	513	561	164	582	585
313	714	751	515	532	616	623	651	254	672	875	683	586	413	814	851	615	632	516	523	551	154	572	775	583	886
314	115	132	216	223	251	654	272	475	283	186	684	641	414	215	232	116	123	151	554	172	375	183	286	584	741
315	416	423	451	854	472	275	483	386	884	841	685	662	415	316	323	351	754	372	175	383	486	784	741	585	762
316	351	754	372	175	383	486	784	741	585	562	686	673	416	451	854	472	275	483	386	884	841	685	662	586	773
321	342	145	333	436	734	771	535	512	636	643	671	274	421	442	245	433	336	834	871	635	612	536	543	571	374
322	313	416	714	751	515	532	616	623	651	254	672	875	422	413	316	814	851	615	632	516	523	551	154	572	555
323	724	761	525	542	626	613	661	264	682	885	673	576	423	824	861	625	642	526	513	561	164	582	785	573	876
324	125	142	226	213	261	664	282	485	273	176	674	631	424	225	242	126	113	161	564	182	385	173	276	574	731
325	426	413	461	864	482	285	473	376	874	831	675	652	425	326	313	361	764	382	185	373	476	774	731	575	752
326	361	764	382	185	373	476	774	731	575	552	676	683	426	461	864	482	285	473	376	874	831	675	652	576	783
331	312	115	323	426	724	761	525	542	626	613	661	264	431	412	215	423	326	824	861	625	642	526	513	561	364
332	343	446	744	781	545	522	646	633	681	284	662	865	432	443	346	844	881	645	622	547	533	581	184	562	565
333	734	771	535	512	636	643	671	274	652	855	663	566	433	834	871	635	612	536	543	571	174	552	755	563	866
334	135	112	236	243	271	674	252	455	263	166	664	621	434	235	212	136	143	171	574	152	355	163	266	564	721
335	436	443	471	874	452	255	463	366	864	821	665	682	435	336	343	371	774	352	155	363	466	764	721	565	782
336	371	774	352	155	363	466	764	721	565	582	666	653	436	471	874	452	255	463	366	864	921	665	682	566	753
341	322	125	313	416	714	751	515	532	616	623	651	254	441	422	225	413	316	814	851	615	632	516	523	551	354
342	333	436	734	771	535	512	636	643	671	274	652	855	442	433	336	834	871	635	612	536	543	571	174	552	555
343	744	781	545	522	646	633	681	284	662	865	653	556	443	346	844	881	645	622	533	581	184	562	765	553	856
344	145	122	246	233	281	684	262	465	253	156	654	611	444	245	222	146	133	181	584	162	365	153	256	554	711
345	446	433	481	884	462	265	453	356	854	811	655	672	445	346	333	381	784	362	165	353	456	754	711	555	772
346	381	784	362	165	353	456	754	711	555	572	656	663	446	481	884	462	265	453	356	854	811	655	672	556	763
351	372	175	383	486	784	741	585	562	686	673	641	244	451	472	275	483	386	884	841	685	662	586	573	541	344
352	363	466	764	721	565	582	666	653	621	224	642	845	452	463	366	864	821	665	682	566	553	521	124	542	545
353	754	711	555	572	656	663	611	214	632	835	643	546	453	854	811	655	672	556	563	511	114	532	735	543	846
354	155	172	256	263	211	614	232	435	243	146	644	681	454	255	272	156	163	111	514	132	335	143	246	544	781
355	456	463	411	814	432	235	443	346	844	881	645	622	455	356	363	311	714	332	135	343	446	744	781	545	722
356	311	714	332	135	343	446	744	781	545	522	646	633	456	411	814	432	235	443	346	844	881	645	622	546	733
361	382	185	373	476	774	731	575	552	676	683	631	234	461	482	285	473	376	874	831	675	652	576	583	531	334
362	353	456	754	711	555	572	656	663	611	214	632	635	462	453	356	854	811	655	672	556	563	511	114	532	535
363	764	721	565	582	666	653	621	224	642	845	633	536	463	864	821	665	682	566	553	521	124	542	745	533	836
364	165	182	266	253	221	624	242	445	233	136	634	671	464	265	282	166	153	121	524	142	345	133	236	534	771
365	466	453	421	824	442	245	433	336	834	871	635	612	465	366	353	321	724	342	145	333	436	734	771	535	712
366	321	724	342	145	333	436	734	771	535	512	636	643	466	421	824	442	245	433	336	834	871	635	612	536	743
371	352	155	363	466	764	721	565	582	666	653	621	224	471	452	255	463	366	864	821	665	682	566	553	521	324
372	383	486	784	741	585	562	686	673	641	244	622	825	472	483	386	884	841	685	662	586	573	541	144	522	525
373	774	731	575	552	676	683	631	234	612	815	623	526	473	874	831	675	652	576	583	531	134	512	715	523	826
374	175	152	276	283	231	634	212	415	223	126	624	661	474	275	252	176	183	131	534	112	315	123	226	524	761
375	476	483	431	834	412	215	423	326	824	861	625	642	475	376	383	331	734	312	115	323	426	724	761	525	742
376	331	734	312	115	323	426	724	761	525	542	626	613	476	431	834	412	215	423	326	824	861	625	642	526	713
381	362	165	353	456	754	711	555	572	656	663	611	214	481	462	265	453	356	854	811	655	672	556	563	511	314
382	373	476	774	731	575	552	676	683	631	234	612	815	482	473	376	874	831	675	652	576	583	531	134	512	515
383	784	741	585	562	686	673	641	244	622	825	613	516	483	884	841	685	662	586	573	541	144	522	725	513	816
384	185	162	286	273	241	644	222	425	213	116	614	651	484	285	262	186	173	141	544	122	325	113	216	513	751
385	481	473	441	844	422	225	413	316	814	851	615	632	485	386	373	341	744	322	125	313	416	714	751	515	732
386	341	744	322	125	313	416	714	751	515	532	616	623	486	441	844	422	225	413	316	814	851	615	632	516	723

하락이수(河洛理數) 월괘(月卦) 변화도

년괘	1월	2월	3월	4월	5월	6월	7월	8월	9월	10월	11월	12월	년괘	1월	2월	3월	4월	5월	6월	7월	8월	9월	10월	11월	12월
511	532	735	543	646	144	181	345	322	446	433	481	884	621	632	835	643	546	244	281	445	422	346	333	381	784
512	523	626	124	161	325	342	426	413	461	864	482	285	612	623	526	224	261	425	442	326	313	361	764	382	185
513	114	151	315	332	416	423	451	854	472	275	483	386	613	214	251	415	432	316	323	351	754	372	175	383	486
514	715	732	816	823	851	454	872	675	883	786	484	441	614	815	832	716	723	751	354	772	575	783	886	384	341
515	616	623	651	354	672	875	683	586	284	241	485	462	615	516	523	551	154	572	775	583	686	184	141	385	362
516	551	154	572	775	583	686	184	141	385	362	486	473	616	651	254	672	875	683	586	284	241	485	462	386	373
521	542	745	533	636	134	171	335	312	436	443	471	874	621	642	845	633	536	234	271	435	412	336	343	371	774
522	513	616	114	151	315	332	416	423	451	854	472	275	622	613	516	214	251	415	432	316	323	351	754	372	155
523	124	161	325	342	426	413	461	864	482	285	473	376	623	224	261	425	442	326	313	361	764	382	185	373	476
524	725	742	826	813	861	464	882	685	873	776	474	431	624	825	842	726	713	761	364	782	585	773	876	374	331
525	626	613	661	264	682	885	673	576	274	231	475	452	625	526	513	561	164	582	785	573	676	174	131	375	352
526	561	164	582	785	573	676	174	131	375	352	476	483	626	661	264	682	885	673	576	274	231	475	452	376	383
531	512	715	523	626	124	161	325	342	426	413	461	864	631	612	815	623	526	224	261	425	442	326	313	361	764
532	543	646	144	181	345	322	446	433	481	884	462	265	632	643	546	244	281	445	422	347	333	381	784	362	165
533	134	171	335	312	436	443	471	874	452	255	463	366	633	234	271	435	412	336	343	371	774	352	155	363	466
534	735	712	836	843	871	474	852	655	863	766	464	421	634	835	812	736	743	771	374	752	555	763	866	364	321
535	636	643	671	274	652	855	663	566	264	221	465	482	635	536	543	571	174	552	755	563	666	164	121	365	382
536	571	174	552	755	563	666	164	121	365	382	466	453	636	671	274	652	855	663	566	264	221	465	482	366	353
541	522	725	513	616	114	151	315	332	416	423	451	854	641	622	825	613	516	214	251	415	432	316	323	351	754
542	533	636	134	171	335	312	436	443	471	874	452	255	642	633	536	234	271	435	412	336	343	371	774	352	155
543	144	181	345	322	446	433	481	884	462	265	453	356	643	244	281	445	422	346	333	381	784	362	165	353	456
544	745	722	846	833	881	484	862	665	853	756	454	411	644	845	822	746	733	781	384	762	565	753	856	354	311
545	646	633	681	284	662	865	653	556	254	211	455	472	645	546	533	581	184	562	765	553	656	154	111	355	372
546	531	184	562	765	553	656	154	111	355	372	456	463	646	681	284	662	865	653	556	254	211	455	472	356	363
551	572	775	583	686	184	141	385	362	486	473	441	844	651	672	875	683	586	284	241	485	462	386	373	341	744
552	563	666	164	121	365	382	466	453	421	824	442	245	652	663	566	264	221	465	482	366	353	321	724	342	145
553	154	111	355	372	456	463	411	814	432	235	443	346	653	254	211	455	472	356	363	311	714	332	135	343	446
554	755	772	856	863	811	414	832	635	843	746	444	481	654	855	872	756	763	711	314	732	535	743	846	344	381
555	656	663	611	214	632	835	643	546	244	281	445	422	655	556	563	511	114	532	735	543	646	144	181	345	322
556	511	114	532	735	543	646	144	181	345	322	446	433	656	611	214	632	835	643	546	244	281	445	422	346	333
561	582	785	573	676	174	131	375	352	476	483	431	834	661	682	885	673	576	274	231	475	452	376	383	331	734
562	553	656	154	111	355	372	456	463	411	814	432	235	662	653	556	254	211	455	472	356	363	311	714	332	135
563	164	121	365	382	466	453	421	824	442	245	433	336	663	264	221	465	482	366	353	321	724	342	145	333	436
564	765	782	866	853	821	424	842	645	833	736	434	471	664	865	882	766	753	721	324	742	545	733	836	334	371
565	666	653	621	224	642	845	633	536	234	271	435	412	665	566	553	521	124	542	745	533	636	134	171	335	312
566	521	124	542	745	533	636	134	171	335	312	436	443	666	621	224	642	845	633	536	234	271	435	412	336	343
571	552	755	563	666	164	121	365	382	466	453	421	824	671	652	855	663	566	264	221	465	482	366	353	321	724
572	583	686	184	141	385	362	486	473	441	844	422	225	672	683	586	284	241	485	462	386	373	341	744	322	125
573	174	131	375	352	476	483	431	834	412	215	423	326	673	274	231	475	452	376	383	331	734	312	115	323	426
574	775	752	876	883	831	434	812	615	823	726	424	461	674	875	852	776	783	731	334	712	515	723	826	324	361
575	676	683	631	234	612	815	623	526	224	261	425	442	675	576	583	531	134	512	715	523	626	124	161	325	342
576	531	134	512	715	523	626	124	161	325	342	426	413	676	631	234	612	815	623	526	224	261	425	442	326	313
581	562	765	553	656	154	111	355	372	456	463	411	814	681	662	865	653	556	254	311	455	472	356	363	311	714
582	573	676	174	131	375	352	476	483	431	834	412	215	682	673	576	274	231	475	452	376	383	331	734	312	115
583	184	141	385	362	486	473	441	844	422	225	413	316	683	284	241	485	462	386	373	341	744	322	125	313	416
584	785	762	886	873	841	444	822	625	813	716	414	451	684	885	862	786	773	741	344	722	525	713	816	313	351
585	686	673	641	244	622	825	613	516	214	251	415	432	685	586	573	541	144	522	725	513	616	114	151	315	332
586	541	144	522	725	513	616	114	151	315	332	416	423	686	641	244	622	825	613	516	214	251	415	432	316	323

하락이수(河洛理數) 월괘(月卦) 변화도

년괘	1월	2월	3월	4월	5월	6월	7월	8월	9월	10월	11월	12월	년괘	1월	2월	3월	4월	5월	6월	7월	8월	9월	10월	11월	12월
711	732	535	743	846	344	381	145	122	246	233	281	684	811	832	635	843	746	444	481	245	222	146	133	181	584
712	723	826	324	361	125	124	226	213	261	664	282	485	812	823	726	424	461	225	242	126	113	161	564	182	385
713	314	351	115	132	216	223	251	654	272	475	283	186	813	414	451	215	232	116	123	151	554	172	375	183	286
714	515	532	616	623	651	254	672	875	683	586	284	241	814	615	632	516	523	551	154	572	775	583	686	184	141
715	816	823	851	454	872	675	883	786	484	441	285	262	815	716	723	751	354	772	575	783	886	384	341	185	162
716	751	354	772	575	783	886	384	341	185	162	286	273	816	851	454	872	675	883	786	484	441	285	262	186	173
721	742	545	733	836	334	371	135	112	236	243	271	674	821	842	645	833	736	434	471	235	212	136	143	171	574
722	713	816	314	351	115	132	216	223	251	654	272	475	822	813	716	414	451	215	232	116	123	151	554	172	355
723	324	361	125	142	226	213	261	664	282	485	273	176	823	424	461	225	242	126	113	161	564	182	385	173	276
724	525	542	626	613	661	264	682	885	673	576	274	231	824	625	642	526	513	561	164	582	785	573	676	174	131
725	826	813	861	464	882	685	873	776	474	431	275	252	825	726	713	761	364	782	585	773	876	374	331	175	152
726	761	364	782	585	773	876	374	331	175	152	276	283	826	861	464	882	685	873	776	474	431	275	252	176	183
731	712	315	723	826	324	361	125	142	226	213	261	664	831	812	615	823	726	424	461	225	242	126	113	161	564
732	743	846	344	381	145	122	246	233	281	684	262	465	832	843	746	444	481	245	222	147	133	181	584	162	365
733	334	371	135	112	236	243	271	674	252	455	263	166	833	434	471	235	212	136	143	171	574	152	355	163	266
734	535	512	636	643	671	274	652	855	663	566	264	221	834	635	612	536	543	571	174	552	755	563	666	164	121
735	836	843	871	474	852	655	863	766	464	421	265	282	835	736	743	771	374	752	555	763	866	364	321	165	182
736	771	374	752	555	763	866	364	321	165	182	266	253	836	871	474	852	655	863	766	464	421	265	282	166	153
741	722	525	713	816	314	351	115	132	216	223	251	654	841	822	625	813	716	414	451	215	232	116	123	151	554
742	733	836	334	371	135	112	236	243	271	674	252	455	842	833	736	434	471	235	212	136	143	171	574	152	355
743	344	381	145	122	246	233	281	684	262	465	253	156	843	444	481	245	222	146	133	181	584	162	365	153	256
744	545	522	646	633	681	284	662	865	653	556	254	211	844	645	622	546	533	581	184	562	765	553	656	154	111
745	846	833	881	484	862	665	853	756	454	411	255	272	845	746	733	781	384	762	565	753	856	354	311	155	172
746	731	384	762	565	753	856	354	311	155	172	256	263	846	881	484	862	665	853	756	454	411	255	272	156	163
751	772	575	783	886	384	341	185	162	286	273	241	644	851	872	675	883	786	484	441	285	262	186	173	141	544
752	763	866	364	321	165	182	266	253	221	624	242	445	852	863	766	464	421	265	282	166	153	121	524	142	345
753	354	311	155	172	256	263	211	614	232	435	243	146	853	454	411	255	272	156	163	111	514	132	335	143	246
754	555	572	656	663	611	214	632	835	643	546	244	281	854	655	672	556	563	511	114	532	735	543	646	144	181
755	856	863	811	414	832	635	843	746	444	481	245	222	855	756	763	711	314	732	535	743	846	344	381	145	122
756	711	314	732	535	743	846	344	381	145	122	246	233	856	811	414	832	635	843	746	444	481	245	222	146	133
761	782	585	773	876	374	331	175	152	276	283	231	634	861	882	685	873	776	474	431	275	252	176	183	131	534
762	753	856	354	311	155	172	256	263	211	614	232	435	862	853	756	454	411	255	272	156	163	111	514	132	335
763	364	321	165	182	266	253	221	624	242	445	233	136	863	464	421	265	282	166	153	121	524	142	345	133	236
764	565	582	666	653	621	224	642	845	633	536	234	271	864	665	682	566	553	521	124	542	745	533	636	134	171
765	866	853	821	424	842	645	833	736	434	471	235	212	865	766	753	721	324	742	545	733	836	334	371	135	112
766	721	324	742	545	733	836	334	371	135	112	236	243	866	821	424	842	645	833	736	434	471	235	212	136	143
771	752	555	763	866	364	321	165	182	266	253	221	624	871	852	655	863	766	464	421	265	282	166	153	121	524
772	783	886	384	341	185	162	286	273	241	644	222	425	872	883	786	484	441	285	262	186	173	141	544	122	325
773	374	331	175	152	276	283	231	634	212	415	223	126	873	474	431	275	252	176	183	131	534	112	315	123	226
774	575	552	676	683	631	234	612	815	623	526	224	261	874	675	652	576	583	531	134	512	715	523	626	124	161
775	876	883	831	434	812	615	823	726	424	461	225	242	875	776	783	731	334	712	515	723	826	324	361	125	142
776	731	334	712	515	723	826	324	361	125	142	226	213	876	831	434	812	615	823	726	424	461	225	242	126	113
781	762	565	753	856	354	311	155	172	256	263	211	614	881	862	665	853	756	454	411	255	272	156	163	111	514
782	773	876	374	331	175	152	276	283	231	634	212	415	882	873	776	474	431	275	252	176	183	131	534	112	315
783	384	341	185	162	286	273	241	644	222	425	213	116	883	484	441	285	262	186	173	141	544	122	325	113	216
784	585	562	686	673	641	244	622	825	613	516	214	251	884	685	662	586	573	541	144	522	725	513	616	113	151
785	881	873	841	444	822	625	813	716	414	451	215	232	885	786	773	741	344	722	525	713	816	314	351	115	132
786	741	344	722	525	713	816	314	351	115	132	216	223	886	841	444	822	625	813	716	414	451	215	232	116	123

V. 하락이수
년운과 월운

연평 111

중천건괘 초효(重天乾卦 初爻) ☰.

숨어 있는 용이니 세상에 숨어 살아도 번민하지 않는다. 즐거울 때 행하고 걱정할 때 자제한다. 관직에서 물러나 관로에 막힘이 많다. 운이 막히고 일이 억제되며 거동에 재난이 생긴다. 여자는 경사가 많고 아들을 낳을 운이다.

■ 정월 132
집안에서 동지를 구하니 대동할 줄 모른다. 소견이 좁고 처사가 부정하다. 벼슬과 녹은 올라가지 않고 작은 시험이라야 가망이 있다. 일에 부정이 많이 생기고 종친과 남들 사이에 불목한다. 사랑과 미움이 한결같지 않고 슬픔과 기쁨을 분간하지 못한다.

■ 2월 335
슬픈 눈물이 비 쏟아지듯 하니 슬픔과 탄식을 금할 길이 없다. 위태로움 속에 상하의 도움이 없다. 벼슬길이 험난하니 앞으로 나아가기 어렵다. 경영하는 일이 막힘이 많으니 생각만 많다. 슬프다 신세여, 눈물과 탄식뿐이다.

■ 3월 143
무고한 재난에 매어둔 소를 잃는다. 옛날의 기쁨이 수심이 되고, 일에 경쟁이 많다. 명암이 함께 오니 풍파가 그치지 않는다. 몸은 어려움에 처하며 손재를 당한다. 만약 소를 사들이지 않으면 시끄러워진다.

■ 4월 246
붙잡아 매두고 따라서 연결하라. 망령이 없는 마음을 끝까지 바꾸지 말라. 천명이 이미 다했는데 관재가 어인 일인고. 벼슬한 사람은 참소를 방지하고 선비는 욕을 방지하라. 손재가 아니면 붙잡혀 갈(관재) 우려가 있다.

■ 5월 544
중도로 행하니 공사가 따른다. 윗사람 같은 덕으로 아래를 이롭게 한다. 중한 책임을 맡아 임금의 총애도 깊어지고, 윗사람의 천거를 받아 명예를 이룬다. 성조·집수리·이사가 따르고 관청일도 퍼진다.

■ 6월 581

아동의 시선이라 멀리 볼 수 없다. 소견이 어둡고 천박하니 군자는 부끄러운 일이다. 지위가 좁고 앞으로 나아가더라도 제자리로 돌아온다. 일은 빨리 꾀하나 늦게 되고 기교를 부리다 오히려 졸작이 된다. 모애하다 보는 게 없으니 소인이 해친다.

■ 7월 745

경상을 어기나 바르게 거처하면서 윗사람을 잘 따르라. 책임이 중대하나 큰 내는 건너지 말라. 남의 덕으로 성공해 직위를 지킨다. 작게 나아가면 뜻을 이룰 수 있다. 반드시 배를 타거나 험난한 곳을 건너는 일은 경계하라.

■ 8월 722

바르면 이롭고 나가면 흉하니 덜지 않아야 한다. 뜻은 스스로 지키는 데 있으니 함부로 진출하지 말라. 지켜야 할 것을 바꾸면 흉해진다. 현직을 고수하며 현 사업을 확고하게 지켜라. 현 제도를 조심하면서 먼 계책은 세우지 마라.

■ 9월 846

회복이 어둡고 흉한 것은 임금의 도와 반대이기 때문이다. 재앙이 있는데 군사를 행하면 결국은 크게 패한다. 화근은 밖에 있는데 스스로 재앙을 부른다. 미혹하면 재앙이 되니 가만히 있으면 좋으나 움직이면 흉하다. 운명이 다 되었으니 이로울 게 하나도 없다.

■ 10월 833

상하는데 남으로 사냥하여 큰 머리를 얻는다. 뜻을 크게 얻어도 빨리 바르고 견고히 말라. 벼슬한 사람은 권세를 잡고 선비는 장원한다. 보통 사람은 재앙과 뜻밖의 병이 생긴다. 신중하면서 시기를 기다려야 길하다.

■ 11월 881

서리를 밟으면 두터운 얼음이니 음이 비로소 응고됨이다. 선을 쌓은 집에는 반드시 경사가 있고, 불선을 쌓은 집에는 반드시 재앙이 있다. 관직자는 참소나 아첨을 막고 선비는 투기를 막아라. 원수와 원한을 조심하라 재난이 두렵다.

■ 12월 484

즐겁고 뜻을 크게 편다. 지성이면 의심되지 않으니 벗들도 단합되고 따른다. 책임이 크니 왕공도 순종한다. 귀인의 천거를 받고 명성이 점차 높아진다. 진취해 명예를 이루고 경영하는 일도 이익을 본다.

연평 112

중천건괘 2효(重天乾卦 二爻) ䷀

용이 밭에 나타나니 대인을 보는 것이 이롭다. 말은 신용있게 하고 행실은 조심해라. 몸은 직위에서 초월하니 경사가 무쌍하다. 식구가 늘고 전답이 생기며 재물이 마르지 않는다. 귀인을 만나 모든 것이 뜻대로 된다.

■ 정월   123

애꾸눈으로 보며 절름발이가 걷는다. 호랑이 꼬리를 밟으니 그 흉함이 많다. 실천하는 것이 바르지 못하니 반드시 상해가 따르고, 시비가 불리하니 감옥 송사가 있다. 만약 깊이 살피지 않으면 자신과 가정이 망한다.

■ 2월   226

이끌려 즐거워하니 크게 빛나지 못한다. 함부로 교묘하게 기쁨을 찾으니 이르지 않는 곳이 없다. 시절이 오지 않으니 심사만 산란하다. 좋은 광채도 먼지 속에 있으니 경영하고 꾀하는 일이 잘 되지 않는다. 위로 가도 광채가 없으니 혹 더러운 데 오염될 수 있다.

■ 3월   524

거의 보름이 된 달이니 말도 짝을 잃었다. 같은 무리를 끊고 위를 따르면 가히 허물이 없다. 벼슬한 사람은 높아지고 선비는 월계관을 쓴다. 귀인을 만나고 윗사람의 덕을 본다. 배우자를 잃거나 말을 잃는다.

■ 4월   561

구제하되 건장한 말을 쓰고 순하니 길하다. 유약함으로 굳세고 중정한데 의탁하여 친히 사귀고 서로 구한다. 영전이 신속하며 선비는 비등하게 된다. 존귀한 분과 교류하거나 천거가 있고, 꾀하는 것도 모두 이룬다. 흐트러지려는 시초에 구제하는 것은 힘들지 않고 쉽다.

■ 5월   725

혹 유익함이 있으니 위에서 복을 내린다. 열 쌍의 거북으로도 능히 어길 수가 없다. 꾀하는 일이 천심과 부합되니 가히 크게 선하다. 직위가 좋아 임금 곁에 있고 선비는 장원한다. 하늘의 큰 재물이 생기니 이롭지 않은 것이 없다.

■ 6월 742

양유을 얻지 못해 망령되게 윗사람에게 찾는다. 나아가면 그 무리를 잃게 된다. 벼슬한 사람은 귀양을 조심하고, 선비는 욕을 조심하라. 하는 일은 진퇴와 시비가 일정하지 않다. 병이 많으니 흉한 운을 만나면 죽을 수도 있다.

■ 7월 826

두텁게 임하니 길하며 뜻은 안에 있다. 존귀하면서도 비천함과 호응하고, 높으면서도 아랫 사람을 따른다. 가르치며 생각하기, 포용과 보호를 무궁히 한다. 벼슬한 사람은 내직이며 국립대학에 간다. 원근에서 취하는 일은 이롭지 않은 것이 없다.

■ 8월 813

평평하며 언덕 아닌 것이 없고 가고 돌아오지 않는 것이 없다. 천지의 교제이니 어렵고 바르면 허물이 없다. 통태함 다하면 비색이 오는 것은 천리의 필연이다. 어려움으로 책임을 이겨내고 질투와 간신을 막아라. 두려워하고 스스로 조심하며 근후하면 편안하다.

■ 9월 861

출사할 때 율법을 어기면 흉하다. 신하가 도리를 다하면 임금의 총애도 날로 깊어진다. 문장과 의리로 합하니 공명을 이루고, 경영하는 일은 법도를 지키니 재물은 날로 늘어난다. 경솔하면 재앙을 당하는데 운이 흉하면 매우 험상궂다.

■ 10월 464

위로 소인과 친하면 어진 사람은 멀리 물러선다. 소인을 물리치면 군자의 무리가 나오게 된다. 성의와 신의가 깊으면 재난은 사라지고 복이 온다. 곁에 간신이 있으니 일에 실수와 허물이 생긴다. 만약 어진 사람을 만나면 재난은 거의 면제된다.

■ 11월 882

곧고 모나고 크니 땅의 도가 빛난다. 소행에 의심이 없으니 이롭지 않은 것이 없다. 유순하며 중정한 덕이 무궁하다. 관직자는 지위가 높아지고 명예도 올라간다. 곡식과 비단이 많이 늘어나고, 어진 부인이 집안을 일으킨다.

■ 12월 685

친히 돕는다는 뜻이며 지위가 중정하다. 왕이 세 번 짐승을 모니 어질다는 것을 알 수 있다. 역을 버리고 순리를 따르며, 자신을 용서하는 마음으로 남을 대한다. 관직자는 영전하고, 선비는 과거에 급제한다. 처음에는 힘드나 나중에는 순탄하니 이롭지 않은 것이 없다.

연평 113

중천건괘 3효(重天乾卦 三爻) ䷀

종일 부지런하며 조석으로 조심하라. 신중하게 처신하면 허물은 없을 것이다. 짐은 무거운데 힘은 모자라니 매사가 번거롭다. 일이 여의치 못하니 어찌 재물과 이익을 바라겠는가. 조급하게 움직이면 실패하고, 여자는 재난이 많다.

■ 정월 514
미더움이 있으면 피도 가고 두려움도 사라지니 허물이 없다. 성실하게 미더움을 다하니 상해는 반드시 멀어진다. 동지의 천거나 발탁으로 오랜 직책에서 전직된다. 윗사람과 뜻이 맞아 오래 엄체된 것도 펴진다. 인정이 화합하나 운이 흉하면 혈육이 손상된다.

■ 2월 551
초기에 손순하면 진퇴의 뜻을 의심받을 뿐이다. 무사처럼 꿋꿋해야 그 뜻을 다스릴 수 있다. 진퇴가 일정하지 않은데 어려운 가운데 쉬운 것도 있다. 무관 선출이면 유리하나 문관 선임이면 막힌다. 득실이 있는데 의심과 훼방이 많이 따른다.

■ 3월 715
거세된 돼지의 어금니이니 길하고 경사가 있다. 그 근본을 끊어버리면 악은 자연히 그친다. 관직은 영전하고 선비는 높이 천거된다. 경사가 많고 경영하거나 꾀하는 일도 잘 된다. 성공의 도리는 먼저 기미를 살피는 데 있는 것이다.

■ 4월 732
턱이 움직이면 수염도 따라 움직이니 움직이고 그치는 일은 턱에 있다. 꾸밈의 선악은 본질에 있다. 남의 덕으로 성사되니 영전할 자리가 있다. 문장이 아름다우니 귀인이 이끌어주리라. 세력만 믿고 함부로 하면 좌절할 것이다.

■ 5월 816
성이 구렁에 돌아오니 그 명령이 어지럽다. 인심이 방탕하면 난리가 여기서 생긴다. 관직자는 귀양을 가거나 강등되고 선비는 부끄러운 욕을 만나게 된다. 손실과 파괴의 운이니 질병도 두렵다. 수명이 불길하며 근후해야 재앙을 면한다.

■ 6월 823

달콤함으로 친히 임한다. 지위가 부당하다. 이미 근심이 있으며 어물이 길지 못할 것이다. 세력과 지위를 빙자하면 무슨 이익이 있겠는가. 참소 간사함에 잘 보이려고 아첨하다 실책이 있다. 만약 슬픈 수심이 없다면 원한과 고생이 따를 우려가 있다.

■ 7월 851

진실로 오름이니 대길하며 위와 뜻이 합한다. 땅의 기운이 불어나 신의가 오르니 반드시 이루어진다. 강하고 중정을 따르니 어진 이도 같이 나아간다. 벼슬한 사람은 영전하고, 선비는 높이 천거된다. 경영하고 꾀하는 일이 마음대로 되니 점입가경이다.

■ 8월 454

학문은 성현을 따르지 않고 정치는 왕도를 법 받지 않는다. 한껏 심력을 다하지만 공이 되는 일이 하나도 없다. 벼슬한 사람은 퇴보하고 진취는 성사되지 않는다. 경영하거나 꾀하는 일은 힘만 들고 무익하다. 교화를 실행하지 못하니 혜택을 베풀 수 없다.

■ 9월 872

겸손하며 바르니 중심을 얻는다. 속으로 겸손한 덕이 쌓이니 능히 외부로 발산할 수 있다. 수컷이 울면 암컷이 응하듯이 음양이 부르고 화답한다. 관직자는 직위가 바뀌니 앞으로 나아가면 명예를 이룬다. 경솔하면 좋지 않으니 물러나 지키는 것이 좋다.

■ 10월 675

큰 어려움에 부딪쳤는데 벗이 오니 절의로 대한다. 충정한 신하와 자식의 도움을 더욱 많이 받는다. 관직은 요직에 오르며 진취하여 적중한다. 좋은 사람이 이끌어주고 천거하니 이롭지 않은 것이 없다. 신하는 충성하고 자식은 효도하니 가정이 화애롭다.

■ 11월 883

아름다움을 함축하고 가히 바르며 시기에 맞게 편다. 만일 왕사를 따르면 성취함은 없어도 유종의 미는 있다. 승진이나 영전할 기회가 있고 앞으로 나아갈 날이 온다. 꾀와 계략이 심원하니 경영에 수확이 있다. 여자가 이를 얻으면 덕이 있는 부인이 될 것이다.

■ 12월 786

큰 과일을 먹지 않는 것은 장차 다시 생겨나게 하기 위함이다. 군자는 수레를 얻으나 소인은 집이 사라진다. 난리가 나면 치세를 생각하며 군자를 추대하기 원한다. 벼슬한 사람은 좋은 권세가를 만나 천거된다. 경영에 새로운 뜻을 세우고, 궁실을 성조한다.

연평 114

중천건괘 4효(重天乾卦 四爻) ☰

진퇴를 알 수 없으니 시기에 맞게 나아가라. 순리를 따르면 길하나 망동하면 화가 생긴다. 시운이 불리하니 역량을 감추고 때를 기다려라. 의심이 생겨 결정하지 못하니 모든 게 어려워진다. 여자는 마음대로 되고, 승려와 도인은 편안하다.

■ 정월 315
그 미더움이 사귀어지니 신의로 뜻을 편다. 강유가 겸전하니 즐거워하지 않는 백성이 없다. 일에는 선후가 있으니 기회를 보아 진출하라. 시기를 살펴 움직이면 모든 일이 새롭게 된다. 만약 경솔하고 거만하면 화를 당할 것이다.

■ 2월 332
높게 부딪쳐 빛나니 매우 길하고, 중도를 얻어 사방이 빛나니 매우 길하다. 만사가 이미 정해져 있으니 어찌 근심이 있겠는가. 현명한 군주를 만나 나라의 큰 그릇이 된다. 과거에 급제하며 반드시 이익이 생긴다.

■ 3월 416
불친 양이 울타리를 밟으니 물러서지도 이루지도 못한다. 이로울 것이 없으니 어려워야 길하다. 일의 어려움을 알고 함부로 가볍게 여기지 말라. 벼슬한 사람은 감봉이나 퇴출되고, 선비는 물러나기도 어렵다. 분수를 넘고 이치를 어기면 시비·투쟁·소송이 따른다.

■ 4월 423
누이동생 시집보낼 때를 기다리니 천한 여성임을 알겠다. 사람들은 덕이 없는 여인을 취하지 않는다. 벼슬한 사람은 귀양이나 강등이 두렵고, 선비는 때를 기다려라. 고생하나 진퇴를 근심한다. 아내를 내보낼 운인데 혹 총애하는 종을 들이기도 한다.

■ 5월 451
항구함에 빠져 올바르더라도 이로울리 없으니 흉하다. 급히 구하면서 깊이 들어가 항구한 도를 잃는다. 군주에게 신용을 얻지 못하고, 지기도 만나기 어렵다. 인정이 통하지 않으며 거리에서 방황한다. 서두르나 이루지 못한다. 그러나 안정하면서 지키면 흉은 면한다.

■ 6월　854

왕이 기산에 형통하니 길하다. 위로는 천자에게 순응하고, 아래로는 어진 사람에게 순응한
다. 높은 지위에 오르고, 선비는 명예를 이룬다. 산천의 이익과 산수의 즐거움이 있다. 승려
는 제사 흠향하나 운이 흉하면 산으로 돌아간다.

■ 7월　472

할아버지를 지나 할머니를 만나고 임금을 지나 신하를 만난다. 정도를 지키고 중도를 얻으
니 스스로 본분을 안다. 자신의 직책에 극진하고 진취하여 명예를 이룬다. 귀인이 이끌어주
면 모든 일이 이루어진다. 여인의 조력이 있으나 운이 흉하면 어머니 재앙이 따른다.

■ 8월　275

등심에 감응이 있으니 뜻이 사물을 감동시키지 못한다. 진퇴에 구속이 없고, 중심에는 사
기가 없다. 같은 관료는 기뻐도 앞으로 나아가기는 어렵다. 인정이 어그러지며 떨어져 나가
니 경영하거나 꾀하는 일은 시소하다. 사욕에 감응하면 사물을 감동시킬 수 없다.

■ 9월　483

쳐다보면서 즐거워하다 후회하고, 더뎌도 후회한다. 처신이 부정하면 진퇴에 후회만 있다.
구하고 바라는 일은 되지 않으니 빨리 고쳐라. 우유부단하면 후회와 과실을 막기 어렵다.
잠시 전진하고 잠시 후퇴하니 시비가 한결같지 않다.

■ 10월　386

뿔 위까지 나가 사심의 고을을 쳐라. 진퇴가 심란하니 정당해도 부끄럽다. 안으로 사심을
치료하고 자신을 반성하면 허물이 없다. 집을 다스리는 상이며 성조 집수리 운이다. 수가
불길하면 정벌·분쟁·소송이 따른다.

■ 11월　884

주머니를 묶는 것처럼 하면 허물이 없고, 조심하면 해롭지 않다. 상하가 막히고 끊겼으니
자처하라. 승진이나 영전은 어려우니 현직에서 조심하라. 진취하기 어렵고, 경영이나 꾀하
는 일도 막힌다. 조심하며 견고해야 뜻밖의 화를 면할 수 있다.

■ 12월　841

머지않아 회복하며 수신한다. 후회할 일이 없으니 매우 길하다. 관직이 청고하며 임금을 곁
에서 돕는다. 선비는 장원하고 경영하는 일들은 이익을 얻는다. 개과천선하니 일마다 이롭
지 않은 것이 없다.

중천건괘 5효(重天乾卦 五爻) ☰

날아가는 용이 하늘에 있으니 대인을 만나면 이롭다. 같은 소리는 상응하고, 같은 기운은 서로 구한다. 꾀꼬리가 높은 나무에 오르듯 몸이 용문에 오른다. 성조에 필요한 재물을 얻을 상이나 여자는 남편궁이 불리해 고독하다.

■ 정월   216
호소할 곳조차 없으니 결국 흉만 따른다. 벼슬길도 쉽지 않고 진취하기도 어렵다. 경영하거나 꾀하는 일이 심란하니 안정하는 것이 좋다. 골육이 무정하니 눈물을 막을 길이 없다. 대인이 아니면 화를 당한다.

■ 2월   223
나아가 즐거움을 구하니 그 흉함을 알겠다. 이미 도덕을 잃었으니 남들이 호응해 주지 않는다. 생각은 많으나 어려움만 따른다. 교묘하고 구차하게 합하면 의외의 화근이 생기거나 도를 잃고 망신한다.

■ 3월   251
자리를 깔되 깨끗한 띠를 쓰니 유약하며 어둡다. 두려워하고 조심하면 허물이 없다. 신중한 도리는 사용처가 매우 많다. 조심하며 절약하는 사람이니 재물과 이익이 따른다. 불길한 운을 만나 복 입을까 두렵다.

■ 4월   654
재주를 넓게 베풀지 못하나 스스로 지키면 가하다. 일을 고치고 다스리면 폐지까지는 이르지 않는다. 이익과 선을 조목조목 펼치면서 정치를 고치고 일에 응한다. 경전을 궁리하며 옛것을 배워 쓰일 때를 기다린다. 밭을 갈고 샘을 파며 집을 짓고 수축한다.

■ 5월   272
장딴지에 감응이 있으니 흉하나 편안하게 있으면 길하다. 지키지 못하고 일찍 움직이면 망동하니 흉하다. 안정하면서 분수를 지키면 저절로 좋은 일이 생긴다. 좋은 기회를 만나기 어려우니 경솔하게 움직이면 흉하다. 분주하면 나쁘고 노력하는 일 외에는 공이 없다.

■ 6월 475

날아올라 내려오지 않으니 덕을 베풀기 어렵다. 서쪽 들에는 구름이 가득하나 비가 오지 않는다. 벼슬한 사람은 휴직하기 쉬우나 선비는 왕공을 볼 수도 있다. 원대한 계책은 불리하나 옛것을 지키면 좋다. 노인이나 병자는 모두 좋지 않다.

■ 7월 283

모두 슬퍼하니 이로울 것이 없다. 나아가면 허물이 없으나 다소 부끄러운 일이 생긴다. 처음에는 가까운 곳에서 구하다 무리해 먼 곳과 결탁한다. 관직자는 외방으로 나가게 되는데 발전하기 어렵다. 집에 있어도 편안하지 못하고, 육친이 손상된다.

■ 8월 186

이미 비운이 무너졌으니 처음에는 비색하나 나중에는 기쁘다. 비색함이 가면 통태함이 오는 것은 자연의 이치다. 정지와 강등, 막힘이 다시 풀린다. 곤궁하다 좋아지고, 소송자도 풀린다. 그러나 운이 흉하면 슬픔·탄식·통곡이 따른다.

■ 9월 684

밖에서 어진 것은 위를 따르는 것이다. 도리가 좋으니 견실하며 바른 것을 얻는다. 영전하는 영화가 있으니 앞으로 나아가면 이롭다. 나가서 하는 일은 귀인의 도움을 많이 받는다. 행하면 이루지 못할 일이 없고 이롭지 않은 것이 없다.

■ 10월 641

급하게 하면 어려움에 처하니 바르고 견고하게 행하라. 귀한 몸이 천한 자에게 이르니 큰 민심을 얻는다. 관직자는 매우 발전하고, 선비는 밝음을 세운다. 분수를 지키면서 신중하라. 여자는 어질고 선하며 집안도 일어나고 좋은 남편을 만난다.

■ 11월 885

누런 치마이니 매우 길하다. 문채가 중도에 있다. 안에 아름다움이 가득하니 사지에까지 창달한다. 내직으로 선임되며 왕실에 들 영화가 있다. 모든 일이 안온하며 재물과 이익이 따른다. 여자는 덕이 있고 내조의 공이 있다.

■ 12월 862

군사에 중도를 지키니 길하고, 하늘의 총애를 받는다. 왕의 명령을 세 번이나 받고 천하를 생각한다. 벼슬한 사람은 임금의 친서로 벼슬을 받는다. 선비는 괴수되고 중은 은혜를 받는다. 반드시 귀하고 어진 사람을 만나 모든 일이 마음대로 된다.

연평 116

중천건괘 상효(重天乾卦 上爻)

지나치게 과한 용이니 내려올 줄 모르다 후회한다. 귀하나 직위가 없고, 높으나 백성이 없다. 사고무친이니 움직이면 후회할 일이 생긴다. 귀양갈 운으로 눈앞에 재앙이 닥친다. 너무 강하면 꺾이는 법이고, 망동하면 손실이 따르는 법이다.

■ 정월   151
쇠로 된 말뚝에 매두면 견고하며 바르니 길하다. 돼지가 껑충 뛰듯 함부로 움직이고 싶은 마음이 간절하다. 앞으로 나아가도 심란한데 좌천이 어인 일인고. 귀인의 도움을 받으며 출산양육할 운이다. 그러나 수가 나쁘면 질병·감옥소송이 따른다.

■ 2월   554
손순하여 후회할 일이 없고 사냥하여 3품(제기, 고기, 손님)을 얻는다. 사냥하여 모든 해로움을 제거하고 반드시 수확을 많이 거둔다. 일으킨 일이 크고 풍성해 공도 있고 왕성하다. 능히 강함을 이겨 무공을 이어간다. 공과 명예를 이루고, 이익과 복도 받는다.

■ 3월   172
황소가죽으로 묶어두는 것은 뜻이 견고하기 때문이다. 궁과 통달은 이미 정해져 있으니 앞일을 말하지 말라. 관직은 언론이 유리한데 항상 본분을 지켜라. 육축이 유리하다. 그러나 흉한 운이 오면 집안에 소송이 생긴다.

■ 4월   375
활을 당겨 꿩을 쏘면 백발백중이다. 상하로 친하니 길을 떠나면 매우 좋다. 움직여도 실책이 없으니 평이 좋고 복록이 있다. 존귀한 수상과 가까이 하여 영화를 누린다. 영화와 경사가 따를 운으로 살아가는 데 걱정이 없다.

■ 5월   183
지위가 부당하니 부끄럽다. 항상 졸렬한 권모술수를 부리다 선을 해친다. 인정은 쉽게 변하니 움직이면 의심을 받는다. 관직에서 물러나 쉬면서 비난을 막아라. 시비와 분쟁이 비온 뒤 죽순 솟듯한다.

■ 6월 286

위에 있으면서 편하지 못하니 눈물 콧물까지 흘리며 탄식한다. 남들이 친하려고 하지 않으니 궁색하기 그지없다. 전진은 평온하지 않고, 일마다 번거롭고 요란하다. 어른과 아이를 불문하고 근심이 따르니 안정되지 않는다. 명리도 허망하고 수명도 길지 않다.

■ 7월 584

나라의 광채를 관망하는 것이니 왕의 손님이 되면 이롭다. 성군이 위에 있으면 어진 사람은 나아가기를 원한다. 치국평천하하면 베풂이 백성에게 젖어든다. 벼슬한 사람은 내직으로 가고, 선비는 과거에 급제한다. 관광이나 외방업을 하면 반드시 큰 이익을 얻을 것이다.

■ 8월 541

크게 시작하면 이롭고, 크게 길해야 허물이 없다. 남에게 큰 이익을 주면 자연히 그 이익이 돌아온다. 그러나 모두 잘 하지 않으면 허물을 면할 수 없다. 관직자는 높이 영전하고, 진취하면 큰 우두머리가 된다. 크게 꾀하고 마음대로 된다.

■ 9월 785

모든 음이 순종하니 소인도 선해진다. 관직자는 요직에 오른다. 경영하거나 꾀하는 일에 뽑히고 인정도 화합된다. 가정이 화평하며 복이 생기고, 궁궐의 관찰이나 주지가 된다. 궁인의 총애를 받으니 이롭지 않은 것이 없다.

■ 10월 762

어리석음을 감싸주면 길하고, 부인을 들여도 길하다. 자식이 가정을 다스리니 강유의 교접이다. 밝음으로 어둠을 받아드리니 그 선한 바를 받아들인다. 벼슬한 사람은 관직을 지키고, 선비는 사범이 된다. 인정이 화합하니 모든 일이 순조롭다.

■ 11월 886

용이 들에서 싸우니 그 피가 검푸르고 누렇다. 둘 다 패하고 상처를 입으니 반드시 피의 재난을 본다. 화를 입고 강등·퇴출·파손할 위험이 있다. 선비는 크게 발전하나 근심과 해로움은 면하기 어렵다. 시비·분쟁·소송·파괴·실패·위험·사망 등이 따른다.

■ 12월 873

노력하고 겸손한 군자는 만민이 복종한다. 노력하고 자랑하지 않고 공이 있으면서도 공덕이라 하지 않는다. 벼슬한 사람은 높이 옮겨가고 선비는 기회를 만난다. 경영과 꾀하는 일에 이익을 얻고 마음과 힘껏 노력한다. 높아도 위태롭지 않고 차도 넘치지 않는다.

연평 121

천택리괘 초효(天沢履卦 初爻) ☰☱.

본래 가는 데로 가면 허물이 없으리라. 이치를 따라 행사하고 도를 벗어나지 말라. 태평성대의 도가 있으면 영전할 기회가 있다. 어려서 배우고 자라서 행하니 명리를 이룬다. 비록 운은 좋으나 상복을 입을까 두렵다.

■ 정월 142
밭갈이도 수확도 파종도 하지 않는다. 본래 소망이 없는데 소득이 있다. 가다듬고 행동에 힘쓰면서 때에 맞는 이치를 따른다. 승진과 명예를 성취하니 밖에서 이득을 얻는다. 농업이 좋으나 벼와 곡식은 적다.

■ 2월 345
마른 고기를 씹다 황금을 얻는다. 항상 위태로움과 두려움을 알면 원한과 허물은 자연히 사라진다. 법으로 간신을 제거하며 명예를 이룬다. 병자는 편안해지고 원망도 사라진다. 손으로 천금을 희롱하니 의식이 풍족하다.

■ 3월 133
숲 속에 복병이 있는데 높은 언덕에서 적을 살핀다. 3년이나 기회가 오지 않는다. 앞길이 가시밭이니 옛것을 지키면서 안정하라. 만약 높이 오르지 못하면 실직한다. 부모의 초상이 염려되고, 감옥과 소송도 두렵다.

■ 4월 236
군자는 표범으로 변하고 소인은 얼굴만 바뀐다. 나가면 흉하니 바르고 견고하게 있어야 길하다. 반드시 명예를 성취하고 문채가 왕성하다. 조심스럽게 법도를 지키면 재난을 면할 수 있다. 시비가 따르는데 낯을 바꿀까 두렵다.

■ 5월 534
가정이 부자니 대길하고 순함으로 지위에 있다. 아내가 가정을 부양하니 내직이 모두 좋아진다. 일은 순순히 하며 반드시 정도로 한다. 초월해 영전하고, 시험에 들어 상을 받는다. 꾀하는 일에 이익이 있고, 고독한 과부는 친한 사람을 만난다.

■ 6월 571

기러기가 물가로 가니 어린아이는 위태롭다. 재주는 매우 약한데 윗사람의 응원도 없다. 말을 하는 관직으로 학문 소송으로 귀양도 논한다. 선비는 응원이 없으니 막힘이 있다. 곤궁과 액을 많이 당하나 꾀하는 일은 막히지 않는다.

■ 7월 735

언덕과 동산을 꾸미니 예물은 얇고 소박하다. 근본을 두텁게 하며 실상을 숭상하고, 농업에 힘쓰며 검소함을 숭상한다. 한가한 관직에서 초빙되나 관록은 쇠퇴한다. 귀인은 이익을 얻고 적게 성취해야 기쁘다. 진취하는 데 어려움이 있고, 노인은 수명이 불리하다.

■ 8월 712

수레바퀴 통이 벗겨졌으나 중도를 얻어 허물은 없다. 처신이 중도를 얻었으니 움직여도 좋다. 학자는 성쇠와 강약의 깊이를 알아야 한다. 관직자는 사직하게 되니 진취는 불리하다. 실물·재난·시비를 겪은 후 얻을 수 있다.

■ 9월 836

처음에는 하늘에 오르나 나중에는 뒤에 땅 속으로 들어간다. 밝지 못하고 어두워 스스로 상하고 운명한 것이다. 관직에 막힘이 많으니 내쫓길까 두렵다. 처음에는 이루나 나중에는 막히고, 노인은 수명이 없다. 하늘에 오를 징조인데 나중에는 내쫓긴다.

■ 10월 843

자주 회복하니 위태로움이 있고 의리에는 허물이 없다. 중정하지 못하고 또 움직이는 극에 있다. 벼슬자리가 평온하지 못하고 변화가 심하다. 큰 머리를 얻을 수도 있으니 명예는 가히 이룬다. 일에는 반복이 많고 의혹이 엇갈린다.

■ 11월 871

겸손한 군자는 스스로 낮춰 기른다. 큰 내를 건너도 불길함이 없다. 지극히 겸손하면 대중도 같이 한다. 관직은 목민인데 보배를 품고 초빙을 기다린다. 먼 강호를 건너 상업이나 여행을 하라.

■ 12월 474

지극히 공손하면 허물이 없다. 고수하지 말고 때에 맞게 하라. 고집스럽게 변통할 줄 모르면 다소 허물이 된다. 안정하면서 직위를 지켜라. 작은 시험은 유리하다. 안빈하며 분수를 지키면 자연 손실과 폐단도 없다.

연평 122

천택리괘 2효(天沢履卦 二爻) ☰

밟는 길이 탄탄하니 중심이 흔들리지 않는다. 마음을 가다듬고 절의를 지키며 안빈낙도한다. 시운이 오지 않으니 관직에서 물러나 귀향한다. 가리고 살피면서 일을 꾀하면 인사가 화해한다. 그러나 흉한 운을 만나면 명부에 이름을 새긴다.

■ 정월 113
종일 부지런하며 조석으로 조심하라. 신중하게 처신하면 허물은 없을 것이다. 짐은 무거운데 힘은 모자라니 매사가 번거롭다. 일이 여의치 못하니 어찌 재물과 이익을 바라겠는가. 조급하게 움직이면 실패하고, 여자는 재난이 많다.

■ 2월 216
호소할 곳조차 없으니 결국 흉만 따른다. 벼슬길도 쉽지 않고 진취하기도 어렵다. 경영하거나 꾀하는 일이 심란하니 안정하는 것이 좋다. 골육이 무정하니 눈물을 막을 길이 없다. 대인이 아니면 화를 당한다.

■ 3월 514
미더움이 있으면 피도 가고 두려움도 사라지니 허물이 없다. 성실하게 미더움을 다하니 상해는 반드시 멀어진다. 동지의 천거나 발탁으로 오랜 직책에서 전직된다. 윗사람과 뜻이 맞아 오래 엄체된 것도 펴진다. 인정이 화합하나 운이 흉하면 혈육이 손상된다.

■ 4월 551
초기에 손순하면 진퇴의 뜻을 의심받을 뿐이다. 무사처럼 꿋꿋해야 그 뜻을 다스릴 수 있다. 진퇴가 일정하지 않은데 어려운 가운데 쉬운 것도 있다. 무관 선출이면 유리하나 문관 선임이면 막힌다. 득실이 있는데 의심과 훼방이 많이 따른다.

■ 5월 715
거세된 돼지의 어금니이니 경사가 있다. 그 원인을 끊어버리면 자연히 악은 그친다. 관직자는 영전이나 발탁되고, 선비는 높이 천거된다. 경영하거나 꾀하는 일도 잘 되며 경사가 많다. 성공하려면 먼저 기미를 살펴야 한다.

■6월 732

턱이 움직이면 수염도 따라 움직이듯이 움직이고 그치는 일은 턱에 달려 있다. 선악은 본질에 매어 있다. 영전은 남의 덕으로 성사된다. 문장이 아름다우니 귀인이 끌어주리라. 그러나 세력만 믿고 함부로 굴면 좌절할 것이다.

■7월 816

성이 구렁에 돌아오니 그 명령이 어지럽다. 인심이 방탕하면 난리가 여기서 생긴다. 관직자는 귀양을 가거나 강등되고 선비는 부끄러운 욕을 만나게 된다. 손실과 파괴의 운이니 질병도 두렵다. 수명이 불길하며 근후해야 재앙을 면한다.

■8월 823

달콤함으로 친히 임하고 지위가 부당하다. 이미 근심이 있으며 어물이 길지 못할 것이다. 세력과 지위를 빙자하면 무슨 이익이 있겠는가. 아첨의 실책이 있고, 만약 슬픈 수심이 없으면 원한과 고생이 따를 염려가 있다.

■9월 851

진실로 오르니 대길하며 위와 뜻이 맞는다. 땅의 기운이 불어나 신의가 오르니 반드시 이루어진다. 강하며 중정을 따르니 어진 사람도 함께 나아간다. 벼슬한 사람은 영전하고, 선비는 높이 천거된다. 경영하거나 꾀하는 일은 마음대로 되니 점입가경이다.

■10월 454

학문은 성현을 따르지 않고, 정치는 왕도를 따르지 않는다. 심력을 다하지만 하나도 공이 되지 않는다. 벼슬한 사람은 퇴보하고, 진취는 성사되지 않는다. 경영하거나 꾀하는 일은 힘만 들고 무익하다. 교화를 실행하지 못하니 혜택을 베풀 수 없다.

■11월 872

겸손하며 바르니 중심을 얻는다. 속으로 겸손한 덕이 쌓이니 능히 외부로 발산할 수 있다. 수컷이 울면 암컷이 응하듯이 음양이 부르고 화답한다. 관직자는 직위가 바뀌니 앞으로 나아가면 명예를 이룬다. 경솔하면 좋지 않으니 물러나 지키는 것이 좋다.

■12월 675

큰 어려움에 부딪쳤는데 벗이 오니 절의로 대한다. 충정한 신하와 자식의 도움을 더욱 많이 받는다. 관직은 요직에 오르며 진취하여 적중한다. 좋은 사람이 이끌어주고 천거하니 이롭지 않은 것이 없다. 신하는 충성하고 자식은 효도하니 가정이 화애롭다.

연평 123

천택리괘 3효(天沢履卦 三爻) ☰☱

애꾸눈으로 보며 절름발이로 걷는다. 호랑이 꼬리를 밟았으니 매우 흉하다. 하는 일이 바르지 못하니 반드시 상해가 따른다. 시비가 불리하니 감옥이나 송사가 따른다. 만약 깊이 살피지 않으면 자신과 가정이 망할 수 있다.

■ 정월 524
거의 보름이 된 달이다. 말도 짝을 잃었다. 같은 무리를 끊고 위를 따르면 허물이 없다. 벼슬한 사람은 높아지고, 선비는 월계관을 쓴다. 귀인을 만나며 윗사람의 덕을 본다. 그러나 배우자나 말을 잃을 수 있다.

■ 2월 561
구제하는데 건장한 말을 쓰니 길하다. 굳세고 중정한데 친히 사귀며 서로 구한다. 빨리 영전하며 선비는 비등해진다. 귀인과 교류하거나 천거를 받아 꾀하는 것을 모두 이룬다. 흐트러짐도 초기에 구하면 힘을 들이지 않아도 된다.

■ 3월 725
유익한데 복은 위에서 내린다. 열 쌍의 거북으로도 어길 수가 없다. 꾀하는 일은 하늘의 뜻과 부합하니 매우 선하다. 직위가 좋아 임금 곁에 있고, 선비는 장원한다. 하늘의 재물이 많이 생기니 이롭지 않은 것이 없다.

■ 4월 742
양유을 얻지 못해 망령되게 윗사람에게 찾는다. 나아가면 그 무리를 잃게 된다. 벼슬한 사람은 귀양을 조심하고, 선비는 욕을 조심하라. 하는 일은 진퇴와 시비가 일정하지 않다. 병이 많으니 흉한 운을 만나면 죽을 수도 있다.

■ 5월 826
두텁게 임하니 길하며 뜻은 안에 있다. 존귀하면서도 비천함과 호응하고, 높으면서도 아랫사람을 따른다. 가르치며 생각하기, 포용과 보호를 무궁히 한다. 벼슬한 사람은 내직이며 국립대학에 간다. 원근에서 취하는 일은 이롭지 않은 것이 없다.

■ 6월 813

평평하며 언덕 아닌 것이 없고, 가면 돌아오지 않는 것이 없다. 천지의 교제이니 어려우나 바르면 허물이 없다. 통태함이 다하면 비색이 오는 것은 하늘의 뜻이다. 책임을 이겨내고 질투와 간신을 조심하라. 두려워하면서 조심하면 편안하다.

■ 7월 861

출사할 때 율법을 어기면 흉하다. 신하가 도리를 다하면 임금의 총애도 날로 깊어진다. 문장과 의리로 합하니 공명을 이루고, 경영하는 일은 법도를 지키니 재물은 날로 늘어난다. 경솔하면 재앙을 당하는데 운이 흉하면 매우 험상궂다.

■ 8월 464

위로 소인과 친하면 어진 사람은 멀리 물러선다. 소인을 물리치면 군자의 무리가 나오게 된다. 성의와 신의가 깊으면 재난은 사라지고 복이 온다. 곁에 간신이 있으니 일에 실수와 허물이 생긴다. 만약 어진 사람을 만나면 재난은 거의 면제된다.

■ 9월 882

곧고 모나고 크니 땅의 도가 빛난다. 소행에 의심이 없으니 이롭지 않은 것이 없다. 유순하며 중정한 덕이 무궁하다. 관직자는 지위가 높아지고 명예도 올라간다. 곡식과 비단이 많이 늘어나고, 어진 부인이 집안을 일으킨다.

■ 10월 685

친히 돕는다는 뜻이며 지위가 중정하다. 왕이 세 번 짐승을 모니 어질다는 것을 알 수 있다. 역을 버리고 순리를 따르며, 자신을 용서하는 마음으로 남을 대한다. 관직자는 영전하고, 선비는 과거에 급제한다. 처음에는 힘드나 나중에는 순탄하니 이롭지 않은 것이 없다.

■ 11월 873

노력하고 겸손한 군자는 만민이 복종한다. 노력하고 자랑하지 않고 공이 있으면서도 공덕이라 하지 않는다. 벼슬한 사람은 높이 옮겨가고 선비는 기회를 만난다. 경영과 꾀하는 일에 이익을 얻고 마음과 힘껏 노력한다. 높아도 위태롭지 않고 차도 넘치지 않는다.

■ 12월 776

그치는 도가 매우 좋으니 나중에는 길하다. 관직자는 자리를 옮기고, 선비는 명예를 이루고, 농민은 전답이 늘어나고, 상인은 이익을 얻고, 보통 사람은 복을 받는다. 그러나 운이 흉하면 반대가 된다.

연평 124

천택리괘 4효(天沢履卦 四爻) ䷉

호랑이 꼬리를 밟듯 두려운 상이다. 마음가짐을 조심하면 가히 뜻을 행한다. 무관이 유리하니 무과에 급제된다. 매사를 조심하면 가히 허물을 면한다. 여자라면 많이 흉하니 음란하고 불량할 것이다.

■ 정월 325
어그러진 시기에 어진 사람의 도움을 받는다. 같은 당의 살을 씹으면 경사가 있다. 벼슬한 사람은 왕명을 받고. 선비는 과거에 오른다. 추대해주는 사람이 있으면 경영하는 일에 이익이 있다. 결혼하려는 사람은 짝을 얻으나 운이 흉하면 형상을 당한다.

■ 2월 342
살을 씹되 코를 없애니 엄하게 다스렸기 때문이다. 형법을 적용할 때 중도를 지키면 죄도 쉽게 복종한다. 인민 때문에 다소 상처를 받고, 고시는 기회가 없다. 진퇴는 어렵고 시비는 요란하다. 혹 남이 모르는 병에 걸리거나 골육이 손상될 수 있다.

■ 3월 426
광주리를 받아도 비어 있고, 양을 잡아도 피가 없다. 제사가 끊어지면 여인의 시집도 종말이다. 빈 자리로 실이 없으니 앞으로 나아가도 헛된 명예뿐이다. 경영하거나 꾀하는 일은 모두 비어 있으니 헛되게 심신만 고생한다. 노인은 불리한데 초상이나 제사의 근심이 있다.

■ 4월 413
소인은 건장함을 쓰고 군자는 쓰지 않는다. 숫양이 울타리를 받으나 그 뿔만 곤궁해진다. 재앙이 되는 일에 많이 얽히고 진취하기도 어렵다. 관재와 소송에 연루되고 효복을 입을 수 있다. 망령되게 행동하면 곤궁해지고 사람과 재물도 불리하다

■ 5월 461
강유 사이에 있으니 의당 허물은 없다. 밑에 있으면서 윗사람과 호응하니 어려움도 풀린다. 안녕하고 무사하니 옛날의 수심도 점점 사라진다. 선비는 과거에 급제하며 영전할 기회가 있다. 미혼자는 결합되며 경영하는 일은 잘 된다.

■ 6월   864

진영으로 후퇴하면 허물이 없고 떳떳함을 잃지 않는다. 군사를 완전히 후퇴시키니 전복이나 패망과는 멀다. 관직의 길은 험난하며 선비는 사감생이다. 편안하게 있으면서 직업을 즐겁게 여기고 망동하지 말라. 객사를 성조하거나 여관에서 살게 된다.

■ 7월   482

절개가 돌처럼 단단하니 뜻을 지킨다. 위로는 아첨하지 않고 아래로는 더럽히지 않는다. 기미를 알고 선처하는 것은 모든 사람의 소망이다. 급류에서 용감히 물러나 진취하면 명예를 이룬다. 보통 사람은 이익을 얻는데 안정해야 길하다.

■ 8월   285

모이는데 자리를 두나 뜻은 빛나지 못한다. 덕과 지위가 맞으면 움직여도 백성이 기뻐한다. 스스로 큰 선을 닦으면 복종하지 않는 것이 없다. 인정이 미덥지 못하며 도덕을 닦지 못한다. 인정이 화합하지 못하니 경영하거나 꾀하는 일이 막힌다.

■ 9월   473

예방하지 않으면 재난을 면하기 어렵다. 음모와 간신의 해로움이 있고, 정지와 강등의 우려가 있다. 여러 음이 해롭게 구는데 자신의 강함만 믿는다. 작은 물건이라도 조심하면 큰 해로움은 없다.

■ 10월   376

나그네는 그 집을 불사르고, 처음에는 웃으나 나중에는 울부짖는다. 지나치게 강해 자만하면 편안한 곳도 잃는다. 순한 덕을 쉽게 잃으니 처음에는 통쾌하나 나중에는 위태로워진다. 좋은 가운데 손실이 있으니 이사나 성조를 하라. 운이 나쁘면 화재나 눈병이 생길 수 있다.

■ 11월   874

겸손하니 모두 좋으며 법을 어기지 않는다. 행동이나 일은 모두 겸손하게 한다. 관직자든 아니든 무소불통이다. 선비나 농업·공업·상업에 종사하는 사람은 물러나 양보하라. 만약 겸양하지 못하면 반드시 손해를 본다.

■ 12월   831

위로 나아가는 것이 상했으니 기미를 보아 먼저 피하라. 가면 말이 있으니 어찌 좇히 괴이하랴. 관직은 정지되거나 강등되니 물러나 쉬는 상이다. 나르려다 날개 드리우니 발전하기 어렵다. 해가 흉년을 만났으니 재물과 곡식이 풍부하지 못하다.

천택리괘 5효(天沢履卦 五爻) ䷉

일을 고려하지 않고 마음대로 독단한다. 천하에 공이 높아도 포상은 하나도 없다. 도덕성이 높아 대중의 사표가 되어도 명예는 이루지 못한다. 일찍 움직이거나 망동하면 환란만 거듭된다. 운수가 이와 같으니 처사를 조심하라.

■ 정월 226
이끌려 즐거워하니 크게 빛나지 못한다. 함부로 교묘하게 기쁨을 찾으니 이르지 않는 곳이 없다. 시절이 오지 않으니 심사만 산란하다. 좋은 광채도 먼지 속에 있으니 경영하고 꾀하는 일이 잘 되지 않는다. 위로 가도 광채가 없으니 혹 더러운 데 오염될 수 있다.

■ 2월 213
얼굴에 통쾌한 결행이 나타나면 반드시 흉하다. 만약 적시듯 나쁜 빛을 두면 여러 가지에 허물없다. 간신을 막다 오히려 씹히고, 분노를 품고 세상을 등진다. 정도를 따르면 길하나 사를 따르면 흉하다. 소송·시비의 운이며 원한을 맺을 근심이 있다.

■ 3월 261
앙상한 나무에 엉덩이를 대는 것처럼 곤궁하니 앉아 있어도 편안하지 않다. 3년씩이나 곤궁에 빠져 있다. 의지할 데가 한 군데도 없으니 슬프다. 만약 근심이나 놀람이 없으면 상복을 입을 수 있다. 운수가 이와 같으니 이로운 것이 하나도 없다.

■ 4월 664
술 한 잔과 제기 둘이니 들창으로 언약을 드린다. 깨끗한 성의를 닦고 충성과 신의를 다하라. 임금의 마음이 밝게 열리면 결국 허물이 없어진다. 체결·결연·결혼이 있으나 초상이나 제사도 두렵다. 손님과 주인이 성심과 예의로 대한다.

■ 5월 282
이끌리면 길하여 허물이 없고, 중정한 덕은 변함이 없다. 지성이 서리는 곳에 소박한 제사를 올리면 이롭다. 군신이 화합하니 지성과 공경을 모두 이룬다. 귀인이 이끌어주면 등용할 수 있다. 좋은 사람과 교류하거나 천거 있으니 경영하거나 꾀하는 일을 이룬다.

■ 6월 485

강세를 타 견고해도 병이 된다. 항상 중도를 잃지 않으면 죽지 않고, 권세가에게 의지하면 은혜와 총애를 받는다. 이끌어주는 사람도 없고, 좋은 기회를 만나기도 어렵다. 심사를 정하지 못하면 재해를 당한다.

■ 7월 273

다리에 감응이 있으나 처하지 못한다. 스스로 하지 못하고 남을 따른다. 조용히 있는 것이 좋은데 움직이니 심히 부끄럽다. 모든 일에 부끄러움이 많으며 여자의 결혼만 유리하다. 간여한 일들은 보통을 벗어나기 어렵다.

■ 8월 176

살찐 물러남이요 숨은 것이니 이롭지 않은 것이 없다. 사물에 막힘이 없어 초연하며 여유가 있으니 무슨 일이든 이루어지지 않겠는가. 관로가 편안하지 못하니 때를 기다려라. 경영하거나 꾀하는 일은 이롭고, 가정과 사업은 풍성해진다.

■ 9월 674

세상이 험난하니 그곳도 불안하다. 지존이 연결해주면 아름다워진다. 관직에 막힘이 없으니 연달아 자리에 오른다. 구하고 바라면 명리를 이룰 수 있다. 그러나 연루·소송·시비 등의 어려움이 따른다.

■ 10월 631

수레바퀴를 끌다 꼬리를 적셨다. 지극히 힘든 일을 해내면 의리에 허물이 없다. 직위는 있으나 받지 못하고, 자리는 있으나 오르지 못한다. 움직일 것 같으나 움직일 수 없고, 구제될 것 같으나 구제되지 못한다. 조심하면서 때를 기다리면 허물은 없을 것이다.

■ 11월 875

부자가 하지 않고 이웃과 함께하니 침략과 정벌에도 이롭다. 재물로 자신을 발전시키니 따르는 사람이 많다. 문무를 겸비하며 병권을 장악할 수도 있다. 과거에 오를 운인데 귀인을 만나 성사된다. 재리를 배로 얻으나 투쟁이나 소송을 조심하라.

■ 12월 852

제사는 간소하게 지내는 것이 좋고, 기쁨만 있고 허물은 없다. 안으로 지성을 지키며 외부의 꾸밈을 일삼지 않는다. 영전할 운이요 제관으로 배향한다. 선비는 명예를 얻고, 보통 사람은 기쁨이 있다. 병은 편안해지고 하는 일은 이루어지나 초상이나 제사가 두렵다.

연평 126

천택리괘 상효(天澤履卦 上爻)

일이 되어가는 것을 보고 길흉을 살펴라. 법에 맞게 주선하면 큰 경사가 있고, 개과천선하면 점점 형통한다. 고시를 치루면 반드시 장원한다. 재물과 비단에는 흠이 없으나 아버지 상을 당할까 두렵다.

■ 정월 161

송사를 길게 끌지 않으면 결국은 이롭다. 처사가 중정하니 머지않아 자명해진다. 송사에 비유하면 처음에는 지나 나중에는 이긴다. 일시적인 훼방도 큰 해가 되지 않고, 시비와 재앙도 결국은 해결된다.

■ 2월 564

여러 당이 흩어지니 크게 길하고 광대하다. 강유가 서로 맞고 군신이 힘을 얻었다. 그 흩어짐을 끌어들여 능히 크게 모은다. 선비는 대중을 초월해 장원한다. 꾀하고 바라는 일은 이루어지고, 이익을 구하면 얻는다.

■ 3월 182

포용하고 받들면서 순순히 따라라. 소인은 길하나 대인은 비색하다. 부끄러움과 수치를 참으면 자신을 지킬 것이다. 시비와 좋고 나쁨을 분명히 하라. 그렇지 않으면 재해를 벗어나기 어렵다.

■ 4월 385

후회가 사라지는 곳에서 잃고 얻는 것을 근심하지 말라. 나가면 경사가 있으니 이롭지 않은 곳이 없다. 성의와 충성을 다하니 뜻이 천하에 통한다. 영천이나 발탁되는 기쁨이 있고, 앞으로 나아가 명예를 이룬다. 경영하거나 꾀하는 일이 이로우니 어찌 파란을 염려하랴.

■ 5월 173

일에 매여 숨지 못하니 병이 되고 위태로움이 있다. 공을 바라지만 펴지 못하니 큰 일은 성사되지 않는다. 질병에 걸리지 않으면 놀람과 위험이 있다. 식구가 늘고 아내를 얻을 운이다. 길흉이 상반하는 운이다.

■ 6월   276

광대뼈와 혀로 감동시키니 구설만 생긴다. 말이 많으면 욕을 부르고, 도모한 일도 분명하지 않다. 항상 노력하나 마음과 힘만 쓸 뿐이다. 유세하는 업이나 평론가가 되어라. 구설이 분분하니 먼저 훼방을 조심하라.

■ 7월   574

기러기가 나무로 날아가니 처한 곳이 편하지 않다. 순하게 윗사람을 섬기면 높아도 위태롭지 않다. 강폭함을 막기 어렵고, 옮겨다니는 것도 정처가 없다. 가을(지방) 시험은 가망이 있는데 과거도 될 수 있다. 집수리나 성조도 이롭고, 놀람과 근심도 사라진다.

■ 8월   531

있는 집에서 방어하면 자연히 후회할 일은 없다. 인정이 방탕하면 반드시 후회할 일이 생긴다. 관직은 한직이며 작은 시험이 유리하다. 꾀하는 일은 이루어지며 혼인할 상이다. 승려는 주지가 되고, 늙은이는 수명이 불리하다.

■ 9월   775

말에 순서가 있으면 후회는 없으리라. 언행을 조심하라. 말을 그치면 허물도 작아진다. 언론직이 좋은데 큰 책임을 맡는다. 한 말로 주인과 맞으니 언론 시험에서 명예를 이룬다.

■ 10월   752

어머니의 일을 주관할 때는 꼼꼼하게 하지 말라. 바르면 애정을 잃고 부정하면 의리를 잃는다. 성의와 충성을 다하되 중도를 지켜라. 지난 일을 주관할 때 분별할 줄 알면 녹과 지위도 온건하다. 옛것을 고쳐 갱신하니 더 고칠 곳이 없다.

■ 11월   876

지나치게 겸손할 때는 강한 무용으로 다스려라. 벼슬길에 오르나 변방으로 나가고, 선비는 작은 시험이 좋다. 투쟁이나 소송은 변명하지 않아도 자명해진다. 마음과 뜻이 깨끗하면 손실을 면할 수 있다. 한번 사심이 터지면 밝음을 등지고 어둠으로 향한다.

■ 12월   883

아름다움을 함축하고 가히 바르며 시기에 맞게 편다. 만일 왕사를 따르면 성취함은 없어도 유종의 미는 있다. 승진이나 영전할 기회가 있고 앞으로 나아갈 날이 온다. 꾀와 계략이 심원하니 경영에 수확이 있다. 여자가 이를 얻으면 덕이 있는 부인이 될 것이다.

연평 131

천화동인괘 초효(天火同人卦 初爻) ䷌.

마음에 부끄러움이 없으니 자연히 내외가 화평하다. 남들과 마음이 통하니 무슨 허물이 있겠는가. 원한과 허물은 모두 사라지며 모든 가정에는 기쁨이 있다. 영전할 운이요 등용할 상이다. 동지와 협심하며 성조와 문을 수리한다.

■ 정월 112

용이 밭에 나타나니 대인을 보는 것이 이롭다. 말은 신용있게 하고 행실은 조심해라. 몸은 직위에서 초월하니 경사가 무쌍하다. 식구가 늘고 전답이 생기며 재물이 마르지 않는다. 귀인을 만나 모든 것이 뜻대로 된다.

■ 2월 315

미더움으로 사귀며 신의로 뜻을 편다. 강유를 겸전하니 즐거워하지 않는 백성이 없다. 일에는 선후가 있으니 기회를 보아 나아가라. 시기를 살펴 움직이면 모든 일이 새롭게 된다. 그러나 경솔하며 거만하면 화를 당할 것이다.

■ 3월 123

애꾸눈으로 보며 절름발이로 걷는다. 호랑이 꼬리를 밟았으니 매우 흉하다. 하는 일이 바르지 못하니 반드시 상해가 따른다. 시비가 불리하니 감옥이나 송사가 따른다. 만약 깊이 살피지 않으면 자신과 가정이 망할 수 있다.

■ 4월 226

이끌려 즐거워하니 크게 빛나지 못한다. 함부로 교묘하게 기쁨을 찾으니 이르지 않는 곳이 없다. 시절이 오지 않으니 심사만 산란하다. 좋은 광채도 먼지 속에 있으니 경영하고 꾀하는 일이 잘 되지 않는다. 위로 가도 광채가 없으니 혹 더러운 데 오염될 수 있다.

■ 5월 524

거의 보름이 된 달이다. 말도 짝을 잃었다. 같은 무리를 끊고 위를 따르면 허물이 없다. 벼슬한 사람은 높아지고, 선비는 월계관을 쓴다. 귀인을 만나며 윗사람의 덕을 본다. 그러나 배우자나 말을 잃을 수 있다.

■6월 561

구제하는데 건장한 말을 쓰니 길하다. 굳세고 중정한데 친히 사귀며 서로 구한다. 빨리 영전하며 선비는 비등해진다. 귀인과 교류하거나 천거를 받아 꾀하는 것을 모두 이룬다. 흐트러짐도 초기에 구하면 힘을 들이지 않아도 된다.

■7월 725

유익한데 복은 위에서 내린다. 열 쌍의 거북으로도 어길 수가 없다. 꾀하는 일은 하늘의 뜻과 부합하니 매우 선하다. 직위가 좋아 임금 곁에 있고, 선비는 장원한다. 하늘의 재물이 많이 생기니 이롭지 않은 것이 없다.

■8월 742

양유을 얻지 못해 망령되게 윗사람에게 찾는다. 나아가면 그 무리를 잃게 된다. 벼슬한 사람은 귀양을 조심하고, 선비는 욕을 조심하라. 하는 일은 진퇴와 시비가 일정하지 않다. 병이 많으니 흉한 운을 만나면 죽을 수도 있다.

■9월 826

두텁게 임하니 길하며 뜻은 안에 있다. 존귀하면서도 비천함과 호응하고, 높으면서도 아랫사람을 따른다. 가르치며 생각하기, 포용과 보호를 무궁히 한다. 벼슬한 사람은 내직이며 국립대학에 간다. 원근에서 취하는 일은 이롭지 않은 것이 없다.

■10월 813

평평하며 언덕 아닌 것이 없고, 가면 돌아오지 않는 것이 없다. 천지의 교제이니 어려우나 바르면 허물이 없다. 통태함이 다하면 비색이 오는 것은 하늘의 뜻이다. 책임을 이겨내고 질투와 간신을 조심하라. 두려워하면서 조심하면 편안하다.

■11월 861

출사할 때 율법을 어기면 흉하다. 신하가 도리를 다하면 임금의 총애도 날로 깊어진다. 문장과 의리로 합하니 공명을 이루고, 경영하는 일은 법도를 지키니 재물은 날로 늘어난다. 경솔하면 재앙을 당하는데 운이 흉하면 매우 험상궂다.

■12월 464

위로 소인과 친하면 어진 사람은 멀리 물러선다. 소인을 물리치면 군자의 무리가 나오게 된다. 성의와 신의가 깊으면 재난은 사라지고 복이 온다. 곁에 간신이 있으니 일에 실수와 허물이 생긴다. 만약 어진 사람을 만나면 재난은 거의 면제된다.

연평 132

천화동인괘 2효(天火同人卦 二爻) ☰☲

집안에서 동지를 구하니 대동할 줄 모른다. 소견이 좁고 처사가 부정하다. 벼슬과 녹은 올라가지 않고 작은 시험이라야 가망이 있다. 일에 부정이 많이 생기고 종친과 남들 사이에 불목한다. 사랑과 미움이 한결같지 않고 슬픔과 기쁨을 분간하지 못한다.

■ 정월 143
무고한 재난에 매어둔 소를 잃는다. 옛날의 기쁨이 수심이 되고, 일에 경쟁이 많다. 명암이 함께 오니 풍파가 그치지 않는다. 몸은 어려움에 처하며 손재를 당한다. 만약 소를 사들이지 않으면 시끄러워진다.

■ 2월 246
붙잡아 매고 연결하라. 망령되지 않은 마음을 끝까지 바꾸지 말라. 이미 천명이 다했는데 관재가 어인 일인고. 벼슬한 사람은 참소를 방지하고, 선비는 욕을 방지하라. 만약 손재가 아니면 관재가 우려된다.

■ 3월 544
중도로 행하니 공사가 따른다. 윗사람 같은 덕으로 아래를 이롭게 한다. 중한 책임을 맡아 임금의 총애도 깊어지고, 윗사람의 천거를 받아 명예를 이룬다. 성조·집수리·이사가 따르고 관청일도 펴진다.

■ 4월 581
소견이 어린아이와 같아 멀리 보기 어렵다. 군자가 소견이 어둡고 천박하니 부끄러운 일이다. 지위가 좁고 앞으로 나아가더라도 제자리로 돌아온다. 일은 빨리 꾀하나 늦게 되고, 기교를 부리다 오히려 졸작이 된다. 모애하다 보는 게 없으니 소인이 해친다.

■ 5월 745
경상을 어기나 바르게 거처하면서 윗사람을 잘 따라라. 책임이 중대하나 큰 내는 건너지 말라. 남의 덕으로 성공해 직위를 지킨다. 작게 나아가면 뜻을 이룰 수 있다. 반드시 배를 타거나 험난한 곳을 건너는 일은 경계하라.

■ 6월 722

바르면 이롭고 나가면 흉하니 덜지 않아야 한다. 뜻은 스스로 지키는 데 있으니 함부로 진출하지 말라. 지켜야 할 것을 바꾸면 흉해진다. 현직을 고수하며 현 사업을 확고하게 지켜라. 현 제도를 조심하면서 먼 계책은 세우지 마라.

■ 7월 846

회복이 어둡고 흉한 것은 임금의 도와 반대이기 때문이다. 재앙이 있는데 군사를 행하면 결국은 크게 패한다. 화근은 밖에 있는데 스스로 재앙을 부른다. 미혹하면 재앙이 되니 가만히 있으면 좋으나 움직이면 흉하다. 운명이 다 되었으니 이로울 게 하나도 없다.

■ 8월 833

상하는데 남에게 사냥을 시켜 큰 머리를 얻는다. 큰 뜻을 얻어도 빨리 견고하게 하려고 하지 말라. 벼슬한 사람은 권세를 잡고, 선비는 장원한다. 보통 사람은 재앙과 뜻밖의 병이 생긴다. 신중하게 때를 기다리는 것이 좋다.

■ 9월 881

서리를 밟으면 두터운 얼음이니 음이 비로소 응고됨이다. 선을 쌓은 집에는 반드시 남은 경사가 있고, 불선을 쌓은 집에는 반드시 남은 재앙이 있다. 관직자는 참소나 아첨을 조심하고, 선비는 투기를 조심하라. 원수와 원한을 조심하지 않으면 재난을 당한다.

■ 10월 484

즐거워하면서 크게 얻으니 큰 뜻을 편다. 지성이며 의심되지 않으니 벗들도 단합하며 따른다. 책임이 중대하니 왕공도 순종한다. 귀인의 천거를 받고 명성이 점점 높아진다. 앞으로 나아가 명예를 얻고, 경영하는 일에서도 이익을 얻는다.

■ 11월 862

군사에 중도를 지키니 길하고, 하늘의 총애를 받는다. 왕의 명령을 세 번이나 받고 천하를 생각한다. 벼슬한 사람은 임금의 친서로 벼슬을 받는다. 선비는 괴수되고 중은 은혜를 받는다. 반드시 귀하고 어진 사람을 만나 모든 일이 마음대로 된다.

■ 12월 665

험난함이 차지 못하고, 중정한 덕도 크지 않다. 물이 흘러도 차지 않고 이미 평평한 데까지 갔다. 직위에 있으며 위태롭지 않으니 작게 성취해야 이롭다. 꾀하는 일은 평탄해 위험은 없을 것이다. 처음에 다소 얻으나 결국은 차지 못한다.

연평 133

천화동인괘 3효(天火同人卦 三爻) ䷌

숲 속에 복병이 있는데 높은 언덕에서 적을 살핀다. 3년이나 기회가 오지 않는다. 앞길이 가시밭이니 옛것을 지키면서 안정하라. 만약 높이 오르지 못하면 실직한다. 부모의 초상이 염려되고, 감옥과 소송도 두렵다.

■ 정월 534

가정이 부자니 대길하고 순함으로 지위에 있다. 아내가 가정을 부양하니 내직이 모두 좋아진다. 일은 순순히 하며 반드시 정도로 한다. 초월해 영전하고, 시험에 들어 상을 받는다. 꾀하는 일에 이익이 있고, 고독한 과부는 친한 사람을 만난다.

■ 2월 571

기러기가 물가로 가니 어린아이는 위태롭다. 재주는 매우 약한데 윗사람의 응원도 없다. 말을 하는 관직으로 학문 소송으로 귀양도 논한다. 선비는 응원이 없으니 막힘이 있다. 곤궁과 액을 많이 당하나 꾀하는 일은 막히지 않는다.

■ 3월 735

언덕과 동산을 꾸미니 예물은 얕고 소박하다. 근본을 두텁게 하며 실상을 숭상하고, 농업에 힘쓰며 검소함을 숭상한다. 한가한 관직에서 초빙되나 관록은 쇠퇴한다. 귀인은 이익을 얻고 적게 성취해야 기쁘다. 진취하는 데 어려움이 있고, 노인은 수명이 불리하다.

■ 4월 712

수레바퀴 통이 벗겨졌으나 중도를 얻어 허물은 없다. 처신이 중도를 얻었으니 움직여도 좋다. 학자는 성쇠와 강약의 깊이를 알아야 한다. 관직자는 사직하게 되니 진취는 불리하다. 실물재난시비를 겪은 후 얻을 수 있다.

■ 5월 836

처음에는 하늘에 오르나 나중에는 뒤에 땅 속으로 들어간다. 밝지 못하고 어두워 스스로 상하고 운명한 것이다. 관직에 막힘이 많으니 내쫓길까 두렵다. 처음에는 이루나 나중에는 막히고, 노인은 수명이 없다. 하늘에 오를 징조인데 나중에는 내쫓긴다.

■ 6월 843

자주 회복하니 위태로움이 있고 의리에는 허물이 없다. 중정하지 못하고 또 움직이는 극에 있다. 벼슬자리가 평온하지 못하고 변화가 심하다. 큰 머리를 얻을 수도 있으니 명예는 가히 이룬다. 일에는 반복이 많고 의혹이 엇갈린다.

■ 7월 871

겸손한 군자는 스스로 낮춰 기른다. 큰 내를 건너도 불길함이 없다. 지극히 겸손하면 대중도 같이 한다. 관직은 목민인데 보배를 품고 초빙을 기다린다. 먼 강호를 건너 상업이나 여행을 하라.

■ 8월 474

지극히 공손하면 허물이 없다. 고수하지 말고 때에 맞게 하라. 고집스럽게 변통할 줄 모르면 다소 허물이 된다. 안정하면서 직위를 지켜라. 작은 시험은 유리하다. 안빈하며 분수를 지키면 자연 손실과 폐단도 없다.

■ 9월 852

제사는 간소하게 지내는 것이 좋고, 기쁨만 있고 허물은 없다. 안으로 지성을 지키며 외부의 꾸밈을 일삼지 않는다. 영전할 운이요 제관으로 배향한다. 선비는 명예를 얻고, 보통 사람은 기쁨이 있다. 병은 편안해지고 하는 일은 이루어지나 초상이나 제사가 두렵다.

■ 10월 655

샘도 깨끗한 물이 차 있다. 공은 사물에까지 미친다. 재주와 덕은 모두 선하며 아름답다. 덕과 지위 모두 좋으니 임금의 총애를 받는다. 명예와 이익이 모두 있으니 등용이나 천거된다. 경영하거나 꾀하는 일은 반드시 이루고 복과 이익을 얻는다.

■ 11월 863

군사를 죽게 하니 큰 공이 없다. 분수가 아닌 것을 범하면 반드시 실패한다. 직위를 받고 결원을 기다리나 선비는 공이 없다. 기쁨과 슬픔이 많으니 혹 수하의 복을 받는다. 운명과 상합되면 반드시 빈 고을에 오른다.

■ 12월 766

어리석음을 격퇴할 때는 상하에 순탄하게 하라. 원수를 막는 것은 이로우나 원수가 되는 것은 불리하다. 외부의 유혹을 막고 순진함이 완전하게 하라. 사법관의 직위로 공은 뺏고 성공한다. 시비·투쟁·소송과 도적의 시끄러움도 있다.

연평 134

천화동인괘 4효(天火同人卦 四爻) ䷌

작은 담 위에 올랐으나 의리를 공격할 수는 없다. 세를 타 공격하면 오히려 흉한 일을 당한다. 겸손하게 지키면 자연히 좋은 일이 생긴다. 등용은 어렵고 성과 못을 짓는다. 영화 속에 욕이 있고, 의심 속에 시비도 있다.

■ 정월 335
슬픈 눈물이 비 쏟아지듯 하니 슬픔과 탄식을 금할 길이 없다. 위태로움 속에 상하의 도움이 없다. 벼슬길이 험난하니 앞으로 나아가기 어렵다. 경영하는 일이 막힘이 많으니 생각만 많다. 슬프다 신세여, 눈물과 탄식뿐이다.

■ 2월 312
큰 수레에 많이 싣는데 실패가 없다. 튼튼한 큰 수레는 많이 싣고 멀리 갈 수 있다. 재주와 힘이 좋으니 능히 큰 부를 누린다. 용감한 장수로 출사해 명성을 얻는다. 경영하거나 꾀하는 일은 이루며 재물과 곡식이 풍부하다.

■ 3월 436
집은 훌륭해 하늘까지 날 것 같으나 3년이나 사람을 보지 못한다. 스스로 가리고 더럽혔으니 매우 흉하다. 골육이 상잔하니 고향을 떠나 가정을 이루라. 문호가 곤궁하며 소송·감옥·구설이 따른다.

■ 4월 443
벼락이 쳐 기운이 까무러치나 두려움을 알면 재앙은 없다. 부정한 마음을 버리고 정당한 곳으로 가라. 차를 타고 천리라도 가고 싶지만 걷기도 어렵다. 근심과 두려움 때문에 정신과 혼이 나간다. 그러나 조심하고 신중하면 흉을 면할 수 있다.

■ 5월 471
날아가는 새라 흉하나 어쩔 수가 없다. 빨리 가다 흉을 만나나 구제할 길이 없다. 나는 곤충의 재앙이 있고, 뜻밖의 재난도 두렵다. 날면 하늘도 찌르나 빨리 가면 화근이 된다. 사물은 견고하지 못하고, 사람은 교량이 끊긴다.

■ 6월   874

겸손하니 모두 좋으며 법을 어기지 않는다. 행동이나 일은 모두 겸손하게 한다. 관직자든 아니든 무소불통이다. 선비나 농업·공업·상업에 종사하는 사람은 물러나 양보하라. 만약 겸양하지 못하면 반드시 손해를 본다.

■ 7월   452

항구함에 뉘우침이 없고, 움직이는 곳마다 중도를 얻는다. 중정하면 자신을 지키며 편안해진다. 관직자는 근신하면 공직을 면한다. 선비는 덕을 숭상하며 지키면 손해는 없다. 자신을 편안하게 하며 도덕을 품으면 그 속에 이익이 있다.

■ 8월   255

메마른 버들에 꽃이 피니 어찌 오래 가겠는가. 늙은 부인이 남편을 얻으니 추하다. 일이 처음부터 잘못되면 성사되지 않는다. 기쁨 속에서 근심이 생기니 경영하거나 꾀하는 일은 어려워진다. 늙은 부인의 근심이나 어머님의 병이 있다.

■ 9월   463

젊어질 것이 탔으니 추하다. 내가 도적을 불렀으니 누구를 탓하겠는가. 허술하게 관리하면 훔쳐가라는 것이고, 얼굴을 꾸미면 음탕한 짓을 하라는 것이다. 벼슬한 사람은 퇴출되고, 선비는 귀양이나 강등을 당한다. 도적을 당할 운이며 소송이나 시비가 따른다.

■ 10월   366

믿음으로 술을 마시니 허물이 없다. 뜻이 방탕하며 반성할 줄 모르면 재난을 당한다. 초월해 영전할 운이며 진취할 상이다. 험난함에서 벗어나 평온해지고, 늙은이는 스스로 즐거워한다. 술 때문에 재난을 당하거나 물에 빠질 수 있다.

■ 11월   864

진영으로 후퇴하면 허물이 없고 떳떳함을 잃지 않는다. 군사를 완전히 후퇴시키니 전복이나 패망과는 멀다. 관직의 길은 험난하며 선비는 사감생이다. 편안하게 있으면서 직업을 즐겁게 여기고 망동하지 말라. 객사를 성조하거나 여관에서 살게 된다.

■ 12월   821

느껴 임하니 바르면 길하고, 올바른 뜻을 행한다. 그 길한 것을 고수하고 각기 일에 따른다. 기틀을 알고 상종하며 사람을 얻어 공동 구제한다. 시험에 비유하면 수석이 된다. 음양이 서로 감응하니 경영하거나 꾀하는 일이 뜻대로 된다.

연평 135

천화동인괘 5효(天火同人卦 五爻) ䷌

처음에는 우나 나중에는 웃고, 처음에는 어그러지나 나중에는 합한다. 두 사람이 같은 마음으로 황금을 나눈다. 먼저는 귀양을 가나 뒤에는 재기하고, 먼저는 막히나 뒤에는 만난다. 곧고 바르게 행하면 여럿이 돕는다. 기쁨과 슬픔이 교차하며 시비가 한결같지 않다.

■ 정월 236
군자는 표범으로 변하고 소인은 얼굴만 바뀐다. 나가면 흉하니 바르고 견고하게 있어야 길하다. 반드시 명예를 성취하고 문채가 왕성하다. 조심스럽게 법도를 지키면 재난을 면할 수 있다. 시비가 따르는데 낯을 바꿀까 두렵다.

■ 2월 243
장부에 매이고 어린아이를 잃게 된다. 도를 굽히고 간사하면 소인이 따른다. 정도를 따르면 구하는 것을 반드시 얻는다. 의로운 길로 가면 경영하거나 꾀하는 일도 충분히 얻는다. 그러나 어린아이와 여자는 흉하다.

■ 3월 271
엄지발가락에 감응이 있으니 뜻은 밖에 있다. 비록 뜻은 동했으나 감응은 깊지 않다. 어둡고 유약하며 조급해 사물에 접하지 못한다. 먼 곳에서 행상이나 유랑하는 상이다. 경영하거나 꾀하는 일에 급급하나 이루기는 어렵다.

■ 4월 674
세상이 험난하니 그곳도 불안하다. 지존이 연결해주면 아름다워진다. 관직에 막힘이 없으니 연달아 자리에 오른다. 구하고 바라면 명리를 이룰 수 있다. 그러나 연루·소송·시비 등의 어려움이 따른다.

■ 5월 252
마른 벼에 뿌리가 나고, 늙은 사내가 아내를 얻는다. 중도를 얻고 유순하니 능히 큰 공을 이룬다. 심하게 침체된 사람이 다시 일어나니 복직될 운이다. 첩을 들이는 운으로 아내를 얻고 아들을 낳는다. 승려는 제자를 얻거나 의붓자식을 둔다.

■ 6월 455

덕을 오래 지키면 견고하며 바르게 된다. 부인은 길하나 사나이는 흉하다. 권세에 아첨하니 비난과 꾸짖음을 당한다. 선비는 요행을 도모하다 욕을 본다. 보통 사람은 불선하다 훼방을 많이 겪는다.

■ 7월 263

돌에 부딪쳐 곤궁한데 가시덩쿨에 걸린다. 그 집에 들어가도 그 아내를 보지 못한다. 이미 욕되고 부끄러운데 죽을 때가 된다. 불상의 운으로 가정이 어지럽고, 운이 불길하면 처첩의 변이 있다.

■ 8월 166

왕이 하사한 의복을 받으나 하루아침에 세 번 잃는다. 소송으로 받는 복은 공경할 것이 못된다. 성공과 실패, 진보와 후퇴가 있다. 소송이나 분쟁할 운이요 상복을 입을 운이다. 정도로 취한 것이 아니면 결국 잃는다.

■ 9월 664

술 한 잔과 제기 둘이니 들창으로 언약을 드린다. 깨끗한 성의를 닦고 충성과 신의를 다하라. 임금의 마음이 밝게 열리면 결국 허물이 없어진다. 체결·결연·결혼이 있으나 초상이나 제사도 두렵다. 손님과 주인이 성심과 예의로 대한다.

■ 10월 621

호정에도 나가지 말라. 먼저 동태하고 막힘을 알아야 한다. 임금이 조심하지 않으면 어진 신하를 잃는다. 사소한 일도 조심하지 않으면 재해가 생긴다. 옮겨가지 못할 운으로 진취가 불리하다. 구덩이에 빠질 징조이니 옛것을 지켜야 한다.

■ 11월 865

장자가 중도로 군사를 거느린다. 소인이 참여하면 비록 바른 일이라도 흉하다. 언론으로 정치를 잡고, 앞으로 나아가 명예를 이룬다. 전답과 재산이 날로 늘어나고, 육축도 번창한다. 위임할 사람을 얻으면 꾀하는 일을 이루고 뜻도 얻는다.

■ 12월 882

곧고 모나고 크니 땅의 도가 빛난다. 소행에 의심이 없으니 이롭지 않은 것이 없다. 유순하며 중정한 덕이 무궁하다. 관직자는 지위가 높아지고 명예도 올라간다. 곡식과 비단이 많이 늘어나고, 어진 부인이 집안을 일으킨다.

연평 136

천화동인괘 상효(天火同人卦 上爻) ䷌

교회에서 동지를 찾으나 뜻을 이루지 못한다. 인정은 서로 막히고 안팎이 같지 않다. 외롭 더라도 절개를 지키면서 자신을 고결하게 하라. 벼슬길은 먼 곳에 있으나 좋은 기회를 만나 기 어렵다. 만약 흉한 운을 만나면 교외로 나간다.

■ 정월 171
말미에 물러나 숨으니 위태로움과 어려움이 많다. 만약 전진하지 않으면 재해를 면할 수 있 다. 물러나 숨으면 좋으나 나아가 행동하면 흉하다. 물러나 때를 기다려라. 경영하는 일은 막혀 어려우니 안정하면서 분수를 지켜라.

■ 2월 574
기러기가 나무로 날아가니 처한 곳이 편하지 않다. 순하게 윗사람을 섬기면 높아도 위태롭 지 않다. 강폭함을 막기 어렵고, 옮겨다니는 것도 정처가 없다. 가을(지방) 시험은 가망이 있는데 과거도 될 수 있다. 집수리나 성조도 이롭고, 놀람과 근심도 사라진다.

■ 3월 152
물고기가 꾸러미 속에 있으니 허물은 없다. 어찌 좋은 물건을 잘 포장해 밖에 내놓겠는가. 벼슬한 사람은 영전하나 선비는 불리하다. 금은과 비단이 모두 좋고, 수산물도 이익이 있 다. 식구가 늘거나 자식이 생길 수 있다.

■ 4월 355
누런 귀에 금으로 된 솥이니 아름답다. 문명하고 중정을 얻었으니 상응이 매우 좋다. 화 공의 묘한 조화로 꽃들이 일신한다. 반드시 꾀꼬리가 깊숙한 골짜기에서 나와 높은 나무로 옮겨간다. 상업이나 농업은 이롭고, 승려는 주지가 된다.

■ 5월 163
옛 덕을 누리는 것이니 위태로우나 결국은 길하다. 혹 영광스런 공직에 있더라도 성취하기 어렵다. 윗사람을 따르는 것은 좋으나 일을 주도하면 불가하다. 비록 위태로워도 옛것을 지 키고 정도를 지키면 길하다. 정상을 잃지 않으면 모든 어려움이 침범하지 못한다.

■ 6월 266

칡넝쿨에 걸려 위태롭고 곤궁한데 움직이면 더 고생한다. 궁하면 변화를 생각하는데 움직이면 형통한다. 형벌·구속·정지·강등이 두렵다. 갈 바를 두면 유리하며 상업이나 여행이 길하다. 만약 근심이나 놀랄 일이 없으면 복제가 두렵다.

■ 7월 564

여러 당이 흩어지니 크게 길하고 광대하다. 강유가 서로 맞고 군신이 힘을 얻었다. 그 흩어짐을 끌어들여 능히 크게 모은다. 선비는 대중을 초월해 장원한다. 꾀하고 바라는 일은 이루어지고, 이익을 구하면 얻는다.

■ 8월 521

스스로 헤아려 보는 것이 좋은데 달리하면 편안하지 않다. 뜻은 변하지 않는 미더움 속에 있다. 관직자는 천거나 발탁되고, 선비는 끌어주는 사람을 만난다. 지조를 지켜 원만하게 이루나 편안함에 빠지면 실패한다. 기쁨 속에 근심이 있는데 사람과 재물이 손실된다.

■ 9월 765

어린아이 같으니 길하고 순하다. 순수한 미개발은 남의 말을 듣게 된다. 선비·농업·공업·상업은 모두 세력에 의지하라. 모든 것이 마음대로 되고, 꾀하는 일도 순탄해진다. 심신을 편안하게 하면 유순하며 중정해진다.

■ 10월 782

흉과 사의 세력이 더욱 커져 정도를 해치고 멸망시키니 더 흉해진다. 관직자는 퇴출과 강등을 막아야 하고 진취하기는 어렵다. 주관하는 일은 이루어지지 않으니 일찍 대책을 세워라. 아랫사람에게 침해와 능멸을 당하고, 높은 사람의 시기도 받는다.

■ 11월 866

대군이 명령을 두니 공을 바르게 한다. 국가를 열고 집안을 잇는 일에 소인은 쓰지 말라. 권세로 공을 세우고 기예로 명성을 얻는다. 집안을 일으키고 자식이 대를 잇는다. 참소나 아첨을 방지하라. 분수를 넘는 일이 생길까 두렵다.

■ 12월 853

빈 고을에 오르니 의심할 것이 없다. 나가는 데도 의심할 일이 없으니 뜻대로 한다. 관직은 승진이나 영전해 큰 군에 오른다. 선비는 명예를 얻고 경영하거나 꾀하는 일은 성사된다. 그러나 흉한 수를 만나면 모두 죽음에 이른다.

연평 141

천뢰무망괘 초효(天雷无妄卦 初爻) ☰☳.

망령됨과 사가 없으니 나아가면 뜻을 얻는다. 기거와 행동이 모두 천리에 맞는다. 거듭 도모해도 풍파가 전혀 없다. 임금도 얻고 백성도 얻어 명예를 이룬다. 보통 사람이 이와 같으면 가히 이익을 얻으리라.

▪ 정월 122
밟는 길이 탄탄하니 중심이 흔들리지 않는다. 마음을 가다듬고 절의를 지키며 안빈낙도한다. 시운이 오지 않으니 관직에서 물러나 귀향한다. 가리고 살피면서 일을 꾀하면 인사가 화해한다. 그러나 흉한 운을 만나면 명부에 이름을 새긴다.

▪ 2월 325
어그러진 시기에 어진 사람의 도움을 받는다. 같은 당의 살을 씹으면 경사가 있다. 벼슬한 사람은 왕명을 받고. 선비는 과거에 오른다. 추대해주는 사람이 있으면 경영하는 일에 이익이 있다. 결혼하려는 사람은 짝을 얻으나 운이 흉하면 형상을 당한다.

▪ 3월 113
종일 부지런하며 조석으로 조심하라. 신중하게 처신하면 허물은 없을 것이다. 짐은 무거운데 힘은 모자라니 매사가 번거롭다. 일이 여의치 못하니 어찌 재물과 이익을 바라겠는가. 조급하게 움직이면 실패하고, 여자는 재난이 많다.

▪ 4월 216
호소할 곳조차 없으니 결국 흉만 따른다. 벼슬길도 쉽지 않고 진취하기도 어렵다. 경영하거나 꾀하는 일이 심란하니 안정하는 것이 좋다. 골육이 무정하니 눈물을 막을 길이 없다. 대인이 아니면 화를 당한다.

▪ 5월 514
미더움이 있으면 피도 가고 두려움도 사라지니 허물이 없다. 성실하게 미더움을 다하니 상해는 반드시 멀어진다. 동지의 천거나 발탁으로 오랜 직책에서 전직된다. 윗사람과 뜻이 맞아 오래 엄체된 것도 펴진다. 인정이 화합하나 운이 흉하면 혈육이 손상된다.

■6월 551

초기에 손순하면 진퇴의 뜻을 의심받을 뿐이다. 무사처럼 꿋꿋해야 그 뜻을 다스릴 수 있다. 진퇴가 일정하지 않은데 어려운 가운데 쉬운 것도 있다. 무관 선출이면 유리하나 문관 선임이면 막힌다. 득실이 있는데 의심과 훼방이 많이 따른다.

■7월 715

거세된 돼지의 어금니이니 경사가 있다. 그 원인을 끊어버리면 자연히 악은 그친다. 관직자는 영전이나 발탁되고, 선비는 높이 천거된다. 경영하거나 꾀하는 일도 잘 되며 경사가 많다. 성공하려면 먼저 기미를 살펴야 한다.

■8월 732

턱이 움직이면 수염도 따라 움직이듯이 움직이고 그치는 일은 턱에 달려 있다. 선악은 본질에 매어 있다. 영전은 남의 덕으로 성사된다. 문장이 아름다우니 귀인이 끌어주리라. 그러나 세력만 믿고 함부로 굴면 좌절할 것이다.

■9월 816

성이 구렁에 돌아오니 그 명령이 어지럽다. 인심이 방탕하면 난리가 여기서 생긴다. 관직자는 귀양을 가거나 강등되고 선비는 부끄러운 욕을 만나게 된다. 손실과 파괴의 운이니 질병도 두렵다. 수명이 불길하며 근후해야 재앙을 면한다.

■10월 823

달콤함으로 친히 임하고 지위가 부당하다. 이미 근심이 있으며 어물이 길지 못할 것이다. 세력과 지위를 빙자하면 무슨 이익이 있겠는가. 아첨의 실책이 있고, 만약 슬픈 수심이 없으면 원한과 고생이 따를 염려가 있다.

■11월 851

진실로 오르니 대길하며 위와 뜻이 맞는다. 땅의 기운이 불어나 신의가 오르니 반드시 이루어진다. 강하며 중정을 따르니 어진 사람도 함께 나아간다. 벼슬한 사람은 영전하고, 선비는 높이 천거된다. 경영하거나 꾀하는 일은 마음대로 되니 점입가경이다.

■12월 454

학문은 성현을 따르지 않고, 정치는 왕도를 따르지 않는다. 심력을 다하지만 하나도 공이 되지 않는다. 벼슬한 사람은 퇴보하고, 진취는 성사되지 않는다. 경영하거나 꾀하는 일은 힘만 들고 무익하다. 교화를 실행하지 못하니 혜택을 베풀 수 없다.

연평 142

천뢰무망괘 2효(天雷无妄卦 二爻) ☰☳

밭갈이도 수확도 파종도 하지 않는다. 본래 소망이 없는데 소득이 있다. 가다듬고 행동에 힘쓰면서 때에 맞는 이치를 따른다. 승진과 명예를 성취하니 밖에서 이득을 얻는다. 농업이 좋으나 벼와 곡식은 적다.

■ 정월 133
숲 속에 복병이 있는데 높은 언덕에서 적을 살핀다. 3년이나 기회가 오지 않는다. 앞길이 가시밭이니 옛것을 지키면서 안정하라. 만약 높이 오르지 못하면 실직한다. 부모의 초상이 염려되고, 감옥과 소송도 두렵다.

■ 2월 236
군자는 표범으로 변하고 소인은 얼굴만 바뀐다. 나가면 흉하니 바르고 견고하게 있어야 길하다. 반드시 명예를 성취하고 문채가 왕성하다. 조심스럽게 법도를 지키면 재난을 면할 수 있다. 시비가 따르는데 낯을 바꿀까 두렵다.

■ 3월 534
가정이 부자니 대길하고 순함으로 지위에 있다. 아내가 가정을 부양하니 내직이 모두 좋아진다. 일은 순순히 하며 반드시 정도로 한다. 초월해 영전하고, 시험에 들어 상을 받는다. 꾀하는 일에 이익이 있고, 고독한 과부는 친한 사람을 만난다.

■ 4월 571
기러기가 물가로 가니 어린아이는 위태롭다. 재주는 매우 약한데 윗사람의 응원도 없다. 말을 하는 관직으로 학문 소송으로 귀양도 논한다. 선비는 응원이 없으니 막힘이 있다. 곤궁과 액을 많이 당하나 꾀하는 일은 막히지 않는다.

■ 5월 735
언덕과 동산을 꾸미니 예물은 얇고 소박하다. 근본을 두텁게 하며 실상을 숭상하고, 농업에 힘쓰며 검소함을 숭상한다. 한가한 관직에서 초빙되나 관록은 쇠퇴한다. 귀인은 이익을 얻고 적게 성취해야 기쁘다. 진취하는 데 어려움이 있고, 노인은 수명이 불리하다.

■ 6월   712

수레바퀴 통이 벗겨졌으나 중도를 얻어 허물은 없다. 처신이 중도를 얻었으니 움직여도 좋다. 학자는 성쇠와 강약의 깊이를 알아야 한다. 관직자는 사직하게 되니 진취는 불리하다. 실물재난시비를 겪은 후 얻을 수 있다.

■ 7월   836

처음에는 하늘에 오르나 나중에는 뒤에 땅 속으로 들어간다. 밝지 못하고 어두워 스스로 상하고 운명한 것이다. 관직에 막힘이 많으니 내쫓길까 두렵다. 처음에는 이루나 나중에는 막히고, 노인은 수명이 없다. 하늘에 오를 징조인데 나중에는 내쫓긴다.

■ 8월   843

자주 회복하니 위태로움이 있고 의리에는 허물이 없다. 중정하지 못하고 또 움직이는 극에 있다. 벼슬자리가 평온하지 못하고 변화가 심하다. 큰 머리를 얻을 수도 있으니 명예는 가히 이룬다. 일에는 반복이 많고 의혹이 엇갈린다.

■ 9월   871

겸손한 군자는 스스로 낮춰 기른다. 큰 내를 건너도 불길함이 없다. 지극히 겸손하면 대중도 같이 한다. 관직은 목민인데 보배를 품고 초빙을 기다린다. 먼 강호를 건너 상업이나 여행을 하라.

■ 10월   474

지극히 공손하면 허물이 없다. 고수하지 말고 때에 맞게 하라. 고집스럽게 변통할 줄 모르면 다소 허물이 된다. 안정하면서 직위를 지켜라. 작은 시험은 유리하다. 안빈하며 분수를 지키면 자연 손실과 폐단도 없다.

■ 11월   852

제사는 간소하게 지내는 것이 좋고, 기쁨만 있고 허물은 없다. 안으로 지성을 지키며 외부의 꾸밈을 일삼지 않는다. 영전할 운이요 제관으로 배향한다. 선비는 명예를 얻고, 보통 사람은 기쁨이 있다. 병은 편안해지고 하는 일은 이루어지나 초상이나 제사가 두렵다.

■ 12월   655

샘도 깨끗한 물이 차 있다. 공은 사물에까지 미친다. 재주와 덕은 모두 선하며 아름답다. 덕과 지위 모두 좋으니 임금의 총애를 받는다. 명예와 이익이 모두 있으니 등용이나 천거된다. 경영하거나 꾀하는 일은 반드시 이루고 복과 이익을 얻는다.

천뢰무망괘 3효(天雷无妄卦 三爻)

무고한 재난에 매어둔 소를 잃는다. 옛날의 기쁨이 수심이 되고, 일에 경쟁이 많다. 명암이 함께 오니 풍파가 그치지 않는다. 몸은 어려움에 처하며 손재를 당한다. 만약 소를 사들이지 않으면 시끄러워진다.

■ 정월 544
중도로 행하니 공사가 따른다. 윗사람 같은 덕으로 아래를 이롭게 한다. 중한 책임을 맡아 임금의 총애도 깊어지고, 윗사람의 천거를 받아 명예를 이룬다. 성조·집수리·이사가 따르고 관청일도 펴진다.

■ 2월 581
소견이 어린아이와 같아 멀리 보기 어렵다. 군자가 소견이 어둡고 천박하니 부끄러운 일이다. 지위가 좁고 앞으로 나아가더라도 제자리로 돌아온다. 일은 빨리 꾀하나 늦게 되고, 기교를 부리다 오히려 졸작이 된다. 모애하다 보는 게 없으니 소인이 해친다.

■ 3월 745
경상을 어기나 바르게 거처하면서 윗사람을 잘 따르라. 책임이 중대하나 큰 내는 건너지 말라. 남의 덕으로 성공해 직위를 지킨다. 작게 나아가면 뜻을 이룰 수 있다. 반드시 배를 타거나 험난한 곳을 건너는 일은 경계하라.

■ 4월 722
바르면 이롭고 나가면 흉하니 덜지 않아야 한다. 뜻은 스스로 지키는 데 있으니 함부로 진출하지 말라. 지켜야 할 것을 바꾸면 흉해진다. 현직을 고수하며 현 사업을 확고하게 지켜라. 현 제도를 조심하면서 먼 계책은 세우지 마라.

■ 5월 846
회복이 어둡고 흉한 것은 임금의 도와 반대이기 때문이다. 재앙이 있는데 군사를 행하면 결국은 크게 패한다. 화근은 밖에 있는데 스스로 재앙을 부른다. 미혹하면 재앙이 되니 가만히 있으면 좋으나 움직이면 흉하다. 운명이 다 되었으니 이로울 게 하나도 없다.

■ 6월 833

상하는데 남에게 사냥을 시켜 큰 머리를 얻는다. 큰 뜻을 얻어도 빨리 견고하게 하려고 하지 말라. 벼슬한 사람은 권세를 잡고, 선비는 장원한다. 보통 사람은 재앙과 뜻밖의 병이 생긴다. 신중하게 때를 기다리는 것이 좋다.

■ 7월 881

서리를 밟으면 두터운 얼음이니 음이 비로소 응고됨이다. 선을 쌓은 집에는 반드시 남은 경사가 있고, 불선을 쌓은 집에는 반드시 남은 재앙이 있다. 관직자는 참소나 아첨을 조심하고, 선비는 투기를 조심하라. 원수와 원한을 조심하지 않으면 재난을 당한다.

■ 8월 484

즐거워하면서 크게 얻으니 큰 뜻을 편다. 지성이며 의심되지 않으니 벗들도 단합하며 따른다. 책임이 중대하니 왕공도 순종한다. 귀인의 천거를 받고 명성이 점점 높아진다. 앞으로 나아가 명예를 얻고, 경영하는 일에서도 이익을 얻는다.

■ 9월 862

군사에 중도를 지키니 길하고, 하늘의 총애를 받는다. 왕의 명령을 세 번이나 받고 천하를 생각한다. 벼슬한 사람은 임금의 친서로 벼슬을 받는다. 선비는 괴수되고 중은 은혜를 받는다. 반드시 귀하고 어진 사람을 만나 모든 일이 마음대로 된다.

■ 10월 665

험난함이 차지 못하고, 중정한 덕도 크지 않다. 물이 흘러도 차지 않고 이미 평평한 데까지 갔다. 직위에 있으며 위태롭지 않으니 작게 성취해야 이롭다. 꾀하는 일은 평탄해 위험은 없을 것이다. 처음에 다소 얻으나 결국은 차지 못한다.

■ 11월 853

빈 고을에 오르니 의심할 것이 없다. 나가는 데도 의심할 일이 없으니 뜻대로 한다. 관직은 승진이나 영전해 큰 군에 오른다. 선비는 명예를 얻고 경영하거나 꾀하는 일은 성사된다. 그러나 흉한 수를 만나면 모두 죽음에 이른다.

■ 12월 756

왕후도 섬기지 않고 고상하게 그 일만 한다. 강하고 밝은 재주로 무사하다. 도덕을 품에 안고 마음속에 누가 되지 않게 한다. 옛것을 지키면서 자신을 고결하게 한다. 운이 좋으면 경사도 있고, 귀인에게 발탁된다.

연평 144

천뢰무망괘 4효(天雷无妄卦 四爻) ☰☳

바른 길을 지키면 허물이 없다. 실리와 진실한 마음으로 변하지 말라. 고요히 안정하면 저절로 좋은 소식이 온다. 덕이 넓고 겸손하니 신하의 도리가 극진하다. 옛 사업을 지키며 본분을 지켜라.

■ 정월 345
마른 고기를 씹다 황금을 얻는다. 항상 위태로움과 두려움을 알면 원한과 허물은 자연히 사라진다. 법으로 간신을 제거하며 명예를 이룬다. 병자는 편안해지고 원망도 사라진다. 손으로 천금을 희롱하니 의식이 풍족하다.

■ 2월 322
골목에서 골목을 만나니 도를 잃은 것은 아니다. 왜곡해 서로 구하는 것도 뜻은 어그러짐을 구제하는 데 있다. 성의와 힘을 다해 지성으로 감동시킨다. 반드시 밝은 군주를 만나 영전할 기회를 만난다. 보통 사람은 지기를 만나 경영하거나 꾀하는 일을 이룬다.

■ 3월 446
벼락이 두려워 눈도 휘둥그레진다. 중도를 얻지 못했으니 나가면 흉하다. 두려워하며 반성하면 결혼은 말이 있다. 벼슬한 사람은 귀양이나 감봉이 따르고, 선비는 정지나 강등을 조심하라. 부부 간의 형극이나 조난이 있을까 두렵다.

■ 4월 433
장막이 많으니 대낮에도 작은 별을 본다. 오른팔을 끊으면 허물은 없을 것이다. 윗사람의 응원은 전혀 없으니 큰 일은 불가하다. 휴직하는 것이 유리하며 진취 또한 어렵다. 경영하거나 꾀하는 일도 이루지 못하고, 수족에 액이 따른다.

■ 5월 481
때를 만나 일을 주간하니 즐겁고, 뜻은 극도에 다달아 소리까지 낸다. 경솔함과 천박함이 이와 같으면 어찌 흉하지 않으리. 은총을 기다려야 되고, 선비는 사람을 놀라게 한다. 보통 사람은 놀람·구설·시비가 따른다.

■ 6월   884

주머니를 묶는 것처럼 하면 허물이 없고, 조심하면 해롭지 않다. 상하가 막히고 끊겼으니 자처하라. 승진이나 영전은 어려우니 현직에서 조심하라. 진취하기 어렵고, 경영이나 꾀하는 일도 막힌다. 조심하며 견고해야 뜻밖의 화를 면할 수 있다.

■ 7월   462

사냥하여 여우 셋과 누런 화살을 얻는다. 간사함과 아첨이 난무하나 정직함으로 제거한다. 영전·천거·발탁될 운이다. 세 번 꾀하여 세 번 이루며 전답과 재산도 늘어난다. 만약 전쟁이나 사냥을 하면 이익이 작지 않을 것이다.

■ 8월   265

코 베이고 발 잘리니 뜻을 얻지 못한다. 강하려다 약해지고, 이익을 구하다 손해를 본다. 진취하며 경영하는 일은 처음에는 힘드나 나중에는 순탄하다. 타고난 영명한 성품으로 모두 좋게 만든다. 그러나 운이 불길하면 소송·형벌·초상제사가 따른다.

■ 9월   453

그 덕이 항구하지 않다 혹 부끄러움을 받는다. 바르고 견고하여도 부끄러움이 생기니 용납할 곳이 없다. 서리 꽃가지에 무겁게 내리니 꽃필 날 기약할 수 없다. 감봉되도록 간함을 받게 되고 덕을 손상하여 훼방을 당한다. 분쟁 소송의 수요 훼손과 욕을 조심하라.

■ 10월   356

옥으로 솥의 귀를 만드니 강유가 중절하다. 매우 길하니 이롭지 않은 것이 없다. 구만리 하늘은 끝이 없으나 평온하게 청운에 오른다. 왕실의 요직에 올라 큰 경륜을 펼친다. 경영하거나 꾀하는 일은 편안하게 이룬다.

■ 11월   854

왕이 기산에 형통하니 길하다. 위로는 천자에게 순응하고, 아래로는 어진 사람에게 순응한다. 높은 지위에 오르고, 선비는 명예를 이룬다. 산천의 이익과 산수의 즐거움이 있다. 승려는 제사 흠향하나 운이 흉하면 산으로 돌아간다.

■ 12월   811

군자는 진출하면 벗들과 함께한다. 군자가 지위를 얻으면 어진 사람들이 조정으로 모인다. 동지가 협력하여 통태함을 이룬다. 같은 도학으로 덕을 숭상하니 비등하는 날이 있다. 동지와 함께 꾀하니 재물과 이익이 날로 늘어난다.

연평 145

천뢰무망괘 5효(天雷无妄卦 五爻)

망이 없는 병은 약을 쓰지 않으면 기쁘다. 본래 병이 없는데 어찌 공격해 치료하겠는가. 움직이면 망이요 안정하면 무망이다. 벼슬한 사람은 변이 생기나 변명하지 않아도 자명해진다. 피하는 일은 이루고, 출산과 양육의 기쁨이 있다.

▪ 정월 246
붙잡아 매고 연결하라. 망령되지 않은 마음을 끝까지 바꾸지 말라. 이미 천명이 다했는데 관재가 어인 일인고. 벼슬한 사람은 참소를 방지하고, 선비는 욕을 방지하라. 만약 손재가 아니면 관재가 우려된다.

▪ 2월 233
비록 바른 길이라도 앞으로 나아가면 흉하다. 이른 개혁은 흉하며 위태롭다. 중론이 세 차례나 나오면 때에 맞는 순리로 행하라. 불화할 운으로 안부가 한결같지 않고, 한번 흉한 운을 만나면 요절한다.

▪ 3월 281
성의는 있으나 결과를 맺지 못하니 소란하다. 근심없이 가면 거의 허물은 없다. 벼슬한 사람은 불리하고, 선비는 어려움이 있다. 소인과 결탁하거나 속임수를 당할 운이다. 처음에는 흉하고 나중에는 길하니 경계하는 것이 좋다.

▪ 4월 684
밖에서 어진 것은 위를 따르는 것이다. 도리가 좋으니 견실하며 바른 것을 얻는다. 영전하는 영화가 있으니 앞으로 나아가면 이롭다. 나가서 하는 일은 귀인의 도움을 많이 받는다. 행하면 이루지 못할 일이 없고 이롭지 않은 것이 없다.

▪ 5월 262
주식이 곤궁하나 중간에 경사와 복이 있다. 나가면 흉한데 누구를 허물하랴. 곤궁해도 도를 행하는 것은 대신의 영명한 재주다. 귀인과 교류하며 경영하거나 꾀하는 일로 이익을 얻는다. 안정하면 길하나 움직이면 흉하고, 운이 흉하면 상을 당할 수도 있다.

■6월   465

군자가 해산하면 소인이 물러난다. 험난함이 흩어지니 길하며 선하다. 군자가 자진하게 되면 정도를 행한다. 선비는 명예를 얻고, 상인은 이익을 얻는다. 소송은 풀어지고, 병자는 쾌유된다.

■7월   253

대들보 위아래가 약하니 도와줄 수 없다. 못된 재주로 망동하니 일만 망친다. 도리도 지나치면 이롭지 않다. 운수가 대흉하니 전복을 예방하라. 만약 그렇지 않으면 눈이나 발에 병이 침범한다.

■8월   156

뽈 위에서 만나니 부끄러울 일이 많다. 불운에 일이 생기고, 슬픈 회포 속에 정이 피어난다. 고단한 몸을 의지할 데가 한군데도 없구나. 선비는 장원하고, 승려나 도인은 주지가 된다. 인심은 흩어지고 경영하거나 꾀하는 일은 고생만 따를 뿐이다.

■9월   654

재주를 넓게 베풀지 못하나 스스로 지키면 가하다. 일을 고치고 다스리면 폐지까지는 이르지 않는다. 이익과 선을 조목조목 펼치면서 정치를 고치고 일에 응한다. 경전을 궁리하며 옛것을 배워 쓰일 때를 기다린다. 밭을 갈고 샘을 파며 집을 짓고 수축한다.

■10월   611

교외에서 기다리며 어려움을 범하지 않는다. 조급하게 움직이면 곤란해진다. 현재의 직분을 조심스럽게 지키나 만족하지 못한다. 옛것을 지키면서 안정하면 재해가 범하지 않는다. 운수가 불리하면 교외에 장사지내는 수도 있다.

■11월   855

바르게 계단 오르듯 하니 큰 뜻을 얻는다. 반드시 시종의 진출을 예의로 한다. 오르는 것이 귀한 바는 유순한 데 있다. 벼슬한 사람은 높이 영전하고, 선비는 높이 천거된다. 꾀하는 것을 이루고 뜻을 얻으니 진출에는 계단이 있다.

■12월   872

겸손하며 바르니 중심을 얻는다. 속으로 겸손한 덕이 쌓이니 능히 외부로 발산할 수 있다. 수컷이 울면 암컷이 응하듯이 음양이 부르고 화답한다. 관직자는 직위가 바뀌니 앞으로 나아가면 명예를 이룬다. 경솔하면 좋지 않으니 물러나 지키는 것이 좋다.

연평 146

천뢰무망괘 상효(天雷无妄卦 上爻) ☰

처신에 희망이 없으니 행하면 재앙이 따른다. 순리를 따르면 편안하나 일을 시작하면 화가 된다. 강등·퇴출·직위 이탈·치욕을 면하기 어렵다. 일을 분명하게 하지 않으면 시비가 생기고, 운이 불길하면 천명을 지키기 어렵다.

■ 정월 181
서로 끌어들이면서 인도하니 음양이 기뻐한다. 앞길이 비색한데 다른 사람과 공동으로 구제한다. 조용히 지키면 좋으나 지나치게 도모하면 재난을 당한다. 기회를 만나기 어려우나 기다리는 것이 좋다. 소언과 관련된 일을 막으면 길하다.

■ 2월 584
나라의 광채를 관망하는 것이니 왕의 손님이 되면 이롭다. 성군이 위에 있으면 어진 사람은 나아가기를 원한다. 치국평천하하면 베풂이 백성에게 젖어든다. 벼슬한 사람은 내직으로 가고, 선비는 과거에 급제한다. 관광이나 외방업을 하면 반드시 큰 이익을 얻을 것이다.

■ 3월 162
송사를 이기지 못하고 도망친다. 아래에서 윗사람과 소송하니 환란이 쉽게 풀린다. 옛것을 지키면서 안정하면 훼방과 욕을 당하지 않는다. 식구가 안녕하며 풍진이 침노하지 않는다. 운이 불리하면 유리됨을 면할 수 없다.

■ 4월 365
바르면 후회할 일이 없고 군자는 빛이 난다. 군자는 진실하고 허황됨이 없어야 한다. 지극히 바르고 선하니 부족함이 있을 수 없다. 벼슬한 사람은 큰 자리에 선임되고, 선비는 문장이 빛난다. 경영하거나 꾀하는 일은 빛을 보고, 금은과 재백이 쌓인다.

■ 5월 153
엉덩이와 볼기에 살이 없으니 움직이는 것이 저주다. 사사로이 만나는 것을 조심하라. 함부로 행동하면 재난이 따른다. 퇴직이나 귀양을 갈 운이나 선비는 유리하다. 보통 사람은 재난과 매를 맞을까 두렵다. 하는 일이 어렵고, 허리와 발에 병이 침범한다.

■ 6월　256

물을 건너다 이마까지 잠겨 흉하나 허물은 없다. 사세가 급박하면 목숨도 던지고 좋은 일을 한다. 험난한데 미친듯이 날뛰면 재앙만 따른다. 머리는 병들며 이마는 쭈그러들고, 물에 빠질까 두렵다. 선비는 앞으로 나아가면 괴수가 될 수도 있다.

■ 7월　554

손순하여 후회할 일이 없고, 사냥하여 3품(제기·고기·손님)을 얻는다. 사냥하여 모든 해로움을 제거하고 반드시 수확을 많이 거둔다. 일으킨 일이 크고 풍성해 공도 있고 왕성하다. 능히 강함을 이겨 무공을 이어간다. 공과 명예를 이루고, 이익과 복도 받는다.

■ 8월　511

도를 지켜 회복하니 어찌 허물이 되겠는가. 강건한 재주는 위에 동지가 있다. 한직에서 벗어나며 집을 나간 사람도 돌아온다. 보통 사람은 사업을 극복하고 안정한다. 그러나 운이 불길하면 진퇴의 뜻이 의심스럽다.

■ 9월　755

아들은 효도하고 신하는 충성하니 지난 허물도 잘 이겨낸다. 터전은 닦지 못해도 옛 사업을 계승할 수 있다. 지위는 높이 올라가고, 명예는 멀리 퍼진다. 선비는 등용이나 천거되어 이름을 날린다. 별도의 규모를 세우고 식구가 늘어난다.

■ 10월　772

장딴지에 그쳐 있으니 마음이 불쾌하다. 마음이 움직이면 몸도 따라 움직인다. 위태롭고 전복됨을 붙잡을 능력이 없고, 선비는 기회조차 없다. 구하고 꾀하는 일은 이루기 어렵고, 노력해도 고생일 뿐이다. 말의 병이 있거나 가정에 근심이 있을 운이다.

■ 11월　856

오르는 일이 어둡고 위에 있으니 부자가 되지 못할 것이다. 스스로 다스리는 데 조심하고 감히 성하고 넘치게 하지 말라. 관직자는 휴직되니 자신을 반성하고 덕을 쌓으라. 탐하고 얻는 것을 멀리하지 않으면 반드시 화가 된다. 만일 수가 불리하면 유명을 달리한다.

■ 12월　863

군사를 죽게 하니 큰 공이 없다. 분수가 아닌 것을 범하면 반드시 실패한다. 직위를 받고 결원을 기다리나 선비는 공이 없다. 기쁨과 슬픔이 많으니 혹 수하의 복을 받는다. 운명과 상합되면 반드시 빈 고을에 오른다.

연평 151

천풍구괘 초효(天風姤卦 初爻) ☰☴.

쇠로 된 말뚝에 매두면 견고하며 바르니 길하다. 돼지가 껑충 뛰듯 함부로 움직이고 싶은 마음이 간절하다. 앞으로 나아가도 심란한데 좌천이 어인 일인고. 귀인의 도움을 받으며 출산양육할 운이다. 그러나 수가 나쁘면 질병·감옥·소송이 따른다.

■ 정월 172
황소가죽으로 묶어두는 것은 뜻이 견고하기 때문이다. 궁과 통달은 이미 정해져 있으니 앞일을 말하지 말라. 관직은 언론이 유리한데 항상 본분을 지켜라. 육축이 유리하다. 그러나 흉한 운이 오면 집안에 소송이 생긴다.

■ 2월 375
활을 당겨 꿩을 쏘면 백발백중이다. 상하로 친하니 길을 떠나면 매우 좋다. 움직여도 실책이 없으니 평이 좋고 복록이 있다. 존귀한 수상과 가까이 하여 영화를 누린다. 영화와 경사가 따를 운으로 살아가는 데 걱정이 없다.

■ 3월 183
지위가 부당하니 부끄럽다. 항상 졸렬한 권모술수를 부리다 선을 해친다. 인정은 쉽게 변하니 움직이면 의심을 받는다. 관직에서 물러나 쉬면서 비난을 막아라. 시비와 분쟁이 비온 뒤 죽순 솟듯한다.

■ 4월 286
위에 있으면서 편하지 못하니 눈물 콧물까지 흘리며 탄식한다. 남들이 친하려고 하지 않으니 궁색하기 그지없다. 전진은 평온하지 않고, 일마다 번거롭고 요란하다. 어른과 아이를 불문하고 근심이 따르니 안정되지 않는다. 명리도 허망하고 수명도 길지 않다.

■ 5월 584
나라의 광채를 관망하는 것이니 왕의 손님이 되면 이롭다. 성군이 위에 있으면 어진 사람은 나아가기를 원한다. 치국평천하면 베풂이 백성에게 젖어든다. 벼슬한 사람은 내직으로 가고, 선비는 과거에 급제한다. 관광이나 외방업을 하면 반드시 큰 이익을 얻을 것이다.

■ 6월   541

크게 시작하면 이롭고, 크게 길해야 허물이 없다. 남에게 큰 이익을 주면 자연히 그 이익이 돌아온다. 그러나 모두 잘 하지 않으면 허물을 면할 수 없다. 관직자는 높이 영전하고, 진취하면 큰 우두머리가 된다. 크게 꾀하고 마음대로 된다.

■ 7월   785

모든 음이 순종하니 소인도 선해진다. 관직자는 요직에 오른다. 경영하거나 꾀하는 일에 뽑히고 인정도 화합된다. 가정이 화평하며 복이 생기고, 궁궐의 관찰이나 주지가 된다. 궁인의 총애를 받으니 이롭지 않은 것이 없다.

■ 8월   762

어리석음을 감싸주면 길하고, 부인을 들여도 길하다. 자식이 가정을 다스리니 강유의 교접이다. 밝음으로 어둠을 받아드리니 그 선한 바를 받아들인다. 벼슬한 사람은 관직을 지키고, 선비는 사범이 된다. 인정이 화합하니 모든 일이 순조롭다.

■ 9월   886

용이 들에서 싸우니 그 피가 검푸르고 누렇다. 둘 다 패하고 상처를 입으니 반드시 피의 재난을 본다. 화를 입고 강등·퇴출·파손할 위험이 있다. 선비는 크게 발전하나 근심과 해로움은 면하기 어렵다. 시비·분쟁·소송·파괴·실패·위험·사망 등이 따른다.

■ 10월   873

노력하고 겸손한 군자는 만민이 복종한다. 노력하고 자랑하지 않고 공이 있으면서도 공덕이라 하지 않는다. 벼슬한 사람은 높이 옮겨가고 선비는 기회를 만난다. 경영과 꾀하는 일에 이익을 얻고 마음과 힘껏 노력한다. 높아도 위태롭지 않고 차도 넘치지 않는다.

■ 11월   841

머지않아 회복하며 수신한다. 후회할 일이 없으니 매우 길하다. 관직이 청고하며 임금을 곁에서 돕는다. 선비는 장원하고 경영하는 일들은 이익을 본다. 개과천선하니 일마다 이롭지 않은 것이 없다.

■ 12월   444

벼락이 진흙에 빠졌으니 광채가 나지 못한다. 강함 때문에 험난해졌으니 스스로 진동할 수가 없고, 중정하지 못하니 더욱 험난해진다. 야비하며 더럽고 덕이 없으니 되는 일이 하나도 없다. 결박되고 구속되어 광채를 볼 날이 없다.

연평 152

천풍구괘 2효(天風姤卦 二爻) ䷫·

물고기가 꾸러미 속에 있으니 허물은 없다. 어찌 좋은 물건을 잘 포장해 밖에 내놓겠는가. 벼슬한 사람은 영전하나 선비는 불리하다. 금은과 비단이 모두 좋고, 수산물도 이익이 있다. 식구가 늘거나 자식이 생길 수 있다.

■ 정월 163
옛 덕을 누리는 것이니 위태로우나 결국은 길하다. 혹 영광스런 공직에 있더라도 성취하기 어렵다. 윗사람을 따르는 것은 좋으나 일을 주도하면 불가하다. 비록 위태로워도 옛것을 지키고 정도를 지키면 길하다. 정상을 잃지 않으면 모든 어려움이 침범하지 못한다.

■ 2월 266
칡넝쿨에 걸려 위태롭고 곤궁한데 움직이면 더 고생한다. 궁하면 변화를 생각하는데 움직이면 형통한다. 형벌·구속·정지·강등이 두렵다. 갈 바를 두면 유리하며 상업이나 여행이 길하다. 만약 근심이나 놀랄 일이 없으면 복제가 두렵다.

■ 3월 564
여러 당이 흩어지니 크게 길하고 광대하다. 강유가 서로 맞고 군신이 힘을 얻었다. 그 흩어짐을 끌어들여 능히 크게 모은다. 선비는 대중을 초월해 장원한다. 꾀하고 바라는 일은 이루어지고, 이익을 구하면 얻는다.

■ 4월 521
스스로 헤아려 보는 것이 좋은데 달리하면 편안하지 않다. 뜻은 변하지 않는 미더움 속에 있다. 관직자는 천거나 발탁되고, 선비는 끌어주는 사람을 만난다. 지조를 지켜 원만하게 이루나 편안함에 빠지면 실패한다. 기쁨 속에 근심이 있는데 사람과 재물이 손실된다.

■ 5월 765
어린아이 같으니 길하고 순하다. 순수한 미개발은 남의 말을 듣게 된다. 선비·농업·공업·상업은 모두 세력에 의지하라. 모든 것이 마음대로 되고, 꾀하는 일도 순탄해진다. 심신을 편안하게 하면 유순하며 중정해진다.

■ 6월 782

흉과 사의 세력이 더욱 커져 정도를 해치고 멸망시키니 더 흉해진다. 관직자는 퇴출과 강등을 막아야 하고 진취하기는 어렵다. 주관하는 일은 이루어지지 않으니 일찍 대책을 세워라. 아랫사람에게 침해와 능멸을 당하고, 높은 사람의 시기도 받는다.

■ 7월 866

대군이 명령을 두니 공을 바르게 한다. 국가를 열고 집안을 잇는 일에 소인은 쓰지 말라. 권세로 공을 세우고 기예로 명성을 얻는다. 집안을 일으키고 자식이 대를 잇는다. 참소나 아첨을 방지하라. 분수를 넘는 일이 생길까 두렵다.

■ 8월 853

빈 고을에 오르니 의심할 것이 없다. 나가는 데도 의심할 일이 없으니 뜻대로 한다. 관직은 승진이나 영전해 큰 군에 오른다. 선비는 명예를 얻고 경영하거나 꾀하는 일은 성사된다. 그러나 흉한 수를 만나면 모두 죽음에 이른다.

■ 9월 821

느껴 임하니 바르면 길하고, 올바른 뜻을 행한다. 그 길한 것을 고수하고 각기 일에 따른다. 기틀을 알고 상종하며 사람을 얻어 공동 구제한다. 시험에 비유하면 수석이 된다. 음양이 서로 감응하니 경영하거나 꾀하는 일이 뜻대로 된다.

■ 10월 424

누이동생 시집보낼 때 일 년을 기다려야 하는데 늦는 것도 때가 있다. 여자가 어질고 바르면 가볍게 남을 따르지 않는다. 시운이 불리하니 반드시 때를 기다려라. 관직자는 결원을 기다리고, 학교는 보궐을 기다린다. 밖에 있으면 돌아오지 못하며 혼인도 성사되지 않는다.

■ 11월 842

아름다운 회복이니 길하며 인(仁)에 내린다. 인을 얻고 인과 친하니 선이 되어 자연히 이익도 생긴다. 내쫓긴 사람도 복직되고 정지나 강등도 풀린다. 위태롭던 사람도 편안해지고 병자도 쾌유된다. 형통하며 부호가 되니 재물과 이익을 얻는다.

■ 12월 645

혜택을 받기 어려우니 베풀어도 빛이 나지 않는다. 작게 올바르면 길하나 크게 올바르면 흉하다. 위엄과 권세가 떠났으니 큰 일은 하기 어렵다. 망동하면 흉하니 시작한 일들은 불리하다. 이미 때를 잃었으니 무리해도 안 된다.

연평 153

천풍구괘 3효(天風姤卦 三爻) ䷫

엉덩이와 볼기에 살이 없으니 움직이는 것이 저주다. 사사로이 만나는 것을 조심하라. 함부로 행동하면 재난이 따른다. 퇴직이나 귀양을 갈 운이나 선비는 유리하다. 보통 사람은 재난과 매를 맞을까 두렵다. 하는 일이 어렵고, 허리와 발에 병이 침범한다.

■ 정월 554
손순하여 후회할 일이 없고, 사냥하여 3품(제기·고기·손님)을 얻는다. 사냥하여 모든 해로움을 제거하고 반드시 수확을 많이 거둔다. 일으킨 일이 크고 풍성해 공도 있고 왕성하다. 능히 강함을 이겨 무공을 이어간다. 공과 명예를 이루고, 이익과 복도 받는다.

■ 2월 511
도를 지켜 회복하니 어찌 허물이 되겠는가. 강건한 재주는 위에 동지가 있다. 한직에서 벗어나며 집을 나간 사람도 돌아온다. 보통 사람은 사업을 극복하고 안정한다. 그러나 운이 불길하면 진퇴의 뜻이 의심스럽다.

■ 3월 755
아들은 효도하고 신하는 충성하니 지난 허물도 잘 이겨낸다. 터전은 닦지 못해도 옛 사업을 계승할 수 있다. 지위는 높이 올라가고, 명예는 멀리 퍼진다. 선비는 등용이나 천거되어 이름을 날린다. 별도의 규모를 세우고 식구가 늘어난다.

■ 4월 772
장딴지에 그쳐 있으니 마음이 불쾌하다. 마음이 움직이면 몸도 따라 움직인다. 위태롭고 전복됨을 붙잡을 능력이 없고, 선비는 기회조차 없다. 구하고 꾀하는 일은 이루기 어렵고, 노력해도 고생일 뿐이다. 말의 병이 있거나 가정에 근심이 있을 운이다.

■ 5월 856
오르는 일이 어둡고 위에 있으니 부자가 되지 못할 것이다. 스스로 다스리는 데 조심하고 감히 성하고 넘치게 하지 말라. 관직자는 휴직되니 자신을 반성하고 덕을 쌓으라. 탐하고 얻는 것을 멀리하지 않으면 반드시 화가 된다. 만일 수가 불리하면 유명을 달리한다.

■ 6월 863

군사를 죽게 하니 큰 공이 없다. 분수가 아닌 것을 범하면 반드시 실패한다. 직위를 받고 결원을 기다리나 선비는 공이 없다. 기쁨과 슬픔이 많으니 혹 수하의 복을 받는다. 운명과 상합되면 반드시 빈 고을에 오른다.

■ 7월 811

군자는 진출하면 벗들과 함께한다. 군자가 지위를 얻으면 어진 사람들이 조정으로 모인다. 동지가 협력하여 통태함을 이룬다. 같은 도학으로 덕을 숭상하니 비등하는 날이 있다. 동지와 함께 꾀하니 재물과 이익이 날로 늘어난다.

■ 8월 414

올바르면 후회할 일이 없고, 큰 차 바퀴통도 건장하다. 한격도 이미 열려 있으니 다시 곤궁해지지 않는다. 재앙이 사라지고 복이 따르니 진취할 수 있다. 시험을 보면 높이 장원하며 길도 넓게 뚫린다. 오래 조용하면 반드시 몽하고, 몽하면 길하다.

■ 9월 832.

왼쪽 다리를 상하니 건장한 말로 구제하라. 시기에 순응해야 처신을 잘 하는 것이다. 관직의 길은 유리하나 어두운 주인을 만날 수 있다. 선비는 첩보가 있고, 보통 사람은 재앙이 있다. 만일 운이 좋으면 부자가 될 수도 있다.

■ 10월 635

동쪽 이웃의 소를 잡는 것이 서쪽 이웃의 봄 제사만 못하다. 때를 만나면 복을 받으나 물건이 풍성하지는 않다. 태평한 세상에서는 교만과 사치가 쉽게 싹튼다. 하는 일은 때를 잃기 쉽고, 원대한 꿈은 헛되게 된다. 바라는 일은 불리하고, 서쪽은 좋으나 동쪽은 흉하다.

■ 11월 843

자주 회복하니 위태로움이 있고 의리에는 허물이 없다. 중정하지 못하고 또 움직이는 극에 있다. 벼슬자리가 평온하지 못하고 변화가 심하다. 큰 머리를 얻을 수도 있으니 명예는 가히 이룬다. 일에는 반복이 많고 의혹이 엇갈린다.

■ 12월 746

말미암아 기르니 큰 내를 건너면 이롭다. 혜택은 사해에 통달하고 큰 복과 경사가 따른다. 작위와 녹이 융숭하며 선비는 두각을 나타낸다. 꾀하는 일은 두드러지게 빛나고 이롭지 않은 것이 없다. 능히 인정을 통찰하고 널리 베풀어 대중을 구한다.

연평 154

천풍구괘 4효(天風姤卦 四爻) ䷫

꾸러미에 고기가 없으니 흉하다. 상하로 만날 수 없으니 고립되어 어렵다. 인심은 흩어지고 만사는 모두 무너진다. 내쫓기고 강등되어 욕을 면하기 어렵다. 날마다 시비가 생기며 수도(나이)에 불리하다.

■ 정월 355
누런 귀에 금으로 된 솥이니 아름답다. 문명하고 중정을 얻었으니 상응이 매우 좋다. 화공의 묘한 조화로 꽃들이 일신한다. 반드시 꾀꼬리가 깊숙한 골짜기에서 나와 높은 나무로 옮겨간다. 상업이나 농업은 이롭고, 승려는 주지가 된다.

■ 2월 372
나그네는 여관으로 가고, 재물도 품에 지닌다. 시종이 착하니 끝내 과실이 없다. 유순하고 중정하니 마음이 내외를 얻는다. 적극적으로 나아가 명예를 이루거나 성조나 집을 수리한다. 다른 군에서 일을 꾀하고, 식구가 늘거나 좋은 부하를 얻을 수 있다.

■ 3월 456
빨리 움직인 항구인데 위에 있으니 큰 공이 없다. 자꾸 조급하게 움직이면 오히려 흉을 당한다. 많이 노력하나 안정되는 일은 적고, 명예와 이익을 구하나 이루는 것은 작다. 여자의 운이 이와 같으면 남편과 자식이 불리하다.

■ 4월 463
짐질 것이 탔으니 가히 추하다. 내가 도적을 불렀으니 누구를 탓하겠는가. 허술하게 관리하면 훔쳐가라는 것이며 얼굴을 꾸미면 음탕한 짓을 하라는 것이다. 벼슬한 사람은 퇴출을 막고 선비는 귀양이나 강등을 당한다. 도적당할 수이며 소송이나 시비의 화가 있다.

■ 5월 411
발이 건장하니 나가면 흉할 뿐이다. 밑에 있으면서 윗사람을 능멸하니 반드시 흉하다. 욕을 당하며 참소나 이간이 있고, 요행을 바라면 부끄러운 일만 생긴다. 움직일 때마다 후회하고, 시비·투쟁·소송이 따른다. 발에 병이 침범할 수 있으니 예방하라.

■ 6월 814

겸허한데 부자가 되지 않으니 성의가 상합한다. 중도를 지키고 뜻이 같으면 소원도 이룬다. 관직자는 물러나게 되며 꾀하는 일은 이루기 어렵다. 경영하거나 꾀하는 일은 이익이 없고, 잡음과 훼방이 따른다. 멈추면 재앙이 사라지고, 운이 좋으면 멀리 유람한다.

■ 7월 432

차양이 많아 대낮에도 두성을 본다. 가면 의심병이 생기나 지성을 두면 길하다. 밝음과 움직임이 서로 도와 풍성해진다. 처음에는 잃으나 나중에는 얻고, 오래 침체된 후 발전한다. 오래 곤궁하다 재물이 생기나 근심이나 슬픔이 생길까 두렵다.

■ 8월 235

대인은 범으로 변하며 그 문채가 빛난다. 개혁이 지당하면 모든 사람이 신뢰한다. 벼슬한 사람은 높이 영전하고, 선비는 높이 천거된다. 변통하는 일은 먼저 그 아름다움이 나타난다. 그러나 천민이나 여자는 이런 기쁨을 감당하기 어렵다.

■ 9월 443

벼락이 쳐 기운이 까무러치나 두려움을 알면 재앙은 없다. 부정한 마음을 버리고 정당한 곳으로 가라. 차를 타고 천리라도 가고 싶지만 걷기도 어렵다. 근심과 두려움 때문에 정신과 혼이 나간다. 그러나 조심하고 신중하면 흉을 면할 수 있다.

■ 10월 346

형틀을 지고 귀를 없애니 총명하지 못하다. 쌓인 죄악은 가릴 수 없고, 큰 죄는 풀어버릴 수 없다. 가벼운 배가 큰 파도를 만났으니 앞길이 힘들다. 만약 싸움이나 소송이 없으면 귀와 눈이 밝지 못하고, 흉한 운을 만나면 몸이 상하고 죽음에 이른다.

■ 11월 844

도를 따르면 중간에 홀로 회복할 수 있다. 대중과 함께 행해도 혼자 선을 따른다. 인과 의를 바르게 하면서 이익은 꾀하지 않는다. 관직은 복직되고, 선비는 명예가 드러난다. 도를 따라 행하면 이익과 복을 받는다.

■ 12월 881

서리를 밟으면 두터운 얼음이니 음이 비로소 응고됨이다. 선을 쌓은 집에는 반드시 남은 경사가 있고, 불선을 쌓은 집에는 반드시 남은 재앙이 있다. 관직자는 참소나 아첨을 조심하고, 선비는 투기를 조심하라. 원수와 원한을 조심하지 않으면 재난을 당한다.

연평 155

천풍구괘 5효(天風姤卦 五爻) ☰☴

참외를 넓은 잎에 싸니 아름다움이 함축된다. 하늘의 도움을 받고 천명을 어기지 않는다. 큰 그릇을 이루어 반드시 공명이 통달한다. 몸이 임금 곁에 올라 무궁한 영화를 누린다. 문전에 경사가 가득하며 부인도 임신한다.

■ 정월 256
물을 건너다 이마까지 잠겨 흉하나 허물은 없다. 사세가 급박하면 목숨도 던지고 좋은 일을 한다. 험난한데 미친듯이 날뛰면 재앙만 따른다. 머리는 병들며 이마는 쭈그러들고, 물에 빠질까 두렵다. 선비는 앞으로 나아가면 괴수가 될 수도 있다.

■ 2월 263
돌에 부딪쳐 곤궁한데 가시덩쿨에 걸린다. 그 집에 들어가도 그 아내를 보지 못한다. 이미 욕되고 부끄러운데 죽을 때가 된다. 불상의 운으로 가정이 어지럽고, 운이 불길하면 처첩의 변이 있다.

■ 3월 211
앞발이 건장하니 승산이 없는 데를 간다. 조급하고 망령되게 움직이면 허물을 면할 수 없다. 사세를 헤아려 결행해야 한다. 부끄러운 과실이 많고, 가정에 재앙과 환란이 가득하다. 망령되게 행동하면 환란을 면하기 어렵다.

■ 4월 614
이미 험난함에 상했으니 편한 곳이 못된다. 조용히 때를 기다리면 험난함에서 빠져나올 수 있다. 나아가면 편안하지 않으나 물러서면 문득 편안해진다. 상해가 평평해지며 오래 막힌 것이 펴진다. 운이 흉하면 혈액질환이 따르는데 산아의 근심도 있다.

■ 5월 232
신중하게 개혁하고 아름답게 실행한다. 유순하며 중정하니 망동하지 않는다. 앞길에 막힘이 없으니 경사를 누리리라. 벼슬한 사람은 영전하고, 선비는 명예를 이룬다. 보통 사람은 기쁨이 많고 모든 일이 잘 된다.

■ 6월 435

밝음이 이르니 경사와 명예가 따른다. 비록 본성이 유순하며 어두우나 능히 문명을 이룬다. 집안이 향기롭고 월계관을 쓰리라. 좋은 사람과 교류하며 천거를 받아 바라는 일이 뜻대로 된다. 노인은 관대를 입는 영화를 보리다.

■ 7월 243

장부에 매이고 어린아이를 잃게 된다. 도를 굽히고 간사하면 소인이 따른다. 정도를 따르면 구하는 것을 반드시 얻는다. 의로운 길이 편하면 경영하거나 꾀하는 일도 가히 얻는다. 그러나 어린아이와 여자는 흉하다.

■ 8월 146

처신에 희망이 없으니 행하면 재앙이 따른다. 순리를 따르면 편안하나 일을 시작하면 화가 된다. 강등·퇴출·직위 이탈·치욕을 면하기 어렵다. 일을 분명하게 하지 않으면 시비가 생기고, 운이 불길하면 천명을 지키기 어렵다.

■ 9월 644

말을 타고 진출하지 못하니 혼인을 구하라. 가면 벗을 얻고 이롭지 않은 것이 없다. 만약 어진 사람을 만나면 어려움에서도 벗어날 수 있다. 관록이 좋고 명예가 드러나니 자연히 좋은 자리에 오른다. 인정이 화합하고 모든 일을 다 이룬다.

■ 10월 681

미더움을 갖고 도우니 허물이 있을 수 없다. 내 신용이 높아지면 남들도 감동한다. 둥우리 밖으로까지 영전하고, 등용이나 천거의 영화도 있다. 지기를 만나 모든 계획이 마음대로 된다. 성의로 남을 감동시키면 불선은 없다.

■ 10월 845

회복이 두터우니 후회할 일이 없고, 중도를 지켜 스스로 이룬다. 선한 마음이 싹트면 덕을 쌓게 된다. 영전·이동·등용·천거의 운이다. 재물과 이익이 쌓이는데 이익은 전토에 있다. 복제를 막지 못하면 아버지가 불리하다.

■ 12월 822

느껴 임하고 또 길하니 이롭지 않은 것이 없다. 음양이 서로 감응하니 명을 순응하는 것은 아니다. 사를 제거하고 정도를 지키니 지위가 청고하다. 막히고 침체됨이 없다. 시기에 맞게 짐작하면 경영하거나 꾀하는 일에 이익이 있다.

연평 156

천풍구괘 상효(天風姤卦 上爻) ䷫

뿔 위에서 만나니 부끄러울 일이 많다. 불운에 일이 생기고, 슬픈 회포 속에 정이 피어난다. 고단한 몸을 의지할 데가 한군데도 없구나. 선비는 장원하고, 승려나 도인은 주지가 된다. 인심은 흩어지고 경영하거나 꾀하는 일은 고생만 따를 뿐이다.

■ 정월 111
숨어 있는 용이니 세상에 숨어 살아도 번민하지 않는다. 즐거울 때 행하고 걱정할 때 자제한다. 관직에서 물러나 관로에 막힘이 많다. 운이 막혀 일이 억제되며 거동에 재난이 생긴다. 여자는 경사가 많고 아들을 낳을 운이다.

■ 2월 514
미더움이 있으면 피도 가고 두려움도 사라지니 허물이 없다. 성실하게 미더움을 다하니 상해는 반드시 멀어진다. 동지의 천거나 발탁으로 오랜 직책에서 전직된다. 윗사람과 뜻이 맞아 오래 엄체된 것도 펴진다. 인정이 화합하나 운이 흉하면 혈육이 손상된다.

■ 3월 132
집안에서 동지를 구하니 대동할 줄 모른다. 소견이 좁고 처사가 부정하다. 벼슬과 녹은 올라가지 않고 작은 시험이라야 가망이 있다. 일에 부정이 많이 생기고 종친과 남들 사이에 불목한다. 사랑과 미움이 한결같지 않고 슬픔과 기쁨을 분간하지 못한다.

■ 4월 335
슬픈 눈물이 비 쏟아지듯 하니 슬픔과 탄식을 금할 길이 없다. 위태로움 속에 상하의 도움이 없다. 벼슬길이 험난하니 앞으로 나아가기 어렵다. 경영하는 일이 막힘이 많으니 생각만 많다. 슬프다 신세여, 눈물과 탄식뿐이다.

■ 5월 143
무고한 재난에 매어둔 소를 잃는다. 옛날의 기쁨이 수심이 되고, 일에 경쟁이 많다. 명암이 함께 오니 풍파가 그치지 않는다. 몸은 어려움에 처하며 손재를 당한다. 만약 소를 사들이지 않으면 시끄러워진다.

■ 6월   246

붙잡아 매고 연결하라. 망령되지 않은 마음을 끝까지 바꾸지 말라. 이미 천명이 다했는데 관재가 어인 일인고. 벼슬한 사람은 참소를 방지하고, 선비는 욕을 방지하라. 만약 손재가 아니면 관재가 우려된다.

■ 7월   544

중도로 행하니 공사가 따른다. 윗사람 같은 덕으로 아래를 이롭게 한다. 중한 책임을 맡아 임금의 총애도 깊어지고, 윗사람의 천거를 받아 명예를 이룬다. 성조·집수리·이사가 따르고 관청일도 펴진다.

■ 8월   581

소견이 어린아이와 같아 멀리 보기 어렵다. 군자가 소견이 어둡고 천박하니 부끄러운 일이다. 지위가 좁고 앞으로 나아가더라도 제자리로 돌아온다. 일은 빨리 꾀하나 늦게 되고, 기교를 부리다 오히려 졸작이 된다. 모애하다 보는 게 없으니 소인이 해친다.

■ 9월   745

경상을 어기나 바르게 거처하면서 윗사람을 잘 따라라. 책임이 중대하나 큰 내는 건너지 말라. 남의 덕으로 성공해 직위를 지킨다. 작게 나아가면 뜻을 이룰 수 있다. 반드시 배를 타거나 험난한 곳을 건너는 일은 경계하라.

■ 10월   722

바르면 이롭고 나가면 흉하니 덜지 않아야 한다. 뜻은 스스로 지키는 데 있으니 함부로 진출하지 말라. 지켜야 할 것을 바꾸면 흉해진다. 현직을 고수하며 현 사업을 확고하게 지켜라. 현 제도를 조심하면서 먼 계책은 세우지 마라.

■ 11월   846

회복이 어둡고 흉한 것은 임금의 도와 반대이기 때문이다. 재앙이 있는데 군사를 행하면 결국은 크게 패한다. 화근은 밖에 있는데 스스로 재앙을 부른다. 미혹하면 재앙이 되니 가만히 있으면 좋으나 움직이면 흉하다. 운명이 다 되었으니 이로울 게 하나도 없다.

■ 12월   833

상하는데 남에게 사냥을 시켜 큰 머리를 얻는다. 큰 뜻을 얻어도 빨리 견고하게 하려고 하지 말라. 벼슬한 사람은 권세를 잡고, 선비는 장원한다. 보통 사람은 재앙과 뜻밖의 병이 생긴다. 신중하게 때를 기다리는 것이 좋다.

연평 161

천수송괘 초효(天水訟卦 初爻) ☰☵.

송사를 길게 끌지 않으면 결국은 이롭다. 처사가 중정하니 머지않아 자명해진다. 송사에 비유하면 처음에는 지나 나중에는 이긴다. 일시적인 훼방도 큰 해가 되지 않고, 시비와 재앙도 결국은 해결된다.

■ 정월 182
포용하고 받들면서 순순히 따르라. 소인은 길하나 대인은 비색하다. 부끄러움과 수치를 참으면 자신을 지킬 것이다. 시비와 좋고 나쁨을 분명히 하라. 그렇지 않으면 재해를 벗어나기 어렵다.

■ 2월 385
후회가 사라지는 곳에서 잃고 얻는 것을 근심하지 말라. 나가면 경사가 있으니 이롭지 않은 곳이 없다. 성의와 충성을 다하니 뜻이 천하에 통한다. 영천이나 발탁되는 기쁨이 있고, 앞으로 나아가 명예를 이룬다. 경영하거나 꾀하는 일이 이로우니 어찌 파란을 염려하랴.

■ 3월 173
일에 매여 숨지 못하니 병이 되고 위태로움이 있다. 공을 바라지만 펴지 못하니 큰 일은 성사되지 않는다. 질병에 걸리지 않으면 놀람과 위험이 있다. 식구가 늘고 아내를 얻을 운이다. 길흉이 상반하는 운이다.

■ 4월 276
광대뼈와 혀로 감동시키니 구설만 생긴다. 말이 많으면 욕을 부르고, 도모한 일도 분명하지 않다. 항상 노력하나 마음과 힘만 쓸 뿐이다. 유세하는 업이나 평론가가 되어라. 구설이 분분하니 먼저 훼방을 조심하라.

■ 5월 574
기러기가 나무로 날아가니 처한 곳이 편하지 않다. 순하게 윗사람을 섬기면 높아도 위태롭지 않다. 강폭함을 막기 어렵고, 옮겨다니는 것도 정처가 없다. 가을(지방) 시험은 가망이 있는데 과거도 될 수 있다. 집수리나 성조도 이롭고, 놀람과 근심도 사라진다.

■ 6월 531

있는 집에서 방어하면 자연히 후회할 일은 없다. 인정이 방탕하면 반드시 후회할 일이 생긴다. 관직은 한직이며 작은 시험이 유리하다. 꾀하는 일은 이루어지며 혼인할 상이다. 승려는 주지가 되고, 늙은이는 수명이 불리하다.

■ 7월 775

말에 순서가 있으면 후회는 없으리라. 언행을 조심하라. 말을 그치면 허물도 작아진다. 언론직이 좋은데 큰 책임을 맡는다. 한 말로 주인과 맞으니 언론 시험에서 명예를 이룬다.

■ 8월 752

어머니의 일을 주관할 때는 꼼꼼하게 하지 말라. 바르면 애정을 잃고 부정하면 의리를 잃는다. 성의와 충성을 다하되 중도를 지켜라. 지난 일을 주관할 때 분별할 줄 알면 녹과 지위도 온건하다. 옛것을 고쳐 갱신하니 더 고칠 곳이 없다.

■ 9월 876

지나치게 겸손할 때는 강한 무용으로 다스려라. 벼슬길에 오르나 변방으로 나가고, 선비는 작은 시험이 좋다. 투쟁이나 소송은 변명하지 않아도 자명해진다. 마음과 뜻이 깨끗하면 손실을 면할 수 있다. 그러나 사심이 한번 터지면 어둠으로 향한다.

■ 10월 883

아름다움을 함축하고 가히 바르며 시기에 맞게 편다. 만일 왕사를 따르면 성취함은 없어도 유종의 미는 있다. 만일 왕사를 따르면 성취함은 없어도 유종의 미는 있다 앞으로 나아갈 날이 온다. 꾀와 계략이 심원하니 경영에 수확이 있다. 여자가 이를 얻으면 덕이 있는 부인이 될 것이다.

■ 11월 831

위로 나아가는 것이 상했으니 기미를 보아 먼저 피하라. 가면 말이 있으니 어찌 좇히 괴이하랴. 관직은 정지되거나 강등되니 물러나 쉬는 상이다. 나르려다 날개 드리우니 발전하기 어렵다. 해가 흉년을 만났으니 재물과 곡식이 풍부하지 못하다.

■ 12월 434

차양이 많아 대낮에도 두성을 본다. 있는 자리가 부당하니 밝지 못하다. 어둡고 유약하니 풍성하게 이루지 못한다. 어진 부하와 같은 덕을 서로 돕는다. 내부를 버리고 외부를 따르니 배를 타는 것이 불가하다.

연평 162

천수송괘 2효(天水訟卦 二爻) ☰☵ ·

송사를 이기지 못하고 도망친다. 아래에서 윗사람과 소송하니 환란이 쉽게 풀린다. 옛것을 지키면서 안정하면 훼방과 욕을 당하지 않는다. 식구가 안녕하며 풍진이 침노하지 않는다. 운이 불리하면 유리됨을 면할 수 없다.

■ 정월 153
엉덩이와 볼기에 살이 없으니 움직이는 것이 저주다. 사사로이 만나는 것을 조심하라. 함부로 행동하면 재난이 따른다. 퇴직이나 귀양을 갈 운이나 선비는 유리하다. 보통 사람은 재난과 매를 맞을까 두렵다. 하는 일이 어렵고, 허리와 발에 병이 침범한다.

■ 2월 256
물을 건너다 이마까지 잠겨 흉하나 허물은 없다. 사세가 급박하면 목숨도 던지고 좋은 일을 한다. 험난한데 미친듯이 날뛰면 재앙만 따른다. 머리는 병들며 이마는 쭈그러들고, 물에 빠질까 두렵다. 선비는 앞으로 나아가면 괴수가 될 수도 있다.

■ 3월 554
손순하여 후회할 일이 없고, 사냥하여 3품(제기·고기·손님)을 얻는다. 사냥하여 모든 해로움을 제거하고 반드시 수확을 많이 거둔다. 일으킨 일이 크고 풍성해 공도 있고 왕성하다. 능히 강함을 이겨 무공을 이어간다. 공과 명예를 이루고, 이익과 복도 받는다.

■ 4월 511
도를 지켜 회복하니 어찌 허물이 되겠는가. 강건한 재주는 위에 동지가 있다. 한직에서 벗어나며 집을 나간 사람도 돌아온다. 보통 사람은 사업을 극복하고 안정한다. 그러나 운이 불길하면 진퇴의 뜻이 의심스럽다.

■ 5월 755
아들은 효도하고 신하는 충성하니 지난 허물도 잘 이겨낸다. 터전은 닦지 못해도 옛 사업을 계승할 수 있다. 지위는 높이 올라가고, 명예는 멀리 퍼진다. 선비는 등용이나 천거되어 이름을 날린다. 별도의 규모를 세우고 식구가 늘어난다.

■ 6월 722

바르면 이롭고 나가면 흉하니 덜지 않아야 한다. 뜻은 스스로 지키는 데 있으니 함부로 진출하지 말라. 지켜야 할 것을 바꾸면 흉해진다. 현직을 고수하며 현 사업을 확고하게 지켜라. 현 제도를 조심하면서 먼 계책은 세우지 마라.

■ 7월 856

오르는 일이 어둡고 위에 있으니 부자가 되지 못할 것이다. 스스로 다스리는 데 조심하고 감히 성하고 넘치게 하지 말라. 관직자는 휴직되니 자신을 반성하고 덕을 쌓으라. 탐하고 얻는 것을 멀리하지 않으면 반드시 화가 된다. 만일 수가 불리하면 유명을 달리한다.

■ 8월 863

군사를 죽게 하니 큰 공이 없다. 분수가 아닌 것을 범하면 반드시 실패한다. 직위를 받고 결원을 기다리나 선비는 공이 없다. 기쁨과 슬픔이 많으니 혹 수하의 복을 받는다. 운명과 상합되면 반드시 빈 고을에 오른다.

■ 9월 811

군자는 진출하면 벗들과 함께한다. 군자가 지위를 얻으면 어진 사람들이 조정으로 모인다. 동지가 협력하여 통태함을 이룬다. 같은 도학으로 덕을 숭상하니 비등하는 날이 있다. 동지와 함께 꾀하니 재물과 이익이 날로 늘어난다.

■ 10월 414

올바르면 후회할 일이 없고, 큰 차 바퀴통도 건장하다. 한격도 이미 열려 있으니 다시 곤궁해지지 않는다. 재앙이 사라지고 복이 따르니 진취할 수 있다. 시험을 보면 높이 장원하며 길도 넓게 뚫린다. 오래 조용하면 반드시 몽하고, 몽하면 길하다.

■ 11월 832.

왼쪽 다리를 상하니 건장한 말로 구제하라. 시기에 순응해야 처신을 잘 하는 것이다. 관직의 길은 유리하나 어두운 주인을 만날 수 있다. 선비는 첩보가 있고, 보통 사람은 재앙이 있다. 만일 운이 좋으면 부자가 될 수도 있다.

■ 12월 635

동쪽 이웃의 소를 잡는 것이 서쪽 이웃의 봄 제사만 못하다. 때를 만나면 복을 받으나 물건이 풍성하지는 않다. 태평한 세상에서는 교만과 사치가 쉽게 싹튼다. 하는 일은 때를 잃기 쉽고, 원대한 꿈은 헛되게 된다. 바라는 일은 불리하고, 서쪽은 좋으나 동쪽은 흉하다.

연평 163

천수송괘 3효(天水訟卦 三爻) ䷅

옛 덕을 누리는 것이니 위태로우나 결국은 길하다. 혹 영광스런 공직에 있더라도 성취하기 어렵다. 윗사람을 따르는 것은 좋으나 일을 주도하면 불가하다. 비록 위태로워도 옛것을 지키고 정도를 지키면 길하다. 정상을 잃지 않으면 모든 어려움이 침범하지 못한다.

■ 정월 564
여러 당이 흩어지니 크게 길하고 광대하다. 강유가 서로 맞고 군신이 힘을 얻었다. 그 흩어짐을 끌어들여 능히 크게 모은다. 선비는 대중을 초월해 장원한다. 꾀하고 바라는 일은 이루어지고, 이익을 구하면 얻는다.

■ 2월 521
스스로 헤아려 보는 것이 좋은데 달리하면 편안하지 않다. 뜻은 변하지 않는 미더움 속에 있다. 관직자는 천거나 발탁되고, 선비는 끌어주는 사람을 만난다. 지조를 지켜 원만하게 이루나 편안함에 빠지면 실패한다. 기쁨 속에 근심이 있는데 사람과 재물이 손실된다.

■ 4월 765
어린아이 같으니 길하고 순하다. 순수한 미개발은 남의 말을 듣게 된다. 선비·농업·공업·상업은 모두 세력에 의지하라. 모든 것이 마음대로 되고, 꾀하는 일도 순탄해진다. 심신을 편안하게 하면 유순하며 중정해진다.

■ 4월 782
흉과 사의 세력이 더욱 커져 정도를 해치고 멸망시키니 더 흉해진다. 관직자는 퇴출과 강등을 막아야 하고 진취하기는 어렵다. 주관하는 일은 이루어지지 않으니 일찍 대책을 세워라. 아랫사람에게 침해와 능멸을 당하고, 높은 사람의 시기도 받는다.

■ 5월 866
대군이 명령을 두니 공을 바르게 한다. 국가를 열고 집안을 잇는 일에 소인은 쓰지 말라. 권세로 공을 세우고 기예로 명성을 얻는다. 집안을 일으키고 자식이 대를 잇는다. 참소나 아첨을 방지하라. 분수를 넘는 일이 생길까 두렵다.

■ 6월 853

빈 고을에 오르니 의심할 것이 없다. 나가는 데도 의심할 일이 없으니 뜻대로 한다. 관직은 승진이나 영전해 큰 군에 오른다. 선비는 명예를 얻고 경영하거나 꾀하는 일은 성사된다. 그러나 흉한 수를 만나면 모두 죽음에 이른다.

■ 7월 821

느껴 임하니 바르면 길하고, 올바른 뜻을 행한다. 그 길한 것을 고수하고 각기 일에 따른다. 기틀을 알고 상종하며 사람을 얻어 공동 구제한다. 시험에 비유하면 수석이 된다. 음양이 서로 감응하니 경영하거나 꾀하는 일이 뜻대로 된다.

■ 8월 424

누이동생 시집보낼 때 일 년을 기다려야 하는데 늦는 것도 때가 있다. 여자가 어질고 바르면 가볍게 남을 따르지 않는다. 시운이 불리하니 반드시 때를 기다려라. 관직자는 결원을 기다리고, 학교는 보궐을 기다린다. 밖에 있으면 돌아오지 못하며 혼인도 성사되지 않는다.

■ 9월 842

아름다운 회복이니 길하며 인(仁)에 내린다. 인을 얻고 인과 친하니 선이 되어 자연히 이익도 생긴다. 내쫓긴 사람도 복직되고 정지나 강등도 풀린다. 위태롭던 사람도 편안해지고 병자도 쾌유된다. 형통하며 부호가 되니 재물과 이익을 얻는다.

■ 10월 645

혜택을 받기 어려우니 베풀어도 빛이 나지 않는다. 작게 올바르면 길하나 크게 올바르면 흉하다. 위엄과 권세가 떠났으니 큰 일은 하기 어렵다. 망동하면 흉하니 시작한 일들은 불리하다. 이미 때를 잃었으니 무리해도 안 된다.

■ 11월 833

상하는데 남에게 사냥을 시켜 큰 머리를 얻는다. 큰 뜻을 얻어도 빨리 견고하게 하려고 하지 말라. 벼슬한 사람은 권세를 잡고, 선비는 장원한다. 보통 사람은 재앙과 뜻밖의 병이 생긴다. 신중하게 때를 기다리는 것이 좋다.

■ 12월 736

깨끗하게 꾸미면 허물이 없고, 위에서도 뜻을 얻는다. 참 모습을 잃지 않으니 절대 허물이 없다. 승진이나 영전할 운이니 앞으로 나아가면 뜻을 이룬다. 경영하거나 꾀하는 일이 소박하며 진실하니 허황이나 방탕에 빠지지 않는다. 혹 외척의 상을 당할 수 있다.

연평 164

천수송괘 4효(天水訟卦 四爻) ䷅

송사에서 이기지 못하고 정도로 돌아온다. 안정하면 실책이 되지 않는다. 언행과 동정은 천명을 잃지 말라. 한가로움 속에서 복직되며 진취를 잃지 않는다. 과실을 고치며 선해지니 관재나 소송은 없다.

■ 정월 365
바르면 후회할 일이 없고 군자는 빛이 난다. 군자는 진실하고 허황됨이 없어야 한다. 지극히 바르고 선하니 부족함이 있을 수 없다. 벼슬한 사람은 큰 자리에 선임되고, 선비는 문장이 빛난다. 경영하거나 꾀하는 일은 빛을 보고, 금은과 재백이 쌓인다.

■ 2월 382
앞으로 나아가 근심하나 견고하며 바르면 길하다. 중정으로 스스로 지키면 당연히 남이 구해준다. 왕이 총명하게 나아가면 처음에는 좌절하나 나중에는 믿는다. 구하고 꾀하는 일은 뜻대로 되며 어머니의 힘이 많다. 아내의 재물에 이익이 있을 수 있다.

■ 3월 466
높은 담장에서 매새를 쏘아 얻으니 모두 이롭다. 능력을 감추고 성취한 뒤에 움직이는데 움직임에 막힘이 없으니 어찌 불리하겠는가. 병사로 공을 세우고 추천도 먼저 받는다. 문과 담장을 만들고, 꾀하는 일로 이익을 얻는다.

■ 4월 453
덕은 영원하지 않으니 혹 부끄러운 일이 생긴다. 바르고 견고해도 부끄러움이 생기는데 용납하는 곳이 없다. 꽃가지에 서리가 무겁게 내리니 꽃필 날을 기약할 수 없다. 감봉되도록 간함을 받고, 덕이 손상되어 훼방을 받는다. 분쟁·소송·훼손·욕을 조심하라.

■ 5월 421
누이동생을 동서로 시집보내고 절름발이가 되어 걸어간다. 덕은 있으나 호응이 없으니 직분만 다할 뿐이다. 벼슬한 사람은 요장이 되고, 선비는 작은 시험이 좋다. 보통 사람은 작은 덕이 있어 꾀하는 것은 이루나 종이나 첩을 들이거나 세력가에게 몸을 맡긴다.

■6월 824

지극한 도가 임하니 허물이 없고 지위도 당연하다. 임하는 도는 가까운 것을 숭상하니 동료들 덕으로 아름다운 혜택을 입는다. 인정이 화합하니 경영하는 일은 모두 순탄하나 모든 일은 먼저 살핀 뒤 시작하라.

■7월 442

벼락이 치니 위태롭다. 강세를 탔기 때문이다. 재물이 상할까 두려워 높은 언덕에 오른다. 험난함과 간사함을 만나 처음에는 미혹되다 나중에는 얻는다. 노인은 목숨이 위험하고, 젊은이는 반드시 놀랄 일이 생긴다. 분쟁·소송·실물은 7에서 생긴다.

■8월 245

미덥고 진실하게 아름다우니 그 지위가 중정하다. 성실하게 선을 따르니 매우 착하다. 자신을 버리고 선을 따르니 크게 형통한다. 벼슬한 사람은 영전하고, 선비는 등용이나 천거된다. 경영하거나 꾀하는 일은 순조로우니 경사가 많다.

■9월 433

장막이 많으니 대낮에도 작은 별을 본다. 오른팔을 끊으면 허물은 없을 것이다. 윗사람의 응원은 전혀 없으니 큰 일은 불가하다. 휴직하는 것이 유리하며 진취 또한 어렵다. 경영하거나 꾀하는 일도 이루지 못하고, 수족에 액이 따른다.

■10월 336

왕이 출정하는 것은 나라를 올바르게 하기 때문이다. 간신과 죄악을 살피고, 위엄과 형벌을 실행한다. 천하를 밝게 분별하는 것은 아름다운 공을 세우기 위해서다. 출사하면 공업을 이루고, 앞으로 나아가면 우두머리가 되고, 경영하는 일에서는 이익을 얻는다.

■11월 834

왼쪽 배로 들어가 마음과 뜻을 얻는다. 간사함에 마음을 뺏긴 후에야 밖으로 행한다. 어두운 땅이 얕으니 어두웠던 자라도 나오게 된다. 밖에 나가 경영을 꾀하고, 부인은 아들을 낳는다. 한가한 관직도 일을 맡으나 뜻은 멀어진다.

■12월 871

겸손한 군자는 스스로 낮춰 기른다. 큰 내를 건너도 불길함이 없다. 지극히 겸손하면 대중도 같이 한다. 관직은 목민인데 보배를 품고 초빙을 기다린다. 먼 강호를 건너 상업이나 여행을 하라.

연평 165

천수송괘 5효(天水訟卦 五爻) ䷅

송사에 매우 길하니 허물이 없다. 소송을 처리하는 데 치우치지 않고 합리적인 판단을 내린다. 벼슬한 사람은 좋은 곳에 제수받고, 선비는 과거에 오른다. 경영하거나 꾀하는 일은 유리하고, 재물을 구하면 반드시 얻는다. 언사가 유리하며 사필귀정이 된다.

■ 정월 266
칡넝쿨에 걸려 위태롭고 곤궁한데 움직이면 더 고생한다. 궁하면 변화를 생각하는데 움직이면 형통한다. 형벌·구속·정지·강등이 두렵다. 갈 바를 두면 유리하며 상업이나 여행이 길하다. 만약 근심이나 놀랄 일이 없으면 복제가 두렵다.

■ 2월 253
대들보 위아래가 약하니 도와줄 수 없다. 못된 재주로 망동하니 일만 망친다. 도리도 지나치면 이롭지 않다. 운수가 대흉하니 전복을 예방하라. 만약 그렇지 않으면 눈이나 발에 병이 침범한다.

■ 3월 221
화순하며 즐겁고 행동에 의심이 없다. 거취에 막힘이 없는데 어찌 아첨하랴. 벗들의 덕으로 진취하는 데 이롭다. 인정이 화합하니 모든 일이 다 이루어진다. 남편이 부르면 부인이 따르나 운이 흉하면 재난이 있다.

■ 4월 624
절제하면 형통하고, 위의 도를 계승한다. 절제하며 법을 따른다. 왕도의 현장을 따르니 충분히 명예를 이룬다. 공을 받들고 어른을 받드니 복을 받는다. 만일 여자이면 안인이나 절부다.

■ 5월 242
어린아이에게 매이면 장수를 잃게 된다. 사를 멀리하고 정도를 지켜라. 비리를 따르면 진실을 잃게 된다. 일이 안녕하지 못하고 소인이 시비한다. 마음이 두 곳에 묶여 있으니 스스로 지키기 어렵다. 정도를 버리고 사와 호응하면 허물도 클 것이다.

■ 6월   445

벼락이 내려치니 움직이면 위험하다. 중도를 잃으면 위태로우나 잃는 것은 없다. 현직을 보전하며 고유의 것을 지켜라. 보통 사람은 우환과 수족에 근심이 있다. 처세가 위태로운 줄 알면 크게 잃는 것은 없을 것이다.

■ 7월   233

비록 바른 길이라도 앞으로 나아가면 흉하다. 이른 개혁은 흉하며 위태롭다. 중론이 세 차례나 나오면 때에 맞는 순리로 행하라. 불화할 운으로 안부가 한결같지 않고, 한번 흉한 운을 만나면 요절한다.

■ 8월   136

교회에서 동지를 찾으나 뜻을 이루지 못한다. 인정은 서로 막히고 안팎이 같지 않다. 외롭더라도 절개를 지키면서 자신을 고결하게 하라. 벼슬길은 먼 곳에 있으나 좋은 기회를 만나기 어렵다. 만약 흉한 운을 만나면 교외로 나간다.

■ 9월   634

헤진 옷에 물이 스며드니 종일 경계해야 한다. 의심과 경계를 게을리 하지 말라. 벼슬한 사람은 예방하면서 자신의 소질을 길러라. 생활에 예비가 있으면 놀라거나 전복이 있을 수 없다. 배를 타면 물이 스며들 위험이 있다.

■ 10월   671

가면 어려우나 오면 명예가 있으니 마땅히 기다려라. 어려움의 시작이니 나아가면 더욱 어려워진다. 기미를 보고 때를 알아 그치면 칭찬을 듣는다. 때를 기다려 진출하고, 옛것을 지키면서 안정하라. 나아가면 불리하고 망동하면 재난을 당한다.

■ 11월   835

기자의 밝음이 상했으나 밝은 것이 꺼지지는 않는다. 밝음을 안으로 감추고 올바름을 지킨다. 검소한 덕으로 피난하나 지기는 만나기 어렵다. 가정의 어려움으로 반드시 화를 당한다. 분수를 지키면서 뜻을 바르게 가져야 한다.

■ 12월   812

넓음도 포장하고 하수도 능멸하며 먼 곳을 잃지 않는다. 벗을 잃으면 광대하고 중도의 행실에 부합된다. 변방이나 강호를 지킨다. 앞으로 나아가 명예를 이루고, 경영하거나 꾀하는 일에 수확이 있다. 반드시 존귀한 분을 만나나 운이 흉하면 상해가 따른다.

연평 166

천수송괘 상효(天水訟卦 上爻) ䷅

왕이 하사한 의복을 받으나 하루아침에 세 번 잃는다. 소송으로 받는 복은 공경할 것이 못된다. 성공과 실패, 진보와 후퇴가 있다. 소송이나 분쟁할 운이요 상복을 입을 운이다. 정도로 취한 것이 아니면 결국 잃는다.

■ 정월 121
본래 가는 데로 가면 허물이 없으리라. 이치를 따라 행사하고 도를 벗어나지 말라. 태평성대의 도가 있으면 영전할 기회가 있다. 어려서 배우고 자라서 행하니 명리를 이룬다. 비록 운은 좋으나 상복을 입을까 두렵다.

■ 2월 524
거의 보름이 된 달이다. 말도 짝을 잃었다. 같은 무리를 끊고 위를 따르면 허물이 없다. 벼슬한 사람은 높아지고, 선비는 월계관을 쓴다. 귀인을 만나며 윗사람의 덕을 본다. 그러나 배우자나 말을 잃을 수 있다.

■ 3월 142
밭갈이도 수확도 파종도 하지 않는다. 본래 소망이 없는데 소득이 있다. 가다듬고 행동에 힘쓰면서 때에 맞는 이치를 따른다. 승진과 명예를 성취하니 밖에서 이득을 얻는다. 농업이 좋으나 벼와 곡식은 적다.

■ 4월 345
마른 고기를 씹다 황금을 얻는다. 항상 위태로움과 두려움을 알면 원한과 허물은 자연히 사라진다. 법으로 간신을 제거하며 명예를 이룬다. 병자는 편안해지고 원망도 사라진다. 손으로 천금을 희롱하니 의식이 풍족하다.

■ 5월 133
숲 속에 복병이 있는데 높은 언덕에서 적을 살핀다. 3년이나 기회가 오지 않는다. 앞길이 가시밭이니 옛것을 지키면서 안정하라. 만약 높이 오르지 못하면 실직한다. 부모의 초상이 염려되고, 감옥과 소송도 두렵다.

■ 6월 236

군자는 표범으로 변하고 소인은 얼굴만 바뀐다. 나가면 흉하니 바르고 견고하게 있어야 길하다. 반드시 명예를 성취하고 문채가 왕성하다. 조심스럽게 법도를 지키면 재난을 면할 수 있다. 시비가 따르는데 낯을 바꿀까 두렵다.

■ 7월 534

가정이 부자니 대길하고 순함으로 지위에 있다. 아내가 가정을 부양하니 내직이 모두 좋아진다. 일은 순순히 하며 반드시 정도로 한다. 초월해 영전하고, 시험에 들어 상을 받는다. 꾀하는 일에 이익이 있고, 고독한 과부는 친한 사람을 만난다.

■ 8월 571

기러기가 물가로 가니 어린아이는 위태롭다. 재주는 매우 약한데 윗사람의 응원도 없다. 말을 하는 관직으로 학문 소송으로 귀양도 논한다. 선비는 응원이 없으니 막힘이 있다. 곤궁과 액을 많이 당하나 꾀하는 일은 막히지 않는다.

■ 9월 735

언덕과 동산을 꾸미니 예물은 얇고 소박하다. 근본을 두텁게 하며 실상을 숭상하고, 농업에 힘쓰며 검소함을 숭상한다. 한가한 관직에서 초빙되나 관록은 쇠퇴한다. 귀인은 이익을 얻고 적게 성취해야 기쁘다. 진취하는 데 어려움이 있고, 노인은 수명이 불리하다.

■ 10월 712

수레바퀴 통이 벗겨졌으나 중도를 얻어 허물은 없다. 처신이 중도를 얻었으니 움직여도 좋다. 학자는 성쇠와 강약의 깊이를 알아야 한다. 관직자는 사직하게 되니 진취는 불리하다. 실물·재난·시비를 겪은 후 얻을 수 있다.

■ 11월 836

처음에는 하늘에 오르나 나중에는 뒤에 땅 속으로 들어간다. 밝지 못하고 어두워 스스로 상하고 운명한 것이다. 관직에 막힘이 많으니 내쫓길까 두렵다. 처음에는 이루나 나중에는 막히고, 노인은 수명이 없다. 하늘에 오를 징조인데 나중에는 내쫓긴다.

■ 12월 843

자주 회복하니 위태로움이 있고 의리에는 허물이 없다. 중정하지 못하고 또 움직이는 극에 있다. 벼슬자리가 평온하지 못하고 변화가 심하다. 큰 머리를 얻을 수도 있으니 명예는 가히 이룬다. 일에는 반복이 많고 의혹이 엇갈린다.

연평 171

천산돈괘 초효(天山遯卦 初爻) ䷠.

말미에 물러나 숨으니 위태로움과 어려움이 많다. 만약 전진하지 않으면 재해를 면할 수 있다. 물러나 숨으면 좋으나 나아가 행동하면 흉하다. 물러나 때를 기다려라. 경영하는 일은 막혀 어려우니 안정하면서 분수를 지켜라.

■ 정월 152
물고기가 꾸러미 속에 있으니 허물은 없다. 어찌 좋은 물건을 잘 포장해 밖에 내놓겠는가. 벼슬한 사람은 영전하나 선비는 불리하다. 금은과 비단이 모두 좋고, 수산물도 이익이 있다. 식구가 늘거나 자식이 생길 수 있다.

■ 2월 355
누런 귀에 금으로 된 솥이니 아름답다. 문명하고 중정을 얻었으니 상응이 매우 좋다. 화공의 묘한 조화로 꽃들이 일신한다. 반드시 꾀꼬리가 깊숙한 골짜기에서 나와 높은 나무로 옮겨간다. 상업이나 농업은 이롭고, 승려는 주지가 된다.

■ 3월 163
옛 덕을 누리는 것이니 위태로우나 결국은 길하다. 혹 영광스런 공직에 있더라도 성취하기 어렵다. 윗사람을 따르는 것은 좋으나 일을 주도하면 불가하다. 비록 위태로워도 옛것을 지키고 정도를 지키면 길하다. 정상을 잃지 않으면 모든 어려움이 침범하지 못한다.

■ 4월 266
칡넝쿨에 걸려 위태롭고 곤궁한데 움직이면 더 고생한다. 궁하면 변화를 생각하는데 움직이면 형통한다. 형벌·구속·정지·강등이 두렵다. 갈 바를 두면 유리하며 상업이나 여행이 길하다. 만약 근심이나 놀랄 일이 없으면 복제가 두렵다.

■ 5월 564
여러 당이 흩어지니 크게 길하고 광대하다. 강유가 서로 맞고 군신이 힘을 얻었다. 그 흩어짐을 끌어들여 능히 크게 모은다. 선비는 대중을 초월해 장원한다. 꾀하고 바라는 일은 이루어지고, 이익을 구하면 얻는다.

■ 6월　521

스스로 헤아려 보는 것이 좋은데 달리하면 편안하지 않다. 뜻은 변하지 않는 미더움 속에 있다. 관직자는 천거나 발탁되고, 선비는 끌어주는 사람을 만난다. 지조를 지켜 원만하게 이루나 편안함에 빠지면 실패한다. 기쁨 속에 근심이 있는데 사람과 재물이 손실된다.

■ 7월　765

어린아이 같으니 길하고 순하다. 순수한 미개발은 남의 말을 듣게 된다. 선비·농업·공업·상업은 모두 세력에 의지하라. 모든 것이 마음대로 되고, 꾀하는 일도 순탄해진다. 심신을 편안하게 하면 유순하며 중정해진다.

■ 8월　782

흉과 사의 세력이 더욱 커져 정도를 해치고 멸망시키니 더 흉해진다. 관직자는 퇴출과 강등을 막아야 하고 진취하기는 어렵다. 주관하는 일은 이루어지지 않으니 일찍 대책을 세워라. 아랫사람에게 침해와 능멸을 당하고, 높은 사람의 시기도 받는다.

■ 9월　866

대군이 명령을 두니 공을 바르게 한다. 국가를 열고 집안을 잇는 일에 소인은 쓰지 말라. 권세로 공을 세우고 기예로 명성을 얻는다. 집안을 일으키고 자식이 대를 잇는다. 참소나 아첨을 방지하라. 분수를 넘는 일이 생길까 두렵다.

■ 10월　853

빈 고을에 오르니 의심할 것이 없다. 나가는 데도 의심할 일이 없으니 뜻대로 한다. 관직은 승진이나 영전해 큰 군에 오른다. 선비는 명예를 얻고 경영하거나 꾀하는 일은 성사된다. 그러나 흉한 수를 만나면 모두 죽음에 이른다.

■ 11월　821

느껴 임하니 바르면 길하고, 올바른 뜻을 행한다. 그 길한 것을 고수하고 각기 일에 따른다. 기틀을 알고 상종하며 사람을 얻어 공동 구제한다. 시험에 비유하면 수석이 된다. 음양이 서로 감응하니 경영하거나 꾀하는 일이 뜻대로 된다.

■ 12월　424

누이동생 시집보낼 때 일 년을 기다려야 하는데 늦는 것도 때가 있다. 여자가 어질고 바르면 가볍게 남을 따르지 않는다. 시운이 불리하니 반드시 때를 기다려라. 관직자는 결원을 기다리고, 학교는 보궐을 기다린다. 밖에 있으면 돌아오지 못하며 혼인도 성사되지 않는다.

연평 172

천산돈괘 2효(天山遯卦 二爻) ≡≡

황소가죽으로 묶어두는 것은 뜻이 견고하기 때문이다. 궁과 통달은 이미 정해져 있으니 앞일을 말하지 말라. 관직은 언론이 유리한데 항상 본분을 지켜라. 육축이 유리하다. 그러나 흉한 운이 오면 집안에 소송이 생긴다.

■ 정월 183
지위가 부당하니 부끄럽다. 항상 졸렬한 권모술수를 부리다 선을 해친다. 인정은 쉽게 변하니 움직이면 의심을 받는다. 관직에서 물러나 쉬면서 비난을 막아라. 시비와 분쟁이 비온 뒤 죽순 솟듯한다.

■ 2월 286
위에 있으면서 편하지 못하니 눈물 콧물까지 흘리며 탄식한다. 남들이 친하려고 하지 않으니 궁색하기 그지없다. 전진은 평온하지 않고, 일마다 번거롭고 요란하다. 어른과 아이를 불문하고 근심이 따르니 안정되지 않는다. 명리도 허망하고 수명도 길지 않다.

■ 3월 584
나라의 광채를 관망하는 것이니 왕의 손님이 되면 이롭다. 성군이 위에 있으면 어진 사람은 나아가기를 원한다. 치국평천하하면 베풂이 백성에게 젖어든다. 벼슬한 사람은 내직으로 가고, 선비는 과거에 급제한다. 관광이나 외방업을 하면 반드시 큰 이익을 얻을 것이다.

■ 4월 541
크게 시작하면 이롭고, 크게 길해야 허물이 없다. 남에게 큰 이익을 주면 자연히 그 이익이 돌아온다. 그러나 모두 잘 하지 않으면 허물을 면할 수 없다. 관직자는 높이 영전하고, 진취하면 큰 우두머리가 된다. 크게 꾀하고 마음대로 된다.

■ 5월 785
모든 음이 순종하니 소인도 선해진다. 관직자는 요직에 오른다. 경영하거나 꾀하는 일에 뽑히고 인정도 화합된다. 가정이 화평하며 복이 생기고, 궁궐의 관찰이나 주지가 된다. 궁인의 총애를 받으니 이롭지 않은 것이 없다.

■ **6월 762**

어리석음을 감싸주면 길하고, 부인을 들여도 길하다. 자식이 가정을 다스리니 강유의 교접이다. 밝음으로 어둠을 받아드리니 그 선한 바를 받아들인다. 벼슬한 사람은 관직을 지키고, 선비는 사범이 된다. 인정이 화합하니 모든 일이 순조롭다.

■ **7월 886**

용이 들에서 싸우니 그 피가 검푸르고 누렇다. 둘 다 패하고 상처를 입으니 반드시 피의 재난을 본다. 화를 입고 강등·퇴출·파손할 위험이 있다. 선비는 크게 발전하나 근심과 해로움은 면하기 어렵다. 시비·분쟁·소송·파괴·실패·위험·사망 등이 따른다.

■ **8월 873**

노력하고 겸손한 군자는 만민이 복종한다. 노력하고 자랑하지 않고 공이 있으면서도 공덕이라 하지 않는다. 벼슬한 사람은 높이 옮겨가고 선비는 기회를 만난다. 경영과 꾀하는 일에 이익을 얻고 마음과 힘껏 노력한다. 높아도 위태롭지 않고 차도 넘치지 않는다.

■ **9월 841**

머지않아 회복하며 수신한다. 후회할 일이 없으니 매우 길하다. 관직이 청고하며 임금을 곁에서 돕는다. 선비는 장원하고 경영하는 일들은 이익을 본다. 개과천선하니 일마다 이롭지 않은 것이 없다.

■ **10월 444**

벼락이 진흙에 빠졌으니 빛이 나지 않는다. 강하여 험난함에 처했는데 스스로 진동할 수가 없다. 중정하지 못하니 더욱 험난해진다. 야비하며 더럽고 덕이 없으니 되는 일이 하나도 없다. 결박이나 구속되어 빛을 볼 날이 없다.

■ **11월 822**

느껴 임하고 또 길하니 이롭지 않은 것이 없다. 음양이 서로 감응하니 명을 순응하는 것은 아니다. 사를 제거하고 정도를 지키니 지위가 청고하다. 막히고 침체됨이 없다. 시기에 맞게 짐작하면 경영하거나 꾀하는 일에 이익이 있다.

■ **12월 625**

달콤한 절제요 법도이니 길하고, 나가면 가상함이 있다. 자신을 지키면서 편안하게 행하면 천하도 기꺼이 따라준다. 수원이 감미로우면 내로 흘러도 쉬지 않는다. 관직자는 영전이나 발탁되고, 선비는 상달한다. 꾀하거나 바라는 일은 이루어지고, 행하는 일은 가상함이 있다.

연평 173

천산돈괘 3효(天山遯卦 三爻) ䷠

일에 매여 숨지 못하니 병이 되고 위태로움이 있다. 공을 바라지만 펴지 못하니 큰 일은 성사되지 않는다. 질병에 걸리지 않으면 놀람과 위험이 있다. 식구가 늘고 아내를 얻을 운이다. 길흉이 상반하는 운이다.

■ 정월 574
기러기가 나무로 날아가니 처한 곳이 편하지 않다. 순하게 윗사람을 섬기면 높아도 위태롭지 않다. 강폭함을 막기 어렵고, 옮겨다니는 것도 정처가 없다. 가을(지방) 시험은 가망이 있는데 과거도 될 수 있다. 집수리나 성조도 이롭고, 놀람과 근심도 사라진다.

■ 2월 531
있는 집에서 방어하면 자연히 후회할 일은 없다. 인정이 방탕하면 반드시 후회할 일이 생긴다. 관직은 한직이며 작은 시험이 유리하다. 꾀하는 일은 이루어지며 혼인할 상이다. 승려는 주지가 되고, 늙은이는 수명이 불리하다.

■ 4월 775
말에 순서가 있으면 후회는 없으리라. 언행을 조심하라. 말을 그치면 허물도 작아진다. 언론직이 좋은데 큰 책임을 맡는다. 한 말로 주인과 맞으니 언론 시험에서 명예를 이룬다.

■ 4월 752
어머니의 일을 주관할 때는 꼼꼼하게 하지 말라. 바르면 애정을 잃고 부정하면 의리를 잃는다. 성의와 충성을 다하되 중도를 지켜라. 지난 일을 주관할 때 분별할 줄 알면 녹과 지위도 온건하다. 옛것을 고쳐 갱신하니 더 고칠 곳이 없다.

■ 5월 876
지나치게 겸손할 때는 강한 무용으로 다스려라. 벼슬길에 오르나 변방으로 나가고, 선비는 작은 시험이 좋다. 투쟁이나 소송은 변명하지 않아도 자명해진다. 마음과 뜻이 깨끗하면 손실을 면할 수 있다. 한번 사심이 터지면 밝음을 등지고 어둠으로 향한다.

■ 6월 883

아름다움을 함축하고 가히 바르며 시기에 맞게 편다. 만일 왕사를 따르면 성취함은 없어도 유종의 미는 있다. 승진이나 영전할 기회가 있고 앞으로 나아갈 날이 온다. 꾀와 계략이 심원하니 경영에 수확이 있다. 여자가 이를 얻으면 덕이 있는 부인이 될 것이다.

■ 7월 831

위로 나아가는 것이 상했으니 기미를 보아 먼저 피하라. 가면 말이 있으니 어찌 좇히 괴이하랴. 관직은 정지되거나 강등되니 물러나 쉬는 상이다. 나르려다 날개 드리우니 발전하기 어렵다. 해가 흉년을 만났으니 재물과 곡식이 풍부하지 못하다.

■ 8월 434

차양이 많아 대낮에도 두성을 본다. 있는 자리가 부당하니 밝지 못하다. 어둡고 유약하니 풍성하게 이루지 못한다. 어진 부하와 같은 덕을 서로 돕는다. 내부를 버리고 외부를 따르니 배를 타는 것이 불가하다.

■ 9월 812

넓음도 포장하고 하수도 능멸하며 먼 곳을 잃지 않는다. 벗을 잃으면 광대하고 중도의 행실에 부합된다. 변방이나 강호를 지킨다. 앞으로 나아가 명예를 이루고, 경영하거나 꾀하는 일에 수확이 있다. 반드시 존귀한 분을 만나나 운이 흉하면 상해가 따른다.

■ 10월 615

주식에서 기다리니 편안하게 때를 기다린다. 도로 극진히 행하면 반드시 소득이 있을 것이다. 임금의 잔치에서 음식을 먹고 식읍을 받을 영화가 있다. 반드시 독식과 재물이 있고, 혼인할 운이다. 잔치 음식을 베푸는 경사가 있다.

■ 11월 823

달콤함으로 친히 임하고 지위가 부당하다. 이미 근심이 있으며 어물이 길지 못할 것이다. 세력과 지위를 빙자하면 무슨 이익이 있겠는가. 아첨의 실책이 있고, 만약 슬픈 수심이 없으면 원한과 고생이 따를 염려가 있다.

■ 12월 726

덜지도 않고 유익하니 큰 뜻을 이룬다. 신하를 많이 얻는데 원근이 모두 복종한다. 혜택을 주고 소비하지 않으면 그 혜택이 넓어진다. 백성은 한마음이 되고 임금의 총애도 견고하다. 선비도 뜻을 얻어 출입이 더욱 유리해진다.

연평 174

천산돈괘 4효(天山遯卦 四爻) ䷠

군자는 좋게 물러설 수 있으나 소인은 어렵다. 작은 것은 버리고 높은 것을 꾀하면 욕을 당하며 위태로워진다. 시운이 불리하니 휴직하고 몸을 피하라. 여자의 도움을 받다가 오히려 화근이 된다. 사를 버리고 공사를 받들면 재난은 면할 수 있다.

■ 정월 375
활을 당겨 꿩을 쏘면 백발백중이다. 상하로 친하니 길을 떠나면 매우 좋다. 움직여도 실책이 없으니 평이 좋고 복록이 있다. 존귀한 수상과 가까이 하여 영화를 누린다. 영화와 경사가 따를 운으로 살아가는 데 걱정이 없다.

■ 2월 352
솥이 차 있으니 갈 곳을 조심하라. 도를 지키지 않으면 의리가 상한다. 정도와 공평을 받들고 참소와 간신을 조심하라. 이익과 수확이 있으나 외부의 잡음을 조심하라. 아랫사람이 침범하거나 작은 병에 걸릴 수 있다.

■ 3월 476
이미 극에 차 만나지 않고 지나간다. 이치를 어기고 정상을 지나니 신속하기가 나는 것과 같다. 천재와 인재를 모두 당한다. 분수를 넘으면 재난이 생기는데 의외의 재앙도 있다. 복제의 수인데 천명을 벗어나기 어렵다.

■ 4월 483
쳐다보면서 즐거워하다 후회하고, 더뎌도 후회한다. 처신이 부정하면 진퇴에 후회만 있다. 구하고 바라는 일은 되지 않으니 빨리 고쳐라. 우유부단하면 후회와 과실을 막기 어렵다. 잠시 전진하고 잠시 후퇴하니 시비가 한결같지 않다.

■ 5월 431
짝이 되는 주인을 만나 마음이 같으면 허물이 없다. 나가면 가상하나 열흘이 지나면 재앙이 생긴다. 반드시 밝은 군주를 만나 명예를 이룬다. 귀인과 교류하며 꾀하는 일을 이룬다. 그러나 너무 큰 일을 시작하면 반드시 재앙이 된다.

■ 6월 834

왼쪽 배로 들어가 마음과 뜻을 얻는다. 간사함에 마음을 뺏긴 후에야 밖으로 행한다. 어두운 땅이 얕으니 어두웠던 자라도 나오게 된다. 밖에 나가 경영을 꾀하고, 부인은 아들을 낳는다. 한가한 관직도 일을 맡으나 뜻은 멀어진다.

■ 7월 412

견고하고 바르게 중도를 행하면 길하다. 중정을 잃지 않으면 충분히 길하다. 깨끗하고 높은 지위에 올라 명예를 얻는다. 하는 일마다 뜻대로 된다. 마음은 사심과 치우침이 없고, 하는 일은 지나침이 없다.

■ 8월 215

비린 잎도 과감하게 처결하듯 중도를 행하면 허물이 없다. 중도를 얻지 못하면 광대하지 못하다. 간신의 침해가 있으나 조금은 발전한다. 오래 막히다 한관으로 복직된다. 소송은 펴지며 병도 치유되고, 경영하거나 꾀하는 일은 뜻대로 된다.

■ 9월 423

누이동생 시집보낼 때를 기다리니 천한 여성임을 알겠다. 사람들은 덕이 없는 여인을 취하지 않는다. 벼슬한 사람은 귀양이나 강등이 두렵고, 선비는 때를 기다려라. 고생하나 진퇴를 근심한다. 아내를 내보낼 운인데 혹 총애하는 종을 들이기도 한다.

■ 10월 326

거슬리며 어그러져 합하기 어려우니 외롭다. 돼지 진흙과 귀신 한 차 싣는 것을 본다. 모든 의심이 사라지니 원수가 아니라 결혼이다. 의심하며 염려했는데 결정한 뒤에 보니 좋은 소식이다. 어려움과 속임을 당하기 쉽고, 처음에는 손해를 보나 나중에는 좋다.

■ 11월 824

지극한 도가 임하니 허물이 없고 지위도 당연하다. 임하는 도는 가까운 것을 숭상하니 동료들 덕으로 아름다운 혜택을 입는다. 인정이 화합하니 경영하는 일은 모두 순탄하나 모든 일은 먼저 살핀 뒤 시작하라.

■ 12월 861

출사할 때 율법을 어기면 흉하다. 신하가 도리를 다하면 임금의 총애도 날로 깊어진다. 문장과 의리로 합하니 공명을 이루고, 경영하는 일은 법도를 지키니 재물은 날로 늘어난다. 경솔하면 재앙을 당하는데 운이 흉하면 매우 험상궂다.

연평 175

천산돈괘 5효(天山遯卦 五爻) ䷠

물러나 숨는 것이 좋은데 바르고 견실하면 길하다. 뜻에 사나 흐트러짐이 없으니 움직이고 쉬는 데 어김이 없다. 꽃 선경에 피고 꽃방석에 불을 끈다. 등용되거나 영전할 운으로 반드시 좋은 기회가 온다. 몸은 존귀한 사람과 가까이 하며 경사가 생길 수 있다.

■ **정월 276**

광대뼈와 혀로 감동시키니 구설만 생긴다. 말이 많으면 욕을 부르고, 도모한 일도 분명하지 않다. 항상 노력하나 마음과 힘만 쓸 뿐이다. 유세하는 업이나 평론가가 되어라. 구설이 분분하니 먼저 훼방을 조심하라.

■ **2월 283**

모두 슬퍼하니 이로울 것이 없다. 나아가면 허물이 없으나 다소 부끄러운 일이 생긴다. 처음에는 가까운 곳에서 구하다 무리해 먼 곳과 결탁한다. 관직자는 외방으로 나가게 되는데 발전하기 어렵다. 집에 있어도 편안하지 못하고, 육친이 손상된다.

■ **3월 231**

견고한 황소가죽을 써라. 개혁은 불가하다. 초기에 움직이니 어찌 자세하며 신중하겠는가. 마음을 잘 지키면서 가볍게 고치려고 하지 말라. 망동하면 과실을 면하기 어렵다. 벼슬한 사람은 자리를 지키면서 나올 생각을 하지 말라.

■ **4월 634**

헤진 옷에 물이 스며드니 종일 경계해야 한다. 의심과 경계를 게을리 하지 말라. 벼슬한 사람은 예방하면서 자신의 소질을 길러라. 생활에 예비가 있으면 놀라거나 전복이 있을 수 없다. 배를 타면 물이 스며들 위험이 있다.

■ **5월 212**

안으로는 근심과 두려움을 품고 밖으로는 엄숙히 경계하라. 어두운 밤에 무력을 만나더라도 구원을 요청하지 말라. 졸연히 화를 막으면 재앙을 면할 수 있다. 무관이 유리하니 무관으로 진출하라. 만약 도적이 아니면 놀라거나 위험한 일이 많다.

■ 6월 415

겉은 부드러우나 속은 강하니 건장함을 쓰지 않는다. 바르고 안정되게 지키면 좋으나 망동하면 재앙이 생긴다. 거칠어진 정치로 파직·연금명예 상실이 따르며 성공하지 못한다. 좋은 계책은 펼 수 없으니 이로운 것이 하나도 없다. 만일 병자이면 몸을 잃을 수 있다.

■ 7월 223

나아가 즐거움을 구하니 그 흉함을 알겠다. 이미 도덕을 잃었으니 남들이 호응해 주지 않는다. 생각은 많으나 어려움만 따른다. 교묘하고 구차하게 합하면 의외의 화근이 생기거나 도를 잃고 망신한다.

■ 8월 126

일이 되어가는 것을 보고 길흉을 살펴라. 법에 맞게 주선하면 큰 경사가 있고, 개과천선하면 점점 형통한다. 고시를 치루면 반드시 장원한다. 재물과 비단에는 흠이 없으나 아버지 상을 당할까 두렵다.

■ 9월 624

절제하면 형통하고, 위의 도를 계승한다. 절제하며 법을 따른다. 왕도의 현장을 따르니 충분히 명예를 이룬다. 공을 받들고 어른을 받드니 복을 받는다. 만일 여자이면 안인이나 절부다.

■ 10월 661

겹겹의 험난에 빠져 도를 잃어버리면 흉하다. 재주가 약하고 응원이 없으니 회복하기 어렵다. 내쫓길 운이요 강등의 욕을 당한다. 험난한 곳으로 빠져들어가니 인명이 위태롭다. 그러나 승려나 숨은 도인은 화를 면할 수 있다.

■ 11월 825

대군이 지혜로 임하고, 중도에 행하니 여러 가지가 길하다. 성군은 총명하며 예지력이 있어야 한다. 벼슬한 사람은 초월적이 되고, 선비는 등용된다. 꾀하는 일은 순탄하니 이롭지 않은 것이 없다.

■ 12월 842

아름다운 회복이니 길하며 인(仁)에 내린다. 인을 얻고 인과 친하니 선이 되어 자연히 이익도 생긴다. 내쫓긴 사람도 복직되고 정지나 강등도 풀린다. 위태롭던 사람도 편안해지고 병자도 쾌유된다. 형통하며 부호가 되니 재물과 이익을 얻는다.

연평 176

천산돈괘 상효(天山遯卦 上爻) ䷠

살찐 물러남이요 숨은 것이니 이롭지 않은 것이 없다. 사물에 막힘이 없어 초연하며 여유가 있으니 무슨 일이든 이루어지지 않겠는가. 관로가 편안하지 못하니 때를 기다려라. 경영하거나 꾀하는 일은 이롭고, 가정과 사업은 풍성해진다.

■ 정월 131
마음에 부끄러움이 없으니 자연히 내외가 화평하다. 남들과 마음이 통하니 무슨 허물이 있겠는가. 원한과 허물은 모두 사라지며 모든 가정에는 기쁨이 있다. 영전할 운이요 등용할 상이다. 동지와 협심하며 성조와 문을 수리한다.

■ 2월 534
가정이 부자니 대길하고 순함으로 지위에 있다. 아내가 가정을 부양하니 내직이 모두 좋아진다. 일은 순순히 하며 반드시 정도로 한다. 초월해 영전하고, 시험에 들어 상을 받는다. 꾀하는 일에 이익이 있고, 고독한 과부는 친한 사람을 만난다.

■ 3월 112
용이 밭에 나타나니 대인을 보는 것이 이롭다. 말은 신용있게 하고 행실은 조심해라. 몸은 직위에서 초월하니 경사가 무쌍하다. 식구가 늘고 전답이 생기며 재물이 마르지 않는다. 귀인을 만나 모든 것이 뜻대로 된다.

■ 4월 315
미더움으로 사귀며 신의로 뜻을 편다. 강유를 겸전하니 즐거워하지 않는 백성이 없다. 일에는 선후가 있으니 기회를 보아 나아가라. 시기를 살펴 움직이면 모든 일이 새롭게 된다. 그러나 경솔하며 거만하면 화를 당할 것이다.

■ 5월 123
애꾸눈으로 보며 절름발이로 걷는다. 호랑이 꼬리를 밟았으니 매우 흉하다. 하는 일이 바르지 못하니 반드시 상해가 따른다. 시비가 불리하니 감옥이나 송사가 따른다. 만약 깊이 살피지 않으면 자신과 가정이 망할 수 있다.

■ 6월 226

이끌려 즐거워하니 크게 빛나지 못한다. 함부로 교묘하게 기쁨을 찾으니 이르지 않는 곳이 없다. 시절이 오지 않으니 심사만 산란하다. 좋은 광채도 먼지 속에 있으니 경영하고 꾀하는 일이 잘 되지 않는다. 위로 가도 광채가 없으니 혹 더러운 데 오염될 수 있다.

■ 7월 524

거의 보름이 된 달이다. 말도 짝을 잃었다. 같은 무리를 끊고 위를 따르면 허물이 없다. 벼슬한 사람은 높아지고, 선비는 월계관을 쓴다. 귀인을 만나며 윗사람의 덕을 본다. 그러나 배우자나 말을 잃을 수 있다.

■ 8월 561

구제하는데 건장한 말을 쓰니 길하다. 굳세고 중정한데 친히 사귀며 서로 구한다. 빨리 영전하며 선비는 비등해진다. 귀인과 교류하거나 천거를 받아 꾀하는 것을 모두 이룬다. 흐트러짐도 초기에 구하면 힘을 들이지 않아도 된다.

■ 9월 725

유익한데 복은 위에서 내린다. 열 쌍의 거북으로도 어길 수가 없다. 꾀하는 일은 하늘의 뜻과 부합하니 매우 선하다. 직위가 좋아 임금 곁에 있고, 선비는 장원한다. 하늘의 재물이 많이 생기니 이롭지 않은 것이 없다.

■ 10월 742

양유을 얻지 못해 망령되게 윗사람에게 찾는다. 나아가면 그 무리를 잃게 된다. 벼슬한 사람은 귀양을 조심하고, 선비는 욕을 조심하라. 하는 일은 진퇴와 시비가 일정하지 않다. 병이 많으니 흉한 운을 만나면 죽을 수도 있다.

■ 11월 826

두텁게 임하니 길하며 뜻은 안에 있다. 존귀하면서도 비천함과 호응하고, 높으면서도 아랫사람을 따른다. 가르치며 생각하기, 포용과 보호를 무궁히 한다. 벼슬한 사람은 내직이며 국립대학에 간다. 원근에서 취하는 일은 이롭지 않은 것이 없다.

■ 12월 813

평평하며 언덕 아닌 것이 없고, 가면 돌아오지 않는 것이 없다. 천지의 교제이니 어려우나 바르면 허물이 없다. 통태함이 다하면 비색이 오는 것은 하늘의 뜻이다. 책임을 이겨내고 질투와 간신을 조심하라. 두려워하면서 조심하면 편안하다.

연평 181

천지비괘 초효(天地否卦 初爻) ☰☷.

서로 끌어들이면서 인도하니 음양이 기뻐한다. 앞길이 비색한데 다른 사람과 공동으로 구제한다. 조용히 지키면 좋으나 지나치게 도모하면 재난을 당한다. 기회를 만나기 어려우나 기다리는 것이 좋다. 소언과 관련된 일을 막으면 길하다.

■ 정월 162
송사를 이기지 못하고 도망친다. 아래에서 윗사람과 소송하니 환란이 쉽게 풀린다. 옛것을 지키면서 안정하면 훼방과 욕을 당하지 않는다. 식구가 안녕하며 풍진이 침노하지 않는다. 운이 불리하면 유리됨을 면할 수 없다.

■ 2월 365
바르면 후회할 일이 없고 군자는 빛이 난다. 군자는 진실하고 허황됨이 없어야 한다. 지극히 바르고 선하니 부족함이 있을 수 없다. 벼슬한 사람은 큰 자리에 선임되고, 선비는 문장이 빛난다. 경영하거나 꾀하는 일은 빛을 보고, 금은과 재백이 쌓인다.

■ 3월 153
엉덩이와 볼기에 살이 없으니 움직이는 것이 저주다. 사사로이 만나는 것을 조심하라. 함부로 행동하면 재난이 따른다. 퇴직이나 귀양을 갈 운이나 선비는 유리하다. 보통 사람은 재난과 매를 맞을까 두렵다. 하는 일이 어렵고, 허리와 발에 병이 침범한다.

■ 4월 256
물을 건너다 이마까지 잠겨 흉하나 허물은 없다. 사세가 급박하면 목숨도 던지고 좋은 일을 한다. 험난한데 미친듯이 날뛰면 재앙만 따른다. 머리는 병들며 이마는 쭈그러들고, 물에 빠질까 두렵다. 선비는 앞으로 나아가면 괴수가 될 수도 있다.

■ 5월 554
손순하여 후회할 일이 없고, 사냥하여 3품(제기·고기·손님)을 얻는다. 사냥하여 모든 해로움을 제거하고 반드시 수확을 많이 거둔다. 일으킨 일이 크고 풍성해 공도 있고 왕성하다. 능히 강함을 이겨 무공을 이어간다. 공과 명예를 이루고, 이익과 복도 받는다.

■ 6월 511

도를 지켜 회복하니 어찌 허물이 되겠는가. 강건한 재주는 위에 동지가 있다. 한직에서 벗어나며 집을 나간 사람도 돌아온다. 보통 사람은 사업을 극복하고 안정한다. 그러나 운이 불길하면 진퇴의 뜻이 의심스럽다.

■ 7월 755

아들은 효도하고 신하는 충성하니 지난 허물도 잘 이겨낸다. 터전은 닦지 못해도 옛 사업을 계승할 수 있다. 지위는 높이 올라가고, 명예는 멀리 퍼진다. 선비는 등용이나 천거되어 이름을 날린다. 별도의 규모를 세우고 식구가 늘어난다.

■ 8월 772

장딴지에 그쳐 있으니 마음이 불쾌하다. 마음이 움직이면 몸도 따라 움직인다. 위태롭고 전복됨을 붙잡을 능력이 없고, 선비는 기회조차 없다. 구하고 꾀하는 일은 이루기 어렵고, 노력해도 고생일 뿐이다. 말의 병이 있거나 가정에 근심이 있을 운이다.

■ 9월 856

오르는 일이 어둡고 위에 있으니 부자가 되지 못할 것이다. 스스로 다스리는 데 조심하고 감히 성하고 넘치게 하지 말라. 관직자는 휴직되니 자신을 반성하고 덕을 쌓으라. 탐하고 얻는 것을 멀리하지 않으면 반드시 화가 된다. 만일 수가 불리하면 유명을 달리한다.

■ 10월 863

군사를 죽게 하니 큰 공이 없다. 분수가 아닌 것을 범하면 반드시 실패한다. 직위를 받고 결원을 기다리나 선비는 공이 없다. 기쁨과 슬픔이 많으니 혹 수하의 복을 받는다. 운명과 상합되면 반드시 빈 고을에 오른다.

■ 11월 811

군자는 진출하면 벗들과 함께한다. 군자가 지위를 얻으면 어진 사람들이 조정으로 모인다. 동지가 협력하여 통태함을 이룬다. 같은 도학으로 덕을 숭상하니 비등하는 날이 있다. 동지와 함께 꾀하니 재물과 이익이 날로 늘어난다.

■ 12월 414

올바르면 후회할 일이 없고, 큰 차 바퀴통도 건장하다. 한격도 이미 열려 있으니 다시 곤궁해지지 않는다. 재앙이 사라지고 복이 따르니 진취할 수 있다. 시험을 보면 높이 장원하며 길도 넓게 뚫린다. 오래 조용하면 반드시 몽하고, 몽하면 길하다.

연평 182

천지비괘 2효(天地否卦 二爻) ☰☷·

포용하고 받들면서 순순히 따라라. 소인은 길하나 대인은 비색하다. 부끄러움과 수치를 참으면 자신을 지킬 것이다. 시비와 좋고 나쁨을 분명히 하라. 그렇지 않으면 재해를 벗어나기 어렵다.

▪ 정월 173
일에 매여 숨지 못하니 병이 되고 위태로움이 있다. 공을 바라지만 펴지 못하니 큰 일은 성사되지 않는다. 질병에 걸리지 않으면 놀람과 위험이 있다. 식구가 늘고 아내를 얻을 운이다. 길흉이 상반하는 운이다.

▪ 2월 276
광대뼈와 혀로 감동시키니 구설만 생긴다. 말이 많으면 욕을 부르고, 도모한 일도 분명하지 않다. 항상 노력하나 마음과 힘만 쓸 뿐이다. 유세하는 업이나 평론가가 되어라. 구설이 분분하니 먼저 훼방을 조심하라.

▪ 3월 574
기러기가 나무로 날아가니 처한 곳이 편하지 않다. 순하게 윗사람을 섬기면 높아도 위태롭지 않다. 강폭함을 막기 어렵고, 옮겨다니는 것도 정처가 없다. 가을(지방) 시험은 가망이 있는데 과거도 될 수 있다. 집수리나 성조도 이롭고, 놀람과 근심도 사라진다.

▪ 4월 531
있는 집에서 방어하면 자연히 후회할 일은 없다. 인정이 방탕하면 반드시 후회할 일이 생긴다. 관직은 한직이며 작은 시험이 유리하다. 꾀하는 일은 이루어지며 혼인할 상이다. 승려는 주지가 되고, 늙은이는 수명이 불리하다.

▪ 5월 775
말에 순서가 있으면 후회는 없으리라. 언행을 조심하라. 말을 그치면 허물도 작아진다. 언론직이 좋은데 큰 책임을 맡는다. 한 말로 주인과 맞으니 언론 시험에서 명예를 이룬다.

■ 6월 752

어머니의 일을 주관할 때는 꼼꼼하게 하지 말라. 바르면 애정을 잃고 부정하면 의리를 잃는다. 성의와 충성을 다하되 중도를 지켜라. 지난 일을 주관할 때 분별할 줄 알면 녹과 지위도 온건하다. 옛것을 고쳐 갱신하니 더 고칠 곳이 없다.

■ 7월 876

지나치게 겸손할 때는 강한 무용으로 다스려라. 벼슬길에 오르나 변방으로 나가고, 선비는 작은 시험이 좋다. 투쟁이나 소송은 변명하지 않아도 자명해진다. 마음과 뜻이 깨끗하면 손실을 면할 수 있다. 한번 사심이 터지면 밝음을 등지고 어둠으로 향한다.

■ 8월 883

아름다움을 함축하고 가히 바르며 시기에 맞게 편다. 만일 왕사를 따르면 성취함은 없어도 유종의 미는 있다. 승진이나 영전할 기회가 있고 앞으로 나아갈 날이 온다. 꾀와 계략이 심원하니 경영에 수확이 있다. 여자가 이를 얻으면 덕이 있는 부인이 될 것이다.

■ 9월 831

위로 나아가는 것이 상했으니 기미를 보아 먼저 피하라. 가면 말이 있으니 어찌 좇히 괴이하랴. 관직은 정지되거나 강등되니 물러나 쉬는 상이다. 나르려다 날개 드리우니 발전하기 어렵다. 해가 흉년을 만났으니 재물과 곡식이 풍부하지 못하다.

■ 10월 434

차양이 많아 대낮에도 두성을 본다. 있는 자리가 부당하니 밝지 못하다. 어둡고 유약하니 풍성하게 이루지 못한다. 어진 부하와 같은 덕을 서로 돕는다. 내부를 버리고 외부를 따르니 배를 타는 것이 불가하다.

■ 11월 812

넓음도 포장하고 하수도 능멸하며 먼 곳을 잃지 않는다. 벗을 잃으면 광대하고 중도의 행실에 부합된다. 변방이나 강호를 지킨다. 앞으로 나아가 명예를 이루고, 경영하거나 꾀하는 일에 수확이 있다. 반드시 존귀한 분을 만나나 운이 흉하면 상해가 따른다.

■ 12월 615

주식에서 기다리니 편안하게 때를 기다린다. 도로 극진히 행하면 반드시 소득이 있을 것이다. 임금의 잔치에서 음식을 먹고 식읍을 받을 영화가 있다. 반드시 독식과 재물이 있고, 혼인할 운이다. 잔치 음식을 베푸는 경사가 있다.

연평 183

천지비괘 3효(天地否卦 三爻) ䷋

지위가 부당하니 부끄럽다. 항상 졸렬한 권모술수를 부리다 선을 해친다. 인정은 쉽게 변하니 움직이면 의심을 받는다. 관직에서 물러나 쉬면서 비난을 막아라. 시비와 분쟁이 비온 뒤 죽순 솟듯한다.

■ 정월 584
나라의 광채를 관망하는 것이니 왕의 손님이 되면 이롭다. 성군이 위에 있으면 어진 사람은 나아가기를 원한다. 치국평천하하면 베풂이 백성에게 젖어든다. 벼슬한 사람은 내직으로 가고, 선비는 과거에 급제한다. 관광이나 외방업을 하면 반드시 큰 이익을 얻을 것이다.

■ 2월 541
크게 시작하면 이롭고, 크게 길해야 허물이 없다. 남에게 큰 이익을 주면 자연히 그 이익이 돌아온다. 그러나 모두 잘 하지 않으면 허물을 면할 수 없다. 관직자는 높이 영전하고, 진취하면 큰 우두머리가 된다. 크게 꾀하고 마음대로 된다.

■ 3월 785
모든 음이 순종하니 소인도 선해진다. 관직자는 요직에 오른다. 경영하거나 꾀하는 일에 뽑히고 인정도 화합된다. 가정이 화평하며 복이 생기고, 궁궐의 관찰이나 주지가 된다. 궁인의 총애를 받으니 이롭지 않은 것이 없다.

■ 4월 762
어리석음을 감싸주면 길하고, 부인을 들여도 길하다. 자식이 가정을 다스리니 강유의 교접이다. 밝음으로 어둠을 받아드리니 그 선한 바를 받아들인다. 벼슬한 사람은 관직을 지키고, 선비는 사범이 된다. 인정이 화합하니 모든 일이 순조롭다.

■ 5월 886
용이 들에서 싸우니 그 피가 검푸르고 누렇다. 둘 다 패하고 상처를 입으니 반드시 피의 재난을 본다. 화를 입고 강등·퇴출·파손할 위험이 있다. 선비는 크게 발전하나 근심과 해로움은 면하기 어렵다. 시비·분쟁·소송·파괴·실패·위험·사망 등이 따른다.

■ 6월 873

노력하고 겸손한 군자는 만민이 복종한다. 노력하고 자랑하지 않고 공이 있으면서도 공덕이라 하지 않는다. 벼슬한 사람은 높이 옮겨가고 선비는 기회를 만난다. 경영과 꾀하는 일에 이익을 얻고 마음과 힘껏 노력한다. 높아도 위태롭지 않고 차도 넘치지 않는다.

■ 7월 841

머지않아 회복하며 수신한다. 후회할 일이 없으니 매우 길하다. 관직이 청고하며 임금을 곁에서 돕는다. 선비는 장원하고 경영하는 일들은 이익을 본다. 개과천선하니 일마다 이롭지 않은 것이 없다.

■ 8월 444

벼락이 진흙에 빠졌으니 빛이 나지 않는다. 강하여 험난함에 처했는데 스스로 진동할 수가 없다. 중정하지 못하니 더욱 험난해진다. 야비하며 더럽고 덕이 없으니 되는 일이 하나도 없다. 결박이나 구속되어 빛을 볼 날이 없다.

■ 9월 822

느껴 임하고 또 길하니 이롭지 않은 것이 없다. 음양이 서로 감응하니 명을 순응하는 것은 아니다. 사를 제거하고 정도를 지키니 지위가 청고하다. 막히고 침체됨이 없다. 시기에 맞게 짐작하면 경영하거나 꾀하는 일에 이익이 있다.

■ 10월 625

달콤한 절제요 법도이니 길하고, 나가면 가상함이 있다. 자신을 지키면서 편안하게 행하면 천하도 기꺼이 따라준다. 수원이 감미로우면 내로 흘러도 쉬지 않는다. 관직자는 영전이나 발탁되고, 선비는 상달한다. 꾀하거나 바라는 일은 이루어지고, 행하는 일은 가상함이 있다.

■ 11월 813

평평하며 언덕 아닌 것이 없고, 가고 돌아오지 않는 것이 없다. 천지의 교제이니 어렵고 바르면 허물이 없다. 통태함 다하면 비색이 오는 것은 천리의 필연이다. 어려움으로 그 책임을 이겨내고 질투와 간신을 막아라. 두려워하고 스스로 조심하며 근후하면 편안하다.

■ 12월 716

하늘의 거리니 형통하며 큰 도를 행한다. 어진 사람이 뜻을 얻었으니 어진 길도 대통하게 된다. 예절·풍류·법에 어김이 없다. 꾀하는 일은 모두 이로우니 하늘과 거리에서 좋다. 천거하여 하늘에 오르고 진취하여 명예를 이룬다.

연평 184

천지비괘 4효(天地否卦 四爻)

명에 순종하면 무슨 과오가 있으리. 때를 만나 도를 행하니 친구에게까지 복이 미친다. 다른 사람의 천거로 명예가 날로 드러난다. 전답과 사업도 날로 늘어나며 좋은 일이 많아진다. 은혜가 자손에게까지 미치고 복도 심원해진다.

■ 정월 385
후회가 사라지는 곳에서 잃고 얻는 것을 근심하지 말라. 나가면 경사가 있으니 이롭지 않은 곳이 없다. 성의와 충성을 다하니 뜻이 천하에 통한다. 영천이나 발탁되는 기쁨이 있고, 앞으로 나아가 명예를 이룬다. 경영하거나 꾀하는 일이 이로우니 어찌 파란을 염려하랴.

■ 2월 362
수레바퀴를 끌면 견실하고 바르게 되어 길하다. 어려운 임금의 도에 힘입을 곳은 재주있는 신하다. 어려운 직분을 잘 이겨내면 총애와 신임이 전일하다. 전진이 불리하니 안정하고 분수를 지켜라. 꾀하고 바라는 일은 가하나 망령되게 행동하면 곤궁해진다.

■ 3월 486
즐거움에 어두워 성취하기는 하나 변하면 허물이 없다. 끝없는 욕망을 따르면 죽는다. 탐관오리가 되어 귀양가기 쉽고 어두워 차질이나 잘못이 있다. 교만하면 분쟁·소송·재난이 따르나 개과천선하면 허물을 면할 수 있다.

■ 4월 473
예방하지 않으면 재난을 면하기 어렵다. 음모와 간신의 해가 있고 정지와 강등의 우려가 있다. 여러 음은 해롭게 구는데 자신의 강함만 믿고 있다. 작은 물건이라도 조심할 줄 알면 큰 해는 없다.

■ 5월 441
벼락이 오니 눈이 휘둥그레지고 두려워하여 복이 있다. 웃음꽃이 피니 뒤에 법도가 있다. 편히 쉬지 않으면 결국은 안녕해진다. 먼저 놀라고 기뻐하니 한번 울리면 사람도 놀랜다. 많이 놀라는 경우가 있으나 뒤에는 기쁨이 있다.

■ 6월 844

도를 따르면 중간에 홀로 회복할 수 있다. 대중과 함께 행해도 혼자 선을 따른다. 인과 의를 바르게 하면서 이익은 꾀하지 않는다. 관직은 복직되고, 선비는 명예가 드러난다. 도를 따라 행하면 이익과 복을 받는다.

■ 7월 422

여자는 어진데 배우자가 어리석으니 내조를 해도 이루기 어렵다. 조용히 정도를 기르며 자신을 선하게 만든다. 하나는 어둡고 하나는 밝으니 어찌 둘 다 성취하랴. 직위가 바뀌기 어렵고, 기회를 만나기도 어렵다. 옛것을 지키면서 안정하면 재난과 해는 생기지 않는다.

■ 8월 225

나쁨을 제거할 수 있으나 한 번은 위태로워진다. 가선과 실선을 구분하지 못하면 위태롭고, 아첨과 가까워지면 흉하다. 벼슬길에는 아첨과 간신이 따르는데 선비는 탈락한다. 모르는 사가 발동해 비밀스러운 화락을 꾀한다.

■ 9월 413

소인은 건장함을 쓰나 군자는 쓰지 않는다. 숫양이 울타리를 받으나 그 뿔만 곤궁해진다. 재앙이 되는 일에 많이 얽혀 발전하기 어렵다. 관재와 소송에 연루되고, 효복을 입을 수 있다. 망령되게 행동하면 곤궁해지며 사람과 재물도 불리하다.

■ 10월 316

하늘이 도와주니 이롭지 않은 것이 없다. 신의와 순리를 지키며 어진 사람을 숭상한다. 가득 차면 잃을 수 있으니 겸손하라. 벼슬한 사람은 직위가 좋아지고, 선비는 명예를 이룬다. 윗사람의 비호로 복과 경사를 누린다.

■ 11월 814

겸허한데 부자가 되지 않으니 성의가 상합한다. 중도를 지키고 뜻이 같으면 소원도 이룬다. 관직자는 물러나게 되며 꾀하는 일은 이루기 어렵다. 경영하거나 꾀하는 일은 이익이 없고, 잡음과 훼방이 따른다. 멈추면 재앙이 사라지고, 운이 좋으면 멀리 유람한다.

■ 12월 851

진실로 오르니 대길하며 위와 뜻이 맞는다. 땅의 기운이 불어나 신의가 오르니 반드시 이루어진다. 강하며 중정을 따르니 어진 사람도 함께 나아간다. 벼슬한 사람은 영전하고, 선비는 높이 천거된다. 경영하거나 꾀하는 일은 마음대로 되니 점입가경이다.

천지비괘 5효(天地否卦 五爻) ䷋

편안할 때 위태로움을 염려하고, 있을 때 망실을 생각한다. 재난은 가고 새 복이 온다. 원수와 시기하는 자는 가고 명리도 이룬다. 전답과 잠업이 유리하며 창고에 가득 차게 된다. 깊이 생각하고 염려해 환란의 실마리를 막아라.

■ 정월 286
위에 있으면서 편하지 못하니 눈물 콧물까지 흘리며 탄식한다. 남들이 친하려고 하지 않으니 궁색하기 그지없다. 전진은 평온하지 않고, 일마다 번거롭고 요란하다. 어른과 아이를 불문하고 근심이 따르니 안정되지 않는다. 명리도 허망하고 수명도 길지 않다.

■ 2월 273
다리에 감응이 있으나 처하지 못한다. 스스로 하지 못하고 남을 따른다. 조용히 있는 것이 좋은데 움직이니 심히 부끄럽다. 모든 일에 부끄러움이 많으며 여자의 결혼만 유리하다. 간여한 일들은 보통을 벗어나기 어렵다.

■ 3월 241
마음을 바꿔 정도를 따르면 길하다. 교제가 공정하면 당연히 공이 있다. 만일 사랑이나 애정에 매이면 정리와 합할 수 없다. 선비는 좋은 기회가 있고, 따르는 곳에 공이 있다. 보통 사람이 이와 같으면 이익이 많다.

■ 4월 644
말을 타고 진출하지 못하니 혼인을 구하라. 가면 벗을 얻고 이롭지 않은 것이 없다. 만약 어진 사람을 만나면 어려움에서도 벗어날 수 있다. 관록이 좋고 명예가 드러나니 자연히 좋은 자리에 오른다. 인정이 화합하고 모든 일을 다 이룬다.

■ 5월 222
미더워 즐거워하니 후회할 일이 사라지고 좋은 일이 생긴다. 신의와 진실이 있고 사가 없으니 응당 후회는 가볍다. 승진이나 영전할 징조요 진취의 기쁨이 있다. 모든 일이 화순하며 어둠 속에서도 빛이 난다. 결연·체결·화해가 있으니 가정에 경사가 가득하다.

■6월 425

천자의 누이동생을 시집보내니 보름이 되면 길하다. 존귀하면서 낮추고 귀하면서 굴복하는 것은 여인의 덕이 융성함이다. 영전할 수요 등과할 운이다. 꾀하면 뜻대로 되고 혼인하고 재물을 얻는다. 영화의 길에 오르는데 국빈이 될 수도 있다.

■7월 213

얼굴에 통쾌한 결행이 나타나면 반드시 흉하다. 만약 적시듯 나쁜 빛을 두면 여러 가지에 허물없다. 간신을 막다 오히려 씹히고, 분노를 품고 세상을 등진다. 정도를 따르면 길하나 사를 따르면 흉하다. 소송·시비의 운이며 원한을 맺을 근심이 있다.

■8월 116

지나치게 과한 용이니 내려올 줄 모르다 후회한다. 귀하나 직위가 없고, 높으나 백성이 없다. 사고무친이니 움직이면 후회할 일이 생긴다. 귀양갈 운으로 눈앞에 재앙이 닥친다. 너무 강하면 꺾이는 법이고, 망동하면 손실이 따르는 법이다.

■9월 614

이미 험난함에 상했으니 편한 곳이 못된다. 조용히 때를 기다리면 험난함에서 빠져나올 수 있다. 나아가면 편안하지 않으나 물러서면 문득 편안해진다. 상해가 평평해지며 오래 막힌 것이 펴진다. 운이 흉하면 혈액질환이 따르는데 산아의 근심도 있다.

■10월 651

재주도 약하고 응원도 없으니 버려진 샘과 같다. 사람도 먹을 수 없고, 날짐승도 돌아보지 않는다. 관직자는 한직으로 물러나 명예를 구해도 이루지 못한다. 경영하거나 꾀하는 일은 막히는데 운이 흉하면 세상을 버린다. 사물에 미치지 못해 버리는 것이다.

■11월 815

천자의 누이동생을 시집보내니 복이며 매우 길하다. 어질고 강명한 분을 따르니 대길하다. 주로 영전되거나 기쁜 일이 있다. 과거에 올라 월계관을 쓰고 추대를 받는다. 결혼·출산양육이 있으니 모든 복이 다 모인다.

■12월 832

왼쪽 다리를 상하니 건장한 말로 구제하라. 시기에 순응해야 처신을 잘 하는 것이다. 관직의 길은 유리하나 어두운 주인을 만날 수 있다. 서비는 첩보가 있고, 보통 사람은 재앙이 있다. 만일 운이 좋으면 부자가 될 수도 있다.

연평 186

천지비괘 상효(天地否卦 上爻) ䷋

이미 비운이 무너졌으니 처음에는 비색하나 나중에는 기쁘다. 비색함이 가면 통태함이 오는 것은 자연의 이치다. 정지와 강등, 막힘이 다시 풀린다. 곤궁하다 좋아지고, 소송자도 풀린다. 그러나 운이 흉하면 슬픔·탄식·통곡이 따른다.

■ 정월 141
망령됨과 사가 없으니 나아가면 뜻을 얻는다. 기거와 행동이 모두 천리에 맞는다. 거듭 도모해도 풍파가 전혀 없다. 임금도 얻고 백성도 얻어 명예를 이룬다. 보통 사람이 이와 같으면 가히 이익을 얻으리라.

■ 2월 544
중도로 행하니 공사가 따른다. 윗사람 같은 덕으로 아래를 이롭게 한다. 중한 책임을 맡아 임금의 총애도 깊어지고, 윗사람의 천거를 받아 명예를 이룬다. 성조·집수리·이사가 따르고 관청일도 펴진다.

■ 3월 I22
밟는 길이 탄탄하니 중심이 흔들리지 않는다. 마음을 가다듬고 절의를 지키며 안빈낙도한다. 시운이 오지 않으니 관직에서 물러나 귀향한다. 가리고 살피면서 일을 꾀하면 인사가 화해한다. 그러나 흉한 운을 만나면 명부에 이름을 새긴다.

■ 4월 325
어그러진 시기에 어진 사람의 도움을 받는다. 같은 당의 살을 씹으면 경사가 있다. 벼슬한 사람은 왕명을 받고. 선비는 과거에 오른다. 추대해주는 사람이 있으면 경영하는 일에 이익이 있다. 결혼하려는 사람은 짝을 얻으나 운이 흉하면 형상을 당한다.

■ 5월 113
종일 부지런하며 조석으로 조심하라. 신중하게 처신하면 허물은 없을 것이다. 짐은 무거운데 힘은 모자라니 매사가 번거롭다. 일이 여의치 못하니 어찌 재물과 이익을 바라겠는가. 조급하게 움직이면 실패하고, 여자는 재난이 많다.

■ 6월 216

호소할 곳조차 없으니 결국 흉만 따른다. 벼슬길도 쉽지 않고 진취하기도 어렵다. 경영하거나 꾀하는 일이 심란하니 안정하는 것이 좋다. 골육이 무정하니 눈물을 막을 길이 없다. 대인이 아니면 화를 당한다.

■ 7월 514

미더움이 있으면 피도 가고 두려움도 사라지니 허물이 없다. 성실하게 미더움을 다하니 상해는 반드시 멀어진다. 동지의 천거나 발탁으로 오랜 직책에서 전직된다. 윗사람과 뜻이 맞아 오래 엄체된 것도 펴진다. 인정이 화합하나 운이 흉하면 혈육이 손상된다.

■ 8월 551

초기에 손순하면 진퇴의 뜻을 의심받을 뿐이다. 무사처럼 꿋꿋해야 그 뜻을 다스릴 수 있다. 진퇴가 일정하지 않은데 어려운 가운데 쉬운 것도 있다. 무관 선출이면 유리하나 문관 선임이면 막힌다. 득실이 있는데 의심과 훼방이 많이 따른다.

■ 9월 715

거세된 돼지의 어금니이니 경사가 있다. 그 원인을 끊어버리면 자연히 악은 그친다. 관직자는 영전이나 발탁되고, 선비는 높이 천거된다. 경영하거나 꾀하는 일도 잘 되며 경사가 많다. 성공하려면 먼저 기미를 살펴야 한다.

■ 10월 732

턱이 움직이면 수염도 따라 움직이듯이 움직이고 그치는 일은 턱에 달려 있다. 선악은 본질에 매어 있다. 영전은 남의 덕으로 성사된다. 문장이 아름다우니 귀인이 끌어주리라. 그러나 세력만 믿고 함부로 굴면 좌절할 것이다.

■ 11월 816

성이 구렁에 돌아오니 그 명령이 어지럽다. 인심이 방탕하면 난리가 여기서 생긴다. 관직자는 귀양을 가거나 강등되고 선비는 부끄러운 욕을 만나게 된다. 손실과 파괴의 운이니 질병도 두렵다. 수명이 불길하며 근후해야 재앙을 면한다.

■ 12월 823

달콤함으로 친히 임하고 지위가 부당하다. 이미 근심이 있으며 어물이 길지 못할 것이다. 세력과 지위를 빙자하면 무슨 이익이 있겠는가. 아첨의 실책이 있고, 만약 슬픈 수심이 없으면 원한과 고생이 따를 염려가 있다.

연평 211

택천쾌괘 초효(沢天夬卦 初爻) ䷪.

앞발이 건장하니 승산이 없는 데를 간다. 조급하고 망령되게 움직이면 허물을 면할 수 없다. 사세를 헤아려 결행해야 한다. 부끄러운 과실이 많고, 가정에 재앙과 환란이 가득하다. 망령되게 행동하면 환란을 면하기 어렵다.

■ 정월 232
신중하게 개혁하고 아름답게 실행한다. 유순하며 중정하니 망동하지 않는다. 앞길에 막힘이 없으니 경사를 누리리라. 벼슬한 사람은 영전하고, 선비는 명예를 이룬다. 보통 사람은 기쁨이 많고 모든 일이 잘 된다.

■ 2월 435
밝음이 이르니 경사와 명예가 따른다. 비록 본성이 유순하며 어두우나 능히 문명을 이룬다. 집안이 향기롭고 월계관을 쓰리라. 좋은 사람과 교류하며 천거를 받아 바라는 일이 뜻대로 된다. 노인은 관대를 입는 영화를 보리다.

■ 3월 243
장부에 매이고 어린아이를 잃게 된다. 도를 굽히고 간사하면 소인이 따른다. 정도를 따르면 구하는 것을 반드시 얻는다. 의로운 길로 가면 경영하거나 꾀하는 일도 충분히 얻는다. 그러나 어린아이와 여자는 흉하다.

■ 4월 I46
처신에 희망이 없으니 행하면 재앙이 따른다. 순리를 따르면 편안하나 일을 시작하면 화가 된다. 강등·퇴출·직위 이탈·치욕을 면하기 어렵다. 일을 분명하게 하지 않으면 시비가 생기고, 운이 불길하면 천명을 지키기 어렵다.

■ 5월 644
말을 타고 진출하지 못하니 혼인을 구하라. 가면 벗을 얻고 이롭지 않은 것이 없다. 만약 어진 사람을 만나면 어려움에서도 벗어날 수 있다. 관록이 좋고 명예가 드러나니 자연히 좋은 자리에 오른다. 인정이 화합하고 모든 일을 다 이룬다.

■ 6월 681

미더움을 갖고 도우니 허물이 있을 수 없다. 내 신용이 높아지면 남들도 감동한다. 둥우리 밖으로까지 영전하고, 등용이나 천거의 영화도 있다. 지기를 만나 모든 계획이 마음대로 된다. 성의로 남을 감동시키면 불선은 없다.

■ 7월 845

회복이 두터우니 후회할 일이 없고, 중도를 지켜 스스로 이룬다. 선한 마음이 싹트면 덕을 쌓게 된다. 영전·이동·등용·천거의 운이다. 재물과 이익이 쌓이는데 이익은 전토에 있다. 복제를 막지 못하면 아버지가 불리하다.

■ 8월 822

느껴 임하고 또 길하니 이롭지 않은 것이 없다. 음양이 서로 감응하니 명을 순응하는 것은 아니다. 사를 제거하고 정도를 지키니 지위가 청고하다. 막히고 침체됨이 없다. 시기에 맞게 짐작하면 경영하거나 꾀하는 일에 이익이 있다.

■ 9월 746

말미암아 기르니 큰 내를 건너면 이롭다. 혜택은 사해에 통달하고 큰 복과 경사가 따른다. 작위와 녹이 융숭하며 선비는 두각을 나타낸다. 꾀하는 일은 두드러지게 빛나고 이롭지 않은 것이 없다. 능히 인정을 통찰하고 널리 베풀어 대중을 구한다.

■ 10월 733

꾸밈이 젖어들듯하니 오래 바르면 길하다. 꾸밈이 항상 바르면 결국 능멸하지 못한다. 도와주는 사람이 있으면 좋은 직위를 맡는다. 떠받들어 주는 사람이 많으니 명리를 이룬다. 밖에서는 시비로 시끄러울 수 있으나 해가 되지는 않는다.

■ 11월 781

발부터 상이 떨어져 나가니 바른 것이 소멸되어 흉하다. 정도가 사라지고 사도가 침범한다. 소족 질환이나 노비가 손실된다. 형제가 불목하는데 성조하면 이로워진다. 만약 흉한 운을 만나면 몸을 망치고 가정도 깨진다.

■ 12월 384

다람쥐처럼 나아가는 격이니 바르고 견고하면 위태롭다. 중정하지 못하면서 높은 지위만 탐낸다. 생각마다 잃어버릴까 근심하고 경영은 자신을 해친다. 간하는 의론에 막히고, 요행으로 진출하려고 도모하지 말라. 탐심이 층층이 생기면 오히려 물건만 손해본다.

연평 212

택천쾌괘 2효(沢天夬卦 二爻) ䷪

안으로는 근심과 두려움을 품고 밖으로는 엄숙히 경계하라. 어두운 밤에 무력을 만나더라도 구원을 요청하지 말라. 졸연히 화를 막으면 재앙을 면할 수 있다. 무관이 유리하니 무관으로 진출하라. 만약 도적이 아니면 놀라거나 위험한 일이 많다.

■ 정월 223
나아가 즐거움을 구하니 그 흉함을 알겠다. 이미 도덕을 잃었으니 남들이 호응해 주지 않는다. 생각은 많으나 어려움만 따른다. 교묘하고 구차하게 합하면 의외의 화근이 생기거나 도를 잃고 망신한다.

■ 2월 126
일이 되어가는 것을 보고 길흉을 살펴라. 법에 맞게 주선하면 큰 경사가 있고, 개과천선하면 점점 형통한다. 고시를 치루면 반드시 장원한다. 재물과 비단에는 흠이 없으나 아버지 상을 당할까 두렵다.

■ 3월 624
절제하면 형통하고, 위의 도를 계승한다. 절제하며 법을 따른다. 왕도의 현장을 따르니 충분히 명예를 이룬다. 공을 받들고 어른을 받드니 복을 받는다. 만일 여자이면 안인이나 절부다.

■ 4월 661
겹겹의 험난에 빠져 도를 잃어버리면 흉하다. 재주가 약하고 응원이 없으니 회복하기 어렵다. 내쫓길 운이요 강등의 욕을 당한다. 험난한 곳으로 빠져들어가니 인명이 위태롭다. 그러나 승려나 숨은 도인은 화를 면할 수 있다.

■ 5월 825
대군이 지혜로 임하고, 중도에 행하니 여러 가지가 길하다. 성군은 총명하며 예지력이 있어야 한다. 벼슬한 사람은 초월적이 되고, 선비는 등용된다. 꾀하는 일은 순탄하니 이롭지 않은 것이 없다.

■ 6월 842

아름다운 회복이니 길하며 인(仁)에 내린다. 인을 얻고 인과 친하니 선이 되어 자연히 이익도 생긴다. 내쫓긴 사람도 복직되고 정지나 강등도 풀린다. 위태롭던 사람도 편안해지고 병자도 쾌유된다. 형통하며 부호가 되니 재물과 이익을 얻는다.

■ 7월 726

덜지도 않고 유익하니 큰 뜻을 이룬다. 신하를 많이 얻는데 원근이 모두 복종한다. 혜택을 주고 소비하지 않으면 그 혜택이 넓어진다. 백성은 한마음이 되고 임금의 총애도 견고하다. 선비도 뜻을 얻어 출입이 더욱 유리해진다.

■ 8월 713

좋은 말이 달리니 어렵고 올곧은 것이 이롭다. 윗사람과 뜻이 합하면 달리는 말과 같아진다. 태수(太守)가 되어 붉은 기를 꽂고, 선비는 비등한다. 지기가 서로 도우니 어려움도 이겨낸다. 열심히 노력하면 고생 끝에 얻을 것이다.

■ 9월 761

어린아이에게는 벌을 주는 것이 이롭다. 두려움을 알게 한 후 가르쳐서 인도한다. 착한 도를 알게 해야지 벌을 주면 안 된다. 문교의 직책이며 형벌을 주는 소임이다. 작은 시험은 유리하나 보통 사람은 관재나 시비가 많다.

■ 10월 364

견고하고 바르면 후회할 일이 없으니 뜻을 이룬다. 힘을 다해 원방을 정벌하면 3년에 상을 받는다. 출장 입상하고 진취하여 괴수가 된다. 공이 높으면 상도 무궁하다. 귀인이 도와주면 이익이 있으나 귀신에 기록될 우려도 있다.

■ 11월 782

흉과 사의 세력이 더욱 커져 정도를 해치고 멸망시키니 더 흉해진다. 관직자는 퇴출과 강등을 막아야 하고 진취하기는 어렵다. 주관하는 일은 이루어지지 않으니 일찍 대책을 세워라. 아랫사람에게 침해와 능멸을 당하고, 높은 사람의 시기도 받는다.

■ 12월 585

자신의 득실을 보아 인민의 좋고 나쁨을 살펴라. 태평과 난국이 나에게 달려있다. 벼슬과 녹은 숭고하고, 문장은 세상을 덮는다. 생활은 날로 좋아지고, 부인은 생산과 양육이 있다. 병에 시달리는 사람이라도 생명은 보전한다.

택천쾌괘 3효(沢天夬卦 三爻) ䷪

얼굴에 통쾌한 결행이 나타나면 반드시 흉하다. 만약 적시듯 나쁜 빛을 두면 여러 가지에 허물없다. 간신을 막다 오히려 씹히고, 분노를 품고 세상을 등진다. 정도를 따르면 길하나 사를 따르면 흉하다. 소송·시비의 운이며 원한을 맺을 근심이 있다.

■ **정월 614**
이미 험난함에 상했으니 편한 곳이 못된다. 조용히 때를 기다리면 험난함에서 빠져나올 수 있다. 나아가면 편안하지 않으나 물러서면 문득 편안해진다. 상해가 평평해지며 오래 막힌 것이 펴진다. 운이 흉하면 혈액질환이 따르는데 산아의 근심도 있다.

■ **2월 651**
재주도 약하고 응원도 없으니 버려진 샘과 같다. 사람도 먹을 수 없고, 날짐승도 돌아보지 않는다. 관직자는 한직으로 물러나 명예를 구해도 이루지 못한다. 경영하거나 꾀하는 일은 막히는데 운이 흉하면 세상을 버린다. 사물에 미치지 못해 버리는 것이다.

■ **3월 815**
천자의 누이동생을 시집보내니 복이며 매우 길하다. 어질고 강명한 분을 따르니 대길하다. 주로 영전되거나 기쁜 일이 있다. 과거에 올라 월계관을 쓰고 추대를 받는다. 결혼·출산양육이 있고, 모든 복이 다 모인다.

■ **4월 월 832**
왼쪽 다리를 상하니 건장한 말로 구제하라. 시기에 순응해야 처신을 잘 하는 것이다. 관직의 길은 유리하나 어두운 주인을 만날 수 있다. 선비는 첩보가 있고, 보통 사람은 재앙이 있다. 만일 운이 좋으면 부자가 될 수도 있다.

■ **5월 716**
하늘의 거리니 형통하며 큰 도를 행한다. 어진 사람이 뜻을 얻었으니 어진 길도 대통하게 된다. 예절·풍류·법에 어김이 없다. 꾀하는 일은 모두 이로우니 하늘과 거리에서 좋다. 천거하여 하늘에 오르고 진취하여 명예를 이룬다.

■ 6월 723

천지가 교제하면 만물도 화생한다. 남녀의 정이 얽히면 만물이 화생하는 것이다. 셋이 가면 한 사람을 잃게 된다. 도반은 벗이 되고 협력자도 많다. 경영하거나 꾀하는 일은 이롭고, 이혼한 사람은 배우자를 얻는다.

■ 7월 751

아버지의 일을 주간하니 죽은 아버지의 뜻을 계승한다. 앞 사람의 잘못을 자식이 능히 주간한다. 폐단은 깊지 않으니 일은 쉽게 구제된다. 자식이 아버지 사업을 계승하니 꾀하는 일을 이루지 못한다. 운이 흉하면 근심이 따르고, 노인은 살기 어렵다.

■ 8월 354

솥발이 부러져 공석에서 쓸 곰국이 엎어졌다. 덕은 박한데 지위는 높고, 지혜는 적은데 꾀하는 일은 크다. 벼슬한 사람은 내쫓기거나 강등당하고, 선비는 발전하기 어렵다. 만약 파손되지 않으면 발에 병이 생긴다. 불길한 운을 만나 수명이 꺾일까 두렵다.

■ 9월 772

장딴지에 그쳐 있으니 마음이 불쾌하다. 마음이 움직이면 몸도 따라 움직인다. 위태롭고 전복됨을 붙잡을 능력이 없고, 선비는 기회조차 없다. 구하고 꾀하는 일은 이루기 어렵고, 노력해도 고생일 뿐이다. 말의 병이 있거나 가정에 근심이 있을 운이다.

■ 10월 575

기러기가 언덕으로 날아간다. 3년이 되어도 임신하지 못한다. 결국은 이기지 못하나 소원은 이룬다. 중정의 도는 반드시 이루어진다. 처음에 잃으나 나중에는 얻고, 처음에 어두우나 나중에는 밝아진다. 노인은 수명이 손상되고, 어린이는 기르기 어려울 수 있다.

■ 11월 783

떨어져 가는데 허물이 없고, 상하를 잃어버린다. 뜻은 당연히 정도를 따르니 가히 선하다. 명리를 다른 길에서 구하면 높이 된다. 지기를 만나기 어려우니 생애가 담박하다. 근심은 부모와 처자에 있다.

■ 12월 886

용이 들에서 싸우니 그 피가 검푸르고 누렇다. 둘 다 패하고 상처를 입으니 반드시 피의 재난을 본다. 화를 입고 강등·퇴출·파손할 위험이 있다. 선비는 크게 발전하나 근심과 해로움은 면하기 어렵다. 시비·분쟁·소송·파과·실패·위험·사망 등이 따른다.

연평 214

택천쾌괘 4효(沢天夬卦 四爻) ䷪

엉덩이에 살이 없으니 그 걸음도 주저된다. 말을 듣고 믿지 못하는 것은 총명하지 못해서다. 처한 자리가 부당하니 그 해가 적지 않다. 재주와 힘이 모자라니 나아가기 어렵다. 관재와 귀·발등에 병이 따를 운이다.

■ 정월 415

겉은 부드러우나 속은 강하니 건장함을 쓰지 않는다. 바르고 안정되게 지키면 좋으나 망동하면 재앙이 생긴다. 거칠어진 정치로 파직·연금·명예 상실이 따르며 성공하지 못한다. 좋은 계책은 펼 수 없으니 이로운 것이 하나도 없다. 만일 병자이면 몸을 잃을 수 있다.

■ 2월 432

차양이 많아 대낮에도 두성을 본다. 가면 의심병이 생기나 지성을 두면 길하다. 밝음과 움직임이 서로 도와 풍성해진다. 처음에는 잃으나 나중에는 얻고, 오래 침체된 후 발전한다. 오래 곤궁하다 재물이 생기나 근심이나 슬픔이 생길까 두렵다.

■ 3월 316

하늘이 도와주니 이롭지 않은 것이 없다. 신의와 순리를 지키며 어진 사람을 숭상한다. 가득 차면 잃을 수 있으니 겸손하라. 벼슬한 사람은 직위가 좋아지고, 선비는 명예를 이룬다. 윗사람의 비호로 복과 경사를 누린다.

■ 4월 323

수레가 끌려가는 것을 보고 그 소는 제거된다. 머리털은 뽑히고 코는 잘리는 격이니 처음은 없고 끝만 있다. 지위가 부당하며 강적을 만난다. 꾀하며 바라는 일에 막힘이 있으니 험난함에서 편안함을 구하라. 만약 흉한 운을 만나면 골육의 형상이 따른다.

■ 5월 351

솥발이 자빠진 것처럼 나쁘니 더러움을 내보내야 이롭다. 만약 어진 첩을 얻으면 그 아들에게는 허물이 없다. 악은 버리고 좋은 것만 받으니 귀인을 따른다. 남의 덕으로 성사되고, 첩과 자식을 얻는다. 근심은 흩어지고 기쁨이 생기며, 천민은 귀하게 된다.

■ 6월 754

더디게 처사하니 매일 더 어그러진다. 가면 부끄러움을 보게 되니 어찌 일을 구제하랴. 안일무사하면 좋은 곳이라도 흉으로 내닫는다. 방종한 욕망으로 안일을 도모하면 일마다 손해를 본다. 발에 병이 생기거나 험난함에 빠질까 두렵다.

■ 7월 372

나그네는 여관으로 가고, 재물도 품에 지닌다. 시종이 착하니 끝내 과실이 없다. 유순하고 중정하니 마음이 내외를 얻는다. 적극적으로 나아가 명예를 이루거나 성조나 집을 수리한다. 다른 군에서 일을 꾀하고, 식구가 늘거나 좋은 부하를 얻을 수 있다.

■ 8월 175

물러나 숨는 것이 좋은데 바르고 견실하면 길하다. 뜻에 사나 흐트러짐이 없으니 움직이고 쉬는 데 어김이 없다. 꽃 선경에 피고 꽃방석에 불을 끈다. 등용되거나 영전할 운으로 반드시 좋은 기회가 온다. 몸은 존귀한 사람과 가까이 하며 경사가 생길 수 있다.

■ 9월 383

여러 사람이 미더워하니 위에 올라 행한다. 대중이 믿고 따르니 어찌 불리하겠는가. 관직자는 승진이나 영전하고, 선비는 천거된다. 벗을 얻어 함께 일하니 경영하거나 꾀하는 일을 이룬다. 먼저 도적을 막고, 뒤로는 사람의 도주를 예방하라.

■ 10월 486

즐거움에 어두워 성취하기는 하나 변하면 허물이 없다. 끝없는 욕망을 따르면 죽는다. 탐관오리가 되어 귀양가기 쉽고 어두워 차질이나 잘못이 있다. 교만하면 분쟁·소송·재난이 따르나 개과천선하면 허물을 면할 수 있다.

■ 11월 784

절박한 재난을 만나 살까지 떨어져 나간 상이다. 장차 몸을 망치니 매우 흉하다. 아첨과 간신을 막지 않으면 기회를 만나기도 어렵다. 거듭 형극이 와 위험과 험난함에 빠진다. 뜻밖의 재난을 만나는데 그 흉함은 말로 다 표현할 수가 없다.

■ 12월 741

스스로 지키지 못하는데 마음은 이미 동했다. 욕망에 미혹되어 자신을 잃으니 매우 흉하다. 염치를 버리고 함부로 음탕하게 굴면 꾸지람을 듣는다. 거역하며 재물을 다투지 말고 정도를 지켜야 면할 수 있다. 선비는 적극적으로 나아가면 먹을 것을 얻는다.

택천쾌괘 5효(沢天夬卦 五爻) ䷪

비린 잎도 과감하게 처결하듯 중도를 행하면 허물이 없다. 중도를 얻지 못하면 광대하지 못하다. 간신의 침해가 있으나 조금은 발전한다. 오래 막히다 한관으로 복직된다. 소송은 펴지며 병도 치유되고, 경영하거나 꾀하는 일은 뜻대로 된다.

■ 정월 116
지나치게 과한 용이니 내려올 줄 모르다 후회한다. 귀하나 직위가 없고, 높으나 백성이 없다. 사고무친이니 움직이면 후회할 일이 생긴다. 귀양갈 운으로 눈앞에 재앙이 닥친다. 너무 강하면 꺾이는 법이고, 망동하면 손실이 따르는 법이다.

■ 2월 123
애꾸눈으로 보며 절름발이로 걷는다. 호랑이 꼬리를 밟았으니 매우 흉하다. 하는 일이 바르지 못하니 반드시 상해가 따른다. 시비가 불리하니 감옥이나 송사가 따른다. 만약 깊이 살피지 않으면 자신과 가정이 망할 수 있다.

■ 3월 151
쇠로 된 말뚝에 매두면 견고하며 바르니 길하다. 돼지가 껑충 뛰듯 함부로 움직이고 싶은 마음이 간절하다. 앞으로 나아가도 심란한데 좌천이 어인 일인고. 귀인의 도움을 받으며 출산양육할 운이다. 그러나 수가 나쁘면 질병·감옥소송이 따른다.

■ 4월 554
손순하여 후회할 일이 없고, 사냥하여 3품(제기·고기·손님)을 얻는다. 사냥하여 모든 해로움을 제거하고 반드시 수확을 많이 거둔다. 일으킨 일이 크고 풍성해 공도 있고 왕성하다. 능히 강함을 이겨 무공을 이어간다. 공과 명예를 이루고, 이익과 복도 받는다.

■ 5월 172
황소가죽으로 묶어두는 것은 뜻이 견고하기 때문이다. 궁과 통달은 이미 정해져 있으니 앞일을 말하지 말라. 관직은 언론이 유리한데 항상 본분을 지켜라. 육축이 유리하다. 그러나 흉한 운이 오면 집안에 소송이 생긴다.

■ 6월 375

활을 당겨 꿩을 쏘면 백발백중이다. 상하로 친하니 길을 떠나면 매우 좋다. 움직여도 실책이 없으니 평이 좋고 복록이 있다. 존귀한 수상과 가까이 하여 영화를 누린다. 영화와 경사가 따를 운으로 살아가는 데 걱정이 없다.

■ 7월 183

지위가 부당하니 부끄럽다. 항상 졸렬한 권모술수를 부리다 선을 해친다. 인정은 쉽게 변하니 움직이면 의심을 받는다. 관직에서 물러나 쉬면서 비난을 막아라. 시비와 분쟁이 비온 뒤 죽순 솟듯한다.

■ 8월 286

위에 있으면서 편하지 못하니 눈물 콧물까지 흘리며 탄식한다. 남들이 친하려고 하지 않으니 궁색하기 그지없다. 전진은 평온하지 않고, 일마다 번거롭고 요란하다. 어른과 아이를 불문하고 근심이 따르니 안정되지 않는다. 명리도 허망하고 수명도 길지 않다.

■ 9월 584

나라의 광채를 관망하는 것이니 왕의 손님이 되면 이롭다. 성군이 위에 있으면 어진 사람은 나아가기를 원한다. 치국평천하하면 베풂이 백성에게 젖어든다. 벼슬한 사람은 내직으로 가고, 선비는 과거에 급제한다. 관광이나 외방업을 하면 반드시 큰 이익을 얻을 것이다.

■ 10월 541

크게 시작하면 이롭고, 크게 길해야 허물이 없다. 남에게 큰 이익을 주면 자연히 그 이익이 돌아온다. 그러나 모두 잘 하지 않으면 허물을 면할 수 없다. 관직자는 높이 영전하고, 진취하면 큰 우두머리가 된다. 크게 꾀하고 마음대로 된다.

■ 11월 785

모든 음이 순종하니 소인도 선해진다. 관직자는 요직에 오른다. 경영하거나 꾀하는 일에 뽑히고 인정도 화합된다. 가정이 화평하며 복이 생기고, 궁궐의 관찰이나 주지가 된다. 궁인의 총애를 받으니 이롭지 않은 것이 없다.

■ 12월 762

어리석음을 감싸주면 길하고, 부인을 들여도 길하다. 자식이 가정을 다스리니 강유의 교접이다. 밝음으로 어둠을 받아드리니 그 선한 바를 받아들인다. 벼슬한 사람은 관직을 지키고, 선비는 사범이 된다. 인정이 화합하니 모든 일이 순조롭다.

연평 216

택천쾌괘 상효(沢天夬卦 上爻) ䷪

호소할 곳조차 없으니 결국 흉만 따른다. 벼슬길도 쉽지 않고 진취하기도 어렵다. 경영하거나 꾀하는 일이 심란하니 안정하는 것이 좋다. 골육이 무정하니 눈물을 막을 길이 없다. 대인이 아니면 화를 당한다.

■ 정월 251

자리를 깔되 깨끗한 띠를 쓰니 유약하며 어둡다. 두려워하고 조심하면 허물이 없다. 신중한 도리는 사용처가 매우 많다. 조심하며 절약하는 사람이니 재물과 이익이 따른다. 불길한 운을 만나 복 입을까 두렵다.

■ 2월 654

재주를 넓게 베풀지 못하나 스스로 지키면 가하다. 일을 고치고 다스리면 폐지까지는 이르지 않는다. 이익과 선을 조목조목 펼치면서 정치를 고치고 일에 응한다. 경전을 궁리하며 옛것을 배워 쓰일 때를 기다린다. 밭을 갈고 샘을 파며 집을 짓고 수축한다.

■ 3월 272

장딴지에 감응이 있으니 흉하나 편안하게 있으면 길하다. 지키지 못하고 일찍 움직이면 망동하니 흉하다. 안정하면서 분수를 지키면 저절로 좋은 일이 생긴다. 좋은 기회를 만나기 어려우니 경솔하게 움직이면 흉하다. 분주하면 나쁘고 노력하는 일 외에는 공이 없다.

■ 4월 475

날아올라 내려오지 않으니 덕을 베풀기 어렵다. 서쪽 들에는 구름이 가득하나 비가 오지 않는다. 벼슬한 사람은 휴직하기 쉬우나 선비는 왕공을 볼 수도 있다. 원대한 계책은 불리하나 옛것을 지키면 좋다. 노인이나 병자는 모두 좋지 않다.

■ 5월 283

모두 슬퍼하니 이로울 것이 없다. 나아가면 허물이 없으나 다소 부끄러운 일이 생긴다. 처음에는 가까운 곳에서 구하다 무리해 먼 곳과 결탁한다. 관직자는 외방으로 나가게 되는데 발전하기 어렵다. 집에 있어도 편안하지 못하고, 육친이 손상된다.

■ 6월   186

이미 비운이 무너졌으니 처음에는 비색하나 나중에는 기쁘다. 비색함이 가면 통태함이 오는 것은 자연의 이치다. 정지와 강등, 막힘이 다시 풀린다. 곤궁하다 좋아지고, 소송자도 풀린다. 그러나 운이 흉하면 슬픔·탄식·통곡이 따른다.

■ 7월   684

밖에서 어진 것은 위를 따르는 것이다. 도리가 좋으니 견실하며 바른 것을 얻는다. 영전하는 영화가 있으니 앞으로 나아가면 이롭다. 나가서 하는 일은 귀인의 도움을 많이 받는다. 행하면 이루지 못할 일이 없고 이롭지 않은 것이 없다.

■ 8월   641

급하게 하면 어려움에 처하니 바르고 견고하게 행하라. 귀한 몸이 천한 자에게 이르니 큰 민심을 얻는다. 관직자는 매우 발전하고, 선비는 밝음을 세운다. 분수를 지키면서 신중하라. 여자는 어질고 선하며 집안도 일어나고 좋은 남편을 만난다.

■ 9월   885

누런 치마이니 매우 길하다. 문채가 중도에 있다. 안에 아름다움이 가득하니 사지에까지 창달한다. 내직으로 선임되며 왕실에 들 영화가 있다. 모든 일이 안온하며 재물과 이익이 따른다. 여자는 덕이 있고 내조의 공이 있다.

■ 10월   862

군사에 중도를 지키니 길하고, 하늘의 총애를 받는다. 왕의 명령을 세 번이나 받고 천하를 생각한다. 벼슬한 사람은 임금의 친서로 벼슬을 받는다. 선비는 괴수되고 중은 은혜를 받는다. 반드시 귀하고 어진 사람을 만나 모든 일이 마음대로 된다.

■ 11월   786

큰 과일을 먹지 않는 것은 장차 다시 생겨나게 하기 위함이다. 군자는 수레를 얻으나 소인은 집이 사라진다. 난리가 나면 치세를 생각하며 군자를 추대하기 원한다. 벼슬한 사람은 좋은 권세가를 만나 천거된다. 경영에 새로운 뜻을 세우고, 궁실을 성조한다.

■ 12월   773

한계에 이르렀다. 등골뼈가 벌어질 것 같다. 사람이 거역하며 미워하니 어찌 위태롭지 않겠는가. 요직으로 옮길 수 있는데 진취하여 명예를 이룬다. 파손되며 안녕하지 못하니 위태롭다. 심장·눈·허리에 병이 생길까 두렵다

연평 221

중택태괘 초효(重沢兑卦 初爻) ䷹

화순하며 즐겁고 행동에 의심이 없다. 거취에 막힘이 없는데 어찌 아첨하랴. 벗들의 덕으로 진취하는 데 이롭다. 인정이 화합하니 모든 일이 다 이루어진다. 남편이 부르면 부인이 따르나 운이 흉하면 재난이 있다.

■ 정월 242
어린아이에게 매이면 장수를 잃게 된다. 사를 멀리하고 정도를 지켜라. 비리를 따르면 진실을 잃게 된다. 일이 안녕하지 못하고 소인이 시비한다. 마음이 두 곳에 묶여 있으니 스스로 지키기 어렵다. 정도를 버리고 사와 호응하면 허물도 클 것이다.

■ 2월 445
벼락이 내려치니 움직이면 위험하다. 중도를 잃으면 위태로우나 잃는 것은 없다. 현직을 보전하며 고유의 것을 지켜라. 보통 사람은 우환과 수족에 근심이 있다. 처세가 위태로운 줄 알면 크게 잃는 것은 없을 것이다.

■ 3월 233
비록 바른 길이라도 앞으로 나아가면 흉하다. 이른 개혁은 흉하며 위태롭다. 중론이 세 차례나 나오면 때에 맞는 순리로 행하라. 불화할 운으로 안부가 한결같지 않고, 한번 흉한 운을 만나면 요절한다.

■ 4월 136
교회에서 동지를 찾으나 뜻을 이루지 못한다. 인정은 서로 막히고 안팎이 같지 않다. 외롭더라도 절개를 지키면서 자신을 고결하게 하라. 벼슬길은 먼 곳에 있으나 좋은 기회를 만나기 어렵다. 만약 흉한 운을 만나면 교외로 나간다.

■ 5월 634
해진 옷에 물이 스며드니 종일 경계해야 한다. 의심과 경계를 게을리 하지 말라. 벼슬한 사람은 예방하면서 자신의 소질을 길러라. 생활에 예비가 있으면 놀라거나 전복이 있을 수 없다. 배를 타면 물이 스며들 위험이 있다.

■ 6월 671

가면 어려우나 오면 명예가 있으니 마땅히 기다려라. 어려움의 시작이니 나아가면 더욱 어려워진다. 기미를 보고 때를 알아 그치면 칭찬을 듣는다. 때를 기다려 진출하고, 옛것을 지키면서 안정하라. 나아가면 불리하고 망동하면 재난을 당한다.

■ 7월 835

기자의 밝음이 상했으나 밝은 것이 꺼지지는 않는다. 밝음을 안으로 감추고 올바름을 지킨다. 검소한 덕으로 피난하나 지기는 만나기 어렵다. 가정의 어려움으로 반드시 화를 당한다. 분수를 지키면서 뜻을 바르게 가져야 한다.

■ 8월 812

넓음도 포장하고 하수도 능멸하며 먼 곳을 잃지 않는다. 벗을 잃으면 광대하고 중도의 행실에 부합된다. 변방이나 강호를 지킨다. 앞으로 나아가 명예를 이루고, 경영하거나 꾀하는 일에 수확이 있다. 반드시 존귀한 분을 만나나 운이 흉하면 상해가 따른다.

■ 9월 736

깨끗하게 꾸미면 허물이 없고, 위에서도 뜻을 얻는다. 참 모습을 잃지 않으니 절대 허물이 없다. 승진이나 영전할 운이니 앞으로 나아가면 뜻을 이룬다. 경영하거나 꾀하는 일이 소박하며 진실하니 허황이나 방탕에 빠지지 않는다. 혹 외척의 상을 당할 수 있다.

■ 10월 743

기르는 정도를 어기니 흉하다. 10년이라도 쓰지 말라. 도가 크게 어그러졌으니 이로울 것이 없다. 욕심이 많아 망동하면서 이르지 않는 곳이 없다. 욕심을 따르다 법도를 그르치고 명예를 잃는다. 거칠고 음탕한 짓을 거리낌 없이 하다 자신이 상하고 슬픔만 남는다.

■ 11월 771

발에 그치면 허물이 없다. 중정의 도를 잃지 않았다. 정도를 계속 지키면 이롭다. 현 직위를 고쳐야 그 지위도 잃지 않는다. 앞으로 나아가는 일은 어려워지고 정지나 강등이 따른다. 그러나 안정하면서 분수를 지키면 위험해지는 일은 없다.

■ 12월 374

나그네라고 자처하며 지위도 얻지 못한다. 재물과 도끼를 얻으나 마음은 불쾌하다. 재능은 펼 수 없고 겨우 몸만 편하다. 선비는 불쾌하며 앞으로 나아가기도 어렵다. 좋은 가운데 부족함이 있으나 밖으로 나가면 이룰 수 있다.

연평 222

중택태괘 2효(重沢兌卦 二爻) ䷹

미더워 즐거워하니 후회할 일이 사라지고 좋은 일이 생긴다. 신의와 진실이 있고 사가 없으니 응당 후회는 가볍다. 승진이나 영전할 징조요 진취의 기쁨이 있다. 모든 일이 화순하며 어둠 속에서도 빛이 난다. 결연·체결·화해가 있고, 가정에 경사가 가득하다.

■ 정월 213
얼굴에 통쾌한 결행이 나타나면 반드시 흉하다. 만약 적시듯 나쁜 빛을 두면 여러 가지에 허물없다. 간신을 막다 오히려 씹히고, 분노를 품고 세상을 등진다. 정도를 따르면 길하나 사를 따르면 흉하다. 소송·시비의 운이며 원한을 맺을 근심이 있다.

■ 2월 116
지나치게 과한 용이니 내려올 줄 모르다 후회한다. 귀하나 직위가 없고, 높으나 백성이 없다. 사고무친이니 움직이면 후회할 일이 생긴다. 귀양갈 운으로 눈앞에 재앙이 닥친다. 너무 강하면 꺾이는 법이고, 망동하면 손실이 따르는 법이다.

■ 3월 614
이미 험난함에 상했으니 편한 곳이 못된다. 조용히 때를 기다리면 험난함에서 빠져나올 수 있다. 나아가면 편안하지 않으나 물러서면 문득 편안해진다. 상해가 평평해지며 오래 막힌 것이 펴진다. 운이 흉하면 혈액질환이 따르는데 산아의 근심도 있다.

■ 4월 651
재주도 약하고 응원도 없으니 버려진 샘과 같다. 사람도 먹을 수 없고, 날짐승도 돌아보지 않는다. 관직자는 한직으로 물러나 명예를 구해도 이루지 못한다. 경영하거나 꾀하는 일은 막히는데 운이 흉하면 세상을 버린다. 사물에 미치지 못해 버리는 것이다.

■ 5월 815
천자의 누이동생을 시집보내니 복이며 매우 길하다. 어질고 강명한 분을 따르니 대길하다. 주로 영전되거나 기쁜 일이 있다. 과거에 올라 월계관을 쓰고 추대를 받는다. 결혼·출산양육이 있고, 모든 복이 다 모인다.

■ 6월 832

왼쪽 다리를 상하니 건장한 말로 구제하라. 시기에 순응해야 처신을 잘 하는 것이다. 관직의 길은 유리하나 어두운 주인을 만날 수 있다. 선비는 첩보가 있고, 보통 사람은 재앙이 있다. 만일 운이 좋으면 부자가 될 수도 있다.

■ 7월 716

하늘의 거리니 형통하며 큰 도를 행한다. 어진 사람이 뜻을 얻었으니 어진 길도 대통하게 된다. 예절·풍류·법에 어김이 없다. 꾀하는 일은 모두 이로우니 하늘과 거리에서 좋다. 천거하여 하늘에 오르고 진취하여 명예를 이룬다.

■ 8월 723

천지가 교제하면 만물도 화생한다. 남녀의 정이 얽히면 만물이 화생하는 것이다. 셋이 가면 한 사람을 잃게 된다. 도반은 벗이 되고 협력자도 많다. 경영하거나 꾀하는 일은 이롭고, 이혼한 사람은 배우자를 얻는다.

■ 9월 751

아버지의 일을 주간하니 죽은 아버지의 뜻을 계승한다. 앞 사람의 잘못을 자식이 능히 주간한다. 폐단은 깊지 않으니 일은 쉽게 구제된다. 자식이 아버지 사업을 계승하니 꾀하는 일을 이루지 못한다. 운이 흉하면 근심이 따르고, 노인은 살기 어렵다.

■ 10월 354

솥발이 부러져 공석에서 쓸 곰국이 엎어졌다. 덕은 박한데 지위는 높고, 지혜는 적은데 꾀하는 일은 크다. 벼슬한 사람은 내쫓기거나 강등당하고, 선비는 발전하기 어렵다. 만약 파손되지 않으면 발에 병이 생긴다. 불길한 운을 만나 수명이 꺾일까 두렵다.

■ 11월 772

장딴지에 그쳐 있으니 마음이 불쾌하다. 마음이 움직이면 몸도 따라 움직인다. 위태롭고 전복됨을 붙잡을 능력이 없고, 선비는 기회조차 없다. 구하고 꾀하는 일은 이루기 어렵고, 노력해도 고생일 뿐이다. 말의 병이 있거나 가정에 근심이 있을 운이다.

■ 12월 575

기러기가 언덕으로 날아간다. 3년이 되어도 임신하지 못한다. 결국은 이기지 못하나 소원은 이룬다. 중정의 도는 반드시 이루어진다. 처음에 잃으나 나중에는 얻고, 처음에 어두우나 나중에는 밝아진다. 노인은 수명이 손상되고, 어린이는 기르기 어려울 수 있다.

연평 223

중택태괘 3효(重沢兌卦 三爻) ䷹

나아가 즐거움을 구하니 그 흉함을 알겠다. 이미 도덕을 잃었으니 남들이 호응해 주지 않는다. 생각은 많으나 어려움만 따른다. 교묘하고 구차하게 합하면 의외의 화근이 생기거나 도를 잃고 망신한다.

▪ 정월 624
절제하면 형통하고, 위의 도를 계승한다. 절제하며 법을 따른다. 왕도의 현장을 따르니 충분히 명예를 이룬다. 공을 받들고 어른을 받드니 복을 받는다. 만일 여자이면 안인이나 절부다.

▪ 2월 661
겹겹의 험난에 빠져 도를 잃어버리면 흉하다. 재주가 약하고 응원이 없으니 회복하기 어렵다. 내쫓길 운이요 강등의 욕을 당한다. 험난한 곳으로 빠져들어가니 인명이 위태롭다. 그러나 승려나 숨은 도인은 화를 면할 수 있다.

▪ 3월 825
대군이 지혜로 임하고, 중도에 행하니 여러 가지가 길하다. 성군은 총명하며 예지력이 있어야 한다. 벼슬한 사람은 초월적이 되고, 선비는 등용된다. 꾀하는 일은 순탄하니 이롭지 않은 것이 없다.

▪ 4월 842
아름다운 회복이니 길하며 인(仁)에 내린다. 인을 얻고 인과 친하니 선이 되어 자연히 이익도 생긴다. 내쫓긴 사람도 복직되고 정지나 강등도 풀린다. 위태롭던 사람도 편안해지고 병자도 쾌유된다. 형통하며 부호가 되니 재물과 이익을 얻는다.

▪ 5월 726
덜지도 않고 유익하니 큰 뜻을 이룬다. 신하를 많이 얻는데 원근이 모두 복종한다. 혜택을 주고 소비하지 않으면 그 혜택이 넓어진다. 백성은 한마음이 되고 임금의 총애도 견고하다. 선비도 뜻을 얻어 출입이 더욱 유리해진다.

■ 6월 713

좋은 말이 달리니 어렵고 올곧은 것이 이롭다. 윗사람과 뜻이 합하면 달리는 말과 같아진다. 태수(太守)가 되어 붉은 기를 꽂고, 선비는 비등한다. 지기가 서로 도우니 어려움도 이겨낸다. 열심히 노력하면 고생 끝에 얻을 것이다.

■ 7월 761

어린아이에게는 벌을 주는 것이 이롭다. 두려움을 알게 한 후 가르쳐서 인도한다. 착한 도를 알게 해야지 벌을 주면 안 된다. 문교의 직책이며 형벌을 주는 소임이다. 작은 시험은 유리하나 보통 사람은 관재나 시비가 많다.

■ 8월 364

견고하고 바르면 후회할 일이 없으니 뜻을 이룬다. 힘을 다해 원방을 정벌하면 3년에 상을 받는다. 출장 입상하고 진취하여 괴수가 된다. 공이 높으면 상도 무궁하다. 귀인이 도와주면 이익이 있으나 귀신에 기록될 우려도 있다.

■ 9월 782

흉과 사의 세력이 더욱 커져 정도를 해치고 멸망시키니 더 흉해진다. 관직자는 퇴출과 강등을 막아야 하고 진취하기는 어렵다. 주관하는 일은 이루어지지 않으니 일찍 대책을 세워라. 아랫사람에게 침해와 능멸을 당하고, 높은 사람의 시기도 받는다.

■ 10월 585

자신의 득실을 보아 인민의 좋고 나쁨을 살펴라. 태평과 난국이 나에게 달려있다. 벼슬과 녹은 숭고하고, 문장은 세상을 덮는다. 생활은 날로 좋아지고, 부인은 생산과 양육이 있다. 병에 시달리는 사람이라도 생명은 보전한다.

■ 11월 773

한계에 이르렀다. 등골뼈가 벌어질 것 같다. 사람이 거역하며 미워하니 어찌 위태롭지 않겠는가. 요직으로 옮길 수 있는데 진취하여 명예를 이룬다. 파손되며 안녕하지 못하니 위태롭다. 심장눈허리에 병이 생길까 두렵다

■ 12월 876

지나치게 겸손할 때는 강한 무용으로 다스려라. 벼슬길에 오르나 변방으로 나가고, 선비는 작은 시험이 좋다. 투쟁이나 소송은 변명하지 않아도 자명해진다. 마음과 뜻이 깨끗하면 손실을 면할 수 있다. 한번 사심이 터지면 밝음을 등지고 어둠으로 향한다.

연평 224

중택태괘 4효(重澤兌卦 四爻) ䷹

즐거움을 헤아려 보고 안녕하지 못하니 한계를 두고 병을 삼는 것이 좋다. 정을 지키고 사를 멀리하면 반드시 경사가 생긴다. 선비는 선출되고, 상인은 이익을 얻는다. 식구가 늘거나 재물이 생기는 기쁜 일이 한 번 있다. 병자는 편하지 못하니 심지가 안녕하지 못하다.

■ 정월 425
천자의 누이동생을 시집보내니 보름이 되면 길하다. 존귀하면서 낮추고 귀하면서 굴복하는 것은 여인의 덕이 융성함이다. 영전할 수요 등과할 운이다. 꾀하면 뜻대로 되고 혼인하고 재물을 얻는다. 영화의 길에 오르는데 국빈이 될 수도 있다.

■ 2월 442
벼락이 치니 위태롭다. 강세를 탔기 때문이다. 재물이 상할까 두려워 높은 언덕에 오른다. 험난함과 간사함을 만나 처음에는 미혹되다 나중에는 얻는다. 노인은 목숨이 위험하고, 젊은이는 반드시 놀랄 일이 생긴다. 분쟁·소송·실물은 7에서 생긴다.

■ 3월 326
거슬리며 어그러져 합하기 어려우니 외롭다. 돼지 진흙과 귀신 한 차 싣는 것을 본다. 모든 의심이 사라지니 원수가 아니라 결혼이다. 의심하며 염려했는데 결정한 뒤에 보니 좋은 소식이다. 어려움과 속임을 당하기 쉽고, 처음에는 손해를 보나 나중에는 좋다.

■ 4월 313
공후가 천자에게 드리니 소인은 이기지 못한다. 대신이 임금을 얻으면 충성하게 된다. 조정에서 중임을 맡고, 선비는 크게 괴수된다. 소인은 무리가 속이고 멸시하니 반드시 재해가 따른다. 운이 불리하면 형극이나 상해를 면하기 어렵다.

■ 5월 361
꼬리에 물을 적셨으니 이보다 더 부끄러운 일이 있겠는가. 그 재주를 헤아려 볼 줄 모르니 알지 못함의 극치다. 앞길이 험난하게 막혔으니 전진하기 어렵고, 경영하는 일은 뜻대로 되지 않는다. 물을 건너거나 배를 탈 때는 조심하라.

■ 6월   764

어리석으며 곤궁하니 부끄럽고 실재와 거리가 멀다. 스승과 친하지 않고 어진 벗도 얻지 못한다. 관직자는 끌어주거나 구원이 없으니 앞으로 나아가기도 어렵다. 인정은 어그러지고 경영은 막힌다. 조용히 있으면 재난이 없으나 움직이면 손해를 본다.

■ 7월   382

앞으로 나아가 근심하나 견고하며 바르면 길하다. 중정으로 스스로 지키면 당연히 남이 구해준다. 왕이 총명하게 나아가면 처음에는 좌절하나 나중에는 믿는다. 구하고 꾀하는 일은 뜻대로 되며 어머니의 힘이 많다. 아내의 재물에 이익이 있을 수 있다.

■ 8월   185

편안할 때 위태로움을 염려하고, 있을 때 망실을 생각한다. 재난은 가고 새 복이 온다. 원수와 시기하는 자는 가고 명리도 이룬다. 전답과 잠업이 유리하며 창고에 가득 차게 된다. 깊이 생각하고 염려해 환란의 실마리를 막아라.

■ 9월   373

나그네가 집을 불사르는데 진실한 시종도 잃었다. 마음만 심란해 베게 베고 탄식한다. 벼슬한 사람은 직위를 잃고, 선비는 명예를 잃는다. 집은 불에 타고 인구마저 잃는다. 지나치게 강해 되지 않고, 여행하다 재난을 당한다.

■ 10월   476

이미 극에 차 만나지 않고 지나간다. 이치를 어기고 정상을 지나니 신속하기가 나는 것과 같다. 천재와 인재를 모두 당한다. 분수를 넘으면 재난이 생기는데 의외의 재앙도 있다. 복제의 수인데 천명을 벗어나기 어렵다.

■ 11월   774

몸에 그치니 허물이 없다. 몸을 보지 못하면 그 사람도 볼 수 없다. 망동하지 않으면 허물이 없다. 그 직위에서 벗어날 생각은 하지 말고 편안하게 있어라. 분수를 지키면 편안하나 분수를 넘으면 불가하다.

■ 12월   731

발을 꾸미니 차를 놓아두고 걷는다. 행동이 올바르며 절의와 의리를 지킨다. 자리에서 물러나거나 강등될 수 있다. 길에서 분주하며 쉬운 것을 버리고 어려움을 쫓는다. 친한 곳을 멀리하고 낯선 곳을 향해야 길하다.

연평 225

중택태괘 5효(重沢兌卦 五爻) ䷹

나쁨을 제거할 수 있으나 한 번은 위태로워진다. 가선과 실선을 구분하지 못하면 위태롭고, 아첨과 가까워지면 흉하다. 벼슬길에는 아첨과 간신이 따르는데 선비는 탈락한다. 모르는 사가 발동해 비밀스러운 화락을 꾀한다.

▪ 정월 126
일이 되어가는 것을 보고 길흉을 살펴라. 법에 맞게 주선하면 큰 경사가 있고, 개과천선하면 점점 형통한다. 고시를 치루면 반드시 장원한다. 재물과 비단에는 흠이 없으나 아버지 상을 당할까 두렵다.

▪ 2월 113
종일 부지런하며 조석으로 조심하라. 신중하게 처신하면 허물은 없을 것이다. 짐은 무거운데 힘은 모자라니 매사가 번거롭다. 일이 여의치 못하니 어찌 재물과 이익을 바라겠는가. 조급하게 움직이면 실패하고, 여자는 재난이 많다.

▪ 3월 161
송사를 길게 끌지 않으면 결국은 이롭다. 처사가 중정하니 머지않아 자명해진다. 송사에 비유하면 처음에는 지나 나중에는 이긴다. 일시적인 훼방도 큰 해가 되지 않고, 시비와 재앙도 결국은 해결된다.

▪ 4월 564
여러 당이 흩어지니 크게 길하고 광대하다. 강유가 서로 맞고 군신이 힘을 얻었다. 그 흩어짐을 끌어들여 능히 크게 모은다. 선비는 대중을 초월해 장원한다. 꾀하고 바라는 일은 이루어지고, 이익을 구하면 얻는다.

▪ 5월 182
포용하고 받들면서 순순히 따라라. 소인은 길하나 대인은 비색하다. 부끄러움과 수치를 참으면 자신을 지킬 것이다. 시비와 좋고 나쁨을 분명히 하라. 그렇지 않으면 재해를 벗어나기 어렵다.

■ 6월 385

후회가 사라지는 곳에서 잃고 얻는 것을 근심하지 말라. 나가면 경사가 있으니 이롭지 않은 곳이 없다. 성의와 충성을 다하니 뜻이 천하에 통한다. 영천이나 발탁되는 기쁨이 있고, 앞으로 나아가 명예를 이룬다. 경영하거나 꾀하는 일이 이로우니 어찌 파란을 염려하랴.

■ 7월 173

일에 매여 숨지 못하니 병이 되고 위태로움이 있다. 공을 바라지만 펴지 못하니 큰 일은 성사되지 않는다. 질병에 걸리지 않으면 놀람과 위험이 있다. 식구가 늘고 아내를 얻을 운이다. 길흉이 상반하는 운이다.

■ 8월 276

광대뼈와 혀로 감동시키니 구설만 생긴다. 말이 많으면 욕을 부르고, 도모한 일도 분명하지 않다. 항상 노력하나 마음과 힘만 쓸 뿐이다. 유세하는 업이나 평론가가 되어라. 구설이 분분하니 먼저 훼방을 조심하라.

■ 9월 574

기러기가 나무로 날아가니 처한 곳이 편하지 않다. 순하게 윗사람을 섬기면 높아도 위태롭지 않다. 강폭함을 막기 어렵고, 옮겨다니는 것도 정처가 없다. 가을(지방) 시험은 가망이 있는데 과거도 될 수 있다. 집수리나 성조도 이롭고, 놀람과 근심도 사라진다.

■ 10월 531

있는 집에서 방어하면 자연히 후회할 일은 없다. 인정이 방탕하면 반드시 후회할 일이 생긴다. 관직은 한직이며 작은 시험이 유리하다. 꾀하는 일은 이루어지며 혼인할 상이다. 승려는 주지가 되고, 늙은이는 수명이 불리하다.

■ 11월 775

말에 순서가 있으면 후회는 없으리라. 언행을 조심하라. 말을 그치면 허물도 작아진다. 언론직이 좋은데 큰 책임을 맡는다. 한 말로 주인과 맞으니 언론 시험에서 명예를 이룬다.

■ 12월 752

어머니의 일을 주관할 때는 꼼꼼하게 하지 말라. 바르면 애정을 잃고 부정하면 의리를 잃는다. 성의와 충성을 다하되 중도를 지켜라. 지난 일을 주관할 때 분별할 줄 알면 녹과 지위도 온건하다. 옛것을 고쳐 갱신하니 더 고칠 곳이 없다.

연평 226

중택태괘 상효(重澤兌卦 上爻) ䷹

이끌려 즐거워하니 크게 빛나지 못한다. 함부로 교묘하게 기쁨을 찾으니 이르지 않는 곳이 없다. 시절이 오지 않으니 심사만 산란하다. 좋은 광채도 먼지 속에 있으니 경영하고 꾀하는 일이 잘 되지 않는다. 위로 가도 광채가 없으니 혹 더러운 데 오염될 수 있다.

■ 정월 261
앙상한 나무에 엉덩이를 대는 것처럼 곤궁하니 앉아 있어도 편안하지 않다. 3년씩이나 곤궁에 빠져 있다. 의지할 데가 한 군데도 없으니 슬프다. 만약 근심이나 놀람이 없으면 상복을 입을 수 있다. 운수가 이와 같으니 이로운 것이 하나도 없다.

■ 2월 664
술 한 잔과 제기 둘이니 들창으로 언약을 드린다. 깨끗한 성의를 닦고 충성과 신의를 다하라. 임금의 마음이 밝게 열리면 결국 허물이 없어진다. 체결·결연·결혼이 있으나 초상이나 제사도 두렵다. 손님과 주인이 성심과 예의로 대한다.

■ 3월 282
이끌리면 길하여 허물이 없고, 중정한 덕은 변함이 없다. 지성이 서리는 곳에 소박한 제사를 올리면 이롭다. 군신이 화합하니 지성과 공경을 모두 이룬다. 귀인이 이끌어주면 등용할 수 있다. 좋은 사람과 교류하거나 천거 있으니 경영하거나 꾀하는 일을 이룬다.

■ 4월 485
강세를 타 견고해도 병이 된다. 항상 중도를 잃지 않으면 죽지 않고, 권세가에게 의지하면 은혜와 총애를 받는다. 이끌어주는 사람도 없고, 좋은 기회를 만나기도 어렵다. 심사를 정하지 못하면 재해를 당한다.

■ 5월 273
다리에 감응이 있으나 처하지 못한다. 스스로 하지 못하고 남을 따른다. 조용히 있는 것이 좋은데 움직이니 심히 부끄럽다. 모든 일에 부끄러움이 많으며 여자의 결혼만 유리하다. 간여한 일들은 보통을 벗어나기 어렵다.

■ 6월 176

살찐 물러남이요 숨은 것이니 이롭지 않은 것이 없다. 사물에 막힘이 없어 초연하며 여유가 있으니 무슨 일이든 이루어지지 않겠는가. 관로가 편안하지 못하니 때를 기다려라. 경영하거나 꾀하는 일은 이롭고, 가정과 사업은 풍성해진다.

■ 7월 674

세상이 험난하니 그곳도 불안하다. 지존이 연결해주면 아름다워진다. 관직에 막힘이 없으니 연달아 자리에 오른다. 구하고 바라면 명리를 이룰 수 있다. 그러나 연루·소송·시비 등의 어려움이 따른다.

■ 8월 631

수레바퀴를 끌다 꼬리를 적셨다. 지극히 힘든 일을 해내면 의리에 허물이 없다. 직위는 있으나 받지 못하고, 자리는 있으나 오르지 못한다. 움직일 것 같으나 움직일 수 없고, 구제될 것 같으나 구제되지 못한다. 조심하면서 때를 기다리면 허물은 없을 것이다.

■ 9월 875

부자가 하지 않고 이웃과 함께하니 침략과 정벌에도 이롭다. 재물로 자신을 발전시키니 따르는 사람이 많다. 문무를 겸비하며 병권을 장악할 수도 있다. 과거에 오를 운인데 귀인을 만나 성사된다. 재리를 배로 얻으나 투쟁이나 소송을 조심하라.

■ 10월 852

제사는 간소하게 지내는 것이 좋고, 기쁨만 있고 허물은 없다. 안으로 지성을 지키며 외부의 꾸밈을 일삼지 않는다. 영전할 운이요 제관으로 배향한다. 선비는 명예를 얻고, 보통 사람은 기쁨이 있다. 병은 편안해지고 하는 일은 이루어지나 초상이나 제사가 두렵다.

■ 11월 776

그치는 도가 매우 좋으니 나중에는 길하다. 관직자는 자리를 옮기고, 선비는 명예를 이루고, 농민은 전답이 늘어나고, 상인은 이익을 얻고, 보통 사람은 복을 받는다. 그러나 운이 흉하면 반대가 된다.

■ 12월 783

떨어져 가는데 허물이 없고, 상하를 잃어버린다. 뜻은 당연히 정도를 따르니 가히 선하다. 명리를 다른 길에서 구하면 높이 된다. 지기를 만나기 어려우니 생애가 담박하다. 근심은 부모와 처자에 있다.

연평 231

택화혁괘 초효(沢火革卦 初爻) ䷰.

견고한 황소가죽을 써라. 개혁은 불가하다. 초기에 움직이니 어찌 자세하며 신중하겠는가. 마음을 잘 지키면서 가볍게 고치려고 하지 말라. 망동하면 과실을 면하기 어렵다. 벼슬한 사람은 자리를 지키면서 나올 생각을 하지 말라.

■ 정월 212
안으로는 근심과 두려움을 품고 밖으로는 엄숙히 경계하라. 어두운 밤에 무력을 만나더라도 구원을 요청하지 말라. 졸연히 화를 막으면 재앙을 면할 수 있다. 무관이 유리하니 무관으로 진출하라. 만약 도적이 아니면 놀라거나 위험한 일이 많다.

■ 2월 415
겉은 부드러우나 속은 강하니 건장함을 쓰지 않는다. 바르고 안정되게 지키면 좋으나 망동하면 재앙이 생긴다. 거칠어진 정치로 파직·연금명예 상실이 따르며 성공하지 못한다. 좋은 계책은 펼 수 없으니 이로운 것이 하나도 없다. 만일 병자이면 몸을 잃을 수 있다.

■ 3월 223
나아가 즐거움을 구하니 그 흉함을 알겠다. 이미 도덕을 잃었으니 남들이 호응해 주지 않는다. 생각은 많으나 어려움만 따른다. 교묘하고 구차하게 합하면 의외의 화근이 생기거나 도를 잃고 망신한다.

■ 4월 126
일이 되어가는 것을 보고 길흉을 살펴라. 법에 맞게 주선하면 큰 경사가 있고, 개과천선하면 점점 형통한다. 고시를 치루면 반드시 장원한다. 재물과 비단에는 흠이 없으나 아버지 상을 당할까 두렵다.

■ 5월 624
절제하면 형통하고, 위의 도를 계승한다. 절제하며 법을 따른다. 왕도의 현장을 따르니 충분히 명예를 이룬다. 공을 받들고 어른을 받드니 복을 받는다. 만일 여자이면 안인이나 절부다.

■ 6월   661

겹겹의 험난에 빠져 도를 잃어버리면 흉하다. 재주가 약하고 응원이 없으니 회복하기 어렵다. 내쫓길 운이요 강등의 욕을 당한다. 험난한 곳으로 빠져들어가니 인명이 위태롭다. 그러나 승려나 숨은 도인은 화를 면할 수 있다.

■ 7월   825

대군이 지혜로 임하고, 중도에 행하니 여러 가지가 길하다. 성군은 총명하며 예지력이 있어야 한다. 벼슬한 사람은 초월적이 되고, 선비는 등용된다. 꾀하는 일은 순탄하니 이롭지 않은 것이 없다.

■ 8월   842

아름다운 회복이니 길하며 인(仁)에 내린다. 인을 얻고 인과 친하니 선이 되어 자연히 이익도 생긴다. 내쫓긴 사람도 복직되고 정지나 강등도 풀린다. 위태롭던 사람도 편안해지고 병자도 쾌유된다. 형통하며 부호가 되니 재물과 이익을 얻는다.

■ 9월   726

덜지도 않고 유익하니 큰 뜻을 이룬다. 신하를 많이 얻는데 원근이 모두 복종한다. 혜택을 주고 소비하지 않으면 그 혜택이 넓어진다. 백성은 한마음이 되고 임금의 총애도 견고하다. 선비도 뜻을 얻어 출입이 더욱 유리해진다.

■ 10월   713

좋은 말이 달리니 어렵고 올곧은 것이 이롭다. 윗사람과 뜻이 합하면 달리는 말과 같아진다. 태수(太守)가 되어 붉은 기를 꽂고, 선비는 비등한다. 지기가 서로 도우니 어려움도 이겨낸다. 열심히 노력하면 고생 끝에 얻을 것이다.

■ 11월   761

어린아이에게는 벌을 주는 것이 이롭다. 두려움을 알게 한 후 가르쳐서 인도한다. 착한 도를 알게 해야지 벌을 주면 안 된다. 문교의 직책이며 형벌을 주는 소임이다. 작은 시험은 유리하나 보통 사람은 관재나 시비가 많다.

■ 12월   364

견고하고 바르면 후회할 일이 없으니 뜻을 이룬다. 힘을 다해 원방을 정벌하면 3년에 상을 받는다. 출장 입상하고 진취하여 괴수가 된다. 공이 높으면 상도 무궁하다. 귀인이 도와주면 이익이 있으나 귀신에 기록될 우려도 있다.

택화혁괘 2효(沢火革卦 二爻) ䷰·

신중하게 개혁하고 아름답게 실행한다. 유순하며 중정하니 망동하지 않는다. 앞길에 막힘이 없으니 경사를 누리리라. 벼슬한 사람은 영전하고, 선비는 명예를 이룬다. 보통 사람은 기쁨이 많고 모든 일이 잘 된다.

■ 정월 243
장부에 매이고 어린아이를 잃게 된다. 도를 굽히고 간사하면 소인이 따른다. 정도를 따르면 구하는 것을 반드시 얻는다. 의로운 길로 가면 경영하거나 꾀하는 일도 충분히 얻는다. 그러나 어린아이와 여자는 흉하다.

■ 2월 146
처신에 희망이 없으니 행하면 재앙이 따른다. 순리를 따르면 편안하나 일을 시작하면 화가 된다. 강등·퇴출·직위 이탈·치욕을 면하기 어렵다. 일을 분명하게 하지 않으면 시비가 생기고, 운이 불길하면 천명을 지키기 어렵다.

■ 3월 644
말을 타고 진출하지 못하니 혼인을 구하라. 가면 벗을 얻고 이롭지 않은 것이 없다. 만약 어진 사람을 만나면 어려움에서도 벗어날 수 있다. 관록이 좋고 명예가 드러나니 자연히 좋은 자리에 오른다. 인정이 화합하고 모든 일을 다 이룬다.

■ 4월 681
미더움을 갖고 도우니 허물이 있을 수 없다. 내 신용이 높아지면 남들도 감동한다. 둥우리 밖으로까지 영전하고, 등용이나 천거의 영화도 있다. 지기를 만나 모든 계획이 마음대로 된다. 성의로 남을 감동시키면 불선은 없다.

■ 5월 845
회복이 두터우니 후회할 일이 없고, 중도를 지켜 스스로 이룬다. 선한 마음이 싹트면 덕을 쌓게 된다. 영전·이동·등용·천거의 운이다. 재물과 이익이 쌓이는데 이익은 전토에 있다. 복제를 막지 못하면 아버지가 불리하다.

■ 6월   822

느껴 임하고 또 길하니 이롭지 않은 것이 없다. 음양이 서로 감응하니 명을 순응하는 것은
아니다. 사를 제거하고 정도를 지키니 지위가 청고하다. 막히고 침체됨이 없다. 시기에 맞
게 짐작하면 경영하거나 꾀하는 일에 이익이 있다.

■ 7월   746

말미암아 기르니 큰 내를 건너면 이롭다. 혜택은 사해에 통달하고 큰 복과 경사가 따른다.
작위와 녹이 융숭하며 선비는 두각을 나타낸다. 꾀하는 일은 두드러지게 빛나고 이롭지 않
은 것이 없다. 능히 인정을 통찰하고 널리 베풀어 대중을 구한다.

■ 8월   733

꾸밈이 젖어들듯하니 오래 바르면 길하다. 꾸밈이 항상 바르면 결국 능멸하지 못한다. 도와
주는 사람이 있으면 좋은 직위를 맡는다. 떠받들어 주는 사람이 많으니 명리를 이룬다. 밖
에서는 시비로 시끄러울 수 있으나 해가 되지는 않는다.

■ 9월   781

발부터 상이 떨어져 나가니 바른 것이 소멸되어 흉하다. 정도가 사라지고 사도가 침범한다.
소족 질환이나 노비가 손실된다. 형제가 불목하는데 성조하면 이로워진다. 만약 흉한 운을
만나면 몸을 망치고 가정도 깨진다.

■ 10월   384

다람쥐처럼 나아가는 격이니 바르고 견고하면 위태롭다. 중정하지 못하면서 높은 자리만 탐
낸다. 생각마다 잃어버릴까 근심하고, 경영하는 일은 자신을 해친다. 간하는 의론에 막히는
데 요행으로 진출하려고 도모하지 말라. 탐심이 많아지면 오히려 물건만 손해본다.

■ 11월   762

어리석음을 감싸주면 길하고, 부인을 들여도 길하다. 자식이 가정을 다스리니 강유의 교접
이다. 밝음으로 어둠을 받아드리니 그 선한 바를 받아들인다. 벼슬한 사람은 관직을 지키
고, 선비는 사범이 된다. 인정이 화합하니 모든 일이 순조롭다.

■ 12월   565

흩어짐에 왕이 큰 호령을 한다. 백성을 새롭게 하는 것은 흩어짐을 구하는 큰 정사다. 승진
이나 영전할 운이니 앞으로 나아가면 좋다. 흉한 일이 흩어지니 이익을 구하면 이루어진다.
흩어지는 것을 합하게 한다.

연평 233

택화혁괘 3효(沢火革卦 三爻)

비록 바른 길이라도 앞으로 나아가면 흉하다. 이른 개혁은 흉하며 위태롭다. 중론이 세 차례나 나오면 때에 맞는 순리로 행하라. 불화할 운으로 안부가 한결같지 않고, 한번 흉한 운을 만나면 요절한다.

■ 정월 634
헤진 옷에 물이 스며드니 종일 경계해야 한다. 의심과 경계를 게을리 하지 말라. 벼슬한 사람은 예방하면서 자신의 소질을 길러라. 생활에 예비가 있으면 놀라거나 전복이 있을 수 없다. 배를 타면 물이 스며들 위험이 있다.

■ 2월 671
가면 어려우나 오면 명예가 있으니 마땅히 기다려라. 어려움의 시작이니 나아가면 더욱 어려워진다. 기미를 보고 때를 알아 그치면 칭찬을 듣는다. 때를 기다려 진출하고, 옛것을 지키면서 안정하라. 나아가면 불리하고 망동하면 재난을 당한다.

■ 3월 835
기자의 밝음이 상했으나 밝은 것이 꺼지지는 않는다. 밝음을 안으로 감추고 올바름을 지킨다. 검소한 덕으로 피난하나 지기는 만나기 어렵다. 가정의 어려움으로 반드시 화를 당한다. 분수를 지키면서 뜻을 바르게 가져야 한다.

■ 4월 812
넓음도 포장하고 하수도 능멸하며 먼 곳을 잃지 않는다. 벗을 잃으면 광대하고 중도의 행실에 부합된다. 변방이나 강호를 지킨다. 앞으로 나아가 명예를 이루고, 경영하거나 꾀하는 일에 수확이 있다. 반드시 존귀한 분을 만나나 운이 흉하면 상해가 따른다.

■ 5월 736
깨끗하게 꾸미면 허물이 없고, 위에서도 뜻을 얻는다. 참 모습을 잃지 않으니 절대 허물이 없다. 승진이나 영전할 운이니 앞으로 나아가면 뜻을 이룬다. 경영하거나 꾀하는 일이 소박하며 진실하니 허황이나 방탕에 빠지지 않는다. 혹 외척의 상을 당할 수 있다.

■6월 743

기르는 정도를 어기니 흉하다. 10년이라도 쓰지 말라. 도가 크게 어그러졌으니 이로울 것이 없다. 욕심이 많아 망동하면서 이르지 않는 곳이 없다. 욕심을 따르다 법도를 그르치고 명예를 잃는다. 거칠고 음탕한 짓을 거리낌 없이 하다 자신이 상하고 슬픔만 남는다.

■7월 771

발에 그치면 허물이 없다. 중정의 도를 잃지 않았다. 정도를 계속 지키면 이롭다. 현 직위를 고쳐야 그 지위도 잃지 않는다. 앞으로 나아가는 일은 어려워지고 정지나 강등이 따른다. 그러나 안정하면서 분수를 지키면 위험해지는 일은 없다.

■8월 374

나그네라고 자처하며 지위도 얻지 못한다. 재물과 도끼를 얻으나 마음은 불쾌하다. 재능은 펼 수 없고 겨우 몸만 편하다. 선비는 불쾌하며 앞으로 나아가기도 어렵다. 좋은 가운데 부족함이 있으나 밖으로 나가면 이룰 수 있다.

■9월 752

어머니의 일을 주관할 때는 꼼꼼하게 하지 말라. 바르면 애정을 잃고 부정하면 의리를 잃는다. 성의와 충성을 다하되 중도를 지켜라. 지난 일을 주관할 때 분별할 줄 알면 녹과 지위도 온건하다. 옛것을 고쳐 갱신하니 더 고칠 곳이 없다.

■10월 555

올바르면 후회할 일이 없으니 이롭지 않은 것이 없다. 움직이기 전에 신중하게 생각하라. 처음에는 막혀도 나중에는 순탄하고, 선비는 명예를 이룬다. 있는 자리가 중정하니 처음은 없어도 끝은 있다. 복과 이익을 얻는 시기는 3일이다.

■11월 763

여인을 취하지 말라. 소행이 불순하다. 돈 많은 남자를 보면 제 신분도 생각하지 못한다. 탐내고 조심하지 않아 욕을 당하고 편안에 빠져 학업도 폐한다. 여인과 불목하며 주색으로 재난을 당한다. 시비가 생기게 되니 안정해야 좋다.

■12월 866

대군이 명령을 두니 공을 바르게 한다. 국가를 열고 집안을 잇는 일에 소인은 쓰지 말라. 권세로 공을 세우고 기예로 명성을 얻는다. 집안을 일으키고 자식이 대를 잇는다. 참소나 아첨을 방지하라. 분수를 넘는 일이 생길까 두렵다.

택화혁괘 4효(沢火革卦 四爻) ䷰

성실과 신뢰로 명을 고치면 후회할 일이 없고 길하다. 강유가 치우치지 않고 때에 따라 조치한다. 새로운 것을 받아들이고 옛것을 고친다. 승진·영전·등용·천거의 영화가 있고, 명을 고치는 운수로 점점 더 아름다워진다.

■ 정월 435
밝음이 이르니 경사와 명예가 따른다. 비록 본성이 유순하며 어두우나 능히 문명을 이룬다. 집안이 향기롭고 월계관을 쓰리라. 좋은 사람과 교류하며 천거를 받아 바라는 일이 뜻대로 된다. 노인은 관대를 입는 영화를 보리다.

■ 2월 412
견고하고 바르게 중도를 행하면 길하다. 중정을 잃지 않으면 충분히 길하다. 깨끗하고 높은 지위에 올라 명예를 얻는다. 하는 일마다 뜻대로 된다. 마음은 사심과 치우침이 없고, 하는 일은 지나침이 없다.

■ 3월 336
왕이 출정하는 것은 나라를 올바르게 하기 때문이다. 간신과 죄악을 살피고, 위엄과 형벌을 실행한다. 천하를 밝게 분별하는 것은 아름다운 공을 세우기 위해서다. 출사하면 공업을 이루고, 앞으로 나아가면 우두머리가 되고, 경영하는 일에서는 이익을 얻는다.

■ 4월 343
질긴 고기를 씹다 독을 만난다. 부당하게 남을 형벌하니 불복한다. 재주가 약하면 잃는 것이 있고, 학식이 얕으면 욕을 본다. 쉬운 일도 주간하기 어려우니 처신이 편안하지 않다. 뱃속에 병이 있거나 놀라거나 험한 일을 당할 수 있다.

■ 5월 371
나그네가 자질구레하고 더럽게 구니 뜻이 궁박해 재난을 당한다. 재주가 미치지 못하니 지위가 있어도 감당하지 못한다. 야비하고 더러운 상이니 천하고 더러움을 면하기 어렵다. 국이 너무 얕으니 재난이 절박한다. 상업이나 여행은 불리하니 기로에서 잘 선택하라.

■ 6월 774

몸에 그치니 허물이 없다. 몸을 보지 못하면 그 사람도 볼 수 없다. 망동하지 않으면 허물이 없다. 그 직위에서 벗어날 생각은 하지 말고 편안하게 있어라. 분수를 지키면 편안하나 분수를 넘으면 불가하다.

■ 7월 352

솥이 차 있으니 갈 곳을 조심하라. 도를 지키지 않으면 의리가 상한다. 정도와 공평을 받들고 참소와 간신을 조심하라. 이익과 수확이 있으나 외부의 잡음을 조심하라. 아랫사람이 침범하거나 작은 병에 걸릴 수 있다.

■ 8월 155

참외를 넓은 잎에 싸니 아름다움이 함축된다. 하늘의 도움을 받고 천명을 어기지 않는다. 큰 그릇을 이루어 반드시 공명이 통달한다. 몸이 임금 곁에 올라 무궁한 영화를 누린다. 문전에 경사가 가득하며 부인도 임신한다.

■ 9월 363

앞으로 나아가면 흉하나 큰 내를 건너면 이롭다. 험난함에서 나오기 어렵고, 육지로 가는 것도 불리하다. 간다고 좋을 수는 없으나 남의 덕으로 성사된다. 재주와 힘이 부족하니 좌절과 억제될 수밖에 없다. 내를 건너고 험난을 지나 상업을 하면 유리하다.

■ 10월 466

높은 담장에서 매새를 쏘아 얻으니 모두 이롭다. 능력을 감추고 성취한 뒤에 움직이는데 움직임에 막힘이 없으니 어찌 불리하겠는가. 병사로 공을 세우고 추천도 먼저 받는다. 문과 담장을 만들고, 꾀하는 일로 이익을 얻는다.

■ 11월 764

어리석으며 곤궁하니 부끄럽고 실재와 거리가 멀다. 스승과 친하지 않고 어진 벗도 얻지 못한다. 관직자는 끌어주거나 구원이 없으니 앞으로 나아가기도 어렵다. 인정은 어그러지고 경영은 막힌다. 조용히 있으면 재난이 없으나 움직이면 손해를 본다.

■ 12월 721

마치는 일은 속히 가라. 가상함이 합했기 때문이다. 아래를 덜어 위를 유익하게 하고, 자신을 덜어 윗사람을 받든다. 가정보다 나라를 더 생각하면 임금의 총애는 날로 늘어난다. 윗사람과 뜻이 합하니 반드시 우수하게 뽑힌다. 회계가 윤당하면 이롭고 모두 얻을 수 있다.

연평 235

택화혁괘 5효(沢火革卦 五爻) ䷰

대인은 범으로 변하며 그 문채가 빛난다. 개혁이 지당하면 모든 사람이 신뢰한다. 벼슬한 사람은 높이 영전하고, 선비는 높이 천거된다. 변통하는 일은 먼저 그 아름다움이 나타난다. 그러나 천민이나 여자는 이런 기쁨을 감당하기 어렵다.

■ **정월 136**
교회에서 동지를 찾으나 뜻을 이루지 못한다. 인정은 서로 막히고 안팎이 같지 않다. 외롭더라도 절개를 지키면서 자신을 고결하게 하라. 벼슬길은 먼 곳에 있으나 좋은 기회를 만나기 어렵다. 만약 흉한 운을 만나면 교외로 나간다.

■ **2월 143**
무고한 재난에 매어둔 소를 잃는다. 옛날의 기쁨이 수심이 되고, 일에 경쟁이 많다. 명암이 함께 오니 풍파가 그치지 않는다. 몸은 어려움에 처하며 손재를 당한다. 만약 소를 사들이지 않으면 시끄러워진다.

■ **3월 171**
말미에 물러나 숨으니 위태로움과 어려움이 많다. 만약 전진하지 않으면 재해를 면할 수 있다. 물러나 숨으면 좋으나 나아가 행동하면 흉하다. 물러나 때를 기다려라. 경영하는 일은 막혀 어려우니 안정하면서 분수를 지켜라.

■ **4월 574**
기러기가 나무로 날아가니 처한 곳이 편하지 않다. 순하게 윗사람을 섬기면 높아도 위태롭지 않다. 강폭함을 막기 어렵고, 옮겨다니는 것도 정처가 없다. 가을(지방) 시험은 가망이 있는데 과거도 될 수 있다. 집수리나 성조도 이롭고, 놀람과 근심도 사라진다.

■ **5월 152**
물고기가 꾸러미 속에 있으니 허물은 없다. 어찌 좋은 물건을 잘 포장해 밖에 내놓겠는가. 벼슬한 사람은 영전하나 선비는 불리하다. 금은과 비단이 모두 좋고, 수산물도 이익이 있다. 식구가 늘거나 자식이 생길 수 있다.

■ 6월 355

누런 귀에 금으로 된 솥이니 아름답다. 문명하고 중정을 얻었으니 상응이 매우 좋다. 화공의 묘한 조화로 꽃들이 일신한다. 반드시 꾀꼬리가 깊숙한 골짜기에서 나와 높은 나무로 옮겨간다. 상업이나 농업은 이롭고, 승려는 주지가 된다.

■ 7월 163

옛 덕을 누리는 것이니 위태로우나 결국은 길하다. 혹 영광스런 공직에 있더라도 성취하기 어렵다. 윗사람을 따르는 것은 좋으나 일을 주도하면 불가하다. 비록 위태로워도 옛것을 지키고 정도를 지키면 길하다. 정상을 잃지 않으면 모든 어려움이 침범하지 못한다.

■ 8월 266

칡넝쿨에 걸려 위태롭고 곤궁한데 움직이면 더 고생한다. 궁하면 변화를 생각하는데 움직이면 형통한다. 형벌·구속정지·강등이 두렵다. 갈 바를 두면 유리하며 상업이나 여행이 길하다. 만약 근심이나 놀랄 일이 없으면 복제가 두렵다.

■ 9월 564

여러 당이 흩어지니 크게 길하고 광대하다. 강유가 서로 맞고 군신이 힘을 얻었다. 그 흩어짐을 끌어들여 능히 크게 모은다. 선비는 대중을 초월해 장원한다. 꾀하고 바라는 일은 이루어지고, 이익을 구하면 얻는다.

■ 10월 521

스스로 헤아려 보는 것이 좋은데 달리하면 편안하지 않다. 뜻은 변하지 않는 미더움 속에 있다. 관직자는 천거나 발탁되고, 선비는 끌어주는 사람을 만난다. 지조를 지켜 원만하게 이루나 편안함에 빠지면 실패한다. 기쁨 속에 근심이 있는데 사람과 재물이 손실된다.

■ 11월 765

어린아이 같으니 길하고 순하다. 순수한 미개발은 남의 말을 듣게 된다. 선비·농업·공업·상업은 모두 세력에 의지하라. 모든 것이 마음대로 되고, 꾀하는 일도 순탄해진다. 심신을 편안하게 하면 유순하며 중정해진다.

■ 12월 782

흉과 사의 세력이 더욱 커져 정도를 해치고 멸망시키니 더 흉해진다. 관직자는 퇴출과 강등을 막아야 하고 진취하기는 어렵다. 주관하는 일은 이루어지지 않으니 일찍 대책을 세워라. 아랫사람에게 침해와 능멸을 당하고, 높은 사람의 시기도 받는다.

연평 236

택화혁괘 상효(沢火革卦 上爻) ䷰

군자는 표범으로 변하고 소인은 얼굴만 바뀐다. 나가면 흉하니 바르고 견고하게 있어야 길하다. 반드시 명예를 성취하고 문채가 왕성하다. 조심스럽게 법도를 지키면 재난을 면할 수 있다. 시비가 따르는데 낯을 바꿀까 두렵다.

▪ 정월 271
엄지발가락에 감응이 있으니 뜻은 밖에 있다. 비록 뜻은 동했으나 감응은 깊지 않다. 어둡고 유약하며 조급해 사물에 접하지 못한다. 먼 곳에서 행상이나 유랑하는 상이다. 경영하거나 꾀하는 일에 급급하나 이루기는 어렵다.

▪ 2월 674
세상이 험난하니 그곳도 불안하다. 지존이 연결해주면 아름다워진다. 관직에 막힘이 없으니 연달아 자리에 오른다. 구하고 바라면 명리를 이룰 수 있다. 그러나 연루·소송·시비 등의 어려움이 따른다.

▪ 3월 252
마른 벼에 뿌리가 나고, 늙은 사내가 아내를 얻는다. 중도를 얻고 유순하니 능히 큰 공을 이룬다. 심하게 침체된 사람이 다시 일어나니 복직될 운이다. 첩을 들이는 운으로 아내를 얻고 아들을 낳는다. 승려는 제자를 얻거나 의붓자식을 둔다.

▪ 4월 455
덕을 오래 지키면 견고하며 바르게 된다. 부인은 길하나 사나이는 흉하다. 권세에 아첨하니 비난과 꾸짖음을 당한다. 선비는 요행을 도모하다 욕을 본다. 보통 사람은 불선하다 훼방을 많이 겪는다.

▪ 5월 263
돌에 부딪쳐 곤궁한데 가시덩쿨에 걸린다. 그 집에 들어가도 그 아내를 보지 못한다. 이미 욕되고 부끄러운데 죽을 때가 된다. 불상의 운으로 가정이 어지럽고, 운이 불길하면 처첩의 변이 있다.

■6월 166

왕이 하사한 의복을 받으나 하루아침에 세 번 잃는다. 소송으로 받는 복은 공경할 것이 못된다. 성공과 실패, 진보와 후퇴가 있다. 소송이나 분쟁할 운이요 상복을 입을 운이다. 정도로 취한 것이 아니면 결국 잃는다.

■7월 664

술 한 잔과 제기 둘이니 들창으로 언약을 드린다. 깨끗한 성의를 닦고 충성과 신의를 다하라. 임금의 마음이 밝게 열리면 결국 허물이 없어진다. 체결·결연·결혼이 있으나 초상이나 제사도 두렵다. 손님과 주인이 성심과 예의로 대한다.

■8월 621

호정에도 나가지 말라. 먼저 동태하고 막힘을 알아야 한다. 임금이 조심하지 않으면 어진 신하를 잃는다. 사소한 일도 조심하지 않으면 재해가 생긴다. 옮겨가지 못할 운으로 진취가 불리하다. 구덩이에 빠질 징조이니 옛것을 지켜야 한다.

■9월 865

장자가 중도로 군사를 거느린다. 소인이 참여하면 비록 바른 일이라도 흉하다. 언론으로 정치를 잡고, 앞으로 나아가 명예를 이룬다. 전답과 재산이 날로 늘어나고, 육축도 번창한다. 위임할 사람을 얻으면 꾀하는 일을 이루고 뜻도 얻는다.

■10월 882

곧고 모나고 크니 땅의 도가 빛난다. 소행에 의심이 없으니 이롭지 않은 것이 없다. 유순하며 중정한 덕이 무궁하다. 관직자는 지위가 높아지고 명예도 올라간다. 곡식과 비단이 많이 늘어나고, 어진 부인이 집안을 일으킨다.

■11월 766

어리석음을 격퇴하는 도리는 상하에 순탄하게 하라. 원수를 방어하는 것은 이롭고, 원수가 되는 것은 불리하다. 외부의 유혹을 막고 순진함이 완전하게 하라. 사법관의 직위요 공은 뺏고 성공한다. 시비·투쟁·소송과 도적의 요란도 있다.

■12월 753

아버지 일을 주간하니 다소 후회가 있다. 일을 주간해 폐단을 제거할 때 모두 길하지는 못했다. 유신의 법은 어찌 하나의 뉘우침을 애석해 하겠는가. 몸소 왕도를 행하고 간사한 말을 믿지 말라. 일찍 움직이는 것은 불리하니 거슬리고 어긋남을 고쳐라.

연평 241

택뢰수괘 초효(沢雷隨卦 初爻) ䷐.

마음을 바꿔 정도를 따르면 길하다. 교제가 공정하면 당연히 공이 있다. 만일 사랑이나 애정에 매이면 정리와 합할 수 없다. 선비는 좋은 기회가 있고, 따르는 곳에 공이 있다. 보통 사람이 이와 같으면 이익이 많다.

■ 정월 222
미더워 즐거워하니 후회할 일이 사라지고 좋은 일이 생긴다. 신의와 진실이 있고 사가 없으니 응당 후회는 가볍다. 승진이나 영전할 징조요 진취의 기쁨이 있다. 모든 일이 화순하며 어둠 속에서도 빛이 난다. 결연·체결·화해가 있고, 가정에 경사가 가득하다.

■ 2월 425
천자의 누이동생을 시집보내니 보름이 되면 길하다. 존귀하면서 낮추고 귀하면서 굴복하는 것은 여인의 덕이 융성함이다. 영전할 수요 등과할 운이다. 꾀하면 뜻대로 되고 혼인하고 재물을 얻는다. 영화의 길에 오르는데 국빈이 될 수도 있다.

■ 3월 213
얼굴에 통쾌한 결행이 나타나면 반드시 흉하다. 만약 적시듯 나쁜 빛을 두면 여러 가지에 허물없다. 간신을 막다 오히려 씹히고, 분노를 품고 세상을 등진다. 정도를 따르면 길하나 사를 따르면 흉하다. 소송·시비의 운이며 원한을 맺을 근심이 있다.

■ 4월 116
지나치게 과한 용이니 내려올 줄 모르다 후회한다. 귀하나 직위가 없고, 높으나 백성이 없다. 사고무친이니 움직이면 후회할 일이 생긴다. 귀양갈 운으로 눈앞에 재앙이 닥친다. 너무 강하면 꺾이는 법이고, 망동하면 손실이 따르는 법이다.

■ 5월 614
이미 험난함에 상했으니 편한 곳이 못된다. 조용히 때를 기다리면 험난함에서 빠져나올 수 있다. 나아가면 편안하지 않으나 물러서면 문득 편안해진다. 상해가 평평해지며 오래 막힌 것이 펴진다. 운이 흉하면 혈액질환이 따르는데 산아의 근심도 있다.

■ 6월 651

재주도 약하고 응원도 없으니 버려진 샘과 같다. 사람도 먹을 수 없고, 날짐승도 돌아보지 않는다. 관직자는 한직으로 물러나 명예를 구해도 이루지 못한다. 경영하거나 꾀하는 일은 막히는데 운이 흉하면 세상을 버린다. 사물에 미치지 못해 버리는 것이다.

■ 7월 815

천자의 누이동생을 시집보내니 복이며 매우 길하다. 어질고 강명한 분을 따르니 대길하다. 주로 영전되거나 기쁜 일이 있다. 과거에 올라 월계관을 쓰고 추대를 받는다. 결혼·출산양육이 있고, 모든 복이 다 모인다.

■ 8월 832.

왼쪽 다리를 상하니 건장한 말로 구제하라. 시기에 순응해야 처신을 잘 하는 것이다. 관직의 길은 유리하나 어두운 주인을 만날 수 있다. 선비는 첩보가 있고, 보통 사람은 재앙이 있다. 만일 운이 좋으면 부자가 될 수도 있다.

■ 9월 716

하늘의 거리니 형통하며 큰 도를 행한다. 어진 사람이 뜻을 얻었으니 어진 길도 대통하게 된다. 예절·풍류·법에 어김이 없다. 꾀하는 일은 모두 이로우니 하늘과 거리에서 좋다. 천거하여 하늘에 오르고 진취하여 명예를 이룬다.

■ 10월 723

전지가 교제하면 만물도 화생한다. 남녀의 정이 얽히면 만물이 화생하는 것이다. 셋이 가면 한 사람을 잃게 된다. 도반은 벗이 되고 협력자도 많다. 경영하거나 꾀하는 일은 이롭고, 이혼한 사람은 배우자를 얻는다.

■ 11월 751

아버지의 일을 주간하니 죽은 아버지의 뜻을 계승한다. 앞 사람의 잘못을 자식이 능히 주간한다. 폐단은 깊지 않으니 일은 쉽게 구제된다. 자식이 아버지 사업을 계승하니 꾀하는 일을 이루지 못한다. 운이 흉하면 근심이 따르고, 노인은 살기 어렵다.

■ 12월 354

솥발이 부러져 공석에서 쓸 곰국이 엎어졌다. 덕은 박한데 지위는 높고, 지혜는 적은데 꾀하는 일은 크다. 벼슬한 사람은 내쫓기거나 강등당하고, 선비는 발전하기 어렵다. 만약 파손되지 않으면 발에 병이 생긴다. 불길한 운을 만나 수명이 꺾일까 두렵다.

택뢰수괘 2효(沢雷隨卦 二爻)

어린아이에게 매이면 장수를 잃게 된다. 사를 멀리하고 정도를 지켜라. 비리를 따르면 진실을 잃게 된다. 일이 안녕하지 못하고 소인이 시비한다. 마음이 두 곳에 묶여 있으니 스스로 지키기 어렵다. 정도를 버리고 사와 호응하면 허물도 클 것이다.

■ 정월 233
비록 바른 길이라도 앞으로 나아가면 흉하다. 이른 개혁은 흉하며 위태롭다. 중론이 세 차례나 나오면 때에 맞는 순리로 행하라. 불화할 운으로 안부가 한결같지 않고, 한번 흉한 운을 만나면 요절한다.

■ 2월 136
교회에서 동지를 찾으나 뜻을 이루지 못한다. 인정은 서로 막히고 안팎이 같지 않다. 외롭더라도 절개를 지키면서 자신을 고결하게 하라. 벼슬길은 먼 곳에 있으나 좋은 기회를 만나기 어렵다. 만약 흉한 운을 만나면 교외로 나간다.

■ 3월 634
헤진 옷에 물이 스며드니 종일 경계해야 한다. 의심과 경계를 게을리 하지 말라. 벼슬한 사람은 예방하면서 자신의 소질을 길러라. 생활에 예비가 있으면 놀라거나 전복이 있을 수 없다. 배를 타면 물이 스며들 위험이 있다.

■ 4월 671
가면 어려우나 오면 명예가 있으니 마땅히 기다려라. 어려움의 시작이니 나아가면 더욱 어려워진다. 기미를 보고 때를 알아 그치면 칭찬을 듣는다. 때를 기다려 진출하고, 옛것을 지키면서 안정하라. 나아가면 불리하고 망동하면 재난을 당한다.

■ 5월 835
기자의 밝음이 상했으나 밝은 것이 꺼지지는 않는다. 밝음을 안으로 감추고 올바름을 지킨다. 검소한 덕으로 피난하나 지기는 만나기 어렵다. 가정의 어려움으로 반드시 화를 당한다. 분수를 지키면서 뜻을 바르게 가져야 한다.

■ 6월   812

넓음도 포장하고 하수도 능멸하며 먼 곳을 잃지 않는다. 벗을 잃으면 광대하고 중도의 행실에 부합된다. 변방이나 강호를 지킨다. 앞으로 나아가 명예를 이루고, 경영하거나 꾀하는 일에 수확이 있다. 반드시 존귀한 분을 만나나 운이 흉하면 상해가 따른다.

■ 7월   736

깨끗하게 꾸미면 허물이 없고, 위에서도 뜻을 얻는다. 참 모습을 잃지 않으니 절대 허물이 없다. 승진이나 영전할 운이니 앞으로 나아가면 뜻을 이룬다. 경영하거나 꾀하는 일이 소박하며 진실하니 허황이나 방탕에 빠지지 않는다. 혹 외척의 상을 당할 수 있다.

■ 8월   743

기르는 정도를 어기니 흉하다. 10년이라도 쓰지 말라. 도가 크게 어그러졌으니 이로울 것이 없다. 욕심이 많아 망동하면서 이르지 않는 곳이 없다. 욕심을 따르다 법도를 그르치고 명예를 잃는다. 거칠고 음탕한 짓을 거리낌 없이 하다 자신이 상하고 슬픔만 남는다.

■ 9월   771

발에 그치면 허물이 없다. 중정의 도를 잃지 않았다. 정도를 계속 지키면 이롭다. 현 직위를 고쳐야 그 지위도 잃지 않는다. 앞으로 나아가는 일은 어려워지고 정지나 강등이 따른다. 그러나 안정하면서 분수를 지키면 위험해지는 일은 없다.

■ 10월   374

나그네라고 자처하며 지위도 얻지 못한다. 재물과 도끼를 얻으나 마음은 불쾌하다. 재능은 펼 수 없고 겨우 몸만 편하다. 선비는 불쾌하며 앞으로 나아가기도 어렵다. 좋은 가운데 부족함이 있으나 밖으로 나가면 이룰 수 있다.

■ 11월   752

어머니의 일을 주관할 때는 꼼꼼하게 하지 말라. 바르면 애정을 잃고 부정하면 의리를 잃는다. 성의와 충성을 다하되 중도를 지켜라. 지난 일을 주관할 때 분별할 줄 알면 녹과 지위도 온건하다. 옛것을 고쳐 갱신하니 더 고칠 곳이 없다.

■ 12월   555

올바르면 후회할 일이 없으니 이롭지 않은 것이 없다. 움직이기 전에 신중하게 생각하라. 처음에는 막혀도 나중에는 순탄하고, 선비는 명예를 이룬다. 있는 자리가 중정하니 처음은 없어도 끝은 있다. 복과 이익을 얻는 시기는 3일이다.

택뢰수괘 3효(沢雷隨卦 三爻)

장부에 매이고 어린아이를 잃게 된다. 도를 굽히고 간사하면 소인이 따른다. 정도를 따르면 구하는 것을 반드시 얻는다. 의로운 길로 가면 경영하거나 꾀하는 일도 충분히 얻는다. 그러나 어린아이와 여자는 흉하다.

■ 정월 644
말을 타고 진출하지 못하니 혼인을 구하라. 가면 벗을 얻고 이롭지 않은 것이 없다. 만약 어진 사람을 만나면 어려움에서도 벗어날 수 있다. 관록이 좋고 명예가 드러나니 자연히 좋은 자리에 오른다. 인정이 화합하고 모든 일을 다 이룬다.

■ 2월 681
미더움을 갖고 도우니 허물이 있을 수 없다. 내 신용이 높아지면 남들도 감동한다. 둥우리 밖으로까지 영전하고, 등용이나 천거의 영화도 있다. 지기를 만나 모든 계획이 마음대로 된다. 성의로 남을 감동시키면 불선은 없다.

■ 3월 845
회복이 두터우니 후회할 일이 없고, 중도를 지켜 스스로 이룬다. 선한 마음이 싹트면 덕을 쌓게 된다. 영전·이동·등용·천거의 운이다. 재물과 이익이 쌓이는데 이익은 전토에 있다. 복제를 막지 못하면 아버지가 불리하다.

■ 4월 822
느껴 임하고 또 길하니 이롭지 않은 것이 없다. 음양이 서로 감응하니 명을 순응하는 것은 아니다. 사를 제거하고 정도를 지키니 지위가 청고하다. 막히고 침체됨이 없다. 시기에 맞게 짐작하면 경영하거나 꾀하는 일에 이익이 있다.

■ 5월 746
말미암아 기르니 큰 내를 건너면 이롭다. 혜택은 사해에 통달하고 큰 복과 경사가 따른다. 작위와 녹이 융숭하며 선비는 두각을 나타낸다. 꾀하는 일은 두드러지게 빛나고 이롭지 않은 것이 없다. 능히 인정을 통찰하고 널리 베풀어 대중을 구한다.

■6월 733

꾸밈이 젖어들듯하니 오래 바르면 길하다. 꾸밈이 항상 바르면 결국 능멸하지 못한다. 도와주는 사람이 있으면 좋은 직위를 맡는다. 떠받들어 주는 사람이 많으니 명리를 이룬다. 밖에서는 시비로 시끄러울 수 있으나 해가 되지는 않는다.

■7월 781

발부터 상이 떨어져 나가니 바른 것이 소멸되어 흉하다. 정도가 사라지고 사도가 침범한다. 소족 질환이나 노비가 손실된다. 형제가 불목하는데 성조하면 이로워진다. 만약 흉한 운을 만나면 몸을 망치고 가정도 깨진다.

■8월 384

다람쥐처럼 나아가는 격이니 바르고 견고하면 위태롭다. 중정하지 못하면서 높은 자리만 탐낸다. 생각마다 잃어버릴까 근심하고, 경영하는 일은 자신을 해친다. 간하는 의론에 막히는데 요행으로 진출하려고 도모하지 말라. 탐심이 많아지면 오히려 물건만 손해본다.

■9월 762

어리석음을 감싸주면 길하고, 부인을 들여도 길하다. 자식이 가정을 다스리니 강유의 교접이다. 밝음으로 어둠을 받아드리니 그 선한 바를 받아들인다. 벼슬한 사람은 관직을 지키고, 선비는 사범이 된다. 인정이 화합하니 모든 일이 순조롭다.

■10월 565

흩어짐에 왕이 큰 호령을 한다. 백성을 새롭게 하는 것은 흩어짐을 구하는 큰 정사다. 승진이나 영전할 운이니 앞으로 나아가면 좋다. 흉한 일이 흩어지니 이익을 구하면 이루어진다. 흩어지는 것을 합하게 한다.

■11월 753

아버지 일을 주간하니 다소 후회가 있다. 일을 주간해 폐단을 제거할 때 모두 길하지는 못했다. 유신의 법은 어찌 하나의 뉘우침을 애석해 하겠는가. 몸소 왕도를 행하고 간사한 말을 믿지 말라. 일찍 움직이는 것은 불리하니 거슬리고 어긋남을 고쳐라.

■12월 856

오르는 일이 어둡고 위에 있으니 부자가 되지 못할 것이다. 스스로 다스리는 데 조심하고 감히 성하고 넘치게 하지 말라. 관직자는 휴직되니 자신을 반성하고 덕을 쌓으라. 탐하고 얻는 것을 멀리하지 않으면 반드시 화가 된다. 만일 수가 불리하면 유명을 달리한다.

연평 244

택뢰수괘 4효(沢雷隨卦 四爻) ䷐

따르는 곳에서 얻으려고 하면 비록 정당해도 흉하다. 성의를 다해 도에 맞게 하고, 명철하게 처신하라. 한번 탐욕을 부리면 재난을 면하기 어렵다. 그러나 귀인이 추대하면 흉이 길하게 된다. 사람은 누구든 나에게 유리하다.

■ **정월 445**

벼락이 내려치니 움직이면 위험하다. 중도를 잃으면 위태로우나 잃는 것은 없다. 현직을 보전하며 고유의 것을 지켜라. 보통 사람은 우환과 수족에 근심이 있다. 처세가 위태로운 줄 알면 크게 잃는 것은 없을 것이다.

■ **2월 422**

여자는 어진데 배우자가 어리석으니 내조를 해도 이루기 어렵다. 조용히 정도를 기르며 자신을 선하게 만든다. 하나는 어둡고 하나는 밝으니 어찌 둘 다 성취하랴. 직위가 바뀌기 어렵고, 기회를 만나기도 어렵다. 옛것을 지키면서 안정하면 재난과 해는 생기지 않는다.

■ **3월 346**

형틀을 지고 귀를 없애니 총명하지 못하다. 쌓인 죄악은 가릴 수 없고, 큰 죄는 풀어버릴 수 없다. 가벼운 배가 큰 파도를 만났으니 앞길이 힘들다. 만약 싸움이나 소송이 없으면 귀와 눈이 밝지 못하고, 흉한 운을 만나면 몸이 상하고 죽음에 이른다.

■ **4월 333**

해는 기우는데 빛이 나니 어찌 오래 가겠는가. 성하면 쇠퇴하고, 시작이 있으면 끝이 있는 법이다. 관직은 재야에 있으니 조심하며 욕을 막아라. 즐거움 속에 슬픔이 있고, 기쁨 속에 수심이 있다. 계속 험난하니 죽고 망할 날이 없다.

■ **5월 381**

진출하거나 좌절하더라도 홀로 정도를 행한다. 미덥지 않더라도 너그러우면 허물은 없다. 간사한 이론에 막혀 앞으로 나아가기 어렵다. 피차 믿지 않으니 근심과 즐거움이 반반이다. 안정하면 길하나 움직이면 흉하다.

■ 6월 784

살까지 떨어져 나간 상이다. 절박한 재난을 만났기 때문이다. 장차 몸을 망쳐 매우 흉하다. 아첨과 간신을 막지 않으면 기회를 만나기도 어렵다. 거듭 형극이 와 위험과 험난함에 빠진다. 엉뚱한 재난을 만나는데 흉함은 말로 다 표현할 수 없다.

■ 7월 362

수레바퀴를 끌면 견실하고 바르게 되어 길하다. 어려운 임금의 도에 힘입을 곳은 재주있는 신하다. 어려운 직분을 잘 이겨내면 총애와 신임이 전일하다. 전진이 불리하니 안정하고 분수를 지켜라. 꾀하고 바라는 일은 가하나 망령되게 행동하면 곤궁해진다.

■ 8월 165

송사에 매우 길하니 허물이 없다. 소송을 처리하는 데 치우치지 않고 합리적인 판단을 내린다. 벼슬한 사람은 좋은 곳에 제수받고, 선비는 과거에 오른다. 경영하거나 꾀하는 일은 유리하고, 재물을 구하면 반드시 얻는다. 언사가 유리하며 사필귀정이 된다.

■ 9월 353

솥귀를 바꾸니 의리를 잃고, 행동이 비색하니 소임을 얻지 못한다. 물건이 있어도 먹지 못하고, 말이 있어도 타기 어렵다. 경영하거나 꾀하는 일은 처음은 없고 끝만 있다. 늙은이는 복을 받으나 어린아이는 작게 얻는다.

■ 10월 456

빨리 움직인 항구인데 위에 있으니 큰 공이 없다. 자꾸 조급하게 움직이면 오히려 흉을 당한다. 많이 노력하나 안정되는 일은 적고, 명예와 이익을 구하나 이루는 것은 작다. 여자의 운이 이와 같으면 남편과 자식이 불리하다.

■ 11월 754

더디게 처사하니 매일 더 어그러진다. 가면 부끄러움을 보게 되니 어찌 일을 구제하랴. 안일무사하면 좋은 곳이라도 흉으로 내닫는다. 방종한 욕망으로 안일을 도모하면 일마다 손해를 본다. 발에 병이 생기거나 험난함에 빠질까 두렵다.

■ 12월 711

위태로우면 하지 않는 것이 이롭다. 재해를 범하지 않으나 나가면 위태롭고 그치면 쌓인다. 기미를 알고 물러서면 해로움은 멀어진다. 벼슬한 사람은 직위를 버리는 것이 좋고, 선비는 때를 기다리는 것이 좋다. 변이 생기면 재난을 당하는데 옛것을 지켜야 좋다.

연평 245

택뢰수괘 5효(沢雷隨卦 五爻) ䷐

미덥고 진실하게 아름다우니 그 지위가 중정하다. 성실하게 선을 따르니 매우 착하다. 자신을 버리고 선을 따르니 크게 형통한다. 벼슬한 사람은 영전하고, 선비는 등용이나 천거된다. 경영하거나 꾀하는 일은 순조로우니 경사가 많다.

■ 정월   146
처신에 희망이 없으니 행하면 재앙이 따른다. 순리를 따르면 편안하나 일을 시작하면 화가 된다. 강등·퇴출·직위 이탈·치욕을 면하기 어렵다. 일을 분명하게 하지 않으면 시비가 생기고, 운이 불길하면 천명을 지키기 어렵다.

■ 2월   133
숲 속에 복병이 있는데 높은 언덕에서 적을 살핀다. 3년이나 기회가 오지 않는다. 앞길이 가시밭이니 옛것을 지키면서 안정하라. 만약 높이 오르지 못하면 실직한다. 부모의 초상이 염려되고, 감옥과 소송도 두렵다.

■ 3월   181
서로 끌어들이면서 인도하니 음양이 기뻐한다. 앞길이 비색한데 다른 사람과 공동으로 구제한다. 조용히 지키면 좋으나 지나치게 도모하면 재난을 당한다. 기회를 만나기 어려우나 기다리는 것이 좋다. 소언과 관련된 일을 막으면 길하다.

■ 4월   584
나라의 광채를 관망하는 것이니 왕의 손님이 되면 이롭다. 성군이 위에 있으면 어진 사람은 나아가기를 원한다. 치국평천하하면 베풂이 백성에게 젖어든다. 벼슬한 사람은 내직으로 가고, 선비는 과거에 급제한다. 관광이나 외방업을 하면 반드시 큰 이익을 얻을 것이다.

■ 5월   162
송사를 이기지 못하고 도망친다. 아래에서 윗사람과 소송하니 환란이 쉽게 풀린다. 옛것을 지키면서 안정하면 훼방과 욕을 당하지 않는다. 식구가 안녕하며 풍진이 침노하지 않는다. 운이 불리하면 유리됨을 면할 수 없다.

■6월 365

바르면 후회할 일이 없고 군자는 빛이 난다. 군자는 진실하고 허황됨이 없어야 한다. 지극히 바르고 선하니 부족함이 있을 수 없다. 벼슬한 사람은 큰 자리에 선임되고, 선비는 문장이 빛난다. 경영하거나 꾀하는 일은 빛을 보고, 금은과 재백이 쌓인다.

■7월 153

엉덩이와 볼기에 살이 없으니 움직이는 것이 저주다. 사사로이 만나는 것을 조심하라. 함부로 행동하면 재난이 따른다. 퇴직이나 귀양을 갈 운이나 선비는 유리하다. 보통 사람은 재난과 매를 맞을까 두렵다. 하는 일이 어렵고, 허리와 발에 병이 침범한다.

■8월 256

물을 건너다 이마까지 잠겨 흉하나 허물은 없다. 사세가 급박하면 목숨도 던지고 좋은 일을 한다. 험난한데 미친듯이 날뛰면 재앙만 따른다. 머리는 병들며 이마는 쭈그러들고, 물에 빠질까 두렵다. 선비는 앞으로 나아가면 괴수가 될 수도 있다.

■9월 554

손순하여 후회할 일이 없고, 사냥하여 3품(제기·고기·손님)을 얻는다. 사냥하여 모든 해로움을 제거하고 반드시 수확을 많이 거둔다. 일으킨 일이 크고 풍성해 공도 있고 왕성하다. 능히 강함을 이겨 무공을 이어간다. 공과 명예를 이루고, 이익과 복도 받는다.

■10월 511

도를 지켜 회복하니 어찌 허물이 되겠는가. 강건한 재주는 위에 동지가 있다. 한직에서 벗어나며 집을 나간 사람도 돌아온다. 보통 사람은 사업을 극복하고 안정한다. 그러나 운이 불길하면 진퇴의 뜻이 의심스럽다.

■11월 755

아들은 효도하고 신하는 충성하니 지난 허물도 잘 이겨낸다. 터전은 닦지 못해도 옛 사업을 계승할 수 있다. 지위는 높이 올라가고, 명예는 멀리 퍼진다. 선비는 등용이나 천거되어 이름을 날린다. 별도의 규모를 세우고 식구가 늘어난다.

■12월 772

장딴지에 그쳐 있으니 마음이 불쾌하다. 마음이 움직이면 몸도 따라 움직인다. 위태롭고 전복됨을 붙잡을 능력이 없고, 선비는 기회조차 없다. 구하고 꾀하는 일은 이루기 어렵고, 노력해도 고생일 뿐이다. 말의 병이 있거나 가정에 근심이 있을 운이다.

택뢰수괘 상효(澤雷隨卦 上爻) ䷐

붙잡아 매고 연결하라. 망령되지 않은 마음을 끝까지 바꾸지 말라. 이미 천명이 다했는데 관재가 어인 일인고. 벼슬한 사람은 참소를 방지하고, 선비는 욕을 방지하라. 만약 손재가 아니면 관재가 우려된다.

▪ 정월 281
성의는 있으나 결과를 맺지 못하니 소란하다. 근심없이 가면 거의 허물은 없다. 벼슬한 사람은 불리하고, 선비는 어려움이 있다. 소인과 결탁하거나 속임수를 당할 운이다. 처음에는 흉하고 나중에는 길하니 경계하는 것이 좋다.

▪ 2월 684
밖에서 어진 것은 위를 따르는 것이다. 도리가 좋으니 견실하며 바른 것을 얻는다. 영전하는 영화가 있으니 앞으로 나아가면 이롭다. 나가서 하는 일은 귀인의 도움을 많이 받는다. 행하면 이루지 못할 일이 없고 이롭지 않은 것이 없다.

▪ 3월 262
주식이 곤궁하나 중간에 경사와 복이 있다. 나가면 흉한데 누구를 허물하랴. 곤궁해도 도를 행하는 것은 대신의 영명한 재주다. 귀인과 교류하며 경영하거나 꾀하는 일로 이익을 얻는다. 안정하면 길하나 움직이면 흉하고, 운이 흉하면 상을 당할 수도 있다.

▪ 4월 465
군자가 해산하면 소인이 물러난다. 험난함이 흩어지니 길하며 선하다. 군자가 자진하게 되면 정도를 행한다. 선비는 명예를 얻고, 상인은 이익을 얻는다. 소송은 풀어지고, 병자는 쾌유된다.

▪ 5월 253
대들보 위아래가 약하니 도와줄 수 없다. 못된 재주로 망동하니 일만 망친다. 도리도 지나치면 이롭지 않다. 운수가 대흉하니 전복을 예방하라. 만약 그렇지 않으면 눈이나 발에 병이 침범한다.

■ 6월 156

뿔 위에서 만나니 부끄러울 일이 많다. 불운에 일이 생기고, 슬픈 회포 속에 정이 피어난다. 고단한 몸 의지할 데가 한군데도 없구나. 선비는 장원하고, 승려나 도인은 주지가 된다. 인심은 흩어지고, 경영하거나 꾀하는 일은 고생만 따를 뿐이다.

■ 7월 654

재주를 넓게 베풀지 못하나 스스로 지키면 가하다. 일을 고치고 다스리면 폐지까지는 이르지 않는다. 이익과 선을 조목조목 펼치면서 정치를 고치고 일에 응한다. 경전을 궁리하며 옛것을 배워 쓰일 때를 기다린다. 밭을 갈고 샘을 파며 집을 짓고 수축한다.

■ 8월 611

교외에서 기다리며 어려움을 범하지 않는다. 조급하게 움직이면 곤란해진다. 현재의 직분을 조심스럽게 지키나 만족하지 못한다. 옛것을 지키면서 안정하면 재해가 범하지 않는다. 운수가 불리하면 교외에 장사지내는 수도 있다.

■ 9월 855

바르게 계단 오르듯 하니 큰 뜻을 얻는다. 반드시 시종의 진출을 예의로 한다. 오르는 것이 귀한 바는 유순한 데 있다. 벼슬한 사람은 높이 영전하고, 선비는 높이 천거된다. 꾀하는 것을 이루고 뜻을 얻으니 진출에는 계단이 있다.

■ 10월 872

겸손하며 바르니 중심을 얻는다. 속으로 겸손한 덕이 쌓이니 능히 외부로 발산할 수 있다. 수컷이 울면 암컷이 응하듯이 음양이 부르고 화답한다. 관직자는 직위가 바뀌니 앞으로 나아가면 명예를 이룬다. 경솔하면 좋지 않으니 물러나 지키는 것이 좋다.

■ 11월 756

왕후도 섬기지 않고 고상하게 그 일만 한다. 강하고 밝은 재주로 무사하다. 도덕을 품에 안고 마음속에 누가 되지 않게 한다. 옛것을 지키면서 자신을 고결하게 한다. 운이 좋으면 경사도 있고, 귀인에게 발탁된다.

■ 12월 763

여인을 취하지 말라. 소행이 불순하다. 돈 많은 남자를 보면 제 신분도 생각하지 못한다. 탐내고 조심하지 않아 욕을 당하고 편안에 빠져 학업도 폐한다. 여인과 불목하며 주색으로 재난을 당한다. 시비가 생길 수 있으니 안정하는 것이 좋다.

연평 251

택풍대과괘 초효(沢風大過卦 初爻) ☱☴.

자리를 깔되 깨끗한 띠를 쓰니 유약하며 어둡다. 두려워하고 조심하면 허물이 없다. 신중한 도리는 사용처가 매우 많다. 조심하며 절약하는 사람이니 재물과 이익이 따른다. 불길한 운을 만나 복 입을까 두렵다.

■ 정월 272
장딴지에 감응이 있으니 흉하나 편안하게 있으면 길하다. 지키지 못하고 일찍 움직이면 망동하니 흉하다. 안정하면서 분수를 지키면 저절로 좋은 일이 생긴다. 좋은 기회를 만나기 어려우니 경솔하게 움직이면 흉하다. 분주하면 나쁘고 노력하는 일 외에는 공이 없다.

■ 2월 475
날아올라 내려오지 않으니 덕을 베풀기 어렵다. 서쪽 들에는 구름이 가득하나 비가 오지 않는다. 벼슬한 사람은 휴직하기 쉬우나 선비는 왕공을 볼 수도 있다. 원대한 계책은 불리하나 옛것을 지키면 좋다. 노인이나 병자는 모두 좋지 않다.

■ 3월 283
모두 슬퍼하니 이로울 것이 없다. 나아가면 허물이 없으나 다소 부끄러운 일이 생긴다. 처음에는 가까운 곳에서 구하다 무리해 먼 곳과 결탁한다. 관직자는 외방으로 나가게 되는데 발전하기 어렵다. 집에 있어도 편안하지 못하고, 육친이 손상된다.

■ 4월 186
이미 비운이 무너졌으니 처음에는 비색하나 나중에는 기쁘다. 비색함이 가면 통태함이 오는 것은 자연의 이치다. 정지와 강등, 막힘이 다시 풀린다. 곤궁하다 좋아지고, 소송자도 풀린다. 그러나 운이 흉하면 슬픔·탄식·통곡이 따른다.

■ 5월 684
밖에서 어진 것은 위를 따르는 것이다. 도리가 좋으니 견실하며 바른 것을 얻는다. 영전하는 영화가 있으니 앞으로 나아가면 이롭다. 나가서 하는 일은 귀인의 도움을 많이 받는다. 행하면 이루지 못할 일이 없고 이롭지 않은 것이 없다.

■ 6월 641

급하게 하면 어려움에 처하니 바르고 견고하게 행하라. 귀한 몸이 천한 자에게 이르니 큰 민심을 얻는다. 관직자는 매우 발전하고, 선비는 밝음을 세운다. 분수를 지키면서 신중하라. 여자는 어질고 선하며 집안도 일어나고 좋은 남편을 만난다.

■ 7월 885

누런 치마이니 매우 길하다. 문채가 중도에 있다. 안에 아름다움이 가득하니 사지에까지 창달한다. 내직으로 선임되며 왕실에 들 영화가 있다. 모든 일이 안온하며 재물과 이익이 따른다. 여자는 덕이 있고 내조의 공이 있다.

■ 8월 862

군사에 중도를 지키니 길하고, 하늘의 총애를 받는다. 왕의 명령을 세 번이나 받고 천하를 생각한다. 벼슬한 사람은 임금의 친서로 벼슬을 받는다. 선비는 괴수되고 중은 은혜를 받는다. 반드시 귀하고 어진 사람을 만나 모든 일이 마음대로 된다.

■ 9월 786

큰 과일을 먹지 않는 것은 장차 다시 생겨나게 하기 위함이다. 군자는 수레를 얻으나 소인은 집이 사라진다. 난리가 나면 치세를 생각하며 군자를 추대하기 원한다. 벼슬한 사람은 좋은 권세가를 만나 천거된다. 경영에 새로운 뜻을 세우고, 궁실을 성조한다.

■ 10월 773

한계에 이르렀다. 등골뼈가 벌어질 것 같다. 사람이 거역하며 미워하니 어찌 위태롭지 않겠는가. 요직으로 옮길 수 있는데 진취하여 명예를 이룬다. 파손되며 안녕하지 못하니 위태롭다. 심장·눈·허리에 병이 생길까 두렵다

■ 11월 741

스스로 지키지 못하는데 마음은 이미 동했다. 욕망에 미혹되어 자신을 잃으니 매우 흉하다. 염치를 버리고 함부로 음탕하게 굴면 꾸지람을 듣는다. 거역하며 재물을 다투지 말고 정도를 지켜야 면할 수 있다. 선비는 적극적으로 나아가면 먹을 것을 얻는다.

■ 12월 344

다리에 감응이 있으나 처하지 못한다. 스스로 하지 못하고 남을 따른다. 조용히 있는 것이 좋은데 움직이니 심히 부끄럽다. 모든 일에 부끄러움이 많으며 여자의 결혼만 유리하다. 간여한 일들은 보통을 벗어나기 어렵다.

연평 252

택풍대과괘 2효(沢風大過卦 二爻) ䷛

마른 벼에 뿌리가 나고, 늙은 사내가 아내를 얻는다. 중도를 얻고 유순하니 능히 큰 공을 이룬다. 심하게 침체된 사람이 다시 일어나니 복직될 운이다. 첩을 들이는 운으로 아내를 얻고 아들을 낳는다. 승려는 제자를 얻거나 의붓자식을 둔다.

■ 정월 263
돌에 부딪쳐 곤궁한데 가시덩쿨에 걸린다. 그 집에 들어가도 그 아내를 보지 못한다. 이미 욕되고 부끄러운데 죽을 때가 된다. 불상의 운으로 가정이 어지럽고, 운이 불길하면 처첩의 변이 있다.

■ 2월 166
왕이 하사한 의복을 받으나 하루아침에 세 번 잃는다. 소송으로 받는 복은 공경할 것이 못 된다. 성공과 실패, 진보와 후퇴가 있다. 소송이나 분쟁할 운이요 상복을 입을 운이다. 정도로 취한 것이 아니면 결국 잃는다.

■ 3월 664
술 한 잔과 제기 둘이니 들창으로 언약을 드린다. 깨끗한 성의를 닦고 충성과 신의를 다하라. 임금의 마음이 밝게 열리면 결국 허물이 없어진다. 체결·결연·결혼이 있으나 초상이나 제사도 두렵다. 손님과 주인이 성심과 예의로 대한다.

■ 4월 621
호정에도 나가지 말라. 먼저 동태하고 막힘을 알아야 한다. 임금이 조심하지 않으면 어진 신하를 잃는다. 사소한 일도 조심하지 않으면 재해가 생긴다. 옮겨가지 못할 운으로 진취가 불리하다. 구덩이에 빠질 징조이니 옛것을 지켜야 한다.

■ 5월 865
장자가 중도로 군사를 거느린다. 소인이 참여하면 비록 바른 일이라도 흉하다. 언론으로 정치를 잡고, 앞으로 나아가 명예를 이룬다. 전답과 재산이 날로 늘어나고, 육축도 번창한다. 위임할 사람을 얻으면 꾀하는 일을 이루고 뜻도 얻는다.

■ 6월   882

곧고 모나고 크니 땅의 도가 빛난다. 소행에 의심이 없으니 이롭지 않은 것이 없다. 유순하며 중정한 덕이 무궁하다. 관직자는 지위가 높아지고 명예도 올라간다. 곡식과 비단이 많이 늘어나고, 어진 부인이 집안을 일으킨다.

■ 7월   766

어리석음을 격퇴할 때는 상하에 순탄하게 하라. 원수를 막는 것은 이로우나 원수가 되는 것은 불리하다. 외부의 유혹을 막고 순진함이 완전하게 하라. 사법관의 직위로 공은 뺏고 성공한다. 시비·투쟁·소송과 도적의 시끄러움도 있다.

■ 8월   753

아버지 일을 주간하니 다소 후회가 있다. 일을 주간해 폐단을 제거할 때 모두 길하지는 못했다. 유신의 법은 어찌 하나의 뉘우침을 애석해 하겠는가. 몸소 왕도를 행하고 간사한 말을 믿지 말라. 일찍 움직이는 것은 불리하니 거슬리고 어긋남을 고쳐라.

■ 9월   721

마치는 일은 속히 가라. 가상함이 합했기 때문이다. 아래를 덜어 위를 유익하게 하고, 자신을 덜어 윗사람을 받든다. 가정보다 나라를 더 생각하면 임금의 총애는 날로 늘어난다. 윗사람과 뜻이 합하니 반드시 우수하게 뽑힌다. 회계가 윤당하면 이롭고 모두 얻을 수 있다.

■ 10월   324

어그러지고 이탈해 외로워하다 좋은 장부를 만난다. 그 뜻을 행할 수 있으니 위태로우나 허물이 없다. 동지에게 천거되거나 발탁되고, 선비는 주사를 만난다. 혼인은 짝을 얻고 위태로웠던 사람도 편안해진진다. 밖에서 도모하는 일은 처음에는 막혔다 나중에는 순탄해진다.

■ 11월   742

양유을 얻지 못해 망령되게 윗사람에게 찾는다. 나아가면 그 무리를 잃게 된다. 벼슬한 사람은 귀양을 조심하고, 선비는 욕을 조심하라. 하는 일은 진퇴와 시비가 일정하지 않다. 병이 많으니 흉한 운을 만나면 죽을 수도 있다.

■ 12월   545

은혜하는 마음에 미더움 두면 묻지 않아도 대길하다. 위에서 혜택을 주면 밑에서도 은혜를 베푼다. 관직은 요로에 들어가고, 밝은 군주를 만난다. 앞으로 나아가 명예를 이루고, 경영하는 일은 뜻대로 된다. 비천한 사람이 존귀한 사람을 만나고, 지기도 많이 만난다.

연평 253

택풍대과괘 3효(沢風大過卦 三爻)

대들보 위아래가 약하니 도와줄 수 없다. 못된 재주로 망동하니 일만 망친다. 도리도 지나치면 이롭지 않다. 운수가 대흉하니 전복을 예방하라. 만약 그렇지 않으면 눈이나 발에 병이 침범한다.

■ 정월 654

재주를 넓게 베풀지 못하나 스스로 지키면 가하다. 일을 고치고 다스리면 폐지까지는 이르지 않는다. 이익과 선을 조목조목 펼치면서 정치를 고치고 일에 응한다. 경전을 궁리하며 옛것을 배워 쓰일 때를 기다린다. 밭을 갈고 샘을 파며 집을 짓고 수축한다.

■ 2월 611

교외에서 기다리며 어려움을 범하지 않는다. 조급하게 움직이면 곤란해진다. 현재의 직분을 조심스럽게 지키나 만족하지 못한다. 옛것을 지키면서 안정하면 재해가 범하지 않는다. 운수가 불리하면 교외에 장사지내는 수도 있다.

■ 3월 855

바르게 계단 오르듯 하니 큰 뜻을 얻는다. 반드시 시종의 진출을 예의로 한다. 오르는 것이 귀한 바는 유순한 데 있다. 벼슬한 사람은 높이 영전하고, 선비는 높이 천거된다. 꾀하는 것을 이루고 뜻을 얻으니 진출에는 계단이 있다.

■ 4월 872

겸손하며 바르니 중심을 얻는다. 속으로 겸손한 덕이 쌓이니 능히 외부로 발산할 수 있다. 수컷이 울면 암컷이 응하듯이 음양이 부르고 화답한다. 관직자는 직위가 바뀌니 앞으로 나아가면 명예를 이룬다. 경솔하면 좋지 않으니 물러나 지키는 것이 좋다.

■ 5월 756

왕후도 섬기지 않고 고상하게 그 일만 한다. 강하고 밝은 재주로 무사하다. 도덕을 품에 안고 마음속에 누가 되지 않게 한다. 옛것을 지키면서 자신을 고결하게 한다. 운이 좋으면 경사도 있고, 귀인에게 발탁된다.

■ 6월 763

여인을 취하지 말라. 소행이 불순하다. 돈 많은 남자를 보면 제 신분도 생각하지 못한다. 탐내고 조심하지 않아 욕을 당하고 편안에 빠져 학업도 폐한다. 여인과 불목하며 주색으로 재난을 당한다. 시비가 생기게 되니 안정해야 좋다.

■ 7월 711

위태로우면 하지 않는 것이 이롭다. 재해를 범하지 않으나 나가면 위태롭고 그치면 쌓인다. 기미를 알고 물러서면 해로움은 멀어진다. 벼슬한 사람은 직위를 버리는 것이 좋고, 선비는 때를 기다리는 것이 좋다. 변이 생기면 재난을 당하는데 옛것을 지켜야 좋다.

■ 8월 314

그렇게 풍성하게 하지 않으면 가히 허물은 없을 것이다. 물리를 밝게 분별할 수 있으면서도 겸손하다. 해도 정오가 지나면 기울고, 물도 성한 뒤에는 쇠퇴한다. 분수를 지키면서 때를 기다리는 것이 좋다. 밝으면 손실이 있으니 눈병도 두렵다.

■ 9월 732

턱이 움직이면 수염도 따라 움직이듯이 움직이고 그치는 일은 턱에 달려 있다. 선악은 본질에 매어 있다. 영전은 남의 덕으로 성사된다. 문장이 아름다우니 귀인이 끌어주리라. 그러나 세력만 믿고 함부로 굴면 좌절할 것이다.

■ 10월 535

왕이 가정을 이루면 근심하지 않아도 길하다. 지극히 바르고 선하니 근심없이 잘 되어간다. 남편은 내조를 좋아하고, 부인은 법도 있는 가정을 사랑한다. 벼슬길이 매우 순탄하고 명예를 이룬다. 귀인과 교제하며 문전에 화기가 가득하다.

■ 11월 743

기르는 정도를 어기니 흉하다. 10년이라도 쓰지 말라. 도가 크게 어그러졌으니 이로울 것이 없다. 욕심이 많아 망동하면서 이르지 않는 곳이 없다. 욕심을 따르다 법도를 그르치고 명예를 잃는다. 거칠고 음탕한 짓을 거리낌 없이 하다 자신이 상하고 슬픔만 남는다.

■ 12월 846

회복이 어둡고 흉한 것은 임금의 도와 반대이기 때문이다. 재앙이 있는데 군사를 행하면 결국은 크게 패한다. 화근은 밖에 있는데 스스로 재앙을 부른다. 미혹하면 재앙이 되니 가만히 있으면 좋으나 움직이면 흉하다. 운명이 다 되었으니 이로울 게 하나도 없다.

택풍대과괘 4효(沢風大過卦 四爻) ䷛

대들보가 튼튼해 아래로 꺾이지 않으니 길하다. 능히 국사를 편안하게 하고 문무를 병용한다. 구관이면 나라의 대들보요, 처음 벼슬해도 중임을 맡는다. 앞으로 나아가 명예를 이루고, 성조나 집을 수리한다. 유약하며 한결같이 않게 일을 하면 간사함에 말려들 수 있다.

▪ 2월 455
덕을 오래 지키면 견고하며 바르게 된다. 부인은 길하나 사나이는 흉하다. 권세에 아첨하니 비난과 꾸짖음을 당한다. 선비는 요행을 도모하다 욕을 본다. 보통 사람은 불선하다 훼방을 많이 겪는다.

▪ 2월 272
장딴지에 감응이 있으니 흉하나 편안하게 있으면 길하다. 지키지 못하고 일찍 움직이면 망동하니 흉하다. 안정하면서 분수를 지키면 저절로 좋은 일이 생긴다. 좋은 기회를 만나기 어려우니 경솔하게 움직이면 흉하다. 분주하면 나쁘고 노력하는 일 외에는 공이 없다.

▪ 3월 356
옥으로 솥의 귀를 만드니 강유가 중절다. 매우 길하니 이롭지 않은 것이 없다. 구만리 하늘은 끝이 없으나 평온하게 청운에 오른다. 왕실의 요직에 올라 큰 경륜을 펼친다. 경영하거나 꾀하는 일은 편안하게 이룬다.

▪ 4월 363
앞으로 나아가면 흉하나 큰 내를 건너면 이롭다. 험난함에서 나오기 어렵고, 육지로 가는 것도 불리하다. 간다고 좋을 수는 없으나 남의 덕으로 성사된다. 재주와 힘이 부족하니 좌절과 억제될 수밖에 없다. 내를 건너고 험난을 지나 상업을 하면 유리하다.

▪ 5월 311
해로운데 사귀지 않으면 교만이 넘칠 수 없다. 어렵게 노력하면 허물이 없으니 해로운 곳을 지날 일도 없다. 선비는 앞으로 나아가지 못하고 꺾인다. 마음에는 근심과 번뇌가 있고, 소인이 속이며 능멸한다. 항상 어려움을 생각하면 재해가 침범하지 않는다.

■6월   714

어린 소로 대지르지 못하게 함이니 매우 길하며 기쁨이 있다. 피어나기 전에 금지시키면 크게 착하고 길하다. 벼슬한 사람은 승진하고, 진취하면 장원한다. 보통 사람은 기쁨이 있고 소나 재물이 늘어난다. 먼저 실패의 원인을 제거하면 이롭지 않은 것이 없다.

■7월   332

높게 부딪쳐 빛나니 매우 길하고, 중도를 얻어 사방이 빛나니 매우 길하다. 만사가 이미 정해져 있으니 어찌 근심이 있겠는가. 현명한 군주를 만나 나라의 큰 그릇이 된다. 과거에 급제하며 반드시 이익이 생긴다.

■8월   135

처음에는 우나 나중에는 웃고, 처음에는 어그러지나 나중에는 합한다. 두 사람이 같은 마음으로 황금을 나눈다. 먼저는 귀양을 가나 뒤에는 재기하고, 먼저는 막히나 뒤에는 만난다. 곧고 바르게 행하면 여럿이 돕는다. 기쁨과 슬픔이 교차하며 시비가 한결같지 않다.

■9월   343

질긴 고기를 씹다 독을 만난다. 부당하게 남을 형벌하니 불복한다. 재주가 약하면 잃는 것이 있고, 학식이 얕으면 욕을 본다. 쉬운 일도 주간하기 어려우니 처신이 편안하지 않다. 뱃속에 병이 있거나 놀라거나 험한 일을 당할 수 있다.

■10월   446

벼락이 두려워 눈도 휘둥그레진다. 중도를 얻지 못했으니 나가면 흉하다. 두려워하며 반성하면 결혼은 말이 있다. 벼슬한 사람은 귀양이나 감봉이 따르고, 선비는 정지나 강등을 조심하라. 부부 간의 형극이나 조난이 있을까 두렵다.

■11월   744

전도된 기름이나 길하니 위에서 베푸는 것이 빛난다. 호시탐탐하듯 하고 그 욕망 계속되게 하라. 존귀함을 얻어 광영되고, 앞으로 나아가 명예를 이룬다. 좋은 사람의 도움으로 경영하거나 꾀하는 일은 성사된다. 그러나 내쫓기거나 시비를 당할까 두렵다.

■12월   781

발부터 상이 떨어져 나가니 바른 것이 소멸되어 흉하다. 정도가 사라지고 사도가 침범한다. 소족 질환이나 노비가 손실된다. 형제가 불목하는데 성조하면 이로워진다. 만약 흉한 운을 만나면 몸을 망치고 가정도 깨진다.

택풍대과괘 5효(沢風大過卦 五爻)

메마른 버들에 꽃이 피니 어찌 오래 가겠는가. 늙은 부인이 남편을 얻으니 추하다. 일이 처음부터 잘못되면 성사되지 않는다. 기쁨 속에서 근심이 생기니 경영하거나 꾀하는 일은 어려워진다. 늙은 부인의 근심이나 어머님의 병이 있다.

▪ 정월 156
뿔 위에서 만나니 부끄러울 일이 많다. 불운에 일이 생기고, 슬픈 회포 속에 정이 피어난다. 고단한 몸을 의지할 데가 한군데도 없구나. 선비는 장원하고, 승려나 도인은 주지가 된다. 인심은 흩어지고 경영하거나 꾀하는 일은 고생만 따를 뿐이다.

▪ 2월 163
옛 덕을 누리는 것이니 위태로우나 결국은 길하다. 혹 영광스런 공직에 있더라도 성취하기 어렵다. 윗사람을 따르는 것은 좋으나 일을 주도하면 불가하다. 비록 위태로워도 옛것을 지키고 정도를 지키면 길하다. 정상을 잃지 않으면 모든 어려움이 침범하지 못한다.

▪ 3월 111
숨어 있는 용이니 세상에 숨어 살아도 번민하지 않는다. 즐거울 때 행하고 걱정할 때 자제한다. 관직에서 물러나 관로에 막힘이 많다. 운이 막혀 일이 억제되며 거동에 재난이 생긴다. 여자는 경사가 많고 아들을 낳을 운이다.

▪ 4월 514
미더움이 있으면 피도 가고 두려움도 사라지니 허물이 없다. 성실하게 미더움을 다하니 상해는 반드시 멀어진다. 동지의 천거나 발탁으로 오랜 직책에서 전직된다. 윗사람과 뜻이 맞아 오래 엄체된 것도 펴진다. 인정이 화합하나 운이 흉하면 혈육이 손상된다.

▪ 5월 132
집 안에서 동지를 구하니 대동할 줄 모른다. 소견이 좁고 처사가 부정하다. 벼슬과 녹은 올라가지 않고, 작은 시험이라야 가망이 있다. 일에 부정이 많이 생기고, 종친이나 남들과 불목한다. 사랑과 미움이 한결같지 않고, 슬픔과 기쁨을 분간하지 못한다.

■ **6월 335**

슬픔과 탄식을 막을 길이 없으니 슬픈 눈물이 비오듯 한다. 위태로운데 상하의 도움이 없고, 벼슬길이 험난하니 앞으로 나아가기 어렵다. 경영하는 일은 거듭 막히니 생각만 많고, 눈물과 탄식뿐이다.

■ **7월 143**

무고한 재난에 매어둔 소를 잃는다. 옛날의 기쁨이 수심이 되고, 일에 경쟁이 많다. 명암이 함께 오니 풍파가 그치지 않는다. 몸은 어려움에 처하며 손재를 당한다. 만약 소를 사들이지 않으면 시끄러워진다.

■ **8월 246**

붙잡아 매고 연결하라. 망령되지 않은 마음을 끝까지 바꾸지 말라. 이미 천명이 다했는데 관재가 어인 일인고. 벼슬한 사람은 참소를 방지하고, 선비는 욕을 방지하라. 만약 손재가 아니면 관재가 우려된다.

■ **9월 544**

중도로 행하니 공사가 따른다. 윗사람 같은 덕으로 아래를 이롭게 한다. 중한 책임을 맡아 임금의 총애도 깊어지고, 윗사람의 천거를 받아 명예를 이룬다. 성조·집수리·이사가 따르고 관청일도 펴진다.

■ **10월 581**

소견이 어린아이와 같아 멀리 보기 어렵다. 군자가 소견이 어둡고 천박하니 부끄러운 일이다. 지위가 좁고 앞으로 나아가더라도 제자리로 돌아온다. 일은 빨리 꾀하나 늦게 되고, 기교를 부리다 오히려 졸작이 된다. 모애하다 보는 게 없으니 소인이 해친다.

■ **11월 745**

경상을 어기나 바르게 거처하면서 윗사람을 잘 따라라. 책임이 중대하나 큰 내는 건너지 말라. 남의 덕으로 성공해 직위를 지킨다. 작게 나아가면 뜻을 이룰 수 있다. 반드시 배를 타거나 험난한 곳을 건너는 일은 경계하라.

■ **12월 722**

바르면 이롭고 나가면 흉하니 덜지 않아야 한다. 뜻은 스스로 지키는 데 있으니 함부로 진출하지 말라. 지켜야 할 것을 바꾸면 흉해진다. 현직을 고수하며 현 사업을 확고하게 지켜라. 현 제도를 조심하면서 먼 계책은 세우지 마라.

연평 256

택풍대과괘 상효(沢風大過卦 上爻)

물을 건너다 이마까지 잠겨 흉하나 허물은 없다. 사세가 급박하면 목숨도 던지고 좋은 일을 한다. 험난한데 미친듯이 날뛰면 재앙만 따른다. 머리는 병들며 이마는 쭈그러들고, 물에 빠질까 두렵다. 선비는 앞으로 나아가면 괴수가 될 수도 있다.

■ 정월 211
앞발이 건장하니 승산이 없는 데를 간다. 조급하고 망령되게 움직이면 허물을 면할 수 없다. 사세를 헤아려 결행해야 한다. 부끄러운 과실이 많고, 가정에 재앙과 환란이 가득하다. 망령되게 행동하면 환란을 면하기 어렵다.

■ 2월 614
이미 험난함에 상했으니 편한 곳이 못된다. 조용히 때를 기다리면 험난함에서 빠져나올 수 있다. 나아가면 편안하지 않으나 물러서면 문득 편안해진다. 상해가 평평해지며 오래 막힌 것이 펴진다. 운이 흉하면 혈액질환이 따르는데 산아의 근심도 있다.

■ 3월 232
신중하게 개혁하고 아름답게 실행한다. 유순하며 중정하니 망동하지 않는다. 앞길에 막힘이 없으니 경사를 누리리라. 벼슬한 사람은 영전하고, 선비는 명예를 이룬다. 보통 사람은 기쁨이 많고 모든 일이 잘 된다.

■ 4월 435
밝음이 이르니 경사와 명예가 따른다. 비록 본성이 유순하며 어두우나 능히 문명을 이룬다. 집안이 향기롭고 월계관을 쓰리라. 좋은 사람과 교류하며 천거를 받아 바라는 일이 뜻대로 된다. 노인은 관대를 입는 영화를 보리다.

■ 5월 243
장부에 매이고 어린아이를 잃게 된다. 도를 굽히고 간사하면 소인이 따른다. 정도를 따르면 구하는 것을 반드시 얻는다. 의로운 길로 가면 경영하거나 꾀하는 일도 충분히 얻는다. 그러나 어린아이와 여자는 흉하다.

■6월　146

처신에 희망이 없으니 행하면 재앙이 따른다. 순리를 따르면 편안하나 일을 시작하면 화가 된다. 강등·퇴출·직위 이탈·치욕을 면하기 어렵다. 일을 분명하게 하지 않으면 시비가 생기고, 운이 불길하면 천명을 지키기 어렵다.

■7월　644

말을 타고 진출하지 못하니 혼인을 구하라. 가면 벗을 얻고 이롭지 않은 것이 없다. 만약 어진 사람을 만나면 어려움에서도 벗어날 수 있다. 관록이 좋고 명예가 드러나니 자연히 좋은 자리에 오른다. 인정이 화합하고 모든 일을 다 이룬다.

■8월　681

미더움을 갖고 도우니 허물이 있을 수 없다. 내 신용이 높아지면 남들도 감동한다. 둥우리 밖으로까지 영전하고, 등용이나 천거의 영화도 있다. 지기를 만나 모든 계획이 마음대로 된다. 성의로 남을 감동시키면 불선은 없다.

■9월　845

회복이 두터우니 후회할 일이 없고, 중도를 지켜 스스로 이룬다. 선한 마음이 싹트면 덕을 쌓게 된다. 영전·이동·등용·천거의 운이다. 재물과 이익이 쌓이는데 이익은 전토에 있다. 복제를 막지 못하면 아버지가 불리하다.

■10월　822

느껴 임하고 또 길하니 이롭지 않은 것이 없다. 음양이 서로 감응하니 명을 순응하는 것은 아니다. 사를 제거하고 정도를 지키니 지위가 청고하다. 막히고 침체됨이 없다. 시기에 맞게 짐작하면 경영하거나 꾀하는 일에 이익이 있다.

■11월　746

말미암아 기르니 큰 내를 건너면 이롭다. 혜택은 사해에 통달하고 큰 복과 경사가 따른다. 작위와 녹이 융숭하며 선비는 두각을 나타낸다. 꾀하는 일은 두드러지게 빛나고 이롭지 않은 것이 없다. 능히 인정을 통찰하고 널리 베풀어 대중을 구한다.

■12월　733

꾸밈이 젖어들듯하니 오래 바르면 길하다. 꾸밈이 항상 바르면 결국 능멸하지 못한다. 도와주는 사람이 있으면 좋은 직위를 맡는다. 떠받들어 주는 사람이 많으니 명리를 이룬다. 밖에서는 시비로 시끄러울 수 있으나 해가 되지는 않는다.

연평 261

택수곤괘 초효(沢水困卦 初爻) ䷮.

앙상한 나무에 엉덩이를 대는 것처럼 곤궁하니 앉아 있어도 편안하지 않다. 3년씩이나 곤궁에 빠져 있다. 의지할 데가 한 군데도 없으니 슬프다. 만약 근심이나 놀람이 없으면 상복을 입을 수 있다. 운수가 이와 같으니 이로운 것이 하나도 없다.

■ 정월 282
이끌리면 길하여 허물이 없고, 중정한 덕은 변함이 없다. 지성이 서리는 곳에 소박한 제사를 올리면 이롭다. 군신이 화합하니 지성과 공경을 모두 이룬다. 귀인이 이끌어주면 등용할 수 있다. 좋은 사람과 교류하거나 천거 있으니 경영하거나 꾀하는 일을 이룬다.

■ 2월 485
강세를 타 견고해도 병이 된다. 항상 중도를 잃지 않으면 죽지 않고, 권세가에게 의지하면 은혜와 총애를 받는다. 이끌어주는 사람도 없고, 좋은 기회를 만나기도 어렵다. 심사를 정하지 못하면 재해를 당한다.

■ 3월 273
다리에 감응이 있으나 처하지 못한다. 스스로 하지 못하고 남을 따른다. 조용히 있는 것이 좋은데 움직이니 심히 부끄럽다. 모든 일에 부끄러움이 많으며 여자의 결혼만 유리하다. 간여한 일들은 보통을 벗어나기 어렵다.

■ 4월 176
살찐 물러남이요 숨은 것이니 이롭지 않은 것이 없다. 사물에 막힘이 없어 초연하며 여유가 있으니 무슨 일이든 이루어지지 않겠는가. 관로가 편안하지 못하니 때를 기다려라. 경영하거나 꾀하는 일은 이롭고, 가정과 사업은 풍성해진다.

■ 5월 674
세상이 험난하니 그곳도 불안하다. 지존이 연결해주면 아름다워진다. 관직에 막힘이 없으니 연달아 자리에 오른다. 구하고 바라면 명리를 이룰 수 있다. 그러나 연루·소송·시비 등의 어려움이 따른다.

■ 6월 631

수레바퀴를 끌다 꼬리를 적셨다. 지극히 힘든 일을 해내면 의리에 허물이 없다. 직위는 있으나 받지 못하고, 자리는 있으나 오르지 못한다. 움직일 것 같으나 움직일 수 없고, 구제될 것 같으나 구제되지 못한다. 조심하면서 때를 기다리면 허물은 없을 것이다.

■ 7월 875

부자가 하지 않고 이웃과 함께하니 침략과 정벌에도 이롭다. 재물로 자신을 발전시키니 따르는 사람이 많다. 문무를 겸비하며 병권을 장악할 수도 있다. 과거에 오를 운인데 귀인을 만나 성사된다. 재리를 배로 얻으나 투쟁이나 소송을 조심하라.

■ 8월 852

제사는 간소하게 지내는 것이 좋고, 기쁨만 있고 허물은 없다. 안으로 지성을 지키며 외부의 꾸밈을 일삼지 않는다. 영전할 운이요 제관으로 배향한다. 선비는 명예를 얻고, 보통 사람은 기쁨이 있다. 병은 편안해지고 하는 일은 이루어지나 초상이나 제사가 두렵다.

■ 9월 776

그치는 도가 매우 좋으니 나중에는 길하다. 관직자는 자리를 옮기고, 선비는 명예를 이루고, 농민은 전답이 늘어나고, 상인은 이익을 얻고, 보통 사람은 복을 받는다. 그러나 운이 흉하면 반대가 된다.

■ 10월 783

떨어져 가는데 허물이 없고, 상하를 잃어버린다. 뜻은 당연히 정도를 따르니 가히 선하다. 명리를 다른 길에서 구하면 높이 된다. 지기를 만나기 어려우니 생애가 담박하다. 근심은 부모와 처자에 있다.

■ 11월 731

발을 꾸미니 차를 놓아두고 걷는다. 행동이 올바르며 절의와 의리를 지킨다. 자리에서 물러나거나 강등될 수 있다. 길에서 분주하며 쉬운 것을 버리고 어려움을 쫓는다. 친한 곳을 멀리하고 낯선 곳을 향해야 길하다.

■ 12월 334

갑자기 용신할 곳이 없다. 몸이 불에 타버리니 죽음이며 버림이다. 해는 바닷속에 잠기고 사람은 꿈속에 있다. 윗사람을 거역하니 재난을 피할 길이 없다. 만약 병화가 아니면 죽음에 이를 수 있다.

택수곤괘 2효(沢水困卦 二爻) ☷

주식이 곤궁하나 중간에 경사와 복이 있다. 나가면 흉한데 누구를 허물하랴. 곤궁해도 도를 행하는 것은 대신의 영명한 재주다. 귀인과 교류하며 경영하거나 꾀하는 일로 이익을 얻는다. 안정하면 길하나 움직이면 흉하고, 운이 흉하면 상을 당할 수도 있다.

■ 정월 253
대들보 위아래가 약하니 도와줄 수 없다. 못된 재주로 망동하니 일만 망친다. 도리도 지나치면 이롭지 않다. 운수가 대흉하니 전복을 예방하라. 만약 그렇지 않으면 눈이나 발에 병이 침범한다.

■ 2월 156
뽤 위에서 만나니 부끄러울 일이 많다. 불운에 일이 생기고, 슬픈 회포 속에 정이 피어난다. 고단한 몸을 의지할 데가 한군데도 없구나. 선비는 장원하고, 승려나 도인은 주지가 된다. 인심은 흩어지고 경영하거나 꾀하는 일은 고생만 따를 뿐이다.

■ 3월 654
재주를 넓게 베풀지 못하나 스스로 지키면 가하다. 일을 고치고 다스리면 폐지까지는 이르지 않는다. 이익과 선을 조목조목 펼치면서 정치를 고치고 일에 응한다. 경전을 궁리하며 옛것을 배워 쓰일 때를 기다린다. 밭을 갈고 샘을 파며 집을 짓고 수축한다.

■ 4월 611
교외에서 기다리며 어려움을 범하지 않는다. 조급하게 움직이면 곤란해진다. 현재의 직분을 조심스럽게 지키나 만족하지 못한다. 옛것을 지키면서 안정하면 재해가 범하지 않는다. 운수가 불리하면 교외에 장사지내는 수도 있다.

■ 5월 855
바르게 계단 오르듯 하니 큰 뜻을 얻는다. 반드시 시종의 진출을 예의로 한다. 오르는 것이 귀한 바는 유순한 데 있다. 벼슬한 사람은 높이 영전하고, 선비는 높이 천거된다. 꾀하는 것을 이루고 뜻을 얻으니 진출에는 계단이 있다.

■ 6월 872

겸손하며 바르니 중심을 얻는다. 속으로 겸손한 덕이 쌓이니 능히 외부로 발산할 수 있다. 수컷이 울면 암컷이 응하듯이 음양이 부르고 화답한다. 관직자는 직위가 바뀌니 앞으로 나아가면 명예를 이룬다. 경솔하면 좋지 않으니 물러나 지키는 것이 좋다.

■ 7월 756

왕후도 섬기지 않고 고상하게 그 일만 한다. 강하고 밝은 재주로 무사하다. 도덕을 품에 안고 마음속에 누가 되지 않게 한다. 옛것을 지키면서 자신을 고결하게 한다. 운이 좋으면 경사도 있고, 귀인에게 발탁된다.

■ 8월 763

여인을 취하지 말라. 소행이 불순하다. 돈 많은 남자를 보면 제 신분도 생각하지 못한다. 탐내고 조심하지 않아 욕을 당하고 편안에 빠져 학업도 폐한다. 여인과 불목하며 주색으로 재난을 당한다. 시비가 생기게 되니 안정해야 좋다.

■ 9월 711

위태로우면 하지 않는 것이 이롭다. 재해를 범하지 않으나 나가면 위태롭고 그치면 쌓인다. 기미를 알고 물러서면 해로움은 멀어진다. 벼슬한 사람은 직위를 버리는 것이 좋고, 선비는 때를 기다리는 것이 좋다. 변이 생기면 재난을 당하는데 옛것을 지켜야 좋다.

■ 10월 314

그렇게 풍성하게 하지 않으면 가히 허물은 없을 것이다. 물리를 밝게 분별할 수 있으면서도 겸손하다. 해도 정오가 지나면 기울고, 물도 성한 뒤에는 쇠퇴한다. 분수를 지키면서 때를 기다리는 것이 좋다. 밝으면 손실이 있으니 눈병도 두렵다.

■ 11월 732

턱이 움직이면 수염도 따라 움직이듯이 움직이고 그치는 일은 턱에 달려 있다. 선악은 본질에 매어 있다. 영전은 남의 덕으로 성사된다. 문장이 아름다우니 귀인이 끌어주리라. 그러나 세력만 믿고 함부로 굴면 좌절할 것이다.

■ 12월 535

왕이 가정을 이루면 근심하지 않아도 길하다. 지극히 바르고 선하니 근심없이 잘 되어간다. 남편은 내조를 좋아하고, 부인은 법도 있는 가정을 사랑한다. 벼슬길이 매우 순탄하고 명예를 이룬다. 귀인과 교제하며 문전에 화기가 가득하다.

연평 263

택수곤괘 3효(沢水困卦 三爻) ䷮

돌에 부딪쳐 곤궁한데 가시덩쿨에 걸린다. 그 집에 들어가도 그 아내를 보지 못한다. 이미 욕되고 부끄러운데 죽을 때가 된다. 불상의 운으로 가정이 어지럽고, 운이 불길하면 처첩의 변이 있다.

■ 정월 664
술 한 잔과 제기 둘이니 들창으로 언약을 드린다. 깨끗한 성의를 닦고 충성과 신의를 다하라. 임금의 마음이 밝게 열리면 결국 허물이 없어진다. 체결·결연·결혼이 있으나 초상이나 제사도 두렵다. 손님과 주인이 성심과 예의로 대한다.

■ 2월 621
호정에도 나가지 말라. 먼저 동태하고 막힘을 알아야 한다. 임금이 조심하지 않으면 어진 신하를 잃는다. 사소한 일도 조심하지 않으면 재해가 생긴다. 옮겨가지 못할 운으로 진취가 불리하다. 구덩이에 빠질 징조이니 옛것을 지켜야 한다.

■ 3월 865
장자가 중도로 군사를 거느린다. 소인이 참여하면 비록 바른 일이라도 흉하다. 언론으로 정치를 잡고, 앞으로 나아가 명예를 이룬다. 전답과 재산이 날로 늘어나고, 육축도 번창한다. 위임할 사람을 얻으면 꾀하는 일을 이루고 뜻도 얻는다.

■ 4월 882
곧고 모나고 크니 땅의 도가 빛난다. 소행에 의심이 없으니 이롭지 않은 것이 없다. 유순하며 중정한 덕이 무궁하다. 관직자는 지위가 높아지고 명예도 올라간다. 곡식과 비단이 많이 늘어나고, 어진 부인이 집안을 일으킨다.

■ 5월 766
어리석음을 격퇴할 때는 상하에 순탄하게 하라. 원수를 막는 것은 이로우나 원수가 되는 것은 불리하다. 외부의 유혹을 막고 순진함이 완전하게 하라. 사법관의 직위로 공은 뺏고 성공한다. 시비·투쟁·소송과 도적의 시끄러움도 있다.

■ 6월 753

아버지 일을 주간하니 다소 후회가 있다. 일을 주간해 폐단을 제거할 때 모두 길하지는 못했다. 유신의 법은 어찌 하나의 뉘우침을 애석해 하겠는가. 몸소 왕도를 행하고 간사한 말을 믿지 말라. 일찍 움직이는 것은 불리하니 거슬리고 어긋남을 고쳐라.

■ 7월 721

마치는 일은 속히 가라. 가상함이 합했기 때문이다. 아래를 덜어 위를 유익하게 하고, 자신을 덜어 윗사람을 받든다. 가정보다 나라를 더 생각하면 임금의 총애는 날로 늘어난다. 윗사람과 뜻이 합하니 반드시 우수하게 뽑힌다. 회계가 윤당하면 이롭고 모두 얻을 수 있다.

■ 8월 324

어그러지고 이탈해 외로워하다 좋은 장부를 만난다. 그 뜻을 행할 수 있으니 위태로우나 허물이 없다. 동지에게 천거되거나 발탁되고, 선비는 주사를 만난다. 혼인은 짝을 얻고 위태로웠던 사람도 편안해진진다. 밖에서 도모하는 일은 처음에는 막혔다 나중에는 순탄해진다.

■ 9월 742

양유을 얻지 못해 망령되게 윗사람에게 찾는다. 나아가면 그 무리를 잃게 된다. 벼슬한 사람은 귀양을 조심하고, 선비는 욕을 조심하라. 하는 일은 진퇴와 시비가 일정하지 않다. 병이 많으니 흉한 운을 만나면 죽을 수도 있다.

■ 10월 545

은혜하는 마음에 미더움 두면 묻지 않아도 대길하다. 위에서 혜택을 주면 밑에서도 은혜를 베푼다. 관직은 요로에 들어가고, 밝은 군주를 만난다. 앞으로 나아가 명예를 이루고, 경영하는 일은 뜻대로 된다. 비천한 사람이 존귀한 사람을 만나고, 지기도 많이 만난다.

■ 11월 733

꾸밈이 젖어들듯하니 오래 바르면 길하다. 꾸밈이 항상 바르면 결국 능멸하지 못한다. 도와주는 사람이 있으면 좋은 직위를 맡는다. 떠받들어 주는 사람이 많으니 명리를 이룬다. 밖에서는 시비로 시끄러울 수 있으나 해가 되지는 않는다.

■ 11월 836

처음에는 하늘에 오르나 나중에는 뒤에 땅 속으로 들어간다. 밝지 못하고 어두워 스스로 상하고 운명한 것이다. 관직에 막힘이 많으니 내쫓길까 두렵다. 처음에는 이루나 나중에는 막히고, 노인은 수명이 없다. 하늘에 오를 징조인데 나중에는 내쫓긴다.

연평 264

택수곤괘 4효(沢水困卦 四爻) ䷮

서서히 오는 것은 밑에 있다. 정도를 걸으면 결국은 길하다. 때에 따라 다소 부끄러움이 있다. 과감하게 결정하고 행동하면 재난과 약함도 구제한다. 꾀하는 일을 이루고 험난에서 벗어난다. 쇠로된 차는 불리한데 사고가 두렵다.

▪ 정월 465
군자가 해산하면 소인이 물러난다. 험난함이 흩어지니 길하며 선하다. 군자가 자진하게 되면 정도를 행한다. 선비는 명예를 얻고, 상인은 이익을 얻는다. 소송은 풀어지고, 병자는 쾌유된다.

▪ 2월 482
절개가 돌처럼 단단하니 뜻을 지킨다. 위로는 아첨하지 않고 아래로는 더럽히지 않는다. 기미를 알고 선처하는 것은 모든 사람의 소망이다. 급류에서 용감히 물러나 진취하면 명예를 이룬다. 보통 사람은 이익을 얻는데 안정해야 길하다.

▪ 3월 366
믿음으로 술을 마시니 허물이 없다. 뜻이 방탕하며 반성할 줄 모르면 재난을 당한다. 초월해 영전할 운이며 진취할 상이다. 험난함에서 벗어나 평온해지고, 늙은이는 스스로 즐거워한다. 술 때문에 재난을 당하거나 물에 빠질 수 있다.

▪ 4월 353
솥귀를 바꾸니 의리를 잃고, 행동이 비색하니 소임을 얻지 못한다. 물건이 있어도 먹지 못하고, 말이 있어도 타기 어렵다. 경영하거나 꾀하는 일은 처음은 없고 끝만 있다. 늙은이는 복을 받으나 어린아이는 작게 얻는다.

▪ 5월 321
상하가 서로 친하면 자연히 후회할 일도 없다. 나쁜 사람이 나를 헤치나 흉이 되지는 않는다. 한직에서 복직되나 진취는 지체된다. 처음에는 잃으나 나중에는 얻고, 처음에는 어그러지나 나중에는 합한다. 육축은 불리하며 흉악한 사람을 조심하라.

■6월 724

병을 빨리 덜면 기쁨이 있다. 상대가 나를 따르는 것도 빠른 것이 좋다. 한직에서 일어서고 선비는 기쁨이 있다. 재앙은 면제되고 병은 쾌유된다. 어두웠던 사람은 밝아지고, 근심이 있던 사람도 기쁘게 된다.

■7월 342

살을 씹되 코를 없애니 엄하게 다스렸기 때문이다. 형법을 적용할 때 중도를 지키면 죄도 쉽게 복종한다. 인민 때문에 다소 상처를 받고, 고시는 기회가 없다. 진퇴는 어렵고 시비는 요란하다. 혹 남이 모르는 병에 걸리거나 골육이 손상될 수 있다.

■8월 145

망이 없는 병은 약을 쓰지 않으면 기쁘다. 본래 병이 없는데 어찌 공격해 치료하겠는가. 움직이면 망이요 안정하면 무망이다. 벼슬한 사람은 변이 생기나 변명하지 않아도 자명해진다. 피하는 일은 이루고, 출산과 양육의 기쁨이 있다.

■9월 333

해는 기우는데 빛이 나니 어찌 오래 가겠는가. 성하면 쇠퇴하고, 시작이 있으면 끝이 있는 법이다. 관직은 재야에 있으니 조심하며 욕을 막아라. 즐거움 속에 슬픔이 있고, 기쁨 속에 수심이 있다. 계속 험난하니 죽고 망할 날이 없다.

■10월 436

집은 훌륭해 하늘까지 날 것 같으나 3년이나 사람을 보지 못한다. 스스로 가리고 더럽혔으니 매우 흉하다. 골육이 상잔하니 고향을 떠나 가정을 이루라. 문호가 곤궁하며 소송·감옥·구설이 따른다.

■11월 734

꾸밈새가 희며 흰 말이 달리듯 한다. 겉으로는 문채의 꾸밈을 숭상하나 마음은 본질을 숭상한다. 처음에는 막히나 나중에는 순탄하고, 처음에는 잃으나 나중에는 얻는다. 근심 속에 기쁨이 있고, 험난함 속에도 편안함이 있다. 혼인할 운이나 운이 흉하면 상복도 입는다.

■12월 771

발에 그치면 허물이 없다. 중정의 도를 잃지 않았다. 정도를 계속 지키면 이롭다. 현 직위를 고쳐야 그 지위도 잃지 않는다. 앞으로 나아가는 일은 어려워지고 정지나 강등이 따른다. 그러나 안정하면서 분수를 지키면 위험해지는 일은 없다.

택수곤괘 5효(沢水困卦 五爻) ䷮

코 베이고 발 잘리니 뜻을 얻지 못한다. 강하려다 약해지고, 이익을 구하다 손해를 본다. 진취하며 경영하는 일은 처음에는 힘드나 나중에는 순탄하다. 타고난 영명한 성품으로 모두 좋게 만든다. 그러나 운이 불길하면 소송·형벌·초상제사가 따른다.

■ 정월 166
왕이 하사한 의복을 받으나 하루아침에 세 번 잃는다. 소송으로 받는 복은 공경할 것이 못 된다. 성공과 실패, 진보와 후퇴가 있다. 소송이나 분쟁할 운이요 상복을 입을 운이다. 정도로 취한 것이 아니면 결국 잃는다.

■ 2월 153
엉덩이와 볼기에 살이 없으니 움직이는 것이 저주다. 사사로이 만나는 것을 조심하라. 함부로 행동하면 재난이 따른다. 퇴직이나 귀양을 갈 운이나 선비는 유리하다. 보통 사람은 재난과 매를 맞을까 두렵다. 하는 일이 어렵고, 허리와 발에 병이 침범한다.

■ 3월 121
본래 가는 데로 가면 허물이 없으리라. 이치를 따라 행사하고 도를 벗어나지 말라. 태평성대의 도가 있으면 영전할 기회가 있다. 어려서 배우고 자라서 행하니 명리를 이룬다. 비록 운은 좋으나 상복을 입을까 두렵다.

■ 4월 524
거의 보름이 된 달이다. 말도 짝을 잃었다. 같은 무리를 끊고 위를 따르면 허물이 없다. 벼슬한 사람은 높아지고, 선비는 월계관을 쓴다. 귀인을 만나며 윗사람의 덕을 본다. 그러나 배우자나 말을 잃을 수 있다.

■ 5월 142
밭갈이도 수확도 파종도 하지 않는다. 본래 소망이 없는데 소득이 있다. 가다듬고 행동에 힘쓰면서 때에 맞는 이치를 따른다. 승진과 명예를 성취하니 밖에서 이득을 얻는다. 농업이 좋으나 벼와 곡식은 적다.

■ 6월   345

마른 고기를 씹다 황금을 얻는다. 항상 위태로움과 두려움을 알면 원한과 허물은 자연히 사라진다. 법으로 간신을 제거하며 명예를 이룬다. 병자는 편안해지고 원망도 사라진다. 손으로 천금을 희롱하니 의식이 풍족하다.

■ 7월   133

숲 속에 복병이 있는데 높은 언덕에서 적을 살핀다. 3년이나 기회가 오지 않는다. 앞길이 가시밭이니 옛것을 지키면서 안정하라. 만약 높이 오르지 못하면 실직한다. 부모의 초상이 염려되고, 감옥과 소송도 두렵다.

■ 8월   236

군자는 표범으로 변하고 소인은 얼굴만 바뀐다. 나가면 흉하니 바르고 견고하게 있어야 길하다. 반드시 명예를 성취하고 문채가 왕성하다. 조심스럽게 법도를 지키면 재난을 면할 수 있다. 시비가 따르는데 낯을 바꿀까 두렵다.

■ 9월   534

가정이 부자니 대길하고 순함으로 지위에 있다. 아내가 가정을 부양하니 내직이 모두 좋아진다. 일은 순순히 하며 반드시 정도로 한다. 초월해 영전하고, 시험에 들어 상을 받는다. 꾀하는 일에 이익이 있고, 고독한 과부는 친한 사람을 만난다.

■ 10월   571

기러기가 물가로 가니 어린아이는 위태롭다. 재주는 매우 약한데 윗사람의 응원도 없다. 말을 하는 관직으로 학문 소송으로 귀양도 논한다. 선비는 응원이 없으니 막힘이 있다. 곤궁과 액을 많이 당하나 꾀하는 일은 막히지 않는다.

■ 11월   735

언덕과 동산을 꾸미니 예물은 얇고 소박하다. 근본을 두텁게 하며 실상을 숭상하고, 농업에 힘쓰며 검소함을 숭상한다. 한가한 관직에서 초빙되나 관록은 쇠퇴한다. 귀인은 이익을 얻고 적게 성취해야 기쁘다. 진취하는 데 어려움이 있고, 노인은 수명이 불리하다.

■ 12월   712

수레바퀴 통이 벗겨졌으나 중도를 얻어 허물은 없다. 처신이 중도를 얻었으니 움직여도 좋다. 학자는 성쇠와 강약의 깊이를 알아야 한다. 관직자는 사직하게 되니 진취는 불리하다. 실물·재난·시비를 겪은 후 얻을 수 있다.

연평 266

택수곤괘 상효(沢水困卦 上爻) ䷮

칡넝쿨에 걸려 위태롭고 곤궁한데 움직이면 더 고생한다. 궁하면 변화를 생각하는데 움직이면 형통한다. 형벌·구속·정지·강등이 두렵다. 갈 바를 두면 유리하며 상업이나 여행이 길하다. 만약 근심이나 놀랄 일이 없으면 복제가 두렵다.

■ 정월 221
화순하며 즐겁고 행동에 의심이 없다. 거취에 막힘이 없는데 어찌 아첨하랴. 벗들의 덕으로 진취하는 데 이롭다. 인정이 화합하니 모든 일이 다 이루어진다. 남편이 부르면 부인이 따르나 운이 흉하면 재난이 있다.

■ 2월 624
절제하면 형통하고, 위의 도를 계승한다. 절제하며 법을 따른다. 왕도의 현장을 따르니 충분히 명예를 이룬다. 공을 받들고 어른을 받드니 복을 받는다. 만일 여자이면 안인이나 절부다.

■ 3월 242
어린아이에게 매이면 장수를 잃게 된다. 사를 멀리하고 정도를 지켜라. 비리를 따르면 진실을 잃게 된다. 일이 안녕하지 못하고 소인이 시비한다. 마음이 두 곳에 묶여 있으니 스스로 지키기 어렵다. 정도를 버리고 사와 호응하면 허물도 클 것이다.

■ 4월 445
벼락이 내려치니 움직이면 위험하다. 중도를 잃으면 위태로우나 잃는 것은 없다. 현직을 보전하며 고유의 것을 지켜라. 보통 사람은 우환과 수족에 근심이 있다. 처세가 위태로운 줄 알면 크게 잃는 것은 없을 것이다.

■ 5월 233
비록 바른 길이라도 앞으로 나아가면 흉하다. 이른 개혁은 흉하며 위태롭다. 중론이 세 차례나 나오면 때에 맞는 순리로 행하라. 불화할 운으로 안부가 한결같지 않고, 한번 흉한 운을 만나면 요절한다.

■ **6월 136**

교회에서 동지를 찾으나 뜻을 이루지 못한다. 인정은 서로 막히고 안팎이 같지 않다. 외롭더라도 절개를 지키면서 자신을 고결하게 하라. 벼슬길은 먼 곳에 있으나 좋은 기회를 만나기 어렵다. 만약 흉한 운을 만나면 교외로 나간다.

■ **7월 634**

헤진 옷에 물이 스며드니 종일 경계해야 한다. 의심과 경계를 게을리 하지 말라. 벼슬한 사람은 예방하면서 자신의 소질을 길러라. 생활에 예비가 있으면 놀라거나 전복이 있을 수 없다. 배를 타면 물이 스며들 위험이 있다.

■ **8월 671**

가면 어려우나 오면 명예가 있으니 마땅히 기다려라. 어려움의 시작이니 나아가면 더욱 어려워진다. 기미를 보고 때를 알아 그치면 칭찬을 듣는다. 때를 기다려 진출하고, 옛것을 지키면서 안정하라. 나아가면 불리하고 망동하면 재난을 당한다.

■ **9월 835**

기자의 밝음이 상했으나 밝은 것이 꺼지지는 않는다. 밝음을 안으로 감추고 올바름을 지킨다. 검소한 덕으로 피난하나 지기는 만나기 어렵다. 가정의 어려움으로 반드시 화를 당한다. 분수를 지키면서 뜻을 바르게 가져야 한다.

■ **10월 812**

넓음도 포장하고 하수도 능멸하며 먼 곳을 잃지 않는다. 벗을 잃으면 광대하고 중도의 행실에 부합된다. 변방이나 강호를 지킨다. 앞으로 나아가 명예를 이루고, 경영하거나 꾀하는 일에 수확이 있다. 반드시 존귀한 분을 만나나 운이 흉하면 상해가 따른다.

■ **11월 736**

깨끗하게 꾸미면 허물이 없고, 위에서도 뜻을 얻는다. 참 모습을 잃지 않으니 절대 허물이 없다. 승진이나 영전할 운이니 앞으로 나아가면 뜻을 이룬다. 경영하거나 꾀하는 일이 소박하며 진실하니 허황이나 방탕에 빠지지 않는다. 혹 외척의 상을 당할 수 있다.

■ **12월 743**

기르는 정도를 어기니 흉하다. 10년이라도 쓰지 말라. 도가 크게 어그러졌으니 이로울 것이 없다. 욕심이 많아 망동하면서 이르지 않는 곳이 없다. 욕심을 따르다 법도를 그르치고 명예를 잃는다. 거칠고 음탕한 짓을 거리낌 없이 하다 자신이 상하고 슬픔만 남는다.

연평 271

택산함괘 초효(沢山咸卦 初爻) ☷☱.

엄지발가락에 감응이 있으니 뜻은 밖에 있다. 비록 뜻은 동했으나 감응은 깊지 않다. 어둡고 유약하며 조급해 사물에 접하지 못한다. 먼 곳에서 행상이나 유랑하는 상이다. 경영하거나 꾀하는 일에 급급하나 이루기는 어렵다.

■ 정월 252
마른 벼에 뿌리가 나고, 늙은 사내가 아내를 얻는다. 중도를 얻고 유순하니 능히 큰 공을 이룬다. 심하게 침체된 사람이 다시 일어나니 복직될 운이다. 첩을 들이는 운으로 아내를 얻고 아들을 낳는다. 승려는 제자를 얻거나 의붓자식을 둔다.

■ 2월 455
덕을 오래 지키면 견고하며 바르게 된다. 부인은 길하나 사나이는 흉하다. 권세에 아첨하니 비난과 꾸짖음을 당한다. 선비는 요행을 도모하다 욕을 본다. 보통 사람은 불선하다 훼방을 많이 겪는다.

■ 3월 263
돌에 부딪쳐 곤궁한데 가시덩쿨에 걸린다. 그 집에 들어가도 그 아내를 보지 못한다. 이미 욕되고 부끄러운데 죽을 때가 된다. 불상의 운으로 가정이 어지럽고, 운이 불길하면 처첩의 변이 있다.

■ 4월 166
왕이 하사한 의복을 받으나 하루아침에 세 번 잃는다. 소송으로 받는 복은 공경할 것이 못된다. 성공과 실패, 진보와 후퇴가 있다. 소송이나 분쟁할 운이요 상복을 입을 운이다. 정도로 취한 것이 아니면 결국 잃는다.

■ 5월 664
술 한 잔과 제기 둘이니 들창으로 언약을 드린다. 깨끗한 성의를 닦고 충성과 신의를 다하라. 임금의 마음이 밝게 열리면 결국 허물이 없어진다. 체결·결연·결혼이 있으나 초상이나 제사도 두렵다. 손님과 주인이 성심과 예의로 대한다.

■ **6월 621**

호정에도 나가지 말라. 먼저 동태하고 막힘을 알아야 한다. 임금이 조심하지 않으면 어진 신하를 잃는다. 사소한 일도 조심하지 않으면 재해가 생긴다. 옮겨가지 못할 운으로 진취가 불리하다. 구덩이에 빠질 징조이니 옛것을 지켜야 한다.

■ **7월 865**

장자가 중도로 군사를 거느린다. 소인이 참여하면 비록 바른 일이라도 흉하다. 언론으로 정치를 잡고, 앞으로 나아가 명예를 이룬다. 전답과 재산이 날로 늘어나고, 육축도 번창한다. 위임할 사람을 얻으면 꾀하는 일을 이루고 뜻도 얻는다.

■ **8월 882**

곧고 모나고 크니 땅의 도가 빛난다. 소행에 의심이 없으니 이롭지 않은 것이 없다. 유순하며 중정한 덕이 무궁하다. 관직자는 지위가 높아지고 명예도 올라간다. 곡식과 비단이 많이 늘어나고, 어진 부인이 집안을 일으킨다.

■ **9월 766**

어리석음을 격퇴할 때는 상하에 순탄하게 하라. 원수를 막는 것은 이로우나 원수가 되는 것은 불리하다. 외부의 유혹을 막고 순진함이 완전하게 하라. 사법관의 직위로 공은 뺏고 성공한다. 시비·투쟁·소송과 도적의 시끄러움도 있다.

■ **10월 753**

아버지 일을 주간하니 다소 후회가 있다. 일을 주간해 폐단을 제거할 때 모두 길하지는 못했다. 유신의 법은 어찌 하나의 뉘우침을 애석해 하겠는가. 몸소 왕도를 행하고 간사한 말을 믿지 말라. 일찍 움직이는 것은 불리하니 거슬리고 어긋남을 고쳐라.

■ **11월 721**

마치는 일은 속히 가라. 가상함이 합했기 때문이다. 아래를 덜어 위를 유익하게 하고, 자신을 덜어 윗사람을 받든다. 가정보다 나라를 더 생각하면 임금의 총애는 날로 늘어난다. 윗사람과 뜻이 합하니 반드시 우수하게 뽑힌다. 회계가 윤당하면 이롭고 모두 얻을 수 있다.

■ **12월 324**

어그러지고 이탈해 외로워하다 좋은 장부를 만난다. 그 뜻을 행할 수 있으니 위태로우나 허물이 없다. 동지에게 천거되거나 발탁되고, 선비는 주사를 만난다. 혼인은 짝을 얻고 위태로웠던 사람도 편안해진진다. 밖에서 도모하는 일은 처음에는 막혔다 나중에는 순탄해진다.

연평 272

택산함괘 2효(沢山咸卦 二爻) ☰

장딴지에 감응이 있으니 흉하나 편안하게 있으면 길하다. 지키지 못하고 일찍 움직이면 망동하니 흉하다. 안정하면서 분수를 지키면 저절로 좋은 일이 생긴다. 좋은 기회를 만나기 어려우니 경솔하게 움직이면 흉하다. 분주하면 나쁘고 노력하는 일 외에는 공이 없다.

■ 정월 283
모두 슬퍼하니 이로울 것이 없다. 나아가면 허물이 없으나 다소 부끄러운 일이 생긴다. 처음에는 가까운 곳에서 구하다 무리해 먼 곳과 결탁한다. 관직자는 외방으로 나가게 되는데 발전하기 어렵다. 집에 있어도 편안하지 못하고, 육친이 손상된다.

■ 2월 186
이미 비운이 무너졌으니 처음에는 비색하나 나중에는 기쁘다. 비색함이 가면 통태함이 오는 것은 자연의 이치다. 정지와 강등, 막힘이 다시 풀린다. 곤궁하다 좋아지고, 소송자도 풀린다. 그러나 운이 흉하면 슬픔·탄식·통곡이 따른다.

■ 3월 684
밖에서 어진 것은 위를 따르는 것이다. 도리가 좋으니 견실하며 바른 것을 얻는다. 영전하는 영화가 있으니 앞으로 나아가면 이롭다. 나가서 하는 일은 귀인의 도움을 많이 받는다. 행하면 이루지 못할 일이 없고 이롭지 않은 것이 없다.

■ 4월 641
급하게 하면 어려움에 처하니 바르고 견고하게 행하라. 귀한 몸이 천한 자에게 이르니 큰 민심을 얻는다. 관직자는 매우 발전하고, 선비는 밝음을 세운다. 분수를 지키면서 신중하라. 여자는 어질고 선하며 집안도 일어나고 좋은 남편을 만난다.

■ 5월 885
누런 치마이니 매우 길하다. 문채가 중도에 있다. 안에 아름다움이 가득하니 사지에까지 창달한다. 내직으로 선임되며 왕실에 들 영화가 있다. 모든 일이 안온하며 재물과 이익이 따른다. 여자는 덕이 있고 내조의 공이 있다.

■ 6월 862

군사에 중도를 지키니 길하고, 하늘의 총애를 받는다. 왕의 명령을 세 번이나 받고 천하를 생각한다. 벼슬한 사람은 임금의 친서로 벼슬을 받는다. 선비는 괴수되고 중은 은혜를 받는다. 반드시 귀하고 어진 사람을 만나 모든 일이 마음대로 된다.

■ 7월 786

큰 과일을 먹지 않는 것은 장차 다시 생겨나게 하기 위함이다. 군자는 수레를 얻으나 소인은 집이 사라진다. 난리가 나면 치세를 생각하며 군자를 추대하기 원한다. 벼슬한 사람은 좋은 권세가를 만나 천거된다. 경영에 새로운 뜻을 세우고, 궁실을 성조한다.

■ 8월 773

한계에 이르렀다. 등골뼈가 벌어질 것 같다. 사람이 거역하며 미워하니 어찌 위태롭지 않겠는가. 요직으로 옮길 수 있는데 진취하여 명예를 이룬다. 파손되며 안녕하지 못하니 위태롭다. 심장눈허리에 병이 생길까 두렵다

■ 9월 741

스스로 지키지 못하는데 마음은 이미 동했다. 욕망에 미혹되어 자신을 잃으니 매우 흉하다. 염치를 버리고 함부로 음탕하게 굴면 꾸지람을 듣는다. 거역하며 재물을 다투지 말고 정도를 지켜야 면할 수 있다. 선비는 적극적으로 나아가면 먹을 것을 얻는다.

■ 10월 344

다리에 감응이 있으나 처하지 못한다. 스스로 하지 못하고 남을 따른다. 조용히 있는 것이 좋은데 움직이니 심히 부끄럽다. 모든 일에 부끄러움이 많으며 여자의 결혼만 유리하다. 간여한 일들은 보통을 벗어나기 어렵다.

■ 11월 722

바르면 이롭고 나가면 흉하니 덜지 않아야 한다. 뜻은 스스로 지키는 데 있으니 함부로 진출하지 말라. 지켜야 할 것을 바꾸면 흉해진다. 현직을 고수하며 현 사업을 확고하게 지켜라. 현 제도를 조심하면서 먼 계책은 세우지 마라.

■ 12월 525

믿음이 단단하니 지위가 정당하다. 견고한 성의와 신의로 맺어지면 천하도 무사하다. 군신이 한마음이 되니 총애와 신임이 깊어진다. 앞으로 나아가 명예를 이루며 이롭지 않은 것이 없다. 인정이 화합하니 모든 것을 이룰 수 있다.

택산함괘 3효(沢山咸卦 三爻) ☰☷

다리에 감응이 있으니 처하지 못한다. 스스로 하지 못하고 남을 따른다. 조용히 있는 것이 좋은데 움직이니 매우 부끄럽다. 모든 일에 부끄러움이 많은데 여자의 결혼만 유리하다. 간 여한 일들은 보통을 벗어나기 어렵다.

■ 정월 674
세상이 험난하니 그곳도 불안하다. 지존이 연결해주면 아름다워진다. 관직에 막힘이 없으니 연달아 자리에 오른다. 구하고 바라면 명리를 이룰 수 있다. 그러나 연루·소송·시비 등의 어 려움이 따른다.

■ 2월 631
수레바퀴를 끌다 꼬리를 적셨다. 지극히 힘든 일을 해내면 의리에 허물이 없다. 직위는 있 으나 받지 못하고, 자리는 있으나 오르지 못한다. 움직일 것 같으나 움직일 수 없고, 구제 될 것 같으나 구제되지 못한다. 조심하면서 때를 기다리면 허물은 없을 것이다.

■ 3월 875
부자가 하지 않고 이웃과 함께하니 침략과 정벌에도 이롭다. 재물로 자신을 발전시키니 따 르는 사람이 많다. 문무를 겸비하며 병권을 장악할 수도 있다. 과거에 오를 운인데 귀인을 만나 성사된다. 자리를 배로 얻으나 투쟁이나 소송을 조심하라.

■ 4월 852
제사는 간소하게 지내는 것이 좋고, 기쁨만 있고 허물은 없다. 안으로 지성을 지키며 외부 의 꾸밈을 일삼지 않는다. 영전할 운이요 제관으로 배향한다. 선비는 명예를 얻고, 보통 사 람은 기쁨이 있다. 병은 편안해지고 하는 일은 이루어지나 초상이나 제사가 두렵다.

■ 5월 776
그치는 도가 매우 좋으니 나중에는 길하다. 관직자는 자리를 옮기고, 선비는 명예를 이루 고, 농민은 전답이 늘어나고, 상인은 이익을 얻고, 보통 사람은 복을 받는다. 그러나 운이 흉하면 반대가 된다.

■ 6월 783

떨어져 가는데 허물이 없고, 상하를 잃어버린다. 뜻은 당연히 정도를 따르니 가히 선하다. 명리를 다른 길에서 구하면 높이 된다. 지기를 만나기 어려우니 생애가 담박하다. 근심은 부모와 처자에 있다.

■ 7월 731

발을 꾸미니 차를 놓아두고 걷는다. 행동이 올바르며 절의와 의리를 지킨다. 자리에서 물러나 거나 강등될 수 있다. 길에서 분주하며 쉬운 것을 버리고 어려움을 쫓는다. 친한 곳을 멀리 하고 낯선 곳을 향해야 길하다.

■ 8월 334

갑자기 용신할 곳이 없다. 몸이 불에 타버리니 죽음이며 버림이다. 해는 바닷속에 잠기고 사람은 꿈속에 있다. 윗사람을 거역하니 재난을 피할 길이 없다. 만약 병화가 아니면 죽음 에 이를 수 있다.

■ 9월 712

수레바퀴 통이 벗겨졌으나 중도를 얻어 허물은 없다. 처신이 중도를 얻었으니 움직여도 좋 다. 학자는 성쇠와 강약의 깊이를 알아야 한다. 관직자는 사직하게 되니 진취는 불리하다. 실물·재난·시비를 겪은 후 얻을 수 있다.

■ 10월 515

미더움으로 서로 연결해 이웃에서 부를 얻는다. 덕을 쌓으면 신하도 그것을 받게 된다. 윗 사람도 신용하고 아랫사람도 흠모하며 복종한다. 주동과 협의해 공을 세우고 명예를 이룬 다. 다른 사람의 도움을 받아 모든 일을 뜻대로 이룬다.

■ 11월 723

천지가 교제하면 만물도 화생한다. 남녀의 정이 얽히면 만물이 화생하는 것이다. 셋이 가면 한 사람을 잃게 된다. 도반은 벗이 되고 협력자도 많다. 경영하거나 꾀하는 일은 이롭고, 이혼한 사람은 배우자를 얻는다.

■ 12월 826

두텁게 임하니 길하며 뜻은 안에 있다. 존귀하면서도 비천함과 호응하고, 높으면서도 아랫 사람을 따른다. 가르치며 생각하기, 포용과 보호를 무궁히 한다. 벼슬한 사람은 내직이며 국립대학에 간다. 원근에서 취하는 일은 이롭지 않은 것이 없다.

연평 274

택산함괘 4효(沢山咸卦 四爻)

마음이 꾸준하니 후회할 일이 없고, 해로움에 감응하지 않는다. 갈팡질팡할 때 벗만은 나의 생각을 따르리라. 사심이 서로 감응하면 광대하지 못하다. 벗과 서로 의지하면 작은 일은 이룰 수 있다. 마음이 다소 편안하나 큰 일은 어그러진다.

■ 정월 475
날아올라 내려오지 않으니 덕을 베풀기 어렵다. 서쪽 들에는 구름이 가득하나 비가 오지 않는다. 벼슬한 사람은 휴직하기 쉬우나 선비는 왕공을 볼 수도 있다. 원대한 계책은 불리하나 옛것을 지키면 좋다. 노인이나 병자는 모두 좋지 않다.

■ 2월 452
항구함에 뉘우침이 없고, 움직이는 곳마다 중도를 얻는다. 중정하면 자신을 지키며 편안해진다. 관직자는 근신하면 공직을 면한다. 선비는 덕을 숭상하며 지키면 손해는 없다. 자신을 편안하게 하며 도덕을 품으면 그 속에 이익이 있다.

■ 3월 376
나그네는 그 집을 불사르고, 처음에는 웃으나 나중에는 울부짖는다. 지나치게 강해 자만하면 편안한 곳도 잃는다. 순한 덕을 쉽게 잃으니 처음에는 통쾌하나 나중에는 위태로워진다. 좋은 가운데 손실이 있으니 이사나 성조를 하라. 운이 나쁘면 화재나 눈병이 생길 수 있다.

■ 4월 383
여러 사람이 미더워하니 위에 올라 행한다. 대중이 믿고 따르니 어찌 불리하겠는가. 관직자는 승진이나 영전하고, 선비는 천거된다. 벗을 얻어 함께 일하니 경영하거나 꾀하는 일을 이룬다. 먼저 도적을 막고, 뒤로는 사람의 도주를 예방하라.

■ 5월 331
내디딘 발길 착란하나 조심하면 허물은 없다. 그 진퇴를 아는 것은 밝게 부딪치는 도다. 조심하면서 신중하게 피하면 화를 면할 수 있다. 조급하게 움직이면 허물을 범하고, 이치에 어긋나면 분수를 범한다. 만약 그렇지 않으면 미끄러지며 발에 병이 생긴다.

■ 6월 734

꾸밈새가 희며 흰 말이 달리듯 한다. 겉으로는 문채의 꾸밈을 숭상하나 마음은 본질을 숭상한다. 처음에는 막히나 나중에는 순탄하고, 처음에는 잃으나 나중에는 얻는다. 근심 속에 기쁨이 있고, 험난함 속에도 편안함이 있다. 혼인할 운이나 운이 흉하면 상복도 입는다.

■ 7월 312

큰 수레에 많이 싣는데 실패가 없다. 튼튼한 큰 수레는 많이 싣고 멀리 갈 수 있다. 재주와 힘이 좋으니 능히 큰 부를 누린다. 용감한 장수로 출사해 명성을 얻는다. 경영하거나 꾀하는 일은 이루며 재물과 곡식이 풍부하다.

■ 8월 115

날아가는 용이 하늘에 있으니 대인을 만나면 이롭다. 같은 소리는 상응하고, 같은 기운은 서로 구한다. 꾀꼬리가 높은 나무에 오르듯 몸이 용문에 오른다. 성조에 필요한 재물을 얻을 상이나 여자는 남편궁이 불리해 고독하다.

■ 9월 323

수레가 끌려가는 것을 보고 그 소는 제거된다. 머리털은 뽑히고 코는 잘리는 격이니 처음은 없고 끝만 있다. 지위가 부당하며 강적을 만난다. 꾀하며 바라는 일에 막힘이 있으니 험난함에서 편안함을 구하라. 만약 흉한 운을 만나면 골육의 형상이 따른다.

■ 10월 426

광주리를 받아도 비어 있고, 양을 잡아도 피가 없다. 제사가 끊어지면 여인의 시집도 종말이다. 빈 자리로 실이 없으니 앞으로 나아가도 헛된 명예뿐이다. 경영하거나 꾀하는 일은 모두 비어 있으니 헛되게 심신만 고생한다. 노인은 불리한데 초상이나 제사의 근심이 있다.

■ 11월 724

빨리 병을 덜면 기쁨이 있다. 상대가 나를 따르는 것도 빠른 것이 좋다. 한직에서 일어서고 선비는 기쁨이 있다. 재앙은 면제되고 병은 쾌유된다. 어두웠던 사람은 밝아지고, 근심이 있던 사람도 기쁘게 된다.

■ 12월 761

어린아이에게는 벌을 주는 것이 이롭다. 두려움을 알게 한 후 가르쳐서 인도한다. 착한 도를 알게 해야지 벌을 주면 안 된다. 문교의 직책이며 형벌을 주는 소임이다. 작은 시험은 유리하나 보통 사람은 관재나 시비가 많다.

연평 275

택산함괘 5효(沢山咸卦 五爻) ䷞

등심에 감응이 있으니 뜻이 사물을 감동시키지 못한다. 진퇴에 구속이 없고, 중심에는 사기가 없다. 같은 관료는 기뻐도 앞으로 나아가기는 어렵다. 인정이 어그러지며 떨어져 나가니 경영하거나 꾀하는 일은 시소하다. 사욕에 감응하면 사물을 감동시킬 수 없다.

■ 정월 176
살찐 물러남이요 숨은 것이니 이롭지 않은 것이 없다. 사물에 막힘이 없어 초연하며 여유가 있으니 무슨 일이든 이루어지지 않겠는가. 관로가 편안하지 못하니 때를 기다려라. 경영하거나 꾀하는 일은 이롭고, 가정과 사업은 풍성해진다.

■ 2월 183
지위가 부당하니 부끄럽다. 항상 졸렬한 권모술수를 부리다 선을 해친다. 인정은 쉽게 변하니 움직이면 의심을 받는다. 관직에서 물러나 쉬면서 비난을 막아라. 시비와 분쟁이 비온 뒤 죽순 솟듯한다.

■ 3월 131
마음에 부끄러움이 없으니 자연히 내외가 화평하다. 남들과 마음이 통하니 무슨 허물이 있겠는가. 원한과 허물은 모두 사라지며 모든 가정에는 기쁨이 있다. 영전할 운이요 등용할 상이다. 동지와 협심하며 성조와 문을 수리한다.

■ 4월 534
가정이 부자니 대길하고 순함으로 지위에 있다. 아내가 가정을 부양하니 내직이 모두 좋아진다. 일은 순순히 하며 반드시 정도로 한다. 초월해 영전하고, 시험에 들어 상을 받는다. 꾀하는 일에 이익이 있고, 고독한 과부는 친한 사람을 만난다.

■ 5월 112
용이 밭에 나타나니 대인을 보는 것이 이롭다. 말은 신용있게 하고 행실은 조심해라. 몸은 직위에서 초월하니 경사가 무쌍하다. 식구가 늘고 전답이 생기며 재물이 마르지 않는다. 귀인을 만나 모든 것이 뜻대로 된다.

■6월 315

미더움으로 사귀며 신의로 뜻을 편다. 강유를 겸전하니 즐거워하지 않는 백성이 없다. 일에는 선후가 있으니 기회를 보아 나아가라. 시기를 살펴 움직이면 모든 일이 새롭게 된다. 그러나 경솔하며 거만하면 화를 당할 것이다.

■7월 123

애꾸눈으로 보며 절름발이로 걷는다. 호랑이 꼬리를 밟았으니 매우 흉하다. 하는 일이 바르지 못하니 반드시 상해가 따른다. 시비가 불리하니 감옥이나 송사가 따른다. 만약 깊이 살피지 않으면 자신과 가정이 망할 수 있다.

■8월 226

이끌려 즐거워하니 크게 빛나지 못한다. 함부로 교묘하게 기쁨을 찾으니 이르지 않는 곳이 없다. 시절이 오지 않으니 심사만 산란하다. 좋은 광채도 먼지 속에 있으니 경영하고 꾀하는 일이 잘 되지 않는다. 위로 가도 광채가 없으니 혹 더러운 데 오염될 수 있다.

■9월 524

거의 보름이 된 달이다. 말도 짝을 잃었다. 같은 무리를 끊고 위를 따르면 허물이 없다. 벼슬한 사람은 높아지고, 선비는 월계관을 쓴다. 귀인을 만나며 윗사람의 덕을 본다. 그러나 배우자나 말을 잃을 수 있다.

■10월 561

구제하는데 건장한 말을 쓰니 길하다. 굳세고 중정한데 친히 사귀며 서로 구한다. 빨리 영전하며 선비는 비등해진다. 귀인과 교류하거나 천거를 받아 꾀하는 것을 모두 이룬다. 흐트러짐도 초기에 구하면 힘을 들이지 않아도 된다.

■11월 725

유익한데 복은 위에서 내린다. 열 쌍의 거북으로도 어길 수가 없다. 꾀하는 일은 하늘의 뜻과 부합하니 매우 선하다. 직위가 좋아 임금 곁에 있고, 선비는 장원한다. 하늘의 재물이 많이 생기니 이롭지 않은 것이 없다.

■12월 742

양유을 얻지 못해 망령되게 윗사람에게 찾는다. 나아가면 그 무리를 잃게 된다. 벼슬한 사람은 귀양을 조심하고, 선비는 욕을 조심하라. 하는 일은 진퇴와 시비가 일정하지 않다. 병이 많으니 흉한 운을 만나면 죽을 수도 있다.

연평 276

택산함괘 상효(沢山咸卦 上爻) ䷞

광대뼈와 혀로 감동시키니 구설만 생긴다. 말이 많으면 욕을 부르고, 도모한 일도 분명하지 않다. 항상 노력하나 마음과 힘만 쓸 뿐이다. 유세하는 업이나 평론가가 되어라. 구설이 분분하니 먼저 훼방을 조심하라.

■ 정월 231
견고한 황소가죽을 써라. 개혁은 불가하다. 초기에 움직이니 어찌 자세하며 신중하겠는가. 마음을 잘 지키면서 가볍게 고치려고 하지 말라. 망동하면 과실을 면하기 어렵다. 벼슬한 사람은 자리를 지키면서 나올 생각을 하지 말라.

■ 2월 634
헤진 옷에 물이 스며드니 종일 경계해야 한다. 의심과 경계를 게을리 하지 말라. 벼슬한 사람은 예방하면서 자신의 소질을 길러라. 생활에 예비가 있으면 놀라거나 전복이 있을 수 없다. 배를 타면 물이 스며들 위험이 있다.

■ 3월 212
안으로는 근심과 두려움을 품고 밖으로는 엄숙히 경계하라. 어두운 밤에 무력을 만나더라도 구원을 요청하지 말라. 졸연히 화를 막으면 재앙을 면할 수 있다. 무관이 유리하니 무관으로 진출하라. 만약 도적이 아니면 놀라거나 위험한 일이 많다.

■ 4월 415
겉은 부드러우나 속은 강하니 건장함을 쓰지 않는다. 바르고 안정되게 지키면 좋으나 망동하면 재앙이 생긴다. 거칠어진 정치로 파직·연금·명예 상실이 따르며 성공하지 못한다. 좋은 계책은 펼 수 없으니 이로운 것이 하나도 없다. 만일 병자이면 몸을 잃을 수 있다.

■ 5월 223
나아가 즐거움을 구하니 그 흉함을 알겠다. 이미 도덕을 잃었으니 남들이 호응해 주지 않는다. 생각은 많으나 어려움만 따른다. 교묘하고 구차하게 합하면 의외의 화근이 생기거나 도를 잃고 망신한다.

■6월 126

일이 되어가는 것을 보고 길흉을 살펴라. 법에 맞게 주선하면 큰 경사가 있고, 개과천선하면 점점 형통한다. 고시를 치루면 반드시 장원한다. 재물과 비단에는 흠이 없으나 아버지 상을 당할까 두렵다.

■7월 624

절제하면 형통하고, 위의 도를 계승한다. 절제하며 법을 따른다. 왕도의 현장을 따르니 충분히 명예를 이룬다. 공을 받들고 어른을 받드니 복을 받는다. 만일 여자이면 안인이나 절부다.

■8월 661

겹겹의 험난에 빠져 도를 잃어버리면 흉하다. 재주가 약하고 응원이 없으니 회복하기 어렵다. 내쫓길 운이요 강등의 욕을 당한다. 험난한 곳으로 빠져들어가니 인명이 위태롭다. 그러나 승려나 숨은 도인은 화를 면할 수 있다.

■9월 825

대군이 지혜로 임하고, 중도에 행하니 여러 가지가 길하다. 성군은 총명하며 예지력이 있어야 한다. 벼슬한 사람은 초월적이 되고, 선비는 등용된다. 꾀하는 일은 순탄하니 이롭지 않은 것이 없다.

■10월 842

아름다운 회복이니 길하며 인(仁)에 내린다. 인을 얻고 인과 친하니 선이 되어 자연히 이익도 생긴다. 내쫓긴 사람도 복직되고 정지나 강등도 풀린다. 위태롭던 사람도 편안해지고 병자도 쾌유된다. 형통하며 부호가 되니 재물과 이익을 얻는다.

■11월 726

덜지도 않고 유익하니 큰 뜻을 이룬다. 신하를 많이 얻는데 원근이 모두 복종한다. 혜택을 주고 소비하지 않으면 그 혜택이 넓어진다. 백성은 한마음이 되고 임금의 총애도 견고하다. 선비도 뜻을 얻어 출입이 더욱 유리해진다.

■12월 713

좋은 말이 달리니 어렵고 올곧은 것이 이롭다. 윗사람과 뜻이 합하면 달리는 말과 같아진다. 태수(太守)가 되어 붉은 기를 꽂고, 선비는 비등한다. 지기가 서로 도우니 어려움도 이겨낸다. 열심히 노력하면 고생 끝에 얻을 것이다.

연평 281

택지취괘 초효(沢地萃卦 初爻) ䷬

성의는 있으나 결과를 맺지 못하니 소란하다. 근심없이 가면 거의 허물은 없다. 벼슬한 사람은 불리하고, 선비는 어려움이 있다. 소인과 결탁하거나 속임수를 당할 운이다. 처음에는 흉하고 나중에는 길하니 경계하는 것이 좋다.

▪ 정월 262
주식이 곤궁하나 중간에 경사와 복이 있다. 나가면 흉한데 누구를 허물하랴. 곤궁해도 도를 행하는 것은 대신의 영명한 재주다. 귀인과 교류하며 경영하거나 꾀하는 일로 이익을 얻는다. 안정하면 길하나 움직이면 흉하고, 운이 흉하면 상을 당할 수도 있다.

▪ 2월 465
군자가 해산하면 소인이 물러난다. 험난함이 흩어지니 길하며 선하다. 군자가 자진하게 되면 정도를 행한다. 선비는 명예를 얻고, 상인은 이익을 얻는다. 소송은 풀어지고, 병자는 쾌유된다.

▪ 3월 253
대들보 위아래가 약하니 도와줄 수 없다. 못된 재주로 망동하니 일만 망친다. 도리도 지나치면 이롭지 않다. 운수가 대흉하니 전복을 예방하라. 만약 그렇지 않으면 눈이나 발에 병이 침범한다.

▪ 4월 156
뽕 위에서 만나니 부끄러울 일이 많다. 불운에 일이 생기고, 슬픈 회포 속에 정이 피어난다. 고단한 몸을 의지할 데가 한군데도 없구나. 선비는 장원하고, 승려나 도인은 주지가 된다. 인심은 흩어지고 경영하거나 꾀하는 일은 고생만 따를 뿐이다.

▪ 5월 654
재주를 넓게 베풀지 못하나 스스로 지키면 가하다. 일을 고치고 다스리면 폐지까지는 이르지 않는다. 이익과 선을 조목조목 펼치면서 정치를 고치고 일에 응한다. 경전을 궁리하며 옛것을 배워 쓰일 때를 기다린다. 밭을 갈고 샘을 파며 집을 짓고 수축한다.

■ 6월 611

교외에서 기다리며 어려움을 범하지 않는다. 조급하게 움직이면 곤란해진다. 현재의 직분을 조심스럽게 지키나 만족하지 못한다. 옛것을 지키면서 안정하면 재해가 범하지 않는다. 운수가 불리하면 교외에 장사지내는 수도 있다.

■ 7월 855

바르게 계단 오르듯 하니 큰 뜻을 얻는다. 반드시 시종의 진출을 예의로 한다. 오르는 것이 귀한 바는 유순한 데 있다. 벼슬한 사람은 높이 영전하고, 선비는 높이 천거된다. 꾀하는 것을 이루고 뜻을 얻으니 진출에는 계단이 있다.

■ 8월 872

겸손하며 바르니 중심을 얻는다. 속으로 겸손한 덕이 쌓이니 능히 외부로 발산할 수 있다. 수컷이 울면 암컷이 응하듯이 음양이 부르고 화답한다. 관직자는 직위가 바뀌니 앞으로 나아가면 명예를 이룬다. 경솔하면 좋지 않으니 물러나 지키는 것이 좋다.

■ 9월 756

왕후도 섬기지 않고 고상하게 그 일만 한다. 강하고 밝은 재주로 무사하다. 도덕을 품에 안고 마음속에 누가 되지 않게 한다. 옛것을 지키면서 자신을 고결하게 한다. 운이 좋으면 경사도 있고, 귀인에게 발탁된다.

■ 10월 763

여인을 취하지 말라. 소행이 불순하다. 돈 많은 남자를 보면 제 신분도 생각하지 못한다. 탐내고 조심하지 않아 욕을 당하고 편안에 빠져 학업도 폐한다. 여인과 불목하며 주색으로 재난을 당한다. 시비가 생기게 되니 안정해야 좋다.

■ 11월 711

위태로우면 하지 않는 것이 이롭다. 재해를 범하지 않으나 나가면 위태롭고 그치면 쌓인다. 기미를 알고 물러서면 해로움은 멀어진다. 벼슬한 사람은 직위를 버리는 것이 좋고, 선비는 때를 기다리는 것이 좋다. 변이 생기면 재난을 당하는데 옛것을 지켜야 좋다.

■ 12월 314

그렇게 풍성하게 하지 않으면 가히 허물은 없을 것이다. 물리를 밝게 분별할 수 있으면서도 겸손하다. 해도 정오가 지나면 기울고, 물도 성한 뒤에는 쇠퇴한다. 분수를 지키면서 때를 기다리는 것이 좋다. 밝으면 손실이 있으니 눈병도 두렵다.

연평 282

택지취괘 2효(沢地萃卦 二爻) ䷬·

이끌리면 길하여 허물이 없고, 중정한 덕은 변함이 없다. 지성이 서리는 곳에 소박한 제사를 올리면 이롭다. 군신이 화합하니 지성과 공경을 모두 이룬다. 귀인이 이끌어주면 등용할 수 있다. 좋은 사람과 교류하거나 천거 있으니 경영하거나 꾀하는 일을 이룬다.

■ 정월 273
다리에 감응이 있으나 처하지 못한다. 스스로 하지 못하고 남을 따른다. 조용히 있는 것이 좋은데 움직이니 심히 부끄럽다. 모든 일에 부끄러움이 많으며 여자의 결혼만 유리하다. 간여한 일들은 보통을 벗어나기 어렵다.

■ 2월 176
살찐 물러남이요 숨은 것이니 이롭지 않은 것이 없다. 사물에 막힘이 없어 초연하며 여유가 있으니 무슨 일이든 이루어지지 않겠는가. 관로가 편안하지 못하니 때를 기다려라. 경영하거나 꾀하는 일은 이롭고, 가정과 사업은 풍성해진다.

■ 3월 674
세상이 험난하니 그곳도 불안하다. 지존이 연결해주면 아름다워진다. 관직에 막힘이 없으니 연달아 자리에 오른다. 구하고 바라면 명리를 이룰 수 있다. 그러나 연루·소송·시비 등의 어려움이 따른다.

■ 4월 631
수레바퀴를 끌다 꼬리를 적셨다. 지극히 힘든 일을 해내면 의리에 허물이 없다. 직위는 있으나 받지 못하고, 자리는 있으나 오르지 못한다. 움직일 것 같으나 움직일 수 없고, 구제될 것 같으나 구제되지 못한다. 조심하면서 때를 기다리면 허물은 없을 것이다.

■ 5월 875
부자가 하지 않고 이웃과 함께하니 침략과 정벌에도 이롭다. 재물로 자신을 발전시키니 따르는 사람이 많다. 문무를 겸비하며 병권을 장악할 수도 있다. 과거에 오를 운인데 귀인을 만나 성사된다. 재리를 배로 얻으나 투쟁이나 소송을 조심하라.

■ 6월 852

제사는 간소하게 지내는 것이 좋고, 기쁨만 있고 허물은 없다. 안으로 지성을 지키며 외부의 꾸밈을 일삼지 않는다. 영전할 운이요 제관으로 배향한다. 선비는 명예를 얻고, 보통 사람은 기쁨이 있다. 병은 편안해지고 하는 일은 이루어지나 초상이나 제사가 두렵다.

■ 7월 776

그치는 도가 매우 좋으니 나중에는 길하다. 관직자는 자리를 옮기고, 선비는 명예를 이루고, 농민은 전답이 늘어나고, 상인은 이익을 얻고, 보통 사람은 복을 받는다. 그러나 운이 흉하면 반대가 된다.

■ 8월 783

떨어져 가는데 허물이 없고, 상하를 잃어버린다. 뜻은 당연히 정도를 따르니 가히 선하다. 명리를 다른 길에서 구하면 높이 된다. 지기를 만나기 어려우니 생애가 담박하다. 근심은 부모와 처자에 있다.

■ 9월 731

발을 꾸미니 차를 놓아두고 걷는다. 행동이 올바르며 절의와 의리를 지킨다. 자리에서 물러나거나 강등될 수 있다. 길에서 분주하며 쉬운 것을 버리고 어려움을 좇는다. 친한 곳을 멀리하고 낯선 곳을 향해야 길하다.

■ 10월 334

갑자기 용신할 곳이 없다. 몸이 불에 타버리니 죽음이며 버림이다. 해는 바닷속에 잠기고 사람은 꿈속에 있다. 윗사람을 거역하니 재난을 피할 길이 없다. 만약 병화가 아니면 죽음에 이를 수 있다.

■ 11월 712

수레바퀴 통이 벗겨졌으나 중도를 얻어 허물은 없다. 처신이 중도를 얻었으니 움직여도 좋다. 학자는 성쇠와 강약의 깊이를 알아야 한다. 관직자는 사직하게 되니 진취는 불리하다. 실물·재난·시비를 겪은 후 얻을 수 있다.

■ 12월 515

미더움으로 서로 연결해 이웃에서 부를 얻는다. 덕을 쌓으면 신하도 그것을 받게 된다. 윗사람도 신용하고 아랫사람도 흠모하며 복종한다. 주동과 협의해 공을 세우고 명예를 이룬다. 다른 사람의 도움을 받아 모든 일을 뜻대로 이룬다.

택지취괘 3효(沢地萃卦 三爻) ䷬

모두 슬퍼하니 이로울 것이 없다. 나아가면 허물이 없으나 다소 부끄러운 일이 생긴다. 처음에는 가까운 곳에서 구하다 무리해 먼 곳과 결탁한다. 관직자는 외방으로 나가게 되는데 발전하기 어렵다. 집에 있어도 편안하지 못하고, 육친이 손상된다.

■ **정월 684**
밖에서 어진 것은 위를 따르는 것이다. 도리가 좋으니 견실하며 바른 것을 얻는다. 영전하는 영화가 있으니 앞으로 나아가면 이롭다. 나가서 하는 일은 귀인의 도움을 많이 받는다. 행하면 이루지 못할 일이 없고 이롭지 않은 것이 없다.

■ **2월 641**
급하게 하면 어려움에 처하니 바르고 견고하게 행하라. 귀한 몸이 천한 자에게 이르니 큰 민심을 얻는다. 관직자는 매우 발전하고, 선비는 밝음을 세운다. 분수를 지키면서 신중하라. 여자는 어질고 선하며 집안도 일어나고 좋은 남편을 만난다.

■ **3월 885**
누런 치마이니 매우 길하다. 문채가 중도에 있다. 안에 아름다움이 가득하니 사지에까지 창달한다. 내직으로 선임되며 왕실에 들 영화가 있다. 모든 일이 안온하며 재물과 이익이 따른다. 여자는 덕이 있고 내조의 공이 있다.

■ **4월 862**
군사에 중도를 지키니 길하고, 하늘의 총애를 받는다. 왕의 명령을 세 번이나 받고 천하를 생각한다. 벼슬한 사람은 임금의 친서로 벼슬을 받는다. 선비는 괴수되고 중은 은혜를 받는다. 반드시 귀하고 어진 사람을 만나 모든 일이 마음대로 된다.

■ **5월 786**
큰 과일을 먹지 않는 것은 장차 다시 생겨나게 하기 위함이다. 군자는 수레를 얻으나 소인은 집이 사라진다. 난리가 나면 치세를 생각하며 군자를 추대하기 원한다. 벼슬한 사람은 좋은 권세가를 만나 천거된다. 경영에 새로운 뜻을 세우고, 궁실을 성조한다.

■ 6월   773

한계에 이르렀다. 등골뼈가 벌어질 것 같다. 사람이 거역하며 미워하니 어찌 위태롭지 않겠는가. 요직으로 옮길 수 있는데 진취하여 명예를 이룬다. 파손되며 안녕하지 못하니 위태롭다. 심장·눈·허리에 병이 생길까 두렵다

■ 7월   741

스스로 지키지 못하는데 마음은 이미 동했다. 욕망에 미혹되어 자신을 잃으니 매우 흉하다. 염치를 버리고 함부로 음탕하게 굴면 꾸지람을 듣는다. 거역하며 재물을 다투지 말고 정도를 지켜야 면할 수 있다. 선비는 적극적으로 나아가면 먹을 것을 얻는다.

■ 8월   344

뼈가 있는 마른 고기를 씹다 쇠로 된 화살을 만난다. 어려움을 이겨내면 이로우나 빛은 크게 나지 않는다. 견실하지 않은데 어찌 화평하겠는가. 벼슬한 사람은 승진하고, 선비는 명예를 이룬다. 경영하는 일은 이로운데 건어물이면 더욱 좋다.

■ 9월   722

바르면 이롭고 나가면 흉하니 덜지 않아야 한다. 뜻은 스스로 지키는 데 있으니 함부로 진출하지 말라. 지켜야 할 것을 바꾸면 흉해진다. 현직을 고수하며 현 사업을 확고하게 지켜라. 현 제도를 조심하면서 먼 계책은 세우지 마라.

■ 10월   525

믿음이 단단하니 지위가 정당하다. 견고한 성의와 신의로 맺어지면 천하도 무사하다. 군신이 한마음이 되니 총애와 신임이 깊어진다. 앞으로 나아가 명예를 이루며 이롭지 않은 것이 없다. 인정이 화합하니 모든 것을 이룰 수 있다.

■ 11월   713

좋은 말이 달리니 어렵고 올곧은 것이 이롭다. 윗사람과 뜻이 합하면 달리는 말과 같아진다. 태수(太守)가 되어 붉은 기를 꽂고, 선비는 비등한다. 지기가 서로 도우니 어려움도 이겨낸다. 열심히 노력하면 고생 끝에 얻을 것이다.

■ 12월   816

성이 구렁에 돌아오니 그 명령이 어지럽다. 인심이 방탕하면 난리가 여기서 생긴다. 관직자는 귀양을 가거나 강등되고 선비는 부끄러운 욕을 만나게 된다. 손실과 파괴의 운이니 질병도 두렵다. 수명이 불길하며 근후해야 재앙을 면한다.

연평 284

택지취괘 4효(沢地萃卦 四爻)

자리가 부당하니 많이 선해야 허물이 없다. 모두 좋지 않은데 어찌 대길하겠는가. 고를 버리고 하로 가니 진취가 부당하다. 만약 정직하지 않으면 재화를 면할 수 없다. 큰 덕이 있는 군자라야 바야흐로 복을 받는다.

■ 정월 485

강세를 타 견고해도 병이 된다. 항상 중도를 잃지 않으면 죽지 않고, 권세가에게 의지하면 은혜와 총애를 받는다. 이끌어주는 사람도 없고, 좋은 기회를 만나기도 어렵다. 심사를 정하지 못하면 재해를 당한다.

■ 2월 462

사냥하여 여우 셋과 누런 화살을 얻는다. 간사함과 아첨이 난무하나 정직함으로 제거한다. 영전·천거·발탁될 운이다. 세 번 꾀하여 세 번 이루며 전답과 재산도 늘어난다. 만약 전쟁이나 사냥을 하면 이익이 작지 않을 것이다.

■ 3월 386

뿔 위까지 나가 사심의 마을을 쳐라. 진퇴가 심란하니 정당한 곳에 처해도 부끄럽다. 안으로 사심을 치료하며 자신을 반성하면 허물이 없다. 집을 다스리는 상이며 성조나 집수리할 운이다. 수가 불길하면 정벌·분쟁·소송이 따른다.

■ 4월 373

나그네가 집을 불사르는데 진실한 시종도 잃었다. 마음만 심란해 베게 베고 탄식한다. 벼슬한 사람은 직위를 잃고, 선비는 명예를 잃는다. 집은 불에 타고 인구마저 잃는다. 지나치게 강해 되지 않고, 여행하다 재난을 당한다.

■ 5월 341

형틀을 신겨 발을 베어 없애나 행하지 않으면 허물이 없다. 적은 것을 징계해 큰 것을 경계하는 것은 소인의 복이다. 거동에 어려움이 많으니 공명을 이루지 못한다. 보통 사람은 형벌을 조심해야 한다. 근신하면 재앙을 면할 수 있으나 풍병에 걸릴까 두렵다.

■ 6월 744

전도된 기름이나 길하니 위에서 베푸는 것이 빛난다. 호시탐탐하듯 하고 그 욕망 계속되게 하라. 존귀함을 얻어 광영되고, 앞으로 나아가 명예를 이룬다. 좋은 사람의 도움으로 경영하거나 꾀하는 일은 성사된다. 그러나 내쫓기거나 시비를 당할까 두렵다.

■ 7월 322

골목에서 골목을 만나니 도를 잃은 것은 아니다. 왜곡해 서로 구하는 것도 뜻은 어그러짐을 구제하는 데 있다. 성의와 힘을 다해 지성으로 감동시킨다. 반드시 밝은 군주를 만나 영전할 기회를 만난다. 보통 사람은 지기를 만나 경영하거나 꾀하는 일을 이룬다.

■ 8월 125

일을 고려하지 않고 마음대로 독단한다. 천하에 공이 높아도 포상은 하나도 없다. 도덕성이 높아 대중의 사표가 되어도 명예는 이루지 못한다. 일찍 움직이거나 망동하면 환란만 거듭된다. 운수가 이와 같으니 처사를 조심하라.

■ 9월 313

공후가 천자에게 드리니 소인은 이기지 못한다. 대신이 임금을 얻으면 충성하게 된다. 조정에서 중임을 맡고, 선비는 크게 괴수된다. 소인은 무리가 속이고 멸시하니 반드시 재해가 따른다. 운이 불리하면 형극이나 상해를 면하기 어렵다.

■ 10월 416

불친 양이 울타리를 밟으니 물러서지도 이루지도 못한다. 이로울 것이 없으니 어려워야 길하다. 일의 어려움을 알고 함부로 가볍게 여기지 말라. 벼슬한 사람은 감봉이나 퇴출되고, 선비는 물러나기도 어렵다. 분수를 넘고 이치를 어기면 시비·투쟁·소송이 따른다.

■ 11월 714

어린 소로 대지르지 못하게 함이니 매우 길하며 기쁨이 있다. 피어나기 전에 금지시키면 크게 착하고 길하다. 벼슬한 사람은 승진하고, 진취하면 장원한다. 보통 사람은 기쁨이 있고 소나 재물이 늘어난다. 먼저 실패의 원인을 제거하면 이롭지 않은 것이 없다.

■ 12월 751

아버지의 일을 주간하니 죽은 아버지의 뜻을 계승한다. 앞 사람의 잘못을 자식이 능히 주간한다. 폐단은 깊지 않으니 일은 쉽게 구제된다. 자식이 아버지 사업을 계승하니 꾀하는 일을 이루지 못한다. 운이 흉하면 근심이 따르고, 노인은 살기 어렵다.

택지취괘 5효(沢地萃卦 五爻) ䷬

모이는데 자리를 두나 뜻은 빛나지 못한다. 덕과 지위가 맞으면 움직여도 백성이 기뻐한다. 스스로 큰 선을 닦으면 복종하지 않는 것이 없다. 인정이 미덥지 못하며 도덕을 닦지 못한다. 인정이 화합하지 못하니 경영하거나 꾀하는 일이 막힌다.

■ **정월 186**
이미 비운이 무너졌으니 처음에는 비색하나 나중에는 기쁘다. 비색함이 가면 통태함이 오는 것은 자연의 이치다. 정지와 강등, 막힘이 다시 풀린다. 곤궁하다 좋아지고, 소송자도 풀린다. 그러나 운이 흉하면 슬픔·탄식·통곡이 따른다.

■ **2월 173**
일에 매여 숨지 못하니 병이 되고 위태로움이 있다. 공을 바라지만 펴지 못하니 큰 일은 성사되지 않는다. 질병에 걸리지 않으면 놀람과 위험이 있다. 식구가 늘고 아내를 얻을 운이다. 길흉이 상반하는 운이다.

■ **3월 141**
망령됨과 사가 없으니 나아가면 뜻을 얻는다. 기거와 행동이 모두 천리에 맞는다. 거듭 도모해도 풍파가 전혀 없다. 임금도 얻고 백성도 얻어 명예를 이룬다. 보통 사람이 이와 같으면 가히 이익을 얻으리라.

■ **4월 544**
중도로 행하니 공사가 따른다. 윗사람 같은 덕으로 아래를 이롭게 한다. 중한 책임을 맡아 임금의 총애도 깊어지고, 윗사람의 천거를 받아 명예를 이룬다. 성조·집수리·이사가 따르고 관청일도 펴진다.

■ **5월 l22**
밟는 길이 탄탄하니 중심이 흔들리지 않는다. 마음을 가다듬고 절의를 지키며 안빈낙도한다. 시운이 오지 않으니 관직에서 물러나 귀향한다. 가리고 살피면서 일을 꾀하면 인사가 화해한다. 그러나 흉한 운을 만나면 명부에 이름을 새긴다.

■ 6월   325

어그러진 시기에 어진 사람의 도움을 받는다. 같은 당의 살을 씹으면 경사가 있다. 벼슬한 사람은 왕명을 받고. 선비는 과거에 오른다. 추대해주는 사람이 있으면 경영하는 일에 이익이 있다. 결혼하려는 사람은 짝을 얻으나 운이 흉하면 형상을 당한다.

■ 7월   113

종일 부지런하며 조석으로 조심하라. 신중하게 처신하면 허물은 없을 것이다. 짐은 무거운데 힘은 모자라니 매사가 번거롭다. 일이 여의치 못하니 어찌 재물과 이익을 바라겠는가. 조급하게 움직이면 실패하고, 여자는 재난이 많다.

■ 8월   216

호소할 곳조차 없으니 결국 흉만 따른다. 벼슬길도 쉽지 않고 진취하기도 어렵다. 경영하거나 꾀하는 일이 심란하니 안정하는 것이 좋다. 골육이 무정하니 눈물을 막을 길이 없다. 대인이 아니면 화를 당한다.

■ 9월   514

미더움이 있으면 피도 가고 두려움도 사라지니 허물이 없다. 성실하게 미더움을 다하니 상해는 반드시 멀어진다. 동지의 천거나 발탁으로 오랜 직책에서 전직된다. 윗사람과 뜻이 맞아 오래 엄체된 것도 펴진다. 인정이 화합하나 운이 흉하면 혈육이 손상된다.

■ 10월   551

초기에 손순하면 진퇴의 뜻을 의심받을 뿐이다. 무사처럼 꿋꿋해야 그 뜻을 다스릴 수 있다. 진퇴가 일정하지 않은데 어려운 가운데 쉬운 것도 있다. 무관 선출이면 유리하나 문관 선임이면 막힌다. 득실이 있는데 의심과 훼방이 많이 따른다.

■ 11월   715

거세된 돼지의 어금니이니 경사가 있다. 그 원인을 끊어버리면 자연히 악은 그친다. 관직자는 영전이나 발탁되고, 선비는 높이 천거된다. 경영하거나 꾀하는 일도 잘 되며 경사가 많다. 성공하려면 먼저 기미를 살펴야 한다.

■ 12월   732

턱이 움직이면 수염도 따라 움직이듯이 움직이고 그치는 일은 턱에 달려 있다. 선악은 본질에 매어 있다. 영전은 남의 덕으로 성사된다. 문장이 아름다우니 귀인이 끌어주리라. 그러나 세력만 믿고 함부로 굴면 좌절할 것이다.

연평 286

택지취괘 상효(沢地萃卦 上爻) ䷬

위에 있으면서 편하지 못하니 눈물 콧물까지 흘리며 탄식한다. 남들이 친하려고 하지 않으니 궁색하기 그지없다. 전진은 평온하지 않고, 일마다 번거롭고 요란하다. 어른과 아이를 불문하고 근심이 따르니 안정되지 않는다. 명리도 허망하고 수명도 길지 않다.

■ 정월 241
마음을 바꿔 정도를 따르면 길하다. 교제가 공정하면 당연히 공이 있다. 만일 사랑이나 애정에 매이면 정리와 합할 수 없다. 선비는 좋은 기회가 있고, 따르는 곳에 공이 있다. 보통 사람이 이와 같으면 이익이 많다.

■ 2월 644
말을 타고 진출하지 못하니 혼인을 구하라. 가면 벗을 얻고 이롭지 않은 것이 없다. 만약 어진 사람을 만나면 어려움에서도 벗어날 수 있다. 관록이 좋고 명예가 드러나니 자연히 좋은 자리에 오른다. 인정이 화합하고 모든 일을 다 이룬다.

■ 3월 222
미더워 즐거워하니 후회할 일이 사라지고 좋은 일이 생긴다. 신의와 진실이 있고 사가 없으니 응당 후회는 가볍다. 승진이나 영전할 징조요 진취의 기쁨이 있다. 모든 일이 화순하며 어둠 속에서도 빛이 난다. 결연·체결·화해가 있고, 가정에 경사가 가득하다.

■ 4월 425
천자의 누이동생을 시집보내니 보름이 되면 길하다. 존귀하면서 낮추고 귀하면서 굴복하는 것은 여인의 덕이 융성함이다. 영전할 수요 등과할 운이다. 꾀하면 뜻대로 되고 혼인하고 재물을 얻는다. 영화의 길에 오르는데 국빈이 될 수도 있다.

■ 5월 213
얼굴에 통쾌한 결행이 나타나면 반드시 흉하다. 만약 적시듯 나쁜 빛을 두면 여러 가지에 허물없다. 간신을 막다 오히려 씹히고, 분노를 품고 세상을 등진다. 정도를 따르면 길하나 사를 따르면 흉하다. 소송·시비의 운이며 원한을 맺을 근심이 있다.

■ 6월 116

지나치게 과한 용이니 내려올 줄 모르다 후회한다. 귀하나 직위가 없고, 높으나 백성이 없다. 사고무친이니 움직이면 후회할 일이 생긴다. 귀양갈 운으로 눈앞에 재앙이 닥친다. 너무 강하면 꺾이는 법이고, 망동하면 손실이 따르는 법이다.

■ 7월 614

이미 험난함에 상했으니 편한 곳이 못된다. 조용히 때를 기다리면 험난함에서 빠져나올 수 있다. 나아가면 편안하지 않으나 물러서면 문득 편안해진다. 상해가 평평해지며 오래 막힌 것이 펴진다. 운이 흉하면 혈액질환이 따르는데 산아의 근심도 있다.

■ 8월 651

재주도 약하고 응원도 없으니 버려진 샘과 같다. 사람도 먹을 수 없고, 날짐승도 돌아보지 않는다. 관직자는 한직으로 물러나 명예를 구해도 이루지 못한다. 경영하거나 꾀하는 일은 막히는데 운이 흉하면 세상을 버린다. 사물에 미치지 못해 버리는 것이다.

■ 9월 815

천자의 누이동생을 시집보내니 복이며 매우 길하다. 어질고 강명한 분을 따르니 대길하다. 주로 영전되거나 기쁜 일이 있다. 과거에 올라 월계관을 쓰고 추대를 받는다. 결혼·출산양육이 있고, 모든 복이 다 모인다.

■ 10월 832

왼쪽 다리를 상하니 건장한 말로 구제하라. 시기에 순응해야 처신을 잘 하는 것이다. 관직의 길은 유리하나 어두운 주인을 만날 수 있다. 선비는 첩보가 있고, 보통 사람은 재앙이 있다. 만일 운이 좋으면 부자가 될 수도 있다.

■ 11월 716

하늘의 거리니 형통하며 큰 도를 행한다. 어진 사람이 뜻을 얻었으니 어진 길도 대통하게 된다. 예절·풍류·법에 어김이 없다. 꾀하는 일은 모두 이로우니 하늘과 거리에서 좋다. 천거하여 하늘에 오르고 진취하여 명예를 이룬다.

■ 12월 723

전지가 교제하면 만물도 화생한다. 남녀의 정이 얽히면 만물이 화생하는 것이다. 셋이 가면 한 사람을 잃게 된다. 도반은 벗이 되고 협력자도 많다. 경영하거나 꾀하는 일은 이롭고, 이혼한 사람은 배우자를 얻는다.

연평 311

화천대유괘 초효(火天大有卦 初爻) ䷍.

해로운데 사귀지 않으면 교만이 넘칠 수 없다. 어렵게 노력하면 허물이 없으니 해로운 곳을 지날 일도 없다. 선비는 앞으로 나아가지 못하고 꺾인다. 마음에는 근심과 번뇌가 있고, 소인이 속이며 능멸한다. 항상 어려움을 생각하면 재해가 침범하지 않는다.

■ 정월 332
높게 부딪쳐 빛나니 매우 길하고, 중도를 얻어 사방이 빛나니 매우 길하다. 만사가 이미 정해져 있으니 어찌 근심이 있겠는가. 현명한 군주를 만나 나라의 큰 그릇이 된다. 과거에 급제하며 반드시 이익이 생긴다.

■ 2월 135
처음에는 우나 나중에는 웃고, 처음에는 어그러지나 나중에는 합한다. 두 사람이 같은 마음으로 황금을 나눈다. 먼저는 귀양을 가나 뒤에는 재기하고, 먼저는 막히나 뒤에는 만난다. 곧고 바르게 행하면 여럿이 돕는다. 기쁨과 슬픔이 교차하며 시비가 한결같지 않다.

■ 3월 343
질긴 고기를 씹다 독을 만난다. 부당하게 남을 형벌하니 불복한다. 재주가 약하면 잃는 것이 있고, 학식이 얕으면 욕을 본다. 쉬운 일도 주간하기 어려우니 처신이 편안하지 않다. 뱃속에 병이 있거나 놀라거나 험한 일을 당할 수 있다.

■ 4월 446
벼락이 두려워 눈도 휘둥그레진다. 중도를 얻지 못했으니 나가면 흉하다. 두려워하며 반성하면 결혼은 말이 있다. 벼슬한 사람은 귀양이나 감봉이 따르고, 선비는 정지나 강등을 조심하라. 부부 간의 형극이나 조난이 있을까 두렵다.

■ 5월 744
전도된 기름이나 길하니 위에서 베푸는 것이 빛난다. 호시탐탐하듯 하고 그 욕망 계속되게 하라. 존귀함을 얻어 광영되고, 앞으로 나아가 명예를 이룬다. 좋은 사람의 도움으로 경영하거나 꾀하는 일은 성사된다. 그러나 내쫓기거나 시비를 당할까 두렵다.

■ 6월   781

발부터 상이 떨어져 나가니 바른 것이 소멸되어 흉하다. 정도가 사라지고 사도가 침범한다. 소족 질환이나 노비가 손실된다. 형제가 불목하는데 성조하면 이로워진다. 만약 흉한 운을 만나면 몸을 망치고 가정도 깨진다.

■ 7월   545

은혜하는 마음에 미더움 두면 묻지 않아도 대길하다. 위에서 혜택을 주면 밑에서도 은혜를 베푼다. 관직은 요로에 들어가고, 밝은 군주를 만난다. 앞으로 나아가 명예를 이루고, 경영하는 일은 뜻대로 된다. 비천한 사람이 존귀한 사람을 만나고, 지기도 많이 만난다.

■ 8월   522

그늘 밑에서 학이 우니 그의 자식이 감화한다. 말과 행동은 영화가 되기도 하고 욕이 되기도 한다. 군자의 언행은 천지도 움직인다. 벼슬한 사람은 진급하며 재정 이익도 있다. 아들을 낳고 유리하나 노인은 병에 걸릴까 두렵다.

■ 9월   646

말을 타고 나가지 못하니 피눈물이 흐른다. 어려움의 끝이니 액운이 더욱 심하다. 영화로운 곳에서 욕을 당할 수 있으니 참소와 욕을 조심하라. 손해를 보거나 실패할 운으로 모든 재앙이 다투어 일어난다. 만약 부모의 상을 당하지 않으면 수명이 불리하다.

■ 10월   633

성군이 먼 곳을 토벌해 3년에야 이겨냈다. 지극히 어렵고 노곤하니 소인은 쓰지 말라. 오랜 뒤에 이길 수 있으니 경중이 없으면 불가하다. 진취는 오래되어야 하니 뒤에 이기는 탄식이 있다. 원한·분쟁·소송이 따라 피곤해진다.

■ 11월   681

미더움을 갖고 도우니 허물이 있을 수 없다. 내 신용이 높아지면 남들도 감동한다. 둥우리 밖으로까지 영전하고, 등용이나 천거의 영화도 있다. 지기를 만나 모든 계획이 마음대로 된다. 성의로 남을 감동시키면 불선은 없다.

■ 12월   284

자리가 부당하니 많이 선해야 허물이 없다. 모두 좋지 않은데 어찌 대길하겠는가. 고를 버리고 하로 가니 진취가 부당하다. 만약 정직하지 않으면 재화를 면할 수 없다. 큰 덕이 있는 군자라야 바야흐로 복을 받는다.

화천대유괘 2효(火天大有卦 二爻) ☲☰·

큰 수레에 많이 싣는데 실패가 없다. 튼튼한 큰 수레는 많이 싣고 멀리 갈 수 있다. 재주와 힘이 좋으니 능히 큰 부를 누린다. 용감한 장수로 출사해 명성을 얻는다. 경영하거나 꾀하는 일은 이루며 재물과 곡식이 풍부하다.

■ 정월 323
수레가 끌려가는 것을 보고 그 소는 제거된다. 머리털은 뽑히고 코는 잘리는 격이니 처음은 없고 끝만 있다. 지위가 부당하며 강적을 만난다. 꾀하며 바라는 일에 막힘이 있으니 험난함에서 편안함을 구하라. 만약 흉한 운을 만나면 골육의 형상이 따른다.

■ 2월 426
광주리를 받아도 비어 있고, 양을 잡아도 피가 없다. 제사가 끊어지면 여인의 시집도 종말이다. 빈 자리로 실이 없으니 앞으로 나아가도 헛된 명예뿐이다. 경영하거나 꾀하는 일은 모두 비어 있으니 헛되게 심신만 고생한다. 노인은 불리한데 초상이나 제사의 근심이 있다.

■ 3월 724
병을 빨리 덜면 기쁨이 있다. 상대가 나를 따르는 것도 빠른 것이 좋다. 한직에서 일어서고 선비는 기쁨이 있다. 재앙은 면제되고 병은 쾌유된다. 어두웠던 사람은 밝아지고, 근심이 있던 사람도 기쁘게 된다.

■ 4월 761
어린아이에게는 벌을 주는 것이 이롭다. 두려움을 알게 한 후 가르쳐서 인도한다. 착한 도를 알게 해야지 벌을 주면 안 된다. 문교의 직책이며 형벌을 주는 소임이다. 작은 시험은 유리하나 보통 사람은 관재나 시비가 많다.

■ 5월 525
믿음이 단단하니 지위가 정당하다. 견고한 성의와 신의로 맺어지면 천하도 무사하다. 군신이 한마음이 되니 총애와 신임이 깊어진다. 앞으로 나아가 명예를 이루며 이롭지 않은 것이 없다. 인정이 화합하니 모든 것을 이룰 수 있다.

▪ 6월　542

유익함은 밖에서 들어온다. 열 쌍의 거북이라도 어기지 못한다. 벼슬한 사람은 영전하며 명예를 이룬다. 상업을 하면 이익이 생기고, 제사를 지내면 복을 받는다. 불가에서 생활하면 명리도 좋다.

▪ 7월　626

쓰디쓴 절제이니 바르더라도 흉한데 그 도가 궁하다. 이미 처신이 극을 지났으니 흉을 면할 길이 없다. 지나친 고집으로 허물이 있고, 지나친 의심으로 슬픔이 있다. 명리를 구하나 모두 이롭지 않다. 법도를 잃어 허물이 생기고, 노인은 수명이 지키기 어렵다.

▪ 8월　613

재앙은 밖에 있는데 뻘밭에서 기다린다. 나 때문에 도적이 오나 조심하면 패가 없다. 지나치게 강하니 더욱 험난해진다. 선비는 반드시 욕을 당하며 스스로 빼어나지 못한다. 도적이나 실물을 당할 운인데 배를 타면 흉하다.

▪ 9월　661

겹겹의 험난에 빠져 도를 잃어버리면 흉하다. 재주가 약하고 응원이 없으니 회복하기 어렵다. 내쫓길 운이요 강등의 욕을 당한다. 험난한 곳으로 빠져들어가니 인명이 위태롭다. 그러나 승려나 숨은 도인은 화를 면할 수 있다.

▪ 10월　264

서서히 오는 것은 밑에 있다. 정도를 걸으면 결국은 길하다. 때에 따라 다소 부끄러움이 있다. 과감하게 결정하고 행동하면 재난과 약함도 구제한다. 꾀하는 일을 이루고 험난에서 벗어난다. 쇠로된 차는 불리한데 사고가 두렵다.

▪ 11월　682

안에서부터 친하니 실수하지 않는다. 나라에 몸을 맡기니 임금을 얻고 도에 합한다. 관직은 내직으로 제수받고, 여자는 어진 남편을 얻는다. 선비는 명예를 이루나 지방을 벗어날 수 없다. 귀인을 만나 의지하니 경영하거나 꾀하는 일은 뜻대로 된다.

▪ 12월　885

누런 치마이니 매우 길하다. 문채가 중도에 있다. 안에 아름다움이 가득하니 사지에까지 창달한다. 내직으로 선임되며 왕실에 들 영화가 있다. 모든 일이 안온하며 재물과 이익이 따른다. 여자는 덕이 있고 내조의 공이 있다.

화천대유괘 3효(火天大有卦 三爻) ䷍

공후가 천자에게 드리니 소인은 이기지 못한다. 대신이 임금을 얻으면 충성하게 된다. 조정에서 중임을 맡고, 선비는 크게 괴수된다. 소인은 무리가 속이고 멸시하니 반드시 재해가 따른다. 운이 불리하면 형극이나 상해를 면하기 어렵다.

■ 정월 714

어린 소로 대지르지 못하게 함이니 매우 길하며 기쁨이 있다. 피어나기 전에 금지시키면 크게 착하고 길하다. 벼슬한 사람은 승진하고, 진취하면 장원한다. 보통 사람은 기쁨이 있고 소나 재물이 늘어난다. 먼저 실패의 원인을 제거하면 이롭지 않은 것이 없다.

■ 2월 751

아버지의 일을 주간하니 죽은 아버지의 뜻을 계승한다. 앞 사람의 잘못을 자식이 능히 주간한다. 폐단은 깊지 않으니 일은 쉽게 구제된다. 자식이 아버지 사업을 계승하니 꾀하는 일을 이루지 못한다. 운이 흉하면 근심이 따르고, 노인은 살기 어렵다.

■ 3월 515

미더움으로 서로 연결해 이웃에서 부를 얻는다. 덕을 쌓으면 신하도 그것을 받게 된다. 윗사람도 신용하고 아랫사람도 흠모하며 복종한다. 주동과 협의해 공을 세우고 명예를 이룬다. 다른 사람의 도움을 받아 모든 일을 뜻대로 이룬다.

■ 4월 532

성취하려고 하지 않고 가정에서 음식을 만들면 길하다. 정과 사랑에 빠지면 이루지 못한다. 벼슬한 사람은 조정에 들어 녹과 복이 빛난다. 선비는 학업이 좋아져 장학금을 타니 길하다. 경영하거나 꾀하는 일을 이루며 재물과 양식이 늘어난다.

■ 5월 616

구멍에 들어 있으니 오는 손님 셋이다. 비록 강폭하나 조심하면 결국은 길하다. 참으면서 조심하면 화를 면할 수 있다. 조심하면서 참소나 간신을 막고, 신중하게 의심과 시기를 꾀하라. 한번 흉한 운이 오면 감옥이나 무덤에 들어가게 된다.

■ 6월 623

절제하지 못하다 슬퍼지는데 허물할 데가 없다. 누구를 탓하겠는가. 사치와 욕망이 넘치며 떳떳하지 못하다. 소비와 지출이 가볍지 않으니 재물이 손실되고, 사람과 이별한다. 스스로 절제하지 못함을 알고 뉘우친다.

■ 7월 651

재주도 약하고 응원도 없으니 버려진 샘과 같다. 사람도 먹을 수 없고, 날짐승도 돌아보지 않는다. 관직자는 한직으로 물러나 명예를 구해도 이루지 못한다. 경영하거나 꾀하는 일은 막히는데 운이 흉하면 세상을 버린다. 사물에 미치지 못해 버리는 것이다.

■ 8월 254

대들보가 튼튼해 아래로 꺾이지 않으니 길하다. 능히 국사를 편안하게 하고 문무를 병용한다. 구관이면 나라의 대들보요, 처음 벼슬해도 중임을 맡는다. 앞으로 나아가 명예를 이루고, 성조나 집을 수리한다. 유약하며 한결같지 않게 일을 하면 간사함에 말려들 수 있다.

■ 9월 672

신하가 어렵고 험난하나 자신의 잘못이 아니다. 뜻은 임금을 주제하는데 있으니 결국은 허물이 없다. 충정한 절의를 본받아 나라를 편안하게 한다. 만나는 것은 때가 아니고, 어려움을 건너고 험난함을 지난다. 경영하는 일은 막히고, 혹 몸도 보전하기 어렵다.

■ 10월 875

부자가 하지 않고 이웃과 함께하니 침략과 정벌에도 이롭다. 재물로 자신을 발전시키니 따르는 사람이 많다. 문무를 겸비하며 병권을 장악할 수도 있다. 과거에 오를 운인데 귀인을 만나 성사된다. 재리를 배로 얻으나 투쟁이나 소송을 조심하라.

■ 11월 683

사람 아닌데 비하나 상하지 않으랴. 당과 동료가 착하지 않으니 모든 일이 간사하다. 공업은 반드시 무너져 재난과 해만 입는다. 벗을 잃고 시기하다 혈기가 손상될 수도 있다. 가정이 깨지거나 자신이 손상이나 형벌을 당하거나 상복을 입을 일이 많다.

■ 12월 586

살아가는 것을 보니 군자이면 허물이 없다. 자신을 반성하면서 시종 한마음으로 한다. 경영하거나 꾀하는 일은 막히니 만족하지 못한다. 병자는 살아나고, 임신하면 유리하다. 진취가 심난하니 물러나 수신하면서 반성하라.

화천대유괘 4효(火天大有卦 四爻) ☰☲

그렇게 풍성하게 하지 않으면 가히 허물은 없을 것이다. 물리를 밝게 분별할 수 있으면서도 겸손하다. 해도 정오가 지나면 기울고, 물도 성한 뒤에는 쇠퇴한다. 분수를 지키면서 때를 기다리는 것이 좋다. 밝으면 손실이 있으니 눈병도 두렵다.

■ 정월 115
날아가는 용이 하늘에 있으니 대인을 만나면 이롭다. 같은 소리는 상응하고, 같은 기운은 서로 구한다. 꾀꼬리가 높은 나무에 오르듯 몸이 용문에 오른다. 성조에 필요한 재물을 얻을 상이나 여자는 남편궁이 불리해 고독하다.

■ 2월 132
집 안에서 동지를 구하니 대동할 줄 모른다. 소견이 좁고 처사가 부정하다. 벼슬과 녹은 올라가지 않고, 작은 시험이라야 가망이 있다. 일에 부정이 많이 생기고, 종친이나 남들과 불목한다. 사랑과 미움이 한결같지 않고, 슬픔과 기쁨을 분간하지 못한다.

■ 3월 216
호소할 곳조차 없으니 결국 흉만 따른다. 벼슬길도 쉽지 않고 진취하기도 어렵다. 경영하거나 꾀하는 일이 심란하니 안정하는 것이 좋다. 골육이 무정하니 눈물을 막을 길이 없다. 대인이 아니면 화를 당한다.

■ 4월 223
나아가 즐거움을 구하니 그 흉함을 알겠다. 이미 도덕을 잃었으니 남들이 호응해 주지 않는다. 생각은 많으나 어려움만 따른다. 교묘하고 구차하게 합하면 의외의 화근이 생기거나 도를 잃고 망신한다.

■ 5월 251
자리를 깔되 깨끗한 띠를 쓰니 유약하며 어둡다. 두려워하고 조심하면 허물이 없다. 신중한 도리는 사용처가 매우 많다. 조심하며 절약하는 사람이니 재물과 이익이 따른다. 불길한 운을 만나 복 입을까 두렵다.

■ 6월   654

재주를 넓게 베풀지 못하나 스스로 지키면 가하다. 일을 고치고 다스리면 폐지까지는 이르지 않는다. 이익과 선을 조목조목 펼치면서 정치를 고치고 일에 응한다. 경전을 궁리하며 옛것을 배워 쓰일 때를 기다린다. 밭을 갈고 샘을 파며 집을 짓고 수축한다.

■ 7월   272

장딴지에 감응이 있으니 흉하나 편안하게 있으면 길하다. 지키지 못하고 일찍 움직이면 망동하니 흉하다. 안정하면서 분수를 지키면 저절로 좋은 일이 생긴다. 좋은 기회를 만나기 어려우니 경솔하게 움직이면 흉하다. 분주하면 나쁘고 노력하는 일 외에는 공이 없다.

■ 8월   475

날아올라 내려오지 않으니 덕을 베풀기 어렵다. 서쪽 들에는 구름이 가득하나 비가 오지 않는다. 벼슬한 사람은 휴직하기 쉬우나 선비는 왕공을 볼 수도 있다. 원대한 계책은 불리하나 옛것을 지키면 좋다. 노인이나 병자는 모두 좋지 않다.

■ 9월   283

모두 슬퍼하니 이로울 것이 없다. 나아가면 허물이 없으나 다소 부끄러운 일이 생긴다. 처음에는 가까운 곳에서 구하다 무리해 먼 곳과 결탁한다. 관직자는 외방으로 나가게 되는데 발전하기 어렵다. 집에 있어도 편안하지 못하고, 육친이 손상된다.

■ 10월   186

이미 비운이 무너졌으니 처음에는 비색하나 나중에는 기쁘다. 비색함이 가면 통태함이 오는 것은 자연의 이치다. 정지와 강등, 막힘이 다시 풀린다. 곤궁하다 좋아지고, 소송자도 풀린다. 그러나 운이 흉하면 슬픔·탄식·통곡이 따른다.

■ 11월   684

밖에서 어진 것은 위를 따르는 것이다. 도리가 좋으니 견실하며 바른 것을 얻는다. 영전하는 영화가 있으니 앞으로 나아가면 이롭다. 나가서 하는 일은 귀인의 도움을 많이 받는다. 행하면 이루지 못할 일이 없고 이롭지 않은 것이 없다.

■ 12월   641

급하게 하면 어려움에 처하니 바르고 견고하게 행하라. 귀한 몸이 천한 자에게 이르니 큰 민심을 얻는다. 관직자는 매우 발전하고, 선비는 밝음을 세운다. 분수를 지키면서 신중하라. 여자는 어질고 선하며 집안도 일어나고 좋은 남편을 만난다.

화천대유괘 5효(火天大有卦 五爻) ☰

미더움으로 사귀며 신의로 뜻을 편다. 강유를 겸전하니 즐거워하지 않는 백성이 없다. 일에는 선후가 있으니 기회를 보아 나아가라. 시기를 살펴 움직이면 모든 일이 새롭게 된다. 그러나 경솔하며 거만하면 화를 당할 것이다.

■ 정월 416
불친 양이 울타리를 밟으니 물러서지도 이루지도 못한다. 이로울 것이 없으니 어려워야 길하다. 일의 어려움을 알고 함부로 가볍게 여기지 말라. 벼슬한 사람은 감봉이나 퇴출되고, 선비는 물러나기도 어렵다. 분수를 넘고 이치를 어기면 시비·투쟁·소송이 따른다.

■ 2월 423
누이동생 시집보낼 때를 기다리니 천한 여성임을 알겠다. 사람들은 덕이 없는 여인을 취하지 않는다. 벼슬한 사람은 귀양이나 강등이 두렵고, 선비는 때를 기다려라. 고생하나 진퇴를 근심한다. 아내를 내보낼 운인데 혹 총애하는 종을 들이기도 한다.

■ 3월 451
항구함에 빠져 올바르더라도 이로울리 없으니 흉하다. 급히 구하면서 깊이 들어가 항구한 도를 잃는다. 군주에게 신용을 얻지 못하고, 지기도 만나기 어렵다. 인정이 통하지 않으며 거리에서 방황한다. 서두르나 이루지 못한다. 그러나 안정하면서 지키면 흉은 면한다.

■ 4월 854
왕이 기산에 형통하니 길하다. 위로는 천자에게 순응하고, 아래로는 어진 사람에게 순응한다. 높은 지위에 오르고, 선비는 명예를 이룬다. 산천의 이익과 산수의 즐거움이 있다. 승려는 제사 흠향하나 운이 흉하면 산으로 돌아간다.

■ 5월 472
할아버지를 지나 할머니를 만나고, 임금을 지나 신하를 만난다. 정도를 지키며 중도를 얻으니 스스로 본분을 안다. 자신의 직책에서 앞으로 나아가 명예를 이룬다. 귀인이 이끌어주면 모든 일이 이루어진다. 여인의 도움을 받으나 운이 흉하면 어머니 재앙이 따른다.

■ 6월 275

등심에 감응이 있으니 뜻이 사물을 감동시키지 못한다. 진퇴에 구속이 없고, 중심에는 사기가 없다. 같은 관료는 기뻐도 앞으로 나아가기는 어렵다. 인정이 어그러지며 떨어져 나가니 경영하거나 꾀하는 일은 시소하다. 사욕에 감응하면 사물을 감동시킬 수 없다.

■ 7월 483

쳐다보면서 즐거워하다 후회하고, 더더도 후회한다. 처신이 부정하면 진퇴에 후회만 있다. 구하고 바라는 일은 되지 않으니 빨리 고쳐라. 우유부단하면 후회와 과실을 막기 어렵다. 잠시 전진하고 잠시 후퇴하니 시비가 한결같지 않다.

■ 8월 386

뿔 위까지 나가 사심의 마을을 쳐라. 진퇴가 심란하니 정당한 곳에 처해도 부끄럽다. 안으로 사심을 치료하며 반성하면 허물은 없다. 집을 다스리는 상으로 성조나 집수리할 운이다. 수가 불길하면 정벌·분쟁·소송이 따른다.

■ 9월 884

주머니를 묶는 것처럼 하면 허물이 없고, 조심하면 해롭지 않다. 상하가 막히고 끊겼으니 자처하라. 승진이나 영전은 어려우니 현직에서 조심하라. 진취하기 어렵고, 경영이나 꾀하는 일도 막힌다. 조심하며 견고해야 뜻밖의 화를 면할 수 있다.

■ 10월 841

머지않아 회복하며 수신한다. 후회할 일이 없으니 매우 길하다. 관직이 청고하며 임금을 곁에서 돕는다. 선비는 장원하고 경영하는 일들은 이익을 본다. 개과천선하니 일마다 이롭지 않은 것이 없다.

■ 11월 685

친히 돕는다는 뜻이며 지위가 중정하다. 왕이 세 번 짐승을 모니 어질다는 것을 알 수 있다. 역을 버리고 순리를 따르며, 자신을 용서하는 마음으로 남을 대한다. 관직자는 영전하고, 선비는 과거에 급제한다. 처음에는 힘드나 나중에는 순탄하니 이롭지 않은 것이 없다.

■ 12월 662

험난함의 연속이나 구하는 것은 다소 얻는다. 재주가 족하여 자위하니 마음은 항상 형통하다. 책임이 작으니 작은 시험은 이롭다. 사람이 출중하지 못하나 경영하는 일은 다소 이룬다. 험난함과 심장·복부·혈액 질환이 따른다.

연평 316

화천대유괘 상효(火天大有卦 上爻) ≡≡

하늘이 도와주니 이롭지 않은 것이 없다. 신의와 순리를 지키며 어진 사람을 숭상한다. 가득 차면 잃을 수 있으니 겸손하라. 벼슬한 사람은 직위가 좋아지고, 선비는 명예를 이룬다. 윗사람의 비호로 복과 경사를 누린다.

■ 정월 351
솥발이 자빠진 것처럼 나쁘니 더러움을 내보내야 이롭다. 만약 어진 첩을 얻으면 그 아들에게는 허물이 없다. 악은 버리고 좋은 것만 받으니 귀인을 따른다. 남의 덕으로 성사되고, 첩과 자식을 얻는다. 근심은 흩어지고 기쁨이 생기며, 천민은 귀하게 된다.

■ 2월 754
더디게 처사하니 매일 더 어그러진다. 가면 부끄러움을 보게 되니 어찌 일을 구제하랴. 안일무사하면 좋은 곳이라도 흉으로 내닫는다. 방종한 욕망으로 안일을 도모하면 일마다 손해를 본다. 발에 병이 생기거나 험난함에 빠질까 두렵다.

■ 3월 372
나그네는 여관으로 가고, 재물도 품에 지닌다. 시종이 착하니 끝내 과실이 없다. 유순하고 중정하니 마음이 내외를 얻는다. 적극적으로 나아가 명예를 이루거나 성조나 집을 수리한다. 다른 군에서 일을 꾀하고, 식구가 늘거나 좋은 부하를 얻을 수 있다.

■ 4월 175
물러나 숨는 것이 좋은데 바르고 견실하면 길하다. 뜻에 사나 흐트러짐이 없으니 움직이고 쉬는 데 어김이 없다. 꽃 선경에 피고 꽃방석에 불을 끈다. 등용되거나 영전할 운으로 반드시 좋은 기회가 온다. 몸은 존귀한 사람과 가까이 하며 경사가 생길 수 있다.

■ 5월 383
여러 사람이 미더워하니 위에 올라 행한다. 대중이 믿고 따르니 어찌 불리하겠는가. 관직자는 승진이나 영전하고, 선비는 천거된다. 벗을 얻어 함께 일하니 경영하거나 꾀하는 일을 이룬다. 먼저 도적을 막고, 뒤로는 사람의 도주를 예방하라.

■ 6월 486

즐거움에 어두워 성취하기는 하나 변하면 허물이 없다. 끝없는 욕망을 따르면 죽는다. 탐관오리가 되어 귀양가기 쉽고 어두워 차질이나 잘못이 있다. 교만하면 분쟁·소송·재난이 따르나 개과천선하면 허물을 면할 수 있다.

■ 7월 784

절박한 재난을 만나 살까지 떨어져 나간 상이다. 장차 몸을 망치니 매우 흉하다. 아첨과 간신을 막지 않으면 기회를 만나기도 어렵다. 거듭 형극이 와 위험과 험난함에 빠진다. 뜻밖의 재난을 만나는데 그 흉함은 말로 다 표현할 수가 없다.

■ 8월 741

스스로 지키지 못하는데 마음은 이미 동했다. 욕망에 미혹되어 자신을 잃으니 매우 흉하다. 염치를 버리고 함부로 음탕하게 굴면 꾸지람을 듣는다. 거역하며 재물을 다투지 말고 정도를 지켜야 면할 수 있다. 선비는 적극적으로 나아가면 먹을 것을 얻는다.

■ 9월 585

자신의 득실을 보아 인민의 좋고 나쁨을 살펴라. 태평과 난국이 나에게 달려있다. 벼슬과 녹은 숭고하고, 문장은 세상을 덮는다. 생활은 날로 좋아지고, 부인은 생산과 양육이 있다. 병에 시달리는 사람이라도 생명은 보전한다.

■ 10월 562

흩어질 때 편안함에 의지하면 후회할 일이 없고 소원을 이룬다. 안에서 중도를 지키면 편안하다. 중요한 권세를 잡고 작전계획을 세운다. 선비는 명예를 얻고, 보통 사람은 가정을 이룬다. 그러나 흉한 운을 만나면 분주하며 실물한다.

■ 11월 686

친하게 지내며 돕는데 머리가 없으니 끝도 없다. 버리는 시기이니 반드시 흉하다. 대중이 도와주지 않으니 처세가 위험하고, 위에서도 도와주지 않으니 명예를 얻기 어렵다. 형극과 재앙으로 인정이 흩어질 것이다.

■ 12월 673

가면 어렵고 오면 돌아오니 안에서 기뻐한다. 위로 가면 어려우니 험난함을 보면 그쳐라. 돌아서서 밑으로 오면 편안하리라. 앞으로 나아가면 명예를 이룬다. 처자의 기쁨이 있으나 운이 흉하면 형극도 따른다.

연평 321

화택규괘 초효(火沢暌卦 初爻) ䷥.

상하가 서로 친하면 자연히 후회할 일도 없다. 나쁜 사람이 나를 헤치나 흉이 되지는 않는다. 한직에서 복직되나 진취는 지체된다. 처음에는 잃으나 나중에는 얻고, 처음에는 어그러지나 나중에는 합한다. 육축은 불리하며 흉악한 사람을 조심하라.

■ 정월 342
살을 씹되 코를 없애니 엄하게 다스렸기 때문이다. 형법을 적용할 때 중도를 지키면 죄도 쉽게 복종한다. 인민 때문에 다소 상처를 받고, 고시는 기회가 없다. 진퇴는 어렵고 시비는 요란하다. 혹 남이 모르는 병에 걸리거나 골육이 손상될 수 있다.

■ 2월 145
망이 없는 병은 약을 쓰지 않으면 기쁘다. 본래 병이 없는데 어찌 공격해 치료하겠는가. 움직이면 망이요 안정하면 무망이다. 벼슬한 사람은 변이 생기나 변명하지 않아도 자명해진다. 피하는 일은 이루고, 출산과 양육의 기쁨이 있다.

■ 3월 333
해는 기우는데 빛이 나니 어찌 오래 가겠는가. 성하면 쇠퇴하고, 시작이 있으면 끝이 있는 법이다. 관직은 재야에 있으니 조심하며 욕을 막아라. 즐거움 속에 슬픔이 있고, 기쁨 속에 수심이 있다. 계속 험난하니 죽고 망할 날이 없다.

■ 4월 436
집은 훌륭해 하늘까지 날 것 같으나 3년이나 사람을 보지 못한다. 스스로 가리고 더럽혔으니 매우 흉하다. 골육이 상잔하니 고향을 떠나 가정을 이루라. 문호가 곤궁하며 소송·감옥·구설이 따른다.

■ 5월 734
꾸밈새가 희며 흰 말이 달리듯 한다. 겉으로는 문채의 꾸밈을 숭상하나 마음은 본질을 숭상한다. 처음에는 막히나 나중에는 순탄하고, 처음에는 잃으나 나중에는 얻는다. 근심 속에 기쁨이 있고, 험난함 속에도 편안함이 있다. 혼인할 운이나 운이 흉하면 상복도 입는다.

▪ 6월 771

발에 그치면 허물이 없다. 중정의 도를 잃지 않았다. 정도를 계속 지키면 이롭다. 현 직위를 고쳐야 그 지위도 잃지 않는다. 앞으로 나아가는 일은 어려워지고 정지나 강등이 따른다. 그러나 안정하면서 분수를 지키면 위험해지는 일은 없다.

▪ 7월 535

왕이 가정을 이루면 근심하지 않아도 길하다. 지극히 바르고 선하니 근심없이 잘 되어간다. 남편은 내조를 좋아하고, 부인은 법도 있는 가정을 사랑한다. 벼슬길이 매우 순탄하고 명예를 이룬다. 귀인과 교제하며 문전에 화기가 가득하다.

▪ 8월 512

계속 회복하며 중도를 지키니 실수가 없다. 스스로 진퇴를 살피면 중도를 잃지 않는다. 계속 이끌어줄 계단이 있고 발탁될 자리가 있다. 동지와 같이 가니 경영하거나 꾀하는 것을 이룬다. 그러나 운이 흉하면 실수를 반복한다.

▪ 9월 636

머리까지 빠져 위태로우니 어찌 오래가랴. 물도 성하면 쇠퇴하고, 평화도 다하면 반드시 난리가 있다. 높은 것이 과하면 꺾어지고 물에 빠져 진취할 수 없다. 소인의 감염이나 배를 타다 물에 빠진다. 기제가 미제가 되니 슬프다.

▪ 10월 643

안내자 없이 사슴을 쫓다 깊은 숲으로 들어간다. 중정하지 못하니 망동으로 곤란해진다. 탐관오리로 내쫓기거나 정지와 강등될 수 있다. 옛것을 지키면서 안정하라. 구금이나 감옥이 두렵다. 앞길은 험난한데 안내자는 하나도 없다.

▪ 11월 671

가면 어려우나 오면 명예가 있으니 마땅히 기다려라. 어려움의 시작이니 나아가면 더욱 어려워진다. 기미를 보고 때를 알아 그치면 칭찬을 듣는다. 때를 기다려 진출하고, 옛것을 지키면서 안정하라. 나아가면 불리하고 망동하면 재난을 당한다.

▪ 12월 274

마음이 꾸준하니 후회할 일이 없고, 해로움에 감응하지 않는다. 갈팡질팡할 때 벗만은 나의 생각을 따르리라. 사심이 서로 감응하면 광대하지 못다. 벗과 서로 의지하면 작은 일은 이룰 수 있다. 마음이 다소 편안하나 큰 일은 어그러진다.

화택규괘 2효(火澤睽卦 二爻) ☲☱ ·

골목에서 골목을 만나니 도를 잃은 것은 아니다. 왜곡해 서로 구하는 것도 뜻은 어그러짐을 구제하는 데 있다. 성의와 힘을 다해 지성으로 감동시킨다. 반드시 밝은 군주를 만나 영전할 기회를 만난다. 보통 사람은 지기를 만나 경영하거나 꾀하는 일을 이룬다.

■ **정월 313**
공후가 천자에게 드리니 소인은 이기지 못한다. 대신이 임금을 얻으면 충성하게 된다. 조정에서 중임을 맡고, 선비는 크게 괴수된다. 소인은 무리가 속이고 멸시하니 반드시 재해가 따른다. 운이 불리하면 형극이나 상해를 면하기 어렵다.

■ **2월 416**
불친 양이 울타리를 밟으니 물러서지도 이루지도 못한다. 이로울 것이 없으니 어려워야 길하다. 일의 어려움을 알고 함부로 가볍게 여기지 말라. 벼슬한 사람은 감봉이나 퇴출되고, 선비는 물러나기도 어렵다. 분수를 넘고 이치를 어기면 시비·투쟁·소송이 따른다.

■ **3월 714**
어린 소로 대지르지 못하게 함이니 매우 길하며 기쁨이 있다. 피어나기 전에 금지시키면 크게 착하고 길하다. 벼슬한 사람은 승진하고, 진취하면 장원한다. 보통 사람은 기쁨이 있고 소나 재물이 늘어난다. 먼저 실패의 원인을 제거하면 이롭지 않은 것이 없다.

■ **4월 751**
아버지의 일을 주간하니 죽은 아버지의 뜻을 계승한다. 앞 사람의 잘못을 자식이 능히 주간한다. 폐단은 깊지 않으니 일은 쉽게 구제된다. 자식이 아버지 사업을 계승하니 꾀하는 일을 이루지 못한다. 운이 흉하면 근심이 따르고, 노인은 살기 어렵다.

■ **5월 515**
미더움으로 서로 연결해 이웃에서 부를 얻는다. 덕을 쌓으면 신하도 그것을 받게 된다. 윗사람도 신용하고 아랫사람도 흠모하며 복종한다. 주동과 협의해 공을 세우고 명예를 이룬다. 다른 사람의 도움을 받아 모든 일을 뜻대로 이룬다.

■ 6월   532

성취하려고 하지 않고 가정에서 음식을 만들면 길하다. 정과 사랑에 빠지면 이루지 못한다. 벼슬한 사람은 조정에 들어 녹과 복이 빛난다. 선비는 학업이 좋아져 장학금을 타니 길하다. 경영하거나 꾀하는 일을 이루며 재물과 양식이 늘어난다.

■ 7월   616

구멍에 들어 있으니 오는 손님 셋이다. 비록 강폭하나 조심하면 결국은 길하다. 참으면서 조심하면 화를 면할 수 있다. 조심하면서 참소나 간신을 막고, 신중하게 의심과 시기를 꾀하라. 한번 흉한 운이 오면 감옥이나 무덤에 들어가게 된다.

■ 8월   623

절제하지 못하다 슬퍼지는데 허물할 데가 없다. 누구를 탓하겠는가. 사치와 욕망이 넘치며 떳떳하지 못하다. 소비와 지출이 가볍지 않으니 재물이 손실되고, 사람과 이별한다. 스스로 절제하지 못함을 알고 뉘우친다.

■ 9월   651

재주도 약하고 응원도 없으니 버려진 샘과 같다. 사람도 먹을 수 없고, 날짐승도 돌아보지 않는다. 관직자는 한직으로 물러나 명예를 구해도 이루지 못한다. 경영하거나 꾀하는 일은 막히는데 운이 흉하면 세상을 버린다. 사물에 미치지 못해 버리는 것이다.

■ 10월   254

대들보가 튼튼해 아래로 꺾이지 않으니 길하다. 능히 국사를 편안하게 하고 문무를 병용한다. 구관이면 나라의 대들보요, 처음 벼슬해도 중임을 맡는다. 앞으로 나아가 명예를 이루고, 성조나 집을 수리한다. 유약하며 한결같지 않게 일을 하면 간사함에 말려들 수 있다.

심 ■ 정월   672

신하가 어렵고 험난하나 자신의 잘못이 아니다. 뜻은 임금을 주제하는데 있으니 결국은 허물이 없다. 충정한 절의를 본받아 나라를 편안하게 한다. 만나는 것은 때가 아니고, 어려움을 건너고 험난함을 지난다. 경영하는 일은 막히고, 혹 몸도 보전하기 어렵다.

■ 12월   875

부자가 하지 않고 이웃과 함께하니 침략과 정벌에도 이롭다. 재물로 자신을 발전시키니 따르는 사람이 많다. 문무를 겸비하며 병권을 장악할 수도 있다. 과거에 오를 운인데 귀인을 만나 성사된다. 재리를 배로 얻으나 투쟁이나 소송을 조심하라.

화택규괘 3효(火沢睽卦 三爻) ䷥

수레가 끌려가는 것을 보고 그 소는 제거된다. 머리털은 뽑히고 코는 잘리는 격이니 처음은 없고 끝만 있다. 지위가 부당하며 강적을 만난다. 꾀하며 바라는 일에 막힘이 있으니 험난 함에서 편안함을 구하라. 만약 흉한 운을 만나면 골육의 형상이 따른다.

■ 정월 724

병을 빨리 덜면 기쁨이 있다. 상대가 나를 따르는 것도 빠른 것이 좋다. 한직에서 일어서고 선비는 기쁨이 있다. 재앙은 면제되고 병은 쾌유된다. 어두웠던 사람은 밝아지고, 근심이 있던 사람도 기쁘게 된다.

■ 2월 761

어린아이에게는 벌을 주는 것이 이롭다. 두려움을 알게 한 후 가르쳐서 인도한다. 착한 도 를 알게 해야지 벌을 주면 안 된다. 문교의 직책이며 형벌을 주는 소임이다. 작은 시험은 유리하나 보통 사람은 관재나 시비가 많다.

■ 3월 525

믿음이 단단하니 지위가 정당하다. 견고한 성의와 신의로 맺어지면 천하도 무사하다. 군신 이 한마음이 되니 총애와 신임이 깊어진다. 앞으로 나아가 명예를 이루며 이롭지 않은 것이 없다. 인정이 화합하니 모든 것을 이룰 수 있다.

■ 4월 542

유익함은 밖에서 들어온다. 열 쌍의 거북이라도 어기지 못한다. 벼슬한 사람은 영전하며 명예 를 이룬다. 상업을 하면 이익이 생기고, 제사를 지내면 복을 받는다. 불가에서 생활하면 명 리도 좋다.

■ 5월 626

쓰디쓴 절제이니 바르더라도 흉한데 그 도가 궁하다. 이미 처신이 극을 지났으니 흉을 면할 길이 없다. 지나친 고집으로 허물이 있고, 지나친 의심으로 슬픔이 있다. 명리를 구하나 모 두 이롭지 않다. 법도를 잃어 허물이 생기고, 노인은 수명이 지키기 어렵다.

■ 6월 613

재앙은 밖에 있는데 뻘밭에서 기다린다. 나 때문에 도적이 오나 조심하면 패가 없다. 지나치게 강하니 더욱 험난해진다. 선비는 반드시 욕을 당하며 스스로 빼어나지 못한다. 도적이나 실물을 당할 운인데 배를 타면 흉하다.

■ 7월 661

겹겹의 험난에 빠져 도를 잃어버리면 흉하다. 재주가 약하고 응원이 없으니 회복하기 어렵다. 내쫓길 운이요 강등의 욕을 당한다. 험난한 곳으로 빠져들어가니 인명이 위태롭다. 그러나 승려나 숨은 도인은 화를 면할 수 있다.

■ 8월 264

서서히 오는 것은 밑에 있다. 정도를 걸으면 결국은 길하다. 때에 따라 다소 부끄러움이 있다. 과감하게 결정하고 행동하면 재난과 약함도 구제한다. 꾀하는 일을 이루고 험난에서 벗어난다. 쇠로된 차는 불리한데 사고가 두렵다.

■ 9월 682

안에서부터 친하니 실수하지 않는다. 나라에 몸을 맡기니 임금을 얻고 도에 합한다. 관직은 내직으로 제수받고, 여자는 어진 남편을 얻는다. 선비는 명예를 이루나 지방을 벗어날 수 없다. 귀인을 만나 의지하니 경영하거나 꾀하는 일은 뜻대로 된다.

■ 10월 885

누런 치마이니 매우 길하다. 문채가 중도에 있다. 안에 아름다움이 가득하니 사지에까지 창달한다. 내직으로 선임되며 왕실에 들 영화가 있다. 모든 일이 안온하며 재물과 이익이 따른다. 여자는 덕이 있고 내조의 공이 있다.

■ 11월 673

가면 어렵고 오면 돌아오니 안에서 기뻐한다. 위로 가면 어려우니 험난함을 보면 그쳐라. 돌아서서 밑으로 오면 편안하리라. 앞으로 나아가면 명예를 이룬다. 처자의 기쁨이 있으나 운이 흉하면 형극도 따른다.

■ 12월 576

기러기가 허공으로 날아가듯이 그 뜻이 초연하다. 사람으로 논하면 보통을 넘어간다. 나아가는 것을 잃지 않고 현달하여 높이 된다. 선비는 명예를 얻어 한번 날면 하늘도 찌른다. 복의 근원이 영원하니 재앙이나 근심이 침범하지 않는다.

연평 324

화택규괘 4효(火沢睽卦 四爻)

어그러지고 이탈해 외로워하다 좋은 장부를 만난다. 그 뜻을 행할 수 있으니 위태로우나 허물이 없다. 동지에게 천거되거나 발탁되고, 선비는 주사를 만난다. 혼인은 짝을 얻고 위태로웠던 사람도 편안해진진다. 밖에서 도모하는 일은 처음에는 막혔다 나중에는 순탄해진다.

■ 정월 125
일을 고려하지 않고 마음대로 독단한다. 천하에 공이 높아도 포상은 하나도 없다. 도덕성이 높아 대중의 사표가 되어도 명예는 이루지 못한다. 일찍 움직이거나 망동하면 환란만 거듭된다. 운수가 이와 같으니 처사를 조심하라.

■ 2월 142
밭갈이도 수확도 파종도 하지 않는다. 본래 소망이 없는데 소득이 있다. 가다듬고 행동에 힘쓰면서 때에 맞는 이치를 따른다. 승진과 명예를 성취하니 밖에서 이득을 얻는다. 농업이 좋으나 벼와 곡식은 적다.

■ 3월 226
이끌려 즐거워하니 크게 빛나지 못한다. 함부로 교묘하게 기쁨을 찾으니 이르지 않는 곳이 없다. 시절이 오지 않으니 심사만 산란하다. 좋은 광채도 먼지 속에 있으니 경영하고 꾀하는 일이 잘 되지 않는다. 위로 가도 광채가 없으니 혹 더러운 데 오염될 수 있다.

■ 4월 213
얼굴에 통쾌한 결행이 나타나면 반드시 흉하다. 만약 적시듯 나쁜 빛을 두면 여러 가지에 허물없다. 간신을 막다 오히려 씹히고, 분노를 품고 세상을 등진다. 정도를 따르면 길하나 사를 따르면 흉하다. 소송시비의 운이며 원한을 맺을 근심이 있다.

■ 5월 261
앙상한 나무에 엉덩이를 대는 것처럼 곤궁하니 앉아 있어도 편안하지 않다. 3년씩이나 곤궁에 빠져 있다. 의지할 데가 한 군데도 없으니 슬프다. 만약 근심이나 놀람이 없으면 상복을 입을 수 있다. 운수가 이와 같으니 이로운 것이 하나도 없다.

314 주역 평생운 비록

■ 6월 664

술 한 잔과 제기 둘이니 들창으로 언약을 드린다. 깨끗한 성의를 닦고 충성과 신의를 다하라. 임금의 마음이 밝게 열리면 결국 허물이 없어진다. 체결·결연·결혼이 있으나 초상이나 제사도 두렵다. 손님과 주인이 성심과 예의로 대한다.

■ 7월 282

이끌리면 길하여 허물이 없고, 중정한 덕은 변함이 없다. 지성이 서리는 곳에 소박한 제사를 올리면 이롭다. 군신이 화합하니 지성과 공경을 모두 이룬다. 귀인이 이끌어주면 등용할 수 있다. 좋은 사람과 교류하거나 천거 있으니 경영하거나 꾀하는 일을 이룬다.

■ 8월 485

강세를 타 견고해도 병이 된다. 항상 중도를 잃지 않으면 죽지 않고, 권세가에게 의지하면 은혜와 총애를 받는다. 이끌어주는 사람도 없고, 좋은 기회를 만나기도 어렵다. 심사를 정하지 못하면 재해를 당한다.

■ 9월 273

다리에 감응이 있으나 처하지 못한다. 스스로 하지 못하고 남을 따른다. 조용히 있는 것이 좋은데 움직이니 심히 부끄럽다. 모든 일에 부끄러움이 많으며 여자의 결혼만 유리하다. 간여한 일들은 보통을 벗어나기 어렵다.

■ 10월 176

살찐 물러남이요 숨은 것이니 이롭지 않은 것이 없다. 사물에 막힘이 없어 초연하며 여유가 있으니 무슨 일이든 이루어지지 않겠는가. 관로가 편안하지 못하니 때를 기다려라. 경영하거나 꾀하는 일은 이롭고, 가정과 사업은 풍성해진다.

■ 11월 674

세상이 험난하니 그곳도 불안하다. 지존이 연결해주면 아름다워진다. 관직에 막힘이 없으니 연달아 자리에 오른다. 구하고 바라면 명리를 이룰 수 있다. 그러나 연루·소송시비 등의 어려움이 따른다.

■ 12월 631

수레바퀴를 끌다 꼬리를 적셨다. 지극히 힘든 일을 해내면 의리에 허물이 없다. 직위는 있으나 받지 못하고, 자리는 있으나 오르지 못한다. 움직일 것 같으나 움직일 수 없고, 구제될 것 같으나 구제되지 못한다. 조심하면서 때를 기다리면 허물은 없을 것이다.

화택규괘 5효(火沢睽卦 五爻)

어그러진 시기에 어진 사람의 도움을 받는다. 같은 당의 살을 씹으면 경사가 있다. 벼슬한 사람은 왕명을 받고. 선비는 과거에 오른다. 추대해주는 사람이 있으면 경영하는 일에 이익이 있다. 결혼하려는 사람은 짝을 얻으나 운이 흉하면 형상을 당한다.

■ 정월 426
광주리를 받아도 비어 있고, 양을 잡아도 피가 없다. 제사가 끊어지면 여인의 시집도 종말이다. 빈 자리로 실이 없으니 앞으로 나아가도 헛된 명예뿐이다. 경영하거나 꾀하는 일은 모두 비어 있으니 헛되게 심신만 고생한다. 노인은 불리한데 초상이나 제사의 근심이 있다.

■ 2월 413
소인은 건장함을 쓰나 군자는 쓰지 않는다. 숫양이 울타리를 받으나 그 뿔만 곤궁해진다. 재앙이 되는 일에 많이 얽혀 발전하기 어렵다. 관재와 소송에 연루되고, 효복을 입을 수 있다. 망령되게 행동하면 곤궁해지며 사람과 재물도 불리하다.

■ 3월 461
강유 사이에 있으니 의당 허물은 없다. 밑에 있으면서 윗사람과 호응하니 어려움도 풀린다. 안녕하고 무사하니 옛날의 수심도 점점 사라진다. 선비는 과거에 급제하며 영전할 기회가 있다. 미혼자는 결합되며 경영하는 일은 잘 된다.

■ 4월 864
진영으로 후퇴하면 허물이 없고 떳떳함을 잃지 않는다. 군사를 완전히 후퇴시키니 전복이나 패망과는 멀다. 관직의 길은 험난하며 선비는 사감생이다. 편안하게 있으면서 직업을 즐겁게 여기고 망동하지 말라. 객사를 성조하거나 여관에서 살게 된다.

■ 5월 482
절개가 돌처럼 단단하니 뜻을 지킨다. 위로는 아첨하지 않고 아래로는 더럽히지 않는다. 기미를 알고 선처하는 것은 모든 사람의 소망이다. 급류에서 용감히 물러나 진취하면 명예를 이룬다. 보통 사람은 이익을 얻는데 안정해야 길하다.

■ 6월 285

모이는데 자리를 두나 뜻은 빛나지 못한다. 덕과 지위가 맞으면 움직여도 백성이 기뻐한다. 스스로 큰 선을 닦으면 복종하지 않는 것이 없다. 인정이 미덥지 못하며 도덕을 닦지 못한다. 인정이 화합하지 못하니 경영하거나 꾀하는 일이 막힌다.

■ 7월 473

예방하지 않으면 재난을 면하기 어렵다. 음모와 간신의 해로움이 있고, 정지와 강등의 우려가 있다. 여러 음이 해롭게 구는데 자신의 강함만 믿는다. 작은 물건이라도 조심하면 큰 해로움은 없다.

■ 8월 376

나그네는 그 집을 불사르고, 처음에는 웃으나 나중에는 울부짖는다. 지나치게 강해 자만하면 편안한 곳도 잃는다. 순한 덕을 쉽게 잃으니 처음에는 통쾌하나 나중에는 위태로워진다. 좋은 가운데 손실이 있으니 이사나 성조를 하라. 운이 나쁘면 화재나 눈병이 생길 수 있다.

■ 9월 874

겸손하니 모두 좋고 법을 어기지 않는다. 행동이나 하는 일은 모두 겸손하게 한다. 관직에 있든 아니든 무소불통이다. 선비·농업·공업·상업자는 물러나 양보하라. 만약 겸양하지 않으면 반드시 손해를 본다.

■ 10월 831

위로 나아가는 것이 상했으니 기미를 보아 피하라. 가면 말이 있으니 어찌 좇이 괴이하랴. 관직은 정지하거나 강등되니 물러나 쉬는 상이다. 날려다 날개 드리우니 발전하기 어렵다. 흉년을 만났으니 재물과 곡식이 풍부하지 않다.

■ 11월 675

큰 어려움에 부딪쳤는데 벗이 오니 절의로 대한다. 충정한 신하와 자식의 도움을 더욱 많이 받는다. 관직은 요직에 오르며 진취하여 적중한다. 좋은 사람이 이끌어주고 천거하니 이롭지 않은 것이 없다. 신하는 충성하고 자식은 효도하니 가정이 화애롭다.

■ 12월 652

위로 끌어올릴 수 없으니 구제하는 공이 없다. 물장군이 깨져 물이 새니 사람을 구할 수 없다. 물러난 곳에서 수양하면서 그릇을 감추고 때를 기다려라. 응원이 없으나 조심하면서 지키면 화를 피할 수 있다. 덕은 족하나 힘은 약하니 사물에 미칠 수 없다.

연평 326

화택규괘 상효(火沢睽卦 上爻) ䷥

거슬리며 어그러져 합하기 어려우니 외롭다. 돼지 진흙과 귀신 한 차 싣는 것을 본다. 모든 의심이 사라지니 원수가 아니라 결혼이다. 의심하며 염려했는데 결정한 뒤에 보니 좋은 소식이다. 어려움과 속임을 당하기 쉽고, 처음에는 손해를 보나 나중에는 좋다.

▪ 정월 361
꼬리에 물을 적셨으니 이보다 더 부끄러운 일이 있겠는가. 그 재주를 볼 줄 모르니 알지 못함의 극치다. 앞길이 험난하며 막혔으니 전진하기 힘들다. 경영하는 일은 결국 뜻대로 되지 않는다. 물을 건너거나 배를 타는 사람은 조심하라.

▪ 2월 764
어리석으며 곤궁하니 부끄럽고 실재와 거리가 멀다. 스승과 친하지 않고 어진 벗도 얻지 못한다. 관직자는 끌어주거나 구원이 없으니 앞으로 나아가기도 어렵다. 인정은 어그러지고 경영은 막힌다. 조용히 있으면 재난이 없으나 움직이면 손해를 본다.

▪ 3월 382
앞으로 나아가 근심하나 견고하며 바르면 길하다. 중정으로 스스로 지키면 당연히 남이 구해준다. 왕이 총명하게 나아가면 처음에는 좌절하나 나중에는 믿는다. 구하고 꾀하는 일은 뜻대로 되며 어머니의 힘이 많다. 아내의 재물에 이익이 있을 수 있다.

▪ 4월 185
편안할 때 위태로움을 염려하고, 있을 때 망실을 생각한다. 재난은 가고 새 복이 온다. 원수와 시기하는 자는 가고 명리도 이룬다. 전답과 잠업이 유리하며 창고에 가득 차게 된다. 깊이 생각하고 염려해 환란의 실마리를 막아라.

▪ 5월 373
나그네가 집을 불사르는데 진실한 시종도 잃었다. 마음만 심란해 베게 베고 탄식한다. 벼슬한 사람은 직위를 잃고, 선비는 명예를 잃는다. 집은 불에 타고 인구마저 잃는다. 지나치게 강해 되지 않고, 여행하다 재난을 당한다.

■ 6월   476

이미 극에 차 만나지 않고 지나간다. 이치를 어기고 정상을 지나니 신속하기가 나는 것과 같다. 천재와 인재를 모두 당한다. 분수를 넘으면 재난이 생기는데 의외의 재앙도 있다. 복제의 수인데 천명을 벗어나기 어렵다.

■ 7월   774

몸에 그치니 허물이 없다. 몸을 보지 못하면 그 사람도 볼 수 없다. 망동하지 않으면 허물이 없다. 그 직위에서 벗어날 생각은 하지 말고 편안하게 있어라. 분수를 지키면 편안하나 분수를 넘으면 불가하다.

■ 8월   731

발을 꾸미니 차를 놓아두고 걷는다. 행동이 올바르며 절의와 의리를 지킨다. 자리에서 물러나거나 강등될 수 있다. 길에서 분주하며 쉬운 것을 버리고 어려움을 쫓는다. 친한 곳을 멀리하고 낯선 곳을 향해야 길하다.

■ 9월   575

기러기가 언덕으로 날아간다. 3년이 되어도 임신하지 못한다. 결국은 이기지 못하나 소원은 이룬다. 중정의 도는 반드시 이루어진다. 처음에 잃으나 나중에는 얻고, 처음에 어두우나 나중에는 밝아진다. 노인은 수명이 손상되고, 어린이는 기르기 어려울 수 있다.

■ 10월   552

무당이 점치면서 빌면 허물이 없다. 성의로 다하면 신명도 통한다. 역사가 언론인이며 명예를 이룬다. 성실하게 사람을 감동시키니 도모하는 것도 잘 된다. 그러나 운이 불길하면 무사가 비는 제사가 있다.

■ 11월   676

안에 뜻이 있으니 가면 험난하나 오면 너그러워져 험난함이 해결된다. 대인을 보는 것이 이롭고, 귀인을 따르게 된다. 관직은 내직으로 들어 명예를 이룬다. 귀인을 가까이하면 이익을 얻으나 망동하면 불리해진다.

■ 12월   683

사람 아닌데 비하나 상하지 않으랴. 당과 동료가 착하지 않으니 모든 일이 간사하다. 공업은 반드시 무너져 재난과 해만 입는다. 벗을 잃고 시기하다 혈기가 손상될 수도 있다. 가정이 깨지거나 자신이 손상이나 형벌을 당하거나 상복을 입을 일이 많다.

연평 331

중화리괘 초효(重火離卦 初爻) ䷝

내디딘 발길 착란하나 조심하면 허물은 없다. 그 진퇴를 아는 것은 밝게 부딪치는 도다. 조심하면서 신중하게 피하면 화를 면할 수 있다. 조급하게 움직이면 허물을 범하고, 이치에 어긋나면 분수를 범한다. 만약 그렇지 않으면 미끄러지며 발에 병이 생긴다.

■ **정월 312**

큰 수레에 많이 싣는데 실패가 없다. 튼튼한 큰 수레는 많이 싣고 멀리 갈 수 있다. 재주와 힘이 좋으니 능히 큰 부를 누린다. 용감한 장수로 출사해 명성을 얻는다. 경영하거나 꾀하는 일은 이루며 재물과 곡식이 풍부하다.

■ **2월 115**

날아가는 용이 하늘에 있으니 대인을 만나면 이롭다. 같은 소리는 상응하고, 같은 기운은 서로 구한다. 꾀꼬리가 높은 나무에 오르듯 몸이 용문에 오른다. 성조에 필요한 재물을 얻을 상이나 여자는 남편궁이 불리해 고독하다.

■ **3월 323**

수레가 끌려가는 것을 보고 그 소는 제거된다. 머리털은 뽑히고 코는 잘리는 격이니 처음은 없고 끝만 있다. 지위가 부당하며 강적을 만난다. 꾀하며 바라는 일에 막힘이 있으니 험난함에서 편안함을 구하라. 만약 흉한 운을 만나면 골육의 형상이 따른다.

■ **4월 426**

광주리를 받아도 비어 있고, 양을 잡아도 피가 없다. 제사가 끊어지면 여인의 시집도 종말이다. 빈 자리로 실이 없으니 앞으로 나아가도 헛된 명예뿐이다. 경영하거나 꾀하는 일은 모두 비어 있으니 헛되게 심신만 고생한다. 노인은 불리한데 초상이나 제사의 근심이 있다.

■ **5월 724**

병을 빨리 덜면 기쁨이 있다. 상대가 나를 따르는 것도 빠른 것이 좋다. 한직에서 일어서고 선비는 기쁨이 있다. 재앙은 면제되고 병은 쾌유된다. 어두웠던 사람은 밝아지고, 근심이 있던 사람도 기쁘게 된다.

■ 6월   761

어린아이에게는 벌을 주는 것이 이롭다. 두려움을 알게 한 후 가르쳐서 인도한다. 착한 도를 알게 해야지 벌을 주면 안 된다. 문교의 직책이며 형벌을 주는 소임이다. 작은 시험은 유리하나 보통 사람은 관재나 시비가 많다.

■ 7월   525

믿음이 단단하니 지위가 정당하다. 견고한 성의와 신의로 맺어지면 천하도 무사하다. 군신이 한마음이 되니 총애와 신임이 깊어진다. 앞으로 나아가 명예를 이루며 이롭지 않은 것이 없다. 인정이 화합하니 모든 것을 이룰 수 있다.

■ 8월   542

유익함은 밖에서 들어온다. 열 쌍의 거북이라도 어기지 못한다. 벼슬한 사람은 영전하며 명예를 이룬다. 상업을 하면 이익이 생기고, 제사를 지내면 복을 받는다. 불가에서 생활하면 명리도 좋다.

■ 9월   626

쓰디쓴 절제이니 바르더라도 흉한데 그 도가 궁하다. 이미 처신이 극을 지났으니 흉을 면할 길이 없다. 지나친 고집으로 허물이 있고, 지나친 의심으로 슬픔이 있다. 명리를 구하나 모두 이롭지 않다. 법도를 잃어 허물이 생기고, 노인은 수명이 지키기 어렵다.

■ 10월   613

재앙은 밖에 있는데 뻘밭에서 기다린다. 나 때문에 도적이 오나 조심하면 패가 없다. 지나치게 강하니 더욱 험난해진다. 선비는 반드시 욕을 당하며 스스로 빼어나지 못한다. 도적이나 실물을 당할 운인데 배를 타면 흉하다.

■ 11월   661

겹겹의 험난에 빠져 도를 잃어버리면 흉하다. 재주가 약하고 응원이 없으니 회복하기 어렵다. 내쫓길 운이요 강등의 욕을 당한다. 험난한 곳으로 빠져들어가니 인명이 위태롭다. 그러나 승려나 숨은 도인은 화를 면할 수 있다.

■ 12월   264

서서히 오는 것은 밑에 있다. 정도를 걸으면 결국은 길하다. 때에 따라 다소 부끄러움이 있다. 과감하게 결정하고 행동하면 재난과 약함도 구제한다. 꾀하는 일을 이루고 험난에서 벗어난다. 쇠로된 차는 불리한데 사고가 두렵다.

연평 332

중화리괘 2효(重火離卦 二爻) ☰☰

높게 부딪쳐 빛나니 매우 길하고, 중도를 얻어 사방이 빛나니 매우 길하다. 만사가 이미 정해져 있으니 어찌 근심이 있겠는가. 현명한 군주를 만나 나라의 큰 그릇이 된다. 과거에 급제하며 반드시 이익이 생긴다.

■ 정월 343

질긴 고기를 씹다 독을 만난다. 부당하게 남을 형벌하니 불복한다. 재주가 약하면 잃는 것이 있고, 학식이 얕으면 욕을 본다. 쉬운 일도 주간하기 어려우니 처신이 편안하지 않다. 뱃속에 병이 있거나 놀라거나 험한 일을 당할 수 있다.

■ 2월 446

벼락이 두려워 눈도 휘둥그레진다. 중도를 얻지 못했으니 나가면 흉하다. 두려워하며 반성하면 결혼은 말이 있다. 벼슬한 사람은 귀양이나 감봉이 따르고, 선비는 정지나 강등을 조심하라. 부부 간의 형극이나 조난이 있을까 두렵다.

■ 3월 744

전도된 기름이나 길하니 위에서 베푸는 것이 빛난다. 호시탐탐하듯 하고 그 욕망 계속되게 하라. 존귀함을 얻어 광영되고, 앞으로 나아가 명예를 이룬다. 좋은 사람의 도움으로 경영하거나 꾀하는 일은 성사된다. 그러나 내쫓기거나 시비를 당할까 두렵다.

■ 4월 781

발부터 상이 떨어져 나가니 바른 것이 소멸되어 흉하다. 정도가 사라지고 사도가 침범한다. 소족 질환이나 노비가 손실된다. 형제가 불목하는데 성조하면 이로워진다. 만약 흉한 운을 만나면 몸을 망치고 가정도 깨진다.

■ 5월 545

은혜하는 마음에 미더움 두면 묻지 않아도 대길하다. 위에서 혜택을 주면 밑에서도 은혜를 베푼다. 관직은 요로에 들어가고, 밝은 군주를 만난다. 앞으로 나아가 명예를 이루고, 경영하는 일은 뜻대로 된다. 비천한 사람이 존귀한 사람을 만나고, 지기도 많이 만난다.

■ 6월 522

그늘 밑에서 학이 우니 그의 자식이 감화한다. 말과 행동은 영화가 되기도 하고 욕이 되기도 한다. 군자의 언행은 천지도 움직인다. 벼슬한 사람은 진급하며 재정 이익도 있다. 아들을 낳고 유리하나 노인은 병에 걸릴까 두렵다.

■ 7월 646

말을 타고 나가지 못하니 피눈물이 흐른다. 어려움의 끝이니 액운이 더욱 심하다. 영화로운 곳에서 욕을 당할 수 있으니 참소와 욕을 조심하라. 손해를 보거나 실패할 운으로 모든 재앙이 다투어 일어난다. 만약 부모의 상을 당하지 않으면 수명이 불리하다.

■ 8월 633

성군이 먼 곳을 토벌해 3년에야 이겨냈다. 지극히 어렵고 노곤하니 소인은 쓰지 말라. 오랜 뒤에 이길 수 있으니 경중이 없으면 불가하다. 진취는 오래되어야 하니 뒤에 이기는 탄식이 있다. 원한분쟁·소송이 따라 피곤해진다.

■ 9월 681

미더움을 갖고 도우니 허물이 있을 수 없다. 내 신용이 높아지면 남들도 감동한다. 둥우리 밖으로까지 영전하고, 등용이나 천거의 영화도 있다. 지기를 만나 모든 계획이 마음대로 된다. 성의로 남을 감동시키면 불선은 없다.

■ 10월 284

자리가 부당하니 많이 선해야 허물이 없다. 모두 좋지 않은데 어찌 대길하겠는가. 고를 버리고 하로 가니 진취가 부당하다. 만약 정직하지 않으면 재화를 면할 수 없다. 큰 덕이 있는 군자라야 바야흐로 복을 받는다.

■ 11월 662

험난의 연속이나 구하는 것은 다소 얻는다. 재주가 족하여 자위하니 마음은 항상 형통하다. 책임이 작고 크지 못하니 작은 시험은 이롭다. 사람이 출중하지 못하나 경영하는 일은 다소 이룬다. 험난함이 두렵고, 심장·복부·혈액 질환이 따른다.

■ 12월 865

장자가 중도로 군사를 거느린다. 소인이 참여하면 비록 바른 일이라도 흉하다. 언론으로 정치를 잡고, 앞으로 나아가 명예를 이룬다. 전답과 재산이 날로 늘어나고, 육축도 번창한다. 위임할 사람을 얻으면 꾀하는 일을 이루고 뜻도 얻는다.

연평 333

중화리괘 3효(重火離卦 三爻) ䷝

해는 기우는데 빛이 나니 어찌 오래 가겠는가. 성하면 쇠퇴하고, 시작이 있으면 끝이 있는 법이다. 관직은 재야에 있으니 조심하며 욕을 막아라. 즐거움 속에 슬픔이 있고, 기쁨 속에 수심이 있다. 계속 험난하니 죽고 망할 날이 없다.

■ 정월 734
꾸밈새가 희며 흰 말이 달리듯 한다. 겉으로는 문채의 꾸밈을 숭상하나 마음은 본질을 숭상한다. 처음에는 막히나 나중에는 순탄하고, 처음에는 잃으나 나중에는 얻는다. 근심 속에 기쁨이 있고, 험난함 속에도 편안함이 있다. 혼인할 운이나 운이 흉하면 상복도 입는다.

■ 2월 771
발에 그치면 허물이 없다. 중정의 도를 잃지 않았다. 정도를 계속 지키면 이롭다. 현 직위를 고쳐야 그 지위도 잃지 않는다. 앞으로 나아가는 일은 어려워지고 정지나 강등이 따른다. 그러나 안정하면서 분수를 지키면 위험해지는 일은 없다.

■ 3월 535
왕이 가정을 이루면 근심하지 않아도 길하다. 지극히 바르고 선하니 근심없이 잘 되어간다. 남편은 내조를 좋아하고, 부인은 법도 있는 가정을 사랑한다. 벼슬길이 매우 순탄하고 명예를 이룬다. 귀인과 교제하며 문전에 화기가 가득하다.

■ 4월 512
계속 회복하며 중도를 지키니 실수가 없다. 스스로 진퇴를 살피면 중도를 잃지 않는다. 계속 이끌어줄 계단이 있고 발탁될 자리가 있다. 동지와 같이 가니 경영하거나 꾀하는 것을 이룬다. 그러나 운이 흉하면 실수를 반복한다.

■ 5월 636
머리까지 빠져 위태로우니 어찌 오래가랴. 물도 성하면 쇠퇴하고, 평화도 다하면 반드시 난리가 있다. 높은 것이 과하면 꺾어지고 물에 빠져 진취할 수 없다. 소인의 감염이나 배를 타다 물에 빠진다. 기제가 미제가 되니 슬프다.

■ 6월 643

안내자 없이 사슴을 쫓다 깊은 숲으로 들어간다. 중정하지 못하니 망동으로 곤란해진다. 탐관오리로 내쫓기거나 정지와 강등될 수 있다. 옛것을 지키면서 안정하라. 구금이나 감옥이 두렵다. 앞길은 험난한데 안내자는 하나도 없다.

■ 7월 671

가면 어려우나 오면 명예가 있으니 마땅히 기다려라. 어려움의 시작이니 나아가면 더욱 어려워진다. 기미를 보고 때를 알아 그치면 칭찬을 듣는다. 때를 기다려 진출하고, 옛것을 지키면서 안정하라. 나아가면 불리하고 망동하면 재난을 당한다.

■ 8월 274

마음이 꾸준하니 후회할 일이 없고, 해로움에 감응하지 않는다. 갈팡질팡할 때 벗만은 나의 생각을 따르리라. 사심이 서로 감응하면 광대하지 못하다. 벗과 서로 의지하면 작은 일은 이룰 수 있다. 마음이 다소 편안하나 큰 일은 어그러진다.

■ 9월 652

위로 끌어올릴 수 없으니 구제하는 공이 없다. 물장군이 깨져 물이 새니 사람을 구할 수 없다. 물러난 곳에서 수양하면서 그릇을 감추고 때를 기다려라. 응원이 없으나 조심하면서 지키면 화를 피할 수 있다. 덕은 족하나 힘은 약하니 사물에 미칠 수 없다.

■ 10월 855

바르게 계단 오르듯 하니 큰 뜻을 얻는다. 반드시 시종의 진출을 예의로 한다. 오르는 것이 귀한 바는 유순한 데 있다. 벼슬한 사람은 높이 영전하고, 선비는 높이 천거된다. 꾀하는 것을 이루고 뜻을 얻으니 진출에는 계단이 있다.

■ 11월 663

오고감이 험하며 위험하니 공이 없다. 험난함에 빠져 침식이 편안하지 못하다. 만약 진입하면 더 험난해진다. 몸이 구덩이에 있는데 물까지 깊다. 배를 타면 물이 깊고, 육지로 달리면 뻘밭이어라.

■ 12월 566

흐트러져 그 피의 상해를 버리니 멀리 나가면 허물이 없다. 사리에 손순하면 상해는 없다. 무장으로 난리를 평정하고, 잠복이나 은둔에서 벗어난다. 험난함에서 나와 편안한 곳으로 가니 어둠을 등지고 밝은 곳을 향한다. 소송이나 감옥도 사라지고 질병도 낫는다.

중화리괘 4효(重火離卦 四爻) ䷝

갑자기 용신할 곳이 없다. 몸이 불에 타버리니 죽음이며 버림이다. 해는 바닷속에 잠기고 사람은 꿈속에 있다. 윗사람을 거역하니 재난을 피할 길이 없다. 만약 병화가 아니면 죽음에 이를 수 있다.

■ 정월 135

처음에는 우나 나중에는 웃고, 처음에는 어그러지나 나중에는 합한다. 두 사람이 같은 마음으로 황금을 나눈다. 먼저는 귀양을 가나 뒤에는 재기하고, 먼저는 막히나 뒤에는 만난다. 곧고 바르게 행하면 여럿이 돕는다. 기쁨과 슬픔이 교차하며 시비가 한결같지 않다.

■ 2월 112

용이 밭에 나타나니 대인을 보는 것이 이롭다. 말은 신용있게 하고 행실은 조심해라. 몸은 직위에서 초월하니 경사가 무쌍하다. 식구가 늘고 전답이 생기며 재물이 마르지 않는다. 귀인을 만나 모든 것이 뜻대로 된다.

■ 3월 236

군자는 표범으로 변하고 소인은 얼굴만 바뀐다. 나가면 흉하니 바르고 견고하게 있어야 길하다. 반드시 명예를 성취하고 문채가 왕성하다. 조심스럽게 법도를 지키면 재난을 면할 수 있다. 시비가 따르는데 낯을 바꿀까 두렵다.

■ 4월 243

장부에 매이고 어린아이를 잃게 된다. 도를 굽히고 간사하면 소인이 따른다. 정도를 따르면 구하는 것을 반드시 얻는다. 의로운 길로 가면 경영하거나 꾀하는 일도 충분히 얻는다. 그러나 어린아이와 여자는 흉하다.

■ 5월 271

엄지발가락에 감응이 있으니 뜻은 밖에 있다. 비록 뜻은 동했으나 감응은 깊지 않다. 어둡고 유약하며 조급해 사물에 접하지 못한다. 먼 곳에서 행상이나 유랑하는 상이다. 경영하거나 꾀하는 일에 급급하나 이루기는 어렵다.

■ 6월　674

세상이 험난하니 그곳도 불안하다. 지존이 연결해주면 아름다워진다. 관직에 막힘이 없으니 연달아 자리에 오른다. 구하고 바라면 명리를 이룰 수 있다. 그러나 연루·소송·시비 등의 어려움이 따른다.

■ 7월　252

마른 벼에 뿌리가 나고, 늙은 사내가 아내를 얻는다. 중도를 얻고 유순하니 능히 큰 공을 이룬다. 심하게 침체된 사람이 다시 일어나니 복직될 운이다. 첩을 들이는 운으로 아내를 얻고 아들을 낳는다. 승려는 제자를 얻거나 의붓자식을 둔다.

■ 8월　455

덕을 오래 지키면 견고하며 바르게 된다. 부인은 길하나 사나이는 흉하다. 권세에 아첨하니 비난과 꾸짖음을 당한다. 선비는 요행을 도모하다 욕을 본다. 보통 사람은 불선하다 훼방을 많이 겪는다.

■ 9월　263

돌에 부딪쳐 곤궁한데 가시덩쿨에 걸린다. 그 집에 들어가도 그 아내를 보지 못한다. 이미 욕되고 부끄러운데 죽을 때가 된다. 불상의 운으로 가정이 어지럽고, 운이 불길하면 처첩의 변이 있다.

■ 10월　166

왕이 하사한 의복을 받으나 하루아침에 세 번 잃는다. 소송으로 받는 복은 공경할 것이 못된다. 성공과 실패, 진보와 후퇴가 있다. 소송이나 분쟁할 운이요 상복을 입을 운이다. 정도로 취한 것이 아니면 결국 잃는다.

■ 11월　664

술 한 잔과 제기 둘이니 들창으로 언약을 드린다. 깨끗한 성의를 닦고 충성과 신의를 다하라. 임금의 마음이 밝게 열리면 결국 허물이 없어진다. 체결·결연·결혼이 있으나 초상이나 제사도 두렵다. 손님과 주인이 성심과 예의로 대한다.

■ 12월　621

호정에도 나가지 말라. 먼저 동태하고 막힘을 알아야 한다. 임금이 조심하지 않으면 어진 신하를 잃는다. 사소한 일도 조심하지 않으면 재해가 생긴다. 옮겨가지 못할 운으로 진취가 불리하다. 구덩이에 빠질 징조이니 옛것을 지켜야 한다.

연평 335

중화리괘 5효(重火離卦 五爻) ䷝

슬픔과 탄식을 막을 길이 없으니 슬픈 눈물이 비오듯 한다. 위태로운데 상하의 도움이 없고, 벼슬길이 험난하니 앞으로 나아가기 어렵다. 경영하는 일은 거듭 막히니 생각만 많고, 눈물과 탄식뿐이다.

■ 정월 436
집은 훌륭해 하늘까지 날 것 같으나 3년이나 사람을 보지 못한다. 스스로 가리고 더럽혔으니 매우 흉하다. 골육이 상잔하니 고향을 떠나 가정을 이루라. 문호가 곤궁하며 소송·감옥·구설이 따른다.

■ 2월 443
벼락이 쳐 기운이 까무러치나 두려움을 알면 재앙은 없다. 부정한 마음을 버리고 정당한 곳으로 가라. 차를 타고 천리라도 가고 싶지만 걷기도 어렵다. 근심과 두려움 때문에 정신과 혼이 나간다. 그러나 조심하고 신중하면 흉을 면할 수 있다.

■ 3월 471
날아가는 새라 흉하나 어쩔 수가 없다. 빨리 가다 흉을 만나나 구제할 길이 없다. 나는 곤충의 재앙이 있고, 뜻밖의 재난도 두렵다. 날면 하늘도 찌르나 빨리 가면 화근이 된다. 사물은 견고하지 못하고, 사람은 교량이 끊긴다.

■ 4월 874
겸손하니 모두 좋으며 법을 어기지 않는다. 행동이나 일은 모두 겸손하게 한다. 관직자든 아니든 무소불통이다. 선비나 농업·공업·상업에 종사하는 사람은 물러나 양보하라. 만약 겸양하지 못하면 반드시 손해를 본다.

■ 5월 452
항구함에 뉘우침이 없고, 움직이는 곳마다 중도를 얻는다. 중정하면 자신을 지키며 편안해진다. 관직자는 근신하면 공직을 면한다. 선비는 덕을 숭상하며 지키면 손해는 없다. 자신을 편안하게 하며 도덕을 품으면 그 속에 이익이 있다.

■ 6월   255

메마른 버들에 꽃이 피니 어찌 오래 가겠는가. 늙은 부인이 남편을 얻으니 추하다. 일이 처음부터 잘못되면 성사되지 않는다. 기쁨 속에서 근심이 생기니 경영하거나 꾀하는 일은 어려워진다. 늙은 부인의 근심이나 어머님의 병이 있다.

■ 7월   463

짊어질 것이 탔으니 추하다. 내가 도적을 불렀으니 누구를 탓하겠는가. 허술하게 관리하면 훔쳐가라는 것이고, 얼굴을 꾸미면 음탕한 짓을 하라는 것이다. 벼슬한 사람은 퇴출되고, 선비는 귀양이나 강등을 당한다. 도적을 당할 운이며 소송이나 시비가 따른다.

■ 8월   366

믿음으로 술을 마시니 허물이 없다. 뜻이 방탕하며 반성할 줄 모르면 재난을 당한다. 초월해 영전할 운이며 진취할 상이다. 험난함에서 벗어나 평온해지고, 늙은이는 스스로 즐거워한다. 술 때문에 재난을 당하거나 물에 빠질 수 있다.

■ 9월   864

진영으로 후퇴하면 허물이 없고 떳떳함을 잃지 않는다. 군사를 완전히 후퇴시키니 전복이나 패망과는 멀다. 관직의 길은 험난하며 선비는 사감생이다. 편안하게 있으면서 직업을 즐겁게 여기고 망동하지 말라. 객사를 성조하거나 여관에서 살게 된다.

■ 10월   821

느껴 임하니 바르면 길하고, 올바른 뜻을 행한다. 그 길한 것을 고수하고 각기 일에 따른다. 기틀을 알고 상종하며 사람을 얻어 공동 구제한다. 시험에 비유하면 수석이 된다. 음양이 서로 감응하니 경영하거나 꾀하는 일이 뜻대로 된다.

■ 11월   665

험난함이 차지 못하고, 중정한 덕도 크지 않다. 물이 흘러도 차지 않고 이미 평평한 데까지 갔다. 직위에 있으며 위태롭지 않으니 작게 성취해야 이롭다. 꾀하는 일은 평탄해 위험은 없을 것이다. 처음에 다소 얻으나 결국은 차지 못한다.

■ 12월   682

안에서부터 친하니 실수가 아니다. 몸을 나라에 허락해 임금을 얻고 도에 합한다. 관직은 내직으로 제수받고, 여자는 어진 남편을 만난다. 선비는 명예를 이루지만 지방을 벗어날 수 없다. 귀인을 만나 의지하니 경영하거나 꾀하는 일은 뜻대로 된다.

연평 336

중화리괘 상효(重火離卦 上爻) ䷝

왕이 출정하는 것은 나라를 올바르게 하기 때문이다. 간신과 죄악을 살피고, 위엄과 형벌을 실행한다. 천하를 밝게 분별하는 것은 아름다운 공을 세우기 위해서다. 출사하면 공업을 이루고, 앞으로 나아가면 우두머리가 되고, 경영하는 일에서는 이익을 얻는다.

■ 정월 371
나그네가 자질구레하고 더럽게 구니 뜻이 궁박해 재난을 당한다. 재주가 미치지 못하니 지위가 있어도 감당하지 못한다. 야비하고 더러운 상이니 천하고 더러움을 면하기 어렵다. 국이 너무 얕으니 재난이 절박한다. 상업이나 여행은 불리하니 기로에서 잘 선택하라.

■ 2월 774
몸에 그치니 허물이 없다. 몸을 보지 못하면 그 사람도 볼 수 없다. 망동하지 않으면 허물이 없다. 그 직위에서 벗어날 생각은 하지 말고 편안하게 있어라. 분수를 지키면 편안하나 분수를 넘으면 불가하다.

■ 3월 352
솥이 차 있으니 갈 곳을 조심하라. 도를 지키지 않으면 의리가 상한다. 정도와 공평을 받들고 참소와 간신을 조심하라. 이익과 수확이 있으나 외부의 잡음을 조심하라. 아랫사람이 침범하거나 작은 병에 걸릴 수 있다.

■ 4월 155
참외를 넓은 잎에 싸니 아름다움이 함축된다. 하늘의 도움을 받고 천명을 어기지 않는다. 큰 그릇을 이루어 반드시 공명이 통달한다. 몸이 임금 곁에 올라 무궁한 영화를 누린다. 문전에 경사가 가득하며 부인도 임신한다.

■ 5월 363
앞으로 나아가면 흉하나 큰 내를 건너면 이롭다. 험난함에서 나오기 어렵고, 육지로 가는 것도 불리하다. 간다고 좋을 수는 없으나 남의 덕으로 성사된다. 재주와 힘이 부족하니 좌절과 억제될 수밖에 없다. 내를 건너고 험난을 지나 상업을 하면 유리하다.

■ 6월 466

높은 담장에서 매새를 쏘아 얻으며 모두 이롭다. 몸에 감춘 그릇이 성취된 뒤 움직인다. 움직이는 데 막힘이 없으니 어찌 불리함이 있겠는가. 병사로서 공을 세우며 추천도 받는다. 문과 담장을 쌓고 꾀하는 일은 이익을 얻는다.

■ 7월 764

어리석으며 곤궁하니 부끄럽고 실재와 거리가 멀다. 스승과 친하지 않고 어진 벗도 얻지 못한다. 관직자는 끌어주거나 구원이 없으니 앞으로 나아가기도 어렵다. 인정은 어그러지고 경영은 막힌다. 조용히 있으면 재난이 없으나 움직이면 손해를 본다.

■ 8월 721

마치는 일은 속히 가라. 가상함이 합했기 때문이다. 아래를 덜어 위를 유익하게 하고, 자신을 덜어 윗사람을 받든다. 가정보다 나라를 더 생각하면 임금의 총애는 날로 늘어난다. 윗사람과 뜻이 합하니 반드시 우수하게 뽑힌다. 회계가 윤당하면 이롭고 모두 얻을 수 있다.

■ 9월 565

흩어짐에 왕이 큰 호령을 한다. 백성을 새롭게 하는 것은 흩어짐을 구하는 큰 정사다. 승진이나 영전할 운이니 앞으로 나아가면 좋다. 흉한 일이 흩어지니 이익을 구하면 이루어진다. 흩어지는 것을 합하게 한다.

■ 10월 582

여인의 정절을 몰래 훔쳐보니 추하다. 보는 것이 밝지 못하니 순종할 따름이다. 재주는 있으나 미치지 못해 문리에 통달하지 못한다. 집에 있으면 어두우나 밖으로 나가면 밝아진다. 여인 때문에 추한 일이 생기고, 여자는 기쁘나 남자는 슬프다.

■ 11월 666

두겹 세겹 노끈으로 묶어 가시밭에 감춘다. 험난함이 더욱 깊어져 3년이나 도를 잃는다. 결박당해 안치되며 선비는 무더기로 감옥에 간다. 묶여 감옥에 가니 재해가 끊이지 않는다. 그렇지 않으면 골육의 형상이 있다.

■ 12월 653

샘이 청결하나 먹지 못하니 안타깝다. 왕이 밝으면 길어가게 되며 복을 받는다. 좋은 기회를 만나기 어려우니 조용히 수양하면 좋다. 덕은 족히 사물을 구제할 만하나 하부를 떠나지 못한다. 안정하면서 분수를 지키면 좋은 운을 만날 것이다.

연평 341

화뢰서합괘 초효(火雷噬嗑卦 初爻) ☲☳.

형틀을 신겨 발을 베어 없애나 행하지 않으면 허물이 없다. 적은 것을 징계해 큰 것을 경계하는 것은 소인의 복이다. 거동에 어려움이 많으니 공명을 이루지 못한다. 보통 사람은 형벌을 조심해야 한다. 근신하면 재앙을 면할 수 있으나 풍병에 걸릴까 두렵다.

■ 정월 322
골목에서 골목을 만나니 도를 잃은 것은 아니다. 왜곡해 서로 구하는 것도 뜻은 어그러짐을 구제하는 데 있다. 성의와 힘을 다해 지성으로 감동시킨다. 반드시 밝은 군주를 만나 영전할 기회를 만난다. 보통 사람은 지기를 만나 경영하거나 꾀하는 일을 이룬다.

■ 2월 125
일을 고려하지 않고 마음대로 독단한다. 천하에 공이 높아도 포상은 하나도 없다. 도덕성이 높아 대중의 사표가 되어도 명예는 이루지 못한다. 일찍 움직이거나 망동하면 환란만 거듭된다. 운수가 이와 같으니 처사를 조심하라.

■ 3월 313
공후가 천자에게 드리니 소인은 이기지 못한다. 대신이 임금을 얻으면 충성하게 된다. 조정에서 중임을 맡고, 선비는 크게 괴수된다. 소인은 무리가 속이고 멸시하니 반드시 재해가 따른다. 운이 불리하면 형극이나 상해를 면하기 어렵다.

■ 4월 416
불친 양이 울타리를 밟으니 물러서지도 이루지도 못한다. 이로울 것이 없으니 어려워야 길하다. 일의 어려움을 알고 함부로 가볍게 여기지 말라. 벼슬한 사람은 감봉이나 퇴출되고, 선비는 물러나기도 어렵다. 분수를 넘고 이치를 어기면 시비·투쟁·소송이 따른다.

■ 5월 714
어린 소로 대지르지 못하게 함이니 매우 길하며 기쁨이 있다. 피어나기 전에 금지시키면 크게 착하고 길하다. 벼슬한 사람은 승진하고, 진취하면 장원한다. 보통 사람은 기쁨이 있고 소나 재물이 늘어난다. 먼저 실패의 원인을 제거하면 이롭지 않은 것이 없다.

■6월 751

아버지의 일을 주간하니 죽은 아버지의 뜻을 계승한다. 앞 사람의 잘못을 자식이 능히 주간한다. 폐단은 깊지 않으니 일은 쉽게 구제된다. 자식이 아버지 사업을 계승하니 꾀하는 일을 이루지 못한다. 운이 흉하면 근심이 따르고, 노인은 살기 어렵다.

■7월 515

미더움으로 서로 연결해 이웃에서 부를 얻는다. 덕을 쌓으면 신하도 그것을 받게 된다. 윗사람도 신용하고 아랫사람도 흠모하며 복종한다. 주동과 협의해 공을 세우고 명예를 이룬다. 다른 사람의 도움을 받아 모든 일을 뜻대로 이룬다.

■8월 532

성취하려고 하지 않고 가정에서 음식을 만들면 길하다. 정과 사랑에 빠지면 이루지 못한다. 벼슬한 사람은 조정에 들어 녹과 복이 빛난다. 선비는 학업이 좋아져 장학금을 타니 길하다. 경영하거나 꾀하는 일을 이루며 재물과 양식이 늘어난다.

■9월 616

구멍에 들어 있으니 오는 손님 셋이다. 비록 강폭하나 조심하면 결국은 길하다. 참으면서 조심하면 화를 면할 수 있다. 조심하면서 참소나 간신을 막고, 신중하게 의심과 시기를 꾀하라. 한번 흉한 운이 오면 감옥이나 무덤에 들어가게 된다.

■10월 623

절제하지 못하다 슬퍼지는데 허물할 데가 없다. 누구를 탓하겠는가. 사치와 욕망이 넘치며 떳떳하지 못하다. 소비와 지출이 가볍지 않으니 재물이 손실되고, 사람과 이별한다. 스스로 절제하지 못함을 알고 뉘우친다.

■11월 651

재주도 약하고 응원도 없으니 버려진 샘과 같다. 사람도 먹을 수 없고, 날짐승도 돌아보지 않는다. 관직자는 한직으로 물러나 명예를 구해도 이루지 못한다. 경영하거나 꾀하는 일은 막히는데 운이 흉하면 세상을 버린다. 사물에 미치지 못해 버리는 것이다.

■12월 254

대들보가 튼튼해 아래로 꺾이지 않으니 길하다. 능히 국사를 편안하게 하고 문무를 병용한다. 구관이면 나라의 대들보요, 처음 벼슬해도 중임을 맡는다. 앞으로 나아가 명예를 이루고, 성조나 집을 수리한다. 유약하며 한결같지 않게 일을 하면 간사함에 말려들 수 있다.

화뢰서합괘 2효(火雷噬嗑卦 二爻) ䷔

살을 씹되 코를 없애니 엄하게 다스렸기 때문이다. 형법을 적용할 때 중도를 지키면 죄도 쉽게 복종한다. 인민 때문에 다소 상처를 받고, 고시는 기회가 없다. 진퇴는 어렵고 시비는 요란하다. 혹 남이 모르는 병에 걸리거나 골육이 손상될 수 있다.

■ 정월 333

해는 기우는데 빛이 나니 어찌 오래 가겠는가. 성하면 쇠퇴하고, 시작이 있으면 끝이 있는 법이다. 관직은 재야에 있으니 조심하며 욕을 막아라. 즐거움 속에 슬픔이 있고, 기쁨 속에 수심이 있다. 계속 험난하니 죽고 망할 날이 없다.

■ 2월 436

집은 훌륭해 하늘까지 날 것 같으나 3년이나 사람을 보지 못한다. 스스로 가리고 더럽혔으니 매우 흉하다. 골육이 상잔하니 고향을 떠나 가정을 이루라. 문호가 곤궁하며 소송·감옥·구설이 따른다.

■ 3월 734

꾸밈새가 희며 흰 말이 달리듯 한다. 겉으로는 문채의 꾸밈을 숭상하나 마음은 본질을 숭상한다. 처음에는 막히나 나중에는 순탄하고, 처음에는 잃으나 나중에는 얻는다. 근심 속에 기쁨이 있고, 험난함 속에도 편안함이 있다. 혼인할 운이나 운이 흉하면 상복도 입는다.

■ 4월 771

발에 그치면 허물이 없다. 중정의 도를 잃지 않았다. 정도를 계속 지키면 이롭다. 현 직위를 고쳐야 그 지위도 잃지 않는다. 앞으로 나아가는 일은 어려워지고 정지나 강등이 따른다. 그러나 안정하면서 분수를 지키면 위험해지는 일은 없다.

■ 5월 535

왕이 가정을 이루면 근심하지 않아도 길하다. 지극히 바르고 선하니 근심없이 잘 되어간다. 남편은 내조를 좋아하고, 부인은 법도 있는 가정을 사랑한다. 벼슬길이 매우 순탄하고 명예를 이룬다. 귀인과 교제하며 문전에 화기가 가득하다.

■ 6월 512

계속 회복하며 중도를 지키니 실수가 없다. 스스로 진퇴를 살피면 중도를 잃지 않는다. 계속 이끌어줄 계단이 있고 발탁될 자리가 있다. 동지와 같이 가니 경영하거나 꾀하는 것을 이룬다. 그러나 운이 흉하면 실수를 반복한다.

■ 7월 636

머리까지 빠져 위태로우니 어찌 오래가랴. 물도 성하면 쇠퇴하고, 평화도 다하면 반드시 난리가 있다. 높은 것이 과하면 꺾어지고 물에 빠져 진취할 수 없다. 소인의 감염이나 배를 타다 물에 빠진다. 기제가 미제가 되니 슬프다.

■ 8월 643

안내자 없이 사슴을 쫓다 깊은 숲으로 들어간다. 중정하지 못하니 망동으로 곤란해진다. 탐관오리로 내쫓기거나 정지와 강등될 수 있다. 옛것을 지키면서 안정하라. 구금이나 감옥이 두렵다. 앞길은 험난한데 안내자는 하나도 없다.

■ 9월 671

가면 어려우나 오면 명예가 있으니 마땅히 기다려라. 어려움의 시작이니 나아가면 더욱 어려워진다. 기미를 보고 때를 알아 그치면 칭찬을 듣는다. 때를 기다려 진출하고, 옛것을 지키면서 안정하라. 나아가면 불리하고 망동하면 재난을 당한다.

■ 10월 274

마음이 꾸준하면 후회할 일이 없고 해로움에 감응되지 않는다. 갈팡질팡할 때 벗만은 나의 생각을 따르리라. 사심이 서로 감응하면 광대하지 못하다. 벗과 서로 의지하면 작은 일은 이룰 수 있다. 마음이 다소 편안하나 큰 일은 어그러진다.

■ 11월 652

위로 끌어올릴 수 없으니 구제하는 공이 없다. 물장군이 깨져 물이 새니 사람을 구할 수 없다. 물러난 곳에서 수양하면서 그릇을 감추고 때를 기다려라. 응원이 없으나 조심하면서 지키면 화를 피할 수 있다. 덕은 족하나 힘은 약하니 사물에 미칠 수 없다.

■ 12월 855

바르게 계단 오르듯 하니 큰 뜻을 얻는다. 반드시 시종의 진출을 예의로 한다. 오르는 것이 귀한 바는 유순한 데 있다. 벼슬한 사람은 높이 영전하고, 선비는 높이 천거된다. 꾀하는 것을 이루고 뜻을 얻으니 진출에는 계단이 있다.

연평 343

화뢰서합괘 3효(火雷噬嗑卦 三爻)

질긴 고기를 씹다 독을 만난다. 부당하게 남을 형벌하니 불복한다. 재주가 약하면 잃는 것이 있고, 학식이 얕으면 욕을 본다. 쉬운 일도 주간하기 어려우니 처신이 편안하지 않다. 뱃속에 병이 있거나 놀라거나 험한 일을 당할 수 있다.

■ 정월 744

전도된 기름이나 길하니 위에서 베푸는 것이 빛난다. 호시탐탐하듯 하고 그 욕망 계속되게 하라. 존귀함을 얻어 광영되고, 앞으로 나아가 명예를 이룬다. 좋은 사람의 도움으로 경영하거나 꾀하는 일은 성사된다. 그러나 내쫓기거나 시비를 당할까 두렵다.

■ 2월 781

발부터 상이 떨어져 나가니 바른 것이 소멸되어 흉하다. 정도가 사라지고 사도가 침범한다. 소족 질환이나 노비가 손실된다. 형제가 불목하는데 성조하면 이로워진다. 만약 흉한 운을 만나면 몸을 망치고 가정도 깨진다.

■ 3월 545

은혜하는 마음에 미더움 두면 묻지 않아도 대길하다. 위에서 혜택을 주면 밑에서도 은혜를 베푼다. 관직은 요로에 들어가고, 밝은 군주를 만난다. 앞으로 나아가 명예를 이루고, 경영하는 일은 뜻대로 된다. 비천한 사람이 존귀한 사람을 만나고, 지기도 많이 만난다.

■ 4월 522

그늘 밑에서 학이 우니 그의 자식이 감화한다. 말과 행동은 영화가 되기도 하고 욕이 되기도 한다. 군자의 언행은 천지도 움직인다. 벼슬한 사람은 진급하며 재정 이익도 있다. 아들을 낳고 유리하나 노인은 병에 걸릴까 두렵다.

■ 5월 646

말을 타고 나가지 못하니 피눈물이 흐른다. 어려움의 끝이니 액운이 더욱 심하다. 영화로운 곳에서 욕을 당할 수 있으니 참소와 욕을 조심하라. 손해를 보거나 실패할 운으로 모든 재앙이 다투어 일어난다. 만약 부모의 상을 당하지 않으면 수명이 불리하다.

■ 6월 633

성군이 먼 곳을 토벌해 3년에야 이겨냈다. 지극히 어렵고 노곤하니 소인은 쓰지 말라. 오랜 뒤에 이길 수 있으니 경중이 없으면 불가하다. 진취는 오래되어야 하니 뒤에 이기는 탄식이 있다. 원한분쟁·소송이 따라 피곤해진다.

■ 7월 681

미더움을 갖고 도우니 허물이 있을 수 없다. 내 신용이 높아지면 남들도 감동한다. 둥우리 밖으로까지 영전하고, 등용이나 천거의 영화도 있다. 지기를 만나 모든 계획이 마음대로 된다. 성의로 남을 감동시키면 불선은 없다.

■ 8월 284

자리가 부당하니 많이 선해야 허물이 없다. 모두 좋지 않은데 어찌 대길하겠는가. 고를 버리고 하로 가니 진취가 부당하다. 만약 정직하지 않으면 재화를 면할 수 없다. 큰 덕이 있는 군자라야 바야흐로 복을 받는다.

■ 9월 662

험난함의 연속이나 구하는 것은 다소 얻는다. 재주가 족하여 자위하니 마음은 항상 형통하다. 책임이 작으니 작은 시험은 이롭다. 사람이 출중하지 못하나 경영하는 일은 다소 이룬다. 험난함과 심장·복부·혈액 질환이 따른다.

■ 10월 865

장자가 중도로 군사를 거느린다. 소인이 참여하면 비록 바른 일이라도 흉하다. 언론으로 정치를 잡고, 앞으로 나아가 명예를 이룬다. 전답과 재산이 날로 늘어나고, 육축도 번창한다. 위임할 사람을 얻으면 꾀하는 일을 이루고 뜻도 얻는다.

■ 11월 653

샘이 청결하나 먹지 못하니 내 마음 안타깝다. 왕이 밝으면 길러가게 되고 아울러 복을 받는다. 좋은 기회 만나기 어려우니 조용히 수양하면 좋다. 덕은 족히 사물을 구제할 만하나 하부를 못 떠났다. 안정하고 분수를 지키면 좋은 운을 얻는다.

■ 12월 556

지나치게 겸손하니 강하게 끊는 것도 잃는다. 재물과 도끼도 잃었으니 정도에 흉이 된다. 파직이나 연금되고, 오르는 데 궁하여 손해를 본다. 흉한 가운데 구원이 있고, 끊어진 곳에서도 생을 만난다. 비록 손실과 질병이 있으나 성공의 기쁨도 있다.

연평 344

화뢰서합괘 4효(火雷噬嗑卦 四爻) ䷔

다리에 감응이 있으나 처하지 못한다. 스스로 하지 못하고 남을 따른다. 조용히 있는 것이 좋은데 움직이니 심히 부끄럽다. 모든 일에 부끄러움이 많으며 여자의 결혼만 유리하다. 간여한 일들은 보통을 벗어나기 어렵다.

■ 정월 145
망이 없는 병은 약을 쓰지 않으면 기쁘다. 본래 병이 없는데 어찌 공격해 치료하겠는가. 움직이면 망이요 안정하면 무망이다. 벼슬한 사람은 변이 생기나 변명하지 않아도 자명해진다. 피하는 일은 이루고, 출산과 양육의 기쁨이 있다.

■ 2월 I22
밟는 길이 탄탄하니 중심이 흔들리지 않는다. 마음을 가다듬고 절의를 지키며 안빈낙도한다. 시운이 오지 않으니 관직에서 물러나 귀향한다. 가리고 살피면서 일을 꾀하면 인사가 화해한다. 그러나 흉한 운을 만나면 명부에 이름을 새긴다.

■ 3월 246
붙잡아 매고 연결하라. 망령되지 않은 마음을 끝까지 바꾸지 말라. 이미 천명이 다했는데 관재가 어인 일인고. 벼슬한 사람은 참소를 방지하고, 선비는 욕을 방지하라. 만약 손재가 아니면 관재가 우려된다.

■ 4월 233
비록 바른 길이라도 앞으로 나아가면 흉하다. 이른 개혁은 흉하며 위태롭다. 중론이 세 차례나 나오면 때에 맞는 순리로 행하라. 불화할 운으로 안부가 한결같지 않고, 한번 흉한 운을 만나면 요절한다.

■ 5월 281
성의는 있으나 결과를 맺지 못하니 소란하다. 근심없이 가면 거의 허물은 없다. 벼슬한 사람은 불리하고, 선비는 어려움이 있다. 소인과 결탁하거나 속임수를 당할 운이다. 처음에는 흉하고 나중에는 길하니 경계하는 것이 좋다.

■ 6월 684

밖에서 어진 것은 위를 따르는 것이다. 도리가 좋으니 견실하며 바른 것을 얻는다. 영전하는 영화가 있으니 앞으로 나아가면 이롭다. 나가서 하는 일은 귀인의 도움을 많이 받는다. 행하면 이루지 못할 일이 없고 이롭지 않은 것이 없다.

■ 7월 262

주식이 곤궁하나 중간에 경사와 복이 있다. 나가면 흉한데 누구를 허물하랴. 곤궁해도 도를 행하는 것은 대신의 영명한 재주다. 귀인과 교류하며 경영하거나 꾀하는 일로 이익을 얻는다. 안정하면 길하나 움직이면 흉하고, 운이 흉하면 상을 당할 수도 있다.

■ 8월 465

군자가 해산하면 소인이 물러난다. 험난함이 흩어지니 길하며 선하다. 군자가 자진하게 되면 정도를 행한다. 선비는 명예를 얻고, 상인은 이익을 얻는다. 소송은 풀어지고, 병자는 쾌유된다.

■ 9월 253

대들보 위아래가 약하니 도와줄 수 없다. 못된 재주로 망동하니 일만 망친다. 도리도 지나치면 이롭지 않다. 운수가 대흉하니 전복을 예방하라. 만약 그렇지 않으면 눈이나 발에 병이 침범한다.

■ 10월 156

뿔 위에서 만나니 부끄러울 일이 많다. 불운에 일이 생기고, 슬픈 회포 속에 정이 피어난다. 고단한 몸을 의지할 데가 한군데도 없구나. 선비는 장원하고, 승려나 도인은 주지가 된다. 인심은 흩어지고 경영하거나 꾀하는 일은 고생만 따를 뿐이다.

■ 11월 654

재주를 넓게 베풀지 못하나 스스로 지키면 가하다. 일을 고치고 다스리면 폐지까지는 이르지 않는다. 이익과 선을 조목조목 펼치면서 정치를 고치고 일에 응한다. 경전을 궁리하며 옛것을 배워 쓰일 때를 기다린다. 밭을 갈고 샘을 파며 집을 짓고 수축한다.

■ 12월 611

교외에서 기다리며 어려움을 범하지 않는다. 조급하게 움직이면 곤란해진다. 현재의 직분을 조심스럽게 지키나 만족하지 못한다. 옛것을 지키면서 안정하면 재해가 범하지 않는다. 운수가 불리하면 교외에 장사지내는 수도 있다.

연평 345

화뢰서합괘 5효(火雷噬嗑卦 五爻) ䷔

마른 고기를 씹다 황금을 얻는다. 항상 위태로움과 두려움을 알면 원한과 허물은 자연히 사라진다. 법으로 간신을 제거하며 명예를 이룬다. 병자는 편안해지고 원망도 사라진다. 손으로 천금을 희롱하니 의식이 풍족하다.

■ 정월 446
벼락이 두려워 눈도 휘둥그레진다. 중도를 얻지 못했으니 나가면 흉하다. 두려워하며 반성하면 결혼은 말이 있다. 벼슬한 사람은 귀양이나 감봉이 따르고, 선비는 정지나 강등을 조심하라. 부부 간의 형극이나 조난이 있을까 두렵다.

■ 2월 433
장막이 많으니 대낮에도 작은 별을 본다. 오른팔을 끊으면 허물은 없을 것이다. 윗사람의 응원은 전혀 없으니 큰 일은 불가하다. 휴직하는 것이 유리하며 진취 또한 어렵다. 경영하거나 꾀하는 일도 이루지 못하고, 수족에 액이 따른다.

■ 3월 481
때를 만나 일을 주간하니 즐겁고, 뜻은 극도에 다달아 소리까지 낸다. 경솔함과 천박함이 이와 같으면 어찌 흉하지 않으리. 은총을 기다려야 되고, 선비는 사람을 놀라게 한다. 보통 사람은 놀람·구설·시비가 따른다.

■ 4월 884
주머니를 묶는 것처럼 하면 허물이 없고, 조심하면 해롭지 않다. 상하가 막히고 끊겼으니 자처하라. 승진이나 영전은 어려우니 현직에서 조심하라. 진취하기 어렵고, 경영이나 꾀하는 일도 막힌다. 조심하며 견고해야 뜻밖의 화를 면할 수 있다.

■ 5월 462
사냥하여 여우 셋과 누런 화살을 얻는다. 간사함과 아첨이 난무하나 정직함으로 제거한다. 영전·천거·발탁될 운이다. 세 번 꾀하여 세 번 이루며 전답과 재산도 늘어난다. 만약 전쟁이나 사냥을 하면 이익이 작지 않을 것이다.

■ 6월 265

코 베이고 발 잘리니 뜻을 얻지 못한다. 강하려다 약해지고, 이익을 구하다 손해를 본다. 진취하며 경영하는 일은 처음에는 힘드나 나중에는 순탄하다. 타고난 영명한 성품으로 모두 좋게 만든다. 그러나 운이 불길하면 소송·형벌·초상제사가 따른다.

■ 7월 453

덕은 영원하지 않으니 혹 부끄러운 일이 생긴다. 바르고 견고해도 부끄러움이 생기는데 용납하는 곳이 없다. 꽃가지에 서리가 무겁게 내리니 꽃필 날을 기약할 수 없다. 감봉되도록 간함을 받고, 덕이 손상되어 훼방을 받는다. 분쟁·소송·훼손·욕을 조심하라.

■ 8월 356

옥으로 솥의 귀를 만드니 강유가 중절하다. 매우 길하니 이롭지 않은 것이 없다. 구만리 하늘은 끝이 없으나 평온하게 청운에 오른다. 왕실의 요직에 올라 큰 경륜을 펼친다. 경영하거나 꾀하는 일은 편안하게 이룬다.

■ 9월 854

왕이 기산에 형통하니 길하다. 위로는 천자에게 순응하고, 아래로는 어진 사람에게 순응한다. 높은 지위에 오르고, 선비는 명예를 이룬다. 산천의 이익과 산수의 즐거움이 있다. 승려는 제사 흠향하나 운이 흉하면 산으로 돌아간다.

■ 10월 811

군자는 진출하면 벗들과 함께한다. 군사가 지위를 얻으면 어진 사람들이 조정으로 모인다. 동지가 협력하여 통태함을 이룬다. 같은 도학으로 덕을 숭상하니 비등하는 날이 있다. 동지와 함께 꾀하니 재물과 이익이 날로 늘어난다.

■ 11월 655

샘도 깨끗한 물이 차 있다. 공은 사물에까지 미친다. 재주와 덕은 모두 선하며 아름답다. 덕과 지위 모두 좋으니 임금의 총애를 받는다. 명예와 이익이 모두 있으니 등용이나 천거된다. 경영하거나 꾀하는 일은 반드시 이루고 복과 이익을 얻는다.

■ 12월 672

임금의 신하가 어렵고 험난하나 자신의 잘못은 아니다. 뜻은 임금을 주제하는데 있으니 결국은 허물이 없다. 충정한 절의를 본받아 나라를 편안하게 한다. 만나는 것은 때가 아니고, 어려움을 건너고 험난함을 지난다. 경영하는 일이 막히고, 혹 몸도 보전하기 어렵다.

화뢰서합괘 상효(火雷噬嗑卦 上爻)

형틀을 지고 귀를 없애니 총명하지 못하다. 쌓인 죄악은 가릴 수 없고, 큰 죄는 풀어버릴 수 없다. 가벼운 배가 큰 파도를 만났으니 앞길이 힘들다. 만약 싸움이나 소송이 없으면 귀와 눈이 밝지 못하고, 흉한 운을 만나면 몸이 상하고 죽음에 이른다.

■ 정월 381
진출하거나 좌절하더라도 홀로 정도를 행한다. 미덥지 않더라도 너그러우면 허물은 없다. 간사한 이론에 막혀 앞으로 나아가기 어렵다. 피차 믿지 않으니 근심과 즐거움이 반반이다. 안정하면 길하나 움직이면 흉하다.

■ 2월 784
절박한 재난을 만나 살까지 떨어져 나간 상이다. 장차 몸을 망치니 매우 흉하다. 아첨과 간신을 막지 않으면 기회를 만나기도 어렵다. 거듭 형극이 와 위험과 험난함에 빠진다. 뜻밖의 재난을 만나는데 그 흉함은 말로 다 표현할 수가 없다.

■ 3월 362
수레바퀴를 끌면 견실하고 바르게 되어 길하다. 어려운 임금의 도에 힘입을 곳은 재주있는 신하다. 어려운 직분을 잘 이겨내면 총애와 신임이 전일하다. 전진이 불리하니 안정하고 분수를 지켜라. 꾀하고 바라는 일은 가하나 망령되게 행동하면 곤궁해진다.

■ 4월 165
송사에 매우 길하니 허물이 없다. 소송을 처리하는 데 치우치지 않고 합리적인 판단을 내린다. 벼슬한 사람은 좋은 곳에 제수받고, 선비는 과거에 오른다. 경영하거나 꾀하는 일은 유리하고, 재물을 구하면 반드시 얻는다. 언사가 유리하며 사필귀정이 된다.

■ 5월 353
솥귀를 바꾸니 의리를 잃고, 행동이 비색하니 소임을 얻지 못한다. 물건이 있어도 먹지 못하고, 말이 있어도 타기 어렵다. 경영하거나 꾀하는 일은 처음은 없고 끝만 있다. 늙은이는 복을 받으나 어린아이는 작게 얻는다.

■ 6월 456

빨리 움직인 항구인데 위에 있으니 큰 공이 없다. 자꾸 조급하게 움직이면 오히려 흉을 당한다. 많이 노력하나 안정되는 일은 적고, 명예와 이익을 구하나 이루는 것은 작다. 여자의 운이 이와 같으면 남편과 자식이 불리하다.

■ 7월 754

더디게 처사하니 매일 더 어그러진다. 가면 부끄러움을 보게 되니 어찌 일을 구제하랴. 안일무사하면 좋은 곳이라도 흉으로 내닫는다. 방종한 욕망으로 안일을 도모하면 일마다 손해를 본다. 발에 병이 생기거나 험난함에 빠질까 두렵다.

■ 8월 711

위태로우면 하지 않는 것이 이롭다. 재해를 범하지 않으나 나가면 위태롭고 그치면 쌓인다. 기미를 알고 물러서면 해로움은 멀어진다. 벼슬한 사람은 직위를 버리는 것이 좋고, 선비는 때를 기다리는 것이 좋다. 변이 생기면 재난을 당하는데 옛것을 지켜야 좋다.

■ 9월 555

올바르면 후회할 일이 없으니 이롭지 않은 것이 없다. 움직이기 전에 신중하게 생각하라. 처음에는 막혀도 나중에는 순탄하고, 선비는 명예를 이룬다. 있는 자리가 중정하니 처음은 없어도 끝은 있다. 복과 이익을 얻는 시기는 3일이다.

■ 10월 572

기러기가 반석으로 날아가니 음식에 즐거움이 있다. 험난함에서 점점 멀어져 평안해진다. 녹을 먹고 제주를 담당하거나 군신의 잔치에 간다. 금은·곡식·고기도 많고 이롭지 않은 일이 없다. 가는 곳마다 반석처럼 편안하다.

■ 11월 656

샘물을 길어올리고 미쁨이 있으니 매우 길하다. 매우 길하여 위에 있으니 대성공이다. 공이 높고 덕이 두터우니 높이 영전할 상이다. 도덕을 모두 갖추어 명예를 이룰 운이다. 재량이 충족하며 꾀하는 일은 모두 이룬다.

■ 12월 663

오고감이 험하며 위험하니 공이 없다. 험난함에 빠져 침식이 편안하지 못하다. 만약 진입하면 더 험난해진다. 몸이 구덩이에 있는데 물까지 깊다. 배를 타면 물이 깊고, 육지로 달리면 뻘밭이어라.

연평 351

화풍정괘 초효(火風鼎卦 初爻) ䷱

솥발이 자빠진 것처럼 나쁘니 더러움을 내보내야 이롭다. 만약 어진 첩을 얻으면 그 아들에게는 허물이 없다. 악은 버리고 좋은 것만 받으니 귀인을 따른다. 남의 덕으로 성사되고, 첩과 자식을 얻는다. 근심은 흩어지고 기쁨이 생기며, 천민은 귀하게 된다.

■ 정월 372
나그네는 여관으로 가고, 재물도 품에 지닌다. 시종이 착하니 끝내 과실이 없다. 유순하고 중정하니 마음이 내외를 얻는다. 적극적으로 나아가 명예를 이루거나 성조나 집을 수리한다. 다른 군에서 일을 꾀하고, 식구가 늘거나 좋은 부하를 얻을 수 있다.

■ 2월 175
물러나 숨는 것이 좋은데 바르고 견실하면 길하다. 뜻에 사나 흐트러짐이 없으니 움직이고 쉬는 데 어김이 없다. 꽃 선경에 피고 꽃방석에 불을 끈다. 등용되거나 영전할 운으로 반드시 좋은 기회가 온다. 몸은 존귀한 사람과 가까이 하며 경사가 생길 수 있다.

■ 3월 383
여러 사람이 미더워하니 위에 올라 행한다. 대중이 믿고 따르니 어찌 불리하겠는가. 관직자는 승진이나 영전하고, 선비는 천거된다. 벗을 얻어 함께 일하니 경영하거나 꾀하는 일을 이룬다. 먼저 도적을 막고, 뒤로는 사람의 도주를 예방하라.

■ 4월 486
즐거움에 어두워 성취하기는 하나 변하면 허물이 없다. 끝없는 욕망을 따르면 죽는다. 탐관오리가 되어 귀양가기 쉽고 어두워 차질이나 잘못이 있다. 교만하면 분쟁·소송·재난이 따르나 개과천선하면 허물을 면할 수 있다.

■ 5월 784
절박한 재난을 만나 살까지 떨어져 나간 상이다. 장차 몸을 망치니 매우 흉하다. 아첨과 간신을 막지 않으면 기회를 만나기도 어렵다. 거듭 형극이 와 위험과 험난함에 빠진다. 뜻밖의 재난을 만나는데 그 흉함은 말로 다 표현할 수가 없다.

▪ 6월   741

스스로 지키지 못하는데 마음은 이미 동했다. 욕망에 미혹되어 자신을 잃으니 매우 흉하다. 염치를 버리고 함부로 음탕하게 굴면 꾸지람을 듣는다. 거역하며 재물을 다투지 말고 정도를 지켜야 면할 수 있다. 선비는 적극적으로 나아가면 먹을 것을 얻는다.

▪ 7월   585

자신의 득실을 보아 인민의 좋고 나쁨을 살펴라. 태평과 난국이 나에게 달려있다. 벼슬과 녹은 숭고하고, 문장은 세상을 덮는다. 생활은 날로 좋아지고, 부인은 생산과 양육이 있다. 병에 시달리는 사람이라도 생명은 보전한다.

▪ 8월   562

흩어질 때 편안함에 의지하면 후회할 일이 없고 소원을 이룬다. 안에서 중도를 지키면 편안하다. 중요한 권세를 잡고 작전계획을 세운다. 선비는 명예를 얻고, 보통 사람은 가정을 이룬다. 그러나 흉한 운을 만나면 분주하며 실물한다.

▪ 9월   686

친하게 지내며 돕는데 머리가 없으니 끝도 없다. 버리는 시기이니 반드시 흉하다. 대중이 도와주지 않으니 처세가 위험하고, 위에서도 도와주지 않으니 명예를 얻기 어렵다. 형극과 재앙으로 인정이 흩어질 것이다.

▪ 10월   673

가면 어렵고 오면 돌아오니 안에서 기뻐한다. 위로 가면 어려우니 험난함을 보면 그쳐라. 돌아서서 밑으로 오면 편안하리라. 앞으로 나아가면 명예를 이룬다. 처자의 기쁨이 있으나 운이 흉하면 형극도 따른다.

▪ 11월   641

급하게 하면 어려움에 처하니 바르고 견고하게 행하라. 귀한 몸이 천한 자에게 이르니 큰 민심을 얻는다. 관직자는 매우 발전하고, 선비는 밝음을 세운다. 분수를 지키면서 신중하라. 여자는 어질고 선하며 집안도 일어나고 좋은 남편을 만난다.

▪ 12월   244

따르는 곳에서 얻으려고 하면 비록 정당해도 흉하다. 성의를 다해 도에 맞게 하고, 명철하게 처신하라. 한번 탐욕을 부리면 재난을 면하기 어렵다. 그러나 귀인이 추대하면 흉이 길하게 된다. 사람은 누구든 나에게 유리하다.

화풍정괘 2효(火風鼎卦 二爻) ䷱

솥이 차 있으니 갈 곳을 조심하라. 도를 지키지 않으면 의리가 상한다. 정도와 공평을 받들고 참소와 간신을 조심하라. 이익과 수확이 있으나 외부의 잡음을 조심하라. 아랫사람이 침범하거나 작은 병에 걸릴 수 있다.

■ 정월 363
앞으로 나아가면 흉하나 큰 내를 건너면 이롭다. 험난함에서 나오기 어렵고, 육지로 가는 것도 불리하다. 간다고 좋을 수는 없으나 남의 덕으로 성사된다. 재주와 힘이 부족하니 좌절과 억제될 수밖에 없다. 내를 건너고 험난을 지나 상업을 하면 유리하다.

■ 2월 466
높은 담장에서 매새를 쏘아 얻으며 모두 이롭다. 몸에 감춘 그릇이 성취된 뒤 움직인다. 움직이는 데 막힘이 없으니 어찌 불리함이 있겠는가. 병사로서 공을 세우며 추천도 받는다. 문과 담장을 쌓고 꾀하는 일은 이익을 얻는다.

■ 3월 764
어리석으며 곤궁하니 부끄럽고 실재와 거리가 멀다. 스승과 친하지 않고 어진 벗도 얻지 못한다. 관직자는 끌어주거나 구원이 없으니 앞으로 나아가기도 어렵다. 인정은 어그러지고 경영은 막힌다. 조용히 있으면 재난이 없으나 움직이면 손해를 본다.

■ 4월 721
마치는 일은 속히 가라. 가상함이 합했기 때문이다. 아래를 덜어 위를 유익하게 하고, 자신을 덜어 윗사람을 받든다. 가정보다 나라를 더 생각하면 임금의 총애는 날로 늘어난다. 윗사람과 뜻이 합하니 반드시 우수하게 뽑힌다. 회계가 윤당하면 이롭고 모두 얻을 수 있다.

■ 5월 565
흩어짐에 왕이 큰 호령을 한다. 백성을 새롭게 하는 것은 흩어짐을 구하는 큰 정사다. 승진이나 영전할 운이니 앞으로 나아가면 좋다. 흉한 일이 흩어지니 이익을 구하면 이루어진다. 흩어지는 것을 합하게 한다.

■6월 582

여인의 정절을 몰래 훔쳐보니 추하다. 보는 것이 밝지 못하니 순종할 따름이다. 재주는 있으나 미치지 못해 문리에 통달하지 못한다. 집에 있으면 어두우나 밖으로 나가면 밝아진다. 여인 때문에 추한 일이 생기고, 여자는 기쁘나 남자는 슬프다.

■7월 666

두겹 세겹 노끈으로 묶어 가시밭에 감춘다. 험난함이 더욱 깊어져 3년이나 도를 잃는다. 결박당해 안치되며 선비는 무더기로 감옥에 간다. 묶여 감옥에 가니 재해가 끊이지 않는다. 그렇지 않으면 골육의 형상이 있다.

■8월 653

샘이 청결하나 먹지 못하니 내 마음 안타깝다. 왕이 밝으면 길러가게 되고 아울러 복을 받는다. 좋은 기회 만나기 어려우니 조용히 수양하면 좋다. 덕은 족히 사물을 구제할 만하나 하부를 못 떠났다. 안정하고 분수를 지키면 좋은 운을 얻는다.

■9월 621

호정에도 나가지 말라. 먼저 동태하고 막힘을 알아야 한다. 임금이 조심하지 않으면 어진 신하를 잃는다. 사소한 일도 조심하지 않으면 재해가 생긴다. 옮겨가지 못할 운으로 진취가 불리하다. 구덩이에 빠질 징조이니 옛것을 지켜야 한다.

■10월 224

즐거움을 헤아려 보고 안녕하지 못하니 한계를 두고 병을 삼는 것이 좋다. 정을 지키고 사를 멀리하면 반드시 경사가 생긴다. 선비는 선출되고, 상인은 이익을 얻는다. 식구가 늘거나 재물이 생기는 기쁜 일이 한 번 있다. 병자는 편하지 못하니 심지가 안녕하지 못하다.

■11월 642

막히고 어려우니 말을 타고 나가지 못하고 머뭇거린다. 운이 흉하고 이치가 다했으니 망령되게 구하는 자도 갔다. 신분과 직위를 고쳐 권세가 날로 심하다. 선비는 나아가기 어렵고 혼인할 운이다. 운이 흉하면 난리·소송 구속연금이 따른다.

■12월 845

회복이 두터우니 후회할 일이 없고, 중도를 지켜 스스로 이룬다. 선한 마음이 싹트면 덕을 쌓게 된다. 영전·이동·등용·천거의 운이다. 재물과 이익이 쌓이는데 이익은 전토에 있다. 복제를 막지 못하면 아버지가 불리하다.

화풍정괘 3효(火風鼎卦 三爻) ䷰

솥귀를 바꾸니 의리를 잃고, 행동이 비색하니 소임을 얻지 못한다. 물건이 있어도 먹지 못하고, 말이 있어도 타기 어렵다. 경영하거나 꾀하는 일은 처음은 없고 끝만 있다. 늙은이는 복을 받으나 어린아이는 작게 얻는다.

■ 정월 754
더디게 처사하니 매일 더 어그러진다. 가면 부끄러움을 보게 되니 어찌 일을 구제하랴. 안일무사하면 좋은 곳이라도 흉으로 내닫는다. 방종한 욕망으로 안일을 도모하면 일마다 손해를 본다. 발에 병이 생기거나 험난함에 빠질까 두렵다.

■ 2월 711
위태로우면 하지 않는 것이 이롭다. 재해를 범하지 않으나 나가면 위태롭고 그치면 쌓인다. 기미를 알고 물러서면 해로움은 멀어진다. 벼슬한 사람은 직위를 버리는 것이 좋고, 선비는 때를 기다리는 것이 좋다. 변이 생기면 재난을 당하는데 옛것을 지켜야 좋다.

■ 3월 555
올바르면 후회할 일이 없으니 이롭지 않은 것이 없다. 움직이기 전에 신중하게 생각하라. 처음에는 막혀도 나중에는 순탄하고, 선비는 명예를 이룬다. 있는 자리가 중정하니 처음은 없어도 끝은 있다. 복과 이익을 얻는 시기는 3일이다.

■ 4월 572
기러기가 반석으로 날아가니 음식에 즐거움이 있다. 험난함에서 점점 멀어져 평안해진다. 녹을 먹고 제주를 담당하거나 군신의 잔치에 간다. 금은·곡식·고기도 많고 이롭지 않은 일이 없다. 가는 곳마다 반석처럼 편안하다.

■ 5월 656
샘물을 길어올리고 미쁨이 있으니 매우 길하다. 매우 길하여 위에 있으니 대성공이다. 공이 높고 덕이 두터우니 높이 영전할 상이다. 도덕을 모두 갖추어 명예를 이룰 운이다. 재량이 충족하며 꾀하는 일은 모두 이룬다.

■ 6월 663

오고감이 험하며 위험하니 공이 없다. 험난함에 빠져 침식이 편안하지 못하다. 만약 진입하면 더 험난해진다. 몸이 구덩이에 있는데 물까지 깊다. 배를 타면 물이 깊고, 육지로 달리면 뻘밭이어라.

■ 7월 611

교외에서 기다리며 어려움을 범하지 않는다. 조급하게 움직이면 곤란해진다. 현재의 직분을 조심스럽게 지키나 만족하지 못한다. 옛것을 지키면서 안정하면 재해가 범하지 않는다. 운수가 불리하면 교외에 장사지내는 수도 있다.

■ 8월 214

엉덩이에 살이 없으니 걷기가 거북하다. 말을 듣고도 믿지 못하는 것은 총명하지 못해서다. 처한 자리가 부당하니 그 해가 적지 않고, 재주와 힘이 모자라니 앞으로 나아가기 어렵다. 관재와 귀·발등에 병이 따를 운이다.

■ 9월 632

부인이 수레에 가린 물건을 잃었으나 쫓아가지 않으면 길하다. 시기가 이미 기제니 다시 나갈 수 없다. 예의 없는 구차한 행동을 하지 말라. 처음에는 역수이나 나중에는 순수이고, 처음에는 잃으나 나중에는 얻는다. 그러나 운이 흉하면 상실이나 도망이 따른다.

■ 10월 835

기자의 밝음이 상했으나 밝은 것이 꺼지지는 않는다. 밝음을 안으로 감추고 올바름을 지킨다. 검소한 덕으로 피난하나 지기는 만나기 어렵다. 가정의 어려움으로 반드시 화를 당한다. 분수를 지키면서 뜻을 바르게 가져야 한다.

■ 11월 643

안내자 없이 사슴을 쫓다 깊은 숲으로 들어간다. 중정하지 못하니 망동으로 곤란해진다. 탐관오리로 내쫓기거나 정지와 강등될 수 있다. 옛것을 지키면서 안정하라. 구금이나 감옥이 두렵다. 앞길은 험난한데 안내자는 하나도 없다.

■ 12월 546

밖에서 치우친 말이 들리니 마음을 세우는 데 떳떳하지 못하다. 위태로울 때 움직이고 두려울 때 말하면 백성도 호응하지 않는다. 소통 없이 구하면 백성도 주지 않는다. 탐을 내다 귀양가고, 경쟁하며 뺏으려다 욕을 본다. 이익만 취하면 원한·형극손상이 따른다.

연평 354

화풍정괘 4효(火風鼎卦 四爻) ䷱

솥발이 부러져 공석에서 쓸 곰국이 엎어졌다. 덕은 박한데 지위는 높고, 지혜는 적은데 꾀하는 일은 크다. 벼슬한 사람은 내쫓기거나 강등당하고, 선비는 발전하기 어렵다. 만약 파손되지 않으면 발에 병이 생긴다. 불길한 운을 만나 수명이 꺾일까 두렵다.

■ 정월 155
참외를 넓은 잎에 싸니 아름다움이 함축된다. 하늘의 도움을 받고 천명을 어기지 않는다. 큰 그릇을 이루어 반드시 공명이 통달한다. 몸이 임금 곁에 올라 무궁한 영화를 누린다. 문전에 경사가 가득하며 부인도 임신한다.

■ 2월 172
황소가죽으로 묶어두는 것은 뜻이 견고하기 때문이다. 궁과 통달은 이미 정해져 있으니 앞일을 말하지 말라. 관직은 언론이 유리한데 항상 본분을 지켜라. 육축이 유리하다. 그러나 흉한 운이 오면 집안에 소송이 생긴다.

■ 3월 256
물을 건너다 이마까지 잠겨 흉하나 허물은 없다. 사세가 급박하면 목숨도 던지고 좋은 일을 한다. 험난한데 미친듯이 날뛰면 재앙만 따른다. 머리는 병들며 이마는 쭈그러들고, 물에 빠질까 두렵다. 선비는 앞으로 나아가면 괴수가 될 수도 있다.

■ 4월 263
돌에 부딪쳐 곤궁한데 가시덩쿨에 걸린다. 그 집에 들어가도 그 아내를 보지 못한다. 이미 욕되고 부끄러운데 죽을 때가 된다. 불상의 운으로 가정이 어지럽고, 운이 불길하면 처첩의 변이 있다.

■ 5월 211
앞발이 건장하니 승산이 없는 데를 간다. 조급하고 망령되게 움직이면 허물을 면할 수 없으니 사세를 살펴 결행해야 한다. 부끄러운 과실이 많고, 가정에 재앙과 환란이 가득하다. 망령되게 행동하면 환란을 면하기 어렵다.

■ 6월 614

이미 험난함에 상했으니 편한 곳이 못된다. 조용히 때를 기다리면 험난함에서 빠져나올 수 있다. 나아가면 편안하지 않으나 물러서면 문득 편안해진다. 상해가 평평해지며 오래 막힌 것이 펴진다. 운이 흉하면 혈액질환이 따르는데 산아의 근심도 있다.

■ 7월 232

신중하게 개혁하고 아름답게 실행한다. 유순하며 중정하니 망동하지 않는다. 앞길에 막힘이 없으니 경사를 누리리라. 벼슬한 사람은 영전하고, 선비는 명예를 이룬다. 보통 사람은 기쁨이 많고 모든 일이 잘 된다.

■ 8월 435

밝음이 이르니 경사와 명예가 따른다. 비록 본성이 유순하며 어두우나 능히 문명을 이룬다. 집안이 향기롭고 월계관을 쓰리라. 좋은 사람과 교류하며 천거를 받아 바라는 일이 뜻대로 된다. 노인은 관대를 입는 영화를 보리다.

■ 9월 243

장부에 매이고 어린아이를 잃게 된다. 도를 굽히고 간사하면 소인이 따른다. 정도를 따르면 구하는 것을 반드시 얻는다. 의로운 길로 가면 경영하거나 꾀하는 일도 충분히 얻는다. 그러나 어린아이와 여자는 흉하다.

■ 10월 146

처신에 희망이 없으니 행하면 재앙이 따른다. 순리를 따르면 편안하나 일을 시작하면 화가 된다. 강등·퇴출·직위 이탈·치욕을 면하기 어렵다. 일을 분명하게 하지 않으면 시비가 생기고, 운이 불길하면 천명을 지키기 어렵다.

■ 11월 644

말을 타고 진출하지 못하니 혼인을 구하라. 가면 벗을 얻고 이롭지 않은 것이 없다. 만약 어진 사람을 만나면 어려움에서도 벗어날 수 있다. 관록이 좋고 명예가 드러나니 자연히 좋은 자리에 오른다. 인정이 화합하고 모든 일을 다 이룬다.

■ 12월 681

미더움을 갖고 도우니 허물이 있을 수 없다. 내 신용이 높아지면 남들도 감동한다. 둥우리 밖으로까지 영전하고, 등용이나 천거의 영화도 있다. 지기를 만나 모든 계획이 마음대로 된다. 성의로 남을 감동시키면 불선은 없다.

화풍정괘 5효(火風鼎卦 五爻) ☲

누런 귀에 금으로 된 솥이니 아름답다. 문명하고 중정을 얻었으니 상응이 매우 좋다. 화공의 묘한 조화로 꽃들이 일신한다. 반드시 꾀꼬리가 깊숙한 골짜기에서 나와 높은 나무로 옮겨간다. 상업이나 농업은 이롭고, 승려는 주지가 된다.

■ 정월 456
빨리 움직인 항구인데 위에 있으니 큰 공이 없다. 자꾸 조급하게 움직이면 흉을 당한다. 노력은 많이 하나 안정됨은 적다. 명예와 이익을 구하지만 작은 것만 이루어진다. 여자의 운이 이와 같으면 남편과 자식이 불리하다.

■ 2월 463
짊어질 것이 탔으니 추하다. 내가 도적을 불렀으니 누구를 탓하겠는가. 허술하게 관리하면 훔쳐가라는 것이고, 얼굴을 꾸미면 음탕한 짓을 하라는 것이다. 벼슬한 사람은 퇴출되고, 선비는 귀양이나 강등을 당한다. 도적을 당할 운이며 소송이나 시비가 따른다.

■ 3월 411
발이 건장하니 나가면 흉할 뿐이다. 밑에 있으면서 윗사람을 능멸하니 반드시 흉하다. 욕을 당하며 참소나 이간이 있고, 요행을 바라면 부끄러운 일만 생긴다. 움직일 때마다 후회하고, 시비·투쟁·소송이 따른다. 발에 병이 침범할 수 있으니 예방하라.

■ 4월 814
겸허한데 부자가 되지 않으니 성의가 상합한다. 중도를 지키고 뜻이 같으면 소원도 이룬다. 관직자는 물러나게 되며 꾀하는 일은 이루기 어렵다. 경영하거나 꾀하는 일은 이익이 없고, 잡음과 훼방이 따른다. 멈추면 재앙이 사라지고, 운이 좋으면 멀리 유람한다.

■ 5월 432
차양이 많아 대낮에도 두성을 본다. 가면 의심병이 생기나 지성을 두면 길하다. 밝음과 움직임이 서로 도와 풍성해진다. 처음에는 잃으나 나중에는 얻고, 오래 침체된 후 발전한다. 오래 곤궁하다 재물이 생기나 근심이나 슬픔이 생길까 두렵다.

■ 6월 235

대인은 범으로 변하며 그 문채가 빛난다. 개혁이 지당하면 모든 사람이 신뢰한다. 벼슬한 사람은 높이 영전하고, 선비는 높이 천거된다. 변통하는 일은 먼저 그 아름다움이 나타난다. 그러나 천민이나 여자는 이런 기쁨을 감당하기 어렵다.

■ 7월 443

벼락이 쳐 기운이 까무러치나 두려움을 알면 재앙은 없다. 부정한 마음을 버리고 정당한 곳으로 가라. 차를 타고 천리라도 가고 싶지만 걷기도 어렵다. 근심과 두려움 때문에 정신과 혼이 나간다. 그러나 조심하고 신중하면 흉을 면할 수 있다.

■ 8월 346

형틀을 지고 귀를 없애니 총명하지 못하다. 쌓인 죄악은 가릴 수 없고, 큰 죄는 풀어버릴 수 없다. 가벼운 배가 큰 파도를 만났으니 앞길이 힘들다. 만약 싸움이나 소송이 없으면 귀와 눈이 밝지 못하고, 흉한 운을 만나면 몸이 상하고 죽음에 이른다.

■ 9월 844

도를 따르면 중간에 홀로 회복할 수 있다. 대중과 함께 행해도 혼자 선을 따른다. 인과 의를 바르게 하면서 이익은 꾀하지 않는다. 관직은 복직되고, 선비는 명예가 드러난다. 도를 따라 행하면 이익과 복을 받는다.

■ 10월 881

서리를 밟으면 두터운 얼음이니 음이 비로소 응고됨이다. 선을 쌓은 집에는 반드시 남은 경사가 있고, 불선을 쌓은 집에는 반드시 남은 재앙이 있다. 관직자는 참소나 아첨을 조심하고, 선비는 투기를 조심하라. 원수와 원한을 조심하지 않으면 재난을 당한다.

■ 11월 645

혜택을 받기 어려우니 베풀어도 빛이 나지 않는다. 작게 올바르면 길하나 크게 올바르면 흉하다. 위엄과 권세가 떠났으니 큰 일은 하기 어렵다. 망동하면 흉하니 시작한 일들은 불리하다. 이미 때를 잃었으니 무리해도 안 된다.

■ 12월 622

안뜰에도 나오지 못하고 시기를 잃는다. 사물이 끊기고 스스로 폐지하니 덕과 때를 잃는다. 시기를 잃고 액을 얻으니 발전하기 어렵다. 불통되어 화를 취하고, 간여할 곳에 간여하지 못한다. 움직이면 좋으나 가만히 있으면 좋지 않다.

연평 356

화풍정괘 상효(火風鼎卦 上爻) ䷱

옥으로 솥의 귀를 만드니 강유가 중절하다. 매우 길하니 이롭지 않은 것이 없다. 구만리 하늘은 끝이 없으나 평온하게 청운에 오른다. 왕실의 요직에 올라 큰 경륜을 펼친다. 경영하거나 꾀하는 일은 편안하게 이룬다.

▪ 정월 311
해로운데 사귀지 않으면 교만이 넘칠 수 없다. 어렵게 노력하면 허물이 없으니 해로운 곳을 지날 일도 없다. 선비는 앞으로 나아가지 못하고 꺾인다. 마음에는 근심과 번뇌가 있고, 소인이 속이며 능멸한다. 항상 어려움을 생각하면 재해가 침범하지 않는다.

▪ 2월 714
어린 소로 대지르지 못하게 함이니 매우 길하며 기쁨이 있다. 피어나기 전에 금지시키면 크게 착하고 길하다. 벼슬한 사람은 승진하고, 진취하면 장원한다. 보통 사람은 기쁨이 있고 소나 재물이 늘어난다. 먼저 실패의 원인을 제거하면 이롭지 않은 것이 없다.

▪ 3월 332
높게 부딪쳐 빛나니 매우 길하고, 중도를 얻어 사방이 빛나니 매우 길하다. 만사가 이미 정해져 있으니 어찌 근심이 있겠는가. 현명한 군주를 만나 나라의 큰 그릇이 된다. 과거에 급제하며 반드시 이익이 생긴다.

▪ 4월 135
처음에는 우나 나중에는 웃고, 처음에는 어그러지나 나중에는 합한다. 두 사람이 같은 마음으로 황금을 나눈다. 먼저는 귀양을 가나 뒤에는 재기하고, 먼저는 막히나 뒤에는 만난다. 곧고 바르게 행하면 여럿이 돕는다. 기쁨과 슬픔이 교차하며 시비가 한결같지 않다.

▪ 5월 343
질긴 고기를 씹다 독을 만난다. 부당하게 남을 형벌하니 불복한다. 재주가 약하면 잃는 것이 있고, 학식이 얕으면 욕을 본다. 쉬운 일도 주간하기 어려우니 처신이 편안하지 않다. 뱃속에 병이 있거나 놀라거나 험한 일을 당할 수 있다.

■ 6월 446

벼락이 두려워 눈도 휘둥그레진다. 중도를 얻지 못했으니 나가면 흉하다. 두려워하며 반성하면 결혼은 말이 있다. 벼슬한 사람은 귀양이나 감봉이 따르고, 선비는 정지나 강등을 조심하라. 부부 간의 형극이나 조난이 있을까 두렵다.

■ 7월 744

전도된 기름이나 길하니 위에서 베푸는 것이 빛난다. 호시탐탐하듯 하고 그 욕망 계속되게 하라. 존귀함을 얻어 광영되고, 앞으로 나아가 명예를 이룬다. 좋은 사람의 도움으로 경영하거나 꾀하는 일은 성사된다. 그러나 내쫓기거나 시비를 당할까 두렵다.

■ 8월 781

발부터 상이 떨어져 나가니 바른 것이 소멸되어 흉하다. 정도가 사라지고 사도가 침범한다. 소족 질환이나 노비가 손실된다. 형제가 불목하는데 성조하면 이로워진다. 만약 흉한 운을 만나면 몸을 망치고 가정도 깨진다.

■ 9월 545

은혜하는 마음에 미더움 두면 묻지 않아도 대길하다. 위에서 혜택을 주면 밑에서도 은혜를 베푼다. 관직은 요로에 들어가고, 밝은 군주를 만난다. 앞으로 나아가 명예를 이루고, 경영하는 일은 뜻대로 된다. 비천한 사람이 존귀한 사람을 만나고, 지기도 많이 만난다.

■ 10월 522

그늘 밑에서 학이 우니 그의 자식이 감화한다. 밀과 행농은 영화가 되기도 하고 욕이 되기도 한다. 군자의 언행은 천지도 움직인다. 벼슬한 사람은 진급하며 재정 이익도 있다. 아들을 낳고 유리하나 노인은 병에 걸릴까 두렵다.

■ 11월 646

말을 타고 나가지 못하니 피눈물이 흐른다. 어려움의 끝이니 액운이 더욱 심하다. 영화로운 곳에서 욕을 당할 수 있으니 참소와 욕을 조심하라. 손해를 보거나 실패할 운으로 모든 재앙이 다투어 일어난다. 만약 부모의 상을 당하지 않으면 수명이 불리하다.

■ 12월 633

성군이 먼 곳을 토벌해 3년에야 이겨냈다. 지극히 어렵고 노곤하니 소인은 쓰지 말라. 오랜 뒤에 이길 수 있으니 경중이 없으면 불가하다. 진취는 오래되어야 하니 뒤에 이기는 탄식이 있다. 원한·분쟁·소송이 따라 피곤해진다.

연평 361

화수미제괘 초효(火水未濟卦 初爻) ☲☵.

꼬리에 물을 적셨으니 이보다 더 부끄러운 일이 있겠는가. 그 재주를 헤아려 볼 줄 모르니 알지 못함의 극치다. 앞길이 험난하게 막혔으니 전진하기 어렵고, 경영하는 일은 뜻대로 되지 않는다. 물을 건너거나 배를 탈 때는 조심하라.

■ 정월 382
앞으로 나아가 근심하나 견고하며 바르면 길하다. 중정으로 스스로 지키면 당연히 남이 구해준다. 왕이 총명하게 나아가면 처음에는 좌절하나 나중에는 믿는다. 구하고 꾀하는 일은 뜻대로 되며 어머니의 힘이 많다. 아내의 재물에 이익이 있을 수 있다.

■ 2월 185
편안할 때 위태로움을 염려하고, 있을 때 망실을 생각한다. 재난은 가고 새 복이 온다. 원수와 시기하는 자는 가고 명리도 이룬다. 전답과 잠업이 유리하며 창고에 가득 차게 된다. 깊이 생각하고 염려해 환란의 실마리를 막아라.

■ 3월 373
나그네가 집을 불사르는데 진실한 시종도 잃었다. 마음만 심란해 베게 베고 탄식한다. 벼슬한 사람은 직위를 잃고, 선비는 명예를 잃는다. 집은 불에 타고 인구마저 잃는다. 지나치게 강해 되지 않고, 여행하다 재난을 당한다.

■ 4월 476
이미 극에 차 만나지 않고 지나간다. 이치를 어기고 정상을 지나니 신속하기가 나는 것과 같다. 천재와 인재를 모두 당한다. 분수를 넘으면 재난이 생기는데 의외의 재앙도 있다. 복제의 수인데 천명을 벗어나기 어렵다.

■ 5월 774
몸에 그치니 허물이 없다. 몸을 보지 못하면 그 사람도 볼 수 없다. 망동하지 않으면 허물이 없다. 그 직위에서 벗어날 생각은 하지 말고 편안하게 있어라. 분수를 지키면 편안하나 분수를 넘으면 불가하다.

■ 6월 731

발을 꾸미니 차를 놓아두고 걷는다. 행동이 올바르며 절의와 의리를 지킨다. 자리에서 물러나거나 강등될 수 있다. 길에서 분주하며 쉬운 것을 버리고 어려움을 쫓는다. 친한 곳을 멀리하고 낯선 곳을 향해야 길하다.

■ 7월 575

기러기가 언덕으로 날아간다. 3년이 되어도 임신하지 못한다. 결국은 이기지 못하나 소원은 이룬다. 중정의 도는 반드시 이루어진다. 처음에 잃으나 나중에는 얻고, 처음에 어두우나 나중에는 밝아진다. 노인은 수명이 손상되고, 어린이는 기르기 어려울 수 있다.

■ 8월 552

무당이 점치면서 빌면 허물이 없다. 성의로 다하면 신명도 통한다. 역사가 언론인이며 명예를 이룬다. 성실하게 사람을 감동시키니 도모하는 것도 잘 된다. 그러나 운이 불길하면 무사가 비는 제사가 있다.

■ 9월 676

안에 뜻이 있으니 가면 험난하나 오면 너그러워져 험난함이 해결된다. 대인을 보는 것이 이롭고, 귀인을 따르게 된다. 관직은 내직으로 들어 명예를 이룬다. 귀인을 가까이하면 이익을 얻으나 망동하면 불리해진다.

■ 10월 683

사람 아닌데 비하나 상하지 않으랴. 당과 동료가 착하지 않으니 모든 일이 간사하다. 공업은 반드시 무너져 재난과 해만 입는다. 벗을 잃고 시기하다 혈기가 손상될 수도 있다. 가정이 깨지거나 자신이 손상이나 형벌을 당하거나 상복을 입을 일이 많다.

■ 11월 631

수레바퀴를 끌다 꼬리를 적셨다. 지극히 힘든 일을 해내면 의리에 허물이 없다. 직위는 있으나 받지 못하고, 자리는 있으나 오르지 못한다. 움직일 것 같으나 움직일 수 없고, 구제될 것 같으나 구제되지 못한다. 조심하면서 때를 기다리면 허물은 없을 것이다.

■ 12월 234

성실과 신뢰로 명을 고치면 후회할 일이 없고 길하다. 강유가 치우치지 않고 때에 따라 조치한다. 새로운 것을 받아들이고 옛것을 고친다. 승진·영전·등용·천거의 영화가 있고, 명을 고치는 운수로 점점 더 아름다워진다.

화수미제괘 2효(火水未濟卦 二爻) ☲☵·

수레바퀴를 끌면 견실하고 바르게 되어 길하다. 어려운 임금의 도에 힘입을 곳은 재주있는 신하다. 어려운 직분을 잘 이겨내면 총애와 신임이 전일하다. 전진이 불리하니 안정하고 분수를 지켜라. 꾀하고 바라는 일은 가하나 망령되게 행동하면 곤궁해진다.

■ 정월 353

솥귀를 바꾸니 의리를 잃고, 행동이 비색하니 소임을 얻지 못한다. 물건이 있어도 먹지 못하고, 말이 있어도 타기 어렵다. 경영하거나 꾀하는 일은 처음은 없고 끝만 있다. 늙은이는 복을 받으나 어린아이는 작게 얻는다.

■ 2월 456

빨리 움직인 항구인데 위에 있으니 큰 공이 없다. 자꾸 조급하게 움직이면 오히려 흉을 당한다. 많이 노력하나 안정되는 일은 적고, 명예와 이익을 구하나 이루는 것은 작다. 여자의 운이 이와 같으면 남편과 자식이 불리하다.

■ 3월 754

더디게 처사하니 매일 더 어그러진다. 가면 부끄러움을 보게 되니 어찌 일을 구제하랴. 안일무사하면 좋은 곳이라도 흉으로 내닫는다. 방종한 욕망으로 안일을 도모하면 일마다 손해를 본다. 발에 병이 생기거나 험난함에 빠질까 두렵다.

■ 4월 711

위태로우면 하지 않는 것이 이롭다. 재해를 범하지 않으나 나가면 위태롭고 그치면 쌓인다. 기미를 알고 물러서면 해로움은 멀어진다. 벼슬한 사람은 직위를 버리는 것이 좋고, 선비는 때를 기다리는 것이 좋다. 변이 생기면 재난을 당하는데 옛것을 지켜야 좋다.

■ 5월 555

올바르면 후회할 일이 없으니 이롭지 않은 것이 없다. 움직이기 전에 신중하게 생각하라. 처음에는 막혀도 나중에는 순탄하고, 선비는 명예를 이룬다. 있는 자리가 중정하니 처음은 없어도 끝은 있다. 복과 이익을 얻는 시기는 3일이다.

■ 6월   572

기러기가 반석으로 날아가니 음식에 즐거움이 있다. 험난함에서 점점 멀어져 평안해진다. 녹을 먹고 제주를 담당하거나 군신의 잔치에 간다. 금은·곡식·고기도 많고 이롭지 않는 일이 없다. 가는 곳마다 반석처럼 편안하다.

■ 7월   656

샘물을 길어올리고 미쁨이 있으니 매우 길하다. 매우 길하여 위에 있으니 대성공이다. 공이 높고 덕이 두터우니 높이 영전할 상이다. 도덕을 모두 갖추어 명예를 이룰 운이다. 재량이 충족하며 꾀하는 일은 모두 이룬다.

■ 8월   663

오고감이 험하며 위험하니 공이 없다. 험난함에 빠져 침식이 편안하지 못하다. 만약 진입하면 더 험난해진다. 몸이 구덩이에 있는데 물까지 깊다. 배를 타면 물이 깊고, 육지로 달리면 뻘밭이어라.

■ 9월   611

교외에서 기다리며 어려움을 범하지 않는다. 조급하게 움직이면 곤란해진다. 현재의 직분을 조심스럽게 지키나 만족하지 못한다. 옛것을 지키면서 안정하면 재해가 범하지 않는다. 운수가 불리하면 교외에 장사지내는 수도 있다.

■ 10월   214

엉덩이에 살이 없으니 걷기가 거북하다. 말을 듣고도 믿지 못하는 것은 총명하지 못해서다. 처한 자리가 부당하니 그 해가 적지 않고, 재주와 힘이 모자라니 앞으로 나아가기 어렵다. 관재와 귀·발등에 병이 따를 운이다.

■ 11월   632

부인이 수레에 가린 물건을 잃었으나 쫓아가지 않으면 길하다. 시기가 이미 기제니 다시 나갈 수 없다. 예의 없는 구차한 행동을 하지 말라. 처음에는 역수이나 나중에는 순수이고, 처음에는 잃으나 나중에는 얻는다. 그러나 운이 흉하면 상실이나 도망이 따른다.

■ 12월   835

기자의 밝음이 상했으나 밝은 것이 꺼지지는 않는다. 밝음을 안으로 감추고 올바름을 지킨다. 검소한 덕으로 피난하나 지기는 만나기 어렵다. 가정의 어려움으로 반드시 화를 당한다. 분수를 지키면서 뜻을 바르게 가져야 한다.

화수미제괘 3효(火水未濟卦 三爻)

앞으로 나아가면 흉하나 큰 내를 건너면 이롭다. 험난함에서 나오기 어렵고, 육지로 가는 것도 불리하다. 간다고 좋을 수는 없으나 남의 덕으로 성사된다. 재주와 힘이 부족하니 좌절과 억제될 수밖에 없다. 내를 건너고 험난을 지나 상업을 하면 유리하다.

■ 정월 764

어리석으며 곤궁하니 부끄럽고 실재와 거리가 멀다. 스승과 친하지 않고 어진 벗도 얻지 못한다. 관직자는 끌어주거나 구원이 없으니 앞으로 나아가기도 어렵다. 인정은 어그러지고 경영은 막힌다. 조용히 있으면 재난이 없으나 움직이면 손해를 본다.

■ 2월 721

마치는 일은 속히 가라. 가상함이 합했기 때문이다. 아래를 덜어 위를 유익하게 하고, 자신을 덜어 윗사람을 받든다. 가정보다 나라를 더 생각하면 임금의 총애는 날로 늘어난다. 윗사람과 뜻이 합하니 반드시 우수하게 뽑힌다. 회계가 윤당하면 이롭고 모두 얻을 수 있다.

■ 3월 565

흩어짐에 왕이 큰 호령을 한다. 백성을 새롭게 하는 것은 흩어짐을 구하는 큰 정사다. 승진이나 영전할 운이니 앞으로 나아가면 좋다. 흉한 일이 흩어지니 이익을 구하면 이루어진다. 흩어지는 것을 합하게 한다.

■ 4월 582

여인의 정절을 몰래 훔쳐보니 추하다. 보는 것이 밝지 못하니 순종할 따름이다. 재주는 있으나 미치지 못해 문리에 통달하지 못한다. 집에 있으면 어두우나 밖으로 나가면 밝아진다. 여인 때문에 추한 일이 생기고, 여자는 기쁘나 남자는 슬프다.

■ 5월 666

두겹 세겹 노끈으로 묶어 가시밭에 감춘다. 험난함이 더욱 깊어져 3년이나 도를 잃는다. 결박당해 안치되며 선비는 무더기로 감옥에 간다. 묶여 감옥에 가니 재해가 끊이지 않는다. 그렇지 않으면 골육의 형상이 있다.

■ 6월 653

샘이 청결하나 먹지 못하니 내 마음 안타깝다. 왕이 밝으면 길러가게 되고 아울러 복을 받는다. 좋은 기회 만나기 어려우니 조용히 수양하면 좋다. 덕은 족히 사물을 구제할 만하나 하부를 못 떠났다. 안정하고 분수를 지키면 좋은 운을 얻는다.

■ 7월 621

호정에도 나가지 말라. 먼저 동태하고 막힘을 알아야 한다. 임금이 조심하지 않으면 어진 신하를 잃는다. 사소한 일도 조심하지 않으면 재해가 생긴다. 옮겨가지 못할 운으로 진취가 불리하다. 구덩이에 빠질 징조이니 옛것을 지켜야 한다.

■ 8월 224

즐거움을 헤아려 보고 안녕하지 못하니 한계를 두고 병을 삼는 것이 좋다. 정을 지키고 사를 멀리하면 반드시 경사가 생긴다. 선비는 선출되고, 상인은 이익을 얻는다. 식구가 늘거나 재물이 생기는 기쁜 일이 한 번 있다. 병자는 편하지 못하니 심지가 안녕하지 못하다.

■ 9월 642

막히고 어려우니 말을 타고 나가지 못하고 머뭇거린다. 운이 흉하고 이치가 다했으니 망령되게 구하는 자도 갔다. 신분과 직위를 고쳐 권세가 날로 심하다. 선비는 나아가기 어렵고 혼인할 운이다. 운이 흉하면 난리·소송 구속·연금이 따른다.

■ 10월 845

회복이 두터우니 후회할 일이 없고, 중도를 지켜 스스로 이룬다. 선한 마음이 싹트면 덕을 쌓게 된다. 영전·이동·등용·천거의 운이다. 재물과 이익이 쌓이는데 이익은 전토에 있다. 복제를 막지 못하면 아버지가 불리하다.

■ 11월 633

성군이 먼 곳을 토벌해 3년에야 이겨냈다. 지극히 어렵고 노곤하니 소인은 쓰지 말라. 오랜 뒤에 이길 수 있으니 경중이 없으면 불가하다. 진취는 오래되어야 하니 뒤에 이기는 탄식이 있다. 원한·분쟁·소송이 따라 피곤해진다.

■ 12월 536

신뢰와 위엄으로 행하면 결국은 길하다. 자신이 도를 행하지 않으면 처자에게도 강요할 수 없다. 가정을 다스리려면 자신이 먼저 바르게 해야 한다. 지위가 높고 권세가 중하니 앞으로 나아가 명예를 이룬다. 경영하거나 꾀하는 일은 뜻대로 되고, 여자는 귀부인이 된다.

연평 364

화수미제괘 4효(火水未濟卦 四爻)

견고하고 바르면 후회할 일이 없으니 뜻을 이룬다. 힘을 다해 원방을 정벌하면 3년에 상을 받는다. 출장 입상하고 진취하여 괴수가 된다. 공이 높으면 상도 무궁하다. 귀인이 도와주면 이익이 있으나 귀신에 기록될 우려도 있다.

■ 정월 165
송사에 매우 길하니 허물이 없다. 소송을 처리하는 데 치우치지 않고 합리적인 판단을 내린다. 벼슬한 사람은 좋은 곳에 제수받고, 선비는 과거에 오른다. 경영하거나 꾀하는 일은 유리하고, 재물을 구하면 반드시 얻는다. 언사가 유리하며 사필귀정이 된다.

■ 2월 182
포용하고 받들면서 순순히 따라라. 소인은 길하나 대인은 비색하다. 부끄러움과 수치를 참으면 자신을 지킬 것이다. 시비와 좋고 나쁨을 분명히 하라. 그렇지 않으면 재해를 벗어나기 어렵다.

■ 3월 266
칡넝쿨에 걸려 위태롭고 곤궁한데 움직이면 더 고생한다. 궁하면 변화를 생각하는데 움직이면 형통한다. 형벌·구속·정지·강등이 두렵다. 갈 바를 두면 유리하며 상업이나 여행이 길하다. 만약 근심이나 놀랄 일이 없으면 복제가 두렵다.

■ 4월 253
대들보 위아래가 약하니 도와줄 수 없다. 못된 재주로 망동하니 일만 망친다. 도리도 지나치면 이롭지 않다. 운수가 대흉하니 전복을 예방하라. 만약 그렇지 않으면 눈이나 발에 병이 침범한다.

■ 5월 221
화순하며 즐겁고 행동에 의심이 없다. 거취에 막힘이 없는데 어찌 아첨하랴. 벗들의 덕으로 진취하는 데 이롭다. 인정이 화합하니 모든 일이 다 이루어진다. 남편이 부르면 부인이 따르나 운이 흉하면 재난이 있다.

■ 6월 624

절제하면 형통하고, 위의 도를 계승한다. 절제하며 법을 따른다. 왕도의 현장을 따르니 충분히 명예를 이룬다. 공을 받들고 어른을 받드니 복을 받는다. 만일 여자이면 안인이나 절부다.

■ 7월 242

어린아이에게 매이면 장수를 잃게 된다. 사를 멀리하고 정도를 지켜라. 비리를 따르면 진실을 잃게 된다. 일이 안녕하지 못하고 소인이 시비한다. 마음이 두 곳에 묶여 있으니 스스로 지키기 어렵다. 정도를 버리고 사와 호응하면 허물도 클 것이다.

■ 8월 445

벼락이 내려치니 움직이면 위험하다. 중도를 잃으면 위태로우나 잃는 것은 없다. 현직을 보전하며 고유의 것을 지켜라. 보통 사람은 우환과 수족에 근심이 있다. 처세가 위태로운 줄 알면 크게 잃는 것은 없을 것이다.

■ 9월 233

비록 바른 길이라도 앞으로 나아가면 흉하다. 이른 개혁은 흉하며 위태롭다. 중론이 세 차례나 나오면 때에 맞는 순리로 행하라. 불화할 운으로 안부가 한결같지 않고, 한번 흉한 운을 만나면 요절한다.

■ 10월 136

교회에서 동지를 찾으나 뜻을 이루지 못한다. 인정은 서로 막히고 안팎이 같지 않다. 외롭더라도 절개를 지키면서 자신을 고결하게 하라. 벼슬길은 먼 곳에 있으나 좋은 기회를 만나기 어렵다. 만약 흉한 운을 만나면 교외로 나간다.

■ 11월 634

헤진 옷에 물이 스며드니 종일 경계해야 한다. 의심과 경계를 게을리 하지 말라. 벼슬한 사람은 예방하면서 자신의 소질을 길러라. 생활에 예비가 있으면 놀라거나 전복이 있을 수 없다. 배를 타면 물이 스며들 위험이 있다.

■ 12월 671

가면 어려우나 오면 명예가 있으니 마땅히 기다려라. 어려움의 시작이니 나아가면 더욱 어려워진다. 기미를 보고 때를 알아 그치면 칭찬을 듣는다. 때를 기다려 진출하고, 옛것을 지키면서 안정하라. 나아가면 불리하고 망동하면 재난을 당한다.

화수미제괘 5효(火水未濟卦 五爻) ☲☵

바르면 후회할 일이 없고 군자는 빛이 난다. 군자는 진실하고 허황됨이 없어야 한다. 지극히 바르고 선하니 부족함이 있을 수 없다. 벼슬한 사람은 큰 자리에 선임되고, 선비는 문장이 빛난다. 경영하거나 꾀하는 일은 빛을 보고, 금은과 재백이 쌓인다.

■ **정월 466**
높은 담장에서 매새를 쏘아 얻으며 모두 이롭다. 몸에 감춘 그릇이 성취된 뒤 움직인다. 움직이는 데 막힘이 없으니 어찌 불리함이 있겠는가. 병사로서 공을 세우며 추천도 받는다. 문과 담장을 쌓고 꾀하는 일은 이익을 얻는다.

■ **2월 453**
덕은 영원하지 않으니 혹 부끄러운 일이 생긴다. 바르고 견고해도 부끄러움이 생기는데 용납하는 곳이 없다. 꽃가지에 서리가 무겁게 내리니 꽃필 날을 기약할 수 없다. 감봉되도록 간함을 받고, 덕이 손상되어 훼방을 받는다. 분쟁·소송·훼손·욕을 조심하라.

■ **3월 421**
누이동생을 동서로 시집보내고 절름발이가 되어 걸어간다. 덕은 있으나 호응이 없으니 직분만 다할 뿐이다. 벼슬한 사람은 요장이 되고, 선비는 작은 시험이 좋다. 보통 사람은 작은 덕이 있어 꾀하는 것은 이루나 종이나 첩을 들이거나 세력가에게 몸을 맡긴다.

■ **4월 824**
지극한 도가 임하니 허물이 없고 지위도 당연하다. 임하는 도는 가까운 것을 숭상하니 동료들 덕으로 아름다운 혜택을 입는다. 인정이 화합하니 경영하는 일은 모두 순탄하나 모든 일은 먼저 살핀 뒤 시작하라.

■ **5월 442**
벼락이 치니 위태롭다. 강세를 탔기 때문이다. 재물이 상할까 두려워 높은 언덕에 오른다. 험난함과 간사함을 만나 처음에는 미혹되다 나중에는 얻는다. 노인은 목숨이 위험하고, 젊은이는 반드시 놀랄 일이 생긴다. 분쟁·소송·실물은 7에서 생긴다.

■ 6월 245

미덥고 진실하게 아름다우니 그 지위가 중정하다. 성실하게 선을 따르니 매우 착하다. 자신을 버리고 선을 따르니 크게 형통한다. 벼슬한 사람은 영전하고, 선비는 등용이나 천거된다. 경영하거나 꾀하는 일은 순조로우니 경사가 많다.

■ 7월 433

장막이 많으니 대낮에도 작은 별을 본다. 오른팔을 끊으면 허물은 없을 것이다. 윗사람의 응원은 전혀 없으니 큰 일은 불가하다. 휴직하는 것이 유리하며 진취 또한 어렵다. 경영하거나 꾀하는 일도 이루지 못하고, 수족에 액이 따른다.

■ 8월 336

왕이 출정하는 것은 나라를 올바르게 하기 때문이다. 간신과 죄악을 살피고, 위엄과 형벌을 실행한다. 천하를 밝게 분별하는 것은 아름다운 공을 세우기 위해서다. 출사하면 공업을 이루고, 앞으로 나아가면 우두머리가 되고, 경영하는 일에서는 이익을 얻는다.

■ 9월 334

갑자기 오니 용신할 곳이 없다. 몸이 불에 타버리니 죽음이며 버림이다. 해는 바닷속에 잠기고, 사람은 꿈속에 잠긴다. 윗사람을 거역하니 모든 재난을 피할 길이 없다. 만약 병화가 없으면 목숨을 잃을 수 있다.

■ 10월 871

겸손한 군자는 스스로 낮춰 기른다. 큰 내를 건너도 불길함이 없다. 지극히 겸손하면 대중도 같이 한다. 관직은 목민인데 보배를 품고 초빙을 기다린다. 먼 강호를 건너 상업이나 여행을 하라.

■ 11월 635

동쪽 이웃의 소를 잡는 것이 서쪽 이웃의 봄 제사만 못하다. 때를 만나면 복을 받으나 물건이 풍성하지는 않다. 태평한 세상에서는 교만과 사치가 쉽게 싹튼다. 하는 일은 때를 잃기 쉽고, 원대한 꿈은 헛되게 된다. 바라는 일은 불리하고, 서쪽은 좋으나 동쪽은 흉하다.

■ 12월 612

점점 험난해지니 언어에 상처가 있다. 굳센 중용으로 잘 기다리면 결국은 길하다. 정당한 이론이 사에 막히고, 시험에서는 책망을 듣는다. 어린아이의 투쟁이나 소송은 반드시 시비가 된다. 남을 너그럽게 대하면 모든 일이 자연히 밝아진다.

화수미제괘 상효(火水未濟卦 上爻) ䷿

믿음으로 술을 마시니 허물이 없다. 뜻이 방탕하며 반성할 줄 모르면 재난을 당한다. 초월해 영전할 운이며 진취할 상이다. 험난함에서 벗어나 평온해지고, 늙은이는 스스로 즐거워한다. 술 때문에 재난을 당하거나 물에 빠질 수 있다.

▪ 정월 321
상하가 서로 친하면 자연히 후회할 일도 없다. 나쁜 사람이 나를 헤치나 흉이 되지는 않는다. 한직에서 복직되나 진취는 지체된다. 처음에는 잃으나 나중에는 얻고, 처음에는 어그러지나 나중에는 합한다. 육축은 불리하며 흉악한 사람을 조심하라.

▪ 2월 724
병을 빨리 덜면 기쁨이 있다. 상대가 나를 따르는 것도 빠른 것이 좋다. 한직에서 일어서고 선비는 기쁨이 있다. 재앙은 면제되고 병은 쾌유된다. 어두웠던 사람은 밝아지고, 근심이 있던 사람도 기쁘게 된다.

▪ 3월 342
살을 씹되 코를 없애니 엄하게 다스렸기 때문이다. 형법을 적용할 때 중도를 지키면 죄도 쉽게 복종한다. 인민 때문에 다소 상처를 받고, 고시는 기회가 없다. 진퇴는 어렵고 시비는 요란하다. 혹 남이 모르는 병에 걸리거나 골육이 손상될 수 있다.

▪ 4월 145
망이 없는 병은 약을 쓰지 않으면 기쁘다. 본래 병이 없는데 어찌 공격해 치료하겠는가. 움직이면 망이요 안정하면 무망이다. 벼슬한 사람은 변이 생기나 변명하지 않아도 자명해진다. 피하는 일은 이루고, 출산과 양육의 기쁨이 있다.

▪ 5월 333
해는 기우는데 빛이 나니 어찌 오래 가겠는가. 성하면 쇠퇴하고, 시작이 있으면 끝이 있는 법이다. 관직은 재야에 있으니 조심하며 욕을 막아라. 즐거움 속에 슬픔이 있고, 기쁨 속에 수심이 있다. 계속 험난하니 죽고 망할 날이 없다.

■6월 436

집은 훌륭해 하늘까지 날 것 같으나 3년이나 사람을 보지 못한다. 스스로 가리고 더럽혔으니 매우 흉하다. 골육이 상잔하니 고향을 떠나 가정을 이루라. 문호가 곤궁하며 소송·감옥·구설이 따른다.

■7월 734

꾸밈새가 희며 흰 말이 달리듯 한다. 겉으로는 문채의 꾸밈을 숭상하나 마음은 본질을 숭상한다. 처음에는 막히나 나중에는 순탄하고, 처음에는 잃으나 나중에는 얻는다. 근심 속에 기쁨이 있고, 험난함 속에도 편안함이 있다. 혼인할 운이나 운이 흉하면 상복도 입는다.

■8월 771

발에 그치면 허물이 없다. 중정의 도를 잃지 않았다. 정도를 계속 지키면 이롭다. 현 직위를 고쳐야 그 지위도 잃지 않는다. 앞으로 나아가는 일은 어려워지고 정지나 강등이 따른다. 그러나 안정하면서 분수를 지키면 위험해지는 일은 없다.

■9월 535

왕이 가정을 이루면 근심하지 않아도 길하다. 지극히 바르고 선하니 근심없이 잘 되어간다. 남편은 내조를 좋아하고, 부인은 법도 있는 가정을 사랑한다. 벼슬길이 매우 순탄하고 명예를 이룬다. 귀인과 교제하며 문전에 화기가 가득하다.

■10월 512

계속 회복하며 중도를 지키니 실수가 없다. 스스로 진퇴를 살피면 중도를 잃지 않는다. 계속 이끌어줄 계단이 있고 발탁될 자리가 있다. 동지와 같이 가니 경영하거나 꾀하는 것을 이룬다. 그러나 운이 흉하면 실수를 반복한다.

■11월 636

머리까지 빠져 위태로우니 어찌 오래가랴. 물도 성하면 쇠퇴하고, 평화도 다하면 반드시 난리가 있다. 높은 것이 과하면 꺾어지고 물에 빠져 진취할 수 없다. 소인의 감염이나 배를 타다 물에 빠진다. 기제가 미제가 되니 슬프다.

■12월 643

안내자 없이 사슴을 쫓다 깊은 숲으로 들어간다. 중정하지 못하니 망동으로 곤란해진다. 탐관오리로 내쫓기거나 정지와 강등될 수 있다. 옛것을 지키면서 안정하라. 구금이나 감옥이 두렵다. 앞길은 험난한데 안내자는 하나도 없다.

연평 371

화산여괘 초효(火山旅卦 初爻) ䷷

나그네가 자질구레하고 더럽게 구니 뜻이 궁박해 재난을 당한다. 재주가 미치지 못하니 지위가 있어도 감당하지 못한다. 야비하고 더러운 상이니 천하고 더러움을 면하기 어렵다. 국이 너무 얕으니 재난이 절박한다. 상업이나 여행은 불리하니 기로에서 잘 선택하라.

■ **정월 352**
솥이 차 있으니 갈 곳을 조심하라. 도를 지키지 않으면 의리가 상한다. 정도와 공평을 받들고 참소와 간신을 조심하라. 이익과 수확이 있으나 외부의 잡음을 조심하라. 아랫사람이 침범하거나 작은 병에 걸릴 수 있다.

■ **2월 155**
참외를 넓은 잎에 싸니 아름다움이 함축된다. 하늘의 도움을 받고 천명을 어기지 않는다. 큰 그릇을 이루어 반드시 공명이 통달한다. 몸이 임금 곁에 올라 무궁한 영화를 누린다. 문전에 경사가 가득하며 부인도 임신한다.

■ **3월 363**
앞으로 나아가면 흉하나 큰 내를 건너면 이롭다. 험난함에서 나오기 어렵고, 육지로 가는 것도 불리하다. 간다고 좋을 수는 없으나 남의 덕으로 성사된다. 재주와 힘이 부족하니 좌절과 억제될 수밖에 없다. 내를 건너고 험난을 지나 상업을 하면 유리하다.

■ **4월 466**
높은 담장에서 매새를 쏘아 얻으며 모두 이롭다. 몸에 감춘 그릇이 성취된 뒤 움직인다. 움직이는 데 막힘이 없으니 어찌 불리함이 있겠는가. 병사로서 공을 세우며 추천도 받는다. 문과 담장을 쌓고 꾀하는 일은 이익을 얻는다.

■ **5월 764**
어리석으며 곤궁하니 부끄럽고 실재와 거리가 멀다. 스승과 친하지 않고 어진 벗도 얻지 못한다. 관직자는 끌어주거나 구원이 없으니 앞으로 나아가기도 어렵다. 인정은 어그러지고 경영은 막힌다. 조용히 있으면 재난이 없으나 움직이면 손해를 본다.

■6월   721

마치는 일은 속히 가라. 가상함이 합했기 때문이다. 아래를 덜어 위를 유익하게 하고, 자신을 덜어 윗사람을 받든다. 가정보다 나라를 더 생각하면 임금의 총애는 날로 늘어난다. 윗사람과 뜻이 합하니 반드시 우수하게 뽑힌다. 회계가 윤당하면 이롭고 모두 얻을 수 있다.

■7월   565

흩어짐에 왕이 큰 호령을 한다. 백성을 새롭게 하는 것은 흩어짐을 구하는 큰 정사다. 승진이나 영전할 운이니 앞으로 나아가면 좋다. 흉한 일이 흩어지니 이익을 구하면 이루어진다. 흩어지는 것을 합하게 한다.

■8월   582

여인의 정절을 몰래 훔쳐보니 추하다. 보는 것이 밝지 못하니 순종할 따름이다. 재주는 있으나 미치지 못해 문리에 통달하지 못한다. 집에 있으면 어두우나 밖으로 나가면 밝아진다. 여인 때문에 추한 일이 생기고, 여자는 기쁘나 남자는 슬프다.

■9월   666

두겹 세겹 노끈으로 묶어 가시밭에 감춘다. 험난함이 더욱 깊어져 3년이나 도를 잃는다. 결박당해 안치되며 선비는 무더기로 감옥에 간다. 묶여 감옥에 가니 재해가 끊이지 않는다. 그렇지 않으면 골육의 형상이 있다.

■10월   653

샘이 청결하나 먹지 못하니 내 마음 안타깝다. 왕이 밝으면 길러가게 되고 아울러 복을 받는다. 좋은 기회 만나기 어려우니 조용히 수양하면 좋다. 덕은 족히 사물을 구제할 만하나 하부를 못 떠났다. 안정하고 분수를 지키면 좋은 운을 얻는다.

■11월   621

호정에도 나가지 말라. 먼저 동태하고 막힘을 알아야 한다. 임금이 조심하지 않으면 어진 신하를 잃는다. 사소한 일도 조심하지 않으면 재해가 생긴다. 옮겨가지 못할 운으로 진취가 불리하다. 구덩이에 빠질 징조이니 옛것을 지켜야 한다.

■12월   224

즐거움을 헤아려 보고 안녕하지 못하니 한계를 두고 병을 삼는 것이 좋다. 정을 지키고 사를 멀리하면 반드시 경사가 생긴다. 선비는 선출되고, 상인은 이익을 얻는다. 식구가 늘거나 재물이 생기는 기쁜 일이 한 번 있다. 병자는 편하지 못하니 심지가 안녕하지 못하다.

연평 372

화산여괘 2효(火山旅卦 二爻) ䷷

나그네는 여관으로 가고, 재물도 품에 지닌다. 시종이 착하니 끝내 과실이 없다. 유순하고 중정하니 마음이 내외를 얻는다. 적극적으로 나아가 명예를 이루거나 성조나 집을 수리한다. 다른 군에서 일을 꾀하고, 식구가 늘거나 좋은 부하를 얻을 수 있다.

▪ 정월 383
여러 사람이 미더워하니 위에 올라 행한다. 대중이 믿고 따르니 어찌 불리하겠는가. 관직자는 승진이나 영전하고, 선비는 천거된다. 벗을 얻어 함께 일하니 경영하거나 꾀하는 일을 이룬다. 먼저 도적을 막고, 뒤로는 사람의 도주를 예방하라.

▪ 2월 486
즐거움에 어두워 성취하기는 하나 변하면 허물이 없다. 끝없는 욕망을 따르면 죽는다. 탐관오리가 되어 귀양가기 쉽고 어두워 차질이나 잘못이 있다. 교만하면 분쟁·소송·재난이 따르나 개과천선하면 허물을 면할 수 있다.

▪ 3월 784
절박한 재난을 만나 살까지 떨어져 나간 상이다. 장차 몸을 망치니 매우 흉하다. 아첨과 간신을 막지 않으면 기회를 만나기도 어렵다. 거듭 형극이 와 위험과 험난함에 빠진다. 뜻밖의 재난을 만나는데 그 흉함은 말로 다 표현할 수가 없다.

▪ 4월 741
스스로 지키지 못하는데 마음은 이미 동했다. 욕망에 미혹되어 자신을 잃으니 매우 흉하다. 염치를 버리고 함부로 음탕하게 굴면 꾸지람을 듣는다. 거역하며 재물을 다투지 말고 정도를 지켜야 면할 수 있다. 선비는 적극적으로 나아가면 먹을 것을 얻는다.

▪ 5월 585
자신의 득실을 보아 인민의 좋고 나쁨을 살펴라. 태평과 난국이 나에게 달려있다. 벼슬과 녹은 숭고하고, 문장은 세상을 덮는다. 생활은 날로 좋아지고, 부인은 생산과 양육이 있다. 병에 시달리는 사람이라도 생명은 보전한다.

■ 6월 562

흩어질 때 편안함에 의지하면 후회할 일이 없고 소원을 이룬다. 안에서 중도를 지키면 편안하다. 중요한 권세를 잡고 작전계획을 세운다. 선비는 명예를 얻고, 보통 사람은 가정을 이룬다. 그러나 흉한 운을 만나면 분주하며 실물한다.

■ 7월 686

친하게 지내며 돕는데 머리가 없으니 끝도 없다. 버리는 시기이니 반드시 흉하다. 대중이 도와주지 않으니 처세가 위험하고, 위에서도 도와주지 않으니 명예를 얻기 어렵다. 형극과 재앙으로 인정이 흩어질 것이다.

■ 8월 673

가면 어렵고 오면 돌아오니 안에서 기뻐한다. 위로 가면 어려우니 험난함을 보면 그쳐라. 돌아서서 밑으로 오면 편안하리라. 앞으로 나아가면 명예를 이룬다. 처자의 기쁨이 있으나 운이 흉하면 형극도 따른다.

■ 9월 641

급하게 하면 어려움에 처하니 바르고 견고하게 행하라. 귀한 몸이 천한 자에게 이르니 큰 민심을 얻는다. 관직자는 매우 발전하고, 선비는 밝음을 세운다. 분수를 지키면서 신중하라. 여자는 어질고 선하며 집안도 일어나고 좋은 남편을 만난다.

■ 10월 244

따르는 곳에서 얻으려고 하면 비록 정당해도 흉하다. 성의를 다해 도에 맞게 하고, 명철하게 처신하라. 한번 탐욕을 부리면 재난을 면하기 어렵다. 그러나 귀인이 추대하면 흉이 길하게 된다. 사람은 누구든 나에게 유리하다.

■ 11월 622

시기를 잃어 안뜰에도 나오지 못하고, 사물이 끊기고 스스로 폐지한다. 때를 잃어 액을 만나니 발전하기 어렵다. 불통되어 화를 당하고, 간여할 곳에 간여하지 못한다. 움직이면 좋으나 가만히 있으면 좋지 않다.

■ 12월 825

대군이 지혜로 임하고, 중도에 행하니 여러 가지가 길하다. 성군은 총명하며 예지력이 있어야 한다. 벼슬한 사람은 초월적이 되고, 선비는 등용된다. 꾀하는 일은 순탄하니 이롭지 않은 것이 없다.

연평 373

화산여괘 3효(火山旅卦 三爻) ䷷

나그네가 집을 불사르는데 진실한 시종도 잃었다. 마음만 심란해 베게 베고 탄식한다. 벼슬한 사람은 직위를 잃고, 선비는 명예를 잃는다. 집은 불에 타고 인구마저 잃는다. 지나치게 강해 되지 않고, 여행하다 재난을 당한다.

■ 정월 774
몸에 그치니 허물이 없다. 몸을 보지 못하면 그 사람도 볼 수 없다. 망동하지 않으면 허물이 없다. 그 직위에서 벗어날 생각은 하지 말고 편안하게 있어라. 분수를 지키면 편안하나 분수를 넘으면 불가하다.

■ 2월 731
발을 꾸미니 차를 놓아두고 걷는다. 행동이 올바르며 절의와 의리를 지킨다. 자리에서 물러나거나 강등될 수 있다. 길에서 분주하며 쉬운 것을 버리고 어려움을 쫓는다. 친한 곳을 멀리하고 낯선 곳을 향해야 길하다.

■ 3월 575
기러기가 언덕으로 날아간다. 3년이 되어도 임신하지 못한다. 결국은 이기지 못하나 소원은 이룬다. 중정의 도는 반드시 이루어진다. 처음에 잃으나 나중에는 얻고, 처음에 어두우나 나중에는 밝아진다. 노인은 수명이 손상되고, 어린이는 기르기 어려울 수 있다.

■ 4월 552
무당이 점치면서 빌면 허물이 없다. 성의로 다하면 신명도 통한다. 역사가 언론인이며 명예를 이룬다. 성실하게 사람을 감동시키니 도모하는 것도 잘 된다. 그러나 운이 불길하면 무사가 비는 제사가 있다.

■ 5월 676
안에 뜻이 있으니 가면 험난하나 오면 너그러워져 험난함이 해결된다. 대인을 보는 것이 이롭고, 귀인을 따르게 된다. 관직은 내직으로 들어 명예를 이룬다. 귀인을 가까이하면 이익을 얻으나 망동하면 불리해진다.

■ 6월　683

사람 아닌데 비하나 상하지 않으랴. 당과 동료가 착하지 않으니 모든 일이 간사하다. 공업은 반드시 무너져 재난과 해만 입는다. 벗을 잃고 시기하다 혈기가 손상될 수도 있다. 가정이 깨지거나 자신이 손상이나 형벌을 당하거나 상복을 입을 일이 많다.

■ 7월　631

수레바퀴를 끌다 꼬리를 적셨다. 지극히 힘든 일을 해내면 의리에 허물이 없다. 직위는 있으나 받지 못하고, 자리는 있으나 오르지 못한다. 움직일 것 같으나 움직일 수 없고, 구제될 것 같으나 구제되지 못한다. 조심하면서 때를 기다리면 허물은 없을 것이다.

■ 8월　234

성실과 신뢰로 명을 고치면 후회할 일이 없고 길하다. 강유가 치우치지 않고 때에 따라 조치한다. 새로운 것을 받아들이고 옛것을 고친다. 승진·영전·등용·천거의 영화가 있고, 명을 고치는 운수로 점점 더 아름다워진다.

■ 9월　612

점점 험난해지니 언어에 상처가 있다. 굳센 중용으로 잘 기다리면 결국은 길하다. 정당한 이론이 사에 막히고, 시험에서는 책망을 듣는다. 어린아이의 투쟁이나 소송은 반드시 시비가 된다. 남을 너그럽게 대하면 모든 일이 자연히 밝아진다.

■ 10월　815

천자의 누이동생을 시집보내니 복이며 매우 길하다. 어질고 강명한 분을 따르니 대길하다. 주로 영전되거나 기쁜 일이 있다. 과거에 올라 월계관을 쓰고 추대를 받는다. 결혼·출산양육이 있고, 모든 복이 다 모인다.

■ 11월　623

절제하지 못하다 슬퍼지는데 허물할 데가 없다. 누구를 탓하겠는가. 사치와 욕망이 넘치며 떳떳하지 못하다. 소비와 지출이 가볍지 않으니 재물이 손실되고, 사람과 이별한다. 스스로 절제하지 못함을 알고 뉘우친다.

■ 12월　526

소리가 하늘에 닿으나 어찌 오래가랴. 신의도 다하면 쇠퇴하고, 충성도 독실하면 안으로 상실감이 생긴다. 왕궁에 올라 천자와 함께 한다. 높은 것을 다투며 강함을 억제하니 진출하기 어렵다. 혹 사물이 손상되거나 명예와 수명이 보전하기 어렵다.

화산여괘 4효(火山旅卦 四爻) ䷷

나그네라고 자처하며 지위도 얻지 못한다. 재물과 도끼를 얻으나 마음은 불쾌하다. 재능은 펼 수 없고 겨우 몸만 편하다. 선비는 불쾌하며 앞으로 나아가기도 어렵다. 좋은 가운데 부족함이 있으나 밖으로 나가면 이룰 수 있다.

■ 정월 175
물러나 숨는 것이 좋은데 바르고 견실하면 길하다. 뜻에 사나 흐트러짐이 없으니 움직이고 쉬는 데 어김이 없다. 꽃 선경에 피고 꽃방석에 불을 끈다. 등용되거나 영전할 운으로 반드시 좋은 기회가 온다. 몸은 존귀한 사람과 가까이 하며 경사가 생길 수 있다.

■ 2월 152
물고기가 꾸러미 속에 있으니 허물은 없다. 어찌 좋은 물건을 잘 포장해 밖에 내놓겠는가. 벼슬한 사람은 영전하나 선비는 불리하다. 금은과 비단이 모두 좋고, 수산물도 이익이 있다. 식구가 늘거나 자식이 생길 수 있다.

■ 3월 276
광대뼈와 혀로 감동시키니 구설만 생긴다. 말이 많으면 욕을 부르고, 도모한 일도 분명하지 않다. 항상 노력하나 마음과 힘만 쓸 뿐이다. 유세하는 업이나 평론가가 되어라. 구설이 분분하니 먼저 훼방을 조심하라.

■ 4월 283
모두 슬퍼하니 이로울 것이 없다. 나아가면 허물이 없으나 다소 부끄러운 일이 생긴다. 처음에는 가까운 곳에서 구하다 무리해 먼 곳과 결탁한다. 관직자는 외방으로 나가게 되는데 발전하기 어렵다. 집에 있어도 편안하지 못하고, 육친이 손상된다.

■ 5월 231
견고한 황소가죽을 써라. 개혁은 불가하다. 초기에 움직이니 어찌 자세하며 신중하겠는가. 마음을 잘 지키면서 가볍게 고치려고 하지 말라. 망동하면 과실을 면하기 어렵다. 벼슬한 사람은 자리를 지키면서 나올 생각을 하지 말라.

■ 6월　634

헤진 옷에 물이 스며드니 종일 경계해야 한다. 의심과 경계를 게을리 하지 말라. 벼슬한 사람은 예방하면서 자신의 소질을 길러라. 생활에 예비가 있으면 놀라거나 전복이 있을 수 없다. 배를 타면 물이 스며들 위험이 있다.

■ 7월　212

안으로는 근심과 두려움을 품고 밖으로는 엄숙히 경계하라. 어두운 밤에 무력을 만나더라도 구원을 요청하지 말라. 졸연히 화를 막으면 재앙을 면할 수 있다. 무관이 유리하니 무관으로 진출하라. 만약 도적이 아니면 놀라거나 위험한 일이 많다.

■ 8월　415

겉은 부드러우나 속은 강하니 건장함을 쓰지 않는다. 바르고 안정되게 지키면 좋으나 망동하면 재앙이 생긴다. 거칠어진 정치로 파직·연금·명예 상실이 따르며 성공하지 못한다. 좋은 계책은 펼 수 없으니 이로운 것이 하나도 없다. 만일 병자이면 몸을 잃을 수 있다.

■ 9월　223

나아가 즐거움을 구하니 그 흉함을 알겠다. 이미 도덕을 잃었으니 남들이 호응해 주지 않는다. 생각은 많으나 어려움만 따른다. 교묘하고 구차하게 합하면 의외의 화근이 생기거나 도를 잃고 망신한다.

■ 10월　126

일이 되어가는 것을 보고 길흉을 살펴라. 법에 맞게 주선하면 큰 경사가 있고, 개과천선하면 점점 형통한다. 고시를 치루면 반드시 장원한다. 재물과 비단에는 흠이 없으나 아버지 상을 당할까 두렵다.

■ 11월　624

절제하면 형통하고, 위의 도를 계승한다. 절제하며 법을 따른다. 왕도의 현장을 따르니 충분히 명예를 이룬다. 공을 받들고 어른을 받드니 복을 받는다. 만일 여자이면 안인이나 절부다.

■ 12월　661

겹겹의 험난에 빠져 도를 잃어버리면 흉하다. 재주가 약하고 응원이 없으니 회복하기 어렵다. 내쫓길 운이요 강등의 욕을 당한다. 험난한 곳으로 빠져들어가니 인명이 위태롭다. 그러나 승려나 숨은 도인은 화를 면할 수 있다.

연평 375

화산여괘 5효(火山旅卦 五爻) ䷷

활을 당겨 꿩을 쏘면 백발백중이다. 상하로 친하니 길을 떠나면 매우 좋다. 움직여도 실책이 없으니 평이 좋고 복록이 있다. 존귀한 수상과 가까이 하여 영화를 누린다. 영화와 경사가 따를 운으로 살아가는 데 걱정이 없다.

■ 정월 476
이미 극에 차 만나지 않고 지나간다. 이치를 어기고 정상을 지나니 신속하기가 나는 것과 같다. 천재와 인재를 모두 당한다. 분수를 넘으면 재난이 생기는데 의외의 재앙도 있다. 복제의 수인데 천명을 벗어나기 어렵다.

■ 2월 483
쳐다보면서 즐거워하다 후회하고, 더뎌도 후회한다. 처신이 부정하면 진퇴에 후회만 있다. 구하고 바라는 일은 되지 않으니 빨리 고쳐라. 우유부단하면 후회와 과실을 막기 어렵다. 잠시 전진하고 잠시 후퇴하니 시비가 한결같지 않다.

■ 3월 431
짝이 되는 주인을 만나 마음이 같으면 허물이 없다. 나가면 가상하나 열흘이 지나면 재앙이 생긴다. 반드시 밝은 군주를 만나 명예를 이룬다. 귀인과 교류하며 꾀하는 일을 이룬다. 그러나 너무 큰 일을 시작하면 반드시 재앙이 된다.

■ 4월 834
왼쪽 배로 들어가 마음과 뜻을 얻는다. 간사함에 마음을 빼긴 후에야 밖으로 행한다. 어두운 땅이 얕으니 어두웠던 자라도 나오게 된다. 밖에 나가 경영을 꾀하고, 부인은 아들을 낳는다. 한가한 관직도 일을 맡으나 뜻은 멀어진다.

■ 5월 412
견고하고 바르게 중도를 행하면 길하다. 중정을 잃지 않으면 충분히 길하다. 깨끗하고 높은 지위에 올라 명예를 얻는다. 하는 일마다 뜻대로 된다. 마음은 사심과 치우침이 없고, 하는 일은 지나침이 없다.

■6월 215

비린 잎도 과감하게 처결하듯 중도를 행하면 허물이 없다. 중도를 얻지 못하면 광대하지 못하다. 간신의 침해가 있으나 조금은 발전한다. 오래 막히다 한관으로 복직된다. 소송은 펴지며 병도 치유되고, 경영하거나 꾀하는 일은 뜻대로 된다.

■7월 423

누이동생 시집보낼 때를 기다리니 천한 여성임을 알겠다. 사람들은 덕이 없는 여인을 취하지 않는다. 벼슬한 사람은 귀양이나 강등이 두렵고, 선비는 때를 기다려라. 고생하나 진퇴를 근심한다. 아내를 내보낼 운인데 혹 총애하는 종을 들이기도 한다.

■8월 326

거슬리며 어그러져 합하기 어려우니 외롭다. 돼지 진흙과 귀신 한 차 싣는 것을 본다. 모든 의심이 사라지니 원수가 아니라 결혼이다. 의심하며 염려했는데 결정한 뒤에 보니 좋은 소식이다. 어려움과 속임을 당하기 쉽고, 처음에는 손해를 보나 나중에는 좋다.

■9월 824

지극한 도가 임하니 허물이 없고 지위도 당연하다. 임하는 도는 가까운 것을 숭상하니 동료들 덕으로 아름다운 혜택을 입는다. 인정이 화합하니 경영하는 일은 모두 순탄하나 모든 일은 먼저 살핀 뒤 시작하라.

■10월 861

출사할 때 율법을 어기면 흉하다. 신하가 도리를 다하면 임금의 총애도 날로 깊어진다. 문장과 의리로 합하니 공명을 이루고, 경영하는 일은 법도를 지키니 재물은 날로 늘어난다. 경솔하면 재앙을 당하는데 운이 흉하면 매우 험상궂다.

■11월 625

달콤한 절제요 법도이니 길하고, 나가면 가상함이 있다. 자신을 지키면서 편안하게 행하면 천하도 기꺼이 따라준다. 수원이 감미로우면 내로 흘러도 쉬지 않는다. 관직자는 영전이나 발탁되고, 선비는 상달한다. 꾀하거나 바라는 일은 이루어지고, 행하는 일은 가상함이 있다.

■12월 642

막히고 어려우니 말을 타고 나가지 못하고 머뭇거린다. 운이 흉하고 이치가 다했으니 망령되게 구하는 자도 갔다. 신분과 직위를 고쳐 권세가 날로 심하다. 선비는 나아가기 어렵고 혼인할 운이다. 운이 흉하면 난리·소송 구속·연금이 따른다.

연평 376

화산여괘 상효(火山旅卦 上爻) ䷷

나그네는 그 집을 불사르고, 처음에는 웃으나 나중에는 울부짖는다. 지나치게 강해 자만하면 편안한 곳도 잃는다. 순한 덕을 쉽게 잃으니 처음에는 통쾌하나 나중에는 위태로워진다. 좋은 가운데 손실이 있으니 이사나 성조를 하라. 운이 나쁘면 화재나 눈병이 생길 수 있다.

■ 정월 331
내디딘 발길 착란하나 조심하면 허물은 없다. 그 진퇴를 아는 것은 밝게 부딪치는 도다. 조심하면서 신중하게 피하면 화를 면할 수 있다. 조급하게 움직이면 허물을 범하고, 이치에 어긋나면 분수를 범한다. 만약 그렇지 않으면 미끄러지며 발에 병이 생긴다.

■ 2월 734
꾸밈새가 희며 흰 말이 달리듯 한다. 겉으로는 문채의 꾸밈을 숭상하나 마음은 본질을 숭상한다. 처음에는 막히나 나중에는 순탄하고, 처음에는 잃으나 나중에는 얻는다. 근심 속에 기쁨이 있고, 험난함 속에도 편안함이 있다. 혼인할 운이나 운이 흉하면 상복도 입는다.

■ 3월 312
큰 수레에 많이 싣는데 실패가 없다. 튼튼한 큰 수레는 많이 싣고 멀리 갈 수 있다. 재주와 힘이 좋으니 능히 큰 부를 누린다. 용감한 장수로 출사해 명성을 얻는다. 경영하거나 꾀하는 일은 이루며 재물과 곡식이 풍부하다.

■ 4월 115
날아가는 용이 하늘에 있으니 대인을 만나면 이롭다. 같은 소리는 상응하고, 같은 기운은 서로 구한다. 꾀꼬리가 높은 나무에 오르듯 몸이 용문에 오른다. 성조에 필요한 재물을 얻을 상이나 여자는 남편궁이 불리해 고독하다.

■ 5월 323
수레가 끌려가는 것을 보고 그 소는 제거된다. 머리털은 뽑히고 코는 잘리는 격이니 처음은 없고 끝만 있다. 지위가 부당하며 강적을 만난다. 꾀하며 바라는 일에 막힘이 있으니 험난함에서 편안함을 구하라. 만약 흉한 운을 만나면 골육의 형상이 따른다.

■ 6월 426

광주리를 받아도 비어 있고, 양을 잡아도 피가 없다. 제사가 끊어지면 여인의 시집도 종말이다. 빈 자리로 실이 없으니 앞으로 나아가도 헛된 명예뿐이다. 경영하거나 꾀하는 일은 모두 비어 있으니 헛되게 심신만 고생한다. 노인은 불리한데 초상이나 제사의 근심이 있다.

■ 7월 724

병을 빨리 덜면 기쁨이 있다. 상대가 나를 따르는 것도 빠른 것이 좋다. 한직에서 일어서고 선비는 기쁨이 있다. 재앙은 면제되고 병은 쾌유된다. 어두웠던 사람은 밝아지고, 근심이 있던 사람도 기쁘게 된다.

■ 8월 761

어린아이에게는 벌을 주는 것이 이롭다. 두려움을 알게 한 후 가르쳐서 인도한다. 착한 도를 알게 해야지 벌을 주면 안 된다. 문교의 직책이며 형벌을 주는 소임이다. 작은 시험은 유리하나 보통 사람은 관재나 시비가 많다.

■ 9월 525

믿음이 단단하니 지위가 정당하다. 견고한 성의와 신의로 맺어지면 천하도 무사하다. 군신이 한마음이 되니 총애와 신임이 깊어진다. 앞으로 나아가 명예를 이루며 이롭지 않은 것이 없다. 인정이 화합하니 모든 것을 이룰 수 있다.

■ 10월 542

유익함은 밖에서 들어온다. 열 쌍의 거북이라도 어기지 못한다. 벼슬한 사람은 영전하며 명예를 이룬다. 상업을 하면 이익이 생기고, 제사를 지내면 복을 받는다. 불가에서 생활하면 명리도 좋다.

■ 11월 626

쓰디쓴 절제이니 바르더라도 흉한데 그 도가 궁하다. 이미 처신이 극을 지났으니 흉을 면할 길이 없다. 지나친 고집으로 허물이 있고, 지나친 의심으로 슬픔이 있다. 명리를 구하나 모두 이롭지 않다. 법도를 잃어 허물이 생기고, 노인은 수명이 지키기 어렵다.

■ 12월 613

재앙은 밖에 있는데 뻘밭에서 기다린다. 나 때문에 도적이 오나 조심하면 패가 없다. 지나치게 강하니 더욱 험난해진다. 선비는 반드시 욕을 당하며 스스로 빼어나지 못한다. 도적이나 실물을 당할 운인데 배를 타면 흉하다.

연평 381

화지진괘 초효(火地晋卦 初爻) ䷢

진출하거나 좌절하더라도 홀로 정도를 행한다. 미덥지 않더라도 너그러우면 허물은 없다. 간사한 이론에 막혀 앞으로 나아가기 어렵다. 피차 믿지 않으니 근심과 즐거움이 반반이다. 안정하면 길하나 움직이면 흉하다.

■ 정월 362
수레바퀴를 끌면 견실하고 바르게 되어 길하다. 어려운 임금의 도에 힘입을 곳은 재주있는 신하다. 어려운 직분을 잘 이겨내면 총애와 신임이 전일하다. 전진이 불리하니 안정하고 분수를 지켜라. 꾀하고 바라는 일은 가하나 망령되게 행동하면 곤궁해진다.

■ 2월 165
송사에 매우 길하니 허물이 없다. 소송을 처리하는 데 치우치지 않고 합리적인 판단을 내린다. 벼슬한 사람은 좋은 곳에 제수받고, 선비는 과거에 오른다. 경영하거나 꾀하는 일은 유리하고, 재물을 구하면 반드시 얻는다. 언사가 유리하며 사필귀정이 된다.

■ 3월 353
솥귀를 바꾸니 의리를 잃고, 행동이 비색하니 소임을 얻지 못한다. 물건이 있어도 먹지 못하고, 말이 있어도 타기 어렵다. 경영하거나 꾀하는 일은 처음은 없고 끝만 있다. 늙은이는 복을 받으나 어린아이는 작게 얻는다.

■ 4월 456
빨리 움직인 항구인데 위에 있으니 큰 공이 없다. 자꾸 조급하게 움직이면 오히려 흉을 당한다. 많이 노력하나 안정되는 일은 적고, 명예와 이익을 구하나 이루는 것은 작다. 여자의 운이 이와 같으면 남편과 자식이 불리하다.

■ 5월 754
더디게 처사하니 매일 더 어그러진다. 가면 부끄러움을 보게 되니 어찌 일을 구제하랴. 안일무사하면 좋은 곳이라도 흉으로 내닫는다. 방종한 욕망으로 안일을 도모하면 일마다 손해를 본다. 발에 병이 생기거나 험난함에 빠질까 두렵다.

■ 6월 711

위태로우면 하지 않는 것이 이롭다. 재해를 범하지 않으나 나가면 위태롭고 그치면 쌓인다. 기미를 알고 물러서면 해로움은 멀어진다. 벼슬한 사람은 직위를 버리는 것이 좋고, 선비는 때를 기다리는 것이 좋다. 변이 생기면 재난을 당하는데 옛것을 지켜야 좋다.

■ 7월 555

올바르면 후회할 일이 없으니 이롭지 않은 것이 없다. 움직이기 전에 신중하게 생각하라. 처음에는 막혀도 나중에는 순탄하고, 선비는 명예를 이룬다. 있는 자리가 중정하니 처음은 없어도 끝은 있다. 복과 이익을 얻는 시기는 3일이다.

■ 8월 572

기러기가 반석으로 날아가니 음식에 즐거움이 있다. 험난함에서 점점 멀어져 평안해진다. 녹을 먹고 제주를 담당하거나 군신의 잔치에 간다. 금은·곡식·고기도 많고 이롭지 않은 일이 없다. 가는 곳마다 반석처럼 편안하다.

■ 9월 656

샘물을 길어올리고 미쁨이 있으니 매우 길하다. 매우 길하여 위에 있으니 대성공이다. 공이 높고 덕이 두터우니 높이 영전할 상이다. 도덕을 모두 갖추어 명예를 이룰 운이다. 재량이 충족하며 꾀하는 일은 모두 이룬다.

■ 10월 663

오고감이 험하며 위험하니 공이 없다. 험난함에 빠져 침식이 편안하지 못하다. 만약 진입하면 더 험난해진다. 몸이 구덩이에 있는데 물까지 깊다. 배를 타면 물이 깊고, 육지로 달리면 뻘밭이어라.

■ 11월 611

교외에서 기다리며 어려움을 범하지 않는다. 조급하게 움직이면 곤란해진다. 현재의 직분을 조심스럽게 지키나 만족하지 못한다. 옛것을 지키면서 안정하면 재해가 범하지 않는다. 운수가 불리하면 교외에 장사지내는 수도 있다.

■ 12월 214

엉덩이에 살이 없으니 걷기가 거북하다. 말을 듣고도 믿지 못하는 것은 총명하지 못해서다. 처한 자리가 부당하니 그 해가 적지 않고, 재주와 힘이 모자라니 앞으로 나아가기 어렵다. 관재와 귀·발등에 병이 따를 운이다.

화지진괘 2효(火地晉卦 二爻) ䷢

앞으로 나아가 근심하나 견고하며 바르면 길하다. 중정으로 스스로 지키면 당연히 남이 구해준다. 왕이 총명하게 나아가면 처음에는 좌절하나 나중에는 믿는다. 구하고 꾀하는 일은 뜻대로 되며 어머니의 힘이 많다. 아내의 재물에 이익이 있을 수 있다.

■ 정월 373

나그네가 집을 불사르는데 진실한 시종도 잃었다. 마음만 심란해 베게 베고 탄식한다. 벼슬한 사람은 직위를 잃고, 선비는 명예를 잃는다. 집은 불에 타고 인구마저 잃는다. 지나치게 강해 되지 않고, 여행하다 재난을 당한다.

■ 2월 476

이미 극에 차 만나지 않고 지나간다. 이치를 어기고 정상을 지나니 신속하기가 나는 것과 같다. 천재와 인재를 모두 당한다. 분수를 넘으면 재난이 생기는데 의외의 재앙도 있다. 복제의 수인데 천명을 벗어나기 어렵다.

■ 3월 774

몸에 그치니 허물이 없다. 몸을 보지 못하면 그 사람도 볼 수 없다. 망동하지 않으면 허물이 없다. 그 직위에서 벗어날 생각은 하지 말고 편안하게 있어라. 분수를 지키면 편안하나 분수를 넘으면 불가하다.

■ 4월 731

발을 꾸미니 차를 놓아두고 걷는다. 행동이 올바르며 절의와 의리를 지킨다. 자리에서 물러나거나 강등될 수 있다. 길에서 분주하며 쉬운 것을 버리고 어려움을 쫓는다. 친한 곳을 멀리하고 낯선 곳을 향해야 길하다.

■ 5월 575

기러기가 언덕으로 날아간다. 3년이 되어도 임신하지 못한다. 결국은 이기지 못하나 소원은 이룬다. 중정의 도는 반드시 이루어진다. 처음에 잃으나 나중에는 얻고, 처음에 어두우나 나중에는 밝아진다. 노인은 수명이 손상되고, 어린이는 기르기 어려울 수 있다.

■6월 552

무당이 점치면서 빌면 허물이 없다. 성의로 다하면 신명도 통한다. 역사가 언론인이며 명예를 이룬다. 성실하게 사람을 감동시키니 도모하는 것도 잘 된다. 그러나 운이 불길하면 무사가 비는 제사가 있다.

■7월 676

안에 뜻이 있으니 가면 험난하나 오면 너그러워져 험난함이 해결된다. 대인을 보는 것이 이롭고, 귀인을 따르게 된다. 관직은 내직으로 들어 명예를 이룬다. 귀인을 가까이하면 이익을 얻으나 망동하면 불리해진다.

■8월 683

사람 아닌데 비하나 상하지 않으랴. 당과 동료가 착하지 않으니 모든 일이 간사하다. 공업은 반드시 무너져 재난과 해만 입는다. 벗을 잃고 시기하다 혈기가 손상될 수도 있다. 가정이 깨지거나 자신이 손상이나 형벌을 당하거나 상복을 입을 일이 많다.

■9월 631

수레바퀴를 끌다 꼬리를 적셨다. 지극히 힘든 일을 해내면 의리에 허물이 없다. 직위는 있으나 받지 못하고, 자리는 있으나 오르지 못한다. 움직일 것 같으나 움직일 수 없고, 구제될 것 같으나 구제되지 못한다. 조심하면서 때를 기다리면 허물은 없을 것이다.

■10월 234

성실과 신뢰로 명을 고치면 후회할 일이 없고 길하다. 강유가 치우치지 않고 때에 따라 조치한다. 새로운 것을 받아들이고 옛것을 고친다. 승진·영전·등용·천거의 영화가 있고, 명을 고치는 운수로 점점 더 아름다워진다.

■11월 612

점점 험난해지니 언어에 상처가 있다. 굳센 중용으로 잘 기다리면 결국은 길하다. 정당한 이론이 사에 막히고, 시험에서는 책망을 듣는다. 어린아이의 투쟁이나 소송은 반드시 시비가 된다. 남을 너그럽게 대하면 모든 일이 자연히 밝아진다.

■12월 815

천자의 누이동생을 시집보내니 복이며 매우 길하다. 어질고 강명한 분을 따르니 대길하다. 주로 영전되거나 기쁜 일이 있다. 과거에 올라 월계관을 쓰고 추대를 받는다. 결혼·출산양육이 있고, 모든 복이 다 모인다.

연평 383

화지진괘 3효(火地晉卦 三爻) ☲☷

여러 사람이 미더워하니 위에 올라 행한다. 대중이 믿고 따르니 어찌 불리하겠는가. 관직자는 승진이나 영전하고, 선비는 천거된다. 벗을 얻어 함께 일하니 경영하거나 꾀하는 일을 이룬다. 먼저 도적을 막고, 뒤로는 사람의 도주를 예방하라.

■ 정월 784
절박한 재난을 만나 살까지 떨어져 나간 상이다. 장차 몸을 망치니 매우 흉하다. 아첨과 간신을 막지 않으면 기회를 만나기도 어렵다. 거듭 형극이 와 위험과 험난함에 빠진다. 뜻밖의 재난을 만나는데 그 흉함은 말로 다 표현할 수가 없다.

■ 2월 741
스스로 지키지 못하는데 마음은 이미 동했다. 욕망에 미혹되어 자신을 잃으니 매우 흉하다. 염치를 버리고 함부로 음탕하게 굴면 꾸지람을 듣는다. 거역하며 재물을 다투지 말고 정도를 지켜야 면할 수 있다. 선비는 적극적으로 나아가면 먹을 것을 얻는다.

■ 3월 585
자신의 득실을 보아 인민의 좋고 나쁨을 살펴라. 태평과 난국이 나에게 달려있다. 벼슬과 녹은 숭고하고, 문장은 세상을 덮는다. 생활은 날로 좋아지고, 부인은 생산과 양육이 있다. 병에 시달리는 사람이라도 생명은 보전한다.

■ 4월 562
흩어질 때 편안함에 의지하면 후회할 일이 없고 소원을 이룬다. 안에서 중도를 지키면 편안하다. 중요한 권세를 잡고 작전계획을 세운다. 선비는 명예를 얻고, 보통 사람은 가정을 이룬다. 그러나 흉한 운을 만나면 분주하며 실물한다.

■ 5월 686
친하게 지내며 돕는데 머리가 없으니 끝도 없다. 버리는 시기이니 반드시 흉하다. 대중이 도와주지 않으니 처세가 위험하고, 위에서도 도와주지 않으니 명예를 얻기 어렵다. 형극과 재앙으로 인정이 흩어질 것이다.

■6월 673

가면 어렵고 오면 돌아오니 안에서 기뻐한다. 위로 가면 어려우니 험난함을 보면 그쳐라. 돌아서서 밑으로 오면 편안하리라. 앞으로 나아가면 명예를 이룬다. 처자의 기쁨이 있으나 운이 흉하면 형극도 따른다.

■7월 641

급하게 하면 어려움에 처하니 바르고 견고하게 행하라. 귀한 몸이 천한 자에게 이르니 큰 민심을 얻는다. 관직자는 매우 발전하고, 선비는 밝음을 세운다. 분수를 지키면서 신중하라. 여자는 어질고 선하며 집안도 일어나고 좋은 남편을 만난다.

■8월 244

따르는 곳에서 얻으려고 하면 비록 정당해도 흉하다. 성의를 다해 도에 맞게 하고, 명철하게 처신하라. 한번 탐욕을 부리면 재난을 면하기 어렵다. 그러나 귀인이 추대하면 흉이 길하게 된다. 사람은 누구든 나에게 유리하다.

■9월 622

시기를 잃어 안뜰에도 나오지 못하고, 사물이 끊기고 스스로 폐지한다. 때를 잃어 액을 만나니 발전하기 어렵다. 불통되어 화를 당하고, 간여할 곳에 간여하지 못한다. 움직이면 좋으나 가만히 있으면 좋지 않다.

■10월 825

대군이 지혜로 임하고, 중도에 행하니 여러 가지가 길하다. 성군은 총명하며 예지력이 있어야 한다. 벼슬한 사람은 초월적이 되고, 선비는 등용된다. 꾀하는 일은 순탄하니 이롭지 않은 것이 없다.

■11월 613

재앙은 밖에 있는데 뻘밭에서 기다린다. 나 때문에 도적이 오나 조심하면 패가 없다. 지나치게 강하니 더욱 험난해진다. 선비는 반드시 욕을 당하며 스스로 빼어나지 못한다. 도적이나 실물을 당할 운인데 배를 타면 흉하다.

■12월 516

이미 화하여 처한 것은 덕을 숭상하며 쌓았기 때문이다. 달이 거의 보름이 되었으니 부인이 견고하면 위태롭다. 군자는 나가면 반드시 소인의 간계와 시비로 시끄럽다. 시끄러움 속에서는 물러나고, 즐거운 곳에서는 탐하지 말라.

화지진괘 4효(火地픕卦 四爻) ䷢

다람쥐처럼 나아가는 격이니 바르고 견고하면 위태롭다. 중정하지 못하면서 높은 자리만 탐낸다. 생각마다 잃어버릴까 근심하고, 경영하는 일은 자신을 해친다. 간하는 의론에 막히는데 요행으로 진출하려고 도모하지 말라. 탐심이 많아지면 오히려 물건만 손해본다.

▪ 정월 185
편안할 때 위태로움을 염려하고, 있을 때 망실을 생각한다. 재난은 가고 새 복이 온다. 원수와 시기하는 자는 가고 명리도 이룬다. 전답과 잠업이 유리하며 창고에 가득 차게 된다. 깊이 생각하고 염려해 환란의 실마리를 막아라.

▪ 2월 162
송사를 이기지 못하고 도망친다. 아래에서 윗사람과 소송하니 환란이 쉽게 풀린다. 옛것을 지키면서 안정하면 훼방과 욕을 당하지 않는다. 식구가 안녕하며 풍진이 침노하지 않는다. 운이 불리하면 유리됨을 면할 수 없다.

▪ 3월 286
위에 있으면서 편하지 못하니 눈물 콧물까지 흘리며 탄식한다. 남들이 친하려고 하지 않으니 궁색하기 그지없다. 전진은 평온하지 않고, 일마다 번거롭고 요란하다. 어른과 아이를 불문하고 근심이 따르니 안정되지 않는다. 명리도 허망하고 수명도 길지 않다.

▪ 4월 273
다리에 감응이 있으나 처하지 못한다. 스스로 하지 못하고 남을 따른다. 조용히 있는 것이 좋은데 움직이니 심히 부끄럽다. 모든 일에 부끄러움이 많으며 여자의 결혼만 유리하다. 간여한 일들은 보통을 벗어나기 어렵다.

▪ 5월 241
마음을 바꿔 정도를 따르면 길하다. 교제가 공정하면 당연히 공이 있다. 만일 사랑이나 애정에 매이면 정리와 합할 수 없다. 선비는 좋은 기회가 있고, 따르는 곳에 공이 있다. 보통 사람이 이와 같으면 이익이 많다.

■ 6월   644

말을 타고 진출하지 못하니 혼인을 구하라. 가면 벗을 얻고 이롭지 않은 것이 없다. 만약 어진 사람을 만나면 어려움에서도 벗어날 수 있다. 관록이 좋고 명예가 드러나니 자연히 좋은 자리에 오른다. 인정이 화합하고 모든 일을 다 이룬다.

■ 7월   222

미더워 즐거워하니 후회할 일이 사라지고 좋은 일이 생긴다. 신의와 진실이 있고 사가 없으니 응당 후회는 가볍다. 승진이나 영전할 징조요 진취의 기쁨이 있다. 모든 일이 화순하며 어둠 속에서도 빛이 난다. 결연·체결·화해가 있고, 가정에 경사가 가득하다.

■ 8월   425

천자의 누이동생을 시집보내니 보름이 되면 길하다. 존귀하면서 낮추고 귀하면서 굴복하는 것은 여인의 덕이 융성함이다. 영전할 수요 등과할 운이다. 꾀하면 뜻대로 되고 혼인하고 재물을 얻는다. 영화의 길에 오르는데 국빈이 될 수도 있다.

■ 9월   213

얼굴에 통쾌한 결행이 나타나면 반드시 흉하다. 만약 적시듯 나쁜 빛을 두면 여러 가지에 허물없다. 간신을 막다 오히려 씹히고, 분노를 품고 세상을 등진다. 정도를 따르면 길하나 사를 따르면 흉하다. 소송·시비의 운이며 원한을 맺을 근심이 있다.

■ 10월   116

지나치게 과한 용이니 내려올 줄 모르다 후회한다. 귀하나 직위가 없고, 높으나 백성이 없다. 사고무친이니 움직이면 후회할 일이 생긴다. 귀양갈 운으로 눈앞에 재앙이 닥친다. 너무 강하면 꺾이는 법이고, 망동하면 손실이 따르는 법이다.

■ 11월   614

이미 험난함에 상했으니 편한 곳이 못된다. 조용히 때를 기다리면 험난함에서 빠져나올 수 있다. 나아가면 편안하지 않으나 물러서면 문득 편안해진다. 상해가 평평해지며 오래 막힌 것이 펴진다. 운이 흉하면 혈액질환이 따르는데 산아의 근심도 있다.

■ 12월   651

재주도 약하고 응원도 없으니 버려진 샘과 같다. 사람도 먹을 수 없고, 날짐승도 돌아보지 않는다. 관직자는 한직으로 물러나 명예를 구해도 이루지 못한다. 경영하거나 꾀하는 일은 막히는데 운이 흉하면 세상을 버린다. 사물에 미치지 못해 버리는 것이다.

화지진괘 5효(火地晉卦 五爻) ䷢

후회가 사라지는 곳에서 잃고 얻는 것을 근심하지 말라. 나가면 경사가 있으니 이롭지 않은 곳이 없다. 성의와 충성을 다하니 천하에 뜻이 통한다. 영전이나 발탁되는 기쁨이 있고, 앞으로 나아가면 명예를 이룬다. 경영하거나 꾀하는 일이 이로우니 어찌 파란을 염려하랴.

■ 정월   486
즐거움에 어두워 성취하기는 하나 변하면 허물이 없다. 끝없는 욕망을 따르면 죽는다. 탐관오리가 되어 귀양가기 쉽고 어두워 차질이나 잘못이 있다. 교만하면 분쟁·소송·재난이 따르나 개과천선하면 허물을 면할 수 있다.

■ 2월   473
예방하지 않으면 재난을 면하기 어렵다. 음모와 간신의 해로움이 있고, 정지와 강등의 우려가 있다. 여러 음이 해롭게 구는데 자신의 강함만 믿는다. 작은 물건이라도 조심하면 큰 해로움은 없다.

■ 3월   441
벼락이 쳐도 두려움을 알면 복이 있다. 법도를 알면 나중에 웃음꽃이 피고, 편안하게 쉬지 않으면 결국은 안녕하다. 기뻐하는데 한번 울리면 사람도 놀란다. 많이 놀라나 나중에는 기쁨이 있다.

■ 4월   844
도를 따르면 중간에 홀로 회복할 수 있다. 대중과 함께 행해도 혼자 선을 따른다. 인과 의를 바르게 하면서 이익은 꾀하지 않는다. 관직은 복직되고, 선비는 명예가 드러난다. 도를 따라 행하면 이익과 복을 받는다.

■ 5월   422
여자는 어진데 배우자가 어리석으니 내조를 해도 이루기 어렵다. 조용히 정도를 기르며 자신을 선하게 만든다. 하나는 어둡고 하나는 밝으니 어찌 둘 다 성취하랴. 직위가 바뀌기 어렵고, 기회를 만나기도 어렵다. 옛것을 지키면서 안정하면 재난과 해는 생기지 않는다.

■ 6월 225

나쁨을 제거할 수 있으나 한 번은 위태로워진다. 가선과 실선을 구분하지 못하면 위태롭고, 아첨과 가까워지면 흉하다. 벼슬길에는 아첨과 간신이 따르는데 선비는 탈락한다. 모르는 사가 발동해 비밀스러운 화락을 꾀한다.

■ 7월 413

소인은 건장함을 쓰나 군자는 쓰지 않는다. 숫양이 울타리를 받으나 그 뿔만 곤궁해진다. 재앙이 되는 일에 많이 얽혀 발전하기 어렵다. 관재와 소송에 연루되고, 효복을 입을 수 있다. 망령되게 행동하면 곤궁해지며 사람과 재물도 불리하다.

■ 8월 316

하늘이 도와주니 이롭지 않은 것이 없다. 신의와 순리를 지키며 어진 사람을 숭상한다. 가득 차면 잃을 수 있으니 겸손하라. 벼슬한 사람은 직위가 좋아지고, 선비는 명예를 이룬다. 윗사람의 비호로 복과 경사를 누린다.

■ 9월 814

겸허한데 부자가 되지 않으니 성의가 상합한다. 중도를 지키고 뜻이 같으면 소원도 이룬다. 관직자는 물러나게 되며 꾀하는 일은 이루기 어렵다. 경영하거나 꾀하는 일은 이익이 없고, 잡음과 훼방이 따른다. 멈추면 재앙이 사라지고, 운이 좋으면 멀리 유람한다.

■ 10월 851

진실로 오르니 대길하며 위와 뜻이 맞는다. 땅의 기운이 불어나 신의가 오르니 반드시 이루어진다. 강하며 중정을 따르니 어진 사람도 함께 나아간다. 벼슬한 사람은 영전하고, 선비는 높이 천거된다. 경영하거나 꾀하는 일은 마음대로 되니 점입가경이다.

■ 11월 615

주식에서 기다리니 편안하게 때를 기다린다. 도로 극진히 행하면 반드시 소득이 있을 것이다. 임금의 잔치에서 음식을 먹고 식읍을 받을 영화가 있다. 반드시 독식과 재물이 있고, 혼인할 운이다. 잔치 음식을 베푸는 경사가 있다.

■ 12월 632

부인이 수레에 가린 물건을 잃었으나 쫓아가지 않으면 길하다. 시기가 이미 기제니 다시 나갈 수 없다. 예의 없는 구차한 행동을 하지 말라. 처음에는 역수이나 나중에는 순수이고, 처음에는 잃으나 나중에는 얻는다. 그러나 운이 흉하면 상실이나 도망이 따른다.

연평 386

화지진괘 상효(火地晉卦 上爻) ䷢

뿔 위까지 나가 사심의 마을을 쳐라. 진퇴가 심란하니 정당한 곳에 처해도 부끄럽다. 안으로 사심을 치료하며 반성하면 허물은 없다. 집을 다스리는 상으로 성조나 집수리할 운이다. 수가 불길하면 정벌·분쟁·소송이 따른다.

■ 정월 341
형틀을 신겨 발을 베어 없애나 행하지 않으면 허물이 없다. 적은 것을 징계해 큰 것을 경계하는 것은 소인의 복이다. 거동에 어려움이 많으니 공명을 이루지 못한다. 보통 사람은 형벌을 조심해야 한다. 근신하면 재앙을 면할 수 있으나 풍병에 걸릴까 두렵다.

■ 2월 744
전도된 기름이나 길하니 위에서 베푸는 것이 빛난다. 호시탐탐하듯 하고 그 욕망 계속되게 하라. 존귀함을 얻어 광영되고, 앞으로 나아가 명예를 이룬다. 좋은 사람의 도움으로 경영하거나 꾀하는 일은 성사된다. 그러나 내쫓기거나 시비를 당할까 두렵다.

■ 3월 322
골목에서 골목을 만나니 도를 잃은 것은 아니다. 왜곡해 서로 구하는 것도 뜻은 어그러짐을 구제하는 데 있다. 성의와 힘을 다해 지성으로 감동시킨다. 반드시 밝은 군주를 만나 영전할 기회를 만난다. 보통 사람은 지기를 만나 경영하거나 꾀하는 일을 이룬다.

■ 4월 125
일을 고려하지 않고 마음대로 독단한다. 천하에 공이 높아도 포상은 하나도 없다. 도덕성이 높아 대중의 사표가 되어도 명예는 이루지 못한다. 일찍 움직이거나 망동하면 환란만 거듭된다. 운수가 이와 같으니 처사를 조심하라.

■ 5월 313
공후가 천자에게 드리니 소인은 이기지 못한다. 대신이 임금을 얻으면 충성하게 된다. 조정에서 중임을 맡고, 선비는 크게 괴수된다. 소인은 무리가 속이고 멸시하니 반드시 재해가 따른다. 운이 불리하면 형극이나 상해를 면하기 어렵다.

■6월 416

불친 양이 울타리를 밟으니 물러서지도 이루지도 못한다. 이로울 것이 없으니 어려워야 길하다. 일의 어려움을 알고 함부로 가볍게 여기지 말라. 벼슬한 사람은 감봉이나 퇴출되고, 선비는 물러나기도 어렵다. 분수를 넘고 이치를 어기면 시비·투쟁·소송이 따른다.

■7월 714

어린 소로 대지르지 못하게 함이니 매우 길하며 기쁨이 있다. 피어나기 전에 금지시키면 크게 착하고 길하다. 벼슬한 사람은 승진하고, 진취하면 장원한다. 보통 사람은 기쁨이 있고 소나 재물이 늘어난다. 먼저 실패의 원인을 제거하면 이롭지 않은 것이 없다.

■8월 751

아버지의 일을 주간하니 죽은 아버지의 뜻을 계승한다. 앞 사람의 잘못을 자식이 능히 주간한다. 폐단은 깊지 않으니 일은 쉽게 구제된다. 자식이 아버지 사업을 계승하니 꾀하는 일을 이루지 못한다. 운이 흉하면 근심이 따르고, 노인은 살기 어렵다.

■9월 515

미더움으로 서로 연결해 이웃에서 부를 얻는다. 덕을 쌓으면 신하도 그것을 받게 된다. 윗사람도 신용하고 아랫사람도 흠모하며 복종한다. 주동과 협의해 공을 세우고 명예를 이룬다. 다른 사람의 도움을 받아 모든 일을 뜻대로 이룬다.

■10월 532

성취하려고 하지 않고 가정에서 음식을 만들면 길하다. 정과 사랑에 빠지면 이루지 못한다. 벼슬한 사람은 조정에 들어 녹과 복이 빛난다. 선비는 학업이 좋아져 장학금을 타니 길하다. 경영하거나 꾀하는 일을 이루며 재물과 양식이 늘어난다.

■11월 616

구멍에 들어 있으니 오는 손님 셋이다. 비록 강폭하나 조심하면 결국은 길하다. 참으면서 조심하면 화를 면할 수 있다. 조심하면서 참소나 간신을 막고, 신중하게 의심과 시기를 꾀하라. 한번 흉한 운이 오면 감옥이나 무덤에 들어가게 된다.

■12월 623

절제하지 못하다 슬퍼지는데 허물할 데가 없다. 누구를 탓하겠는가. 사치와 욕망이 넘치며 떳떳하지 못하다. 소비와 지출이 가볍지 않으니 재물이 손실되고, 사람과 이별한다. 스스로 절제하지 못함을 알고 뉘우친다.

연평 411

뇌천대장괘 초효(雷天大壯卦 初爻)

발이 건장하니 나가면 흉할 뿐이다. 밑에 있으면서 윗사람을 능멸하니 반드시 흉하다. 욕을 당하며 참소나 이간이 있고, 요행을 바라면 부끄러운 일만 생긴다. 움직일 때마다 후회하고, 시비·투쟁·소송이 따른다. 발에 병이 침범할 수 있으니 예방하라.

■ 정월 432
차양이 많아 대낮에도 두성을 본다. 가면 의심병이 생기나 지성을 두면 길하다. 밝음과 움직임이 서로 도와 풍성해진다. 처음에는 잃으나 나중에는 얻고, 오래 침체된 후 발전한다. 오래 곤궁하다 재물이 생기나 근심이나 슬픔이 생길까 두렵다.

■ 2월 235
대인은 범으로 변하며 그 문채가 빛난다. 개혁이 지당하면 모든 사람이 신뢰한다. 벼슬한 사람은 높이 영전하고, 선비는 높이 천거된다. 변통하는 일은 먼저 그 아름다움이 나타난다. 그러나 천민이나 여자는 이런 기쁨을 감당하기 어렵다.

■ 3월 443
벼락이 쳐 기운이 까무러치나 두려움을 알면 재앙은 없다. 부정한 마음을 버리고 정당한 곳으로 가라. 차를 타고 천리라도 가고 싶지만 걷기도 어렵다. 근심과 두려움 때문에 정신과 혼이 나간다. 그러나 조심하고 신중하면 흉을 면할 수 있다.

■ 4월 346
형틀을 지고 귀를 없애니 총명하지 못하다. 쌓인 죄악은 가릴 수 없고, 큰 죄는 풀어버릴 수 없다. 가벼운 배가 큰 파도를 만났으니 앞길이 힘들다. 만약 싸움이나 소송이 없으면 귀와 눈이 밝지 못하고, 흉한 운을 만나면 몸이 상하고 죽음에 이른다.

■ 5월 844
도를 따르면 중간에 홀로 회복할 수 있다. 대중과 함께 행해도 혼자 선을 따른다. 인과 의를 바르게 하면서 이익은 꾀하지 않는다. 관직은 복직되고, 선비는 명예가 드러난다. 도를 따라 행하면 이익과 복을 받는다.

■ 6월 881

서리를 밟으면 두터운 얼음이니 음이 비로소 응고됨이다. 선을 쌓은 집에는 반드시 남은 경사가 있고, 불선을 쌓은 집에는 반드시 남은 재앙이 있다. 관직자는 참소나 아첨을 조심하고, 선비는 투기를 조심하라. 원수와 원한을 조심하지 않으면 재난을 당한다.

■ 7월 645

혜택을 받기 어려우니 베풀어도 빛이 나지 않는다. 작게 올바르면 길하나 크게 올바르면 흉하다. 위엄과 권세가 떠났으니 큰 일은 하기 어렵다. 망동하면 흉하니 시작한 일들은 불리하다. 이미 때를 잃었으니 무리해도 안 된다.

■ 8월 622

시기를 잃어 안뜰에도 나오지 못하고, 사물이 끊기고 스스로 폐지한다. 때를 잃어 액을 만나니 발전하기 어렵다. 불통되어 화를 당하고, 간여할 곳에 간여하지 못한다. 움직이면 좋으나 가만히 있으면 좋지 않다.

■ 9월 546

밖에서 치우친 말이 들리니 마음을 세우는 데 떳떳하지 못하다. 위태로울 때 움직이고 두려울 때 말하면 백성도 호응하지 않는다. 소통 없이 구하면 백성도 주지 않는다. 탐을 내다 귀양가고, 경쟁하며 뺏으려다 욕을 본다. 이익만 취하면 원한·형극손상이 따른다.

■ 10월 533

집안 식구가 엄숙하며 무서워하니 후회하나 길하고, 아내와 자녀가 희희낙락하면 결국 부끄러운 일이 생긴다. 웃음과 즐거움을 절제하지 못하면 결국 패가망신한다. 윤리를 바르게 하며 은의를 돈독하게 하라. 엄하여 너그러움이 적고, 진취도 평등하다.

■ 11월 581

소견이 어린아이와 같아 멀리 보기 어렵다. 군자가 소견이 어둡고 천박하니 부끄러운 일이다. 지위가 좁고 앞으로 나아가더라도 제자리로 돌아온다. 일은 빨리 꾀하나 늦게 되고, 기교를 부리다 오히려 졸작이 된다. 모애하다 보는 게 없으니 소인이 해친다.

■ 12월 184

명에 순종하면 무슨 과오가 있으리. 때를 만나 도를 행하니 친구에게까지 복이 미친다. 다른 사람의 천거로 명예가 날로 드러난다. 전답과 사업도 날로 늘어나며 좋은 일이 많아진다. 은혜가 자손에게까지 미치고 복도 심원해진다.

뇌천대장괘 2효(雷天大壯卦 二爻)

견고하고 바르게 중도를 행하면 길하다. 중정을 잃지 않으면 충분히 길하다. 깨끗하고 높은 지위에 올라 명예를 얻는다. 하는 일마다 뜻대로 된다. 마음은 사심과 치우침이 없고, 하는 일은 지나침이 없다.

■ 정월 423
누이동생 시집보낼 때를 기다리니 천한 여성임을 알겠다. 사람들은 덕이 없는 여인을 취하지 않는다. 벼슬한 사람은 귀양이나 강등이 두렵고, 선비는 때를 기다려라. 고생하나 진퇴를 근심한다. 아내를 내보낼 운인데 혹 총애하는 종을 들이기도 한다.

■ 2월 326
거슬리며 어그러져 합하기 어려우니 외롭다. 돼지 진흙과 귀신 한 차 싣는 것을 본다. 모든 의심이 사라지니 원수가 아니라 결혼이다. 의심하며 염려했는데 결정한 뒤에 보니 좋은 소식이다. 어려움과 속임을 당하기 쉽고, 처음에는 손해를 보나 나중에는 좋다.

■ 3월 824
지극한 도가 임하니 허물이 없고 지위도 당연하다. 임하는 도는 가까운 것을 숭상하니 동료들 덕으로 아름다운 혜택을 입는다. 인정이 화합하니 경영하는 일은 모두 순탄하나 모든 일은 먼저 살핀 뒤 시작하라.

■ 4월 861
출사할 때 율법을 어기면 흉하다. 신하가 도리를 다하면 임금의 총애도 날로 깊어진다. 문장과 의리로 합하니 공명을 이루고, 경영하는 일은 법도를 지키니 재물은 날로 늘어난다. 경솔하면 재앙을 당하는데 운이 흉하면 매우 험상궂다.

■ 5월 625
달콤한 절제요 법도이니 길하고, 나가면 가상함이 있다. 자신을 지키면서 편안하게 행하면 천하도 기꺼이 따라준다. 수원이 감미로우면 내로 흘러도 쉬지 않는다. 관직자는 영전이나 발탁되고, 선비는 상달한다. 꾀하거나 바라는 일은 이루어지고, 행하는 일은 가상함이 있다.

■ 6월 642

막히고 어려우니 말을 타고 나가지 못하고 머뭇거린다. 운이 흉하고 이치가 다했으니 망령되게 구하는 자도 갔다. 신분과 직위를 고쳐 권세가 날로 심하다. 선비는 나아가기 어렵고 혼인할 운이다. 운이 흉하면 난리·소송 구속·연금이 따른다.

■ 7월 526

소리가 하늘에 닿으나 어찌 오래가랴. 신의도 다하면 쇠퇴하고, 충성도 독실하면 안으로 상실감이 생긴다. 왕궁에 올라 천자와 함께 한다. 높은 것을 다투며 강함을 억제하니 진출하기 어렵다. 혹 사물이 손상되거나 명예와 수명이 보전하기 어렵다.

■ 8월 513

수레바퀴통이 벗겨지며 부부는 반목한다. 나아가도 이롭지 않고 물러서도 가정이 편안하지 못하다. 영화를 누리다 욕을 보고, 나아가려다 물러선다. 발이나 눈에 병이 생기고, 식구는 분리된다. 모든 재난이 함께 와 가문에 후회하거나 부끄러운 일이 생긴다.

■ 9월 561

구제하는데 건장한 말을 쓰니 길하다. 굳세고 중정한데 친히 사귀며 서로 구한다. 빨리 영전하며 선비는 비등해진다. 귀인과 교류하거나 천거를 받아 꾀하는 것을 모두 이룬다. 흐트러짐도 초기에 구하면 힘을 들이지 않아도 된다.

■ 10월 164

송사에서 이기지 못하고 정도로 돌아온다. 안정하면 실책이 되지 않는다. 언행과 동정은 천명을 잃지 말라. 한가로움 속에서 복직되며 진취를 잃지 않는다. 과실을 고치며 선해지니 관재나 소송은 없다.

■ 11월 582

여인의 정절을 몰래 훔쳐보니 추하다. 보는 것이 밝지 못하니 순종할 따름이다. 재주는 있으나 미치지 못해 문리에 통달하지 못한다. 집에 있으면 어두우나 밖으로 나가면 밝아진다. 여인 때문에 추한 일이 생기고, 여자는 기쁘나 남자는 슬프다.

■ 12월 785

모든 음이 순종하니 소인도 선해진다. 관직자는 요직에 오른다. 경영하거나 꾀하는 일에 뽑히고 인정도 화합된다. 가정이 화평하며 복이 생기고, 궁궐의 관찰이나 주지가 된다. 궁인의 총애를 받으니 이롭지 않은 것이 없다.

연평 413

뇌천대장괘 3효(雷天大壯卦 三爻) ䷡

소인은 건장함을 쓰나 군자는 쓰지 않는다. 숫양이 울타리를 받으나 그 뿔만 곤궁해진다. 재앙이 되는 일에 많이 얽혀 발전하기 어렵다. 관재와 소송에 연루되고, 효복을 입을 수 있다. 망령되게 행동하면 곤궁해지며 사람과 재물도 불리하다.

■ 정월 814
겸허한데 부자가 되지 않으니 성의가 상합한다. 중도를 지키고 뜻이 같으면 소원도 이룬다. 관직자는 물러나게 되며 꾀하는 일은 이루기 어렵다. 경영하거나 꾀하는 일은 이익이 없고, 잡음과 훼방이 따른다. 멈추면 재앙이 사라지고, 운이 좋으면 멀리 유람한다.

■ 2월 851
진실로 오르니 대길하며 위와 뜻이 맞는다. 땅의 기운이 불어나 신의가 오르니 반드시 이루어진다. 강하며 중정을 따르니 어진 사람도 함께 나아간다. 벼슬한 사람은 영전하고, 선비는 높이 천거된다. 경영하거나 꾀하는 일은 마음대로 되니 점입가경이다.

■ 3월 615
주식에서 기다리니 편안하게 때를 기다린다. 도로 극진히 행하면 반드시 소득이 있을 것이다. 임금의 잔치에서 음식을 먹고 식읍을 받을 영화가 있다. 반드시 독식과 재물이 있고, 혼인할 운이다. 잔치 음식을 베푸는 경사가 있다.

■ 4월 632
부인이 수레에 가린 물건을 잃었으나 쫓아가지 않으면 길하다. 시기가 이미 기제니 다시 나갈 수 없다. 예의 없는 구차한 행동을 하지 말라. 처음에는 역수이나 나중에는 순수이고, 처음에는 잃으나 나중에는 얻는다. 그러나 운이 흉하면 상실이나 도망이 따른다.

■ 5월 516
이미 화하여 처한 것은 덕을 숭상하며 쌓았기 때문이다. 달이 거의 보름이 되었으니 부인이 견고하면 위태롭다. 군자는 나가면 반드시 소인의 간계와 시비로 시끄럽다. 시끄러움 속에서는 물러나고, 즐거운 곳에서는 탐하지 말라.

■6월 523

북치며 파하고, 울며 노래한다. 인심이 밖으로 움직이니 어찌 편안하겠는가. 동료와 불목하며 진퇴가 있다. 기쁨 속에 근심이 있고, 즐거움 속에 슬픔이 있다. 명예와 이익을 구하나 득실은 반반이다.

■7월 551

초기에 손순하면 진퇴의 뜻을 의심받을 뿐이다. 무사처럼 꿋꿋해야 그 뜻을 다스릴 수 있다. 진퇴가 일정하지 않은데 어려운 가운데 쉬운 것도 있다. 무관 선출이면 유리하나 문관 선임이면 막힌다. 득실이 있는데 의심과 훼방이 많이 따른다.

■8월 154

꾸러미에 고기가 없으니 흉하다. 상하로 만날 수 없으니 고립되어 어렵다. 인심은 흩어지고 만사는 모두 무너진다. 내쫓기고 강등되어 욕을 면하기 어렵다. 날마다 시비가 생기며 수도(나이)에 불리하다.

■9월 572

기러기가 반석으로 날아가니 음식에 즐거움이 있다. 험난함에서 점점 멀어져 평안해진다. 녹을 먹고 제주를 담당하거나 군신의 잔치에 간다. 금은·곡식·고기도 많고 이롭지 않은 일이 없다. 가는 곳마다 반석처럼 편안하다.

■10월 775

말에 순서가 있으면 후회는 없으리라. 언행을 조심하라. 말을 그치면 허물도 작아진다. 언론직이 좋은데 큰 책임을 맡는다. 한 말로 주인과 맞으니 언론 시험에서 명예를 이룬다.

■11월 583

나의 소행으로 진퇴하게 된다. 좋은 것을 순응하면 도덕을 잃지 않을 것이다. 진퇴가 무상하고, 쟁탈이 한결같지 않다. 득실이 정해져 있지 않으니 다시 잘 살펴봐라. 진실을 알면 설행하고, 어려움을 알면 물러서라.

■12월 686

친하게 지내며 돕는데 머리가 없으니 끝도 없다. 버리는 시기이니 반드시 흉하다. 대중이 도와주지 않으니 처세가 위험하고, 위에서도 도와주지 않으니 명예를 얻기 어렵다. 형극과 재앙으로 인정이 흩어질 것이다.

뇌천대장괘 4효(雷天大壯卦 四爻)

올바르면 후회할 일이 없고, 큰 차 바퀴통도 건장하다. 한격도 이미 열려 있으니 다시 곤궁해지지 않는다. 재앙이 사라지고 복이 따르니 진취할 수 있다. 시험을 보면 높이 장원하며 길도 넓게 뚫린다. 오래 조용하면 반드시 몽하고, 몽하면 길하다.

■ 정월 215
비린 잎도 과감하게 처결하듯 중도를 행하면 허물이 없다. 중도를 얻지 못하면 광대하지 못하다. 간신의 침해가 있으나 조금은 발전한다. 오래 막히다 한관으로 복직된다. 소송은 펴지며 병도 치유되고, 경영하거나 꾀하는 일은 뜻대로 된다.

■ 2월 232
신중하게 개혁하고 아름답게 실행한다. 유순하며 중정하니 망동하지 않는다. 앞길에 막힘이 없으니 경사를 누리리라. 벼슬한 사람은 영전하고, 선비는 명예를 이룬다. 보통 사람은 기쁨이 많고 모든 일이 잘 된다.

■ 3월 116
지나치게 과한 용이니 내려올 줄 모르다 후회한다. 귀하나 직위가 없고, 높으나 백성이 없다. 사고무친이니 움직이면 후회할 일이 생긴다. 귀양갈 운으로 눈앞에 재앙이 닥친다. 너무 강하면 꺾이는 법이고, 망동하면 손실이 따르는 법이다.

■ 4월 123
애꾸눈으로 보며 절름발이로 걷는다. 호랑이 꼬리를 밟았으니 매우 흉하다. 하는 일이 바르지 못하니 반드시 상해가 따른다. 시비가 불리하니 감옥이나 송사가 따른다. 만약 깊이 살피지 않으면 자신과 가정이 망할 수 있다.

■ 5월 151
쇠로 된 말뚝에 매두면 견고하며 바르니 길하다. 돼지가 껑충 뛰듯 함부로 움직이고 싶은 마음이 간절하다. 앞으로 나아가도 심란한데 좌천이 어인 일인고. 귀인의 도움을 받으며 출산양육할 운이다. 그러나 수가 나쁘면 질병·감옥·소송이 따른다.

■6월 554

손순하여 후회할 일이 없고, 사냥하여 3품(제기·고기·손님)을 얻는다. 사냥하여 모든 해로움을 제거하고 반드시 수확을 많이 거둔다. 일으킨 일이 크고 풍성해 공도 있고 왕성하다. 능히 강함을 이겨 무공을 이어간다. 공과 명예를 이루고, 이익과 복도 받는다.

■7월 172

황소가죽으로 묶어두는 것은 뜻이 견고하기 때문이다. 궁과 통달은 이미 정해져 있으니 앞일을 말하지 말라. 관직은 언론이 유리한데 항상 본분을 지켜라. 육축이 유리하다. 그러나 흉한 운이 오면 집안에 소송이 생긴다.

■8월 375

활을 당겨 꿩을 쏘면 백발백중이다. 상하로 친하니 길을 떠나면 매우 좋다. 움직여도 실책이 없으니 평이 좋고 복록이 있다. 존귀한 수상과 가까이 하여 영화를 누린다. 영화와 경사가 따를 운으로 살아가는 데 걱정이 없다.

■9월 183

지위가 부당하니 부끄럽다. 항상 졸렬한 권모술수를 부리다 선을 해친다. 인정은 쉽게 변하니 움직이면 의심을 받는다. 관직에서 물러나 쉬면서 비난을 막아라. 시비와 분쟁이 비온 뒤 죽순 솟듯한다.

■10월 286

위에 있으면서 편하지 못하니 눈물 콧물까지 흘리며 탄식한다. 남들이 친하려고 하지 않으니 궁색하기 그지없다. 전진은 평온하지 않고, 일마다 번거롭고 요란하다. 어른과 아이를 불문하고 근심이 따르니 안정되지 않는다. 명리도 허망하고 수명도 길지 않다.

■11월 584

나라의 광채를 관망하는 것이니 왕의 손님이 되면 이롭다. 성군이 위에 있으면 어진 사람은 나아가기를 원한다. 치국평천하하면 베풂이 백성에게 젖어든다. 벼슬한 사람은 내직으로 가고, 선비는 과거에 급제한다. 관광이나 외방업을 하면 반드시 큰 이익을 얻을 것이다.

■12월 541

크게 시작하면 이롭고, 크게 길해야 허물이 없다. 남에게 큰 이익을 주면 자연히 그 이익이 돌아온다. 그러나 모두 잘 하지 않으면 허물을 면할 수 없다. 관직자는 높이 영전하고, 진취하면 큰 우두머리가 된다. 크게 꾀하고 마음대로 된다.

뇌천대장괘 5효(雷天大壯卦 五爻) ☳☰

겉은 부드러우나 속은 강하니 건장함을 쓰지 않는다. 바르고 안정되게 지키면 좋으나 망동하면 재앙이 생긴다. 거칠어진 정치로 파직·연금·명예 상실이 따르며 성공하지 못한다. 좋은 계책은 펼 수 없으니 이로운 것이 하나도 없다. 만일 병자이면 몸을 잃을 수 있다.

■ 정월 316
하늘이 도와주니 이롭지 않은 것이 없다. 신의와 순리를 지키며 어진 사람을 숭상한다. 가득 차면 잃을 수 있으니 겸손하라. 벼슬한 사람은 직위가 좋아지고, 선비는 명예를 이룬다. 윗사람의 비호로 복과 경사를 누린다.

■ 2월 323
수레가 끌려가는 것을 보고 그 소는 제거된다. 머리털은 뽑히고 코는 잘리는 격이니 처음은 없고 끝만 있다. 지위가 부당하며 강적을 만난다. 꾀하며 바라는 일에 막힘이 있으니 험난함에서 편안함을 구하라. 만약 흉한 운을 만나면 골육의 형상이 따른다.

■ 3월 351
솥발이 자빠진 것처럼 나쁘니 더러움을 내보내야 이롭다. 만약 어진 첩을 얻으면 그 아들에게는 허물이 없다. 악은 버리고 좋은 것만 받으니 귀인을 따른다. 남의 덕으로 성사되고, 첩과 자식을 얻는다. 근심은 흩어지고 기쁨이 생기며, 천민은 귀하게 된다.

■ 4월 754
더디게 처사하니 매일 더 어그러진다. 가면 부끄러움을 보게 되니 어찌 일을 구제하랴. 안일무사하면 좋은 곳이라도 흉으로 내닫는다. 방종한 욕망으로 안일을 도모하면 일마다 손해를 본다. 발에 병이 생기거나 험난함에 빠질까 두렵다.

■ 5월 372
나그네는 여관으로 가고, 재물도 품에 지닌다. 시종이 착하니 끝내 과실이 없다. 유순하고 중정하니 마음이 내외를 얻는다. 적극적으로 나아가 명예를 이루거나 성조나 집을 수리한다. 다른 군에서 일을 꾀하고, 식구가 늘거나 좋은 부하를 얻을 수 있다.

■6월 175

물러나 숨는 것이 좋은데 바르고 견실하면 길하다. 뜻에 사나 흐트러짐이 없으니 움직이고 쉬는 데 어김이 없다. 꽃 선경에 피고 꽃방석에 불을 끈다. 등용되거나 영전할 운으로 반드시 좋은 기회가 온다. 몸은 존귀한 사람과 가까이 하며 경사가 생길 수 있다.

■7월 383

여러 사람이 미더워하니 위에 올라 행한다. 대중이 믿고 따르니 어찌 불리하겠는가. 관직자는 승진이나 영전하고, 선비는 천거된다. 벗을 얻어 함께 일하니 경영하거나 꾀하는 일을 이룬다. 먼저 도적을 막고, 뒤로는 사람의 도주를 예방하라.

■8월 486

즐거움에 어두워 성취하기는 하나 변하면 허물이 없다. 끝없는 욕망을 따르면 죽는다. 탐관오리가 되어 귀양가기 쉽고 어두워 차질이나 잘못이 있다. 교만하면 분쟁·소송·재난이 따르나 개과천선하면 허물을 면할 수 있다.

■9월 784

절박한 재난을 만나 살까지 떨어져 나간 상이다. 장차 몸을 망치니 매우 흉하다. 아첨과 간신을 막지 않으면 기회를 만나기도 어렵다. 거듭 형극이 와 위험과 험난함에 빠진다. 뜻밖의 재난을 만나는데 그 흉함은 말로 다 표현할 수가 없다.

■10월 741

스스로 지키지 못하는데 마음은 이미 동했다. 욕망에 미혹되어 자신을 잃으니 매우 흉하다. 염치를 버리고 함부로 음탕하게 굴면 꾸지람을 듣는다. 거역하며 재물을 다투지 말고 정도를 지켜야 면할 수 있다. 선비는 적극적으로 나아가면 먹을 것을 얻는다.

■11월 585

자신의 득실을 보아 인민의 좋고 나쁨을 살펴라. 태평과 난국이 나에게 달려있다. 벼슬과 녹은 숭고하고, 문장은 세상을 덮는다. 생활은 날로 좋아지고, 부인은 생산과 양육이 있다. 병에 시달리는 사람이라도 생명은 보전한다.

■12월 562

흩어질 때 편안함에 의지하면 후회할 일이 없고 소원을 이룬다. 안에서 중도를 지키면 편안하다. 중요한 권세를 잡고 작전계획을 세운다. 선비는 명예를 얻고, 보통 사람은 가정을 이룬다. 그러나 흉한 운을 만나면 분주하며 실물한다.

연평 416

뇌천대장괘 상효(雷天大壯卦 上爻)

불친 양이 울타리를 밟으니 물러서지도 이루지도 못한다. 이로울 것이 없으니 어려워야 길하다. 일의 어려움을 알고 함부로 가볍게 여기지 말라. 벼슬한 사람은 감봉이나 퇴출되고, 선비는 물러나기도 어렵다. 분수를 넘고 이치를 어기면 시비·투쟁·소송이 따른다.

▪ 정월 451
항구함에 빠져 올바르더라도 이로울리 없으니 흉하다. 급히 구하면서 깊이 들어가 항구한 도를 잃는다. 군주에게 신용을 얻지 못하고, 지기도 만나기 어렵다. 인정이 통하지 않으며 거리에서 방황한다. 서두르나 이루지 못한다. 그러나 안정하면서 지키면 흉은 면한다.

▪ 2월 854
왕이 기산에 형통하니 길하다. 위로는 천자에게 순응하고, 아래로는 어진 사람에게 순응한다. 높은 지위에 오르고, 선비는 명예를 이룬다. 산천의 이익과 산수의 즐거움이 있다. 승려는 제사 흠향하나 운이 흉하면 산으로 돌아간다.

▪ 3월 472
할아버지를 지나 할머니를 만나고, 임금을 지나 신하를 만난다. 정도를 지키며 중도를 얻으니 스스로 본분을 안다. 자신의 직책에서 앞으로 나아가 명예를 이룬다. 귀인이 이끌어주면 모든 일이 이루어진다. 여인의 도움을 받으나 운이 흉하면 어머니 재앙이 따른다.

▪ 4월 275
등심에 감응이 있으니 뜻이 사물을 감동시키지 못한다. 진퇴에 구속이 없고, 중심에는 사기가 없다. 같은 관료는 기뻐도 앞으로 나아가기는 어렵다. 인정이 어그러지며 떨어져 나가니 경영하거나 꾀하는 일은 시소하다. 사욕에 감응하면 사물을 감동시킬 수 없다.

▪ 5월 483
쳐다보면서 즐거워하다 후회하고, 더뎌도 후회한다. 처신이 부정하면 진퇴에 후회만 있다. 구하고 바라는 일은 되지 않으니 빨리 고쳐라. 우유부단하면 후회와 과실을 막기 어렵다. 잠시 전진하고 잠시 후퇴하니 시비가 한결같지 않다.

■ 6월 386

뿔 위까지 나가 사심의 마을을 쳐라. 진퇴가 심란하니 정당한 곳에 처해도 부끄럽다. 안으로 사심을 치료하며 반성하면 허물은 없다. 집을 다스리는 상으로 성조나 집수리할 운이다. 수가 불길하면 정벌·분쟁·소송이 따른다.

■ 7월 884

주머니를 묶는 것처럼 하면 허물이 없고, 조심하면 해롭지 않다. 상하가 막히고 끊겼으니 자처하라. 승진이나 영전은 어려우니 현직에서 조심하라. 진취하기 어렵고, 경영이나 꾀하는 일도 막힌다. 조심하며 견고해야 뜻밖의 화를 면할 수 있다.

■ 8월 841

머지않아 회복하며 수신한다. 후회할 일이 없으니 매우 길하다. 관직이 청고하며 임금을 곁에서 돕는다. 선비는 장원하고 경영하는 일들은 이익을 본다. 개과천선하니 일마다 이롭지 않은 것이 없다.

■ 9월 685

친히 돕는다는 뜻이며 지위가 중정하다. 왕이 세 번 짐승을 모니 어질다는 것을 알 수 있다. 역을 버리고 순리를 따르며, 자신을 용서하는 마음으로 남을 대한다. 관직자는 영전하고, 선비는 과거에 급제한다. 처음에는 힘드나 나중에는 순탄하니 이롭지 않은 것이 없다.

■ 10월 662

험난함의 연속이나 구하는 것은 다소 얻는다. 재주가 족하여 자위하니 마음은 항상 형통하다. 책임이 작으니 작은 시험은 이롭다. 사람이 출중하지 못하나 경영하는 일은 다소 이룬다. 험난함과 심장·복부·혈액 질환이 따른다.

■ 11월 586

살아가는 것을 보니 군자이면 허물이 없다. 자신을 반성하면서 시종 한마음으로 한다. 경영하거나 꾀하는 일은 막히니 만족하지 못한다. 병자는 살아나고, 임신하면 유리하다. 진취가 심난하니 물러나 수신하면서 반성하라.

■ 12월 573

기러기가 육지로 올라오나 편안한 곳이 아니다. 남편은 나가 돌아오지 않고, 부인은 임신하나 양육하지 못한다. 그러나 정도를 지키며 사를 막으면 허물은 없을 것이다. 귀양·강등·막힘·침체가 따를 운이다. 인정이 화목하지 못하니 도적이 침범한다.

연평 421

뇌택귀매괘 초효(雷沢歸味卦 初爻) ䷵.

누이동생을 동서로 시집보내고 절름발이가 되어 걸어간다. 덕은 있으나 호응이 없으니 직분만 다할 뿐이다. 벼슬한 사람은 요장이 되고, 선비는 작은 시험이 좋다. 보통 사람은 작은 덕이 있어 꾀하는 것은 이루나 종이나 첩을 들이거나 세력가에게 몸을 맡긴다.

■ 정월 442
벼락이 치니 위태롭다. 강세를 탔기 때문이다. 재물이 상할까 두려워 높은 언덕에 오른다. 험난함과 간사함을 만나 처음에는 미혹되다 나중에는 얻는다. 노인은 목숨이 위험하고, 젊은이는 반드시 놀랄 일이 생긴다. 분쟁·소송·실물은 7에서 생긴다.

■ 2월 245
미덥고 진실하게 아름다우니 그 지위가 중정하다. 성실하게 선을 따르니 매우 착하다. 자신을 버리고 선을 따르니 크게 형통한다. 벼슬한 사람은 영전하고, 선비는 등용이나 천거된다. 경영하거나 꾀하는 일은 순조로우니 경사가 많다.

■ 3월 433
장막이 많으니 대낮에도 작은 별을 본다. 오른팔을 끊으면 허물은 없을 것이다. 윗사람의 응원은 전혀 없으니 큰 일은 불가하다. 휴직하는 것이 유리하며 진취 또한 어렵다. 경영하거나 꾀하는 일도 이루지 못하고, 수족에 액이 따른다.

■ 4월 336
왕이 출정하는 것은 나라를 올바르게 하기 때문이다. 간신과 죄악을 살피고, 위엄과 형벌을 실행한다. 천하를 밝게 분별하는 것은 아름다운 공을 세우기 위해서다. 출사하면 공업을 이루고, 앞으로 나아가면 우두머리가 되고, 경영하는 일에서는 이익을 얻는다.

■ 5월 834
왼쪽 배로 들어가 마음과 뜻을 얻는다. 간사함에 마음을 뺏긴 후에야 밖으로 행한다. 어두운 땅이 얇으니 어두웠던 자라도 나오게 된다. 밖에 나가 경영을 꾀하고, 부인은 아들을 낳는다. 한가한 관직도 일을 맡으나 뜻은 멀어진다.

■ 6월 871

겸손한 군자는 스스로 낮춰 기른다. 큰 내를 건너도 불길함이 없다. 지극히 겸손하면 대중도 같이 한다. 관직은 목민인데 보배를 품고 초빙을 기다린다. 먼 강호를 건너 상업이나 여행을 하라.

■ 7월 635

동쪽 이웃의 소를 잡는 것이 서쪽 이웃의 봄 제사만 못하다. 때를 만나면 복을 받으나 물건이 풍성하지는 않다. 태평한 세상에서는 교만과 사치가 쉽게 싹튼다. 하는 일은 때를 잃기 쉽고, 원대한 꿈은 헛되게 된다. 바라는 일은 불리하고, 서쪽은 좋으나 동쪽은 흉하다.

■ 8월 612

점점 험난해지니 언어에 상처가 있다. 굳센 중용으로 잘 기다리면 결국은 길하다. 정당한 이론이 사에 막히고, 시험에서는 책망을 듣는다. 어린아이의 투쟁이나 소송은 반드시 시비가 된다. 남을 너그럽게 대하면 모든 일이 자연히 밝아진다.

■ 9월 536

신뢰와 위엄으로 행하면 결국은 길하다. 자신이 도를 행하지 않으면 처자에게도 강요할 수 없다. 가정을 다스리려면 자신이 먼저 바르게 해야 한다. 지위가 높고 권세가 중하니 앞으로 나아가 명예를 이룬다. 경영하거나 꾀하는 일은 뜻대로 되고, 여자는 귀부인이 된다.

■ 10월 543

유익함을 흉한 일에 쓰니 어려움이 덜어진다. 믿음으로 중도를 행하면 공사에 고할 때 인감을 쓰는 것처럼 할 것이다. 조정에서 귀인으로 크게 쓰이며 명예와 공을 이룬다. 인선이나 품수를 바꾸면 보통 사람은 이익을 얻는다. 그러나 운이 흉하면 비상한 재앙을 당한다.

■ 11월 571

기러기가 물가로 가니 어린아이는 위태롭다. 재주는 매우 약한데 윗사람의 응원도 없다. 말을 하는 관직으로 학문 소송으로 귀양도 논한다. 선비는 응원이 없으니 막힘이 있다. 곤궁과 액을 많이 당하나 꾀하는 일은 막히지 않는다.

■ 12월 174

군자는 좋게 물러설 수 있으나 소인은 어렵다. 작은 것은 버리고 높은 것을 꾀하면 욕을 당하며 위태로워진다. 시운이 불리하니 휴직하고 몸을 피하라. 여자의 도움을 받다가 오히려 화근이 된다. 사를 버리고 공사를 받들면 재난은 면할 수 있다.

뇌택귀매괘 2효(雷沢歸昧卦 二爻) ☷☳.

여자는 어진데 배우자가 어리석으니 내조를 해도 이루기 어렵다. 조용히 정도를 기르며 자신을 선하게 만든다. 하나는 어둡고 하나는 밝으니 어찌 둘 다 성취하랴. 직위가 바뀌기 어렵고, 기회를 만나기도 어렵다. 옛것을 지키면서 안정하면 재난과 해는 생기지 않는다.

■ 정월 413
소인은 건장함을 쓰나 군자는 쓰지 않는다. 숫양이 울타리를 받으나 그 뿔만 곤궁해진다. 재앙이 되는 일에 많이 얽혀 발전하기 어렵다. 관재와 소송에 연루되고, 효복을 입을 수 있다. 망령되게 행동하면 곤궁해지며 사람과 재물도 불리하다.

■ 2월 316
하늘이 도와주니 이롭지 않은 것이 없다. 신의와 순리를 지키며 어진 사람을 숭상한다. 가득 차면 잃을 수 있으니 겸손하라. 벼슬한 사람은 직위가 좋아지고, 선비는 명예를 이룬다. 윗사람의 비호로 복과 경사를 누린다.

■ 3월 814
겸허한데 부자가 되지 않으니 성의가 상합한다. 중도를 지키고 뜻이 같으면 소원도 이룬다. 관직자는 물러나게 되며 꾀하는 일은 이루기 어렵다. 경영하거나 꾀하는 일은 이익이 없고, 잡음과 훼방이 따른다. 멈추면 재앙이 사라지고, 운이 좋으면 멀리 유람한다.

■ 4월 851
진실로 오르니 대길하며 위와 뜻이 맞는다. 땅의 기운이 불어나 신의가 오르니 반드시 이루어진다. 강하며 중정을 따르니 어진 사람도 함께 나아간다. 벼슬한 사람은 영전하고, 선비는 높이 천거된다. 경영하거나 꾀하는 일은 마음대로 되니 점입가경이다.

■ 5월 615
주식에서 기다리니 편안하게 때를 기다린다. 도로 극진히 행하면 반드시 소득이 있을 것이다. 임금의 잔치에서 음식을 먹고 식읍을 받을 영화가 있다. 반드시 독식과 재물이 있고, 혼인할 운이다. 잔치 음식을 베푸는 경사가 있다.

■ 6월   632

부인이 수레에 가린 물건을 잃었으나 쫓아가지 않으면 길하다. 시기가 이미 기제니 다시 나갈 수 없다. 예의 없는 구차한 행동을 하지 말라. 처음에는 역수이나 나중에는 순수이고, 처음에는 잃으나 나중에는 얻는다. 그러나 운이 흉하면 상실이나 도망이 따른다.

■ 7월   516

이미 화하여 처한 것은 덕을 숭상하며 쌓았기 때문이다. 달이 거의 보름이 되었으니 부인이 견고하면 위태롭다. 군자는 나가면 반드시 소인의 간계와 시비로 시끄럽다. 시끄러움 속에서는 물러나고, 즐거운 곳에서는 탐하지 말라.

■ 8월   523

북치며 파하고, 울며 노래한다. 인심이 밖으로 움직이니 어찌 편안하겠는가. 동료와 불목하며 진퇴가 있다. 기쁨 속에 근심이 있고, 즐거움 속에 슬픔이 있다. 명예와 이익을 구하나 득실은 반반이다.

■ 9월   551

초기에 손순하면 진퇴의 뜻을 의심받을 뿐이다. 무사처럼 꿋꿋해야 그 뜻을 다스릴 수 있다. 진퇴가 일정하지 않은데 어려운 가운데 쉬운 것도 있다. 무관 선출이면 유리하나 문관 선임이면 막힌다. 득실이 있는데 의심과 훼방이 많이 따른다.

■ 10월   154

꾸러미에 고기가 없으니 흉하다. 상하로 만날 수 없으니 고립되어 어렵다. 인심은 흩어지고 만사는 모두 무너진다. 내쫓기고 강등되어 욕을 면하기 어렵다. 날마다 시비가 생기며 수도(나이)에 불리하다.

■ 11월   572

기러기가 반석으로 날아가니 음식에 즐거움이 있다. 험난함에서 점점 멀어져 평안해진다. 녹을 먹고 제주를 담당하거나 군신의 잔치에 간다. 금은·곡식·고기도 많고 이롭지 않는 일이 없다. 가는 곳마다 반석처럼 편안하다.

■ 12월   775

말에 순서가 있으면 후회는 없으리라. 언행을 조심하라. 말을 그치면 허물도 작아진다. 언론직이 좋은데 큰 책임을 맡는다. 한 말로 주인과 맞으니 언론 시험에서 명예를 이룬다.

뇌택귀매괘 3효(雷沢歸昧卦 三爻) ☳☱

누이동생 시집보낼 때를 기다리니 천한 여성임을 알겠다. 사람들은 덕이 없는 여인을 취하지 않는다. 벼슬한 사람은 귀양이나 강등이 두렵고, 선비는 때를 기다려라. 고생하나 진퇴를 근심한다. 아내를 내보낼 운인데 혹 총애하는 종을 들이기도 한다.

■ 정월 824
지극한 도가 임하니 허물이 없고 지위도 당연하다. 임하는 도는 가까운 것을 숭상하니 동료들 덕으로 아름다운 혜택을 입는다. 인정이 화합하니 경영하는 일은 모두 순탄하나 모든 일은 먼저 살핀 뒤 시작하라.

■ 2월 861
출사할 때 율법을 어기면 흉하다. 신하가 도리를 다하면 임금의 총애도 날로 깊어진다. 문장과 의리로 합하니 공명을 이루고, 경영하는 일은 법도를 지키니 재물은 날로 늘어난다. 경솔하면 재앙을 당하는데 운이 흉하면 매우 험상궂다.

■ 3월 625
달콤한 절제요 법도이니 길하고, 나가면 가상함이 있다. 자신을 지키면서 편안하게 행하면 천하도 기꺼이 따라준다. 수원이 감미로우면 내로 흘러도 쉬지 않는다. 관직자는 영전이나 발탁되고, 선비는 상달한다. 꾀하거나 바라는 일은 이루어지고, 행하는 일은 가상함이 있다.

■ 4월 642
막히고 어려우니 말을 타고 나가지 못하고 머뭇거린다. 운이 흉하고 이치가 다했으니 망령되게 구하는 자도 갔다. 신분과 직위를 고쳐 권세가 날로 심하다. 선비는 나아가기 어렵고 혼인할 운이다. 운이 흉하면 난리·소송 구속연금이 따른다.

■ 5월 526
소리가 하늘에 닿으나 어찌 오래가랴. 신의도 다하면 쇠퇴하고, 충성도 독실하면 안으로 상실감이 생긴다. 왕궁에 올라 천자와 함께 한다. 높은 것을 다투며 강함을 억제하니 진출하기 어렵다. 혹 사물이 손상되거나 명예와 수명이 보전하기 어렵다.

■ **6월 513**

수레바퀴통이 벗겨지며 부부는 반목한다. 나아가도 이롭지 않고 물러서도 가정이 편안하지 못하다. 영화를 누리다 욕을 보고, 나아가려다 물러선다. 발이나 눈에 병이 생기고, 식구는 분리된다. 모든 재난이 함께 와 가문에 후회하거나 부끄러운 일이 생긴다.

■ **7월 561**

구제하는데 건장한 말을 쓰니 길하다. 굳세고 중정한데 친히 사귀며 서로 구한다. 빨리 영전하며 선비는 비등해진다. 귀인과 교류하거나 천거를 받아 꾀하는 것을 모두 이룬다. 흐트러짐도 초기에 구하면 힘을 들이지 않아도 된다.

■ **8월 164**

송사에서 이기지 못하고 정도로 돌아온다. 안정하면 실책이 되지 않는다. 언행과 동정은 천명을 잃지 말라. 한가로움 속에서 복직되며 진취를 잃지 않는다. 과실을 고치며 선해지니 관재나 소송은 없다.

■ **9월 582**

여인의 정절을 몰래 훔쳐보니 추하다. 보는 것이 밝지 못하니 순종할 따름이다. 재주는 있으나 미치지 못해 문리에 통달하지 못한다. 집에 있으면 어두우나 밖으로 나가면 밝아진다. 여인 때문에 추한 일이 생기고, 여자는 기쁘나 남자는 슬프다.

■ **10월 785**

모든 음이 순종하니 소인도 선해진다. 관식자는 요직에 오른다. 경영하거나 꾀하는 일에 뽑히고 인정도 화합된다. 가정이 화평하며 복이 생기고, 궁궐의 관찰이나 주지가 된다. 궁인의 총애를 받으니 이롭지 않은 것이 없다.

■ **11월 573**

기러기가 육지로 올라오나 편안한 곳이 아니다. 남편은 나가 돌아오지 않고, 부인은 임신하나 양육하지 못한다. 그러나 정도를 지키며 사를 막으면 허물은 없을 것이다. 귀양·강등막힘·침체가 따를 운이다. 인정이 화목하지 못하니 도적이 침범한다.

■ **12월 676**

안에 뜻이 있으니 가면 험난하나 오면 너그러워져 험난함이 해결된다. 대인을 보는 것이 이롭고, 귀인을 따르게 된다. 관직은 내직으로 들어 명예를 이룬다. 귀인을 가까이하면 이익을 얻으나 망동하면 불리해진다.

연평 424

뇌택귀매괘 4효(雷沢歸昧卦 四爻) ䷵

누이동생 시집보낼 때 일 년을 기다려야 하는데 늦는 것도 때가 있다. 여자가 어질고 바르면 가볍게 남을 따르지 않는다. 시운이 불리하니 반드시 때를 기다려라. 관직자는 결원을 기다리고, 학교는 보궐을 기다린다. 밖에 있으면 돌아오지 못하며 혼인도 성사되지 않는다.

■ 정월 225
나쁨을 제거할 수 있으나 한 번은 위태로워진다. 가선과 실선을 구분하지 못하면 위태롭고, 아첨과 가까워지면 흉하다. 벼슬길에는 아첨과 간신이 따르는데 선비는 탈락한다. 모르는 사가 발동해 비밀스러운 화락을 꾀한다.

■ 2월 242
어린아이에게 매이면 장수를 잃게 된다. 사를 멀리하고 정도를 지켜라. 비리를 따르면 진실을 잃게 된다. 일이 안녕하지 못하고 소인이 시비한다. 마음이 두 곳에 묶여 있으니 스스로 지키기 어렵다. 정도를 버리고 사와 호응하면 허물도 클 것이다.

■ 3월 126
일이 되어가는 것을 보고 길흉을 살펴라. 법에 맞게 주선하면 큰 경사가 있고, 개과천선하면 점점 형통한다. 고시를 치루면 반드시 장원한다. 재물과 비단에는 흠이 없으나 아버지 상을 당할까 두렵다.

■ 4월 113
종일 부지런하며 조석으로 조심하라. 신중하게 처신하면 허물은 없을 것이다. 짐은 무거운데 힘은 모자라니 매사가 번거롭다. 일이 여의치 못하니 어찌 재물과 이익을 바라겠는가. 조급하게 움직이면 실패하고, 여자는 재난이 많다.

■ 5월 161
송사를 길게 끌지 않으면 결국은 이롭다. 처사가 중정하니 머지않아 자명해진다. 송사에 비유하면 처음에는 지나 나중에는 이긴다. 일시적인 훼방도 큰 해가 되지 않고, 시비와 재앙도 결국은 해결된다.

■6월 564

여러 당이 흩어지니 크게 길하고 광대하다. 강유가 서로 맞고 군신이 힘을 얻었다. 그 흩어짐을 끌어들여 능히 크게 모은다. 선비는 대중을 초월해 장원한다. 꾀하고 바라는 일은 이루어지고, 이익을 구하면 얻는다.

■7월 182

포용하고 받들면서 순순히 따르라. 소인은 길하나 대인은 비색하다. 부끄러움과 수치를 참으면 자신을 지킬 것이다. 시비와 좋고 나쁨을 분명히 하라. 그렇지 않으면 재해를 벗어나기 어렵다.

■8월 385

후회가 사라지는 곳에서 잃고 얻는 것을 근심하지 말라. 나가면 경사가 있으니 이롭지 않은 곳이 없다. 성의와 충성을 다하니 뜻이 천하에 통한다. 영천이나 발탁되는 기쁨이 있고, 앞으로 나아가 명예를 이룬다. 경영하거나 꾀하는 일이 이로우니 어찌 파란을 염려하랴.

■9월 173

일에 매여 숨지 못하니 병이 되고 위태로움이 있다. 공을 바라지만 펴지 못하니 큰 일은 성사되지 않는다. 질병에 걸리지 않으면 놀람과 위험이 있다. 식구가 늘고 아내를 얻을 운이다. 길흉이 상반하는 운이다.

■10월 276

광대뼈와 혀로 감동시키니 구설만 생긴다. 말이 많으면 욕을 부르고, 도모한 일도 분명하지 않다. 항상 노력하나 마음과 힘만 쓸 뿐이다. 유세하는 업이나 평론가가 되어라. 구설이 분분하니 먼저 훼방을 조심하라.

■11월 574

기러기가 나무로 날아가니 처한 곳이 편하지 않다. 순하게 윗사람을 섬기면 높아도 위태롭지 않다. 강폭함을 막기 어렵고, 옮겨다니는 것도 정처가 없다. 가을(지방) 시험은 가망이 있는데 과거도 될 수 있다. 집수리나 성조도 이롭고, 놀람과 근심도 사라진다.

■12월 531

있는 집에서 방어하면 자연히 후회할 일은 없다. 인정이 방탕하면 반드시 후회할 일이 생긴다. 관직은 한직이며 작은 시험이 유리하다. 꾀하는 일은 이루어지며 혼인할 상이다. 승려는 주지가 되고, 늙은이는 수명이 불리하다.

연평 425

뇌택귀매괘 5효(雷沢歸昧卦 五爻)

천자의 누이동생을 시집보내니 보름이 되면 길하다. 존귀하면서 낮추고 귀하면서 굴복하는 것은 여인의 덕이 융성함이다. 영전할 수요 등과할 운이다. 꾀하면 뜻대로 되고 혼인하고 재물을 얻는다. 영화의 길에 오르는데 국빈이 될 수도 있다.

▪ 정월 326

거슬리며 어그러져 합하기 어려우니 외롭다. 돼지 진흙과 귀신 한 차 싣는 것을 본다. 모든 의심이 사라지니 원수가 아니라 결혼이다. 의심하며 염려했는데 결정한 뒤에 보니 좋은 소식이다. 어려움과 속임을 당하기 쉽고, 처음에는 손해를 보나 나중에는 좋다.

▪ 2월 313

공후가 천자에게 드리니 소인은 이기지 못한다. 대신이 임금을 얻으면 충성하게 된다. 조정에서 중임을 맡고, 선비는 크게 괴수된다. 소인은 무리가 속이고 멸시하니 반드시 재해가 따른다. 운이 불리하면 형극이나 상해를 면하기 어렵다.

▪ 3월 361

꼬리에 물을 적셨으니 이보다 더 부끄러운 일이 있겠는가. 그 재주를 헤아려 볼 줄 모르니 알지 못함의 극치다. 앞길이 험난하게 막혔으니 전진하기 어렵고, 경영하는 일은 뜻대로 되지 않는다. 물을 건너거나 배를 탈 때는 조심하라.

▪ 4월 764

어리석으며 곤궁하니 부끄럽고 실재와 거리가 멀다. 스승과 친하지 않고 어진 벗도 얻지 못한다. 관직자는 끌어주거나 구원이 없으니 앞으로 나아가기도 어렵다. 인정은 어그러지고 경영은 막힌다. 조용히 있으면 재난이 없으나 움직이면 손해를 본다.

▪ 5월 382

앞으로 나아가 근심하나 견고하며 바르면 길하다. 중정으로 스스로 지키면 당연히 남이 구해준다. 왕이 총명하게 나아가면 처음에는 좌절하나 나중에는 믿는다. 구하고 꾀하는 일은 뜻대로 되며 어머니의 힘이 많다. 아내의 재물에 이익이 있을 수 있다.

■ 6월   185

편안할 때 위태로움을 염려하고, 있을 때 망실을 생각한다. 재난은 가고 새 복이 온다. 원수와 시기하는 자는 가고 명리도 이룬다. 전답과 잠업이 유리하며 창고에 가득 차게 된다. 깊이 생각하고 염려해 환란의 실마리를 막아라.

■ 7월   373

나그네가 집을 불사르는데 진실한 시종도 잃었다. 마음만 심란해 베개 베고 탄식한다. 벼슬한 사람은 직위를 잃고, 선비는 명예를 잃는다. 집은 불에 타고 인구마저 잃는다. 지나치게 강해 되지 않고, 여행하다 재난을 당한다.

■ 8월   476

이미 극에 차 만나지 않고 지나간다. 이치를 어기고 정상을 지나니 신속하기가 나는 것과 같다. 천재와 인재를 모두 당한다. 분수를 넘으면 재난이 생기는데 의외의 재앙도 있다. 복제의 수인데 천명을 벗어나기 어렵다.

■ 9월   774

몸에 그치니 허물이 없다. 몸을 보지 못하면 그 사람도 볼 수 없다. 망동하지 않으면 허물이 없다. 그 직위에서 벗어날 생각은 하지 말고 편안하게 있어라. 분수를 지키면 편안하나 분수를 넘으면 불가하다.

■ 10월   731

발을 꾸미니 차를 놓아두고 걷는다. 행동이 올바르며 절의와 의리를 지킨다. 자리에서 물러나거나 강등될 수 있다. 길에서 분주하며 쉬운 것을 버리고 어려움을 쫓는다. 친한 곳을 멀리하고 낯선 곳을 향해야 길하다.

■ 11월   575

기러기가 언덕으로 날아간다. 3년이 되어도 임신하지 못한다. 결국은 이기지 못하나 소원은 이룬다. 중정의 도는 반드시 이루어진다. 처음에 잃으나 나중에는 얻고, 처음에 어두우나 나중에는 밝아진다. 노인은 수명이 손상되고, 어린이는 기르기 어려울 수 있다.

■ 12월   552

무당이 점치면서 빌면 허물이 없다. 성의로 다하면 신명도 통한다. 역사가 언론인이며 명예를 이룬다. 성실하게 사람을 감동시키니 도모하는 것도 잘 된다. 그러나 운이 불길하면 무사가 비는 제사가 있다.

연평 426

뇌택귀매괘 상효(雷泽歸昧卦 上爻) ䷵

광주리를 받아도 비어 있고, 양을 잡아도 피가 없다. 제사가 끊어지면 여인의 시집도 종말이다. 빈 자리로 실이 없으니 앞으로 나아가도 헛된 명예뿐이다. 경영하거나 꾀하는 일은 모두 비어 있으니 헛되게 심신만 고생한다. 노인은 불리한데 초상이나 제사의 근심이 있다.

■ 정월 461
강유 사이에 있으니 의당 허물은 없다. 밑에 있으면서 윗사람과 호응하니 어려움도 풀린다. 안녕하고 무사하니 옛날의 수심도 점점 사라진다. 선비는 과거에 급제하며 영전할 기회가 있다. 미혼자는 결합되며 경영하는 일은 잘 된다.

■ 2월 864
진영으로 후퇴하면 허물이 없고 떳떳함을 잃지 않았다. 군사를 완전히 후퇴시키니 전복 패망과는 멀다. 관직 길은 험난하고 선비는 사감생이다. 편히 있으면서 직업을 즐겁게 여기고 망동하지 말라. 객사를 성조하거나 여관에서 살게 된다.

■ 3월 482
절개가 돌처럼 단단하니 뜻을 지킨다. 위로는 아첨하지 않고 아래로는 더럽히지 않는다. 기미를 알고 선처하는 것은 모든 사람의 소망이다. 급류에서 용감히 물러나 진취하면 명예를 이룬다. 보통 사람은 이익을 얻는데 안정해야 길하다.

■ 4월 285
모이는데 자리를 두나 뜻은 빛나지 못한다. 덕과 지위가 맞으면 움직여도 백성이 기뻐한다. 스스로 큰 선을 닦으면 복종하지 않는 것이 없다. 인정이 미덥지 못하며 도덕을 닦지 못한다. 인정이 화합하지 못하니 경영하거나 꾀하는 일이 막힌다.

■ 5월 473
예방하지 않으면 재난을 면하기 어렵다. 음모와 간신의 해로움이 있고, 정지와 강등의 우려가 있다. 여러 음이 해롭게 구는데 자신의 강함만 믿는다. 작은 물건이라도 조심하면 큰 해로움은 없다.

■ 6월 376

나그네는 그 집을 불사르고, 처음에는 웃으나 나중에는 울부짖는다. 지나치게 강해 자만하면 편안한 곳도 잃는다. 순한 덕을 쉽게 잃으니 처음에는 통쾌하나 나중에는 위태로워진다. 좋은 가운데 손실이 있으니 이사나 성조를 하라. 운이 나쁘면 화재나 눈병이 생길 수 있다.

■ 7월 874

겸손하니 모두 좋으며 법을 어기지 않는다. 행동이나 일은 모두 겸손하게 한다. 관직자든 아니든 무소불통이다. 선비나 농업·공업·상업에 종사하는 사람은 물러나 양보하라. 만약 겸양하지 못하면 반드시 손해를 본다.

■ 8월 831

위로 나아가는 것이 상했으니 기미를 보아 먼저 피하라. 가면 말이 있으니 어찌 좇히 괴이하랴. 관직은 정지되거나 강등되니 물러나 쉬는 상이다. 나르려다 날개 드리우니 발전하기 어렵다. 해가 흉년을 만났으니 재물과 곡식이 풍부하지 못하다.

■ 9월 675

큰 어려움에 부딪쳤는데 벗이 오니 절의로 대한다. 충정한 신하와 자식의 도움을 더욱 많이 받는다. 관직은 요직에 오르며 진취하여 적중한다. 좋은 사람이 이끌어주고 천거하니 이롭지 않은 것이 없다. 신하는 충성하고 자식은 효도하니 가정이 화애롭다.

■ 10월 652

위로 끌어올릴 수 없으니 구제하는 공이 없다. 물장군이 깨져 물이 새니 사람을 구할 수 없다. 물러난 곳에서 수양하면서 그릇을 감추고 때를 기다려라. 응원이 없으나 조심하면서 지키면 화를 피할 수 있다. 덕은 족하나 힘은 약하니 사물에 미칠 수 없다.

■ 11월 576

기러기가 허공으로 날아가듯이 그 뜻이 초연하다. 사람으로 논하면 보통을 넘어간다. 나아가는 것을 잃지 않고 현달하여 높이 된다. 선비는 명예를 얻어 한번 날면 하늘도 찌른다. 복의 근원이 영원하니 재앙이나 근심이 침범하지 않는다.

■ 12월 583

나의 소행으로 진퇴하게 된다. 좋은 것을 순응하면 도덕을 잃지 않을 것이다. 진퇴가 무상하고, 쟁탈이 한결같지 않다. 득실이 정해져 있지 않으니 다시 잘 살펴봐라. 진실을 알면 설행하고, 어려움을 알면 물러서라.

연평 431

뇌화풍괘 초효(雷火豐卦 初爻) ☲☳.

짝이 되는 주인을 만나 마음이 같으면 허물이 없다. 나가면 가상하나 열흘이 지나면 재앙이 생긴다. 반드시 밝은 군주를 만나 명예를 이룬다. 귀인과 교류하며 꾀하는 일을 이룬다. 그러나 너무 큰 일을 시작하면 반드시 재앙이 된다.

■ 정월 412
견고하고 바르게 중도를 행하면 길하다. 중정을 잃지 않으면 충분히 길하다. 깨끗하고 높은 지위에 올라 명예를 얻는다. 하는 일마다 뜻대로 된다. 마음은 사심과 치우침이 없고, 하는 일은 지나침이 없다.

■ 2월 215
비린 잎도 과감하게 처결하듯 중도를 행하면 허물이 없다. 중도를 얻지 못하면 광대하지 못하다. 간신의 침해가 있으나 조금은 발전한다. 오래 막히다 한관으로 복직된다. 소송은 펴지며 병도 치유되고, 경영하거나 꾀하는 일은 뜻대로 된다.

■ 3월 423
누이동생 시집보낼 때를 기다리니 천한 여성임을 알겠다. 사람들은 덕이 없는 여인을 취하지 않는다. 벼슬한 사람은 귀양이나 강등이 두렵고, 선비는 때를 기다려라. 고생하나 진퇴를 근심한다. 아내를 내보낼 운인데 혹 총애하는 종을 들이기도 한다.

■ 4월 326
거슬리며 어그러져 합하기 어려우니 외롭다. 돼지 진흙과 귀신 한 차 싣는 것을 본다. 모든 의심이 사라지니 원수가 아니라 결혼이다. 의심하며 염려했는데 결정한 뒤에 보니 좋은 소식이다. 어려움과 속임을 당하기 쉽고, 처음에는 손해를 보나 나중에는 좋다.

■ 5월 824
지극한 도가 임하니 허물이 없고 지위도 당연하다. 임하는 도는 가까운 것을 숭상하니 동료들 덕으로 아름다운 혜택을 입는다. 인정이 화합하니 경영하는 일은 모두 순탄하나 모든 일은 먼저 살핀 뒤 시작하라.

■ 6월   861

출사할 때 율법을 어기면 흉하다. 신하가 도리를 다하면 임금의 총애도 날로 깊어진다. 문장과 의리로 합하니 공명을 이루고, 경영하는 일은 법도를 지키니 재물은 날로 늘어난다. 경솔하면 재앙을 당하는데 운이 흉하면 매우 험상궂다.

■ 7월   625

달콤한 절제요 법도이니 길하고, 나가면 가상함이 있다. 자신을 지키면서 편안하게 행하면 천하도 기꺼이 따라준다. 수원이 감미로우면 내로 흘러도 쉬지 않는다. 관직자는 영전이나 발탁되고, 선비는 상달한다. 꾀하거나 바라는 일은 이루어지고, 행하는 일은 가상함이 있다.

■ 8월   642

막히고 어려우니 말을 타고 나가지 못하고 머뭇거린다. 운이 흉하고 이치가 다했으니 망령되게 구하는 자도 갔다. 신분과 직위를 고쳐 권세가 날로 심하다. 선비는 나아가기 어렵고 혼인할 운이다. 운이 흉하면 난리·소송 구속·연금이 따른다.

■ 9월   526

소리가 하늘에 닿으나 어찌 오래가랴. 신의도 다하면 쇠퇴하고, 충성도 독실하면 안으로 상실감이 생긴다. 왕궁에 올라 천자와 함께 한다. 높은 것을 다투며 강함을 억제하니 진출하기 어렵다. 혹 사물이 손상되거나 명예와 수명이 보전하기 어렵다.

■ 10월   513

수레바퀴통이 벗겨지며 부부는 반목한다. 나아가도 이롭지 않고 물러서도 가정이 편안하지 못하다. 영화를 누리다 욕을 보고, 나아가려다 물러선다. 발이나 눈에 병이 생기고, 식구는 분리된다. 모든 재난이 함께 와 가문에 후회하거나 부끄러운 일이 생긴다.

■ 11월   561

구제하는데 건장한 말을 쓰니 길하다. 굳세고 중정한데 친히 사귀며 서로 구한다. 빨리 영전하며 선비는 비등해진다. 귀인과 교류하거나 천거를 받아 꾀하는 것을 모두 이룬다. 흐트러짐도 초기에 구하면 힘을 들이지 않아도 된다.

■ 12월   164

송사에서 이기지 못하고 정도로 돌아온다. 안정하면 실책이 되지 않는다. 언행과 동정은 천명을 잃지 말라. 한가로움 속에서 복직되며 진취를 잃지 않는다. 과실을 고치며 선해지니 관재나 소송은 없다.

뇌화풍괘 2효(雷火豊卦 二爻) ䷶·

차양이 많아 대낮에도 두성을 본다. 가면 의심병이 생기나 지성을 두면 길하다. 밝음과 움직임이 서로 도와 풍성해진다. 처음에는 잃으나 나중에는 얻고, 오래 침체된 후 발전한다. 오래 곤궁하다 재물이 생기나 근심이나 슬픔이 생길까 두렵다.

■ 정월 443
벼락이 쳐 기운이 까무러치나 두려움을 알면 재앙은 없다. 부정한 마음을 버리고 정당한 곳으로 가라. 차를 타고 천리라도 가고 싶지만 걷기도 어렵다. 근심과 두려움 때문에 정신과 혼이 나간다. 그러나 조심하고 신중하면 흉을 면할 수 있다.

■ 2월 346
형틀을 지고 귀를 없애니 총명하지 못하다. 쌓인 죄악은 가릴 수 없고, 큰 죄는 풀어버릴 수 없다. 가벼운 배가 큰 파도를 만났으니 앞길이 힘들다. 만약 싸움이나 소송이 없으면 귀와 눈이 밝지 못하고, 흉한 운을 만나면 몸이 상하고 죽음에 이른다.

■ 3월 844
중도에 행하여 홀로 회복하니 도를 따랐기 때문이다. 대중과 함께 행하면서 혼자 능히 선을 따른다. 인과 의를 바르게 하고 이익은 꾀하지 않는다. 관직은 복직되고 선비는 명예가 두드러진다. 도를 따라 행하면 복과 이익이 온다.

■ 4월 881
서리를 밟으면 두터운 얼음이니 음이 비로소 응고됨이다. 선을 쌓은 집에는 반드시 남은 경사가 있고, 불선을 쌓은 집에는 반드시 남은 재앙이 있다. 관직자는 참소나 아첨을 조심하고, 선비는 투기를 조심하라. 원수와 원한을 조심하지 않으면 재난을 당한다.

■ 5월 645
혜택을 받기 어려우니 베풀어도 빛이 나지 않는다. 작게 올바르면 길하나 크게 올바르면 흉하다. 위엄과 권세가 떠났으니 큰 일은 하기 어렵다. 망동하면 흉하니 시작한 일들은 불리하다. 이미 때를 잃었으니 무리해도 안 된다.

■6월 622

시기를 잃어 안뜰에도 나오지 못하고, 사물이 끊기고 스스로 폐지한다. 때를 잃어 액을 만나니 발전하기 어렵다. 불통되어 화를 당하고, 간여할 곳에 간여하지 못한다. 움직이면 좋으나 가만히 있으면 좋지 않다.

■7월 546

밖에서 치우친 말이 들리니 마음을 세우는 데 떳떳하지 못하다. 위태로울 때 움직이고 두려울 때 말하면 백성도 호응하지 않는다. 소통 없이 구하면 백성도 주지 않는다. 탐을 내다 귀양가고, 경쟁하며 뺏으려다 욕을 본다. 이익만 취하면 원한·형극손상이 따른다.

■8월 533

집안 식구가 엄숙하며 무서워하니 후회하나 길하고, 아내와 자녀가 희희낙락하면 결국 부끄러운 일이 생긴다. 웃음과 즐거움을 절제하지 못하면 결국 패가망신한다. 윤리를 바르게 하며 은의를 돈독하게 하라. 엄하여 너그러움이 적고, 진취도 평등하다.

■9월 581

소견이 어린아이와 같아 멀리 보기 어렵다. 군자가 소견이 어둡고 천박하니 부끄러운 일이다. 지위가 좁고 앞으로 나아가더라도 제자리로 돌아온다. 일은 빨리 꾀하나 늦게 되고, 기교를 부리다 오히려 졸작이 된다. 모애하다 보는 게 없으니 소인이 해친다.

■10월 184

명에 순종하면 무슨 과오가 있으리. 때를 만나 도를 행하니 친구에게까지 복이 미친다. 다른 사람의 천거로 명예가 날로 드러난다. 전답과 사업도 날로 늘어나며 좋은 일이 많아진다. 은혜가 자손에게까지 미치고 복도 심원해진다.

■11월 562

흩어질 때 편안함에 의지하면 후회할 일이 없고 소원을 이룬다. 안에서 중도를 지키면 편안하다. 중요한 권세를 잡고 작전계획을 세운다. 선비는 명예를 얻고, 보통 사람은 가정을 이룬다. 그러나 흉한 운을 만나면 분주하며 실물한다.

■12월 765

어린아이 같으니 길하고 순하다. 순수한 미개발은 남의 말을 듣게 된다. 선비·농업·공업·상업은 모두 세력에 의지하라. 모든 것이 마음대로 되고, 꾀하는 일도 순탄해진다. 심신을 편안하게 하면 유순하며 중정해진다.

연평 433

뇌화풍괘 3효(雷火豐卦 三爻) ䷶

장막이 많으니 대낮에도 작은 별을 본다. 오른팔을 끊으면 허물은 없을 것이다. 윗사람의 응원은 전혀 없으니 큰 일은 불가하다. 휴직하는 것이 유리하며 진취 또한 어렵다. 경영하거나 꾀하는 일도 이루지 못하고, 수족에 액이 따른다.

■ 정월 834
왼쪽 배로 들어가 마음과 뜻을 얻는다. 간사함에 마음을 뺏긴 후에야 밖으로 행한다. 어두운 땅이 얕으니 어두웠던 자라도 나오게 된다. 밖에 나가 경영을 꾀하고, 부인은 아들을 낳는다. 한가한 관직도 일을 맡으나 뜻은 멀어진다.

■ 2월 871
겸손한 군자는 스스로 낮춰 기른다. 큰 내를 건너도 불길함이 없다. 지극히 겸손하면 대중도 같이 한다. 관직은 목민인데 보배를 품고 초빙을 기다린다. 먼 강호를 건너 상업이나 여행을 하라.

■ 3월 635
동쪽 이웃의 소를 잡는 것이 서쪽 이웃의 봄 제사만 못하다. 때를 만나면 복을 받으나 물건이 풍성하지는 않다. 태평한 세상에서는 교만과 사치가 쉽게 싹튼다. 하는 일은 때를 잃기 쉽고, 원대한 꿈은 헛되게 된다. 바라는 일은 불리하고, 서쪽은 좋으나 동쪽은 흉하다.

■ 4월 612
점점 험난해지니 언어에 상처가 있다. 굳센 중용으로 잘 기다리면 결국은 길하다. 정당한 이론이 사에 막히고, 시험에서는 책망을 듣는다. 어린아이의 투쟁이나 소송은 반드시 시비가 된다. 남을 너그럽게 대하면 모든 일이 자연히 밝아진다.

■ 5월 536
신뢰와 위엄으로 행하면 결국은 길하다. 자신이 도를 행하지 않으면 처자에게도 강요할 수 없다. 가정을 다스리려면 자신이 먼저 바르게 해야 한다. 지위가 높고 권세가 중하니 앞으로 나아가 명예를 이룬다. 경영하거나 꾀하는 일은 뜻대로 되고, 여자는 귀부인이 된다.

■ 6월   543

유익함을 흉한 일에 쓰니 어려움이 덜어진다. 믿음으로 중도를 행하면 공사에 고할 때 인감을 쓰는 것처럼 할 것이다. 조정에서 귀인으로 크게 쓰이며 명예와 공을 이룬다. 인선이나 품수를 바꾸면 보통 사람은 이익을 얻는다. 그러나 운이 흉하면 비상한 재앙을 당한다.

■ 7월   571

기러기가 물가로 가니 어린아이는 위태롭다. 재주는 매우 약한데 윗사람의 응원도 없다. 말을 하는 관직으로 학문 소송으로 귀양도 논한다. 선비는 응원이 없으니 막힘이 있다. 곤궁과 액을 많이 당하나 꾀하는 일은 막히지 않는다.

■ 8월   174

군자는 좋게 물러설 수 있으나 소인은 어렵다. 작은 것은 버리고 높은 것을 꾀하면 욕을 당하며 위태로워진다. 시운이 불리하니 휴직하고 몸을 피하라. 여자의 도움을 받다가 오히려 화근이 된다. 사를 버리고 공사를 받들면 재난은 면할 수 있다.

■ 9월   552

무당이 점치면서 빌면 허물이 없다. 성의로 다하면 신명도 통한다. 역사가 언론인이며 명예를 이룬다. 성실하게 사람을 감동시키니 도모하는 것도 잘 된다. 그러나 운이 불길하면 무사가 비는 제사가 있다.

■ 10월   755

아들은 효도하고 신하는 충성하니 지난 허물도 잘 이겨낸다. 터전은 닦지 못해도 옛 사업을 계승할 수 있다. 지위는 높이 올라가고, 명예는 멀리 퍼진다. 선비는 등용이나 천거되어 이름을 날린다. 별도의 규모를 세우고 식구가 늘어난다.

■ 11월   563

사심을 버리면 후회할 일이 없다. 뜻은 시국을 구제하는데 있는데 흩어짐을 구제한다. 진취가 불리하나 외부 시험은 가능하다. 재난은 흩어지고, 장학생은 나오게 된다. 보통 사람은 이익을 얻고 윗사람과 상응한다.

■ 12월   666

두겹 세겹 노끈으로 묶어 가시밭에 감춘다. 험난함이 더욱 깊어져 3년이나 도를 잃는다. 결박당해 안치되며 선비는 무더기로 감옥에 간다. 묶여 감옥에 가니 재해가 끊이지 않는다. 그렇지 않으면 골육의 형상이 있다.

연평 434

뇌화풍괘 4효(雷火豐卦 四爻) ䷶

차양이 많아 대낮에도 두성을 본다. 있는 자리가 부당하니 밝지 못하다. 어둡고 유약하니 풍성하게 이루지 못한다. 어진 부하와 같은 덕을 서로 돕는다. 내부를 버리고 외부를 따르니 배를 타는 것이 불가하다.

■ 정월 235

대인은 범으로 변하며 그 문채가 빛난다. 개혁이 지당하면 모든 사람이 신뢰한다. 벼슬한 사람은 높이 영전하고, 선비는 높이 천거된다. 변통하는 일은 먼저 그 아름다움이 나타난다. 그러나 천민이나 여자는 이런 기쁨을 감당하기 어렵다.

■ 2월 212

안으로는 근심과 두려움을 품고 밖으로는 엄숙히 경계하라. 어두운 밤에 무력을 만나더라도 구원을 요청하지 말라. 졸연히 화를 막으면 재앙을 면할 수 있다. 무관이 유리하니 무관으로 진출하라. 만약 도적이 아니면 놀라거나 위험한 일이 많다.

■ 3월 136

교회에서 동지를 찾으나 뜻을 이루지 못한다. 인정은 서로 막히고 안팎이 같지 않다. 외롭더라도 절개를 지키면서 자신을 고결하게 하라. 벼슬길은 먼 곳에 있으나 좋은 기회를 만나기 어렵다. 만약 흉한 운을 만나면 교외로 나간다.

■ 4월 143

무고한 재난에 매어둔 소를 잃는다. 옛날의 기쁨이 수심이 되고, 일에 경쟁이 많다. 명암이 함께 오니 풍파가 그치지 않는다. 몸은 어려움에 처하며 손재를 당한다. 만약 소를 사들이지 않으면 시끄러워진다.

■ 5월 171

말미에 물러나 숨으니 위태로움과 어려움이 많다. 만약 전진하지 않으면 재해를 면할 수 있다. 물러나 숨으면 좋으나 나아가 행동하면 흉하다. 물러나 때를 기다려라. 경영하는 일은 막혀 어려우니 안정하면서 분수를 지켜라.

■6월 574

기러기가 나무로 날아가니 처한 곳이 편하지 않다. 순하게 윗사람을 섬기면 높아도 위태롭지 않다. 강폭함을 막기 어렵고, 옮겨다니는 것도 정처가 없다. 가을(지방) 시험은 가망이 있는데 과거도 될 수 있다. 집수리나 성조도 이롭고, 놀람과 근심도 사라진다.

■7월 152

물고기가 꾸러미 속에 있으니 허물은 없다. 어찌 좋은 물건을 잘 포장해 밖에 내놓겠는가. 벼슬한 사람은 영전하나 선비는 불리하다. 금은과 비단이 모두 좋고, 수산물도 이익이 있다. 식구가 늘거나 자식이 생길 수 있다.

■8월 355

누런 귀에 금으로 된 솥이니 아름답다. 문명하고 중정을 얻었으니 상응이 매우 좋다. 화공의 묘한 조화로 꽃들이 일신한다. 반드시 꾀꼬리가 깊숙한 골짜기에서 나와 높은 나무로 옮겨간다. 상업이나 농업은 이롭고, 승려는 주지가 된다.

■9월 163

옛 덕을 누리는 것이니 위태로우나 결국은 길하다. 혹 영광스런 공직에 있더라도 성취하기 어렵다. 윗사람을 따르는 것은 좋으나 일을 주도하면 불가하다. 비록 위태로워도 옛것을 지키고 정도를 지키면 길하다. 정상을 잃지 않으면 모든 어려움이 침범하지 못한다.

■10월 266

칡넝쿨에 걸려 위태롭고 곤궁한데 움직이면 더 고생한다. 궁하면 변화를 생각하는데 움직이면 형통한다. 형벌·구속·정지·강등이 두렵다. 갈 바를 두면 유리하며 상업이나 여행이 길하다. 만약 근심이나 놀랄 일이 없으면 복제가 두렵다.

■11월 564

여러 당이 흩어지니 크게 길하고 광대하다. 강유가 서로 맞고 군신이 힘을 얻었다. 그 흩어짐을 끌어들여 능히 크게 모은다. 선비는 대중을 초월해 장원한다. 꾀하고 바라는 일은 이루어지고, 이익을 구하면 얻는다.

■12월 521

스스로 헤아려 보는 것이 좋은데 달리하면 편안하지 않다. 뜻은 변하지 않는 미더움 속에 있다. 관직자는 천거나 발탁되고, 선비는 끌어주는 사람을 만난다. 지조를 지켜 원만하게 이루나 편안함에 빠지면 실패한다. 기쁨 속에 근심이 있는데 사람과 재물이 손실된다.

뇌화풍괘 5효(雷火豊卦 五爻)

밝음이 이르니 경사와 명예가 따른다. 비록 본성이 유순하며 어두우나 능히 문명을 이룬다. 집안이 향기롭고 월계관을 쓰리라. 좋은 사람과 교류하며 천거를 받아 바라는 일이 뜻대로 된다. 노인은 관대를 입는 영화를 보리다.

■ 정월 336
왕이 출정하는 것은 나라를 올바르게 하기 때문이다. 간신과 죄악을 살피고, 위엄과 형벌을 실행한다. 천하를 밝게 분별하는 것은 아름다운 공을 세우기 위해서다. 출사하면 공업을 이루고, 앞으로 나아가면 우두머리가 되고, 경영하는 일에서는 이익을 얻는다.

■ 2월 343
질긴 고기를 씹다 독을 만난다. 부당하게 남을 형벌하니 불복한다. 재주가 약하면 잃는 것이 있고, 학식이 얕으면 욕을 본다. 쉬운 일도 주간하기 어려우니 처신이 편안하지 않다. 뱃속에 병이 있거나 놀라거나 험한 일을 당할 수 있다.

■ 3월 371
나그네가 자질구레하고 더럽게 구니 뜻이 궁박해 재난을 당한다. 재주가 미치지 못하니 지위가 있어도 감당하지 못한다. 야비하고 더러운 상이니 천하고 더러움을 면하기 어렵다. 국이 너무 얕으니 재난이 절박한다. 상업이나 여행은 불리하니 기로에서 잘 선택하라.

■ 4월 774
몸에 그치니 허물이 없다. 몸을 보지 못하면 그 사람도 볼 수 없다. 망동하지 않으면 허물이 없다. 그 직위에서 벗어날 생각은 하지 말고 편안하게 있어라. 분수를 지키면 편안하나 분수를 넘으면 불가하다.

■ 5월 352
솥이 차 있으니 갈 곳을 조심하라. 도를 지키지 않으면 의리가 상한다. 정도와 공평을 받들고 참소와 간신을 조심하라. 이익과 수확이 있으나 외부의 잡음을 조심하라. 아랫사람이 침범하거나 작은 병에 걸릴 수 있다.

■ 6월   155

참외를 넓은 잎에 싸니 아름다움이 함축된다. 하늘의 도움을 받고 천명을 어기지 않는다. 큰 그릇을 이루어 반드시 공명이 통달한다. 몸이 임금 곁에 올라 무궁한 영화를 누린다. 문전에 경사가 가득하며 부인도 임신한다.

■ 7월   363

앞으로 나아가면 흉하나 큰 내를 건너면 이롭다. 험난함에서 나오기 어렵고, 육지로 가는 것도 불리하다. 간다고 좋을 수는 없으나 남의 덕으로 성사된다. 재주와 힘이 부족하니 좌절과 억제될 수밖에 없다. 내를 건너고 험난을 지나 상업을 하면 유리하다.

■ 8월   466

높은 담장에서 매새를 쏘아 얻으며 모두 이롭다. 몸에 감춘 그릇이 성취된 뒤 움직인다. 움직이는 데 막힘이 없으니 어찌 불리함이 있겠는가. 병사로서 공을 세우며 추천도 받는다. 문과 담장을 쌓고 꾀하는 일은 이익을 얻는다.

■ 9월   764

어리석어 곤궁하니 부끄럽고 실재와 거리가 멀다. 스승과 친하지 않고 어진 벗도 취하지 못한다. 관직자는 끌어주거나 구원이 없고 앞으로 나아가기도 어렵다. 인정은 어그러지고 경영은 막힌다. 조용히 있으면 재난이 없으나 움직이면 손해를 본다.

■ 10월   721

마치는 일은 속히 가라. 가상함이 합했기 때문이다. 아래를 덜어 위를 유익하게 하고, 자신을 덜어 윗사람을 받든다. 가정보다 나라를 더 생각하면 임금의 총애는 날로 늘어난다. 윗사람과 뜻이 합하니 반드시 우수하게 뽑힌다. 회계가 윤당하면 이롭고 모두 얻을 수 있다.

■ 11월   565

흩어짐에 왕이 큰 호령을 한다. 백성을 새롭게 하는 것은 흩어짐을 구하는 큰 정사다. 승진이나 영전할 운이니 앞으로 나아가면 좋다. 흉한 일이 흩어지니 이익을 구하면 이루어진다. 흩어지는 것을 합하게 한다.

■ 12월   582

여인의 정절을 몰래 훔쳐보니 추하다. 보는 것이 밝지 못하니 순종할 따름이다. 재주는 있으나 미치지 못해 문리에 통달하지 못한다. 집에 있으면 어두우나 밖으로 나가면 밝아진다. 여인 때문에 추한 일이 생기고, 여자는 기쁘나 남자는 슬프다.

연평 436

뇌화풍괘 상효(雷火豊卦 上爻)

집은 훌륭해 하늘까지 날 것 같으나 3년이나 사람을 보지 못한다. 스스로 가리고 더럽혔으니 매우 흉하다. 골육이 상잔하니 고향을 떠나 가정을 이루라. 문호가 곤궁하며 소송·감옥·구설이 따른다.

■ 정월 471
날아가는 새라 흉하나 어쩔 수가 없다. 빨리 가다 흉을 만나나 구제할 길이 없다. 나는 곤충의 재앙이 있고, 뜻밖의 재난도 두렵다. 날면 하늘도 찌르나 빨리 가면 화근이 된다. 사물은 견고하지 못하고, 사람은 교량이 끊긴다.

■ 2월 874
겸손하니 모두 좋으며 법을 어기지 않는다. 행동이나 일은 모두 겸손하게 한다. 관직자든 아니든 무소불통이다. 선비나 농업·공업·상업에 종사하는 사람은 물러나 양보하라. 만약 겸양하지 못하면 반드시 손해를 본다.

■ 3월 452
항구함에 뉘우침이 없고, 움직이는 곳마다 중도를 얻는다. 중정하면 자신을 지키며 편안해진다. 관직자는 근신하면 공직을 면한다. 선비는 덕을 숭상하며 지키면 손해는 없다. 자신을 편안하게 하며 도덕을 품으면 그 속에 이익이 있다.

■ 4월 255
메마른 버들에 꽃이 피니 어찌 오래 가겠는가. 늙은 부인이 남편을 얻으니 추하다. 일이 처음부터 잘못되면 성사되지 않는다. 기쁨 속에서 근심이 생기니 경영하거나 꾀하는 일은 어려워진다. 늙은 부인의 근심이나 어머님의 병이 있다.

■ 5월 463
젊어질 것이 탔으니 추하다. 내가 도적을 불렀으니 누구를 탓하겠는가. 허술하게 관리하면 훔쳐가라는 것이고, 얼굴을 꾸미면 음탕한 짓을 하라는 것이다. 벼슬한 사람은 퇴출되고, 선비는 귀양이나 강등을 당한다. 도적을 당할 운이며 소송이나 시비가 따른다.

■ 6월   366

믿음으로 술을 마시니 허물이 없다. 뜻이 방탕하며 반성할 줄 모르면 재난을 당한다. 초월해 영전할 운이며 진취할 상이다. 험난함에서 벗어나 평온해지고, 늙은이는 스스로 즐거워한다. 술 때문에 재난을 당하거나 물에 빠질 수 있다.

■ 7월   864

진영으로 후퇴하면 허물이 없고 떳떳함을 잃지 않는다. 군사를 완전히 후퇴시키니 전복이나 패망과는 멀다. 관직의 길은 험난하며 선비는 사감생이다. 편안하게 있으면서 직업을 즐겁게 여기고 망동하지 말라. 객사를 성조하거나 여관에서 살게 된다.

■ 8월   821

느껴 임하니 바르면 길하고, 올바른 뜻을 행한다. 그 길한 것을 고수하고 각기 일에 따른다. 기틀을 알고 상종하며 사람을 얻어 공동 구제한다. 시험에 비유하면 수석이 된다. 음양이 서로 감응하니 경영하거나 꾀하는 일이 뜻대로 된다.

■ 9월   665

험난함이 차지 못하고, 중정한 덕도 크지 않다. 물이 흘러도 차지 않고 이미 평평한 데까지 갔다. 직위에 있으며 위태롭지 않으니 작게 성취해야 이롭다. 꾀하는 일은 평탄해 위험은 없을 것이다. 처음에 다소 얻으나 결국은 차지 못한다.

■ 10월   682

안에서부터 친하니 실수하지 않는다. 나라에 몸을 맡기니 임금을 얻고 도에 합한다. 관직은 내직으로 제수받고, 여자는 어진 남편을 얻는다. 선비는 명예를 이루나 지방을 벗어날 수 없다. 귀인을 만나 의지하니 경영하거나 꾀하는 일은 뜻대로 된다.

■ 11월   566

흐트러져 그 피의 상해를 버리니 멀리 나가면 허물이 없다. 사리에 손순하면 상해는 없다. 무장으로 난리를 평정하고, 잠복이나 은둔에서 벗어난다. 험난함에서 나와 편안한 곳으로 가니 어둠을 등지고 밝은 곳을 향한다. 소송이나 감옥도 사라지고 질병도 낫는다.

■ 12월   553

자주 순종하니 부끄러움이 되고, 뜻이 궁하니 재난을 당한다. 만약 잘라 제지하지 못하면 더 깊게 들어간다. 벼슬한 사람은 귀양이나 강등되고, 선비는 손실이 있다. 여러 번 얻고 잃으니 부끄러움을 면할 수 없다. 너무 강해 맞아들지 않으니 곤궁한 액이 된다.

연평 441

중뢰진괘 초효(重雷震卦 初爻) ☳☳.

벼락이 쳐도 두려움을 알면 복이 있다. 법도를 알면 나중에 웃음꽃이 피고, 편안하게 쉬지 않으면 결국은 안녕하다. 기뻐하는데 한번 울리면 사람도 놀란다. 많이 놀라나 나중에는 기쁨이 있다.

■ 정월 422
여자는 어진데 배우자가 어리석으니 내조를 해도 이루기 어렵다. 조용히 정도를 기르며 자신을 선하게 만든다. 하나는 어둡고 하나는 밝으니 어찌 둘 다 성취하랴. 직위가 바뀌기 어렵고, 기회를 만나기도 어렵다. 옛것을 지키면서 안정하면 재난과 해는 생기지 않는다.

■ 2월 225
나쁨을 제거할 수 있으나 한 번은 위태로워진다. 가선과 실선을 구분하지 못하면 위태롭고, 아첨과 가까워지면 흉하다. 벼슬길에는 아첨과 간신이 따르는데 선비는 탈락한다. 모르는 사가 발동해 비밀스러운 화락을 꾀한다.

■ 3월 413
소인은 건장함을 쓰나 군자는 쓰지 않는다. 숫양이 울타리를 받으나 그 뿔만 곤궁해진다. 재앙이 되는 일에 많이 얽혀 발전하기 어렵다. 관재와 소송에 연루되고, 효복을 입을 수 있다. 망령되게 행동하면 곤궁해지며 사람과 재물도 불리하다.

■ 4월 316
하늘이 도와주니 이롭지 않은 것이 없다. 신의와 순리를 지키며 어진 사람을 숭상한다. 가득 차면 잃을 수 있으니 겸손하라. 벼슬한 사람은 직위가 좋아지고, 선비는 명예를 이룬다. 윗사람의 비호로 복과 경사를 누린다.

■ 5월 814
겸허한데 부자가 되지 않으니 성의가 상합한다. 중도를 지키고 뜻이 같으면 소원도 이룬다. 관직자는 물러나게 되며 꾀하는 일은 이루기 어렵다. 경영하거나 꾀하는 일은 이익이 없고, 잡음과 훼방이 따른다. 멈추면 재앙이 사라지고, 운이 좋으면 멀리 유람한다.

■ 6월 851

진실로 오르니 대길하며 위와 뜻이 맞는다. 땅의 기운이 불어나 신의가 오르니 반드시 이루어진다. 강하며 중정을 따르니 어진 사람도 함께 나아간다. 벼슬한 사람은 영전하고, 선비는 높이 천거된다. 경영하거나 꾀하는 일은 마음대로 되니 점입가경이다.

■ 7월 615

주식에서 기다리니 편안하게 때를 기다린다. 도로 극진히 행하면 반드시 소득이 있을 것이다. 임금의 잔치에서 음식을 먹고 식읍을 받을 영화가 있다. 반드시 독식과 재물이 있고, 혼인할 운이다. 잔치 음식을 베푸는 경사가 있다.

■ 8월 632

부인이 수레에 가린 물건을 잃었으나 쫓아가지 않으면 길하다. 시기가 이미 기제니 다시 나갈 수 없다. 예의 없는 구차한 행동을 하지 말라. 처음에는 역수이나 나중에는 순수이고, 처음에는 잃으나 나중에는 얻는다. 그러나 운이 흉하면 상실이나 도망이 따른다.

■ 9월 516

이미 화하여 처한 것은 덕을 숭상하며 쌓았기 때문이다. 달이 거의 보름이 되었으니 부인이 견고하면 위태롭다. 군자는 나가면 반드시 소인의 간계와 시비로 시끄럽다. 시끄러움 속에서는 물러나고, 즐거운 곳에서는 탐하지 말라.

■ 10월 523

북치며 파하고, 울며 노래한다. 인심이 밖으로 움직이니 어찌 편안하겠는가. 동료와 불목하며 진퇴가 있다. 기쁨 속에 근심이 있고, 즐거움 속에 슬픔이 있다. 명예와 이익을 구하나 득실은 반반이다.

■ 11월 551

초기에 손순하면 진퇴의 뜻을 의심받을 뿐이다. 무사처럼 꿋꿋해야 그 뜻을 다스릴 수 있다. 진퇴가 일정하지 않은데 어려운 가운데 쉬운 것도 있다. 무관 선출이면 유리하나 문관 선임이면 막힌다. 득실이 있는데 의심과 훼방이 많이 따른다.

■ 12월 154

꾸러미에 고기가 없으니 흉하다. 상하로 만날 수 없으니 고립되어 어렵다. 인심은 흩어지고 만사는 모두 무너진다. 내쫓기고 강등되어 욕을 면하기 어렵다. 날마다 시비가 생기며 수도(나이)에 불리하다.

중뢰진괘 2효(重雷震卦 二爻)

벼락이 치니 위태롭다. 강세를 탔기 때문이다. 재물이 상할까 두려워 높은 언덕에 오른다. 험난함과 간사함을 만나 처음에는 미혹되다 나중에는 얻는다. 노인은 목숨이 위험하고, 젊은이는 반드시 놀랄 일이 생긴다. 분쟁·소송·실물은 7에서 생긴다.

■ 정월 433
장막이 많으니 대낮에도 작은 별을 본다. 오른팔을 끊으면 허물은 없을 것이다. 윗사람의 응원은 전혀 없으니 큰 일은 불가하다. 휴직하는 것이 유리하며 진취 또한 어렵다. 경영하거나 꾀하는 일도 이루지 못하고, 수족에 액이 따른다.

■ 2월 336
왕이 출정하는 것은 나라를 올바르게 하기 때문이다. 간신과 죄악을 살피고, 위엄과 형벌을 실행한다. 천하를 밝게 분별하는 것은 아름다운 공을 세우기 위해서다. 출사하면 공업을 이루고, 앞으로 나아가면 우두머리가 되고, 경영하는 일에서는 이익을 얻는다.

■ 3월 834
왼쪽 배로 들어가 마음과 뜻을 얻는다. 간사함에 마음을 뺏긴 후에야 밖으로 행한다. 어두운 땅이 얕으니 어두웠던 자라도 나오게 된다. 밖에 나가 경영을 꾀하고, 부인은 아들을 낳는다. 한가한 관직도 일을 맡으나 뜻은 멀어진다.

■ 4월 871
겸손한 군자는 스스로 낮춰 기른다. 큰 내를 건너도 불길함이 없다. 지극히 겸손하면 대중도 같이 한다. 관직은 목민인데 보배를 품고 초빙을 기다린다. 먼 강호를 건너 상업이나 여행을 하라.

■ 5월 635
동쪽 이웃의 소를 잡는 것이 서쪽 이웃의 봄 제사만 못하다. 때를 만나면 복을 받으나 물건이 풍성하지는 않다. 태평한 세상에서는 교만과 사치가 쉽게 싹튼다. 하는 일은 때를 잃기 쉽고, 원대한 꿈은 헛되게 된다. 바라는 일은 불리하고, 서쪽은 좋으나 동쪽은 흉하다.

■ 6월 612

점점 험난해지니 언어에 상처가 있다. 굳센 중용으로 잘 기다리면 결국은 길하다. 정당한 이론이 사에 막히고, 시험에서는 책망을 듣는다. 어린아이의 투쟁이나 소송은 반드시 시비가 된다. 남을 너그럽게 대하면 모든 일이 자연히 밝아진다.

■ 7월 536

신뢰와 위엄으로 행하면 결국은 길하다. 자신이 도를 행하지 않으면 처자에게도 강요할 수 없다. 가정을 다스리려면 자신이 먼저 바르게 해야 한다. 지위가 높고 권세가 중하니 앞으로 나아가 명예를 이룬다. 경영하거나 꾀하는 일은 뜻대로 되고, 여자는 귀부인이 된다.

■ 8월 543

유익함을 흉한 일에 쓰니 어려움이 덜어진다. 믿음으로 중도를 행하면 공사에 고할 때 인감을 쓰는 것처럼 할 것이다. 조정에서 귀인으로 크게 쓰이며 명예와 공을 이룬다. 인선이나 품수를 바꾸면 보통 사람은 이익을 얻는다. 그러나 운이 흉하면 비상한 재앙을 당한다.

■ 9월 571

기러기가 물가로 가니 어린아이는 위태롭다. 재주는 매우 약한데 윗사람의 응원도 없다. 말을 하는 관직으로 학문 소송으로 귀양도 논한다. 선비는 응원이 없으니 막힘이 있다. 곤궁과 액을 많이 당하나 꾀하는 일은 막히지 않는다.

■ 10월 174

군자는 좋게 물러설 수 있으나 소인은 어렵다. 작은 것은 버리고 높은 것을 꾀하면 욕을 당하며 위태로워진다. 시운이 불리하니 휴직하고 몸을 피하라. 여자의 도움을 받다가 오히려 화근이 된다. 사를 버리고 공사를 받들면 재난은 면할 수 있다.

■ 11월 552

무당이 점치면서 빌면 허물이 없다. 성의로 다하면 신명도 통한다. 역사가 언론인이며 명예를 이룬다. 성실하게 사람을 감동시키니 도모하는 것도 잘 된다. 그러나 운이 불길하면 무사가 비는 제사가 있다.

■ 12월 755

아들은 효도하고 신하는 충성하니 지난 허물도 잘 이겨낸다. 터전은 닦지 못해도 옛 사업을 계승할 수 있다. 지위는 높이 올라가고, 명예는 멀리 퍼진다. 선비는 등용이나 천거되어 이름을 날린다. 별도의 규모를 세우고 식구가 늘어난다.

연평 443

중뢰진괘 3효(重雷震卦 三爻) ䷲

벼락이 쳐 기운이 까무러치나 두려움을 알면 재앙은 없다. 부정한 마음을 버리고 정당한 곳으로 가라. 차를 타고 천리라도 가고 싶지만 걷기도 어렵다. 근심과 두려움 때문에 정신과 혼이 나간다. 그러나 조심하고 신중하면 흉을 면할 수 있다.

■ 정월 844
도를 따르면 중간에 홀로 회복할 수 있다. 대중과 함께 행해도 혼자 선을 따른다. 인과 의를 바르게 하면서 이익은 꾀하지 않는다. 관직은 복직되고, 선비는 명예가 드러난다. 도를 따라 행하면 이익과 복을 받는다.

■ 2월 881
서리를 밟으면 두터운 얼음이니 음이 비로소 응고됨이다. 선을 쌓은 집에는 반드시 남은 경사가 있고, 불선을 쌓은 집에는 반드시 남은 재앙이 있다. 관직자는 참소나 아첨을 조심하고, 선비는 투기를 조심하라. 원수와 원한을 조심하지 않으면 재난을 당한다.

■ 3월 645
혜택을 받기 어려우니 베풀어도 빛이 나지 않는다. 작게 올바르면 길하나 크게 올바르면 흉하다. 위엄과 권세가 떠났으니 큰 일은 하기 어렵다. 망동하면 흉하니 시작한 일들은 불리하다. 이미 때를 잃었으니 무리해도 안 된다.

■ 4월 622
시기를 잃어 안뜰에도 나오지 못하고, 사물이 끊기고 스스로 폐지한다. 때를 잃어 액을 만나니 발전하기 어렵다. 불통되어 화를 당하고, 간여할 곳에 간여하지 못한다. 움직이면 좋으나 가만히 있으면 좋지 않다.

■ 5월 546
밖에서 치우친 말이 들리니 마음을 세우는 데 떳떳하지 못하다. 위태로울 때 움직이고 두려울 때 말하면 백성도 호응하지 않는다. 소통 없이 구하면 백성도 주지 않는다. 탐을 내다 귀양가고, 경쟁하며 뺏으려다 욕을 본다. 이익만 취하면 원한형극손상이 따른다.

■ 6월　533

집안 식구가 엄숙하며 무서워하니 후회하나 길하고, 아내와 자녀가 희희낙락하면 결국 부끄러운 일이 생긴다. 웃음과 즐거움을 절제하지 못하면 결국 패가망신한다. 윤리를 바르게 하며 은의를 돈독하게 하라. 엄하여 너그러움이 적고, 진취도 평등하다.

■ 7월　581

소견이 어린아이와 같아 멀리 보기 어렵다. 군자가 소견이 어둡고 천박하니 부끄러운 일이다. 지위가 좁고 앞으로 나아가더라도 제자리로 돌아온다. 일은 빨리 꾀하나 늦게 되고, 기교를 부리다 오히려 졸작이 된다. 모애하다 보는 게 없으니 소인이 해친다.

■ 8월　184

명에 순종하면 무슨 과오가 있으리. 때를 만나 도를 행하니 친구에게까지 복이 미친다. 다른 사람의 천거로 명예가 날로 드러난다. 전답과 사업도 날로 늘어나며 좋은 일이 많아진다. 은혜가 자손에게까지 미치고 복도 심원해진다.

■ 9월　562

흩어질 때 편안함에 의지하면 후회할 일이 없고 소원을 이룬다. 안에서 중도를 지키면 편안하다. 중요한 권세를 잡고 작전계획을 세운다. 선비는 명예를 얻고, 보통 사람은 가정을 이룬다. 그러나 흉한 운을 만나면 분주하며 실물한다.

■ 10월　765

어린아이 같으니 길하고 순하다. 순수한 미개발은 남의 말을 듣게 된다. 선비·농업·공업·상업은 모두 세력에 의지하라. 모든 것이 마음대로 되고, 꾀하는 일도 순탄해진다. 심신을 편안하게 하면 유순하며 중정해진다.

■ 11월　553

자주 순종하니 부끄러움이 되고, 뜻이 궁하니 재난을 당한다. 만약 잘라 제지하지 못하면 더 깊게 들어간다. 벼슬한 사람은 귀양이나 강등되고, 선비는 손실이 있다. 여러 번 얻고 잃으니 부끄러움을 면할 수 없다. 너무 강해 맞아들지 않으니 곤궁한 액이 된다.

■ 12월　656

샘물을 길어올리고 미쁨이 있으니 매우 길하다. 매우 길하여 위에 있으니 대성공이다. 공이 높고 덕이 두터우니 높이 영전할 상이다. 도덕을 모두 갖추어 명예를 이룰 운이다. 재량이 충족하며 꾀하는 일은 모두 이룬다.

연평 444

중뢰진괘 4효(重雷震卦 四爻)

벼락이 진흙에 빠졌으니 빛이 나지 않는다. 강하여 험난함에 처했는데 스스로 진동할 수가 없다. 중정하지 못하니 더욱 험난해진다. 야비하며 더럽고 덕이 없으니 되는 일이 하나도 없다. 결박이나 구속되어 빛을 볼 날이 없다.

■ 정월 245
미덥고 진실하게 아름다우니 그 지위가 중정하다. 성실하게 선을 따르니 매우 착하다. 자신을 버리고 선을 따르니 크게 형통한다. 벼슬한 사람은 영전하고, 선비는 등용이나 천거된다. 경영하거나 꾀하는 일은 순조로우니 경사가 많다.

■ 2월 222
미더워 즐거워하니 후회할 일이 사라지고 좋은 일이 생긴다. 신의와 진실이 있고 사가 없으니 응당 후회는 가볍다. 승진이나 영전할 징조요 진취의 기쁨이 있다. 모든 일이 화순하며 어둠 속에서도 빛이 난다. 결연·체결·화해가 있고, 가정에 경사가 가득하다.

■ 3월 l46
처신에 희망이 없으니 행하면 재앙이 따른다. 순리를 따르면 편안하나 일을 시작하면 화가 된다. 강등·퇴출·직위 이탈·치욕을 면하기 어렵다. 일을 분명하게 하지 않으면 시비가 생기고, 운이 불길하면 천명을 지키기 어렵다.

■ 4월 133
숲 속에 복병이 있는데 높은 언덕에서 적을 살핀다. 3년이나 기회가 오지 않는다. 앞길이 가시밭이니 옛것을 지키면서 안정하라. 만약 높이 오르지 못하면 실직한다. 부모의 초상이 염려되고, 감옥과 소송도 두렵다.

■ 5월 181
서로 끌어들이면서 인도하니 음양이 기뻐한다. 앞길이 비색한데 다른 사람과 공동으로 구제한다. 조용히 지키면 좋으나 지나치게 도모하면 재난을 당한다. 기회를 만나기 어려우나 기다리는 것이 좋다. 소언과 관련된 일을 막으면 길하다.

■ 6월 584

나라의 광채를 관망하는 것이니 왕의 손님이 되면 이롭다. 성군이 위에 있으면 어진 사람은 나아가기를 원한다. 치국평천하하면 베풂이 백성에게 젖어든다. 벼슬한 사람은 내직으로 가고, 선비는 과거에 급제한다. 관광이나 외방업을 하면 반드시 큰 이익을 얻을 것이다.

■ 7월 162

송사를 이기지 못하고 도망친다. 아래에서 윗사람과 소송하니 환란이 쉽게 풀린다. 옛것을 지키면서 안정하면 훼방과 욕을 당하지 않는다. 식구가 안녕하며 풍진이 침노하지 않는다. 운이 불리하면 유리됨을 면할 수 없다.

■ 8월 365

바르면 후회할 일이 없고 군자는 빛이 난다. 군자는 진실하고 허황됨이 없어야 한다. 지극히 바르고 선하니 부족함이 있을 수 없다. 벼슬한 사람은 큰 자리에 선임되고, 선비는 문장이 빛난다. 경영하거나 꾀하는 일은 빛을 보고, 금은과 재백이 쌓인다.

■ 9월 153

엉덩이와 볼기에 살이 없으니 움직이는 것이 저주다. 사사로이 만나는 것을 조심하라. 함부로 행동하면 재난이 따른다. 퇴직이나 귀양을 갈 운이나 선비는 유리하다. 보통 사람은 재난과 매를 맞을까 두렵다. 하는 일이 어렵고, 허리와 발에 병이 침범한다.

■ 10월 256

물을 건너다 이마까지 잠겨 흉하나 허물은 없다. 사세가 급박하면 목숨도 던지고 좋은 일을 한다. 험난한데 미친듯이 날뛰면 재앙만 따른다. 머리는 병들며 이마는 쭈그러들고, 물에 빠질까 두렵다. 선비는 앞으로 나아가면 괴수가 될 수도 있다.

■ 11월 554

손순하여 후회할 일이 없고, 사냥하여 3품(제기·고기·손님)을 얻는다. 사냥하여 모든 해로움을 제거하고 반드시 수확을 많이 거둔다. 일으킨 일이 크고 풍성해 공도 있고 왕성하다. 능히 강함을 이겨 무공을 이어간다. 공과 명예를 이루고, 이익과 복도 받는다.

■ 12월 511

도를 지켜 회복하니 어찌 허물이 되겠는가. 강건한 재주는 위에 동지가 있다. 한직에서 벗어나며 집을 나간 사람도 돌아온다. 보통 사람은 사업을 극복하고 안정한다. 그러나 운이 불길하면 진퇴의 뜻이 의심스럽다.

중뢰진괘 5효(重雷震卦 五爻) ☳☳

벼락이 내려치니 움직이면 위험하다. 중도를 잃으면 위태로우나 잃는 것은 없다. 현직을 보전하며 고유의 것을 지켜라. 보통 사람은 우환과 수족에 근심이 있다. 처세가 위태로운 줄 알면 크게 잃는 것은 없을 것이다.

■ 정월 346
형틀을 지고 귀를 없애니 총명하지 못하다. 쌓인 죄악은 가릴 수 없고, 큰 죄는 풀어버릴 수 없다. 가벼운 배가 큰 파도를 만났으니 앞길이 힘들다. 만약 싸움이나 소송이 없으면 귀와 눈이 밝지 못하고, 흉한 운을 만나면 몸이 상하고 죽음에 이른다.

■ 2월 333
해는 기우는데 빛이 나니 어찌 오래 가겠는가. 성하면 쇠퇴하고, 시작이 있으면 끝이 있는 법이다. 관직은 재야에 있으니 조심하며 욕을 막아라. 즐거움 속에 슬픔이 있고, 기쁨 속에 수심이 있다. 계속 험난하니 죽고 망할 날이 없다.

■ 3월 381
진출하거나 좌절하더라도 홀로 정도를 행한다. 미덥지 않더라도 너그러우면 허물은 없다. 간사한 이론에 막혀 앞으로 나아가기 어렵다. 피차 믿지 않으니 근심과 즐거움이 반반이다. 안정하면 길하나 움직이면 흉하다.

■ 4월 784
절박한 재난을 만나 살까지 떨어져 나간 상이다. 장차 몸을 망치니 매우 흉하다. 아첨과 간신을 막지 않으면 기회를 만나기도 어렵다. 거듭 형극이 와 위험과 험난함에 빠진다. 뜻밖의 재난을 만나는데 그 흉함은 말로 다 표현할 수가 없다.

■ 5월 362
수레바퀴를 끌면 견실하고 바르게 되어 길하다. 어려운 임금의 도에 힘입을 곳은 재주있는 신하다. 어려운 직분을 잘 이겨내면 총애와 신임이 전일하다. 전진이 불리하니 안정하고 분수를 지켜라. 꾀하고 바라는 일은 가하나 망령되게 행동하면 곤궁해진다.

■ 6월   165

송사에 매우 길하니 허물이 없다. 소송을 처리하는 데 치우치지 않고 합리적인 판단을 내린다. 벼슬한 사람은 좋은 곳에 제수받고, 선비는 과거에 오른다. 경영하거나 꾀하는 일은 유리하고, 재물을 구하면 반드시 얻는다. 언사가 유리하며 사필귀정이 된다.

■ 7월   353

솥귀를 바꾸니 의리를 잃고, 행동이 비색하니 소임을 얻지 못한다. 물건이 있어도 먹지 못하고, 말이 있어도 타기 어렵다. 경영하거나 꾀하는 일은 처음은 없고 끝만 있다. 늙은이는 복을 받으나 어린아이는 작게 얻는다.

■ 8월   456

빨리 움직인 항구인데 위에 있으니 큰 공이 없다. 자꾸 조급하게 움직이면 오히려 흉을 당한다. 많이 노력하나 안정되는 일은 적고, 명예와 이익을 구하나 이루는 것은 작다. 여자의 운이 이와 같으면 남편과 자식이 불리하다.

■ 9월   754

더디게 처사하니 매일 더 어그러진다. 가면 부끄러움을 보게 되니 어찌 일을 구제하랴. 안일무사하면 좋은 곳이라도 흉으로 내닫는다. 방종한 욕망으로 안일을 도모하면 일마다 손해를 본다. 발에 병이 생기거나 험난함에 빠질까 두렵다.

■ 10월   711

위태로우면 하지 않는 것이 이롭다. 재해를 범하지 않으나 나가면 위태롭고 그치면 쌓인다. 기미를 알고 물러서면 해로움은 멀어진다. 벼슬한 사람은 직위를 버리는 것이 좋고, 선비는 때를 기다리는 것이 좋다. 변이 생기면 재난을 당하는데 옛것을 지켜야 좋다.

■ 11월   555

올바르면 후회할 일이 없으니 이롭지 않은 것이 없다. 움직이기 전에 신중하게 생각하라. 처음에는 막혀도 나중에는 순탄하고, 선비는 명예를 이룬다. 있는 자리가 중정하니 처음은 없어도 끝은 있다. 복과 이익을 얻는 시기는 3일이다.

■ 12월   563

사심을 버리면 후회할 일이 없다. 뜻은 시국을 구제하는데 있는데 흩어짐을 구제한다. 진취가 불리하나 외부 시험은 가능하다. 재난은 흩어지고, 장학생은 나오게 된다. 보통 사람은 이익을 얻고 윗사람과 상응한다.

연평 446

중뢰진괘 상효(重雷震卦 上爻)

벼락이 두려워 눈도 휘둥그레진다. 중도를 얻지 못했으니 나가면 흉하다. 두려워하며 반성하면 결혼은 말이 있다. 벼슬한 사람은 귀양이나 감봉이 따르고, 선비는 정지나 강등을 조심하라. 부부 간의 형극이나 조난이 있을까 두렵다.

■ 정월 481
때를 만나 일을 주간하니 즐겁고, 뜻은 극도에 다달아 소리까지 낸다. 경솔함과 천박함이 이와 같으면 어찌 흉하지 않으리. 은총을 기다려야 되고, 선비는 사람을 놀라게 한다. 보통 사람은 놀람·구설·시비가 따른다.

■ 2월 884
주머니를 묶는 것처럼 하면 허물이 없고, 조심하면 해롭지 않다. 상하가 막히고 끊겼으니 자처하라. 승진이나 영전은 어려우니 현직에서 조심하라. 진취하기 어렵고, 경영이나 꾀하는 일도 막힌다. 조심하며 견고해야 뜻밖의 화를 면할 수 있다.

■ 3월 462
사냥하여 여우 셋과 누런 화살을 얻는다. 간사함과 아첨이 난무하나 정직함으로 제거한다. 영전·천거·발탁될 운이다. 세 번 꾀하여 세 번 이루며 전답과 재산도 늘어난다. 만약 전쟁이나 사냥을 하면 이익이 작지 않을 것이다.

■ 4월 265
코 베이고 발 잘리니 뜻을 얻지 못한다. 강하려다 약해지고, 이익을 구하다 손해를 본다. 진취하며 경영하는 일은 처음에는 힘드나 나중에는 순탄하다. 타고난 영명한 성품으로 모두 좋게 만든다. 그러나 운이 불길하면 소송·형벌·초상제사가 따른다.

■ 5월 453
덕은 영원하지 않으니 혹 부끄러운 일이 생긴다. 바르고 견고해도 부끄러움이 생기는데 용납하는 곳이 없다. 꽃가지에 서리가 무겁게 내리니 꽃필 날을 기약할 수 없다. 감봉되도록 간함을 받고, 덕이 손상되어 훼방을 받는다. 분쟁·소송·훼손·욕을 조심하라.

■ 6월 356

옥으로 솥의 귀를 만드니 강유가 중절하다. 매우 길하니 이롭지 않은 것이 없다. 구만리 하늘은 끝이 없으나 평온하게 청운에 오른다. 왕실의 요직에 올라 큰 경륜을 펼친다. 경영하거나 꾀하는 일은 편안하게 이룬다.

■ 7월 854

왕이 기산에 형통하니 길하다. 위로는 천자에게 순응하고, 아래로는 어진 사람에게 순응한다. 높은 지위에 오르고, 선비는 명예를 이룬다. 산천의 이익과 산수의 즐거움이 있다. 승려는 제사 흠향하나 운이 흉하면 산으로 돌아간다.

■ 8월 811

군자는 진출하면 벗들과 함께한다. 군자가 지위를 얻으면 어진 사람들이 조정으로 모인다. 동지가 협력하여 통태함을 이룬다. 같은 도학으로 덕을 숭상하니 비등하는 날이 있다. 동지와 함께 꾀하니 재물과 이익이 날로 늘어난다.

■ 9월 655

샘도 깨끗한 물이 차 있다. 공은 사물에까지 미친다. 재주와 덕은 모두 선하며 아름답다. 덕과 지위 모두 좋으니 임금의 총애를 받는다. 명예와 이익이 모두 있으니 등용이나 천거된다. 경영하거나 꾀하는 일은 반드시 이루고 복과 이익을 얻는다.

■ 10월 672

신하가 어렵고 험난하나 자신의 잘못이 아니다. 뜻은 임금을 주제하는데 있으니 결국은 허물이 없다. 충정한 절의를 본받아 나라를 편안하게 한다. 만나는 것은 때가 아니고, 어려움을 건너고 험난함을 지난다. 경영하는 일은 막히고, 혹 몸도 보전하기 어렵다.

■ 11월 556

지나치게 겸손하니 강하게 끊는 것도 잃는다. 재물과 도끼도 잃었으니 정도에 흉이 된다. 파직이나 연금되고, 오르는 데 궁하여 손해를 본다. 흉한 가운데 구원이 있고, 끊어진 곳에서도 생을 만난다. 비록 손실과 질병이 있으나 성공의 기쁨도 있다.

■ 12월 563

사심을 버리면 후회할 일이 없다. 뜻은 시국을 구제하는데 있는데 흩어짐을 구제한다. 진취가 불리하나 외부 시험은 가능하다. 재난은 흩어지고, 장학생은 나오게 된다. 보통 사람은 이익을 얻고 윗사람과 상응한다.

연평 451

뇌풍항괘 초효(雷風恒卦 初爻) ䷟

항구함에 빠져 올바르더라도 이로울리 없으니 흉하다. 급히 구하면서 깊이 들어가 항구한 도를 잃는다. 군주에게 신용을 얻지 못하고, 지기도 만나기 어렵다. 인정이 통하지 않으며 거리에서 방황한다. 서두르나 이루지 못한다. 그러나 안정하면서 지키면 흉은 면한다.

■ 정월 472
할아버지를 지나 할머니를 만나고, 임금을 지나 신하를 만난다. 정도를 지키며 중도를 얻으니 스스로 본분을 안다. 자신의 직책에서 앞으로 나아가 명예를 이룬다. 귀인이 이끌어주면 모든 일이 이루어진다. 여인의 도움을 받으나 운이 흉하면 어머니 재앙이 따른다.

■ 2월 275
등심에 감응이 있으니 뜻이 사물을 감동시키지 못한다. 진퇴에 구속이 없고, 중심에는 사기가 없다. 같은 관료는 기뻐도 앞으로 나아가기는 어렵다. 인정이 어그러지며 떨어져 나가니 경영하거나 꾀하는 일은 시소하다. 사욕에 감응하면 사물을 감동시킬 수 없다.

■ 3월 483
쳐다보고 즐거워하다 후회하고, 더뎌도 후회한다. 처신이 부정하면 진퇴에 뉘우침만 있다. 구하고 바라는 일은 되지 않으니 빨리 고쳐라. 우유부단하면 후회와 과실을 고치기 어렵다. 잠시 전진하고 잠시 후퇴하니 시비가 한결같지 않다.

■ 4월 386
뿔 위까지 나가 사심의 마을을 쳐라. 진퇴가 심란하니 정당한 곳에 처해도 부끄럽다. 안으로 사심을 치료하며 반성하면 허물은 없다. 집을 다스리는 상으로 성조나 집수리할 운이다. 수가 불길하면 정벌·분쟁·소송이 따른다.

■ 5월 884
주머니를 묶는 것처럼 하면 허물이 없고, 조심하면 해롭지 않다. 상하가 막히고 끊겼으니 자처하라. 승진이나 영전은 어려우니 현직에서 조심하라. 진취하기 어렵고, 경영이나 꾀하는 일도 막힌다. 조심하며 견고해야 뜻밖의 화를 면할 수 있다.

■ 6월 841

머지않아 회복하며 수신한다. 후회할 일이 없으니 매우 길하다. 관직이 청고하며 임금을 곁에서 돕는다. 선비는 장원하고 경영하는 일들은 이익을 본다. 개과천선하니 일마다 이롭지 않은 것이 없다.

■ 7월 685

친히 돕는다는 뜻이며 지위가 중정하다. 왕이 세 번 짐승을 모니 어질다는 것을 알 수 있다. 역을 버리고 순리를 따르며, 자신을 용서하는 마음으로 남을 대한다. 관직자는 영전하고, 선비는 과거에 급제한다. 처음에는 힘드나 나중에는 순탄하니 이롭지 않은 것이 없다.

■ 8월 662

험난함의 연속이나 구하는 것은 다소 얻는다. 재주가 족하여 자위하니 마음은 항상 형통하다. 책임이 작으니 작은 시험은 이롭다. 사람이 출중하지 못하나 경영하는 일은 다소 이룬다. 험난함과 심장·복부·혈액 질환이 따른다.

■ 9월 586

살아가는 것을 보니 군자이면 허물이 없다. 자신을 반성하면서 시종 한마음으로 한다. 경영하거나 꾀하는 일은 막히니 만족하지 못한다. 병자는 살아나고, 임신하면 유리하다. 진취가 심난하니 물러나 수신하면서 반성하라.

■ 10월 573

기러기가 육지로 올라오나 편안한 곳이 아니다. 남편은 나가 돌아오지 않고, 부인은 임신하나 양육하지 못한다. 그러나 정도를 지키며 사를 막으면 허물은 없을 것이다. 귀양·강등막힘·침체가 따를 운이다. 인정이 화목하지 못하니 도적이 침범한다.

■ 11월 541

크게 시작하면 이롭고, 크게 길해야 허물이 없다. 남에게 큰 이익을 주면 자연히 그 이익이 돌아온다. 그러나 모두 잘 하지 않으면 허물을 면할 수 없다. 관직자는 높이 영전하고, 진취하면 큰 우두머리가 된다. 크게 꾀하고 마음대로 된다.

■ 12월 144

바른 길을 지키면 허물이 없다. 실리와 진실한 마음으로 변하지 말라. 고요히 안정하면 저절로 좋은 소식이 온다. 덕이 넓고 겸손하니 신하의 도리가 극진하다. 옛 사업을 지키며 본분을 지켜라.

뇌풍항괘 2효(雷風恒卦 二爻) ䷟

항구함에 뉘우침이 없고, 움직이는 곳마다 중도를 얻는다. 중정하면 자신을 지키며 편안해진다. 관직자는 근신하면 공직을 면한다. 선비는 덕을 숭상하며 지키면 손해는 없다. 자신을 편안하게 하며 도덕을 품으면 그 속에 이익이 있다.

■ 정월 463
짊어질 것이 탔으니 추하다. 내가 도적을 불렀으니 누구를 탓하겠는가. 허술하게 관리하면 훔쳐가라는 것이고, 얼굴을 꾸미면 음탕한 짓을 하라는 것이다. 벼슬한 사람은 퇴출되고, 선비는 귀양이나 강등을 당한다. 도적을 당할 운이며 소송이나 시비가 따른다.

■ 2월 366
믿음으로 술을 마시니 허물이 없다. 뜻이 방탕하며 반성할 줄 모르면 재난을 당한다. 초월해 영전할 운이며 진취할 상이다. 험난함에서 벗어나 평온해지고, 늙은이는 스스로 즐거워한다. 술 때문에 재난을 당하거나 물에 빠질 수 있다.

■ 3월 864
진영으로 후퇴하면 허물이 없고 떳떳함을 잃지 않는다. 군사를 완전히 후퇴시키니 전복이나 패망과는 멀다. 관직의 길은 험난하며 선비는 사감생이다. 편안하게 있으면서 직업을 즐겁게 여기고 망동하지 말라. 객사를 성조하거나 여관에서 살게 된다.

■ 4월 821
느껴 임하니 바르면 길하고, 올바른 뜻을 행한다. 그 길한 것을 고수하고 각기 일에 따른다. 기틀을 알고 상중하며 사람을 얻어 공동 구제한다. 시험에 비유하면 수석이 된다. 음양이 서로 감응하니 경영하거나 꾀하는 일이 뜻대로 된다.

■ 5월 665
험난함이 차지 못하고, 중정한 덕도 크지 않다. 물이 흘러도 차지 않고 이미 평평한 데까지 갔다. 직위에 있으며 위태롭지 않으니 작게 성취해야 이롭다. 꾀하는 일은 평탄해 위험은 없을 것이다. 처음에 다소 얻으나 결국은 차지 못한다.

■6월 682

안에서부터 친하니 실수하지 않는다. 나라에 몸을 맡기니 임금을 얻고 도에 합한다. 관직은 내직으로 제수받고, 여자는 어진 남편을 얻는다. 선비는 명예를 이루나 지방을 벗어날 수 없다. 귀인을 만나 의지하니 경영하거나 꾀하는 일은 뜻대로 된다.

■7월 566

흐트러져 그 피의 상해를 버리니 멀리 나가면 허물이 없다. 사리에 순순하면 상해는 없다. 무장으로 난리를 평정하고, 잠복이나 은둔에서 벗어난다. 험난함에서 나와 편안한 곳으로 가니 어둠을 등지고 밝은 곳을 향한다. 소송이나 감옥도 사라지고 질병도 낫는다.

■8월 553

자주 순종하니 부끄러움이 되고, 뜻이 궁하니 재난을 당한다. 만약 잘라 제지하지 못하면 더 깊게 들어간다. 벼슬한 사람은 귀양이나 강등되고, 선비는 손실이 있다. 여러 번 얻고 잃으니 부끄러움을 면할 수 없다. 너무 강해 맞아들지 않으니 곤궁한 액이 된다.

■9월 521

스스로 헤아려 보는 것이 좋은데 달리하면 편안하지 않다. 뜻은 변하지 않는 미더움 속에 있다. 관직자는 천거나 발탁되고, 선비는 끌어주는 사람을 만난다. 지조를 지켜 원만하게 이루나 편안함에 빠지면 실패한다. 기쁨 속에 근심이 있는데 사람과 재물이 손실된다.

■10월 124

호랑이 꼬리를 밟은 것처럼 두려운 상이나 마음가짐을 조심하면 뜻을 이룰 수 있다. 무관이 유리하니 무과를 보면 급제한다. 매사 조심하면 허물은 면할 것이다. 여자는 많이 흉한데 음란하며 불량할 것이다.

■11월 542

유익함은 밖에서 들어온다. 열 쌍의 거북이라도 어기지 못한다. 벼슬한 사람은 영전하며 명예를 이룬다. 상업을 하면 이익이 생기고, 제사를 지내면 복을 받는다. 불가에서 생활하면 명리도 좋다.

■12월 745

경상을 어기나 바르게 거처하면서 윗사람을 잘 따르라. 책임이 중대하나 큰 내는 건너지 말라. 남의 덕으로 성공해 직위를 지킨다. 작게 나아가면 뜻을 이룰 수 있다. 반드시 배를 타거나 험난한 곳을 건너는 일은 경계하라.

뇌풍항괘 3효(雷風恒卦 三爻)

덕은 영원하지 않으니 혹 부끄러운 일이 생긴다. 바르고 견고해도 부끄러움이 생기는데 용납하는 곳이 없다. 꽃가지에 서리가 무겁게 내리니 꽃필 날을 기약할 수 없다. 감봉되도록 간함을 받고, 덕이 손상되어 훼방을 받는다. 분쟁·소송·훼손·욕을 조심하라.

■ 정월 854
왕이 기산에 형통하니 길하다. 위로는 천자에게 순응하고, 아래로는 어진 사람에게 순응한다. 높은 지위에 오르고, 선비는 명예를 이룬다. 산천의 이익과 산수의 즐거움이 있다. 승려는 제사 흠향하나 운이 흉하면 산으로 돌아간다.

■ 2월 811
군자는 진출하면 벗들과 함께한다. 군자가 지위를 얻으면 어진 사람들이 조정으로 모인다. 동지가 협력하여 통태함을 이룬다. 같은 도학으로 덕을 숭상하니 비등하는 날이 있다. 동지와 함께 꾀하니 재물과 이익이 날로 늘어난다.

■ 3월 655
샘도 깨끗한 물이 차 있다. 공은 사물에까지 미친다. 재주와 덕은 모두 선하며 아름답다. 덕과 지위 모두 좋으니 임금의 총애를 받는다. 명예와 이익이 모두 있으니 등용이나 천거된다. 경영하거나 꾀하는 일은 반드시 이루고 복과 이익을 얻는다.

■ 4월 672
신하가 어렵고 험난하나 자신의 잘못이 아니다. 뜻은 임금을 주제하는데 있으니 결국은 허물이 없다. 충정한 절의를 본받아 나라를 편안하게 한다. 만나는 것은 때가 아니고, 어려움을 건너고 험난함을 지난다. 경영하는 일은 막히고, 혹 몸도 보전하기 어렵다.

■ 5월 556
지나치게 겸손하니 강하게 끊는 것도 잃는다. 재물과 도끼도 잃었으니 정도에 흉이 된다. 파직이나 연금되고, 오르는 데 궁하여 손해를 본다. 흉한 가운데 구원이 있고, 끊어진 곳에서도 생을 만난다. 비록 손실과 질병이 있으나 성공의 기쁨도 있다.

■ **6월 563**

사심을 버리면 후회할 일이 없다. 뜻은 시국을 구제하는데 있는데 흩어짐을 구제한다. 진취가 불리하나 외부 시험은 가능하다. 재난은 흩어지고, 장학생은 나오게 된다. 보통 사람은 이익을 얻고 윗사람과 상응한다.

■ **7월 511**

도를 지켜 회복하니 어찌 허물이 되겠는가. 강건한 재주는 위에 동지가 있다. 한직에서 벗어나며 집을 나간 사람도 돌아온다. 보통 사람은 사업을 극복하고 안정한다. 그러나 운이 불길하면 진퇴의 뜻이 의심스럽다.

■ **8월 114**

진퇴를 알 수 없으니 시기에 맞게 나아가라. 순리를 따르면 길하나 망동하면 화가 생긴다. 시운이 불리하니 역량을 감추고 때를 기다려라. 의심이 생겨 결정하지 못하니 모든 게 어려워진다. 여자는 마음대로 되고, 승려와 도인은 편안하다.

■ **9월 532**

성취하려고 하지 않고 가정에서 음식을 만들면 길하다. 정과 사랑에 빠지면 이루지 못한다. 벼슬한 사람은 조정에 들어 녹과 복이 빛난다. 선비는 학업이 좋아져 장학금을 타니 길하다. 경영하거나 꾀하는 일을 이루며 재물과 양식이 늘어난다.

■ **10월 735**

언덕과 동산을 꾸미니 예물은 얕고 소박하다. 근본을 두텁게 하며 실상을 숭상하고, 농업에 힘쓰며 검소함을 숭상한다. 한가한 관직에서 초빙되나 관록은 쇠퇴한다. 귀인은 이익을 얻고 적게 성취해야 기쁘다. 진취하는 데 어려움이 있고, 노인은 수명이 불리하다.

■ **11월 543**

유익함을 흉한 일에 쓰니 어려움이 덜어진다. 믿음으로 중도를 행하면 공사에 고할 때 인감을 쓰는 것처럼 할 것이다. 조정에서 귀인으로 크게 쓰이며 명예와 공을 이룬다. 인선이나 품수를 바꾸면 보통 사람은 이익을 얻는다. 그러나 운이 흉하면 비상한 재앙을 당한다.

■ **12월 646**

말을 타고 나가지 못하니 피눈물이 흐른다. 어려움의 끝이니 액운이 더욱 심하다. 영화로운 곳에서 욕을 당할 수 있으니 참소와 욕을 조심하라. 손해를 보거나 실패할 운으로 모든 재앙이 다투어 일어난다. 만약 부모의 상을 당하지 않으면 수명이 불리하다.

뇌풍항괘 4효(雷風恒卦 四爻) ䷟

학문은 성현을 따르지 않고, 정치는 왕도를 따르지 않는다. 심력을 다하지만 하나도 공이 되지 않는다. 벼슬한 사람은 퇴보하고, 진취는 성사되지 않는다. 경영하거나 꾀하는 일은 힘만 들고 무익하다. 교화를 실행하지 못하니 혜택을 베풀 수 없다.

■ 정월   255
메마른 버들에 꽃이 피니 어찌 오래 가겠는가. 늙은 부인이 남편을 얻으니 추하다. 일이 처음부터 잘못되면 성사되지 않는다. 기쁨 속에서 근심이 생기니 경영하거나 꾀하는 일은 어려워진다. 늙은 부인의 근심이나 어머님의 병이 있다.

■ 2월   272
장딴지에 감응이 있으니 흉하나 편안하게 있으면 길하다. 지키지 못하고 일찍 움직이면 망동하니 흉하다. 안정하면서 분수를 지키면 저절로 좋은 일이 생긴다. 좋은 기회를 만나기 어려우니 경솔하게 움직이면 흉하다. 분주하면 나쁘고 노력하는 일 외에는 공이 없다.

■ 3월   156
뽈 위에서 만나니 부끄러울 일이 많다. 불운에 일이 생기고, 슬픈 회포 속에 정이 피어난다. 고단한 몸을 의지할 데가 한군데도 없구나. 선비는 장원하고, 승려나 도인은 주지가 된다. 인심은 흩어지고 경영하거나 꾀하는 일은 고생만 따를 뿐이다.

■ 4월   163
옛 덕을 누리는 것이니 위태로우나 결국은 길하다. 혹 영광스런 공직에 있더라도 성취하기 어렵다. 윗사람을 따르는 것은 좋으나 일을 주도하면 불가하다. 비록 위태로워도 옛것을 지키고 정도를 지키면 길하다. 정상을 잃지 않으면 모든 어려움이 침범하지 못한다.

■ 5월   111
숨어 있는 용이니 세상에 숨어 살아도 번민하지 않는다. 즐거울 때 행하고 걱정할 때 자제한다. 관직에서 물러나 관로에 막힘이 많다. 운이 막혀 일이 억제되며 거동에 재난이 생긴다. 여자는 경사가 많고 아들을 낳을 운이다.

■6월 514

미더움이 있으면 피도 가고 두려움도 사라지니 허물이 없다. 성실하게 미더움을 다하니 상해는 반드시 멀어진다. 동지의 천거나 발탁으로 오랜 직책에서 전직된다. 윗사람과 뜻이 맞아 오래 엄체된 것도 펴진다. 인정이 화합하나 운이 흉하면 혈육이 손상된다.

■7월 132

집 안에서 동지를 구하니 대동할 줄 모른다. 소견이 좁고 처사가 부정하다. 벼슬과 녹은 올라가지 않고, 작은 시험이라야 가망이 있다. 일에 부정이 많이 생기고, 종친이나 남들과 불목한다. 사랑과 미움이 한결같지 않고, 슬픔과 기쁨을 분간하지 못한다.

■8월 335

슬픔과 탄식을 막을 길이 없으니 슬픈 눈물이 비오듯 한다. 위태로운데 상하의 도움이 없고, 벼슬길이 험난하니 앞으로 나아가기 어렵다. 경영하는 일은 거듭 막히니 생각만 많고, 눈물과 탄식뿐이다.

■9월 143

무고한 재난에 매어둔 소를 잃는다. 옛날의 기쁨이 수심이 되고, 일에 경쟁이 많다. 명암이 함께 오니 풍파가 그치지 않는다. 몸은 어려움에 처하며 손재를 당한다. 만약 소를 사들이지 않으면 시끄러워진다.

■10월 246

붙잡아 매고 연결하라. 망령되지 않은 마음을 끝까지 바꾸지 말라. 이미 천명이 다했는데 관재가 어인 일인고. 벼슬한 사람은 참소를 방지하고, 선비는 욕을 방지하라. 만약 손재가 아니면 관재가 우려된다.

■11월 544

중도로 행하니 공사가 따른다. 윗사람 같은 덕으로 아래를 이롭게 한다. 중한 책임을 맡아 임금의 총애도 깊어지고, 윗사람의 천거를 받아 명예를 이룬다. 성조·집수리·이사가 따르고 관청일도 펴진다.

■12월 581

소견이 어린아이와 같아 멀리 보기 어렵다. 군자가 소견이 어둡고 천박하니 부끄러운 일이다. 지위가 좁고 앞으로 나아가더라도 제자리로 돌아온다. 일은 빨리 꾀하나 늦게 되고, 기교를 부리다 오히려 졸작이 된다. 모애하다 보는 게 없으니 소인이 해친다.

뇌풍항괘 5효(雷風恒卦 五爻) ☳☴

덕을 오래 지키면 견고하며 바르게 된다. 부인은 길하나 사나이는 흉하다. 권세에 아첨하니 비난과 꾸짖음을 당한다. 선비는 요행을 도모하다 욕을 본다. 보통 사람은 불선하다 훼방을 많이 겪는다.

■ 정월 356

옥으로 솥의 귀를 만드니 강유가 중절하다. 매우 길하니 이롭지 않은 것이 없다. 구만리 하늘은 끝이 없으나 평온하게 청운에 오른다. 왕실의 요직에 올라 큰 경륜을 펼친다. 경영하거나 꾀하는 일은 편안하게 이룬다.

■ 2월 363

앞으로 나아가면 흉하나 큰 내를 건너면 이롭다. 험난함에서 나오기 어렵고, 육지로 가는 것도 불리하다. 간다고 좋을 수는 없으나 남의 덕으로 성사된다. 재주와 힘이 부족하니 좌절과 억제될 수밖에 없다. 내를 건너고 험난을 지나 상업을 하면 유리하다.

■ 3월 311

해로운데 사귀지 않으면 교만이 넘칠 수 없다. 어렵게 노력하면 허물이 없으니 해로운 곳을 지날 일도 없다. 선비는 앞으로 나아가지 못하고 꺾인다. 마음에는 근심과 번뇌가 있고, 소인이 속이며 능멸한다. 항상 어려움을 생각하면 재해가 침범하지 않는다.

■ 4월 714

어린 소로 대지르지 못하게 함이니 매우 길하며 기쁨이 있다. 피어나기 전에 금지시키면 크게 착하고 길하다. 벼슬한 사람은 승진하고, 진취하면 장원한다. 보통 사람은 기쁨이 있고 소나 재물이 늘어난다. 먼저 실패의 원인을 제거하면 이롭지 않은 것이 없다.

■ 5월 332

높게 부딪쳐 빛나니 매우 길하고, 중도를 얻어 사방이 빛나니 매우 길하다. 만사가 이미 정해져 있으니 어찌 근심이 있겠는가. 현명한 군주를 만나 나라의 큰 그릇이 된다. 과거에 급제하며 반드시 이익이 생긴다.

■ 6월 135

처음에는 우나 나중에는 웃고, 처음에는 어그러지나 나중에는 합한다. 두 사람이 같은 마음으로 황금을 나눈다. 먼저는 귀양을 가나 뒤에는 재기하고, 먼저는 막히나 뒤에는 만난다. 곧고 바르게 행하면 여럿이 돕는다. 기쁨과 슬픔이 교차하며 시비가 한결같지 않다.

■ 7월 343

질긴 고기를 씹다 독을 만난다. 부당하게 남을 형벌하니 불복한다. 재주가 약하면 잃는 것이 있고, 학식이 얕으면 욕을 본다. 쉬운 일도 주간하기 어려우니 처신이 편안하지 않다. 뱃속에 병이 있거나 놀라거나 험한 일을 당할 수 있다.

■ 8월 446

벼락이 두려워 눈도 휘둥그레진다. 중도를 얻지 못했으니 나가면 흉하다. 두려워하며 반성하면 결혼은 말이 있다. 벼슬한 사람은 귀양이나 감봉이 따르고, 선비는 정지나 강등을 조심하라. 부부 간의 형극이나 조난이 있을까 두렵다.

■ 9월 744

전도된 기름이나 길하니 위에서 베푸는 것이 빛난다. 호시탐탐하듯 하고 그 욕망 계속되게 하라. 존귀함을 얻어 광영되고, 앞으로 나아가 명예를 이룬다. 좋은 사람의 도움으로 경영하거나 꾀하는 일은 성사된다. 그러나 내쫓기거나 시비를 당할까 두렵다.

■ 10월 781

발부터 상이 떨어져 나가니 바른 것이 소멸되어 흉하다. 정도가 사라지고 사도가 침범한다. 소족 질환이나 노비가 손실된다. 형제가 불목하는데 성조하면 이로워진다. 만약 흉한 운을 만나면 몸을 망치고 가정도 깨진다.

■ 11월 545

은혜하는 마음에 미더움 두면 묻지 않아도 대길하다. 위에서 혜택을 주면 밑에서도 은혜를 베푼다. 관직은 요로에 들어가고, 밝은 군주를 만난다. 앞으로 나아가 명예를 이루고, 경영하는 일은 뜻대로 된다. 비천한 사람이 존귀한 사람을 만나고, 지기도 많이 만난다.

■ 12월 522

그늘 밑에서 학이 우니 그의 자식이 감화한다. 말과 행동은 영화가 되기도 하고 욕이 되기도 한다. 군자의 언행은 천지도 움직인다. 벼슬한 사람은 진급하며 재정 이익도 있다. 아들을 낳고 유리하나 노인은 병에 걸릴까 두렵다.

연평 456

뇌풍항괘 상효(雷風恒卦 上爻)

빨리 움직인 항구인데 위에 있으니 큰 공이 없다. 자꾸 조급하게 움직이면 오히려 흉을 당한다. 많이 노력하나 안정되는 일은 적고, 명예와 이익을 구하나 이루는 것은 작다. 여자의 운이 이와 같으면 남편과 자식이 불리하다.

■ 정월 411

발이 건장하니 나가면 흉할 뿐이다. 밑에 있으면서 윗사람을 능멸하니 반드시 흉하다. 욕을 당하며 참소나 이간이 있고, 요행을 바라면 부끄러운 일만 생긴다. 움직일 때마다 후회하고, 시비·투쟁·소송이 따른다. 발에 병이 침범할 수 있으니 예방하라.

■ 2월 814

겸허한데 부자가 되지 않으니 성의가 상합한다. 중도를 지키고 뜻이 같으면 소원도 이룬다. 관직자는 물러나게 되며 꾀하는 일은 이루기 어렵다. 경영하거나 꾀하는 일은 이익이 없고, 잡음과 훼방이 따른다. 멈추면 재앙이 사라지고, 운이 좋으면 멀리 유람한다.

■ 3월 432

차양이 많아 대낮에도 두성을 본다. 가면 의심병이 생기나 지성을 두면 길하다. 밝음과 움직임이 서로 도와 풍성해진다. 처음에는 잃으나 나중에는 얻고, 오래 침체된 후 발전한다. 오래 곤궁하다 재물이 생기나 근심이나 슬픔이 생길까 두렵다.

■ 4월 235

대인은 범으로 변하며 그 문채가 빛난다. 개혁이 지당하면 모든 사람이 신뢰한다. 벼슬한 사람은 높이 영전하고, 선비는 높이 천거된다. 변통하는 일은 먼저 그 아름다움이 나타난다. 그러나 천민이나 여자는 이런 기쁨을 감당하기 어렵다.

■ 5월 443

벼락이 쳐 기운이 까무러치나 두려움을 알면 재앙은 없다. 부정한 마음을 버리고 정당한 곳으로 가라. 차를 타고 천리라도 가고 싶지만 걷기도 어렵다. 근심과 두려움 때문에 정신과 혼이 나간다. 그러나 조심하고 신중하면 흉을 면할 수 있다.

■ 6월   346

형틀을 지고 귀를 없애니 총명하지 못하다. 쌓인 죄악은 가릴 수 없고, 큰 죄는 풀어버릴 수 없다. 가벼운 배가 큰 파도를 만났으니 앞길이 힘들다. 만약 싸움이나 소송이 없으면 귀와 눈이 밝지 못하고, 흉한 운을 만나면 몸이 상하고 죽음에 이른다.

■ 7월   844

도를 따르면 중간에 홀로 회복할 수 있다. 대중과 함께 행해도 혼자 선을 따른다. 인과 의를 바르게 하면서 이익은 꾀하지 않는다. 관직은 복직되고, 선비는 명예가 드러난다. 도를 따라 행하면 이익과 복을 받는다.

■ 8월   881

서리를 밟으면 두터운 얼음이니 음이 비로소 응고됨이다. 선을 쌓은 집에는 반드시 남은 경사가 있고, 불선을 쌓은 집에는 반드시 남은 재앙이 있다. 관직자는 참소나 아첨을 조심하고, 선비는 투기를 조심하라. 원수와 원한을 조심하지 않으면 재난을 당한다.

■ 9월   645

혜택을 받기 어려우니 베풀어도 빛이 나지 않는다. 작게 올바르면 길하나 크게 올바르면 흉하다. 위엄과 권세가 떠났으니 큰 일은 하기 어렵다. 망동하면 흉하니 시작한 일들은 불리하다. 이미 때를 잃었으니 무리해도 안 된다.

■ 10월   622

시기를 잃어 안뜰에도 나오지 못하고, 사물이 끊기고 스스로 폐지한다. 때를 잃어 액을 만나니 발전하기 어렵다. 불통되어 화를 당하고, 간여할 곳에 간여하지 못한다. 움직이면 좋으나 가만히 있으면 좋지 않다.

■ 11월   546

밖에서 치우친 말이 들리니 마음을 세우는 데 떳떳하지 못하다. 위태로울 때 움직이고 두려울 때 말하면 백성도 호응하지 않는다. 소통 없이 구하면 백성도 주지 않는다. 탐을 내다 귀양가고, 경쟁하며 뺏으려다 욕을 본다. 이익만 취하면 원한·형극·손상이 따른다.

■ 12월   533

집안 식구가 엄숙하며 무서워하니 후회하나 길하고, 아내와 자녀가 희희낙락하면 결국 부끄러운 일이 생긴다. 웃음과 즐거움을 절제하지 못하면 결국 패가망신한다. 윤리를 바르게 하며 은의를 돈독하게 하라. 엄하여 너그러움이 적고, 진취도 평등하다.

연평 461

뇌수해괘 초효(雷水解卦 初爻) ䷧

강유 사이에 있으면 의당 허물은 없다. 밑에 있으면서 윗사람과 호응하니 어려움도 풀린다. 안녕하니 옛날 수심도 점점 멀어진다. 선비는 과거에 급제하며 영전할 기회가 있다. 미혼자는 짝을 만나며 경영하는 일은 잘 된다.

■ 정월 482
절개가 돌처럼 단단하니 뜻을 지킨다. 위로는 아첨하지 않고 아래로는 더럽히지 않는다. 기미를 알고 선처하는 것은 모든 사람의 소망이다. 급류에서 용감히 물러나 진취하면 명예를 이룬다. 보통 사람은 이익을 얻는데 안정해야 길하다.

■ 2월 285
모이는데 자리를 두나 뜻은 빛나지 못한다. 덕과 지위가 맞으면 움직여도 백성이 기뻐한다. 스스로 큰 선을 닦으면 복종하지 않는 것이 없다. 인정이 미덥지 못하며 도덕을 닦지 못한다. 인정이 화합하지 못하니 경영하거나 꾀하는 일이 막힌다.

■ 3월 473
예방하지 않으면 재난을 면하기 어렵다. 음모와 간신의 해로움이 있고, 정지와 강등의 우려가 있다. 여러 음이 해롭게 구는데 자신의 강함만 믿는다. 작은 물건이라도 조심하면 큰 해로움은 없다.

■ 4월 376
나그네는 그 집을 불사르고, 처음에는 웃으나 나중에는 울부짖는다. 지나치게 강해 자만하면 편안한 곳도 잃는다. 순한 덕을 쉽게 잃으니 처음에는 통쾌하나 나중에는 위태로워진다. 좋은 가운데 손실이 있으니 이사나 성조를 하라. 운이 나쁘면 화재나 눈병이 생길 수 있다.

■ 5월 874
겸손하니 모두 좋으며 법을 어기지 않는다. 행동이나 일은 모두 겸손하게 한다. 관직자든 아니든 무소불통이다. 선비나 농업·공업·상업에 종사하는 사람은 물러나 양보하라. 만약 겸양하지 못하면 반드시 손해를 본다.

■ 6월 831

위로 나아가는 것이 상했으니 기미를 보아 먼저 피하라. 가면 말이 있으니 어찌 좃히 괴이하랴. 관직은 정지되거나 강등되니 물러나 쉬는 상이다. 나르려다 날개 드리우니 발전하기 어렵다. 해가 흉년을 만났으니 재물과 곡식이 풍부하지 못하다.

■ 7월 675

큰 어려움에 부딪쳤는데 벗이 오니 절의로 대한다. 충정한 신하와 자식의 도움을 더욱 많이 받는다. 관직은 요직에 오르며 진취하여 적중한다. 좋은 사람이 이끌어주고 천거하니 이롭지 않은 것이 없다. 신하는 충성하고 자식은 효도하니 가정이 화애롭다.

■ 8월 652

위로 끌어올릴 수 없으니 구제하는 공이 없다. 물장군이 깨져 물이 새니 사람을 구할 수 없다. 물러난 곳에서 수양하면서 그릇을 감추고 때를 기다려라. 응원이 없으나 조심하면서 지키면 화를 피할 수 있다. 덕은 족하나 힘은 약하니 사물에 미칠 수 없다.

■ 9월 576

기러기가 허공으로 날아가듯이 그 뜻이 초연하다. 사람으로 논하면 보통을 넘어간다. 나아가는 것을 잃지 않고 현달하여 높이 된다. 선비는 명예를 얻어 한번 날면 하늘도 찌른다. 복의 근원이 영원하니 재앙이나 근심이 침범하지 않는다.

■ 10월 583

나의 소행으로 진퇴하게 된다. 좋은 것을 순응하면 도덕을 잃지 않을 것이다. 진퇴가 무상하고, 쟁탈이 한결같지 않다. 득실이 정해져 있지 않으니 다시 잘 살펴봐라. 진실을 알면 설행하고, 어려움을 알면 물러서라.

■ 11월 531

있는 집에서 방어하면 자연히 후회할 일은 없다. 인정이 방탕하면 반드시 후회할 일이 생긴다. 관직은 한직이며 작은 시험이 유리하다. 꾀하는 일은 이루어지며 혼인할 상이다. 승려는 주지가 되고, 늙은이는 수명이 불리하다.

■ 12월 134

작은 담 위에 올랐으나 의리를 공격할 수는 없다. 세를 타 공격하면 오히려 흉한 일을 당한다. 겸손하게 지키면 자연히 좋은 일이 생긴다. 등용은 어렵고 성과 못을 짓는다. 영화 속에 욕이 있고, 의심 속에 시비도 있다.

뇌수해괘 2효(雷水解卦 二爻) ☳☵·

사냥하여 여우 셋과 누런 화살을 얻는다. 간사함과 아첨이 난무하나 정직함으로 제거한다. 영전·천거·발탁될 운이다. 세 번 꾀하여 세 번 이루며 전답과 재산도 늘어난다. 만약 전쟁이나 사냥을 하면 이익이 작지 않을 것이다.

■ 정월 453
덕은 영원하지 않으니 혹 부끄러운 일이 생긴다. 바르고 견고해도 부끄러움이 생기는데 용납하는 곳이 없다. 꽃가지에 서리가 무겁게 내리니 꽃필 날을 기약할 수 없다. 감봉되도록 간함을 받고, 덕이 손상되어 훼방을 받는다. 분쟁·소송·훼손·욕을 조심하라.

■ 2월 356
옥으로 솥의 귀를 만드니 강유가 중절하다. 매우 길하니 이롭지 않은 것이 없다. 구만리 하늘은 끝이 없으나 평온하게 청운에 오른다. 왕실의 요직에 올라 큰 경륜을 펼친다. 경영하거나 꾀하는 일은 편안하게 이룬다.

■ 3월 854
왕이 기산에 형통하니 길하다. 위로는 천자에게 순응하고, 아래로는 어진 사람에게 순응한다. 높은 지위에 오르고, 선비는 명예를 이룬다. 산천의 이익과 산수의 즐거움이 있다. 승려는 제사 흠향하나 운이 흉하면 산으로 돌아간다.

■ 4월 811
군자는 진출하면 벗들과 함께한다. 군자가 지위를 얻으면 어진 사람들이 조정으로 모인다. 동지가 협력하여 통태함을 이룬다. 같은 도학으로 덕을 숭상하니 비등하는 날이 있다. 동지와 함께 꾀하니 재물과 이익이 날로 늘어난다.

■ 5월 655
샘도 깨끗한 물이 차 있다. 공은 사물에까지 미친다. 재주와 덕은 모두 선하며 아름답다. 덕과 지위 모두 좋으니 임금의 총애를 받는다. 명예와 이익이 모두 있으니 등용이나 천거된다. 경영하거나 꾀하는 일은 반드시 이루고 복과 이익을 얻는다.

■6월 672

신하가 어렵고 험난하나 자신의 잘못이 아니다. 뜻은 임금을 주제하는데 있으니 결국은 허물이 없다. 충정한 절의를 본받아 나라를 편안하게 한다. 만나는 것은 때가 아니고, 어려움을 건너고 험난함을 지난다. 경영하는 일은 막히고, 혹 몸도 보전하기 어렵다.

■7월 556

지나치게 겸손하니 강하게 끊는 것도 잃는다. 재물과 도끼도 잃었으니 정도에 흉이 된다. 파직이나 연금되고, 오르는 데 궁하여 손해를 본다. 흉한 가운데 구원이 있고, 끊어진 곳에서도 생을 만난다. 비록 손실과 질병이 있으나 성공의 기쁨도 있다.

■8월 563

사심을 버리면 후회할 일이 없다. 뜻은 시국을 구제하는데 있는데 흩어짐을 구제한다. 진취가 불리하나 외부 시험은 가능하다. 재난은 흩어지고, 장학생은 나오게 된다. 보통 사람은 이익을 얻고 윗사람과 상응한다.

■9월 511

도를 지켜 회복하니 어찌 허물이 되겠는가. 강건한 재주는 위에 동지가 있다. 한직에서 벗어나며 집을 나간 사람도 돌아온다. 보통 사람은 사업을 극복하고 안정한다. 그러나 운이 불길하면 진퇴의 뜻이 의심스럽다.

■10월 114

진퇴를 알 수 없으니 시기에 맞게 나아가라. 순리를 따르면 길하나 망동하면 화가 생긴다. 시운이 불리하니 역량을 감추고 때를 기다려라. 의심이 생겨 결정하지 못하니 모든 게 어려워진다. 여자는 마음대로 되고, 승려와 도인은 편안하다.

■11월 532

성취하려고 하지 않고 가정에서 음식을 만들면 길하다. 정과 사랑에 빠지면 이루지 못한다. 벼슬한 사람은 조정에 들어 녹과 복이 빛난다. 선비는 학업이 좋아져 장학금을 타니 길하다. 경영하거나 꾀하는 일을 이루며 재물과 양식이 늘어난다.

■12월 735

언덕과 동산을 꾸미니 예물은 얄고 소박하다. 근본을 두텁게 하며 실상을 숭상하고, 농업에 힘쓰며 검소함을 숭상한다. 한가한 관직에서 초빙되나 관록은 쇠퇴한다. 귀인은 이익을 얻고 적게 성취해야 기쁘다. 진취하는 데 어려움이 있고, 노인은 수명이 불리하다.

연평 463

뇌수해괘 3효(雷水解卦 三爻) ䷧

짊어질 것이 탔으니 추하다. 내가 도적을 불렀으니 누구를 탓하겠는가. 허술하게 관리하면 훔쳐가라는 것이고, 얼굴을 꾸미면 음탕한 짓을 하라는 것이다. 벼슬한 사람은 퇴출되고, 선비는 귀양이나 강등을 당한다. 도적을 당할 운이며 소송이나 시비가 따른다.

■ 정월 864
진영으로 후퇴하면 허물이 없고 떳떳함을 잃지 않는다. 군사를 완전히 후퇴시키니 전복이나 패망과는 멀다. 관직의 길은 험난하며 선비는 사감생이다. 편안하게 있으면서 직업을 즐겁게 여기고 망동하지 말라. 객사를 성조하거나 여관에서 살게 된다.

■ 2월 821
느껴 임하니 바르면 길하고, 올바른 뜻을 행한다. 그 길한 것을 고수하고 각기 일에 따른다. 기틀을 알고 상종하며 사람을 얻어 공동 구제한다. 시험에 비유하면 수석이 된다. 음양이 서로 감응하니 경영하거나 꾀하는 일이 뜻대로 된다.

■ 3월 665
험난함이 차지 못하고, 중정한 덕도 크지 않다. 물이 흘러도 차지 않고 이미 평평한 데까지 갔다. 직위에 있으며 위태롭지 않으니 작게 성취해야 이롭다. 꾀하는 일은 평탄해 위험은 없을 것이다. 처음에 다소 얻으나 결국은 차지 못한다.

■ 4월 682
안에서부터 친하니 실수하지 않는다. 나라에 몸을 맡기니 임금을 얻고 도에 합한다. 관직은 내직으로 제수받고, 여자는 어진 남편을 얻는다. 선비는 명예를 이루나 지방을 벗어날 수 없다. 귀인을 만나 의지하니 경영하거나 꾀하는 일은 뜻대로 된다.

■ 5월 566
흐트러져 그 피의 상해를 버리니 멀리 나가면 허물이 없다. 사리에 손순하면 상해는 없다. 무장으로 난리를 평정하고, 잠복이나 은둔에서 벗어난다. 험난함에서 나와 편안한 곳으로 가니 어둠을 등지고 밝은 곳을 향한다. 소송이나 감옥도 사라지고 질병도 낫는다.

■ 6월 553

자주 순종하니 부끄러움이 되고, 뜻이 궁하니 재난을 당한다. 만약 잘라 제지하지 못하면 더 깊게 들어간다. 벼슬한 사람은 귀양이나 강등되고, 선비는 손실이 있다. 여러 번 얻고 잃으니 부끄러움을 면할 수 없다. 너무 강해 맞아들지 않으니 곤궁한 액이 된다.

■ 7월 521

스스로 헤아려 보는 것이 좋은데 달리하면 편안하지 않다. 뜻은 변하지 않는 미더움 속에 있다. 관직자는 천거나 발탁되고, 선비는 끌어주는 사람을 만난다. 지조를 지켜 원만하게 이루나 편안함에 빠지면 실패한다. 기쁨 속에 근심이 있는데 사람과 재물이 손실된다.

■ 8월 124

호랑이 꼬리를 밟은 것처럼 두려운 상이나 마음가짐을 조심하면 뜻을 이룰 수 있다. 무관이 유리하니 무과를 보면 급제한다. 매사 조심하면 허물은 면할 것이다. 여자는 많이 흉한데 음란하며 불량할 것이다.

■ 9월 542

유익함은 밖에서 들어온다. 열 쌍의 거북이라도 어기지 못한다. 벼슬한 사람은 영전하며 명예를 이룬다. 상업을 하면 이익이 생기고, 제사를 지내면 복을 받는다. 불가에서 생활하면 명리도 좋다.

■ 10월 745

경상을 어기나 바르게 거처하면서 윗사람을 잘 따르라. 책임이 중대하나 큰 내는 건너지 말라. 남의 덕으로 성공해 직위를 지킨다. 작게 나아가면 뜻을 이룰 수 있다. 반드시 배를 타거나 험난한 곳을 건너는 일은 경계하라.

■ 11월 533

집안 식구가 엄숙하며 무서워하니 후회하나 길하고, 아내와 자녀가 희희낙락하면 결국 부끄러운 일이 생긴다. 웃음과 즐거움을 절제하지 못하면 결국 패가망신한다. 윤리를 바르게 하며 은의를 돈독하게 하라. 엄하여 너그러움이 적고, 진취도 평등하다.

■ 12월 636

머리까지 빠져 위태로우니 어찌 오래가랴. 물도 성하면 쇠퇴하고, 평화도 다하면 반드시 난리가 있다. 높은 것이 과하면 꺾어지고 물에 빠져 진취할 수 없다. 소인의 감염이나 배를 타다 물에 빠진다. 기제가 미제가 되니 슬프다.

뇌수해괘 4효(雷水解卦 四爻) ☰☵

위로 소인과 친하면 어진 사람은 멀리 물러선다. 소인을 물리치면 군자의 무리가 나오게 된다. 성의와 신의가 깊으면 재난은 사라지고 복이 온다. 곁에 간신이 있으니 일에 실수와 허물이 생긴다. 만약 어진 사람을 만나면 재난은 거의 면제된다.

■ 정월 265
코 베이고 발 잘리니 뜻을 얻지 못한다. 강하려다 약해지고, 이익을 구하다 손해를 본다. 진취하며 경영하는 일은 처음에는 힘드나 나중에는 순탄하다. 타고난 영명한 성품으로 모두 좋게 만든다. 그러나 운이 불길하면 소송·형벌·초상제사가 따른다.

■ 2월 282
이끌리면 길하여 허물이 없고, 중정한 덕은 변함이 없다. 지성이 서리는 곳에 소박한 제사를 올리면 이롭다. 군신이 화합하니 지성과 공경을 모두 이룬다. 귀인이 이끌어주면 등용할 수 있다. 좋은 사람과 교류하거나 천거 있으니 경영하거나 꾀하는 일을 이룬다.

■ 3월 166
왕이 하사한 의복을 받으나 하루아침에 세 번 잃는다. 소송으로 받는 복은 공경할 것이 못된다. 성공과 실패, 진보와 후퇴가 있다. 소송이나 분쟁할 운이요 상복을 입을 운이다. 정도로 취한 것이 아니면 결국 잃는다.

■ 4월 153
엉덩이와 볼기에 살이 없으니 움직이는 것이 저주다. 사사로이 만나는 것을 조심하라. 함부로 행동하면 재난이 따른다. 퇴직이나 귀양을 갈 운이나 선비는 유리하다. 보통 사람은 재난과 매를 맞을까 두렵다. 하는 일이 어렵고, 허리와 발에 병이 침범한다.

■ 5월 121
본래 가는 데로 가면 허물이 없으리라. 이치를 따라 행사하고 도를 벗어나지 말라. 태평성대의 도가 있으면 영전할 기회가 있다. 어려서 배우고 자라서 행하니 명리를 이룬다. 비록 운은 좋으나 상복을 입을까 두렵다.

■6월 524

거의 보름이 된 달이다. 말도 짝을 잃었다. 같은 무리를 끊고 위를 따르면 허물이 없다. 벼슬한 사람은 높아지고, 선비는 월계관을 쓴다. 귀인을 만나며 윗사람의 덕을 본다. 그러나 배우자나 말을 잃을 수 있다.

■7월 142

밭갈이도 수확도 파종도 하지 않는다. 본래 소망이 없는데 소득이 있다. 가다듬고 행동에 힘쓰면서 때에 맞는 이치를 따른다. 승진과 명예를 성취하니 밖에서 이득을 얻는다. 농업이 좋으나 벼와 곡식은 적다.

■8월 345

마른 고기를 씹다 황금을 얻는다. 항상 위태로움과 두려움을 알면 원한과 허물은 자연히 사라진다. 법으로 간신을 제거하며 명예를 이룬다. 병자는 편안해지고 원망도 사라진다. 손으로 천금을 희롱하니 의식이 풍족하다.

■9월 133

숲 속에 복병이 있는데 높은 언덕에서 적을 살핀다. 3년이나 기회가 오지 않는다. 앞길이 가시밭이니 옛것을 지키면서 안정하라. 만약 높이 오르지 못하면 실직한다. 부모의 초상이 염려되고, 감옥과 소송도 두렵다.

■10월 236

군자는 표범으로 변하고 소인은 얼굴만 바뀐다. 나가면 흉하니 바르고 견고하게 있어야 길하다. 반드시 명예를 성취하고 문채가 왕성하다. 조심스럽게 법도를 지키면 재난을 면할 수 있다. 시비가 따르는데 낯을 바꿀까 두렵다.

■11월 534

가정이 부자니 대길하고 순함으로 지위에 있다. 아내가 가정을 부양하니 내직이 모두 좋아진다. 일은 순순히 하며 반드시 정도로 한다. 초월해 영전하고, 시험에 들어 상을 받는다. 꾀하는 일에 이익이 있고, 고독한 과부는 친한 사람을 만난다.

■12월 571

기러기가 물가로 가니 어린아이는 위태롭다. 재주는 매우 약한데 윗사람의 응원도 없다. 말을 하는 관직으로 학문 소송으로 귀양도 논한다. 선비는 응원이 없으니 막힘이 있다. 곤궁과 액을 많이 당하나 꾀하는 일은 막히지 않는다.

뇌수해괘 5효(雷水解卦 五爻)

군자가 해산하면 소인이 물러난다. 험난함이 흩어지니 길하며 선하다. 군자가 자진하게 되면 정도를 행한다. 선비는 명예를 얻고, 상인은 이익을 얻는다. 소송은 풀어지고, 병자는 쾌유된다.

■ 정월 366

믿음으로 술을 마시니 허물이 없다. 뜻이 방탕하며 반성할 줄 모르면 재난을 당한다. 초월해 영전할 운이며 진취할 상이다. 험난함에서 벗어나 평온해지고, 늙은이는 스스로 즐거워한다. 술 때문에 재난을 당하거나 물에 빠질 수 있다.

■ 2월 353

솥귀를 바꾸니 의리를 잃고, 행동이 비색하니 소임을 얻지 못한다. 물건이 있어도 먹지 못하고, 말이 있어도 타기 어렵다. 경영하거나 꾀하는 일은 처음은 없고 끝만 있다. 늙은이는 복을 받으나 어린아이는 작게 얻는다.

■ 3월 321

상하가 서로 친하면 자연히 후회할 일도 없다. 나쁜 사람이 나를 헤치나 흥이 되지는 않는다. 한직에서 복직되나 진취는 지체된다. 처음에는 잃으나 나중에는 얻고, 처음에는 어그러지나 나중에는 합한다. 육축은 불리하며 흉악한 사람을 조심하라.

■ 4월 724

병을 빨리 덜면 기쁨이 있다. 상대가 나를 따르는 것도 빠른 것이 좋다. 한직에서 일어서고 선비는 기쁨이 있다. 재앙은 면제되고 병은 쾌유된다. 어두웠던 사람은 밝아지고, 근심이 있던 사람도 기쁘게 된다.

■ 5월 342

살을 씹되 코를 없애니 엄하게 다스렸기 때문이다. 형법을 적용할 때 중도를 지키면 죄도 쉽게 복종한다. 인민 때문에 다소 상처를 받고, 고시는 기회가 없다. 진퇴는 어렵고 시비는 요란하다. 혹 남이 모르는 병에 걸리거나 골육이 손상될 수 있다.

▪ 6월 145

망이 없는 병은 약을 쓰지 않으면 기쁘다. 본래 병이 없는데 어찌 공격해 치료하겠는가. 움직이면 망이요 안정하면 무망이다. 벼슬한 사람은 변이 생기나 변명하지 않아도 자명해진다. 피하는 일은 이루고, 출산과 양육의 기쁨이 있다.

▪ 7월 333

해는 기우는데 빛이 나니 어찌 오래 가겠는가. 성하면 쇠퇴하고, 시작이 있으면 끝이 있는 법이다. 관직은 재야에 있으니 조심하며 욕을 막아라. 즐거움 속에 슬픔이 있고, 기쁨 속에 수심이 있다. 계속 험난하니 죽고 망할 날이 없다.

▪ 8월 436

집은 훌륭해 하늘까지 날 것 같으나 3년이나 사람을 보지 못한다. 스스로 가리고 더럽혔으니 매우 흉하다. 골육이 상잔하니 고향을 떠나 가정을 이루라. 문호가 곤궁하며 소송·감옥·구설이 따른다.

▪ 9월 734

꾸밈새가 희며 흰 말이 달리듯 한다. 겉으로는 문채의 꾸밈을 숭상하나 마음은 본질을 숭상한다. 처음에는 막히나 나중에는 순탄하고, 처음에는 잃으나 나중에는 얻는다. 근심 속에 기쁨이 있고, 험난함 속에도 편안함이 있다. 혼인할 운이나 운이 흉하면 상복도 입는다.

▪ 10월 771

발에 그치면 허물이 없다. 중정의 도를 잃지 않았다. 정도를 계속 지키면 이롭다. 현 직위를 고쳐야 그 지위도 잃지 않는다. 앞으로 나아가는 일은 어려워지고 정지나 강등이 따른다. 그러나 안정하면서 분수를 지키면 위험해지는 일은 없다.

▪ 11월 535

왕이 가정을 이루면 근심하지 않아도 길하다. 지극히 바르고 선하니 근심없이 잘 되어간다. 남편은 내조를 좋아하고, 부인은 법도 있는 가정을 사랑한다. 벼슬길이 매우 순탄하고 명예를 이룬다. 귀인과 교제하며 문전에 화기가 가득하다.

▪ 12월 512

계속 회복하며 중도를 지키니 실수가 없다. 스스로 진퇴를 살피면 중도를 잃지 않는다. 계속 이끌어줄 계단이 있고 발탁될 자리가 있다. 동지와 같이 가니 경영하거나 꾀하는 것을 이룬다. 그러나 운이 흉하면 실수를 반복한다.

연평 466

뇌수해괘 상효(雷水解卦 上爻)

높은 담장에서 매새를 쏘아 얻으니 모두 이롭다. 능력을 감추고 성취한 뒤에 움직이는데 움직임에 막힘이 없으니 어찌 불리하겠는가. 병사로 공을 세우고 추천도 먼저 받는다. 문과 담장을 만들고, 꾀하는 일로 이익을 얻는다.

■ 정월 421
누이동생을 동서로 시집보내고 절름발이가 되어 걸어간다. 덕은 있으나 호응이 없으니 직분만 다할 뿐이다. 벼슬한 사람은 요장이 되고, 선비는 작은 시험이 좋다. 보통 사람은 작은 덕이 있어 꾀하는 것은 이루나 종이나 첩을 들이거나 세력가에게 몸을 맡긴다.

■ 2월 824
지극한 도가 임하니 허물이 없고 지위도 당연하다. 임하는 도는 가까운 것을 숭상하니 동료들 덕으로 아름다운 혜택을 입는다. 인정이 화합하니 경영하는 일은 모두 순탄하나 모든 일은 먼저 살핀 뒤 시작하라.

■ 3월 442
벼락이 치니 위태롭다. 강세를 탔기 때문이다. 재물이 상할까 두려워 높은 언덕에 오른다. 험난함과 간사함을 만나 처음에는 미혹되다 나중에는 얻는다. 노인은 목숨이 위험하고, 젊은이는 반드시 놀랄 일이 생긴다. 분쟁·소송·실물은 7에서 생긴다.

■ 4월 245
미덥고 진실하게 아름다우니 그 지위가 중정하다. 성실하게 선을 따르니 매우 착하다. 자신을 버리고 선을 따르니 크게 형통한다. 벼슬한 사람은 영전하고, 선비는 등용이나 천거된다. 경영하거나 꾀하는 일은 순조로우니 경사가 많다.

■ 5월 433
장막이 많으니 대낮에도 작은 별을 본다. 오른팔을 끊으면 허물은 없을 것이다. 윗사람의 응원은 전혀 없으니 큰 일은 불가하다. 휴직하는 것이 유리하며 진취 또한 어렵다. 경영하거나 꾀하는 일도 이루지 못하고, 수족에 액이 따른다.

■6월 336

왕이 출정하는 것은 나라를 올바르게 하기 때문이다. 간신과 죄악을 살피고, 위엄과 형벌을 실행한다. 천하를 밝게 분별하는 것은 아름다운 공을 세우기 위해서다. 출사하면 공업을 이루고, 앞으로 나아가면 우두머리가 되고, 경영하는 일에서는 이익을 얻는다.

■7월 834

왼쪽 배로 들어가 마음과 뜻을 얻는다. 간사함에 마음을 빼앗긴 후에야 밖으로 행한다. 어두운 땅이 얕으니 어두웠던 자라도 나오게 된다. 밖에 나가 경영을 꾀하고, 부인은 아들을 낳는다. 한가한 관직도 일을 맡으나 뜻은 멀어진다.

■8월 871

겸손한 군자는 스스로 낮춰 기른다. 큰 내를 건너도 불길함이 없다. 지극히 겸손하면 대중도 같이 한다. 관직은 목민인데 보배를 품고 초빙을 기다린다. 먼 강호를 건너 상업이나 여행을 하라.

■9월 635

동쪽 이웃의 소를 잡는 것이 서쪽 이웃의 봄 제사만 못하다. 때를 만나면 복을 받으나 물건이 풍성하지는 않다. 태평한 세상에서는 교만과 사치가 쉽게 싹튼다. 하는 일은 때를 잃기 쉽고, 원대한 꿈은 헛되게 된다. 바라는 일은 불리하고, 서쪽은 좋으나 동쪽은 흉하다.

■10월 612

점점 험난해지니 언어에 상처가 있다. 굳센 중용으로 잘 기다리면 결국은 길하다. 정당한 이론이 사에 막히고, 시험에서는 책망을 듣는다. 어린아이의 투쟁이나 소송은 반드시 시비가 된다. 남을 너그럽게 대하면 모든 일이 자연히 밝아진다.

■11월 536

신뢰와 위엄으로 행하면 결국은 길하다. 자신이 도를 행하지 않으면 처자에게도 강요할 수 없다. 가정을 다스리려면 자신이 먼저 바르게 해야 한다. 지위가 높고 권세가 중하니 앞으로 나아가 명예를 이룬다. 경영하거나 꾀하는 일은 뜻대로 되고, 여자는 귀부인이 된다.

■12월 543

유익함을 흉한 일에 쓰니 어려움이 덜어진다. 믿음으로 중도를 행하면 공사에 고할 때 인감을 쓰는 것처럼 할 것이다. 조정에서 귀인으로 크게 쓰이며 명예와 공을 이룬다. 인선이나 품수를 바꾸면 보통 사람은 이익을 얻는다. 그러나 운이 흉하면 비상한 재앙을 당한다.

연펑 471

뇌산소과괘 초효(雷山小過卦 初爻) ☳☶.

날아가는 새라 흉하나 어쩔 수가 없다. 빨리 가다 흉을 만나나 구제할 길이 없다. 나는 곤충의 재앙이 있고, 뜻밖의 재난도 두렵다. 날면 하늘도 찌르나 빨리 가면 화근이 된다. 사물은 견고하지 못하고, 사람은 교량이 끊긴다.

■ 정월 452
항구함에 뉘우침이 없고, 움직이는 곳마다 중도를 얻는다. 중정하면 자신을 지키며 편안해진다. 관직자는 근신하면 공직을 면한다. 선비는 덕을 숭상하며 지키면 손해는 없다. 자신을 편안하게 하며 도덕을 품으면 그 속에 이익이 있다.

■ 2월 225
나쁨을 제거할 수 있으나 한 번은 위태로워진다. 가선과 실선을 구분하지 못하면 위태롭고, 아첨과 가까워지면 흉하다. 벼슬길에는 아첨과 간신이 따르는데 선비는 탈락한다. 모르는 사가 발동해 비밀스러운 화락을 꾀한다.

■ 3월 463
짊어질 것이 탔으니 추하다. 내가 도적을 불렀으니 누구를 탓하겠는가. 허술하게 관리하면 훔쳐가라는 것이고, 얼굴을 꾸미면 음탕한 짓을 하라는 것이다. 벼슬한 사람은 퇴출되고, 선비는 귀양이나 강등을 당한다. 도적을 당할 운이며 소송이나 시비가 따른다.

■ 4월 366
믿음으로 술을 마시니 허물이 없다. 뜻이 방탕하며 반성할 줄 모르면 재난을 당한다. 초월해 영전할 운이며 진취할 상이다. 험난함에서 벗어나 평온해지고, 늙은이는 스스로 즐거워한다. 술 때문에 재난을 당하거나 물에 빠질 수 있다.

■ 5월 864
진영으로 후퇴하면 허물이 없고 떳떳함을 잃지 않는다. 군사를 완전히 후퇴시키니 전복이나 패망과는 멀다. 관직의 길은 험난하며 선비는 사감생이다. 편안하게 있으면서 직업을 즐겁게 여기고 망동하지 말라. 객사를 성조하거나 여관에서 살게 된다.

■ 6월 821

느껴 임하니 바르면 길하고, 올바른 뜻을 행한다. 그 길한 것을 고수하고 각기 일에 따른다. 기틀을 알고 상종하며 사람을 얻어 공동 구제한다. 시험에 비유하면 수석이 된다. 음양이 서로 감응하니 경영하거나 꾀하는 일이 뜻대로 된다.

■ 7월 665

험난함이 차지 못하고, 중정한 덕도 크지 않다. 물이 흘러도 차지 않고 이미 평평한 데까지 갔다. 직위에 있으며 위태롭지 않으니 작게 성취해야 이롭다. 꾀하는 일은 평탄해 위험은 없을 것이다. 처음에 다소 얻으나 결국은 차지 못한다.

■ 8월 682

안에서부터 친하니 실수하지 않는다. 나라에 몸을 맡기니 임금을 얻고 도에 합한다. 관직은 내직으로 제수받고, 여자는 어진 남편을 얻는다. 선비는 명예를 이루나 지방을 벗어날 수 없다. 귀인을 만나 의지하니 경영하거나 꾀하는 일은 뜻대로 된다.

■ 9월 566

흐트러져 그 피의 상해를 버리니 멀리 나가면 허물이 없다. 사리에 손순하면 상해는 없다. 무장으로 난리를 평정하고, 잠복이나 은둔에서 벗어난다. 험난함에서 나와 편안한 곳으로 가니 어둠을 등지고 밝은 곳을 향한다. 소송이나 감옥도 사라지고 질병도 낫는다.

■ 10월 553

자주 순종하니 부끄러움이 되고, 뜻이 궁하니 재난을 당한다. 만약 잘라 제지하지 못하면 더 깊게 들어간다. 벼슬한 사람은 귀양이나 강등되고, 선비는 손실이 있다. 여러 번 얻고 잃으니 부끄러움을 면할 수 없다. 너무 강해 맞아들지 않으니 곤궁한 액이 된다.

■ 11월 521

스스로 헤아려 보는 것이 좋은데 달리하면 편안하지 않다. 뜻은 변하지 않는 미더움 속에 있다. 관직자는 천거나 발탁되고, 선비는 끌어주는 사람을 만난다. 지조를 지켜 원만하게 이루나 편안함에 빠지면 실패한다. 기쁨 속에 근심이 있는데 사람과 재물이 손실된다.

■ 12월 124

호랑이 꼬리를 밟은 것처럼 두려운 상이나 마음가짐을 조심하면 뜻을 이룰 수 있다. 무관이 유리하니 무과를 보면 급제한다. 매사 조심하면 허물은 면할 것이다. 여자는 많이 흉한데 음란하며 불량할 것이다.

연평 472

뇌산소과괘 2효(雷山小過卦 二爻) ䷽

할아버지를 지나 할머니를 만나고, 임금을 지나 신하를 만난다. 정도를 지키며 중도를 얻으니 스스로 본분을 안다. 자신의 직책에서 앞으로 나아가 명예를 이룬다. 귀인이 이끌어주면 모든 일이 이루어진다. 여인의 도움을 받으나 운이 흉하면 어머니 재앙이 따른다.

■ 정월 483
쳐다보면서 즐거워하다 후회하고, 더뎌도 후회한다. 처신이 부정하면 진퇴에 후회만 있다. 구하고 바라는 일은 되지 않으니 빨리 고쳐라. 우유부단하면 후회와 과실을 막기 어렵다. 잠시 전진하고 잠시 후퇴하니 시비가 한결같지 않다.

■ 2월 386
뿔 위까지 나가 사심의 마을을 쳐라. 진퇴가 심란하니 정당한 곳에 처해도 부끄럽다. 안으로 사심을 치료하며 반성하면 허물은 없다. 집을 다스리는 상으로 성조나 집수리할 운이다. 수가 불길하면 정벌·분쟁·소송이 따른다.

■ 3월 884
주머니를 묶는 것처럼 하면 허물이 없고, 조심하면 해롭지 않다. 상하가 막히고 끊겼으니 자처하라. 승진이나 영전은 어려우니 현직에서 조심하라. 진취하기 어렵고, 경영이나 꾀하는 일도 막힌다. 조심하며 견고해야 뜻밖의 화를 면할 수 있다.

■ 4월 841
머지않아 회복하며 수신한다. 후회할 일이 없으니 매우 길하다. 관직이 청고하며 임금을 곁에서 돕는다. 선비는 장원하고 경영하는 일들은 이익을 본다. 개과천선하니 일마다 이롭지 않은 것이 없다.

■ 5월 685
친히 돕는다는 뜻이며 지위가 중정하다. 왕이 세 번 짐승을 모니 어질다는 것을 알 수 있다. 역을 버리고 순리를 따르며, 자신을 용서하는 마음으로 남을 대한다. 관직자는 영전하고, 선비는 과거에 급제한다. 처음에는 힘드나 나중에는 순탄하니 이롭지 않은 것이 없다.

■ 6월 662

험난함의 연속이나 구하는 것은 다소 얻는다. 재주가 족하여 자위하니 마음은 항상 형통하다. 책임이 작으니 작은 시험은 이롭다. 사람이 출중하지 못하나 경영하는 일은 다소 이룬다. 험난함과 심장·복부·혈액 질환이 따른다.

■ 7월 586

살아가는 것을 보니 군자이면 허물이 없다. 자신을 반성하면서 시종 한마음으로 한다. 경영하거나 꾀하는 일은 막히니 만족하지 못한다. 병자는 살아나고, 임신하면 유리하다. 진취가 심난하니 물러나 수신하면서 반성하라.

■ 8월 573

기러기가 육지로 올라오나 편안한 곳이 아니다. 남편은 나가 돌아오지 않고, 부인은 임신하나 양육하지 못한다. 그러나 정도를 지키며 사를 막으면 허물은 없을 것이다. 귀양·강등·막힘·침체가 따를 운이다. 인정이 화목하지 못하니 도적이 침범한다.

■ 9월 541

크게 시작하면 이롭고, 크게 길해야 허물이 없다. 남에게 큰 이익을 주면 자연히 그 이익이 돌아온다. 그러나 모두 잘 하지 않으면 허물을 면할 수 없다. 관직자는 높이 영전하고, 진취하면 큰 우두머리가 된다. 크게 꾀하고 마음대로 된다.

■ 10월 144

바른 길을 지키면 허물이 없다. 실리와 진실한 마음으로 변하지 말라. 고요히 안정하면 저절로 좋은 소식이 온다. 덕이 넓고 겸손하니 신하의 도리가 극진하다. 옛 사업을 지키며 본분을 지켜라.

■ 11월 522

그늘 밑에서 학이 우니 그의 자식이 감화한다. 말과 행동은 영화가 되기도 하고 욕이 되기도 한다. 군자의 언행은 천지도 움직인다. 벼슬한 사람은 진급하며 재정 이익도 있다. 아들을 낳고 유리하나 노인은 병에 걸릴까 두렵다.

■ 12월 725

유익한데 복은 위에서 내린다. 열 쌍의 거북으로도 어길 수가 없다. 꾀하는 일은 하늘의 뜻과 부합하니 매우 선하다. 직위가 좋아 임금 곁에 있고, 선비는 장원한다. 하늘의 재물이 많이 생기니 이롭지 않은 것이 없다.

뇌산소과괘 3효(雷山小過卦 三爻) ䷽

예방하지 않으면 재난을 면하기 어렵다. 음모와 간신의 해로움이 있고, 정지와 강등의 우려가 있다. 여러 음이 해롭게 구는데 자신의 강함만 믿는다. 작은 물건이라도 조심하면 큰 해로움은 없다.

■ 정월　874
겸손하니 모두 좋으며 법을 어기지 않는다. 행동이나 일은 모두 겸손하게 한다. 관직자든 아니든 무소불통이다. 선비나 농업·공업·상업에 종사하는 사람은 물러나 양보하라. 만약 겸양하지 못하면 반드시 손해를 본다.

■ 2월　831
위로 나아가는 것이 상했으니 기미를 보아 먼저 피하라. 가면 말이 있으니 어찌 좇히 괴이하랴. 관직은 정지되거나 강등되니 물러나 쉬는 상이다. 나르려다 날개 드리우니 발전하기 어렵다. 해가 흉년을 만났으니 재물과 곡식이 풍부하지 못하다.

■ 3월　675
큰 어려움에 부딪쳤는데 벗이 오니 절의로 대한다. 충정한 신하와 자식의 도움을 더욱 많이 받는다. 관직은 요직에 오르며 진취하여 적중한다. 좋은 사람이 이끌어주고 천거하니 이롭지 않은 것이 없다. 신하는 충성하고 자식은 효도하니 가정이 화애롭다.

■ 4월　652
위로 끌어올릴 수 없으니 구제하는 공이 없다. 물장군이 깨져 물이 새니 사람을 구할 수 없다. 물러난 곳에서 수양하면서 그릇을 감추고 때를 기다려라. 응원이 없으나 조심하면서 지키면 화를 피할 수 있다. 덕은 족하나 힘은 약하니 사물에 미칠 수 없다.

■ 5월　576
기러기가 허공으로 날아가듯이 그 뜻이 초연하다. 사람으로 논하면 보통을 넘어간다. 나아가는 것을 잃지 않고 현달하여 높이 된다. 선비는 명예를 얻어 한번 날면 하늘도 찌른다. 복의 근원이 영원하니 재앙이나 근심이 침범하지 않는다.

■ 6월 583

나의 소행으로 진퇴하게 된다. 좋은 것을 순응하면 도덕을 잃지 않을 것이다. 진퇴가 무상하고, 쟁탈이 한결같지 않다. 득실이 정해져 있지 않으니 다시 잘 살펴봐라. 진실을 알면 설행하고, 어려움을 알면 물러서라.

■ 7월 531

있는 집에서 방어하면 자연히 후회할 일은 없다. 인정이 방탕하면 반드시 후회할 일이 생긴다. 관직은 한직이며 작은 시험이 유리하다. 꾀하는 일은 이루어지며 혼인할 상이다. 승려는 주지가 되고, 늙은이는 수명이 불리하다.

■ 8월 134

작은 담 위에 올랐으나 의리를 공격할 수는 없다. 세를 타 공격하면 오히려 흉한 일을 당한다. 겸손하게 지키면 자연히 좋은 일이 생긴다. 등용은 어렵고 성과 못을 짓는다. 영화 속에 욕이 있고, 의심 속에 시비도 있다.

■ 9월 512

계속 회복하며 중도를 지키니 실수가 없다. 스스로 진퇴를 살피면 중도를 잃지 않는다. 계속 이끌어줄 계단이 있고 발탁될 자리가 있다. 동지와 같이 가니 경영하거나 꾀하는 것을 이룬다. 그러나 운이 흉하면 실수를 반복한다.

■ 10월 715

거세된 돼지의 어금니이니 경사가 있다. 그 원인을 끊어버리면 자연히 악은 그친다. 관직자는 영전이나 발탁되고, 선비는 높이 천거된다. 경영하거나 꾀하는 일도 잘 되며 경사가 많다. 성공하려면 먼저 기미를 살펴야 한다.

■ 11월 523

북치며 파하고, 울며 노래한다. 인심이 밖으로 움직이니 어찌 편안하겠는가. 동료와 불목하며 진퇴가 있다. 기쁨 속에 근심이 있고, 즐거움 속에 슬픔이 있다. 명예와 이익을 구하나 득실은 반반이다.

■ 12월 626

쓰디쓴 절제이니 바르더라도 흉한데 그 도가 궁하다. 이미 처신이 극을 지났으니 흉을 면할 길이 없다. 지나친 고집으로 허물이 있고, 지나친 의심으로 슬픔이 있다. 명리를 구하나 모두 이롭지 않다. 법도를 잃어 허물이 생기고, 노인은 수명이 지키기 어렵다.

연평 474

뇌산소과괘 4효(雷山小過卦 四爻) ䷽

지극히 공손하면 허물이 없다. 고수하지 말고 때에 맞게 하라. 고집스럽게 변통할 줄 모르면 다소 허물이 된다. 안정하면서 직위를 지켜라. 작은 시험은 유리하다. 안빈하며 분수를 지키면 자연 손실과 폐단도 없다.

■ 정월 275
등심에 감응이 있으니 뜻이 사물을 감동시키지 못한다. 진퇴에 구속이 없고, 중심에는 사기가 없다. 같은 관료는 기뻐도 앞으로 나아가기는 어렵다. 인정이 어그러지며 떨어져 나가니 경영하거나 꾀하는 일은 시소하다. 사욕에 감응하면 사물을 감동시킬 수 없다.

■ 2월 252
마른 벼에 뿌리가 나고, 늙은 사내가 아내를 얻는다. 중도를 얻고 유순하니 능히 큰 공을 이룬다. 심하게 침체된 사람이 다시 일어나니 복직될 운이다. 첩을 들이는 운으로 아내를 얻고 아들을 낳는다. 승려는 제자를 얻거나 의붓자식을 둔다.

■ 3월 176
살찐 물러남이요 숨은 것이니 이롭지 않은 것이 없다. 사물에 막힘이 없어 초연하며 여유가 있으니 무슨 일이든 이루어지지 않겠는가. 관로가 편안하지 못하니 때를 기다려라. 경영하거나 꾀하는 일은 이롭고, 가정과 사업은 풍성해진다.

■ 4월 183
지위가 부당하니 부끄럽다. 항상 졸렬한 권모술수를 부리다 선을 해친다. 인정은 쉽게 변하니 움직이면 의심을 받는다. 관직에서 물러나 쉬면서 비난을 막아라. 시비와 분쟁이 비온 뒤 죽순 솟듯한다.

■ 5월 131
마음에 부끄러움이 없으니 자연히 내외가 화평하다. 남들과 마음이 통하니 무슨 허물이 있겠는가. 원한과 허물은 모두 사라지며 모든 가정에는 기쁨이 있다. 영전할 운이요 등용할 상이다. 동지와 협심하며 성조와 문을 수리한다.

■ 6월 534

가정이 부자니 대길하고 순함으로 지위에 있다. 아내가 가정을 부양하니 내직이 모두 좋아진다. 일은 순순히 하며 반드시 정도로 한다. 초월해 영전하고, 시험에 들어 상을 받는다. 꾀하는 일에 이익이 있고, 고독한 과부는 친한 사람을 만난다.

■ 7월 112

용이 밭에 나타나니 대인을 보는 것이 이롭다. 말은 신용있게 하고 행실은 조심해라. 몸은 직위에서 초월하니 경사가 무쌍하다. 식구가 늘고 전답이 생기며 재물이 마르지 않는다. 귀인을 만나 모든 것이 뜻대로 된다.

■ 8월 315

미더움으로 사귀며 신의로 뜻을 편다. 강유를 겸전하니 즐거워하지 않는 백성이 없다. 일에는 선후가 있으니 기회를 보아 나아가라. 시기를 살펴 움직이면 모든 일이 새롭게 된다. 그러나 경솔하며 거만하면 화를 당할 것이다.

■ 9월 123

애꾸눈으로 보며 절름발이로 걷는다. 호랑이 꼬리를 밟았으니 매우 흉하다. 하는 일이 바르지 못하니 반드시 상해가 따른다. 시비가 불리하니 감옥이나 송사가 따른다. 만약 깊이 살피지 않으면 자신과 가정이 망할 수 있다.

■ 10월 226

이끌려 즐거워하니 크게 빛나지 못한다. 함부로 교묘하게 기쁨을 찾으니 이르지 않는 곳이 없다. 시절이 오지 않으니 심사만 산란하다. 좋은 광채도 먼지 속에 있으니 경영하고 꾀하는 일이 잘 되지 않는다. 위로 가도 광채가 없으니 혹 더러운 데 오염될 수 있다.

■ 11월 524

거의 보름이 된 달이다. 말도 짝을 잃었다. 같은 무리를 끊고 위를 따르면 허물이 없다. 벼슬한 사람은 높아지고, 선비는 월계관을 쓴다. 귀인을 만나며 윗사람의 덕을 본다. 그러나 배우자나 말을 잃을 수 있다.

■ 12월 561

구제하는데 건장한 말을 쓰니 길하다. 굳세고 중정한데 친히 사귀며 서로 구한다. 빨리 영전하며 선비는 비등해진다. 귀인과 교류하거나 천거를 받아 꾀하는 것을 모두 이룬다. 흐트러짐도 초기에 구하면 힘을 들이지 않아도 된다.

뇌산소과괘 5효(雷山小過卦 五爻) ䷽

날아올라 내려오지 않으니 덕을 베풀기 어렵다. 서쪽 들에는 구름이 가득하나 비가 오지 않는다. 벼슬한 사람은 휴직하기 쉬우나 선비는 왕공을 볼 수도 있다. 원대한 계책은 불리하나 옛것을 지키면 좋다. 노인이나 병자는 모두 좋지 않다.

■ **정월 376**
나그네는 그 집을 불사르고, 처음에는 웃으나 나중에는 울부짖는다. 지나치게 강해 자만하면 편안한 곳도 잃는다. 순한 덕을 쉽게 잃으니 처음에는 통쾌하나 나중에는 위태로워진다. 좋은 가운데 손실이 있으니 이사나 성조를 하라. 운이 나쁘면 화재나 눈병이 생길 수 있다.

■ **2월 383**
여러 사람이 미더워하니 위에 올라 행한다. 대중이 믿고 따르니 어찌 불리하겠는가. 관직자는 승진이나 영전하고, 선비는 천거된다. 벗을 얻어 함께 일하니 경영하거나 꾀하는 일을 이룬다. 먼저 도적을 막고, 뒤로는 사람의 도주를 예방하라.

■ **3월 331**
내디딘 발길 착란하나 조심하면 허물은 없다. 그 진퇴를 아는 것은 밝게 부딪치는 도다. 조심하면서 신중하게 피하면 화를 면할 수 있다. 조급하게 움직이면 허물을 범하고, 이치에 어긋나면 분수를 범한다. 만약 그렇지 않으면 미끄러지며 발에 병이 생긴다.

■ **4월 734**
꾸밈새가 희며 흰 말이 달리듯 한다. 겉으로는 문채의 꾸밈을 숭상하나 마음은 본질을 숭상한다. 처음에는 막히나 나중에는 순탄하고, 처음에는 잃으나 나중에는 얻는다. 근심 속에 기쁨이 있고, 험난함 속에도 편안함이 있다. 혼인할 운이나 운이 흉하면 상복도 입는다.

■ **5월 312**
큰 수레에 많이 싣는데 실패가 없다. 튼튼한 큰 수레는 많이 싣고 멀리 갈 수 있다. 재주와 힘이 좋으니 능히 큰 부를 누린다. 용감한 장수로 출사해 명성을 얻는다. 경영하거나 꾀하는 일은 이루며 재물과 곡식이 풍부하다.

■ 6월 115

날아가는 용이 하늘에 있으니 대인을 만나면 이롭다. 같은 소리는 상응하고, 같은 기운은 서로 구한다. 꾀꼬리가 높은 나무에 오르듯 몸이 용문에 오른다. 성조에 필요한 재물을 얻을 상이나 여자는 남편궁이 불리해 고독하다.

■ 7월 323

수레가 끌려가는 것을 보고 그 소는 제거된다. 머리털은 뽑히고 코는 잘리는 격이니 처음은 없고 끝만 있다. 지위가 부당하며 강적을 만난다. 꾀하며 바라는 일에 막힘이 있으니 험난함에서 편안함을 구하라. 만약 흉한 운을 만나면 골육의 형상이 따른다.

■ 8월 426

광주리를 받아도 비어 있고, 양을 잡아도 피가 없다. 제사가 끊어지면 여인의 시집도 종말이다. 빈 자리로 실이 없으니 앞으로 나아가도 헛된 명예뿐이다. 경영하거나 꾀하는 일은 모두 비어 있으니 헛되게 심신만 고생한다. 노인은 불리한데 초상이나 제사의 근심이 있다.

■ 9월 724

병을 빨리 덜면 기쁨이 있다. 상대가 나를 따르는 것도 빠른 것이 좋다. 한직에서 일어서고 선비는 기쁨이 있다. 재앙은 면제되고 병은 쾌유된다. 어두웠던 사람은 밝아지고, 근심이 있던 사람도 기쁘게 된다.

■ 10월 761

어린아이에게는 벌을 주는 것이 이롭다. 두려움을 알게 한 후 가르쳐서 인도한다. 착한 도를 알게 해야지 벌을 주면 안 된다. 문교의 직책이며 형벌을 주는 소임이다. 작은 시험은 유리하나 보통 사람은 관재나 시비가 많다.

■ 11월 525

믿음이 단단하니 지위가 정당하다. 견고한 성의와 신의로 맺어지면 천하도 무사하다. 군신이 한마음이 되니 총애와 신임이 깊어진다. 앞으로 나아가 명예를 이루며 이롭지 않은 것이 없다. 인정이 화합하니 모든 것을 이룰 수 있다.

■ 12월 542

유익함은 밖에서 들어온다. 열 쌍의 거북이라도 어기지 못한다. 벼슬한 사람은 영전하며 명예를 이룬다. 상업을 하면 이익이 생기고, 제사를 지내면 복을 받는다. 불가에서 생활하면 명리도 좋다.

뇌산소과괘 상효(雷山小過卦 上爻) ䷽

이미 극에 차 만나지 않고 지나간다. 이치를 어기고 정상을 지나니 신속하기가 나는 것과 같다. 천재와 인재를 모두 당한다. 분수를 넘으면 재난이 생기는데 의외의 재앙도 있다. 복제의 수인데 천명을 벗어나기 어렵다.

■ 정월 431
짝이 되는 주인을 만나 마음이 같으면 허물이 없다. 나가면 가상하나 열흘이 지나면 재앙이 생긴다. 반드시 밝은 군주를 만나 명예를 이룬다. 귀인과 교류하며 꾀하는 일을 이룬다. 그러나 너무 큰 일을 시작하면 반드시 재앙이 된다.

■ 2월 834
왼쪽 배로 들어가 마음과 뜻을 얻는다. 간사함에 마음을 뺏긴 후에야 밖으로 행한다. 어두운 땅이 얕으니 어두웠던 자라도 나오게 된다. 밖에 나가 경영을 꾀하고, 부인은 아들을 낳는다. 한가한 관직도 일을 맡으나 뜻은 멀어진다.

■ 3월 412
견고하고 바르게 중도를 행하면 길하다. 중정을 잃지 않으면 충분히 길하다. 깨끗하고 높은 지위에 올라 명예를 얻는다. 하는 일마다 뜻대로 된다. 마음은 사심과 치우침이 없고, 하는 일은 지나침이 없다.

■ 4월 215
비린 잎도 과감하게 처결하듯 중도를 행하면 허물이 없다. 중도를 얻지 못하면 광대하지 못하다. 간신의 침해가 있으나 조금은 발전한다. 오래 막히다 한관으로 복직된다. 소송은 펴지며 병도 치유되고, 경영하거나 꾀하는 일은 뜻대로 된다.

■ 5월 423
누이동생 시집보낼 때를 기다리니 천한 여성임을 알겠다. 사람들은 덕이 없는 여인을 취하지 않는다. 벼슬한 사람은 귀양이나 강등이 두렵고, 선비는 때를 기다려라. 고생하나 진퇴를 근심한다. 아내를 내보낼 운인데 혹 총애하는 종을 들이기도 한다.

■ 6월 326

거슬리며 어그러져 합하기 어려우니 외롭다. 돼지 진흙과 귀신 한 차 싣는 것을 본다. 모든 의심이 사라지니 원수가 아니라 결혼이다. 의심하며 염려했는데 결정한 뒤에 보니 좋은 소식이다. 어려움과 속임을 당하기 쉽고, 처음에는 손해를 보나 나중에는 좋다.

■ 7월 824

지극한 도가 임하니 허물이 없고 지위도 당연하다. 임하는 도는 가까운 것을 숭상하니 동료들 덕으로 아름다운 혜택을 입는다. 인정이 화합하니 경영하는 일은 모두 순탄하나 모든 일은 먼저 살핀 뒤 시작하라.

■ 8월 861

출사할 때 율법을 어기면 흉하다. 신하의 도리를 다하면 임금의 총애도 날로 깊어진다. 문장과 의리로 합하니 공명을 얻는다. 경영하는 일은 법도를 지키니 재물이 날로 늘어난다. 그러나 경솔하면 재앙이 있는데 운이 흉하면 매우 험상궂다.

■ 9월 625

달콤한 절제요 법도이니 길하고, 나가면 가상함이 있다. 자신을 지키면서 편안하게 행하면 천하도 기꺼이 따라준다. 수원이 감미로우면 내로 흘러도 쉬지 않는다. 관직자는 영전이나 발탁되고, 선비는 상달한다. 꾀하거나 바라는 일은 이루어지고, 행하는 일은 가상함이 있다.

■ 10월 642

막히고 어려우니 말을 타고 나가지 못하고 머뭇거린다. 운이 흉하고 이치가 다했으니 망령되게 구하는 자도 갔다. 신분과 직위를 고쳐 권세가 날로 심하다. 선비는 나아가기 어렵고 혼인할 운이다. 운이 흉하면 난리·소송 구속연금이 따른다.

■ 11월 526

소리가 하늘에 닿으나 어찌 오래가랴. 신의도 다하면 쇠퇴하고, 충성도 독실하면 안으로 상실감이 생긴다. 왕궁에 올라 천자와 함께 한다. 높은 것을 다투며 강함을 억제하니 진출하기 어렵다. 혹 사물이 손상되거나 명예와 수명이 보전하기 어렵다.

■ 12월 513

수레바퀴통이 벗겨지며 부부는 반목한다. 나아가도 이롭지 않고 물러서도 가정이 편안하지 못하다. 영화를 누리다 욕을 보고, 나아가려다 물러선다. 발이나 눈에 병이 생기고, 식구는 분리된다. 모든 재난이 함께 와 가문에 후회하거나 부끄러운 일이 생긴다.

연평 481

뇌지예괘 초효(雷地豫卦 初爻) ☵

때를 만나 일을 주간하니 즐겁고, 뜻은 극도에 다달아 소리까지 낸다. 경솔함과 천박함이 이와 같으면 어찌 흉하지 않으리. 은총을 기다려야 되고, 선비는 사람을 놀라게 한다. 보통 사람은 놀람·구설·시비가 따른다.

■ 정월 462
사냥하여 여우 셋과 누런 화살을 얻는다. 간사함과 아첨이 난무하나 정직함으로 제거한다. 영 전·천거·발탁될 운이다. 세 번 꾀하여 세 번 이루며 전답과 재산도 늘어난다. 만약 전쟁이나 사냥을 하면 이익이 작지 않을 것이다.

■ 2월 265
코 베이고 발 잘리니 뜻을 얻지 못한다. 강하려다 약해지고, 이익을 구하다 손해를 본다. 진취하며 경영하는 일은 처음에는 힘드나 나중에는 순탄하다. 타고난 영명한 성품으로 모두 좋게 만든다. 그러나 운이 불길하면 소송·형벌·초상제사가 따른다.

■ 3월 453
덕은 영원하지 않으니 혹 부끄러운 일이 생긴다. 바르고 견고해도 부끄러움이 생기는데 용 납하는 곳이 없다. 꽃가지에 서리가 무겁게 내리니 꽃필 날을 기약할 수 없다. 감봉되도록 간함을 받고, 덕이 손상되어 훼방을 받는다. 분쟁·소송·훼손·욕을 조심하라.

■ 4월 356
옥으로 솥의 귀를 만드니 강유가 중절하다. 매우 길하니 이롭지 않은 것이 없다. 구만리 하 늘은 끝이 없으나 평온하게 청운에 오른다. 왕실의 요직에 올라 큰 경륜을 펼친다. 경영하 거나 꾀하는 일은 편안하게 이룬다.

■ 5월 854
왕이 기산에 형통하니 길하다. 위로는 천자에게 순응하고, 아래로는 어진 사람에게 순응한 다. 높은 지위에 오르고, 선비는 명예를 이룬다. 산천의 이익과 산수의 즐거움이 있다. 승려 는 제사 흠향하나 운이 흉하면 산으로 돌아간다.

■ **6월   811**

군자는 진출하면 벗들과 함께한다. 군자가 지위를 얻으면 어진 사람들이 조정으로 모인다. 동지가 협력하여 통태함을 이룬다. 같은 도학으로 덕을 숭상하니 비등하는 날이 있다. 동지와 함께 꾀하니 재물과 이익이 날로 늘어난다.

■ **7월   655**

샘도 깨끗한 물이 차 있다. 공은 사물에까지 미친다. 재주와 덕은 모두 선하며 아름답다. 덕과 지위 모두 좋으니 임금의 총애를 받는다. 명예와 이익이 모두 있으니 등용이나 천거된다. 경영하거나 꾀하는 일은 반드시 이루고 복과 이익을 얻는다.

■ **8월   672**

신하가 어렵고 험난하나 자신의 잘못이 아니다. 뜻은 임금을 주제하는데 있으니 결국은 허물이 없다. 충정한 절의를 본받아 나라를 편안하게 한다. 만나는 것은 때가 아니고, 어려움을 건너고 험난함을 지난다. 경영하는 일은 막히고, 혹 몸도 보전하기 어렵다.

■ **9월   556**

지나치게 겸손하니 강하게 끊는 것도 잃는다. 재물과 도끼도 잃었으니 정도에 흉이 된다. 파직이나 연금되고, 오르는 데 궁하여 손해를 본다. 흉한 가운데 구원이 있고, 끊어진 곳에서도 생을 만난다. 비록 손실과 질병이 있으나 성공의 기쁨도 있다.

■ **10월   563**

사심을 버리면 후회할 일이 없다. 뜻은 시국을 구제하는데 있는데 흩어짐을 구제한다. 진취가 불리하나 외부 시험은 가능하다. 재난은 흩어지고, 장학생은 나오게 된다. 보통 사람은 이익을 얻고 윗사람과 상응한다.

■ **11월   511**

도를 지켜 회복하니 어찌 허물이 되겠는가. 강건한 재주는 위에 동지가 있다. 한직에서 벗어나며 집을 나간 사람도 돌아온다. 보통 사람은 사업을 극복하고 안정한다. 그러나 운이 불길하면 진퇴의 뜻이 의심스럽다.

■ **12월   114**

진퇴를 알 수 없으니 시기에 맞게 나아가라. 순리를 따르면 길하나 망동하면 화가 생긴다. 시운이 불리하니 역량을 감추고 때를 기다려라. 의심이 생겨 결정하지 못하니 모든 게 어려워진다. 여자는 마음대로 되고, 승려와 도인은 편안하다.

연평 482

뇌지예괘 2효(雷地豫卦 二爻) ䷏

절개가 돌처럼 단단하니 뜻을 지킨다. 위로는 아첨하지 않고 아래로는 더럽히지 않는다. 기미를 알고 선처하는 것은 모든 사람의 소망이다. 급류에서 용감히 물러나 진취하면 명예를 이룬다. 보통 사람은 이익을 얻는데 안정해야 길하다.

■ 정월 473
예방하지 않으면 재난을 면하기 어렵다. 음모와 간신의 해로움이 있고, 정지와 강등의 우려가 있다. 여러 음이 해롭게 구는데 자신의 강함만 믿는다. 작은 물건이라도 조심하면 큰 해로움은 없다.

■ 2월 376
나그네는 그 집을 불사르고, 처음에는 웃으나 나중에는 울부짖는다. 지나치게 강해 자만하면 편안한 곳도 잃는다. 순한 덕을 쉽게 잃으니 처음에는 통쾌하나 나중에는 위태로워진다. 좋은 가운데 손실이 있으니 이사나 성조를 하라. 운이 나쁘면 화재나 눈병이 생길 수 있다.

■ 3월 874
겸손하니 모두 좋으며 법을 어기지 않는다. 행동이나 일은 모두 겸손하게 한다. 관직자든 아니든 무소불통이다. 선비나 농업·공업·상업에 종사하는 사람은 물러나 양보하라. 만약 겸양하지 못하면 반드시 손해를 본다.

■ 4월 831
위로 나아가는 것이 상했으니 기미를 보아 먼저 피하라. 가면 말이 있으니 어찌 좇히 괴이하랴. 관직은 정지되거나 강등되니 물러나 쉬는 상이다. 나르려다 날개 드리우니 발전하기 어렵다. 해가 흉년을 만났으니 재물과 곡식이 풍부하지 못하다.

■ 5월 675
큰 어려움에 부딪쳤는데 벗이 오니 절의로 대한다. 충정한 신하와 자식의 도움을 더욱 많이 받는다. 관직은 요직에 오르며 진취하여 적중한다. 좋은 사람이 이끌어주고 천거하니 이롭지 않은 것이 없다. 신하는 충성하고 자식은 효도하니 가정이 화애롭다.

■ 6월 652

위로 끌어올릴 수 없으니 구제하는 공이 없다. 물장군이 깨져 물이 새니 사람을 구할 수 없다. 물러난 곳에서 수양하면서 그릇을 감추고 때를 기다려라. 응원이 없으나 조심하면서 지키면 화를 피할 수 있다. 덕은 족하나 힘은 약하니 사물에 미칠 수 없다.

■ 7월 576

기러기가 허공으로 날아가듯이 그 뜻이 초연하다. 사람으로 논하면 보통을 넘어간다. 나아가는 것을 잃지 않고 현달하여 높이 된다. 선비는 명예를 얻어 한번 날면 하늘도 찌른다. 복의 근원이 영원하니 재앙이나 근심이 침범하지 않는다.

■ 8월 583

나의 소행으로 진퇴하게 된다. 좋은 것을 순응하면 도덕을 잃지 않을 것이다. 진퇴가 무상하고, 쟁탈이 한결같지 않다. 득실이 정해져 있지 않으니 다시 잘 살펴봐라. 진실을 알면 설행하고, 어려움을 알면 물러서라.

■ 9월 531

있는 집에서 방어하면 자연히 후회할 일은 없다. 인정이 방탕하면 반드시 후회할 일이 생긴다. 관직은 한직이며 작은 시험이 유리하다. 꾀하는 일은 이루어지며 혼인할 상이다. 승려는 주지가 되고, 늙은이는 수명이 불리하다.

■ 10월 134

작은 담 위에 올랐으나 의리를 공격할 수는 없다. 세를 타 공격하면 오히려 흉한 일을 당한다. 겸손하게 지키면 자연히 좋은 일이 생긴다. 등용은 어렵고 성과 못을 짓는다. 영화 속에 욕이 있고, 의심 속에 시비도 있다.

■ 11월 512

계속 회복하며 중도를 지키니 실수가 없다. 스스로 진퇴를 살피면 중도를 잃지 않는다. 계속 이끌어줄 계단이 있고 발탁될 자리가 있다. 동지와 같이 가니 경영하거나 꾀하는 것을 이룬다. 그러나 운이 흉하면 실수를 반복한다.

■ 12월 715

거세된 돼지의 어금니이니 경사가 있다. 그 원인을 끊어버리면 자연히 악은 그친다. 관직자는 영전이나 발탁되고, 선비는 높이 천거된다. 경영하거나 꾀하는 일도 잘 되며 경사가 많다. 성공하려면 먼저 기미를 살펴야 한다.

연평 483

뇌지예괘 3효(雷地豫卦 三爻) ䷏

쳐다보면서 즐거워하다 후회하고, 더뎌도 후회한다. 처신이 부정하면 진퇴에 후회만 있다. 구하고 바라는 일은 되지 않으니 빨리 고쳐라. 우유부단하면 후회와 과실을 막기 어렵다. 잠시 전진하고 잠시 후퇴하니 시비가 한결같지 않다.

■ 정월   884
주머니를 묶는 것처럼 하면 허물이 없고, 조심하면 해롭지 않다. 상하가 막히고 끊겼으니 자처하라. 승진이나 영전은 어려우니 현직에서 조심하라. 진취하기 어렵고, 경영이나 꾀하는 일도 막힌다. 조심하며 견고해야 뜻밖의 화를 면할 수 있다.

■ 2월   841
머지않아 회복하며 수신한다. 후회할 일이 없으니 매우 길하다. 관직이 청고하며 임금을 곁에서 돕는다. 선비는 장원하고 경영하는 일들은 이익을 본다. 개과천선하니 일마다 이롭지 않은 것이 없다.

■ 3월   685
친히 돕는다는 뜻이며 지위가 중정하다. 왕이 세 번 짐승을 모니 어질다는 것을 알 수 있다. 역을 버리고 순리를 따르며, 자신을 용서하는 마음으로 남을 대한다. 관직자는 영전하고, 선비는 과거에 급제한다. 처음에는 힘드나 나중에는 순탄하니 이롭지 않은 것이 없다.

■ 4월   662
험난함의 연속이나 구하는 것은 다소 얻는다. 재주가 족하여 자위하니 마음은 항상 형통하다. 책임이 작으니 작은 시험은 이롭다. 사람이 출중하지 못하나 경영하는 일은 다소 이룬다. 험난함과 심장·복부·혈액 질환이 따른다.

■ 5월   586
살아가는 것을 보니 군자이면 허물이 없다. 자신을 반성하면서 시종 한마음으로 한다. 경영하거나 꾀하는 일은 막히니 만족하지 못한다. 병자는 살아나고, 임신하면 유리하다. 진취가 심난하니 물러나 수신하면서 반성하라.

■ 6월 573

기러기가 육지로 올라오나 편안한 곳이 아니다. 남편은 나가 돌아오지 않고, 부인은 임신하나 양육하지 못한다. 그러나 정도를 지키며 사를 막으면 허물은 없을 것이다. 귀양·강등·막힘·침체가 따를 운이다. 인정이 화목하지 못하니 도적이 침범한다.

■ 7월 541

크게 시작하면 이롭고, 크게 길해야 허물이 없다. 남에게 큰 이익을 주면 자연히 그 이익이 돌아온다. 그러나 모두 잘 하지 않으면 허물을 면할 수 없다. 관직자는 높이 영전하고, 진취하면 큰 우두머리가 된다. 크게 꾀하고 마음대로 된다.

■ 8월 144

바른 길을 지키면 허물이 없다. 실리와 진실한 마음으로 변하지 말라. 고요히 안정하면 저절로 좋은 소식이 온다. 덕이 넓고 겸손하니 신하의 도리가 극진하다. 옛 사업을 지키며 본분을 지켜라.

■ 9월 522

그늘 밑에서 학이 우니 그의 자식이 감화한다. 말과 행동은 영화가 되기도 하고 욕이 되기도 한다. 군자의 언행은 천지도 움직인다. 벼슬한 사람은 진급하며 재정 이익도 있다. 아들을 낳고 유리하나 노인은 병에 걸릴까 두렵다.

■ 10월 725

유익한데 복은 위에서 내린다. 열 쌍의 거북으로도 어길 수가 없다. 꾀하는 일은 하늘의 뜻과 부합하니 매우 선하다. 직위가 좋아 임금 곁에 있고, 선비는 장원한다. 하늘의 재물이 많이 생기니 이롭지 않은 것이 없다.

■ 11월 513

수레바퀴통이 벗겨지며 부부는 반목한다. 나아가도 이롭지 않고 물러서도 가정이 편안하지 못하다. 영화를 누리다 욕을 보고, 나아가려다 물러선다. 발이나 눈에 병이 생기고, 식구는 분리된다. 모든 재난이 함께 와 가문에 후회하거나 부끄러운 일이 생긴다.

■ 12월 616

구멍에 들어 있으니 오는 손님 셋이다. 비록 강폭하나 조심하면 결국은 길하다. 참으면서 조심하면 화를 면할 수 있다. 조심하면서 참소나 간신을 막고, 신중하게 의심과 시기를 꾀하라. 한번 흉한 운이 오면 감옥이나 무덤에 들어가게 된다.

뇌지예괘 4효(雷地豫卦 四爻) ䷏

즐거워하면서 크게 얻으니 큰 뜻을 편다. 지성이며 의심되지 않으니 벗들도 단합하며 따른다. 책임이 중대하니 왕공도 순종한다. 귀인의 천거를 받고 명성이 점점 높아진다. 앞으로 나아가 명예를 얻고, 경영하는 일에서도 이익을 얻는다.

■ 정월 285
모이는데 자리를 두나 뜻은 빛나지 못한다. 덕과 지위가 맞으면 움직여도 백성이 기뻐한다. 스스로 큰 선을 닦으면 복종하지 않는 것이 없다. 인정이 미덥지 못하며 도덕을 닦지 못한다. 인정이 화합하지 못하니 경영하거나 꾀하는 일이 막힌다.

■ 2월 262
주식이 곤궁하나 중간에 경사와 복이 있다. 나가면 흉한데 누구를 허물하랴. 곤궁해도 도를 행하는 것은 대신의 영명한 재주다. 귀인과 교류하며 경영하거나 꾀하는 일로 이익을 얻는다. 안정하면 길하나 움직이면 흉하고, 운이 흉하면 상을 당할 수도 있다.

■ 3월 186
이미 비운이 무너졌으니 처음에는 비색하나 나중에는 기쁘다. 비색함이 가면 통태함이 오는 것은 자연의 이치다. 정지와 강등, 막힘이 다시 풀린다. 곤궁하다 좋아지고, 소송자도 풀린다. 그러나 운이 흉하면 슬픔·탄식·통곡이 따른다.

■ 4월 173
일에 매여 숨지 못하니 병이 되고 위태로움이 있다. 공을 바라지만 펴지 못하니 큰 일은 성사되지 않는다. 질병에 걸리지 않으면 놀람과 위험이 있다. 식구가 늘고 아내를 얻을 운이다. 길흉이 상반하는 운이다.

■ 5월 141
망령됨과 사가 없으니 나아가면 뜻을 얻는다. 기거와 행동이 모두 천리에 맞는다. 거듭 도모해도 풍파가 전혀 없다. 임금도 얻고 백성도 얻어 명예를 이룬다. 보통 사람이 이와 같으면 가히 이익을 얻으리라.

■ 6월 544

중도로 행하니 공사가 따른다. 윗사람 같은 덕으로 아래를 이롭게 한다. 중한 책임을 맡아 임금의 총애도 깊어지고, 윗사람의 천거를 받아 명예를 이룬다. 성조·집수리·이사가 따르고 관청일도 펴진다.

■ 7월 122

밟는 길이 탄탄하니 중심이 흔들리지 않는다. 마음을 가다듬고 절의를 지키며 안빈낙도한다. 시운이 오지 않으니 관직에서 물러나 귀향한다. 가리고 살피면서 일을 꾀하면 인사가 화해한다. 그러나 흉한 운을 만나면 명부에 이름을 새긴다.

■ 8월 325

어그러진 시기에 어진 사람의 도움을 받는다. 같은 당의 살을 씹으면 경사가 있다. 벼슬한 사람은 왕명을 받고. 선비는 과거에 오른다. 추대해주는 사람이 있으면 경영하는 일에 이익이 있다. 결혼하려는 사람은 짝을 얻으나 운이 흉하면 형상을 당한다.

■ 9월 113

종일 부지런하며 조석으로 조심하라. 신중하게 처신하면 허물은 없을 것이다. 짐은 무거운데 힘은 모자라니 매사가 번거롭다. 일이 여의치 못하니 어찌 재물과 이익을 바라겠는가. 조급하게 움직이면 실패하고, 여자는 재난이 많다.

■ 10월 216

호소할 곳조차 없으니 결국 흉만 따른다. 벼슬길도 쉽지 않고 진취하기도 어렵다. 경영하거나 꾀하는 일이 심란하니 안정하는 것이 좋다. 골육이 무정하니 눈물을 막을 길이 없다. 대인이 아니면 화를 당한다.

■ 11월 514

미더움이 있으면 피도 가고 두려움도 사라지니 허물이 없다. 성실하게 미더움을 다하니 상해는 반드시 멀어진다. 동지의 천거나 발탁으로 오랜 직책에서 전직된다. 윗사람과 뜻이 맞아 오래 엄체된 것도 펴진다. 인정이 화합하나 운이 흉하면 혈육이 손상된다.

■ 12월 551

초기에 손순하면 진퇴의 뜻을 의심받을 뿐이다. 무사처럼 꿋꿋해야 그 뜻을 다스릴 수 있다. 진퇴가 일정하지 않은데 어려운 가운데 쉬운 것도 있다. 무관 선출이면 유리하나 문관 선임이면 막힌다. 득실이 있는데 의심과 훼방이 많이 따른다.

뇌지예괘 5효(雷地豫卦 五爻)

강세를 타 견고해도 병이 된다. 항상 중도를 잃지 않으면 죽지 않고, 권세가에게 의지하면 은혜와 총애를 받는다. 이끌어주는 사람도 없고, 좋은 기회를 만나기도 어렵다. 심사를 정하지 못하면 재해를 당한다.

■ 정월   386
뿔 위까지 나가 사심의 마을을 쳐라. 진퇴가 심란하니 정당한 곳에 처해도 부끄럽다. 안으로 사심을 치료하며 반성하면 허물은 없다. 집을 다스리는 상으로 성조나 집수리할 운이다. 수가 불길하면 정벌·분쟁·소송이 따른다.

■ 2월   373
나그네가 집을 불사르는데 진실한 시종도 잃었다. 마음만 심란해 베게 베고 탄식한다. 벼슬한 사람은 직위를 잃고, 선비는 명예를 잃는다. 집은 불에 타고 인구마저 잃는다. 지나치게 강해 되지 않고, 여행하다 재난을 당한다.

■ 3월   341
형틀을 신겨 발을 베어 없애나 행하지 않으면 허물이 없다. 적은 것을 징계해 큰 것을 경계하는 것은 소인의 복이다. 거동에 어려움이 많으니 공명을 이루지 못한다. 보통 사람은 형벌을 조심해야 한다. 근신하면 재앙을 면할 수 있으나 풍병에 걸릴까 두렵다.

■ 4월   744
전도된 기름이나 길하니 위에서 베푸는 것이 빛난다. 호시탐탐하듯 하고 그 욕망 계속되게 하라. 존귀함을 얻어 광영되고, 앞으로 나아가 명예를 이룬다. 좋은 사람의 도움으로 경영하거나 꾀하는 일은 성사된다. 그러나 내쫓기거나 시비를 당할까 두렵다.

■ 5월   322
골목에서 골목을 만나니 도를 잃은 것은 아니다. 왜곡해 서로 구하는 것도 뜻은 어그러짐을 구제하는 데 있다. 성의와 힘을 다해 지성으로 감동시킨다. 반드시 밝은 군주를 만나 영전할 기회를 만난다. 보통 사람은 지기를 만나 경영하거나 꾀하는 일을 이룬다.

■6월 125

일을 고려하지 않고 마음대로 독단한다. 천하에 공이 높아도 포상은 하나도 없다. 도덕성이 높아 대중의 사표가 되어도 명예는 이루지 못한다. 일찍 움직이거나 망동하면 환란만 거듭된다. 운수가 이와 같으니 처사를 조심하라.

■7월 313

공후가 천자에게 드리니 소인은 이기지 못한다. 대신이 임금을 얻으면 충성하게 된다. 조정에서 중임을 맡고, 선비는 크게 괴수된다. 소인은 무리가 속이고 멸시하니 반드시 재해가 따른다. 운이 불리하면 형극이나 상해를 면하기 어렵다.

■8월 416

불친 양이 울타리를 밟으니 물러서지도 이루지도 못한다. 이로울 것이 없으니 어려워야 길하다. 일의 어려움을 알고 함부로 가볍게 여기지 말라. 벼슬한 사람은 감봉이나 퇴출되고, 선비는 물러나기도 어렵다. 분수를 넘고 이치를 어기면 시비·투쟁·소송이 따른다.

■9월 714

어린 소로 대지르지 못하게 함이니 매우 길하며 기쁨이 있다. 피어나기 전에 금지시키면 크게 착하고 길하다. 벼슬한 사람은 승진하고, 진취하면 장원한다. 보통 사람은 기쁨이 있고 소나 재물이 늘어난다. 먼저 실패의 원인을 제거하면 이롭지 않은 것이 없다.

■10월 751

아버지의 일을 주간하니 죽은 아버지의 뜻을 계승한다. 앞 사람의 잘못을 자식이 능히 주간한다. 폐단은 깊지 않으니 일은 쉽게 구제된다. 자식이 아버지 사업을 계승하니 꾀하는 일을 이루지 못한다. 운이 흉하면 근심이 따르고, 노인은 살기 어렵다.

■11월 515

미더움으로 서로 연결해 이웃에서 부를 얻는다. 덕을 쌓으면 신하도 그것을 받게 된다. 윗사람도 신용하고 아랫사람도 흠모하며 복종한다. 주동과 협의해 공을 세우고 명예를 이룬다. 다른 사람의 도움을 받아 모든 일을 뜻대로 이룬다.

■12월 532

성취하려고 하지 않고 가정에서 음식을 만들면 길하다. 정과 사랑에 빠지면 이루지 못한다. 벼슬한 사람은 조정에 들어 녹과 복이 빛난다. 선비는 학업이 좋아져 장학금을 타니 길하다. 경영하거나 꾀하는 일을 이루며 재물과 양식이 늘어난다.

연평 486

뇌지예괘 상효(雷地豫卦 上爻) ䷏

즐거움에 어두워 성취하기는 하나 변하면 허물이 없다. 끝없는 욕망을 따르면 죽는다. 탐관오리가 되어 귀양가기 쉽고 어두워 차질이나 잘못이 있다. 교만하면 분쟁·소송·재난이 따르나 개과천선하면 허물을 면할 수 있다.

■ **정월 441**
벼락이 쳐도 두려움을 알면 복이 있다. 법도를 알면 나중에 웃음꽃이 피고, 편안하게 쉬지 않으면 결국은 안녕하다. 기뻐하는데 한번 울리면 사람도 놀란다. 많이 놀라나 나중에는 기쁨이 있다.

■ **2월 844**
도를 따르면 중간에 홀로 회복할 수 있다. 대중과 함께 행해도 혼자 선을 따른다. 인과 의를 바르게 하면서 이익은 꾀하지 않는다. 관직은 복직되고, 선비는 명예가 드러난다. 도를 따라 행하면 이익과 복을 받는다.

■ **3월 422**
여자는 어진데 배우자가 어리석으니 내조를 해도 이루기 어렵다. 조용히 정도를 기르며 자신을 선하게 만든다. 하나는 어둡고 하나는 밝으니 어찌 둘 다 성취하랴. 직위가 바뀌기 어렵고, 기회를 만나기도 어렵다. 옛것을 지키면서 안정하면 재난과 해는 생기지 않는다.

■ **4월 225**
나쁨을 제거할 수 있으나 한 번은 위태로워진다. 가선과 실선을 구분하지 못하면 위태롭고, 아첨과 가까워지면 흉하다. 벼슬길에는 아첨과 간신이 따르는데 선비는 탈락한다. 모르는 사가 발동해 비밀스러운 화락을 꾀한다.

■ **5월 413**
소인은 건장함을 쓰나 군자는 쓰지 않는다. 숫양이 울타리를 받으나 그 뿔만 곤궁해진다. 재앙이 되는 일에 많이 얽혀 발전하기 어렵다. 관재와 소송에 연루되고, 효복을 입을 수 있다. 망령되게 행동하면 곤궁해지며 사람과 재물도 불리하다.

■ 6월   316

하늘이 도와주니 이롭지 않은 것이 없다. 신의와 순리를 지키며 어진 사람을 숭상한다. 가득 차면 잃을 수 있으니 겸손하라. 벼슬한 사람은 직위가 좋아지고, 선비는 명예를 이룬다. 윗사람의 비호로 복과 경사를 누린다.

■ 7월   814

겸허한데 부자가 되지 않으니 성의가 상합한다. 중도를 지키고 뜻이 같으면 소원도 이룬다. 관직자는 물러나게 되며 꾀하는 일은 이루기 어렵다. 경영하거나 꾀하는 일은 이익이 없고, 잡음과 훼방이 따른다. 멈추면 재앙이 사라지고, 운이 좋으면 멀리 유람한다.

■ 8월   851

진실로 오르니 대길하며 위와 뜻이 맞는다. 땅의 기운이 불어나 신의가 오르니 반드시 이루어진다. 강하며 중정을 따르니 어진 사람도 함께 나아간다. 벼슬한 사람은 영전하고, 선비는 높이 천거된다. 경영하거나 꾀하는 일은 마음대로 되니 점입가경이다.

■ 9월   615

주식에서 기다리니 편안하게 때를 기다린다. 도로 극진히 행하면 반드시 소득이 있을 것이다. 임금의 잔치에서 음식을 먹고 식읍을 받을 영화가 있다. 반드시 독식과 재물이 있고, 혼인할 운이다. 잔치 음식을 베푸는 경사가 있다.

■ 10월   632

부인이 수레에 가린 물건을 잃었으나 쫓아가지 않으면 길하다. 시기가 이미 기제니 다시 나갈 수 없다. 예의 없는 구차한 행동을 하지 말라. 처음에는 역수이나 나중에는 순수이고, 처음에는 잃으나 나중에는 얻는다. 그러나 운이 흉하면 상실이나 도망이 따른다.

■ 11월   516

이미 화하여 처한 것은 덕을 숭상하며 쌓았기 때문이다. 달이 거의 보름이 되었으니 부인이 견고하면 위태롭다. 군자는 나가면 반드시 소인의 간계와 시비로 시끄럽다. 시끄러움 속에서는 물러나고, 즐거운 곳에서는 탐하지 말라.

■ 12월   523

북치며 파하고, 울며 노래한다. 인심이 밖으로 움직이니 어찌 편안하겠는가. 동료와 불목하며 진퇴가 있다. 기쁨 속에 근심이 있고, 즐거움 속에 슬픔이 있다. 명예와 이익을 구하나 득실은 반반이다.

연평 511

풍천소축괘 초효(風天小畜卦 初爻) ☴☰.

도를 지켜 회복하니 어찌 허물이 되겠는가. 강건한 재주는 위에 동지가 있다. 한직에서 벗어나며 집을 나간 사람도 돌아온다. 보통 사람은 사업을 극복하고 안정한다. 그러나 운이 불길하면 진퇴의 뜻이 의심스럽다.

■ 정월 532
성취하려고 하지 않고 가정에서 음식을 만들면 길하다. 정과 사랑에 빠지면 이루지 못한다. 벼슬한 사람은 조정에 들어 녹과 복이 빛난다. 선비는 학업이 좋아져 장학금을 타니 길하다. 경영하거나 꾀하는 일을 이루며 재물과 양식이 늘어난다.

■ 2월 735
언덕과 동산을 꾸미니 예물은 얇고 소박하다. 근본을 두텁게 하며 실상을 숭상하고, 농업에 힘쓰며 검소함을 숭상한다. 한가한 관직에서 초빙되나 관록은 쇠퇴한다. 귀인은 이익을 얻고 적게 성취해야 기쁘다. 진취하는 데 어려움이 있고, 노인은 수명이 불리하다.

■ 3월 543
유익함을 흉한 일에 쓰니 어려움이 덜어진다. 믿음으로 중도를 행하면 공사에 고할 때 인감을 쓰는 것처럼 할 것이다. 조정에서 귀인으로 크게 쓰이며 명예와 공을 이룬다. 인선이나 품수를 바꾸면 보통 사람은 이익을 얻는다. 그러나 운이 흉하면 비상한 재앙을 당한다.

■ 4월 646
말을 타고 나가지 못하니 피눈물이 흐른다. 어려움의 끝이니 액운이 더욱 심하다. 영화로운 곳에서 욕을 당할 수 있으니 참소와 욕을 조심하라. 손해를 보거나 실패할 운으로 모든 재앙이 다투어 일어난다. 만약 부모의 상을 당하지 않으면 수명이 불리하다.

■ 5월 144
바른 길을 지키면 허물이 없다. 실리와 진실한 마음으로 변하지 말라. 고요히 안정하면 저절로 좋은 소식이 온다. 덕이 넓고 겸손하니 신하의 도리가 극진하다. 옛 사업을 지키며 본분을 지켜라.

■6월 181

서로 끌어들이면서 인도하니 음양이 기뻐한다. 앞길이 비색한데 다른 사람과 공동으로 구제한다. 조용히 지키면 좋으나 지나치게 도모하면 재난을 당한다. 기회를 만나기 어려우나 기다리는 것이 좋다. 소언과 관련된 일을 막으면 길하다.

■7월 345

마른 고기를 씹다 황금을 얻는다. 항상 위태로움과 두려움을 알면 원한과 허물은 자연히 사라진다. 법으로 간신을 제거하며 명예를 이룬다. 병자는 편안해지고 원망도 사라진다. 손으로 천금을 희롱하니 의식이 풍족하다.

■8월 322

골목에서 골목을 만나니 도를 잃은 것은 아니다. 왜곡해 서로 구하는 것도 뜻은 어그러짐을 구제하는 데 있다. 성의와 힘을 다해 지성으로 감동시킨다. 반드시 밝은 군주를 만나 영전할 기회를 만난다. 보통 사람은 지기를 만나 경영하거나 꾀하는 일을 이룬다.

■9월 446

벼락이 두려워 눈도 휘둥그레진다. 중도를 얻지 못했으니 나가면 흉하다. 두려워하며 반성하면 결혼은 말이 있다. 벼슬한 사람은 귀양이나 감봉이 따르고, 선비는 정지나 강등을 조심하라. 부부 간의 형극이나 조난이 있을까 두렵다.

■10월 433

장막이 많으니 대낮에도 작은 별을 본다. 오른팔을 끊으면 허물은 없을 것이다. 윗사람의 응원은 전혀 없으니 큰 일은 불가하다. 휴직하는 것이 유리하며 진취 또한 어렵다. 경영하거나 꾀하는 일도 이루지 못하고, 수족에 액이 따른다.

■11월 481

때를 만나 일을 주간하니 즐겁고, 뜻은 극도에 다달아 소리까지 낸다. 경솔함과 천박함이 이와 같으면 어찌 흉하지 않으리. 은총을 기다려야 되고, 선비는 사람을 놀라게 한다. 보통 사람은 놀람·구설·시비가 따른다.

■12월 884

주머니를 묶는 것처럼 하면 허물이 없고, 조심하면 해롭지 않다. 상하가 막히고 끊겼으니 자처하라. 승진이나 영전은 어려우니 현직에서 조심하라. 진취하기 어렵고, 경영이나 꾀하는 일도 막힌다. 조심하며 견고해야 뜻밖의 화를 면할 수 있다.

풍천소축괘 2효(風天小畜卦 二爻)

계속 회복하며 중도를 지키면 실수하지 않는다. 스스로 진퇴를 살피면 중도를 잃지 않는다. 계속 이끌어줄 계단이 있고 발탁될 자리가 있다. 동지와 같이 가니 경영하거나 꾀하는 것을 이룬다. 그러나 운이 흉하면 실수를 반복한다.

■ 정월 523

북치며 파하고, 울며 노래한다. 인심이 밖으로 움직이니 어찌 편안하겠는가. 동료와 불목하며 진퇴가 있다. 기쁨 속에 근심이 있고, 즐거움 속에 슬픔이 있다. 명예와 이익을 구하나 득실은 반반이다.

■ 2월 625

달콤한 절제요 법도이니 길하고, 나가면 가상함이 있다. 자신을 지키면서 편안하게 행하면 천하도 기꺼이 따라준다. 수원이 감미로우면 내로 흘러도 쉬지 않는다. 관직자는 영전이나 발탁되고, 선비는 상달한다. 꾀하거나 바라는 일은 이루어지고, 행하는 일은 가상함이 있다.

■ 3월 124

호랑이 꼬리를 밟은 것처럼 두려운 상이나 마음가짐을 조심하면 뜻을 이룰 수 있다. 무관이 유리하니 무과를 보면 급제한다. 매사 조심하면 허물은 면할 것이다. 여자는 많이 흉한데 음란하며 불량할 것이다.

■ 4월 161

송사를 길게 끌지 않으면 결국은 이롭다. 처사가 중정하니 머지않아 자명해진다. 송사에 비유하면 처음에는 지나 나중에는 이긴다. 일시적인 훼방도 큰 해가 되지 않고, 시비와 재앙도 결국은 해결된다.

■ 5월 325

어그러진 시기에 어진 사람의 도움을 받는다. 같은 당의 살을 씁으면 경사가 있다. 벼슬한 사람은 왕명을 받고. 선비는 과거에 오른다. 추대해주는 사람이 있으면 경영하는 일에 이익이 있다. 결혼하려는 사람은 짝을 얻으나 운이 흉하면 형상을 당한다.

■6월 342

살을 씹되 코를 없애니 엄하게 다스렸기 때문이다. 형법을 적용할 때 중도를 지키면 죄도 쉽게 복종한다. 인민 때문에 다소 상처를 받고, 고시는 기회가 없다. 진퇴는 어렵고 시비는 요란하다. 혹 남이 모르는 병에 걸리거나 골육이 손상될 수 있다.

■7월 426

광주리를 받아도 비어 있고, 양을 잡아도 피가 없다. 제사가 끊어지면 여인의 시집도 종말이다. 빈 자리로 실이 없으니 앞으로 나아가도 헛된 명예뿐이다. 경영하거나 꾀하는 일은 모두 비어 있으니 헛되게 심신만 고생한다. 노인은 불리한데 초상이나 제사의 근심이 있다.

■8월 413

소인은 건장함을 쓰나 군자는 쓰지 않는다. 숫양이 울타리를 받으나 그 뿔만 곤궁해진다. 재앙이 되는 일에 많이 얽혀 발전하기 어렵다. 관재와 소송에 연루되고, 효복을 입을 수 있다. 망령되게 행동하면 곤궁해지며 사람과 재물도 불리하다.

■9월 461

강유 사이에 있으니 의당 허물은 없다. 밑에 있으면서 윗사람과 호응하니 어려움도 풀린다. 안녕하고 무사하니 옛날의 수심도 점점 사라진다. 선비는 과거에 급제하며 영전할 기회가 있다. 미혼자는 결합되며 경영하는 일은 잘 된다.

■10월 864

진영으로 후퇴하면 허물이 없고 떳떳함을 잃지 않는다. 군사를 완전히 후퇴시키니 전복이나 패망과는 멀다. 관직의 길은 험난하며 선비는 사감생이다. 편안하게 있으면서 직업을 즐겁게 여기고 망동하지 말라. 객사를 성조하거나 여관에서 살게 된다.

■11월 482

절개가 돌처럼 단단하니 뜻을 지킨다. 위로는 아첨하지 않고 아래로는 더럽히지 않는다. 기미를 알고 선처하는 것은 모든 사람의 소망이다. 급류에서 용감히 물러나 진취하면 명예를 이룬다. 보통 사람은 이익을 얻는데 안정해야 길하다.

■12월 285

모이는데 자리를 두나 뜻은 빛나지 못한다. 덕과 지위가 맞으면 움직여도 백성이 기뻐한다. 스스로 큰 선을 닦으면 복종하지 않는 것이 없다. 인정이 미덥지 못하며 도덕을 닦지 못한다. 인정이 화합하지 못하니 경영하거나 꾀하는 일이 막힌다.

연평 513

풍천소축괘 3효(風天小畜卦 三爻) ☰

수레바퀴통이 벗겨지며 부부는 반목한다. 나아가도 이롭지 않고 물러서도 가정이 편안하지 못하다. 영화를 누리다 욕을 보고, 나아가려다 물러선다. 발이나 눈에 병이 생기고, 식구는 분리된다. 모든 재난이 함께 와 가문에 후회하거나 부끄러운 일이 생긴다.

■ 정월 114
진퇴를 알 수 없으니 시기에 맞게 나아가라. 순리를 따르면 길하나 망동하면 화가 생긴다. 시운이 불리하니 역량을 감추고 때를 기다려라. 의심이 생겨 결정하지 못하니 모든 게 어려워진다. 여자는 마음대로 되고, 승려와 도인은 편안하다.

■ 2월 151
쇠로 된 말뚝에 매두면 견고하며 바르니 길하다. 돼지가 껑충 뛰듯 함부로 움직이고 싶은 마음이 간절하다. 앞으로 나아가도 심란한데 좌천이 어인 일인고. 귀인의 도움을 받으며 출산양육할 운이다. 그러나 수가 나쁘면 질병·감옥·소송이 따른다.

■ 3월 315
미더움으로 사귀며 신의로 뜻을 편다. 강유를 겸전하니 즐거워하지 않는 백성이 없다. 일에는 선후가 있으니 기회를 보아 나아가라. 시기를 살펴 움직이면 모든 일이 새롭게 된다. 그러나 경솔하며 거만하면 화를 당할 것이다.

■ 4월 332
높게 부딪쳐 빛나니 매우 길하고, 중도를 얻어 사방이 빛나니 매우 길하다. 만사가 이미 정해져 있으니 어찌 근심이 있겠는가. 현명한 군주를 만나 나라의 큰 그릇이 된다. 과거에 급제하며 반드시 이익이 생긴다.

■ 5월 416
불친 양이 울타리를 밟으니 물러서지도 이루지도 못한다. 이로울 것이 없으니 어려워야 길하다. 일의 어려움을 알고 함부로 가볍게 여기지 말라. 벼슬한 사람은 감봉이나 퇴출되고, 선비는 물러나기도 어렵다. 분수를 넘고 이치를 어기면 시비·투쟁·소송이 따른다.

▪ 6월 423

누이동생 시집보낼 때를 기다리니 천한 여성임을 알겠다. 사람들은 덕이 없는 여인을 취하지 않는다. 벼슬한 사람은 귀양이나 강등이 두렵고, 선비는 때를 기다려라. 고생하나 진퇴를 근심한다. 아내를 내보낼 운인데 혹 총애하는 종을 들이기도 한다.

▪ 7월 451

항구함에 빠져 올바르더라도 이로울리 없으니 흉하다. 급히 구하면서 깊이 들어가 항구한 도를 잃는다. 군주에게 신용을 얻지 못하고, 지기도 만나기 어렵다. 인정이 통하지 않으며 거리에서 방황한다. 서두르나 이루지 못한다. 그러나 안정하면서 지키면 흉은 면한다.

▪ 8월 854

왕이 기산에 형통하니 길하다. 위로는 천자에게 순응하고, 아래로는 어진 사람에게 순응한다. 높은 지위에 오르고, 선비는 명예를 이룬다. 산천의 이익과 산수의 즐거움이 있다. 승려는 제사 흠향하나 운이 흉하면 산으로 돌아간다.

▪ 9월 472

할아버지를 지나 할머니를 만나고, 임금을 지나 신하를 만난다. 정도를 지키며 중도를 얻으니 스스로 본분을 안다. 자신의 직책에서 앞으로 나아가 명예를 이룬다. 귀인이 이끌어주면 모든 일이 이루어진다. 여인의 도움을 받으나 운이 흉하면 어머니 재앙이 따른다.

▪ 10월 275

등심에 감응이 있으니 뜻이 사물을 감동시키지 못한다. 진퇴에 구속이 없고, 중심에는 사기가 없다. 같은 관료는 기뻐도 앞으로 나아가기는 어렵다. 인정이 어그러지며 떨어져 나가니 경영하거나 꾀하는 일은 시소하다. 사욕에 감응하면 사물을 감동시킬 수 없다.

▪ 11월 483

쳐다보면서 즐거워하다 후회하고, 더뎌도 후회한다. 처신이 부정하면 진퇴에 후회만 있다. 구하고 바라는 일은 되지 않으니 빨리 고쳐라. 우유부단하면 후회와 과실을 막기 어렵다. 잠시 전진하고 잠시 후퇴하니 시비가 한결같지 않다.

▪ 12월 386

뿔 위까지 나가 사심의 마을을 쳐라. 진퇴가 심란하니 정당한 곳에 처해도 부끄럽다. 안으로 사심을 치료하며 반성하면 허물은 없다. 집을 다스리는 상으로 성조나 집수리할 운이다. 수가 불길하면 정벌·분쟁·소송이 따른다.

풍천소축괘 4효(風天小畜卦 四爻) ☴☰

미더움이 있으면 피도 가고 두려움도 사라지니 허물이 없다. 성실하게 미더움을 다하니 상해는 반드시 멀어진다. 동지의 천거나 발탁으로 오랜 직책에서 전직된다. 윗사람과 뜻이 맞아 오래 엄체된 것도 펴진다. 인정이 화합하나 운이 흉하면 혈육이 손상된다.

▪ 정월 715
거세된 돼지의 어금니이니 경사가 있다. 그 원인을 끊어버리면 자연히 악은 그친다. 관직자는 영전이나 발탁되고, 선비는 높이 천거된다. 경영하거나 꾀하는 일도 잘 되며 경사가 많다. 성공하려면 먼저 기미를 살펴야 한다.

▪ 2월 732
턱이 움직이면 수염도 따라 움직이듯이 움직이고 그치는 일은 턱에 달려 있다. 선악은 본질에 매어 있다. 영전은 남의 덕으로 성사된다. 문장이 아름다우니 귀인이 끌어주리라. 그러나 세력만 믿고 함부로 굴면 좌절할 것이다.

▪ 3월 816
성이 구렁에 돌아오니 그 명령이 어지럽다. 인심이 방탕하면 난리가 여기서 생긴다. 관직자는 귀양을 가거나 강등되고 선비는 부끄러운 욕을 만나게 된다. 손실과 파괴의 운이니 질병도 두렵다. 수명이 불길하며 근후해야 재앙을 면한다.

▪ 4월 823
달콤함으로 친히 임하고 지위가 부당하다. 이미 근심이 있으며 어물이 길지 못할 것이다. 세력과 지위를 빙자하면 무슨 이익이 있겠는가. 아첨의 실책이 있고, 만약 슬픈 수심이 없으면 원한과 고생이 따를 염려가 있다.

▪ 5월 851
진실로 오르니 대길하며 위와 뜻이 맞는다. 땅의 기운이 불어나 신의가 오르니 반드시 이루어진다. 강하며 중정을 따르니 어진 사람도 함께 나아간다. 벼슬한 사람은 영전하고, 선비는 높이 천거된다. 경영하거나 꾀하는 일은 마음대로 되니 점입가경이다.

■ 6월 454

학문은 성현을 따르지 않고, 정치는 왕도를 따르지 않는다. 심력을 다하지만 하나도 공이 되지 않는다. 벼슬한 사람은 퇴보하고, 진취는 성사되지 않는다. 경영하거나 꾀하는 일은 힘만 들고 무익하다. 교화를 실행하지 못하니 혜택을 베풀 수 없다.

■ 7월 872

겸손하며 바르니 중심을 얻는다. 속으로 겸손한 덕이 쌓이니 능히 외부로 발산할 수 있다. 수컷이 울면 암컷이 응하듯이 음양이 부르고 화답한다. 관직자는 직위가 바뀌니 앞으로 나아가면 명예를 이룬다. 경솔하면 좋지 않으니 물러나 지키는 것이 좋다.

■ 8월 675

큰 어려움에 부딪쳤는데 벗이 오니 절의로 대한다. 충정한 신하와 자식의 도움을 더욱 많이 받는다. 관직은 요직에 오르며 진취하여 적중한다. 좋은 사람이 이끌어주고 천거하니 이롭지 않은 것이 없다. 신하는 충성하고 자식은 효도하니 가정이 화애롭다.

■ 9월 883

아름다움을 함축하고 가히 바르며 시기에 맞게 편다. 만일 왕사를 따르면 성취함은 없어도 유종의 미는 있다. 승진이나 영전할 기회가 있고 앞으로 나아갈 날이 온다. 꾀와 계략이 심원하니 경영에 수확이 있다. 여자가 이를 얻으면 덕이 있는 부인이 될 것이다.

■ 10월 786

큰 과일을 먹지 않는 것은 장차 다시 생겨나게 하기 위함이다. 군자는 수레를 얻으나 소인은 집이 사라진다. 난리가 나면 치세를 생각하며 군자를 추대하기 원한다. 벼슬한 사람은 좋은 권세가를 만나 천거된다. 경영에 새로운 뜻을 세우고, 궁실을 성조한다.

■ 11월 484

즐거워하면서 크게 얻으니 큰 뜻을 편다. 지성이며 의심되지 않으니 벗들도 단합하며 따른다. 책임이 중대하니 왕공도 순종한다. 귀인의 천거를 받고 명성이 점점 높아진다. 앞으로 나아가 명예를 얻고, 경영하는 일에서도 이익을 얻는다.

■ 12월 441

벼락이 쳐도 두려움을 알면 복이 있다. 법도를 알면 나중에 웃음꽃이 피고, 편안하게 쉬지 않으면 결국은 안녕하다. 기뻐하는데 한번 울리면 사람도 놀란다. 많이 놀라나 나중에는 기쁨이 있다.

풍천소축괘 5효(風天小畜卦 五爻)

미더움으로 서로 연결해 이웃에서 부를 얻는다. 덕을 쌓으면 신하도 그것을 받게 된다. 윗사람도 신용하고 아랫사람도 흠모하며 복종한다. 주동과 협의해 공을 세우고 명예를 이룬다. 다른 사람의 도움을 받아 모든 일을 뜻대로 이룬다.

■ 정월 616
구멍에 들어 있으니 오는 손님 셋이다. 비록 강폭하나 조심하면 결국은 길하다. 참으면서 조심하면 화를 면할 수 있다. 조심하면서 참소나 간신을 막고, 신중하게 의심과 시기를 꾀하라. 한번 흉한 운이 오면 감옥이나 무덤에 들어가게 된다.

■ 2월 623
절제하지 못하다 슬퍼지는데 허물할 데가 없다. 누구를 탓하겠는가. 사치와 욕망이 넘치며 떳떳하지 못하다. 소비와 지출이 가볍지 않으니 재물이 손실되고, 사람과 이별한다. 스스로 절제하지 못함을 알고 뉘우친다.

■ 3월 651
재주도 약하고 응원도 없으니 버려진 샘과 같다. 사람도 먹을 수 없고, 날짐승도 돌아보지 않는다. 관직자는 한직으로 물러나 명예를 구해도 이루지 못한다. 경영하거나 꾀하는 일은 막히는데 운이 흉하면 세상을 버린다. 사물에 미치지 못해 버리는 것이다.

■ 4월 254
대들보가 튼튼해 아래로 꺾이지 않으니 길하다. 능히 국사를 편안하게 하고 문무를 병용한다. 구관이면 나라의 대들보요, 처음 벼슬해도 중임을 맡는다. 앞으로 나아가 명예를 이루고, 성조나 집을 수리한다. 유약하며 한결같지 않게 일을 하면 간사함에 말려들 수 있다.

■ 5월 672
신하가 어렵고 험난하나 자신의 잘못이 아니다. 뜻은 임금을 주제하는데 있으니 결국은 허물이 없다. 충정한 절의를 본받아 나라를 편안하게 한다. 만나는 것은 때가 아니고, 어려움을 건너고 험난함을 지난다. 경영하는 일은 막히고, 혹 몸도 보전하기 어렵다.

■6월 875

부자가 하지 않고 이웃과 함께하니 침략과 정벌에도 이롭다. 재물로 자신을 발전시키니 따르는 사람이 많다. 문무를 겸비하며 병권을 장악할 수도 있다. 과거에 오를 운인데 귀인을 만나 성사된다. 재리를 배로 얻으나 투쟁이나 소송을 조심하라.

■7월 683

사람 아닌데 비하나 상하지 않으랴. 당과 동료가 착하지 않으니 모든 일이 간사하다. 공업은 반드시 무너져 재난과 해만 입는다. 벗을 잃고 시기하다 혈기가 손상될 수도 있다. 가정이 깨지거나 자신이 손상이나 형벌을 당하거나 상복을 입을 일이 많다.

■8월 586

살아가는 것을 보니 군자이면 허물이 없다. 자신을 반성하면서 시종 한마음으로 한다. 경영하거나 꾀하는 일은 막히니 만족하지 못한다. 병자는 살아나고, 임신하면 유리하다. 진취가 심난하니 물러나 수신하면서 반성하라.

■9월 284

자리가 부당하니 많이 선해야 허물이 없다. 모두 좋지 않은데 어찌 대길하겠는가. 고를 버리고 하로 가니 진취가 부당하다. 만약 정직하지 않으면 재화를 면할 수 없다. 큰 덕이 있는 군자라야 바야흐로 복을 받는다.

■10월 241

마음을 바꿔 정도를 따르면 길하다. 교제가 공정하면 당연히 공이 있다. 만일 사랑이나 애정에 매이면 정리와 합할 수 없다. 선비는 좋은 기회가 있고, 따르는 곳에 공이 있다. 보통 사람이 이와 같으면 이익이 많다.

■11월 485

강세를 타 견고해도 병이 된다. 항상 중도를 잃지 않으면 죽지 않고, 권세가에게 의지하면 은혜와 총애를 받는다. 이끌어주는 사람도 없고, 좋은 기회를 만나기도 어렵다. 심사를 정하지 못하면 재해를 당한다.

■12월 462

사냥하여 여우 셋과 누런 화살을 얻는다. 간사함과 아첨이 난무하나 정직함으로 제거한다. 영전·천거·발탁될 운이다. 세 번 꾀하여 세 번 이루며 전답과 재산도 늘어난다. 만약 전쟁이나 사냥을 하면 이익이 작지 않을 것이다.

연평 516

풍천소축괘 상효(風天小畜卦 上爻) ䷈

이미 화하여 처한 것은 덕을 숭상하며 쌓았기 때문이다. 달이 거의 보름이 되었으니 부인이 견고하면 위태롭다. 군자는 나가면 반드시 소인의 간계와 시비로 시끄럽다. 시끄러움 속에서는 물러나고, 즐거운 곳에서는 탐하지 말라.

■ 정월 551
초기에 손순하면 진퇴의 뜻을 의심받을 뿐이다. 무사처럼 꿋꿋해야 그 뜻을 다스릴 수 있다. 진퇴가 일정하지 않은데 어려운 가운데 쉬운 것도 있다. 무관 선출이면 유리하나 문관 선임이면 막힌다. 득실이 있는데 의심과 훼방이 많이 따른다.

■ 2월 154
꾸러미에 고기가 없으니 흉하다. 상하로 만날 수 없으니 고립되어 어렵다. 인심은 흩어지고 만사는 모두 무너진다. 내쫓기고 강등되어 욕을 면하기 어렵다. 날마다 시비가 생기며 수도(나이)에 불리하다.

■ 3월 572
기러기가 반석으로 날아가니 음식에 즐거움이 있다. 험난함에서 점점 멀어져 평안해진다. 녹을 먹고 제주를 담당하거나 군신의 잔치에 간다. 금은·곡식·고기도 많고 이롭지 않는 일이 없다. 가는 곳마다 반석처럼 편안하다.

■ 4월 775
말에 순서가 있으면 후회는 없으리라. 언행을 조심하라. 말을 그치면 허물도 작아진다. 언론직이 좋은데 큰 책임을 맡는다. 한 말로 주인과 맞으니 언론 시험에서 명예를 이룬다.

■ 5월 583
나의 소행으로 진퇴하게 된다. 좋은 것을 순응하면 도덕을 잃지 않을 것이다. 진퇴가 무상하고, 쟁탈이 한결같지 않다. 득실이 정해져 있지 않으니 다시 잘 살펴봐라. 진실을 알면 설행하고, 어려움을 알면 물러서라.

■ 6월 686

친하게 지내며 돕는데 머리가 없으니 끝도 없다. 버리는 시기이니 반드시 흉하다. 대중이 도와주지 않으니 처세가 위험하고, 위에서도 도와주지 않으니 명예를 얻기 어렵다. 형극과 재앙으로 인정이 흩어질 것이다.

■ 7월 184

명에 순종하면 무슨 과오가 있으리. 때를 만나 도를 행하니 친구에게까지 복이 미친다. 다른 사람의 천거로 명예가 날로 드러난다. 전답과 사업도 날로 늘어나며 좋은 일이 많아진다. 은혜가 자손에게까지 미치고 복도 심원해진다.

■ 8월 141

망령됨과 사가 없으니 나아가면 뜻을 얻는다. 기거와 행동이 모두 천리에 맞는다. 거듭 도모해도 풍파가 전혀 없다. 임금도 얻고 백성도 얻어 명예를 이룬다. 보통 사람이 이와 같으면 가히 이익을 얻으리라.

■ 9월 385

후회가 사라지는 곳에서 잃고 얻는 것을 근심하지 말라. 나가면 경사가 있으니 이롭지 않은 곳이 없다. 성의와 충성을 다하니 뜻이 천하에 통한다. 영천이나 발탁되는 기쁨이 있고, 앞으로 나아가 명예를 이룬다. 경영하거나 꾀하는 일이 이로우니 어찌 파란을 염려하랴.

■ 10월 362

수레바퀴를 끌면 견실하고 바르게 되어 길하다. 어려운 임금의 도에 힘입을 곳은 재주있는 신하다. 어려운 직분을 잘 이겨내면 총애와 신임이 전일하다. 전진이 불리하니 안정하고 분수를 지켜라. 꾀하고 바라는 일은 가하나 망령되게 행동하면 곤궁해진다.

■ 11월 486

즐거움에 어두워 성취하기는 하나 변하면 허물이 없다. 끝없는 욕망을 따르면 죽는다. 탐관오리가 되어 귀양가기 쉽고 어두워 차질이나 잘못이 있다. 교만하면 분쟁·소송·재난이 따르나 개과천선하면 허물을 면할 수 있다.

■ 12월 473

예방하지 않으면 재난을 면하기 어렵다. 음모와 간신의 해로움이 있고, 정지와 강등의 우려가 있다. 여러 음이 해롭게 구는데 자신의 강함만 믿는다. 작은 물건이라도 조심하면 큰 해로움은 없다.

풍택중부괘 초효(風沢中孚卦 初爻) ䷼.

스스로 헤아려 보는 것이 좋은데 달리하면 편안하지 않다. 뜻은 변하지 않는 미더움 속에 있다. 관직자는 천거나 발탁되고, 선비는 끌어주는 사람을 만난다. 지조를 지켜 원만하게 이루나 편안함에 빠지면 실패한다. 기쁨 속에 근심이 있는데 사람과 재물이 손실된다.

■ 정월 542
유익함은 밖에서 들어온다. 열 쌍의 거북이라도 어기지 못한다. 벼슬한 사람은 영전하며 명예를 이룬다. 상업을 하면 이익이 생기고, 제사를 지내면 복을 받는다. 불가에서 생활하면 명리도 좋다.

■ 2월 745
경상을 어기나 바르게 거처하면서 윗사람을 잘 따라라. 책임이 중대하나 큰 내는 건너지 말라. 남의 덕으로 성공해 직위를 지킨다. 작게 나아가면 뜻을 이룰 수 있다. 반드시 배를 타거나 험난한 곳을 건너는 일은 경계하라.

■ 3월 533
집안 식구가 엄숙하며 무서워하니 후회하나 길하고, 아내와 자녀가 희희낙락하면 결국 부끄러운 일이 생긴다. 웃음과 즐거움을 절제하지 못하면 결국 패가망신한다. 윤리를 바르게 하며 은의를 돈독하게 하라. 엄하여 너그러움이 적고, 진취도 평등하다.

■ 4월 636
머리까지 빠져 위태로우니 어찌 오래가랴. 물도 성하면 쇠퇴하고, 평화도 다하면 반드시 난리가 있다. 높은 것이 과하면 꺾어지고 물에 빠져 진취할 수 없다. 소인의 감염이나 배를 타다 물에 빠진다. 기제가 미제가 되니 슬프다.

■ 5월 134
작은 담 위에 올랐으나 의리를 공격할 수는 없다. 세를 타 공격하면 오히려 흉한 일을 당한다. 겸손하게 지키면 자연히 좋은 일이 생긴다. 등용은 어렵고 성과 못을 짓는다. 영화 속에 욕이 있고, 의심 속에 시비도 있다.

■ 6월   171

말미에 물러나 숨으니 위태로움과 어려움이 많다. 만약 전진하지 않으면 재해를 면할 수 있다. 물러나 숨으면 좋으나 나아가 행동하면 흉하다. 물러나 때를 기다려라. 경영하는 일은 막혀 어려우니 안정하면서 분수를 지켜라.

■ 7월   335

슬픔과 탄식을 막을 길이 없으니 슬픈 눈물이 비오듯 한다. 위태로운데 상하의 도움이 없고, 벼슬길이 험난하니 앞으로 나아가기 어렵다. 경영하는 일은 거듭 막히니 생각만 많고, 눈물과 탄식뿐이다.

■ 8월   312

큰 수레에 많이 싣는데 실패가 없다. 튼튼한 큰 수레는 많이 싣고 멀리 갈 수 있다. 재주와 힘이 좋으니 능히 큰 부를 누린다. 용감한 장수로 출사해 명성을 얻는다. 경영하거나 꾀하는 일은 이루며 재물과 곡식이 풍부하다.

■ 9월   436

집은 훌륭해 하늘까지 날 것 같으나 3년이나 사람을 보지 못한다. 스스로 가리고 더럽혔으니 매우 흉하다. 골육이 상잔하니 고향을 떠나 가정을 이루라. 문호가 곤궁하며 소송·감옥·구설이 따른다.

■ 10월   443

벼락이 쳐 기운이 까무러치나 두려움을 알면 재앙은 없다. 부정한 마음을 버리고 정당한 곳으로 가라. 차를 타고 천리라도 가고 싶지만 걷기도 어렵다. 근심과 두려움 때문에 정신과 혼이 나간다. 그러나 조심하고 신중하면 흉을 면할 수 있다.

■ 11월   471

날아가는 새라 흉하나 어쩔 수가 없다. 빨리 가다 흉을 만나나 구제할 길이 없다. 나는 곤충의 재앙이 있고, 뜻밖의 재난도 두렵다. 날면 하늘도 찌르나 빨리 가면 화근이 된다. 사물은 견고하지 못하고, 사람은 교량이 끊긴다.

■ 12월   874

겸손하니 모두 좋으며 법을 어기지 않는다. 행동이나 일은 모두 겸손하게 한다. 관직자든 아니든 무소불통이다. 선비나 농업·공업·상업에 종사하는 사람은 물러나 양보하라. 만약 겸양하지 못하면 반드시 손해를 본다.

풍택중부괘 2효(風沢中孚卦 二爻) ≡≡.

그늘 밑에서 학이 우니 그의 자식이 감화한다. 말과 행동은 영화가 되기도 하고 욕이 되기도 한다. 군자의 언행은 천지도 움직인다. 벼슬한 사람은 진급하며 재정 이익도 있다. 아들을 낳고 유리하나 노인은 병에 걸릴까 두렵다.

■ **정월 513**
수레바퀴통이 벗겨지며 부부는 반목한다. 나아가도 이롭지 않고 물러서도 가정이 편안하지 못하다. 영화를 누리다 욕을 보고, 나아가려다 물러선다. 발이나 눈에 병이 생기고, 식구는 분리된다. 모든 재난이 함께 와 가문에 후회하거나 부끄러운 일이 생긴다.

■ **2월 616**
구멍에 들어 있으니 오는 손님 셋이다. 비록 강폭하나 조심하면 결국은 길하다. 참으면서 조심하면 화를 면할 수 있다. 조심하면서 참소나 간신을 막고, 신중하게 의심과 시기를 꾀하라. 한번 흉한 운이 오면 감옥이나 무덤에 들어가게 된다.

■ **3월 114**
진퇴를 알 수 없으니 시기에 맞게 나아가라. 순리를 따르면 길하나 망동하면 화가 생긴다. 시운이 불리하니 역량을 감추고 때를 기다려라. 의심이 생겨 결정하지 못하니 모든 게 어려워진다. 여자는 마음대로 되고, 승려와 도인은 편안하다.

■ **4월 151**
쇠로 된 말뚝에 매두면 견고하며 바르니 길하다. 돼지가 껑충 뛰듯 함부로 움직이고 싶은 마음이 간절하다. 앞으로 나아가도 심란한데 좌천이 어인 일인고. 귀인의 도움을 받으며 출산양육할 운이다. 그러나 수가 나쁘면 질병·감옥소송이 따른다.

■ **5월 315**
미더움으로 사귀며 신의로 뜻을 편다. 강유를 겸전하니 즐거워하지 않는 백성이 없다. 일에는 선후가 있으니 기회를 보아 나아가라. 시기를 살펴 움직이면 모든 일이 새롭게 된다. 그러나 경솔하며 거만하면 화를 당할 것이다.

■ 6월 332

높게 부딪쳐 빛나니 매우 길하고, 중도를 얻어 사방이 빛나니 매우 길하다. 만사가 이미 정해져 있으니 어찌 근심이 있겠는가. 현명한 군주를 만나 나라의 큰 그릇이 된다. 과거에 급제하며 반드시 이익이 생긴다.

■ 7월 416

불친 양이 울타리를 밟으니 물러서지도 이루지도 못한다. 이로울 것이 없으니 어려워야 길하다. 일의 어려움을 알고 함부로 가볍게 여기지 말라. 벼슬한 사람은 감봉이나 퇴출되고, 선비는 물러나기도 어렵다. 분수를 넘고 이치를 어기면 시비·투쟁·소송이 따른다.

■ 8월 423

누이동생 시집보낼 때를 기다리니 천한 여성임을 알겠다. 사람들은 덕이 없는 여인을 취하지 않는다. 벼슬한 사람은 귀양이나 강등이 두렵고, 선비는 때를 기다려라. 고생하나 진퇴를 근심한다. 아내를 내보낼 운인데 혹 총애하는 종을 들이기도 한다.

■ 9월 451

항구함에 빠져 올바르더라도 이로울리 없으니 흉하다. 급히 구하면서 깊이 들어가 항구한 도를 잃는다. 군주에게 신용을 얻지 못하고, 지기도 만나기 어렵다. 인정이 통하지 않으며 거리에서 방황한다. 서두르나 이루지 못한다. 그러나 안정하면서 지키면 흉은 면한다.

■ 10월 854

왕이 기산에 형통하니 길하다. 위로는 천자에게 순응하고, 아래로는 어진 사람에게 순응한다. 높은 지위에 오르고, 선비는 명예를 이룬다. 산천의 이익과 산수의 즐거움이 있다. 승려는 제사 흠향하나 운이 흉하면 산으로 돌아간다.

■ 11월 472

할아버지를 지나 할머니를 만나고, 임금을 지나 신하를 만난다. 정도를 지키며 중도를 얻으니 스스로 본분을 안다. 자신의 직책에서 앞으로 나아가 명예를 이룬다. 귀인이 이끌어주면 모든 일이 이루어진다. 여인의 도움을 받으나 운이 흉하면 어머니 재앙이 따른다.

■ 12월 275

등심에 감응이 있으니 뜻이 사물을 감동시키지 못한다. 진퇴에 구속이 없고, 중심에는 사기가 없다. 같은 관료는 기뻐도 앞으로 나아가기는 어렵다. 인정이 어그러지며 떨어져 나가니 경영하거나 꾀하는 일은 시소하다. 사욕에 감응하면 사물을 감동시킬 수 없다.

연평 523

풍택중부괘 3효(風沢中孚卦 三爻) ䷽

북치며 파하고, 울며 노래한다. 인심이 밖으로 움직이니 어찌 편안하겠는가. 동료와 불목하며 진퇴가 있다. 기쁨 속에 근심이 있고, 즐거움 속에 슬픔이 있다. 명예와 이익을 구하나 득실은 반반이다.

■ 정월 124
호랑이 꼬리를 밟은 것처럼 두려운 상이나 마음가짐을 조심하면 뜻을 이룰 수 있다. 무관이 유리하니 무과를 보면 급제한다. 매사 조심하면 허물은 면할 것이다. 여자는 많이 흉한데 음란하며 불량할 것이다.

■ 2월 161
송사를 길게 끌지 않으면 결국은 이롭다. 처사가 중정하니 머지않아 자명해진다. 송사에 비유하면 처음에는 지나 나중에는 이긴다. 일시적인 훼방도 큰 해가 되지 않고, 시비와 재앙도 결국은 해결된다.

■ 3월 325
어그러진 시기에 어진 사람의 도움을 받는다. 같은 당의 살을 씹으면 경사가 있다. 벼슬한 사람은 왕명을 받고. 선비는 과거에 오른다. 추대해주는 사람이 있으면 경영하는 일에 이익이 있다. 결혼하려는 사람은 짝을 얻으나 운이 흉하면 형상을 당한다.

■ 4월 342
살을 씹되 코를 없애니 엄하게 다스렸기 때문이다. 형법을 적용할 때 중도를 지키면 죄도 쉽게 복종한다. 인민 때문에 다소 상처를 받고, 고시는 기회가 없다. 진퇴는 어렵고 시비는 요란하다. 혹 남이 모르는 병에 걸리거나 골육이 손상될 수 있다.

■ 5월 426
광주리를 받아도 비어 있고, 양을 잡아도 피가 없다. 제사가 끊어지면 여인의 시집도 종말이다. 빈 자리로 실이 없으니 앞으로 나아가도 헛된 명예뿐이다. 경영하거나 꾀하는 일은 모두 비어 있으니 헛되게 심신만 고생한다. 노인은 불리한데 초상이나 제사의 근심이 있다.

■6월 413

소인은 건장함을 쓰나 군자는 쓰지 않는다. 숫양이 울타리를 받으나 그 뿔만 곤궁해진다. 재앙이 되는 일에 많이 얽혀 발전하기 어렵다. 관재와 소송에 연루되고, 효복을 입을 수 있다. 망령되게 행동하면 곤궁해지며 사람과 재물도 불리하다.

■7월 461

강유 사이에 있으니 의당 허물은 없다. 밑에 있으면서 윗사람과 호응하니 어려움도 풀린다. 안녕하고 무사하니 옛날의 수심도 점점 사라진다. 선비는 과거에 급제하며 영전할 기회가 있다. 미혼자는 결합되며 경영하는 일은 잘 된다.

■8월 864

진영으로 후퇴하면 허물이 없고 떳떳함을 잃지 않는다. 군사를 완전히 후퇴시키니 전복이나 패망과는 멀다. 관직의 길은 험난하며 선비는 사감생이다. 편안하게 있으면서 직업을 즐겁게 여기고 망동하지 말라. 객사를 성조하거나 여관에서 살게 된다.

■9월 482

절개가 돌처럼 단단하니 뜻을 지킨다. 위로는 아첨하지 않고 아래로는 더럽히지 않는다. 기미를 알고 선처하는 것은 모든 사람의 소망이다. 급류에서 용감히 물러나 진취하면 명예를 이룬다. 보통 사람은 이익을 얻는데 안정해야 길하다.

■10월 285

모이는데 자리를 두나 뜻은 빛나지 못한다. 덕과 지위가 맞으면 움직여도 백성이 기뻐한다. 스스로 큰 선을 닦으면 복종하지 않는 것이 없다. 인정이 미덥지 못하며 도덕을 닦지 못한다. 인정이 화합하지 못하니 경영하거나 꾀하는 일이 막힌다.

■11월 473

예방하지 않으면 재난을 면하기 어렵다. 음모와 간신의 해로움이 있고, 정지와 강등의 우려가 있다. 여러 음이 해롭게 구는데 자신의 강함만 믿는다. 작은 물건이라도 조심하면 큰 해로움은 없다.

■12월 376

나그네는 그 집을 불사르고, 처음에는 웃으나 나중에는 울부짖는다. 지나치게 강해 자만하면 편안한 곳도 잃는다. 순한 덕을 쉽게 잃으니 처음에는 통쾌하나 나중에는 위태로워진다. 좋은 가운데 손실이 있으니 이사나 성조를 하라. 운이 나쁘면 화재나 눈병이 생길 수 있다.

연평 524

풍택중부괘 4효(風沢中孚卦 四爻) ䷽

호랑이 꼬리를 밟은 것처럼 두려운 상이나 마음가짐을 조심하면 뜻을 이룰 수 있다. 무관이 유리하니 무과를 보면 급제한다. 매사 조심하면 허물은 면할 것이다. 여자는 많이 흉한데 음란하며 불량할 것이다.

■ 정월 725
유익한데 복은 위에서 내린다. 열 쌍의 거북으로도 어길 수가 없다. 꾀하는 일은 하늘의 뜻과 부합하니 매우 선하다. 직위가 좋아 임금 곁에 있고, 선비는 장원한다. 하늘의 재물이 많이 생기니 이롭지 않은 것이 없다.

■ 2월 742
양유을 얻지 못해 망령되게 윗사람에게 찾는다. 나아가면 그 무리를 잃게 된다. 벼슬한 사람은 귀양을 조심하고, 선비는 욕을 조심하라. 하는 일은 진퇴와 시비가 일정하지 않다. 병이 많으니 흉한 운을 만나면 죽을 수도 있다.

■ 3월 826
두텁게 임하니 길하며 뜻은 안에 있다. 존귀하면서도 비천함과 호응하고, 높으면서도 아랫사람을 따른다. 가르치며 생각하기, 포용과 보호를 무궁히 한다. 벼슬한 사람은 내직이며 국립대학에 간다. 원근에서 취하는 일은 이롭지 않은 것이 없다.

■ 4월 813
평평하며 언덕 아닌 것이 없고, 가면 돌아오지 않는 것이 없다. 천지의 교제이니 어려우나 바르면 허물이 없다. 통태함이 다하면 비색이 오는 것은 하늘의 뜻이다. 책임을 이겨내고 질투와 간신을 조심하라. 두려워하면서 조심하면 편안하다.

■ 5월 861
출사할 때 율법을 어기면 흉하다. 신하가 도리를 다하면 임금의 총애도 날로 깊어진다. 문장과 의리로 합하니 공명을 이루고, 경영하는 일은 법도를 지키니 재물은 날로 늘어난다. 경솔하면 재앙을 당하는데 운이 흉하면 매우 험상궂다.

■ 6월 464

위로 소인과 친하면 어진 사람은 멀리 물러선다. 소인을 물리치면 군자의 무리가 나오게 된다. 성의와 신의가 깊으면 재난은 사라지고 복이 온다. 곁에 간신이 있으니 일에 실수와 허물이 생긴다. 만약 어진 사람을 만나면 재난은 거의 면제된다.

■ 7월 882

곧고 모나고 크니 땅의 도가 빛난다. 소행에 의심이 없으니 이롭지 않은 것이 없다. 유순하며 중정한 덕이 무궁하다. 관직자는 지위가 높아지고 명예도 올라간다. 곡식과 비단이 많이 늘어나고, 어진 부인이 집안을 일으킨다.

■ 8월 685

친히 돕는다는 뜻이며 지위가 중정하다. 왕이 세 번 짐승을 모니 어질다는 것을 알 수 있다. 역을 버리고 순리를 따르며, 자신을 용서하는 마음으로 남을 대한다. 관직자는 영전하고, 선비는 과거에 급제한다. 처음에는 힘드나 나중에는 순탄하니 이롭지 않은 것이 없다.

■ 9월 873

겸손하며 노력하는 군자는 만민이 복종한다. 노력하며 공이 있어도 자랑하지 않는다. 벼슬한 사람은 높이 승진하고, 선비는 기회를 만난다. 힘껏 노력하니 경영하거나 꾀하는 일은 이롭다. 높아도 위태롭지 않고 차도 넘치지 않는다.

■ 10월 776

그치는 도가 매우 좋으니 나중에는 길하다. 관직자는 자리를 옮기고, 선비는 명예를 이루고, 농민은 전답이 늘어나고, 상인은 이익을 얻고, 보통 사람은 복을 받는다다. 그러나 운이 흉하면 반대가 된다.

■ 11월 474

지극히 공손하면 허물이 없다. 고수하지 말고 때에 맞게 하라. 고집스럽게 변통할 줄 모르면 다소 허물이 된다. 안정하면서 직위를 지켜라. 작은 시험은 유리하다. 안빈하며 분수를 지키면 자연 손실과 폐단도 없다.

■ 12월 431

짝이 되는 주인을 만나 마음이 같으면 허물이 없다. 나가면 가상하나 열흘이 지나면 재앙이 생긴다. 반드시 밝은 군주를 만나 명예를 이룬다. 귀인과 교류하며 꾀하는 일을 이룬다. 그러나 너무 큰 일을 시작하면 반드시 재앙이 된다.

풍택중부괘 5효(風沢中孚卦 五爻) ䷼

믿음이 단단하니 지위가 정당하다. 견고한 성의와 신의로 맺어지면 천하도 무사하다. 군신이 한마음이 되니 총애와 신임이 깊어진다. 앞으로 나아가 명예를 이루며 이롭지 않은 것이 없다. 인정이 화합하니 모든 것을 이룰 수 있다.

■ 정월 626
쓰디쓴 절제이니 바르더라도 흉한데 그 도가 궁하다. 이미 처신이 극을 지났으니 흉을 면할 길이 없다. 지나친 고집으로 허물이 있고, 지나친 의심으로 슬픔이 있다. 명리를 구하나 모두 이롭지 않다. 법도를 잃어 허물이 생기고, 노인은 수명이 지키기 어렵다.

■ 2월 613
재앙은 밖에 있는데 뻘밭에서 기다린다. 나 때문에 도적이 오나 조심하면 패가 없다. 지나치게 강하니 더욱 험난해진다. 선비는 반드시 욕을 당하며 스스로 빼어나지 못한다. 도적이나 실물을 당할 운인데 배를 타면 흉하다.

■ 3월 661
겹겹의 험난에 빠져 도를 잃어버리면 흉하다. 재주가 약하고 응원이 없으니 회복하기 어렵다. 내쫓길 운이요 강등의 욕을 당한다. 험난한 곳으로 빠져들어가니 인명이 위태롭다. 그러나 승려나 숨은 도인은 화를 면할 수 있다.

■ 4월 264
서서히 오는 것은 밑에 있다. 정도를 걸으면 결국은 길하다. 때에 따라 다소 부끄러움이 있다. 과감하게 결정하고 행동하면 재난과 약함도 구제한다. 꾀하는 일을 이루고 험난에서 벗어난다. 쇠로된 차는 불리한데 사고가 두렵다.

■ 5월 682
안에서부터 친하니 실수하지 않는다. 나라에 몸을 맡기니 임금을 얻고 도에 합한다. 관직은 내직으로 제수받고, 여자는 어진 남편을 얻는다. 선비는 명예를 이루나 지방을 벗어날 수 없다. 귀인을 만나 의지하니 경영하거나 꾀하는 일은 뜻대로 된다.

■ 6월   885

누런 치마이니 매우 길하다. 문채가 중도에 있다. 안에 아름다움이 가득하니 사지에까지 창달한다. 내직으로 선임되며 왕실에 들 영화가 있다. 모든 일이 안온하며 재물과 이익이 따른다. 여자는 덕이 있고 내조의 공이 있다.

■ 7월   673

가면 어렵고 오면 돌아오니 안에서 기뻐한다. 위로 가면 어려우니 험난함을 보면 그쳐라. 돌아서서 밑으로 오면 편안하리라. 앞으로 나아가면 명예를 이룬다. 처자의 기쁨이 있으나 운이 흉하면 형극도 따른다.

■ 8월   576

기러기가 허공으로 날아가듯이 그 뜻이 초연하다. 사람으로 논하면 보통을 넘어간다. 나아가는 것을 잃지 않고 현달하여 높이 된다. 선비는 명예를 얻어 한번 날면 하늘도 찌른다. 복의 근원이 영원하니 재앙이나 근심이 침범하지 않는다.

■ 9월   274

마음이 꾸준하니 후회할 일이 없고, 해로움에 감응하지 않는다. 갈팡질팡할 때 벗만은 나의 생각을 따르리라. 사심이 서로 감응하면 광대하지 못하다. 벗과 서로 의지하면 작은 일은 이룰 수 있다. 마음이 다소 편안하나 큰 일은 어그러진다.

■ 10월   231

견고한 황소가죽을 써라. 개혁은 불가하다. 초기에 움직이니 어찌 자세하며 신중하겠는가. 마음을 잘 지키면서 가볍게 고치려고 하지 말라. 망동하면 과실을 면하기 어렵다. 벼슬한 사람은 자리를 지키면서 나올 생각을 하지 말라.

■ 11월   475

날아올라 내려오지 않으니 덕을 베풀기 어렵다. 서쪽 들에는 구름이 가득하나 비가 오지 않는다. 벼슬한 사람은 휴직하기 쉬우나 선비는 왕공을 볼 수도 있다. 원대한 계책은 불리하나 옛것을 지키면 좋다. 노인이나 병자는 모두 좋지 않다.

■ 12월   452

항구함에 뉘우침이 없고, 움직이는 곳마다 중도를 얻는다. 중정하면 자신을 지키며 편안해진다. 관직자는 근신하면 공직을 면한다. 선비는 덕을 숭상하며 지키면 손해는 없다. 자신을 편안하게 하며 도덕을 품으면 그 속에 이익이 있다.

연평 526

풍택중부괘 상효(風沢中孚卦 上爻) ䷼

소리가 하늘에 닿으나 어찌 오래가랴. 신의도 다하면 쇠퇴하고, 충성도 독실하면 안으로 상실감이 생긴다. 왕궁에 올라 천자와 함께 한다. 높은 것을 다투며 강함을 억제하니 진출하기 어렵다. 혹 사물이 손상되거나 명예와 수명이 보전하기 어렵다.

■ 정월 561
구제하는데 건장한 말을 쓰니 길하다. 굳세고 중정한데 친히 사귀며 서로 구한다. 빨리 영전하며 선비는 비등해진다. 귀인과 교류하거나 천거를 받아 꾀하는 것을 모두 이룬다. 흐트러짐도 초기에 구하면 힘을 들이지 않아도 된다.

■ 2월 164
송사에서 이기지 못하고 정도로 돌아온다. 안정하면 실책이 되지 않는다. 언행과 동정은 천명을 잃지 말라. 한가로움 속에서 복직되며 진취를 잃지 않는다. 과실을 고치며 선해지니 관재나 소송은 없다.

■ 3월 582
여인의 정절을 몰래 훔쳐보니 추하다. 보는 것이 밝지 못하니 순종할 따름이다. 재주는 있으나 미치지 못해 문리에 통달하지 못한다. 집에 있으면 어두우나 밖으로 나가면 밝아진다. 여인 때문에 추한 일이 생기고, 여자는 기쁘나 남자는 슬프다.

■ 4월 785
모든 음이 순종하니 소인도 선해진다. 관직자는 요직에 오르고, 경영하거나 꾀하는 일에 뽑히고, 인정도 화합한다. 가정이 화평하며 복이 생기고, 궁궐의 관찰이나 주지가 된다. 궁인의 총애를 받으니 이롭지 않은 것이 없다.

■ 5월 573
기러기가 육지로 올라오나 편안한 곳이 아니다. 남편은 나가 돌아오지 않고, 부인은 임신하나 양육하지 못한다. 그러나 정도를 지키며 사를 막으면 허물은 없을 것이다. 귀양·강등·막힘·침체가 따를 운이다. 인정이 화목하지 못하니 도적이 침범한다.

■ 6월 676

안에 뜻이 있으니 가면 험난하나 오면 너그러워져 험난함이 해결된다. 대인을 보는 것이 이롭고, 귀인을 따르게 된다. 관직은 내직으로 들어 명예를 이룬다. 귀인을 가까이하면 이익을 얻으나 망동하면 불리해진다.

■ 7월 174

군자는 좋게 물러설 수 있으나 소인은 어렵다. 작은 것은 버리고 높은 것을 꾀하면 욕을 당하며 위태로워진다. 시운이 불리하니 휴직하고 몸을 피하라. 여자의 도움을 받다가 오히려 화근이 된다. 사를 버리고 공사를 받들면 재난은 면할 수 있다.

■ 8월 131

마음에 부끄러움이 없으니 자연히 내외가 화평하다. 남들과 마음이 통하니 무슨 허물이 있겠는가. 원한과 허물은 모두 사라지며 모든 가정에는 기쁨이 있다. 영전할 운이요 등용할 상이다. 동지와 협심하며 성조와 문을 수리한다.

■ 9월 375

활을 당겨 꿩을 쏘면 백발백중이다. 상하로 친하니 길을 떠나면 매우 좋다. 움직여도 실책이 없으니 평이 좋고 복록이 있다. 존귀한 수상과 가까이 하여 영화를 누린다. 영화와 경사가 따를 운으로 살아가는 데 걱정이 없다.

■ 10월 352

솥이 차 있으니 갈 곳을 조심하라. 도를 지키지 않으면 의리가 상한다. 정도와 공평을 받들고 참소와 간신을 조심하라. 이익과 수확이 있으나 외부의 잡음을 조심하라. 아랫사람이 침범하거나 작은 병에 걸릴 수 있다.

■ 11월 476

이미 극에 차 만나지 않고 지나간다. 이치를 어기고 정상을 지나니 신속하기가 나는 것과 같다. 천재와 인재를 모두 당한다. 분수를 넘으면 재난이 생기는데 의외의 재앙도 있다. 복제의 수인데 천명을 벗어나기 어렵다.

■ 12월 483

쳐다보면서 즐거워하다 후회하고, 더뎌도 후회한다. 처신이 부정하면 진퇴에 후회만 있다. 구하고 바라는 일은 되지 않으니 빨리 고쳐라. 우유부단하면 후회와 과실을 막기 어렵다. 잠시 전진하고 잠시 후퇴하니 시비가 한결같지 않다.

연펑 531

풍화가인괘 초효(風火家人卦 初爻) ䷤.

있는 집에서 방어하면 자연히 후회할 일은 없다. 인정이 방탕하면 반드시 후회할 일이 생긴다. 관직은 한직이며 작은 시험이 유리하다. 꾀하는 일은 이루어지며 혼인할 상이다. 승려는 주지가 되고, 늙은이는 수명이 불리하다.

■ 정월 512
계속 회복하며 중도를 지키니 실수가 없다. 스스로 진퇴를 살피면 중도를 잃지 않는다. 계속 이끌어줄 계단이 있고 발탁될 자리가 있다. 동지와 같이 가니 경영하거나 꾀하는 것을 이룬다. 그러나 운이 흉하면 실수를 반복한다.

■ 2월 715
거세된 돼지의 어금니이니 경사가 있다. 그 원인을 끊어버리면 자연히 악은 그친다. 관직자는 영전이나 발탁되고, 선비는 높이 천거된다. 경영하거나 꾀하는 일도 잘 되며 경사가 많다. 성공하려면 먼저 기미를 살펴야 한다.

■ 3월 523
북치며 파하고, 울며 노래한다. 인심이 밖으로 움직이니 어찌 편안하겠는가. 동료와 불목하며 진퇴가 있다. 기쁨 속에 근심이 있고, 즐거움 속에 슬픔이 있다. 명예와 이익을 구하나 득실은 반반이다.

■ 4월 626
쓰디쓴 절제이니 바르더라도 흉한데 그 도가 궁하다. 이미 처신이 극을 지났으니 흉을 면할 길이 없다. 지나친 고집으로 허물이 있고, 지나친 의심으로 슬픔이 있다. 명리를 구하나 모두 이롭지 않다. 법도를 잃어 허물이 생기고, 노인은 수명이 지키기 어렵다.

■ 5월 124
호랑이 꼬리를 밟은 것처럼 두려운 상이나 마음가짐을 조심하면 뜻을 이룰 수 있다. 무관이 유리하니 무과를 보면 급제한다. 매사 조심하면 허물은 면할 것이다. 여자는 많이 흉한데 음란하며 불량할 것이다.

■ 6월 161

송사를 길게 끌지 않으면 결국은 이롭다. 처사가 중정하니 머지않아 자명해진다. 송사에 비유하면 처음에는 지나 나중에는 이긴다. 일시적인 훼방도 큰 해가 되지 않고, 시비와 재앙도 결국은 해결된다.

■ 7월 325

어그러진 시기에 어진 사람의 도움을 받는다. 같은 당의 살을 씹으면 경사가 있다. 벼슬한 사람은 왕명을 받고. 선비는 과거에 오른다. 추대해주는 사람이 있으면 경영하는 일에 이익이 있다. 결혼하려는 사람은 짝을 얻으나 운이 흉하면 형상을 당한다.

■ 8월 342

살을 씹되 코를 없애니 엄하게 다스렸기 때문이다. 형법을 적용할 때 중도를 지키면 죄도 쉽게 복종한다. 인민 때문에 다소 상처를 받고, 고시는 기회가 없다. 진퇴는 어렵고 시비는 요란하다. 혹 남이 모르는 병에 걸리거나 골육이 손상될 수 있다.

■ 9월 426

광주리를 받아도 비어 있고, 양을 잡아도 피가 없다. 제사가 끊어지면 여인의 시집도 종말이다. 빈 자리로 실이 없으니 앞으로 나아가도 헛된 명예뿐이다. 경영하거나 꾀하는 일은 모두 비어 있으니 헛되게 심신만 고생한다. 노인은 불리한데 초상이나 제사의 근심이 있다.

■ 10월 413

소인은 건장함을 쓰나 군자는 쓰지 않는다. 숫양이 울타리를 받으나 그 뿔만 곤궁해진다. 재앙이 되는 일에 많이 얽혀 발전하기 어렵다. 관재와 소송에 연루되고, 효복을 입을 수 있다. 망령되게 행동하면 곤궁해지며 사람과 재물도 불리하다.

■ 11월 461

강유 사이에 있으니 의당 허물은 없다. 밑에 있으면서 윗사람과 호응하니 어려움도 풀린다. 안녕하고 무사하니 옛날의 수심도 점점 사라진다. 선비는 과거에 급제하며 영전할 기회가 있다. 미혼자는 결합되며 경영하는 일은 잘 된다.

■ 12월 864

진영으로 후퇴하면 허물이 없고 떳떳함을 잃지 않는다. 군사를 완전히 후퇴시키니 전복이나 패망과는 멀다. 관직의 길은 험난하며 선비는 사감생이다. 편안하게 있으면서 직업을 즐겁게 여기고 망동하지 말라. 객사를 성조하거나 여관에서 살게 된다.

풍화가인괘 2효(風火家人卦 二爻) ☴

성취하려고 하지 않고 가정에서 음식을 만들면 길하다. 정과 사랑에 빠지면 이루지 못한다. 벼슬한 사람은 조정에 들어 녹과 복이 빛난다. 선비는 학업이 좋아져 장학금을 타니 길하다. 경영하거나 꾀하는 일을 이루며 재물과 양식이 늘어난다.

■ 정월 543

유익함을 흉한 일에 쓰니 어려움이 덜어진다. 믿음으로 중도를 행하면 공사에 고할 때 인감을 쓰는 것처럼 할 것이다. 조정에서 귀인으로 크게 쓰이며 명예와 공을 이룬다. 인선이나 품수를 바꾸면 보통 사람은 이익을 얻는다. 그러나 운이 흉하면 비상한 재앙을 당한다.

■ 2월 646

말을 타고 나가지 못하니 피눈물이 흐른다. 어려움의 끝이니 액운이 더욱 심하다. 영화로운 곳에서 욕을 당할 수 있으니 참소와 욕을 조심하라. 손해를 보거나 실패할 운으로 모든 재앙이 다투어 일어난다. 만약 부모의 상을 당하지 않으면 수명이 불리하다.

■ 3월 144

바른 길을 지키면 허물이 없다. 실리와 진실한 마음으로 변하지 말라. 고요히 안정하면 저절로 좋은 소식이 온다. 덕이 넓고 겸손하니 신하의 도리가 극진하다. 옛 사업을 지키며 본분을 지켜라.

■ 4월 181

서로 끌어들이면서 인도하니 음양이 기뻐한다. 앞길이 비색한데 다른 사람과 공동으로 구제한다. 조용히 지키면 좋으나 지나치게 도모하면 재난을 당한다. 기회를 만나기 어려우나 기다리는 것이 좋다. 소언과 관련된 일을 막으면 길하다.

■ 5월 345

마른 고기를 씹다 황금을 얻는다. 항상 위태로움과 두려움을 알면 원한과 허물은 자연히 사라진다. 법으로 간신을 제거하며 명예를 이룬다. 병자는 편안해지고 원망도 사라진다. 손으로 천금을 희롱하니 의식이 풍족하다.

■ 6월　322

골목에서 골목을 만나니 도를 잃은 것은 아니다. 왜곡해 서로 구하는 것도 뜻은 어그러짐을 구제하는 데 있다. 성의와 힘을 다해 지성으로 감동시킨다. 반드시 밝은 군주를 만나 영전할 기회를 만난다. 보통 사람은 지기를 만나 경영하거나 꾀하는 일을 이룬다.

■ 7월　446

벼락이 두려워 눈도 휘둥그레진다. 중도를 얻지 못했으니 나가면 흉하다. 두려워하며 반성하면 결혼은 말이 있다. 벼슬한 사람은 귀양이나 감봉이 따르고, 선비는 정지나 강등을 조심하라. 부부 간의 형극이나 조난이 있을까 두렵다.

■ 8월　433

장막이 많으니 대낮에도 작은 별을 본다. 오른팔을 끊으면 허물은 없을 것이다. 윗사람의 응원은 전혀 없으니 큰 일은 불가하다. 휴직하는 것이 유리하며 진취 또한 어렵다. 경영하거나 꾀하는 일도 이루지 못하고, 수족에 액이 따른다.

■ 9월　481

때를 만나 일을 주간하니 즐겁고, 뜻은 극도에 다달아 소리까지 낸다. 경솔함과 천박함이 이와 같으면 어찌 흉하지 않으리. 은총을 기다려야 되고, 선비는 사람을 놀라게 한다. 보통 사람은 놀람·구설·시비가 따른다.

■ 10월　884

주머니를 묶는 것처럼 하면 허물이 없고, 조심하면 해롭지 않다. 상하가 막히고 끊겼으니 자처하라. 승진이나 영전은 어려우니 현직에서 조심하라. 진취하기 어렵고, 경영이나 꾀하는 일도 막힌다. 조심하며 견고해야 뜻밖의 화를 면할 수 있다.

■ 11월　462

사냥하여 여우 셋과 누런 화살을 얻는다. 간사함과 아첨이 난무하나 정직함으로 제거한다. 영전·천거·발탁될 운이다. 세 번 꾀하여 세 번 이루며 전답과 재산도 늘어난다. 만약 전쟁이나 사냥을 하면 이익이 작지 않을 것이다.

■ 12월　265

코 베이고 발 잘리니 뜻을 얻지 못한다. 강하려다 약해지고, 이익을 구하다 손해를 본다. 진취하며 경영하는 일은 처음에는 힘드나 나중에는 순탄하다. 타고난 영명한 성품으로 모두 좋게 만든다. 그러나 운이 불길하면 소송·형벌·초상제사가 따른다.

연펑 533

풍화가인괘 3효(風火家人卦 三爻) ䷤

집안 식구가 엄숙하며 무서워하니 후회하나 길하고, 아내와 자녀가 희희낙락하면 결국 부끄러운 일이 생긴다. 웃음과 즐거움을 절제하지 못하면 결국 패가망신한다. 윤리를 바르게 하며 은의를 돈독하게 하라. 엄하여 너그러움이 적고, 진취도 평등하다.

■ 정월 134
작은 담 위에 올랐으나 의리를 공격할 수는 없다. 세를 타 공격하면 오히려 흉한 일을 당한다. 겸손하게 지키면 자연히 좋은 일이 생긴다. 등용은 어렵고 성과 못을 짓는다. 영화 속에 욕이 있고, 의심 속에 시비도 있다.

■ 2월 171
말미에 물러나 숨으니 위태로움과 어려움이 많다. 만약 전진하지 않으면 재해를 면할 수 있다. 물러나 숨으면 좋으나 나아가 행동하면 흉하다. 물러나 때를 기다려라. 경영하는 일은 막혀 어려우니 안정하면서 분수를 지켜라.

■ 3월 335
슬픔과 탄식을 막을 길이 없으니 슬픈 눈물이 비오듯 한다. 위태로운데 상하의 도움이 없고, 벼슬길이 험난하니 앞으로 나아가기 어렵다. 경영하는 일은 거듭 막히니 생각만 많고, 눈물과 탄식뿐이다.

■ 4월 312
큰 수레에 많이 싣는데 실패가 없다. 튼튼한 큰 수레는 많이 싣고 멀리 갈 수 있다. 재주와 힘이 좋으니 능히 큰 부를 누린다. 용감한 장수로 출사해 명성을 얻는다. 경영하거나 꾀하는 일은 이루며 재물과 곡식이 풍부하다.

■ 5월 436
집은 훌륭해 하늘까지 날 것 같으나 3년이나 사람을 보지 못한다. 스스로 가리고 더럽혔으니 매우 흉하다. 골육이 상잔하니 고향을 떠나 가정을 이루라. 문호가 곤궁하며 소송·감옥·구설이 따른다.

■ 6월   443

벼락이 쳐 기운이 까무러치나 두려움을 알면 재앙은 없다. 부정한 마음을 버리고 정당한 곳으로 가라. 차를 타고 천리라도 가고 싶지만 걷기도 어렵다. 근심과 두려움 때문에 정신과 혼이 나간다. 그러나 조심하고 신중하면 흉을 면할 수 있다.

■ 7월   471

날아가는 새라 흉하나 어쩔 수가 없다. 빨리 가다 흉을 만나나 구제할 길이 없다. 나는 곤충의 재앙이 있고, 뜻밖의 재난도 두렵다. 날면 하늘도 찌르나 빨리 가면 화근이 된다. 사물은 견고하지 못하고, 사람은 교량이 끊긴다.

■ 8월   874

겸손하니 모두 좋으며 법을 어기지 않는다. 행동이나 일은 모두 겸손하게 한다. 관직자든 아니든 무소불통이다. 선비나 농업·공업·상업에 종사하는 사람은 물러나 양보하라. 만약 겸양하지 못하면 반드시 손해를 본다.

■ 9월   452

항구함에 뉘우침이 없고, 움직이는 곳마다 중도를 얻는다. 중정하면 자신을 지키며 편안해진다. 관직자는 근신하면 공직을 면한다. 선비는 덕을 숭상하며 지키면 손해는 없다. 자신을 편안하게 하며 도덕을 품으면 그 속에 이익이 있다.

■ 10월   255

메마른 버들에 꽃이 피니 어찌 오래 가겠는가. 늙은 부인이 남편을 얻으니 추하다. 일이 처음부터 잘못되면 성사되지 않는다. 기쁨 속에서 근심이 생기니 경영하거나 꾀하는 일은 어려워진다. 늙은 부인의 근심이나 어머님의 병이 있다.

■ 11월   463

젊어질 것이 탔으니 추하다. 내가 도적을 불렀으니 누구를 탓하겠는가. 허술하게 관리하면 훔쳐가라는 것이고, 얼굴을 꾸미면 음탕한 짓을 하라는 것이다. 벼슬한 사람은 퇴출되고, 선비는 귀양이나 강등을 당한다. 도적을 당할 운이며 소송이나 시비가 따른다.

■ 12월   366

믿음으로 술을 마시니 허물이 없다. 뜻이 방탕하며 반성할 줄 모르면 재난을 당한다. 초월해 영전할 운이며 진취할 상이다. 험난함에서 벗어나 평온해지고, 늙은이는 스스로 즐거워한다. 술 때문에 재난을 당하거나 물에 빠질 수 있다.

연평 534

풍화가인괘 4효(風火家人卦 四爻) ䷤

가정이 부자니 대길하고 순함으로 지위에 있다. 아내가 가정을 부양하니 내직이 모두 좋아진다. 일은 순순히 하며 반드시 정도로 한다. 초월해 영전하고, 시험에 들어 상을 받는다. 꾀하는 일에 이익이 있고, 고독한 과부는 친한 사람을 만난다.

■ 정월 735
언덕과 동산을 꾸미니 예물은 얇고 소박하다. 근본을 두텁게 하며 실상을 숭상하고, 농업에 힘쓰며 검소함을 숭상한다. 한가한 관직에서 초빙되나 관록은 쇠퇴한다. 귀인은 이익을 얻고 적게 성취해야 기쁘다. 진취하는 데 어려움이 있고, 노인은 수명이 불리하다.

■ 2월 712
수레바퀴 통이 벗겨졌으나 중도를 얻어 허물은 없다. 처신이 중도를 얻었으니 움직여도 좋다. 학자는 성쇠와 강약의 깊이를 알아야 한다. 관직자는 사직하게 되니 진취는 불리하다. 실물재난시비를 겪은 후 얻을 수 있다.

■ 3월 836
처음에는 하늘에 오르나 나중에는 뒤에 땅 속으로 들어간다. 밝지 못하고 어두워 스스로 상하고 운명한 것이다. 관직에 막힘이 많으니 내쫓길까 두렵다. 처음에는 이루나 나중에는 막히고, 노인은 수명이 없다. 하늘에 오를 징조인데 나중에는 내쫓긴다.

■ 4월 843
자주 회복하니 위태로움이 있고 의리에는 허물이 없다. 중정하지 못하고 또 움직이는 극에 있다. 벼슬자리가 평온하지 못하고 변화가 심하다. 큰 머리를 얻을 수도 있으니 명예는 가히 이룬다. 일에는 반복이 많고 의혹이 엇갈린다.

■ 5월 871
겸손한 군자는 스스로 낮춰 기른다. 큰 내를 건너도 불길함이 없다. 지극히 겸손하면 대중도 같이 한다. 관직은 목민인데 보배를 품고 초빙을 기다린다. 먼 강호를 건너 상업이나 여행을 하라.

■ 6월 474

지극히 공손하면 허물이 없다. 고수하지 말고 때에 맞게 하라. 고집스럽게 변통할 줄 모르면 다소 허물이 된다. 안정하면서 직위를 지켜라. 작은 시험은 유리하다. 안빈하며 분수를 지키면 자연 손실과 폐단도 없다.

■ 7월 852

제사는 간소하게 지내는 것이 좋고, 기쁨만 있고 허물은 없다. 안으로 지성을 지키며 외부의 꾸밈을 일삼지 않는다. 영전할 운이요 제관으로 배향한다. 선비는 명예를 얻고, 보통 사람은 기쁨이 있다. 병은 편안해지고 하는 일은 이루어지나 초상이나 제사가 두렵다.

■ 8월 655

샘도 깨끗한 물이 차 있다. 공은 사물에까지 미친다. 재주와 덕은 모두 선하며 아름답다. 덕과 지위 모두 좋으니 임금의 총애를 받는다. 명예와 이익이 모두 있으니 등용이나 천거된다. 경영하거나 꾀하는 일은 반드시 이루고 복과 이익을 얻는다.

■ 9월 863

군사를 죽게 하니 큰 공이 없다. 분수가 아닌 것을 범하면 반드시 실패한다. 직위를 받고 결원을 기다리나 선비는 공이 없다. 기쁨과 슬픔이 많으니 혹 수하의 복을 받는다. 운명과 상합되면 반드시 빈 고을에 오른다.

■ 10월 766

어리석음을 격퇴할 때는 상하에 순탄하게 하라. 원수를 막는 것은 이로우나 원수가 되는 것은 불리하다. 외부의 유혹을 막고 순진함이 완전하게 하라. 사법관의 직위로 공은 뺏고 성공한다. 시비·투쟁·소송과 도적의 시끄러움도 있다.

■ 11월 464

위로 소인과 친하면 어진 사람은 멀리 물러선다. 소인을 물리치면 군자의 무리가 나오게 된다. 성의와 신의가 깊으면 재난은 사라지고 복이 온다. 곁에 간신이 있으니 일에 실수와 허물이 생긴다. 만약 어진 사람을 만나면 재난은 거의 면제된다.

■ 12월 421

누이동생을 동서로 시집보내고 절름발이가 되어 걸어간다. 덕은 있으나 호응이 없으니 직분만 다할 뿐이다. 벼슬한 사람은 요장이 되고, 선비는 작은 시험이 좋다. 보통 사람은 작은 덕이 있어 꾀하는 것은 이루나 종이나 첩을 들이거나 세력가에게 몸을 맡긴다.

풍화가인괘 5효(風火家人卦 五爻) ䷤

왕이 가정을 이루면 근심하지 않아도 길하다. 지극히 바르고 선하니 근심없이 잘 되어간다. 남편은 내조를 좋아하고, 부인은 법도 있는 가정을 사랑한다. 벼슬길이 매우 순탄하고 명예를 이룬다. 귀인과 교제하며 문전에 화기가 가득하다.

■ 정월 636
머리까지 빠졌으니 위태롭다 어찌 오래가랴. 물이 성하면 쇠퇴되고 평화도 다하면 반드시 난리가 있다. 높은 것이 과하면 꺾어지고 물에 빠져 진취할 수 없다. 소인의 감염이나 배타다 물에 빠지게 된다. 기제에서 미제로 되니 슬프다! 이 신세야.

■ 2월 643
안내자 없이 사슴을 쫓다 깊은 숲으로 들어간다. 중정하지 못하니 망동으로 곤란해진다. 탐관오리로 내쫓기거나 정지와 강등될 수 있다. 옛것을 지키면서 안정하라. 구금이나 감옥이 두렵다. 앞길은 험난한데 안내자는 하나도 없다.

■ 3월 671
가면 어려우나 오면 명예가 있으니 마땅히 기다려라. 어려움의 시작이니 나아가면 더욱 어려워진다. 기미를 보고 때를 알아 그치면 칭찬을 듣는다. 때를 기다려 진출하고, 옛것을 지키면서 안정하라. 나아가면 불리하고 망동하면 재난을 당한다.

■ 4월 274
꾸준한 마음 후회할 일이 사라지고 해모움에 감응되지 않는다. 이럴까 저럴까 하면 벗만은 나의 생각을 따르리라. 사심이 서로 감응되면 광대하지 못하다. 벗들을 서로 의지하면 적은 일은 성취할 수 있다. 마음에 다소 편안이 있고 큰 일은 어그러지게 된다.

■ 5월 652
위로 끌어올릴 수 없으니 구제하는 공이 없다. 물장군이 깨져 물이 새니 사람을 구할 수 없다. 물러난 곳에서 수양하면서 그릇을 감추고 때를 기다려라. 응원이 없으나 조심하면서 지키면 화를 피할 수 있다. 덕은 족하나 힘은 약하니 사물에 미칠 수 없다.

■ 6월   855

바르게 계단 오르듯 하니 큰 뜻을 얻는다. 반드시 시종의 진출을 예의로 한다. 오르는 것이 귀한 바는 유순한 데 있다. 벼슬한 사람은 높이 영전하고, 선비는 높이 천거된다. 꾀하는 것을 이루고 뜻을 얻으니 진출에는 계단이 있다.

■ 7월   663

오고감이 험하며 위험하니 공이 없다. 험난함에 빠져 침식이 편안하지 못하다. 만약 진입하면 더 험난해진다. 몸이 구덩이에 있는데 물까지 깊다. 배를 타면 물이 깊고, 육지로 달리면 뻘밭이어라.

■ 8월   566

흐트러져 그 피의 상해를 버리니 멀리 나가면 허물이 없다. 사리에 손순하면 상해는 없다. 무장으로 난리를 평정하고, 잠복이나 은둔에서 벗어난다. 험난함에서 나와 편안한 곳으로 가니 어둠을 등지고 밝은 곳을 향한다. 소송이나 감옥도 사라지고 질병도 낫는다.

■ 9월   264

서서히 오는 것은 밑에 있다. 정도를 걸으면 결국은 길하다. 때에 따라 다소 부끄러움이 있다. 과감하게 결정하고 행동하면 재난과 약함도 구제한다. 꾀하는 일을 이루고 험난에서 벗어난다. 쇠로된 차는 불리한데 사고가 두렵다.

■ 10월   221

화순하며 즐겁고 행동에 의심이 없다. 거취에 막힘이 없는데 어찌 아첨하랴. 벗들의 덕으로 진취하는 데 이롭다. 인정이 화합하니 모든 일이 다 이루어진다. 남편이 부르면 부인이 따르나 운이 흉하면 재난이 있다.

■ 11월   465

군자가 해산하면 소인이 물러난다. 험난함이 흩어지니 길하며 선하다. 군자가 자진하게 되면 정도를 행한다. 선비는 명예를 얻고, 상인은 이익을 얻는다. 소송은 풀어지고, 병자는 쾌유된다.

■ 12월   482

절개가 돌과 같으니 뜻과 적개를 스스로 지킨다. 위로는 아첨하지 않고 아래로 더럽히지 않는다. 기미를 알고 선처하는 것은 모든 사람들의 소망이다. 급류에서 용감히 물러서고 진취하면 명예를 이룬다. 보통 사람은 이익 얻으니 안정해야 길하다.

연평 536

풍화가인괘 상효(風火家人卦 上爻)

신뢰와 위엄으로 행하면 결국은 길하다. 자신이 도를 행하지 않으면 처자에게도 강요할 수 없다. 가정을 다스리려면 자신이 먼저 바르게 해야 한다. 지위가 높고 권세가 중하니 앞으로 나아가 명예를 이룬다. 경영하거나 꾀하는 일은 뜻대로 되고, 여자는 귀부인이 된다.

■ 정월 571
기러기가 물가로 가니 어린아이는 위태롭다. 재주는 매우 약한데 윗사람의 응원도 없다. 말을 하는 관직으로 학문 소송으로 귀양도 논한다. 선비는 응원이 없으니 막힘이 있다. 곤궁과 액을 많이 당하나 꾀하는 일은 막히지 않는다.

■ 2월 174
군자는 좋게 물러설 수 있으나 소인은 어렵다. 작은 것은 버리고 높은 것을 꾀하면 욕을 당하며 위태로워진다. 시운이 불리하니 휴직하고 몸을 피하라. 여자의 도움을 받다가 오히려 화근이 된다. 사를 버리고 공사를 받들면 재난은 면할 수 있다.

■ 3월 552
무당이 점치면서 빌면 허물이 없다. 성의로 다하면 신명도 통한다. 역사가 언론인이며 명예를 이룬다. 성실하게 사람을 감동시키니 도모하는 것도 잘 된다. 그러나 운이 불길하면 무사가 비는 제사가 있다.

■ 4월 755
아들은 효도하고 신하는 충성하니 지난 허물도 잘 이겨낸다. 터전은 닦지 못해도 옛 사업을 계승할 수 있다. 지위는 높이 올라가고, 명예는 멀리 퍼진다. 선비는 등용이나 천거되어 이름을 날린다. 별도의 규모를 세우고 식구가 늘어난다.

■ 5월 563
사심을 버리면 후회할 일이 없다. 뜻은 시국을 구제하는데 있는데 흩어짐을 구제한다. 진취가 불리하나 외부 시험은 가능하다. 재난은 흩어지고, 장학생은 나오게 된다. 보통 사람은 이익을 얻고 윗사람과 상응한다.

■6월 666

두겹 세겹 노끈으로 메어 가시밭에 감추었다. 험난에 빠져 더욱 깊어지니 3년이나 도를 잃었다. 결박 지어 안치되며 선비는 무더기로 감옥에 간다. 묶이고 감옥에 가니 재해가 끊어지지 않는다. 만약 그렇지 않으면 골육의 형상이 있다.

■7월 164

송사에서 이기지 못하고 정도로 돌아온다. 안정하면 실책이 되지 않는다. 언행과 동정은 천명을 잃지 말라. 한가로움 속에서 복직되며 진취를 잃지 않는다. 과실을 고치며 선해지니 관재나 소송은 없다.

■8월 121

본래 가는 데로 가면 허물이 없으리라. 이치를 따라 행사하고 도를 벗어나지 말라. 태평성대의 도가 있으면 영전할 기회가 있다. 어려서 배우고 자라서 행하니 명리를 이룬다. 비록 운은 좋으나 상복을 입을까 두렵다.

■9월 365

바르면 후회할 일이 없고 군자는 빛이 난다. 군자는 진실하고 허황됨이 없어야 한다. 지극히 바르고 선하니 부족함이 있을 수 없다. 벼슬한 사람은 큰 자리에 선임되고, 선비는 문장이 빛난다. 경영하거나 꾀하는 일은 빛을 보고, 금은과 재백이 쌓인다.

■10월 382

앞으로 나아가 근심하나 견고하며 바르면 길하다. 중정으로 스스로 지키면 당연히 남이 구해준다. 왕이 총명하게 나아가면 처음에는 좌절하나 나중에는 믿는다. 구하고 꾀하는 일은 뜻대로 되며 어머니의 힘이 많다. 아내의 재물에 이익이 있을 수 있다.

■11월 466

높은 담장에서 매새를 쏘아 얻으며 모두 이롭다. 몸에 감춘 그릇이 성취된 뒤 움직인다. 움직이는 데 막힘이 없으니 어찌 불리함이 있겠는가. 병사로서 공을 세우며 추천도 받는다. 문과 담장을 쌓고 꾀하는 일은 이익을 얻는다.

■12월 453

덕은 영원하지 않으니 혹 부끄러운 일이 생긴다. 바르고 견고해도 부끄러움이 생기는데 용납하는 곳이 없다. 꽃가지에 서리가 무겁게 내리니 꽃필 날을 기약할 수 없다. 감봉되도록 간함을 받고, 덕이 손상되어 훼방을 받는다. 분쟁·소송·훼손·욕을 조심하라.

연평 541

풍뢰익괘 초효(風雷益卦 初爻) ䷩.

크게 시작하면 이롭고, 크게 길해야 허물이 없다. 남에게 큰 이익을 주면 자연히 그 이익이 돌아온다. 그러나 모두 잘 하지 않으면 허물을 면할 수 없다. 관직자는 높이 영전하고, 진취하면 큰 우두머리가 된다. 크게 꾀하고 마음대로 된다.

■ 정월 522

그늘 밑에서 학이 우니 그의 자식이 감화한다. 말과 행동은 영화가 되기도 하고 욕이 되기도 한다. 군자의 언행은 천지도 움직인다. 벼슬한 사람은 진급하며 재정 이익도 있다. 아들을 낳고 유리하나 노인은 병에 걸릴까 두렵다.

■ 2월 725

유익한데 복은 위에서 내린다. 열 쌍의 거북으로도 어길 수가 없다. 꾀하는 일은 하늘의 뜻과 부합하니 매우 선하다. 직위가 좋아 임금 곁에 있고, 선비는 장원한다. 하늘의 재물이 많이 생기니 이롭지 않은 것이 없다.

■ 3월 513

수레바퀴통이 벗겨지며 부부는 반목한다. 나아가도 이롭지 않고 물러서도 가정이 편안하지 못하다. 영화를 누리다 욕을 보고, 나아가려다 물러선다. 발이나 눈에 병이 생기고, 식구는 분리된다. 모든 재난이 함께 와 가문에 후회하거나 부끄러운 일이 생긴다.

■ 4월 616

구멍에 들어 있으니 오는 손님 셋이다. 비록 강폭하나 조심하면 결국은 길하다. 참으면서 조심하면 화를 면할 수 있다. 조심하면서 참소나 간신을 막고, 신중하게 의심과 시기를 꾀하라. 한번 흉한 운이 오면 감옥이나 무덤에 들어가게 된다.

■ 5월 114

진퇴를 알 수 없으니 시기에 맞게 나아가라. 순리를 따르면 길하나 망동하면 화가 생긴다. 시운이 불리하니 역량을 감추고 때를 기다려라. 의심이 생겨 결정하지 못하니 모든 게 어려워진다. 여자는 마음대로 되고, 승려와 도인은 편안하다.

■ 6월　151

쇠로 된 말뚝에 매두면 견고하며 바르니 길하다. 돼지가 껑충 뛰듯 함부로 움직이고 싶은 마음이 간절하다. 앞으로 나아가도 심란한데 좌천이 어인 일인고. 귀인의 도움을 받으며 출산양육할 운이다. 그러나 수가 나쁘면 질병·감옥·소송이 따른다.

■ 7월　315

미더움으로 사귀며 신의로 뜻을 편다. 강유를 겸전하니 즐거워하지 않는 백성이 없다. 일에는 선후가 있으니 기회를 보아 나아가라. 시기를 살펴 움직이면 모든 일이 새롭게 된다. 그러나 경솔하며 거만하면 화를 당할 것이다.

■ 8월　332

높게 부딪쳐 빛나니 매우 길하고, 중도를 얻어 사방이 빛나니 매우 길하다. 만사가 이미 정해져 있으니 어찌 근심이 있겠는가. 현명한 군주를 만나 나라의 큰 그릇이 된다. 과거에 급제하며 반드시 이익이 생긴다.

■ 9월　416

불친 양이 울타리를 밟으니 물러서지도 이루지도 못한다. 이로울 것이 없으니 어려워야 길하다. 일의 어려움을 알고 함부로 가볍게 여기지 말라. 벼슬한 사람은 감봉이나 퇴출되고, 선비는 물러나기도 어렵다. 분수를 넘고 이치를 어기면 시비·투쟁·소송이 따른다.

■ 10월　423

누이동생 시집보낼 때를 기다리니 천한 여성임을 알겠다. 사람들은 덕이 없는 여인을 취하지 않는다. 벼슬한 사람은 귀양이나 강등이 두렵고, 선비는 때를 기다려라. 고생하나 진퇴를 근심한다. 아내를 내보낼 운인데 혹 총애하는 종을 들이기도 한다.

■ 11월　451

항구함에 빠져 올바르더라도 이로울리 없으니 흉하다. 급히 구하면서 깊이 들어가 항구한 도를 잃는다. 군주에게 신용을 얻지 못하고, 지기도 만나기 어렵다. 인정이 통하지 않으며 거리에서 방황한다. 서두르나 이루지 못한다. 그러나 안정하면서 지키면 흉은 면한다.

■ 12월　854

왕이 기산에 형통하니 길하다. 위로는 천자에게 순응하고, 아래로는 어진 사람에게 순응한다. 높은 지위에 오르고, 선비는 명예를 이룬다. 산천의 이익과 산수의 즐거움이 있다. 승려는 제사 흠향하나 운이 흉하면 산으로 돌아간다.

연펑 542

풍뢰익괘 2효(風雷益卦 二爻) ䷩.

유익함은 밖에서 들어온다. 열 쌍의 거북이라도 어기지 못한다. 벼슬한 사람은 영전하며 명예를 이룬다. 상업을 하면 이익이 생기고, 제사를 지내면 복을 받는다. 불가에서 생활하면 명리도 좋다.

■ 정월 533
집안 식구가 엄숙하며 무서워하니 후회하나 길하고, 아내와 자녀가 희희낙락하면 결국 부끄러운 일이 생긴다. 웃음과 즐거움을 절제하지 못하면 결국 패가망신한다. 윤리를 바르게 하며 은의를 돈독하게 하라. 엄하여 너그러움이 적고, 진취도 평등하다.

■ 2월 636
머리까지 빠져 위태로우니 어찌 오래가랴. 물도 성하면 쇠퇴하고, 평화도 다하면 반드시 난리가 있다. 높은 것이 과하면 꺾어지고 물에 빠져 진취할 수 없다. 소인의 감염이나 배를 타다 물에 빠진다. 기제가 미제가 되니 슬프다.

■ 3월 134
작은 담 위에 올랐으나 의리를 공격할 수는 없다. 세를 타 공격하면 오히려 흉한 일을 당한다. 겸손하게 지키면 자연히 좋은 일이 생긴다. 등용은 어렵고 성과 못을 짓는다. 영화 속에 욕이 있고, 의심 속에 시비도 있다.

■ 4월 171
말미에 물러나 숨으니 위태로움과 어려움이 많다. 만약 전진하지 않으면 재해를 면할 수 있다. 물러나 숨으면 좋으나 나아가 행동하면 흉하다. 물러나 때를 기다려라. 경영하는 일은 막혀 어려우니 안정하면서 분수를 지켜라.

■ 5월 335
슬픔과 탄식을 막을 길이 없으니 슬픈 눈물이 비오듯 한다. 위태로운데 상하의 도움이 없고, 벼슬길이 험난하니 앞으로 나아가기 어렵다. 경영하는 일은 거듭 막히니 생각만 많고, 눈물과 탄식뿐이다.

■ 6월 312

큰 수레에 많이 싣는데 실패가 없다. 튼튼한 큰 수레는 많이 싣고 멀리 갈 수 있다. 재주와 힘이 좋으니 능히 큰 부를 누린다. 용감한 장수로 출사해 명성을 얻는다. 경영하거나 꾀하는 일은 이루며 재물과 곡식이 풍부하다.

■ 7월 436

집은 훌륭해 하늘까지 날 것 같으나 3년이나 사람을 보지 못한다. 스스로 가리고 더럽혔으니 매우 흉하다. 골육이 상잔하니 고향을 떠나 가정을 이루라. 문호가 곤궁하며 소송·감옥·구설이 따른다.

■ 8월 443

벼락이 쳐 기운이 까무러치나 두려움을 알면 재앙은 없다. 부정한 마음을 버리고 정당한 곳으로 가라. 차를 타고 천리라도 가고 싶지만 걷기도 어렵다. 근심과 두려움 때문에 정신과 혼이 나간다. 그러나 조심하고 신중하면 흉을 면할 수 있다.

■ 9월 471

날아가는 새라 흉하나 어쩔 수가 없다. 빨리 가다 흉을 만나나 구제할 길이 없다. 나는 곤충의 재앙이 있고, 뜻밖의 재난도 두렵다. 날면 하늘도 찌르나 빨리 가면 화근이 된다. 사물은 견고하지 못하고, 사람은 교량이 끊긴다.

■ 10월 874

겸손하니 모두 좋으며 법을 어기지 않는다. 행동이나 일은 모두 겸손하게 한다. 관직자든 아니든 무소불통이다. 선비나 농업·공업·상업에 종사하는 사람은 물러나 양보하라. 만약 겸양하지 못하면 반드시 손해를 본다.

■ 11월 452

항구함에 뉘우침이 없고, 움직이는 곳마다 중도를 얻는다. 중정하면 자신을 지키며 편안해진다. 관직자는 근신하면 공직을 면한다. 선비는 덕을 숭상하며 지키면 손해는 없다. 자신을 편안하게 하며 도덕을 품으면 그 속에 이익이 있다.

■ 12월 255

메마른 버들에 꽃이 피니 어찌 오래 가겠는가. 늙은 부인이 남편을 얻으니 추하다. 일이 처음부터 잘못되면 성사되지 않는다. 기쁨 속에서 근심이 생기니 경영하거나 꾀하는 일은 어려워진다. 늙은 부인의 근심이나 어머님의 병이 있다.

연평 543

풍뢰익괘 3효(風雷益卦 ䷩)

유익함을 흉한 일에 쓰니 어려움이 덜어진다. 믿음으로 중도를 행하면 공사에 고할 때 인감을 쓰는 것처럼 할 것이다. 조정에서 귀인으로 크게 쓰이며 명예와 공을 이룬다. 인선이나 품수를 바꾸면 보통 사람은 이익을 얻는다. 그러나 운이 흉하면 비상한 재앙을 당한다.

■ 정월 144
바른 길을 지키면 허물이 없다. 실리와 진실한 마음으로 변하지 말라. 고요히 안정하면 저절로 좋은 소식이 온다. 덕이 넓고 겸손하니 신하의 도리가 극진하다. 옛 사업을 지키며 본분을 지켜라.

■ 2월 181
서로 끌어들이면서 인도하니 음양이 기뻐한다. 앞길이 비색한데 다른 사람과 공동으로 구제한다. 조용히 지키면 좋으나 지나치게 도모하면 재난을 당한다. 기회를 만나기 어려우나 기다리는 것이 좋다. 소언과 관련된 일을 막으면 길하다.

■ 3월 345
마른 고기를 씹다 황금을 얻는다. 항상 위태로움과 두려움을 알면 원한과 허물은 자연히 사라진다. 법으로 간신을 제거하며 명예를 이룬다. 병자는 편안해지고 원망도 사라진다. 손으로 천금을 희롱하니 의식이 풍족하다.

■ 4월 322
골목에서 골목을 만나니 도를 잃은 것은 아니다. 왜곡해 서로 구하는 것도 뜻은 어그러짐을 구제하는 데 있다. 성의와 힘을 다해 지성으로 감동시킨다. 반드시 밝은 군주를 만나 영전할 기회를 만난다. 보통 사람은 지기를 만나 경영하거나 꾀하는 일을 이룬다.

■ 5월 446
벼락이 두려워 눈도 휘둥그레진다. 중도를 얻지 못했으니 나가면 흉하다. 두려워하며 반성하면 결혼은 말이 있다. 벼슬한 사람은 귀양이나 감봉이 따르고, 선비는 정지나 강등을 조심하라. 부부 간의 형극이나 조난이 있을까 두렵다.

■ **6월 433**

장막이 많으니 대낮에도 작은 별을 본다. 오른팔을 끊으면 허물은 없을 것이다. 윗사람의 응원은 전혀 없으니 큰 일은 불가하다. 휴직하는 것이 유리하며 진취 또한 어렵다. 경영하거나 꾀하는 일도 이루지 못하고, 수족에 액이 따른다.

■ **7월 481**

때를 만나 일을 주간하니 즐겁고, 뜻은 극도에 다달아 소리까지 낸다. 경솔함과 천박함이 이와 같으면 어찌 흉하지 않으리. 은총을 기다려야 되고, 선비는 사람을 놀라게 한다. 보통 사람은 놀람·구설·시비가 따른다.

■ **8월 884**

주머니를 묶는 것처럼 하면 허물이 없고, 조심하면 해롭지 않다. 상하가 막히고 끊겼으니 자처하라. 승진이나 영전은 어려우니 현직에서 조심하라. 진취하기 어렵고, 경영이나 꾀하는 일도 막힌다. 조심하며 견고해야 뜻밖의 화를 면할 수 있다.

■ **9월 462**

사냥하여 여우 셋과 누런 화살을 얻는다. 간사함과 아첨이 난무하나 정직함으로 제거한다. 영전·천거·발탁될 운이다. 세 번 꾀하여 세 번 이루며 전답과 재산도 늘어난다. 만약 전쟁이나 사냥을 하면 이익이 작지 않을 것이다.

■ **10월 265**

코 베이고 발 잘리니 뜻을 얻지 못한다. 강하려다 약해지고, 이익을 구하다 손해를 본다. 진취하며 경영하는 일은 처음에는 힘드나 나중에는 순탄하다. 타고난 영명한 성품으로 모두 좋게 만든다. 그러나 운이 불길하면 소송·형벌·초상·제사가 따른다.

■ **11월 453**

덕은 영원하지 않으니 혹 부끄러운 일이 생긴다. 바르고 견고해도 부끄러움이 생기는데 용납하는 곳이 없다. 꽃가지에 서리가 무겁게 내리니 꽃필 날을 기약할 수 없다. 감봉되도록 간함을 받고, 덕이 손상되어 훼방을 받는다. 분쟁·소송·훼손·욕을 조심하라.

■ **12월 356**

옥으로 솥의 귀를 만드니 강유가 중절하다. 매우 길하니 이롭지 않은 것이 없다. 구만리 하늘은 끝이 없으나 평온하게 청운에 오른다. 왕실의 요직에 올라 큰 경륜을 펼친다. 경영하거나 꾀하는 일은 편안하게 이룬다.

풍뢰익괘 4효(風雷益卦 四爻) ☴☳

중도로 행하니 공사가 따른다. 윗사람 같은 덕으로 아래를 이롭게 한다. 중한 책임을 맡아 임금의 총애도 깊어지고, 윗사람의 천거를 받아 명예를 이룬다. 성조·집수리·이사가 따르고 관청일도 펴진다.

■ 정월 745

경상을 어기나 바르게 거처하면서 윗사람을 잘 따르라. 책임이 중대하나 큰 내는 건너지 말라. 남의 덕으로 성공해 직위를 지킨다. 작게 나아가면 뜻을 이룰 수 있다. 반드시 배를 타거나 험난한 곳을 건너는 일은 경계하라.

■ 2월 722

바르면 이롭고 나가면 흉하니 덜지 않아야 한다. 뜻은 스스로 지키는 데 있으니 함부로 진출하지 말라. 지켜야 할 것을 바꾸면 흉해진다. 현직을 고수하며 현 사업을 확고하게 지켜라. 현 제도를 조심하면서 먼 계책은 세우지 마라.

■ 3월 846

회복이 어둡고 흉한 것은 임금의 도와 반대이기 때문이다. 재앙이 있는데 군사를 행하면 결국은 크게 패한다. 화근은 밖에 있는데 스스로 재앙을 부른다. 미혹하면 재앙이 되니 가만히 있으면 좋으나 움직이면 흉하다. 운명이 다 되었으니 이로울 게 하나도 없다.

■ 4월 833

상하는데 남에게 사냥을 시켜 큰 머리를 얻는다. 큰 뜻을 얻어도 빨리 견고하게 하려고 하지 말라. 벼슬한 사람은 권세를 잡고, 선비는 장원한다. 보통 사람은 재앙과 뜻밖의 병이 생긴다. 신중하게 때를 기다리는 것이 좋다.

■ 5월 881

서리를 밟으면 두터운 얼음이니 음이 비로소 응고됨이다. 선을 쌓은 집에는 반드시 남은 경사가 있고, 불선을 쌓은 집에는 반드시 남은 재앙이 있다. 관직자는 참소나 아첨을 조심하고, 선비는 투기를 조심하라. 원수와 원한을 조심하지 않으면 재난을 당한다.

■ 6월 484

즐거워하면서 크게 얻으니 큰 뜻을 편다. 지성이며 의심되지 않으니 벗들도 단합하며 따른다. 책임이 중대하니 왕공도 순종한다. 귀인의 천거를 받고 명성이 점점 높아진다. 앞으로 나아가 명예를 얻고, 경영하는 일에서도 이익을 얻는다.

■ 7월 862

군사에 중도를 지키니 길하고, 하늘의 총애를 받는다. 왕의 명령을 세 번이나 받고 천하를 생각한다. 벼슬한 사람은 임금의 친서로 벼슬을 받는다. 선비는 괴수되고 중은 은혜를 받는다. 반드시 귀하고 어진 사람을 만나 모든 일이 마음대로 된다.

■ 8월 665

험난함이 차지 못하고, 중정한 덕도 크지 않다. 물이 흘러도 차지 않고 이미 평평한 데까지 갔다. 직위에 있으며 위태롭지 않으니 작게 성취해야 이롭다. 꾀하는 일은 평탄해 위험은 없을 것이다. 처음에 다소 얻으나 결국은 차지 못한다.

■ 9월 853

빈 고을에 오르니 의심할 것이 없다. 나가는 데도 의심할 일이 없으니 뜻대로 한다. 관직은 승진이나 영전해 큰 군에 오른다. 선비는 명예를 얻고 경영하거나 꾀하는 일은 성사된다. 그러나 흉한 수를 만나면 모두 죽음에 이른다.

■ 10월 756

왕후도 섬기지 않고 고상하게 그 일만 한다. 강하고 밝은 재주로 무사하다. 도덕을 품에 안고 마음속에 누가 되지 않게 한다. 옛것을 지키면서 자신을 고결하게 한다. 운이 좋으면 경사도 있고, 귀인에게 발탁된다.

■ 11월 454

학문은 성현을 따르지 않고, 정치는 왕도를 따르지 않는다. 심력을 다하지만 하나도 공이 되지 않는다. 벼슬한 사람은 퇴보하고, 진취는 성사되지 않는다. 경영하거나 꾀하는 일은 힘만 들고 무익하다. 교화를 실행하지 못하니 혜택을 베풀 수 없다.

■ 12월 411

발이 건장하니 나가면 흉할 뿐이다. 밑에 있으면서 윗사람을 능멸하니 반드시 흉하다. 욕을 당하며 참소나 이간이 있고, 요행을 바라면 부끄러운 일만 생긴다. 움직일 때마다 후회하고, 시비·투쟁·소송이 따른다. 발에 병이 침범할 수 있으니 예방하라.

풍뢰익괘 5효(風雷益卦 五爻) ☲☳

은혜하는 마음에 미더움 두면 묻지 않아도 대길하다. 위에서 혜택을 주면 밑에서도 은혜를 베푼다. 관직은 요로에 들어가고, 밝은 군주를 만난다. 앞으로 나아가 명예를 이루고, 경영하는 일은 뜻대로 된다. 비천한 사람이 존귀한 사람을 만나고, 지기도 많이 만난다.

■ 정월 646

말을 타고 나가지 못하니 피눈물이 흐른다. 어려움의 끝이니 액운이 더욱 심하다. 영화로운 곳에서 욕을 당할 수 있으니 참소와 욕을 조심하라. 손해를 보거나 실패할 운으로 모든 재앙이 다투어 일어난다. 만약 부모의 상을 당하지 않으면 수명이 불리하다.

■ 2월 633

성군이 먼 곳을 토벌해 3년에야 이겨냈다. 지극히 어렵고 노곤하니 소인은 쓰지 말라. 오랜 뒤에 이길 수 있으니 경중이 없으면 불가하다. 진취는 오래되어야 하니 뒤에 이기는 탄식이 있다. 원한분쟁·소송이 따라 피곤해진다.

■ 3월 681

미더움을 갖고 도우니 허물이 있을 수 없다. 내 신용이 높아지면 남들도 감동한다. 둥우리 밖으로까지 영전하고, 등용이나 천거의 영화도 있다. 지기를 만나 모든 계획이 마음대로 된다. 성의로 남을 감동시키면 불선은 없다.

■ 4월 284

자리가 부당하니 많이 선해야 허물이 없다. 모두 좋지 않은데 어찌 대길하겠는가. 고를 버리고 하로 가니 진취가 부당하다. 만약 정직하지 않으면 재화를 면할 수 없다. 큰 덕이 있는 군자라야 바야흐로 복을 받는다.

■ 5월 662

험난함의 연속이나 구하는 것은 다소 얻는다. 재주가 족하여 자위하니 마음은 항상 형통하다. 책임이 작으니 작은 시험은 이롭다. 사람이 출중하지 못하나 경영하는 일은 다소 이룬다. 험난함과 심장복부·혈액 질환이 따른다.

■ 6월 865

장자가 중도로 군사를 거느린다. 소인이 참여하면 비록 바른 일이라도 흉하다. 언론으로 정치를 잡고, 앞으로 나아가 명예를 이룬다. 전답과 재산이 날로 늘어나고, 육축도 번창한다. 위임할 사람을 얻으면 꾀하는 일을 이루고 뜻도 얻는다.

■ 7월 653

샘이 청결하나 먹지 못하니 내 마음 안타깝다. 왕이 밝으면 길러가게 되고 아울러 복을 받는다. 좋은 기회 만나기 어려우니 조용히 수양하면 좋다. 덕은 족히 사물을 구제할 만하나 하부를 못 떠났다. 안정하고 분수를 지키면 좋은 운을 얻는다.

■ 8월 556

지나치게 겸손하니 강하게 끊는 것도 잃는다. 재물과 도끼도 잃었으니 정도에 흉이 된다. 파직이나 연금되고, 오르는 데 궁하여 손해를 본다. 흉한 가운데 구원이 있고, 끊어진 곳에서도 생을 만난다. 비록 손실과 질병이 있으나 성공의 기쁨도 있다.

■ 9월 254

대들보가 튼튼해 아래로 꺾이지 않으니 길하다. 능히 국사를 편안하게 하고 문무를 병용한다. 구관이면 나라의 대들보요, 처음 벼슬해도 중임을 맡는다. 앞으로 나아가 명예를 이루고, 성조나 집을 수리한다. 유약하며 한결같지 않게 일을 하면 간사함에 말려들 수 있다.

■ 10월 211

앞발이 건장하니 승산이 없는 데를 간다. 조급하고 망령되게 움직이면 허물을 면할 수 없다. 사세를 헤아려 결행해야 한다. 부끄러운 과실이 많고, 가정에 재앙과 환란이 가득하다. 망령되게 행동하면 환란을 면하기 어렵다.

■ 11월 455

덕을 오래 지키면 견고하며 바르게 된다. 부인은 길하나 사나이는 흉하다. 권세에 아첨하니 비난과 꾸짖음을 당한다. 선비는 요행을 도모하다 욕을 본다. 보통 사람은 불선하다 훼방을 많이 겪는다.

■ 12월 472

할아버지를 지나 할머니를 만나고, 임금을 지나 신하를 만난다. 정도를 지키며 중도를 얻으니 스스로 본분을 안다. 자신의 직책에서 앞으로 나아가 명예를 이룬다. 귀인이 이끌어주면 모든 일이 이루어진다. 여인의 도움을 받으나 운이 흉하면 어머니 재앙이 따른다.

연평 546

풍뢰익괘 상효(風雷益卦 上爻)

밖에서 치우친 말이 들리니 마음을 세우는 데 떳떳하지 못하다. 위태로울 때 움직이고 두려울 때 말하면 백성도 호응하지 않는다. 소통 없이 구하면 백성도 주지 않는다. 탐을 내다 귀양가고, 경쟁하며 뺏으려다 욕을 본다. 이익만 취하면 원한·형극·손상이 따른다.

■ 정월 581
소견이 어린아이와 같아 멀리 보기 어렵다. 군자가 소견이 어둡고 천박하니 부끄러운 일이다. 지위가 좁고 앞으로 나아가더라도 제자리로 돌아온다. 일은 빨리 꾀하나 늦게 되고, 기교를 부리다 오히려 졸작이 된다. 모애하다 보는 게 없으니 소인이 해친다.

■ 2월 184
명에 순종하면 무슨 과오가 있으리. 때를 만나 도를 행하니 친구에게까지 복이 미친다. 다른 사람의 천거로 명예가 날로 드러난다. 전답과 사업도 날로 늘어나며 좋은 일이 많아진다. 은혜가 자손에게까지 미치고 복도 심원해진다.

■ 3월 562
흩어질 때 편안함에 의지하면 후회할 일이 없고 소원을 이룬다. 안에서 중도를 지키면 편안하다. 중요한 권세를 잡고 작전계획을 세운다. 선비는 명예를 얻고, 보통 사람은 가정을 이룬다. 그러나 흉한 운을 만나면 분주하며 실물한다.

■ 4월 765
어린아이 같으니 길하고 순하다. 순수한 미개발은 남의 말을 듣게 된다. 선비·농업·공업·상업은 모두 세력에 의지하라. 모든 것이 마음대로 되고, 꾀하는 일도 순탄해진다. 심신을 편안하게 하면 유순하며 중정해진다.

■ 5월 553
자주 순종하니 부끄러움이 되고, 뜻이 궁하니 재난을 당한다. 만약 잘라 제지하지 못하면 더 깊게 들어간다. 벼슬한 사람은 귀양이나 강등되고, 선비는 손실이 있다. 여러 번 얻고 잃으니 부끄러움을 면할 수 없다. 너무 강해 맞아들지 않으니 곤궁한 액이 된다.

■6월 656

샘물을 길어올리고 미쁨이 있으니 매우 길하다. 매우 길하여 위에 있으니 대성공이다. 공이 높고 덕이 두터우니 높이 영전할 상이다. 도덕을 모두 갖추어 명예를 이룰 운이다. 재량이 충족하며 꾀하는 일은 모두 이룬다.

■7월 154

꾸러미에 고기가 없으니 흉하다. 상하로 만날 수 없으니 고립되어 어렵다. 인심은 흩어지고 만사는 모두 무너진다. 내쫓기고 강등되어 욕을 면하기 어렵다. 날마다 시비가 생기며 수도(나이)에 불리하다.

■8월 111

숨어 있는 용이니 세상에 숨어 살아도 번민하지 않는다. 즐거울 때 행하고 걱정할 때 자제한다. 관직에서 물러나 관로에 막힘이 많다. 운이 막혀 일이 억제되며 거동에 재난이 생긴다. 여자는 경사가 많고 아들을 낳을 운이다.

■9월 355

누런 귀에 금으로 된 솥이니 아름답다. 문명하고 중정을 얻었으니 상응이 매우 좋다. 화공의 묘한 조화로 꽃들이 일신한다. 반드시 꾀꼬리가 깊숙한 골짜기에서 나와 높은 나무로 옮겨간다. 상업이나 농업은 이롭고, 승려는 주지가 된다.

■10월 372

나그네는 여관으로 가고, 재물도 품에 지닌다. 시종이 착하니 끝내 과실이 없다. 유순하고 중정하니 마음이 내외를 얻는다. 적극적으로 나아가 명예를 이루거나 성조나 집을 수리한다. 다른 군에서 일을 꾀하고, 식구가 늘거나 좋은 부하를 얻을 수 있다.

■11월 456

빨리 움직인 항구인데 위에 있으니 큰 공이 없다. 자꾸 조급하게 움직이면 오히려 흉을 당한다. 많이 노력하나 안정되는 일은 적고, 명예와 이익을 구하나 이루는 것은 작다. 여자의 운이 이와 같으면 남편과 자식이 불리하다.

■12월 463

짊어질 것이 탔으니 추하다. 내가 도적을 불렀으니 누구를 탓하겠는가. 허술하게 관리하면 훔쳐가라는 것이고, 얼굴을 꾸미면 음탕한 짓을 하라는 것이다. 벼슬한 사람은 퇴출되고, 선비는 귀양이나 강등을 당한다. 도적을 당할 운이며 소송이나 시비가 따른다.

연평 551

중풍손괘 초효(重風巽卦 初爻) ☴☴.

초기에 손순하면 진퇴의 뜻을 의심받을 뿐이다. 무사처럼 꿋꿋해야 그 뜻을 다스릴 수 있다. 진퇴가 일정하지 않은데 어려운 가운데 쉬운 것도 있다. 무관 선출이면 유리하나 문관 선임이면 막힌다. 득실이 있는데 의심과 훼방이 많이 따른다.

■ 정월 572
기러기가 반석으로 날아가니 음식에 즐거움이 있다. 험난함에서 점점 멀어져 평안해진다. 녹을 먹고 제주를 담당하거나 군신의 잔치에 간다. 금은·곡식·고기도 많고 이롭지 않는 일이 없다. 가는 곳마다 반석처럼 편안하다.

■ 2월 775
말에 순서가 있으면 후회는 없으리라. 언행을 조심하라. 말을 그치면 허물도 작아진다. 언론직이 좋은데 큰 책임을 맡는다. 한 말로 주인과 맞으니 언론 시험에서 명예를 이룬다.

■ 3월 583
나의 소행으로 진퇴하게 된다. 좋은 것을 순응하면 도덕을 잃지 않을 것이다. 진퇴가 무상하고, 쟁탈이 한결같지 않다. 득실이 정해져 있지 않으니 다시 잘 살펴봐라. 진실을 알면 설행하고, 어려움을 알면 물러서라.

■ 4월 686
친하게 지내며 돕는데 머리가 없으니 끝도 없다. 버리는 시기이니 반드시 흉하다. 대중이 도와주지 않으니 처세가 위험하고, 위에서도 도와주지 않으니 명예를 얻기 어렵다. 형극과 재앙으로 인정이 흩어질 것이다.

■ 5월 184
명에 순종하면 무슨 과오가 있으리. 때를 만나 도를 행하니 친구에게까지 복이 미친다. 다른 사람의 천거로 명예가 날로 드러난다. 전답과 사업도 날로 늘어나며 좋은 일이 많아진다. 은혜가 자손에게까지 미치고 복도 심원해진다.

■ 6월 141

망령됨과 사가 없으니 나아가면 뜻을 얻는다. 기거와 행동이 모두 천리에 맞는다. 거듭 도모해도 풍파가 전혀 없다. 임금도 얻고 백성도 얻어 명예를 이룬다. 보통 사람이 이와 같으면 가히 이익을 얻으리라.

■ 7월 385

후회가 사라지는 곳에서 잃고 얻는 것을 근심하지 말라. 나가면 경사가 있으니 이롭지 않은 곳이 없다. 성의와 충성을 다하니 뜻이 천하에 통한다. 영천이나 발탁되는 기쁨이 있고, 앞으로 나아가 명예를 이룬다. 경영하거나 꾀하는 일이 이로우니 어찌 파란을 염려하랴.

■ 8월 362

수레바퀴를 끌면 견실하고 바르게 되어 길하다. 어려운 임금의 도에 힘입을 곳은 재주있는 신하다. 어려운 직분을 잘 이겨내면 총애와 신임이 전일하다. 전진이 불리하니 안정하고 분수를 지켜라. 꾀하고 바라는 일은 가하나 망령되게 행동하면 곤궁해진다.

■ 9월 486

즐거움에 어두워 성취하기는 하나 변하면 허물이 없다. 끝없는 욕망을 따르면 죽는다. 탐관오리가 되어 귀양가기 쉽고 어두워 차질이나 잘못이 있다. 교만하면 분쟁·소송·재난이 따르나 개과천선하면 허물을 면할 수 있다.

■ 10월 473

예방하지 않으면 재난을 면하기 어렵다. 음모와 간신의 해로움이 있고, 정지와 강등의 우려가 있다. 여러 음이 해롭게 구는데 자신의 강함만 믿는다. 작은 물건이라도 조심하면 큰 해로움은 없다.

■ 11월 441

벼락이 쳐도 두려움을 알면 복이 있다. 법도를 알면 나중에 웃음꽃이 피고, 편안하게 쉬지 않으면 결국은 안녕하다. 기뻐하는데 한번 울리면 사람도 놀란다. 많이 놀라나 나중에는 기쁨이 있다.

■ 12월 844

도를 따르면 중간에 홀로 회복할 수 있다. 대중과 함께 행해도 혼자 선을 따른다. 인과 의를 바르게 하면서 이익은 꾀하지 않는다. 관직은 복직되고, 선비는 명예가 드러난다. 도를 따라 행하면 이익과 복을 받는다.

연평 552

중풍손괘 2효(重風巽卦 二爻) ☴☴

무당이 점치면서 빌면 허물이 없다. 성의로 다하면 신명도 통한다. 역사가 언론인이며 명예를 이룬다. 성실하게 사람을 감동시키니 도모하는 것도 잘 된다. 그러나 운이 불길하면 무사가 비는 제사가 있다.

■ 정월 563
사심을 버리면 후회할 일이 없다. 뜻은 시국을 구제하는데 있는데 흩어짐을 구제한다. 진취가 불리하나 외부 시험은 가능하다. 재난은 흩어지고, 장학생은 나오게 된다. 보통 사람은 이익을 얻고 윗사람과 상응한다.

■ 2월 666
두겹 세겹 노끈으로 묶어 가시밭에 감춘다. 험난함이 더욱 깊어져 3년이나 도를 잃는다. 결박당해 안치되며 선비는 무더기로 감옥에 간다. 묶여 감옥에 가니 재해가 끊이지 않는다. 그렇지 않으면 골육의 형상이 있다.

■ 3월 164
송사에서 이기지 못하고 정도로 돌아온다. 안정하면 실책이 되지 않는다. 언행과 동정은 천명을 잃지 말라. 한가로움 속에서 복직되며 진취를 잃지 않는다. 과실을 고치며 선해지니 관재나 소송은 없다.

■ 4월 121
본래 가는 데로 가면 허물이 없으리라. 이치를 따라 행사하고 도를 벗어나지 말라. 태평성대의 도가 있으면 영전할 기회가 있다. 어려서 배우고 자라서 행하니 명리를 이룬다. 비록 운은 좋으나 상복을 입을까 두렵다.

■ 5월 365
바르면 후회할 일이 없고 군자는 빛이 난다. 군자는 진실하고 허황됨이 없어야 한다. 지극히 바르고 선하니 부족함이 있을 수 없다. 벼슬한 사람은 큰 자리에 선임되고, 선비는 문장이 빛난다. 경영하거나 꾀하는 일은 빛을 보고, 금은과 재백이 쌓인다.

■ 6월 382

앞으로 나아가 근심하나 견고하며 바르면 길하다. 중정으로 스스로 지키면 당연히 남이 구해준다. 왕이 총명하게 나아가면 처음에는 좌절하나 나중에는 믿는다. 구하고 꾀하는 일은 뜻대로 되며 어머니의 힘이 많다. 아내의 재물에 이익이 있을 수 있다.

■ 7월 466

높은 담장에서 매새를 쏘아 얻으며 모두 이롭다. 몸에 감춘 그릇이 성취된 뒤 움직인다. 움직이는 데 막힘이 없으니 어찌 불리함이 있겠는가. 병사로서 공을 세우며 추천도 받는다. 문과 담장을 쌓고 꾀하는 일은 이익을 얻는다.

■ 8월 453

덕은 영원하지 않으니 혹 부끄러운 일이 생긴다. 바르고 견고해도 부끄러움이 생기는데 용납하는 곳이 없다. 꽃가지에 서리가 무겁게 내리니 꽃필 날을 기약할 수 없다. 감봉되도록 간함을 받고, 덕이 손상되어 훼방을 받는다. 분쟁·소송·훼손·욕을 조심하라.

■ 9월 421

누이동생을 동서로 시집보내고 절름발이가 되어 걸어간다. 덕은 있으나 호응이 없으니 직분만 다할 뿐이다. 벼슬한 사람은 요장이 되고, 선비는 작은 시험이 좋다. 보통 사람은 작은 덕이 있어 꾀하는 것은 이루나 종이나 첩을 들이거나 세력가에게 몸을 맡긴다.

■ 10월 824

지극한 도가 임하니 허물이 없고 지위도 당연하다. 임하는 도는 가까운 것을 숭상하니 동료들 덕으로 아름다운 혜택을 입는다. 인정이 화합하니 경영하는 일은 모두 순탄하나 모든 일은 먼저 살핀 뒤 시작하라.

■ 11월 442

벼락이 치니 위태롭다. 강세를 탔기 때문이다. 재물이 상할까 두려워 높은 언덕에 오른다. 험난함과 간사함을 만나 처음에는 미혹되다 나중에는 얻는다. 노인은 목숨이 위험하고, 젊은이는 반드시 놀랄 일이 생긴다. 분쟁·소송·실물은 7에서 생긴다.

■ 12월 245

미덥고 진실하게 아름다우니 그 지위가 중정하다. 성실하게 선을 따르니 매우 착하다. 자신을 버리고 선을 따르니 크게 형통한다. 벼슬한 사람은 영전하고, 선비는 등용이나 천거된다. 경영하거나 꾀하는 일은 순조로우니 경사가 많다.

연평 553

중풍손괘 3효(重風異卦 三爻) ䷸

자주 순종하니 부끄러움이 되고, 뜻이 궁하니 재난을 당한다. 만약 잘라 제지하지 못하면 더 깊게 들어간다. 벼슬한 사람은 귀양이나 강등되고, 선비는 손실이 있다. 여러 번 얻고 잃으니 부끄러움을 면할 수 없다. 너무 강해 맞아들지 않으니 곤궁한 액이 된다.

■ 정월 154
꾸러미에 고기가 없으니 흉하다. 상하로 만날 수 없으니 고립되어 어렵다. 인심은 흩어지고 만사는 모두 무너진다. 내쫓기고 강등되어 욕을 면하기 어렵다. 날마다 시비가 생기며 수도 (나이)에 불리하다.

■ 2월 111
숨어 있는 용이니 세상에 숨어 살아도 번민하지 않는다. 즐거울 때 행하고 걱정할 때 자제한다. 관직에서 물러나 관로에 막힘이 많다. 운이 막혀 일이 억제되며 거동에 재난이 생긴다. 여자는 경사가 많고 아들을 낳을 운이다.

■ 3월 355
누런 귀에 금으로 된 솥이니 아름답다. 문명하고 중정을 얻었으니 상응이 매우 좋다. 화공의 묘한 조화로 꽃들이 일신한다. 반드시 꾀꼬리가 깊숙한 골짜기에서 나와 높은 나무로 옮겨간다. 상업이나 농업은 이롭고, 승려는 주지가 된다.

■ 4월 372
나그네는 여관으로 가고, 재물도 품에 지닌다. 시종이 착하니 끝내 과실이 없다. 유순하고 중정하니 마음이 내외를 얻는다. 적극적으로 나아가 명예를 이루거나 성조나 집을 수리한다. 다른 군에서 일을 꾀하고, 식구가 늘거나 좋은 부하를 얻을 수 있다.

■ 5월 456
빨리 움직인 항구인데 위에 있으니 큰 공이 없다. 자꾸 조급하게 움직이면 오히려 흉을 당한다. 많이 노력하나 안정되는 일은 적고, 명예와 이익을 구하나 이루는 것은 작다. 여자의 운이 이와 같으면 남편과 자식이 불리하다.

■ 6월 463

짊어질 것이 탔으니 추하다. 내가 도적을 불렀으니 누구를 탓하겠는가. 허술하게 관리하면 훔쳐가라는 것이고, 얼굴을 꾸미면 음탕한 짓을 하라는 것이다. 벼슬한 사람은 퇴출되고, 선비는 귀양이나 강등을 당한다. 도적을 당할 운이며 소송이나 시비가 따른다.

■ 7월 411

발이 건장하니 나가면 흉할 뿐이다. 밑에 있으면서 윗사람을 능멸하니 반드시 흉하다. 욕을 당하며 참소나 이간이 있고, 요행을 바라면 부끄러운 일만 생긴다. 움직일 때마다 후회하고, 시비·투쟁·소송이 따른다. 발에 병이 침범할 수 있으니 예방하라.

■ 8월 814

겸허한데 부자가 되지 않으니 성의가 상합한다. 중도를 지키고 뜻이 같으면 소원도 이룬다. 관직자는 물러나게 되며 꾀하는 일은 이루기 어렵다. 경영하거나 꾀하는 일은 이익이 없고, 잡음과 훼방이 따른다. 멈추면 재앙이 사라지고, 운이 좋으면 멀리 유람한다.

■ 9월 432

차양이 많아 대낮에도 두성을 본다. 가면 의심병이 생기나 지성을 두면 길하다. 밝음과 움직임이 서로 도와 풍성해진다. 처음에는 잃으나 나중에는 얻고, 오래 침체된 후 발전한다. 오래 곤궁하다 재물이 생기나 근심이나 슬픔이 생길까 두렵다.

■ 10월 235

대인은 범으로 변하며 그 문채가 빛난다. 개혁이 지당하면 모든 사람이 신뢰한다. 벼슬한 사람은 높이 영전하고, 선비는 높이 천거된다. 변통하는 일은 먼저 그 아름다움이 나타난다. 그러나 천민이나 여자는 이런 기쁨을 감당하기 어렵다.

■ 11월 443

벼락이 쳐 기운이 까무러치나 두려움을 알면 재앙은 없다. 부정한 마음을 버리고 정당한 곳으로 가라. 차를 타고 천리라도 가고 싶지만 걷기도 어렵다. 근심과 두려움 때문에 정신과 혼이 나간다. 그러나 조심하고 신중하면 흉을 면할 수 있다.

■ 12월 346

형틀을 지고 귀를 없애니 총명하지 못하다. 쌓인 죄악은 가릴 수 없고, 큰 죄는 풀어버릴 수 없다. 가벼운 배가 큰 파도를 만났으니 앞길이 힘들다. 만약 싸움이나 소송이 없으면 귀와 눈이 밝지 못하고, 흉한 운을 만나면 몸이 상하고 죽음에 이른다.

중풍손괘 4효(重風巽卦 四爻)

손순하여 후회할 일이 없고, 사냥하여 3품(제기·고기·손님)을 얻는다. 사냥하여 모든 해로움을 제거하고 반드시 수확을 많이 거둔다. 일으킨 일이 크고 풍성해 공도 있고 왕성하다. 능히 강함을 이겨 무공을 이어간다. 공과 명예를 이루고, 이익과 복도 받는다.

■ 정월 755

아들은 효도하고 신하는 충성하니 지난 허물도 잘 이겨낸다. 터전은 닦지 못해도 옛 사업을 계승할 수 있다. 지위는 높이 올라가고, 명예는 멀리 퍼진다. 선비는 등용이나 천거되어 이름을 날린다. 별도의 규모를 세우고 식구가 늘어난다.

■ 2월 772

장딴지에 그쳐 있으니 마음이 불쾌하다. 마음이 움직이면 몸도 따라 움직인다. 위태롭고 전복됨을 붙잡을 능력이 없고, 선비는 기회조차 없다. 구하고 꾀하는 일은 이루기 어렵고, 노력해도 고생일 뿐이다. 말의 병이 있거나 가정에 근심이 있을 운이다.

■ 3월 856

오르는 일이 어둡고 위에 있으니 부자가 되지 못할 것이다. 스스로 다스리는 데 조심하고 감히 성하고 넘치게 하지 말라. 관직자는 휴직되니 자신을 반성하고 덕을 쌓으라. 탐하고 얻는 것을 멀리하지 않으면 반드시 화가 된다. 만일 수가 불리하면 유명을 달리한다.

■ 4월 863

군사를 죽게 하니 큰 공이 없다. 분수가 아닌 것을 범하면 반드시 실패한다. 직위를 받고 결원을 기다리나 선비는 공이 없다. 기쁨과 슬픔이 많으니 혹 수하의 복을 받는다. 운명과 상합되면 반드시 빈 고을에 오른다.

■ 5월 811

군자는 진출하면 벗들과 함께한다. 군자가 지위를 얻으면 어진 사람들이 조정으로 모인다. 동지가 협력하여 통태함을 이룬다. 같은 도학으로 덕을 숭상하니 비등하는 날이 있다. 동지와 함께 꾀하니 재물과 이익이 날로 늘어난다.

■ 6월 414

올바르면 후회할 일이 없고, 큰 차 바퀴통도 건장하다. 한격도 이미 열려 있으니 다시 곤궁해지지 않는다. 재앙이 사라지고 복이 따르니 진취할 수 있다. 시험을 보면 높이 장원하며 길도 넓게 뚫린다. 오래 조용하면 반드시 몽하고, 몽하면 길하다.

■ 7월 832

왼쪽 다리를 상하니 건장한 말로 구제하라. 시기에 순응해야 처신을 잘 하는 것이다. 관직의 길은 유리하나 어두운 주인을 만날 수 있다. 선비는 첩보가 있고, 보통 사람은 재앙이 있다. 만일 운이 좋으면 부자가 될 수도 있다.

■ 8월 635

동쪽 이웃의 소를 잡는 것이 서쪽 이웃의 봄 제사만 못하다. 때를 만나면 복을 받으나 물건이 풍성하지는 않다. 태평한 세상에서는 교만과 사치가 쉽게 싹튼다. 하는 일은 때를 잃기 쉽고, 원대한 꿈은 헛되게 된다. 바라는 일은 불리하고, 서쪽은 좋으나 동쪽은 흉하다.

■ 9월 843

자주 회복하니 위태로움이 있고 의리에는 허물이 없다. 중정하지 못하고 또 움직이는 극에 있다. 벼슬자리가 평온하지 못하고 변화가 심하다. 큰 머리를 얻을 수도 있으니 명예는 가히 이룬다. 일에는 반복이 많고 의혹이 엇갈린다.

■ 10월 746

말미암아 기르니 큰 내를 건너면 이롭다. 혜택은 사해에 통달하고 큰 복과 경사가 따른다. 작위와 녹이 융숭하며 선비는 두각을 나타낸다. 꾀하는 일은 두드러지게 빛나고 이롭지 않은 것이 없다. 능히 인정을 통찰하고 널리 베풀어 대중을 구한다.

■ 11월 444

벼락이 진흙에 빠졌으니 빛이 나지 않는다. 강하여 험난함에 처했는데 스스로 진동할 수가 없다. 중정하지 못하니 더욱 험난해진다. 야비하며 더럽고 덕이 없으니 되는 일이 하나도 없다. 결박이나 구속되어 빛을 볼 날이 없다.

■ 12월 481

때를 만나 일을 주간하니 즐겁고, 뜻은 극도에 다달아 소리까지 낸다. 경솔함과 천박함이 이와 같으면 어찌 흉하지 않으리. 은총을 기다려야 되고, 선비는 사람을 놀라게 한다. 보통 사람은 놀람·구설·시비가 따른다.

연평 555

중풍손괘 5효(重風巽卦 五爻) ䷸

올바르면 후회할 일이 없으니 이롭지 않은 것이 없다. 움직이기 전에 신중하게 생각하라. 처음에는 막혀도 나중에는 순탄하고, 선비는 명예를 이룬다. 있는 자리가 중정하니 처음은 없어도 끝은 있다. 복과 이익을 얻는 시기는 3일이다.

■ 정월 656

샘물을 길어올리고 미쁨이 있으니 매우 길하다. 매우 길하여 위에 있으니 대성공이다. 공이 높고 덕이 두터우니 높이 영전할 상이다. 도덕을 모두 갖추어 명예를 이룰 운이다. 재량이 충족하며 꾀하는 일은 모두 이룬다.

■ 2월 663

오고감이 험하며 위험하니 공이 없다. 험난함에 빠져 침식이 편안하지 못하다. 만약 진입하면 더 험난해진다. 몸이 구덩이에 있는데 물까지 깊다. 배를 타면 물이 깊고, 육지로 달리면 뻘밭이어라.

■ 3월 611

교외에서 기다리며 어려움을 범하지 않는다. 조급하게 움직이면 곤란해진다. 현재의 직분을 조심스럽게 지키나 만족하지 못한다. 옛것을 지키면서 안정하면 재해가 범하지 않는다. 운수가 불리하면 교외에 장사지내는 수도 있다.

■ 4월 214

엉덩이에 살이 없으니 걷기가 거북하다. 말을 듣고도 믿지 못하는 것은 총명하지 못해서다. 처한 자리가 부당하니 그 해가 적지 않고, 재주와 힘이 모자라니 앞으로 나아가기 어렵다. 관재와 귀·발등에 병이 따를 운이다.

■ 5월 632

부인이 수레에 가린 물건을 잃었으나 쫓아가지 않으면 길하다. 시기가 이미 기세니 다시 나갈 수 없다. 예의 없는 구차한 행동을 하지 말라. 처음에는 역수이나 나중에는 순수이고, 처음에는 잃으나 나중에는 얻는다. 그러나 운이 흉하면 상실이나 도망이 따른다.

■ 6월 835

기자의 밝음이 상했으나 밝은 것이 꺼지지는 않는다. 밝음을 안으로 감추고 올바름을 지킨다. 검소한 덕으로 피난하나 지기는 만나기 어렵다. 가정의 어려움으로 반드시 화를 당한다. 분수를 지키면서 뜻을 바르게 가져야 한다.

■ 7월 643

안내자 없이 사슴을 쫓다 깊은 숲으로 들어간다. 중정하지 못하니 망동으로 곤란해진다. 탐관오리로 내쫓기거나 정지와 강등될 수 있다. 옛것을 지키면서 안정하라. 구금이나 감옥이 두렵다. 앞길은 험난한데 안내자는 하나도 없다.

■ 8월 546

밖에서 치우친 말이 들리니 마음을 세우는 데 떳떳하지 못하다. 위태로울 때 움직이고 두려울 때 말하면 백성도 호응하지 않는다. 소통 없이 구하면 백성도 주지 않는다. 탐을 내다 귀양가고, 경쟁하며 뺏으려다 욕을 본다. 이익만 취하면 원한·형극·손상이 따른다.

■ 9월 244

따르는 곳에서 얻으려고 하면 비록 정당해도 흉하다. 성의를 다해 도에 맞게 하고, 명철하게 처신하라. 한번 탐욕을 부리면 재난을 면하기 어렵다. 그러나 귀인이 추대하면 흉이 길하게 된다. 사람은 누구든 나에게 유리하다.

■ 10월 281

성의는 있으나 결과를 맺지 못하니 소란하다. 근심없이 가면 거의 허물은 없다. 벼슬한 사람은 불리하고, 선비는 어려움이 있다. 소인과 결탁하거나 속임수를 당할 운이다. 처음에는 흉하고 나중에는 길하니 경계하는 것이 좋다.

■ 11월 445

벼락이 내려치니 움직이면 위험하다. 중도를 잃으면 위태로우나 잃는 것은 없다. 현직을 보전하며 고유의 것을 지켜라. 보통 사람은 우환과 수족에 근심이 있다. 처세가 위태로운 줄 알면 크게 잃는 것은 없을 것이다.

■ 12월 422

여자는 어진데 배우자가 어리석으니 내조를 해도 이루기 어렵다. 조용히 정도를 기르며 자신을 선하게 만든다. 하나는 어둡고 하나는 밝으니 어찌 둘 다 성취하랴. 직위가 바뀌기 어렵고, 기회를 만나기도 어렵다. 옛것을 지키면서 안정하면 재난과 해는 생기지 않는다.

연평 556

중풍손괘 상효(重風巽卦 上爻) ䷸

지나치게 겸손하니 강하게 끊는 것도 잃는다. 재물과 도끼도 잃었으니 정도에 흉이 된다. 파직이나 연금되고, 오르는 데 궁하여 손해를 본다. 흉한 가운데 구원이 있고, 끊어진 곳에서도 생을 만난다. 비록 손실과 질병이 있으나 성공의 기쁨도 있다.

■ 정월 511
도를 지켜 회복하니 어찌 허물이 되겠는가. 강건한 재주는 위에 동지가 있다. 한직에서 벗어나며 집을 나간 사람도 돌아온다. 보통 사람은 사업을 극복하고 안정한다. 그러나 운이 불길하면 진퇴의 뜻이 의심스럽다.

■ 2월 114
진퇴를 알 수 없으니 시기에 맞게 나아가라. 순리를 따르면 길하나 망동하면 화가 생긴다. 시운이 불리하니 역량을 감추고 때를 기다려라. 의심이 생겨 결정하지 못하니 모든 게 어려워진다. 여자는 마음대로 되고, 승려와 도인은 편안하다.

■ 3월 532
성취하려고 하지 않고 가정에서 음식을 만들면 길하다. 정과 사랑에 빠지면 이루지 못한다. 벼슬한 사람은 조정에 들어 녹과 복이 빛난다. 선비는 학업이 좋아져 장학금을 타니 길하다. 경영하거나 꾀하는 일을 이루며 재물과 양식이 늘어난다.

■ 4월 735
언덕과 동산을 꾸미니 예물은 얇고 소박하다. 근본을 두텁게 하며 실상을 숭상하고, 농업에 힘쓰며 검소함을 숭상한다. 한가한 관직에서 초빙되나 관록은 쇠퇴한다. 귀인은 이익을 얻고 적게 성취해야 기쁘다. 진취하는 데 어려움이 있고, 노인은 수명이 불리하다.

■ 5월 543
유익함을 흉한 일에 쓰니 어려움이 덜어진다. 믿음으로 중도를 행하면 공사에 고할 때 인감을 쓰는 것처럼 할 것이다. 조정에서 귀인으로 크게 쓰이며 명예와 공을 이룬다. 인선이나 품수를 바꾸면 보통 사람은 이익을 얻는다. 그러나 운이 흉하면 비상한 재앙을 당한다.

■ 6월 646

말을 타고 나가지 못하니 피눈물이 흐른다. 어려움의 끝이니 액운이 더욱 심하다. 영화로운 곳에서 욕을 당할 수 있으니 참소와 욕을 조심하라. 손해를 보거나 실패할 운으로 모든 재앙이 다투어 일어난다. 만약 부모의 상을 당하지 않으면 수명이 불리하다.

■ 7월 144

바른 길을 지키면 허물이 없다. 실리와 진실한 마음으로 변하지 말라. 고요히 안정하면 저절로 좋은 소식이 온다. 덕이 넓고 겸손하니 신하의 도리가 극진하다. 옛 사업을 지키며 본분을 지켜라.

■ 8월 181

서로 끌어들이면서 인도하니 음양이 기뻐한다. 앞길이 비색한데 다른 사람과 공동으로 구제한다. 조용히 지키면 좋으나 지나치게 도모하면 재난을 당한다. 기회를 만나기 어려우나 기다리는 것이 좋다. 소언과 관련된 일을 막으면 길하다.

■ 9월 345

마른 고기를 씹다 황금을 얻는다. 항상 위태로움과 두려움을 알면 원한과 허물은 자연히 사라진다. 법으로 간신을 제거하며 명예를 이룬다. 병자는 편안해지고 원망도 사라진다. 손으로 천금을 희롱하니 의식이 풍족하다.

■ 10월 322

골목에서 골목을 만나니 도를 잃은 것은 아니다. 왜곡해 서로 구하는 것도 뜻은 어그러짐을 구제하는 데 있다. 성의와 힘을 다해 지성으로 감동시킨다. 반드시 밝은 군주를 만나 영전할 기회를 만난다. 보통 사람은 지기를 만나 경영하거나 꾀하는 일을 이룬다.

■ 11월 446

벼락이 두려워 눈도 휘둥그레진다. 중도를 얻지 못했으니 나가면 흉하다. 두려워하며 반성하면 결혼은 말이 있다. 벼슬한 사람은 귀양이나 감봉이 따르고, 선비는 정지나 강등을 조심하라. 부부 간의 형극이나 조난이 있을까 두렵다.

■ 12월 433

장막이 많으니 대낮에도 작은 별을 본다. 오른팔을 끊으면 허물은 없을 것이다. 윗사람의 응원은 전혀 없으니 큰 일은 불가하다. 휴직하는 것이 유리하며 진취 또한 어렵다. 경영하거나 꾀하는 일도 이루지 못하고, 수족에 액이 따른다.

연평 561

풍수환괘 초효(風水渙卦 初爻) ䷟.

구제하는데 건장한 말을 쓰니 길하다. 굳세고 중정한데 친히 사귀며 서로 구한다. 빨리 영전하며 선비는 비등해진다. 귀인과 교류하거나 천거를 받아 꾀하는 것을 모두 이룬다. 흐트러짐도 초기에 구하면 힘을 들이지 않아도 된다.

▪ 정월 582
여인의 정절을 몰래 훔쳐보니 추하다. 보는 것이 밝지 못하니 순종할 따름이다. 재주는 있으나 미치지 못해 문리에 통달하지 못한다. 집에 있으면 어두우나 밖으로 나가면 밝아진다. 여인 때문에 추한 일이 생기고, 여자는 기쁘나 남자는 슬프다.

▪ 2월 785
모든 음이 순종하니 소인도 선해진다. 관직자는 요직에 오른다. 경영하거나 꾀하는 일에 뽑히고 인정도 화합된다. 가정이 화평하며 복이 생기고, 궁궐의 관찰이나 주지가 된다. 궁인의 총애를 받으니 이롭지 않은 것이 없다.

▪ 3월 573
기러기가 육지로 올라오나 편안한 곳이 아니다. 남편은 나가 돌아오지 않고, 부인은 임신하나 양육하지 못한다. 그러나 정도를 지키며 사를 막으면 허물은 없을 것이다. 귀양·강등·막힘·침체가 따를 운이다. 인정이 화목하지 못하니 도적이 침범한다.

▪ 4월 676
안에 뜻이 있으니 가면 험난하나 오면 너그러워져 험난함이 해결된다. 대인을 보는 것이 이롭고, 귀인을 따르게 된다. 관직은 내직으로 들어 명예를 이룬다. 귀인을 가까이하면 이익을 얻으나 망동하면 불리해진다.

▪ 5월 174
군자는 좋게 물러설 수 있으나 소인은 어렵다. 작은 것은 버리고 높은 것을 꾀하면 욕을 당하며 위태로워진다. 시운이 불리하니 휴직하고 몸을 피하라. 여자의 도움을 받다가 오히려 화근이 된다. 사를 버리고 공사를 받들면 재난은 면할 수 있다.

■6월 131

마음에 부끄러움이 없으니 자연히 내외가 화평하다. 남들과 마음이 통하니 무슨 허물이 있겠는가. 원한과 허물은 모두 사라지며 모든 가정에는 기쁨이 있다. 영전할 운이요 등용할 상이다. 동지와 협심하며 성조와 문을 수리한다.

■7월 375

활을 당겨 꿩을 쏘면 백발백중이다. 상하로 친하니 길을 떠나면 매우 좋다. 움직여도 실책이 없으니 평이 좋고 복록이 있다. 존귀한 수상과 가까이 하여 영화를 누린다. 영화와 경사가 따를 운으로 살아가는 데 걱정이 없다.

■8월 352

솥이 차있으니 갈 곳을 조심하라. 도로써 지켜가라 바르지 않으면 의리를 해친다. 정도와 공평을 잡고 받들어 참소와 간신을 조심하여 방지하라. 이익 있고 수확이 있으나 외부의 소란을 방지하라. 아랫사람의 침해나 혹은 적은 병이 있다.

■9월 476

이미 극에 차 만나지 않고 지나간다. 이치를 어기고 정상을 지나니 신속하기가 나는 것과 같다. 천재와 인재를 모두 당한다. 분수를 넘으면 재난이 생기는데 의외의 재앙도 있다. 복제의 수인데 천명을 벗어나기 어렵다.

■10월 483

쳐다보면서 즐거워하다 후회하고, 더뎌도 후회한다. 처신이 부정하면 진퇴에 후회만 있다. 구하고 바라는 일은 되지 않으니 빨리 고쳐라. 우유부단하면 후회와 과실을 막기 어렵다. 잠시 전진하고 잠시 후퇴하니 시비가 한결같지 않다.

■11월 431

짝이 되는 주인을 만나 마음이 같으면 허물이 없다. 나가면 가상하나 열흘이 지나면 재앙이 생긴다. 반드시 밝은 군주를 만나 명예를 이룬다. 귀인과 교류하며 꾀하는 일을 이룬다. 그러나 너무 큰 일을 시작하면 반드시 재앙이 된다.

■12월 834

왼쪽 배로 들어가 마음과 뜻을 얻는다. 간사함에 마음을 뺏긴 후에야 밖으로 행한다. 어두운 땅이 얕으니 어두웠던 자라도 나오게 된다. 밖에 나가 경영을 꾀하고, 부인은 아들을 낳는다. 한가한 관직도 일을 맡으나 뜻은 멀어진다.

연평 562

풍수환괘 2효(風水渙卦 二爻) ䷺

흩어질 때 편안함에 의지하면 후회할 일이 없고 소원을 이룬다. 안에서 중도를 지키면 편안하다. 중요한 권세를 잡고 작전계획을 세운다. 선비는 명예를 얻고, 보통 사람은 가정을 이룬다. 그러나 흉한 운을 만나면 분주하며 실물한다.

■ 정월　553
자주 순종하니 부끄러움이 되고, 뜻이 궁하니 재난을 당한다. 만약 잘라 제지하지 못하면 더 깊게 들어간다. 벼슬한 사람은 귀양이나 강등되고, 선비는 손실이 있다. 여러 번 얻고 잃으니 부끄러움을 면할 수 없다. 너무 강해 맞아들지 않으니 곤궁한 액이 된다.

■ 2월　656
샘물을 길어올리고 미쁨이 있으니 매우 길하다. 매우 길하여 위에 있으니 대성공이다. 공이 높고 덕이 두터우니 높이 영전할 상이다. 도덕을 모두 갖추어 명예를 이룰 운이다. 재량이 충족하며 꾀하는 일은 모두 이룬다.

■ 3월　154
꾸러미에 고기가 없으니 흉하다. 상하로 만날 수 없으니 고립되어 어렵다. 인심은 흩어지고 만사는 모두 무너진다. 내쫓기고 강등되어 욕을 면하기 어렵다. 날마다 시비가 생기며 수도(나이)에 불리하다.

■ 4월　111
숨어 있는 용이니 세상에 숨어 살아도 번민하지 않는다. 즐거울 때 행하고 걱정할 때 자제한다. 관직에서 물러나 관로에 막힘이 많다. 운이 막혀 일이 억제되며 거동에 재난이 생긴다. 여자는 경사가 많고 아들을 낳을 운이다.

■ 5월　355
누런 귀에 금으로 된 솥이니 아름답다. 문명하고 중정을 얻었으니 상응이 매우 좋다. 화공의 묘한 조화로 꽃들이 일신한다. 반드시 꾀꼬리가 깊숙한 골짜기에서 나와 높은 나무로 옮겨간다. 상업이나 농업은 이롭고, 승려는 주지가 된다.

■ 6월 372

나그네는 여관으로 가고, 재물도 품에 지닌다. 시종이 착하니 끝내 과실이 없다. 유순하고 중정하니 마음이 내외를 얻는다. 적극적으로 나아가 명예를 이루거나 성조나 집을 수리한다. 다른 군에서 일을 꾀하고, 식구가 늘거나 좋은 부하를 얻을 수 있다.

■ 7월 456

빨리 움직인 항구인데 위에 있으니 큰 공이 없다. 자꾸 조급하게 움직이면 오히려 흉을 당한다. 많이 노력하나 안정되는 일은 적고, 명예와 이익을 구하나 이루는 것은 작다. 여자의 운이 이와 같으면 남편과 자식이 불리하다.

■ 8월 463

짊어질 것이 탔으니 추하다. 내가 도적을 불렀으니 누구를 탓하겠는가. 허술하게 관리하면 훔쳐가라는 것이고, 얼굴을 꾸미면 음탕한 짓을 하라는 것이다. 벼슬한 사람은 퇴출되고, 선비는 귀양이나 강등을 당한다. 도적을 당할 운이며 소송이나 시비가 따른다.

■ 9월 411

발이 건장하니 나가면 흉할 뿐이다. 밑에 있으면서 윗사람을 능멸하니 반드시 흉하다. 욕을 당하며 참소나 이간이 있고, 요행을 바라면 부끄러운 일만 생긴다. 움직일 때마다 후회하고, 시비·투쟁·소송이 따른다. 발에 병이 침범할 수 있으니 예방하라.

■ 10월 814

겸허한데 부자가 되지 않으니 성의가 상합한다. 중도를 지키고 뜻이 같으면 소원도 이룬다. 관직자는 물러나게 되며 꾀하는 일은 이루기 어렵다. 경영하거나 꾀하는 일은 이익이 없고, 잡음과 훼방이 따른다. 멈추면 재앙이 사라지고, 운이 좋으면 멀리 유람한다.

■ 11월 432

차양이 많아 대낮에도 두성을 본다. 가면 의심병이 생기나 지성을 두면 길하다. 밝음과 움직임이 서로 도와 풍성해진다. 처음에는 잃으나 나중에는 얻고, 오래 침체된 후 발전한다. 오래 곤궁하다 재물이 생기나 근심이나 슬픔이 생길까 두렵다.

■ 12월 235

대인은 범으로 변하며 그 문채가 빛난다. 개혁이 지당하면 모든 사람이 신뢰한다. 벼슬한 사람은 높이 영전하고, 선비는 높이 천거된다. 변통하는 일은 먼저 그 아름다움이 나타난다. 그러나 천민이나 여자는 이런 기쁨을 감당하기 어렵다.

풍수환괘 3효(風水渙卦 三爻)

사심을 버리면 후회할 일이 없다. 뜻은 시국을 구제하는데 있는데 흩어짐을 구제한다. 진취가 불리하나 외부 시험은 가능하다. 재난은 흩어지고, 장학생은 나오게 된다. 보통 사람은 이익을 얻고 윗사람과 상응한다.

■ 정월 164
송사에서 이기지 못하고 정도로 돌아온다. 안정하면 실책이 되지 않는다. 언행과 동정은 천명을 잃지 말라. 한가로움 속에서 복직되며 진취를 잃지 않는다. 과실을 고치며 선해지니 관재나 소송은 없다.

■ 2월 121
본래 가는 데로 가면 허물이 없으리라. 이치를 따라 행사하고 도를 벗어나지 말라. 태평성대의 도가 있으면 영전할 기회가 있다. 어려서 배우고 자라서 행하니 명리를 이룬다. 비록 운은 좋으나 상복을 입을까 두렵다.

■ 3월 365
바르면 후회할 일이 없고 군자는 빛이 난다. 군자는 진실하고 허황됨이 없어야 한다. 지극히 바르고 선하니 부족함이 있을 수 없다. 벼슬한 사람은 큰 자리에 선임되고, 선비는 문장이 빛난다. 경영하거나 꾀하는 일은 빛을 보고, 금은과 재백이 쌓인다.

■ 4월 382
앞으로 나아가 근심하나 견고하며 바르면 길하다. 중정으로 스스로 지키면 당연히 남이 구해준다. 왕이 총명하게 나아가면 처음에는 좌절하나 나중에는 믿는다. 구하고 꾀하는 일은 뜻대로 되며 어머니의 힘이 많다. 아내의 재물에 이익이 있을 수 있다.

■ 5월 466
높은 담장에서 매새를 쏘아 얻으니 모두 이롭다. 능력을 감추고 성취한 뒤에 움직이는데 움직임에 막힘이 없으니 어찌 불리하겠는가. 병사로 공을 세우고 추천도 먼저 받는다. 문과 담장을 만들고, 꾀하는 일로 이익을 얻는다.

■ 6월   453

덕은 영원하지 않으니 혹 부끄러운 일이 생긴다. 바르고 견고해도 부끄러움이 생기는데 용납하는 곳이 없다. 꽃가지에 서리가 무겁게 내리니 꽃필 날을 기약할 수 없다. 감봉되도록 간함을 받고, 덕이 손상되어 훼방을 받는다. 분쟁·소송·훼손·욕을 조심하라.

■ 7월   421

누이동생을 동서로 시집보내고 절름발이가 되어 걸어간다. 덕은 있으나 호응이 없으니 직분만 다할 뿐이다. 벼슬한 사람은 요장이 되고, 선비는 작은 시험이 좋다. 보통 사람은 작은 덕이 있어 꾀하는 것은 이루나 종이나 첩을 들이거나 세력가에게 몸을 맡긴다.

■ 8월   824

지극한 도가 임하니 허물이 없고 지위도 당연하다. 임하는 도는 가까운 것을 숭상하니 동료들 덕으로 아름다운 혜택을 입는다. 인정이 화합하니 경영하는 일은 모두 순탄하나 모든 일은 먼저 살핀 뒤 시작하라.

■ 9월   442

벼락이 치니 위태롭다. 강세를 탔기 때문이다. 재물이 상할까 두려워 높은 언덕에 오른다. 험난함과 간사함을 만나 처음에는 미혹되다 나중에는 얻는다. 노인은 목숨이 위험하고, 젊은이는 반드시 놀랄 일이 생긴다. 분쟁·소송·실물은 7에서 생긴다.

■ 10월   245

미덥고 진실하게 아름다우니 그 지위가 중정하다. 성실하게 선을 따르니 매우 착하다. 자신을 버리고 선을 따르니 크게 형통한다. 벼슬한 사람은 영전하고, 선비는 등용이나 천거된다. 경영하거나 꾀하는 일은 순조로우니 경사가 많다.

■ 11월   433

장막이 많으니 대낮에도 작은 별을 본다. 오른팔을 끊으면 허물은 없을 것이다. 윗사람의 응원은 전혀 없으니 큰 일은 불가하다. 휴직하는 것이 유리하며 진취 또한 어렵다. 경영하거나 꾀하는 일도 이루지 못하고, 수족에 액이 따른다.

■ 12월   336

왕이 출정하는 것은 나라를 올바르게 하기 때문이다. 간신과 죄악을 살피고, 위엄과 형벌을 실행한다. 천하를 밝게 분별하는 것은 아름다운 공을 세우기 위해서다. 출사하면 공업을 이루고, 앞으로 나아가면 우두머리가 되고, 경영하는 일에서는 이익을 얻는다.

풍수환괘 4효(風水渙卦 四爻) ䷺

여러 당이 흩어지니 크게 길하고 광대하다. 강유가 서로 맞고 군신이 힘을 얻었다. 그 흩어짐을 끌어들여 능히 크게 모은다. 선비는 대중을 초월해 장원한다. 꾀하고 바라는 일은 이루어지고, 이익을 구하면 얻는다.

■ 정월 765

어린아이 같으니 길하고 순하다. 순수한 미개발은 남의 말을 듣게 된다. 선비·농업·공업·상업은 모두 세력에 의지하라. 모든 것이 마음대로 되고, 꾀하는 일도 순탄해진다. 심신을 편안하게 하면 유순하며 중정해진다.

■ 2월 782

흉과 사의 세력이 더욱 커져 정도를 해치고 멸망시키니 더 흉해진다. 관직자는 퇴출과 강등을 막아야 하고 진취하기는 어렵다. 주관하는 일은 이루어지지 않으니 일찍 대책을 세워라. 아랫사람에게 침해와 능멸을 당하고, 높은 사람의 시기도 받는다.

■ 3월 866

대군이 명령을 두니 공을 바르게 한다. 국가를 열고 집안을 잇는 일에 소인은 쓰지 말라. 권세로 공을 세우고 기예로 명성을 얻는다. 집안을 일으키고 자식이 대를 잇는다. 참소나 아첨을 방지하라. 분수를 넘는 일이 생길까 두렵다.

■ 4월 853

빈 고을에 오르니 의심할 것이 없다. 나가는 데도 의심할 일이 없으니 뜻대로 한다. 관직은 승진이나 영전해 큰 군에 오른다. 선비는 명예를 얻고 경영하거나 꾀하는 일은 성사된다. 그러나 흉한 수를 만나면 모두 죽음에 이른다.

■ 5월 821

느껴 임하니 바르면 길하고, 올바른 뜻을 행한다. 그 길한 것을 고수하고 각기 일에 따른다. 기틀을 알고 상종하며 사람을 얻어 공동 구제한다. 시험에 비유하면 수석이 된다. 음양이 서로 감응하니 경영하거나 꾀하는 일이 뜻대로 된다.

■ 6월   424

누이동생 시집보낼 때 일 년을 기다려야 하는데 늦는 것도 때가 있다. 여자가 어질고 바르면 가볍게 남을 따르지 않는다. 시운이 불리하니 반드시 때를 기다려라. 관직자는 결원을 기다리고, 학교는 보궐을 기다린다. 밖에 있으면 돌아오지 못하며 혼인도 성사되지 않는다.

■ 7월   842

아름다운 회복이니 길하며 인(仁)에 내린다. 인을 얻고 인과 친하니 선이 되어 자연히 이익도 생긴다. 내쫓긴 사람도 복직되고 정지나 강등도 풀린다. 위태롭던 사람도 편안해지고 병자도 쾌유된다. 형통하며 부호가 되니 재물과 이익을 얻는다.

■ 8월   645

혜택을 받기 어려우니 베풀어도 빛이 나지 않는다. 작게 올바르면 길하나 크게 올바르면 흉하다. 위엄과 권세가 떠났으니 큰 일은 하기 어렵다. 망동하면 흉하니 시작한 일들은 불리하다. 이미 때를 잃었으니 무리해도 안 된다.

■ 9월   833

상하는데 남에게 사냥을 시켜 큰 머리를 얻는다. 큰 뜻을 얻어도 빨리 견고하게 하려고 하지 말라. 벼슬한 사람은 권세를 잡고, 선비는 장원한다. 보통 사람은 재앙과 뜻밖의 병이 생긴다. 신중하게 때를 기다리는 것이 좋다.

■ 10월   736

깨끗하게 꾸미면 허물이 없고, 위에서도 뜻을 얻는다. 참 모습을 잃지 않으니 절대 허물이 없다. 승진이나 영전할 운이니 앞으로 나아가면 뜻을 이룬다. 경영하거나 꾀하는 일이 소박하며 진실하니 허황이나 방탕에 빠지지 않는다. 혹 외척의 상을 당할 수 있다.

■ 11월   434

차양이 많아 대낮에도 두성을 본다. 있는 자리가 부당하니 밝지 못하다. 어둡고 유약하니 풍성하게 이루지 못한다. 어진 부하와 같은 덕을 서로 돕는다. 내부를 버리고 외부를 따르니 배를 타는 것이 불가하다.

■ 12월   471

날아가는 새라 흉하나 어쩔 수가 없다. 빨리 가다 흉을 만나나 구제할 길이 없다. 나는 곤충의 재앙이 있고, 뜻밖의 재난도 두렵다. 날면 하늘도 찌르나 빨리 가면 화근이 된다. 사물은 견고하지 못하고, 사람은 교량이 끊긴다.

연평 565

풍수환괘 5효(風水渙卦 五爻) ䷺

흩어짐에 왕이 큰 호령을 한다. 백성을 새롭게 하는 것은 흩어짐을 구하는 큰 정사다. 승진이나 영전할 운이니 앞으로 나아가면 좋다. 흉한 일이 흩어지니 이익을 구하면 이루어진다. 흩어지는 것을 합하게 한다.

■ 정월   666
두겹 세겹 노끈으로 묶어 가시밭에 감춘다. 험난함이 더욱 깊어져 3년이나 도를 잃는다. 결박당해 안치되며 선비는 무더기로 감옥에 간다. 묶여 감옥에 가니 재해가 끊이지 않는다. 그렇지 않으면 골육의 형상이 있다.

■ 2월   653
샘이 청결하나 먹지 못하니 내 마음 안타깝다. 왕이 밝으면 길러가게 되고 아울러 복을 받는다. 좋은 기회 만나기 어려우니 조용히 수양하면 좋다. 덕은 족히 사물을 구제할 만하나 하부를 못 떠났다. 안정하고 분수를 지키면 좋은 운을 얻는다.

■ 3월   621
호정에도 나가지 말라. 먼저 동태하고 막힘을 알아야 한다. 임금이 조심하지 않으면 어진 신하를 잃는다. 사소한 일도 조심하지 않으면 재해가 생긴다. 옮겨가지 못할 운으로 진취가 불리하다. 구덩이에 빠질 징조이니 옛것을 지켜야 한다.

■ 4월   224
즐거움을 헤아려 보고 안녕하지 못하니 한계를 두고 병을 삼는 것이 좋다. 정을 지키고 사를 멀리하면 반드시 경사가 생긴다. 선비는 선출되고, 상인은 이익을 얻는다. 식구가 늘거나 재물이 생기는 기쁜 일이 한 번 있다. 병자는 편하지 못하니 심지가 안녕하지 못하다.

■ 5월   642
막히고 어려우니 말을 타고 나가지 못하고 머뭇거린다. 운이 흉하고 이치가 다했으니 망령되게 구하는 자도 갔다. 신분과 직위를 고쳐 권세가 날로 심하다. 선비는 나아가기 어렵고 혼인할 운이다. 운이 흉하면 난리·소송 구속연금이 따른다.

■6월 845

회복이 두터우니 후회할 일이 없고, 중도를 지켜 스스로 이룬다. 선한 마음이 싹트면 덕을 쌓게 된다. 영전·이동·등용·천거의 운이다. 재물과 이익이 쌓이는데 이익은 전토에 있다. 복제를 막지 못하면 아버지가 불리하다.

■7월 633

성군이 먼 곳을 토벌해 3년에야 이겨냈다. 지극히 어렵고 노곤하니 소인은 쓰지 말라. 오랜 뒤에 이길 수 있으니 경중이 없으면 불가하다. 진취는 오래되어야 하니 뒤에 이기는 탄식이 있다. 원한분쟁·소송이 따라 피곤해진다.

■8월 536

신뢰와 위엄으로 행하면 결국은 길하다. 자신이 도를 행하지 않으면 처자에게도 강요할 수 없다. 가정을 다스리려면 자신이 먼저 바르게 해야 한다. 지위가 높고 권세가 중하니 앞으로 나아가 명예를 이룬다. 경영하거나 꾀하는 일은 뜻대로 되고, 여자는 귀부인이 된다.

■9월 234

성실과 신뢰로 명을 고치면 후회할 일이 없고 길하다. 강유가 치우치지 않고 때에 따라 조치한다. 새로운 것을 받아들이고 옛것을 고친다. 승진·영전·등용·천거의 영화가 있고, 명을 고치는 운수로 점점 더 아름다워진다.

■10월 271

엄지발가락에 감응이 있으니 뜻은 밖에 있다. 비록 뜻은 동했으나 감응은 깊지 않다. 어둡고 유약하며 조급해 사물에 접하지 못한다. 먼 곳에서 행상이나 유랑하는 상이다. 경영하거나 꾀하는 일에 급급하나 이루기는 어렵다.

■11월 435

밝음이 이르니 경사와 명예가 따른다. 비록 본성이 유순하며 어두우나 능히 문명을 이룬다. 집안이 향기롭고 월계관을 쓰리라. 좋은 사람과 교류하며 천거를 받아 바라는 일이 뜻대로 된다. 노인은 관대를 입는 영화를 보리다.

■12월 412

견고하고 바르게 중도를 행하면 길하다. 중정을 잃지 않으면 충분히 길하다. 깨끗하고 높은 지위에 올라 명예를 얻는다. 하는 일마다 뜻대로 된다. 마음은 사심과 치우침이 없고, 하는 일은 지나침이 없다.

연평 566

풍수환괘 상효(風水渙卦 上爻) ䷺

흐트러져 그 피의 상해를 버리니 멀리 나가면 허물이 없다. 사리에 손순하면 상해는 없다. 무장으로 난리를 평정하고, 잠복이나 은둔에서 벗어난다. 험난함에서 나와 편안한 곳으로 가니 어둠을 등지고 밝은 곳을 향한다. 소송이나 감옥도 사라지고 질병도 낫는다.

■ 정월 521
스스로 헤아려 보는 것이 좋은데 달리하면 편안하지 않다. 뜻은 변하지 않는 미더움 속에 있다. 관직자는 천거나 발탁되고, 선비는 끌어주는 사람을 만난다. 지조를 지켜 원만하게 이루나 편안함에 빠지면 실패한다. 기쁨 속에 근심이 있는데 사람과 재물이 손실된다.

■ 2월 124
호랑이 꼬리를 밟은 것처럼 두려운 상이나 마음가짐을 조심하면 뜻을 이룰 수 있다. 무관이 유리하니 무과를 보면 급제한다. 매사 조심하면 허물은 면할 것이다. 여자는 많이 흉한데 음란하며 불량할 것이다.

■ 3월 542
유익함은 밖에서 들어온다. 열 쌍의 거북이라도 어기지 못한다. 벼슬한 사람은 영전하며 명예를 이룬다. 상업을 하면 이익이 생기고, 제사를 지내면 복을 받는다. 불가에서 생활하면 명리도 좋다.

■ 4월 745
경상을 어기나 바르게 거처하면서 윗사람을 잘 따르라. 책임이 중대하나 큰 내는 건너지 말라. 남의 덕으로 성공해 직위를 지킨다. 작게 나아가면 뜻을 이룰 수 있다. 반드시 배를 타거나 험난한 곳을 건너는 일은 경계하라.

■ 5월 533
집안 식구가 엄숙하며 무서워하니 후회하나 길하고, 아내와 자녀가 희희낙락하면 결국 부끄러운 일이 생긴다. 웃음과 즐거움을 절제하지 못하면 결국 패가망신한다. 윤리를 바르게 하며 은의를 돈독하게 하라. 엄하여 너그러움이 적고, 진취도 평등하다.

■ 6월 636

머리까지 빠져 위태로우니 어찌 오래가랴. 물도 성하면 쇠퇴하고, 평화도 다하면 반드시 난리가 있다. 높은 것이 과하면 꺾어지고 물에 빠져 진취할 수 없다. 소인의 감염이나 배를 타다 물에 빠진다. 기제가 미제가 되니 슬프다.

■ 7월 134

작은 담 위에 올랐으나 의리를 공격할 수는 없다. 세를 타 공격하면 오히려 흉한 일을 당한다. 겸손하게 지키면 자연히 좋은 일이 생긴다. 등용은 어렵고 성과 못을 짓는다. 영화 속에 욕이 있고, 의심 속에 시비도 있다.

■ 8월 171

말미에 물러나 숨으니 위태로움과 어려움이 많다. 만약 전진하지 않으면 재해를 면할 수 있다. 물러나 숨으면 좋으나 나아가 행동하면 흉하다. 물러나 때를 기다려라. 경영하는 일은 막혀 어려우니 안정하면서 분수를 지켜라.

■ 9월 335

슬픔과 탄식을 막을 길이 없으니 슬픈 눈물이 비오듯 한다. 위태로운데 상하의 도움이 없고, 벼슬길이 험난하니 앞으로 나아가기 어렵다. 경영하는 일은 거듭 막히니 생각만 많고, 눈물과 탄식뿐이다.

■ 10월 312

큰 수레에 많이 싣는데 실패가 없다. 튼튼한 큰 수레는 많이 싣고 멀리 갈 수 있다. 재주와 힘이 좋으니 능히 큰 부를 누린다. 용감한 장수로 출사해 명성을 얻는다. 경영하거나 꾀하는 일은 이루며 재물과 곡식이 풍부하다.

■ 11월 436

집은 훌륭해 하늘까지 날 것 같으나 3년이나 사람을 보지 못한다. 스스로 가리고 더럽혔으니 매우 흉하다. 골육이 상잔하니 고향을 떠나 가정을 이루라. 문호가 곤궁하며 소송·감옥·구설이 따른다.

■ 12월 443

벼락이 쳐 기운이 까무러치나 두려움을 알면 재앙은 없다. 부정한 마음을 버리고 정당한 곳으로 가라. 차를 타고 천리라도 가고 싶지만 걷기도 어렵다. 근심과 두려움 때문에 정신과 혼이 나간다. 그러나 조심하고 신중하면 흉을 면할 수 있다.

연평 571

풍산점괘 초효(風山漸卦 初爻) ䷴.

기러기가 물가로 가니 어린아이는 위태롭다. 재주는 매우 약한데 윗사람의 응원도 없다. 말을 하는 관직으로 학문 소송으로 귀양도 논한다. 선비는 응원이 없으니 막힘이 있다. 곤궁과 액을 많이 당하나 꾀하는 일은 막히지 않는다.

■ 정월 552
무당이 점치면서 빌면 허물이 없다. 성의로 다하면 신명도 통한다. 역사가 언론인이며 명예를 이룬다. 성실하게 사람을 감동시키니 도모하는 것도 잘 된다. 그러나 운이 불길하면 무사가 비는 제사가 있다.

■ 2월 755
아들은 효도하고 신하는 충성하니 지난 허물도 잘 이겨낸다. 터전은 닦지 못해도 옛 사업을 계승할 수 있다. 지위는 높이 올라가고, 명예는 멀리 퍼진다. 선비는 등용이나 천거되어 이름을 날린다. 별도의 규모를 세우고 식구가 늘어난다.

■ 3월 563
사심을 버리면 후회할 일이 없다. 뜻은 시국을 구제하는데 있는데 흩어짐을 구제한다. 진취가 불리하나 외부 시험은 가능하다. 재난은 흩어지고, 장학생은 나오게 된다. 보통 사람은 이익을 얻고 윗사람과 상응한다.

■ 4월 666
두겹 세겹 노끈으로 묶어 가시밭에 감춘다. 험난함이 더욱 깊어져 3년이나 도를 잃는다. 결박당해 안치되며 선비는 무더기로 감옥에 간다. 묶여 감옥에 가니 재해가 끊이지 않는다. 그렇지 않으면 골육의 형상이 있다.

■ 5월 164
송사에서 이기지 못하고 정도로 돌아온다. 안정하면 실책이 되지 않는다. 언행과 동정은 천명을 잃지 말라. 한가로움 속에서 복직되며 진취를 잃지 않는다. 과실을 고치며 선해지니 관재나 소송은 없다.

■ 6월 121

본래 가는 데로 가면 허물이 없으리라. 이치를 따라 행사하고 도를 벗어나지 말라. 태평성대의 도가 있으면 영전할 기회가 있다. 어려서 배우고 자라서 행하니 명리를 이룬다. 비록 운은 좋으나 상복을 입을까 두렵다.

■ 7월 365

바르면 후회할 일이 없고 군자는 빛이 난다. 군자는 진실하고 허황됨이 없어야 한다. 지극히 바르고 선하니 부족함이 있을 수 없다. 벼슬한 사람은 큰 자리에 선임되고, 선비는 문장이 빛난다. 경영하거나 꾀하는 일은 빛을 보고, 금은과 재백이 쌓인다.

■ 8월 382

앞으로 나아가 근심하나 견고하며 바르면 길하다. 중정으로 스스로 지키면 당연히 남이 구해준다. 왕이 총명하게 나아가면 처음에는 좌절하나 나중에는 믿는다. 구하고 꾀하는 일은 뜻대로 되며 어머니의 힘이 많다. 아내의 재물에 이익이 있을 수 있다.

■ 9월 466

높은 담장에서 매새를 쏘아 얻으니 모두 이롭다. 능력을 감추고 성취한 뒤에 움직이는데 움직임에 막힘이 없으니 어찌 불리하겠는가. 병사로 공을 세우고 추천도 먼저 받는다. 문과 담장을 만들고, 꾀하는 일로 이익을 얻는다.

■ 10월 453

덕은 영원하지 않으니 혹 부끄러운 일이 생긴다. 바르고 견고해도 부끄러움이 생기는데 용납하는 곳이 없다. 꽃가지에 서리가 무겁게 내리니 꽃필 날을 기약할 수 없다. 감봉되도록 간함을 받고, 덕이 손상되어 훼방을 받는다. 분쟁·소송·훼손·욕을 조심하라.

■ 11월 421

누이동생을 동서로 시집보내고 절름발이가 되어 걸어간다. 덕은 있으나 호응이 없으니 직분만 다할 뿐이다. 벼슬한 사람은 요장이 되고, 선비는 작은 시험이 좋다. 보통 사람은 작은 덕이 있어 꾀하는 것은 이루나 종이나 첩을 들이거나 세력가에게 몸을 맡긴다.

■ 12월 824

지극한 도가 임하니 허물이 없고 지위도 당연하다. 임하는 도는 가까운 것을 숭상하니 동료들 덕으로 아름다운 혜택을 입는다. 인정이 화합하니 경영하는 일은 모두 순탄하나 모든 일은 먼저 살핀 뒤 시작하라.

풍산점괘 2효(風山漸卦 二爻) ☴☶·

기러기가 반석으로 날아가니 음식에 즐거움이 있다. 험난함에서 점점 멀어져 평안해진다. 녹을 먹고 제주를 담당하거나 군신의 잔치에 간다. 금은·곡식·고기도 많고 이롭지 않은 일이 없다. 가는 곳마다 반석처럼 편안하다.

■ 정월 583
나의 소행으로 진퇴하게 된다. 좋은 것을 순응하면 도덕을 잃지 않을 것이다. 진퇴가 무상하고, 쟁탈이 한결같지 않다. 득실이 정해져 있지 않으니 다시 잘 살펴봐라. 진실을 알면 설행하고, 어려움을 알면 물러서라.

■ 2월 686
친하게 지내며 돕는데 머리가 없으니 끝도 없다. 버리는 시기이니 반드시 흉하다. 대중이 도와주지 않으니 처세가 위험하고, 위에서도 도와주지 않으니 명예를 얻기 어렵다. 형극과 재앙으로 인정이 흩어질 것이다.

■ 3월 184
명에 순종하면 무슨 과오가 있으리. 때를 만나 도를 행하니 친구에게까지 복이 미친다. 다른 사람의 천거로 명예가 날로 드러난다. 전답과 사업도 날로 늘어나며 좋은 일이 많아진다. 은혜가 자손에게까지 미치고 복도 심원해진다.

■ 4월 141
망령됨과 사가 없으니 나아가면 뜻을 얻는다. 기거와 행동이 모두 천리에 맞는다. 거듭 도모해도 풍파가 전혀 없다. 임금도 얻고 백성도 얻어 명예를 이룬다. 보통 사람이 이와 같으면 가히 이익을 얻으리라.

■ 5월 385
후회가 사라지는 곳에서 잃고 얻는 것을 근심하지 말라. 나가면 경사가 있으니 이롭지 않은 곳이 없다. 성의와 충성을 다하니 뜻이 천하에 통한다. 영천이나 발탁되는 기쁨이 있고, 앞으로 나아가 명예를 이룬다. 경영하거나 꾀하는 일이 이로우니 어찌 파란을 염려하랴.

■ 6월 362

수레바퀴를 끌면 견실하고 바르게 되어 길하다. 어려운 임금의 도에 힘입을 곳은 재주있는 신하다. 어려운 직분을 잘 이겨내면 총애와 신임이 전일하다. 전진이 불리하니 안정하고 분수를 지켜라. 꾀하고 바라는 일은 가하나 망령되게 행동하면 곤궁해진다.

■ 7월 486

즐거움에 어두워 성취하기는 하나 변하면 허물이 없다. 끝없는 욕망을 따르면 죽는다. 탐관오리가 되어 귀양가기 쉽고 어두워 차질이나 잘못이 있다. 교만하면 분쟁·소송·재난이 따르나 개과천선하면 허물을 면할 수 있다.

■ 8월 473

예방하지 않으면 재난을 면하기 어렵다. 음모와 간신의 해로움이 있고, 정지와 강등의 우려가 있다. 여러 음이 해롭게 구는데 자신의 강함만 믿는다. 작은 물건이라도 조심하면 큰 해로움은 없다.

■ 9월 441

벼락이 쳐도 두려움을 알면 복이 있다. 법도를 알면 나중에 웃음꽃이 피고, 편안하게 쉬지 않으면 결국은 안녕하다. 기뻐하는데 한번 울리면 사람도 놀란다. 많이 놀라나 나중에는 기쁨이 있다.

■ 10월 844

도를 따르면 중간에 홀로 회복할 수 있다. 대중과 함께 행해도 혼자 선을 따른다. 인과 의를 바르게 하면서 이익은 꾀하지 않는다. 관직은 복직되고, 선비는 명예가 드러난다. 도를 따라 행하면 이익과 복을 받는다.

■ 11월 422

여자는 어진데 배우자가 어리석으니 내조를 해도 이루기 어렵다. 조용히 정도를 기르며 자신을 선하게 만든다. 하나는 어둡고 하나는 밝으니 어찌 둘 다 성취하랴. 직위가 바뀌기 어렵고, 기회를 만나기도 어렵다. 옛것을 지키면서 안정하면 재난과 해는 생기지 않는다.

■ 12월 225

나쁨을 제거할 수 있으나 한 번은 위태로워진다. 가선과 실선을 구분하지 못하면 위태롭고, 아첨과 가까워지면 흉하다. 벼슬길에는 아첨과 간신이 따르는데 선비는 탈락한다. 모르는 사가 발동해 비밀스러운 화락을 꾀한다.

풍산점괘 3효(風山漸卦 三爻) ☴☶·

기러기가 육지로 올라오나 편안한 곳이 아니다. 남편은 나가 돌아오지 않고, 부인은 임신하나 양육하지 못한다. 그러나 정도를 지키며 사를 막으면 허물은 없을 것이다. 귀양·강등·막힘·침체가 따를 운이다. 인정이 화목하지 못하니 도적이 침범한다.

■ 정월 174
군자는 좋게 물러설 수 있으나 소인은 어렵다. 작은 것은 버리고 높은 것을 꾀하면 욕을 당하며 위태로워진다. 시운이 불리하니 휴직하고 몸을 피하라. 여자의 도움을 받다가 오히려 화근이 된다. 사를 버리고 공사를 받들면 재난은 면할 수 있다.

■ 2월 131
마음에 부끄러움이 없으니 자연히 내외가 화평하다. 남들과 마음이 통하니 무슨 허물이 있겠는가. 원한과 허물은 모두 사라지며 모든 가정에는 기쁨이 있다. 영전할 운이요 등용할 상이다. 동지와 협심하며 성조와 문을 수리한다.

■ 3월 375
활을 당겨 꿩을 쏘면 백발백중이다. 상하로 친하니 길을 떠나면 매우 좋다. 움직여도 실책이 없으니 평이 좋고 복록이 있다. 존귀한 수상과 가까이 하여 영화를 누린다. 영화와 경사가 따를 운으로 살아가는 데 걱정이 없다.

■ 4월 352
솥이 차 있으니 갈 곳을 조심하라. 도를 지키지 않으면 의리가 상한다. 정도와 공평을 받들고 참소와 간신을 조심하라. 이익과 수확이 있으나 외부의 잡음을 조심하라. 아랫사람이 침범하거나 작은 병에 걸릴 수 있다.

■ 5월 476
이미 극에 차 만나지 않고 지나간다. 이치를 어기고 정상을 지나니 신속하기가 나는 것과 같다. 천재와 인재를 모두 당한다. 분수를 넘으면 재난이 생기는데 의외의 재앙도 있다. 복제의 수인데 천명을 벗어나기 어렵다.

■ 6월 483

쳐다 보고 즐거워한다. 후회되고 더디더라도 또한 후회 있다. 처신이 부정하면 진퇴에 뉘우침만 있다. 구하고 바라는 일은 되지 않으니 빨리 고쳐라. 우유부단하면 후회와 과실을 고치기 어렵다. 잠시 전진하고 잠시 후퇴하니 시비가 한결같지 않다.

■ 7월 431

짝이 되는 주인을 만나 마음이 같으면 허물이 없다. 나가면 가상하나 열흘이 지나면 재앙이 생긴다. 반드시 밝은 군주를 만나 명예를 이룬다. 귀인과 교류하며 꾀하는 일을 이룬다. 그러나 너무 큰 일을 시작하면 반드시 재앙이 된다.

■ 8월 834

왼쪽 배로 들어가 마음과 뜻을 얻는다. 간사함에 마음을 뺏긴 후에야 밖으로 행한다. 어두운 땅이 얇으니 어두웠던 자라도 나오게 된다. 밖에 나가 경영을 꾀하고, 부인은 아들을 낳는다. 한가한 관직도 일을 맡으나 뜻은 멀어진다.

■ 9월 412

견고하고 바르게 중도를 행하면 길하다. 중정을 잃지 않으면 충분히 길하다. 깨끗하고 높은 지위에 올라 명예를 얻는다. 하는 일마다 뜻대로 된다. 마음은 사심과 치우침이 없고, 하는 일은 지나침이 없다.

■ 10월 215

비린 잎도 과감하게 처결하듯 중도를 행하면 허물이 없다. 중도를 얻지 못하면 광대하지 못하다. 간신의 침해가 있으나 조금은 발전한다. 오래 막히다 한관으로 복직된다. 소송은 펴지며 병도 치유되고, 경영하거나 꾀하는 일은 뜻대로 된다.

■ 11월 423

누이동생 시집보낼 때를 기다리니 천한 여성임을 알겠다. 사람들은 덕이 없는 여인을 취하지 않는다. 벼슬한 사람은 귀양이나 강등이 두렵고, 선비는 때를 기다려라. 고생하나 진퇴를 근심한다. 아내를 내보낼 운인데 혹 총애하는 종을 들이기도 한다.

■ 12월 326

거슬리며 어그러져 합하기 어려우니 외롭다. 돼지 진흙과 귀신 한 차 싣는 것을 본다. 모든 의심이 사라지니 원수가 아니라 결혼이다. 의심하며 염려했는데 결정한 뒤에 보니 좋은 소식이다. 어려움과 속임을 당하기 쉽고, 처음에는 손해를 보나 나중에는 좋다.

연평 574

풍산점괘 4효(風山漸卦 四爻) ☴☶

기러기가 나무로 날아가니 처한 곳이 편하지 않다. 순하게 윗사람을 섬기면 높아도 위태롭지 않다. 강폭함을 막기 어렵고, 옮겨다니는 것도 정처가 없다. 가을(지방) 시험은 가망이 있는데 과거도 될 수 있다. 집수리나 성조도 이롭고, 놀람과 근심도 사라진다.

■ 정월 775
말에 순서가 있으면 후회는 없으리라. 언행을 조심하라. 말을 그치면 허물도 작아진다. 언론직이 좋은데 큰 책임을 맡는다. 한 말로 주인과 맞으니 언론 시험에서 명예를 이룬다.

■ 2월 752
어머니의 일을 주관할 때는 꼼꼼하게 하지 말라. 바르면 애정을 잃고 부정하면 의리를 잃는다. 성의와 충성을 다하되 중도를 지켜라. 지난 일을 주관할 때 분별할 줄 알면 녹과 지위도 온건하다. 옛것을 고쳐 갱신하니 더 고칠 곳이 없다.

■ 3월 876
지나치게 겸손할 때는 강한 무용으로 다스려라. 벼슬길에 오르나 변방으로 나가고, 선비는 작은 시험이 좋다. 투쟁이나 소송은 변명하지 않아도 자명해진다. 마음과 뜻이 깨끗하면 손실을 면할 수 있다. 한번 사심이 터지면 밝음을 등지고 어둠으로 향한다.

■ 4월 883
아름다움을 함축하고 가히 바르며 시기에 맞게 편다. 만일 왕사를 따르면 성취함은 없어도 유종의 미는 있다. 승진이나 영전할 기회가 있고 앞으로 나아갈 날이 온다. 꾀와 계략이 심원하니 경영에 수확이 있다. 여자가 이를 얻으면 덕이 있는 부인이 될 것이다.

■ 5월 831
위로 나아가는 것이 상했으니 기미를 보아 먼저 피하라. 가면 말이 있으니 어찌 좇히 괴이하라. 관직은 정지되거나 강등되니 물러나 쉬는 상이다. 나르려다 날개 드리우니 발전하기 어렵다. 해가 흉년을 만났으니 재물과 곡식이 풍부하지 못하다.

■ 6월 434

차양이 많아 대낮에도 두성을 본다. 있는 자리가 부당하니 밝지 못하다. 어둡고 유약하니 풍성하게 이루지 못한다. 어진 부하와 같은 덕을 서로 돕는다. 내부를 버리고 외부를 따르니 배를 타는 것이 불가하다.

■ 7월 812

넓음도 포장하고 하수도 능멸하며 먼 곳을 잃지 않는다. 벗을 잃으면 광대하고 중도의 행실에 부합된다. 변방이나 강호를 지킨다. 앞으로 나아가 명예를 이루고, 경영하거나 꾀하는 일에 수확이 있다. 반드시 존귀한 분을 만나나 운이 흉하면 상해가 따른다.

■ 8월 615

주식에서 기다리니 편안하게 때를 기다린다. 도로 극진히 행하면 반드시 소득이 있을 것이다. 임금의 잔치에서 음식을 먹고 식읍을 받을 영화가 있다. 반드시 독식과 재물이 있고, 혼인할 운이다. 잔치 음식을 베푸는 경사가 있다.

■ 9월 823

달콤함으로 친히 임하고 지위가 부당하다. 이미 근심이 있으며 어물이 길지 못할 것이다. 세력과 지위를 빙자하면 무슨 이익이 있겠는가. 아첨의 실책이 있고, 만약 슬픈 수심이 없으면 원한과 고생이 따를 염려가 있다.

■ 10월 726

덜지도 않고 유익하니 큰 뜻을 이룬다. 신하를 많이 얻는데 원근이 모두 복종한다. 혜택을 주고 소비하지 않으면 그 혜택이 넓어진다. 백성은 한마음이 되고 임금의 총애도 견고하다. 선비도 뜻을 얻어 출입이 더욱 유리해진다.

■ 11월 424

누이동생 시집보낼 때 일 년을 기다려야 하는데 늦는 것도 때가 있다. 여자가 어질고 바르면 가볍게 남을 따르지 않는다. 시운이 불리하니 반드시 때를 기다려라. 관직자는 결원을 기다리고, 학교는 보궐을 기다린다. 밖에 있으면 돌아오지 못하며 혼인도 성사되지 않는다.

■ 12월 461

강유 사이에 있으니 의당 허물은 없다. 밑에 있으면서 윗사람과 호응하니 어려움도 풀린다. 안녕하고 무사하니 옛날의 수심도 점점 사라진다. 선비는 과거에 급제하며 영전할 기회가 있다. 미혼자는 결합되며 경영하는 일은 잘 된다.

연평 575

풍산점괘 5효(風山漸卦 五爻)

기러기가 언덕으로 날아간다. 3년이 되어도 임신하지 못한다. 결국은 이기지 못하나 소원은 이룬다. 중정의 도는 반드시 이루어진다. 처음에 잃으나 나중에는 얻고, 처음에 어두우나 나중에는 밝아진다. 노인은 수명이 손상되고, 어린이는 기르기 어려울 수 있다.

■ 정월 676
안에 뜻이 있으니 가면 험난하나 오면 너그러워져 험난함이 해결된다. 대인을 보는 것이 이롭고, 귀인을 따르게 된다. 관직은 내직으로 들어 명예를 이룬다. 귀인을 가까이하면 이익을 얻으나 망동하면 불리해진다.

■ 2월 683
사람 아닌데 비하나 상하지 않으랴. 당과 동료가 착하지 않으니 모든 일이 간사하다. 공업은 반드시 무너져 재난과 해만 입는다. 벗을 잃고 시기하다 혈기가 손상될 수도 있다. 가정이 깨지거나 자신이 손상이나 형벌을 당하거나 상복을 입을 일이 많다.

■ 3월 631
수레바퀴를 끌다 꼬리를 적셨다. 지극히 힘든 일을 해내면 의리에 허물이 없다. 직위는 있으나 받지 못하고, 자리는 있으나 오르지 못한다. 움직일 것 같으나 움직일 수 없고, 구제될 것 같으나 구제되지 못한다. 조심하면서 때를 기다리면 허물은 없을 것이다.

■ 4월 234
성실과 신뢰로 명을 고치면 후회할 일이 없고 길하다. 강유가 치우치지 않고 때에 따라 조치한다. 새로운 것을 받아들이고 옛것을 고친다. 승진·영전·등용·천거의 영화가 있고, 명을 고치는 운수로 점점 더 아름다워진다.

■ 5월 612
점점 험난해지니 언어에 상처가 있다. 굳센 중용으로 잘 기다리면 결국은 길하다. 정당한 이론이 사에 막히고, 시험에서는 책망을 듣는다. 어린아이의 투쟁이나 소송은 반드시 시비가 된다. 남을 너그럽게 대하면 모든 일이 자연히 밝아진다.

■ 6월 815

천자의 누이동생을 시집보내니 복이며 매우 길하다. 어질고 강명한 분을 따르니 대길하다. 주로 영전되거나 기쁜 일이 있다. 과거에 올라 월계관을 쓰고 추대를 받는다. 결혼·출산양육이 있고, 모든 복이 다 모인다.

■ 7월 623

절제하지 못하다 슬퍼지는데 허물할 데가 없다. 누구를 탓하겠는가. 사치와 욕망이 넘치며 떳떳하지 못하다. 소비와 지출이 가볍지 않으니 재물이 손실되고, 사람과 이별한다. 스스로 절제하지 못함을 알고 뉘우친다.

■ 8월 526

소리가 하늘에 닿으나 어찌 오래가랴. 신의도 다하면 쇠퇴하고, 충성도 독실하면 안으로 상실감이 생긴다. 왕궁에 올라 천자와 함께 한다. 높은 것을 다투며 강함을 억제하니 진출하기 어렵다. 혹 사물이 손상되거나 명예와 수명이 보전하기 어렵다.

■ 9월 224

즐거움을 헤아려 보고 안녕하지 못하니 한계를 두고 병을 삼는 것이 좋다. 정을 지키고 사를 멀리하면 반드시 경사가 생긴다. 선비는 선출되고, 상인은 이익을 얻는다. 식구가 늘거나 재물이 생기는 기쁜 일이 한 번 있다. 병자는 편하지 못하니 심지가 안녕하지 못하다.

■ 10월 261

앙상한 나무에 엉덩이를 대는 것처럼 곤궁하니 앉아 있어도 편안하지 않다. 3년씩이나 곤궁에 빠져 있다. 의지할 데가 한 군데도 없으니 슬프다. 만약 근심이나 놀람이 없으면 상복을 입을 수 있다. 운수가 이와 같으니 이로운 것이 하나도 없다.

■ 11월 425

천자의 누이동생을 시집보내니 보름이 되면 길하다. 존귀하면서 낮추고 귀하면서 굴복하는 것은 여인의 덕이 융성함이다. 영전할 수요 등과할 운이다. 꾀하면 뜻대로 되고 혼인하고 재물을 얻는다. 영화의 길에 오르는데 국빈이 될 수도 있다.

■ 12월 442

벼락이 치니 위태롭다. 강세를 탔기 때문이다. 재물이 상할까 두려워 높은 언덕에 오른다. 험난함과 간사함을 만나 처음에는 미혹되다 나중에는 얻는다. 노인은 목숨이 위험하고, 젊은이는 반드시 놀랄 일이 생긴다. 분쟁·소송·실물은 7에서 생긴다.

연평 576

풍산점괘 상효(風山漸卦 上爻)

기러기가 허공으로 날아가듯이 그 뜻이 초연하다. 사람으로 논하면 보통을 넘어간다. 나아가는 것을 잃지 않고 현달하여 높이 된다. 선비는 명예를 얻어 한번 날면 하늘도 찌른다. 복의 근원이 영원하니 재앙이나 근심이 침범하지 않는다.

■ 정월 531
있는 집에서 방어하면 자연히 후회할 일은 없다. 인정이 방탕하면 반드시 후회할 일이 생긴다. 관직은 한직이며 작은 시험이 유리하다. 꾀하는 일은 이루어지며 혼인할 상이다. 승려는 주지가 되고, 늙은이는 수명이 불리하다.

■ 2월 134
작은 담 위에 올랐으나 의리를 공격할 수는 없다. 세를 타 공격하면 오히려 흉한 일을 당한다. 겸손하게 지키면 자연히 좋은 일이 생긴다. 등용은 어렵고 성과 못을 짓는다. 영화 속에 욕이 있고, 의심 속에 시비도 있다.

■ 3월 512
계속 회복하며 중도를 지키니 실수가 없다. 스스로 진퇴를 살피면 중도를 잃지 않는다. 계속 이끌어줄 계단이 있고 발탁될 자리가 있다. 동지와 같이 가니 경영하거나 꾀하는 것을 이룬다. 그러나 운이 흉하면 실수를 반복한다.

■ 4월 715
거세된 돼지의 어금니이니 경사가 있다. 그 원인을 끊어버리면 자연히 악은 그친다. 관직자는 영전이나 발탁되고, 선비는 높이 천거된다. 경영하거나 꾀하는 일도 잘 되며 경사가 많다. 성공하려면 먼저 기미를 살펴야 한다.

■ 5월 523
북치며 파하고, 울며 노래한다. 인심이 밖으로 움직이니 어찌 편안하겠는가. 동료와 불목하며 진퇴가 있다. 기쁨 속에 근심이 있고, 즐거움 속에 슬픔이 있다. 명예와 이익을 구하나 득실은 반반이다.

■ 6월   626

쓰디쓴 절제이니 바르더라도 흉한데 그 도가 궁하다. 이미 처신이 극을 지났으니 흉을 면할 길이 없다. 지나친 고집으로 허물이 있고, 지나친 의심으로 슬픔이 있다. 명리를 구하나 모두 이롭지 않다. 법도를 잃어 허물이 생기고, 노인은 수명이 지키기 어렵다.

■ 7월   124

호랑이 꼬리를 밟은 것처럼 두려운 상이나 마음가짐을 조심하면 뜻을 이룰 수 있다. 무관이 유리하니 무과를 보면 급제한다. 매사 조심하면 허물은 면할 것이다. 여자는 많이 흉한데 음란하며 불량할 것이다.

■ 8월   161

송사를 길게 끌지 않으면 결국은 이롭다. 처사가 중정하니 머지않아 자명해진다. 송사에 비유하면 처음에는 지나 나중에는 이긴다. 일시적인 훼방도 큰 해가 되지 않고, 시비와 재앙도 결국은 해결된다.

■ 9월   325

어그러진 시기에 어진 사람의 도움을 받는다. 같은 당의 살을 씹으면 경사가 있다. 벼슬한 사람은 왕명을 받고. 선비는 과거에 오른다. 추대해주는 사람이 있으면 경영하는 일에 이익이 있다. 결혼하려는 사람은 짝을 얻으나 운이 흉하면 형상을 당한다.

■ 10월   342

살을 씹되 코를 없애니 엄하게 다스렸기 때문이다. 형법을 적용할 때 중도를 지키면 죄도 쉽게 복종한다. 인민 때문에 다소 상처를 받고, 고시는 기회가 없다. 진퇴는 어렵고 시비는 요란하다. 혹 남이 모르는 병에 걸리거나 골육이 손상될 수 있다.

■ 11월   426

광주리를 받아도 비어 있고, 양을 잡아도 피가 없다. 제사가 끊어지면 여인의 시집도 종말이다. 빈 자리로 실이 없으니 앞으로 나아가도 헛된 명예뿐이다. 경영하거나 꾀하는 일은 모두 비어 있으니 헛되게 심신만 고생한다. 노인은 불리한데 초상이나 제사의 근심이 있다.

■ 12월   413

소인은 건장함을 쓰나 군자는 쓰지 않는다. 숫양이 울타리를 받으나 그 뿔만 곤궁해진다. 재앙이 되는 일에 많이 얽혀 발전하기 어렵다. 관재와 소송에 연루되고, 효복을 입을 수 있다. 망령되게 행동하면 곤궁해지며 사람과 재물도 불리하다.

연평 581

풍지관괘 초효(風地觀卦 初爻) ䷓.

소견이 어린아이와 같아 멀리 보기 어렵다. 군자가 소견이 어둡고 천박하니 부끄러운 일이다. 지위가 좁고 앞으로 나아가더라도 제자리로 돌아온다. 일은 빨리 꾀하나 늦게 되고, 기교를 부리다 오히려 졸작이 된다. 모애하다 보는 게 없으니 소인이 해친다.

■ 정월 562
흩어질 때 편안함에 의지하면 후회할 일이 없고 소원을 이룬다. 안에서 중도를 지키면 편안하다. 중요한 권세를 잡고 작전계획을 세운다. 선비는 명예를 얻고, 보통 사람은 가정을 이룬다. 그러나 흉한 운을 만나면 분주하며 실물한다.

■ 2월 765
어린아이 같으니 길하고 순하다. 순수한 미개발은 남의 말을 듣게 된다. 선비·농업·공업·상업은 모두 세력에 의지하라. 모든 것이 마음대로 되고, 꾀하는 일도 순탄해진다. 심신을 편안하게 하면 유순하며 중정해진다.

■ 3월 553
자주 순종하니 부끄러움이 되고, 뜻이 궁하니 재난을 당한다. 만약 잘라 제지하지 못하면 더 깊게 들어간다. 벼슬한 사람은 귀양이나 강등되고, 선비는 손실이 있다. 여러 번 얻고 잃으니 부끄러움을 면할 수 없다. 너무 강해 맞아들지 않으니 곤궁한 액이 된다.

■ 4월 656
샘물을 길어올리고 미쁨이 있으니 매우 길하다. 매우 길하여 위에 있으니 대성공이다. 공이 높고 덕이 두터우니 높이 영전할 상이다. 도덕을 모두 갖추어 명예를 이룰 운이다. 재량이 충족하며 꾀하는 일은 모두 이룬다.

■ 5월 154
꾸러미에 고기가 없으니 흉하다. 상하로 만날 수 없으니 고립되어 어렵다. 인심은 흩어지고 만사는 모두 무너진다. 내쫓기고 강등되어 욕을 면하기 어렵다. 날마다 시비가 생기며 수도(나이)에 불리하다.

■ 6월 111

숨어 있는 용이니 세상에 숨어 살아도 번민하지 않는다. 즐거울 때 행하고 걱정할 때 자제한다. 관직에서 물러나 관로에 막힘이 많다. 운이 막혀 일이 억제되며 거동에 재난이 생긴다. 여자는 경사가 많고 아들을 낳을 운이다.

■ 7월 355

누런 귀에 금으로 된 솥이니 아름답다. 문명하고 중정을 얻었으니 상응이 매우 좋다. 화공의 묘한 조화로 꽃들이 일신한다. 반드시 꾀꼬리가 깊숙한 골짜기에서 나와 높은 나무로 옮겨간다. 상업이나 농업은 이롭고, 승려는 주지가 된다.

■ 8월 372

나그네는 여관으로 가고, 재물도 품에 지닌다. 시종이 착하니 끝내 과실이 없다. 유순하고 중정하니 마음이 내외를 얻는다. 적극적으로 나아가 명예를 이루거나 성조나 집을 수리한다. 다른 군에서 일을 꾀하고, 식구가 늘거나 좋은 부하를 얻을 수 있다.

■ 9월 456

빨리 움직인 항구인데 위에 있으니 큰 공이 없다. 자꾸 조급하게 움직이면 오히려 흉을 당한다. 많이 노력하나 안정되는 일은 적고, 명예와 이익을 구하나 이루는 것은 작다. 여자의 운이 이와 같으면 남편과 자식이 불리하다.

■ 10월 463

짊어질 것이 탔으니 추하다. 내가 도적을 불렀으니 누구를 탓하겠는가. 허술하게 관리하면 훔쳐가라는 것이고, 얼굴을 꾸미면 음탕한 짓을 하라는 것이다. 벼슬한 사람은 퇴출되고, 선비는 귀양이나 강등을 당한다. 도적을 당할 운이며 소송이나 시비가 따른다.

■ 11월 411

발이 건장하니 나가면 흉할 뿐이다. 밑에 있으면서 윗사람을 능멸하니 반드시 흉하다. 욕을 당하며 참소나 이간이 있고, 요행을 바라면 부끄러운 일만 생긴다. 움직일 때마다 후회하고, 시비·투쟁·소송이 따른다. 발에 병이 침범할 수 있으니 예방하라.

■ 12월 814

겸허한데 부자가 되지 않으니 성의가 상합한다. 중도를 지키고 뜻이 같으면 소원도 이룬다. 관직자는 물러나게 되며 꾀하는 일은 이루기 어렵다. 경영하거나 꾀하는 일은 이익이 없고, 잡음과 훼방이 따른다. 멈추면 재앙이 사라지고, 운이 좋으면 멀리 유람한다.

연평 582

풍지관괘 2효(風地觀卦 二爻) ䷓

여인의 정절을 몰래 훔쳐보니 추하다. 보는 것이 밝지 못하니 순종할 따름이다. 재주는 있으나 미치지 못해 문리에 통달하지 못한다. 집에 있으면 어두우나 밖으로 나가면 밝아진다. 여인 때문에 추한 일이 생기고, 여자는 기쁘나 남자는 슬프다.

▪ 정월 573
기러기가 육지로 올라오나 편안한 곳이 아니다. 남편은 나가 돌아오지 않고, 부인은 임신하나 양육하지 못한다. 그러나 정도를 지키며 사를 막으면 허물은 없을 것이다. 귀양·강등·막힘·침체가 따를 운이다. 인정이 화목하지 못하니 도적이 침범한다.

▪ 2월 676
안에 뜻이 있으니 가면 험난하나 오면 너그러워져 험난함이 해결된다. 대인을 보는 것이 이롭고, 귀인을 따르게 된다. 관직은 내직으로 들어 명예를 이룬다. 귀인을 가까이하면 이익을 얻으나 망동하면 불리해진다.

▪ 3월 174
군자는 좋게 물러설 수 있으나 소인은 어렵다. 작은 것은 버리고 높은 것을 꾀하면 욕을 당하며 위태로워진다. 시운이 불리하니 휴직하고 몸을 피하라. 여자의 도움을 받다가 오히려 화근이 된다. 사를 버리고 공사를 받들면 재난은 면할 수 있다.

▪ 4월 131
마음에 부끄러움이 없으니 자연히 내외가 화평하다. 남들과 마음이 통하니 무슨 허물이 있겠는가. 원한과 허물은 모두 사라지며 모든 가정에는 기쁨이 있다. 영전할 운이요 등용할 상이다. 동지와 협심하며 성조와 문을 수리한다.

▪ 5월 375
활을 당겨 꿩을 쏘면 백발백중이다. 상하로 친하니 길을 떠나면 매우 좋다. 움직여도 실책이 없으니 평이 좋고 복록이 있다. 존귀한 수상과 가까이 하여 영화를 누린다. 영화와 경사가 따를 운으로 살아가는 데 걱정이 없다.

■ 6월 352

솥이 차 있으니 갈 곳을 조심하라. 도를 지키지 않으면 의리가 상한다. 정도와 공평을 받들고 참소와 간신을 조심하라. 이익과 수확이 있으나 외부의 잡음을 조심하라. 아랫사람이 침범하거나 작은 병에 걸릴 수 있다.

■ 7월 476

이미 극에 차 만나지 않고 지나간다. 이치를 어기고 정상을 지나니 신속하기가 나는 것과 같다. 천재와 인재를 모두 당한다. 분수를 넘으면 재난이 생기는데 의외의 재앙도 있다. 복제의 수인데 천명을 벗어나기 어렵다.

■ 8월 483

쳐다보면서 즐거워하다 후회하고, 더뎌도 후회한다. 처신이 부정하면 진퇴에 후회만 있다. 구하고 바라는 일은 되지 않으니 빨리 고쳐라. 우유부단하면 후회와 과실을 막기 어렵다. 잠시 전진하고 잠시 후퇴하니 시비가 한결같지 않다.

■ 9월 431

짝이 되는 주인을 만나 마음이 같으면 허물이 없다. 나가면 가상하나 열흘이 지나면 재앙이 생긴다. 반드시 밝은 군주를 만나 명예를 이룬다. 귀인과 교류하며 꾀하는 일을 이룬다. 그러나 너무 큰 일을 시작하면 반드시 재앙이 된다.

■ 10월 834

왼쪽 배로 들어가 마음과 뜻을 얻는다. 간사함에 마음을 뺏긴 후에야 밖으로 행한다. 어두운 땅이 얕으니 어두웠던 자라도 나오게 된다. 밖에 나가 경영을 꾀하고, 부인은 아들을 낳는다. 한가한 관직도 일을 맡으나 뜻은 멀어진다.

■ 11월 412

견고하고 바르게 중도를 행하면 길하다. 중정을 잃지 않으면 충분히 길하다. 깨끗하고 높은 지위에 올라 명예를 얻는다. 하는 일마다 뜻대로 된다. 마음은 사심과 치우침이 없고, 하는 일은 지나침이 없다.

■ 12월 215

비린 잎도 과감하게 처결하듯 중도를 행하면 허물이 없다. 중도를 얻지 못하면 광대하지 못하다. 간신의 침해가 있으나 조금은 발전한다. 오래 막히다 한관으로 복직된다. 소송은 펴지며 병도 치유되고, 경영하거나 꾀하는 일은 뜻대로 된다.

풍지관괘 3효(風地觀卦 ䷓)

나의 소행으로 진퇴하게 된다. 좋은 것을 순응하면 도덕을 잃지 않을 것이다. 진퇴가 무상하고, 쟁탈이 한결같지 않다. 득실이 정해져 있지 않으니 다시 잘 살펴봐라. 진실을 알면 설행하고, 어려움을 알면 물러서라.

■ 정월 184
명에 순종하면 무슨 과오가 있으리. 때를 만나 도를 행하니 친구에게까지 복이 미친다. 다른 사람의 천거로 명예가 날로 드러난다. 전답과 사업도 날로 늘어나며 좋은 일이 많아진다. 은혜가 자손에게까지 미치고 복도 심원해진다.

■ 2월 141
망령됨과 사가 없으니 나아가면 뜻을 얻는다. 기거와 행동이 모두 천리에 맞는다. 거듭 도모해도 풍파가 전혀 없다. 임금도 얻고 백성도 얻어 명예를 이룬다. 보통 사람이 이와 같으면 가히 이익을 얻으리라.

■ 3월 385
후회가 사라지는 곳에서 잃고 얻는 것을 근심하지 말라. 나가면 경사가 있으니 이롭지 않은 곳이 없다. 성의와 충성을 다하니 뜻이 천하에 통한다. 영천이나 발탁되는 기쁨이 있고, 앞으로 나아가 명예를 이룬다. 경영하거나 꾀하는 일이 이로우니 어찌 파란을 염려하랴.

■ 4월 362
수레바퀴를 끌면 견실하고 바르게 되어 길하다. 어려운 임금의 도에 힘입을 곳은 재주있는 신하다. 어려운 직분을 잘 이겨내면 총애와 신임이 전일하다. 전진이 불리하니 안정하고 분수를 지켜라. 꾀하고 바라는 일은 가하나 망령되게 행동하면 곤궁해진다.

■ 5월 486
즐거움에 어두워 성취하기는 하나 변하면 허물이 없다. 끝없는 욕망을 따르면 죽는다. 탐관오리가 되어 귀양가기 쉽고 어두워 차질이나 잘못이 있다. 교만하면 분쟁·소송·재난이 따르나 개과천선하면 허물을 면할 수 있다.

■ 6월   473

예방하지 않으면 재난을 면하기 어렵다. 음모와 간신의 해로움이 있고, 정지와 강등의 우려가 있다. 여러 음이 해롭게 구는데 자신의 강함만 믿는다. 작은 물건이라도 조심하면 큰 해로움은 없다.

■ 7월   441

벼락이 쳐도 두려움을 알면 복이 있다. 법도를 알면 나중에 웃음꽃이 피고, 편안하게 쉬지 않으면 결국은 안녕하다. 기뻐하는데 한번 울리면 사람도 놀란다. 많이 놀라나 나중에는 기쁨이 있다.

■ 8월   844

도를 따르면 중간에 홀로 회복할 수 있다. 대중과 함께 행해도 혼자 선을 따른다. 인과 의를 바르게 하면서 이익은 꾀하지 않는다. 관직은 복직되고, 선비는 명예가 드러난다. 도를 따라 행하면 이익과 복을 받는다.

■ 9월   422

여자는 어진데 배우자가 어리석으니 내조를 해도 이루기 어렵다. 조용히 정도를 기르며 자신을 선하게 만든다. 하나는 어둡고 하나는 밝으니 어찌 둘 다 성취하랴. 직위가 바뀌기 어렵고, 기회를 만나기도 어렵다. 옛것을 지키면서 안정하면 재난과 해는 생기지 않는다.

■ 10월   225

나쁨을 제거할 수 있으나 한 번은 위태로워진다. 가선과 실선을 구분하지 못하면 위태롭고, 아첨과 가까워지면 흉하다. 벼슬길에는 아첨과 간신이 따르는데 선비는 탈락한다. 모르는 사가 발동해 비밀스러운 화락을 꾀한다.

■ 11월   413

소인은 건장함을 쓰나 군자는 쓰지 않는다. 숫양이 울타리를 받으나 그 뿔만 곤궁해진다. 재앙이 되는 일에 많이 얽혀 발전하기 어렵다. 관재와 소송에 연루되고, 효복을 입을 수 있다. 망령되게 행동하면 곤궁해지며 사람과 재물도 불리하다.

■ 12월   316

하늘이 도와주니 이롭지 않은 것이 없다. 신의와 순리를 지키며 어진 사람을 숭상한다. 가득 차면 잃을 수 있으니 겸손하라. 벼슬한 사람은 직위가 좋아지고, 선비는 명예를 이룬다. 윗사람의 비호로 복과 경사를 누린다.

풍지관괘 4효(風地觀卦 四爻)

나라의 광채를 관망하는 것이니 왕의 손님이 되면 이롭다. 성군이 위에 있으면 어진 사람은 나아가기를 원한다. 치국평천하하면 베풂이 백성에게 젖어든다. 벼슬한 사람은 내직으로 가고, 선비는 과거에 급제한다. 관광이나 외방업을 하면 반드시 큰 이익을 얻을 것이다.

■ 정월 785
모든 음이 순종하니 소인도 선해진다. 관직자는 요직에 오른다. 경영하거나 꾀하는 일에 뽑히고 인정도 화합된다. 가정이 화평하며 복이 생기고, 궁궐의 관찰이나 주지가 된다. 궁인의 총애를 받으니 이롭지 않은 것이 없다.

■ 2월 762
어리석음을 감싸주면 길하고, 부인을 들여도 길하다. 자식이 가정을 다스리니 강유의 교접이다. 밝음으로 어둠을 받아드리니 그 선한 바를 받아들인다. 벼슬한 사람은 관직을 지키고, 선비는 사범이 된다. 인정이 화합하니 모든 일이 순조롭다.

■ 3월 886
용이 들에서 싸우니 그 피가 검푸르고 누렇다. 둘 다 패하고 상처를 입으니 반드시 피의 재난을 본다. 화를 입고 강등·퇴출·파손할 위험이 있다. 선비는 크게 발전하나 근심과 해로움은 면하기 어렵다. 시비·분쟁·소송·파괴·실패·위험·사망 등이 따른다.

■ 4월 873
노력하고 겸손한 군자는 만민이 복종한다. 노력하고 자랑하지 않고 공이 있으면서도 공덕이라 하지 않는다. 벼슬한 사람은 높이 옮겨가고 선비는 기회를 만난다. 경영과 꾀하는 일에 이익을 얻고 마음과 힘껏 노력한다. 높아도 위태롭지 않고 차도 넘치지 않는다.

■ 5월 841
머지않아 회복하며 수신한다. 후회할 일이 없으니 매우 길하다. 관직이 청고하며 임금을 곁에서 돕는다. 선비는 장원하고 경영하는 일들은 이익을 본다. 개과천선하니 일마다 이롭지 않은 것이 없다.

■ 6월 444

벼락이 진흙에 빠졌으니 빛이 나지 않는다. 강하여 험난함에 처했는데 스스로 진동할 수가 없다. 중정하지 못하니 더욱 험난해진다. 야비하며 더럽고 덕이 없으니 되는 일이 하나도 없다. 결박이나 구속되어 빛을 볼 날이 없다.

■ 7월 822

느껴 임하고 또 길하니 이롭지 않은 것이 없다. 음양이 서로 감응하니 명을 순응하는 것은 아니다. 사를 제거하고 정도를 지키니 지위가 청고하다. 막히고 침체됨이 없다. 시기에 맞게 짐작하면 경영하거나 꾀하는 일에 이익이 있다.

■ 8월 625

달콤한 절제요 법도이니 길하고, 나가면 가상함이 있다. 자신을 지키면서 편안하게 행하면 천하도 기꺼이 따라준다. 수원이 감미로우면 내로 흘러도 쉬지 않는다. 관직자는 영전이나 발탁되고, 선비는 상달한다. 꾀하거나 바라는 일은 이루어지고, 행하는 일은 가상함이 있다.

■ 9월 813

평평하며 언덕 아닌 것이 없고, 가면 돌아오지 않는 것이 없다. 천지의 교제이니 어려우나 바르면 허물이 없다. 통태함이 다하면 비색이 오는 것은 하늘의 뜻이다. 책임을 이겨내고 질투와 간신을 조심하라. 두려워하면서 조심하면 편안하다.

■ 10월 716

하늘의 거리니 형통하며 큰 도를 행한다. 어진 사람이 뜻을 얻었으니 어진 길도 대통하게 된다. 예절·풍류·법에 어김이 없다. 꾀하는 일은 모두 이로우니 하늘과 거리에서 좋다. 천거하여 하늘에 오르고 진취하여 명예를 이룬다.

■ 11월 414

올바르면 후회할 일이 없고, 큰 차 바퀴통도 건장하다. 한격도 이미 열려 있으니 다시 곤궁해지지 않는다. 재앙이 사라지고 복이 따르니 진취할 수 있다. 시험을 보면 높이 장원하며 길도 넓게 뚫린다. 오래 조용하면 반드시 몽하고, 몽하면 길하다.

■ 12월 451

항구함에 빠져 올바르더라도 이로울리 없으니 흉하다. 급히 구하면서 깊이 들어가 항구한 도를 잃는다. 군주에게 신용을 얻지 못하고, 지기도 만나기 어렵다. 인정이 통하지 않으며 거리에서 방황한다. 서두르나 이루지 못한다. 그러나 안정하면서 지키면 흉은 면한다.

연평 585

풍지관괘 5효(風地觀卦 五爻) ䷓

자신의 득실을 보아 인민의 좋고 나쁨을 살펴라. 태평과 난국이 나에게 달려있다. 벼슬과 녹은 숭고하고, 문장은 세상을 덮는다. 생활은 날로 좋아지고, 부인은 생산과 양육이 있다. 병에 시달리는 사람이라도 생명은 보전한다.

■ 정월 686

친하게 지내며 돕는데 머리가 없으니 끝도 없다. 버리는 시기이니 반드시 흉하다. 대중이 도와주지 않으니 처세가 위험하고, 위에서도 도와주지 않으니 명예를 얻기 어렵다. 형극과 재앙으로 인정이 흩어질 것이다.

■ 2월 673

가면 어렵고 오면 돌아오니 안에서 기뻐한다. 위로 가면 어려우니 험난함을 보면 그쳐라. 돌아서서 밑으로 오면 편안하리라. 앞으로 나아가면 명예를 이룬다. 처자의 기쁨이 있으나 운이 흉하면 형극도 따른다.

■ 3월 641

급하게 하면 어려움에 처하니 바르고 견고하게 행하라. 귀한 몸이 천한 자에게 이르니 큰 민심을 얻는다. 관직자는 매우 발전하고, 선비는 밝음을 세운다. 분수를 지키면서 신중하라. 여자는 어질고 선하며 집안도 일어나고 좋은 남편을 만난다.

■ 4월 244

따르는 곳에서 얻으려고 하면 비록 정당해도 흉하다. 성의를 다해 도에 맞게 하고, 명철하게 처신하라. 한번 탐욕을 부리면 재난을 면하기 어렵다. 그러나 귀인이 추대하면 흉이 길하게 된다. 사람은 누구든 나에게 유리하다.

■ 5월 622

시기를 잃어 안뜰에도 나오지 못하고, 사물이 끊기고 스스로 폐지한다. 때를 잃어 액을 만나니 발전하기 어렵다. 불통되어 화를 당하고, 간여할 곳에 간여하지 못한다. 움직이면 좋으나 가만히 있으면 좋지 않다.

■ 6월 825

대군이 지혜로 임하고, 중도에 행하니 여러 가지가 길하다. 성군은 총명하며 예지력이 있어야 한다. 벼슬한 사람은 초월적이 되고, 선비는 등용된다. 꾀하는 일은 순탄하니 이롭지 않은 것이 없다.

■ 7월 613

재앙은 밖에 있는데 뻘밭에서 기다린다. 나 때문에 도적이 오나 조심하면 패가 없다. 지나치게 강하니 더욱 험난해진다. 선비는 반드시 욕을 당하며 스스로 빼어나지 못한다. 도적이나 실물을 당할 운인데 배를 타면 흉하다.

■ 8월 516

이미 화하여 처한 것은 덕을 숭상하며 쌓았기 때문이다. 달이 거의 보름이 되었으니 부인이 견고하면 위태롭다. 군자는 나가면 반드시 소인의 간계와 시비로 시끄럽다. 시끄러움 속에서는 물러나고, 즐거운 곳에서는 탐하지 말라.

■ 9월 214

엉덩이에 살이 없으니 걷기가 거북하다. 말을 듣고도 믿지 못하는 것은 총명하지 못해서다. 처한 자리가 부당하니 그 해가 적지 않고, 재주와 힘이 모자라니 앞으로 나아가기 어렵다. 관재와 귀·발등에 병이 따를 운이다.

■ 10월 251

자리를 깔되 깨끗한 띠를 쓰니 유약하며 어둡다. 두려워하고 조심하면 허물이 없다. 신중한 도리는 사용처가 매우 많다. 조심하며 절약하는 사람이니 재물과 이익이 따른다. 불길한 운을 만나 복 입을까 두렵다.

■ 11월 415

겉은 부드러우나 속은 강하니 건장함을 쓰지 않는다. 바르고 안정되게 지키면 좋으나 망동하면 재앙이 생긴다. 거칠어진 정치로 파직·연금·명예 상실이 따르며 성공하지 못한다. 좋은 계책은 펼 수 없으니 이로운 것이 하나도 없다. 만일 병자이면 몸을 잃을 수 있다.

■ 12월 432

차양이 많아 대낮에도 두성을 본다. 가면 의심병이 생기나 지성을 두면 길하다. 밝음과 움직임이 서로 도와 풍성해진다. 처음에는 잃으나 나중에는 얻고, 오래 침체된 후 발전한다. 오래 곤궁하다 재물이 생기나 근심이나 슬픔이 생길까 두렵다.

연평 586

풍지관괘 상효(風地觀卦 上爻) ䷓

살아가는 것을 보니 군자이면 허물이 없다. 자신을 반성하면서 시종 한마음으로 한다. 경영하거나 꾀하는 일은 막히니 만족하지 못한다. 병자는 살아나고, 임신하면 유리하다. 진취가 심난하니 물러나 수신하면서 반성하라.

■ 정월 541
크게 시작하면 이롭고, 크게 길해야 허물이 없다. 남에게 큰 이익을 주면 자연히 그 이익이 돌아온다. 그러나 모두 잘 하지 않으면 허물을 면할 수 없다. 관직자는 높이 영전하고, 진취하면 큰 우두머리가 된다. 크게 꾀하고 마음대로 된다.

■ 2월 144
바른 길을 지키면 허물이 없다. 실리와 진실한 마음으로 변하지 말라. 고요히 안정하면 저절로 좋은 소식이 온다. 덕이 넓고 겸손하니 신하의 도리가 극진하다. 옛 사업을 지키며 본분을 지켜라.

■ 3월 522
그늘 밑에서 학이 우니 그의 자식이 감화한다. 말과 행동은 영화가 되기도 하고 욕이 되기도 한다. 군자의 언행은 천지도 움직인다. 벼슬한 사람은 진급하며 재정 이익도 있다. 아들을 낳고 유리하나 노인은 병에 걸릴까 두렵다.

■ 4월 725
유익한데 복은 위에서 내린다. 열 쌍의 거북으로도 어길 수가 없다. 꾀하는 일은 하늘의 뜻과 부합하니 매우 선하다. 직위가 좋아 임금 곁에 있고, 선비는 장원한다. 하늘의 재물이 많이 생기니 이롭지 않은 것이 없다.

■ 5월 513
수레바퀴통이 벗겨지며 부부는 반목한다. 나아가도 이롭지 않고 물러서도 가정이 편안하지 못하다. 영화를 누리다 욕을 보고, 나아가려다 물러선다. 발이나 눈에 병이 생기고, 식구는 분리된다. 모든 재난이 함께 와 가문에 후회하거나 부끄러운 일이 생긴다.

■6월 616

구멍에 들어 있으니 오는 손님 셋이다. 비록 강폭하나 조심하면 결국은 길하다. 참으면서 조심하면 화를 면할 수 있다. 조심하면서 참소나 간신을 막고, 신중하게 의심과 시기를 꾀하라. 한번 흉한 운이 오면 감옥이나 무덤에 들어가게 된다.

■7월 114

진퇴를 알 수 없으니 시기에 맞게 나아가라. 순리를 따르면 길하나 망동하면 화가 생긴다. 시운이 불리하니 역량을 감추고 때를 기다려라. 의심이 생겨 결정하지 못하니 모든 게 어려워진다. 여자는 마음대로 되고, 승려와 도인은 편안하다.

■8월 151

쇠로 된 말뚝에 매두면 견고하며 바르니 길하다. 돼지가 껑충 뛰듯 함부로 움직이고 싶은 마음이 간절하다. 앞으로 나아가도 심란한데 좌천이 어인 일인고. 귀인의 도움을 받으며 출산양육할 운이다. 그러나 수가 나쁘면 질병·감옥·소송이 따른다.

■9월 315

미더움으로 사귀며 신의로 뜻을 편다. 강유를 겸전하니 즐거워하지 않는 백성이 없다. 일에는 선후가 있으니 기회를 보아 나아가라. 시기를 살펴 움직이면 모든 일이 새롭게 된다. 그러나 경솔하며 거만하면 화를 당할 것이다.

■10월 332

높게 부딪쳐 빛나니 매우 길하고, 중도를 얻어 사방이 빛나니 매우 길하다. 만사가 이미 정해져 있으니 어찌 근심이 있겠는가. 현명한 군주를 만나 나라의 큰 그릇이 된다. 과거에 급제하며 반드시 이익이 생긴다.

■11월 416

불친 양이 울타리를 밟으니 물러서지도 이루지도 못한다. 이로울 것이 없으니 어려워야 길하다. 일의 어려움을 알고 함부로 가볍게 여기지 말라. 벼슬한 사람은 감봉이나 퇴출되고, 선비는 물러나기도 어렵다. 분수를 넘고 이치를 어기면 시비·투쟁·소송이 따른다.

■12월 423

누이동생 시집보낼 때를 기다리니 천한 여성임을 알겠다. 사람들은 덕이 없는 여인을 취하지 않는다. 벼슬한 사람은 귀양이나 강등이 두렵고, 선비는 때를 기다려라. 고생하나 진퇴를 근심한다. 아내를 내보낼 운인데 혹 총애하는 종을 들이기도 한다.

연평 611

수천수괘 초효(水天需卦 初爻) ䷄.

교외에서 기다리며 어려움을 범하지 않는다. 조급하게 움직이면 곤란해진다. 현재의 직분을 조심스럽게 지키나 만족하지 못한다. 옛것을 지키면서 안정하면 재해가 범하지 않는다. 운수가 불리하면 교외에 장사지내는 수도 있다.

■ 정월 632
부인이 수레에 가린 물건을 잃었으나 쫓아가지 않으면 길하다. 시기가 이미 기제니 다시 나갈 수 없다. 예의 없는 구차한 행동을 하지 말라. 처음에는 역수이나 나중에는 순수이고, 처음에는 잃으나 나중에는 얻는다. 그러나 운이 흉하면 상실이나 도망이 따른다.

■ 2월 835
기자의 밝음이 상했으나 밝은 것이 꺼지지는 않는다. 밝음을 안으로 감추고 올바름을 지킨다. 검소한 덕으로 피난하나 지기는 만나기 어렵다. 가정의 어려움으로 반드시 화를 당한다. 분수를 지키면서 뜻을 바르게 가져야 한다.

■ 3월 643
안내자 없이 사슴을 쫓다 깊은 숲으로 들어간다. 중정하지 못하니 망동으로 곤란해진다. 탐관오리로 내쫓기거나 정지와 강등될 수 있다. 옛것을 지키면서 안정하라. 구금이나 감옥이 두렵다. 앞길은 험난한데 안내자는 하나도 없다.

■ 4월 546
밖에서 치우친 말이 들리니 마음을 세우는 데 떳떳하지 못하다. 위태로울 때 움직이고 두려울 때 말하면 백성도 호응하지 않는다. 소통 없이 구하면 백성도 주지 않는다. 탐을 내다 귀양가고, 경쟁하며 뺏으려다 욕을 본다. 이익만 취하면 원한·형극·손상이 따른다.

■ 5월 244
따르는 곳에서 얻으려고 하면 비록 정당해도 흉하다. 성의를 다해 도에 맞게 하고, 명철하게 처신하라. 한번 탐욕을 부리면 재난을 면하기 어렵다. 그러나 귀인이 추대하면 흉이 길하게 된다. 사람은 누구든 나에게 유리하다.

■ 6월 281

성의는 있으나 결과를 맺지 못하니 소란하다. 근심없이 가면 거의 허물은 없다. 벼슬한 사람은 불리하고, 선비는 어려움이 있다. 소인과 결탁하거나 속임수를 당할 운이다. 처음에는 흉하고 나중에는 길하니 경계하는 것이 좋다.

■ 7월 445

벼락이 내려치니 움직이면 위험하다. 중도를 잃으면 위태로우나 잃는 것은 없다. 현직을 보전하며 고유의 것을 지켜라. 보통 사람은 우환과 수족에 근심이 있다. 처세가 위태로운 줄 알면 크게 잃는 것은 없을 것이다.

■ 8월 422

여자는 어진데 배우자가 어리석으니 내조를 해도 이루기 어렵다. 조용히 정도를 기르며 자신을 선하게 만든다. 하나는 어둡고 하나는 밝으니 어찌 둘 다 성취하랴. 직위가 바뀌기 어렵고, 기회를 만나기도 어렵다. 옛것을 지키면서 안정하면 재난과 해는 생기지 않는다.

■ 9월 346

형틀을 지고 귀를 없애니 총명하지 못하다. 쌓인 죄악은 가릴 수 없고, 큰 죄는 풀어버릴 수 없다. 가벼운 배가 큰 파도를 만났으니 앞길이 힘들다. 만약 싸움이나 소송이 없으면 귀와 눈이 밝지 못하고, 흉한 운을 만나면 몸이 상하고 죽음에 이른다.

■ 10월 333

해는 기우는데 빛이 나니 어찌 오래 가겠는가. 성하면 쇠퇴하고, 시작이 있으면 끝이 있는 법이다. 관직은 재야에 있으니 조심하며 욕을 막아라. 즐거움 속에 슬픔이 있고, 기쁨 속에 수심이 있다. 계속 험난하니 죽고 망할 날이 없다.

■ 11월 381

진출하거나 좌절하더라도 홀로 정도를 행한다. 미덥지 않더라도 너그러우면 허물은 없다. 간사한 이론에 막혀 앞으로 나아가기 어렵다. 피차 믿지 않으니 근심과 즐거움이 반반이다. 안정하면 길하나 움직이면 흉하다.

■ 12월 784

절박한 재난을 만나 살까지 떨어져 나간 상이다. 장차 몸을 망치니 매우 흉하다. 아첨과 간신을 막지 않으면 기회를 만나기도 어렵다. 거듭 형극이 와 위험과 험난함에 빠진다. 뜻밖의 재난을 만나는데 그 흉함은 말로 다 표현할 수가 없다.

연평 612

수천수괘 2효(水天需卦 二爻) ䷄

점점 험난해지니 언어에 상처가 있다. 굳센 중용으로 잘 기다리면 결국은 길하다. 정당한 이론이 사에 막히고, 시험에서는 책망을 듣는다. 어린아이의 투쟁이나 소송은 반드시 시비가 된다. 남을 너그럽게 대하면 모든 일이 자연히 밝아진다.

■ 정월 623
절제하지 못하다 슬퍼지는데 허물할 데가 없다. 누구를 탓하겠는가. 사치와 욕망이 넘치며 떳떳하지 못하다. 소비와 지출이 가볍지 않으니 재물이 손실되고, 사람과 이별한다. 스스로 절제하지 못함을 알고 뉘우친다.

■ 2월 526
소리가 하늘에 닿으나 어찌 오래가랴. 신의도 다하면 쇠퇴하고, 충성도 독실하면 안으로 상실감이 생긴다. 왕궁에 올라 천자와 함께 한다. 높은 것을 다투며 강함을 억제하니 진출하기 어렵다. 혹 사물이 손상되거나 명예와 수명이 보전하기 어렵다.

■ 3월 224
즐거움을 헤아려 보고 안녕하지 못하니 한계를 두고 병을 삼는 것이 좋다. 정을 지키고 사를 멀리하면 반드시 경사가 생긴다. 선비는 선출되고, 상인은 이익을 얻는다. 식구가 늘거나 재물이 생기는 기쁜 일이 한 번 있다. 병자는 편하지 못하니 심지가 안녕하지 못하다.

■ 4월 261
앙상한 나무에 엉덩이를 대는 것처럼 곤궁하니 앉아 있어도 편안하지 않다. 3년씩이나 곤궁에 빠져 있다. 의지할 데가 한 군데도 없으니 슬프다. 만약 근심이나 놀람이 없으면 상복을 입을 수 있다. 운수가 이와 같으니 이로운 것이 하나도 없다.

■ 5월 425
천자의 누이동생을 시집보내니 보름이 되면 길하다. 존귀하면서 낮추고 귀하면서 굴복하는 것은 여인의 덕이 융성함이다. 영전할 수요 등과할 운이다. 꾀하면 뜻대로 되고 혼인하고 재물을 얻는다. 영화의 길에 오르는데 국빈이 될 수도 있다.

■ 6월 442

벼락이 치니 위태롭다. 강세를 탔기 때문이다. 재물이 상할까 두려워 높은 언덕에 오른다. 험난함과 간사함을 만나 처음에는 미혹되다 나중에는 얻는다. 노인은 목숨이 위험하고, 젊은이는 반드시 놀랄 일이 생긴다. 분쟁·소송·실물은 7에서 생긴다.

■ 7월 326

거슬리며 어그러져 합하기 어려우니 외롭다. 돼지 진흙과 귀신 한 차 싣는 것을 본다. 모든 의심이 사라지니 원수가 아니라 결혼이다. 의심하며 염려했는데 결정한 뒤에 보니 좋은 소식이다. 어려움과 속임을 당하기 쉽고, 처음에는 손해를 보나 나중에는 좋다.

■ 8월 313

공후가 천자에게 드리니 소인은 이기지 못한다. 대신이 임금을 얻으면 충성하게 된다. 조정에서 중임을 맡고, 선비는 크게 괴수된다. 소인은 무리가 속이고 멸시하니 반드시 재해가 따른다. 운이 불리하면 형극이나 상해를 면하기 어렵다.

■ 9월 361

꼬리에 물을 적셨으니 이보다 더 부끄러운 일이 있겠는가. 그 재주를 헤아려 볼 줄 모르니 알지 못함의 극치다. 앞길이 험난하게 막혔으니 전진하기 어렵고, 경영하는 일은 뜻대로 되지 않는다. 물을 건너거나 배를 탈 때는 조심하라.

■ 10월 764

어리석으며 곤궁하니 부끄럽고 실재와 거리가 멀다. 스승과 친하지 않고 어진 벗도 얻지 못한다. 관직자는 끌어주거나 구원이 없으니 앞으로 나아가기도 어렵다. 인정은 어그러지고 경영은 막힌다. 조용히 있으면 재난이 없으나 움직이면 손해를 본다.

■ 11월 382

앞으로 나아가 근심하나 견고하며 바르면 길하다. 중정으로 스스로 지키면 당연히 남이 구해준다. 왕이 총명하게 나아가면 처음에는 좌절하나 나중에는 믿는다. 구하고 꾀하는 일은 뜻대로 되며 어머니의 힘이 많다. 아내의 재물에 이익이 있을 수 있다.

■ 12월 185

편안할 때 위태로움을 염려하고, 있을 때 망실을 생각한다. 재난은 가고 새 복이 온다. 원수와 시기하는 자는 가고 명리도 이룬다. 전답과 잠업이 유리하며 창고에 가득 차게 된다. 깊이 생각하고 염려해 환란의 실마리를 막아라.

연평 613

수천수괘 3효(水天需卦 三爻) ䷄

재앙은 밖에 있는데 뻘밭에서 기다린다. 나 때문에 도적이 오나 조심하면 패가 없다. 지나치게 강하니 더욱 험난해진다. 선비는 반드시 욕을 당하며 스스로 빼어나지 못한다. 도적이나 실물을 당할 운인데 배를 타면 흉하다.

■정월 214
엉덩이에 살이 없으니 그 걸음도 주저된다. 말을 듣고 믿지 못하는 것은 총명하지 못해서다. 처한 자리가 부당하니 그 해가 적지 않다. 재주와 힘이 모자라니 나아가기 어렵다. 관재와 귀·발등에 병이 따를 운이다.

■2월 251
자리를 깔되 깨끗한 띠를 쓰니 유약하며 어둡다. 두려워하고 조심하면 허물이 없다. 신중한 도리는 사용처가 매우 많다. 조심하며 절약하는 사람이니 재물과 이익이 따른다. 불길한 운을 만나 복 입을까 두렵다.

■3월 415
겉은 부드러우나 속은 강하니 건장함을 쓰지 않는다. 바르고 안정되게 지키면 좋으나 망동하면 재앙이 생긴다. 거칠어진 정치로 파직·연금·명예 상실이 따르며 성공하지 못한다. 좋은 계책은 펼 수 없으니 이로운 것이 하나도 없다. 만일 병자이면 몸을 잃을 수 있다.

■4월 432
차양이 많아 대낮에도 두성을 본다. 가면 의심병이 생기나 지성을 두면 길하다. 밝음과 움직임이 서로 도와 풍성해진다. 처음에는 잃으나 나중에는 얻고, 오래 침체된 후 발전한다. 오래 곤궁하다 재물이 생기나 근심이나 슬픔이 생길까 두렵다.

■5월 316
하늘이 도와주니 이롭지 않은 것이 없다. 신의와 순리를 지키며 어진 사람을 숭상한다. 가득 차면 잃을 수 있으니 겸손하라. 벼슬한 사람은 직위가 좋아지고, 선비는 명예를 이룬다. 윗사람의 비호로 복과 경사를 누린다.

■ 6월 323

수레가 끌려가는 것을 보고 그 소는 제거된다. 머리털은 뽑히고 코는 잘리는 격이니 처음은 없고 끝만 있다. 지위가 부당하며 강적을 만난다. 꾀하며 바라는 일에 막힘이 있으니 험난함에서 편안함을 구하라. 만약 흉한 운을 만나면 골육의 형상이 따른다.

■ 7월 351

솥발이 자빠진 것처럼 나쁘니 더러움을 내보내야 이롭다. 만약 어진 첩을 얻으면 그 아들에게는 허물이 없다. 악은 버리고 좋은 것만 받으니 귀인을 따른다. 남의 덕으로 성사되고, 첩과 자식을 얻는다. 근심은 흩어지고 기쁨이 생기며, 천민은 귀하게 된다.

■ 8월 754

더디게 처사하니 매일 더 어그러진다. 가면 부끄러움을 보게 되니 어찌 일을 구제하랴. 안 일무사하면 좋은 곳이라도 흉으로 내닫는다. 방종한 욕망으로 안일을 도모하면 일마다 손해를 본다. 발에 병이 생기거나 험난함에 빠질까 두렵다.

■ 9월 372

나그네는 여관으로 가고, 재물도 품에 지닌다. 시종이 착하니 끝내 과실이 없다. 유순하고 중정하니 마음이 내외를 얻는다. 적극적으로 나아가 명예를 이루거나 성조나 집을 수리한다. 다른 군에서 일을 꾀하고, 식구가 늘거나 좋은 부하를 얻을 수 있다.

■ 10월 175

물러나 숨는 것이 좋은데 바르고 견실하면 길하다. 뜻에 사나 흐트러짐이 없으니 움직이고 쉬는 데 어김이 없다. 꽃 선경에 피고 꽃방석에 불을 끈다. 등용되거나 영전할 운으로 반드시 좋은 기회가 온다. 몸은 존귀한 사람과 가까이 하며 경사가 생길 수 있다.

■ 11월 383

여러 사람이 미더워하니 위에 올라 행한다. 대중이 믿고 따르니 어찌 불리하겠는가. 관직자는 승진이나 영전하고, 선비는 천거된다. 벗을 얻어 함께 일하니 경영하거나 꾀하는 일을 이룬다. 먼저 도적을 막고, 뒤로는 사람의 도주를 예방하라.

■ 12월 486

즐거움에 어두워 성취하기는 하나 변하면 허물이 없다. 끝없는 욕망을 따르면 죽는다. 탐관 오리가 되어 귀양가기 쉽고 어두워 차질이나 잘못이 있다. 교만하면 분쟁·소송·재난이 따르나 개과천선하면 허물을 면할 수 있다.

수천수괘 4효(水天需卦 四爻)

이미 험난함에 상했으니 편한 곳이 못된다. 조용히 때를 기다리면 험난함에서 빠져나올 수 있다. 나아가면 편안하지 않으나 물러서면 문득 편안해진다. 상해가 평평해지며 오래 막힌 것이 퍼진다. 운이 흉하면 혈액질환이 따르는데 산아의 근심도 있다.

▪ 정월 815
천자의 누이동생을 시집보내니 복이며 매우 길하다. 어질고 강명한 분을 따르니 대길하다. 주로 영전되거나 기쁜 일이 있다. 과거에 올라 월계관을 쓰고 추대를 받는다. 결혼·출산양육이 있고, 모든 복이 다 모인다.

▪ 2월 832
왼쪽 다리를 상하니 건장한 말로 구제하라. 시기에 순응해야 처신을 잘 하는 것이다. 관직의 길은 유리하나 어두운 주인을 만날 수 있다. 선비는 첩보가 있고, 보통 사람은 재앙이 있다. 만일 운이 좋으면 부자가 될 수도 있다.

▪ 3월 716
하늘의 거리니 형통하며 큰 도를 행한다. 어진 사람이 뜻을 얻었으니 어진 길도 대통하게 된다. 예절·풍류·법에 어김이 없다. 꾀하는 일은 모두 이로우니 하늘과 거리에서 좋다. 천거하여 하늘에 오르고 진취하여 명예를 이룬다.

▪ 4월 723
전지가 교제하면 만물도 화생한다. 남녀의 정이 얽히면 만물이 화생하는 것이다. 셋이 가면 한 사람을 잃게 된다. 도반은 벗이 되고 협력자도 많다. 경영하거나 꾀하는 일은 이롭고, 이혼한 사람은 배우자를 얻는다.

▪ 5월 751
아버지의 일을 주간하니 죽은 아버지의 뜻을 계승한다. 앞 사람의 잘못을 자식이 능히 주간한다. 폐단은 깊지 않으니 일은 쉽게 구제된다. 자식이 아버지 사업을 계승하니 꾀하는 일을 이루지 못한다. 운이 흉하면 근심이 따르고, 노인은 살기 어렵다.

■6월   354

솥발이 부러져 공석에서 쓸 곰국이 엎어졌다. 덕은 박한데 지위는 높고, 지혜는 적은데 꾀하는 일은 크다. 벼슬한 사람은 내쫓기거나 강등당하고, 선비는 발전하기 어렵다. 만약 파손되지 않으면 발에 병이 생긴다. 불길한 운을 만나 수명이 꺾일까 두렵다.

■7월   772

장딴지에 그쳐 있으니 마음이 불쾌하다. 마음이 움직이면 몸도 따라 움직인다. 위태롭고 전복됨을 붙잡을 능력이 없고, 선비는 기회조차 없다. 구하고 꾀하는 일은 이루기 어렵고, 노력해도 고생일 뿐이다. 말의 병이 있거나 가정에 근심이 있을 운이다.

■8월   575

기러기가 언덕으로 날아간다. 3년이 되어도 임신하지 못한다. 결국은 이기지 못하나 소원은 이룬다. 중정의 도는 반드시 이루어진다. 처음에 잃으나 나중에는 얻고, 처음에 어두우나 나중에는 밝아진다. 노인은 수명이 손상되고, 어린이는 기르기 어려울 수 있다.

■9월   783

떨어져 가는데 허물이 없고, 상하를 잃어버린다. 뜻은 당연히 정도를 따르니 가히 선하다. 명리를 다른 길에서 구하면 높이 된다. 지기를 만나기 어려우니 생애가 담박하다. 근심은 부모와 처자에 있다.

■10월   886

용이 들에서 싸우니 그 피가 검푸르고 누렇다. 둘 다 패하고 상처를 입으니 반드시 피의 재난을 본다. 화를 입고 강등·퇴출·파손할 위험이 있다. 선비는 크게 발전하나 근심과 해로움은 면하기 어렵다. 시비·분쟁·소송·파괴·실패·위험·사망 등이 따른다.

■11월   384

다람쥐처럼 나아가는 격이니 바르고 견고하면 위태롭다. 중정하지 못하면서 높은 자리만 탐낸다. 생각마다 잃어버릴까 근심하고, 경영하는 일은 자신을 해친다. 간하는 의론에 막히는데 요행으로 진출하려고 도모하지 말라. 탐심이 많아지면 오히려 물건만 손해본다.

■12월   341

형틀을 신겨 발을 베어 없애나 행하지 않으면 허물이 없다. 적은 것을 징계해 큰 것을 경계하는 것은 소인의 복이다. 거동에 어려움이 많으니 공명을 이루지 못한다. 보통 사람은 형벌을 조심해야 한다. 근신하면 재앙을 면할 수 있으나 풍병에 걸릴까 두렵다.

연평 615

수천수괘 5효(水天需卦 五爻) ䷄

주식에서 기다리니 편안하게 때를 기다린다. 도로 극진히 행하면 반드시 소득이 있을 것이다. 임금의 잔치에서 음식을 먹고 식읍을 받을 영화가 있다. 반드시 독식과 재물이 있고, 혼인할 운이다. 잔치 음식을 베푸는 경사가 있다.

■ 정월 516

이미 화하여 처한 것은 덕을 숭상하며 쌓았기 때문이다. 달이 거의 보름이 되었으니 부인이 견고하면 위태롭다. 군자는 나가면 반드시 소인의 간계와 시비로 시끄럽다. 시끄러움 속에서는 물러나고, 즐거운 곳에서는 탐하지 말라.

■ 2월 532

성취하려고 하지 않고 가정에서 음식을 만들면 길하다. 정과 사랑에 빠지면 이루지 못한다. 벼슬한 사람은 조정에 들어 녹과 복이 빛난다. 선비는 학업이 좋아져 장학금을 타니 길하다. 경영하거나 꾀하는 일을 이루며 재물과 양식이 늘어난다.

■ 3월 551

초기에 손순하면 진퇴의 뜻을 의심받을 뿐이다. 무사처럼 꿋꿋해야 그 뜻을 다스릴 수 있다. 진퇴가 일정하지 않은데 어려운 가운데 쉬운 것도 있다. 무관 선출이면 유리하나 문관 선임이면 막힌다. 득실이 있는데 의심과 훼방이 많이 따른다.

■ 4월 154

꾸러미에 고기가 없으니 흉하다. 상하로 만날 수 없으니 고립되어 어렵다. 인심은 흩어지고 만사는 모두 무너진다. 내쫓기고 강등되어 욕을 면하기 어렵다. 날마다 시비가 생기며 수도(나이)에 불리하다.

■ 5월 572

기러기가 반석으로 날아가니 음식에 즐거움이 있다. 험난함에서 점점 멀어져 평안해진다. 녹을 먹고 제주를 담당하거나 군신의 잔치에 간다. 금은·곡식·고기도 많고 이롭지 않은 일이 없다. 가는 곳마다 반석처럼 편안하다.

■ 6월 775

말에 순서가 있으면 후회는 없으리라. 언행을 조심하라. 말을 그치면 허물도 작아진다. 언론직이 좋은데 큰 책임을 맡는다. 한 말로 주인과 맞으니 언론 시험에서 명예를 이룬다.

■ 7월 583

나의 소행으로 진퇴하게 된다. 좋은 것을 순응하면 도덕을 잃지 않을 것이다. 진퇴가 무상하고, 쟁탈이 한결같지 않다. 득실이 정해져 있지 않으니 다시 잘 살펴봐라. 진실을 알면 설행하고, 어려움을 알면 물러서라.

■ 8월 686

친하게 지내며 돕는데 머리가 없으니 끝도 없다. 버리는 시기이니 반드시 흉하다. 대중이 도와주지 않으니 처세가 위험하고, 위에서도 도와주지 않으니 명예를 얻기 어렵다. 형극과 재앙으로 인정이 흩어질 것이다.

■ 9월 184

명에 순종하면 무슨 과오가 있으리. 때를 만나 도를 행하니 친구에게까지 복이 미친다. 다른 사람의 천거로 명예가 날로 드러난다. 전답과 사업도 날로 늘어나며 좋은 일이 많아진다. 은혜가 자손에게까지 미치고 복도 심원해진다.

■ 10월 141

망령됨과 사가 없으니 나아가면 뜻을 얻는다. 기거와 행동이 모두 천리에 맞는다. 거듭 도모해도 풍파가 전혀 없다. 임금도 얻고 백성도 얻어 명예를 이룬다. 보통 사람이 이와 같으면 가히 이익을 얻으리라.

■ 11월 385

후회가 사라지는 곳에서 잃고 얻는 것을 근심하지 말라. 나가면 경사가 있으니 이롭지 않은 곳이 없다. 성의와 충성을 다하니 뜻이 천하에 통한다. 영천이나 발탁되는 기쁨이 있고, 앞으로 나아가 명예를 이룬다. 경영하거나 꾀하는 일이 이로우니 어찌 파란을 염려하랴.

■ 12월 362

수레바퀴를 끌면 견실하고 바르게 되어 길하다. 어려운 임금의 도에 힘입을 곳은 재주있는 신하다. 어려운 직분을 잘 이겨내면 총애와 신임이 전일하다. 전진이 불리하니 안정하고 분수를 지켜라. 꾀하고 바라는 일은 가하나 망령되게 행동하면 곤궁해진다.

연평 616

수천수괘 상효(水天需卦 上爻) ䷄

구멍에 들어 있으니 오는 손님 셋이다. 비록 강폭하나 조심하면 결국은 길하다. 참으면서 조심하면 화를 면할 수 있다. 조심하면서 참소나 간신을 막고, 신중하게 의심과 시기를 꾀하라. 한번 흉한 운이 오면 감옥이나 무덤에 들어가게 된다.

■ 정월 651
재주도 약하고 응원도 없으니 버려진 샘과 같다. 사람도 먹을 수 없고, 날짐승도 돌아보지 않는다. 관직자는 한직으로 물러나 명예를 구해도 이루지 못한다. 경영하거나 꾀하는 일은 막히는데 운이 흉하면 세상을 버린다. 사물에 미치지 못해 버리는 것이다.

■ 2월 254
대들보가 튼튼해 아래로 꺾이지 않으니 길하다. 능히 국사를 편안하게 하고 문무를 병용한다. 구관이면 나라의 대들보요, 처음 벼슬해도 중임을 맡는다. 앞으로 나아가 명예를 이루고, 성조나 집을 수리한다. 유약하며 한결같지 않게 일을 하면 간사함에 말려들 수 있다.

■ 3월 672
신하가 어렵고 험난하나 자신의 잘못이 아니다. 뜻은 임금을 주제하는데 있으니 결국은 허물이 없다. 충정한 절의를 본받아 나라를 편안하게 한다. 만나는 것은 때가 아니고, 어려움을 건너고 험난함을 지난다. 경영하는 일은 막히고, 혹 몸도 보전하기 어렵다.

■ 4월 875
부자가 하지 않고 이웃과 함께하니 침략과 정벌에도 이롭다. 재물로 자신을 발전시키니 따르는 사람이 많다. 문무를 겸비하며 병권을 장악할 수도 있다. 과거에 오를 운인데 귀인을 만나 성사된다. 재리를 배로 얻으나 투쟁이나 소송을 조심하라.

■ 5월 683
사람 아닌데 비하나 상하지 않으랴. 당과 동료가 착하지 않으니 모든 일이 간사하다. 공업은 반드시 무너져 재난과 해만 입는다. 벗을 잃고 시기하다 혈기가 손상될 수도 있다. 가정이 깨지거나 자신이 손상이나 형벌을 당하거나 상복을 입을 일이 많다.

■ 6월 586

살아가는 것을 보니 군자이면 허물이 없다. 자신을 반성하면서 시종 한마음으로 한다. 경영하거나 꾀하는 일은 막히니 만족하지 못한다. 병자는 살아나고, 임신하면 유리하다. 진취가 심난하니 물러나 수신하면서 반성하라.

■ 7월 284

자리가 부당하니 많이 선해야 허물이 없다. 모두 좋지 않은데 어찌 대길하겠는가. 고를 버리고 하로 가니 진취가 부당하다. 만약 정직하지 않으면 재화를 면할 수 없다. 큰 덕이 있는 군자라야 바야흐로 복을 받는다.

■ 8월 241

마음을 바꿔 정도를 따르면 길하다. 교제가 공정하면 당연히 공이 있다. 만일 사랑이나 애정에 매이면 정리와 합할 수 없다. 선비는 좋은 기회가 있고, 따르는 곳에 공이 있다. 보통 사람이 이와 같으면 이익이 많다.

■ 9월 485

강세를 타 견고해도 병이 된다. 항상 중도를 잃지 않으면 죽지 않고, 권세가에게 의지하면 은혜와 총애를 받는다. 이끌어주는 사람도 없고, 좋은 기회를 만나기도 어렵다. 심사를 정하지 못하면 재해를 당한다.

■ 10월 462

사냥하여 여우 셋과 누런 화살을 얻는다. 간사함과 아첨이 난무하나 정직함으로 제거한다. 영전·천거·발탁될 운이다. 세 번 꾀하여 세 번 이루며 전답과 재산도 늘어난다. 만약 전쟁이나 사냥을 하면 이익이 작지 않을 것이다.

■ 11월 386

뿔 위까지 나가 사심의 마을을 쳐라. 진퇴가 심란하니 정당한 곳에 처해도 부끄럽다. 안으로 사심을 치료하며 반성하면 허물은 없다. 집을 다스리는 상으로 성조나 집수리할 운이다. 수가 불길하면 정벌·분쟁·소송이 따른다.

■ 12월 373

나그네가 집을 불사르는데 진실한 시종도 잃었다. 마음만 심란해 베게 베고 탄식한다. 벼슬한 사람은 직위를 잃고, 선비는 명예를 잃는다. 집은 불에 타고 인구마저 잃는다. 지나치게 강해 되지 않고, 여행하다 재난을 당한다.

연평 621

수택절괘 초효(水沢節卦 初爻) ䷻

호정에도 나가지 말라. 먼저 동태하고 막힘을 알아야 한다. 임금이 조심하지 않으면 어진 신하를 잃는다. 사소한 일도 조심하지 않으면 재해가 생긴다. 옮겨가지 못할 운으로 진취가 불리하다. 구덩이에 빠질 징조이니 옛것을 지켜야 한다.

■ 정월 642

막히고 어려우니 말을 타고 나가지 못하고 머뭇거린다. 운이 흉하고 이치가 다했으니 망령되게 구하는 자도 갔다. 신분과 직위를 고쳐 권세가 날로 심하다. 선비는 나아가기 어렵고 혼인할 운이다. 운이 흉하면 난리·소송 구속·연금이 따른다.

■ 2월 845

회복이 두터우니 후회할 일이 없고, 중도를 지켜 스스로 이룬다. 선한 마음이 싹트면 덕을 쌓게 된다. 영전·이동·등용·천거의 운이다. 재물과 이익이 쌓이는데 이익은 전토에 있다. 복제를 막지 못하면 아버지가 불리하다.

■ 3월 633

성군이 먼 곳을 토벌해 3년에야 이겨냈다. 지극히 어렵고 노곤하니 소인은 쓰지 말라. 오랜 뒤에 이길 수 있으니 경중이 없으면 불가하다. 진취는 오래되어야 하니 뒤에 이기는 탄식이 있다. 원한·분쟁·소송이 따라 피곤해진다.

■ 4월 536

신뢰와 위엄으로 행하면 결국은 길하다. 자신이 도를 행하지 않으면 처자에게도 강요할 수 없다. 가정을 다스리려면 자신이 먼저 바르게 해야 한다. 지위가 높고 권세가 중하니 앞으로 나아가 명예를 이룬다. 경영하거나 꾀하는 일은 뜻대로 되고, 여자는 귀부인이 된다.

■ 5월 234

성실과 신뢰로 명을 고치면 후회할 일이 없고 길하다. 강유가 치우치지 않고 때에 따라 조치한다. 새로운 것을 받아들이고 옛것을 고친다. 승진·영전·등용·천거의 영화가 있고, 명을 고치는 운수로 점점 더 아름다워진다.

■ 6월   271

엄지발가락에 감응이 있으니 뜻은 밖에 있다. 비록 뜻은 동했으나 감응은 깊지 않다. 어둡고 유약하며 조급해 사물에 접하지 못한다. 먼 곳에서 행상이나 유랑하는 상이다. 경영하거나 꾀하는 일에 급급하나 이루기는 어렵다.

■ 7월   435

밝음이 이르니 경사와 명예가 따른다. 비록 본성이 유순하며 어두우나 능히 문명을 이룬다. 집안이 향기롭고 월계관을 쓰리라. 좋은 사람과 교류하며 천거를 받아 바라는 일이 뜻대로 된다. 노인은 관대를 입는 영화를 보리다.

■ 8월   412

견고하고 바르게 중도를 행하면 길하다. 중정을 잃지 않으면 충분히 길하다. 깨끗하고 높은 지위에 올라 명예를 얻는다. 하는 일마다 뜻대로 된다. 마음은 사심과 치우침이 없고, 하는 일은 지나침이 없다.

■ 9월   336

왕이 출정하는 것은 나라를 올바르게 하기 때문이다. 간신과 죄악을 살피고 위엄과 형벌을 실행한다. 천하를 밝게 분별하는 것은 아름다운 공을 세우기 위해서다. 출사해 공업을 이룬다. 앞으로 나아가 우두머리가 되고, 경영하는 일에서는 이익을 얻는다.

■ 10월   343

질긴 고기를 씹다 독을 만난다. 부당하게 남을 형벌하니 불복한다. 재주가 약하면 잃는 것이 있고, 학식이 얕으면 욕을 본다. 쉬운 일도 주간하기 어려우니 처신이 편안하지 않다. 뱃속에 병이 있거나 놀라거나 험한 일을 당할 수 있다.

■ 11월   371

나그네가 자질구레하고 더럽게 구니 뜻이 궁박해 재난을 당한다. 재주가 미치지 못하니 지위가 있어도 감당하지 못한다. 야비하고 더러운 상이니 천하고 더러움을 면하기 어렵다. 국이 너무 얕으니 재난이 절박한다. 상업이나 여행은 불리하니 기로에서 잘 선택하라.

■ 12월   774

몸에 그치니 허물이 없다. 몸을 보지 못하면 그 사람도 볼 수 없다. 망동하지 않으면 허물이 없다. 그 직위에서 벗어날 생각은 하지 말고 편안하게 있어라. 분수를 지키면 편안하나 분수를 넘으면 불가하다.

연평 622

수택절괘 2효(水沢節卦 二爻) ▤.

시기를 잃어 안뜰에도 나오지 못하고, 사물이 끊기고 스스로 폐지한다. 때를 잃어 액을 만나니 발전하기 어렵다. 불통되어 화를 당하고, 간여할 곳에 간여하지 못한다. 움직이면 좋으나 가만히 있으면 좋지 않다.

■ 정월 613
재앙은 밖에 있는데 뻘밭에서 기다린다. 나 때문에 도적이 오나 조심하면 패가 없다. 지나치게 강하니 더욱 험난해진다. 선비는 반드시 욕을 당하며 스스로 빼어나지 못한다. 도적이나 실물을 당할 운인데 배를 타면 흉하다.

■ 2월 516
이미 화하여 처한 것은 덕을 숭상하며 쌓았기 때문이다. 달이 거의 보름이 되었으니 부인이 견고하면 위태롭다. 군자는 나가면 반드시 소인의 간계와 시비로 시끄럽다. 시끄러움 속에서는 물러나고, 즐거운 곳에서는 탐하지 말라.

■ 3월 214
엉덩이에 살이 없으니 걷기가 거북하다. 말을 듣고도 믿지 못하는 것은 총명하지 못해서다. 처한 자리가 부당하니 그 해가 적지 않고, 재주와 힘이 모자라니 앞으로 나아가기 어렵다. 관재와 귀·발등에 병이 따를 운이다.

■ 4월 251
자리를 깔되 깨끗한 띠를 쓰니 유약하며 어둡다. 두려워하고 조심하면 허물이 없다. 신중한 도리는 사용처가 매우 많다. 조심하며 절약하는 사람이니 재물과 이익이 따른다. 불길한 운을 만나 복 입을까 두렵다.

■ 5월 415
겉은 부드러우나 속은 강하니 건장함을 쓰지 않는다. 바르고 안정되게 지키면 좋으나 망동하면 재앙이 생긴다. 거칠어진 정치로 파직·연금·명예 상실이 따르며 성공하지 못한다. 좋은 계책은 펼 수 없으니 이로운 것이 하나도 없다. 만일 병자이면 몸을 잃을 수 있다.

▪ 6월 432

차양이 많아 대낮에도 두성을 본다. 가면 의심병이 생기나 지성을 두면 길하다. 밝음과 움직임이 서로 도와 풍성해진다. 처음에는 잃으나 나중에는 얻고, 오래 침체된 후 발전한다. 오래 곤궁하다 재물이 생기나 근심이나 슬픔이 생길까 두렵다.

▪ 7월 316

하늘이 도와주니 이롭지 않은 것이 없다. 신의와 순리를 지키며 어진 사람을 숭상한다. 가득 차면 잃을 수 있으니 겸손하라. 벼슬한 사람은 직위가 좋아지고, 선비는 명예를 이룬다. 윗사람의 비호로 복과 경사를 누린다.

▪ 8월 323

수레가 끌려가는 것을 보고 그 소는 제거된다. 머리털은 뽑히고 코는 잘리는 격이니 처음은 없고 끝만 있다. 지위가 부당하며 강적을 만난다. 꾀하며 바라는 일에 막힘이 있으니 험난함에서 편안함을 구하라. 만약 흉한 운을 만나면 골육의 형상이 따른다.

▪ 9월 351

솥발이 자빠진 것처럼 나쁘니 더러움을 내보내야 이롭다. 만약 어진 첩을 얻으면 그 아들에게는 허물이 없다. 악은 버리고 좋은 것만 받으니 귀인을 따른다. 남의 덕으로 성사되고, 첩과 자식을 얻는다. 근심은 흩어지고 기쁨이 생기며, 천민은 귀하게 된다.

▪ 10월 754

더디게 처사하니 매일 더 어그러진다. 가면 부끄러움을 보게 되니 어찌 일을 구제하랴. 안일무사하면 좋은 곳이라도 흉으로 내닫는다. 방종한 욕망으로 안일을 도모하면 일마다 손해를 본다. 발에 병이 생기거나 험난함에 빠질까 두렵다.

▪ 11월 372

나그네는 여관으로 가고, 재물도 품에 지닌다. 시종이 착하니 끝내 과실이 없다. 유순하고 중정하니 마음이 내외를 얻는다. 적극적으로 나아가 명예를 이루거나 성조나 집을 수리한다. 다른 군에서 일을 꾀하고, 식구가 늘거나 좋은 부하를 얻을 수 있다.

▪ 12월 175

물러나 숨는 것이 좋은데 바르고 견실하면 길하다. 뜻에 사나 흐트러짐이 없으니 움직이고 쉬는 데 어김이 없다. 꽃 선경에 피고 꽃방석에 불을 끈다. 등용되거나 영전할 운으로 반드시 좋은 기회가 온다. 몸은 존귀한 사람과 가까이 하며 경사가 생길 수 있다.

수택절괘 3효(水沢節卦 三爻)

절제하지 못하다 슬퍼지는데 허물할 데가 없다. 누구를 탓하겠는가. 사치와 욕망이 넘치며 떳떳하지 못하다. 소비와 지출이 가볍지 않으니 재물이 손실되고, 사람과 이별한다. 스스로 절제하지 못함을 알고 뉘우친다.

▪ 정월 224
즐거움을 헤아려 보고 안녕하지 못하니 한계를 두고 병을 삼는 것이 좋다. 정을 지키고 사를 멀리하면 반드시 경사가 생긴다. 선비는 선출되고, 상인은 이익을 얻는다. 식구가 늘거나 재물이 생기는 기쁜 일이 한 번 있다. 병자는 편하지 못하니 심지가 안녕하지 못하다.

▪ 2월 261
앙상한 나무에 엉덩이를 대는 것처럼 곤궁하니 앉아 있어도 편안하지 않다. 3년씩이나 곤궁에 빠져 있다. 의지할 데가 한 군데도 없으니 슬프다. 만약 근심이나 놀람이 없으면 상복을 입을 수 있다. 운수가 이와 같으니 이로운 것이 하나도 없다.

▪ 3월 425
천자의 누이동생을 시집보내니 보름이 되면 길하다. 존귀하면서 낮추고 귀하면서 굴복하는 것은 여인의 덕이 융성함이다. 영전할 수요 등과할 운이다. 꾀하면 뜻대로 되고 혼인하고 재물을 얻는다. 영화의 길에 오르는데 국빈이 될 수도 있다.

▪ 4월 442
벼락이 치니 위태롭다. 강세를 탔기 때문이다. 재물이 상할까 두려워 높은 언덕에 오른다. 험난함과 간사함을 만나 처음에는 미혹되다 나중에는 얻는다. 노인은 목숨이 위험하고, 젊은이는 반드시 놀랄 일이 생긴다. 분쟁·소송·실물은 7에서 생긴다.

▪ 5월 326
거슬리며 어그러져 합하기 어려우니 외롭다. 돼지 진흙과 귀신 한 차 싣는 것을 본다. 모든 의심이 사라지니 원수가 아니라 결혼이다. 의심하며 염려했는데 결정한 뒤에 보니 좋은 소식이다. 어려움과 속임을 당하기 쉽고, 처음에는 손해를 보나 나중에는 좋다.

■ 6월 313

공후가 천자에게 드리니 소인은 이기지 못한다. 대신이 임금을 얻으면 충성하게 된다. 조정에서 중임을 맡고, 선비는 크게 괴수된다. 소인은 무리가 속이고 멸시하니 반드시 재해가 따른다. 운이 불리하면 형극이나 상해를 면하기 어렵다.

■ 7월 361

꼬리에 물을 적셨으니 이보다 더 부끄러운 일이 있겠는가. 그 재주를 헤아려 볼 줄 모르니 알지 못함의 극치다. 앞길이 험난하게 막혔으니 전진하기 어렵고, 경영하는 일은 뜻대로 되지 않는다. 물을 건너거나 배를 탈 때는 조심하라.

■ 8월 764

어리석으며 곤궁하니 부끄럽고 실재와 거리가 멀다. 스승과 친하지 않고 어진 벗도 얻지 못한다. 관직자는 끌어주거나 구원이 없으니 앞으로 나아가기도 어렵다. 인정은 어그러지고 경영은 막힌다. 조용히 있으면 재난이 없으나 움직이면 손해를 본다.

■ 9월 382

앞으로 나아가 근심하나 견고하며 바르면 길하다. 중정으로 스스로 지키면 당연히 남이 구해준다. 왕이 총명하게 나아가면 처음에는 좌절하나 나중에는 믿는다. 구하고 꾀하는 일은 뜻대로 되며 어머니의 힘이 많다. 아내의 재물에 이익이 있을 수 있다.

■ 10월 185

편안할 때 위태로움을 염려하고, 있을 때 망실을 생각한다. 재난은 가고 새 복이 온다. 원수와 시기하는 자는 가고 명리도 이룬다. 전답과 잠업이 유리하며 창고에 가득 차게 된다. 깊이 생각하고 염려해 환란의 실마리를 막아라.

■ 11월 373

나그네가 집을 불사르는데 진실한 시종도 잃었다. 마음만 심란해 베게 베고 탄식한다. 벼슬한 사람은 직위를 잃고, 선비는 명예를 잃는다. 집은 불에 타고 인구마저 잃는다. 지나치게 강해 되지 않고, 여행하다 재난을 당한다.

■ 12월 476

이미 극에 차 만나지 않고 지나간다. 이치를 어기고 정상을 지나니 신속하기가 나는 것과 같다. 천재와 인재를 모두 당한다. 분수를 넘으면 재난이 생기는데 의외의 재앙도 있다. 복제의 수인데 천명을 벗어나기 어렵다.

연평 624

수택절괘 4효(水沢節卦 四爻) ☵☱

절제하면 형통하고, 위의 도를 계승한다. 절제하며 법을 따른다. 왕도의 현장을 따르니 충분히 명예를 이룬다. 공을 받들고 어른을 받드니 복을 받는다. 만일 여자이면 안인이나 절부다.

■ 정월 825
대군이 지혜로 임하고, 중도에 행하니 여러 가지가 길하다. 성군은 총명하며 예지력이 있어야 한다. 벼슬한 사람은 초월적이 되고, 선비는 등용된다. 꾀하는 일은 순탄하니 이롭지 않은 것이 없다.

■ 2월 842
아름다운 회복이니 길하며 인(仁)에 내린다. 인을 얻고 인과 친하니 선이 되어 자연히 이익도 생긴다. 내쫓긴 사람도 복직되고 정지나 강등도 풀린다. 위태롭던 사람도 편안해지고 병자도 쾌유된다. 형통하며 부호가 되니 재물과 이익을 얻는다.

■ 3월 726
덜지도 않고 유익하니 큰 뜻을 이룬다. 신하를 많이 얻는데 원근이 모두 복종한다. 혜택을 주고 소비하지 않으면 그 혜택이 넓어진다. 백성은 한마음이 되고 임금의 총애도 견고하다. 선비도 뜻을 얻어 출입이 더욱 유리해진다.

■ 4월 713
좋은 말이 달리니 어렵고 올곧은 것이 이롭다. 윗사람과 뜻이 합하면 달리는 말과 같아진다. 태수(太守)가 되어 붉은 기를 꽂고, 선비는 비등한다. 지기가 서로 도우니 어려움도 이겨낸다. 열심히 노력하면 고생 끝에 얻을 것이다.

■ 5월 761
어린아이에게는 벌을 주는 것이 이롭다. 두려움을 알게 한 후 가르쳐서 인도한다. 착한 도를 알게 해야지 벌을 주면 안 된다. 문교의 직책이며 형벌을 주는 소임이다. 작은 시험은 유리하나 보통 사람은 관재나 시비가 많다.

■ 6월 364

견고하고 바르면 후회할 일이 없으니 뜻을 이룬다. 힘을 다해 원방을 정벌하면 3년에 상을 받는다. 출장 입상하고 진취하여 괴수가 된다. 공이 높으면 상도 무궁하다. 귀인이 도와주면 이익이 있으나 귀신에 기록될 우려도 있다.

■ 7월 782

흉과 사의 세력이 더욱 커져 정도를 해치고 멸망시키니 더 흉해진다. 관직자는 퇴출과 강등을 막아야 하고 진취하기는 어렵다. 주관하는 일은 이루어지지 않으니 일찍 대책을 세워라. 아랫사람에게 침해와 능멸을 당하고, 높은 사람의 시기도 받는다.

■ 8월 585

자신의 득실을 보아 인민의 좋고 나쁨을 살펴라. 태평과 난국이 나에게 달려있다. 벼슬과 녹은 숭고하고, 문장은 세상을 덮는다. 생활은 날로 좋아지고, 부인은 생산과 양육이 있다. 병에 시달리는 사람이라도 생명은 보전한다.

■ 9월 773

한계에 이르렀다. 등골뼈가 벌어질 것 같다. 사람이 거역하며 미워하니 어찌 위태롭지 않겠는가. 요직으로 옮길 수 있는데 진취하여 명예를 이룬다. 파손되며 안녕하지 못하니 위태롭다. 심장눈허리에 병이 생길까 두렵다.

■ 10월 876

지나치게 겸손할 때는 강한 무용으로 다스려라. 벼슬길에 오르나 변방으로 나가고, 선비는 작은 시험이 좋다. 투쟁이나 소송은 변명하지 않아도 자명해진다. 마음과 뜻이 깨끗하면 손실을 면할 수 있다. 한번 사심이 터지면 밝음을 등지고 어둠으로 향한다.

■ 11월 374

나그네라고 자처하며 지위도 얻지 못한다. 재물과 도끼를 얻으나 마음은 불쾌하다. 재능은 펼 수 없고 겨우 몸만 편하다. 선비는 불쾌하며 앞으로 나아가기도 어렵다. 좋은 가운데 부족함이 있으나 밖으로 나가면 이룰 수 있다.

■ 12월 331

내디딘 발길 착란하나 조심하면 허물은 없다. 그 진퇴를 아는 것은 밝게 부딪치는 도다. 조심하면서 신중하게 피하면 화를 면할 수 있다. 조급하게 움직이면 허물을 범하고, 이치에 어긋나면 분수를 범한다. 만약 그렇지 않으면 미끄러지며 발에 병이 생긴다.

연평 625

수택절괘 5효(水澤節卦 五爻) ䷻

달콤한 절제요 법도이니 길하고, 나가면 가상함이 있다. 자신을 지키면서 편안하게 행하면 천하도 기꺼이 따라준다. 수원이 감미로우면 내로 흘러도 쉬지 않는다. 관직자는 영전이나 발탁되고, 선비는 상달한다. 꾀하거나 바라는 일은 이루어지고, 행하는 일은 가상함이 있다.

■ 정월 526
소리가 하늘에 닿으나 어찌 오래가랴. 신의도 다하면 쇠퇴하고, 충성도 독실하면 안으로 상실감이 생긴다. 왕궁에 올라 천자와 함께 한다. 높은 것을 다투며 강함을 억제하니 진출하기 어렵다. 혹 사물이 손상되거나 명예와 수명이 보전하기 어렵다.

■ 2월 513
수레바퀴통이 벗겨지며 부부는 반목한다. 나아가도 이롭지 않고 물러서도 가정이 편안하지 못하다. 영화를 누리다 욕을 보고, 나아가려다 물러선다. 발이나 눈에 병이 생기고, 식구는 분리된다. 모든 재난이 함께 와 가문에 후회하거나 부끄러운 일이 생긴다.

■ 3월 561
구제하는데 건장한 말을 쓰니 길하다. 굳세고 중정한데 친히 사귀며 서로 구한다. 빨리 영전하며 선비는 비등해진다. 귀인과 교류하거나 천거를 받아 꾀하는 것을 모두 이룬다. 흐트러짐도 초기에 구하면 힘을 들이지 않아도 된다.

■ 4월 164
송사에서 이기지 못하고 정도로 돌아온다. 안정하면 실책이 되지 않는다. 언행과 동정은 천명을 잃지 말라. 한가로움 속에서 복직되며 진취를 잃지 않는다. 과실을 고치며 선해지니 관재나 소송은 없다.

■ 5월 582
여인의 정절을 몰래 훔쳐보니 추하다. 보는 것이 밝지 못하니 순종할 따름이다. 재주는 있으나 미치지 못해 문리에 통달하지 못한다. 집에 있으면 어두우나 밖으로 나가면 밝아진다. 여인 때문에 추한 일이 생기고, 여자는 기쁘나 남자는 슬프다.

■6월 785

모든 음이 순종하니 소인도 선해진다. 관직자는 요직에 오른다. 경영하거나 꾀하는 일에 뽑히고 인정도 화합된다. 가정이 화평하며 복이 생기고, 궁궐의 관찰이나 주지가 된다. 궁인의 총애를 받으니 이롭지 않은 것이 없다.

■7월 573

기러기가 육지로 올라오나 편안한 곳이 아니다. 남편은 나가 돌아오지 않고, 부인은 임신하나 양육하지 못한다. 그러나 정도를 지키며 사를 막으면 허물은 없을 것이다. 귀양·강등·막힘·침체가 따를 운이다. 인정이 화목하지 못하니 도적이 침범한다.

■8월 676

안에 뜻이 있으니 가면 험난하나 오면 너그러워져 험난함이 해결된다. 대인을 보는 것이 이롭고, 귀인을 따르게 된다. 관직은 내직으로 들어 명예를 이룬다. 귀인을 가까이하면 이익을 얻으나 망동하면 불리해진다.

■9월 174

군자는 좋게 물러설 수 있으나 소인은 어렵다. 작은 것은 버리고 높은 것을 꾀하면 욕을 당하며 위태로워진다. 시운이 불리하니 휴직하고 몸을 피하라. 여자의 도움을 받다가 오히려 화근이 된다. 사를 버리고 공사를 받들면 재난은 면할 수 있다.

■10월 131

마음에 부끄러움이 없으니 자연히 내외가 화평하다. 남들과 마음이 통하니 무슨 허물이 있겠는가. 원한과 허물은 모두 사라지며 모든 가정에는 기쁨이 있다. 영전할 운이요 등용할 상이다. 동지와 협심하며 성조와 문을 수리한다.

■11월 375

활을 당겨 꿩을 쏘면 백발백중이다. 상하로 친하니 길을 떠나면 매우 좋다. 움직여도 실책이 없으니 평이 좋고 복록이 있다. 존귀한 수상과 가까이 하여 영화를 누린다. 영화와 경사가 따를 운으로 살아가는 데 걱정이 없다.

■12월 352

솥이 차 있으니 갈 곳을 조심하라. 도를 지키지 않으면 의리가 상한다. 정도와 공평을 받들고 참소와 간신을 조심하라. 이익과 수확이 있으나 외부의 잡음을 조심하라. 아랫사람이 침범하거나 작은 병에 걸릴 수 있다.

연평 626

수택절괘 상효(水沢節卦 上爻) ䷻

쓰디쓴 절제이니 바르더라도 흉한데 그 도가 궁하다. 이미 처신이 극을 지났으니 흉을 면할 길이 없다. 지나친 고집으로 허물이 있고, 지나친 의심으로 슬픔이 있다. 명리를 구하나 모두 이롭지 않다. 법도를 잃어 허물이 생기고, 노인은 수명이 지키기 어렵다.

■ 정월 661
겹겹의 험난에 빠져 도를 잃어버리면 흉하다. 재주가 약하고 응원이 없으니 회복하기 어렵다. 내쫓길 운이요 강등의 욕을 당한다. 험난한 곳으로 빠져들어가니 인명이 위태롭다. 그러나 승려나 숨은 도인은 화를 면할 수 있다.

■ 2월 264
서서히 오는 것은 밑에 있다. 정도를 걸으면 결국은 길하다. 때에 따라 다소 부끄러움이 있다. 과감하게 결정하고 행동하면 재난과 약함도 구제한다. 꾀하는 일을 이루고 험난에서 벗어난다. 쇠로된 차는 불리한데 사고가 두렵다.

■ 3월 682
안에서부터 친하니 실수하지 않는다. 나라에 몸을 맡기니 임금을 얻고 도에 합한다. 관직은 내직으로 제수받고, 여자는 어진 남편을 얻는다. 선비는 명예를 이루나 지방을 벗어날 수 없다. 귀인을 만나 의지하니 경영하거나 꾀하는 일은 뜻대로 된다.

■ 4월 885
누런 치마이니 매우 길하다. 문채가 중도에 있다. 안에 아름다움이 가득하니 사지에까지 창달한다. 내직으로 선임되며 왕실에 들 영화가 있다. 모든 일이 안온하며 재물과 이익이 따른다. 여자는 덕이 있고 내조의 공이 있다.

■ 5월 673
가면 어렵고 오면 돌아오니 안에서 기뻐한다. 위로 가면 어려우니 험난함을 보면 그쳐라. 돌아서서 밑으로 오면 편안하리라. 앞으로 나아가면 명예를 이룬다. 처자의 기쁨이 있으나 운이 흉하면 형극도 따른다.

■ 6월 576

기러기가 허공으로 날아가듯이 그 뜻이 초연하다. 사람으로 논하면 보통을 넘어간다. 나아가는 것을 잃지 않고 현달하여 높이 된다. 선비는 명예를 얻어 한번 날면 하늘도 찌른다. 복의 근원이 영원하니 재앙이나 근심이 침범하지 않는다.

■ 7월 274

꾸준한 마음 후회할 일이 사라지고 해모음에 감응되지 않는다. 이럴까 저럴까 하떤 벗만은 나의 생각을 따르리라. 사심이 서로 감응되면 광대하지 못하다. 벗들을 서로 의지하면 적은 일은 성취할 수 있다. 마음에 다소 편안이 있고 큰 일은 어그러지게 된다.

■ 8월 231

견고한 황소가죽을 써라. 개혁은 불가하다. 초기에 움직이니 어찌 자세하며 신중하겠는가. 마음을 잘 지키면서 가볍게 고치려고 하지 말라. 망동하면 과실을 면하기 어렵다. 벼슬한 사람은 자리를 지키면서 나올 생각을 하지 말라.

■ 9월 475

날아올라 내려오지 않으니 덕을 베풀기 어렵다. 서쪽 들에는 구름이 가득하나 비가 오지 않는다. 벼슬한 사람은 휴직하기 쉬우나 선비는 왕공을 볼 수도 있다. 원대한 계책은 불리하나 옛것을 지키면 좋다. 노인이나 병자는 모두 좋지 않다.

■ 10월 452

항구함에 뉘우침이 없고, 움직이는 곳마다 중도를 얻는다. 중정하면 자신을 지키며 편안해진다. 관직자는 근신하면 공직을 면한다. 선비는 덕을 숭상하며 지키면 손해는 없다. 자신을 편안하게 하며 도덕을 품으면 그 속에 이익이 있다.

■ 11월 376

나그네는 그 집을 불사르고, 처음에는 웃으나 나중에는 울부짖는다. 지나치게 강해 자만하면 편안한 곳도 잃는다. 순한 덕을 쉽게 잃으니 처음에는 통쾌하나 나중에는 위태로워진다. 좋은 가운데 손실이 있으니 이사나 성조를 하라. 운이 나쁘면 화재나 눈병이 생길 수 있다.

■ 12월 383

여러 사람이 미더워하니 위에 올라 행한다. 대중이 믿고 따르니 어찌 불리하겠는가. 관직자는 승진이나 영전하고, 선비는 천거된다. 벗을 얻어 함께 일하니 경영하거나 꾀하는 일을 이룬다. 먼저 도적을 막고, 뒤로는 사람의 도주를 예방하라.

연평 631

수화기제괘 초효(水火旣濟卦 初爻) ䷾.

수레바퀴를 끌다 꼬리를 적셨다. 지극히 힘든 일을 해내면 의리에 허물이 없다. 직위는 있으나 받지 못하고, 자리는 있으나 오르지 못한다. 움직일 것 같으나 움직일 수 없고, 구제될 것 같으나 구제되지 못한다. 조심하면서 때를 기다리면 허물은 없을 것이다.

■ 정월 612
점점 험난해지니 언어에 상처가 있다. 굳센 중용으로 잘 기다리면 결국은 길하다. 정당한 이론이 사에 막히고, 시험에서는 책망을 듣는다. 어린아이의 투쟁이나 소송은 반드시 시비가 된다. 남을 너그럽게 대하면 모든 일이 자연히 밝아진다.

■ 2월 815
천자의 누이동생을 시집보내니 복이며 매우 길하다. 어질고 강명한 분을 따르니 대길하다. 주로 영전되거나 기쁜 일이 있다. 과거에 올라 월계관을 쓰고 추대를 받는다. 결혼·출산양육이 있고, 모든 복이 다 모인다.

■ 3월 623
절제하지 못하다 슬퍼지는데 허물할 데가 없다. 누구를 탓하겠는가. 사치와 욕망이 넘치며 떳떳하지 못하다. 소비와 지출이 가볍지 않으니 재물이 손실되고, 사람과 이별한다. 스스로 절제하지 못함을 알고 뉘우친다.

■ 4월 526
소리가 하늘에 닿으나 어찌 오래가랴. 신의도 다하면 쇠퇴하고, 충성도 독실하면 안으로 상실감이 생긴다. 왕궁에 올라 천자와 함께 한다. 높은 것을 다투며 강함을 억제하니 진출하기 어렵다. 혹 사물이 손상되거나 명예와 수명이 보전하기 어렵다.

■ 5월 224
즐거움을 헤아려 보고 안녕하지 못하니 한계를 두고 병을 삼는 것이 좋다. 정을 지키고 사를 멀리하면 반드시 경사가 생긴다. 선비는 선출되고, 상인은 이익을 얻는다. 식구가 늘거나 재물이 생기는 기쁜 일이 한 번 있다. 병자는 편하지 못하니 심지가 안녕하지 못하다.

■ 6월 261

앙상한 나무에 엉덩이를 대는 것처럼 곤궁하니 앉아 있어도 편안하지 않다. 3년씩이나 곤궁에 빠져 있다. 의지할 데가 한 군데도 없으니 슬프다. 만약 근심이나 놀람이 없으면 상복을 입을 수 있다. 운수가 이와 같으니 이로운 것이 하나도 없다.

■ 7월 425

천자의 누이동생을 시집보내니 보름이 되면 길하다. 존귀하면서 낮추고 귀하면서 굴복하는 것은 여인의 덕이 융성함이다. 영전할 수요 등과할 운이다. 꾀하면 뜻대로 되고 혼인하고 재물을 얻는다. 영화의 길에 오르는데 국빈이 될 수도 있다.

■ 8월 442

벼락이 치니 위태롭다. 강세를 탔기 때문이다. 재물이 상할까 두려워 높은 언덕에 오른다. 험난함과 간사함을 만나 처음에는 미혹되다 나중에는 얻는다. 노인은 목숨이 위험하고, 젊은이는 반드시 놀랄 일이 생긴다. 분쟁·소송·실물은 7에서 생긴다.

■ 9월 326

거슬리며 어그러져 합하기 어려우니 외롭다. 돼지 진흙과 귀신 한 차 싣는 것을 본다. 모든 의심이 사라지니 원수가 아니라 결혼이다. 의심하며 염려했는데 결정한 뒤에 보니 좋은 소식이다. 어려움과 속임을 당하기 쉽고, 처음에는 손해를 보나 나중에는 좋다.

■ 10월 313

공후가 천자에게 드리니 소인은 이기지 못한다. 대신이 임금을 얻으면 충성하게 된다. 조정에서 중임을 맡고, 선비는 크게 괴수된다. 소인은 무리가 속고 멸시하니 반드시 재해가 따른다. 운이 불리하면 형극이나 상해를 면하기 어렵다.

■ 11월 361

꼬리에 물을 적셨으니 이보다 더 부끄러운 일이 있겠는가. 그 재주를 헤아려 볼 줄 모르니 알지 못함의 극치다. 앞길이 험난하게 막혔으니 전진하기 어렵고, 경영하는 일은 뜻대로 되지 않는다. 물을 건너거나 배를 탈 때는 조심하라.

■ 12월 764

어리석으며 곤궁하니 부끄럽고 실재와 거리가 멀다. 스승과 친하지 않고 어진 벗도 얻지 못한다. 관직자는 끌어주거나 구원이 없으니 앞으로 나아가기도 어렵다. 인정은 어그러지고 경영은 막힌다. 조용히 있으면 재난이 없으나 움직이면 손해를 본다.

수화기제괘 2효(水火旣濟卦 二爻) ䷾.

부인이 수레에 가린 물건을 잃었으나 쫓아가지 않으면 길하다. 시기가 이미 기제니 다시 나
갈 수 없다. 예의 없는 구차한 행동을 하지 말라. 처음에는 역수이나 나중에는 순수이고,
처음에는 잃으나 나중에는 얻는다. 그러나 운이 흉하면 상실이나 도망이 따른다.

■ 정월 643
안내자 없이 사슴을 쫓다 깊은 숲으로 들어간다. 중정하지 못하니 망동으로 곤란해진다. 탐
관오리로 내쫓기거나 정지와 강등될 수 있다. 옛것을 지키면서 안정하라. 구금이나 감옥이
두렵다. 앞길은 험난한데 안내자는 하나도 없다.

■ 2월 546
밖에서 치우친 말이 들리니 마음을 세우는 데 떳떳하지 못하다. 위태로울 때 움직이고 두려
울 때 말하면 백성도 호응하지 않는다. 소통 없이 구하면 백성도 주지 않는다. 탐을 내다
귀양가고, 경쟁하며 뺏으려다 욕을 본다. 이익만 취하면 원한·형극손상이 따른다.

■ 3월 244
따르는 곳에서 얻으려고 하면 비록 정당해도 흉하다. 성의를 다해 도에 맞게 하고, 명철하
게 처신하라. 한번 탐욕을 부리면 재난을 면하기 어렵다. 그러나 귀인이 추대하면 흉이 길
하게 된다. 사람은 누구든 나에게 유리하다.

■ 4월 281
성의는 있으나 결과를 맺지 못하니 소란하다. 근심없이 가면 거의 허물은 없다. 벼슬한 사
람은 불리하고, 선비는 어려움이 있다. 소인과 결탁하거나 속임수를 당할 운이다. 처음에는
흉하고 나중에는 길하니 경계하는 것이 좋다.

■ 5월 445
벼락이 내려치니 움직이면 위험하다. 중도를 잃으면 위태로우나 잃는 것은 없다. 현직을 보
전하며 고유의 것을 지켜라. 보통 사람은 우환과 수족에 근심이 있다. 처세가 위태로운 줄
알면 크게 잃는 것은 없을 것이다.

■6월 422

여자는 어진데 배우자가 어리석으니 내조를 해도 이루기 어렵다. 조용히 정도를 기르며 자신을 선하게 만든다. 하나는 어둡고 하나는 밝으니 어찌 둘 다 성취하랴. 직위가 바뀌기 어렵고, 기회를 만나기도 어렵다. 옛것을 지키면서 안정하면 재난과 해는 생기지 않는다.

■7월 346

형틀을 지고 귀를 없애니 총명하지 못하다. 쌓인 죄악은 가릴 수 없고, 큰 죄는 풀어버릴 수 없다. 가벼운 배가 큰 파도를 만났으니 앞길이 힘들다. 만약 싸움이나 소송이 없으면 귀와 눈이 밝지 못하고, 흉한 운을 만나면 몸이 상하고 죽음에 이른다.

■8월 333

해는 기우는데 빛이 나니 어찌 오래 가겠는가. 성하면 쇠퇴하고, 시작이 있으면 끝이 있는 법이다. 관직은 재야에 있으니 조심하며 욕을 막아라. 즐거움 속에 슬픔이 있고, 기쁨 속에 수심이 있다. 계속 험난하니 죽고 망할 날이 없다.

■9월 381

진출하거나 좌절하더라도 홀로 정도를 행한다. 미덥지 않더라도 너그러우면 허물은 없다. 간사한 이론에 막혀 앞으로 나아가기 어렵다. 피차 믿지 않으니 근심과 즐거움이 반반이다. 안정하면 길하나 움직이면 흉하다.

■10월 784

절박한 재난을 만나 살까지 떨어져 나간 상이다. 장차 몸을 망치니 매우 흉하다. 아첨과 간신을 막지 않으면 기회를 만나기도 어렵다. 거듭 형극이 와 위험과 험난함에 빠진다. 뜻밖의 재난을 만나는데 그 흉함은 말로 다 표현할 수가 없다.

■11월 362

수레바퀴를 끌면 견실하고 바르게 되어 길하다. 어려운 임금의 도에 힘입을 곳은 재주있는 신하다. 어려운 직분을 잘 이겨내면 총애와 신임이 전일하다. 전진이 불리하니 안정하고 분수를 지켜라. 꾀하고 바라는 일은 가하나 망령되게 행동하면 곤궁해진다.

■12월 165

송사에 매우 길하니 허물이 없다. 소송을 처리하는 데 치우치지 않고 합리적인 판단을 내린다. 벼슬한 사람은 좋은 곳에 제수받고, 선비는 과거에 오른다. 경영하거나 꾀하는 일은 유리하고, 재물을 구하면 반드시 얻는다. 언사가 유리하며 사필귀정이 된다.

수화기제괘 3효(水火旣濟卦 三爻) ䷾

성군이 먼 곳을 토벌해 3년에야 이겨냈다. 지극히 어렵고 노곤하니 소인은 쓰지 말라. 오랜 뒤에 이길 수 있으니 경중이 없으면 불가하다. 진취는 오래되어야 하니 뒤에 이기는 탄식이 있다. 원한분쟁·소송이 따라 피곤해진다.

■ 정월 234

성실과 신뢰로 명을 고치면 후회할 일이 없고 길하다. 강유가 치우치지 않고 때에 따라 조치한다. 새로운 것을 받아들이고 옛것을 고친다. 승진·영전·등용·천거의 영화가 있고, 명을 고치는 운수로 점점 더 아름다워진다.

■ 2월 271

엄지발가락에 감응이 있으니 뜻은 밖에 있다. 비록 뜻은 동했으나 감응은 깊지 않다. 어둡고 유약하며 조급해 사물에 접하지 못한다. 먼 곳에서 행상이나 유랑하는 상이다. 경영하거나 꾀하는 일에 급급하나 이루기는 어렵다.

■ 3월 435

밝음이 이르니 경사와 명예가 따른다. 비록 본성이 유순하며 어두우나 능히 문명을 이룬다. 집안이 향기롭고 월계관을 쓰리라. 좋은 사람과 교류하며 천거를 받아 바라는 일이 뜻대로 된다. 노인은 관대를 입는 영화를 보리다.

■ 4월 412

견고하고 바르게 중도를 행하면 길하다. 중정을 잃지 않으면 충분히 길하다. 깨끗하고 높은 지위에 올라 명예를 얻는다. 하는 일마다 뜻대로 된다. 마음은 사심과 치우침이 없고, 하는 일은 지나침이 없다.

■ 5월 336

왕이 출정하는 것은 나라를 올바르게 하기 때문이다. 간신과 죄악을 살피고, 위엄과 형벌을 실행한다. 천하를 밝게 분별하는 것은 아름다운 공을 세우기 위해서다. 출사하면 공업을 이루고, 앞으로 나아가면 우두머리가 되고, 경영하는 일에서는 이익을 얻는다.

■6월 343

질긴 고기를 씹다 독을 만난다. 부당하게 남을 형벌하니 불복한다. 재주가 약하면 잃는 것이 있고, 학식이 얕으면 욕을 본다. 쉬운 일도 주간하기 어려우니 처신이 편안하지 않다. 뱃속에 병이 있거나 놀라거나 험한 일을 당할 수 있다.

■7월 371

나그네가 자질구레하고 더럽게 구니 뜻이 궁박해 재난을 당한다. 재주가 미치지 못하니 지위가 있어도 감당하지 못한다. 야비하고 더러운 상이니 천하고 더러움을 면하기 어렵다. 국이 너무 얕으니 재난이 절박한다. 상업이나 여행은 불리하니 기로에서 잘 선택하라.

■8월 774

몸에 그치니 허물이 없다. 몸을 보지 못하면 그 사람도 볼 수 없다. 망동하지 않으면 허물이 없다. 그 직위에서 벗어날 생각은 하지 말고 편안하게 있어라. 분수를 지키면 편안하나 분수를 넘으면 불가하다.

■9월 352

솥이 차 있으니 갈 곳을 조심하라. 도를 지키지 않으면 의리가 상한다. 정도와 공평을 받들고 참소와 간신을 조심하라. 이익과 수확이 있으나 외부의 잡음을 조심하라. 아랫사람이 침범하거나 작은 병에 걸릴 수 있다.

■10월 155

참외를 넓은 잎에 싸니 아름다움이 함축된다. 하늘의 도움을 받고 천명을 어기지 않는다. 큰 그릇을 이루어 반드시 공명이 통달한다. 몸이 임금 곁에 올라 무궁한 영화를 누린다. 문전에 경사가 가득하며 부인도 임신한다.

■11월 363

앞으로 나아가면 흉하나 큰 내를 건너면 이롭다. 험난함에서 나오기 어렵고, 육지로 가는 것도 불리하다. 간다고 좋을 수는 없으나 남의 덕으로 성사된다. 재주와 힘이 부족하니 좌절과 억제될 수밖에 없다. 내를 건너고 험난을 지나 상업을 하면 유리하다.

■12월 466

높은 담장에서 매새를 쏘아 얻으니 모두 이롭다. 능력을 감추고 성취한 뒤에 움직이는데 움직임에 막힘이 없으니 어찌 불리하겠는가. 병사로 공을 세우고 추천도 먼저 받는다. 문과 담장을 만들고, 꾀하는 일로 이익을 얻는다.

수화기제괘 4효(水火旣濟卦 四爻) ䷾

헤진 옷에 물이 스며드니 종일 경계해야 한다. 의심과 경계를 게을리 하지 말라. 벼슬한 사람은 예방하면서 자신의 소질을 길러라. 생활에 예비가 있으면 놀라거나 전복이 있을 수 없다. 배를 타면 물이 스며들 위험이 있다.

■ 정월 835
기자의 밝음이 상했으나 밝은 것이 꺼지지는 않는다. 밝음을 안으로 감추고 올바름을 지킨다. 검소한 덕으로 피난하나 지기는 만나기 어렵다. 가정의 어려움으로 반드시 화를 당한다. 분수를 지키면서 뜻을 바르게 가져야 한다.

■ 2월 812
넓음도 포장하고 하수도 능멸하며 먼 곳을 잃지 않는다. 벗을 잃으면 광대하고 중도의 행실에 부합된다. 변방이나 강호를 지킨다. 앞으로 나아가 명예를 이루고, 경영하거나 꾀하는 일에 수확이 있다. 반드시 존귀한 분을 만나나 운이 흉하면 상해가 따른다.

■ 3월 736
깨끗하게 꾸미면 허물이 없고, 위에서도 뜻을 얻는다. 참 모습을 잃지 않으니 절대 허물이 없다. 승진이나 영전할 운이니 앞으로 나아가면 뜻을 이룬다. 경영하거나 꾀하는 일이 소박하며 진실하니 허황이나 방탕에 빠지지 않는다. 혹 외척의 상을 당할 수 있다.

■ 4월 743
기르는 정도를 어기니 흉하다. 10년이라도 쓰지 말라. 도가 크게 어그러졌으니 이로울 것이 없다. 욕심이 많아 망동하면서 이르지 않는 곳이 없다. 욕심을 따르다 법도를 그르치고 명예를 잃는다. 거칠고 음탕한 짓을 거리낌 없이 하다 자신이 상하고 슬픔만 남는다.

■ 5월 771
발에 그치면 허물이 없다. 중정의 도를 잃지 않았다. 정도를 계속 지키면 이롭다. 현 직위를 고쳐야 그 지위도 잃지 않는다. 앞으로 나아가는 일은 어려워지고 정지나 강등이 따른다. 그러나 안정하면서 분수를 지키면 위험해지는 일은 없다.

■ 6월 374

나그네라고 자처하며 지위도 얻지 못한다. 재물과 도끼를 얻으나 마음은 불쾌하다. 재능은 펼 수 없고 겨우 몸만 편하다. 선비는 불쾌하며 앞으로 나아가기도 어렵다. 좋은 가운데 부족함이 있으나 밖으로 나가면 이룰 수 있다.

■ 7월 752

어머니의 일을 주관할 때는 꼼꼼하게 하지 말라. 바르면 애정을 잃고 부정하면 의리를 잃는다. 성의와 충성을 다하되 중도를 지켜라. 지난 일을 주관할 때 분별할 줄 알면 녹과 지위도 온건하다. 옛것을 고쳐 갱신하니 더 고칠 곳이 없다.

■ 8월 555

올바르면 후회할 일이 없으니 이롭지 않은 것이 없다. 움직이기 전에 신중하게 생각하라. 처음에는 막혀도 나중에는 순탄하고, 선비는 명예를 이룬다. 있는 자리가 중정하니 처음은 없어도 끝은 있다. 복과 이익을 얻는 시기는 3일이다.

■ 9월 763

여인을 취하지 말라. 소행이 불순하다. 돈 많은 남자를 보면 제 신분도 생각하지 못한다. 탐내고 조심하지 않아 욕을 당하고 편안에 빠져 학업도 폐한다. 여인과 불목하며 주색으로 재난을 당한다. 시비가 생기게 되니 안정해야 좋다.

■ 10월 866

대군이 명령을 두니 공을 바르게 한다. 국가를 열고 집안을 잇는 일에 소인은 쓰지 말라. 권세로 공을 세우고 기예로 명성을 얻는다. 집안을 일으키고 자식이 대를 잇는다. 참소나 아첨을 방지하라. 분수를 넘는 일이 생길까 두렵다.

■ 11월 364

견고하고 바르면 후회할 일이 없으니 뜻을 이룬다. 힘을 다해 원방을 정벌하면 3년에 상을 받는다. 출장 입상하고 진취하여 괴수가 된다. 공이 높으면 상도 무궁하다. 귀인이 도와주면 이익이 있으나 귀신에 기록될 우려도 있다.

■ 12월 321

상하가 서로 친하면 자연히 후회할 일도 없다. 나쁜 사람이 나를 헤치나 흉이 되지는 않는다. 한직에서 복직되나 진취는 지체된다. 처음에는 잃으나 나중에는 얻고, 처음에는 어그러지나 나중에는 합한다. 육축은 불리하며 흉악한 사람을 조심하라.

연평 635

수화기제괘 5효(水火旣濟卦 五爻) ䷾

동쪽 이웃의 소를 잡는 것이 서쪽 이웃의 봄 제사만 못하다. 때를 만나면 복을 받으나 물건이 풍성하지는 않다. 태평한 세상에서는 교만과 사치가 쉽게 싹튼다. 하는 일은 때를 잃기 쉽고, 원대한 꿈은 헛되게 된다. 바라는 일은 불리하고, 서쪽은 좋으나 동쪽은 흉하다.

■ 정월 536
신뢰와 위엄으로 행하면 결국은 길하다. 자신이 도를 행하지 않으면 처자에게도 강요할 수 없다. 가정을 다스리려면 자신이 먼저 바르게 해야 한다. 지위가 높고 권세가 중하니 앞으로 나아가 명예를 이룬다. 경영하거나 꾀하는 일은 뜻대로 되고, 여자는 귀부인이 된다.

■ 2월 543
유익함을 흉한 일에 쓰니 어려움이 덜어진다. 믿음으로 중도를 행하면 공사에 고할 때 인감을 쓰는 것처럼 할 것이다. 조정에서 귀인으로 크게 쓰이며 명예와 공을 이룬다. 인선이나 품수를 바꾸면 보통 사람은 이익을 얻는다. 그러나 운이 흉하면 비상한 재앙을 당한다.

■ 3월 571
기러기가 물가로 가니 어린아이는 위태롭다. 재주는 매우 약한데 윗사람의 응원도 없다. 말을 하는 관직으로 학문 소송으로 귀양도 논한다. 선비는 응원이 없으니 막힘이 있다. 곤궁과 액을 많이 당하나 꾀하는 일은 막히지 않는다.

■ 4월 174
군자는 좋게 물러설 수 있으나 소인은 어렵다. 작은 것은 버리고 높은 것을 꾀하면 욕을 당하며 위태로워진다. 시운이 불리하니 휴직하고 몸을 피하라. 여자의 도움을 받다가 오히려 화근이 된다. 사를 버리고 공사를 받들면 재난은 면할 수 있다.

■ 5월 552
무당이 점치면서 빌면 허물이 없다. 성의로 다하면 신명도 통한다. 역사가 언론인이며 명예를 이룬다. 성실하게 사람을 감동시키니 도모하는 것도 잘 된다. 그러나 운이 불길하면 무사가 비는 제사가 있다.

■6월   755

아들은 효도하고 신하는 충성하니 지난 허물도 잘 이겨낸다. 터전은 닦지 못해도 옛 사업을 계승할 수 있다. 지위는 높이 올라가고, 명예는 멀리 퍼진다. 선비는 등용이나 천거되어 이름을 날린다. 별도의 규모를 세우고 식구가 늘어난다.

■7월   563

사심을 버리면 후회할 일이 없다. 뜻은 시국을 구제하는데 있는데 흩어짐을 구제한다. 진취가 불리하나 외부 시험은 가능하다. 재난은 흩어지고, 장학생은 나오게 된다. 보통 사람은 이익을 얻고 윗사람과 상응한다.

■8월   666

두겹 세겹 노끈으로 묶어 가시밭에 감춘다. 험난함이 더욱 깊어져 3년이나 도를 잃는다. 결박당해 안치되며 선비는 무더기로 감옥에 간다. 묶여 감옥에 가니 재해가 끊이지 않는다. 그렇지 않으면 골육의 형상이 있다.

■9월   164

송사에서 이기지 못하고 정도로 돌아온다. 안정하면 실책이 되지 않는다. 언행과 동정은 천명을 잃지 말라. 한가로움 속에서 복직되며 진취를 잃지 않는다. 과실을 고치며 선해지니 관재나 소송은 없다.

■10월   121

본래 가는 데로 가면 허물이 없으리라. 이치를 따라 행사하고 도를 벗어나지 말라. 태평성대의 도가 있으면 영전할 기회가 있다. 어려서 배우고 자라서 행하니 명리를 이룬다. 비록 운은 좋으나 상복을 입을까 두렵다.

■11월   365

바르면 후회할 일이 없고 군자는 빛이 난다. 군자는 진실하고 허황됨이 없어야 한다. 지극히 바르고 선하니 부족함이 있을 수 없다. 벼슬한 사람은 큰 자리에 선임되고, 선비는 문장이 빛난다. 경영하거나 꾀하는 일은 빛을 보고, 금은과 재백이 쌓인다.

■12월   382

앞으로 나아가 근심하나 견고하며 바르면 길하다. 중정으로 스스로 지키면 당연히 남이 구해준다. 왕이 총명하게 나아가면 처음에는 좌절하나 나중에는 믿는다. 구하고 꾀하는 일은 뜻대로 되며 어머니의 힘이 많다. 아내의 재물에 이익이 있을 수 있다.

수화기제괘 상효(水火旣濟卦 上爻)

머리까지 빠져 위태로우니 어찌 오래가랴. 물도 성하면 쇠퇴하고, 평화도 다하면 반드시 난리가 있다. 높은 것이 과하면 꺾어지고 물에 빠져 진취할 수 없다. 소인의 감염이나 배를 타다 물에 빠진다. 기제가 미제가 되니 슬프다.

■ 정월 671

가면 어려우나 오면 명예가 있으니 마땅히 기다려라. 어려움의 시작이니 나아가면 더욱 어려워진다. 기미를 보고 때를 알아 그치면 칭찬을 듣는다. 때를 기다려 진출하고, 옛것을 지키면서 안정하라. 나아가면 불리하고 망동하면 재난을 당한다.

■ 2월 274

마음이 꾸준하니 후회할 일이 없고, 해로움에 감응하지 않는다. 갈팡질팡할 때 벗만은 나의 생각을 따르리라. 사심이 서로 감응하면 광대하지 못하다. 벗과 서로 의지하면 작은 일은 이룰 수 있다. 마음이 다소 편안하나 큰 일은 어그러진다.

■ 3월 652

위로 끌어올릴 수 없으니 구제하는 공이 없다. 물장군이 깨져 물이 새니 사람을 구할 수 없다. 물러난 곳에서 수양하면서 그릇을 감추고 때를 기다려라. 응원이 없으나 조심하면서 지키면 화를 피할 수 있다. 덕은 족하나 힘은 약하니 사물에 미칠 수 없다.

■ 4월 855

바르게 계단 오르듯 하니 큰 뜻을 얻는다. 반드시 시종의 진출을 예의로 한다. 오르는 것이 귀한 바는 유순한 데 있다. 벼슬한 사람은 높이 영전하고, 선비는 높이 천거된다. 꾀하는 것을 이루고 뜻을 얻으니 진출에는 계단이 있다.

■ 5월 663

오고감이 험하며 위험하니 공이 없다. 험난함에 빠져 침식이 편안하지 못하다. 만약 진입하면 더 험난해진다. 몸이 구덩이에 있는데 물까지 깊다. 배를 타면 물이 깊고, 육지로 달리면 뻘밭이어라.

■ 6월   566

흐트러져 그 피의 상해를 버리니 멀리 나가면 허물이 없다. 사리에 손순하면 상해는 없다. 무장으로 난리를 평정하고, 잠복이나 은둔에서 벗어난다. 험난함에서 나와 편안한 곳으로 가니 어둠을 등지고 밝은 곳을 향한다. 소송이나 감옥도 사라지고 질병도 낫는다.

■ 7월   264

서서히 오는 것은 밑에 있다. 정도를 걸으면 결국은 길하다. 때에 따라 다소 부끄러움이 있다. 과감하게 결정하고 행동하면 재난과 약함도 구제한다. 꾀하는 일을 이루고 험난에서 벗어난다. 쇠로된 차는 불리한데 사고가 두렵다.

■ 8월   221

화순하며 즐겁고 행동에 의심이 없다. 거취에 막힘이 없는데 어찌 아첨하랴. 벗들의 덕으로 진취하는 데 이롭다. 인정이 화합하니 모든 일이 다 이루어진다. 남편이 부르면 부인이 따르나 운이 흉하면 재난이 있다.

■ 9월   465

군자가 해산하면 소인이 물러난다. 험난함이 흩어지니 길하며 선하다. 군자가 자진하게 되면 정도를 행한다. 선비는 명예를 얻고, 상인은 이익을 얻는다. 소송은 풀어지고, 병자는 쾌유된다.

■ 10월   482

절개가 돌처럼 단단하니 뜻을 지킨다. 위로는 아첨하지 않고 아래로는 더럽히지 않는다. 기미를 알고 선처하는 것은 모든 사람의 소망이다. 급류에서 용감히 물러나 진취하면 명예를 이룬다. 보통 사람은 이익을 얻는데 안정해야 길하다.

■ 11월   366

믿음으로 술을 마시니 허물이 없다. 뜻이 방탕하며 반성할 줄 모르면 재난을 당한다. 초월해 영전할 운이며 진취할 상이다. 험난함에서 벗어나 평온해지고, 늙은이는 스스로 즐거워한다. 술 때문에 재난을 당하거나 물에 빠질 수 있다.

■ 12월   353

솥귀를 바꾸니 의리를 잃고, 행동이 비색하니 소임을 얻지 못한다. 물건이 있어도 먹지 못하고, 말이 있어도 타기 어렵다. 경영하거나 꾀하는 일은 처음은 없고 끝만 있다. 늙은이는 복을 받으나 어린아이는 작게 얻는다.

연평 641

수뢰둔괘 초효(水雷屯卦 初爻) ䷂

급하게 하면 어려움에 처하니 바르고 견고하게 행하라. 귀한 몸이 천한 자에게 이르니 큰 민심을 얻는다. 관직자는 매우 발전하고, 선비는 밝음을 세운다. 분수를 지키면서 신중하라. 여자는 어질고 선하며 집안도 일어나고 좋은 남편을 만난다.

■ 정월 622
시기를 잃어 안뜰에도 나오지 못하고, 사물이 끊기고 스스로 폐지한다. 때를 잃어 액을 만나니 발전하기 어렵다. 불통되어 화를 당하고, 간여할 곳에 간여하지 못한다. 움직이면 좋으나 가만히 있으면 좋지 않다.

■ 2월 825
대군이 지혜로 임하고, 중도에 행하니 여러 가지가 길하다. 성군은 총명하며 예지력이 있어야 한다. 벼슬한 사람은 초월적이 되고, 선비는 등용된다. 꾀하는 일은 순탄하니 이롭지 않은 것이 없다.

■ 3월 613
재앙은 밖에 있는데 뻘밭에서 기다린다. 나 때문에 도적이 오나 조심하면 패가 없다. 지나치게 강하니 더욱 험난해진다. 선비는 반드시 욕을 당하며 스스로 빼어나지 못한다. 도적이나 실물을 당할 운인데 배를 타면 흉하다.

■ 4월 516
이미 화하여 처한 것은 덕을 숭상하며 쌓았기 때문이다. 달이 거의 보름이 되었으니 부인이 견고하면 위태롭다. 군자는 나가면 반드시 소인의 간계와 시비로 시끄럽다. 시끄러움 속에서는 물러나고, 즐거운 곳에서는 탐하지 말라.

■ 5월 214
엉덩이에 살이 없으니 걷기가 거북하다. 말을 듣고도 믿지 못하는 것은 총명하지 못해서다. 처한 자리가 부당하니 그 해가 적지 않고, 재주와 힘이 모자라니 앞으로 나아가기 어렵다. 관재와 귀·발등에 병이 따를 운이다.

■ 6월 251

자리를 깔되 깨끗한 띠를 쓰니 유약하며 어둡다. 두려워하고 조심하면 허물이 없다. 신중한 도리는 사용처가 매우 많다. 조심하며 절약하는 사람이니 재물과 이익이 따른다. 불길한 운을 만나 복 입을까 두렵다.

■ 7월 415

겉은 부드러우나 속은 강하니 건장함을 쓰지 않는다. 바르고 안정되게 지키면 좋으나 망동하면 재앙이 생긴다. 거칠어진 정치로 파직·연금·명예 상실이 따르며 성공하지 못한다. 좋은 계책은 펼 수 없으니 이로운 것이 하나도 없다. 만일 병자이면 몸을 잃을 수 있다.

■ 8월 432

차양이 많아 대낮에도 두성을 본다. 가면 의심병이 생기나 지성을 두면 길하다. 밝음과 움직임이 서로 도와 풍성해진다. 처음에는 잃으나 나중에는 얻고, 오래 침체된 후 발전한다. 오래 곤궁하다 재물이 생기나 근심이나 슬픔이 생길까 두렵다.

■ 9월 316

하늘이 도와주니 이롭지 않은 것이 없다. 신의와 순리를 지키며 어진 사람을 숭상한다. 가득 차면 잃을 수 있으니 겸손하라. 벼슬한 사람은 직위가 좋아지고, 선비는 명예를 이룬다. 윗사람의 비호로 복과 경사를 누린다.

■ 10월 323

수레가 끌려가는 것을 보고 그 소는 제거된다. 머리털은 뽑히고 코는 잘리는 격이니 처음은 없고 끝만 있다. 지위가 부당하며 강적을 만난다. 꾀하며 바라는 일에 막힘이 있으니 험난함에서 편안함을 구하라. 만약 흉한 운을 만나면 골육의 형상이 따른다.

■ 11월 351

솥발이 자빠진 것처럼 나쁘니 더러움을 내보내야 이롭다. 만약 어진 첩을 얻으면 그 아들에게는 허물이 없다. 악은 버리고 좋은 것만 받으니 귀인을 따른다. 남의 덕으로 성사되고, 첩과 자식을 얻는다. 근심은 흩어지고 기쁨이 생기며, 천민은 귀하게 된다.

■ 12월 754

더디게 처사하니 매일 더 어그러진다. 가면 부끄러움을 보게 되니 어찌 일을 구제하랴. 안일무사하면 좋은 곳이라도 흉으로 내닫는다. 방종한 욕망으로 안일을 도모하면 일마다 손해를 본다. 발에 병이 생기거나 험난함에 빠질까 두렵다.

연평 642

수뢰둔괘 2효(水雷屯卦 二爻) ䷂

막히고 어려우니 말을 타고 나가지 못하고 머뭇거린다. 운이 흉하고 이치가 다했으니 망령되게 구하는 자도 갔다. 신분과 직위를 고쳐 권세가 날로 심하다. 선비는 나아가기 어렵고 혼인할 운이다. 운이 흉하면 난리·소송 구속·연금이 따른다.

■ 정월 633
성군이 먼 곳을 토벌해 3년에야 이겨냈다. 지극히 어렵고 노곤하니 소인은 쓰지 말라. 오랜 뒤에 이길 수 있으니 경중이 없으면 불가하다. 진취는 오래되어야 하니 뒤에 이기는 탄식이 있다. 원한·분쟁·소송이 따라 피곤해진다.

■ 2월 536
신뢰와 위엄으로 행하면 결국은 길하다. 자신이 도를 행하지 않으면 처자에게도 강요할 수 없다. 가정을 다스리려면 자신이 먼저 바르게 해야 한다. 지위가 높고 권세가 중하니 앞으로 나아가 명예를 이룬다. 경영하거나 꾀하는 일은 뜻대로 되고, 여자는 귀부인이 된다.

■ 3월 234
성실과 신뢰로 명을 고치면 후회할 일이 없고 길하다. 강유가 치우치지 않고 때에 따라 조치한다. 새로운 것을 받아들이고 옛것을 고친다. 승진·영전·등용·천거의 영화가 있고, 명을 고치는 운수로 점점 더 아름다워진다.

■ 4월 271
엄지발가락에 감응이 있으니 뜻은 밖에 있다. 비록 뜻은 동했으나 감응은 깊지 않다. 어둡고 유약하며 조급해 사물에 접하지 못한다. 먼 곳에서 행상이나 유랑하는 상이다. 경영하거나 꾀하는 일에 급급하나 이루기는 어렵다.

■ 5월 435
밝음이 이르니 경사와 명예가 따른다. 비록 본성이 유순하며 어두우나 능히 문명을 이룬다. 집안이 향기롭고 월계관을 쓰리라. 좋은 사람과 교류하며 천거를 받아 바라는 일이 뜻대로 된다. 노인은 관대를 입는 영화를 보리라.

■6월 412

견고하고 바르게 중도를 행하면 길하다. 중정을 잃지 않으면 충분히 길하다. 깨끗하고 높은 지위에 올라 명예를 얻는다. 하는 일마다 뜻대로 된다. 마음은 사심과 치우침이 없고, 하는 일은 지나침이 없다.

■7월 336

왕이 출정하는 것은 나라를 올바르게 하기 때문이다. 간신과 죄악을 살피고, 위엄과 형벌을 실행한다. 천하를 밝게 분별하는 것은 아름다운 공을 세우기 위해서다. 출사하면 공업을 이루고, 앞으로 나아가면 우두머리가 되고, 경영하는 일에서는 이익을 얻는다.

■8월 343

질긴 고기를 씹다 독을 만난다. 부당하게 남을 형벌하니 불복한다. 재주가 약하면 잃는 것이 있고, 학식이 얕으면 욕을 본다. 쉬운 일도 주간하기 어려우니 처신이 편안하지 않다. 뱃속에 병이 있거나 놀라거나 험한 일을 당할 수 있다.

■9월 371

나그네가 자질구레하고 더럽게 구니 뜻이 궁박해 재난을 당한다. 재주가 미치지 못하니 지위가 있어도 감당하지 못한다. 야비하고 더러운 상이니 천하고 더러움을 면하기 어렵다. 국이 너무 얕으니 재난이 절박한다. 상업이나 여행은 불리하니 기로에서 잘 선택하라.

■10월 774

몸에 그치니 허물이 없다. 몸을 보지 못하면 그 사람도 볼 수 없다. 망동하지 않으면 허물이 없다. 그 직위에서 벗어날 생각은 하지 말고 편안하게 있어라. 분수를 지키면 편안하나 분수를 넘으면 불가하다.

■11월 352

솥이 차 있으니 갈 곳을 조심하라. 도를 지키지 않으면 의리가 상한다. 정도와 공평을 받들고 참소와 간신을 조심하라. 이익과 수확이 있으나 외부의 잡음을 조심하라. 아랫사람이 침범하거나 작은 병에 걸릴 수 있다.

■12월 155

참외를 넓은 잎에 싸니 아름다움이 함축된다. 하늘의 도움을 받고 천명을 어기지 않는다. 큰 그릇을 이루어 반드시 공명이 통달한다. 몸이 임금 곁에 올라 무궁한 영화를 누린다. 문전에 경사가 가득하며 부인도 임신한다.

연평 643

수뢰둔괘 3효(水雷屯卦 三爻) ䷂

안내자 없이 사슴을 쫓다 깊은 숲으로 들어간다. 중정하지 못하니 망동으로 곤란해진다. 탐관오리로 내쫓기거나 정지와 강등될 수 있다. 옛것을 지키면서 안정하라. 구금이나 감옥이 두렵다. 앞길은 험난한데 안내자는 하나도 없다.

■ 정월 244
따르는 곳에서 얻으려고 하면 비록 정당해도 흉하다. 성의를 다해 도에 맞게 하고, 명철하게 처신하라. 한번 탐욕을 부리면 재난을 면하기 어렵다. 그러나 귀인이 추대하면 흉이 길하게 된다. 사람은 누구든 나에게 유리하다.

■ 2월 281
성의는 있으나 결과를 맺지 못하니 소란하다. 근심없이 가면 거의 허물은 없다. 벼슬한 사람은 불리하고, 선비는 어려움이 있다. 소인과 결탁하거나 속임수를 당할 운이다. 처음에는 흉하고 나중에는 길하니 경계하는 것이 좋다.

■ 3월 445
벼락이 내려치니 움직이면 위험하다. 중도를 잃으면 위태로우나 잃는 것은 없다. 현직을 보전하며 고유의 것을 지켜라. 보통 사람은 우환과 수족에 근심이 있다. 처세가 위태로운 줄 알면 크게 잃는 것은 없을 것이다.

■ 4월 422
여자는 어진데 배우자가 어리석으니 내조를 해도 이루기 어렵다. 조용히 정도를 기르며 자신을 선하게 만든다. 하나는 어둡고 하나는 밝으니 어찌 둘 다 성취하랴. 직위가 바뀌기 어렵고, 기회를 만나기도 어렵다. 옛것을 지키면서 안정하면 재난과 해는 생기지 않는다.

■ 5월 346
형틀을 지고 귀를 없애니 총명하지 못하다. 쌓인 죄악은 가릴 수 없고, 큰 죄는 풀어버릴 수 없다. 가벼운 배가 큰 파도를 만났으니 앞길이 힘들다. 만약 싸움이나 소송이 없으면 귀와 눈이 밝지 못하고, 흉한 운을 만나면 몸이 상하고 죽음에 이른다.

■ 6월   333

해는 기우는데 빛이 나니 어찌 오래 가겠는가. 성하면 쇠퇴하고, 시작이 있으면 끝이 있는 법이다. 관직은 재야에 있으니 조심하며 욕을 막아라. 즐거움 속에 슬픔이 있고, 기쁨 속에 수심이 있다. 계속 험난하니 죽고 망할 날이 없다.

■ 7월   381

진출하거나 좌절하더라도 홀로 정도를 행한다. 미덥지 않더라도 너그러우면 허물은 없다. 간사한 이론에 막혀 앞으로 나아가기 어렵다. 피차 믿지 않으니 근심과 즐거움이 반반이다. 안정하면 길하나 움직이면 흉하다.

■ 8월   784

절박한 재난을 만나 살까지 떨어져 나간 상이다. 장차 몸을 망치니 매우 흉하다. 아첨과 간신을 막지 않으면 기회를 만나기도 어렵다. 거듭 형극이 와 위험과 험난함에 빠진다. 뜻밖의 재난을 만나는데 그 흉함은 말로 다 표현할 수가 없다.

■ 9월   362

수레바퀴를 끌면 견실하고 바르게 되어 길하다. 어려운 임금의 도에 힘입을 곳은 재주있는 신하다. 어려운 직분을 잘 이겨내면 총애와 신임이 전일하다. 전진이 불리하니 안정하고 분수를 지켜라. 꾀하고 바라는 일은 가하나 망령되게 행동하면 곤궁해진다.

■ 10월   165

송사에 매우 길하니 허물이 없다. 소송을 처리하는 데 치우치지 않고 합리적인 판단을 내린다. 벼슬한 사람은 좋은 곳에 제수받고, 선비는 과거에 오른다. 경영하거나 꾀하는 일은 유리하고, 재물을 구하면 반드시 얻는다. 언사가 유리하며 사필귀정이 된다.

■ 11월   353

솥귀를 바꾸니 의리를 잃고, 행동이 비색하니 소임을 얻지 못한다. 물건이 있어도 먹지 못하고, 말이 있어도 타기 어렵다. 경영하거나 꾀하는 일은 처음은 없고 끝만 있다. 늙은이는 복을 받으나 어린아이는 작게 얻는다.

■ 12월   456

빨리 움직인 항구인데 위에 있으니 큰 공이 없다. 자꾸 조급하게 움직이면 오히려 흉을 당한다. 많이 노력하나 안정되는 일은 적고, 명예와 이익을 구하나 이루는 것은 작다. 여자의 운이 이와 같으면 남편과 자식이 불리하다.

연평 644

수뢰둔괘 4효(水雷屯卦 四爻) ☲

말을 타고 진출하지 못하니 혼인을 구하라. 가면 벗을 얻고 이롭지 않은 것이 없다. 만약 어진 사람을 만나면 어려움에서도 벗어날 수 있다. 관록이 좋고 명예가 드러나니 자연히 좋은 자리에 오른다. 인정이 화합하고 모든 일을 다 이룬다.

■ 정월 845
회복이 두터우니 후회할 일이 없고, 중도를 지켜 스스로 이룬다. 선한 마음이 싹트면 덕을 쌓게 된다. 영전·이동·등용·천거의 운이다. 재물과 이익이 쌓이는데 이익은 전토에 있다. 복제를 막지 못하면 아버지가 불리하다.

■ 2월 832
왼쪽 다리를 상하니 건장한 말로 구제하라. 시기에 순응해야 처신을 잘 하는 것이다. 관직의 길은 유리하나 어두운 주인을 만날 수 있다. 선비는 첩보가 있고, 보통 사람은 재앙이 있다. 만일 운이 좋으면 부자가 될 수도 있다.

■ 3월 746
말미암아 기르니 큰 내를 건너면 이롭다. 혜택은 사해에 통달하고 큰 복과 경사가 따른다. 작위와 녹이 융숭하며 선비는 두각을 나타낸다. 꾀하는 일은 두드러지게 빛나고 이롭지 않은 것이 없다. 능히 인정을 통찰하고 널리 베풀어 대중을 구한다.

■ 4월 733
꾸밈이 젖어들듯하니 오래 바르면 길하다. 꾸밈이 항상 바르면 결국 능멸하지 못한다. 도와주는 사람이 있으면 좋은 직위를 맡는다. 떠받들어 주는 사람이 많으니 명리를 이룬다. 밖에서는 시비로 시끄러울 수 있으나 해가 되지는 않는다.

■ 5월 781
발부터 상이 떨어져 나가니 바른 것이 소멸되어 흉하다. 정도가 사라지고 사도가 침범한다. 소족 질환이나 노비가 손실된다. 형제가 불목하는데 성조하면 이로워진다. 만약 흉한 운을 만나면 몸을 망치고 가정도 깨진다.

■ 6월 384

다람쥐처럼 나아가는 격이니 바르고 견고하면 위태롭다. 중정하지 못하면서 높은 자리만 탐낸다. 생각마다 잃어버릴까 근심하고, 경영하는 일은 자신을 해친다. 간하는 의론에 막히는데 요행으로 진출하려고 도모하지 말라. 탐심이 많아지면 오히려 물건만 손해본다.

■ 7월 762

어리석음을 감싸주면 길하고, 부인을 들여도 길하다. 자식이 가정을 다스리니 강유의 교접이다. 밝음으로 어둠을 받아드리니 그 선한 바를 받아들인다. 벼슬한 사람은 관직을 지키고, 선비는 사범이 된다. 인정이 화합하니 모든 일이 순조롭다.

■ 8월 565

흩어짐에 왕이 큰 호령을 한다. 백성을 새롭게 하는 것은 흩어짐을 구하는 큰 정사다. 승진이나 영전할 운이니 앞으로 나아가면 좋다. 흉한 일이 흩어지니 이익을 구하면 이루어진다. 흩어지는 것을 합하게 한다.

■ 9월 753

아버지 일을 주간하니 다소 후회가 있다. 일을 주간해 폐단을 제거할 때 모두 길하지는 못했다. 유신의 법은 어찌 하나의 뉘우침을 애석해 하겠는가. 몸소 왕도를 행하고 간사한 말을 믿지 말라. 일찍 움직이는 것은 불리하니 거슬리고 어긋남을 고쳐라.

■ 10월 856

오르는 일이 어둡고 위에 있으니 부자가 되지 못할 것이다. 스스로 다스리는 데 조심하고 감히 성하고 넘치게 하지 말라. 관직자는 휴직되니 자신을 반성하고 덕을 쌓으라. 탐하고 얻는 것을 멀리하지 않으면 반드시 화가 된다. 만일 수가 불리하면 유명을 달리한다.

■ 11월 354

솥발이 부러져 공석에서 쓸 곰국이 엎어졌다. 덕은 박한데 지위는 높고, 지혜는 적은데 꾀하는 일은 크다. 벼슬한 사람은 내쫓기거나 강등당하고, 선비는 발전하기 어렵다. 만약 파손되지 않으면 발에 병이 생긴다. 불길한 운을 만나 수명이 꺾일까 두렵다.

■ 12월 311

해로운데 사귀지 않으면 교만이 넘칠 수 없다. 어렵게 노력하면 허물이 없으니 해로운 곳을 지날 일도 없다. 선비는 앞으로 나아가지 못하고 꺾인다. 마음에는 근심과 번뇌가 있고, 소인이 속이며 능멸한다. 항상 어려움을 생각하면 재해가 침범하지 않는다.

수뢰둔괘 5효(水雷屯卦 五爻) ☵☳

혜택을 받기 어려우니 베풀어도 빛이 나지 않는다. 작게 올바르면 길하나 크게 올바르면 흉하다. 위엄과 권세가 떠났으니 큰 일은 하기 어렵다. 망동하면 흉하니 시작한 일들은 불리하다. 이미 때를 잃었으니 무리해도 안 된다.

■ 정월 546
밖에서 치우친 말이 들리니 마음을 세우는 데 떳떳하지 못하다. 위태로울 때 움직이고 두려울 때 말하면 백성도 호응하지 않는다. 소통 없이 구하면 백성도 주지 않는다. 탐을 내다 귀양가고, 경쟁하며 뺏으려다 욕을 본다. 이익만 취하면 원한·형극·손상이 따른다.

■ 2월 533
집안 식구가 엄숙하며 무서워하니 후회하나 길하고, 아내와 자녀가 희희낙락하면 결국 부끄러운 일이 생긴다. 웃음과 즐거움을 절제하지 못하면 결국 패가망신한다. 윤리를 바르게 하며 은의를 돈독하게 하라. 엄하여 너그러움이 적고, 진취도 평등하다.

■ 3월 581
소견이 어린아이와 같으니 멀리 보기 어렵다. 소견이 어둡고 찬박하니 군자는 부끄러운 일이다. 지위가 좁고 앞으로 나아가더라도 제자리로 돌아온다. 일은 빨리 꾀하나 늦게 되고 기교를 부리다 오히려 졸작이 된다. 모애하다 보는 게 없으니 소인이 해친다.

■ 4월 184
명에 순종하면 무슨 과오가 있으리. 때를 만나 도를 행하니 친구에게까지 복이 미친다. 다른 사람의 천거로 명예가 날로 드러난다. 전답과 사업도 날로 늘어나며 좋은 일이 많아진다. 은혜가 자손에게까지 미치고 복도 심원해진다.

■ 5월 562
흩어질 때 편안함에 의지하면 후회할 일이 없고 소원을 이룬다. 안에서 중도를 지키면 편안하다. 중요한 권세를 잡고 작전계획을 세운다. 선비는 명예를 얻고, 보통 사람은 가정을 이룬다. 그러나 흉한 운을 만나면 분주하며 실물한다.

■ 6월   765

어린아이 같으니 길하고 순하다. 순수한 미개발은 남의 말을 듣게 된다. 선비·농업·공업·상업은 모두 세력에 의지하라. 모든 것이 마음대로 되고, 꾀하는 일도 순탄해진다. 심신을 편안하게 하면 유순하며 중정해진다.

■ 7월   553

자주 순종하니 부끄러움이 되고, 뜻이 궁하니 재난을 당한다. 만약 잘라 제지하지 못하면 더 깊게 들어간다. 벼슬한 사람은 귀양이나 강등되고, 선비는 손실이 있다. 여러 번 얻고 잃으니 부끄러움을 면할 수 없다. 너무 강해 맞아들지 않으니 곤궁한 액이 된다.

■ 8월   656

샘물을 길어올리고 미쁨이 있으니 매우 길하다. 매우 길하여 위에 있으니 대성공이다. 공이 높고 덕이 두터우니 높이 영전할 상이다. 도덕을 모두 갖추어 명예를 이룰 운이다. 재량이 충족하며 꾀하는 일은 모두 이룬다.

■ 9월   154

꾸러미에 고기가 없으니 흉하다. 상하로 만날 수 없으니 고립되어 어렵다. 인심은 흩어지고 만사는 모두 무너진다. 내쫓기고 강등되어 욕을 면하기 어렵다. 날마다 시비가 생기며 수도(나이)에 불리하다.

■ 10월   111

숨어 있는 용이니 세상에 숨어 살아도 번민하지 않는다. 즐거울 때 행하고 걱정할 때 자제한다. 관직에서 물러나 관로에 막힘이 많다. 운이 막혀 일이 억제되며 거동에 재난이 생긴다. 여자는 경사가 많고 아들을 낳을 운이다.

■ 11월   355

누런 귀에 금으로 된 솥이니 아름답다. 문명하고 중정을 얻었으니 상응이 매우 좋다. 화공의 묘한 조화로 꽃들이 일신한다. 반드시 꾀꼬리가 깊숙한 골짜기에서 나와 높은 나무로 옮겨간다. 상업이나 농업은 이롭고, 승려는 주지가 된다.

■ 12월   372

나그네는 여관으로 가고, 재물도 품에 지닌다. 시종이 착하니 끝내 과실이 없다. 유순하고 중정하니 마음이 내외를 얻는다. 적극적으로 나아가 명예를 이루거나 성조나 집을 수리한다. 다른 군에서 일을 꾀하고, 식구가 늘거나 좋은 부하를 얻을 수 있다.

연평 646

수뢰둔괘 상효(水雷屯卦 上爻) ䷂

말을 타고 나가지 못하니 피눈물이 흐른다. 어려움의 끝이니 액운이 더욱 심하다. 영화로운 곳에서 욕을 당할 수 있으니 참소와 욕을 조심하라. 손해를 보거나 실패할 운으로 모든 재앙이 다투어 일어난다. 만약 부모의 상을 당하지 않으면 수명이 불리하다.

■ 정월 681

미더움을 갖고 도우니 허물이 있을 수 없다. 내 신용이 높아지면 남들도 감동한다. 둥우리 밖으로까지 영전하고, 등용이나 천거의 영화도 있다. 지기를 만나 모든 계획이 마음대로 된다. 성의로 남을 감동시키면 불선은 없다.

■ 2월 284

있는 자리가 부당하니 크게 선해야 허울이 없다. 만약 모두 좋지 않으면 어찌 대길하겠는가. 고를 버리고 하로 가니 진취가 부당하다. 만약 정직하지 않으면 재화를 면할 수 없다. 큰 덕이 있는 군자라야 바야흐로 복을 얻는다.

■ 3월 662

험난함의 연속이나 구하는 것은 다소 얻는다. 재주가 족하여 자위하니 마음은 항상 형통하다. 책임이 작으니 작은 시험은 이롭다. 사람이 출중하지 못하나 경영하는 일은 다소 이룬다. 험난함과 심장·복부·혈액 질환이 따른다.

■ 4월 865

장자가 중도로 군사를 거느린다. 소인이 참여하면 비록 바른 일이라도 흉하다. 언론으로 정치를 잡고, 앞으로 나아가 명예를 이룬다. 전답과 재산이 날로 늘어나고, 육축도 번창한다. 위임할 사람을 얻으면 꾀하는 일을 이루고 뜻도 얻는다.

■ 5월 653

샘이 청결하나 먹지 못하니 내 마음 안타깝다. 왕이 밝으면 길러가게 되고 아울러 복을 받는다. 좋은 기회 만나기 어려우니 조용히 수양하면 좋다. 덕은 족히 사물을 구제할 만하나 하부를 못 떠났다. 안정하고 분수를 지키면 좋은 운을 얻는다.

■ 6월　556

지나치게 겸손하니 강하게 끊는 것도 잃는다. 재물과 도끼도 잃었으니 정도에 흉이 된다. 파직이나 연금되고, 오르는 데 궁하여 손해를 본다. 흉한 가운데 구원이 있고, 끊어진 곳에서도 생을 만난다. 비록 손실과 질병이 있으나 성공의 기쁨도 있다.

■ 7월　254

대들보가 튼튼해 아래로 꺾이지 않으니 길하다. 능히 국사를 편안하게 하고 문무를 병용한다. 구관이면 나라의 대들보요, 처음 벼슬해도 중임을 맡는다. 앞으로 나아가 명예를 이루고, 성조나 집을 수리한다. 유약하며 한결같지 않게 일을 하면 간사함에 말려들 수 있다.

■ 8월　211

앞발이 건장하니 승산이 없는 데를 간다. 조급하고 망령되게 움직이면 허물을 면할 수 없다. 사세를 헤아려 결행해야 한다. 부끄러운 과실이 많고, 가정에 재앙과 환란이 가득하다. 망령되게 행동하면 환란을 면하기 어렵다.

■ 9월　455

덕을 오래 지키면 견고하며 바르게 된다. 부인은 길하나 사나이는 흉하다. 권세에 아첨하니 비난과 꾸짖음을 당한다. 선비는 요행을 도모하다 욕을 본다. 보통 사람은 불선하다 훼방을 많이 겪는다.

■ 10월　472

할아버지를 지나 할머니를 만나고, 임금을 지나 신하를 만난다. 정도를 지키며 중도를 얻으니 스스로 본분을 안다. 자신의 직책에서 앞으로 나아가 명예를 이룬다. 귀인이 이끌어주면 모든 일이 이루어진다. 여인의 도움을 받으나 운이 흉하면 어머니 재앙이 따른다.

■ 11월　356

옥으로 솥의 귀를 만드니 강유가 중절하다. 매우 길하니 이롭지 않은 것이 없다. 구만리 하늘은 끝이 없으나 평온하게 청운에 오른다. 왕실의 요직에 올라 큰 경륜을 펼친다. 경영하거나 꾀하는 일은 편안하게 이룬다.

■ 12월　363

미래에 나아가면 흉하니 큰 내를 건너면 이롭다. 험난에 처하여 나오기 어렵고 육지로 가는 것도 불리하다. 간다고 하여 좋을 수는 없으나 남으로 성사된다. 재주와 힘이 부족하여 좌절 억재 됨을 면할 수 없다. 내를 건너고 험난을 지나 상업하면 유리하다.

연평 651

수풍정괘 초효(水風井卦 初爻) ䷯

재주도 약하고 응원도 없으니 버려진 샘과 같다. 사람도 먹을 수 없고, 날짐승도 돌아보지 않는다. 관직자는 한직으로 물러나 명예를 구해도 이루지 못한다. 경영하거나 꾀하는 일은 막히는데 운이 흉하면 세상을 버린다. 사물에 미치지 못해 버리는 것이다.

■ 정월 672
신하가 어렵고 험난하나 자신의 잘못이 아니다. 뜻은 임금을 주제하는데 있으니 결국은 허물이 없다. 충정한 절의를 본받아 나라를 편안하게 한다. 만나는 것은 때가 아니고, 어려움을 건너고 험난함을 지난다. 경영하는 일은 막히고, 혹 몸도 보전하기 어렵다.

■ 2월 875
부자가 하지 않고 이웃과 함께하니 침략과 정벌에도 이롭다. 재물로 자신을 발전시키니 따르는 사람이 많다. 문무를 겸비하며 병권을 장악할 수도 있다. 과거에 오를 운인데 귀인을 만나 성사된다. 재리를 배로 얻으나 투쟁이나 소송을 조심하라.

■ 3월 683
사람 아닌데 비하나 상하지 않으랴. 당과 동료가 착하지 않으니 모든 일이 간사하다. 공업은 반드시 무너져 재난과 해만 입는다. 벗을 잃고 시기하다 혈기가 손상될 수도 있다. 가정이 깨지거나 자신이 손상이나 형벌을 당하거나 상복을 입을 일이 많다.

■ 4월 586
살아가는 것을 보니 군자이면 허물이 없다. 자신을 반성하면서 시종 한마음으로 한다. 경영하거나 꾀하는 일은 막히니 만족하지 못한다. 병자는 살아나고, 임신하면 유리하다. 진취가 심난하니 물러나 수신하면서 반성하라.

■ 5월 284
자리가 부당하니 많이 선해야 허물이 없다. 모두 좋지 않은데 어찌 대길하겠는가. 고을 버리고 하로 가니 진취가 부당하다. 만약 정직하지 않으면 재화를 면할 수 없다. 큰 덕이 있는 군자라야 바야흐로 복을 받는다.

■ 6월   241

마음을 바꿔 정도를 따르면 길하다. 교제가 공정하면 당연히 공이 있다. 만일 사랑이나 애정에 매이면 정리와 합할 수 없다. 선비는 좋은 기회가 있고, 따르는 곳에 공이 있다. 보통 사람이 이와 같으면 이익이 많다.

■ 7월   485

강세를 타 견고해도 병이 된다. 항상 중도를 잃지 않으면 죽지 않고, 권세가에게 의지하면 은혜와 총애를 받는다. 이끌어주는 사람도 없고, 좋은 기회를 만나기도 어렵다. 심사를 정하지 못하면 재해를 당한다.

■ 8월   462

사냥하여 여우 셋과 누런 화살을 얻는다. 간사함과 아첨이 난무하나 정직함으로 제거한다. 영전·천거·발탁될 운이다. 세 번 꾀하여 세 번 이루며 전답과 재산도 늘어난다. 만약 전쟁이나 사냥을 하면 이익이 작지 않을 것이다.

■ 9월   386

뿔 위까지 나가 사심의 마을을 쳐라. 진퇴가 심란하니 정당한 곳에 처해도 부끄럽다. 안으로 사심을 치료하며 반성하면 허물은 없다. 집을 다스리는 상으로 성조나 집수리할 운이다. 수가 불길하면 정벌·분쟁·소송이 따른다.

■ 10월   373

나그네가 집을 불사르는데 진실한 시종도 잃었다. 마음만 심란해 베게 베고 탄식한다. 벼슬한 사람은 직위를 잃고, 선비는 명예를 잃는다. 집은 불에 타고 인구마저 잃는다. 지나치게 강해 되지 않고, 여행하다 재난을 당한다.

■ 11월   341

형틀을 신겨 발을 베어 없애나 행하지 않으면 허물이 없다. 적은 것을 징계해 큰 것을 경계하는 것은 소인의 복이다. 거동에 어려움이 많으니 공명을 이루지 못한다. 보통 사람은 형벌을 조심해야 한다. 근신하면 재앙을 면할 수 있으나 풍병에 걸릴까 두렵다.

■ 12월   744

전도된 기름이나 길하니 위에서 베푸는 것이 빛난다. 호시탐탐하듯 하고 그 욕망 계속되게 하라. 존귀함을 얻어 광영되고, 앞으로 나아가 명예를 이룬다. 좋은 사람의 도움으로 경영하거나 꾀하는 일은 성사된다. 그러나 내쫓기거나 시비를 당할까 두렵다.

연평 652

수풍정괘 2효(水風井卦 二爻) ䷯

위로 끌어올릴 수 없으니 구제하는 공이 없다. 물장군이 깨져 물이 새니 사람을 구할 수 없다. 물러난 곳에서 수양하면서 그릇을 감추고 때를 기다려라. 응원이 없으나 조심하면서 지키면 화를 피할 수 있다. 덕은 족하나 힘은 약하니 사물에 미칠 수 없다.

■ 정월 663
오고감이 험하며 위험하니 공이 없다. 험난함에 빠져 침식이 편안하지 못하다. 만약 진입하면 더 험난해진다. 몸이 구덩이에 있는데 물까지 깊다. 배를 타면 물이 깊고, 육지로 달리면 뻘밭이어라.

■ 2월 566
흐트러져 그 피의 상해를 버리니 멀리 나가면 허물이 없다. 사리에 손순하면 상해는 없다. 무장으로 난리를 평정하고, 잠복이나 은둔에서 벗어난다. 험난함에서 나와 편안한 곳으로 가니 어둠을 등지고 밝은 곳을 향한다. 소송이나 감옥도 사라지고 질병도 낫는다.

■ 3월 264
서서히 오는 것은 밑에 있다. 정도를 걸으면 결국은 길하다. 때에 따라 다소 부끄러움이 있다. 과감하게 결정하고 행동하면 재난과 약함도 구제한다. 꾀하는 일을 이루고 험난에서 벗어난다. 쇠로된 차는 불리한데 사고가 두렵다.

■ 4월 221
화순하며 즐겁고 행동에 의심이 없다. 거취에 막힘이 없는데 어찌 아첨하랴. 벗들의 덕으로 진취하는 데 이롭다. 인정이 화합하니 모든 일이 다 이루어진다. 남편이 부르면 부인이 따르나 운이 흉하면 재난이 있다.

■ 5월 465
군자가 해산하면 소인이 물러난다. 험난함이 흩어지니 길하며 선하다. 군자가 자진하게 되면 정도를 행한다. 선비는 명예를 얻고, 상인은 이익을 얻는다. 소송은 풀어지고, 병자는 쾌유된다.

■ 6월 482

절개가 돌처럼 단단하니 뜻을 지킨다. 위로는 아첨하지 않고 아래로는 더럽히지 않는다. 기미를 알고 선처하는 것은 모든 사람의 소망이다. 급류에서 용감히 물러나 진취하면 명예를 이룬다. 보통 사람은 이익을 얻는데 안정해야 길하다.

■ 7월 366

믿음으로 술을 마시니 허물이 없다. 뜻이 방탕하며 반성할 줄 모르면 재난을 당한다. 초월해 영전할 운이며 진취할 상이다. 험난함에서 벗어나 평온해지고, 늙은이는 스스로 즐거워한다. 술 때문에 재난을 당하거나 물에 빠질 수 있다.

■ 8월 353

솥귀를 바꾸니 의리를 잃고, 행동이 비색하니 소임을 얻지 못한다. 물건이 있어도 먹지 못하고, 말이 있어도 타기 어렵다. 경영하거나 꾀하는 일은 처음은 없고 끝만 있다. 늙은이는 복을 받으나 어린아이는 작게 얻는다.

■ 9월 321

상하가 서로 친하면 자연히 후회할 일도 없다. 나쁜 사람이 나를 헤치나 흉이 되지는 않는다. 한직에서 복직되나 진취는 지체된다. 처음에는 잃으나 나중에는 얻고, 처음에는 어그러지나 나중에는 합한다. 육축은 불리하며 흉악한 사람을 조심하라.

■ 10월 724

병을 빨리 덜면 기쁨이 있다. 상대가 나를 따르는 것도 빠른 것이 좋다. 한직에서 일어서고 선비는 기쁨이 있다. 재앙은 면제되고 병은 쾌유된다. 어두웠던 사람은 밝아지고, 근심이 있던 사람도 기쁘게 된다.

■ 11월 342

살을 씹되 코를 없애니 엄하게 다스렸기 때문이다. 형법을 적용할 때 중도를 지키면 죄도 쉽게 복종한다. 인민 때문에 다소 상처를 받고, 고시는 기회가 없다. 진퇴는 어렵고 시비는 요란하다. 혹 남이 모르는 병에 걸리거나 골육이 손상될 수 있다.

■ 12월 145

망이 없는 병은 약을 쓰지 않으면 기쁘다. 본래 병이 없는데 어찌 공격해 치료하겠는가. 움직이면 망이요 안정하면 무망이다. 벼슬한 사람은 변이 생기나 변명하지 않아도 자명해진다. 피하는 일은 이루고, 출산과 양육의 기쁨이 있다.

수풍정괘 3효(水風井卦 三爻)

샘이 청결하나 먹지 못하니 내 마음 안타깝다. 왕이 밝으면 길러가게 되고 아울러 복을 받는다. 좋은 기회 만나기 어려우니 조용히 수양하면 좋다. 덕은 족히 사물을 구제할 만하나 하부를 못 떠났다. 안정하고 분수를 지키면 좋은 운을 얻는다.

■ 정월 254
대들보가 튼튼해 아래로 꺾이지 않으니 길하다. 능히 국사를 편안하게 하고 문무를 병용한다. 구관이면 나라의 대들보요, 처음 벼슬해도 중임을 맡는다. 앞으로 나아가 명예를 이루고, 성조나 집을 수리한다. 유약하며 한결같지 않게 일을 하면 간사함에 말려들 수 있다.

■ 2월 211
앞발이 건장하니 승산이 없는 데를 간다. 조급하고 망령되게 움직이면 허물을 면할 수 없다. 사세를 헤아려 결행해야 한다. 부끄러운 과실이 많고, 가정에 재앙과 환란이 가득하다. 망령되게 행동하면 환란을 면하기 어렵다.

■ 3월 455
덕을 오래 지키면 견고하며 바르게 된다. 부인은 길하나 사나이는 흉하다. 권세에 아첨하니 비난과 꾸짖음을 당한다. 선비는 요행을 도모하다 욕을 본다. 보통 사람은 불선하다 훼방을 많이 겪는다.

■ 4월 472
할아버지를 지나 할머니를 만나고, 임금을 지나 신하를 만난다. 정도를 지키며 중도를 얻으니 스스로 본분을 안다. 자신의 직책에서 앞으로 나아가 명예를 이룬다. 귀인이 이끌어주면 모든 일이 이루어진다. 여인의 도움을 받으나 운이 흉하면 어머니 재앙이 따른다.

■ 5월 356
옥으로 솥의 귀를 만드니 강유가 중절하다. 매우 길하니 이롭지 않은 것이 없다. 구만리 하늘은 끝이 없으나 평온하게 청운에 오른다. 왕실의 요직에 올라 큰 경륜을 펼친다. 경영하거나 꾀하는 일은 편안하게 이룬다.

■ 6월   363

앞으로 나아가면 흉하나 큰 내를 건너면 이롭다. 험난함에서 나오기 어렵고, 육지로 가는 것도 불리하다. 간다고 좋을 수는 없으나 남의 덕으로 성사된다. 재주와 힘이 부족하니 좌절과 억제될 수밖에 없다. 내를 건너고 험난을 지나 상업을 하면 유리하다.

■ 7월   311

해로운데 사귀지 않으면 교만이 넘칠 수 없다. 어렵게 노력하면 허물이 없으니 해로운 곳을 지날 일도 없다. 선비는 앞으로 나아가지 못하고 꺾인다. 마음에는 근심과 번뇌가 있고, 소인이 속이며 능멸한다. 항상 어려움을 생각하면 재해가 침범하지 않는다.

■ 8월   714

어린 소로 대지르지 못하게 함이니 매우 길하며 기쁨이 있다. 피어나기 전에 금지시키면 크게 착하고 길하다. 벼슬한 사람은 승진하고, 진취하면 장원한다. 보통 사람은 기쁨이 있고 소나 재물이 늘어난다. 먼저 실패의 원인을 제거하면 이롭지 않은 것이 없다.

■ 9월   332

높게 부딪쳐 빛나니 매우 길하고, 중도를 얻어 사방이 빛나니 매우 길하다. 만사가 이미 정해져 있으니 어찌 근심이 있겠는가. 현명한 군주를 만나 나라의 큰 그릇이 된다. 과거에 급제하며 반드시 이익이 생긴다.

■ 10월   135

처음에는 우나 나중에는 웃고, 처음에는 어그러지나 나중에는 합한다. 두 사람이 같은 마음으로 황금을 나눈다. 먼저는 귀양을 가나 뒤에는 재기하고, 먼저는 막히나 뒤에는 만난다. 곧고 바르게 행하면 여럿이 돕는다. 기쁨과 슬픔이 교차하며 시비가 한결같지 않다.

■ 11월   343

질긴 고기를 씹다 독을 만난다. 부당하게 남을 형벌하니 불복한다. 재주가 약하면 잃는 것이 있고, 학식이 얕으면 욕을 본다. 쉬운 일도 주간하기 어려우니 처신이 편안하지 않다. 뱃속에 병이 있거나 놀라거나 험한 일을 당할 수 있다.

■ 12월   446

벼락이 두려워 눈도 휘둥그레진다. 중도를 얻지 못했으니 나가면 흉하다. 두려워하며 반성하면 결혼은 말이 있다. 벼슬한 사람은 귀양이나 감봉이 따르고, 선비는 정지나 강등을 조심하라. 부부 간의 형극이나 조난이 있을까 두렵다.

수풍정괘 4효(水風井卦 四爻) ䷯

재주를 넓게 베풀지 못하나 스스로 지키면 가하다. 일을 고치고 다스리면 폐지까지는 이르지 않는다. 이익과 선을 조목조목 펼치면서 정치를 고치고 일에 응한다. 경전을 궁리하며 옛것을 배워 쓰일 때를 기다린다. 밭을 갈고 샘을 파며 집을 짓고 수축한다.

■ 정월 855
바르게 계단 오르듯 하니 큰 뜻을 얻는다. 반드시 시종의 진출을 예의로 한다. 오르는 것이 귀한 바는 유순한 데 있다. 벼슬한 사람은 높이 영전하고, 선비는 높이 천거된다. 꾀하는 것을 이루고 뜻을 얻으니 진출에는 계단이 있다.

■ 2월 872
겸손하며 바르니 중심을 얻는다. 속으로 겸손한 덕이 쌓이니 능히 외부로 발산할 수 있다. 수컷이 울면 암컷이 응하듯이 음양이 부르고 화답한다. 관직자는 직위가 바뀌니 앞으로 나아가면 명예를 이룬다. 경솔하면 좋지 않으니 물러나 지키는 것이 좋다.

■ 3월 756
왕후도 섬기지 않고 고상하게 그 일만 한다. 강하고 밝은 재주로 무사하다. 도덕을 품에 안고 마음속에 누가 되지 않게 한다. 옛것을 지키면서 자신을 고결하게 한다. 운이 좋으면 경사도 있고, 귀인에게 발탁된다.

■ 4월 763
여인을 취하지 말라. 소행이 불순하다. 돈 많은 남자를 보면 제 신분도 생각하지 못한다. 탐내고 조심하지 않아 욕을 당하고 편안에 빠져 학업도 폐한다. 여인과 불목하며 주색으로 재난을 당한다. 시비가 생기게 되니 안정해야 좋다.

■ 5월 711
위태로우면 하지 않는 것이 이롭다. 재해를 범하지 않으나 나가면 위태롭고 그치면 쌓인다. 기미를 알고 물러서면 해로움은 멀어진다. 벼슬한 사람은 직위를 버리는 것이 좋고, 선비는 때를 기다리는 것이 좋다. 변이 생기면 재난을 당하는데 옛것을 지켜야 좋다.

■ 6월   314

그렇게 풍성하게 하지 않으면 가히 허물은 없을 것이다. 물리를 밝게 분별할 수 있으면서도 겸손하다. 해도 정오가 지나면 기울고, 물도 성한 뒤에는 쇠퇴한다. 분수를 지키면서 때를 기다리는 것이 좋다. 밝으면 손실이 있으니 눈병도 두렵다.

■ 7월   732

턱이 움직이면 수염도 따라 움직이듯이 움직이고 그치는 일은 턱에 달려 있다. 선악은 본질에 매어 있다. 영전은 남의 덕으로 성사된다. 문장이 아름다우니 귀인이 끌어주리라. 그러나 세력만 믿고 함부로 굴면 좌절할 것이다.

■ 8월   535

왕이 가정을 이루면 근심하지 않아도 길하다. 지극히 바르고 선하니 근심없이 잘 되어간다. 남편은 내조를 좋아하고, 부인은 법도 있는 가정을 사랑한다. 벼슬길이 매우 순탄하고 명예를 이룬다. 귀인과 교제하며 문전에 화기가 가득하다.

■ 9월   743

기르는 정도를 어기니 흉하다. 10년이라도 쓰지 말라. 도가 크게 어그러졌으니 이로울 것이 없다. 욕심이 많아 망동하면서 이르지 않는 곳이 없다. 욕심을 따르다 법도를 그르치고 명예를 잃는다. 거칠고 음탕한 짓을 거리낌 없이 하다 자신이 상하고 슬픔만 남는다.

■ 10월   846

회복이 어둡고 흉한 것은 임금의 도와 반대이기 때문이다. 재앙이 있는데 군사를 행하면 결국은 크게 패한다. 화근은 밖에 있는데 스스로 재앙을 부른다. 미혹하면 재앙이 되니 가만히 있으면 좋으나 움직이면 흉하다. 운명이 다 되었으니 이로울 게 하나도 없다.

■ 11월   344

다리에 감응이 있으나 처하지 못한다. 스스로 하지 못하고 남을 따른다. 조용히 있는 것이 좋은데 움직이니 심히 부끄럽다. 모든 일에 부끄러움이 많으며 여자의 결혼만 유리하다. 간여한 일들은 보통을 벗어나기 어렵다.

■ 12월   381

진출하거나 좌절하더라도 홀로 정도를 행한다. 미덥지 않더라도 너그러우면 허물은 없다. 간사한 이론에 막혀 앞으로 나아가기 어렵다. 피차 믿지 않으니 근심과 즐거움이 반반이다. 안정하면 길하나 움직이면 흉하다.

연평 655

수풍정괘 5효(水風井卦 五爻) ䷯

샘도 깨끗한 물이 차 있다. 공은 사물에까지 미친다. 재주와 덕은 모두 선하며 아름답다. 덕과 지위 모두 좋으니 임금의 총애를 받는다. 명예와 이익이 모두 있으니 등용이나 천거된다. 경영하거나 꾀하는 일은 반드시 이루고 복과 이익을 얻는다.

■ 정월 556
지나치게 겸손하니 강하게 끊는 것도 잃는다. 재물과 도끼도 잃었으니 정도에 흉이 된다. 파직이나 연금되고, 오르는 데 궁하여 손해를 본다. 흉한 가운데 구원이 있고, 끊어진 곳에서도 생을 만난다. 비록 손실과 질병이 있으나 성공의 기쁨도 있다.

■ 2월 563
사심을 버리면 후회할 일이 없다. 뜻은 시국을 구제하는데 있는데 흩어짐을 구제한다. 진취가 불리하나 외부 시험은 가능하다. 재난은 흩어지고, 장학생은 나오게 된다. 보통 사람은 이익을 얻고 윗사람과 상응한다.

■ 3월 511
도를 지켜 회복하니 어찌 허물이 되겠는가. 강건한 재주는 위에 동지가 있다. 한직에서 벗어나며 집을 나간 사람도 돌아온다. 보통 사람은 사업을 극복하고 안정한다. 그러나 운이 불길하면 진퇴의 뜻이 의심스럽다.

■ 4월 114
진퇴를 알 수 없으니 시기에 맞게 나아가라. 순리를 따르면 길하나 망동하면 화가 생긴다. 시운이 불리하니 역량을 감추고 때를 기다려라. 의심이 생겨 결정하지 못하니 모든 게 어려워진다. 여자는 마음대로 되고, 승려와 도인은 편안하다.

■ 5월 532
성취하려고 하지 않고 가정에서 음식을 만들면 길하다. 정과 사랑에 빠지면 이루지 못한다. 벼슬한 사람은 조정에 들어 녹과 복이 빛난다. 선비는 학업이 좋아져 장학금을 타니 길하다. 경영하거나 꾀하는 일을 이루며 재물과 양식이 늘어난다.

■ 6월 735

언덕과 동산을 꾸미니 예물은 얇고 소박하다. 근본을 두텁게 하며 실상을 숭상하고, 농업에 힘쓰며 검소함을 숭상한다. 한가한 관직에서 초빙되나 관록은 쇠퇴한다. 귀인은 이익을 얻고 적게 성취해야 기쁘다. 진취하는 데 어려움이 있고, 노인은 수명이 불리하다.

■ 7월 543

유익함을 흉한 일에 쓰니 어려움이 덜어진다. 믿음으로 중도를 행하면 공사에 고할 때 인감을 쓰는 것처럼 할 것이다. 조정에서 귀인으로 크게 쓰이며 명예와 공을 이룬다. 인선이나 품수를 바꾸면 보통 사람은 이익을 얻는다. 그러나 운이 흉하면 비상한 재앙을 당한다.

■ 8월 646

말을 타고 나가지 못하니 피눈물이 흐른다. 어려움의 끝이니 액운이 더욱 심하다. 영화로운 곳에서 욕을 당할 수 있으니 참소와 욕을 조심하라. 손해를 보거나 실패할 운으로 모든 재앙이 다투어 일어난다. 만약 부모의 상을 당하지 않으면 수명이 불리하다.

■ 9월 144

바른 길을 지키면 허물이 없다. 실리와 진실한 마음으로 변하지 말라. 고요히 안정하면 저절로 좋은 소식이 온다. 덕이 넓고 겸손하니 신하의 도리가 극진하다. 옛 사업을 지키며 본분을 지켜라.

■ 10월 181

서로 끌어들이면서 인도하니 음양이 기뻐한다. 앞길이 비색한데 다른 사람과 공동으로 구제한다. 조용히 지키면 좋으나 지나치게 도모하면 재난을 당한다. 기회를 만나기 어려우나 기다리는 것이 좋다. 소언과 관련된 일을 막으면 길하다.

■ 11월 345

마른 고기를 씹다 황금을 얻는다. 항상 위태로움과 두려움을 알면 원한과 허물은 자연히 사라진다. 법으로 간신을 제거하며 명예를 이룬다. 병자는 편안해지고 원망도 사라진다. 손으로 천금을 희롱하니 의식이 풍족하다.

■ 12월 322

골목에서 골목을 만나니 도를 잃은 것은 아니다. 왜곡해 서로 구하는 것도 뜻은 어그러짐을 구제하는 데 있다. 성의와 힘을 다해 지성으로 감동시킨다. 반드시 밝은 군주를 만나 영전할 기회를 만난다. 보통 사람은 지기를 만나 경영하거나 꾀하는 일을 이룬다.

연평 656

수풍정괘 상효(水風井卦 上爻) ䷯

샘물을 길어올리고 미쁨이 있으니 매우 길하다. 매우 길하여 위에 있으니 대성공이다. 공이 높고 덕이 두터우니 높이 영전할 상이다. 도덕을 모두 갖추어 명예를 이룰 운이다. 재량이 충족하며 꾀하는 일은 모두 이룬다.

▪정월 611
교외에서 기다리며 어려움을 범하지 않는다. 조급하게 움직이면 곤란해진다. 현재의 직분을 조심스럽게 지키나 만족하지 못한다. 옛것을 지키면서 안정하면 재해가 범하지 않는다. 운수가 불리하면 교외에 장사지내는 수도 있다.

▪2월 214
엉덩이에 살이 없으니 걷기가 거북하다. 말을 듣고도 믿지 못하는 것은 총명하지 못해서다. 처한 자리가 부당하니 그 해가 적지 않고, 재주와 힘이 모자라니 앞으로 나아가기 어렵다. 관재와 귀·발등에 병이 따를 운이다.

▪3월 632
부인이 수레에 가린 물건을 잃었다 쫓아가지 않으면 길하다. 시기가 이미 기제니 다시 나갈 수 없다. 예의가 구비되지 않으면 구차스런 행동을 하지 말라. 먼저는 역수 뒤에는 순수이고 먼저 잃고 뒤에 얻는다. 처음에 어려워도 뒤에 쉬우니 운이 흥하면 상실 도망이 있다.

▪4월 835
기자의 밝음이 상했으나 밝은 것이 꺼지지는 않는다. 밝음을 안으로 감추고 올바름을 지킨다. 검소한 덕으로 피난하나 지기는 만나기 어렵다. 가정의 어려움으로 반드시 화를 당한다. 분수를 지키면서 뜻을 바르게 가져야 한다.

▪5월 643
안내자 없이 사슴을 쫓다 깊은 숲으로 들어간다. 중정하지 못하니 망동으로 곤란해진다. 탐관오리로 내쫓기거나 정지와 강등될 수 있다. 옛것을 지키면서 안정하라. 구금이나 감옥이 두렵다. 앞길은 험난한데 안내자는 하나도 없다.

■ 6월 546

밖에서 치우친 말이 들리니 마음을 세우는 데 떳떳하지 못하다. 위태로울 때 움직이고 두려울 때 말하면 백성도 호응하지 않는다. 소통 없이 구하면 백성도 주지 않는다. 탐을 내다 귀양가고, 경쟁하며 뺏으려다 욕을 본다. 이익만 취하면 원한·형극·손상이 따른다.

■ 7월 244

따르는 곳에서 얻으려고 하면 비록 정당해도 흉하다. 성의를 다해 도에 맞게 하고, 명철하게 처신하라. 한번 탐욕을 부리면 재난을 면하기 어렵다. 그러나 귀인이 추대하면 흉이 길하게 된다. 사람은 누구든 나에게 유리하다.

■ 8월 281

성의는 있으나 결과를 맺지 못하니 소란하다. 근심없이 가면 거의 허물은 없다. 벼슬한 사람은 불리하고, 선비는 어려움이 있다. 소인과 결탁하거나 속임수를 당할 운이다. 처음에는 흉하고 나중에는 길하니 경계하는 것이 좋다.

■ 9월 445

벼락이 내려치니 움직이면 위험하다. 중도를 잃으면 위태로우나 잃는 것은 없다. 현직을 보전하며 고유의 것을 지켜라. 보통 사람은 우환과 수족에 근심이 있다. 처세가 위태로운 줄 알면 크게 잃는 것은 없을 것이다.

■ 10월 422

여자는 어진데 배우자가 어리석으니 내조를 해도 이루기 어렵다. 조용히 정도를 기르며 자신을 선하게 만든다. 하나는 어둡고 하나는 밝으니 어찌 둘 다 성취하랴. 직위가 바뀌기 어렵고, 기회를 만나기도 어렵다. 옛것을 지키면서 안정하면 재난과 해는 생기지 않는다.

■ 11월 346

형틀을 지고 귀를 없애니 총명하지 못하다. 쌓인 죄악은 가릴 수 없고, 큰 죄는 풀어버릴 수 없다. 가벼운 배가 큰 파도를 만났으니 앞길이 힘들다. 만약 싸움이나 소송이 없으면 귀와 눈이 밝지 못하고, 흉한 운을 만나면 몸이 상하고 죽음에 이른다.

■ 12월 333

해는 기우는데 빛이 나니 어찌 오래 가겠는가. 성하면 쇠퇴하고, 시작이 있으면 끝이 있는 법이다. 관직은 재야에 있으니 조심하며 욕을 막아라. 즐거움 속에 슬픔이 있고, 기쁨 속에 수심이 있다. 계속 험난하니 죽고 망할 날이 없다.

연평 661

중수감괘 초효(重水坎卦 初爻) ䷜.

겹겹의 험난에 빠져 도를 잃어버리면 흉하다. 재주가 약하고 응원이 없으니 회복하기 어렵다. 내쫓길 운이요 강등의 욕을 당한다. 험난한 곳으로 빠져들어가니 인명이 위태롭다. 그러나 승려나 숨은 도인은 화를 면할 수 있다.

▪ 정월 682
안에서부터 친하니 실수하지 않는다. 나라에 몸을 맡기니 임금을 얻고 도에 합한다. 관직은 내직으로 제수받고, 여자는 어진 남편을 얻는다. 선비는 명예를 이루나 지방을 벗어날 수 없다. 귀인을 만나 의지하니 경영하거나 꾀하는 일은 뜻대로 된다.

▪ 2월 885
누런 치마이니 매우 길하다. 문채가 중도에 있다. 안에 아름다움이 가득하니 사지에까지 창달한다. 내직으로 선임되며 왕실에 들 영화가 있다. 모든 일이 안온하며 재물과 이익이 따른다. 여자는 덕이 있고 내조의 공이 있다.

▪ 3월 673
가면 어렵고 오면 돌아오니 안에서 기뻐한다. 위로 가면 어려우니 험난함을 보면 그쳐라. 돌아서서 밑으로 오면 편안하리라. 앞으로 나아가면 명예를 이룬다. 처자의 기쁨이 있으나 운이 흉하면 형극도 따른다.

▪ 4월 576
기러기가 허공으로 날아가듯이 그 뜻이 초연하다. 사람으로 논하면 보통을 넘어간다. 나아가는 것을 잃지 않고 현달하여 높이 된다. 선비는 명예를 얻어 한번 날면 하늘도 찌른다. 복의 근원이 영원하니 재앙이나 근심이 침범하지 않는다.

▪ 5월 274
마음이 꾸준하니 후회할 일이 없고, 해로움에 감응하지 않는다. 갈팡질팡할 때 벗만은 나의 생각을 따르리라. 사심이 서로 감응하면 광대하지 못하다. 벗과 서로 의지하면 작은 일은 이룰 수 있다. 마음이 다소 편안하나 큰 일은 어그러진다.

■ 6월 231

견고한 황소가죽을 써라. 개혁은 불가하다. 초기에 움직이니 어찌 자세하며 신중하겠는가. 마음을 잘 지키면서 가볍게 고치려고 하지 말라. 망동하면 과실을 면하기 어렵다. 벼슬한 사람은 자리를 지키면서 나올 생각을 하지 말라.

■ 7월 475

날아올라 내려오지 않으니 덕을 베풀기 어렵다. 서쪽 들에는 구름이 가득하나 비가 오지 않는다. 벼슬한 사람은 휴직하기 쉬우나 선비는 왕공을 볼 수도 있다. 원대한 계책은 불리하나 옛것을 지키면 좋다. 노인이나 병자는 모두 좋지 않다.

■ 8월 452

항구함에 뉘우침이 없고, 움직이는 곳마다 중도를 얻는다. 중정하면 자신을 지키며 편안해진다. 관직자는 근신하면 공직을 면한다. 선비는 덕을 숭상하며 지키면 손해는 없다. 자신을 편안하게 하며 도덕을 품으면 그 속에 이익이 있다.

■ 9월 376

나그네는 그 집을 불사르고, 처음에는 웃으나 나중에는 울부짖는다. 지나치게 강해 자만하면 편안한 곳도 잃는다. 순한 덕을 쉽게 잃으니 처음에는 통쾌하나 나중에는 위태로워진다. 좋은 가운데 손실이 있으니 이사나 성조를 하라. 운이 나쁘면 화재나 눈병이 생길 수 있다.

■ 10월 383

여러 사람이 미더워하니 위에 올라 행한다. 대중이 믿고 따르니 어찌 불리하겠는가. 관직자는 승진이나 영전하고, 선비는 천거된다. 벗을 얻어 함께 일하니 경영하거나 꾀하는 일을 이룬다. 먼저 도적을 막고, 뒤로는 사람의 도주를 예방하라.

■ 11월 331

내디딘 발길 착란하나 조심하면 허물은 없다. 그 진퇴를 아는 것은 밝게 부딪치는 도다. 조심하면서 신중하게 피하면 화를 면할 수 있다. 조급하게 움직이면 허물을 범하고, 이치에 어긋나면 분수를 범한다. 만약 그렇지 않으면 미끄러지며 발에 병이 생긴다.

■ 12월 734

꾸밈새가 희며 흰 말이 달리듯 한다. 겉으로는 문채의 꾸밈을 숭상하나 마음은 본질을 숭상한다. 처음에는 막히나 나중에는 순탄하고, 처음에는 잃으나 나중에는 얻는다. 근심 속에 기쁨이 있고, 험난함 속에도 편안함이 있다. 혼인할 운이나 운이 흉하면 상복도 입는다.

연평 662

중수감괘 2효(重水坎卦 二爻) ䷜·

험난함의 연속이나 구하는 것은 다소 얻는다. 재주가 족하여 자위하니 마음은 항상 형통하다. 책임이 작으니 작은 시험은 이롭다. 사람이 출중하지 못하나 경영하는 일은 다소 이룬다. 험난함과 심장·복부·혈액 질환이 따른다.

■ 정월 653
샘이 청결하나 먹지 못하니 내 마음 안타깝다. 왕이 밝으면 길러가게 되고 아울러 복을 받는다. 좋은 기회 만나기 어려우니 조용히 수양하면 좋다. 덕은 족히 사물을 구제할 만하나 하부를 못 떠났다. 안정하고 분수를 지키면 좋은 운을 얻는다.

■ 2월 556
지나치게 겸손하니 강하게 끊는 것도 잃는다. 재물과 도끼도 잃었으니 정도에 흉이 된다. 파직이나 연금되고, 오르는 데 궁하여 손해를 본다. 흉한 가운데 구원이 있고, 끊어진 곳에서도 생을 만난다. 비록 손실과 질병이 있으나 성공의 기쁨도 있다.

■ 3월 254
대들보가 튼튼해 아래로 꺾이지 않으니 길하다. 능히 국사를 편안하게 하고 문무를 병용한다. 구관이면 나라의 대들보요, 처음 벼슬해도 중임을 맡는다. 앞으로 나아가 명예를 이루고, 성조나 집을 수리한다. 유약하며 한결같지 않게 일을 하면 간사함에 말려들 수 있다.

■ 4월 211
앞발이 건장하니 승산이 없는 데를 간다. 조급하고 망령되게 움직이면 허물을 면할 수 없다. 사세를 헤아려 결행해야 한다. 부끄러운 과실이 많고, 가정에 재앙과 환란이 가득하다. 망령되게 행동하면 환란을 면하기 어렵다.

■ 5월 455
덕을 오래 지키면 견고하며 바르게 된다. 부인은 길하나 사나이는 흉하다. 권세에 아첨하니 비난과 꾸짖음을 당한다. 선비는 요행을 도모하다 욕을 본다. 보통 사람은 불선하다 훼방을 많이 겪는다.

▪ 6월 472

할아버지를 지나 할머니를 만나고, 임금을 지나 신하를 만난다. 정도를 지키며 중도를 얻으니 스스로 본분을 안다. 자신의 직책에서 앞으로 나아가 명예를 이룬다. 귀인이 이끌어주면 모든 일이 이루어진다. 여인의 도움을 받으나 운이 흉하면 어머니 재앙이 따른다.

▪ 7월 356

옥으로 솥의 귀를 만드니 강유가 중절하다. 매우 길하니 이롭지 않은 것이 없다. 구만리 하늘은 끝이 없으나 평온하게 청운에 오른다. 왕실의 요직에 올라 큰 경륜을 펼친다. 경영하거나 꾀하는 일은 편안하게 이룬다.

▪ 8월 363

앞으로 나아가면 흉하나 큰 내를 건너면 이롭다. 험난함에서 나오기 어렵고, 육지로 가는 것도 불리하다. 간다고 좋을 수는 없으나 남의 덕으로 성사된다. 재주와 힘이 부족하니 좌절과 억제될 수밖에 없다. 내를 건너고 험난을 지나 상업을 하면 유리하다.

▪ 9월 311

해로운데 사귀지 않으면 교만이 넘칠 수 없다. 어렵게 노력하면 허물이 없으니 해로운 곳을 지날 일도 없다. 선비는 앞으로 나아가지 못하고 꺾인다. 마음에는 근심과 번뇌가 있고, 소인이 속이며 능멸한다. 항상 어려움을 생각하면 재해가 침범하지 않는다.

▪ 10월 714

어린 소로 대지르지 못하게 함이니 매우 길하며 기쁨이 있다. 피어나기 전에 금지시키면 크게 착하고 길하다. 벼슬한 사람은 승진하고, 진취하면 장원한다. 보통 사람은 기쁨이 있고 소나 재물이 늘어난다. 먼저 실패의 원인을 제거하면 이롭지 않은 것이 없다.

▪ 11월 332

높게 부딪쳐 빛나니 매우 길하고, 중도를 얻어 사방이 빛나니 매우 길하다. 만사가 이미 정해져 있으니 어찌 근심이 있겠는가. 현명한 군주를 만나 나라의 큰 그릇이 된다. 과거에 급제하며 반드시 이익이 생긴다.

▪ 12월 135

처음에는 우나 나중에는 웃고, 처음에는 어그러지나 나중에는 합한다. 두 사람이 같은 마음으로 황금을 나눈다. 먼저는 귀양을 가나 뒤에는 재기하고, 먼저는 막히나 뒤에는 만난다. 곧고 바르게 행하면 여럿이 돕는다. 기쁨과 슬픔이 교차하며 시비가 한결같지 않다.

중수감괘 3효(重水坎卦 三爻) ䷜

오고감이 험하며 위험하니 공이 없다. 험난함에 빠져 침식이 편안하지 못하다. 만약 진입하면 더 험난해진다. 몸이 구덩이에 있는데 물까지 깊다. 배를 타면 물이 깊고, 육지로 달리면 뻘밭이어라.

■ 정월 264
서서히 오는 것은 밑에 있다. 정도를 걸으면 결국은 길하다. 때에 따라 다소 부끄러움이 있다. 과감하게 결정하고 행동하면 재난과 약함도 구제한다. 꾀하는 일을 이루고 험난에서 벗어난다. 쇠로된 차는 불리한데 사고가 두렵다.

■ 2월 221
화순하며 즐겁고 행동에 의심이 없다. 거취에 막힘이 없는데 어찌 아첨하랴. 벗들의 덕으로 진취하는 데 이롭다. 인정이 화합하니 모든 일이 다 이루어진다. 남편이 부르면 부인이 따르나 운이 흉하면 재난이 있다.

■ 3월 465
군자가 해산하면 소인이 물러난다. 험난함이 흩어지니 길하며 선하다. 군자가 자진하게 되면 정도를 행한다. 선비는 명예를 얻고, 상인은 이익을 얻는다. 소송은 풀어지고, 병자는 쾌유된다.

■ 4월 482
절개가 돌처럼 단단하니 뜻을 지킨다. 위로는 아첨하지 않고 아래로는 더럽히지 않는다. 기미를 알고 선처하는 것은 모든 사람의 소망이다. 급류에서 용감히 물러나 진취하면 명예를 이룬다. 보통 사람은 이익을 얻는데 안정해야 길하다.

■ 5월 366
믿음으로 술을 마시니 허물이 없다. 뜻이 방탕하며 반성할 줄 모르면 재난을 당한다. 초월해 영전할 운이며 진취할 상이다. 험난함에서 벗어나 평온해지고, 늙은이는 스스로 즐거워한다. 술 때문에 재난을 당하거나 물에 빠질 수 있다.

■ 6월   353

솥귀를 바꾸니 의리를 잃고, 행동이 비색하니 소임을 얻지 못한다. 물건이 있어도 먹지 못하고, 말이 있어도 타기 어렵다. 경영하거나 꾀하는 일은 처음은 없고 끝만 있다. 늙은이는 복을 받으나 어린아이는 작게 얻는다.

■ 7월   321

상하가 서로 친하면 자연히 후회할 일도 없다. 나쁜 사람이 나를 헤치나 흉이 되지는 않는다. 한직에서 복직되나 진취는 지체된다. 처음에는 잃으나 나중에는 얻고, 처음에는 어그러지나 나중에는 합한다. 육축은 불리하며 흉악한 사람을 조심하라.

■ 8월   724

병을 빨리 덜면 기쁨이 있다. 상대가 나를 따르는 것도 빠른 것이 좋다. 한직에서 일어서고 선비는 기쁨이 있다. 재앙은 면제되고 병은 쾌유된다. 어두웠던 사람은 밝아지고, 근심이 있던 사람도 기쁘게 된다.

■ 9월   342

살을 씹되 코를 없애니 엄하게 다스렸기 때문이다. 형법을 적용할 때 중도를 지키면 죄도 쉽게 복종한다. 인민 때문에 다소 상처를 받고, 고시는 기회가 없다. 진퇴는 어렵고 시비는 요란하다. 혹 남이 모르는 병에 걸리거나 골육이 손상될 수 있다.

■ 10월   145

망이 없는 병은 약을 쓰지 않으면 기쁘다. 본래 병이 없는데 어찌 공격해 치료하겠는가. 움직이면 망이요 안정하면 무망이다. 벼슬한 사람은 변이 생기나 변명하지 않아도 자명해진다. 피하는 일은 이루고, 출산과 양육의 기쁨이 있다.

■ 11월   333

해는 기우는데 빛이 나니 어찌 오래 가겠는가. 성하면 쇠퇴하고, 시작이 있으면 끝이 있는 법이다. 관직은 재야에 있으니 조심하며 욕을 막아라. 즐거움 속에 슬픔이 있고, 기쁨 속에 수심이 있다. 계속 험난하니 죽고 망할 날이 없다.

■ 12월   436

집은 훌륭해 하늘까지 날 것 같으나 3년이나 사람을 보지 못한다. 스스로 가리고 더럽혔으니 매우 흉하다. 골육이 상잔하니 고향을 떠나 가정을 이루라. 문호가 곤궁하며 소송·감옥·구설이 따른다.

연평 664

중수감괘 4효(重水坎卦 四爻) ䷜

술 한 잔과 제기 둘이니 들창으로 언약을 드린다. 깨끗한 성의를 닦고 충성과 신의를 다하라. 임금의 마음이 밝게 열리면 결국 허물이 없어진다. 체결·결연·결혼이 있으나 초상이나 제사도 두렵다. 손님과 주인이 성심과 예의로 대한다.

■ 정월 865
장자가 중도로 군사를 거느린다. 소인이 참여하면 비록 바른 일이라도 흉하다. 언론으로 정치를 잡고, 앞으로 나아가 명예를 이룬다. 전답과 재산이 날로 늘어나고, 육축도 번창한다. 위임할 사람을 얻으면 꾀하는 일을 이루고 뜻도 얻는다.

■ 2월 882
곧고 모나고 크니 땅의 도가 빛난다. 소행에 의심이 없으니 이롭지 않은 것이 없다. 유순하며 중정한 덕이 무궁하다. 관직자는 지위가 높아지고 명예도 올라간다. 곡식과 비단이 많이 늘어나고, 어진 부인이 집안을 일으킨다.

■ 3월 776
그치는 도가 매우 좋으니 나중에는 길하다. 관직자는 자리를 옮기고, 선비는 명예를 이루고, 농민은 전답이 늘어나고, 상인은 이익을 얻고, 보통 사람은 복을 받는다. 그러나 운이 흉하면 반대가 된다.

■ 4월 753
아버지 일을 주간하니 다소 후회가 있다. 일을 주간해 폐단을 제거할 때 모두 길하지는 못했다. 유신의 법은 어찌 하나의 뉘우침을 애석해 하겠는가. 몸소 왕도를 행하고 간사한 말을 믿지 말라. 일찍 움직이는 것은 불리하니 거슬리고 어긋남을 고쳐라.

■ 5월 721
마치는 일은 속히 가라. 가상함이 합했기 때문이다. 아래를 덜어 위를 유익하게 하고, 자신을 덜어 윗사람을 받든다. 가정보다 나라를 더 생각하면 임금의 총애는 날로 늘어난다. 윗사람과 뜻이 합하니 반드시 우수하게 뽑힌다. 회계가 윤당하면 이롭고 모두 얻을 수 있다.

■ 6월 324

어그러지고 이탈해 외로워하다 좋은 장부를 만난다. 그 뜻을 행할 수 있으니 위태로우나 허물이 없다. 동지에게 천거되거나 발탁되고, 선비는 주사를 만난다. 혼인은 짝을 얻고 위태로웠던 사람도 편안해진진다. 밖에서 도모하는 일은 처음에는 막혔다 나중에는 순탄해진다.

■ 7월 742

양유을 얻지 못해 망령되게 윗사람에게 찾는다. 나아가면 그 무리를 잃게 된다. 벼슬한 사람은 귀양을 조심하고, 선비는 욕을 조심하라. 하는 일은 진퇴와 시비가 일정하지 않다. 병이 많으니 흉한 운을 만나면 죽을 수도 있다.

■ 8월 545

은혜하는 마음에 미더움 두면 묻지 않아도 대길하다. 위에서 혜택을 주면 밑에서도 은혜를 베푼다. 관직은 요로에 들어가고, 밝은 군주를 만난다. 앞으로 나아가 명예를 이루고, 경영하는 일은 뜻대로 된다. 비천한 사람이 존귀한 사람을 만나고, 지기도 많이 만난다.

■ 9월 733

꾸밈이 젖어들듯하니 오래 바르면 길하다. 꾸밈이 항상 바르면 결국 능멸하지 못한다. 도와주는 사람이 있으면 좋은 직위를 맡는다. 떠받들어 주는 사람이 많으니 명리를 이룬다. 밖에서는 시비로 시끄러울 수 있으나 해가 되지는 않는다.

■ 10월 836

처음에는 하늘에 오르나 나중에는 뒤에 땅 속으로 들어간다. 밝지 못하고 어두워 스스로 상하고 운명한 것이다. 관직에 막힘이 많으니 내쫓길까 두렵다. 처음에는 이루나 나중에는 막히고, 노인은 수명이 없다. 하늘에 오를 징조인데 나중에는 내쫓긴다.

■ 11월 334

갑자기 용신할 곳이 없다. 몸이 불에 타버리니 죽음이며 버림이다. 해는 바닷속에 잠기고 사람은 꿈속에 있다. 윗사람을 거역하니 재난을 피할 길이 없다. 만약 병화가 아니면 죽음에 이를 수 있다.

■ 12월 371

나그네가 자질구레하고 더럽게 구니 뜻이 궁박해 재난을 당한다. 재주가 미치지 못하니 지위가 있어도 감당하지 못한다. 야비하고 더러운 상이니 천하고 더러움을 면하기 어렵다. 국이 너무 얕으니 재난이 절박한다. 상업이나 여행은 불리하니 기로에서 잘 선택하라.

연평 665

중수감괘 5효(重水坎卦 五爻) ䷜

험난함이 차지 못하고, 중정한 덕도 크지 않다. 물이 흘러도 차지 않고 이미 평평한 데까지 갔다. 직위에 있으며 위태롭지 않으니 작게 성취해야 이롭다. 꾀하는 일은 평탄해 위험은 없을 것이다. 처음에 다소 얻으나 결국은 차지 못한다.

■ 정월 566
흐트러져 그 피의 상해를 버리니 멀리 나가면 허물이 없다. 사리에 손순하면 상해는 없다. 무장으로 난리를 평정하고, 잠복이나 은둔에서 벗어난다. 험난함에서 나와 편안한 곳으로 가니 어둠을 등지고 밝은 곳을 향한다. 소송이나 감옥도 사라지고 질병도 낫는다.

■ 2월 553
자주 순종하니 부끄러움이 되고, 뜻이 궁하니 재난을 당한다. 만약 잘라 제지하지 못하면 더 깊게 들어간다. 벼슬한 사람은 귀양이나 강등되고, 선비는 손실이 있다. 여러 번 얻고 잃으니 부끄러움을 면할 수 없다. 너무 강해 맞아들지 않으니 곤궁한 액이 된다.

■ 3월 521
스스로 헤아려 보는 것이 좋은데 달리하면 편안하지 않다. 뜻은 변하지 않는 미더움 속에 있다. 관직자는 천거나 발탁되고, 선비는 끌어주는 사람을 만난다. 지조를 지켜 원만하게 이루나 편안함에 빠지면 실패한다. 기쁨 속에 근심이 있는데 사람과 재물이 손실된다.

■ 4월 124
호랑이 꼬리를 밟은 것처럼 두려운 상이나 마음가짐을 조심하면 뜻을 이룰 수 있다. 무관이 유리하니 무과를 보면 급제한다. 매사 조심하면 허물은 면할 것이다. 여자는 많이 흉한데 음란하며 불량할 것이다.

■ 5월 542
유익함은 밖에서 들어온다. 열 쌍의 거북이라도 어기지 못한다. 벼슬한 사람은 영전하며 명예를 이룬다. 상업을 하면 이익이 생기고, 제사를 지내면 복을 받는다. 불가에서 생활하면 명리도 좋다.

■6월 745

경상을 어기나 바르게 거처하면서 윗사람을 잘 따라라. 책임이 중대하나 큰 내는 건너지 말라. 남의 덕으로 성공해 직위를 지킨다. 작게 나아가면 뜻을 이룰 수 있다. 반드시 배를 타거나 험난한 곳을 건너는 일은 경계하라.

■7월 533

집안 식구가 엄숙하며 무서워하니 후회하나 길하고, 아내와 자녀가 희희낙락하면 결국 부끄러운 일이 생긴다. 웃음과 즐거움을 절제하지 못하면 결국 패가망신한다. 윤리를 바르게 하며 은의를 돈독하게 하라. 엄하여 너그러움이 적고, 진취도 평등하다.

■8월 636

머리까지 빠져 위태로우니 어찌 오래가랴. 물도 성하면 쇠퇴하고, 평화도 다하면 반드시 난리가 있다. 높은 것이 과하면 꺾어지고 물에 빠져 진취할 수 없다. 소인의 감염이나 배를 타다 물에 빠진다. 기제가 미제가 되니 슬프다.

■9월 134

작은 담 위에 올랐으나 의리를 공격할 수 없다. 세를 타 공격하면 오히려 흉한 일을 당한다. 겸손하게 지키면 자연히 좋은 일이 생긴다. 등용은 어렵고 성과 못을 짓는다. 영화 속에 욕이 있고, 의심 속에 시비도 있다.

■10월 171

말미에 물러나 숨으니 위태로움과 어려움이 많다. 만약 전진하지 않으면 재해를 면할 수 있다. 물러나 숨으면 좋으나 나아가 행동하면 흉하다. 물러나 때를 기다려라. 경영하는 일은 막혀 어려우니 안정하면서 분수를 지켜라.

■11월 335

슬픔과 탄식을 막을 길이 없으니 슬픈 눈물이 비오듯 한다. 위태로운데 상하의 도움이 없고, 벼슬길이 험난하니 앞으로 나아가기 어렵다. 경영하는 일은 거듭 막히니 생각만 많고, 눈물과 탄식뿐이다.

■12월 312

큰 수레에 많이 싣는데 실패가 없다. 튼튼한 큰 수레는 많이 싣고 멀리 갈 수 있다. 재주와 힘이 좋으니 능히 큰 부를 누린다. 용감한 장수로 출사해 명성을 얻는다. 경영하거나 꾀하는 일은 이루며 재물과 곡식이 풍부하다.

연평 666

중수감괘 상효(重水坎卦 上爻)

두겹 세겹 노끈으로 묶어 가시밭에 감춘다. 험난함이 더욱 깊어져 3년이나 도를 잃는다. 결박당해 안치되며 선비는 무더기로 감옥에 간다. 묶여 감옥에 가니 재해가 끊이지 않는다. 그렇지 않으면 골육의 형상이 있다.

■ 정월 621
호정에도 나가지 말라. 먼저 동태하고 막힘을 알아야 한다. 임금이 조심하지 않으면 어진 신하를 잃는다. 사소한 일도 조심하지 않으면 재해가 생긴다. 옮겨가지 못할 운으로 진취가 불리하다. 구덩이에 빠질 징조이니 옛것을 지켜야 한다.

■ 2월 224
즐거움을 헤아려 보고 안녕하지 못하니 한계를 두고 병을 삼는 것이 좋다. 정을 지키고 사를 멀리하면 반드시 경사가 생긴다. 선비는 선출되고, 상인은 이익을 얻는다. 식구가 늘거나 재물이 생기는 기쁜 일이 한 번 있다. 병자는 편하지 못하니 심지가 안녕하지 못하다.

■ 3월 642
막히고 어려우니 말을 타고 나가지 못하고 머뭇거린다. 운이 흉하고 이치가 다했으니 망령되게 구하는 자도 갔다. 신분과 직위를 고쳐 권세가 날로 심하다. 선비는 나아가기 어렵고 혼인할 운이다. 운이 흉하면 난리·소송 구속·연금이 따른다.

■ 4월 845
회복이 두터우니 후회할 일이 없고, 중도를 지켜 스스로 이룬다. 선한 마음이 싹트면 덕을 쌓게 된다. 영전·이동·등용·천거의 운이다. 재물과 이익이 쌓이는데 이익은 전토에 있다. 복제를 막지 못하면 아버지가 불리하다.

■ 5월 633
성군이 먼 곳을 토벌해 3년에야 이겨냈다. 지극히 어렵고 노곤하니 소인은 쓰지 말라. 오랜 뒤에 이길 수 있으니 경중이 없으면 불가하다. 진취는 오래되어야 하니 뒤에 이기는 탄식이 있다. 원한·분쟁·소송이 따라 피곤해진다.

■ 6월   536

신뢰와 위엄으로 행하면 결국은 길하다. 자신이 도를 행하지 않으면 처자에게도 강요할 수 없다. 가정을 다스리려면 자신이 먼저 바르게 해야 한다. 지위가 높고 권세가 중하니 앞으로 나아가 명예를 이룬다. 경영하거나 꾀하는 일은 뜻대로 되고, 여자는 귀부인이 된다.

■ 7월   234

성실과 신뢰로 명을 고치면 후회할 일이 없고 길하다. 강유가 치우치지 않고 때에 따라 조치한다. 새로운 것을 받아들이고 옛것을 고친다. 승진·영전·등용·천거의 영화가 있고, 명을 고치는 운수로 점점 더 아름다워진다.

■ 8월   271

엄지발가락에 감응이 있으니 뜻은 밖에 있다. 비록 뜻은 동했으나 감응은 깊지 않다. 어둡고 유약하며 조급해 사물에 접하지 못한다. 먼 곳에서 행상이나 유랑하는 상이다. 경영하거나 꾀하는 일에 급급하나 이루기는 어렵다.

■ 9월   435

밝음이 이르니 경사와 명예가 따른다. 비록 본성이 유순하며 어두우나 능히 문명을 이룬다. 집안이 향기롭고 월계관을 쓰리라. 좋은 사람과 교류하며 천거를 받아 바라는 일이 뜻대로 된다. 노인은 관대를 입는 영화를 보리다.

■ 10월   412

견고하고 바르게 중도를 행하면 길하다. 중정을 잃지 않으면 충분히 길하다. 깨끗하고 높은 지위에 올라 명예를 얻는다. 하는 일마다 뜻대로 된다. 마음은 사심과 치우침이 없고, 하는 일은 지나침이 없다.

■ 11월   336

왕이 출정하는 것은 나라를 올바르게 하기 때문이다. 간신과 죄악을 살피고, 위엄과 형벌을 실행한다. 천하를 밝게 분별하는 것은 아름다운 공을 세우기 위해서다. 출사하면 공업을 이루고, 앞으로 나아가면 우두머리가 되고, 경영하는 일에서는 이익을 얻는다.

■ 12월   343

질긴 고기를 씹다 독을 만난다. 부당하게 남을 형벌하니 불복한다. 재주가 약하면 잃는 것이 있고, 학식이 얕으면 욕을 본다. 쉬운 일도 주간하기 어려우니 처신이 편안하지 않다. 뱃속에 병이 있거나 놀라거나 험한 일을 당할 수 있다.

연평 671

수산건괘 초효(水山蹇卦 初爻) ䷦.

가면 어려우나 오면 명예가 있으니 마땅히 기다려라. 어려움의 시작이니 나아가면 더욱 어려워진다. 기미를 보고 때를 알아 그치면 칭찬을 듣는다. 때를 기다려 진출하고, 옛것을 지키면서 안정하라. 나아가면 불리하고 망동하면 재난을 당한다.

■ 정월 652
위로 끌어올릴 수 없으니 구제하는 공이 없다. 물장군이 깨져 물이 새니 사람을 구할 수 없다. 물러난 곳에서 수양하면서 그릇을 감추고 때를 기다려라. 응원이 없으나 조심하면서 지키면 화를 피할 수 있다. 덕은 족하나 힘은 약하니 사물에 미칠 수 없다.

■ 2월 855
바르게 계단 오르듯 하니 큰 뜻을 얻는다. 반드시 시종의 진출을 예의로 한다. 오르는 것이 귀한 바는 유순한 데 있다. 벼슬한 사람은 높이 영전하고, 선비는 높이 천거된다. 꾀하는 것을 이루고 뜻을 얻으니 진출에는 계단이 있다.

■ 3월 663
오고감이 험하며 위험하니 공이 없다. 험난함에 빠져 침식이 편안하지 못하다. 만약 진입하면 더 험난해진다. 몸이 구덩이에 있는데 물까지 깊다. 배를 타면 물이 깊고, 육지로 달리면 뻘밭이어라.

■ 4월 566
흐트러져 그 피의 상해를 버리니 멀리 나가면 허물이 없다. 사리에 손순하면 상해는 없다. 무장으로 난리를 평정하고, 잠복이나 은둔에서 벗어난다. 험난함에서 나와 편안한 곳으로 가니 어둠을 등지고 밝은 곳을 향한다. 소송이나 감옥도 사라지고 질병도 낫는다.

■ 5월 264
서서히 오는 것은 밑에 있다. 정도를 걸으면 결국은 길하다. 때에 따라 다소 부끄러움이 있다. 과감하게 결정하고 행동하면 재난과 약함도 구제한다. 꾀하는 일을 이루고 험난에서 벗어난다. 쇠로된 차는 불리한데 사고가 두렵다.

■ 6월   221

화순하며 즐겁고 행동에 의심이 없다. 거취에 막힘이 없는데 어찌 아첨하랴. 벗들의 덕으로 진취하는 데 이롭다. 인정이 화합하니 모든 일이 다 이루어진다. 남편이 부르면 부인이 따르나 운이 흉하면 재난이 있다.

■ 7월   465

군자가 해산하면 소인이 물러난다. 험난함이 흩어지니 길하며 선하다. 군자가 자진하게 되면 정도를 행한다. 선비는 명예를 얻고, 상인은 이익을 얻는다. 소송은 풀어지고, 병자는 쾌유된다.

■ 8월   482

절개가 돌처럼 단단하니 뜻을 지킨다. 위로는 아첨하지 않고 아래로는 더럽히지 않는다. 기미를 알고 선처하는 것은 모든 사람의 소망이다. 급류에서 용감히 물러나 진취하면 명예를 이룬다. 보통 사람은 이익을 얻는데 안정해야 길하다.

■ 9월   366

믿음으로 술을 마시니 허물이 없다. 뜻이 방탕하며 반성할 줄 모르면 재난을 당한다. 초월해 영전할 운이며 진취할 상이다. 험난함에서 벗어나 평온해지고, 늙은이는 스스로 즐거워한다. 술 때문에 재난을 당하거나 물에 빠질 수 있다.

■ 10월   353

솥귀를 바꾸니 의리를 잃고, 행동이 비색하니 소임을 얻지 못한다. 물건이 있어도 먹지 못하고, 말이 있어도 타기 어렵다. 경영하거나 꾀하는 일은 처음은 없고 끝만 있다. 늙은이는 복을 받으나 어린아이는 작게 얻는다.

■ 11월   321

상하가 서로 친하면 자연히 후회할 일도 없다. 나쁜 사람이 나를 헤치나 흉이 되지는 않는다. 한직에서 복직되나 진취는 지체된다. 처음에는 잃으나 나중에는 얻고, 처음에는 어그러지나 나중에는 합한다. 육축은 불리하며 흉악한 사람을 조심하라.

■ 12월   724

병을 빨리 덜면 기쁨이 있다. 상대가 나를 따르는 것도 빠른 것이 좋다. 한직에서 일어서고 선비는 기쁨이 있다. 재앙은 면제되고 병은 쾌유된다. 어두웠던 사람은 밝아지고, 근심이 있던 사람도 기쁘게 된다.

수산건괘 2효(水山蹇卦 二爻) ䷦·

신하가 어렵고 험난하나 자신의 잘못이 아니다. 뜻은 임금을 주제하는데 있으니 결국은 허물이 없다. 충정한 절의를 본받아 나라를 편안하게 한다. 만나는 것은 때가 아니고, 어려움을 건너고 험난함을 지난다. 경영하는 일은 막히고, 혹 몸도 보전하기 어렵다.

■ 정월 683
사람 아닌데 비하나 상하지 않으랴. 당과 동료가 착하지 않으니 모든 일이 간사하다. 공업은 반드시 무너져 재난과 해만 입는다. 벗을 잃고 시기하다 혈기가 손상될 수도 있다. 가정이 깨지거나 자신이 손상이나 형벌을 당하거나 상복을 입을 일이 많다.

■ 2월 586
살아가는 것을 보니 군자이면 허물이 없다. 자신을 반성하면서 시종 한마음으로 한다. 경영하거나 꾀하는 일은 막히니 만족하지 못한다. 병자는 살아나고, 임신하면 유리하다. 진취가 심난하니 물러나 수신하면서 반성하라.

■ 3월 284
자리가 부당하니 많이 선해야 허물이 없다. 모두 좋지 않은데 어찌 대길하겠는가. 고를 버리고 하로 가니 진취가 부당하다. 만약 정직하지 않으면 재화를 면할 수 없다. 큰 덕이 있는 군자라야 바야흐로 복을 받는다.

■ 4월 241
마음을 바꿔 정도를 따르면 길하다. 교제가 공정하면 당연히 공이 있다. 만일 사랑이나 애정에 매이면 정리와 합할 수 없다. 선비는 좋은 기회가 있고, 따르는 곳에 공이 있다. 보통 사람이 이와 같으면 이익이 많다.

■ 5월 485
강세를 타 견고해도 병이 된다. 항상 중도를 잃지 않으면 죽지 않고, 권세가에게 의지하면 은혜와 총애를 받는다. 이끌어주는 사람도 없고, 좋은 기회를 만나기도 어렵다. 심사를 정하지 못하면 재해를 당한다.

■6월   462

사냥하여 여우 셋과 누런 화살을 얻는다. 간사함과 아첨이 난무하나 정직함으로 제거한다. 영전·천거·발탁될 운이다. 세 번 꾀하여 세 번 이루며 전답과 재산도 늘어난다. 만약 전쟁이나 사냥을 하면 이익이 작지 않을 것이다.

■7월   386

뿔 위까지 나가 사심의 마을을 쳐라. 진퇴가 심란하니 정당한 곳에 처해도 부끄럽다. 안으로 사심을 치료하며 반성하면 허물은 없다. 집을 다스리는 상으로 성조나 집수리할 운이다. 수가 불길하면 정벌·분쟁·소송이 따른다.

■8월   373

나그네가 집을 불사르는데 진실한 시종도 잃었다. 마음만 심란해 베게 베고 탄식한다. 벼슬한 사람은 직위를 잃고, 선비는 명예를 잃는다. 집은 불에 타고 인구마저 잃는다. 지나치게 강해 되지 않고, 여행하다 재난을 당한다.

■9월   341

형틀을 신겨 발을 베어 없애나 행하지 않으면 허물이 없다. 적은 것을 징계해 큰 것을 경계하는 것은 소인의 복이다. 거동에 어려움이 많으니 공명을 이루지 못한다. 보통 사람은 형벌을 조심해야 한다. 근신하면 재앙을 면할 수 있으나 풍병에 걸릴까 두렵다.

■10월   744

전도된 기름이나 길하니 위에서 베푸는 것이 빛난다. 호시탐탐하듯 하고 그 욕망 계속되게 하라. 존귀함을 얻어 광영되고, 앞으로 나아가 명예를 이룬다. 좋은 사람의 도움으로 경영하거나 꾀하는 일은 성사된다. 그러나 내쫓기거나 시비를 당할까 두렵다.

■11월   322

골목에서 골목을 만나니 도를 잃은 것은 아니다. 왜곡해 서로 구하는 것도 뜻은 어그러짐을 구제하는 데 있다. 성의와 힘을 다해 지성으로 감동시킨다. 반드시 밝은 군주를 만나 영전할 기회를 만난다. 보통 사람은 지기를 만나 경영하거나 꾀하는 일을 이룬다.

■12월   125

일을 고려하지 않고 마음대로 독단한다. 천하에 공이 높아도 포상은 하나도 없다. 도덕성이 높아 대중의 사표가 되어도 명예는 이루지 못한다. 일찍 움직이거나 망동하면 환란만 거듭된다. 운수가 이와 같으니 처사를 조심하라.

수산건괘 3효(水山蹇卦 三爻) ䷦

가면 어렵고 오면 돌아오니 안에서 기뻐한다. 위로 가면 어려우니 험난함을 보면 그쳐라. 돌아서서 밑으로 오면 편안하리라. 앞으로 나아가면 명예를 이룬다. 처자의 기쁨이 있으나 운이 흉하면 형극도 따른다.

■ 정월 274
마음이 꾸준하니 후회할 일이 없고, 해로움에 감응하지 않는다. 갈팡질팡할 때 벗만은 나의 생각을 따르리라. 사심이 서로 감응하면 광대하지 못하다. 벗과 서로 의지하면 작은 일은 이룰 수 있다. 마음이 다소 편안하나 큰 일은 어그러진다.

■ 2월 231
견고한 황소가죽을 써라. 개혁은 불가하다. 초기에 움직이니 어찌 자세하며 신중하겠는가. 마음을 잘 지키면서 가볍게 고치려고 하지 말라. 망동하면 과실을 면하기 어렵다. 벼슬한 사람은 자리를 지키면서 나올 생각을 하지 말라.

■ 3월 475
날아올라 내려오지 않으니 덕을 베풀기 어렵다. 서쪽 들에는 구름이 가득하나 비가 오지 않는다. 벼슬한 사람은 휴직하기 쉬우나 선비는 왕공을 볼 수도 있다. 원대한 계책은 불리하나 옛것을 지키면 좋다. 노인이나 병자는 모두 좋지 않다.

■ 4월 452
항구함에 뉘우침이 없고, 움직이는 곳마다 중도를 얻는다. 중정하면 자신을 지키며 편안해진다. 관직자는 근신하면 공직을 면한다. 선비는 덕을 숭상하며 지키면 손해는 없다. 자신을 편안하게 하며 도덕을 품으면 그 속에 이익이 있다.

■ 5월 376
나그네는 그 집을 불사르고, 처음에는 웃으나 나중에는 울부짖는다. 지나치게 강해 자만하면 편안한 곳도 잃는다. 순한 덕을 쉽게 잃으니 처음에는 통쾌하나 나중에는 위태로워진다. 좋은 가운데 손실이 있으니 이사나 성조를 하라. 운이 나쁘면 화재나 눈병이 생길 수 있다.

■6월 383

여러 사람이 미더워하니 위에 올라 행한다. 대중이 믿고 따르니 어찌 불리하겠는가. 관직자는 승진이나 영전하고, 선비는 천거된다. 벗을 얻어 함께 일하니 경영하거나 꾀하는 일을 이룬다. 먼저 도적을 막고, 뒤로는 사람의 도주를 예방하라.

■7월 331

내디딘 발길 착란하나 조심하면 허물은 없다. 그 진퇴를 아는 것은 밝게 부딪치는 도다. 조심하면서 신중하게 피하면 화를 면할 수 있다. 조급하게 움직이면 허물을 범하고, 이치에 어긋나면 분수를 범한다. 만약 그렇지 않으면 미끄러지며 발에 병이 생긴다.

■8월 734

꾸밈새가 희며 흰 말이 달리듯 한다. 겉으로는 문채의 꾸밈을 숭상하나 마음은 본질을 숭상한다. 처음에는 막히나 나중에는 순탄하고, 처음에는 잃으나 나중에는 얻는다. 근심 속에 기쁨이 있고, 험난함 속에도 편안함이 있다. 혼인할 운이나 운이 흉하면 상복도 입는다.

■9월 312

큰 수레에 많이 싣는데 실패가 없다. 튼튼한 큰 수레는 많이 싣고 멀리 갈 수 있다. 재주와 힘이 좋으니 능히 큰 부를 누린다. 용감한 장수로 출사해 명성을 얻는다. 경영하거나 꾀하는 일은 이루며 재물과 곡식이 풍부하다.

■10월 115

날아가는 용이 하늘에 있으니 대인을 만나면 이롭다. 같은 소리는 상응하고, 같은 기운은 서로 구한다. 꾀꼬리가 높은 나무에 오르듯 몸이 용문에 오른다. 성조에 필요한 재물을 얻을 상이나 여자는 남편궁이 불리해 고독하다.

■11월 323

수레가 끌려가는 것을 보고 그 소는 제거된다. 머리털은 뽑히고 코는 잘리는 격이니 처음은 없고 끝만 있다. 지위가 부당하며 강적을 만난다. 꾀하며 바라는 일에 막힘이 있으니 험난함에서 편안함을 구하라. 만약 흉한 운을 만나면 골육의 형상이 따른다.

■12월 426

광주리를 받아도 비어 있고, 양을 잡아도 피가 없다. 제사가 끊어지면 여인의 시집도 종말이다. 빈 자리로 실이 없으니 앞으로 나아가도 헛된 명예뿐이다. 경영하거나 꾀하는 일은 모두 비어 있으니 헛되게 심신만 고생한다. 노인은 불리한데 초상이나 제사의 근심이 있다.

연평 674

수산건괘 4효(水山蹇卦 四爻)

세상이 험난하니 그곳도 불안하다. 지존이 연결해주면 아름다워진다. 관직에 막힘이 없으니 연달아 자리에 오른다. 구하고 바라면 명리를 이룰 수 있다. 그러나 연루·소송시비 등의 어려움이 따른다.

■ 정월 875
부자가 하지 않고 이웃과 함께하니 침략과 정벌에도 이롭다. 재물로 자신을 발전시키니 따르는 사람이 많다. 문무를 겸비하며 병권을 장악할 수도 있다. 과거에 오를 운인데 귀인을 만나 성사된다. 재리를 배로 얻으나 투쟁이나 소송을 조심하라.

■ 2월 852
제사는 간소하게 지내는 것이 좋고, 기쁨만 있고 허물은 없다. 안으로 지성을 지키며 외부의 꾸밈을 일삼지 않는다. 영전할 운이요 제관으로 배향한다. 선비는 명예를 얻고, 보통 사람은 기쁨이 있다. 병은 편안해지고 하는 일은 이루어지나 초상이나 제사가 두렵다.

■ 3월 776
그치는 도가 매우 좋으니 나중에는 길하다. 관직자는 자리를 옮기고, 선비는 명예를 이루고, 농민은 전답이 늘어나고, 상인은 이익을 얻고, 보통 사람은 복을 받는다. 그러나 운이 흉하면 반대가 된다.

■ 4월 783
떨어져 가는데 허물이 없고, 상하를 잃어버린다. 뜻은 당연히 정도를 따르니 가히 선하다. 명리를 다른 길에서 구하면 높이 된다. 지기를 만나기 어려우니 생애가 담박하다. 근심은 부모와 처자에 있다.

■ 5월 731
발을 꾸미니 차를 놓아두고 걷는다. 행동이 올바르며 절의와 의리를 지킨다. 자리에서 물러나거나 강등될 수 있다. 길에서 분주하며 쉬운 것을 버리고 어려움을 쫓는다. 친한 곳을 멀리하고 낯선 곳을 향해야 길하다.

■6월 334

갑자기 용신할 곳이 없다. 몸이 불에 타버리니 죽음이며 버림이다. 해는 바닷속에 잠기고 사람은 꿈속에 있다. 윗사람을 거역하니 재난을 피할 길이 없다. 만약 병화가 아니면 죽음에 이를 수 있다.

■7월 712

수레바퀴 통이 벗겨졌으나 중도를 얻어 허물은 없다. 처신이 중도를 얻었으니 움직여도 좋다. 학자는 성쇠와 강약의 깊이를 알아야 한다. 관직자는 사직하게 되니 진취는 불리하다. 실물재난시비를 겪은 후 얻을 수 있다.

■8월 515

미더움으로 서로 연결해 이웃에서 부를 얻는다. 덕을 쌓으면 신하도 그것을 받게 된다. 윗사람도 신용하고 아랫사람도 흠모하며 복종한다. 주동과 협의해 공을 세우고 명예를 이룬다. 다른 사람의 도움을 받아 모든 일을 뜻대로 이룬다.

■9월 723

천지가 교제하면 만물도 화생한다. 남녀의 정이 얽히면 만물이 화생하는 것이다. 셋이 가면 한 사람을 잃게 된다. 도반은 벗이 되고 협력자도 많다. 경영하거나 꾀하는 일은 이롭고, 이혼한 사람은 배우자를 얻는다.

■10월 826

두텁게 임하니 길하며 뜻은 안에 있다. 존귀하면서도 비천함과 호응하고, 높으면서도 아랫사람을 따른다. 가르치며 생각하기, 포용과 보호를 무궁히 한다. 벼슬한 사람은 내직이며 국립대학에 간다. 원근에서 취하는 일은 이롭지 않은 것이 없다.

■11월 324

어그러지고 이탈해 외로워하다 좋은 장부를 만난다. 그 뜻을 행할 수 있으니 위태로우나 허물이 없다. 동지에게 천거되거나 발탁되고, 선비는 주사를 만난다. 혼인은 짝을 얻고 위태로웠던 사람도 편안해진진다. 밖에서 도모하는 일은 처음에는 막혔다 나중에는 순탄해진다.

■12월 361

꼬리에 물을 적셨으니 이보다 더 부끄러운 일이 있겠는가. 그 재주를 헤아려 볼 줄 모르니 알지 못함의 극치다. 앞길이 험난하게 막혔으니 전진하기 어렵고, 경영하는 일은 뜻대로 되지 않는다. 물을 건너거나 배를 탈 때는 조심하라.

연평 675

수산건괘 5효(水山蹇卦 五爻)

큰 어려움에 부딪쳤는데 벗이 오니 절의로 대한다. 충정한 신하와 자식의 도움을 더욱 많이 받는다. 관직은 요직에 오르며 진취하여 적중한다. 좋은 사람이 이끌어주고 천거하니 이롭지 않은 것이 없다. 신하는 충성하고 자식은 효도하니 가정이 화애롭다.

■ 정월 576
기러기가 허공으로 날아가듯이 그 뜻이 초연하다. 사람으로 논하면 보통을 넘어간다. 나아가는 것을 잃지 않고 현달하여 높이 된다. 선비는 명예를 얻어 한번 날면 하늘도 찌른다. 복의 근원이 영원하니 재앙이나 근심이 침범하지 않는다.

■ 2월 583
나의 소행으로 진퇴하게 된다. 좋은 것을 순응하면 도덕을 잃지 않을 것이다. 진퇴가 무상하고, 쟁탈이 한결같지 않다. 득실이 정해져 있지 않으니 다시 잘 살펴봐라. 진실을 알면 설행하고, 어려움을 알면 물러서라.

■ 3월 531
있는 집에서 방어하면 자연히 후회할 일은 없다. 인정이 방탕하면 반드시 후회할 일이 생긴다. 관직은 한직이며 작은 시험이 유리하다. 꾀하는 일은 이루어지며 혼인할 상이다. 승려는 주지가 되고, 늙은이는 수명이 불리하다.

■ 4월 134
작은 담 위에 올랐으나 의리를 공격할 수는 없다. 세를 타 공격하면 오히려 흉한 일을 당한다. 겸손하게 지키면 자연히 좋은 일이 생긴다. 등용은 어렵고 성과 못을 짓는다. 영화 속에 욕이 있고, 의심 속에 시비도 있다.

■ 5월 512
계속 회복하며 중도를 지키니 실수가 없다. 스스로 진퇴를 살피면 중도를 잃지 않는다. 계속 이끌어줄 계단이 있고 발탁될 자리가 있다. 동지와 같이 가니 경영하거나 꾀하는 것을 이룬다. 그러나 운이 흉하면 실수를 반복한다.

■ 6월   715

거세된 돼지의 어금니이니 경사가 있다. 그 원인을 끊어버리면 자연히 악은 그친다. 관직자는 영전이나 발탁되고, 선비는 높이 천거된다. 경영하거나 꾀하는 일도 잘 되며 경사가 많다. 성공하려면 먼저 기미를 살펴야 한다.

■ 7월   523

북치며 파하고, 울며 노래한다. 인심이 밖으로 움직이니 어찌 편안하겠는가. 동료와 불목하며 진퇴가 있다. 기쁨 속에 근심이 있고, 즐거움 속에 슬픔이 있다. 명예와 이익을 구하나 득실은 반반이다.

■ 8월   626

쓰디쓴 절제이니 바르더라도 흉한데 그 도가 궁하다. 이미 처신이 극을 지났으니 흉을 면할 길이 없다. 지나친 고집으로 허물이 있고, 지나친 의심으로 슬픔이 있다. 명리를 구하나 모두 이롭지 않다. 법도를 잃어 허물이 생기고, 노인은 수명이 지키기 어렵다.

■ 9월   124

호랑이 꼬리를 밟은 것처럼 두려운 상이나 마음가짐을 조심하면 뜻을 이룰 수 있다. 무관이 유리하니 무과를 보면 급제한다. 매사 조심하면 허물은 면할 것이다. 여자는 많이 흉한데 음란하며 불량할 것이다.

■ 10월   161

송사를 길게 끌지 않으면 결국은 이롭다. 처사가 중정하니 머지않아 자명해진다. 송사에 비유하면 처음에는 지나 나중에는 이긴다. 일시적인 훼방도 큰 해가 되지 않고, 시비와 재앙도 결국은 해결된다.

■ 11월   325

어그러진 시기에 어진 사람의 도움을 받는다. 같은 당의 살을 씹으면 경사가 있다. 벼슬한 사람은 왕명을 받고. 선비는 과거에 오른다. 추대해주는 사람이 있으면 경영하는 일에 이익이 있다. 결혼하려는 사람은 짝을 얻으나 운이 흉하면 형상을 당한다.

■ 12월   342

살을 씹되 코를 없애니 엄하게 다스렸기 때문이다. 형법을 적용할 때 중도를 지키면 죄도 쉽게 복종한다. 인민 때문에 다소 상처를 받고, 고시는 기회가 없다. 진퇴는 어렵고 시비는 요란하다. 혹 남이 모르는 병에 걸리거나 골육이 손상될 수 있다.

연평 676

수산건괘 상효(水山蹇卦 上爻) ䷦

안에 뜻이 있으니 가면 험난하나 오면 너그러워져 험난함이 해결된다. 대인을 보는 것이 이롭고, 귀인을 따르게 된다. 관직은 내직으로 들어 명예를 이룬다. 귀인을 가까이하면 이익을 얻으나 망동하면 불리해진다.

▪ 정월 631
수레바퀴를 끌다 꼬리를 적셨다. 지극히 힘든 일을 해내면 의리에 허물이 없다. 직위는 있으나 받지 못하고, 자리는 있으나 오르지 못한다. 움직일 것 같으나 움직일 수 없고, 구제될 것 같으나 구제되지 못한다. 조심하면서 때를 기다리면 허물은 없을 것이다.

▪ 2월 234
성실과 신뢰로 명을 고치면 후회할 일이 없고 길하다. 강유가 치우치지 않고 때에 따라 조치한다. 새로운 것을 받아들이고 옛것을 고친다. 승진·영전·등용·천거의 영화가 있고, 명을 고치는 운수로 점점 더 아름다워진다.

▪ 3월 612
점점 험난해지니 언어에 상처가 있다. 굳센 중용으로 잘 기다리면 결국은 길하다. 정당한 이론이 사에 막히고, 시험에서는 책망을 듣는다. 어린아이의 투쟁이나 소송은 반드시 시비가 된다. 남을 너그럽게 대하면 모든 일이 자연히 밝아진다.

▪ 4월 815
천자의 누이동생을 시집보내니 복이며 매우 길하다. 어질고 강명한 분을 따르니 대길하다. 주로 영전되거나 기쁜 일이 있다. 과거에 올라 월계관을 쓰고 추대를 받는다. 결혼·출산양육이 있고, 모든 복이 다 모인다.

▪ 5월 623
절제하지 못하다 슬퍼지는데 허물할 데가 없다. 누구를 탓하겠는가. 사치와 욕망이 넘치며 떳떳하지 못하다. 소비와 지출이 가볍지 않으니 재물이 손실되고, 사람과 이별한다. 스스로 절제하지 못함을 알고 뉘우친다.

■ 6월 526

소리가 하늘에 닿으나 어찌 오래가랴. 신의도 다하면 쇠퇴하고, 충성도 독실하면 안으로 상실감이 생긴다. 왕궁에 올라 천자와 함께 한다. 높은 것을 다투며 강함을 억제하니 진출하기 어렵다. 혹 사물이 손상되거나 명예와 수명이 보전하기 어렵다.

■ 7월 224

즐거움을 헤아려 보고 안녕하지 못하니 한계를 두고 병을 삼는 것이 좋다. 정을 지키고 사를 멀리하면 반드시 경사가 생긴다. 선비는 선출되고, 상인은 이익을 얻는다. 식구가 늘거나 재물이 생기는 기쁜 일이 한 번 있다. 병자는 편하지 못하니 심지가 안녕하지 못하다.

■ 8월 261

앙상한 나무에 엉덩이를 대는 것처럼 곤궁하니 앉아 있어도 편안하지 않다. 3년씩이나 곤궁에 빠져 있다. 의지할 데가 한 군데도 없으니 슬프다. 만약 근심이나 놀람이 없으면 상복을 입을 수 있다. 운수가 이와 같으니 이로운 것이 하나도 없다.

■ 9월 425

천자의 누이동생을 시집보내니 보름이 되면 길하다. 존귀하면서 낮추고 귀하면서 굴복하는 것은 여인의 덕이 융성함이다. 영전할 수요 등과할 운이다. 꾀하면 뜻대로 되고 혼인하고 재물을 얻는다. 영화의 길에 오르는데 국빈이 될 수도 있다.

■ 10월 442

벼락이 치니 위태롭다. 강세를 탔기 때문이다. 재물이 상할까 두려워 높은 언덕에 오른다. 험난함과 간사함을 만나 처음에는 미혹되다 나중에는 얻는다. 노인은 목숨이 위험하고, 젊은이는 반드시 놀랄 일이 생긴다. 분쟁·소송·실물은 7에서 생긴다.

■ 11월 326

거슬리며 어그러져 합하기 어려우니 외롭다. 돼지 진흙과 귀신 한 차 싣는 것을 본다. 모든 의심이 사라지니 원수가 아니라 결혼이다. 의심하며 염려했는데 결정한 뒤에 보니 좋은 소식이다. 어려움과 속임을 당하기 쉽고, 처음에는 손해를 보나 나중에는 좋다.

■ 12월 313

공후가 천자에게 드리니 소인은 이기지 못한다. 대신이 임금을 얻으면 충성하게 된다. 조정에서 중임을 맡고, 선비는 크게 괴수된다. 소인은 무리가 속이고 멸시하니 반드시 재해가 따른다. 운이 불리하면 형극이나 상해를 면하기 어렵다.

연평 681

수지비괘 초효(水地比卦 初爻) ䷇.

미더움을 갖고 도우니 허물이 있을 수 없다. 내 신용이 높아지면 남들도 감동한다. 둥우리 밖으로까지 영전하고, 등용이나 천거의 영화도 있다. 지기를 만나 모든 계획이 마음대로 된다. 성의로 남을 감동시키면 불선은 없다.

■ 정월 662
험난함의 연속이나 구하는 것은 다소 얻는다. 재주가 족하여 자위하니 마음은 항상 형통하다. 책임이 작으니 작은 시험은 이롭다. 사람이 출중하지 못하나 경영하는 일은 다소 이룬다. 험난함과 심장·복부·혈액 질환이 따른다.

■ 2월 865
장자가 중도로 군사를 거느린다. 소인이 참여하면 비록 바른 일이라도 흉하다. 언론으로 정치를 잡고, 앞으로 나아가 명예를 이룬다. 전답과 재산이 날로 늘어나고, 육축도 번창한다. 위임할 사람을 얻으면 꾀하는 일을 이루고 뜻도 얻는다.

■ 3월 653
샘이 청결하나 먹지 못하니 내 마음 안타깝다. 왕이 밝으면 길러가게 되고 아울러 복을 받는다. 좋은 기회 만나기 어려우니 조용히 수양하면 좋다. 덕은 족히 사물을 구제할 만하나 하부를 못 떠났다. 안정하고 분수를 지키면 좋은 운을 얻는다.

■ 4월 556
지나치게 겸손하니 강하게 끊는 것도 잃는다. 재물과 도끼도 잃었으니 정도에 흉이 된다. 파직이나 연금되고, 오르는 데 궁하여 손해를 본다. 흉한 가운데 구원이 있고, 끊어진 곳에서도 생을 만난다. 비록 손실과 질병이 있으나 성공의 기쁨도 있다.

■ 5월 254
대들보가 튼튼해 아래로 꺾이지 않으니 길하다. 능히 국사를 편안하게 하고 문무를 병용한다. 구관이면 나라의 대들보요, 처음 벼슬해도 중임을 맡는다. 앞으로 나아가 명예를 이루고, 성조나 집을 수리한다. 유약하며 한결같지 않게 일을 하면 간사함에 말려들 수 있다.

■ 6월 211

앞발이 건장하니 승산이 없는 데를 간다. 조급하고 망령되게 움직이면 허물을 면할 수 없다. 사세를 헤아려 결행해야 한다. 부끄러운 과실이 많고, 가정에 재앙과 환란이 가득하다. 망령되게 행동하면 환란을 면하기 어렵다.

■ 7월 455

덕을 오래 지키면 견고하며 바르게 된다. 부인은 길하나 사나이는 흉하다. 권세에 아첨하니 비난과 꾸짖음을 당한다. 선비는 요행을 도모하다 욕을 본다. 보통 사람은 불선하다 훼방을 많이 겪는다.

■ 8월 472

할아버지를 지나 할머니를 만나고, 임금을 지나 신하를 만난다. 정도를 지키며 중도를 얻으니 스스로 본분을 안다. 자신의 직책에서 앞으로 나아가 명예를 이룬다. 귀인이 이끌어주면 모든 일이 이루어진다. 여인의 도움을 받으나 운이 흉하면 어머니 재앙이 따른다.

■ 9월 356

옥으로 솥의 귀를 만드니 강유가 중절하다. 매우 길하니 이롭지 않은 것이 없다. 구만리 하늘은 끝이 없으나 평온하게 청운에 오른다. 왕실의 요직에 올라 큰 경륜을 펼친다. 경영하거나 꾀하는 일은 편안하게 이룬다.

■ 10월 363

앞으로 나아가면 흉하나 큰 내를 건너면 이롭다. 험난함에서 나오기 어렵고, 육지로 가는 것도 불리하다. 간다고 좋을 수는 없으나 남의 덕으로 성사된다. 재주와 힘이 부족하니 좌절과 억제될 수밖에 없다. 내를 건너고 험난을 지나 상업을 하면 유리하다.

■ 11월 311

해로운데 사귀지 않으면 교만이 넘칠 수 없다. 어렵게 노력하면 허물이 없으니 해로운 곳을 지날 일도 없다. 선비는 앞으로 나아가지 못하고 꺾인다. 마음에는 근심과 번뇌가 있고, 소인이 속이며 능멸한다. 항상 어려움을 생각하면 재해가 침범하지 않는다.

■ 12월 714

어린 소로 대지르지 못하게 함이니 매우 길하며 기쁨이 있다. 피어나기 전에 금지시키면 크게 착하고 길하다. 벼슬한 사람은 승진하고, 진취하면 장원한다. 보통 사람은 기쁨이 있고 소나 재물이 늘어난다. 먼저 실패의 원인을 제거하면 이롭지 않은 것이 없다.

연평 682

수지비괘 2효(水地比卦 二爻) ䷇

안에서부터 친하니 실수하지 않는다. 나라에 몸을 맡기니 임금을 얻고 도에 합한다. 관직은 내직으로 제수받고, 여자는 어진 남편을 얻는다. 선비는 명예를 이루나 지방을 벗어날 수 없다. 귀인을 만나 의지하니 경영하거나 꾀하는 일은 뜻대로 된다.

■ 정월 673
가면 어렵고 오면 돌아오니 안에서 기뻐한다. 위로 가면 어려우니 험난함을 보면 그쳐라. 돌아서서 밑으로 오면 편안하리라. 앞으로 나아가면 명예를 이룬다. 처자의 기쁨이 있으나 운이 흉하면 형극도 따른다.

■ 2월 576
기러기가 허공으로 날아가듯이 그 뜻이 초연하다. 사람으로 논하면 보통을 넘어간다. 나아가는 것을 잃지 않고 현달하여 높이 된다. 선비는 명예를 얻어 한번 날면 하늘도 찌른다. 복의 근원이 영원하니 재앙이나 근심이 침범하지 않는다.

■ 3월 274
마음이 꾸준하니 후회할 일이 없고, 해로움에 감응하지 않는다. 갈팡질팡할 때 벗만은 나의 생각을 따르리라. 사심이 서로 감응하면 광대하지 못하다. 벗과 서로 의지하면 작은 일은 이룰 수 있다. 마음이 다소 편안하나 큰 일은 어그러진다.

■ 4월 231
견고한 황소가죽을 써라. 개혁은 불가하다. 초기에 움직이니 어찌 자세하며 신중하겠는가. 마음을 잘 지키면서 가볍게 고치려고 하지 말라. 망동하면 과실을 면하기 어렵다. 벼슬한 사람은 자리를 지키면서 나올 생각을 하지 말라.

■ 5월 475
날아올라 내려오지 않으니 덕을 베풀기 어렵다. 서쪽 들에는 구름이 가득하나 비가 오지 않는다. 벼슬한 사람은 휴직하기 쉬우나 선비는 왕공을 볼 수도 있다. 원대한 계책은 불리하나 옛것을 지키면 좋다. 노인이나 병자는 모두 좋지 않다.

■ 6월 452

항구함에 뉘우침이 없고, 움직이는 곳마다 중도를 얻는다. 중정하면 자신을 지키며 편안해 진다. 관직자는 근신하면 공직을 면한다. 선비는 덕을 숭상하며 지키면 손해는 없다. 자신을 편안하게 하며 도덕을 품으면 그 속에 이익이 있다.

■ 7월 376

나그네는 그 집을 불사르고, 처음에는 웃으나 나중에는 울부짖는다. 지나치게 강해 자만하면 편안한 곳도 잃는다. 순한 덕을 쉽게 잃으니 처음에는 통쾌하나 나중에는 위태로워진다. 좋은 가운데 손실이 있으니 이사나 성조를 하라. 운이 나쁘면 화재나 눈병이 생길 수 있다.

■ 8월 383

여러 사람이 미더워하니 위에 올라 행한다. 대중이 믿고 따르니 어찌 불리하겠는가. 관직자는 승진이나 영전하고, 선비는 천거된다. 벗을 얻어 함께 일하니 경영하거나 꾀하는 일을 이룬다. 먼저 도적을 막고, 뒤로는 사람의 도주를 예방하라.

■ 9월 331

내디딘 발길 착란하나 조심하면 허물은 없다. 그 진퇴를 아는 것은 밝게 부딪치는 도다. 조심하면서 신중하게 피하면 화를 면할 수 있다. 조급하게 움직이면 허물을 범하고, 이치에 어긋나면 분수를 범한다. 만약 그렇지 않으면 미끄러지며 발에 병이 생긴다.

■ 10월 734

꾸밈새가 희며 흰 말이 달리듯 한다. 겉으로는 문채의 꾸밈을 숭상하나 마음은 본질을 숭상한다. 처음에는 막히나 나중에는 순탄하고, 처음에는 잃으나 나중에는 얻는다. 근심 속에 기쁨이 있고, 험난함 속에도 편안함이 있다. 혼인할 운이나 운이 흉하면 상복도 입는다.

■ 11월 312

큰 수레에 많이 싣는데 실패가 없다. 튼튼한 큰 수레는 많이 싣고 멀리 갈 수 있다. 재주와 힘이 좋으니 능히 큰 부를 누린다. 용감한 장수로 출사해 명성을 얻는다. 경영하거나 꾀하는 일은 이루며 재물과 곡식이 풍부하다.

■ 12월 115

날아가는 용이 하늘에 있으니 대인을 만나면 이롭다. 같은 소리는 상응하고, 같은 기운은 서로 구한다. 꾀꼬리가 높은 나무에 오르듯 몸이 용문에 오른다. 성조에 필요한 재물을 얻을 상이나 여자는 남편궁이 불리해 고독하다.

수지비괘 3효(水地比卦 三爻)

사람 아닌데 비하나 상하지 않으랴. 당과 동료가 착하지 않으니 모든 일이 간사하다. 공업은 반드시 무너져 재난과 해만 입는다. 벗을 잃고 시기하다 혈기가 손상될 수도 있다. 가정이 깨지거나 자신이 손상이나 형벌을 당하거나 상복을 입을 일이 많다.

■ 정월 284
자리가 부당하니 많이 선해야 허물이 없다. 모두 좋지 않은데 어찌 대길하겠는가. 고를 버리고 하로 가니 진취가 부당하다. 만약 정직하지 않으면 재화를 면할 수 없다. 큰 덕이 있는 군자라야 바야흐로 복을 받는다.

■ 2월 241
마음을 바꿔 정도를 따르면 길하다. 교제가 공정하면 당연히 공이 있다. 만일 사랑이나 애정에 매이면 정리와 합할 수 없다. 선비는 좋은 기회가 있고, 따르는 곳에 공이 있다. 보통 사람이 이와 같으면 이익이 많다.

■ 3월 485
강세를 타 견고해도 병이 된다. 항상 중도를 잃지 않으면 죽지 않고, 권세가에게 의지하면 은혜와 총애를 받는다. 이끌어주는 사람도 없고, 좋은 기회를 만나기도 어렵다. 심사를 정하지 못하면 재해를 당한다.

■ 4월 462
사냥하여 여우 셋과 누런 화살을 얻는다. 간사함과 아첨이 난무하나 정직함으로 제거한다. 영전·천거·발탁될 운이다. 세 번 꾀하여 세 번 이루며 전답과 재산도 늘어난다. 만약 전쟁이나 사냥을 하면 이익이 작지 않을 것이다.

■ 5월 386
뿔 위까지 나가 사심의 마을을 쳐라. 진퇴가 심란하니 정당한 곳에 처해도 부끄럽다. 안으로 사심을 치료하며 반성하면 허물은 없다. 집을 다스리는 상으로 성조나 집수리할 운이다. 수가 불길하면 정벌·분쟁·소송이 따른다.

■ 6월 373

나그네가 집을 불사르는데 진실한 시종도 잃었다. 마음만 심란해 베게 베고 탄식한다. 벼슬한 사람은 직위를 잃고, 선비는 명예를 잃는다. 집은 불에 타고 인구마저 잃는다. 지나치게 강해 되지 않고, 여행하다 재난을 당한다.

■ 7월 341

형틀을 신겨 발을 베어 없애나 행하지 않으면 허물이 없다. 적은 것을 징계해 큰 것을 경계하는 것은 소인의 복이다. 거동에 어려움이 많으니 공명을 이루지 못한다. 보통 사람은 형벌을 조심해야 한다. 근신하면 재앙을 면할 수 있으나 풍병에 걸릴까 두렵다.

■ 8월 744

전도된 기름이나 길하니 위에서 베푸는 것이 빛난다. 호시탐탐하듯 하고 그 욕망 계속되게 하라. 존귀함을 얻어 광영되고, 앞으로 나아가 명예를 이룬다. 좋은 사람의 도움으로 경영하거나 꾀하는 일은 성사된다. 그러나 내쫓기거나 시비를 당할까 두렵다.

■ 9월 322

골목에서 골목을 만나니 도를 잃은 것은 아니다. 왜곡해 서로 구하는 것도 뜻은 어그러짐을 구제하는 데 있다. 성의와 힘을 다해 지성으로 감동시킨다. 반드시 밝은 군주를 만나 영전할 기회를 만난다. 보통 사람은 지기를 만나 경영하거나 꾀하는 일을 이룬다.

■ 10월 125

일을 고려하지 않고 마음대로 독단한다. 천하에 공이 높아도 포상은 하나도 없다. 도덕성이 높아 대중의 사표가 되어도 명예는 이루지 못한다. 일찍 움직이거나 망동하면 환란만 거듭된다. 운수가 이와 같으니 처사를 조심하라.

■ 11월 313

공후가 천자에게 드리니 소인은 이기지 못한다. 대신이 임금을 얻으면 충성하게 된다. 조정에서 중임을 맡고, 선비는 크게 괴수된다. 소인은 무리가 속이고 멸시하니 반드시 재해가 따른다. 운이 불리하면 형극이나 상해를 면하기 어렵다.

■ 12월 416

불친 양이 울타리를 밟으니 물러서지도 이루지도 못한다. 이로울 것이 없으니 어려워야 길하다. 일의 어려움을 알고 함부로 가볍게 여기지 말라. 벼슬한 사람은 감봉이나 퇴출되고, 선비는 물러나기도 어렵다. 분수를 넘고 이치를 어기면 시비·투쟁·소송이 따른다.

수지비괘 4효(水地比卦 四爻)

밖에서 어진 것은 위를 따르는 것이다. 도리가 좋으니 견실하며 바른 것을 얻는다. 영전하는 영화가 있으니 앞으로 나아가면 이롭다. 나가서 하는 일은 귀인의 도움을 많이 받는다. 행하면 이루지 못할 일이 없고 이롭지 않은 것이 없다.

▪ 정월 885
누런 치마이니 매우 길하다. 문채가 중도에 있다. 안에 아름다움이 가득하니 사지에까지 창달한다. 내직으로 선임되며 왕실에 들 영화가 있다. 모든 일이 안온하며 재물과 이익이 따른다. 여자는 덕이 있고 내조의 공이 있다.

▪ 2월 862
군사에 중도를 지키니 길하고, 하늘의 총애를 받는다. 왕의 명령을 세 번이나 받고 천하를 생각한다. 벼슬한 사람은 임금의 친서로 벼슬을 받는다. 선비는 괴수되고 중은 은혜를 받는다. 반드시 귀하고 어진 사람을 만나 모든 일이 마음대로 된다.

▪ 3월 786
큰 과일을 먹지 않는 것은 장차 다시 생겨나게 하기 위함이다. 군자는 수레를 얻으나 소인은 집이 사라진다. 난리가 나면 치세를 생각하며 군자를 추대하기 원한다. 벼슬한 사람은 좋은 권세가를 만나 천거된다. 경영에 새로운 뜻을 세우고, 궁실을 성조한다.

▪ 4월 773
한계에 이르렀다. 등골뼈가 벌어질 것 같다. 사람이 거역하며 미워하니 어찌 위태롭지 않겠는가. 요직으로 옮길 수 있는데 진취하여 명예를 이룬다. 파손되며 안녕하지 못하니 위태롭다. 심장눈허리에 병이 생길까 두렵다.

▪ 5월 741
스스로 지키지 못하는데 마음은 이미 동했다. 욕망에 미혹되어 자신을 잃으니 매우 흉하다. 염치를 버리고 함부로 음탕하게 굴면 꾸지람을 듣는다. 거역하며 재물을 다투지 말고 정도를 지켜야 면할 수 있다. 선비는 적극적으로 나아가면 먹을 것을 얻는다.

■ 6월 344

다리에 감응이 있으나 처하지 못한다. 스스로 하지 못하고 남을 따른다. 조용히 있는 것이 좋은데 움직이니 심히 부끄럽다. 모든 일에 부끄러움이 많으며 여자의 결혼만 유리하다. 간여한 일들은 보통을 벗어나기 어렵다.

■ 7월 722

바르면 이롭고 나가면 흉하니 덜지 않아야 한다. 뜻은 스스로 지키는 데 있으니 함부로 진출하지 말라. 지켜야 할 것을 바꾸면 흉해진다. 현직을 고수하며 현 사업을 확고하게 지켜라. 현 제도를 조심하면서 먼 계책은 세우지 마라.

■ 8월 525

믿음이 단단하니 지위가 정당하다. 견고한 성의와 신의로 맺어지면 천하도 무사하다. 군신이 한마음이 되니 총애와 신임이 깊어진다. 앞으로 나아가 명예를 이루며 이롭지 않은 것이 없다. 인정이 화합하니 모든 것을 이룰 수 있다.

■ 9월 713

좋은 말이 달리니 어렵고 올곧은 것이 이롭다. 윗사람과 뜻이 합하면 달리는 말과 같아진다. 태수(太守)가 되어 붉은 기를 꽂고, 선비는 비등한다. 지기가 서로 도우니 어려움도 이겨낸다. 열심히 노력하면 고생 끝에 얻을 것이다.

■ 10월 816

성이 구렁에 돌아오니 그 명령이 어지럽다. 인심이 방탕하면 난리가 여기서 생긴다. 관직자는 귀양을 가거나 강등되고 선비는 부끄러운 욕을 만나게 된다. 손실과 파괴의 운이니 질병도 두렵다. 수명이 불길하며 근후해야 재앙을 면한다.

■ 11월 314

그렇게 풍성하게 하지 않으면 가히 허물은 없을 것이다. 물리를 밝게 분별할 수 있으면서도 겸손하다. 해도 정오가 지나면 기울고, 물도 성한 뒤에는 쇠퇴한다. 분수를 지키면서 때를 기다리는 것이 좋다. 밝으면 손실이 있으니 눈병도 두렵다.

■ 12월 351

솥발이 자빠진 것처럼 나쁘니 더러움을 내보내야 이롭다. 만약 어진 첩을 얻으면 그 아들에게는 허물이 없다. 악은 버리고 좋은 것만 받으니 귀인을 따른다. 남의 덕으로 성사되고, 첩과 자식을 얻는다. 근심은 흩어지고 기쁨이 생기며, 천민은 귀하게 된다.

연평 685

수지비괘 5효(水地比卦 五爻) ䷇

친히 돕는다는 뜻이며 지위가 중정하다. 왕이 세 번 짐승을 모니 어질다는 것을 알 수 있다. 역을 버리고 순리를 따르며, 자신을 용서하는 마음으로 남을 대한다. 관직자는 영전하고, 선비는 과거에 급제한다. 처음에는 힘드나 나중에는 순탄하니 이롭지 않은 것이 없다.

▪ 정월 586
살아가는 것을 보니 군자이면 허물이 없다. 자신을 반성하면서 시종 한마음으로 한다. 경영하거나 꾀하는 일은 막히니 만족하지 못한다. 병자는 살아나고, 임신하면 유리하다. 진취가 심난하니 물러나 수신하면서 반성하라.

▪ 2월 573
기러기가 육지로 올라오나 편안한 곳이 아니다. 남편은 나가 돌아오지 않고, 부인은 임신하나 양육하지 못한다. 그러나 정도를 지키며 사를 막으면 허물은 없을 것이다. 귀양·강등·막힘·침체가 따를 운이다. 인정이 화목하지 못하니 도적이 침범한다.

▪ 3월 541
크게 시작하면 이롭고, 크게 길해야 허물이 없다. 남에게 큰 이익을 주면 자연히 그 이익이 돌아온다. 그러나 모두 잘 하지 않으면 허물을 면할 수 없다. 관직자는 높이 영전하고, 진취하면 큰 우두머리가 된다. 크게 꾀하고 마음대로 된다.

▪ 4월 144
바른 길을 지키면 허물이 없다. 실리와 진실한 마음으로 변하지 말라. 고요히 안정하면 저절로 좋은 소식이 온다. 덕이 넓고 겸손하니 신하의 도리가 극진하다. 옛 사업을 지키며 본분을 지켜라.

▪ 5월 522
그늘 밑에서 학이 우니 그의 자식이 감화한다. 말과 행동은 영화가 되기도 하고 욕이 되기도 한다. 군자의 언행은 천지도 움직인다. 벼슬한 사람은 진급하며 재정 이익도 있다. 아들을 낳고 유리하나 노인은 병에 걸릴까 두렵다.

■ 6월 725

유익한데 복은 위에서 내린다. 열 쌍의 거북으로도 어길 수가 없다. 꾀하는 일은 하늘의 뜻과 부합하니 매우 선하다. 직위가 좋아 임금 곁에 있고, 선비는 장원한다. 하늘의 재물이 많이 생기니 이롭지 않은 것이 없다.

■ 7월 513

수레바퀴통이 벗겨지며 부부는 반목한다. 나아가도 이롭지 않고 물러서도 가정이 편안하지 못하다. 영화를 누리다 욕을 보고, 나아가려다 물러선다. 발이나 눈에 병이 생기고, 식구는 분리된다. 모든 재난이 함께 와 가문에 후회하거나 부끄러운 일이 생긴다.

■ 8월 616

구멍에 들어 있으니 오는 손님 셋이다. 비록 강폭하나 조심하면 결국은 길하다. 참으면서 조심하면 화를 면할 수 있다. 조심하면서 참소나 간신을 막고, 신중하게 의심과 시기를 꾀하라. 한번 흉한 운이 오면 감옥이나 무덤에 들어가게 된다.

■ 9월 114

진퇴를 알 수 없으니 시기에 맞게 나아가라. 순리를 따르면 길하나 망동하면 화가 생긴다. 시운이 불리하니 역량을 감추고 때를 기다려라. 의심이 생겨 결정하지 못하니 모든 게 어려워진다. 여자는 마음대로 되고, 승려와 도인은 편안하다.

■ 10월 151

쇠로 된 말뚝에 매두면 견고하며 바르니 길하다. 돼지가 껑충 뛰듯 함부로 움직이고 싶은 마음이 간절하다. 앞으로 나아가도 심란한데 좌천이 어인 일인고. 귀인의 도움을 받으며 출산양육할 운이다. 그러나 수가 나쁘면 질병·감옥·소송이 따른다.

■ 11월 315

미더움으로 사귀며 신의로 뜻을 편다. 강유를 겸전하니 즐거워하지 않는 백성이 없다. 일에는 선후가 있으니 기회를 보아 나아가라. 시기를 살펴 움직이면 모든 일이 새롭게 된다. 그러나 경솔하며 거만하면 화를 당할 것이다.

■ 12월 332

높게 부딪쳐 빛나니 매우 길하고, 중도를 얻어 사방이 빛나니 매우 길하다. 만사가 이미 정해져 있으니 어찌 근심이 있겠는가. 현명한 군주를 만나 나라의 큰 그릇이 된다. 과거에 급제하며 반드시 이익이 생긴다.

연평 686

수지비괘 상효(水地比卦 上爻) ䷇

친하게 지내며 돕는데 머리가 없으니 끝도 없다. 버리는 시기이니 반드시 흉하다. 대중이 도와주지 않으니 처세가 위험하고, 위에서도 도와주지 않으니 명예를 얻기 어렵다. 형극과 재앙으로 인정이 흩어질 것이다.

■ 정월 641
급하게 하면 어려움에 처하니 바르고 견고하게 행하라. 귀한 몸이 천한 자에게 이르니 큰 민심을 얻는다. 관직자는 매우 발전하고, 선비는 밝음을 세운다. 분수를 지키면서 신중하라. 여자는 어질고 선하며 집안도 일어나고 좋은 남편을 만난다.

■ 2월 224
즐거움을 헤아려 보고 안녕하지 못하니 한계를 두고 병을 삼는 것이 좋다. 정을 지키고 사를 멀리하면 반드시 경사가 생긴다. 선비는 선출되고, 상인은 이익을 얻는다. 식구가 늘거나 재물이 생기는 기쁜 일이 한 번 있다. 병자는 편하지 못하니 심지가 안녕하지 못하다.

■ 3월 622
시기를 잃어 안뜰에도 나오지 못하고, 사물이 끊기고 스스로 폐지한다. 때를 잃어 액을 만나니 발전하기 어렵다. 불통되어 화를 당하고, 간여할 곳에 간여하지 못한다. 움직이면 좋으나 가만히 있으면 좋지 않다.

■ 4월 825
대군이 지혜로 임하고, 중도에 행하니 여러 가지가 길하다. 성군은 총명하며 예지력이 있어야 한다. 벼슬한 사람은 초월적이 되고, 선비는 등용된다. 꾀하는 일은 순탄하니 이롭지 않은 것이 없다.

■ 5월 613
재앙은 밖에 있는데 뻘밭에서 기다린다. 나 때문에 도적이 오나 조심하면 패가 없다. 지나치게 강하니 더욱 험난해진다. 선비는 반드시 욕을 당하며 스스로 빼어나지 못한다. 도적이나 실물을 당할 운인데 배를 타면 흉하다.

■6월 516

이미 화하여 처한 것은 덕을 숭상하며 쌓았기 때문이다. 달이 거의 보름이 되었으니 부인이 견고하면 위태롭다. 군자는 나가면 반드시 소인의 간계와 시비로 시끄럽다. 시끄러움 속에서는 물러나고, 즐거운 곳에서는 탐하지 말라.

■7월 214

엉덩이에 살이 없으니 걷기가 거북하다. 말을 듣고도 믿지 못하는 것은 총명하지 못해서다. 처한 자리가 부당하니 그 해가 적지 않고, 재주와 힘이 모자라니 앞으로 나아가기 어렵다. 관재와 귀·발등에 병이 따를 운이다.

■8월 251

자리를 깔되 깨끗한 띠를 쓰니 유약하며 어둡다. 두려워하고 조심하면 허물이 없다. 신중한 도리는 사용처가 매우 많다. 조심하며 절약하는 사람이니 재물과 이익이 따른다. 불길한 운을 만나 복 입을까 두렵다.

■9월 415

겉은 부드러우나 속은 강하니 건장함을 쓰지 않는다. 바르고 안정되게 지키면 좋으나 망동하면 재앙이 생긴다. 거칠어진 정치로 파직·연금명예 상실이 따르며 성공하지 못한다. 좋은 계책은 펼 수 없으니 이로운 것이 하나도 없다. 만일 병자이면 몸을 잃을 수 있다.

■10월 432

차양이 많아 대낮에도 두성을 본다. 가면 의심병이 생기나 지성을 두면 길하다. 밝음과 움직임이 서로 도와 풍성해진다. 처음에는 잃으나 나중에는 얻고, 오래 침체된 후 발전한다. 오래 곤궁하다 재물이 생기나 근심이나 슬픔이 생길까 두렵다.

■11월 316

하늘이 도와주니 이롭지 않은 것이 없다. 신의와 순리를 지키며 어진 사람을 숭상한다. 가득 차면 잃을 수 있으니 겸손하라. 벼슬한 사람은 직위가 좋아지고, 선비는 명예를 이룬다. 윗사람의 비호로 복과 경사를 누린다.

■12월 323

수레가 끌려가는 것을 보고 그 소는 제거된다. 머리털은 뽑히고 코는 잘리는 격이니 처음은 없고 끝만 있다. 지위가 부당하며 강적을 만난다. 꾀하며 바라는 일에 막힘이 있으니 험난함에서 편안함을 구하라. 만약 흉한 운을 만나면 골육의 형상이 따른다.

연평 711

산천대축괘 초효(山天大畜卦 初爻) ☶☰

위태로우면 하지 않는 것이 이롭다. 재해를 범하지 않으나 나가면 위태롭고 그치면 쌓인다. 기미를 알고 물러서면 해로움은 멀어진다. 벼슬한 사람은 직위를 버리는 것이 좋고, 선비는 때를 기다리는 것이 좋다. 변이 생기면 재난을 당하는데 옛것을 지켜야 좋다.

■ 정월 732
턱이 움직이면 수염도 따라 움직이듯이 움직이고 그치는 일은 턱에 달려 있다. 선악은 본질에 매어 있다. 영전은 남의 덕으로 성사된다. 문장이 아름다우니 귀인이 끌어주리라. 그러나 세력만 믿고 함부로 굴면 좌절할 것이다.

■ 2월 535
왕이 가정을 이루면 근심하지 않아도 길하다. 지극히 바르고 선하니 근심없이 잘 되어간다. 남편은 내조를 좋아하고, 부인은 법도 있는 가정을 사랑한다. 벼슬길이 매우 순탄하고 명예를 이룬다. 귀인과 교제하며 문전에 화기가 가득하다.

■ 3월 743
기르는 정도를 어기니 흉하다. 10년이라도 쓰지 말라. 도가 크게 어그러졌으니 이로울 것이 없다. 욕심이 많아 망동하면서 이르지 않는 곳이 없다. 욕심을 따르다 법도를 그르치고 명예를 잃는다. 거칠고 음탕한 짓을 거리낌 없이 하다 자신이 상하고 슬픔만 남는다.

■ 4월 846
회복이 어둡고 흉한 것은 임금의 도와 반대이기 때문이다. 재앙이 있는데 군사를 행하면 결국은 크게 패한다. 화근은 밖에 있는데 스스로 재앙을 부른다. 미혹하면 재앙이 되니 가만히 있으면 좋으나 움직이면 흉하다. 운명이 다 되었으니 이로울 게 하나도 없다.

■ 5월 344
다리에 감응이 있으나 처하지 못한다. 스스로 하지 못하고 남을 따른다. 조용히 있는 것이 좋은데 움직이니 심히 부끄럽다. 모든 일에 부끄러움이 많으며 여자의 결혼만 유리하다. 간여한 일들은 보통을 벗어나기 어렵다.

■6월 381

진출하거나 좌절하더라도 홀로 정도를 행한다. 미덥지 않더라도 너그러우면 허물은 없다. 간사한 이론에 막혀 앞으로 나아가기 어렵다. 피차 믿지 않으니 근심과 즐거움이 반반이다. 안정하면 길하나 움직이면 흉하다.

■7월 145

망이 없는 병은 약을 쓰지 않으면 기쁘다. 본래 병이 없는데 어찌 공격해 치료하겠는가. 움직이면 망이요 안정하면 무망이다. 벼슬한 사람은 변이 생기나 변명하지 않아도 자명해진다. 피하는 일은 이루고, 출산과 양육의 기쁨이 있다.

■8월 I22

밟는 길이 탄탄하니 중심이 흔들리지 않는다. 마음을 가다듬고 절의를 지키며 안빈낙도한다. 시운이 오지 않으니 관직에서 물러나 귀향한다. 가리고 살피면서 일을 꾀하면 인사가 화해한다. 그러나 흉한 운을 만나면 명부에 이름을 새긴다.

■9월 246

붙잡아 매고 연결하라. 망령되지 않은 마음을 끝까지 바꾸지 말라. 이미 천명이 다했는데 관재가 어인 일인고. 벼슬한 사람은 참소를 방지하고, 선비는 욕을 방지하라. 만약 손재가 아니면 관재가 우려된다.

■10월 233

비록 바른 길이라도 앞으로 나아가면 흉하다. 이른 개혁은 흉하며 위태롭다. 중론이 세 차례나 나오면 때에 맞는 순리로 행하라. 불화할 운으로 안부가 한결같지 않고, 한번 흉한 운을 만나면 요절한다.

■11월 281

성의는 있으나 결과를 맺지 못하니 소란하다. 근심없이 가면 거의 허물은 없다. 벼슬한 사람은 불리하고, 선비는 어려움이 있다. 소인과 결탁하거나 속임수를 당할 운이다. 처음에는 흉하고 나중에는 길하니 경계하는 것이 좋다.

■12월 684

밖에서 어진 것은 위를 따르는 것이다. 도리가 좋으니 견실하며 바른 것을 얻는다. 영전하는 영화가 있으니 앞으로 나아가면 이롭다. 나가서 하는 일은 귀인의 도움을 많이 받는다. 행하면 이루지 못할 일이 없고 이롭지 않은 것이 없다.

산천대축괘 2효(山天大畜卦 二爻) ☷☰·

수레바퀴 통이 벗겨졌으나 중도를 얻어 허물은 없다. 처신이 중도를 얻었으니 움직여도 좋다. 학자는 성쇠와 강약의 깊이를 알아야 한다. 관직자는 사직하게 되니 진취는 불리하다. 실물·재난·시비를 겪은 후 얻을 수 있다.

■ 정월 723
천지가 교제하면 만물도 화생한다. 남녀의 정이 얽히면 만물이 화생하는 것이다. 셋이 가면 한 사람을 잃게 된다. 도반은 벗이 되고 협력자도 많다. 경영하거나 꾀하는 일은 이롭고, 이혼한 사람은 배우자를 얻는다.

■ 2월 826
두텁게 임하니 길하며 뜻은 안에 있다. 존귀하면서도 비천함과 호응하고, 높으면서도 아랫사람을 따른다. 가르치며 생각하기, 포용과 보호를 무궁히 한다. 벼슬한 사람은 내직이며 국립대학에 간다. 원근에서 취하는 일은 이롭지 않은 것이 없다.

■ 3월 324
어그러지고 이탈해 외로워하다 좋은 장부를 만난다. 그 뜻을 행할 수 있으니 위태로우나 허물이 없다. 동지에게 천거되거나 발탁되고, 선비는 주사를 만난다. 혼인은 짝을 얻고 위태로웠던 사람도 편안해진다. 밖에서 도모하는 일은 처음에는 막혔다 나중에는 순탄해진다.

■ 4월 361
꼬리에 물을 적셨으니 이보다 더 부끄러운 일이 있겠는가. 그 재주를 헤아려 볼 줄 모르니 알지 못함의 극치다. 앞길이 험난하게 막혔으니 전진하기 어렵고, 경영하는 일은 뜻대로 되지 않는다. 물을 건너거나 배를 탈 때는 조심하라.

■ 5월 125
일을 고려하지 않고 마음대로 독단한다. 천하에 공이 높아도 포상은 하나도 없다. 도덕성이 높아 대중의 사표가 되어도 명예는 이루지 못한다. 일찍 움직이거나 망동하면 환란만 거듭된다. 운수가 이와 같으니 처사를 조심하라.

■6월   142

밭갈이도 수확도 파종도 하지 않는다. 본래 소망이 없는데 소득이 있다. 가다듬고 행동에 힘쓰면서 때에 맞는 이치를 따른다. 승진과 명예를 성취하니 밖에서 이득을 얻는다. 농업이 좋으나 벼와 곡식은 적다.

■7월   226

이끌려 즐거워하니 크게 빛나지 못한다. 함부로 교묘하게 기쁨을 찾으니 이르지 않는 곳이 없다. 시절이 오지 않으니 심사만 산란하다. 좋은 광채도 먼지 속에 있으니 경영하고 꾀하는 일이 잘 되지 않는다. 위로 가도 광채가 없으니 혹 더러운 데 오염될 수 있다.

■8월   213

얼굴에 통쾌한 결행이 나타나면 반드시 흉하다. 만약 적시듯 나쁜 빛을 두면 여러 가지에 허물없다. 간신을 막다 오히려 씹히고, 분노를 품고 세상을 등진다. 정도를 따르면 길하나 사를 따르면 흉하다. 소송시비의 운이며 원한을 맺을 근심이 있다.

■9월   261

앙상한 나무에 엉덩이를 대는 것처럼 곤궁하니 앉아 있어도 편안하지 않다. 3년씩이나 곤궁에 빠져 있다. 의지할 데가 한 군데도 없으니 슬프다. 만약 근심이나 놀람이 없으면 상복을 입을 수 있다. 운수가 이와 같으니 이로운 것이 하나도 없다.

■10월   664

술 한 잔과 제기 둘이니 들창으로 언약을 드린다. 깨끗한 성의를 닦고 충성과 신의를 다하라. 임금의 마음이 밝게 열리면 결국 허물이 없어진다. 체결·결연·결혼이 있으나 초상이나 제사도 두렵다. 손님과 주인이 성심과 예의로 대한다.

■11월   282

이끌리면 길하여 허물이 없고, 중정한 덕은 변함이 없다. 지성이 서리는 곳에 소박한 제사를 올리면 이롭다. 군신이 화합하니 지성과 공경을 모두 이룬다. 귀인이 이끌어주면 등용할 수 있다. 좋은 사람과 교류하거나 천거 있으니 경영하거나 꾀하는 일을 이룬다.

■12월   485

강세를 타 견고해도 병이 된다. 항상 중도를 잃지 않으면 죽지 않고, 권세가에게 의지하면 은혜와 총애를 받는다. 이끌어주는 사람도 없고, 좋은 기회를 만나기도 어렵다. 심사를 정하지 못하면 재해를 당한다.

산천대축괘 3효(山天大畜卦 三爻) ䷙

좋은 말이 달리니 어렵고 올곧은 것이 이롭다. 윗사람과 뜻이 합하면 달리는 말과 같아진다. 태수(太守)가 되어 붉은 기를 꽂고, 선비는 비등한다. 지기가 서로 도우니 어려움도 이겨낸다. 열심히 노력하면 고생 끝에 얻을 것이다.

■ 정월 314
그렇게 풍성하게 하지 않으면 가히 허물은 없을 것이다. 물리를 밝게 분별할 수 있으면서도 겸손하다. 해도 정오가 지나면 기울고, 물도 성한 뒤에는 쇠퇴한다. 분수를 지키면서 때를 기다리는 것이 좋다. 밝으면 손실이 있으니 눈병도 두렵다.

■ 2월 351
솥발이 자빠진 것처럼 나쁘니 더러움을 내보내야 이롭다. 만약 어진 첩을 얻으면 그 아들에게는 허물이 없다. 악은 버리고 좋은 것만 받으니 귀인을 따른다. 남의 덕으로 성사되고, 첩과 자식을 얻는다. 근심은 흩어지고 기쁨이 생기며, 천민은 귀하게 된다.

■ 3월 115
날아가는 용이 하늘에 있으니 대인을 만나면 이롭다. 같은 소리는 상응하고, 같은 기운은 서로 구한다. 꾀꼬리가 높은 나무에 오르듯 몸이 용문에 오른다. 성조에 필요한 재물을 얻을 상이나 여자는 남편궁이 불리해 고독하다.

■ 4월 132
집 안에서 동지를 구하니 대동할 줄 모른다. 소견이 좁고 처사가 부정하다. 벼슬과 녹은 올라가지 않고, 작은 시험이라야 가망이 있다. 일에 부정이 많이 생기고, 종친이나 남들과 불목한다. 사랑과 미움이 한결같지 않고, 슬픔과 기쁨을 분간하지 못한다.

■ 5월 216
호소할 곳조차 없으니 결국 흉만 따른다. 벼슬길도 쉽지 않고 진취하기도 어렵다. 경영하거나 꾀하는 일이 심란하니 안정하는 것이 좋다. 골육이 무정하니 눈물을 막을 길이 없다. 대인이 아니면 화를 당한다.

■ 6월 223

나아가 즐거움을 구하니 그 흉함을 알겠다. 이미 도덕을 잃었으니 남들이 호응해 주지 않는다. 생각은 많으나 어려움만 따른다. 교묘하고 구차하게 합하면 의외의 화근이 생기거나 도를 잃고 망신한다.

■ 7월 251

자리를 깔되 깨끗한 띠를 쓰니 유약하며 어둡다. 두려워하고 조심하면 허물이 없다. 신중한 도리는 사용처가 매우 많다. 조심하며 절약하는 사람이니 재물과 이익이 따른다. 불길한 운을 만나 복 입을까 두렵다.

■ 8월 654

재주를 넓게 베풀지 못하나 스스로 지키면 가하다. 일을 고치고 다스리면 폐지까지는 이르지 않는다. 이익과 선을 조목조목 펼치면서 정치를 고치고 일에 응한다. 경전을 궁리하며 옛것을 배워 쓰일 때를 기다린다. 밭을 갈고 샘을 파며 집을 짓고 수축한다.

■ 9월 272

장딴지에 감응이 있으니 흉하나 편안하게 있으면 길하다. 지키지 못하고 일찍 움직이면 망동하니 흉하다. 안정하면서 분수를 지키면 저절로 좋은 일이 생긴다. 좋은 기회를 만나기 어려우니 경솔하게 움직이면 흉하다. 분주하면 나쁘고 노력하는 일 외에는 공이 없다.

■ 10월 475

날아올라 내려오지 않으니 덕을 베풀기 어렵다. 서쪽 들에는 구름이 가득하나 비가 오지 않는다. 벼슬한 사람은 휴직하기 쉬우나 선비는 왕공을 볼 수도 있다. 원대한 계책은 불리하나 옛것을 지키면 좋다. 노인이나 병자는 모두 좋지 않다.

■ 11월 283

모두 슬퍼하니 이로울 것이 없다. 나아가면 허물이 없으나 다소 부끄러운 일이 생긴다. 처음에는 가까운 곳에서 구하다 무리해 먼 곳과 결탁한다. 관직자는 외방으로 나가게 되는데 발전하기 어렵다. 집에 있어도 편안하지 못하고, 육친이 손상된다.

■ 12월 186

이미 비운이 무너졌으니 처음에는 비색하나 나중에는 기쁘다. 비색함이 가면 통태함이 오는 것은 자연의 이치다. 정지와 강등, 막힘이 다시 풀린다. 곤궁하다 좋아지고, 소송자도 풀린다. 그러나 운이 흉하면 슬픔·탄식·통곡이 따른다.

산천대축괘 4효(山天大畜卦 四爻) ䷙

어린 소로 대지르지 못하게 함이니 매우 길하며 기쁨이 있다. 피어나기 전에 금지시키면 크게 착하고 길하다. 벼슬한 사람은 승진하고, 진취하면 장원한다. 보통 사람은 기쁨이 있고 소나 재물이 늘어난다. 먼저 실패의 원인을 제거하면 이롭지 않은 것이 없다.

■ 정월 515
미더움으로 서로 연결해 이웃에서 부를 얻는다. 덕을 쌓으면 신하도 그것을 받게 된다. 윗사람도 신용하고 아랫사람도 흠모하며 복종한다. 주동과 협의해 공을 세우고 명예를 이룬다. 다른 사람의 도움을 받아 모든 일을 뜻대로 이룬다.

■ 2월 532
성취하려고 하지 않고 가정에서 음식을 만들면 길하다. 정과 사랑에 빠지면 이루지 못한다. 벼슬한 사람은 조정에 들어 녹과 복이 빛난다. 선비는 학업이 좋아져 장학금을 타니 길하다. 경영하거나 꾀하는 일을 이루며 재물과 양식이 늘어난다.

■ 3월 616
구멍에 들어 있으니 오는 손님 셋이다. 비록 강폭하나 조심하면 결국은 길하다. 참으면서 조심하면 화를 면할 수 있다. 조심하면서 참소나 간신을 막고, 신중하게 의심과 시기를 꾀하라. 한번 흉한 운이 오면 감옥이나 무덤에 들어가게 된다.

■ 4월 623
절제하지 못하다 슬퍼지는데 허물할 데가 없다. 누구를 탓하겠는가. 사치와 욕망이 넘치며 떳떳하지 못하다. 소비와 지출이 가볍지 않으니 재물이 손실되고, 사람과 이별한다. 스스로 절제하지 못함을 알고 뉘우친다.

■ 5월 651
재주도 약하고 응원도 없으니 버려진 샘과 같다. 사람도 먹을 수 없고, 날짐승도 돌아보지 않는다. 관직자는 한직으로 물러나 명예를 구해도 이루지 못한다. 경영하거나 꾀하는 일은 막히는데 운이 흉하면 세상을 버린다. 사물에 미치지 못해 버리는 것이다.

■ 6월   254

대들보가 튼튼해 아래로 꺾이지 않으니 길하다. 능히 국사를 편안하게 하고 문무를 병용한다. 구관이면 나라의 대들보요, 처음 벼슬해도 중임을 맡는다. 앞으로 나아가 명예를 이루고, 성조나 집을 수리한다. 유약하며 한결같지 않게 일을 하면 간사함에 말려들 수 있다.

■ 7월   672

신하가 어렵고 험난하나 자신의 잘못이 아니다. 뜻은 임금을 주제하는데 있으니 결국은 허물이 없다. 충정한 절의를 본받아 나라를 편안하게 한다. 만나는 것은 때가 아니고, 어려움을 건너고 험난함을 지난다. 경영하는 일은 막히고, 혹 몸도 보전하기 어렵다.

■ 8월   875

부자가 하지 않고 이웃과 함께하니 침략과 정벌에도 이롭다. 재물로 자신을 발전시키니 따르는 사람이 많다. 문무를 겸비하며 병권을 장악할 수도 있다. 과거에 오를 운인데 귀인을 만나 성사된다. 재리를 배로 얻으나 투쟁이나 소송을 조심하라.

■ 9월   683

사람 아닌데 비하나 상하지 않으랴. 당과 동료가 착하지 않으니 모든 일이 간사하다. 공업은 반드시 무너져 재난과 해만 입는다. 벗을 잃고 시기하다 혈기가 손상될 수도 있다. 가정이 깨지거나 자신이 손상이나 형벌을 당하거나 상복을 입을 일이 많다.

■ 10월   586

살아가는 것을 보니 군자이면 허물이 없다. 자신을 반성하면서 시종 한마음으로 한다. 경영하거나 꾀하는 일은 막히니 만족하지 못한다. 병자는 살아나고, 임신하면 유리하다. 진취가 심난하니 물러나 수신하면서 반성하라.

■ 11월   284

자리가 부당하니 많이 선해야 허물이 없다. 모두 좋지 않은데 어찌 대길하겠는가. 고를 버리고 하로 가니 진취가 부당하다. 만약 정직하지 않으면 재화를 면할 수 없다. 큰 덕이 있는 군자라야 바야흐로 복을 받는다.

■ 12월   241

마음을 바꿔 정도를 따르면 길하다. 교제가 공정하면 당연히 공이 있다. 만일 사랑이나 애정에 매이면 정리와 합할 수 없다. 선비는 좋은 기회가 있고, 따르는 곳에 공이 있다. 보통 사람이 이와 같으면 이익이 많다.

산천대축괘 5효(山天大畜卦 五爻)

거세된 돼지의 어금니이니 경사가 있다. 그 원인을 끊어버리면 자연히 악은 그친다. 관직자는 영전이나 발탁되고, 선비는 높이 천거된다. 경영하거나 꾀하는 일도 잘 되며 경사가 많다. 성공하려면 먼저 기미를 살펴야 한다.

■ 정월 816
성이 구렁에 돌아오니 그 명령이 어지럽다. 인심이 방탕하면 난리가 여기서 생긴다. 관직자는 귀양을 가거나 강등되고 선비는 부끄러운 욕을 만나게 된다. 손실과 파괴의 운이니 질병도 두렵다. 수명이 불길하며 근후해야 재앙을 면한다.

■ 2월 823
달콤함으로 친히 임하고 지위가 부당하다. 이미 근심이 있으며 어물이 길지 못할 것이다. 세력과 지위를 빙자하면 무슨 이익이 있겠는가. 아첨의 실책이 있고, 만약 슬픈 수심이 없으면 원한과 고생이 따를 염려가 있다.

■ 3월 851
진실로 오르니 대길하며 위와 뜻이 맞는다. 땅의 기운이 불어나 신의가 오르니 반드시 이루어진다. 강하며 중정을 따르니 어진 사람도 함께 나아간다. 벼슬한 사람은 영전하고, 선비는 높이 천거된다. 경영하거나 꾀하는 일은 마음대로 되니 점입가경이다.

■ 4월 454
학문은 성현을 따르지 않고, 정치는 왕도를 따르지 않는다. 심력을 다하지만 하나도 공이 되지 않는다. 벼슬한 사람은 퇴보하고, 진취는 성사되지 않는다. 경영하거나 꾀하는 일은 힘만 들고 무익하다. 교화를 실행하지 못하니 혜택을 베풀 수 없다.

■ 5월 872
겸손하며 바르니 중심을 얻는다. 속으로 겸손한 덕이 쌓이니 능히 외부로 발산할 수 있다. 수컷이 울면 암컷이 응하듯이 음양이 부르고 화답한다. 관직자는 직위가 바뀌니 앞으로 나아가면 명예를 이룬다. 경솔하면 좋지 않으니 물러나 지키는 것이 좋다.

■ 6월   675

큰 어려움에 부딪쳤는데 벗이 오니 절의로 대한다. 충정한 신하와 자식의 도움을 더욱 많이 받는다. 관직은 요직에 오르며 진취하여 적중한다. 좋은 사람이 이끌어주고 천거하니 이롭지 않은 것이 없다. 신하는 충성하고 자식은 효도하니 가정이 화애롭다.

■ 7월   883

아름다움을 함축하고 가히 바르며 시기에 맞게 편다. 만일 왕사를 따르면 성취함은 없어도 유종의 미는 있다. 승진이나 영전할 기회가 있고 앞으로 나아갈 날이 온다. 꾀와 계략이 심원하니 경영에 수확이 있다. 여자가 이를 얻으면 덕이 있는 부인이 될 것이다.

■ 8월   786

큰 과일을 먹지 않는 것은 장차 다시 생겨나게 하기 위함이다. 군자는 수레를 얻으나 소인은 집이 사라진다. 난리가 나면 치세를 생각하며 군자를 추대하기 원한다. 벼슬한 사람은 좋은 권세가를 만나 천거된다. 경영에 새로운 뜻을 세우고, 궁실을 성조한다.

■ 9월   484

즐거워하면서 크게 얻으니 큰 뜻을 편다. 지성이며 의심되지 않으니 벗들도 단합하며 따른다. 책임이 중대하니 왕공도 순종한다. 귀인의 천거를 받고 명성이 점점 높아진다. 앞으로 나아가 명예를 얻고, 경영하는 일에서도 이익을 얻는다.

■ 10월   441

벼락이 쳐도 두려움을 알면 복이 있다. 법도를 알면 나중에 웃음꽃이 피고, 편안하게 쉬지 않으면 결국은 안녕하다. 기뻐하는데 한번 울리면 사람도 놀란다. 많이 놀라나 나중에는 기쁨이 있다.

■ 11월   285

모이는데 자리를 두나 뜻은 빛나지 못한다. 덕과 지위가 맞으면 움직여도 백성이 기뻐한다. 스스로 큰 선을 닦으면 복종하지 않는 것이 없다. 인정이 미덥지 못하며 도덕을 닦지 못한다. 인정이 화합하지 못하니 경영하거나 꾀하는 일이 막힌다.

■ 12월   262

주식이 곤궁하나 중간에 경사와 복이 있다. 나가면 흉한데 누구를 허물랴. 곤궁해도 도를 행하는 것은 대신의 영명한 재주다. 귀인과 교류하며 경영하거나 꾀하는 일로 이익을 얻는다. 안정하면 길하나 움직이면 흉하고, 운이 흉하면 상을 당할 수도 있다.

연평 716

산천대축괘 상효(山天大畜卦 上爻) ䷙

하늘의 거리니 형통하며 큰 도를 행한다. 어진 사람이 뜻을 얻었으니 어진 길도 대통하게 된다. 예절·풍류·법에 어김이 없다. 꾀하는 일은 모두 이로우니 하늘과 거리에서 좋다. 천거 하여 하늘에 오르고 진취하여 명예를 이룬다.

■ 정월 751
아버지의 일을 주간하니 죽은 아버지의 뜻을 계승한다. 앞 사람의 잘못을 자식이 능히 주간 한다. 폐단은 깊지 않으니 일은 쉽게 구제된다. 자식이 아버지 사업을 계승하니 꾀하는 일 을 이루지 못한다. 운이 흉하면 근심이 따르고, 노인은 살기 어렵다.

■ 2월 354
솥발이 부러져 공석에서 쓸 곰국이 엎어졌다. 덕은 박한데 지위는 높고, 지혜는 적은데 꾀 하는 일은 크다. 벼슬한 사람은 내쫓기거나 강등당하고, 선비는 발전하기 어렵다. 만약 파 손되지 않으면 발에 병이 생긴다. 불길한 운을 만나 수명이 꺾일까 두렵다.

■ 3월 772
장딴지에 그쳐 있으니 마음이 불쾌하다. 마음이 움직이면 몸도 따라 움직인다. 위태롭고 전 복됨을 붙잡을 능력이 없고, 선비는 기회조차 없다. 구하고 꾀하는 일은 이루기 어렵고, 노 력해도 고생일 뿐이다. 말의 병이 있거나 가정에 근심이 있을 운이다.

■ 4월 575
기러기가 언덕으로 날아간다. 3년이 되어도 임신하지 못한다. 결국은 이기지 못하나 소원은 이룬다. 중정의 도는 반드시 이루어진다. 처음에 잃으나 나중에는 얻고, 처음에 어두우나 나중에는 밝아진다. 노인은 수명이 손상되고, 어린이는 기르기 어려울 수 있다.

■ 5월 783
떨어져 가는데 허물이 없고, 상하를 잃어버린다. 뜻은 당연히 정도를 따르니 가히 선하다. 명리를 다른 길에서 구하면 높이 된다. 지기를 만나기 어려우니 생애가 담박하다. 근심은 부모와 처자에 있다.

■ 6월 886

용이 들에서 싸우니 그 피가 검푸르고 누렇다. 둘 다 패하고 상처를 입으니 반드시 피의 재난을 본다. 화를 입고 강등·퇴출·파손할 위험이 있다. 선비는 크게 발전하나 근심과 해로움은 면하기 어렵다. 시비·분쟁·소송파괴·실패·위험·사망 등이 따른다.

■ 7월 384

다람쥐처럼 나아가는 격이니 바르고 견고하면 위태롭다. 중정하지 못하면서 높은 자리만 탐낸다. 생각마다 잃어버릴까 근심하고, 경영하는 일은 자신을 해친다. 간하는 의론에 막히는데 요행으로 진출하려고 도모하지 말라. 탐심이 많아지면 오히려 물건만 손해본다.

■ 8월 341

형틀을 신겨 발을 베어 없애나 행하지 않으면 허물이 없다. 적은 것을 징계해 큰 것을 경계하는 것은 소인의 복이다. 거동에 어려움이 많으니 공명을 이루지 못한다. 보통 사람은 형벌을 조심해야 한다. 근신하면 재앙을 면할 수 있으나 풍병에 걸릴까 두렵다.

■ 9월 185

편안할 때 위태로움을 염려하고, 있을 때 망실을 생각한다. 재난은 가고 새 복이 온다. 원수와 시기하는 자는 가고 명리도 이룬다. 전답과 잠업이 유리하며 창고에 가득 차게 된다. 깊이 생각하고 염려해 환란의 실마리를 막아라.

■ 10월 162

송사를 이기지 못하고 도망친다. 아래에서 윗사람과 소송하니 환란이 쉽게 풀린다. 옛것을 지키면서 안정하면 훼방과 욕을 당하지 않는다. 식구가 안녕하며 풍진이 침노하지 않는다. 운이 불리하면 유리됨을 면할 수 없다.

■ 11월 286

위에 있으면서 편하지 못하니 눈물 콧물까지 흘리며 탄식한다. 남들이 친하려고 하지 않으니 궁색하기 그지없다. 전진은 평온하지 않고, 일마다 번거롭고 요란하다. 어른과 아이를 불문하고 근심이 따르니 안정되지 않는다. 명리도 허망하고 수명도 길지 않다.

■ 12월 273

다리에 감응이 있으나 처하지 못한다. 스스로 하지 못하고 남을 따른다. 조용히 있는 것이 좋은데 움직이니 심히 부끄럽다. 모든 일에 부끄러움이 많으며 여자의 결혼만 유리하다. 간여한 일들은 보통을 벗어나기 어렵다.

산택손괘 초효(山沢損卦 初爻) ☶☱.

마치는 일은 속히 가라. 가상함이 합했기 때문이다. 아래를 덜어 위를 유익하게 하고, 자신을 덜어 윗사람을 받든다. 가정보다 나라를 더 생각하면 임금의 총애는 날로 늘어난다. 윗사람과 뜻이 합하니 반드시 우수하게 뽑힌다. 회계가 윤당하면 이롭고 모두 얻을 수 있다.

■ 정월 742
양유을 얻지 못해 망령되게 윗사람에게 찾는다. 나아가면 그 무리를 잃게 된다. 벼슬한 사람은 귀양을 조심하고, 선비는 욕을 조심하라. 하는 일은 진퇴와 시비가 일정하지 않다. 병이 많으니 흉한 운을 만나면 죽을 수도 있다.

■ 2월 545
은혜하는 마음에 미더움 두면 묻지 않아도 대길하다. 위에서 혜택을 주면 밑에서도 은혜를 베푼다. 관직은 요로에 들어가고, 밝은 군주를 만난다. 앞으로 나아가 명예를 이루고, 경영하는 일은 뜻대로 된다. 비천한 사람이 존귀한 사람을 만나고, 지기도 많이 만난다.

■ 3월 733
꾸밈이 젖어들듯하니 오래 바르면 길하다. 꾸밈이 항상 바르면 결국 능멸하지 못한다. 도와주는 사람이 있으면 좋은 직위를 맡는다. 떠받들어 주는 사람이 많으니 명리를 이룬다. 밖에서는 시비로 시끄러울 수 있으나 해가 되지는 않는다.

■ 4월 836
처음에는 하늘에 오르나 나중에는 뒤에 땅 속으로 들어간다. 밝지 못하고 어두워 스스로 상하고 운명한 것이다. 관직에 막힘이 많으니 내쫓길까 두렵다. 처음에는 이루나 나중에는 막히고, 노인은 수명이 없다. 하늘에 오를 징조인데 나중에는 내쫓긴다.

■ 5월 334
갑자기 용신할 곳이 없다. 몸이 불에 타버리니 죽음이며 버림이다. 해는 바닷속에 잠기고 사람은 꿈속에 있다. 윗사람을 거역하니 재난을 피할 길이 없다. 만약 병화가 아니면 죽음에 이를 수 있다.

■ 6월 371

나그네가 자질구레하고 더럽게 구니 뜻이 궁박해 재난을 당한다. 재주가 미치지 못하니 지위가 있어도 감당하지 못한다. 야비하고 더러운 상이니 천하고 더러움을 면하기 어렵다. 국이 너무 얕으니 재난이 절박한다. 상업이나 여행은 불리하니 기로에서 잘 선택하라.

■ 7월 135

처음에는 우나 나중에는 웃고, 처음에는 어그러지나 나중에는 합한다. 두 사람이 같은 마음으로 황금을 나눈다. 먼저는 귀양을 가나 뒤에는 재기하고, 먼저는 막히나 뒤에는 만난다. 곧고 바르게 행하면 여럿이 돕는다. 기쁨과 슬픔이 교차하며 시비가 한결같지 않다.

■ 8월 112

용이 밭에 나타나니 대인을 보는 것이 이롭다. 말은 신용있게 하고 행실은 조심해라. 몸은 직위에서 초월하니 경사가 무쌍하다. 식구가 늘고 전답이 생기며 재물이 마르지 않는다. 귀인을 만나 모든 것이 뜻대로 된다.

■ 9월 236

군자는 표범으로 변하고 소인은 얼굴만 바뀐다. 나가면 흉하니 바르고 견고하게 있어야 길하다. 반드시 명예를 성취하고 문채가 왕성하다. 조심스럽게 법도를 지키면 재난을 면할 수 있다. 시비가 따르는데 낯을 바꿀까 두렵다.

■ 10월 243

장부에 매이고 어린아이를 잃게 된다. 도를 굽히고 간사하면 소인이 따른다. 정도를 따르면 구하는 것을 반드시 얻는다. 의로운 길로 가면 경영하거나 꾀하는 일도 충분히 얻는다. 그러나 어린아이와 여자는 흉하다.

■ 11월 271

엄지발가락에 감응이 있으니 뜻은 밖에 있다. 비록 뜻은 동했으나 감응은 깊지 않다. 어둡고 유약하며 조급해 사물에 접하지 못한다. 먼 곳에서 행상이나 유랑하는 상이다. 경영하거나 꾀하는 일에 급급하나 이루기는 어렵다.

■ 12월 674

세상이 험난하니 그곳도 불안하다. 지존이 연결해주면 아름다워진다. 관직에 막힘이 없으니 연달아 자리에 오른다. 구하고 바라면 명리를 이룰 수 있다. 그러나 연루·소송·시비 등의 어려움이 따른다.

산택손괘 2효(山沢損卦 二爻) ☶☱.

바르면 이롭고 나가면 흉하니 덜지 않아야 한다. 뜻은 스스로 지키는 데 있으니 함부로 진출하지 말라. 지켜야 할 것을 바꾸면 흉해진다. 현직을 고수하며 현 사업을 확고하게 지켜라. 현 제도를 조심하면서 먼 계책은 세우지 마라.

■ 정월 713
좋은 말이 달리니 어렵고 올곧은 것이 이롭다. 윗사람과 뜻이 합하면 달리는 말과 같아진다. 태수(太守)가 되어 붉은 기를 꽂고, 선비는 비등한다. 지기가 서로 도우니 어려움도 이겨낸다. 열심히 노력하면 고생 끝에 얻을 것이다.

■ 2월 816
성이 구렁에 돌아오니 그 명령이 어지럽다. 인심이 방탕하면 난리가 여기서 생긴다. 관직자는 귀양을 가거나 강등되고 선비는 부끄러운 욕을 만나게 된다. 손실과 파괴의 운이니 질병도 두렵다. 수명이 불길하며 근후해야 재앙을 면한다.

■ 3월 314
그렇게 풍성하게 하지 않으면 가히 허물은 없을 것이다. 물리를 밝게 분별할 수 있으면서도 겸손하다. 해도 정오가 지나면 기울고, 물도 성한 뒤에는 쇠퇴한다. 분수를 지키면서 때를 기다리는 것이 좋다. 밝으면 손실이 있으니 눈병도 두렵다.

■ 4월 351
솥발이 자빠진 것처럼 나쁘니 더러움을 내보내야 이롭다. 만약 어진 첩을 얻으면 그 아들에게는 허물이 없다. 악은 버리고 좋은 것만 받으니 귀인을 따른다. 남의 덕으로 성사되고, 첩과 자식을 얻는다. 근심은 흩어지고 기쁨이 생기며, 천민은 귀하게 된다.

■ 5월 115
날아가는 용이 하늘에 있으니 대인을 만나면 이롭다. 같은 소리는 상응하고, 같은 기운은 서로 구한다. 꾀꼬리가 높은 나무에 오르듯 몸이 용문에 오른다. 성조에 필요한 재물을 얻을 상이나 여자는 남편궁이 불리해 고독하다.

■ 6월 132

집 안에서 동지를 구하니 대동할 줄 모른다. 소견이 좁고 처사가 부정하다. 벼슬과 녹은 올라가지 않고, 작은 시험이라야 가망이 있다. 일에 부정이 많이 생기고, 종친이나 남들과 불목한다. 사랑과 미움이 한결같지 않고, 슬픔과 기쁨을 분간하지 못한다.

■ 7월 216

호소할 곳조차 없으니 결국 흉만 따른다. 벼슬길도 쉽지 않고 진취하기도 어렵다. 경영하거나 꾀하는 일이 심란하니 안정하는 것이 좋다. 골육이 무정하니 눈물을 막을 길이 없다. 대인이 아니면 화를 당한다.

■ 8월 223

나아가 즐거움을 구하니 그 흉함을 알겠다. 이미 도덕을 잃었으니 남들이 호응해 주지 않는다. 생각은 많으나 어려움만 따른다. 교묘하고 구차하게 합하면 의외의 화근이 생기거나 도를 잃고 망신한다.

■ 9월 251

자리를 깔되 깨끗한 띠를 쓰니 유약하며 어둡다. 두려워하고 조심하면 허물이 없다. 신중한 도리는 사용처가 매우 많다. 조심하며 절약하는 사람이니 재물과 이익이 따른다. 불길한 운을 만나 복 입을까 두렵다.

■ 10월 654

재주를 넓게 베풀지 못하나 스스로 지키면 가하다. 일을 고치고 다스리면 폐지까지는 이르지 않는다. 이익과 선을 조목조목 펼치면서 정치를 고치고 일에 응한다. 경전을 궁리하며 옛것을 배워 쓰일 때를 기다린다. 밭을 갈고 샘을 파며 집을 짓고 수축한다.

■ 11월 272

장딴지에 감응이 있으니 흉하나 편안하게 있으면 길하다. 지키지 못하고 일찍 움직이면 망동하니 흉하다. 안정하면서 분수를 지키면 저절로 좋은 일이 생긴다. 좋은 기회를 만나기 어려우니 경솔하게 움직이면 흉하다. 분주하면 나쁘고 노력하는 일 외에는 공이 없다.

■ 12월 475

날아올라 내려오지 않으니 덕을 베풀기 어렵다. 서쪽 들에는 구름이 가득하나 비가 오지 않는다. 벼슬한 사람은 휴직하기 쉬우나 선비는 왕공을 볼 수도 있다. 원대한 계책은 불리하나 옛것을 지키면 좋다. 노인이나 병자는 모두 좋지 않다.

산택손괘 3효(山沢損卦 三爻) ䷨

전지가 교제하면 만물도 화생한다. 남녀의 정이 얽히면 만물이 화생하는 것이다. 셋이 가면 한 사람을 잃게 된다. 도반은 벗이 되고 협력자도 많다. 경영하거나 꾀하는 일은 이롭고, 이혼한 사람은 배우자를 얻는다.

■ 정월 324
어그러지고 이탈해 외로워하다 좋은 장부를 만난다. 그 뜻을 행할 수 있으니 위태로우나 허물이 없다. 동지에게 천거되거나 발탁되고, 선비는 주사를 만난다. 혼인은 짝을 얻고 위태로웠던 사람도 편안해진진다. 밖에서 도모하는 일은 처음에는 막혔다 나중에는 순탄해진다.

■ 2월 361
꼬리에 물을 적셨으니 이보다 더 부끄러운 일이 있겠는가. 그 재주를 헤아려 볼 줄 모르니 알지 못함의 극치다. 앞길이 험난하게 막혔으니 전진하기 어렵고, 경영하는 일은 뜻대로 되지 않는다. 물을 건너거나 배를 탈 때는 조심하라.

■ 3월 125
임의로 독단하고 일을 고려하지도 않는다. 공은 천하에 높아도 하나도 포상이 없다. 도덕은 높아 대중의 사표 되어도 명예는 성취되지 못한다. 조동과 망동은 환란만 거듭 온다. 운수가 이와 같으니 처사를 조심하라.

■ 4월 142
밭갈이도 수확도 파종도 하지 않는다. 본래 소망이 없는데 소득이 있다. 가다듬고 행동에 힘쓰면서 때에 맞는 이치를 따른다. 승진과 명예를 성취하니 밖에서 이득을 얻는다. 농업이 좋으나 벼와 곡식은 적다.

■ 5월 226
이끌려 즐거워하니 크게 빛나지 못한다. 함부로 교묘하게 기쁨을 찾으니 이르지 않는 곳이 없다. 시절이 오지 않으니 심사만 산란하다. 좋은 광채도 먼지 속에 있으니 경영하고 꾀하는 일이 잘 되지 않는다. 위로 가도 광채가 없으니 혹 더러운 데 오염될 수 있다.

■ 6월　213

얼굴에 통쾌한 결행이 나타나면 반드시 흉하다. 만약 적시듯 나쁜 빛을 두면 여러 가지에 허물없다. 간신을 막다 오히려 씹히고, 분노를 품고 세상을 등진다. 정도를 따르면 길하나 사를 따르면 흉하다. 소송·시비의 운이며 원한을 맺을 근심이 있다.

■ 7월　261

앙상한 나무에 엉덩이를 대는 것처럼 곤궁하니 앉아 있어도 편안하지 않다. 3년씩이나 곤궁에 빠져 있다. 의지할 데가 한 군데도 없으니 슬프다. 만약 근심이나 놀람이 없으면 상복을 입을 수 있다. 운수가 이와 같으니 이로운 것이 하나도 없다.

■ 8월　664

술 한 잔과 제기 둘이니 들창으로 언약을 드린다. 깨끗한 성의를 닦고 충성과 신의를 다하라. 임금의 마음이 밝게 열리면 결국 허물이 없어진다. 체결·결연·결혼이 있으나 초상이나 제사도 두렵다. 손님과 주인이 성심과 예의로 대한다.

■ 9월　282

이끌리면 길하여 허물이 없고, 중정한 덕은 변함이 없다. 지성이 서리는 곳에 소박한 제사를 올리면 이롭다. 군신이 화합하니 지성과 공경을 모두 이룬다. 귀인이 이끌어주면 등용할 수 있다. 좋은 사람과 교류하거나 천거 있으니 경영하거나 꾀하는 일을 이룬다.

■ 10월　485

강세를 타 견고해도 병이 된다. 항상 중도를 잃지 않으면 죽지 않고, 권세가에게 의지하면 은혜와 총애를 받는다. 이끌어주는 사람도 없고, 좋은 기회를 만나기도 어렵다. 심사를 정하지 못하면 재해를 당한다.

■ 11월　273

다리에 감응이 있으나 처하지 못한다. 스스로 하지 못하고 남을 따른다. 조용히 있는 것이 좋은데 움직이니 심히 부끄럽다. 모든 일에 부끄러움이 많으며 여자의 결혼만 유리하다. 간여한 일들은 보통을 벗어나기 어렵다.

■ 12월　176

살찐 물러남이요 숨은 것이니 이롭지 않은 것이 없다. 사물에 막힘이 없어 초연하며 여유가 있으니 무슨 일이든 이루어지지 않겠는가. 관로가 편안하지 못하니 때를 기다려라. 경영하거나 꾀하는 일은 이롭고, 가정과 사업은 풍성해진다.

연평 724

산택손괘 4효(山沢損卦 四爻) ䷨

병을 빨리 덜면 기쁨이 있다. 상대가 나를 따르는 것도 빠른 것이 좋다. 한직에서 일어서고 선비는 기쁨이 있다. 재앙은 면제되고 병은 쾌유된다. 어두웠던 사람은 밝아지고, 근심이 있던 사람도 기쁘게 된다.

■ 정월 525

믿음이 단단하니 지위가 정당하다. 견고한 성의와 신의로 맺어지면 천하도 무사하다. 군신이 한마음이 되니 총애와 신임이 깊어진다. 앞으로 나아가 명예를 이루며 이롭지 않은 것이 없다. 인정이 화합하니 모든 것을 이룰 수 있다.

■ 2월 542

유익함은 밖에서 들어온다. 열 쌍의 거북이라도 어기지 못한다. 벼슬한 사람은 영전하며 명예를 이룬다. 상업을 하면 이익이 생기고, 제사를 지내면 복을 받는다. 불가에서 생활하면 명리도 좋다.

■ 3월 626

쓰디쓴 절제이니 바르더라도 흉한데 그 도가 궁하다. 이미 처신이 극을 지났으니 흉을 면할 길이 없다. 지나친 고집으로 허물이 있고, 지나친 의심으로 슬픔이 있다. 명리를 구하나 모두 이롭지 않다. 법도를 잃어 허물이 생기고, 노인은 수명이 지키기 어렵다.

■ 4월 613

재앙은 밖에 있는데 뻘밭에서 기다린다. 나 때문에 도적이 오나 조심하면 패가 없다. 지나치게 강하니 더욱 험난해진다. 선비는 반드시 욕을 당하며 스스로 빼어나지 못한다. 도적이나 실물을 당할 운인데 배를 타면 흉하다.

■ 5월 661

겹겹의 험난에 빠져 도를 잃어버리면 흉하다. 재주가 약하고 응원이 없으니 회복하기 어렵다. 내쫓길 운이요 강등의 욕을 당한다. 험난한 곳으로 빠져들어가니 인명이 위태롭다. 그러나 승려나 숨은 도인은 화를 면할 수 있다.

■ 6월 264

서서히 오는 것은 밑에 있다. 정도를 걸으면 결국은 길하다. 때에 따라 다소 부끄러움이 있다. 과감하게 결정하고 행동하면 재난과 약함도 구제한다. 꾀하는 일을 이루고 험난에서 벗어난다. 쇠로된 차는 불리한데 사고가 두렵다.

■ 7월 682

안에서부터 친하니 실수하지 않는다. 나라에 몸을 맡기니 임금을 얻고 도에 합한다. 관직은 내직으로 제수받고, 여자는 어진 남편을 얻는다. 선비는 명예를 이루나 지방을 벗어날 수 없다. 귀인을 만나 의지하니 경영하거나 꾀하는 일은 뜻대로 된다.

■ 8월 885

누런 치마이니 매우 길하다. 문채가 중도에 있다. 안에 아름다움이 가득하니 사지에까지 창달한다. 내직으로 선임되며 왕실에 들 영화가 있다. 모든 일이 안온하며 재물과 이익이 따른다. 여자는 덕이 있고 내조의 공이 있다.

■ 9월 673

가면 어렵고 오면 돌아오니 안에서 기뻐한다. 위로 가면 어려우니 험난함을 보면 그쳐라. 돌아서서 밑으로 오면 편안하리라. 앞으로 나아가면 명예를 이룬다. 처자의 기쁨이 있으나 운이 흉하면 형극도 따른다.

■ 10월 576

기러기가 허공으로 날아가듯이 그 뜻이 초연하다. 사람으로 논하면 보통을 넘어간다. 나아가는 것을 잃지 않고 현달하여 높이 된다. 선비는 명예를 얻어 한번 날면 하늘도 찌른다. 복의 근원이 영원하니 재앙이나 근심이 침범하지 않는다.

■ 11월 274

마음이 꾸준하니 후회할 일이 없고, 해로움에 감응하지 않는다. 갈팡질팡할 때 벗만은 나의 생각을 따르리라. 사심이 서로 감응하면 광대하지 못하다. 벗과 서로 의지하면 작은 일은 이룰 수 있다. 마음이 다소 편안하나 큰 일은 어그러진다.

■ 12월 231

견고한 황소가죽을 써라. 개혁은 불가하다. 초기에 움직이니 어찌 자세하며 신중하겠는가. 마음을 잘 지키면서 가볍게 고치려고 하지 말라. 망동하면 과실을 면하기 어렵다. 벼슬한 사람은 자리를 지키면서 나올 생각을 하지 말라.

연평 725

산택손괘 5효(山沢損卦 五爻) ䷨

유익한데 복은 위에서 내린다. 열 쌍의 거북으로도 어길 수가 없다. 꾀하는 일은 하늘의 뜻과 부합하니 매우 선하다. 직위가 좋아 임금 곁에 있고, 선비는 장원한다. 하늘의 재물이 많이 생기니 이롭지 않은 것이 없다.

■ 정월 826
두텁게 임하니 길하며 뜻은 안에 있다. 존귀하면서도 비천함과 호응하고, 높으면서도 아랫사람을 따른다. 가르치며 생각하기, 포용과 보호를 무궁히 한다. 벼슬한 사람은 내직이며 국립대학에 간다. 원근에서 취하는 일은 이롭지 않은 것이 없다.

■ 2월 813
평평하며 언덕 아닌 것이 없고, 가면 돌아오지 않는 것이 없다. 천지의 교제이니 어려우나 바르면 허물이 없다. 통태함이 다하면 비색이 오는 것은 하늘의 뜻이다. 책임을 이겨내고 질투와 간신을 조심하라. 두려워하면서 조심하면 편안하다.

■ 3월 861
출사할 때 율법을 어기면 흉하다. 신하가 도리를 다하면 임금의 총애도 날로 깊어진다. 문장과 의리로 합하니 공명을 이루고, 경영하는 일은 법도를 지키니 재물은 날로 늘어난다. 경솔하면 재앙을 당하는데 운이 흉하면 매우 험상궂다.

■ 4월 464
위로 소인과 친하면 어진 사람은 멀리 물러선다. 소인을 물리치면 군자의 무리가 나오게 된다. 성의와 신의가 깊으면 재난은 사라지고 복이 온다. 곁에 간신이 있으니 일에 실수와 허물이 생긴다. 만약 어진 사람을 만나면 재난은 거의 면제된다.

■ 5월 882
곧고 모나고 크니 땅의 도가 빛난다. 소행에 의심이 없으니 이롭지 않은 것이 없다. 유순하며 중정한 덕이 무궁하다. 관직자는 지위가 높아지고 명예도 올라간다. 곡식과 비단이 많이 늘어나고, 어진 부인이 집안을 일으킨다.

■ 6월 685

친히 돕는다는 뜻이며 지위가 중정하다. 왕이 세 번 짐승을 모니 어질다는 것을 알 수 있다. 역을 버리고 순리를 따르며, 자신을 용서하는 마음으로 남을 대한다. 관직자는 영전하고, 선비는 과거에 급제한다. 처음에는 힘드나 나중에는 순탄하니 이롭지 않은 것이 없다.

■ 7월 873

노력하고 겸손한 군자는 만민이 복종한다. 노력하고 자랑하지 않고 공이 있으면서도 공덕이라 하지 않는다. 벼슬한 사람은 높이 옮겨가고 선비는 기회를 만난다. 경영과 꾀하는 일에 이익을 얻고 마음과 힘껏 노력한다. 높아도 위태롭지 않고 차도 넘치지 않는다.

■ 8월 776

그치는 도가 매우 좋으니 나중에는 길하다. 관직자는 자리를 옮기고, 선비는 명예를 이루고, 농민은 전답이 늘어나고, 상인은 이익을 얻고, 보통 사람은 복을 받는다. 그러나 운이 흉하면 반대가 된다.

■ 9월 474

지극히 공손하면 허물이 없다. 고수하지 말고 때에 맞게 하라. 고집스럽게 변통할 줄 모르면 다소 허물이 된다. 안정하면서 직위를 지켜라. 작은 시험은 유리하다. 안빈하며 분수를 지키면 자연 손실과 폐단도 없다.

■ 10월 431

짝이 되는 주인을 만나 마음이 같으면 허물이 없다. 나가면 가상하나 열흘이 지나면 재앙이 생긴다. 반드시 밝은 군주를 만나 명예를 이룬다. 귀인과 교류하며 꾀하는 일을 이룬다. 그러나 너무 큰 일을 시작하면 반드시 재앙이 된다.

■ 11월 275

등심에 감응이 있으니 뜻이 사물을 감동시키지 못한다. 진퇴에 구속이 없고, 중심에는 사기가 없다. 같은 관료는 기뻐도 앞으로 나아가기는 어렵다. 인정이 어그러지며 떨어져 나가니 경영하거나 꾀하는 일은 시소하다. 사욕에 감응하면 사물을 감동시킬 수 없다.

■ 12월 252

마른 벼에 뿌리가 나고, 늙은 사내가 아내를 얻는다. 중도를 얻고 유순하니 능히 큰 공을 이룬다. 심하게 침체된 사람이 다시 일어나니 복직될 운이다. 첩을 들이는 운으로 아내를 얻고 아들을 낳는다. 승려는 제자를 얻거나 의붓자식을 둔다.

연평 726

산택손괘 상효(山沢損卦 上爻) ䷨

덜지도 않고 유익하니 큰 뜻을 이룬다. 신하를 많이 얻는데 원근이 모두 복종한다. 혜택을 주고 소비하지 않으면 그 혜택이 넓어진다. 백성은 한마음이 되고 임금의 총애도 견고하다. 선비도 뜻을 얻어 출입이 더욱 유리해진다.

■ 정월 761
어린아이에게는 벌을 주는 것이 이롭다. 두려움을 알게 한 후 가르쳐서 인도한다. 착한 도를 알게 해야지 벌을 주면 안 된다. 문교의 직책이며 형벌을 주는 소임이다. 작은 시험은 유리하나 보통 사람은 관재나 시비가 많다.

■ 2월 364
견고하고 바르면 후회할 일이 없으니 뜻을 이룬다. 힘을 다해 원방을 정벌하면 3년에 상을 받는다. 출장 입상하고 진취하여 괴수가 된다. 공이 높으면 상도 무궁하다. 귀인이 도와주면 이익이 있으나 귀신에 기록될 우려도 있다.

■ 3월 782
흉과 사의 세력이 더욱 커져 정도를 해치고 멸망시키니 더 흉해진다. 관직자는 퇴출과 강등을 막아야 하고 진취하기는 어렵다. 주관하는 일은 이루어지지 않으니 일찍 대책을 세워라. 아랫사람에게 침해와 능멸을 당하고, 높은 사람의 시기도 받는다.

■ 4월 585
자신의 득실을 보아 인민의 좋고 나쁨을 살펴라. 태평과 난국이 나에게 달려있다. 벼슬과 녹은 숭고하고, 문장은 세상을 덮는다. 생활은 날로 좋아지고, 부인은 생산과 양육이 있다. 병에 시달리는 사람이라도 생명은 보전한다.

■ 5월 773
한계에 이르렀다. 등골뼈가 벌어질 것 같다. 사람이 거역하며 미워하니 어찌 위태롭지 않겠는가. 요직으로 옮길 수 있는데 진취하여 명예를 이룬다. 파손되며 안녕하지 못하니 위태롭다. 심장눈허리에 병이 생길까 두렵다.

■6월　876

지나치게 겸손할 때는 강한 무용으로 다스려라. 벼슬길에 오르나 변방으로 나가고, 선비는 작은 시험이 좋다. 투쟁이나 소송은 변명하지 않아도 자명해진다. 마음과 뜻이 깨끗하면 손실을 면할 수 있다. 한번 사심이 터지면 밝음을 등지고 어둠으로 향한다.

■7월　374

나그네라고 자처하며 지위도 얻지 못한다. 재물과 도끼를 얻으나 마음은 불쾌하다. 재능은 펼 수 없고 겨우 몸만 편하다. 선비는 불쾌하며 앞으로 나아가기도 어렵다. 좋은 가운데 부족함이 있으나 밖으로 나가면 이룰 수 있다.

■8월　331

내디딘 발길 착란하나 조심하면 허물은 없다. 그 진퇴를 아는 것은 밝게 부딪치는 도다. 조심하면서 신중하게 피하면 화를 면할 수 있다. 조급하게 움직이면 허물을 범하고, 이치에 어긋나면 분수를 범한다. 만약 그렇지 않으면 미끄러지며 발에 병이 생긴다.

■9월　175

물러나 숨는 것이 좋은데 바르고 견실하면 길하다. 뜻에 사나 흐트러짐이 없으니 움직이고 쉬는 데 어김이 없다. 꽃 선경에 피고 꽃방석에 불을 끈다. 등용되거나 영전할 운으로 반드시 좋은 기회가 온다. 몸은 존귀한 사람과 가까이 하며 경사가 생길 수 있다.

■10월　152

물고기가 꾸러미 속에 있으니 허물은 없다. 어찌 좋은 물건을 잘 포장해 밖에 내놓겠는가. 벼슬한 사람은 영전하나 선비는 불리하다. 금은과 비단이 모두 좋고, 수산물도 이익이 있다. 식구가 늘거나 자식이 생길 수 있다.

■11월　276

광대뼈와 혀로 감동시키니 구설만 생긴다. 말이 많으면 욕을 부르고, 도모한 일도 분명하지 않다. 항상 노력하나 마음과 힘만 쓸 뿐이다. 유세하는 업이나 평론가가 되어라. 구설이 분분하니 먼저 훼방을 조심하라.

■12월　283

모두 슬퍼하니 이로울 것이 없다. 나아가면 허물이 없으나 다소 부끄러운 일이 생긴다. 처음에는 가까운 곳에서 구하다 무리해 먼 곳과 결탁한다. 관직자는 외방으로 나가게 되는데 발전하기 어렵다. 집에 있어도 편안하지 못하고, 육친이 손상된다.

연평 731

산화비괘 초효(山火賁卦 初爻)

발을 꾸미니 차를 놓아두고 걷는다. 행동이 올바르며 절의와 의리를 지킨다. 자리에서 물러나거나 강등될 수 있다. 길에서 분주하며 쉬운 것을 버리고 어려움을 쫓는다. 친한 곳을 멀리하고 낯선 곳을 향해야 길하다.

■ 정월 712
수레바퀴 통이 벗겨졌으나 중도를 얻어 허물은 없다. 처신이 중도를 얻었으니 움직여도 좋다. 학자는 성쇠와 강약의 깊이를 알아야 한다. 관직자는 사직하게 되니 진취는 불리하다. 실물·재난·시비를 겪은 후 얻을 수 있다.

■ 2월 515
미더움으로 서로 연결해 이웃에서 부를 얻는다. 덕을 쌓으면 신하도 그것을 받게 된다. 윗사람도 신용하고 아랫사람도 흠모하며 복종한다. 주동과 협의해 공을 세우고 명예를 이룬다. 다른 사람의 도움을 받아 모든 일을 뜻대로 이룬다.

■ 3월 723
천지가 교제하면 만물도 화생한다. 남녀의 정이 얽히면 만물이 화생하는 것이다. 셋이 가면 한 사람을 잃게 된다. 도반은 벗이 되고 협력자도 많다. 경영하거나 꾀하는 일은 이롭고, 이혼한 사람은 배우자를 얻는다.

■ 4월 826
두텁게 임하니 길하며 뜻은 안에 있다. 존귀하면서도 비천함과 호응하고, 높으면서도 아랫사람을 따른다. 가르치며 생각하기, 포용과 보호를 무궁히 한다. 벼슬한 사람은 내직이며 국립대학에 간다. 원근에서 취하는 일은 이롭지 않은 것이 없다.

■ 5월 324
어그러지고 이탈해 외로워하다 좋은 장부를 만난다. 그 뜻을 행할 수 있으니 위태로우나 허물이 없다. 동지에게 천거되거나 발탁되고, 선비는 주사를 만난다. 혼인은 짝을 얻고 위태로웠던 사람도 편안해진진다. 밖에서 도모하는 일은 처음에는 막혔다 나중에는 순탄해진다.

■6월 361

꼬리에 물을 적셨으니 이보다 더 부끄러운 일이 있겠는가. 그 재주를 헤아려 볼 줄 모르니 알지 못함의 극치다. 앞길이 험난하게 막혔으니 전진하기 어렵고, 경영하는 일은 뜻대로 되지 않는다. 물을 건너거나 배를 탈 때는 조심하라.

■7월 125

일을 고려하지 않고 마음대로 독단한다. 천하에 공이 높아도 포상은 하나도 없다. 도덕성이 높아 대중의 사표가 되어도 명예는 이루지 못한다. 일찍 움직이거나 망동하면 환란만 거듭된다. 운수가 이와 같으니 처사를 조심하라.

■8월 142

밭갈이도 수확도 파종도 하지 않는다. 본래 소망이 없는데 소득이 있다. 가다듬고 행동에 힘쓰면서 때에 맞는 이치를 따른다. 승진과 명예를 성취하니 밖에서 이득을 얻는다. 농업이 좋으나 벼와 곡식은 적다.

■9월 226

이끌려 즐거워하니 크게 빛나지 못한다. 함부로 교묘하게 기쁨을 찾으니 이르지 않는 곳이 없다. 시절이 오지 않으니 심사만 산란하다. 좋은 광채도 먼지 속에 있으니 경영하고 꾀하는 일이 잘 되지 않는다. 위로 가도 광채가 없으니 혹 더러운 데 오염될 수 있다.

■10월 213

얼굴에 통쾌한 결행이 나타나면 반드시 흉하다. 만약 적시듯 나쁜 빛을 두면 여러 가지에 허물없다. 간신을 막다 오히려 씹히고, 분노를 품고 세상을 등진다. 정도를 따르면 길하나 사를 따르면 흉하다. 소송·시비의 운이며 원한을 맺을 근심이 있다.

■11월 261

앙상한 나무에 엉덩이를 대는 것처럼 곤궁하니 앉아 있어도 편안하지 않다. 3년씩이나 곤궁에 빠져 있다. 의지할 데가 한 군데도 없으니 슬프다. 만약 근심이나 놀람이 없으면 상복을 입을 수 있다. 운수가 이와 같으니 이로운 것이 하나도 없다.

■12월 664

술 한 잔과 제기 둘이니 들창으로 언약을 드린다. 깨끗한 성의를 닦고 충성과 신의를 다하라. 임금의 마음이 밝게 열리면 결국 허물이 없어진다. 체결·결연·결혼이 있으나 초상이나 제사도 두렵다. 손님과 주인이 성심과 예의로 대한다.

산화비괘 2효(山火賁卦 二爻) ䷕

턱이 움직이면 수염도 따라 움직이듯이 움직이고 그치는 일은 턱에 달려 있다. 선악은 본질에 매어 있다. 영전은 남의 덕으로 성사된다. 문장이 아름다우니 귀인이 끌어주리라. 그러나 세력만 믿고 함부로 굴면 좌절할 것이다.

■ 정월 743
기르는 정도를 어기니 흉하다. 10년이라도 쓰지 말라. 도가 크게 어그러졌으니 이로울 것이 없다. 욕심이 많아 망동하면서 이르지 않는 곳이 없다. 욕심을 따르다 법도를 그르치고 명예를 잃는다. 거칠고 음탕한 짓을 거리낌 없이 하다 자신이 상하고 슬픔만 남는다.

■ 2월 846
회복이 어둡고 흉한 것은 임금의 도와 반대이기 때문이다. 재앙이 있는데 군사를 행하면 결국은 크게 패한다. 화근은 밖에 있는데 스스로 재앙을 부른다. 미혹하면 재앙이 되니 가만히 있으면 좋으나 움직이면 흉하다. 운명이 다 되었으니 이로울 게 하나도 없다.

■ 3월 344
다리에 감응이 있으나 처하지 못한다. 스스로 하지 못하고 남을 따른다. 조용히 있는 것이 좋은데 움직이니 심히 부끄럽다. 모든 일에 부끄러움이 많으며 여자의 결혼만 유리하다. 간여한 일들은 보통을 벗어나기 어렵다.

■ 4월 381
진출하거나 좌절하더라도 홀로 정도를 행한다. 미덥지 않더라도 너그러우면 허물은 없다. 간사한 이론에 막혀 앞으로 나아가기 어렵다. 피차 믿지 않으니 근심과 즐거움이 반반이다. 안정하면 길하나 움직이면 흉하다.

■ 5월 145
망이 없는 병은 약을 쓰지 않으면 기쁘다. 본래 병이 없는데 어찌 공격해 치료하겠는가. 움직이면 망이요 안정하면 무망이다. 벼슬한 사람은 변이 생기나 변명하지 않아도 자명해진다. 피하는 일은 이루고, 출산과 양육의 기쁨이 있다.

■ 6월 122

밟는 길이 탄탄하니 중심이 흔들리지 않는다. 마음을 가다듬고 절의를 지키며 안빈낙도한다. 시운이 오지 않으니 관직에서 물러나 귀향한다. 가리고 살피면서 일을 꾀하면 인사가 화해한다. 그러나 흉한 운을 만나면 명부에 이름을 새긴다.

■ 7월 246

붙잡아 매고 연결하라. 망령되지 않은 마음을 끝까지 바꾸지 말라. 이미 천명이 다했는데 관재가 어인 일인고. 벼슬한 사람은 참소를 방지하고, 선비는 욕을 방지하라. 만약 손재가 아니면 관재가 우려된다.

■ 8월 233

비록 바른 길이라도 앞으로 나아가면 흉하다. 이른 개혁은 흉하며 위태롭다. 중론이 세 차례나 나오면 때에 맞는 순리로 행하라. 불화의 운으로 안부가 한결같지 못하다. 흉한 운을 한번 만나면 요절할 상이다.

■ 9월 281

성의는 있으나 결과를 맺지 못하니 소란하다. 근심없이 가면 거의 허물은 없다. 벼슬한 사람은 불리하고, 선비는 어려움이 있다. 소인과 결탁하거나 속임수를 당할 운이다. 처음에는 흉하고 나중에는 길하니 경계하는 것이 좋다.

■ 10월 684

밖에서 어진 것은 위를 따르는 것이다. 도리가 좋으니 견실하며 바른 것을 얻는다. 영전하는 영화가 있으니 앞으로 나아가면 이롭다. 나가서 하는 일은 귀인의 도움을 많이 받는다. 행하면 이루지 못할 일이 없고 이롭지 않은 것이 없다.

■ 11월 262

주식이 곤궁하나 중간에 경사와 복이 있다. 나가면 흉한데 누구를 허물하랴. 곤궁해도 도를 행하는 것은 대신의 영명한 재주다. 귀인과 교류하며 경영하거나 꾀하는 일로 이익을 얻는다. 안정하면 길하나 움직이면 흉하고, 운이 흉하면 상을 당할 수도 있다.

■ 12월 465

군자가 해산하면 소인이 물러난다. 험난함이 흩어지니 길하며 선하다. 군자가 자진하게 되면 정도를 행한다. 선비는 명예를 얻고, 상인은 이익을 얻는다. 소송은 풀어지고, 병자는 쾌유된다.

산화비괘 3효(山火賁卦 三爻) ䷕

꾸밈이 젖어들듯하니 오래 바르면 길하다. 꾸밈이 항상 바르면 결국 능멸하지 못한다. 도와주는 사람이 있으면 좋은 직위를 맡는다. 떠받들어 주는 사람이 많으니 명리를 이룬다. 밖에서는 시비로 시끄러울 수 있으나 해가 되지는 않는다.

▪ 정월 334

갑자기 용신할 곳이 없다. 몸이 불에 타버리니 죽음이며 버림이다. 해는 바닷속에 잠기고 사람은 꿈속에 있다. 윗사람을 거역하니 재난을 피할 길이 없다. 만약 병화가 아니면 죽음에 이를 수 있다.

▪ 2월 371

나그네가 자질구레하고 더럽게 구니 뜻이 궁박해 재난을 당한다. 재주가 미치지 못하니 지위가 있어도 감당하지 못한다. 야비하고 더러운 상이니 천하고 더러움을 면하기 어렵다. 국이 너무 얕으니 재난이 절박한다. 상업이나 여행은 불리하니 기로에서 잘 선택하라.

▪ 3월 135

처음에는 우나 나중에는 웃고, 처음에는 어그러지나 나중에는 합한다. 두 사람이 같은 마음으로 황금을 나눈다. 먼저는 귀양을 가나 뒤에는 재기하고, 먼저는 막히나 뒤에는 만난다. 곧고 바르게 행하면 여럿이 돕는다. 기쁨과 슬픔이 교차하며 시비가 한결같지 않다.

▪ 4월 112

용이 밭에 나타나니 대인을 보는 것이 이롭다. 말은 신용있게 하고 행실은 조심해라. 몸은 직위에서 초월하니 경사가 무쌍하다. 식구가 늘고 전답이 생기며 재물이 마르지 않는다. 귀인을 만나 모든 것이 뜻대로 된다.

▪ 5월 236

군자는 표범으로 변하고 소인은 얼굴만 바뀐다. 나가면 흉하니 바르고 견고하게 있어야 길하다. 반드시 명예를 성취하고 문채가 왕성하다. 조심스럽게 법도를 지키면 재난을 면할 수 있다. 시비가 따르는데 낯을 바꿀까 두렵다.

■ 6월   243

장부에 매이고 어린아이를 잃게 된다. 도를 굽히고 간사하면 소인이 따른다. 정도를 따르면 구하는 것을 반드시 얻는다. 의로운 길로 가면 경영하거나 꾀하는 일도 충분히 얻는다. 그러나 어린아이와 여자는 흉하다.

■ 7월   271

엄지발가락에 감응이 있으니 뜻은 밖에 있다. 비록 뜻은 동했으나 감응은 깊지 않다. 어둡고 유약하며 조급해 사물에 접하지 못한다. 먼 곳에서 행상이나 유랑하는 상이다. 경영하거나 꾀하는 일에 급급하나 이루기는 어렵다.

■ 8월   674

세상이 험난하니 그곳도 불안하다. 지존이 연결해주면 아름다워진다. 관직에 막힘이 없으니 연달아 자리에 오른다. 구하고 바라면 명리를 이룰 수 있다. 그러나 연루·소송·시비 등의 어려움이 따른다.

■ 9월   252

마른 벼에 뿌리가 나고, 늙은 사내가 아내를 얻는다. 중도를 얻고 유순하니 능히 큰 공을 이룬다. 심하게 침체된 사람이 다시 일어나니 복직될 운이다. 첩을 들이는 운으로 아내를 얻고 아들을 낳는다. 승려는 제자를 얻거나 의붓자식을 둔다.

■ 10월   455

덕을 오래 지키면 견고하며 바르게 된다. 부인은 길하나 사나이는 흉하다. 권세에 아첨하니 비난과 꾸짖음을 당한다. 선비는 요행을 도모하다 욕을 본다. 보통 사람은 불선하다 훼방을 많이 겪는다.

■ 11월   263

돌에 부딪쳐 곤궁한데 가시덩쿨에 걸린다. 그 집에 들어가도 그 아내를 보지 못한다. 이미 욕되고 부끄러운데 죽을 때가 된다. 불상의 운으로 가정이 어지럽고, 운이 불길하면 처첩의 변이 있다.

■ 12월   166

왕이 하사한 의복을 받으나 하루아침에 세 번 잃는다. 소송으로 받는 복은 공경할 것이 못 된다. 성공과 실패, 진보와 후퇴가 있다. 소송이나 분쟁할 운이요 상복을 입을 운이다. 정도로 취한 것이 아니면 결국 잃는다.

산화비괘 4효(山火賁卦 四爻) ䷕

꾸밈새가 희며 흰 말이 달리듯 한다. 겉으로는 문채의 꾸밈을 숭상하나 마음은 본질을 숭상한다. 처음에는 막히나 나중에는 순탄하고, 처음에는 잃으나 나중에는 얻는다. 근심 속에 기쁨이 있고, 험난함 속에도 편안함이 있다. 혼인할 운이나 운이 흉하면 상복도 입는다.

■ 정월 535
왕이 가정을 이루면 근심하지 않아도 길하다. 지극히 바르고 선하니 근심없이 잘 되어간다. 남편은 내조를 좋아하고, 부인은 법도 있는 가정을 사랑한다. 벼슬길이 매우 순탄하고 명예를 이룬다. 귀인과 교제하며 문전에 화기가 가득하다.

■ 2월 512
계속 회복하며 중도를 지키니 실수가 없다. 스스로 진퇴를 살피면 중도를 잃지 않는다. 계속 이끌어줄 계단이 있고 발탁될 자리가 있다. 동지와 같이 가니 경영하거나 꾀하는 것을 이룬다. 그러나 운이 흉하면 실수를 반복한다.

■ 3월 636
머리까지 빠져 위태로우니 어찌 오래가랴. 물도 성하면 쇠퇴하고, 평화도 다하면 반드시 난리가 있다. 높은 것이 과하면 꺾어지고 물에 빠져 진취할 수 없다. 소인의 감염이나 배를 타다 물에 빠진다. 기제가 미제가 되니 슬프다.

■ 4월 643
안내자 없이 사슴을 쫓다 깊은 숲으로 들어간다. 중정하지 못하니 망동으로 곤란해진다. 탐관오리로 내쫓기거나 정지와 강등될 수 있다. 옛것을 지키면서 안정하라. 구금이나 감옥이 두렵다. 앞길은 험난한데 안내자는 하나도 없다.

■ 5월 671
가면 어려우나 오면 명예가 있으니 마땅히 기다려라. 어려움의 시작이니 나아가면 더욱 어려워진다. 기미를 보고 때를 알아 그치면 칭찬을 듣는다. 때를 기다려 진출하고, 옛것을 지키면서 안정하라. 나아가면 불리하고 망동하면 재난을 당한다.

■ 6월 274

마음이 꾸준하니 후회할 일이 없고, 해로움에 감응하지 않는다. 갈팡질팡할 때 벗만은 나의 생각을 따르리라. 사심이 서로 감응하면 광대하지 못하다. 벗과 서로 의지하면 작은 일은 이룰 수 있다. 마음이 다소 편안하나 큰 일은 어그러진다.

■ 7월 652

위로 끌어올릴 수 없으니 구제하는 공이 없다. 물장군이 깨져 물이 새니 사람을 구할 수 없다. 물러난 곳에서 수양하면서 그릇을 감추고 때를 기다려라. 응원이 없으나 조심하면서 지키면 화를 피할 수 있다. 덕은 족하나 힘은 약하니 사물에 미칠 수 없다.

■ 8월 855

바르게 계단 오르듯 하니 큰 뜻을 얻는다. 반드시 시종의 진출을 예의로 한다. 오르는 것이 귀한 바는 유순한 데 있다. 벼슬한 사람은 높이 영전하고, 선비는 높이 천거된다. 꾀하는 것을 이루고 뜻을 얻으니 진출에는 계단이 있다.

■ 9월 663

오고감이 험하며 위험하니 공이 없다. 험난함에 빠져 침식이 편안하지 못하다. 만약 진입하면 더 험난해진다. 몸이 구덩이에 있는데 물까지 깊다. 배를 타면 물이 깊고, 육지로 달리면 뻘밭이어라.

■ 10월 565

흩어짐에 왕이 큰 호령을 한다. 백성을 새롭게 하는 것은 흩어짐을 구하는 큰 정사다. 승진이나 영전할 운이니 앞으로 나아가면 좋다. 흉한 일이 흩어지니 이익을 구하면 이루어진다. 흩어지는 것을 합하게 한다.

■ 11월 264

서서히 오는 것은 밑에 있다. 정도를 걸으면 결국은 길하다. 때에 따라 다소 부끄러움이 있다. 과감하게 결정하고 행동하면 재난과 약함도 구제한다. 꾀하는 일을 이루고 험난에서 벗어난다. 쇠로된 차는 불리한데 사고가 두렵다.

■ 12월 221

화순하며 즐겁고 행동에 의심이 없다. 거취에 막힘이 없는데 어찌 아첨하랴. 벗들의 덕으로 진취하는 데 이롭다. 인정이 화합하니 모든 일이 다 이루어진다. 남편이 부르면 부인이 따르나 운이 흉하면 재난이 있다.

연평 735

산화비괘 5효(山火賁卦 五爻) ䷕

언덕과 동산을 꾸미니 예물은 얇고 소박하다. 근본을 두텁게 하며 실상을 숭상하고, 농업에 힘쓰며 검소함을 숭상한다. 한가한 관직에서 초빙되나 관록은 쇠퇴한다. 귀인은 이익을 얻고 적게 성취해야 기쁘다. 진취하는 데 어려움이 있고, 노인은 수명이 불리하다.

■ 정월 836
처음에는 하늘에 오르나 나중에는 뒤에 땅 속으로 들어간다. 밝지 못하고 어두워 스스로 상하고 운명한 것이다. 관직에 막힘이 많으니 내쫓길까 두렵다. 처음에는 이루나 나중에는 막히고, 노인은 수명이 없다. 하늘에 오를 징조인데 나중에는 내쫓긴다.

■ 2월 843
자주 회복하니 위태로움이 있고 의리에는 허물이 없다. 중정하지 못하고 또 움직이는 극에 있다. 벼슬자리가 평온하지 못하고 변화가 심하다. 큰 머리를 얻을 수도 있으니 명예는 가히 이룬다. 일에는 반복이 많고 의혹이 엇갈린다.

■ 3월 871
겸손한 군자는 스스로 낮춰 기른다. 큰 내를 건너도 불길함이 없다. 지극히 겸손하면 대중도 같이 한다. 관직은 목민인데 보배를 품고 초빙을 기다린다. 먼 강호를 건너 상업이나 여행을 하라.

■ 4월 474
지극히 공손하면 허물이 없다. 고수하지 말고 때에 맞게 하라. 고집스럽게 변통할 줄 모르면 다소 허물이 된다. 안정하면서 직위를 지켜라. 작은 시험은 유리하다. 안빈하며 분수를 지키면 자연 손실과 폐단도 없다.

■ 5월 852
제사는 간소하게 지내는 것이 좋고, 기쁨만 있고 허물은 없다. 안으로 지성을 지키며 외부의 꾸밈을 일삼지 않는다. 영전할 운이요 제관으로 배향한다. 선비는 명예를 얻고, 보통 사람은 기쁨이 있다. 병은 편안해지고 하는 일은 이루어지나 초상이나 제사가 두렵다.

■6월 655

샘도 깨끗한 물이 차 있다. 공은 사물에까지 미친다. 재주와 덕은 모두 선하며 아름답다. 덕과 지위 모두 좋으니 임금의 총애를 받는다. 명예와 이익이 모두 있으니 등용이나 천거된다. 경영하거나 꾀하는 일은 반드시 이루고 복과 이익을 얻는다.

■7월 863

군사를 죽게 하니 큰 공이 없다. 분수가 아닌 것을 범하면 반드시 실패한다. 직위를 받고 결원을 기다리나 선비는 공이 없다. 기쁨과 슬픔이 많으니 혹 수하의 복을 받는다. 운명과 상합되면 반드시 빈 고을에 오른다.

■8월 766

어리석음을 격퇴하는 도리는 상하에 순탄하게 하라. 원수를 방어하는 것은 이롭고 원수되는 것은 불리하다. 외부의 유혹을 막고 순진함이 완전하게 하라. 사법관의 직위요 공은 뺏고 성공한다. 시비 투쟁 소송과 도적의 요란도 있다.

■9월 464

위로 소인과 친하면 어진 사람은 멀리 물러선다. 소인을 물리치면 군자의 무리가 나오게 된다. 성의와 신의가 깊으면 재난은 사라지고 복이 온다. 곁에 간신이 있으니 일에 실수와 허물이 생긴다. 만약 어진 사람을 만나면 재난은 거의 면제된다.

■10월 421

누이동생을 동서로 시집보내고 절름발이가 되어 걸어간다. 덕은 있으나 호응이 없으니 직분만 다할 뿐이다. 벼슬한 사람은 요장이 되고, 선비는 작은 시험이 좋다. 보통 사람은 작은 덕이 있어 꾀하는 것은 이루나 종이나 첩을 들이거나 세력가에게 몸을 맡긴다.

■11월 265

코 베이고 발 잘리니 뜻을 얻지 못한다. 강하려다 약해지고, 이익을 구하다 손해를 본다. 진취하며 경영하는 일은 처음에는 힘드나 나중에는 순탄하다. 타고난 영명한 성품으로 모두 좋게 만든다. 그러나 운이 불길하면 소송·형벌·초상제사가 따른다.

■12월 282

이끌리면 길하여 허물이 없고, 중정한 덕은 변함이 없다. 지성이 서리는 곳에 소박한 제사를 올리면 이롭다. 군신이 화합하니 지성과 공경을 모두 이룬다. 귀인이 이끌어주면 등용할 수 있다. 좋은 사람과 교류하거나 천거 있으니 경영하거나 꾀하는 일을 이룬다.

산화비괘 상효(山火賁卦 上爻) ䷕

깨끗하게 꾸미면 허물이 없고, 위에서도 뜻을 얻는다. 참 모습을 잃지 않으니 절대 허물이 없다. 승진이나 영전할 운이니 앞으로 나아가면 뜻을 이룬다. 경영하거나 꾀하는 일이 소박하며 진실하니 허황이나 방탕에 빠지지 않는다. 혹 외척의 상을 당할 수 있다.

■ 정월 771
발에 그치면 허물이 없다. 중정의 도를 잃지 않았다. 정도를 계속 지키면 이롭다. 현 직위를 고쳐야 그 지위도 잃지 않는다. 앞으로 나아가는 일은 어려워지고 정지나 강등이 따른다. 그러나 안정하면서 분수를 지키면 위험해지는 일은 없다.

■ 2월 374
나그네라고 자처하며 지위도 얻지 못한다. 재물과 도끼를 얻으나 마음은 불쾌하다. 재능은 펼 수 없고 겨우 몸만 편하다. 선비는 불쾌하며 앞으로 나아가기도 어렵다. 좋은 가운데 부족함이 있으나 밖으로 나가면 이룰 수 있다.

■ 3월 752
어머니의 일을 주관할 때는 꼼꼼하게 하지 말라. 바르면 애정을 잃고 부정하면 의리를 잃는다. 성의와 충성을 다하되 중도를 지켜라. 지난 일을 주관할 때 분별할 줄 알면 녹과 지위도 온건하다. 옛것을 고쳐 갱신하니 더 고칠 곳이 없다.

■ 4월 555
올바르면 후회할 일이 없으니 이롭지 않은 것이 없다. 움직이기 전에 신중하게 생각하라. 처음에는 막혀도 나중에는 순탄하고, 선비는 명예를 이룬다. 있는 자리가 중정하니 처음은 없어도 끝은 있다. 복과 이익을 얻는 시기는 3일이다.

■ 5월 763
여인을 취하지 말라. 소행이 불순하다. 돈 많은 남자를 보면 제 신분도 생각하지 못한다. 탐내고 조심하지 않아 욕을 당하고 편안에 빠져 학업도 폐한다. 여인과 불목하며 주색으로 재난을 당한다. 시비가 생기게 되니 안정해야 좋다.

■ 6월   866

대군이 명령을 두니 공을 바르게 한다. 국가를 열고 집안을 잇는 일에 소인은 쓰지 말라. 권세로 공을 세우고 기예로 명성을 얻는다. 집안을 일으키고 자식이 대를 잇는다. 참소나 아첨을 방지하라. 분수를 넘는 일이 생길까 두렵다.

■ 7월   364

견고하고 바르면 후회할 일이 없으니 뜻을 이룬다. 힘을 다해 원방을 정벌하면 3년에 상을 받는다. 출장 입상하고 진취하여 괴수가 된다. 공이 높으면 상도 무궁하다. 귀인이 도와주면 이익이 있으나 귀신에 기록될 우려도 있다.

■ 8월   321

상하가 서로 친하면 자연히 후회할 일도 없다. 나쁜 사람이 나를 헤치나 흉이 되지는 않는다. 한직에서 복직되나 진취는 지체된다. 처음에는 잃으나 나중에는 얻고, 처음에는 어그러지나 나중에는 합한다. 육축은 불리하며 흉악한 사람을 조심하라.

■ 9월   165

송사에 매우 길하니 허물이 없다. 소송을 처리하는 데 치우치지 않고 합리적인 판단을 내린다. 벼슬한 사람은 좋은 곳에 제수받고, 선비는 과거에 오른다. 경영하거나 꾀하는 일은 유리하고, 재물을 구하면 반드시 얻는다. 언사가 유리하며 사필귀정이 된다.

■ 10월   182

포용하고 받들면서 순순히 따라라. 소인은 길하나 대인은 비색하다. 부끄러움과 수치를 참으면 자신을 지킬 것이다. 시비와 좋고 나쁨을 분명히 하라. 그렇지 않으면 재해를 벗어나기 어렵다.

■ 11월   266

칡넝쿨에 걸려 위태롭고 곤궁한데 움직이면 더 고생한다. 궁하면 변화를 생각하는데 움직이면 형통한다. 형벌·구속·정지·강등이 두렵다. 갈 바를 두면 유리하며 상업이나 여행이 길하다. 만약 근심이나 놀랄 일이 없으면 복제가 두렵다.

■ 12월   253

대들보 위아래가 약하니 도와줄 수 없다. 못된 재주로 망동하니 일만 망친다. 도리도 지나치면 이롭지 않다. 운수가 대흉하니 전복을 예방하라. 만약 그렇지 않으면 눈이나 발에 병이 침범한다.

연평 741

산뢰이괘 초효(山雷頤卦 初爻) ䷚

스스로 지키지 못하는데 마음은 이미 동했다. 욕망에 미혹되어 자신을 잃으니 매우 흉하다. 염치를 버리고 함부로 음탕하게 굴면 꾸지람을 듣는다. 거역하며 재물을 다투지 말고 정도를 지켜야 면할 수 있다. 선비는 적극적으로 나아가면 먹을 것을 얻는다.

■ 정월 722

바르면 이롭고 나가면 흉하니 덜지 않아야 한다. 뜻은 스스로 지키는 데 있으니 함부로 진출하지 말라. 지켜야 할 것을 바꾸면 흉해진다. 현직을 고수하며 현 사업을 확고하게 지켜라. 현 제도를 조심하면서 먼 계책은 세우지 마라.

■ 2월 525

믿음이 단단하니 지위가 정당하다. 견고한 성의와 신의로 맺어지면 천하도 무사하다. 군신이 한마음이 되니 총애와 신임이 깊어진다. 앞으로 나아가 명예를 이루며 이롭지 않은 것이 없다. 인정이 화합하니 모든 것을 이룰 수 있다.

■ 3월 713

좋은 말이 달리니 어렵고 올곧은 것이 이롭다. 윗사람과 뜻이 합하면 달리는 말과 같아진다. 태수(太守)가 되어 붉은 기를 꽂고, 선비는 비등한다. 지기가 서로 도우니 어려움도 이겨낸다. 열심히 노력하면 고생 끝에 얻을 것이다.

■ 4월 816

성이 구렁에 돌아오니 그 명령이 어지럽다. 인심이 방탕하면 난리가 여기서 생긴다. 관직자는 귀양을 가거나 강등되고 선비는 부끄러운 욕을 만나게 된다. 손실과 파괴의 운이니 질병도 두렵다. 수명이 불길하며 근후해야 재앙을 면한다.

■ 5월 314

그렇게 풍성하게 하지 않으면 가히 허물은 없을 것이다. 물리를 밝게 분별할 수 있으면서도 겸손하다. 해도 정오가 지나면 기울고, 물도 성한 뒤에는 쇠퇴한다. 분수를 지키면서 때를 기다리는 것이 좋다. 밝으면 손실이 있으니 눈병도 두렵다.

■ 6월 351

솥발이 자빠진 것처럼 나쁘니 더러움을 내보내야 이롭다. 만약 어진 첩을 얻으면 그 아들에게는 허물이 없다. 악은 버리고 좋은 것만 받으니 귀인을 따른다. 남의 덕으로 성사되고, 첩과 자식을 얻는다. 근심은 흩어지고 기쁨이 생기며, 천민은 귀하게 된다.

■ 7월 115

날아가는 용이 하늘에 있으니 대인을 만나면 이롭다. 같은 소리는 상응하고, 같은 기운은 서로 구한다. 꾀꼬리가 높은 나무에 오르듯 몸이 용문에 오른다. 성조에 필요한 재물을 얻을 상이나 여자는 남편궁이 불리해 고독하다.

■ 8월 132

집 안에서 동지를 구하니 대동할 줄 모른다. 소견이 좁고 처사가 부정하다. 벼슬과 녹은 올라가지 않고, 작은 시험이라야 가망이 있다. 일에 부정이 많이 생기고, 종친이나 남들과 불목한다. 사랑과 미움이 한결같지 않고, 슬픔과 기쁨을 분간하지 못한다.

■ 9월 216

호소할 곳조차 없으니 결국 흉만 따른다. 벼슬길도 쉽지 않고 진취하기도 어렵다. 경영하거나 꾀하는 일이 심란하니 안정하는 것이 좋다. 골육이 무정하니 눈물을 막을 길이 없다. 대인이 아니면 화를 당한다.

■ 10월 223

나아가 즐거움을 구하니 그 흉함을 알겠다. 이미 도덕을 잃었으니 남들이 호응해 주지 않는다. 생각은 많으나 어려움만 따른다. 교묘하고 구차하게 합하면 의외의 화근이 생기거나 도를 잃고 망신한다.

■ 11월 251

자리를 깔되 깨끗한 띠를 쓰니 유약하며 어둡다. 두려워하고 조심하면 허물이 없다. 신중한 도리는 사용처가 매우 많다. 조심하며 절약하는 사람이니 재물과 이익이 따른다. 불길한 운을 만나 복 입을까 두렵다.

■ 12월 654

재주를 넓게 베풀지 못하나 스스로 지키면 가하다. 일을 고치고 다스리면 폐지까지는 이르지 않는다. 이익과 선을 조목조목 펼치면서 정치를 고치고 일에 응한다. 경전을 궁리하며 옛것을 배워 쓰일 때를 기다린다. 밭을 갈고 샘을 파며 집을 짓고 수축한다.

산뢰이괘 2효(山雷頤卦 二爻) ☶☳

양유을 얻지 못해 망령되게 윗사람에게 찾는다. 나아가면 그 무리를 잃게 된다. 벼슬한 사람은 귀양을 조심하고, 선비는 욕을 조심하라. 하는 일은 진퇴와 시비가 일정하지 않다. 병이 많으니 흉한 운을 만나면 죽을 수도 있다.

■ 정월 733
꾸밈이 젖어들듯하니 오래 바르면 길하다. 꾸밈이 항상 바르면 결국 능멸하지 못한다. 도와주는 사람이 있으면 좋은 직위를 맡는다. 떠받들어 주는 사람이 많으니 명리를 이룬다. 밖에서는 시비로 시끄러울 수 있으나 해가 되지는 않는다.

■ 2월 836
처음에는 하늘에 오르나 나중에는 뒤에 땅 속으로 들어간다. 밝지 못하고 어두워 스스로 상하고 운명한 것이다. 관직에 막힘이 많으니 내쫓길까 두렵다. 처음에는 이루나 나중에는 막히고, 노인은 수명이 없다. 하늘에 오를 징조인데 나중에는 내쫓긴다.

■ 3월 334
갑자기 용신할 곳이 없다. 몸이 불에 타버리니 죽음이며 버림이다. 해는 바닷속에 잠기고 사람은 꿈속에 있다. 윗사람을 거역하니 재난을 피할 길이 없다. 만약 병화가 아니면 죽음에 이를 수 있다.

■ 4월 371
나그네가 자질구레하고 더럽게 구니 뜻이 궁박해 재난을 당한다. 재주가 미치지 못하니 지위가 있어도 감당하지 못한다. 야비하고 더러운 상이니 천하고 더러움을 면하기 어렵다. 국이 너무 얕으니 재난이 절박한다. 상업이나 여행은 불리하니 기로에서 잘 선택하라.

■ 5월 135
처음에는 우나 나중에는 웃고, 처음에는 어그러지나 나중에는 합한다. 두 사람이 같은 마음으로 황금을 나눈다. 먼저는 귀양을 가나 뒤에는 재기하고, 먼저는 막히나 뒤에는 만난다. 곧고 바르게 행하면 여럿이 돕는다. 기쁨과 슬픔이 교차하며 시비가 한결같지 않다.

■ 6월 112

용이 밭에 나타나니 대인을 보는 것이 이롭다. 말은 신용있게 하고 행실은 조심해라. 몸은 직위에서 초월하니 경사가 무쌍하다. 식구가 늘고 전답이 생기며 재물이 마르지 않는다. 귀인을 만나 모든 것이 뜻대로 된다.

■ 7월 236

군자는 표범으로 변하고 소인은 얼굴만 바뀐다. 나가면 흉하니 바르고 견고하게 있어야 길하다. 반드시 명예를 성취하고 문채가 왕성하다. 조심스럽게 법도를 지키면 재난을 면할 수 있다. 시비가 따르는데 낯을 바꿀까 두렵다.

■ 8월 243

장부에 매이고 어린아이를 잃게 된다. 도를 굽히고 간사하면 소인이 따른다. 정도를 따르면 구하는 것을 반드시 얻는다. 의로운 길로 가면 경영하거나 꾀하는 일도 충분히 얻는다. 그러나 어린아이와 여자는 흉하다.

■ 9월 271

엄지발가락에 감응이 있으니 뜻은 밖에 있다. 비록 뜻은 동했으나 감응은 깊지 않다. 어둡고 유약하며 조급해 사물에 접하지 못한다. 먼 곳에서 행상이나 유랑하는 상이다. 경영하거나 꾀하는 일에 급급하나 이루기는 어렵다.

■ 10월 674

세상이 험난하니 그곳도 불안하다. 지존이 연결해주면 아름다워진다. 관직에 막힘이 없으니 연달아 자리에 오른다. 구하고 바라면 명리를 이룰 수 있다. 그러나 연루·소송·시비 등의 어려움이 따른다.

■ 11월 252

마른 벼에 뿌리가 나고, 늙은 사내가 아내를 얻는다. 중도를 얻고 유순하니 능히 큰 공을 이룬다. 심하게 침체된 사람이 다시 일어나니 복직될 운이다. 첩을 들이는 운으로 아내를 얻고 아들을 낳는다. 승려는 제자를 얻거나 의붓자식을 둔다.

■ 12월 455

덕을 오래 지키면 견고하며 바르게 된다. 부인은 길하나 사나이는 흉하다. 권세에 아첨하니 비난과 꾸짖음을 당한다. 선비는 요행을 도모하다 욕을 본다. 보통 사람은 불선하다 훼방을 많이 겪는다.

연평 743

산뢰이괘 3효(山雷頤卦 三爻) ䷚

기르는 정도를 어기니 흉하다. 10년이라도 쓰지 말라. 도가 크게 어그러졌으니 이로울 것이 없다. 욕심이 많아 망동하면서 이르지 않는 곳이 없다. 욕심을 따르다 법도를 그르치고 명예를 잃는다. 거칠고 음탕한 짓을 거리낌 없이 하다 자신이 상하고 슬픔만 남는다.

■ 정월 344

다리에 감응이 있으나 처하지 못한다. 스스로 하지 못하고 남을 따른다. 조용히 있는 것이 좋은데 움직이니 심히 부끄럽다. 모든 일에 부끄러움이 많으며 여자의 결혼만 유리하다. 간여한 일들은 보통을 벗어나기 어렵다.

■ 2월 381

진출하거나 좌절하더라도 홀로 정도를 행한다. 미덥지 않더라도 너그러우면 허물은 없다. 간사한 이론에 막혀 앞으로 나아가기 어렵다. 피차 믿지 않으니 근심과 즐거움이 반반이다. 안정하면 길하나 움직이면 흉하다.

■ 3월 145

망이 없는 병은 약을 쓰지 않으면 기쁘다. 본래 병이 없는데 어찌 공격해 치료하겠는가. 움직이면 망이요 안정하면 무망이다. 벼슬한 사람은 변이 생기나 변명하지 않아도 자명해진다. 피하는 일은 이루고, 출산과 양육의 기쁨이 있다.

■ 4월 122

밟는 길이 탄탄하니 중심이 흔들리지 않는다. 마음을 가다듬고 절의를 지키며 안빈낙도한다. 시운이 오지 않으니 관직에서 물러나 귀향한다. 가리고 살피면서 일을 꾀하면 인사가 화해한다. 그러나 흉한 운을 만나면 명부에 이름을 새긴다.

■ 5월 246

붙잡아 매고 연결하라. 망령되지 않은 마음을 끝까지 바꾸지 말라. 이미 천명이 다했는데 관재가 어인 일인고. 벼슬한 사람은 참소를 방지하고, 선비는 욕을 방지하라. 만약 손재가 아니면 관재가 우려된다.

■6월 233

비록 바른 길이라도 앞으로 나아가면 흉하다. 이른 개혁은 흉하며 위태롭다. 중론이 세 차례나 나오면 때에 맞는 순리로 행하라. 불화할 운으로 안부가 한결같지 않고, 한번 흉한 운을 만나면 요절한다.

■7월 281

성의는 있으나 결과를 맺지 못하니 소란하다. 근심없이 가면 거의 허물은 없다. 벼슬한 사람은 불리하고, 선비는 어려움이 있다. 소인과 결탁하거나 속임수를 당할 운이다. 처음에는 흉하고 나중에는 길하니 경계하는 것이 좋다.

■8월 684

밖에서 어진 것은 위를 따르는 것이다. 도리가 좋으니 견실하며 바른 것을 얻는다. 영전하는 영화가 있으니 앞으로 나아가면 이롭다. 나가서 하는 일은 귀인의 도움을 많이 받는다. 행하면 이루지 못할 일이 없고 이롭지 않은 것이 없다.

■9월 262

주식이 곤궁하나 중간에 경사와 복이 있다. 나가면 흉한데 누구를 허물하랴. 곤궁해도 도를 행하는 것은 대신의 영명한 재주다. 귀인과 교류하며 경영하거나 꾀하는 일로 이익을 얻는다. 안정하면 길하나 움직이면 흉하고, 운이 흉하면 상을 당할 수도 있다.

■10월 465

군자가 해산하면 소인이 물러난다. 험난함이 흩어지니 길하며 선하다. 군자가 자진하게 되면 정도를 행한다. 선비는 명예를 얻고, 상인은 이익을 얻는다. 소송은 풀어지고, 병자는 쾌유된다.

■11월 253

대들보 위아래가 약하니 도와줄 수 없다. 못된 재주로 망동하니 일만 망친다. 도리도 지나치면 이롭지 않다. 운수가 대흉하니 전복을 예방하라. 만약 그렇지 않으면 눈이나 발에 병이 침범한다.

■12월 156

뿔 위에서 만나니 부끄러울 일이 많다. 불운에 일이 생기고, 슬픈 회포 속에 정이 피어난다. 고단한 몸을 의지할 데가 한군데도 없구나. 선비는 장원하고, 승려나 도인은 주지가 된다. 인심은 흩어지고 경영하거나 꾀하는 일은 고생만 따를 뿐이다.

연평 744

산뢰이괘 4효(山雷頤卦 四爻) ䷚

전도된 기름이나 길하니 위에서 베푸는 것이 빛난다. 호시탐탐하듯 하고 그 욕망 계속되게 하라. 존귀함을 얻어 광영되고, 앞으로 나아가 명예를 이룬다. 좋은 사람의 도움으로 경영하거나 꾀하는 일은 성사된다. 그러나 내쫓기거나 시비를 당할까 두렵다.

▪정월 545
은혜하는 마음에 미더움 두면 묻지 않아도 대길하다. 위에서 혜택을 주면 밑에서도 은혜를 베푼다. 관직은 요로에 들어가고, 밝은 군주를 만난다. 앞으로 나아가 명예를 이루고, 경영하는 일은 뜻대로 된다. 비천한 사람이 존귀한 사람을 만나고, 지기도 많이 만난다.

▪2월 522
그늘 밑에서 학이 우니 그의 자식이 감화한다. 말과 행동은 영화가 되기도 하고 욕이 되기도 한다. 군자의 언행은 천지도 움직인다. 벼슬한 사람은 진급하며 재정 이익도 있다. 아들을 낳고 유리하나 노인은 병에 걸릴까 두렵다.

▪3월 646
말을 타고 나가지 못하니 피눈물이 흐른다. 어려움의 끝이니 액운이 더욱 심하다. 영화로운 곳에서 욕을 당할 수 있으니 참소와 욕을 조심하라. 손해를 보거나 실패할 운으로 모든 재앙이 다투어 일어난다. 만약 부모의 상을 당하지 않으면 수명이 불리하다.

▪4월 633
성군이 먼 곳을 토벌해 3년에야 이겨냈다. 지극히 어렵고 노곤하니 소인은 쓰지 말라. 오랜 뒤에 이길 수 있으니 경중이 없으면 불가하다. 진취는 오래되어야 하니 뒤에 이기는 탄식이 있다. 원한·분쟁·소송이 따라 피곤해진다.

▪5월 681
미더움을 갖고 도우니 허물이 있을 수 없다. 내 신용이 높아지면 남들도 감동한다. 둥우리 밖으로까지 영전하고, 등용이나 천거의 영화도 있다. 지기를 만나 모든 계획이 마음대로 된다. 성의로 남을 감동시키면 불선은 없다.

■ 6월 284

자리가 부당하니 많이 선해야 허물이 없다. 모두 좋지 않은데 어찌 대길하겠는가. 고를 버리고 하로 가니 진취가 부당하다. 만약 정직하지 않으면 재화를 면할 수 없다. 큰 덕이 있는 군자라야 바야흐로 복을 받는다.

■ 7월 662

험난함의 연속이나 구하는 것은 다소 얻는다. 재주가 족하여 자위하니 마음은 항상 형통하다. 책임이 작으니 작은 시험은 이롭다. 사람이 출중하지 못하나 경영하는 일은 다소 이룬다. 험난함과 심장·복부·혈액 질환이 따른다.

■ 8월 865

장자가 중도로 군사를 거느린다. 소인이 참여하면 비록 바른 일이라도 흉하다. 언론으로 정치를 잡고, 앞으로 나아가 명예를 이룬다. 전답과 재산이 날로 늘어나고, 육축도 번창한다. 위임할 사람을 얻으면 꾀하는 일을 이루고 뜻도 얻는다.

■ 9월 653

샘이 청결하나 먹지 못하니 내 마음 안타깝다. 왕이 밝으면 길러가게 되고 아울러 복을 받는다. 좋은 기회 만나기 어려우니 조용히 수양하면 좋다. 덕은 족히 사물을 구제할 만하나 하부를 못 떠났다. 안정하고 분수를 지키면 좋은 운을 얻는다.

■ 10월 556

지나치게 겸손하니 강하게 끊는 것도 잃는다. 재물과 도끼도 잃었으니 정도에 흉이 된다. 파직이나 연금되고, 오르는 데 궁하여 손해를 본다. 흉한 가운데 구원이 있고, 끊어진 곳에서도 생을 만난다. 비록 손실과 질병이 있으나 성공의 기쁨도 있다.

■ 11월 254

대들보가 튼튼해 아래로 꺾이지 않으니 길하다. 능히 국사를 편안하게 하고 문무를 병용한다. 구관이면 나라의 대들보요, 처음 벼슬해도 중임을 맡는다. 앞으로 나아가 명예를 이루고, 성조나 집을 수리한다. 유약하며 한결같지 않게 일을 하면 간사함에 말려들 수 있다.

■ 12월 211

앞발이 건장하니 승산이 없는 데를 간다. 조급하고 망령되게 움직이면 허물을 면할 수 없다. 사세를 헤아려 결행해야 한다. 부끄러운 과실이 많고, 가정에 재앙과 환란이 가득하다. 망령되게 행동하면 환란을 면하기 어렵다.

연평 745

산뢰이괘 5효(山雷頤卦 五爻) ䷚

경상을 어기나 바르게 거처하면서 윗사람을 잘 따라라. 책임이 중대하나 큰 내는 건너지 말라. 남의 덕으로 성공해 직위를 지킨다. 작게 나아가면 뜻을 이룰 수 있다. 반드시 배를 타거나 험난한 곳을 건너는 일은 경계하라.

■ 정월 846
회복이 어둡고 흉한 것은 임금의 도와 반대이기 때문이다. 재앙이 있는데 군사를 행하면 결국은 크게 패한다. 화근은 밖에 있는데 스스로 재앙을 부른다. 미혹하면 재앙이 되니 가만히 있으면 좋으나 움직이면 흉하다. 운명이 다 되었으니 이로울 게 하나도 없다.

■ 2월 833
상하는데 남에게 사냥을 시켜 큰 머리를 얻는다. 큰 뜻을 얻어도 빨리 견고하게 하려고 하지 말라. 벼슬한 사람은 권세를 잡고, 선비는 장원한다. 보통 사람은 재앙과 뜻밖의 병이 생긴다. 신중하게 때를 기다리는 것이 좋다.

■ 3월 881
서리를 밟으면 두터운 얼음이니 음이 비로소 응고됨이다. 선을 쌓은 집에는 반드시 남은 경사가 있고, 불선을 쌓은 집에는 반드시 남은 재앙이 있다. 관직자는 참소나 아첨을 조심하고, 선비는 투기를 조심하라. 원수와 원한을 조심하지 않으면 재난을 당한다.

■ 4월 484
즐거워하면서 크게 얻으니 큰 뜻을 편다. 지성이며 의심되지 않으니 벗들도 단합하며 따른다. 책임이 중대하니 왕공도 순종한다. 귀인의 천거를 받고 명성이 점점 높아진다. 앞으로 나아가 명예를 얻고, 경영하는 일에서도 이익을 얻는다.

■ 5월 862
군사에 중도를 지키니 길하고, 하늘의 총애를 받는다. 왕의 명령을 세 번이나 받고 천하를 생각한다. 벼슬한 사람은 임금의 친서로 벼슬을 받는다. 선비는 괴수되고 중은 은혜를 받는다. 반드시 귀하고 어진 사람을 만나 모든 일이 마음대로 된다.

■ 6월 665

험난함이 차지 못하고, 중정한 덕도 크지 않다. 물이 흘러도 차지 않고 이미 평평한 데까지 갔다. 직위에 있으며 위태롭지 않으니 작게 성취해야 이롭다. 꾀하는 일은 평탄해 위험은 없을 것이다. 처음에 다소 얻으나 결국은 차지 못한다.

■ 7월 853

빈 고을에 오르니 의심할 것이 없다. 나가는 데도 의심할 일이 없으니 뜻대로 한다. 관직은 승진이나 영전해 큰 군에 오른다. 선비는 명예를 얻고 경영하거나 꾀하는 일은 성사된다. 그러나 흉한 수를 만나면 모두 죽음에 이른다.

■ 8월 756

왕후도 섬기지 않고 고상하게 그 일만 한다. 강하고 밝은 재주로 무사하다. 도덕을 품에 안고 마음속에 누가 되지 않게 한다. 옛것을 지키면서 자신을 고결하게 한다. 운이 좋으면 경사도 있고, 귀인에게 발탁된다.

■ 9월 454

학문은 성현을 따르지 않고, 정치는 왕도를 따르지 않는다. 심력을 다하지만 하나도 공이 되지 않는다. 벼슬한 사람은 퇴보하고, 진취는 성사되지 않는다. 경영하거나 꾀하는 일은 힘만 들고 무익하다. 교화를 실행하지 못하니 혜택을 베풀 수 없다.

■ 10월 411

발이 건장하니 나가면 흉할 뿐이다. 밑에 있으면서 윗사람을 능멸하니 반드시 흉하다. 욕을 당하며 참소나 이간이 있고, 요행을 바라면 부끄러운 일만 생긴다. 움직일 때마다 후회하고, 시비·투쟁·소송이 따른다. 발에 병이 침범할 수 있으니 예방하라.

■ 11월 255

메마른 버들에 꽃이 피니 어찌 오래 가겠는가. 늙은 부인이 남편을 얻으니 추하다. 일이 처음부터 잘못되면 성사되지 않는다. 기쁨 속에서 근심이 생기니 경영하거나 꾀하는 일은 어려워진다. 늙은 부인의 근심이나 어머님의 병이 있다.

■ 12월 272

장딴지에 감응이 있으니 흉하나 편안하게 있으면 길하다. 지키지 못하고 일찍 움직이면 망동하니 흉하다. 안정하면서 분수를 지키면 저절로 좋은 일이 생긴다. 좋은 기회를 만나기 어려우니 경솔하게 움직이면 흉하다. 분주하면 나쁘고 노력하는 일 외에는 공이 없다.

연평 746

산뢰이괘 상효(山雷頤卦 上爻)

말미암아 기르니 큰 내를 건너면 이롭다. 혜택은 사해에 통달하고 큰 복과 경사가 따른다. 작위와 녹이 융숭하며 선비는 두각을 나타낸다. 꾀하는 일은 두드러지게 빛나고 이롭지 않은 것이 없다. 능히 인정을 통찰하고 널리 베풀어 대중을 구한다.

■ 정월 781
발부터 상이 떨어져 나가니 바른 것이 소멸되어 흉하다. 정도가 사라지고 사도가 침범한다. 소족 질환이나 노비가 손실된다. 형제가 불목하는데 성조하면 이로워진다. 만약 흉한 운을 만나면 몸을 망치고 가정도 깨진다.

■ 2월 384
다람쥐처럼 나아가는 격이니 바르고 견고하면 위태롭다. 중정하지 못하면서 높은 자리만 탐낸다. 생각마다 잃어버릴까 근심하고, 경영하는 일은 자신을 해친다. 간하는 의론에 막히는데 요행으로 진출하려고 도모하지 말라. 탐심이 많아지면 오히려 물건만 손해본다.

■ 3월 762
어리석음을 감싸주면 길하고, 부인을 들여도 길하다. 자식이 가정을 다스리니 강유의 교접이다. 밝음으로 어둠을 받아드리니 그 선한 바를 받아들인다. 벼슬한 사람은 관직을 지키고, 선비는 사범이 된다. 인정이 화합하니 모든 일이 성취한다.

■ 4월 565
흩어짐에 왕이 큰 호령을 한다. 백성을 새롭게 하는 것은 흩어짐을 구하는 큰 정사다. 승진이나 영전할 운이니 앞으로 나아가면 좋다. 흉한 일이 흩어지니 이익을 구하면 이루어진다. 흩어지는 것을 합하게 한다.

■ 5월 753
아버지 일을 주간하니 다소 후회가 있다. 일을 주간해 폐단을 제거할 때 모두 길하지는 못했다. 유신의 법은 어찌 하나의 뉘우침을 애석해 하겠는가. 몸소 왕도를 행하고 간사한 말을 믿지 말라. 일찍 움직이는 것은 불리하니 거슬리고 어긋남을 고쳐라.

■ 6월 856

오르는 일이 어둡고 위에 있으니 부자가 되지 못할 것이다. 스스로 다스리는 데 조심하고 감히 성하고 넘치게 하지 말라. 관직자는 휴직되니 자신을 반성하고 덕을 쌓으라. 탐하고 얻는 것을 멀리하지 않으면 반드시 화가 된다. 만일 수가 불리하면 유명을 달리한다.

■ 7월 354

솥발이 부러져 공석에서 쓸 곰국이 엎어졌다. 덕은 박한데 지위는 높고, 지혜는 적은데 꾀하는 일은 크다. 벼슬한 사람은 내쫓기거나 강등당하고, 선비는 발전하기 어렵다. 만약 파손되지 않으면 발에 병이 생긴다. 불길한 운을 만나 수명이 꺾일까 두렵다.

■ 8월 311

해로운데 사귀지 않으면 교만이 넘칠 수 없다. 어렵게 노력하면 허물이 없으니 해로운 곳을 지날 일도 없다. 선비는 앞으로 나아가지 못하고 꺾인다. 마음에는 근심과 번뇌가 있고, 소인이 속이며 능멸한다. 항상 어려움을 생각하면 재해가 침범하지 않는다.

■ 9월 155

참외를 넓은 잎에 싸니 아름다움이 함축된다. 하늘의 도움을 받고 천명을 어기지 않는다. 큰 그릇을 이루어 반드시 공명이 통달한다. 몸이 임금 곁에 올라 무궁한 영화를 누린다. 문전에 경사가 가득하며 부인도 임신한다.

■ 10월 172

황소가죽으로 묶어두는 것은 뜻이 견고하기 때문이다. 궁과 통달은 이미 정해져 있으니 앞일을 말하지 말라. 관직은 언론이 유리한데 항상 본분을 지켜라. 육축이 유리하다. 그러나 흉한 운이 오면 집안에 소송이 생긴다.

■ 11월 256

물을 건너다 이마까지 잠겨 흉하나 허물은 없다. 사세가 급박하면 목숨도 던지고 좋은 일을 한다. 험난한데 미친듯이 날뛰면 재앙만 따른다. 머리는 병들며 이마는 쭈그러들고, 물에 빠질까 두렵다. 선비는 앞으로 나아가면 괴수가 될 수도 있다.

■ 12월 263

돌에 부딪쳐 곤궁한데 가시덩쿨에 걸린다. 그 집에 들어가도 그 아내를 보지 못한다. 이미 욕되고 부끄러운데 죽을 때가 된다. 불상의 운으로 가정이 어지럽고, 운이 불길하면 처첩의 변이 있다.

연평 751

산풍고괘 초효(山風蠱卦 初爻) ䷑

아버지의 일을 주간하니 죽은 아버지의 뜻을 계승한다. 앞 사람의 잘못을 자식이 능히 주간한다. 폐단은 깊지 않으니 일은 쉽게 구제된다. 자식이 아버지 사업을 계승하니 꾀하는 일을 이루지 못한다. 운이 흉하면 근심이 따르고, 노인은 살기 어렵다.

■ 정월 772
장딴지에 그쳐 있으니 마음이 불쾌하다. 마음이 움직이면 몸도 따라 움직인다. 위태롭고 전복됨을 붙잡을 능력이 없고, 선비는 기회조차 없다. 구하고 꾀하는 일은 이루기 어렵고, 노력해도 고생일 뿐이다. 말의 병이 있거나 가정에 근심이 있을 운이다.

■ 2월 575
기러기가 언덕으로 날아간다. 3년이 되어도 임신하지 못한다. 결국은 이기지 못하나 소원은 이룬다. 중정의 도는 반드시 이루어진다. 처음에 잃으나 나중에는 얻고, 처음에 어두우나 나중에는 밝아진다. 노인은 수명이 손상되고, 어린이는 기르기 어려울 수 있다.

■ 3월 783
떨어져 가는데 허물이 없고, 상하를 잃어버린다. 뜻은 당연히 정도를 따르니 가히 선하다. 명리를 다른 길에서 구하면 높이 된다. 지기를 만나기 어려우니 생애가 담박하다. 근심은 부모와 처자에 있다.

■ 4월 886
용이 들에서 싸우니 그 피가 검푸르고 누렇다. 둘 다 패하고 상처를 입으니 반드시 피의 재난을 본다. 화를 입고 강등·퇴출·파손할 위험이 있다. 선비는 크게 발전하나 근심과 해로움은 면하기 어렵다. 시비·분쟁·소송·파괴·실패·위험·사망 등이 따른다.

■ 5월 384
다람쥐처럼 나아가는 격이니 바르고 견고하면 위태롭다. 중정하지 못하면서 높은 자리만 탐낸다. 생각마다 잃어버릴까 근심하고, 경영하는 일은 자신을 해친다. 간하는 의론에 막히는데 요행으로 진출하려고 도모하지 말라. 탐심이 많아지면 오히려 물건만 손해본다.

■ 6월 341

형틀을 신겨 발을 베어 없애나 행하지 않으면 허물이 없다. 적은 것을 징계해 큰 것을 경계하는 것은 소인의 복이다. 거동에 어려움이 많으니 공명을 이루지 못한다. 보통 사람은 형벌을 조심해야 한다. 근신하면 재앙을 면할 수 있으나 풍병에 걸릴까 두렵다.

■ 7월 185

편안할 때 위태로움을 염려하고, 있을 때 망실을 생각한다. 재난은 가고 새 복이 온다. 원수와 시기하는 자는 가고 명리도 이룬다. 전답과 잠업이 유리하며 창고에 가득 차게 된다. 깊이 생각하고 염려해 환란의 실마리를 막아라.

■ 8월 162

송사를 이기지 못하고 도망친다. 아래에서 윗사람과 소송하니 환란이 쉽게 풀린다. 옛것을 지키면서 안정하면 훼방과 욕을 당하지 않는다. 식구가 안녕하며 풍진이 침노하지 않는다. 운이 불리하면 유리됨을 면할 수 없다.

■ 9월 286

위에 있으면서 편하지 못하니 눈물 콧물까지 흘리며 탄식한다. 남들이 친하려고 하지 않으니 궁색하기 그지없다. 전진은 평온하지 않고, 일마다 번거롭고 요란하다. 어른과 아이를 불문하고 근심이 따르니 안정되지 않는다. 명리도 허망하고 수명도 길지 않다.

■ 10월 273

다리에 감응이 있으나 처하지 못한다. 스스로 하지 못하고 남을 따른다. 조용히 있는 것이 좋은데 움직이니 심히 부끄럽다. 모든 일에 부끄러움이 많으며 여자의 결혼만 유리하다. 간여한 일들은 보통을 벗어나기 어렵다.

■ 11월 241

마음을 바꿔 정도를 따르면 길하다. 교제가 공정하면 당연히 공이 있다. 만일 사랑이나 애정에 매이면 정리와 합할 수 없다. 선비는 좋은 기회가 있고, 따르는 곳에 공이 있다. 보통 사람이 이와 같으면 이익이 많다.

■ 12월 644

말을 타고 진출하지 못하니 혼인을 구하라. 가면 벗을 얻고 이롭지 않은 것이 없다. 만약 어진 사람을 만나면 어려움에서도 벗어날 수 있다. 관록이 좋고 명예가 드러나니 자연히 좋은 자리에 오른다. 인정이 화합하고 모든 일을 다 이룬다.

연평 752

산풍고괘 2효(山風蠱卦 二爻) ䷑

어머니의 일을 주관할 때는 꼼꼼하게 하지 말라. 바르면 애정을 잃고 부정하면 의리를 잃는다. 성의와 충성을 다하되 중도를 지켜라. 지난 일을 주관할 때 분별할 줄 알면 녹과 지위도 온건하다. 옛것을 고쳐 갱신하니 더 고칠 곳이 없다.

■ 정월 763
여인을 취하지 말라. 소행이 불순하다. 돈 많은 남자를 보면 제 신분도 생각하지 못한다. 탐내고 조심하지 않아 욕을 당하고 편안에 빠져 학업도 폐한다. 여인과 불목하며 주색으로 재난을 당한다. 시비가 생기게 되니 안정해야 좋다.

■ 2월 866
대군이 명령을 두니 공을 바르게 한다. 국가를 열고 집안을 잇는 일에 소인은 쓰지 말라. 권세로 공을 세우고 기예로 명성을 얻는다. 집안을 일으키고 자식이 대를 잇는다. 참소나 아첨을 방지하라. 분수를 넘는 일이 생길까 두렵다.

■ 3월 364
견고하고 바르면 후회할 일이 없으니 뜻을 이룬다. 힘을 다해 원방을 정벌하면 3년에 상을 받는다. 출장 입상하고 진취하여 괴수가 된다. 공이 높으면 상도 무궁하다. 귀인이 도와주면 이익이 있으나 귀신에 기록될 우려도 있다.

■ 4월 321
상하가 서로 친하면 자연히 후회할 일도 없다. 나쁜 사람이 나를 헤치나 흉이 되지는 않는다. 한직에서 복직되나 진취는 지체된다. 처음에는 잃으나 나중에는 얻고, 처음에는 어그러지나 나중에는 합한다. 육축은 불리하며 흉악한 사람을 조심하라.

■ 5월 165
송사에 매우 길하니 허물이 없다. 소송을 처리하는 데 치우치지 않고 합리적인 판단을 내린다. 벼슬한 사람은 좋은 곳에 제수받고, 선비는 과거에 오른다. 경영하거나 꾀하는 일은 유리하고, 재물을 구하면 반드시 얻는다. 언사가 유리하며 사필귀정이 된다.

■ 6월 182

포용하고 받들면서 순순히 따라라. 소인은 길하나 대인은 비색하다. 부끄러움과 수치를 참으면 자신을 지킬 것이다. 시비와 좋고 나쁨을 분명히 하라. 그렇지 않으면 재해를 벗어나기 어렵다.

■ 7월 266

칡넝쿨에 걸려 위태롭고 곤궁한데 움직이면 더 고생한다. 궁하면 변화를 생각하는데 움직이면 형통한다. 형벌·구속·정지·강등이 두렵다. 갈 바를 두면 유리하며 상업이나 여행이 길하다. 만약 근심이나 놀랄 일이 없으면 복제가 두렵다.

■ 8월 253

대들보 위아래가 약하니 도와줄 수 없다. 못된 재주로 망동하니 일만 망친다. 도리도 지나치면 이롭지 않다. 운수가 대흉하니 전복을 예방하라. 만약 그렇지 않으면 눈이나 발에 병이 침범한다.

■ 9월 221

화순하며 즐겁고 행동에 의심이 없다. 거취에 막힘이 없는데 어찌 아첨하랴. 벗들의 덕으로 진취하는 데 이롭다. 인정이 화합하니 모든 일이 다 이루어진다. 남편이 부르면 부인이 따르나 운이 흉하면 재난이 있다.

■ 10월 624

절제하면 형통하고, 위의 도를 계승한다. 절제하며 법을 따른다. 왕도의 현장을 따르니 충분히 명예를 이룬다. 공을 받들고 어른을 받드니 복을 받는다. 만일 여자이면 안인이나 절부다.

■ 11월 242

어린아이에게 매이면 장수를 잃게 된다. 사를 멀리하고 정도를 지켜라. 비리를 따르면 진실을 잃게 된다. 일이 안녕하지 못하고 소인이 시비한다. 마음이 두 곳에 묶여 있으니 스스로 지키기 어렵다. 정도를 버리고 사와 호응하면 허물도 클 것이다.

■ 12월 445

벼락이 내려치니 움직이면 위험하다. 중도를 잃으면 위태로우나 잃는 것은 없다. 현직을 보전하며 고유의 것을 지켜라. 보통 사람은 우환과 수족에 근심이 있다. 처세가 위태로운 줄 알면 크게 잃는 것은 없을 것이다.

연평 753

산풍고괘 3효(山風蠱卦 三爻) ䷑

아버지 일을 주간하니 다소 후회가 있다. 일을 주간해 폐단을 제거할 때 모두 길하지는 못했다. 유신의 법은 어찌 하나의 뉘우침을 애석해 하겠는가. 몸소 왕도를 행하고 간사한 말을 믿지 말라. 일찍 움직이는 것은 불리하니 거슬리고 어긋남을 고쳐라.

■ 정월 354
솥발이 부러져 공석에서 쓸 곰국이 엎어졌다. 덕은 박한데 지위는 높고, 지혜는 적은데 꾀하는 일은 크다. 벼슬한 사람은 내쫓기거나 강등당하고, 선비는 발전하기 어렵다. 만약 파손되지 않으면 발에 병이 생긴다. 불길한 운을 만나 수명이 꺾일까 두렵다.

■ 2월 311
해로운데 사귀지 않으면 교만이 넘칠 수 없다. 어렵게 노력하면 허물이 없으니 해로운 곳을 지날 일도 없다. 선비는 앞으로 나아가지 못하고 꺾인다. 마음에는 근심과 번뇌가 있고, 소인이 속이며 능멸한다. 항상 어려움을 생각하면 재해가 침범하지 않는다.

■ 3월 155
참외를 넓은 잎에 싸니 아름다움이 함축된다. 하늘의 도움을 받고 천명을 어기지 않는다. 큰 그릇을 이루어 반드시 공명이 통달한다. 몸이 임금 곁에 올라 무궁한 영화를 누린다. 문전에 경사가 가득하며 부인도 임신한다.

■ 4월 172
황소가죽으로 묶어두는 것은 뜻이 견고하기 때문이다. 궁과 통달은 이미 정해져 있으니 앞일을 말하지 말라. 관직은 언론이 유리한데 항상 본분을 지켜라. 육축이 유리하다. 그러나 흉한 운이 오면 집안에 소송이 생긴다.

■ 5월 256
물을 건너다 이마까지 잠겨 흉하나 허물은 없다. 사세가 급박하면 목숨도 던지고 좋은 일을 한다. 험난한데 미친듯이 날뛰면 재앙만 따른다. 머리는 병들며 이마는 쭈그러들고, 물에 빠질까 두렵다. 선비는 앞으로 나아가면 괴수가 될 수도 있다.

■ 6월 263

돌에 부딪쳐 곤궁한데 가시덩쿨에 걸린다. 그 집에 들어가도 그 아내를 보지 못한다. 이미 욕되고 부끄러운데 죽을 때가 된다. 불상의 운으로 가정이 어지럽고, 운이 불길하면 처첩의 변이 있다.

■ 7월 211

앞발이 건장하니 승산이 없는 데를 간다. 조급하고 망령되게 움직이면 허물을 면할 수 없다. 사세를 헤아려 결행해야 한다. 부끄러운 과실이 많고, 가정에 재앙과 환란이 가득하다. 망령되게 행동하면 환란을 면하기 어렵다.

■ 8월 614

이미 험난함에 상했으니 편한 곳이 못된다. 조용히 때를 기다리면 험난함에서 빠져나올 수 있다. 나아가면 편안하지 않으나 물러서면 문득 편안해진다. 상해가 평평해지며 오래 막힌 것이 펴진다. 운이 흉하면 혈액질환이 따르는데 산아의 근심도 있다.

■ 9월 232

신중하게 개혁하고 아름답게 실행한다. 유순하며 중정하니 망동하지 않는다. 앞길에 막힘이 없으니 경사를 누리리라. 벼슬한 사람은 영전하고, 선비는 명예를 이룬다. 보통 사람은 기쁨이 많고 모든 일이 잘 된다.

■ 10월 435

밝음이 이르니 경사와 명예가 따른다. 비록 본성이 유순하며 어두우나 능히 문명을 이룬다. 집안이 향기롭고 월계관을 쓰리라. 좋은 사람과 교류하며 천거를 받아 바라는 일이 뜻대로 된다. 노인은 관대를 입는 영화를 보리다.

■ 11월 243

장부에 매이고 어린아이를 잃게 된다. 도를 굽히고 간사하면 소인이 따른다. 정도를 따르면 구하는 것을 반드시 얻는다. 의로운 길로 가면 경영하거나 꾀하는 일도 충분히 얻는다. 그러나 어린아이와 여자는 흉하다.

■ 12월 I46

처신에 희망이 없으니 행하면 재앙이 따른다. 순리를 따르면 편안하나 일을 시작하면 화가 된다. 강등·퇴출·직위 이탈·치욕을 면하기 어렵다. 일을 분명하게 하지 않으면 시비가 생기고, 운이 불길하면 천명을 지키기 어렵다.

산풍고괘 4효(山風蠱卦 四爻) ䷑

더디게 처사하니 매일 더 어그러진다. 가면 부끄러움을 보게 되니 어찌 일을 구제하랴. 안일무사하면 좋은 곳이라도 흉으로 내닫는다. 방종한 욕망으로 안일을 도모하면 일마다 손해를 본다. 발에 병이 생기거나 험난함에 빠질까 두렵다.

■ 정월 555
올바르면 후회할 일이 없으니 이롭지 않은 것이 없다. 움직이기 전에 신중하게 생각하라. 처음에는 막혀도 나중에는 순탄하고, 선비는 명예를 이룬다. 있는 자리가 중정하니 처음은 없어도 끝은 있다. 복과 이익을 얻는 시기는 3일이다.

■ 2월 572
기러기가 반석으로 날아가니 음식에 즐거움이 있다. 험난함에서 점점 멀어져 평안해진다. 녹을 먹고 제주를 담당하거나 군신의 잔치에 간다. 금은·곡식·고기도 많고 이롭지 않는 일이 없다. 가는 곳마다 반석처럼 편안하다.

■ 3월 656
샘물을 길어올리고 미쁨이 있으니 매우 길하다. 매우 길하여 위에 있으니 대성공이다. 공이 높고 덕이 두터우니 높이 영전할 상이다. 도덕을 모두 갖추어 명예를 이룰 운이다. 재량이 충족하며 꾀하는 일은 모두 이룬다.

■ 4월 663
오고감이 험하며 위험하니 공이 없다. 험난함에 빠져 침식이 편안하지 못하다. 만약 진입하면 더 험난해진다. 몸이 구덩이에 있는데 물까지 깊다. 배를 타면 물이 깊고, 육지로 달리면 뻘밭이어라.

■ 5월 611
교외에서 기다리며 어려움을 범하지 않는다. 조급하게 움직이면 곤란해진다. 현재의 직분을 조심스럽게 지키나 만족하지 못한다. 옛것을 지키면서 안정하면 재해가 범하지 않는다. 운수가 불리하면 교외에 장사지내는 수도 있다.

■6월 214

엉덩이에 살이 없으니 걷기가 거북하다. 말을 듣고도 믿지 못하는 것은 총명하지 못해서다. 처한 자리가 부당하니 그 해가 적지 않고, 재주와 힘이 모자라니 앞으로 나아가기 어렵다. 관재와 귀·발등에 병이 따를 운이다.

■7월 632

부인이 수레에 가린 물건을 잃었으나 쫓아가지 않으면 길하다. 시기가 이미 기제니 다시 나갈 수 없다. 예의 없는 구차한 행동을 하지 말라. 처음에는 역수이나 나중에는 순수이고, 처음에는 잃으나 나중에는 얻는다. 그러나 운이 흉하면 상실이나 도망이 따른다.

■8월 835

기자의 밝음이 상했으나 밝은 것이 꺼지지는 않는다. 밝음을 안으로 감추고 올바름을 지킨다. 검소한 덕으로 피난하나 지기는 만나기 어렵다. 가정의 어려움으로 반드시 화를 당한다. 분수를 지키면서 뜻을 바르게 가져야 한다.

■9월 643

안내자 없이 사슴을 쫓다 깊은 숲으로 들어간다. 중정하지 못하니 망동으로 곤란해진다. 탐관오리로 내쫓기거나 정지와 강등될 수 있다. 옛것을 지키면서 안정하라. 구금이나 감옥이 두렵다. 앞길은 험난한데 안내자는 하나도 없다.

■10월 546

밖에서 치우친 말이 들리니 마음을 세우는 데 떳떳하지 못하다. 위태로울 때 움직이고 두려울 때 말하면 백성도 호응하지 않는다. 소통 없이 구하면 백성도 주지 않는다. 탐을 내다 귀양가고, 경쟁하며 뺏으려다 욕을 본다. 이익만 취하면 원한·형극손상이 따른다.

■11월 244

따르는 곳에서 얻으려고 하면 비록 정당해도 흉하다. 성의를 다해 도에 맞게 하고, 명철하게 처신하라. 한번 탐욕을 부리면 재난을 면하기 어렵다. 그러나 귀인이 추대하면 흉이 길하게 된다. 사람은 누구든 나에게 유리하다.

■12월 281

성의는 있으나 결과를 맺지 못하니 소란하다. 근심없이 가면 거의 허물은 없다. 벼슬한 사람은 불리하고, 선비는 어려움이 있다. 소인과 결탁하거나 속임수를 당할 운이다. 처음에는 흉하고 나중에는 길하니 경계하는 것이 좋다.

산풍고괘 5효(山風蠱卦 五爻) ䷑

아들은 효도하고 신하는 충성하니 지난 허물도 잘 이겨낸다. 터전은 닦지 못해도 옛 사업을 계승할 수 있다. 지위는 높이 올라가고, 명예는 멀리 퍼진다. 선비는 등용이나 천거되어 이름을 날린다. 별도의 규모를 세우고 식구가 늘어난다.

■ 정월 856

오르는 일이 어둡고 위에 있으니 부자가 되지 못할 것이다. 스스로 다스리는 데 조심하고 감히 성하고 넘치게 하지 말라. 관직자는 휴직되니 자신을 반성하고 덕을 쌓으라. 탐하고 얻는 것을 멀리하지 않으면 반드시 화가 된다. 만일 수가 불리하면 유명을 달리한다.

■ 2월 863

군사를 죽게 하니 큰 공이 없다. 분수가 아닌 것을 범하면 반드시 실패한다. 직위를 받고 결원을 기다리나 선비는 공이 없다. 기쁨과 슬픔이 많으니 혹 수하의 복을 받는다. 운명과 상합되면 반드시 빈 고을에 오른다.

■ 3월 811

군자는 진출하면 벗들과 함께한다. 군자가 지위를 얻으면 어진 사람들이 조정으로 모인다. 동지가 협력하여 통태함을 이룬다. 같은 도학으로 덕을 숭상하니 비등하는 날이 있다. 동지와 함께 꾀하니 재물과 이익이 날로 늘어난다.

■ 4월 414

올바르면 후회할 일이 없고, 큰 차 바퀴통도 건장하다. 한격도 이미 열려 있으니 다시 곤궁해지지 않는다. 재앙이 사라지고 복이 따르니 진취할 수 있다. 시험을 보면 높이 장원하며 길도 넓게 뚫린다. 오래 조용하면 반드시 몽하고, 몽하면 길하다.

■ 5월 832

왼쪽 다리를 상하니 건장한 말로 구제하라. 시기에 순응해야 처신을 잘 하는 것이다. 관직의 길은 유리하나 어두운 주인을 만날 수 있다. 선비는 첩보가 있고, 보통 사람은 재앙이 있다. 만일 운이 좋으면 부자가 될 수도 있다.

■ 6월 635

동쪽 이웃의 소를 잡는 것이 서쪽 이웃의 봄 제사만 못하다. 때를 만나면 복을 받으나 물건이 풍성하지는 않다. 태평한 세상에서는 교만과 사치가 쉽게 싹튼다. 하는 일은 때를 잃기 쉽고, 원대한 꿈은 헛되게 된다. 바라는 일은 불리하고, 서쪽은 좋으나 동쪽은 흉하다.

■ 7월 843

자주 회복하니 위태로움이 있고 의리에는 허물이 없다. 중정하지 못하고 또 움직이는 극에 있다. 벼슬자리가 평온하지 못하고 변화가 심하다. 큰 머리를 얻을 수도 있으니 명예는 가히 이룬다. 일에는 반복이 많고 의혹이 엇갈린다.

■ 8월 746

말미암아 기르니 큰 내를 건너면 이롭다. 혜택은 사해에 통달하고 큰 복과 경사가 따른다. 작위와 녹이 융숭하며 선비는 두각을 나타낸다. 꾀하는 일은 두드러지게 빛나고 이롭지 않은 것이 없다. 능히 인정을 통찰하고 널리 베풀어 대중을 구한다.

■ 9월 444

벼락이 진흙에 빠졌으니 빛이 나지 않는다. 강하여 험난함에 처했는데 스스로 진동할 수가 없다. 중정하지 못하니 더욱 험난해진다. 야비하며 더럽고 덕이 없으니 되는 일이 하나도 없다. 결박이나 구속되어 빛을 볼 날이 없다.

■ 10월 481

때를 만나 일을 주간하니 즐겁고, 뜻은 극도에 다달아 소리까지 낸다. 경솔함과 천박함이 이와 같으면 어찌 흉하지 않으리. 은총을 기다려야 되고, 선비는 사람을 놀라게 한다. 보통 사람은 놀람·구설·시비가 따른다.

■ 11월 245

미덥고 진실하게 아름다우니 그 지위가 중정하다. 성실하게 선을 따르니 매우 착하다. 자신을 버리고 선을 따르니 크게 형통한다. 벼슬한 사람은 영전하고, 선비는 등용이나 천거된다. 경영하거나 꾀하는 일은 순조로우니 경사가 많다.

■ 12월 222

미더워 즐거워하니 후회할 일이 사라지고 좋은 일이 생긴다. 신의와 진실이 있고 사가 없으니 응당 후회는 가볍다. 승진이나 영전할 징조요 진취의 기쁨이 있다. 모든 일이 화순하며 어둠 속에서도 빛이 난다. 결연·체결·화해가 있고, 가정에 경사가 가득하다.

연평 756

산풍고괘 상효(山風蠱卦 上爻) ䷑

왕후도 섬기지 않고 고상하게 그 일만 한다. 강하고 밝은 재주로 무사하다. 도덕을 품에 안고 마음속에 누가 되지 않게 한다. 옛것을 지키면서 자신을 고결하게 한다. 운이 좋으면 경사도 있고, 귀인에게 발탁된다.

■ 정월 711
위태로우면 하지 않는 것이 이롭다. 재해를 범하지 않으나 나가면 위태롭고 그치면 쌓인다. 기미를 알고 물러서면 해로움은 멀어진다. 벼슬한 사람은 직위를 버리는 것이 좋고, 선비는 때를 기다리는 것이 좋다. 변이 생기면 재난을 당하는데 옛것을 지켜야 좋다.

■ 2월 314
그렇게 풍성하게 하지 않으면 가히 허물은 없을 것이다. 물리를 밝게 분별할 수 있으면서도 겸손하다. 해도 정오가 지나면 기울고, 물도 성한 뒤에는 쇠퇴한다. 분수를 지키면서 때를 기다리는 것이 좋다. 밝으면 손실이 있으니 눈병도 두렵다.

■ 3월 732
턱이 움직이면 수염도 따라 움직이듯이 움직이고 그치는 일은 턱에 달려 있다. 선악은 본질에 매어 있다. 영전은 남의 덕으로 성사된다. 문장이 아름다우니 귀인이 끌어주리라. 그러나 세력만 믿고 함부로 굴면 좌절할 것이다.

■ 4월 535
왕이 가정을 이루면 근심하지 않아도 길하다. 지극히 바르고 선하니 근심없이 잘 되어간다. 남편은 내조를 좋아하고, 부인은 법도 있는 가정을 사랑한다. 벼슬길이 매우 순탄하고 명예를 이룬다. 귀인과 교제하며 문전에 화기가 가득하다.

■ 5월 743
기르는 정도를 어기니 흉하다. 10년이라도 쓰지 말라. 도가 크게 어그러졌으니 이로울 것이 없다. 욕심이 많아 망동하면서 이르지 않는 곳이 없다. 욕심을 따르다 법도를 그르치고 명예를 잃는다. 거칠고 음탕한 짓을 거리낌 없이 하다 자신이 상하고 슬픔만 남는다.

▪ 6월 846

회복이 어둡고 흉한 것은 임금의 도와 반대이기 때문이다. 재앙이 있는데 군사를 행하면 결국은 크게 패한다. 화근은 밖에 있는데 스스로 재앙을 부른다. 미혹하면 재앙이 되니 가만히 있으면 좋으나 움직이면 흉하다. 운명이 다 되었으니 이로울 게 하나도 없다.

▪ 7월 344

다리에 감응이 있으나 처하지 못한다. 스스로 하지 못하고 남을 따른다. 조용히 있는 것이 좋은데 움직이니 심히 부끄럽다. 모든 일에 부끄러움이 많으며 여자의 결혼만 유리하다. 간여한 일들은 보통을 벗어나기 어렵다.

▪ 8월 381

진출하거나 좌절하더라도 홀로 정도를 행한다. 미덥지 않더라도 너그러우면 허물은 없다. 간사한 이론에 막혀 앞으로 나아가기 어렵다. 피차 믿지 않으니 근심과 즐거움이 반반이다. 안정하면 길하나 움직이면 흉하다.

▪ 9월 145

망이 없는 병은 약을 쓰지 않으면 기쁘다. 본래 병이 없는데 어찌 공격해 치료하겠는가. 움직이면 망이요 안정하면 무망이다. 벼슬한 사람은 변이 생기나 변명하지 않아도 자명해진다. 피하는 일은 이루고, 출산과 양육의 기쁨이 있다.

▪ 10월 l22

밟는 길이 탄탄하니 중심이 흔들리지 않는다. 마음을 가다듬고 절의를 지키며 안빈낙도한다. 시운이 오지 않으니 관직에서 물러나 귀향한다. 가리고 살피면서 일을 꾀하면 인사가 화해한다. 그러나 흉한 운을 만나면 명부에 이름을 새긴다.

▪ 11월 246

붙잡아 매고 연결하라. 망령되지 않은 마음을 끝까지 바꾸지 말라. 이미 천명이 다했는데 관재가 어인 일인고. 벼슬한 사람은 참소를 방지하고, 선비는 욕을 방지하라. 만약 손재가 아니면 관재가 우려된다.

▪ 12월 233

비록 바른 길이라도 앞으로 나아가면 흉하다. 이른 개혁은 흉하며 위태롭다. 중론이 세 차례나 나오면 때에 맞는 순리로 행하라. 불화할 운으로 안부가 한결같지 않고, 한번 흉한 운을 만나면 요절한다.

산수몽괘 초효(山水蒙卦 初爻) ䷃.

어린아이에게는 벌을 주는 것이 이롭다. 두려움을 알게 한 후 가르쳐서 인도한다. 착한 도를 알게 해야지 벌을 주면 안 된다. 문교의 직책이며 형벌을 주는 소임이다. 작은 시험은 유리하나 보통 사람은 관재나 시비가 많다.

■ 정월 782
흉과 사의 세력이 더욱 커져 정도를 해치고 멸망시키니 더 흉해진다. 관직자는 퇴출과 강등을 막아야 하고 진취하기는 어렵다. 주관하는 일은 이루어지지 않으니 일찍 대책을 세워라. 아랫사람에게 침해와 능멸을 당하고, 높은 사람의 시기도 받는다.

■ 2월 585
자신의 득실을 보아 인민의 좋고 나쁨을 살펴라. 태평과 난국이 나에게 달려있다. 벼슬과 녹은 숭고하고, 문장은 세상을 덮는다. 생활은 날로 좋아지고, 부인은 생산과 양육이 있다. 병에 시달리는 사람이라도 생명은 보전한다.

■ 3월 773
한계에 이르렀다. 등골뼈가 벌어질 것 같다. 사람이 거역하며 미워하니 어찌 위태롭지 않겠는가. 요직으로 옮길 수 있는데 진취하여 명예를 이룬다. 파손되며 안녕하지 못하니 위태롭다. 심장·눈·허리에 병이 생길까 두렵다.

■ 4월 876
지나치게 겸손할 때는 강한 무용으로 다스려라. 벼슬길에 오르나 변방으로 나가고, 선비는 작은 시험이 좋다. 투쟁이나 소송은 변명하지 않아도 자명해진다. 마음과 뜻이 깨끗하면 손실을 면할 수 있다. 한번 사심이 터지면 밝음을 등지고 어둠으로 향한다.

■ 5월 374
나그네라고 자처하며 지위도 얻지 못한다. 재물과 도끼를 얻으나 마음은 불쾌하다. 재능은 펼 수 없고 겨우 몸만 편하다. 선비는 불쾌하며 앞으로 나아가기도 어렵다. 좋은 가운데 부족함이 있으나 밖으로 나가면 이룰 수 있다.

■6월 331

내디딘 발길 착란하나 조심하면 허물은 없다. 그 진퇴를 아는 것은 밝게 부딪치는 도다. 조심하면서 신중하게 피하면 화를 면할 수 있다. 조급하게 움직이면 허물을 범하고, 이치에 어긋나면 분수를 범한다. 만약 그렇지 않으면 미끄러지며 발에 병이 생긴다.

■7월 175

물러나 숨는 것이 좋은데 바르고 견실하면 길하다. 뜻에 사나 흐트러짐이 없으니 움직이고 쉬는 데 어김이 없다. 꽃 선경에 피고 꽃방석에 불을 끈다. 등용되거나 영전할 운으로 반드시 좋은 기회가 온다. 몸은 존귀한 사람과 가까이 하며 경사가 생길 수 있다.

■8월 152

물고기가 꾸러미 속에 있으니 허물은 없다. 어찌 좋은 물건을 잘 포장해 밖에 내놓겠는가. 벼슬한 사람은 영전하나 선비는 불리하다. 금은과 비단이 모두 좋고, 수산물도 이익이 있다. 식구가 늘거나 자식이 생길 수 있다.

■9월 276

광대뼈와 혀로 감동시키니 구설만 생긴다. 말이 많으면 욕을 부르고, 도모한 일도 분명하지 않다. 항상 노력하나 마음과 힘만 쓸 뿐이다. 유세하는 업이나 평론가가 되어라. 구설이 분분하니 먼저 훼방을 조심하라.

■10월 283

모두 슬퍼하니 이로울 것이 없다. 나아가면 허물이 없으나 다소 부끄러운 일이 생긴다. 처음에는 가까운 곳에서 구하다 무리해 먼 곳과 결탁한다. 관직자는 외방으로 나가게 되는데 발전하기 어렵다. 집에 있어도 편안하지 못하고, 육친이 손상된다.

■11월 231

견고한 황소가죽을 써라. 개혁은 불가하다. 초기에 움직이니 어찌 자세하며 신중하겠는가. 마음을 잘 지키면서 가볍게 고치려고 하지 말라. 망동하면 과실을 면하기 어렵다. 벼슬한 사람은 자리를 지키면서 나올 생각을 하지 말라.

■12월 634

헤진 옷에 물이 스며드니 종일 경계해야 한다. 의심과 경계를 게을리 하지 말라. 벼슬한 사람은 예방하면서 자신의 소질을 길러라. 생활에 예비가 있으면 놀라거나 전복이 있을 수 없다. 배를 타면 물이 스며들 위험이 있다.

연평 762

산수몽괘 2효(山水蒙卦 二爻) ䷃

어리석음을 감싸주면 길하고, 부인을 들여도 길하다. 자식이 가정을 다스리니 강유의 교접이다. 밝음으로 어둠을 받아드리니 그 선한 바를 받아들인다. 벼슬한 사람은 관직을 지키고, 선비는 사범이 된다. 인정이 화합하니 모든 일이 순조롭다.

■ 정월 753
아버지 일을 주간하니 다소 후회가 있다. 일을 주간해 폐단을 제거할 때 모두 길하지는 못했다. 유신의 법은 어찌 하나의 뉘우침을 애석해 하겠는가. 몸소 왕도를 행하고 간사한 말을 믿지 말라. 일찍 움직이는 것은 불리하니 거슬리고 어긋남을 고쳐라.

■ 2월 856
오르는 일이 어둡고 위에 있으니 부자가 되지 못할 것이다. 스스로 다스리는 데 조심하고 감히 성하고 넘치게 하지 말라. 관직자는 휴직되니 자신을 반성하고 덕을 쌓으라. 탐하고 얻는 것을 멀리하지 않으면 반드시 화가 된다. 만일 수가 불리하면 유명을 달리한다.

■ 3월 354
솥발이 부러져 공석에서 쓸 곰국이 엎어졌다. 덕은 박한데 지위는 높고, 지혜는 적은데 꾀하는 일은 크다. 벼슬한 사람은 내쫓기거나 강등당하고, 선비는 발전하기 어렵다. 만약 파손되지 않으면 발에 병이 생긴다. 불길한 운을 만나 수명이 꺾일까 두렵다.

■ 4월 311
해로운데 사귀지 않으면 교만이 넘칠 수 없다. 어렵게 노력하면 허물이 없으니 해로운 곳을 지날 일도 없다. 선비는 앞으로 나아가지 못하고 꺾인다. 마음에는 근심과 번뇌가 있고, 소인이 속이며 능멸한다. 항상 어려움을 생각하면 재해가 침범하지 않는다.

■ 5월 155
참외를 넓은 잎에 싸니 아름다움이 함축된다. 하늘의 도움을 받고 천명을 어기지 않는다. 큰 그릇을 이루어 반드시 공명이 통달한다. 몸이 임금 곁에 올라 무궁한 영화를 누린다. 문전에 경사가 가득하며 부인도 임신한다.

■6월 172

황소가죽으로 묶어두는 것은 뜻이 견고하기 때문이다. 궁과 통달은 이미 정해져 있으니 앞일을 말하지 말라. 관직은 언론이 유리한데 항상 본분을 지켜라. 육축이 유리하다. 그러나 흉한 운이 오면 집안에 소송이 생긴다.

■7월 256

물을 건너다 이마까지 잠겨 흉하나 허물은 없다. 사세가 급박하면 목숨도 던지고 좋은 일을 한다. 험난한데 미친듯이 날뛰면 재앙만 따른다. 머리는 병들며 이마는 쭈그러들고, 물에 빠질까 두렵다. 선비는 앞으로 나아가면 괴수가 될 수도 있다.

■8월 263

돌에 부딪쳐 곤궁한데 가시덩쿨에 걸린다. 그 집에 들어가도 그 아내를 보지 못한다. 이미 욕되고 부끄러운데 죽을 때가 된다. 불상의 운으로 가정이 어지럽고, 운이 불길하면 처첩의 변이 있다.

■9월 211

앞발이 건장하니 승산이 없는 데를 간다. 조급하고 망령되게 움직이면 허물을 면할 수 없다. 사세를 헤아려 결행해야 한다. 부끄러운 과실이 많고, 가정에 재앙과 환란이 가득하다. 망령되게 행동하면 환란을 면하기 어렵다.

■10월 614

이미 험난함에 상했으니 편한 곳이 못된다. 조용히 때를 기다리면 험난함에서 빠져나올 수 있다. 나아가면 편안하지 않으나 물러서면 문득 편안해진다. 상해가 평평해지며 오래 막힌 것이 펴진다. 운이 흉하면 혈액질환이 따르는데 산아의 근심도 있다.

■11월 232

신중하게 개혁하고 아름답게 실행한다. 유순하며 중정하니 망동하지 않는다. 앞길에 막힘이 없으니 경사를 누리리라. 벼슬한 사람은 영전하고, 선비는 명예를 이룬다. 보통 사람은 기쁨이 많고 모든 일이 잘 된다.

■12월 435

밝음이 이르니 경사와 명예가 따른다. 비록 본성이 유순하며 어두우나 능히 문명을 이룬다. 집안이 향기롭고 월계관을 쓰리라. 좋은 사람과 교류하며 천거를 받아 바라는 일이 뜻대로 된다. 노인은 관대를 입는 영화를 보리다.

산수몽괘 3효(山水蒙卦 三爻) ▤▤·

여인을 취하지 말라. 소행이 불순하다. 돈 많은 남자를 보면 제 신분도 생각하지 못한다. 탐내고 조심하지 않아 욕을 당하고 편안에 빠져 학업도 폐한다. 여인과 불목하며 주색으로 재난을 당한다. 시비가 생기게 되니 안정해야 좋다.

■ 정월 364
견고하고 바르면 후회할 일이 없으니 뜻을 이룬다. 힘을 다해 원방을 정벌하면 3년에 상을 받는다. 출장 입상하고 진취하여 괴수가 된다. 공이 높으면 상도 무궁하다. 귀인이 도와주면 이익이 있으나 귀신에 기록될 우려도 있다.

■ 2월 321
상하가 서로 친하면 자연히 후회할 일도 없다. 나쁜 사람이 나를 헤치나 흉이 되지는 않는다. 한직에서 복직되나 진취는 지체된다. 처음에는 잃으나 나중에는 얻고, 처음에는 어그러지나 나중에는 합한다. 육축은 불리하며 흉악한 사람을 조심하라.

■ 3월 165
송사에 매우 길하니 허물이 없다. 소송을 처리하는 데 치우치지 않고 합리적인 판단을 내린다. 벼슬한 사람은 좋은 곳에 제수받고, 선비는 과거에 오른다. 경영하거나 꾀하는 일은 유리하고, 재물을 구하면 반드시 얻는다. 언사가 유리하며 사필귀정이 된다.

■ 4월 182
포용하고 받들면서 순순히 따라라. 소인은 길하나 대인은 비색하다. 부끄러움과 수치를 참으면 자신을 지킬 것이다. 시비와 좋고 나쁨을 분명히 하라. 그렇지 않으면 재해를 벗어나기 어렵다.

■ 5월 266
칡넝쿨에 걸려 위태롭고 곤궁한데 움직이면 더 고생한다. 궁하면 변화를 생각하는데 움직이면 형통한다. 형벌·구속·정지·강등이 두렵다. 갈 바를 두면 유리하며 상업이나 여행이 길하다. 만약 근심이나 놀랄 일이 없으면 복제가 두렵다.

■ 6월 253

대들보 위아래가 약하니 도와줄 수 없다. 못된 재주로 망동하니 일만 망친다. 도리도 지나치면 이롭지 않다. 운수가 대흉하니 전복을 예방하라. 만약 그렇지 않으면 눈이나 발에 병이 침범한다.

■ 7월 221

화순하며 즐겁고 행동에 의심이 없다. 거취에 막힘이 없는데 어찌 아첨하랴. 벗들의 덕으로 진취하는 데 이롭다. 인정이 화합하니 모든 일이 다 이루어진다. 남편이 부르면 부인이 따르나 운이 흉하면 재난이 있다.

■ 8월 624

절제하면 형통하고, 위의 도를 계승한다. 절제하며 법을 따른다. 왕도의 현장을 따르니 충분히 명예를 이룬다. 공을 받들고 어른을 받드니 복을 받는다. 만일 여자이면 안인이나 절부다.

■ 9월 242

어린아이에게 매이면 장수를 잃게 된다. 사를 멀리하고 정도를 지켜라. 비리를 따르면 진실을 잃게 된다. 일이 안녕하지 못하고 소인이 시비한다. 마음이 두 곳에 묶여 있으니 스스로 지키기 어렵다. 정도를 버리고 사와 호응하면 허물도 클 것이다.

■ 10월 445

벼락이 내려치니 움직이면 위험하다. 중도를 잃으면 위태로우나 잃는 것은 없다. 현직을 보전하며 고유의 것을 지켜라. 보통 사람은 우환과 수족에 근심이 있다. 처세가 위태로운 줄 알면 크게 잃는 것은 없을 것이다.

■ 11월 233

비록 바른 길이라도 앞으로 나아가면 흉하다. 이른 개혁은 흉하며 위태롭다. 중론이 세 차례나 나오면 때에 맞는 순리로 행하라. 불화할 운으로 안부가 한결같지 않고, 한번 흉한 운을 만나면 요절한다.

■ 12월 136

교회에서 동지를 찾으나 뜻을 이루지 못한다. 인정은 서로 막히고 안팎이 같지 않다. 외롭더라도 절개를 지키면서 자신을 고결하게 하라. 벼슬길은 먼 곳에 있으나 좋은 기회를 만나기 어렵다. 만약 흉한 운을 만나면 교외로 나간다.

연평 764

산수몽괘 4효(山水蒙卦 四爻) ䷃

어리석으며 곤궁하니 부끄럽고 실재와 거리가 멀다. 스승과 친하지 않고 어진 벗도 얻지 못한다. 관직자는 끌어주거나 구원이 없으니 앞으로 나아가기도 어렵다. 인정은 어그러지고 경영은 막힌다. 조용히 있으면 재난이 없으나 움직이면 손해를 본다.

■ 정월 565
흩어짐에 왕이 큰 호령을 한다. 백성을 새롭게 하는 것은 흩어짐을 구하는 큰 정사다. 승진이나 영전할 운이니 앞으로 나아가면 좋다. 흉한 일이 흩어지니 이익을 구하면 이루어진다. 흩어지는 것을 합하게 한다.

■ 2월 582
여인의 정절을 몰래 훔쳐보니 추하다. 보는 것이 밝지 못하니 순종할 따름이다. 재주는 있으나 미치지 못해 문리에 통달하지 못한다. 집에 있으면 어두우나 밖으로 나가면 밝아진다. 여인 때문에 추한 일이 생기고, 여자는 기쁘나 남자는 슬프다.

■ 3월 666
두겹 세겹 노끈으로 묶어 가시밭에 감춘다. 험난함이 더욱 깊어져 3년이나 도를 잃는다. 결박당해 안치되며 선비는 무더기로 감옥에 간다. 묶여 감옥에 가니 재해가 끊이지 않는다. 그렇지 않으면 골육의 형상이 있다.

■ 4월 653
샘이 청결하나 먹지 못하니 내 마음 안타깝다. 왕이 밝으면 길러가게 되고 아울러 복을 받는다. 좋은 기회 만나기 어려우니 조용히 수양하면 좋다. 덕은 족히 사물을 구제할 만하나 하부를 못 떠났다. 안정하고 분수를 지키면 좋은 운을 얻는다.

■ 5월 621
호정에도 나가지 말라. 먼저 동태하고 막힘을 알아야 한다. 임금이 조심하지 않으면 어진 신하를 잃는다. 사소한 일도 조심하지 않으면 재해가 생긴다. 옮겨가지 못할 운으로 진취가 불리하다. 구덩이에 빠질 징조이니 옛것을 지켜야 한다.

■6월   224

즐거움을 헤아려 보고 안녕하지 못하니 한계를 두고 병을 삼는 것이 좋다. 정을 지키고 사를 멀리하면 반드시 경사가 생긴다. 선비는 선출되고, 상인은 이익을 얻는다. 식구가 늘거나 재물이 생기는 기쁜 일이 한 번 있다. 병자는 편하지 못하니 심지가 안녕하지 못하다.

■7월   642

막히고 어려우니 말을 타고 나가지 못하고 머뭇거린다. 운이 흉하고 이치가 다했으니 망령되게 구하는 자도 갔다. 신분과 직위를 고쳐 권세가 날로 심하다. 선비는 나아가기 어렵고 혼인할 운이다. 운이 흉하면 난리·소송 구속·연금이 따른다.

■8월   845

회복이 두터우니 후회할 일이 없고, 중도를 지켜 스스로 이룬다. 선한 마음이 싹트면 덕을 쌓게 된다. 영전·이동·등용·천거의 운이다. 재물과 이익이 쌓이는데 이익은 전토에 있다. 복제를 막지 못하면 아버지가 불리하다.

■9월   633

성군이 먼 곳을 토벌해 3년에야 이겨냈다. 지극히 어렵고 노곤하니 소인은 쓰지 말라. 오랜 뒤에 이길 수 있으니 경중이 없으면 불가하다. 진취는 오래되어야 하니 뒤에 이기는 탄식이 있다. 원한·분쟁·소송이 따라 피곤해진다.

■10월   536

신뢰와 위엄으로 행하면 결국은 길하다. 자신이 도를 행하지 않으면 처자에게도 강요할 수 없다. 가정을 다스리려면 자신이 먼저 바르게 해야 한다. 지위가 높고 권세가 중하니 앞으로 나아가 명예를 이룬다. 경영하거나 꾀하는 일은 뜻대로 되고, 여자는 귀부인이 된다.

■11월   234

성실과 신뢰로 명을 고치면 후회할 일이 없고 길하다. 강유가 치우치지 않고 때에 따라 조치한다. 새로운 것을 받아들이고 옛것을 고친다. 승진·영전·등용·천거의 영화가 있고, 명을 고치는 운수로 점점 더 아름다워진다.

■12월   271

엄지발가락에 감응이 있으니 뜻은 밖에 있다. 비록 뜻은 동했으나 감응은 깊지 않다. 어둡고 유약하며 조급해 사물에 접하지 못한다. 먼 곳에서 행상이나 유랑하는 상이다. 경영하거나 꾀하는 일에 급급하나 이루기는 어렵다.

산수몽괘 5효(山水蒙卦 五爻) ䷃

어린아이 같으니 길하고 순하다. 순수한 미개발은 남의 말을 듣게 된다. 선비·농업·공업·상업은 모두 세력에 의지하라. 모든 것이 마음대로 되고, 꾀하는 일도 순탄해진다. 심신을 편안하게 하면 유순하며 중정해진다.

■ 정월 866
대군이 명령을 두니 공을 바르게 한다. 국가를 열고 집안을 잇는 일에 소인은 쓰지 말라. 권세로 공을 세우고 기예로 명성을 얻는다. 집안을 일으키고 자식이 대를 잇는다. 참소나 아첨을 방지하라. 분수를 넘는 일이 생길까 두렵다.

■ 2월 853
빈 고을에 오르니 의심할 것이 없다. 나가는 데도 의심할 일이 없으니 뜻대로 한다. 관직은 승진이나 영전해 큰 군에 오른다. 선비는 명예를 얻고 경영하거나 꾀하는 일은 성사된다. 그러나 흉한 수를 만나면 모두 죽음에 이른다.

■ 3월 821
느껴 임하니 바르면 길하고, 올바른 뜻을 행한다. 그 길한 것을 고수하고 각기 일에 따른다. 기틀을 알고 상종하며 사람을 얻어 공동 구제한다. 시험에 비유하면 수석이 된다. 음양이 서로 감응하니 경영하거나 꾀하는 일이 뜻대로 된다.

■ 4월 424
누이동생 시집보낼 때 일 년을 기다려야 하는데 늦는 것도 때가 있다. 여자가 어질고 바르면 가볍게 남을 따르지 않는다. 시운이 불리하니 반드시 때를 기다려라. 관직자는 결원을 기다리고, 학교는 보궐을 기다린다. 밖에 있으면 돌아오지 못하며 혼인도 성사되지 않는다.

■ 5월 842
아름다운 회복이니 길하며 인(仁)에 내린다. 인을 얻고 인과 친하니 선이 되어 자연히 이익도 생긴다. 내쫓긴 사람도 복직되고 정지나 강등도 풀린다. 위태롭던 사람도 편안해지고 병자도 쾌유된다. 형통하며 부호가 되니 재물과 이익을 얻는다.

■ 6월 645

혜택을 받기 어려우니 베풀어도 빛이 나지 않는다. 작게 올바르면 길하나 크게 올바르면 흉하다. 위엄과 권세가 떠났으니 큰 일은 하기 어렵다. 망동하면 흉하니 시작한 일들은 불리하다. 이미 때를 잃었으니 무리해도 안 된다.

■ 7월 833

상하는데 남에게 사냥을 시켜 큰 머리를 얻는다. 큰 뜻을 얻어도 빨리 견고하게 하려고 하지 말라. 벼슬한 사람은 권세를 잡고, 선비는 장원한다. 보통 사람은 재앙과 뜻밖의 병이 생긴다. 신중하게 때를 기다리는 것이 좋다.

■ 8월 736

깨끗하게 꾸미면 허물이 없고, 위에서도 뜻을 얻는다. 참 모습을 잃지 않으니 절대 허물이 없다. 승진이나 영전할 운이니 앞으로 나아가면 뜻을 이룬다. 경영하거나 꾀하는 일이 소박하며 진실하니 허황이나 방탕에 빠지지 않는다. 혹 외척의 상을 당할 수 있다.

■ 9월 434

차양이 많아 대낮에도 두성을 본다. 있는 자리가 부당하니 밝지 못하다. 어둡고 유약하니 풍성하게 이루지 못한다. 어진 부하와 같은 덕을 서로 돕는다. 내부를 버리고 외부를 따르니 배를 타는 것이 불가하다.

■ 10월 471

날아가는 새라 흉하나 어쩔 수가 없다. 빨리 가다 흉을 만나나 구제할 길이 없다. 나는 곤충의 재앙이 있고, 뜻밖의 재난도 두렵다. 날면 하늘도 찌르나 빨리 가면 화근이 된다. 사물은 견고하지 못하고, 사람은 교량이 끊긴다.

■ 11월 235

대인은 범으로 변하며 그 문채가 빛난다. 개혁이 지당하면 모든 사람이 신뢰한다. 벼슬한 사람은 높이 영전하고, 선비는 높이 천거된다. 변통하는 일은 먼저 그 아름다움이 나타난다. 그러나 천민이나 여자는 이런 기쁨을 감당하기 어렵다.

■ 12월 212

안으로는 근심과 두려움을 품고 밖으로는 엄숙히 경계하라. 어두운 밤에 무력을 만나더라도 구원을 요청하지 말라. 졸연히 화를 막으면 재앙을 면할 수 있다. 무관이 유리하니 무관으로 진출하라. 만약 도적이 아니면 놀라거나 위험한 일이 많다.

연평 766

산수몽괘 상효(山水蒙卦 上爻) ䷃

어리석음을 격퇴할 때는 상하에 순탄하게 하라. 원수를 막는 것은 이로우나 원수가 되는 것은 불리하다. 외부의 유혹을 막고 순진함이 완전하게 하라. 사법관의 직위로 공은 뺏고 성공한다. 시비·투쟁·소송과 도적의 시끄러움도 있다.

■ 정월 721
마치는 일은 속히 가라. 가상함이 합했기 때문이다. 아래를 덜어 위를 유익하게 하고, 자신을 덜어 윗사람을 받든다. 가정보다 나라를 더 생각하면 임금의 총애는 날로 늘어난다. 윗사람과 뜻이 합하니 반드시 우수하게 뽑힌다. 회계가 윤당하면 이롭고 모두 얻을 수 있다.

■ 2월 324
어그러지고 이탈해 외로워하다 좋은 장부를 만난다. 그 뜻을 행할 수 있으니 위태로우나 허물이 없다. 동지에게 천거되거나 발탁되고, 선비는 주사를 만난다. 혼인은 짝을 얻고 위태로웠던 사람도 편안해진진다. 밖에서 도모하는 일은 처음에는 막혔다 나중에는 순탄해진다.

■ 3월 742
양유을 얻지 못해 망령되게 윗사람에게 찾는다. 나아가면 그 무리를 잃게 된다. 벼슬한 사람은 귀양을 조심하고, 선비는 욕을 조심하라. 하는 일은 진퇴와 시비가 일정하지 않다. 병이 많으니 흉한 운을 만나면 죽을 수도 있다.

■ 4월 545
은혜하는 마음에 미더움 두면 묻지 않아도 대길하다. 위에서 혜택을 주면 밑에서도 은혜를 베푼다. 관직은 요로에 들어가고, 밝은 군주를 만난다. 앞으로 나아가 명예를 이루고, 경영하는 일은 뜻대로 된다. 비천한 사람이 존귀한 사람을 만나고, 지기도 많이 만난다.

■ 5월 733
꾸밈이 젖어들듯하니 오래 바르면 길하다. 꾸밈이 항상 바르면 결국 능멸하지 못한다. 도와주는 사람이 있으면 좋은 직위를 맡는다. 떠받들어 주는 사람이 많으니 명리를 이룬다. 밖에서는 시비로 시끄러울 수 있으나 해가 되지는 않는다.

■ 6월 836

처음에는 하늘에 오르나 나중에는 뒤에 땅 속으로 들어간다. 밝지 못하고 어두워 스스로 상하고 운명한 것이다. 관직에 막힘이 많으니 내쫓길까 두렵다. 처음에는 이루나 나중에는 막히고, 노인은 수명이 없다. 하늘에 오를 징조인데 나중에는 내쫓긴다.

■ 7월 334

갑자기 용신할 곳이 없다. 몸이 불에 타버리니 죽음이며 버림이다. 해는 바닷속에 잠기고 사람은 꿈속에 있다. 윗사람을 거역하니 재난을 피할 길이 없다. 만약 병화가 아니면 죽음에 이를 수 있다.

■ 8월 371

나그네가 자질구레하고 더럽게 구니 뜻이 궁박해 재난을 당한다. 재주가 미치지 못하니 지위가 있어도 감당하지 못한다. 야비하고 더러운 상이니 천하고 더러움을 면하기 어렵다. 국이 너무 얕으니 재난이 절박한다. 상업이나 여행은 불리하니 기로에서 잘 선택하라.

■ 9월 135

처음에는 우나 나중에는 웃고, 처음에는 어그러지나 나중에는 합한다. 두 사람이 같은 마음으로 황금을 나눈다. 먼저는 귀양을 가나 뒤에는 재기하고, 먼저는 막히나 뒤에는 만난다. 곧고 바르게 행하면 여럿이 돕는다. 기쁨과 슬픔이 교차하며 시비가 한결같지 않다.

■ 10월 112

용이 밭에 나타나니 대인을 보는 것이 이롭다. 말은 신용있게 하고 행실은 조심해라. 몸은 직위에서 초월하니 경사가 무쌍하다. 식구가 늘고 전답이 생기며 재물이 마르지 않는다. 귀인을 만나 모든 것이 뜻대로 된다.

■ 11월 236

군자는 표범으로 변하고 소인은 얼굴만 바뀐다. 나가면 흉하니 바르고 견고하게 있어야 길하다. 반드시 명예를 성취하고 문채가 왕성하다. 조심스럽게 법도를 지키면 재난을 면할 수 있다. 시비가 따르는데 낯을 바꿀까 두렵다.

■ 12월 243

장부에 매이고 어린아이를 잃게 된다. 도를 굽히고 간사하면 소인이 따른다. 정도를 따르면 구하는 것을 반드시 얻는다. 의로운 길로 가면 경영하거나 꾀하는 일도 충분히 얻는다. 그러나 어린아이와 여자는 흉하다.

연평 771

중산간괘 초효(重山艮卦 初爻) ䷳.

발에 그치면 허물이 없다. 중정의 도를 잃지 않았다. 정도를 계속 지키면 이롭다. 현 직위를 고쳐야 그 지위도 잃지 않는다. 앞으로 나아가는 일은 어려워지고 정지나 강등이 따른다. 그러나 안정하면서 분수를 지키면 위험해지는 일은 없다.

■ 정월 752
어머니의 일을 주관할 때는 꼼꼼하게 하지 말라. 바르면 애정을 잃고 부정하면 의리를 잃는다. 성의와 충성을 다하되 중도를 지켜라. 지난 일을 주관할 때 분별할 줄 알면 녹과 지위도 온건하다. 옛것을 고쳐 갱신하니 더 고칠 곳이 없다.

■ 2월 555
올바르면 후회할 일이 없으니 이롭지 않은 것이 없다. 움직이기 전에 신중하게 생각하라. 처음에는 막혀도 나중에는 순탄하고, 선비는 명예를 이룬다. 있는 자리가 중정하니 처음은 없어도 끝은 있다. 복과 이익을 얻는 시기는 3일이다.

■ 3월 763
여인을 취하지 말라. 소행이 불순하다. 돈 많은 남자를 보면 제 신분도 생각하지 못한다. 탐내고 조심하지 않아 욕을 당하고 편안에 빠져 학업도 폐한다. 여인과 불목하며 주색으로 재난을 당한다. 시비가 생기게 되니 안정해야 좋다.

■ 4월 866
대군이 명령을 두니 공을 바르게 한다. 국가를 열고 집안을 잇는 일에 소인은 쓰지 말라. 권세로 공을 세우고 기예로 명성을 얻는다. 집안을 일으키고 자식이 대를 잇는다. 참소나 아첨을 방지하라. 분수를 넘는 일이 생길까 두렵다.

■ 5월 364
견고하고 바르면 후회할 일이 없으니 뜻을 이룬다. 힘을 다해 원방을 정벌하면 3년에 상을 받는다. 출장 입상하고 진취하여 괴수가 된다. 공이 높으면 상도 무궁하다. 귀인이 도와주면 이익이 있으나 귀신에 기록될 우려도 있다.

■ 6월 321

상하가 서로 친하면 자연히 후회할 일도 없다. 나쁜 사람이 나를 헤치나 흉이 되지는 않는다. 한직에서 복직되나 진취는 지체된다. 처음에는 잃으나 나중에는 얻고, 처음에는 어그러지나 나중에는 합한다. 육축은 불리하며 흉악한 사람을 조심하라.

■ 7월 165

송사에 매우 길하니 허물이 없다. 소송을 처리하는 데 치우치지 않고 합리적인 판단을 내린다. 벼슬한 사람은 좋은 곳에 제수받고, 선비는 과거에 오른다. 경영하거나 꾀하는 일은 유리하고, 재물을 구하면 반드시 얻는다. 언사가 유리하며 사필귀정이 된다.

■ 8월 182

포용하고 받들면서 순순히 따르라. 소인은 길하나 대인은 비색하다. 부끄러움과 수치를 참으면 자신을 지킬 것이다. 시비와 좋고 나쁨을 분명히 하라. 그렇지 않으면 재해를 벗어나기 어렵다.

■ 9월 266

칡넝쿨에 걸려 위태롭고 곤궁한데 움직이면 더 고생한다. 궁하면 변화를 생각하는데 움직이면 형통한다. 형벌·구속·정지·강등이 두렵다. 갈 바를 두면 유리하며 상업이나 여행이 길하다. 만약 근심이나 놀랄 일이 없으면 복제가 두렵다.

■ 10월 253

대들보 위아래가 약하니 도와줄 수 없다. 못된 재주로 망동하니 일만 망친다. 도리도 지나치면 이롭지 않다. 운수가 대흉하니 전복을 예방하라. 만약 그렇지 않으면 눈이나 발에 병이 침범한다.

■ 11월 221

화순하며 즐겁고 행동에 의심이 없다. 거취에 막힘이 없는데 어찌 아첨하랴. 벗들의 덕으로 진취하는 데 이롭다. 인정이 화합하니 모든 일이 다 이루어진다. 남편이 부르면 부인이 따르나 운이 흉하면 재난이 있다.

■ 12월 624

절제하면 형통하고, 위의 도를 계승한다. 절제하며 법을 따른다. 왕도의 현장을 따르니 충분히 명예를 이룬다. 공을 받들고 어른을 받드니 복을 받는다. 만일 여자이면 안인이나 절부다.

연평 772

중산간괘 2효(重山艮卦 二爻) ☶

장딴지에 그쳐 있으니 마음이 불쾌하다. 마음이 움직이면 몸도 따라 움직인다. 위태롭고 전복됨을 붙잡을 능력이 없고, 선비는 기회조차 없다. 구하고 꾀하는 일은 이루기 어렵고, 노력해도 고생일 뿐이다. 말의 병이 있거나 가정에 근심이 있을 운이다.

■ 정월 783
떨어져 가는데 허물이 없고, 상하를 잃어버린다. 뜻은 당연히 정도를 따르니 가히 선하다. 명리를 다른 길에서 구하면 높이 된다. 지기를 만나기 어려우니 생애가 담박하다. 근심은 부모와 처자에 있다.

■ 2월 886
용이 들에서 싸우니 그 피가 검푸르고 누렇다. 둘 다 패하고 상처를 입으니 반드시 피의 재난을 본다. 화를 입고 강등·퇴출·파손할 위험이 있다. 선비는 크게 발전하나 근심과 해로움은 면하기 어렵다. 시비·분쟁·소송파괴·실패·위험·사망 등이 따른다.

■ 3월 384
다람쥐처럼 나아가는 격이니 바르고 견고하면 위태롭다. 중정하지 못하면서 높은 자리만 탐낸다. 생각마다 잃어버릴까 근심하고, 경영하는 일은 자신을 해친다. 간하는 의론에 막히는데 요행으로 진출하려고 도모하지 말라. 탐심이 많아지면 오히려 물건만 손해본다.

■ 4월 341
형틀을 신겨 발을 베어 없애나 행하지 않으면 허물이 없다. 적은 것을 징계해 큰 것을 경계하는 것은 소인의 복이다. 거동에 어려움이 많으니 공명을 이루지 못한다. 보통 사람은 형벌을 조심해야 한다. 근신하면 재앙을 면할 수 있으나 풍병에 걸릴까 두렵다.

■ 5월 185
편안할 때 위태로움을 염려하고, 있을 때 망실을 생각한다. 재난은 가고 새 복이 온다. 원수와 시기하는 자는 가고 명리도 이룬다. 전답과 잠업이 유리하며 창고에 가득 차게 된다. 깊이 생각하고 염려해 환란의 실마리를 막아라.

■ 6월   162

송사를 이기지 못하고 도망친다. 아래에서 윗사람과 소송하니 환란이 쉽게 풀린다. 옛것을 지키면서 안정하면 훼방과 욕을 당하지 않는다. 식구가 안녕하며 풍진이 침노하지 않는다. 운이 불리하면 유리됨을 면할 수 없다.

■ 7월   286

위에 있으면서 편하지 못하니 눈물 콧물까지 흘리며 탄식한다. 남들이 친하려고 하지 않으니 궁색하기 그지없다. 전진은 평온하지 않고, 일마다 번거롭고 요란하다. 어른과 아이를 불문하고 근심이 따르니 안정되지 않는다. 명리도 허망하고 수명도 길지 않다.

■ 8월   273

다리에 감응이 있으나 처하지 못한다. 스스로 하지 못하고 남을 따른다. 조용히 있는 것이 좋은데 움직이니 심히 부끄럽다. 모든 일에 부끄러움이 많으며 여자의 결혼만 유리하다. 간여한 일들은 보통을 벗어나기 어렵다.

■ 9월   241

마음을 바꿔 정도를 따르면 길하다. 교제가 공정하면 당연히 공이 있다. 만일 사랑이나 애정에 매이면 정리와 합할 수 없다. 선비는 좋은 기회가 있고, 따르는 곳에 공이 있다. 보통 사람이 이와 같으면 이익이 많다.

■ 10월   644

말을 타고 진출하지 못하니 혼인을 구하라. 가면 벗을 얻고 이롭지 않은 것이 없다. 만약 어진 사람을 만나면 어려움에서도 벗어날 수 있다. 관록이 좋고 명예가 드러나니 자연히 좋은 자리에 오른다. 인정이 화합하고 모든 일을 다 이룬다.

■ 11월   222

미더워 즐거워하니 후회할 일이 사라지고 좋은 일이 생긴다. 신의와 진실이 있고 사가 없으니 응당 후회는 가볍다. 승진이나 영전할 징조요 진취의 기쁨이 있다. 모든 일이 화순하며 어둠 속에서도 빛이 난다. 결연·체결·화해가 있고, 가정에 경사가 가득하다.

■ 12월   425

천자의 누이동생을 시집보내니 보름이 되면 길하다. 존귀하면서 낮추고 귀하면서 굴복하는 것은 여인의 덕이 융성함이다. 영전할 수요 등과할 운이다. 꾀하면 뜻대로 되고 혼인하고 재물을 얻는다. 영화의 길에 오르는데 국빈이 될 수도 있다.

중산간괘 3효(重山艮卦 三爻) ䷳

한계에 이르렀다. 등골뼈가 벌어질 것 같다. 사람이 거역하며 미워하니 어찌 위태롭지 않겠는가. 요직으로 옮길 수 있는데 진취하여 명예를 이룬다. 파손되며 안녕하지 못하니 위태롭다. 심장·눈·허리에 병이 생길까 두렵다

■ **정월 374**
나그네라고 자처하며 지위도 얻지 못한다. 재물과 도끼를 얻으나 마음은 불쾌하다. 재능은 펼 수 없고 겨우 몸만 편하다. 선비는 불쾌하며 앞으로 나아가기도 어렵다. 좋은 가운데 부족함이 있으나 밖으로 나가면 이룰 수 있다.

■ **2월 331**
내디딘 발길 착란하나 조심하면 허물은 없다. 그 진퇴를 아는 것은 밝게 부딪치는 도다. 조심하면서 신중하게 피하면 화를 면할 수 있다. 조급하게 움직이면 허물을 범하고, 이치에 어긋나면 분수를 범한다. 만약 그렇지 않으면 미끄러지며 발에 병이 생긴다.

■ **3월 175**
물러나 숨는 것이 좋은데 바르고 견실하면 길하다. 뜻에 사나 흐트러짐이 없으니 움직이고 쉬는 데 어김이 없다. 꽃 선경에 피고 꽃방석에 불을 끈다. 등용되거나 영전할 운으로 반드시 좋은 기회가 온다. 몸은 존귀한 사람과 가까이 하며 경사가 생길 수 있다.

■ **4월 152**
물고기가 꾸러미 속에 있으니 허물은 없다. 어찌 좋은 물건을 잘 포장해 밖에 내놓겠는가. 벼슬한 사람은 영전하나 선비는 불리하다. 금은과 비단이 모두 좋고, 수산물도 이익이 있다. 식구가 늘거나 자식이 생길 수 있다.

■ **5월 276**
광대뼈와 혀로 감동시키니 구설만 생긴다. 말이 많으면 욕을 부르고, 도모한 일도 분명하지 않다. 항상 노력하나 마음과 힘만 쓸 뿐이다. 유세하는 업이나 평론가가 되어라. 구설이 분분하니 먼저 훼방을 조심하라.

■ 6월 283

모두 슬퍼하니 이로울 것이 없다. 나아가면 허물이 없으나 다소 부끄러운 일이 생긴다. 처음에는 가까운 곳에서 구하다 무리해 먼 곳과 결탁한다. 관직자는 외방으로 나가게 되는데 발전하기 어렵다. 집에 있어도 편안하지 못하고, 육친이 손상된다.

■ 7월 231

견고한 황소가죽을 써라. 개혁은 불가하다. 초기에 움직이니 어찌 자세하며 신중하겠는가. 마음을 잘 지키면서 가볍게 고치려고 하지 말라. 망동하면 과실을 면하기 어렵다. 벼슬한 사람은 자리를 지키면서 나올 생각을 하지 말라.

■ 8월 634

헤진 옷에 물이 스며드니 종일 경계해야 한다. 의심과 경계를 게을리 하지 말라. 벼슬한 사람은 예방하면서 자신의 소질을 길러라. 생활에 예비가 있으면 놀라거나 전복이 있을 수 없다. 배를 타면 물이 스며들 위험이 있다.

■ 9월 212

안으로는 근심과 두려움을 품고 밖으로는 엄숙히 경계하라. 어두운 밤에 무력을 만나더라도 구원을 요청하지 말라. 졸연히 화를 막으면 재앙을 면할 수 있다. 무관이 유리하니 무관으로 진출하라. 만약 도적이 아니면 놀라거나 위험한 일이 많다.

■ 10월 415

겉은 부드러우나 속은 강하니 건장함을 쓰지 않는다. 바르고 안정되게 지키면 좋으나 망동하면 재앙이 생긴다. 거칠어진 정치로 파직·연금·명예 상실이 따르며 성공하지 못한다. 좋은 계책은 펼 수 없으니 이로운 것이 하나도 없다. 만일 병자이면 몸을 잃을 수 있다.

■ 11월 223

나아가 즐거움을 구하니 그 흉함을 알겠다. 이미 도덕을 잃었으니 남들이 호응해 주지 않는다. 생각은 많으나 어려움만 따른다. 교묘하고 구차하게 합하면 의외의 화근이 생기거나 도를 잃고 망신한다.

■ 12월 126

일이 되어가는 것을 보고 길흉을 살펴라. 법에 맞게 주선하면 큰 경사가 있고, 개과천선하면 점점 형통한다. 고시를 치루면 반드시 장원한다. 재물과 비단에는 흠이 없으나 아버지 상을 당할까 두렵다.

연평 774

중산간괘 4효(重山艮卦 四爻) ䷳

몸에 그치니 허물이 없다. 몸을 보지 못하면 그 사람도 볼 수 없다. 망동하지 않으면 허물이 없다. 그 직위에서 벗어날 생각은 하지 말고 편안하게 있어라. 분수를 지키면 편안하나 분수를 넘으면 불가하다.

■ 정월 575
기러기가 언덕으로 날아간다. 3년이 되어도 임신하지 못한다. 결국은 이기지 못하나 소원은 이룬다. 중정의 도는 반드시 이루어진다. 처음에 잃으나 나중에는 얻고, 처음에 어두우나 나중에는 밝아진다. 노인은 수명이 손상되고, 어린이는 기르기 어려울 수 있다.

■ 2월 552
무당이 점치면서 빌면 허물이 없다. 성의로 다하면 신명도 통한다. 역사가 언론인이며 명예를 이룬다. 성실하게 사람을 감동시키니 도모하는 것도 잘 된다. 그러나 운이 불길하면 무사가 비는 제사가 있다.

■ 3월 676
안에 뜻이 있으니 가면 험난하나 오면 너그러워져 험난함이 해결된다. 대인을 보는 것이 이롭고, 귀인을 따르게 된다. 관직은 내직으로 들어 명예를 이룬다. 귀인을 가까이하면 이익을 얻으나 망동하면 불리해진다.

■ 4월 683
사람 아닌데 비하나 상하지 않으랴. 당과 동료가 착하지 않으니 모든 일이 간사하다. 공업은 반드시 무너져 재난과 해만 입는다. 벗을 잃고 시기하다 혈기가 손상될 수도 있다. 가정이 깨지거나 자신이 손상이나 형벌을 당하거나 상복을 입을 일이 많다.

■ 5월 631
수레바퀴를 끌다 꼬리를 적셨다. 지극히 힘든 일을 해내면 의리에 허물이 없다. 직위는 있으나 받지 못하고, 자리는 있으나 오르지 못한다. 움직일 것 같으나 움직일 수 없고, 구제될 것 같으나 구제되지 못한다. 조심하면서 때를 기다리면 허물은 없을 것이다.

■ 6월   234

성실과 신뢰로 명을 고치면 후회할 일이 없고 길하다. 강유가 치우치지 않고 때에 따라 조치한다. 새로운 것을 받아들이고 옛것을 고친다. 승진·영전·등용·천거의 영화가 있고, 명을 고치는 운수로 점점 더 아름다워진다.

■ 7월   612

점점 험난해지니 언어에 상처가 있다. 굳센 중용으로 잘 기다리면 결국은 길하다. 정당한 이론이 사에 막히고, 시험에서는 책망을 듣는다. 어린아이의 투쟁이나 소송은 반드시 시비가 된다. 남을 너그럽게 대하면 모든 일이 자연히 밝아진다.

■ 8월   815

천자의 누이동생을 시집보내니 복이며 매우 길하다. 어질고 강명한 분을 따르니 대길하다. 주로 영전되거나 기쁜 일이 있다. 과거에 올라 월계관을 쓰고 추대를 받는다. 결혼·출산양육이 있고, 모든 복이 다 모인다.

■ 9월   623

절제하지 못하다 슬퍼지는데 허물할 데가 없다. 누구를 탓하겠는가. 사치와 욕망이 넘치며 떳떳하지 못하다. 소비와 지출이 가볍지 않으니 재물이 손실되고, 사람과 이별한다. 스스로 절제하지 못함을 알고 뉘우친다.

■ 10월   526

소리가 하늘에 닿으나 어찌 오래가랴. 신의도 다하면 쇠퇴하고, 충성도 독실하면 안으로 상실감이 생긴다. 왕궁에 올라 천자와 함께 한다. 높은 것을 다투며 강함을 억제하니 진출하기 어렵다. 혹 사물이 손상되거나 명예와 수명이 보전하기 어렵다.

■ 11월   224

즐거움을 헤아려 보고 안녕하지 못하니 한계를 두고 병을 삼는 것이 좋다. 정을 지키고 사를 멀리하면 반드시 경사가 생긴다. 선비는 선출되고, 상인은 이익을 얻는다. 식구가 늘거나 재물이 생기는 기쁜 일이 한 번 있다. 병자는 편하지 못하니 심지가 안녕하지 못하다.

■ 12월   261

앙상한 나무에 엉덩이를 대는 것처럼 곤궁하니 앉아 있어도 편안하지 않다. 3년씩이나 곤궁에 빠져 있다. 의지할 데가 한 군데도 없으니 슬프다. 만약 근심이나 놀람이 없으면 상복을 입을 수 있다. 운수가 이와 같으니 이로운 것이 하나도 없다.

연평 775

중산간괘 5효(重山艮卦 五爻) ☶

말에 순서가 있으면 후회는 없으리라. 언행을 조심하라. 말을 그치면 허물도 작아진다. 언론직이 좋은데 큰 책임을 맡는다. 한 말로 주인과 맞으니 언론 시험에서 명예를 이룬다.

■ **정월 876**
지나치게 겸손할 때는 강한 무용으로 다스려라. 벼슬길에 오르나 변방으로 나가고, 선비는 작은 시험이 좋다. 투쟁이나 소송은 변명하지 않아도 자명해진다. 마음과 뜻이 깨끗하면 손실을 면할 수 있다. 한번 사심이 터지면 밝음을 등지고 어둠으로 향한다.

■ **2월 883**
아름다움을 함축하고 가히 바르며 시기에 맞게 편다. 만일 왕사를 따르면 성취함은 없어도 유종의 미는 있다. 승진이나 영전할 기회가 있고 앞으로 나아갈 날이 온다. 꾀와 계략이 심원하니 경영에 수확이 있다. 여자가 이를 얻으면 덕이 있는 부인이 될 것이다.

■ **3월 831**
위로 나아가는 것이 상했으니 기미를 보아 먼저 피하라. 가면 말이 있으니 어찌 좇히 괴이하랴. 관직은 정지되거나 강등되니 물러나 쉬는 상이다. 나르려다 날개 드리우니 발전하기 어렵다. 해가 흉년을 만났으니 재물과 곡식이 풍부하지 못하다.

■ **4월 434**
차양이 많아 대낮에도 두성을 본다. 있는 자리가 부당하니 밝지 못한다. 어둡고 유약하니 풍성하게 이루지 못한다. 어진 부하와 같은 덕을 서로 돕는다. 내부를 버리고 외부를 따르니 배를 타는 것이 불가하다.

■ **5월 812**
넓음도 포장하고 하수도 능멸하며 먼 곳을 잃지 않는다. 벗을 잃으면 광대하고 중도의 행실에 부합된다. 변방이나 강호를 지킨다. 앞으로 나아가 명예를 이루고, 경영하거나 꾀하는 일에 수확이 있다. 반드시 존귀한 분을 만나나 운이 흉하면 상해가 따른다.

■ 6월   615

주식에서 기다리니 편안하게 때를 기다린다. 도로 극진히 행하면 반드시 소득이 있을 것이다. 임금의 잔치에서 음식을 먹고 식읍을 받을 영화가 있다. 반드시 독식과 재물이 있고, 혼인할 운이다. 잔치 음식을 베푸는 경사가 있다.

■ 7월   823

달콤함으로 친히 임하고 지위가 부당하다. 이미 근심이 있으며 어물이 길지 못할 것이다. 세력과 지위를 빙자하면 무슨 이익이 있겠는가. 아첨의 실책이 있고, 만약 슬픈 수심이 없으면 원한과 고생이 따를 염려가 있다.

■ 8월   726

덜지도 않고 유익하니 큰 뜻을 이룬다. 신하를 많이 얻는데 원근이 모두 복종한다. 혜택을 주고 소비하지 않으면 그 혜택이 넓어진다. 백성은 한마음이 되고 임금의 총애도 견고하다. 선비도 뜻을 얻어 출입이 더욱 유리해진다.

■ 9월   424

누이동생 시집보낼 때 일 년을 기다려야 하는데 늦는 것도 때가 있다. 여자가 어질고 바르면 가볍게 남을 따르지 않는다. 시운이 불리하니 반드시 때를 기다려라. 관직자는 결원을 기다리고, 학교는 보궐을 기다린다. 밖에 있으면 돌아오지 못하며 혼인도 성사되지 않는다.

■ 10월   461

강유 사이에 있으니 의당 허물은 없다. 밑에 있으면서 윗사람과 호응하니 어려움도 풀린다. 안녕하고 무사하니 옛날의 수심도 점점 사라진다. 선비는 과거에 급제하며 영전할 기회가 있다. 미혼자는 결합되며 경영하는 일은 잘 된다.

■ 11월   225

나쁨을 제거할 수 있으나 한 번은 위태로워진다. 가선과 실선을 구분하지 못하면 위태롭고, 아첨과 가까워지면 흉하다. 벼슬길에는 아첨과 간신이 따르는데 선비는 탈락한다. 모르는 사가 발동해 비밀스러운 화락을 꾀한다.

■ 12월   242

어린아이에게 매이면 장수를 잃게 된다. 사를 멀리하고 정도를 지켜라. 비리를 따르면 진실을 잃게 된다. 일이 안녕하지 못하고 소인이 시비한다. 마음이 두 곳에 묶여 있으니 스스로 지키기 어렵다. 정도를 버리고 사와 호응하면 허물도 클 것이다.

중산간괘 상효(重山艮卦 上爻) ䷳

그치는 도가 매우 좋으니 나중에는 길하다. 관직자는 자리를 옮기고, 선비는 명예를 이루고, 농민은 전답이 늘어나고, 상인은 이익을 얻고, 보통 사람은 복을 받는다. 그러나 운이 흉하면 반대가 된다.

■ 정월 731
발을 꾸미니 차를 놓아두고 걷는다. 행동이 올바르며 절의와 의리를 지킨다. 자리에서 물러나거나 강등될 수 있다. 길에서 분주하며 쉬운 것을 버리고 어려움을 쫓는다. 친한 곳을 멀리하고 낯선 곳을 향해야 길하다.

■ 2월 334
갑자기 용신할 곳이 없다. 몸이 불에 타버리니 죽음이며 버림이다. 해는 바닷속에 잠기고 사람은 꿈속에 있다. 윗사람을 거역하니 재난을 피할 길이 없다. 만약 병화가 아니면 죽음에 이를 수 있다.

■ 3월 712
수레바퀴 통이 벗겨졌으나 중도를 얻어 허물은 없다. 처신이 중도를 얻었으니 움직여도 좋다. 학자는 성쇠와 강약의 깊이를 알아야 한다. 관직자는 사직하게 되니 진취는 불리하다. 실물·재난·시비를 겪은 후 얻을 수 있다.

■ 4월 515
미더움으로 서로 연결해 이웃에서 부를 얻는다. 덕을 쌓으면 신하도 그것을 받게 된다. 윗사람도 신용하고 아랫사람도 흠모하며 복종한다. 주동과 협의해 공을 세우고 명예를 이룬다. 다른 사람의 도움을 받아 모든 일을 뜻대로 이룬다.

■ 5월 723
천지가 교제하면 만물도 화생한다. 남녀의 정이 얽히면 만물이 화생하는 것이다. 셋이 가면 한 사람을 잃게 된다. 도반은 벗이 되고 협력자도 많다. 경영하거나 꾀하는 일은 이롭고, 이혼한 사람은 배우자를 얻는다.

■ 6월 826

두텁게 임하니 길하며 뜻은 안에 있다. 존귀하면서도 비천함과 호응하고, 높으면서도 아랫 사람을 따른다. 가르치며 생각하기, 포용과 보호를 무궁히 한다. 벼슬한 사람은 내직이며 국립대학에 간다. 원근에서 취하는 일은 이롭지 않은 것이 없다.

■ 7월 324

어그러지고 이탈해 외로워하다 좋은 장부를 만난다. 그 뜻을 행할 수 있으니 위태로우나 허물이 없다. 동지에게 천거되거나 발탁되고, 선비는 주사를 만난다. 혼인은 짝을 얻고 위태로웠던 사람도 편안해진다. 밖에서 도모하는 일은 처음에는 막혔다 나중에는 순탄해진다.

■ 8월 361

꼬리에 물을 적셨으니 이보다 더 부끄러운 일이 있겠는가. 그 재주를 헤아려 볼 줄 모르니 알지 못함의 극치다. 앞길이 험난하게 막혔으니 전진하기 어렵고, 경영하는 일은 뜻대로 되지 않는다. 물을 건너거나 배를 탈 때는 조심하라.

■ 9월 125

일을 고려하지 않고 마음대로 독단한다. 천하에 공이 높아도 포상은 하나도 없다. 도덕성이 높아 대중의 사표가 되어도 명예는 이루지 못한다. 일찍 움직이거나 망동하면 환란만 거듭된다. 운수가 이와 같으니 처사를 조심하라.

■ 10월 142

밭갈이도 수확도 파종도 하지 않는다. 본래 소망이 없는데 소득이 있다. 가다듬고 행동에 힘쓰면서 때에 맞는 이치를 따른다. 승진과 명예를 성취하니 밖에서 이득을 얻는다. 농업이 좋으나 벼와 곡식은 적다.

■ 11월 226

이끌려 즐거워하니 크게 빛나지 못한다. 함부로 교묘하게 기쁨을 찾으니 이르지 않는 곳이 없다. 시절이 오지 않으니 심사만 산란하다. 좋은 광채도 먼지 속에 있으니 경영하고 꾀하는 일이 잘 되지 않는다. 위로 가도 광채가 없으니 혹 더러운 데 오염될 수 있다.

■ 12월 213

얼굴에 통쾌한 결행이 나타나면 반드시 흉하다. 만약 적시듯 나쁜 빛을 두면 여러 가지에 허물없다. 간신을 막다 오히려 씹히고, 분노를 품고 세상을 등진다. 정도를 따르면 길하나 사를 따르면 흉하다. 소송·시비의 운이며 원한을 맺을 근심이 있다.

연평 781

산지박괘 초효(山地剝卦 初爻) ䷖

발부터 상이 떨어져 나가니 바른 것이 소멸되어 흉하다. 정도가 사라지고 사도가 침범한다. 소족 질환이나 노비가 손실된다. 형제가 불목하는데 성조하면 이로워진다. 만약 흉한 운을 만나면 몸을 망치고 가정도 깨진다.

■ 정월 762

어리석음을 감싸주면 길하고, 부인을 들여도 길하다. 자식이 가정을 다스리니 강유의 교접이다. 밝음으로 어둠을 받아드리니 그 선한 바를 받아들인다. 벼슬한 사람은 관직을 지키고, 선비는 사범이 된다. 인정이 화합하니 모든 일이 성취한다.

■ 2월 565

흩어짐에 왕이 큰 호령을 한다. 백성을 새롭게 하는 것은 흩어짐을 구하는 큰 정사다. 승진이나 영전할 운이니 앞으로 나아가면 좋다. 흉한 일이 흩어지니 이익을 구하면 이루어진다. 흩어지는 것을 합하게 한다.

■ 3월 753

아버지 일을 주간하니 다소 후회가 있다. 일을 주간해 폐단을 제거할 때 모두 길하지는 못했다. 유신의 법은 어찌 하나의 뉘우침을 애석해 하겠는가. 몸소 왕도를 행하고 간사한 말을 믿지 말라. 일찍 움직이는 것은 불리하니 거슬리고 어긋남을 고쳐라.

■ 4월 856

오르는 일이 어둡고 위에 있으니 부자가 되지 못할 것이다. 스스로 다스리는 데 조심하고 감히 성하고 넘치게 하지 말라. 관직자는 휴직되니 자신을 반성하고 덕을 쌓으라. 탐하고 얻는 것을 멀리하지 않으면 반드시 화가 된다. 만일 수가 불리하면 유명을 달리한다.

■ 5월 354

솥발이 부러져 공석에서 쓸 곰국이 엎어졌다. 덕은 박한데 지위는 높고, 지혜는 적은데 꾀하는 일은 크다. 벼슬한 사람은 내쫓기거나 강등당하고, 선비는 발전하기 어렵다. 만약 파손되지 않으면 발에 병이 생긴다. 불길한 운을 만나 수명이 꺾일까 두렵다.

■ 6월 311

해로운데 사귀지 않으면 교만이 넘칠 수 없다. 어렵게 노력하면 허물이 없으니 해로운 곳을 지날 일도 없다. 선비는 앞으로 나아가지 못하고 꺾인다. 마음에는 근심과 번뇌가 있고, 소인이 속이며 능멸한다. 항상 어려움을 생각하면 재해가 침범하지 않는다.

■ 7월 155

참외를 넓은 잎에 싸니 아름다움이 함축된다. 하늘의 도움을 받고 천명을 어기지 않는다. 큰 그릇을 이루어 반드시 공명이 통달한다. 몸이 임금 곁에 올라 무궁한 영화를 누린다. 문전에 경사가 가득하며 부인도 임신한다.

■ 8월 172

황소가죽으로 묶어두는 것은 뜻이 견고하기 때문이다. 궁과 통달은 이미 정해져 있으니 앞일을 말하지 말라. 관직은 언론이 유리한데 항상 본분을 지켜라. 육축이 유리하다. 그러나 흉한 운이 오면 집안에 소송이 생긴다.

■ 9월 256

물을 건너다 이마까지 잠겨 흉하나 허물은 없다. 사세가 급박하면 목숨도 던지고 좋은 일을 한다. 험난한데 미친듯이 날뛰면 재앙만 따른다. 머리는 병들며 이마는 쭈그러들고, 물에 빠질까 두렵다. 선비는 앞으로 나아가면 괴수가 될 수도 있다.

■ 10월 263

돌에 부딪쳐 곤궁한데 가시덩쿨에 걸린다. 그 집에 들어가도 그 아내를 보지 못한다. 이미 욕되고 부끄러운데 죽을 때가 된다. 불상의 운으로 가정이 어지럽고, 운이 불길하면 처첩의 변이 있다.

■ 11월 211

앞발이 건장하니 승산이 없는 데를 간다. 조급하고 망령되게 움직이면 허물을 면할 수 없다. 사세를 헤아려 결행해야 한다. 부끄러운 과실이 많고, 가정에 재앙과 환란이 가득하다. 망령되게 행동하면 환란을 면하기 어렵다.

■ 12월 614

이미 험난함에 상했으니 편한 곳이 못된다. 조용히 때를 기다리면 험난함에서 빠져나올 수 있다. 나아가면 편안하지 않으나 물러서면 문득 편안해진다. 상해가 평평해지며 오래 막힌 것이 펴진다. 운이 흉하면 혈액질환이 따르는데 산아의 근심도 있다.

산지박괘 2효(山地剝卦 二爻) ☶☷·

흉과 사의 세력이 더욱 커져 정도를 해치고 멸망시키니 더 흉해진다. 관직자는 퇴출과 강등을 막아야 하고 진취하기는 어렵다. 주관하는 일은 이루어지지 않으니 일찍 대책을 세워라. 아랫사람에게 침해와 능멸을 당하고, 높은 사람의 시기도 받는다.

■ 정월 773
한계에 이르렀다. 등골뼈가 벌어질 것 같다. 사람이 거역하며 미워하니 어찌 위태롭지 않겠는가. 요직으로 옮길 수 있는데 진취하여 명예를 이룬다. 파손되며 안녕하지 못하니 위태롭다. 심장·눈·허리에 병이 생길까 두렵다.

■ 2월 876
지나치게 겸손할 때는 강한 무용으로 다스려라. 벼슬길에 오르나 변방으로 나가고, 선비는 작은 시험이 좋다. 투쟁이나 소송은 변명하지 않아도 자명해진다. 마음과 뜻이 깨끗하면 손실을 면할 수 있다. 한번 사심이 터지면 밝음을 등지고 어둠으로 향한다.

■ 3월 374
나그네라고 자처하며 지위도 얻지 못한다. 재물과 도끼를 얻으나 마음은 불쾌하다. 재능은 펼 수 없고 겨우 몸만 편하다. 선비는 불쾌하며 앞으로 나아가기도 어렵다. 좋은 가운데 부족함이 있으나 밖으로 나가면 이룰 수 있다.

■ 4월 331
내디딘 발길 착란하나 조심하면 허물은 없다. 그 진퇴를 아는 것은 밝게 부딪치는 도다. 조심하면서 신중하게 피하면 화를 면할 수 있다. 조급하게 움직이면 허물을 범하고, 이치에 어긋나면 분수를 범한다. 만약 그렇지 않으면 미끄러지며 발에 병이 생긴다.

■ 5월 175
물러나 숨는 것이 좋은데 바르고 견실하면 길하다. 뜻에 사나 흐트러짐이 없으니 움직이고 쉬는 데 어김이 없다. 꽃 선경에 피고 꽃방석에 불을 끈다. 등용되거나 영전할 운으로 반드시 좋은 기회가 온다. 몸은 존귀한 사람과 가까이 하며 경사가 생길 수 있다.

■ 6월 152

물고기가 꾸러미 속에 있으니 허물은 없다. 어찌 좋은 물건을 잘 포장해 밖에 내놓겠는가. 벼슬한 사람은 영전하나 선비는 불리하다. 금은과 비단이 모두 좋고, 수산물도 이익이 있다. 식구가 늘거나 자식이 생길 수 있다.

■ 7월 276

광대뼈와 혀로 감동시키니 구설만 생긴다. 말이 많으면 욕을 부르고, 도모한 일도 분명하지 않다. 항상 노력하나 마음과 힘만 쓸 뿐이다. 유세하는 업이나 평론가가 되어라. 구설이 분분하니 먼저 훼방을 조심하라.

■ 8월 283

모두 슬퍼하니 이로울 것이 없다. 나아가면 허물이 없으나 다소 부끄러운 일이 생긴다. 처음에는 가까운 곳에서 구하다 무리해 먼 곳과 결탁한다. 관직자는 외방으로 나가게 되는데 발전하기 어렵다. 집에 있어도 편안하지 못하고, 육친이 손상된다.

■ 9월 231

견고한 황소가죽을 써라. 개혁은 불가하다. 초기에 움직이니 어찌 자세하며 신중하겠는가. 마음을 잘 지키면서 가볍게 고치려고 하지 말라. 망동하면 과실을 면하기 어렵다. 벼슬한 사람은 자리를 지키면서 나올 생각을 하지 말라.

■ 10월 634

헤진 옷에 물이 스며드니 종일 경계해야 한다. 의심과 경계를 게을리 하지 말라. 벼슬한 사람은 예방하면서 자신의 소질을 길러라. 생활에 예비가 있으면 놀라거나 전복이 있을 수 없다. 배를 타면 물이 스며들 위험이 있다.

■ 11월 212

안으로는 근심과 두려움을 품고 밖으로는 엄숙히 경계하라. 어두운 밤에 무력을 만나더라도 구원을 요청하지 말라. 졸연히 화를 막으면 재앙을 면할 수 있다. 무관이 유리하니 무관으로 진출하라. 만약 도적이 아니면 놀라거나 위험한 일이 많다.

■ 12월 415

겉은 부드러우나 속은 강하니 건장함을 쓰지 않는다. 바르고 안정되게 지키면 좋으나 망동하면 재앙이 생긴다. 거칠어진 정치로 파직·연금·명예 상실이 따르며 성공하지 못한다. 좋은 계책은 펼 수 없으니 이로운 것이 하나도 없다. 만일 병자이면 몸을 잃을 수 있다.

연평 783

산지박괘 3효(山地剝卦 三爻) ䷖

떨어져 가는데 허물이 없고, 상하를 잃어버린다. 뜻은 당연히 정도를 따르니 가히 선하다. 명리를 다른 길에서 구하면 높이 된다. 지기를 만나기 어려우니 생애가 담박하다. 근심은 부모와 처자에 있다.

■ 정월 384
다람쥐처럼 나아가는 격이니 바르고 견고하면 위태롭다. 중정하지 못하면서 높은 자리만 탐낸다. 생각마다 잃어버릴까 근심하고, 경영하는 일은 자신을 해친다. 간하는 의론에 막히는데 요행으로 진출하려고 도모하지 말라. 탐심이 많아지면 오히려 물건만 손해본다.

■ 2월 341
형틀을 신겨 발을 베어 없애나 행하지 않으면 허물이 없다. 적은 것을 징계해 큰 것을 경계하는 것은 소인의 복이다. 거동에 어려움이 많으니 공명을 이루지 못한다. 보통 사람은 형벌을 조심해야 한다. 근신하면 재앙을 면할 수 있으나 풍병에 걸릴까 두렵다.

■ 3월 185
편안할 때 위태로움을 염려하고, 있을 때 망실을 생각한다. 재난은 가고 새 복이 온다. 원수와 시기하는 자는 가고 명리도 이룬다. 전답과 잠업이 유리하며 창고에 가득 차게 된다. 깊이 생각하고 염려해 환란의 실마리를 막아라.

■ 4월 162
송사를 이기지 못하고 도망친다. 아래에서 윗사람과 소송하니 환란이 쉽게 풀린다. 옛것을 지키면서 안정하면 훼방과 욕을 당하지 않는다. 식구가 안녕하며 풍진이 침노하지 않는다. 운이 불리하면 유리됨을 면할 수 없다.

■ 5월 286
위에 있으면서 편하지 못하니 눈물 콧물까지 흘리며 탄식한다. 남들이 친하려고 하지 않으니 궁색하기 그지없다. 전진은 평온하지 않고, 일마다 번거롭고 요란하다. 어른과 아이를 불문하고 근심이 따르니 안정되지 않는다. 명리도 허망하고 수명도 길지 않다.

■ 6월   273

다리에 감응이 있으나 처하지 못한다. 스스로 하지 못하고 남을 따른다. 조용히 있는 것이 좋은데 움직이니 심히 부끄럽다. 모든 일에 부끄러움이 많으며 여자의 결혼만 유리하다. 간여한 일들은 보통을 벗어나기 어렵다.

■ 7월   241

마음을 바꿔 정도를 따르면 길하다. 교제가 공정하면 당연히 공이 있다. 만일 사랑이나 애정에 매이면 정리와 합할 수 없다. 선비는 좋은 기회가 있고, 따르는 곳에 공이 있다. 보통 사람이 이와 같으면 이익이 많다.

■ 8월   644

말을 타고 진출하지 못하니 혼인을 구하라. 가면 벗을 얻고 이롭지 않은 것이 없다. 만약 어진 사람을 만나면 어려움에서도 벗어날 수 있다. 관록이 좋고 명예가 드러나니 자연히 좋은 자리에 오른다. 인정이 화합하고 모든 일을 다 이룬다.

■ 9월   222

미더워 즐거워하니 후회할 일이 사라지고 좋은 일이 생긴다. 신의와 진실이 있고 사가 없으니 응당 후회는 가볍다. 승진이나 영전할 징조요 진취의 기쁨이 있다. 모든 일이 화순하며 어둠 속에서도 빛이 난다. 결연·체결·화해가 있고, 가정에 경사가 가득하다.

■ 10월   425

천자의 누이동생을 시집보내니 보름이 되면 길하다. 존귀하면서 낮추고 귀하면서 굴복하는 것은 여인의 덕이 융성함이다. 영전할 수요 등과할 운이다. 꾀하면 뜻대로 되고 혼인하고 재물을 얻는다. 영화의 길에 오르는데 국빈이 될 수도 있다.

■ 11월   213

얼굴에 통쾌한 결행이 나타나면 반드시 흉하다. 만약 적시듯 나쁜 빛을 두면 여러 가지에 허물없다. 간신을 막다 오히려 씹히고, 분노를 품고 세상을 등진다. 정도를 따르면 길하나 사를 따르면 흉하다. 소송·시비의 운이며 원한을 맺을 근심이 있다.

■ 12월   116

지나치게 과한 용이니 내려올 줄 모르다 후회한다. 귀하나 직위가 없고, 높으나 백성이 없다. 사고무친이니 움직이면 후회할 일이 생긴다. 귀양갈 운으로 눈앞에 재앙이 닥친다. 너무 강하면 꺾이는 법이고, 망동하면 손실이 따르는 법이다.

산지박괘 4효(山地剝卦 四爻)

절박한 재난을 만나 살까지 떨어져 나간 상이다. 장차 몸을 망치니 매우 흉하다. 아첨과 간신을 막지 않으면 기회를 만나기도 어렵다. 거듭 형극이 와 위험과 험난함에 빠진다. 뜻밖의 재난을 만나는데 그 흉함은 말로 다 표현할 수가 없다.

■ 정월 585
자신의 득실을 보아 인민의 좋고 나쁨을 살펴라. 태평과 난국이 나에게 달려있다. 벼슬과 녹은 숭고하고, 문장은 세상을 덮는다. 생활은 날로 좋아지고, 부인은 생산과 양육이 있다. 병에 시달리는 사람이라도 생명은 보전한다.

■ 2월 562
흩어질 때 편안함에 의지하면 후회할 일이 없고 소원을 이룬다. 안에서 중도를 지키면 편안하다. 중요한 권세를 잡고 작전계획을 세운다. 선비는 명예를 얻고, 보통 사람은 가정을 이룬다. 그러나 흉한 운을 만나면 분주하며 실물한다.

■ 3월 686
친하게 지내며 돕는데 머리가 없으니 끝도 없다. 버리는 시기이니 반드시 흉하다. 대중이 도와주지 않으니 처세가 위험하고, 위에서도 도와주지 않으니 명예를 얻기 어렵다. 형극과 재앙으로 인정이 흩어질 것이다.

■ 4월 673
가면 어렵고 오면 돌아오니 안에서 기뻐한다. 위로 가면 어려우니 험난함을 보면 그쳐라. 돌아서서 밑으로 오면 편안하리라. 앞으로 나아가면 명예를 이룬다. 처자의 기쁨이 있으나 운이 흉하면 형극도 따른다.

■ 5월 641
급하게 하면 어려움에 처하니 바르고 견고하게 행하라. 귀한 몸이 천한 자에게 이르니 큰 민심을 얻는다. 관직자는 매우 발전하고, 선비는 밝음을 세운다. 분수를 지키면서 신중하라. 여자는 어질고 선하며 집안도 일어나고 좋은 남편을 만난다.

■ 6월 244

따르는 곳에서 얻으려고 하면 비록 정당해도 흉하다. 성의를 다해 도에 맞게 하고, 명철하게 처신하라. 한번 탐욕을 부리면 재난을 면하기 어렵다. 그러나 귀인이 추대하면 흉이 길하게 된다. 사람은 누구든 나에게 유리하다.

■ 7월 622

시기를 잃어 안뜰에도 나오지 못하고, 사물이 끊기고 스스로 폐지한다. 때를 잃어 액을 만나니 발전하기 어렵다. 불통되어 화를 당하고, 간여할 곳에 간여하지 못한다. 움직이면 좋으나 가만히 있으면 좋지 않다.

■ 8월 825

대군이 지혜로 임하고, 중도에 행하니 여러 가지가 길하다. 성군은 총명하며 예지력이 있어야 한다. 벼슬한 사람은 초월적이 되고, 선비는 등용된다. 꾀하는 일은 순탄하니 이롭지 않은 것이 없다.

■ 9월 613

재앙은 밖에 있는데 뻘밭에서 기다린다. 나 때문에 도적이 오나 조심하면 패가 없다. 지나치게 강하니 더욱 험난해진다. 선비는 반드시 욕을 당하며 스스로 빼어나지 못한다. 도적이나 실물을 당할 운인데 배를 타면 흉하다.

■ 10월 516

이미 화하여 처한 것은 덕을 숭상하며 쌓았기 때문이다. 달이 거의 보름이 되었으니 부인이 견고하면 위태롭다. 군자는 나가면 반드시 소인의 간계와 시비로 시끄럽다. 시끄러움 속에서는 물러나고, 즐거운 곳에서는 탐하지 말라.

■ 11월 214

엉덩이에 살이 없으니 걷기가 거북하다. 말을 듣고도 믿지 못하는 것은 총명하지 못해서다. 처한 자리가 부당하니 그 해가 적지 않고, 재주와 힘이 모자라니 앞으로 나아가기 어렵다. 관재와 귀·발등에 병이 따를 운이다.

■ 12월 251

자리를 깔되 깨끗한 띠를 쓰니 유약하며 어둡다. 두려워하고 조심하면 허물이 없다. 신중한 도리는 사용처가 매우 많다. 조심하며 절약하는 사람이니 재물과 이익이 따른다. 불길한 운을 만나 복 입을까 두렵다.

산지박괘 5효(山地剝卦 五爻) ䷖

모든 음이 순종하니 소인도 선해진다. 관직자는 요직에 오른다. 경영하거나 꾀하는 일에 뽑히고 인정도 화합된다. 가정이 화평하며 복이 생기고, 궁궐의 관찰이나 주지가 된다. 궁인의 총애를 받으니 이롭지 않은 것이 없다.

■ 정월 886
용이 들에서 싸우니 그 피가 검푸르고 누렇다. 둘 다 패하고 상처를 입으니 반드시 피의 재난을 본다. 화를 입고 강등·퇴출·파손할 위험이 있다. 선비는 크게 발전하나 근심과 해로움은 면하기 어렵다. 시비·분쟁·소송·파괴·실패·위험·사망 등이 따른다.

■ 2월 873
노력하고 겸손한 군자는 만민이 복종한다. 노력하고 자랑하지 않고 공이 있으면서도 공덕이라 하지 않는다. 벼슬한 사람은 높이 옮겨가고 선비는 기회를 만난다. 경영과 꾀하는 일에 이익을 얻고 마음과 힘껏 노력한다. 높아도 위태롭지 않고 차도 넘치지 않는다.

■ 3월 841
머지않아 회복하며 수신한다. 후회할 일이 없으니 매우 길하다. 관직이 청고하며 임금을 곁에서 돕는다. 선비는 장원하고 경영하는 일들은 이익을 본다. 개과천선하니 일마다 이롭지 않은 것이 없다.

■ 4월 444
벼락이 진흙에 빠졌으니 빛이 나지 않는다. 강하여 험난함에 처했는데 스스로 진동할 수가 없다. 중정하지 못하니 더욱 험난해진다. 야비하며 더럽고 덕이 없으니 되는 일이 하나도 없다. 결박이나 구속되어 빛을 볼 날이 없다.

■ 5월 822
느껴 임하고 또 길하니 이롭지 않은 것이 없다. 음양이 서로 감응하니 명을 순응하는 것은 아니다. 사를 제거하고 정도를 지키니 지위가 청고하다. 막히고 침체됨이 없다. 시기에 맞게 짐작하면 경영하거나 꾀하는 일에 이익이 있다.

■ 6월 625

달콤한 절제요 법도이니 길하고, 나가면 가상함이 있다. 자신을 지키면서 편안하게 행하면 천하도 기꺼이 따라준다. 수원이 감미로우면 내로 흘러도 쉬지 않는다. 관직자는 영전이나 발탁되고, 선비는 상달한다. 꾀하거나 바라는 일은 이루어지고, 행하는 일은 가상함이 있다.

■ 7월 813

평평하며 언덕 아닌 것이 없고, 가면 돌아오지 않는 것이 없다. 천지의 교제이니 어려우나 바르면 허물이 없다. 통태함이 다하면 비색이 오는 것은 하늘의 뜻이다. 책임을 이겨내고 질투와 간신을 조심하라. 두려워하면서 조심하면 편안하다.

■ 8월 716

하늘의 거리니 형통하며 큰 도를 행한다. 어진 사람이 뜻을 얻었으니 어진 길도 대통하게 된다. 예절·풍류·법에 어김이 없다. 꾀하는 일은 모두 이로우니 하늘과 거리에서 좋다. 천거하여 하늘에 오르고 진취하여 명예를 이룬다.

■ 9월 414

올바르면 후회할 일이 없고, 큰 차 바퀴통도 건장하다. 한격도 이미 열려 있으니 다시 곤궁해지지 않는다. 재앙이 사라지고 복이 따르니 진취할 수 있다. 시험을 보면 높이 장원하며 길도 넓게 뚫린다. 오래 조용하면 반드시 몽하고, 몽하면 길하다.

■ 10월 451

항구함에 빠져 올바르더라도 이로울리 없으니 흉하다. 급히 구하면서 깊이 들어가 항구한 도를 잃는다. 군주에게 신용을 얻지 못하고, 지기도 만나기 어렵다. 인정이 통하지 않으며 거리에서 방황한다. 서두르나 이루지 못한다. 그러나 안정하면서 지키면 흉은 면한다.

■ 11월 215

비린 잎도 과감하게 처결하듯 중도를 행하면 허물이 없다. 중도를 얻지 못하면 광대하지 못하다. 간신의 침해가 있으나 조금은 발전한다. 오래 막히다 한관으로 복직된다. 소송은 펴지며 병도 치유되고, 경영하거나 꾀하는 일은 뜻대로 된다.

■ 12월 232

신중하게 개혁하고 아름답게 실행한다. 유순하며 중정하니 망동하지 않는다. 앞길에 막힘이 없으니 경사를 누리리라. 벼슬한 사람은 영전하고, 선비는 명예를 이룬다. 보통 사람은 기쁨이 많고 모든 일이 잘 된다.

산지박괘 상효(山地剝卦 上爻) ䷖

큰 과일을 먹지 않는 것은 장차 다시 생겨나게 하기 위함이다. 군자는 수레를 얻으나 소인은 집이 사라진다. 난리가 나면 치세를 생각하며 군자를 추대하기 원한다. 벼슬한 사람은 좋은 권세가를 만나 천거된다. 경영에 새로운 뜻을 세우고, 궁실을 성조한다.

■ **정월 741**
스스로 지키지 못하는데 마음은 이미 동했다. 욕망에 미혹되어 자신을 잃으니 매우 흉하다. 염치를 버리고 함부로 음탕하게 굴면 꾸지람을 듣는다. 거역하며 재물을 다투지 말고 정도를 지켜야 면할 수 있다. 선비는 적극적으로 나아가면 먹을 것을 얻는다.

■ **2월 344**
다리에 감응이 있으나 처하지 못한다. 스스로 하지 못하고 남을 따른다. 조용히 있는 것이 좋은데 움직이니 심히 부끄럽다. 모든 일에 부끄러움이 많으며 여자의 결혼만 유리하다. 간여한 일들은 보통을 벗어나기 어렵다.

■ **3월 722**
바르면 이롭고 나가면 흉하니 덜지 않아야 한다. 뜻은 스스로 지키는 데 있으니 함부로 진출하지 말라. 지켜야 할 것을 바꾸면 흉해진다. 현직을 고수하며 현 사업을 확고하게 지켜라. 현 제도를 조심하면서 먼 계책은 세우지 마라.

■ **4월 525**
믿음이 단단하니 지위가 정당하다. 견고한 성의와 신의로 맺어지면 천하도 무사하다. 군신이 한마음이 되니 총애와 신임이 깊어진다. 앞으로 나아가 명예를 이루며 이롭지 않은 것이 없다. 인정이 화합하니 모든 것을 이룰 수 있다.

■ **5월 713**
좋은 말이 달리니 어렵고 올곧은 것이 이롭다. 윗사람과 뜻이 합하면 달리는 말과 같아진다. 태수(太守)가 되어 붉은 기를 꽂고, 선비는 비등한다. 지기가 서로 도우니 어려움도 이겨낸다. 열심히 노력하면 고생 끝에 얻을 것이다.

■6월 816

성이 구렁에 돌아오니 그 명령이 어지럽다. 인심이 방탕하면 난리가 여기서 생긴다. 관직자는 귀양을 가거나 강등되고 선비는 부끄러운 욕을 만나게 된다. 손실과 파괴의 운이니 질병도 두렵다. 수명이 불길하며 근후해야 재앙을 면한다.

■7월 314

그렇게 풍성하게 하지 않으면 가히 허물은 없을 것이다. 물리를 밝게 분별할 수 있으면서도 겸손하다. 해도 정오가 지나면 기울고, 물도 성한 뒤에는 쇠퇴한다. 분수를 지키면서 때를 기다리는 것이 좋다. 밝으면 손실이 있으니 눈병도 두렵다.

■8월 351

솥발이 자빠진 것처럼 나쁘니 더러움을 내보내야 이롭다. 만약 어진 첩을 얻으면 그 아들에게는 허물이 없다. 악은 버리고 좋은 것만 받으니 귀인을 따른다. 남의 덕으로 성사되고, 첩과 자식을 얻는다. 근심은 흩어지고 기쁨이 생기며, 천민은 귀하게 된다.

■9월 115

날아가는 용이 하늘에 있으니 대인을 만나면 이롭다. 같은 소리는 상응하고, 같은 기운은 서로 구한다. 꾀꼬리가 높은 나무에 오르듯 몸이 용문에 오른다. 성조에 필요한 재물을 얻을 상이나 여자는 남편궁이 불리해 고독하다.

■10월 132

집 안에서 동지를 구하니 대동할 줄 모른다. 소견이 좁고 처사가 부정하다. 벼슬과 녹은 올라가지 않고, 작은 시험이라야 가망이 있다. 일에 부정이 많이 생기고, 종친이나 남들과 불목한다. 사랑과 미움이 한결같지 않고, 슬픔과 기쁨을 분간하지 못한다.

■11월 216

호소할 곳조차 없으니 결국 흉만 따른다. 벼슬길도 쉽지 않고 진취하기도 어렵다. 경영하거나 꾀하는 일이 심란하니 안정하는 것이 좋다. 골육이 무정하니 눈물을 막을 길이 없다. 대인이 아니면 화를 당한다.

■12월 223

나아가 즐거움을 구하니 그 흉함을 알겠다. 이미 도덕을 잃었으니 남들이 호응해 주지 않는다. 생각은 많으나 어려움만 따른다. 교묘하고 구차하게 합하면 의외의 화근이 생기거나 도를 잃고 망신한다.

연평 811

지천태괘 초효(地天泰卦 初爻) ䷊.

군자는 진출하면 벗들과 함께한다. 군자가 지위를 얻으면 어진 사람들이 조정으로 모인다. 동지가 협력하여 통태함을 이룬다. 같은 도학으로 덕을 숭상하니 비등하는 날이 있다. 동지와 함께 꾀하니 재물과 이익이 날로 늘어난다.

■ 정월 832
왼쪽 다리를 상하니 건장한 말로 구제하라. 시기에 순응해야 처신을 잘 하는 것이다. 관직의 길은 유리하나 어두운 주인을 만날 수 있다. 선비는 첩보가 있고, 보통 사람은 재앙이 있다. 만일 운이 좋으면 부자가 될 수도 있다.

■ 2월 635
동쪽 이웃의 소를 잡는 것이 서쪽 이웃의 봄 제사만 못하다. 때를 만나면 복을 받으나 물건이 풍성하지는 않다. 태평한 세상에서는 교만과 사치가 쉽게 싹튼다. 하는 일은 때를 잃기 쉽고, 원대한 꿈은 헛되게 된다. 바라는 일은 불리하고, 서쪽은 좋으나 동쪽은 흉하다.

■ 3월 843
자주 회복하니 위태로움이 있고 의리에는 허물이 없다. 중정하지 못하고 또 움직이는 극에 있다. 벼슬자리가 평온하지 못하고 변화가 심하다. 큰 머리를 얻을 수도 있으니 명예는 가히 이룬다. 일에는 반복이 많고 의혹이 엇갈린다.

■ 4월 746
말미암아 기르니 큰 내를 건너면 이롭다. 혜택은 사해에 통달하고 큰 복과 경사가 따른다. 작위와 녹이 융승하며 선비는 두각을 나타낸다. 꾀하는 일은 두드러지게 빛나고 이롭지 않은 것이 없다. 능히 인정을 통찰하고 널리 베풀어 대중을 구한다.

■ 5월 444
벼락이 진흙에 빠졌으니 빛이 나지 않는다. 강하여 험난함에 처했는데 스스로 진동할 수가 없다. 중정하지 못하니 더욱 험난해진다. 야비하며 더럽고 덕이 없으니 되는 일이 하나도 없다. 결박이나 구속되어 빛을 볼 날이 없다.

■ 6월   481

때를 만나 일을 주간하니 즐겁고, 뜻은 극도에 다달아 소리까지 낸다. 경솔함과 천박함이 이와 같으면 어찌 흉하지 않으리. 은총을 기다려야 되고, 선비는 사람을 놀라게 한다. 보통 사람은 놀람·구설·시비가 따른다.

■ 7월   245

미덥고 진실하게 아름다우니 그 지위가 중정하다. 성실하게 선을 따르니 매우 착하다. 자신을 버리고 선을 따르니 크게 형통한다. 벼슬한 사람은 영전하고, 선비는 등용이나 천거된다. 경영하거나 꾀하는 일은 순조로우니 경사가 많다.

■ 8월   222

미더워 즐거워하니 후회할 일이 사라지고 좋은 일이 생긴다. 신의와 진실이 있고 사가 없으니 응당 후회는 가볍다. 승진이나 영전할 징조요 진취의 기쁨이 있다. 모든 일이 화순하며 어둠 속에서도 빛이 난다. 결연·체결·화해가 있고, 가정에 경사가 가득하다.

■ 9월   I46

처신에 희망이 없으니 행하면 재앙이 따른다. 순리를 따르면 편안하나 일을 시작하면 화가 된다. 강등·퇴출·직위 이탈·치욕을 면하기 어렵다. 일을 분명하게 하지 않으면 시비가 생기고, 운이 불길하면 천명을 지키기 어렵다.

■ 10월   133

숲 속에 복병이 있는데 높은 언덕에서 적을 살핀다. 3년이나 기회가 오지 않는다. 앞길이 가시밭이니 옛것을 지키면서 안정하라. 만약 높이 오르지 못하면 실직한다. 부모의 초상이 염려되고, 감옥과 소송도 두렵다.

■ 11월   181

서로 끌어들이면서 인도하니 음양이 기뻐한다. 앞길이 비색한데 다른 사람과 공동으로 구제한다. 조용히 지키면 좋으나 지나치게 도모하면 재난을 당한다. 기회를 만나기 어려우나 기다리는 것이 좋다. 소언과 관련된 일을 막으면 길하다.

■ 12월   584

나라의 광채를 관망하는 것이니 왕의 손님이 되면 이롭다. 성군이 위에 있으면 어진 사람은 나아가기를 원한다. 치국평천하하면 베풂이 백성에게 젖어든다. 벼슬한 사람은 내직으로 가고, 선비는 과거에 급제한다. 관광이나 외방업을 하면 반드시 큰 이익을 얻을 것이다.

연평 812

지천태괘 2효(地天泰卦 二爻) ☷☰

넓음도 포장하고 하수도 능멸하며 먼 곳을 잃지 않는다. 벗을 잃으면 광대하고 중도의 행실
에 부합된다. 변방이나 강호를 지킨다. 앞으로 나아가 명예를 이루고, 경영하거나 꾀하는
일에 수확이 있다. 반드시 존귀한 분을 만나나 운이 흉하면 상해가 따른다.

■ 정월 823
달콤함으로 친히 임하고 지위가 부당하다. 이미 근심이 있으며 어물이 길지 못할 것이다.
세력과 지위를 빙자하면 무슨 이익이 있겠는가. 아첨의 실책이 있고, 만약 슬픈 수심이 없
으면 원한과 고생이 따를 염려가 있다.

■ 2월 726
덜지도 않고 유익하니 큰 뜻을 이룬다. 신하를 많이 얻는데 원근이 모두 복종한다. 혜택을
주고 소비하지 않으면 그 혜택이 넓어진다. 백성은 한마음이 되고 임금의 총애도 견고하다.
선비도 뜻을 얻어 출입이 더욱 유리해진다.

■ 3월 424
누이동생 시집보낼 때 일 년을 기다려야 하는데 늦는 것도 때가 있다. 여자가 어질고 바르
면 가볍게 남을 따르지 않는다. 시운이 불리하니 반드시 때를 기다려라. 관직자는 결원을
기다리고, 학교는 보궐을 기다린다. 밖에 있으면 돌아오지 못하며 혼인도 성사되지 않는다.

■ 4월 461
강유 사이에 있으니 의당 허물은 없다. 밑에 있으면서 윗사람과 호응하니 어려움도 풀린다.
안녕하고 무사하니 옛날의 수심도 점점 사라진다. 선비는 과거에 급제하며 영전할 기회가
있다. 미혼자는 결합되며 경영하는 일은 잘 된다.

■ 5월 225
나쁨을 제거할 수 있으나 한 번은 위태로워진다. 가선과 실선을 구분하지 못하면 위태롭고,
아첨과 가까워지면 흉하다. 벼슬길에는 아첨과 간신이 따르는데 선비는 탈락한다. 모르는
사가 발동해 비밀스러운 화락을 꾀한다.

■ 6월   242

어린아이에게 매이면 장수를 잃게 된다. 사를 멀리하고 정도를 지켜라. 비리를 따르면 진실을 잃게 된다. 일이 안녕하지 못하고 소인이 시비한다. 마음이 두 곳에 묶여 있으니 스스로 지키기 어렵다. 정도를 버리고 사와 호응하면 허물도 클 것이다.

■ 7월   126

일이 되어가는 것을 보고 길흉을 살펴라. 법에 맞게 주선하면 큰 경사가 있고, 개과천선하면 점점 형통한다. 고시를 치루면 반드시 장원한다. 재물과 비단에는 흠이 없으나 아버지 상을 당할까 두렵다.

■ 8월   113

종일 부지런하며 조석으로 조심하라. 신중하게 처신하면 허물은 없을 것이다. 짐은 무거운데 힘은 모자라니 매사가 번거롭다. 일이 여의치 못하니 어찌 재물과 이익을 바라겠는가. 조급하게 움직이면 실패하고, 여자는 재난이 많다.

■ 9월   161

송사를 길게 끌지 않으면 결국은 이롭다. 처사가 중정하니 머지않아 자명해진다. 송사에 비유하면 처음에는 지나 나중에는 이긴다. 일시적인 훼방도 큰 해가 되지 않고, 시비와 재앙도 결국은 해결된다.

■ 10월   564

여러 당이 흩어지니 크게 길하고 광대하다. 강유가 서로 맞고 군신이 힘을 얻었다. 그 흩어짐을 끌어들여 능히 크게 모은다. 선비는 대중을 초월해 장원한다. 꾀하고 바라는 일은 이루어지고, 이익을 구하면 얻는다.

■ 11월   182

포용하고 받들면서 순순히 따라라. 소인은 길하나 대인은 비색하다. 부끄러움과 수치를 참으면 자신을 지킬 것이다. 시비와 좋고 나쁨을 분명히 하라. 그렇지 않으면 재해를 벗어나기 어렵다.

■ 12월   385

후회가 사라지는 곳에서 잃고 얻는 것을 근심하지 말라. 나가면 경사가 있으니 이롭지 않은 곳이 없다. 성의와 충성을 다하니 뜻이 천하에 통한다. 영천이나 발탁되는 기쁨이 있고, 앞으로 나아가 명예를 이룬다. 경영하거나 꾀하는 일이 이로우니 어찌 파란을 염려하랴.

연평 813

지천태괘 3효(地天泰卦 三爻)

평평하며 언덕 아닌 것이 없고, 가면 돌아오지 않는 것이 없다. 천지의 교제이니 어려우나 바르면 허물이 없다. 통태함이 다하면 비색이 오는 것은 하늘의 뜻이다. 책임을 이겨내고 질투와 간신을 조심하라. 두려워하면서 조심하면 편안하다.

■ 정월　414
올바르면 후회할 일이 없고, 큰 차 바퀴통도 건장하다. 한격도 이미 열려 있으니 다시 곤궁해지지 않는다. 재앙이 사라지고 복이 따르니 진취할 수 있다. 시험을 보면 높이 장원하며 길도 넓게 뚫린다. 오래 조용하면 반드시 몽하고, 몽하면 길하다.

■ 2월　451
항구함에 빠져 올바르더라도 이로울리 없으니 흉하다. 급히 구하면서 깊이 들어가 항구한 도를 잃는다. 군주에게 신용을 얻지 못하고, 지기도 만나기 어렵다. 인정이 통하지 않으며 거리에서 방황한다. 서두르나 이루지 못한다. 그러나 안정하면서 지키면 흉은 면한다.

■ 3월　215
비린 잎도 과감하게 처결하듯 중도를 행하면 허물이 없다. 중도를 얻지 못하면 광대하지 못하다. 간신의 침해가 있으나 조금은 발전한다. 오래 막히다 한관으로 복직된다. 소송은 펴지며 병도 치유되고, 경영하거나 꾀하는 일은 뜻대로 된다.

■ 4월　232
신중하게 개혁하고 아름답게 실행한다. 유순하며 중정하니 망동하지 않는다. 앞길에 막힘이 없으니 경사를 누리리라. 벼슬한 사람은 영전하고, 선비는 명예를 이룬다. 보통 사람은 기쁨이 많고 모든 일이 잘 된다.

■ 5월　116
지나치게 과한 용이니 내려올 줄 모르다 후회한다. 귀하나 직위가 없고, 높으나 백성이 없다. 사고무친이니 움직이면 후회할 일이 생긴다. 귀양갈 운으로 눈앞에 재앙이 닥친다. 너무 강하면 꺾이는 법이고, 망동하면 손실이 따르는 법이다.

■ 6월   123

애꾸눈으로 보며 절름발이로 걷는다. 호랑이 꼬리를 밟았으니 매우 흉하다. 하는 일이 바르지 못하니 반드시 상해가 따른다. 시비가 불리하니 감옥이나 송사가 따른다. 만약 깊이 살피지 않으면 자신과 가정이 망할 수 있다.

■ 7월   151

쇠로 된 말뚝에 매두면 견고하며 바르니 길하다. 돼지가 껑충 뛰듯 함부로 움직이고 싶은 마음이 간절하다. 앞으로 나아가도 심란한데 좌천이 어인 일인고. 귀인의 도움을 받으며 출산양육할 운이다. 그러나 수가 나쁘면 질병·감옥소송이 따른다.

■ 8월   554

손순하여 후회할 일이 없고, 사냥하여 3품(제기·고기·손님)을 얻는다. 사냥하여 모든 해로움을 제거하고 반드시 수확을 많이 거둔다. 일으킨 일이 크고 풍성해 공도 있고 왕성하다. 능히 강함을 이겨 무공을 이어간다. 공과 명예를 이루고, 이익과 복도 받는다.

■ 9월   172

황소가죽으로 묶어두는 것은 뜻이 견고하기 때문이다. 궁과 통달은 이미 정해져 있으니 앞일을 말하지 말라. 관직은 언론이 유리한데 항상 본분을 지켜라. 육축이 유리하다. 그러나 흉한 운이 오면 집안에 소송이 생긴다.

■ 10월   375

활을 당겨 꿩을 쏘면 백발백중이다. 상하로 친하니 길을 떠나면 매우 좋다. 움직여도 실책이 없으니 평이 좋고 복록이 있다. 존귀한 수상과 가까이 하여 영화를 누린다. 영화와 경사가 따를 운으로 살아가는 데 걱정이 없다.

■ 11월   183

지위가 부당하니 부끄럽다. 항상 졸렬한 권모술수를 부리다 선을 해친다. 인정은 쉽게 변하니 움직이면 의심을 받는다. 관직에서 물러나 쉬면서 비난을 막아라. 시비와 분쟁이 비온 뒤 죽순 솟듯한다.

■ 12월   286

위에 있으면서 편하지 못하니 눈물 콧물까지 흘리며 탄식한다. 남들이 친하려고 하지 않으니 궁색하기 그지없다. 전진은 평온하지 않고, 일마다 번거롭고 요란하다. 어른과 아이를 불문하고 근심이 따르니 안정되지 않는다. 명리도 허망하고 수명도 길지 않다.

연평 814

지천태괘 4효(地天泰卦 四爻) ䷊

겸허한데 부자가 되지 않으니 성의가 상합한다. 중도를 지키고 뜻이 같으면 소원도 이룬다. 관직자는 물러나게 되며 꾀하는 일은 이루기 어렵다. 경영하거나 꾀하는 일은 이익이 없고, 잡음과 훼방이 따른다. 멈추면 재앙이 사라지고, 운이 좋으면 멀리 유람한다.

■ 정월 615
주식에서 기다리니 편안하게 때를 기다린다. 도로 극진히 행하면 반드시 소득이 있을 것이다. 임금의 잔치에서 음식을 먹고 식읍을 받을 영화가 있다. 반드시 독식과 재물이 있고, 혼인할 운이다. 잔치 음식을 베푸는 경사가 있다.

■ 2월 632
부인이 수레에 가린 물건을 잃었으나 쫓아가지 않으면 길하다. 시기가 이미 기제니 다시 나갈 수 없다. 예의 없는 구차한 행동을 하지 말라. 처음에는 역수이나 나중에는 순수이고, 처음에는 잃으나 나중에는 얻는다. 그러나 운이 흉하면 상실이나 도망이 따른다.

■ 3월 516
이미 화하여 처한 것은 덕을 숭상하며 쌓았기 때문이다. 달이 거의 보름이 되었으니 부인이 견고하면 위태롭다. 군자는 나가면 반드시 소인의 간계와 시비로 시끄럽다. 시끄러움 속에서는 물러나고, 즐거운 곳에서는 탐하지 말라.

■ 4월 523
북치며 파하고, 울며 노래한다. 인심이 밖으로 움직이니 어찌 편안하겠는가. 동료와 불목하며 진퇴가 있다. 기쁨 속에 근심이 있고, 즐거움 속에 슬픔이 있다. 명예와 이익을 구하나 득실은 반반이다.

■ 5월 551
초기에 손순하면 진퇴의 뜻을 의심받을 뿐이다. 무사처럼 꿋꿋해야 그 뜻을 다스릴 수 있다. 진퇴가 일정하지 않은데 어려운 가운데 쉬운 것도 있다. 무관 선출이면 유리하나 문관 선임이면 막힌다. 득실이 있는데 의심과 훼방이 많이 따른다.

■ 6월   154

꾸러미에 고기가 없으니 흉하다. 상하로 만날 수 없으니 고립되어 어렵다. 인심은 흩어지고 만사는 모두 무너진다. 내쫓기고 강등되어 욕을 면하기 어렵다. 날마다 시비가 생기며 수도(나이)에 불리하다.

■ 7월   572

기러기가 반석으로 날아가니 음식에 즐거움이 있다. 험난함에서 점점 멀어져 평안해진다. 녹을 먹고 제주를 담당하거나 군신의 잔치에 간다. 금은·곡식·고기도 많고 이롭지 않는 일이 없다. 가는 곳마다 반석처럼 편안하다.

■ 8월   775

말에 순서가 있으면 후회는 없으리라. 언행을 조심하라. 말을 그치면 허물도 작아진다. 언론직이 좋은데 큰 책임을 맡는다. 한 말로 주인과 맞으니 언론 시험에서 명예를 이룬다.

■ 9월   583

나의 소행으로 진퇴하게 된다. 좋은 것을 순응하면 도덕을 잃지 않을 것이다. 진퇴가 무상하고, 쟁탈이 한결같지 않다. 득실이 정해져 있지 않으니 다시 잘 살펴봐라. 진실을 알면 설행하고, 어려움을 알면 물러서라.

■ 10월   686

친하게 지내며 돕는데 머리가 없으니 끝도 없다. 버리는 시기이니 반드시 흉하다. 대중이 도와주지 않으니 처세가 위험하고, 위에서도 도와주지 않으니 명예를 얻기 어렵다. 형극과 재앙으로 인정이 흩어질 것이다.

■ 11월   184

명에 순종하면 무슨 과오가 있으리. 때를 만나 도를 행하니 친구에게까지 복이 미친다. 다른 사람의 천거로 명예가 날로 드러난다. 전답과 사업도 날로 늘어나며 좋은 일이 많아진다. 은혜가 자손에게까지 미치고 복도 심원해진다.

■ 12월   141

망령됨과 사가 없으니 나아가면 뜻을 얻는다. 기거와 행동이 모두 천리에 맞는다. 거듭 도모해도 풍파가 전혀 없다. 임금도 얻고 백성도 얻어 명예를 이룬다. 보통 사람이 이와 같으면 가히 이익을 얻으리라.

연평 815

지천태괘 5효(地天泰卦 五爻) ䷊

천자의 누이동생을 시집보내니 복이며 매우 길하다. 어질고 강명한 분을 따르니 대길하다. 주로 영전되거나 기쁜 일이 있다. 과거에 올라 월계관을 쓰고 추대를 받는다. 결혼·출산양육이 있고, 모든 복이 다 모인다.

▪정월 716
하늘의 거리니 형통하며 큰 도를 행한다. 어진 사람이 뜻을 얻었으니 어진 길도 대통하게 된다. 예절·풍류·법에 어김이 없다. 꾀하는 일은 모두 이로우니 하늘과 거리에서 좋다. 천거하여 하늘에 오르고 진취하여 명예를 이룬다.

▪2월 723
천지가 교제하면 만물도 화생한다. 남녀의 정이 얽히면 만물이 화생하는 것이다. 셋이 가면 한 사람을 잃게 된다. 도반은 벗이 되고 협력자도 많다. 경영하거나 꾀하는 일은 이롭고, 이혼한 사람은 배우자를 얻는다.

▪3월 751
아버지의 일을 주간하니 죽은 아버지의 뜻을 계승한다. 앞 사람의 잘못을 자식이 능히 주간한다. 폐단은 깊지 않으니 일은 쉽게 구제된다. 자식이 아버지 사업을 계승하니 꾀하는 일을 이루지 못한다. 운이 흉하면 근심이 따르고, 노인은 살기 어렵다.

▪4월 354
솥발이 부러져 공석에서 쓸 곰국이 엎어졌다. 덕은 박한데 지위는 높고, 지혜는 적은데 꾀하는 일은 크다. 벼슬한 사람은 내쫓기거나 강등당하고, 선비는 발전하기 어렵다. 만약 파손되지 않으면 발에 병이 생긴다. 불길한 운을 만나 수명이 꺾일까 두렵다.

▪5월 772
장딴지에 그쳐 있으니 마음이 불쾌하다. 마음이 움직이면 몸도 따라 움직인다. 위태롭고 전복됨을 붙잡을 능력이 없고, 선비는 기회조차 없다. 구하고 꾀하는 일은 이루기 어렵고, 노력해도 고생일 뿐이다. 말의 병이 있거나 가정에 근심이 있을 운이다.

■ **6월   575**

기러기가 언덕으로 날아간다. 3년이 되어도 임신하지 못한다. 결국은 이기지 못하나 소원은 이룬다. 중정의 도는 반드시 이루어진다. 처음에 잃으나 나중에는 얻고, 처음에 어두우나 나중에는 밝아진다. 노인은 수명이 손상되고, 어린이는 기르기 어려울 수 있다.

■ **7월   783**

떨어져 가는데 허물이 없고, 상하를 잃어버린다. 뜻은 당연히 정도를 따르니 가히 선하다. 명리를 다른 길에서 구하면 높이 된다. 지기를 만나기 어려우니 생애가 담박하다. 근심은 부모와 처자에 있다.

■ **8월   886**

용이 들에서 싸우니 그 피가 검푸르고 누렇다. 둘 다 패하고 상처를 입으니 반드시 피의 재난을 본다. 화를 입고 강등·퇴출·파손할 위험이 있다. 선비는 크게 발전하나 근심과 해로움은 면하기 어렵다. 시비·분쟁·소송파괴·실패·위험·사망 등이 따른다.

■ **9월   384**

다람쥐처럼 나아가는 격이니 바르고 견고하면 위태롭다. 중정하지 못하면서 높은 자리만 탐낸다. 생각마다 잃어버릴까 근심하고, 경영하는 일은 자신을 해친다. 간하는 의론에 막히는데 요행으로 진출하려고 도모하지 말라. 탐심이 많아지면 오히려 물건만 손해본다.

■ **10월   341**

형틀을 신겨 발을 베어 없애나 행하지 않으면 허물이 없다. 적은 것을 징계해 큰 것을 경계하는 것은 소인의 복이다. 거동에 어려움이 많으니 공명을 이루지 못한다. 보통 사람은 형벌을 조심해야 한다. 근신하면 재앙을 면할 수 있으나 풍병에 걸릴까 두렵다.

■ **11월   185**

편안할 때 위태로움을 염려하고, 있을 때 망실을 생각한다. 재난은 가고 새 복이 온다. 원수와 시기하는 자는 가고 명리도 이룬다. 전답과 잠업이 유리하며 창고에 가득 차게 된다. 깊이 생각하고 염려해 환란의 실마리를 막아라.

■ **12월   162**

송사를 이기지 못하고 도망친다. 아래에서 윗사람과 소송하니 환란이 쉽게 풀린다. 옛것을 지키면서 안정하면 훼방과 욕을 당하지 않는다. 식구가 안녕하며 풍진이 침노하지 않는다. 운이 불리하면 유리됨을 면할 수 없다.

지천태괘 상효(地天泰卦 上爻) ☷☰

성이 구렁에 돌아오니 그 명령이 어지럽다. 인심이 방탕하면 난리가 여기서 생긴다. 관직자는 귀양을 가거나 강등되고 선비는 부끄러운 욕을 만나게 된다. 손실과 파괴의 운이니 질병도 두렵다. 수명이 불길하며 근후해야 재앙을 면한다.

■ 정월 851

진실로 오르니 대길하며 위와 뜻이 맞는다. 땅의 기운이 불어나 신의가 오르니 반드시 이루어진다. 강하며 중정을 따르니 어진 사람도 함께 나아간다. 벼슬한 사람은 영전하고, 선비는 높이 천거된다. 경영하거나 꾀하는 일은 마음대로 되니 점입가경이다.

■ 2월 454

학문은 성현을 따르지 않고, 정치는 왕도를 따르지 않는다. 심력을 다하지만 하나도 공이 되지 않는다. 벼슬한 사람은 퇴보하고, 진취는 성사되지 않는다. 경영하거나 꾀하는 일은 힘만 들고 무익하다. 교화를 실행하지 못하니 혜택을 베풀 수 없다.

■ 3월 872

겸손하며 바르니 중심을 얻는다. 속으로 겸손한 덕이 쌓이니 능히 외부로 발산할 수 있다. 수컷이 울면 암컷이 응하듯이 음양이 부르고 화답한다. 관직자는 직위가 바뀌니 앞으로 나아가면 명예를 이룬다. 경솔하면 좋지 않으니 물러나 지키는 것이 좋다.

■ 4월 675

큰 어려움에 부딪쳤는데 벗이 오니 절의로 대한다. 충정한 신하와 자식의 도움을 더욱 많이 받는다. 관직은 요직에 오르며 진취하여 적중한다. 좋은 사람이 이끌어주고 천거하니 이롭지 않은 것이 없다. 신하는 충성하고 자식은 효도하니 가정이 화애롭다.

■ 5월 883

아름다움을 함축하고 가히 바르며 시기에 맞게 편다. 만일 왕사를 따르면 성취함은 없어도 유종의 미는 있다. 승진이나 영전할 기회가 있고 앞으로 나아갈 날이 온다. 꾀와 계략이 심원하니 경영에 수확이 있다. 여자가 이를 얻으면 덕이 있는 부인이 될 것이다.

■6월 786

큰 과일을 먹지 않는 것은 장차 다시 생겨나게 하기 위함이다. 군자는 수레를 얻으나 소인은 집이 사라진다. 난리가 나면 치세를 생각하며 군자를 추대하기 원한다. 벼슬한 사람은 좋은 권세가를 만나 천거된다. 경영에 새로운 뜻을 세우고, 궁실을 성조한다.

■7월 484

즐거워하면서 크게 얻으니 큰 뜻을 편다. 지성이며 의심되지 않으니 벗들도 단합하며 따른다. 책임이 중대하니 왕공도 순종한다. 귀인의 천거를 받고 명성이 점점 높아진다. 앞으로 나아가 명예를 얻고, 경영하는 일에서도 이익을 얻는다.

■8월 441

벼락이 쳐도 두려움을 알면 복이 있다. 법도를 알면 나중에 웃음꽃이 피고, 편안하게 쉬지 않으면 결국은 안녕하다. 기뻐하는데 한번 울리면 사람도 놀란다. 많이 놀라나 나중에는 기쁨이 있다.

■9월 285

모이는데 자리를 두나 뜻은 빛나지 못한다. 덕과 지위가 맞으면 움직여도 백성이 기뻐한다. 스스로 큰 선을 닦으면 복종하지 않는 것이 없다. 인정이 미덥지 못하며 도덕을 닦지 못한다. 인정이 화합하지 못하니 경영하거나 꾀하는 일이 막힌다.

■10월 262

주식이 곤궁하나 중간에 경사와 복이 있다. 나가면 흉한데 누구를 허물하랴. 곤궁해도 도를 행하는 것은 대신의 영명한 재주다. 귀인과 교류하며 경영하거나 꾀하는 일로 이익을 얻는다. 안정하면 길하나 움직이면 흉하고, 운이 흉하면 상을 당할 수도 있다.

■11월 186

편안할 때 위태로움을 염려하고, 있을 때 망실을 생각한다. 재난은 가고 새 복이 온다. 원수와 시기하는 자는 가고 명리도 이룬다. 전답과 잠업이 유리하며 창고에 가득 차게 된다. 깊이 생각하고 염려해 환란의 실마리를 막아라.

■12월 173

일에 매여 숨지 못하니 병이 되고 위태로움이 있다. 공을 바라지만 펴지 못하니 큰 일은 성사되지 않는다. 질병에 걸리지 않으면 놀람과 위험이 있다. 식구가 늘고 아내를 얻을 운이다. 길흉이 상반하는 운이다.

지택림괘 초효(地澤臨卦 初爻) ䷒.

느껴 임하니 바르면 길하고, 올바른 뜻을 행한다. 그 길한 것을 고수하고 각기 일에 따른다. 기틀을 알고 상종하며 사람을 얻어 공동 구제한다. 시험에 비유하면 수석이 된다. 음양이 서로 감응하니 경영하거나 꾀하는 일이 뜻대로 된다.

■ 정월 842
아름다운 회복이니 길하며 인(仁)에 내린다. 인을 얻고 인과 친하니 선이 되어 자연히 이익도 생긴다. 내쫓긴 사람도 복직되고 정지나 강등도 풀린다. 위태롭던 사람도 편안해지고 병자도 쾌유된다. 형통하며 부호가 되니 재물과 이익을 얻는다.

■ 2월 645
혜택을 받기 어려우니 베풀어도 빛이 나지 않는다. 작게 올바르면 길하나 크게 올바르면 흉하다. 위엄과 권세가 떠났으니 큰 일은 하기 어렵다. 망동하면 흉하니 시작한 일들은 불리하다. 이미 때를 잃었으니 무리해도 안 된다.

■ 3월 833
상하는데 남에게 사냥을 시켜 큰 머리를 얻는다. 큰 뜻을 얻어도 빨리 견고하게 하려고 하지 말라. 벼슬한 사람은 권세를 잡고, 선비는 장원한다. 보통 사람은 재앙과 뜻밖의 병이 생긴다. 신중하게 때를 기다리는 것이 좋다.

■ 4월 736
깨끗하게 꾸미면 허물이 없고, 위에서도 뜻을 얻는다. 참 모습을 잃지 않으니 절대 허물이 없다. 승진이나 영전할 운이니 앞으로 나아가면 뜻을 이룬다. 경영하거나 꾀하는 일이 소박하며 진실하니 허황이나 방탕에 빠지지 않는다. 혹 외척의 상을 당할 수 있다.

■ 5월 434
차양이 많아 대낮에도 두성을 본다. 있는 자리가 부당하니 밝지 못한다. 어둡고 유약하니 풍성하게 이루지 못한다. 어진 부하와 같은 덕을 서로 돕는다. 내부를 버리고 외부를 따르니 배를 타는 것이 불가하다.

■ 6월 471

날아가는 새라 흉하나 어쩔 수가 없다. 빨리 가다 흉을 만나나 구제할 길이 없다. 나는 곤충의 재앙이 있고, 뜻밖의 재난도 두렵다. 날면 하늘도 찌르나 빨리 가면 화근이 된다. 사물은 견고하지 못하고, 사람은 교량이 끊긴다.

■ 7월 235

대인은 범으로 변하며 그 문채가 빛난다. 개혁이 지당하면 모든 사람이 신뢰한다. 벼슬한 사람은 높이 영전하고, 선비는 높이 천거된다. 변통하는 일은 먼저 그 아름다움이 나타난다. 그러나 천민이나 여자는 이런 기쁨을 감당하기 어렵다.

■ 8월 212

안으로는 근심과 두려움을 품고 밖으로는 엄숙히 경계하라. 어두운 밤에 무력을 만나더라도 구원을 요청하지 말라. 졸연히 화를 막으면 재앙을 면할 수 있다. 무관이 유리하니 무관으로 진출하라. 만약 도적이 아니면 놀라거나 위험한 일이 많다.

■ 9월 136

교회에서 동지를 찾으나 뜻을 이루지 못한다. 인정은 서로 막히고 안팎이 같지 않다. 외롭더라도 절개를 지키면서 자신을 고결하게 하라. 벼슬길은 먼 곳에 있으나 좋은 기회를 만나기 어렵다. 만약 흉한 운을 만나면 교외로 나간다.

■ 10월 143

무고한 재난에 매어둔 소를 잃는다. 옛날의 기쁨이 수심이 되고, 일에 경쟁이 많다. 명암이 함께 오니 풍파가 그치지 않는다. 몸은 어려움에 처하며 손재를 당한다. 만약 소를 사들이지 않으면 시끄러워진다.

■ 11월 171

말미에 물러나 숨으니 위태로움과 어려움이 많다. 만약 전진하지 않으면 재해를 면할 수 있다. 물러나 숨으면 좋으나 나아가 행동하면 흉하다. 물러나 때를 기다려라. 경영하는 일은 막혀 어려우니 안정하면서 분수를 지켜라.

■ 12월 574

기러기가 나무로 날아가니 처한 곳이 편하지 않다. 순하게 윗사람을 섬기면 높아도 위태롭지 않다. 강폭함을 막기 어렵고, 옮겨다니는 것도 정처가 없다. 가을(지방) 시험은 가망이 있는데 과거도 될 수 있다. 집수리나 성조도 이롭고, 놀람과 근심도 사라진다.

지택림괘 2효(地澤臨卦 二爻)

느껴 임하고 또 길하니 이롭지 않은 것이 없다. 음양이 서로 감응하니 명을 순응하는 것은 아니다. 사를 제거하고 정도를 지키니 지위가 청고하다. 막히고 침체됨이 없다. 시기에 맞게 짐작하면 경영하거나 꾀하는 일에 이익이 있다.

■ 정월 813
평평하며 언덕 아닌 것이 없고, 가면 돌아오지 않는 것이 없다. 천지의 교제이니 어려우나 바르면 허물이 없다. 통태함이 다하면 비색이 오는 것은 하늘의 뜻이다. 책임을 이겨내고 질투와 간신을 조심하라. 두려워하면서 조심하면 편안하다.

■ 2월 716
하늘의 거리니 형통하며 큰 도를 행한다. 어진 사람이 뜻을 얻었으니 어진 길도 대통하게 된다. 예절·풍류·법에 어김이 없다. 꾀하는 일은 모두 이로우니 하늘과 거리에서 좋다. 천거하여 하늘에 오르고 진취하여 명예를 이룬다.

■ 3월 414
올바르면 후회할 일이 없고, 큰 차 바퀴통도 건장하다. 한격도 이미 열려 있으니 다시 곤궁해지지 않는다. 재앙이 사라지고 복이 따르니 진취할 수 있다. 시험을 보면 높이 장원하며 길도 넓게 뚫린다. 오래 조용하면 반드시 몽하고, 몽하면 길하다.

■ 4월 451
항구함에 빠져 올바르더라도 이로울리 없으니 흉하다. 급히 구하면서 깊이 들어가 항구한 도를 잃는다. 군주에게 신용을 얻지 못하고, 지기도 만나기 어렵다. 인정이 통하지 않으며 거리에서 방황한다. 서두르나 이루지 못한다. 그러나 안정하면서 지키면 흉은 면한다.

■ 5월 215
비린 잎도 과감하게 처결하듯 중도를 행하면 허물이 없다. 중도를 얻지 못하면 광대하지 못하다. 간신의 침해가 있으나 조금은 발전한다. 오래 막히다 한관으로 복직된다. 소송은 펴지며 병도 치유되고, 경영하거나 꾀하는 일은 뜻대로 된다.

■ 6월 232

신중하게 개혁하고 아름답게 실행한다. 유순하며 중정하니 망동하지 않는다. 앞길에 막힘이 없으니 경사를 누리리라. 벼슬한 사람은 영전하고, 선비는 명예를 이룬다. 보통 사람은 기쁨이 많고 모든 일이 잘 된다.

■ 7월 116

지나치게 과한 용이니 내려올 줄 모르다 후회한다. 귀하나 직위가 없고, 높으나 백성이 없다. 사고무친이니 움직이면 후회할 일이 생긴다. 귀양갈 운으로 눈앞에 재앙이 닥친다. 너무 강하면 꺾이는 법이고, 망동하면 손실이 따르는 법이다.

■ 8월 123

애꾸눈으로 보며 절름발이로 걷는다. 호랑이 꼬리를 밟았으니 매우 흉하다. 하는 일이 바르지 못하니 반드시 상해가 따른다. 시비가 불리하니 감옥이나 송사가 따른다. 만약 깊이 살피지 않으면 자신과 가정이 망할 수 있다.

■ 9월 151

쇠로 된 말뚝에 매두면 견고하며 바르니 길하다. 돼지가 껑충 뛰듯 함부로 움직이고 싶은 마음이 간절하다. 앞으로 나아가도 심란한데 좌천이 어인 일인고. 귀인의 도움을 받으며 출산양육할 운이다. 그러나 수가 나쁘면 질병·감옥·소송이 따른다.

■ 10월 554

손순하여 후회할 일이 없고, 사냥하여 3품(제기·고기·손님)을 얻는다. 사냥하여 모든 해로움을 제거하고 반드시 수확을 많이 거둔다. 일으킨 일이 크고 풍성해 공도 있고 왕성하다. 능히 강함을 이겨 무공을 이어간다. 공과 명예를 이루고, 이익과 복도 받는다.

■ 11월 172

황소가죽으로 묶어두는 것은 뜻이 견고하기 때문이다. 궁과 통달은 이미 정해져 있으니 앞일을 말하지 말라. 관직은 언론이 유리한데 항상 본분을 지켜라. 육축이 유리하다. 그러나 흉한 운이 오면 집안에 소송이 생긴다.

■ 12월 375

활을 당겨 꿩을 쏘면 백발백중이다. 상하로 친하니 길을 떠나면 매우 좋다. 움직여도 실책이 없으니 평이 좋고 복록이 있다. 존귀한 수상과 가까이 하여 영화를 누린다. 영화와 경사가 따를 운으로 살아가는 데 걱정이 없다.

지택림괘 3효(地澤臨卦 三爻) ䷒

달콤함으로 친히 임하고 지위가 부당하다. 이미 근심이 있으며 어물이 길지 못할 것이다. 세력과 지위를 빙자하면 무슨 이익이 있겠는가. 아첨의 실책이 있고, 만약 슬픈 수심이 없으면 원한과 고생이 따를 염려가 있다.

■ 정월 424
누이동생 시집보낼 때 일 년을 기다려야 하는데 늦는 것도 때가 있다. 여자가 어질고 바르면 가볍게 남을 따르지 않는다. 시운이 불리하니 반드시 때를 기다려라. 관직자는 결원을 기다리고, 학교는 보궐을 기다린다. 밖에 있으면 돌아오지 못하며 혼인도 성사되지 않는다.

■ 2월 461
강유 사이에 있으니 의당 허물은 없다. 밑에 있으면서 윗사람과 호응하니 어려움도 풀린다. 안녕하고 무사하니 옛날의 수심도 점점 사라진다. 선비는 과거에 급제하며 영전할 기회가 있다. 미혼자는 결합되며 경영하는 일은 잘 된다.

■ 3월 225
나쁨을 제거할 수 있으나 한 번은 위태로워진다. 가선과 실선을 구분하지 못하면 위태롭고, 아첨과 가까워지면 흉하다. 벼슬길에는 아첨과 간신이 따르는데 선비는 탈락한다. 모르는 사가 발동해 비밀스러운 화락을 꾀한다.

■ 4월 242
어린아이에게 매이면 장수를 잃게 된다. 사를 멀리하고 정도를 지켜라. 비리를 따르면 진실을 잃게 된다. 일이 안녕하지 못하고 소인이 시비한다. 마음이 두 곳에 묶여 있으니 스스로 지키기 어렵다. 정도를 버리고 사와 호응하면 허물도 클 것이다.

■ 5월 126
일이 되어가는 것을 보고 길흉을 살펴라. 법에 맞게 주선하면 큰 경사가 있고, 개과천선하면 점점 형통한다. 고시를 치루면 반드시 장원한다. 재물과 비단에는 흠이 없으나 아버지 상을 당할까 두렵다.

■ 6월   113

종일 부지런하며 조석으로 조심하라. 신중하게 처신하면 허물은 없을 것이다. 짐은 무거운데 힘은 모자라니 매사가 번거롭다. 일이 여의치 못하니 어찌 재물과 이익을 바라겠는가. 조급하게 움직이면 실패하고, 여자는 재난이 많다.

■ 7월   161

송사를 길게 끌지 않으면 결국은 이롭다. 처사가 중정하니 머지않아 자명해진다. 송사에 비유하면 처음에는 지나 나중에는 이긴다. 일시적인 훼방도 큰 해가 되지 않고, 시비와 재앙도 결국은 해결된다.

■ 8월   564

여러 당이 흩어지니 크게 길하고 광대하다. 강유가 서로 맞고 군신이 힘을 얻었다. 그 흩어짐을 끌어들여 능히 크게 모은다. 선비는 대중을 초월해 장원한다. 꾀하고 바라는 일은 이루어지고, 이익을 구하면 얻는다.

■ 9월   182

포용하고 받들면서 순순히 따라라. 소인은 길하나 대인은 비색하다. 부끄러움과 수치를 참으면 자신을 지킬 것이다. 시비와 좋고 나쁨을 분명히 하라. 그렇지 않으면 재해를 벗어나기 어렵다.

■ 10월   385

후회가 사라지는 곳에서 잃고 얻는 것을 근심하지 말라. 나가면 경사가 있으니 이롭지 않은 곳이 없다. 성의와 충성을 다하니 뜻이 천하에 통한다. 영천이나 발탁되는 기쁨이 있고, 앞으로 나아가 명예를 이룬다. 경영하거나 꾀하는 일이 이로우니 어찌 파란을 염려하랴.

■ 11월   173

일에 매여 숨지 못하니 병이 되고 위태로움이 있다. 공을 바라지만 펴지 못하니 큰 일은 성사되지 않는다. 질병에 걸리지 않으면 놀람과 위험이 있다. 식구가 늘고 아내를 얻을 운이다. 길흉이 상반하는 운이다.

■ 12월   276

광대뼈와 혀로 감동시키니 구설만 생긴다. 말이 많으면 욕을 부르고, 도모한 일도 분명하지 않다. 항상 노력하나 마음과 힘만 쓸 뿐이다. 유세하는 업이나 평론가가 되어라. 구설이 분분하니 먼저 훼방을 조심하라.

지택림괘 4효(地澤臨卦 四爻) ䷒

지극한 도가 임하니 허물이 없고 지위도 당연하다. 임하는 도는 가까운 것을 숭상하니 동료들 덕으로 아름다운 혜택을 입는다. 인정이 화합하니 경영하는 일은 모두 순탄하나 모든 일은 먼저 살핀 뒤 시작하라.

■ 정월 625

달콤한 절제요 법도이니 길하고, 나가면 가상함이 있다. 자신을 지키면서 편안하게 행하면 천하도 기꺼이 따라준다. 수원이 감미로우면 내로 흘러도 쉬지 않는다. 관직자는 영전이나 발탁되고, 선비는 상달한다. 꾀하거나 바라는 일은 이루어지고, 행하는 일은 가상함이 있다.

■ 2월 642

막히고 어려우니 말을 타고 나가지 못하고 머뭇거린다. 운이 흉하고 이치가 다했으니 망령되게 구하는 자도 갔다. 신분과 직위를 고쳐 권세가 날로 심하다. 선비는 나아가기 어렵고 혼인할 운이다. 운이 흉하면 난리·소송 구속·연금이 따른다.

■ 3월 526

소리가 하늘에 닿으나 어찌 오래가랴. 신의도 다하면 쇠퇴하고, 충성도 독실하면 안으로 상실감이 생긴다. 왕궁에 올라 천자와 함께 한다. 높은 것을 다투며 강함을 억제하니 진출하기 어렵다. 혹 사물이 손상되거나 명예와 수명이 보전하기 어렵다.

■ 4월 513

수레바퀴통이 벗겨지며 부부는 반목한다. 나아가도 이롭지 않고 물러서도 가정이 편안하지 못하다. 영화를 누리다 욕을 보고, 나아가려다 물러선다. 발이나 눈에 병이 생기고, 식구는 분리된다. 모든 재난이 함께 와 가문에 후회하거나 부끄러운 일이 생긴다.

■ 5월 561

구제하는데 건장한 말을 쓰니 길하다. 굳세고 중정한데 친히 사귀며 서로 구한다. 빨리 영전하며 선비는 비등해진다. 귀인과 교류하거나 천거를 받아 꾀하는 것을 모두 이룬다. 흐트러짐도 초기에 구하면 힘을 들이지 않아도 된다.

■ 6월   164

송사에서 이기지 못하고 정도로 돌아온다. 안정하면 실책이 되지 않는다. 언행과 동정은 천명을 잃지 말라. 한가로움 속에서 복직되며 진취를 잃지 않는다. 과실을 고치며 선해지니 관재나 소송은 없다.

■ 7월   582

여인의 정절을 몰래 훔쳐보니 추하다. 보는 것이 밝지 못하니 순종할 따름이다. 재주는 있으나 미치지 못해 문리에 통달하지 못한다. 집에 있으면 어두우나 밖으로 나가면 밝아진다. 여인 때문에 추한 일이 생기고, 여자는 기쁘나 남자는 슬프다.

■ 8월   785

모든 음이 순종하니 소인도 선해진다. 관직자는 요직에 오른다. 경영하거나 꾀하는 일에 뽑히고 인정도 화합된다. 가정이 화평하며 복이 생기고, 궁궐의 관찰이나 주지가 된다. 궁인의 총애를 받으니 이롭지 않은 것이 없다.

■ 9월   573

기러기가 육지로 올라오나 편안한 곳이 아니다. 남편은 나가 돌아오지 않고, 부인은 임신하나 양육하지 못한다. 그러나 정도를 지키며 사를 막으면 허물은 없을 것이다. 귀양·강등·막힘·침체가 따를 운이다. 인정이 화목하지 못하니 도적이 침범한다.

■ 10월   676

안에 뜻이 있으니 가면 험난하나 오면 너그러워져 험난함이 해결된다. 대인을 보는 것이 이롭고, 귀인을 따르게 된다. 관직은 내직으로 들어 명예를 이룬다. 귀인을 가까이하면 이익을 얻으나 망동하면 불리해진다.

■ 11월   174

군자는 좋게 물러설 수 있으나 소인은 어렵다. 작은 것은 버리고 높은 것을 꾀하면 욕을 당하며 위태로워진다. 시운이 불리하니 휴직하고 몸을 피하라. 여자의 도움을 받다가 오히려 화근이 된다. 사를 버리고 공사를 받들면 재난은 면할 수 있다.

■ 12월   131

마음에 부끄러움이 없으니 자연히 내외가 화평하다. 남들과 마음이 통하니 무슨 허물이 있겠는가. 원한과 허물은 모두 사라지며 모든 가정에는 기쁨이 있다. 영전할 운이요 등용할 상이다. 동지와 협심하며 성조와 문을 수리한다.

지택림괘 5효(地澤臨卦 五爻) ䷒

대군이 지혜로 임하고, 중도에 행하니 여러 가지가 길하다. 성군은 총명하며 예지력이 있어야 한다. 벼슬한 사람은 초월적이 되고, 선비는 등용된다. 꾀하는 일은 순탄하니 이롭지 않은 것이 없다.

■ 정월 726

덜지도 않고 유익하니 큰 뜻을 이룬다. 신하를 많이 얻는데 원근이 모두 복종한다. 혜택을 주고 소비하지 않으면 그 혜택이 넓어진다. 백성은 한마음이 되고 임금의 총애도 견고하다. 선비도 뜻을 얻어 출입이 더욱 유리해진다.

■ 2월 713

좋은 말이 달리니 어렵고 올곧은 것이 이롭다. 윗사람과 뜻이 합하면 달리는 말과 같아진다. 태수(太守)가 되어 붉은 기를 꽂고, 선비는 비등한다. 지기가 서로 도우니 어려움도 이겨낸다. 열심히 노력하면 고생 끝에 얻을 것이다.

■ 3월 761

어린아이에게는 벌을 주는 것이 이롭다. 두려움을 알게 한 후 가르쳐서 인도한다. 착한 도를 알게 해야지 벌을 주면 안 된다. 문교의 직책이며 형벌을 주는 소임이다. 작은 시험은 유리하나 보통 사람은 관재나 시비가 많다.

■ 4월 364

견고하고 바르면 후회할 일이 없으니 뜻을 이룬다. 힘을 다해 원방을 정벌하면 3년에 상을 받는다. 출장 입상하고 진취하여 괴수가 된다. 공이 높으면 상도 무궁하다. 귀인이 도와주면 이익이 있으나 귀신에 기록될 우려도 있다.

■ 5월 782

흉과 사의 세력이 더욱 커져 정도를 해치고 멸망시키니 더 흉해진다. 관직자는 퇴출과 강등을 막아야 하고 진취하기는 어렵다. 주관하는 일은 이루어지지 않으니 일찍 대책을 세워라. 아랫사람에게 침해와 능멸을 당하고, 높은 사람의 시기도 받는다.

■6월 585

자신의 득실을 보아 인민의 좋고 나쁨을 살펴라. 태평과 난국이 나에게 달려있다. 벼슬과 녹은 숭고하고, 문장은 세상을 덮는다. 생활은 날로 좋아지고, 부인은 생산과 양육이 있다. 병에 시달리는 사람이라도 생명은 보전한다.

■7월 773

한계에 이르렀다. 등골뼈가 벌어질 것 같다. 사람이 거역하며 미워하니 어찌 위태롭지 않겠는가. 요직으로 옮길 수 있는데 진취하여 명예를 이룬다. 파손되며 안녕하지 못하니 위태롭다. 심장·눈·허리에 병이 생길까 두렵다.

■8월 876

지나치게 겸손할 때는 강한 무용으로 다스려라. 벼슬길에 오르나 변방으로 나가고, 선비는 작은 시험이 좋다. 투쟁이나 소송은 변명하지 않아도 자명해진다. 마음과 뜻이 깨끗하면 손실을 면할 수 있다. 한번 사심이 터지면 밝음을 등지고 어둠으로 향한다.

■9월 374

나그네라고 자처하며 지위도 얻지 못한다. 재물과 도끼를 얻으나 마음은 불쾌하다. 재능은 펼 수 없고 겨우 몸만 편하다. 선비는 불쾌하며 앞으로 나아가기도 어렵다. 좋은 가운데 부족함이 있으나 밖으로 나가면 이룰 수 있다.

■10월 331

내디딘 발길 착란하나 조심하면 허물은 없다. 그 진퇴를 아는 것은 밝게 부딪치는 도다. 조심하면서 신중하게 피하면 화를 면할 수 있다. 조급하게 움직이면 허물을 범하고, 이치에 어긋나면 분수를 범한다. 만약 그렇지 않으면 미끄러지며 발에 병이 생긴다.

■11월 175

물러나 숨는 것이 좋은데 바르고 견실하면 길하다. 뜻에 사나 흐트러짐이 없으니 움직이고 쉬는 데 어김이 없다. 꽃 선경에 피고 꽃방석에 불을 끈다. 등용되거나 영전할 운으로 반드시 좋은 기회가 온다. 몸은 존귀한 사람과 가까이 하며 경사가 생길 수 있다.

■12월 152

물고기가 꾸러미 속에 있으니 허물은 없다. 어찌 좋은 물건을 잘 포장해 밖에 내놓겠는가. 벼슬한 사람은 영전하나 선비는 불리하다. 금은과 비단이 모두 좋고, 수산물도 이익이 있다. 식구가 늘거나 자식이 생길 수 있다.

연평 826

지택림괘 상효(地澤臨卦 上爻) ䷒

두텁게 임하니 길하며 뜻은 안에 있다. 존귀하면서도 비천함과 호응하고, 높으면서도 아랫사람을 따른다. 가르치며 생각하기, 포용과 보호를 무궁히 한다. 벼슬한 사람은 내직이며 국립대학에 간다. 원근에서 취하는 일은 이롭지 않은 것이 없다.

■ 정월 861
출사할 때 율법을 어기면 흉하다. 신하가 도리를 다하면 임금의 총애도 날로 깊어진다. 문장과 의리로 합하니 공명을 이루고, 경영하는 일은 법도를 지키니 재물은 날로 늘어난다. 경솔하면 재앙을 당하는데 운이 흉하면 매우 험상궂다.

■ 2월 464
위로 소인과 친하면 어진 사람은 멀리 물러선다. 소인을 물리치면 군자의 무리가 나오게 된다. 성의와 신의가 깊으면 재난은 사라지고 복이 온다. 곁에 간신이 있으니 일에 실수와 허물이 생긴다. 만약 어진 사람을 만나면 재난은 거의 면제된다.

■ 3월 882
곧고 모나고 크니 땅의 도가 빛난다. 소행에 의심이 없으니 이롭지 않은 것이 없다. 유순하며 중정한 덕이 무궁하다. 관직자는 지위가 높아지고 명예도 올라간다. 곡식과 비단이 많이 늘어나고, 어진 부인이 집안을 일으킨다.

■ 4월 685
친히 돕는다는 뜻이며 지위가 중정하다. 왕이 세 번 짐승을 모니 어질다는 것을 알 수 있다. 역을 버리고 순리를 따르며, 자신을 용서하는 마음으로 남을 대한다. 관직자는 영전하고, 선비는 과거에 급제한다. 처음에는 힘드나 나중에는 순탄하니 이롭지 않은 것이 없다.

■ 5월 873
노력하고 겸손한 군자는 만민이 복종한다. 노력하고 자랑하지 않고 공이 있으면서도 공덕이라 하지 않는다. 벼슬한 사람은 높이 옮겨가고 선비는 기회를 만난다. 경영과 꾀하는 일에 이익을 얻고 마음과 힘껏 노력한다. 높아도 위태롭지 않고 차도 넘치지 않는다.

■ 6월 776

그치는 도가 매우 좋으니 나중에는 길하다. 관직자는 자리를 옮기고, 선비는 명예를 이루고, 농민은 전답이 늘어나고, 상인은 이익을 얻고, 보통 사람은 복을 받는다. 그러나 운이 흉하면 반대가 된다.

■ 7월 474

지극히 공손하면 허물이 없다. 고수하지 말고 때에 맞게 하라. 고집스럽게 변통할 줄 모르면 다소 허물이 된다. 안정하면서 직위를 지켜라. 작은 시험은 유리하다. 안빈하며 분수를 지키면 자연 손실과 폐단도 없다.

■ 8월 431

짝이 되는 주인을 만나 마음이 같으면 허물이 없다. 나가면 가상하나 열흘이 지나면 재앙이 생긴다. 반드시 밝은 군주를 만나 명예를 이룬다. 귀인과 교류하며 꾀하는 일을 이룬다. 그러나 너무 큰 일을 시작하면 반드시 재앙이 된다.

■ 9월 275

등심에 감응이 있으니 뜻이 사물을 감동시키지 못한다. 진퇴에 구속이 없고, 중심에는 사기가 없다. 같은 관료는 기뻐도 앞으로 나아가기는 어렵다. 인정이 어그러지며 떨어져 나가니 경영하거나 꾀하는 일은 시소하다. 사욕에 감응하면 사물을 감동시킬 수 없다.

■ 10월 252

마른 벼에 뿌리가 나고, 늙은 사내가 아내를 얻는다. 중도를 얻고 유순하니 능히 큰 공을 이룬다. 심하게 침체된 사람이 다시 일어나니 복직될 운이다. 첩을 들이는 운으로 아내를 얻고 아들을 낳는다. 승려는 제자를 얻거나 의붓자식을 둔다.

■ 11월 176

살찐 물러남이요 숨은 것이니 이롭지 않은 것이 없다. 사물에 막힘이 없어 초연하며 여유가 있으니 무슨 일이든 이루어지지 않겠는가. 관로가 편안하지 못하니 때를 기다려라. 경영하거나 꾀하는 일은 이롭고, 가정과 사업은 풍성해진다.

■ 12월 183

지위가 부당하니 부끄럽다. 항상 졸렬한 권모술수를 부리다 선을 해친다. 인정은 쉽게 변하니 움직이면 의심을 받는다. 관직에서 물러나 쉬면서 비난을 막아라. 시비와 분쟁이 비온 뒤 죽순 솟듯한다.

지화명이괘 초효(地火明夷卦 初爻) ☷☲.

위로 나아가는 것이 상했으니 기미를 보아 먼저 피하라. 가면 말이 있으니 어찌 좃히 괴이하랴. 관직은 정지되거나 강등되니 물러나 쉬는 상이다. 나르려다 날개 드리우니 발전하기 어렵다. 해가 흉년을 만났으니 재물과 곡식이 풍부하지 못하다.

■ 정월 812
넓음도 포장하고 하수도 능멸하며 먼 곳을 잃지 않는다. 벗을 잃으면 광대하고 중도의 행실에 부합된다. 변방이나 강호를 지킨다. 앞으로 나아가 명예를 이루고, 경영하거나 꾀하는 일에 수확이 있다. 반드시 존귀한 분을 만나나 운이 흉하면 상해가 따른다.

■ 2월 615
주식에서 기다리니 편안하게 때를 기다린다. 도로 극진히 행하면 반드시 소득이 있을 것이다. 임금의 잔치에서 음식을 먹고 식읍을 받을 영화가 있다. 반드시 독식과 재물이 있고, 혼인할 운이다. 잔치 음식을 베푸는 경사가 있다.

■ 3월 823
달콤함으로 친히 임하고 지위가 부당하다. 이미 근심이 있으며 어물이 길지 못할 것이다. 세력과 지위를 빙자하면 무슨 이익이 있겠는가. 아첨의 실책이 있고, 만약 슬픈 수심이 없으면 원한과 고생이 따를 염려가 있다.

■ 4월 726
덜지도 않고 유익하니 큰 뜻을 이룬다. 신하를 많이 얻는데 원근이 모두 복종한다. 혜택을 주고 소비하지 않으면 그 혜택이 넓어진다. 백성은 한마음이 되고 임금의 총애도 견고하다. 선비도 뜻을 얻어 출입이 더욱 유리해진다.

■ 5월 424
누이동생 시집보낼 때 일 년을 기다려야 하는데 늦는 것도 때가 있다. 여자가 어질고 바르면 가볍게 남을 따르지 않는다. 시운이 불리하니 반드시 때를 기다려라. 관직자는 결원을 기다리고, 학교는 보궐을 기다린다. 밖에 있으면 돌아오지 못하며 혼인도 성사되지 않는다.

■ 6월 461

강유 사이에 있으니 의당 허물은 없다. 밑에 있으면서 윗사람과 호응하니 어려움도 풀린다. 안녕하고 무사하니 옛날의 수심도 점점 사라진다. 선비는 과거에 급제하며 영전할 기회가 있다. 미혼자는 결합되며 경영하는 일은 잘 된다.

■ 7월 225

나쁨을 제거할 수 있으나 한 번은 위태로워진다. 가선과 실선을 구분하지 못하면 위태롭고, 아첨과 가까워지면 흉하다. 벼슬길에는 아첨과 간신이 따르는데 선비는 탈락한다. 모르는 사가 발동해 비밀스러운 화락을 꾀한다.

■ 8월 242

어린아이에게 매이면 장수를 잃게 된다. 사를 멀리하고 정도를 지켜라. 비리를 따르면 진실을 잃게 된다. 일이 안녕하지 못하고 소인이 시비한다. 마음이 두 곳에 묶여 있으니 스스로 지키기 어렵다. 정도를 버리고 사와 호응하면 허물도 클 것이다.

■ 9월 126

일이 되어가는 것을 보고 길흉을 살펴라. 법에 맞게 주선하면 큰 경사가 있고, 개과천선하면 점점 형통한다. 고시를 치루면 반드시 장원한다. 재물과 비단에는 흠이 없으나 아버지 상을 당할까 두렵다.

■ 10월 113

종일 부지런하며 조석으로 조심하라. 신중하게 처신하면 허물은 없을 것이다. 짐은 무거운데 힘은 모자라니 매사가 번거롭다. 일이 여의치 못하니 어찌 재물과 이익을 바라겠는가. 조급하게 움직이면 실패하고, 여자는 재난이 많다.

■ 11월 161

송사를 길게 끌지 않으면 결국은 이롭다. 처사가 중정하니 머지않아 자명해진다. 송사에 비유하면 처음에는 지나 나중에는 이긴다. 일시적인 훼방도 큰 해가 되지 않고, 시비와 재앙도 결국은 해결된다.

■ 12월 564

여러 당이 흩어지니 크게 길하고 광대하다. 강유가 서로 맞고 군신이 힘을 얻었다. 그 흩어짐을 끌어들여 능히 크게 모은다. 선비는 대중을 초월해 장원한다. 꾀하고 바라는 일은 이루어지고, 이익을 구하면 얻는다.

지화명이괘 2효(地火明夷卦 二爻) ▤▤.

왼쪽 다리를 상하니 건장한 말로 구제하라. 시기에 순응해야 처신을 잘 하는 것이다. 관직의 길은 유리하나 어두운 주인을 만날 수 있다. 선비는 첩보가 있고, 보통 사람은 재앙이 있다. 만일 운이 좋으면 부자가 될 수도 있다.

▪ 정월 843
자주 회복하니 위태로움이 있고 의리에는 허물이 없다. 중정하지 못하고 또 움직이는 극에 있다. 벼슬자리가 평온하지 못하고 변화가 심하다. 큰 머리를 얻을 수도 있으니 명예는 가히 이룬다. 일에는 반복이 많고 의혹이 엇갈린다.

▪ 2월 746
말미암아 기르니 큰 내를 건너면 이롭다. 혜택은 사해에 통달하고 큰 복과 경사가 따른다. 작위와 녹이 융숭하며 선비는 두각을 나타낸다. 꾀하는 일은 두드러지게 빛나고 이롭지 않은 것이 없다. 능히 인정을 통찰하고 널리 베풀어 대중을 구한다.

▪ 3월 444
벼락이 진흙에 빠졌으니 빛이 나지 않는다. 강하여 험난함에 처했는데 스스로 진동할 수가 없다. 중정하지 못하니 더욱 험난해진다. 야비하며 더럽고 덕이 없으니 되는 일이 하나도 없다. 결박이나 구속되어 빛을 볼 날이 없다.

▪ 4월 481
때를 만나 일을 주간하니 즐겁고, 뜻은 극도에 다달아 소리까지 낸다. 경솔함과 천박함이 이와 같으면 어찌 흉하지 않으리. 은총을 기다려야 되고, 선비는 사람을 놀라게 한다. 보통 사람은 놀람·구설·시비가 따른다.

▪ 5월 245
미덥고 진실하게 아름다우니 그 지위가 중정하다. 성실하게 선을 따르니 매우 착하다. 자신을 버리고 선을 따르니 크게 형통한다. 벼슬한 사람은 영전하고, 선비는 등용이나 천거된다. 경영하거나 꾀하는 일은 순조로우니 경사가 많다.

■ 6월   222

미더워 즐거워하니 후회할 일이 사라지고 좋은 일이 생긴다. 신의와 진실이 있고 사가 없으니 응당 후회는 가볍다. 승진이나 영전할 징조요 진취의 기쁨이 있다. 모든 일이 화순하며 어둠 속에서도 빛이 난다. 결연·체결·화해가 있고, 가정에 경사가 가득하다.

■ 7월   146

처신에 희망이 없으니 행하면 재앙이 따른다. 순리를 따르면 편안하나 일을 시작하면 화가 된다. 강등·퇴출·직위 이탈·치욕을 면하기 어렵다. 일을 분명하게 하지 않으면 시비가 생기고, 운이 불길하면 천명을 지키기 어렵다.

■ 8월   133

숲 속에 복병이 있는데 높은 언덕에서 적을 살핀다. 3년이나 기회가 오지 않는다. 앞길이 가시밭이니 옛것을 지키면서 안정하라. 만약 높이 오르지 못하면 실직한다. 부모의 초상이 염려되고, 감옥과 소송도 두렵다.

■ 9월   181

서로 끌어들이면서 인도하니 음양이 기뻐한다. 앞길이 비색한데 다른 사람과 공동으로 구제한다. 조용히 지키면 좋으나 지나치게 도모하면 재난을 당한다. 기회를 만나기 어려우나 기다리는 것이 좋다. 소언과 관련된 일을 막으면 길하다.

■ 10월   584

나라의 광채를 관망하는 것이니 왕의 손님이 되면 이롭다. 성군이 위에 있으면 어진 사람은 나아가기를 원한다. 치국평천하하면 베풂이 백성에게 젖어든다. 벼슬한 사람은 내직으로 가고, 선비는 과거에 급제한다. 관광이나 외방업을 하면 반드시 큰 이익을 얻을 것이다.

■ 11월   162

송사를 이기지 못하고 도망친다. 아래에서 윗사람과 소송하니 환란이 쉽게 풀린다. 옛것을 지키면서 안정하면 훼방과 욕을 당하지 않는다. 식구가 안녕하며 풍진이 침노하지 않는다. 운이 불리하면 유리됨을 면할 수 없다.

■ 12월   365

바르면 후회할 일이 없고 군자는 빛이 난다. 군자는 진실하고 허황됨이 없어야 한다. 지극히 바르고 선하니 부족함이 있을 수 없다. 벼슬한 사람은 큰 자리에 선임되고, 선비는 문장이 빛난다. 경영하거나 꾀하는 일은 빛을 보고, 금은과 재백이 쌓인다.

지화명이괘 3효(地火明夷卦 三爻) 〓〓·

상하는데 남에게 사냥을 시켜 큰 머리를 얻는다. 큰 뜻을 얻어도 빨리 견고하게 하려고 하지 말라. 벼슬한 사람은 권세를 잡고, 선비는 장원한다. 보통 사람은 재앙과 뜻밖의 병이 생긴다. 신중하게 때를 기다리는 것이 좋다.

■ 정월 434
차양이 많아 대낮에도 두성을 본다. 있는 자리가 부당하니 밝지 못하다. 어둡고 유약하니 풍성하게 이루지 못한다. 어진 부하와 같은 덕을 서로 돕는다. 내부를 버리고 외부를 따르니 배를 타는 것이 불가하다.

■ 2월 471
날아가는 새라 흉하나 어쩔 수가 없다. 빨리 가다 흉을 만나나 구제할 길이 없다. 나는 곤충의 재앙이 있고, 뜻밖의 재난도 두렵다. 날면 하늘도 찌르나 빨리 가면 화근이 된다. 사물은 견고하지 못하고, 사람은 교량이 끊긴다.

■ 3월 235
대인은 범으로 변하며 그 문채가 빛난다. 개혁이 지당하면 모든 사람이 신뢰한다. 벼슬한 사람은 높이 영전하고, 선비는 높이 천거된다. 변통하는 일은 먼저 그 아름다움이 나타난다. 그러나 천민이나 여자는 이런 기쁨을 감당하기 어렵다.

■ 4월 212
안으로는 근심과 두려움을 품고 밖으로는 엄숙히 경계하라. 어두운 밤에 무력을 만나더라도 구원을 요청하지 말라. 졸연히 화를 막으면 재앙을 면할 수 있다. 무관이 유리하니 무관으로 진출하라. 만약 도적이 아니면 놀라거나 위험한 일이 많다.

■ 5월 136
교회에서 동지를 찾으나 뜻을 이루지 못한다. 인정은 서로 막히고 안팎이 같지 않다. 외롭더라도 절개를 지키면서 자신을 고결하게 하라. 벼슬길은 먼 곳에 있으나 좋은 기회를 만나기 어렵다. 만약 흉한 운을 만나면 교외로 나간다.

■6월 143

무고한 재난에 매어둔 소를 잃는다. 옛날의 기쁨이 수심이 되고, 일에 경쟁이 많다. 명암이 함께 오니 풍파가 그치지 않는다. 몸은 어려움에 처하며 손재를 당한다. 만약 소를 사들이지 않으면 시끄러워진다.

■7월 171

말미에 물러나 숨으니 위태로움과 어려움이 많다. 만약 전진하지 않으면 재해를 면할 수 있다. 물러나 숨으면 좋으나 나아가 행동하면 흉하다. 물러나 때를 기다려라. 경영하는 일은 막혀 어려우니 안정하면서 분수를 지켜라.

■8월 574

기러기가 나무로 날아가니 처한 곳이 편하지 않다. 순하게 윗사람을 섬기면 높아도 위태롭지 않다. 강폭함을 막기 어렵고, 옮겨다니는 것도 정처가 없다. 가을(지방) 시험은 가망이 있는데 과거도 될 수 있다. 집수리나 성조도 이롭고, 놀람과 근심도 사라진다.

■9월 152

물고기가 꾸러미 속에 있으니 허물은 없다. 어찌 좋은 물건을 잘 포장해 밖에 내놓겠는가. 벼슬한 사람은 영전하나 선비는 불리하다. 금은과 비단이 모두 좋고, 수산물도 이익이 있다. 식구가 늘거나 자식이 생길 수 있다.

■10월 355

누런 귀에 금으로 된 솥이니 아름답다. 문명하고 중정을 얻었으니 상응이 매우 좋다. 화공의 묘한 조화로 꽃들이 일신한다. 반드시 꾀꼬리가 깊숙한 골짜기에서 나와 높은 나무로 옮겨간다. 상업이나 농업은 이롭고, 승려는 주지가 된다.

■11월 163

옛 덕을 누리는 것이니 위태로우나 결국은 길하다. 혹 영광스런 공직에 있더라도 성취하기 어렵다. 윗사람을 따르는 것은 좋으나 일을 주도하면 불가하다. 비록 위태로워도 옛것을 지키고 정도를 지키면 길하다. 정상을 잃지 않으면 모든 어려움이 침범하지 못한다.

■12월 266

칡넝쿨에 걸려 위태롭고 곤궁한데 움직이면 더 고생한다. 궁하면 변화를 생각하는데 움직이면 형통한다. 형벌·구속·정지·강등이 두렵다. 갈 바를 두면 유리하며 상업이나 여행이 길하다. 만약 근심이나 놀랄 일이 없으면 복제가 두렵다.

연평 834

지화명이괘 4효(地火明夷卦 四爻) ䷣

왼쪽 배로 들어가 마음과 뜻을 얻는다. 간사함에 마음을 뺏긴 후에야 밖으로 행한다. 어두운 땅이 얕으니 어두웠던 자라도 나오게 된다. 밖에 나가 경영을 꾀하고, 부인은 아들을 낳는다. 한가한 관직도 일을 맡으나 뜻은 멀어진다.

■ 정월 635
동쪽 이웃의 소를 잡는 것이 서쪽 이웃의 봄 제사만 못하다. 때를 만나면 복을 받으나 물건이 풍성하지는 않다. 태평한 세상에서는 교만과 사치가 쉽게 싹튼다. 하는 일은 때를 잃기 쉽고, 원대한 꿈은 헛되게 된다. 바라는 일은 불리하고, 서쪽은 좋으나 동쪽은 흉하다.

■ 2월 612
점점 험난해지니 언어에 상처가 있다. 굳센 중용으로 잘 기다리면 결국은 길하다. 정당한 이론이 사에 막히고, 시험에서는 책망을 듣는다. 어린아이의 투쟁이나 소송은 반드시 시비가 된다. 남을 너그럽게 대하면 모든 일이 자연히 밝아진다.

■ 3월 536
신뢰와 위엄으로 행하면 결국은 길하다. 자신이 도를 행하지 않으면 처자에게도 강요할 수 없다. 가정을 다스리려면 자신이 먼저 바르게 해야 한다. 지위가 높고 권세가 중하니 앞으로 나아가 명예를 이룬다. 경영하거나 꾀하는 일은 뜻대로 되고, 여자는 귀부인이 된다.

■ 4월 543
유익함을 흉한 일에 쓰니 어려움이 덜어진다. 믿음으로 중도를 행하면 공사에 고할 때 인감을 쓰는 것처럼 할 것이다. 조정에서 귀인으로 크게 쓰이며 명예와 공을 이룬다. 인선이나 품수를 바꾸면 보통 사람은 이익을 얻는다. 그러나 운이 흉하면 비상한 재앙을 당한다.

■ 5월 571
기러기가 물가로 가니 어린아이는 위태롭다. 재주는 매우 약한데 윗사람의 응원도 없다. 말을 하는 관직으로 학문 소송으로 귀양도 논한다. 선비는 응원이 없으니 막힘이 있다. 곤궁과 액을 많이 당하나 꾀하는 일은 막히지 않는다.

■6월   174

군자는 좋게 물러설 수 있으나 소인은 어렵다. 작은 것은 버리고 높은 것을 꾀하면 욕을 당하며 위태로워진다. 시운이 불리하니 휴직하고 몸을 피하라. 여자의 도움을 받다가 오히려 화근이 된다. 사를 버리고 공사를 받들면 재난은 면할 수 있다.

■7월   552

무당이 점치면서 빌면 허물이 없다. 성의로 다하면 신명도 통한다. 역사가 언론인이며 명예를 이룬다. 성실하게 사람을 감동시키니 도모하는 것도 잘 된다. 그러나 운이 불길하면 무사가 비는 제사가 있다.

■8월   755

아들은 효도하고 신하는 충성하니 지난 허물도 잘 이겨낸다. 터전은 닦지 못해도 옛 사업을 계승할 수 있다. 지위는 높이 올라가고, 명예는 멀리 퍼진다. 선비는 등용이나 천거되어 이름을 날린다. 별도의 규모를 세우고 식구가 늘어난다.

■9월   563

사심을 버리면 후회할 일이 없다. 뜻은 시국을 구제하는데 있는데 흩어짐을 구제한다. 진취가 불리하나 외부 시험은 가능하다. 재난은 흩어지고, 장학생은 나오게 된다. 보통 사람은 이익을 얻고 윗사람과 상응한다.

■10월   666

두겹 세겹 노끈으로 묶어 가시밭에 감춘다. 험난함이 더욱 깊어져 3년이나 도를 잃는다. 결박당해 안치되며 선비는 무더기로 감옥에 간다. 묶여 감옥에 가니 재해가 끊이지 않는다. 그렇지 않으면 골육의 형상이 있다.

■11월   164

송사에서 이기지 못하고 정도로 돌아온다. 안정하면 실책이 되지 않는다. 언행과 동정은 천명을 잃지 말라. 한가로움 속에서 복직되며 진취를 잃지 않는다. 과실을 고치며 선해지니 관재나 소송은 없다.

■12월   121

본래 가는 데로 가면 허물이 없으리라. 이치를 따라 행사하고 도를 벗어나지 말라. 태평성대의 도가 있으면 영전할 기회가 있다. 어려서 배우고 자라서 행하니 명리를 이룬다. 비록 운은 좋으나 상복을 입을까 두렵다.

지화명이괘 5효(地火明夷卦 五爻) ䷣

기자의 밝음이 상했으나 밝은 것이 꺼지지는 않는다. 밝음을 안으로 감추고 올바름을 지킨다. 검소한 덕으로 피난하나 지기는 만나기 어렵다. 가정의 어려움으로 반드시 화를 당한다. 분수를 지키면서 뜻을 바르게 가져야 한다.

■ 정월 736
깨끗하게 꾸미면 허물이 없고, 위에서도 뜻을 얻는다. 참 모습을 잃지 않으니 절대 허물이 없다. 승진이나 영전할 운이니 앞으로 나아가면 뜻을 이룬다. 경영하거나 꾀하는 일이 소박하며 진실하니 허황이나 방탕에 빠지지 않는다. 혹 외척의 상을 당할 수 있다.

■ 2월 743
기르는 정도를 어기니 흉하다. 10년이라도 쓰지 말라. 도가 크게 어그러졌으니 이로울 것이 없다. 욕심이 많아 망동하면서 이르지 않는 곳이 없다. 욕심을 따르다 법도를 그르치고 명예를 잃는다. 거칠고 음탕한 짓을 거리낌 없이 하다 자신이 상하고 슬픔만 남는다.

■ 3월 771
발에 그치면 허물이 없다. 중정의 도를 잃지 않았다. 정도를 계속 지키면 이롭다. 현 직위를 고쳐야 그 지위도 잃지 않는다. 앞으로 나아가는 일은 어려워지고 정지나 강등이 따른다. 그러나 안정하면서 분수를 지키면 위험해지는 일은 없다.

■ 4월 374
나그네라고 자처하며 지위도 얻지 못한다. 재물과 도끼를 얻으나 마음은 불쾌하다. 재능은 펼 수 없고 겨우 몸만 편하다. 선비는 불쾌하며 앞으로 나아가기도 어렵다. 좋은 가운데 부족함이 있으나 밖으로 나가면 이룰 수 있다.

■ 5월 752
어머니의 일을 주관할 때는 꼼꼼하게 하지 말라. 바르면 애정을 잃고 부정하면 의리를 잃는다. 성의와 충성을 다하되 중도를 지켜라. 지난 일을 주관할 때 분별할 줄 알면 녹과 지위도 온건하다. 옛것을 고쳐 갱신하니 더 고칠 곳이 없다.

■ 6월 555

올바르면 후회할 일이 없으니 이롭지 않은 것이 없다. 움직이기 전에 신중하게 생각하라. 처음에는 막혀도 나중에는 순탄하고, 선비는 명예를 이룬다. 있는 자리가 중정하니 처음은 없어도 끝은 있다. 복과 이익을 얻는 시기는 3일이다.

■ 7월 763

여인을 취하지 말라. 소행이 불순하다. 돈 많은 남자를 보면 제 신분도 생각하지 못한다. 탐내고 조심하지 않아 욕을 당하고 편안에 빠져 학업도 폐한다. 여인과 불목하며 주색으로 재난을 당한다. 시비가 생기게 되니 안정해야 좋다.

■ 8월 866

대군이 명령을 두니 공을 바르게 한다. 국가를 열고 집안을 잇는 일에 소인은 쓰지 말라. 권세로 공을 세우고 기예로 명성을 얻는다. 집안을 일으키고 자식이 대를 잇는다. 참소나 아첨을 방지하라. 분수를 넘는 일이 생길까 두렵다.

■ 9월 364

견고하고 바르면 후회할 일이 없으니 뜻을 이룬다. 힘을 다해 원방을 정벌하면 3년에 상을 받는다. 출장 입상하고 진취하여 괴수가 된다. 공이 높으면 상도 무궁하다. 귀인이 도와주면 이익이 있으나 귀신에 기록될 우려도 있다.

■ 10월 321

상하가 서로 친하면 자연히 후회할 일도 없다. 나쁜 사람이 나를 헤치나 흉이 되지는 않는다. 한직에서 복직되나 진취는 지체된다. 처음에는 잃으나 나중에는 얻고, 처음에는 어그러지나 나중에는 합한다. 육축은 불리하며 흉악한 사람을 조심하라.

■ 11월 165

송사에 매우 길하니 허물이 없다. 소송을 처리하는 데 치우치지 않고 합리적인 판단을 내린다. 벼슬한 사람은 좋은 곳에 제수받고, 선비는 과거에 오른다. 경영하거나 꾀하는 일은 유리하고, 재물을 구하면 반드시 얻는다. 언사가 유리하며 사필귀정이 된다.

■ 12월 182

포용하고 받들면서 순순히 따라라. 소인은 길하나 대인은 비색하다. 부끄러움과 수치를 참으면 자신을 지킬 것이다. 시비와 좋고 나쁨을 분명히 하라. 그렇지 않으면 재해를 벗어나기 어렵다.

연평 836

지화명이괘 상효(地火明夷卦 上爻) ☷☲

처음에는 하늘에 오르나 나중에는 뒤에 땅 속으로 들어간다. 밝지 못하고 어두워 스스로 상하고 운명한 것이다. 관직에 막힘이 많으니 내쫓길까 두렵다. 처음에는 이루나 나중에는 막히고, 노인은 수명이 없다. 하늘에 오를 징조인데 나중에는 내쫓긴다.

■ 정월 871
겸손한 군자는 스스로 낮춰 기른다. 큰 내를 건너도 불길함이 없다. 지극히 겸손하면 대중도 같이 한다. 관직은 목민인데 보배를 품고 초빙을 기다린다. 먼 강호를 건너 상업이나 여행을 하라.

■ 2월 474
지극히 공손하면 허물이 없다. 고수하지 말고 때에 맞게 하라. 고집스럽게 변통할 줄 모르면 다소 허물이 된다. 안정하면서 직위를 지켜라. 작은 시험은 유리하다. 안빈하며 분수를 지키면 자연 손실과 폐단도 없다.

■ 3월 852
제사는 간소하게 지내는 것이 좋고, 기쁨만 있고 허물은 없다. 안으로 지성을 지키며 외부의 꾸밈을 일삼지 않는다. 영전할 운이요 제관으로 배향한다. 선비는 명예를 얻고, 보통 사람은 기쁨이 있다. 병은 편안해지고 하는 일은 이루어지나 초상이나 제사가 두렵다.

■ 4월 655
샘도 깨끗한 물이 차 있다. 공은 사물에까지 미친다. 재주와 덕은 모두 선하며 아름답다. 덕과 지위 모두 좋으니 임금의 총애를 받는다. 명예와 이익이 모두 있으니 등용이나 천거된다. 경영하거나 꾀하는 일은 반드시 이루고 복과 이익을 얻는다.

■ 5월 863
군사를 죽게 하니 큰 공이 없다. 분수가 아닌 것을 범하면 반드시 실패한다. 직위를 받고 결원을 기다리나 선비는 공이 없다. 기쁨과 슬픔이 많으니 혹 수하의 복을 받는다. 운명과 상합되면 반드시 빈 고을에 오른다.

■ 6월   766

어리석음을 격퇴할 때는 상하에 순탄하게 하라. 원수를 막는 것은 이로우나 원수가 되는 것은 불리하다. 외부의 유혹을 막고 순진함이 완전하게 하라. 사법관의 직위로 공은 뺏고 성공한다. 시비·투쟁·소송과 도적의 시끄러움도 있다.

■ 7월   464

위로 소인과 친하면 어진 사람은 멀리 물러선다. 소인을 물리치면 군자의 무리가 나오게 된다. 성의와 신의가 깊으면 재난은 사라지고 복이 온다. 곁에 간신이 있으니 일에 실수와 허물이 생긴다. 만약 어진 사람을 만나면 재난은 거의 면제된다.

■ 8월   421

누이동생을 동서로 시집보내고 절름발이가 되어 걸어간다. 덕은 있으나 호응이 없으니 직분만 다할 뿐이다. 벼슬한 사람은 요장이 되고, 선비는 작은 시험이 좋다. 보통 사람은 작은 덕이 있어 꾀하는 것은 이루나 종이나 첩을 들이거나 세력가에게 몸을 맡긴다.

■ 9월   265

코 베이고 발 잘리니 뜻을 얻지 못한다. 강하려다 약해지고, 이익을 구하다 손해를 본다. 진취하며 경영하는 일은 처음에는 힘드나 나중에는 순탄하다. 타고난 영명한 성품으로 모두 좋게 만든다. 그러나 운이 불길하면 소송·형벌·초상·제사가 따른다.

■ 10월   282

이끌리면 길하여 허물이 없고, 중정한 덕은 변함이 없다. 지성이 서리는 곳에 소박한 제사를 올리면 이롭다. 군신이 화합하니 지성과 공경을 모두 이룬다. 귀인이 이끌어주면 등용할 수 있다. 좋은 사람과 교류하거나 천거 있으니 경영하거나 꾀하는 일을 이룬다.

■ 11월   166

왕이 하사한 의복을 받으나 하루아침에 세 번 잃는다. 소송으로 받는 복은 공경할 것이 못된다. 성공과 실패, 진보와 후퇴가 있다. 소송이나 분쟁할 운이요 상복을 입을 운이다. 정도로 취한 것이 아니면 결국 잃는다.

■ 12월   153

엉덩이와 볼기에 살이 없으니 움직이는 것이 저주다. 사사로이 만나는 것을 조심하라. 함부로 행동하면 재난이 따른다. 퇴직이나 귀양을 갈 운이나 선비는 유리하다. 보통 사람은 재난과 매를 맞을까 두렵다. 하는 일이 어렵고, 허리와 발에 병이 침범한다.

연평 841

지뢰복괘 초효(地雷復卦 初爻) ䷗.

머지않아 회복하며 수신한다. 후회할 일이 없으니 매우 길하다. 관직이 청고하며 임금을 곁에서 돕는다. 선비는 장원하고 경영하는 일들은 이익을 본다. 개과천선하니 일마다 이롭지 않은 것이 없다.

■ 정월 822
느껴 임하고 또 길하니 이롭지 않은 것이 없다. 음양이 서로 감응하니 명을 순응하는 것은 아니다. 사를 제거하고 정도를 지키니 지위가 청고하다. 막히고 침체됨이 없다. 시기에 맞게 짐작하면 경영하거나 꾀하는 일에 이익이 있다.

■ 2월 625
달콤한 절제요 법도이니 길하고, 나가면 가상함이 있다. 자신을 지키면서 편안하게 행하면 천하도 기꺼이 따라준다. 수원이 감미로우면 내로 흘러도 쉬지 않는다. 관직자는 영전이나 발탁되고, 선비는 상달한다. 꾀하거나 바라는 일은 이루어지고, 행하는 일은 가상함이 있다.

■ 3월 813
평평하며 언덕 아닌 것이 없고, 가면 돌아오지 않는 것이 없다. 천지의 교제이니 어려우나 바르면 허물이 없다. 통태함이 다하면 비색이 오는 것은 하늘의 뜻이다. 책임을 이겨내고 질투와 간신을 조심하라. 두려워하면서 조심하면 편안하다.

■ 4월 716
하늘의 거리니 형통하며 큰 도를 행한다. 어진 사람이 뜻을 얻었으니 어진 길도 대통하게 된다. 예절·풍류·법에 어김이 없다. 꾀하는 일은 모두 이로우니 하늘과 거리에서 좋다. 천거하여 하늘에 오르고 진취하여 명예를 이룬다.

■ 5월 414
올바르면 후회할 일이 없고, 큰 차 바퀴통도 건장하다. 한격도 이미 열려 있으니 다시 곤궁해지지 않는다. 재앙이 사라지고 복이 따르니 진취할 수 있다. 시험을 보면 높이 장원하며 길도 넓게 뚫린다. 오래 조용하면 반드시 몽하고, 몽하면 길하다.

■ 6월 451

항구함에 빠져 올바르더라도 이로울리 없으니 흉하다. 급히 구하면서 깊이 들어가 항구한 도를 잃는다. 군주에게 신용을 얻지 못하고, 지기도 만나기 어렵다. 인정이 통하지 않으며 거리에서 방황한다. 서두르나 이루지 못한다. 그러나 안정하면서 지키면 흉은 면한다.

■ 7월 215

비린 잎도 과감하게 처결하듯 중도를 행하면 허물이 없다. 중도를 얻지 못하면 광대하지 못하다. 간신의 침해가 있으나 조금은 발전한다. 오래 막히다 한관으로 복직된다. 소송은 펴지며 병도 치유되고, 경영하거나 꾀하는 일은 뜻대로 된다.

■ 8월 232

신중하게 개혁하고 아름답게 실행한다. 유순하며 중정하니 망동하지 않는다. 앞길에 막힘이 없으니 경사를 누리리라. 벼슬한 사람은 영전하고, 선비는 명예를 이룬다. 보통 사람은 기쁨이 많고 모든 일이 잘 된다.

■ 9월 116

지나치게 과한 용이니 내려올 줄 모르다 후회한다. 귀하나 직위가 없고, 높으나 백성이 없다. 사고무친이니 움직이면 후회할 일이 생긴다. 귀양갈 운으로 눈앞에 재앙이 닥친다. 너무 강하면 꺾이는 법이고, 망동하면 손실이 따르는 법이다.

■ 10월 123

애꾸눈으로 보며 절름발이로 걷는다. 호랑이 꼬리를 밟았으니 매우 흉하다. 하는 일이 바르지 못하니 반드시 상해가 따른다. 시비가 불리하니 감옥이나 송사가 따른다. 만약 깊이 살피지 않으면 자신과 가정이 망할 수 있다.

■ 11월 151

쇠로 된 말뚝에 매두면 견고하며 바르니 길하다. 돼지가 껑충 뛰듯 함부로 움직이고 싶은 마음이 간절하다. 앞으로 나아가도 심란한데 좌천이 어인 일인고. 귀인의 도움을 받으며 출산양육할 운이다. 그러나 수가 나쁘면 질병·감옥·소송이 따른다.

■ 12월 554

손순하여 후회할 일이 없고, 사냥하여 3품(제기·고기·손님)을 얻는다. 사냥하여 모든 해로움을 제거하고 반드시 수확을 많이 거둔다. 일으킨 일이 크고 풍성해 공도 있고 왕성하다. 능히 강함을 이겨 무공을 이어간다. 공과 명예를 이루고, 이익과 복도 받는다.

연평 842

지뢰복괘 2효(地雷復卦 二爻) ䷗·

아름다운 회복이니 길하며 인(仁)에 내린다. 인을 얻고 인과 친하니 선이 되어 자연히 이익도 생긴다. 내쫓긴 사람도 복직되고 정지나 강등도 풀린다. 위태롭던 사람도 편안해지고 병자도 쾌유된다. 형통하며 부호가 되니 재물과 이익을 얻는다.

■ 정월 833
상하는데 남에게 사냥을 시켜 큰 머리를 얻는다. 큰 뜻을 얻어도 빨리 견고하게 하려고 하지 말라. 벼슬한 사람은 권세를 잡고, 선비는 장원한다. 보통 사람은 재앙과 뜻밖의 병이 생긴다. 신중하게 때를 기다리는 것이 좋다.

■ 2월 736
깨끗하게 꾸미면 허물이 없고, 위에서도 뜻을 얻는다. 참 모습을 잃지 않으니 절대 허물이 없다. 승진이나 영전할 운이니 앞으로 나아가면 뜻을 이룬다. 경영하거나 꾀하는 일이 소박하며 진실하니 허황이나 방탕에 빠지지 않는다. 혹 외척의 상을 당할 수 있다.

■ 3월 434
차양이 많아 대낮에도 두성을 본다. 있는 자리가 부당하니 밝지 못하다. 어둡고 유약하니 풍성하게 이루지 못한다. 어진 부하와 같은 덕을 서로 돕는다. 내부를 버리고 외부를 따르니 배를 타는 것이 불가하다.

■ 4월 471
날아가는 새라 흉하나 어쩔 수가 없다. 빨리 가다 흉을 만나나 구제할 길이 없다. 나는 곤충의 재앙이 있고, 뜻밖의 재난도 두렵다. 날면 하늘도 찌르나 빨리 가면 화근이 된다. 사물은 견고하지 못하고, 사람은 교량이 끊긴다.

■ 5월 235
대인은 범으로 변하며 그 문채가 빛난다. 개혁이 지당하면 모든 사람이 신뢰한다. 벼슬한 사람은 높이 영전하고, 선비는 높이 천거된다. 변통하는 일은 먼저 그 아름다움이 나타난다. 그러나 천민이나 여자는 이런 기쁨을 감당하기 어렵다.

■ 6월 212

안으로는 근심과 두려움을 품고 밖으로는 엄숙히 경계하라. 어두운 밤에 무력을 만나더라도 구원을 요청하지 말라. 졸연히 화를 막으면 재앙을 면할 수 있다. 무관이 유리하니 무관으로 진출하라. 만약 도적이 아니면 놀라거나 위험한 일이 많다.

■ 7월 136

교회에서 동지를 찾으나 뜻을 이루지 못한다. 인정은 서로 막히고 안팎이 같지 않다. 외롭더라도 절개를 지키면서 자신을 고결하게 하라. 벼슬길은 먼 곳에 있으나 좋은 기회를 만나기 어렵다. 만약 흉한 운을 만나면 교외로 나간다.

■ 8월 143

무고한 재난에 매어둔 소를 잃는다. 옛날의 기쁨이 수심이 되고, 일에 경쟁이 많다. 명암이 함께 오니 풍파가 그치지 않는다. 몸은 어려움에 처하며 손재를 당한다. 만약 소를 사들이지 않으면 시끄러워진다.

■ 9월 171

말미에 물러나 숨으니 위태로움과 어려움이 많다. 만약 전진하지 않으면 재해를 면할 수 있다. 물러나 숨으면 좋으나 나아가 행동하면 흉하다. 물러나 때를 기다려라. 경영하는 일은 막혀 어려우니 안정하면서 분수를 지켜라.

■ 10월 574

기러기가 나무로 날아가니 처한 곳이 편하지 않다. 순하게 윗사람을 섬기면 높아도 위태롭지 않다. 강폭함을 막기 어렵고, 옮겨다니는 것도 정처가 없다. 가을(지방) 시험은 가망이 있는데 과거도 될 수 있다. 집수리나 성조도 이롭고, 놀람과 근심도 사라진다.

■ 11월 152

물고기가 꾸러미 속에 있으니 허물은 없다. 어찌 좋은 물건을 잘 포장해 밖에 내놓겠는가. 벼슬한 사람은 영전하나 선비는 불리하다. 금은과 비단이 모두 좋고, 수산물도 이익이 있다. 식구가 늘거나 자식이 생길 수 있다.

■ 12월 355

누런 귀에 금으로 된 솥이니 아름답다. 문명하고 중정을 얻었으니 상응이 매우 좋다. 화공의 묘한 조화로 꽃들이 일신한다. 반드시 꾀꼬리가 깊숙한 골짜기에서 나와 높은 나무로 옮겨간다. 상업이나 농업은 이롭고, 승려는 주지가 된다.

지뢰복괘 3효(地雷復卦 三爻) ䷗

자주 회복하니 위태로움이 있고 의리에는 허물이 없다. 중정하지 못하고 또 움직이는 극에 있다. 벼슬자리가 평온하지 못하고 변화가 심하다. 큰 머리를 얻을 수도 있으니 명예는 가히 이룬다. 일에는 반복이 많고 의혹이 엇갈린다.

■ 정월 444
벼락이 진흙에 빠졌으니 빛이 나지 않는다. 강하여 험난함에 처했는데 스스로 진동할 수가 없다. 중정하지 못하니 더욱 험난해진다. 야비하며 더럽고 덕이 없으니 되는 일이 하나도 없다. 결박이나 구속되어 빛을 볼 날이 없다.

■ 2월 481
때를 만나 일을 주간하니 즐겁고, 뜻은 극도에 다달아 소리까지 낸다. 경솔함과 천박함이 이와 같으면 어찌 흉하지 않으리. 은총을 기다려야 되고, 선비는 사람을 놀라게 한다. 보통 사람은 놀람·구설·시비가 따른다.

■ 3월 245
미덥고 진실하게 아름다우니 그 지위가 중정하다. 성실하게 선을 따르니 매우 착하다. 자신을 버리고 선을 따르니 크게 형통한다. 벼슬한 사람은 영전하고, 선비는 등용이나 천거된다. 경영하거나 꾀하는 일은 순조로우니 경사가 많다.

■ 4월 222
미더워 즐거워하니 후회할 일이 사라지고 좋은 일이 생긴다. 신의와 진실이 있고 사가 없으니 응당 후회는 가볍다. 승진이나 영전할 징조요 진취의 기쁨이 있다. 모든 일이 화순하며 어둠 속에서도 빛이 난다. 결연·체결·화해가 있고, 가정에 경사가 가득하다.

■ 5월 146
처신에 희망이 없으니 행하면 재앙이 따른다. 순리를 따르면 편안하나 일을 시작하면 화가 된다. 강등·퇴출·직위 이탈·치욕을 면하기 어렵다. 일을 분명하게 하지 않으면 시비가 생기고, 운이 불길하면 천명을 지키기 어렵다.

■ 6월   133

숲 속에 복병이 있는데 높은 언덕에서 적을 살핀다. 3년이나 기회가 오지 않는다. 앞길이 가시밭이니 옛것을 지키면서 안정하라. 만약 높이 오르지 못하면 실직한다. 부모의 초상이 염려되고, 감옥과 소송도 두렵다.

■ 7월   181

서로 끌어들이면서 인도하니 음양이 기뻐한다. 앞길이 비색한데 다른 사람과 공동으로 구제한다. 조용히 지키면 좋으나 지나치게 도모하면 재난을 당한다. 기회를 만나기 어려우나 기다리는 것이 좋다. 소언과 관련된 일을 막으면 길하다.

■ 8월   584

나라의 광채를 관망하는 것이니 왕의 손님이 되면 이롭다. 성군이 위에 있으면 어진 사람은 나아가기를 원한다. 치국평천하하면 베풂이 백성에게 젖어든다. 벼슬한 사람은 내직으로 가고, 선비는 과거에 급제한다. 관광이나 외방업을 하면 반드시 큰 이익을 얻을 것이다.

■ 9월   162

송사를 이기지 못하고 도망친다. 아래에서 윗사람과 소송하니 환란이 쉽게 풀린다. 옛것을 지키면서 안정하면 훼방과 욕을 당하지 않는다. 식구가 안녕하며 풍진이 침노하지 않는다. 운이 불리하면 유리됨을 면할 수 없다.

■ 10월   365

바르면 후회할 일이 없고 군자는 빛이 난다. 군자는 진실하고 허황됨이 없어야 한다. 지극히 바르고 선하니 부족함이 있을 수 없다. 벼슬한 사람은 큰 자리에 선임되고, 선비는 문장이 빛난다. 경영하거나 꾀하는 일은 빛을 보고, 금은과 재백이 쌓인다.

■ 11월   153

엉덩이와 볼기에 살이 없으니 움직이는 것이 저주다. 사사로이 만나는 것을 조심하라. 함부로 행동하면 재난이 따른다. 퇴직이나 귀양을 갈 운이나 선비는 유리하다. 보통 사람은 재난과 매를 맞을까 두렵다. 하는 일이 어렵고, 허리와 발에 병이 침범한다.

■ 12월   256

물을 건너다 이마까지 잠겨 흉하나 허물은 없다. 사세가 급박하면 목숨도 던지고 좋은 일을 한다. 험난한데 미친듯이 날뛰면 재앙만 따른다. 머리는 병들며 이마는 쭈그러들고, 물에 빠질까 두렵다. 선비는 앞으로 나아가면 괴수가 될 수도 있다.

지뢰복괘 4효(地雷復卦 四爻) ䷗

도를 따르면 중간에 홀로 회복할 수 있다. 대중과 함께 행해도 혼자 선을 따른다. 인과 의를 바르게 하면서 이익은 꾀하지 않는다. 관직은 복직되고, 선비는 명예가 드러난다. 도를 따라 행하면 이익과 복을 받는다.

■ 정월 645

혜택을 받기 어려우니 베풀어도 빛이 나지 않는다. 작게 올바르면 길하나 크게 올바르면 흉하다. 위엄과 권세가 떠났으니 큰 일은 하기 어렵다. 망동하면 흉하니 시작한 일들은 불리하다. 이미 때를 잃었으니 무리해도 안 된다.

■ 2월 622

시기를 잃어 안뜰에도 나오지 못하고, 사물이 끊기고 스스로 폐지한다. 때를 잃어 액을 만나니 발전하기 어렵다. 불통되어 화를 당하고, 간여할 곳에 간여하지 못한다. 움직이면 좋으나 가만히 있으면 좋지 않다.

■ 3월 546

밖에서 치우친 말이 들리니 마음을 세우는 데 떳떳하지 못하다. 위태로울 때 움직이고 두려울 때 말하면 백성도 호응하지 않는다. 소통 없이 구하면 백성도 주지 않는다. 탐을 내다 귀양가고, 경쟁하며 뺏으려다 욕을 본다. 이익만 취하면 원한·형극·손상이 따른다.

■ 4월 533

집안 식구가 엄숙하며 무서워하니 후회하나 길하고, 아내와 자녀가 희희낙락하면 결국 부끄러운 일이 생긴다. 웃음과 즐거움을 절제하지 못하면 결국 패가망신한다. 윤리를 바르게 하며 은의를 돈독하게 하라. 엄하여 너그러움이 적고, 진취도 평등하다.

■ 5월 581

소견이 어린아이와 같아 멀리 보기 어렵다. 군자가 소견이 어둡고 천박하니 부끄러운 일이다. 지위가 좁고 앞으로 나아가더라도 제자리로 돌아온다. 일은 빨리 꾀하나 늦게 되고, 기교를 부리다 오히려 졸작이 된다. 모애하다 보는 게 없으니 소인이 해친다.

■ 6월 184

명에 순종하면 무슨 과오가 있으리. 때를 만나 도를 행하니 친구에게까지 복이 미친다. 다른 사람의 천거로 명예가 날로 드러난다. 전답과 사업도 날로 늘어나며 좋은 일이 많아진다. 은혜가 자손에게까지 미치고 복도 심원해진다.

■ 7월 562

흩어질 때 편안함에 의지하면 후회할 일이 없고 소원을 이룬다. 안에서 중도를 지키면 편안하다. 중요한 권세를 잡고 작전계획을 세운다. 선비는 명예를 얻고, 보통 사람은 가정을 이룬다. 그러나 흉한 운을 만나면 분주하며 실물한다.

■ 8월 765

어린아이 같으니 길하고 순하다. 순수한 미개발은 남의 말을 듣게 된다. 선비·농업·공업·상업은 모두 세력에 의지하라. 모든 것이 마음대로 되고, 꾀하는 일도 순탄해진다. 심신을 편안하게 하면 유순하며 중정해진다.

■ 9월 553

자주 순종하니 부끄러움이 되고, 뜻이 궁하니 재난을 당한다. 만약 잘라 제지하지 못하면 더 깊게 들어간다. 벼슬한 사람은 귀양이나 강등되고, 선비는 손실이 있다. 여러 번 얻고 잃으니 부끄러움을 면할 수 없다. 너무 강해 맞아들지 않으니 곤궁한 액이 된다.

■ 10월 656

샘물을 길어올리고 미쁨이 있으니 매우 길하다. 매우 길하여 위에 있으니 대성공이다. 공이 높고 덕이 두터우니 높이 영전할 상이다. 도덕을 모두 갖추어 명예를 이룰 운이다. 재량이 충족하며 꾀하는 일은 모두 이룬다.

■ 11월 154

꾸러미에 고기가 없으니 흉하다. 상하로 만날 수 없으니 고립되어 어렵다. 인심은 흩어지고 만사는 모두 무너진다. 내쫓기고 강등되어 욕을 면하기 어렵다. 날마다 시비가 생기며 수도(나이)에 불리하다.

■ 12월 111

숨어 있는 용이니 세상에 숨어 살아도 번민하지 않는다. 즐거울 때 행하고 걱정할 때 자제한다. 관직에서 물러나 관로에 막힘이 많다. 운이 막혀 일이 억제되며 거동에 재난이 생긴다. 여자는 경사가 많고 아들을 낳을 운이다.

연평 845

지뢰복괘 5효(地雷復卦 五爻) ䷗

회복이 두터우니 후회할 일이 없고, 중도를 지켜 스스로 이룬다. 선한 마음이 싹트면 덕을 쌓게 된다. 영전·이동·등용·천거의 운이다. 재물과 이익이 쌓이는데 이익은 전토에 있다. 복제를 막지 못하면 아버지가 불리하다.

■ 정월 656
샘물을 길어올리고 미쁨이 있으니 매우 길하다. 매우 길하여 위에 있으니 대성공이다. 공이 높고 덕이 두터우니 높이 영전할 상이다. 도덕을 모두 갖추어 명예를 이룰 운이다. 재량이 충족하며 꾀하는 일은 모두 이룬다.

■ 2월 733
꾸밈이 젖어들듯하니 오래 바르면 길하다. 꾸밈이 항상 바르면 결국 능멸하지 못한다. 도와주는 사람이 있으면 좋은 직위를 맡는다. 떠받들어 주는 사람이 많으니 명리를 이룬다. 밖에서는 시비로 시끄러울 수 있으나 해가 되지는 않는다.

■ 3월 781
발부터 상이 떨어져 나가니 바른 것이 소멸되어 흉하다. 정도가 사라지고 사도가 침범한다. 소족 질환이나 노비가 손실된다. 형제가 불목하는데 성조하면 이로워진다. 만약 흉한 운을 만나면 몸을 망치고 가정도 깨진다.

■ 4월 384
다람쥐처럼 나아가는 격이니 바르고 견고하면 위태롭다. 중정하지 못하면서 높은 자리만 탐낸다. 생각마다 잃어버릴까 근심하고, 경영하는 일은 자신을 해친다. 간하는 의론에 막히는데 요행으로 진출하려고 도모하지 말라. 탐심이 많아지면 오히려 물건만 손해본다.

■ 5월 762
어리석음을 감싸주면 길하고, 부인을 들여도 길하다. 자식이 가정을 다스리니 강유의 교접이다. 밝음으로 어둠을 받아드리니 그 선한 바를 받아들인다. 벼슬한 사람은 관직을 지키고, 선비는 사범이 된다. 인정이 화합하니 모든 일이 성취한다.

■ 6월   565

흩어짐에 왕이 큰 호령을 한다. 백성을 새롭게 하는 것은 흩어짐을 구하는 큰 정사다. 승진이나 영전할 운이니 앞으로 나아가면 좋다. 흉한 일이 흩어지니 이익을 구하면 이루어진다. 흩어지는 것을 합하게 한다.

■ 7월   753

아버지 일을 주간하니 다소 후회가 있다. 일을 주간해 폐단을 제거할 때 모두 길하지는 못했다. 유신의 법은 어찌 하나의 뉘우침을 애석해 하겠는가. 몸소 왕도를 행하고 간사한 말을 믿지 말라. 일찍 움직이는 것은 불리하니 거슬리고 어긋남을 고쳐라.

■ 8월   856

오르는 일이 어둡고 위에 있으니 부자가 되지 못할 것이다. 스스로 다스리는 데 조심하고 감히 성하고 넘치게 하지 말라. 관직자는 휴직되니 자신을 반성하고 덕을 쌓으라. 탐하고 얻는 것을 멀리하지 않으면 반드시 화가 된다. 만일 수가 불리하면 유명을 달리한다.

■ 9월   354

솥발이 부러져 공석에서 쓸 곰국이 엎어졌다. 덕은 박한데 지위는 높고, 지혜는 적은데 꾀하는 일은 크다. 벼슬한 사람은 내쫓기거나 강등당하고, 선비는 발전하기 어렵다. 만약 파손되지 않으면 발에 병이 생긴다. 불길한 운을 만나 수명이 꺾일까 두렵다.

■ 10월   311

해로운데 사귀지 않으면 교만이 넘칠 수 없다. 어렵게 노력하면 허물이 없으니 해로운 곳을 지날 일도 없다. 선비는 앞으로 나아가지 못하고 꺾인다. 마음에는 근심과 번뇌가 있고, 소인이 속이며 능멸한다. 항상 어려움을 생각하면 재해가 침범하지 않는다.

■ 11월   155

참외를 넓은 잎에 싸니 아름다움이 함축된다. 하늘의 도움을 받고 천명을 어기지 않는다. 큰 그릇을 이루어 반드시 공명이 통달한다. 몸이 임금 곁에 올라 무궁한 영화를 누린다. 문전에 경사가 가득하며 부인도 임신한다.

■ 12월   172

황소가죽으로 묶어두는 것은 뜻이 견고하기 때문이다. 궁과 통달은 이미 정해져 있으니 앞일을 말하지 말라. 관직은 언론이 유리한데 항상 본분을 지켜라. 육축이 유리하다. 그러나 흉한 운이 오면 집안에 소송이 생긴다.

연평 846

지뢰복괘 상효(地雷復卦 上爻) ䷗

회복이 어둡고 흉한 것은 임금의 도와 반대이기 때문이다. 재앙이 있는데 군사를 행하면 결국은 크게 패한다. 화근은 밖에 있는데 스스로 재앙을 부른다. 미혹하면 재앙이 되니 가만히 있으면 좋으나 움직이면 흉하다. 운명이 다 되었으니 이로울 게 하나도 없다.

■ 정월 881
서리를 밟으면 두터운 얼음이니 음이 비로소 응고됨이다. 선을 쌓은 집에는 반드시 남은 경사가 있고, 불선을 쌓은 집에는 반드시 남은 재앙이 있다. 관직자는 참소나 아첨을 조심하고, 선비는 투기를 조심하라. 원수와 원한을 조심하지 않으면 재난을 당한다.

■ 2월 484
즐거워하면서 크게 얻으니 큰 뜻을 편다. 지성이며 의심되지 않으니 벗들도 단합하며 따른다. 책임이 중대하니 왕공도 순종한다. 귀인의 천거를 받고 명성이 점점 높아진다. 앞으로 나아가 명예를 얻고, 경영하는 일에서도 이익을 얻는다.

■ 3월 862
군사에 중도를 지키니 길하고, 하늘의 총애를 받는다. 왕의 명령을 세 번이나 받고 천하를 생각한다. 벼슬한 사람은 임금의 친서로 벼슬을 받는다. 선비는 괴수되고 중은 은혜를 받는다. 반드시 귀하고 어진 사람을 만나 모든 일이 마음대로 된다.

■ 4월 665
험난함이 차지 못하고, 중정한 덕도 크지 않다. 물이 흘러도 차지 않고 이미 평평한 데까지 갔다. 직위에 있으며 위태롭지 않으니 작게 성취해야 이롭다. 꾀하는 일은 평탄해 위험은 없을 것이다. 처음에 다소 얻으나 결국은 차지 못한다.

■ 5월 853
빈 고을에 오르니 의심할 것이 없다. 나가는 데도 의심할 일이 없으니 뜻대로 한다. 관직은 승진이나 영전해 큰 군에 오른다. 선비는 명예를 얻고 경영하거나 꾀하는 일은 성사된다. 그러나 흉한 수를 만나면 모두 죽음에 이른다.

■ 6월 756

왕후도 섬기지 않고 고상하게 그 일만 한다. 강하고 밝은 재주로 무사하다. 도덕을 품에 안고 마음속에 누가 되지 않게 한다. 옛것을 지키면서 자신을 고결하게 한다. 운이 좋으면 경사도 있고, 귀인에게 발탁된다.

■ 7월 454

학문은 성현을 따르지 않고, 정치는 왕도를 따르지 않는다. 심력을 다하지만 하나도 공이 되지 않는다. 벼슬한 사람은 퇴보하고, 진취는 성사되지 않는다. 경영하거나 꾀하는 일은 힘만 들고 무익하다. 교화를 실행하지 못하니 혜택을 베풀 수 없다.

■ 8월 411

발이 건장하니 나가면 흉할 뿐이다. 밑에 있으면서 윗사람을 능멸하니 반드시 흉하다. 욕을 당하며 참소나 이간이 있고, 요행을 바라면 부끄러운 일만 생긴다. 움직일 때마다 후회하고, 시비·투쟁·소송이 따른다. 발에 병이 침범할 수 있으니 예방하라.

■ 9월 255

메마른 버들에 꽃이 피니 어찌 오래 가겠는가. 늙은 부인이 남편을 얻으니 추하다. 일이 처음부터 잘못되면 성사되지 않는다. 기쁨 속에서 근심이 생기니 경영하거나 꾀하는 일은 어려워진다. 늙은 부인의 근심이나 어머님의 병이 있다.

■ 10월 272

장딴지에 감응이 있으니 흉하나 편안하게 있으면 길하다. 지키지 못하고 일찍 움직이면 망동하니 흉하다. 안정하면서 분수를 지키면 저절로 좋은 일이 생긴다. 좋은 기회를 만나기 어려우니 경솔하게 움직이면 흉하다. 분주하면 나쁘고 노력하는 일 외에는 공이 없다.

■ 11월 156

뿔 위에서 만나니 부끄러울 일이 많다. 불운에 일이 생기고, 슬픈 회포 속에 정이 피어난다. 고단한 몸을 의지할 데가 한군데도 없구나. 선비는 장원하고, 승려나 도인은 주지가 된다. 인심은 흩어지고 경영하거나 꾀하는 일은 고생만 따를 뿐이다.

■ 12월 163

옛 덕을 누리는 것이니 위태로우나 결국은 길하다. 혹 영광스런 공직에 있더라도 성취하기 어렵다. 윗사람을 따르는 것은 좋으나 일을 주도하면 불가하다. 비록 위태로워도 옛것을 지키고 정도를 지키면 길하다. 정상을 잃지 않으면 모든 어려움이 침범하지 못한다.

지풍승괘 초효(地風升卦 初爻) ䷭.

진실로 오르니 대길하며 위와 뜻이 맞는다. 땅의 기운이 불어나 신의가 오르니 반드시 이루어진다. 강하며 중정을 따르니 어진 사람도 함께 나아간다. 벼슬한 사람은 영전하고, 선비는 높이 천거된다. 경영하거나 꾀하는 일은 마음대로 되니 점입가경이다.

■ **정월 872**
겸손하며 바르니 중심을 얻는다. 속으로 겸손한 덕이 쌓이니 능히 외부로 발산할 수 있다. 수컷이 울면 암컷이 응하듯이 음양이 부르고 화답한다. 관직자는 직위가 바뀌니 앞으로 나아가면 명예를 이룬다. 경솔하면 좋지 않으니 물러나 지키는 것이 좋다.

■ **2월 675**
큰 어려움에 부딪쳤는데 벗이 오니 절의로 대한다. 충정한 신하와 자식의 도움을 더욱 많이 받는다. 관직은 요직에 오르며 진취하여 적중한다. 좋은 사람이 이끌어주고 천거하니 이롭지 않은 것이 없다. 신하는 충성하고 자식은 효도하니 가정이 화애롭다.

■ **3월 883**
아름다움을 함축하고 가히 바르며 시기에 맞게 편다. 만일 왕사를 따르면 성취함은 없어도 유종의 미는 있다. 승진이나 영전할 기회가 있고 앞으로 나아갈 날이 온다. 꾀와 계략이 심원하니 경영에 수확이 있다. 여자가 이를 얻으면 덕이 있는 부인이 될 것이다.

■ **4월 786**
큰 과일을 먹지 않는 것은 장차 다시 생겨나게 하기 위함이다. 군자는 수레를 얻으나 소인은 집이 사라진다. 난리가 나면 치세를 생각하며 군자를 추대하기 원한다. 벼슬한 사람은 좋은 권세가를 만나 천거된다. 경영에 새로운 뜻을 세우고, 궁실을 성조한다.

■ **5월 484**
즐거워하면서 크게 얻으니 큰 뜻을 편다. 지성이며 의심되지 않으니 벗들도 단합하며 따른다. 책임이 중대하니 왕공도 순종한다. 귀인의 천거를 받고 명성이 점점 높아진다. 앞으로 나아가 명예를 얻고, 경영하는 일에서도 이익을 얻는다.

■ 6월   441

벼락이 쳐도 두려움을 알면 복이 있다. 법도를 알면 나중에 웃음꽃이 피고, 편안하게 쉬지 않으면 결국은 안녕하다. 기뻐하는데 한번 울리면 사람도 놀란다. 많이 놀라나 나중에는 기쁨이 있다.

■ 7월   285

모이는데 자리를 두나 뜻은 빛나지 못한다. 덕과 지위가 맞으면 움직여도 백성이 기뻐한다. 스스로 큰 선을 닦으면 복종하지 않는 것이 없다. 인정이 미덥지 못하며 도덕을 닦지 못한다. 인정이 화합하지 못하니 경영하거나 꾀하는 일이 막힌다.

■ 8월   262

주식이 곤궁하나 중간에 경사와 복이 있다. 나가면 흉한데 누구를 허물하랴. 곤궁해도 도를 행하는 것은 대신의 영명한 재주다. 귀인과 교류하며 경영하거나 꾀하는 일로 이익을 얻는다. 안정하면 길하나 움직이면 흉하고, 운이 흉하면 상을 당할 수도 있다.

■ 9월   186

이미 비운이 무너졌으니 처음에는 비색하나 나중에는 기쁘다. 비색함이 가면 통태함이 오는 것은 자연의 이치다. 정지와 강등, 막힘이 다시 풀린다. 곤궁하다 좋아지고, 소송자도 풀린다. 그러나 운이 흉하면 슬픔·탄식·통곡이 따른다.

■ 10월   173

일에 매여 숨지 못하니 병이 되고 위태로움이 있다. 공을 바라지만 펴지 못하니 큰 일은 성사되지 않는다. 질병에 걸리지 않으면 놀람과 위험이 있다. 식구가 늘고 아내를 얻을 운이다. 길흉이 상반하는 운이다.

■ 11월   141

망령됨과 사가 없으니 나아가면 뜻을 얻는다. 기거와 행동이 모두 천리에 맞는다. 거듭 도모해도 풍파가 전혀 없다. 임금도 얻고 백성도 얻어 명예를 이룬다. 보통 사람이 이와 같으면 가히 이익을 얻으리라.

■ 12월   544

중도로 행하니 공사가 따른다. 윗사람 같은 덕으로 아래를 이롭게 한다. 중한 책임을 맡아 임금의 총애도 깊어지고, 윗사람의 천거를 받아 명예를 이룬다. 성조·집수리·이사가 따르고 관청일도 펴진다.

지풍승괘 2효(地風升卦 二爻) ☷☴

제사는 간소하게 지내는 것이 좋고, 기쁨만 있고 허물은 없다. 안으로 지성을 지키며 외부의 꾸밈을 일삼지 않는다. 영전할 운이요 제관으로 배향한다. 선비는 명예를 얻고, 보통 사람은 기쁨이 있다. 병은 편안해지고 하는 일은 이루어지나 초상이나 제사가 두렵다.

■ 정월 863
군사를 죽게 하니 큰 공이 없다. 분수가 아닌 것을 범하면 반드시 실패한다. 직위를 받고 결원을 기다리나 선비는 공이 없다. 기쁨과 슬픔이 많으니 혹 수하의 복을 받는다. 운명과 상합되면 반드시 빈 고을에 오른다.

■ 2월 766
어리석음을 격퇴할 때는 상하에 순탄하게 하라. 원수를 막는 것은 이로우나 원수가 되는 것은 불리하다. 외부의 유혹을 막고 순진함이 완전하게 하라. 사법관의 직위로 공은 뺏고 성공한다. 시비·투쟁·소송과 도적의 시끄러움도 있다.

■ 3월 464
위로 소인과 친하면 어진 사람은 멀리 물러선다. 소인을 물리치면 군자의 무리가 나오게 된다. 성의와 신의가 깊으면 재난은 사라지고 복이 온다. 곁에 간신이 있으니 일에 실수와 허물이 생긴다. 만약 어진 사람을 만나면 재난은 거의 면제된다.

■ 4월 421
누이동생을 동서로 시집보내고 절름발이가 되어 걸어간다. 덕은 있으나 호응이 없으니 직분만 다할 뿐이다. 벼슬한 사람은 요장이 되고, 선비는 작은 시험이 좋다. 보통 사람은 작은 덕이 있어 꾀하는 것은 이루나 종이나 첩을 들이거나 세력가에게 몸을 맡긴다.

■ 5월 265
코 베이고 발 잘리니 뜻을 얻지 못한다. 강하려다 약해지고, 이익을 구하다 손해를 본다. 진취하며 경영하는 일은 처음에는 힘드나 나중에는 순탄하다. 타고난 영명한 성품으로 모두 좋게 만든다. 그러나 운이 불길하면 소송·형벌·초상제사가 따른다.

■ 6월　282

이끌리면 길하여 허물이 없고, 중정한 덕은 변함이 없다. 지성이 서리는 곳에 소박한 제사를 올리면 이롭다. 군신이 화합하니 지성과 공경을 모두 이룬다. 귀인이 이끌어주면 등용할 수 있다. 좋은 사람과 교류하거나 천거 있으니 경영하거나 꾀하는 일을 이룬다.

■ 7월　166

왕이 하사한 의복을 받으나 하루아침에 세 번 잃는다. 소송으로 받는 복은 공경할 것이 못된다. 성공과 실패, 진보와 후퇴가 있다. 소송이나 분쟁할 운이요 상복을 입을 운이다. 정도로 취한 것이 아니면 결국 잃는다.

■ 8월　153

엉덩이와 볼기에 살이 없으니 움직이는 것이 저주다. 사사로이 만나는 것을 조심하라. 함부로 행동하면 재난이 따른다. 퇴직이나 귀양을 갈 운이나 선비는 유리하다. 보통 사람은 재난과 매를 맞을까 두렵다. 하는 일이 어렵고, 허리와 발에 병이 침범한다.

■ 9월　121

본래 가는 데로 가면 허물이 없으리라. 이치를 따라 행사하고 도를 벗어나지 말라. 태평성대의 도가 있으면 영전할 기회가 있다. 어려서 배우고 자라서 행하니 명리를 이룬다. 비록 운은 좋으나 상복을 입을까 두렵다.

■ 10월　524

거의 보름이 된 달이다. 말도 짝을 잃었다. 같은 무리를 끊고 위를 따르면 허물이 없다. 벼슬한 사람은 높아지고, 선비는 월계관을 쓴다. 귀인을 만나며 윗사람의 덕을 본다. 그러나 배우자나 말을 잃을 수 있다.

■ 11월　142

밭갈이도 수확도 파종도 하지 않는다. 본래 소망이 없는데 소득이 있다. 가다듬고 행동에 힘쓰면서 때에 맞는 이치를 따른다. 승진과 명예를 성취하니 밖에서 이득을 얻는다. 농업이 좋으나 벼와 곡식은 적다.

■ 12월　345

마른 고기를 씹다 황금을 얻는다. 항상 위태로움과 두려움을 알면 원한과 허물은 자연히 사라진다. 법으로 간신을 제거하며 명예를 이룬다. 병자는 편안해지고 원망도 사라진다. 손으로 천금을 희롱하니 의식이 풍족하다.

지풍승괘 3효(地風升卦 三爻) ䷭

빈 고을에 오르니 의심할 것이 없다. 나가는 데도 의심할 일이 없으니 뜻대로 한다. 관직은 승진이나 영전해 큰 군에 오른다. 선비는 명예를 얻고 경영하거나 꾀하는 일은 성사된다. 그러나 흉한 수를 만나면 모두 죽음에 이른다.

■ 정월 454
학문은 성현을 따르지 않고, 정치는 왕도를 따르지 않는다. 심력을 다하지만 하나도 공이 되지 않는다. 벼슬한 사람은 퇴보하고, 진취는 성사되지 않는다. 경영하거나 꾀하는 일은 힘만 들고 무익하다. 교화를 실행하지 못하니 혜택을 베풀 수 없다.

■ 2월 411
발이 건장하니 나가면 흉할 뿐이다. 밑에 있으면서 윗사람을 능멸하니 반드시 흉하다. 욕을 당하며 참소나 이간이 있고, 요행을 바라면 부끄러운 일만 생긴다. 움직일 때마다 후회하고, 시비·투쟁·소송이 따른다. 발에 병이 침범할 수 있으니 예방하라.

■ 3월 255
메마른 버들에 꽃이 피니 어찌 오래 가겠는가. 늙은 부인이 남편을 얻으니 추하다. 일이 처음부터 잘못되면 성사되지 않는다. 기쁨 속에서 근심이 생기니 경영하거나 꾀하는 일은 어려워진다. 늙은 부인의 근심이나 어머님의 병이 있다.

■ 4월 272
장딴지에 감응이 있으니 흉하나 편안하게 있으면 길하다. 지키지 못하고 일찍 움직이면 망동하니 흉하다. 안정하면서 분수를 지키면 저절로 좋은 일이 생긴다. 좋은 기회를 만나기 어려우니 경솔하게 움직이면 흉하다. 분주하면 나쁘고 노력하는 일 외에는 공이 없다.

■ 5월 156
뿔 위에서 만나니 부끄러울 일이 많다. 불운에 일이 생기고, 슬픈 회포 속에 정이 피어난다. 고단한 몸을 의지할 데가 한군데도 없구나. 선비는 장원하고, 승려나 도인은 주지가 된다. 인심은 흩어지고 경영하거나 꾀하는 일은 고생만 따를 뿐이다.

■ 6월   163

옛 덕을 누리는 것이니 위태로우나 결국은 길하다. 혹 영광스런 공직에 있더라도 성취하기 어렵다. 윗사람을 따르는 것은 좋으나 일을 주도하면 불가하다. 비록 위태로워도 옛것을 지키고 정도를 지키면 길하다. 정상을 잃지 않으면 모든 어려움이 침범하지 못한다.

■ 7월   111

숨어 있는 용이니 세상에 숨어 살아도 번민하지 않는다. 즐거울 때 행하고 걱정할 때 자제한다. 관직에서 물러나 관로에 막힘이 많다. 운이 막혀 일이 억제되며 거동에 재난이 생긴다. 여자는 경사가 많고 아들을 낳을 운이다.

■ 8월   514

미더움이 있으면 피도 가고 두려움도 사라지니 허물이 없다. 성실하게 미더움을 다하니 상해는 반드시 멀어진다. 동지의 천거나 발탁으로 오랜 직책에서 전직된다. 윗사람과 뜻이 맞아 오래 엄체된 것도 펴진다. 인정이 화합하나 운이 흉하면 혈육이 손상된다.

■ 9월   132

집 안에서 동지를 구하니 대동할 줄 모른다. 소견이 좁고 처사가 부정하다. 벼슬과 녹은 올라가지 않고, 작은 시험이라야 가망이 있다. 일에 부정이 많이 생기고, 종친이나 남들과 불목한다. 사랑과 미움이 한결같지 않고, 슬픔과 기쁨을 분간하지 못한다.

■ 10월   335

슬픔과 탄식을 막을 길이 없으니 슬픈 눈물이 비오듯 한다. 위태로운데 상하의 도움이 없고, 벼슬길이 험난하니 앞으로 나아가기 어렵다. 경영하는 일은 거듭 막히니 생각만 많고, 눈물과 탄식뿐이다.

■ 11월   143

무고한 재난에 매어둔 소를 잃는다. 옛날의 기쁨이 수심이 되고, 일에 경쟁이 많다. 명암이 함께 오니 풍파가 그치지 않는다. 몸은 어려움에 처하며 손재를 당한다. 만약 소를 사들이지 않으면 시끄러워진다.

■ 12월   246

붙잡아 매고 연결하라. 망령되지 않은 마음을 끝까지 바꾸지 말라. 이미 천명이 다했는데 관재가 어인 일인고. 벼슬한 사람은 참소를 방지하고, 선비는 욕을 방지하라. 만약 손재가 아니면 관재가 우려된다.

연평 854

지풍승괘 4효(地風升卦 四爻) ䷭

왕이 기산에 형통하니 길하다. 위로는 천자에게 순응하고, 아래로는 어진 사람에게 순응한다. 높은 지위에 오르고, 선비는 명예를 이룬다. 산천의 이익과 산수의 즐거움이 있다. 승려는 제사 흠향하나 운이 흉하면 산으로 돌아간다.

■ 정월 655
샘도 깨끗한 물이 차 있다. 공은 사물에까지 미친다. 재주와 덕은 모두 선하며 아름답다. 덕과 지위 모두 좋으니 임금의 총애를 받는다. 명예와 이익이 모두 있으니 등용이나 천거된다. 경영하거나 꾀하는 일은 반드시 이루고 복과 이익을 얻는다.

■ 2월 672
신하가 어렵고 험난하나 자신의 잘못이 아니다. 뜻은 임금을 주제하는데 있으니 결국은 허물이 없다. 충정한 절의를 본받아 나라를 편안하게 한다. 만나는 것은 때가 아니고, 어려움을 건너고 험난함을 지난다. 경영하는 일은 막히고, 혹 몸도 보전하기 어렵다.

■ 3월 556
지나치게 겸손하니 강하게 끊는 것도 잃는다. 재물과 도끼도 잃었으니 정도에 흉이 된다. 파직이나 연금되고, 오르는 데 궁하여 손해를 본다. 흉한 가운데 구원이 있고, 끊어진 곳에서도 생을 만난다. 비록 손실과 질병이 있으나 성공의 기쁨도 있다.

■ 4월 563
사심을 버리면 후회할 일이 없다. 뜻은 시국을 구제하는데 있는데 흩어짐을 구제한다. 진취가 불리하나 외부 시험은 가능하다. 재난은 흩어지고, 장학생은 나오게 된다. 보통 사람은 이익을 얻고 윗사람과 상응한다.

■ 5월 511
도를 지켜 회복하니 어찌 허물이 되겠는가. 강건한 재주는 위에 동지가 있다. 한직에서 벗어나며 집을 나간 사람도 돌아온다. 보통 사람은 사업을 극복하고 안정한다. 그러나 운이 불길하면 진퇴의 뜻이 의심스럽다.

■ **6월   114**

진퇴를 알 수 없으니 시기에 맞게 나아가라. 순리를 따르면 길하나 망동하면 화가 생긴다. 시운이 불리하니 역량을 감추고 때를 기다려라. 의심이 생겨 결정하지 못하니 모든 게 어려워진다. 여자는 마음대로 되고, 승려와 도인은 편안하다.

■ **7월   532**

성취하려고 하지 않고 가정에서 음식을 만들면 길하다. 정과 사랑에 빠지면 이루지 못한다. 벼슬한 사람은 조정에 들어 녹과 복이 빛난다. 선비는 학업이 좋아져 장학금을 타니 길하다. 경영하거나 꾀하는 일을 이루며 재물과 양식이 늘어난다.

■ **8월   735**

언덕과 동산을 꾸미니 예물은 얇고 소박하다. 근본을 두텁게 하며 실상을 숭상하고, 농업에 힘쓰며 검소함을 숭상한다. 한가한 관직에서 초빙되나 관록은 쇠퇴한다. 귀인은 이익을 얻고 적게 성취해야 기쁘다. 진취하는 데 어려움이 있고, 노인은 수명이 불리하다.

■ **9월   543**

유익함을 흉한 일에 쓰니 어려움이 덜어진다. 믿음으로 중도를 행하면 공사에 고할 때 인감을 쓰는 것처럼 할 것이다. 조정에서 귀인으로 크게 쓰이며 명예와 공을 이룬다. 인선이나 품수를 바꾸면 보통 사람은 이익을 얻는다. 그러나 운이 흉하면 비상한 재앙을 당한다.

■ **10월   646**

말을 타고 나가지 못하니 피눈물이 흐른다. 어려움의 끝이니 액운이 더욱 심하다. 영화로운 곳에서 욕을 당할 수 있으니 참소와 욕을 조심하라. 손해를 보거나 실패할 운으로 모든 재앙이 다투어 일어난다. 만약 부모의 상을 당하지 않으면 수명이 불리하다.

■ **11월   144**

바른 길을 지키면 허물이 없다. 실리와 진실한 마음으로 변하지 말라. 고요히 안정하면 저절로 좋은 소식이 온다. 덕이 넓고 겸손하니 신하의 도리가 극진하다. 옛 사업을 지키며 본분을 지켜라.

■ **12월   181**

서로 끌어들이면서 인도하니 음양이 기뻐한다. 앞길이 비색한데 다른 사람과 공동으로 구제한다. 조용히 지키면 좋으나 지나치게 도모하면 재난을 당한다. 기회를 만나기 어려우나 기다리는 것이 좋다. 소언과 관련된 일을 막으면 길하다.

지풍승괘 5효(地風升卦 五爻) ☷☴

바르게 계단 오르듯 하니 큰 뜻을 얻는다. 반드시 시종의 진출을 예의로 한다. 오르는 것이 귀한 바는 유순한 데 있다. 벼슬한 사람은 높이 영전하고, 선비는 높이 천거된다. 꾀하는 것을 이루고 뜻을 얻으니 진출에는 계단이 있다.

■ 정월 756
왕후도 섬기지 않고 고상하게 그 일만 한다. 강하고 밝은 재주로 무사하다. 도덕을 품에 안고 마음속에 누가 되지 않게 한다. 옛것을 지키면서 자신을 고결하게 한다. 운이 좋으면 경사도 있고, 귀인에게 발탁된다.

■ 2월 763
여인을 취하지 말라. 소행이 불순하다. 돈 많은 남자를 보면 제 신분도 생각하지 못한다. 탐내고 조심하지 않아 욕을 당하고 편안에 빠져 학업도 폐한다. 여인과 불목하며 주색으로 재난을 당한다. 시비가 생기게 되니 안정해야 좋다.

■ 3월 711
위태로우면 하지 않는 것이 이롭다. 재해를 범하지 않으나 나가면 위태롭고 그치면 쌓인다. 기미를 알고 물러서면 해로움은 멀어진다. 벼슬한 사람은 직위를 버리는 것이 좋고, 선비는 때를 기다리는 것이 좋다. 변이 생기면 재난을 당하는데 옛것을 지켜야 좋다.

■ 4월 314
그렇게 풍성하게 하지 않으면 가히 허물은 없을 것이다. 물리를 밝게 분별할 수 있으면서도 겸손하다. 해도 정오가 지나면 기울고, 물도 성한 뒤에는 쇠퇴한다. 분수를 지키면서 때를 기다리는 것이 좋다. 밝으면 손실이 있으니 눈병도 두렵다.

■ 5월 732
턱이 움직이면 수염도 따라 움직이듯이 움직이고 그치는 일은 턱에 달려 있다. 선악은 본질에 매어 있다. 영전은 남의 덕으로 성사된다. 문장이 아름다우니 귀인이 끌어주리라. 그러나 세력만 믿고 함부로 굴면 좌절할 것이다.

■ 6월   535

왕이 가정을 이루면 근심하지 않아도 길하다. 지극히 바르고 선하니 근심없이 잘 되어간다. 남편은 내조를 좋아하고, 부인은 법도 있는 가정을 사랑한다. 벼슬길이 매우 순탄하고 명예를 이룬다. 귀인과 교제하며 문전에 화기가 가득하다.

■ 7월   743

기르는 정도를 어기니 흉하다. 10년이라도 쓰지 말라. 도가 크게 어그러졌으니 이로울 것이 없다. 욕심이 많아 망동하면서 이르지 않는 곳이 없다. 욕심을 따르다 법도를 그르치고 명예를 잃는다. 거칠고 음탕한 짓을 거리낌 없이 하다 자신이 상하고 슬픔만 남는다.

■ 8월   846

회복이 어둡고 흉한 것은 임금의 도와 반대이기 때문이다. 재앙이 있는데 군사를 행하면 결국은 크게 패한다. 화근은 밖에 있는데 스스로 재앙을 부른다. 미혹하면 재앙이 되니 가만히 있으면 좋으나 움직이면 흉하다. 운명이 다 되었으니 이로울 게 하나도 없다.

■ 9월   344

다리에 감응이 있으나 처하지 못한다. 스스로 하지 못하고 남을 따른다. 조용히 있는 것이 좋은데 움직이니 심히 부끄럽다. 모든 일에 부끄러움이 많으며 여자의 결혼만 유리하다. 간여한 일들은 보통을 벗어나기 어렵다.

■ 10월   381

진출하거나 좌절하더라도 홀로 정도를 행한다. 미덥지 않더라도 너그러우면 허물은 없다. 간사한 이론에 막혀 앞으로 나아가기 어렵다. 피차 믿지 않으니 근심과 즐거움이 반반이다. 안정하면 길하나 움직이면 흉하다.

■ 11월   145

망이 없는 병은 약을 쓰지 않으면 기쁘다. 본래 병이 없는데 어찌 공격해 치료하겠는가. 움직이면 망이요 안정하면 무망이다. 벼슬한 사람은 변이 생기나 변명하지 않아도 자명해진다. 피하는 일은 이루고, 출산과 양육의 기쁨이 있다.

■ 12월   I22

밟는 길이 탄탄하니 중심이 흔들리지 않는다. 마음을 가다듬고 절의를 지키며 안빈낙도한다. 시운이 오지 않으니 관직에서 물러나 귀향한다. 가리고 살피면서 일을 꾀하면 인사가 화해한다. 그러나 흉한 운을 만나면 명부에 이름을 새긴다.

연평 856

지풍승괘 상효(地風升卦 上爻) ䷭

오르는 일이 어둡고 위에 있으니 부자가 되지 못할 것이다. 스스로 다스리는 데 조심하고 감히 성하고 넘치게 하지 말라. 관직자는 휴직되니 자신을 반성하고 덕을 쌓으라. 탐하고 얻는 것을 멀리하지 않으면 반드시 화가 된다. 만일 수가 불리하면 유명을 달리한다.

■ 정월 811
군자는 진출하면 벗들과 함께한다. 군자가 지위를 얻으면 어진 사람들이 조정으로 모인다. 동지가 협력하여 통태함을 이룬다. 같은 도학으로 덕을 숭상하니 비등하는 날이 있다. 동지와 함께 꾀하니 재물과 이익이 날로 늘어난다.

■ 2월 414
올바르면 후회할 일이 없고, 큰 차 바퀴통도 건장하다. 한격도 이미 열려 있으니 다시 곤궁해지지 않는다. 재앙이 사라지고 복이 따르니 진취할 수 있다. 시험을 보면 높이 장원하며 길도 넓게 뚫린다. 오래 조용하면 반드시 뭉하고, 뭉하면 길하다.

■ 3월 832
왼쪽 다리를 상하니 건장한 말로 구제하라. 시기에 순응해야 처신을 잘 하는 것이다. 관직의 길은 유리하나 어두운 주인을 만날 수 있다. 선비는 첩보가 있고, 보통 사람은 재앙이 있다. 만일 운이 좋으면 부자가 될 수도 있다.

■ 4월 635
동쪽 이웃의 소를 잡는 것이 서쪽 이웃의 봄 제사만 못하다. 때를 만나면 복을 받으나 물건이 풍성하지는 않다. 태평한 세상에서는 교만과 사치가 쉽게 싹튼다. 하는 일은 때를 잃기쉽고, 원대한 꿈은 헛되게 된다. 바라는 일은 불리하고, 서쪽은 좋으나 동쪽은 흉하다.

■ 5월 843
자주 회복하니 위태로움이 있고 의리에는 허물이 없다. 중정하지 못하고 또 움직이는 극에있다. 벼슬자리가 평온하지 못하고 변화가 심하다. 큰 머리를 얻을 수도 있으니 명예는 가히 이룬다. 일에는 반복이 많고 의혹이 엇갈린다.

■6월 746

말미암아 기르니 큰 내를 건너면 이롭다. 혜택은 사해에 통달하고 큰 복과 경사가 따른다. 작위와 녹이 융숭하며 선비는 두각을 나타낸다. 꾀하는 일은 두드러지게 빛나고 이롭지 않은 것이 없다. 능히 인정을 통찰하고 널리 베풀어 대중을 구한다.

■7월 444

벼락이 진흙에 빠졌으니 빛이 나지 않는다. 강하여 험난함에 처했는데 스스로 진동할 수가 없다. 중정하지 못하니 더욱 험난해진다. 야비하며 더럽고 덕이 없으니 되는 일이 하나도 없다. 결박이나 구속되어 빛을 볼 날이 없다.

■8월 481

때를 만나 일을 주간하니 즐겁고, 뜻은 극도에 다달아 소리까지 낸다. 경솔함과 천박함이 이와 같으면 어찌 흉하지 않으리. 은총을 기다려야 되고, 선비는 사람을 놀라게 한다. 보통 사람은 놀람·구설·시비가 따른다.

■9월 245

미덥고 진실하게 아름다우니 그 지위가 중정하다. 성실하게 선을 따르니 매우 착하다. 자신을 버리고 선을 따르니 크게 형통한다. 벼슬한 사람은 영전하고, 선비는 등용이나 천거된다. 경영하거나 꾀하는 일은 순조로우니 경사가 많다.

■10월 222

미더워 즐거워하니 후회할 일이 사라지고 좋은 일이 생긴다. 신의와 진실이 있고 사가 없으니 응당 후회는 가볍다. 승진이나 영전할 징조요 진취의 기쁨이 있다. 모든 일이 화순하며 어둠 속에서도 빛이 난다. 결연·체결·화해가 있고, 가정에 경사가 가득하다.

■11월 146

처신에 희망이 없으니 행하면 재앙이 따른다. 순리를 따르면 편안하나 일을 시작하면 화가 된다. 강등·퇴출·직위 이탈·치욕을 면하기 어렵다. 일을 분명하게 하지 않으면 시비가 생기고, 운이 불길하면 천명을 지키기 어렵다.

■12월 133

숲 속에 복병이 있는데 높은 언덕에서 적을 살핀다. 3년이나 기회가 오지 않는다. 앞길이 가시밭이니 옛것을 지키면서 안정하라. 만약 높이 오르지 못하면 실직한다. 부모의 초상이 염려되고, 감옥과 소송도 두렵다.

지수사괘 초효(地水師卦 初爻) ䷆.

출사할 때 율법을 어기면 흉하다. 신하가 도리를 다하면 임금의 총애도 날로 깊어진다. 문장과 의리로 합하니 공명을 이루고, 경영하는 일은 법도를 지키니 재물은 날로 늘어난다. 경솔하면 재앙을 당하는데 운이 흉하면 매우 험상궂다.

▪ 정월 882

곧고 모나고 크니 땅의 도가 빛난다. 소행에 의심이 없으니 이롭지 않은 것이 없다. 유순하며 중정한 덕이 무궁하다. 관직자는 지위가 높아지고 명예도 올라간다. 곡식과 비단이 많이 늘어나고, 어진 부인이 집안을 일으킨다.

▪ 2월 685

친히 돕는다는 뜻이며 지위가 중정하다. 왕이 세 번 짐승을 모니 어질다는 것을 알 수 있다. 역을 버리고 순리를 따르며, 자신을 용서하는 마음으로 남을 대한다. 관직자는 영전하고, 선비는 과거에 급제한다. 처음에는 힘드나 나중에는 순탄하니 이롭지 않은 것이 없다.

▪ 3월 873

노력하고 겸손한 군자는 만민이 복종한다. 노력하고 자랑하지 않고 공이 있으면서도 공덕이라 하지 않는다. 벼슬한 사람은 높이 옮겨가고 선비는 기회를 만난다. 경영과 꾀하는 일에 이익을 얻고 마음과 힘껏 노력한다. 높아도 위태롭지 않고 차도 넘치지 않는다.

▪ 4월 776

그치는 도가 매우 좋으니 나중에는 길하다. 관직자는 자리를 옮기고, 선비는 명예를 이루고, 농민은 전답이 늘어나고, 상인은 이익을 얻고, 보통 사람은 복을 받는다. 그러나 운이 흉하면 반대가 된다.

▪ 5월 474

지극히 공손하면 허물이 없다. 고수하지 말고 때에 맞게 하라. 고집스럽게 변통할 줄 모르면 다소 허물이 된다. 안정하면서 직위를 지켜라. 작은 시험은 유리하다. 안빈하며 분수를 지키면 자연 손실과 폐단도 없다.

■ 6월 431

짝이 되는 주인을 만나 마음이 같으면 허물이 없다. 나가면 가상하나 열흘이 지나면 재앙이 생긴다. 반드시 밝은 군주를 만나 명예를 이룬다. 귀인과 교류하며 꾀하는 일을 이룬다. 그러나 너무 큰 일을 시작하면 반드시 재앙이 된다.

■ 7월 275

등심에 감응이 있으니 뜻이 사물을 감동시키지 못한다. 진퇴에 구속이 없고, 중심에는 사기가 없다. 같은 관료는 기뻐도 앞으로 나아가기는 어렵다. 인정이 어그러지며 떨어져 나가니 경영하거나 꾀하는 일은 시소하다. 사욕에 감응하면 사물을 감동시킬 수 없다.

■ 8월 252

마른 벼에 뿌리가 나고, 늙은 사내가 아내를 얻는다. 중도를 얻고 유순하니 능히 큰 공을 이룬다. 심하게 침체된 사람이 다시 일어나니 복직될 운이다. 첩을 들이는 운으로 아내를 얻고 아들을 낳는다. 승려는 제자를 얻거나 의붓자식을 둔다.

■ 9월 176

살찐 물러남이요 숨은 것이니 이롭지 않은 것이 없다. 사물에 막힘이 없어 초연하며 여유가 있으니 무슨 일이든 이루어지지 않겠는가. 관로가 편안하지 못하니 때를 기다려라. 경영하거나 꾀하는 일은 이롭고, 가정과 사업은 풍성해진다.

■ 10월 183

지위가 부당하니 부끄럽다. 항상 졸렬한 권모술수를 부리다 선을 해친다. 인정은 쉽게 변하니 움직이면 의심을 받는다. 관직에서 물러나 쉬면서 비난을 막아라. 시비와 분쟁이 비온 뒤 죽순 솟듯한다.

■ 11월 131

마음에 부끄러움이 없으니 자연히 내외가 화평하다. 남들과 마음이 통하니 무슨 허물이 있겠는가. 원한과 허물은 모두 사라지며 모든 가정에는 기쁨이 있다. 영전할 운이요 등용할 상이다. 동지와 협심하며 성조와 문을 수리한다.

■ 12월 534

가정이 부자니 대길하고 순함으로 지위에 있다. 아내가 가정을 부양하니 내직이 모두 좋아진다. 일은 순순히 하며 반드시 정도로 한다. 초월해 영전하고, 시험에 들어 상을 받는다. 꾀하는 일에 이익이 있고, 고독한 과부는 친한 사람을 만난다.

지수사괘 2효(地水師卦 二爻) ☷☵·

군사에 중도를 지키니 길하고, 하늘의 총애를 받는다. 왕의 명령을 세 번이나 받고 천하를 생각한다. 벼슬한 사람은 임금의 친서로 벼슬을 받는다. 선비는 괴수되고 중은 은혜를 받는다. 반드시 귀하고 어진 사람을 만나 모든 일이 마음대로 된다.

■ 정월 853
빈 고을에 오르니 의심할 것이 없다. 나가는 데도 의심할 일이 없으니 뜻대로 한다. 관직은 승진이나 영전해 큰 군에 오른다. 선비는 명예를 얻고 경영하거나 꾀하는 일은 성사된다. 그러나 흉한 수를 만나면 모두 죽음에 이른다.

■ 2월 756
왕후도 섬기지 않고 고상하게 그 일만 한다. 강하고 밝은 재주로 무사하다. 도덕을 품에 안고 마음속에 누가 되지 않게 한다. 옛것을 지키면서 자신을 고결하게 한다. 운이 좋으면 경사도 있고, 귀인에게 발탁된다.

■ 3월 454
학문은 성현을 따르지 않고, 정치는 왕도를 따르지 않는다. 심력을 다하지만 하나도 공이 되지 않는다. 벼슬한 사람은 퇴보하고, 진취는 성사되지 않는다. 경영하거나 꾀하는 일은 힘만 들고 무익하다. 교화를 실행하지 못하니 혜택을 베풀 수 없다.

■ 4월 411
발이 건장하니 나가면 흉할 뿐이다. 밑에 있으면서 윗사람을 능멸하니 반드시 흉하다. 욕을 당하며 참소나 이간이 있고, 요행을 바라면 부끄러운 일만 생긴다. 움직일 때마다 후회하고, 시비·투쟁·소송이 따른다. 발에 병이 침범할 수 있으니 예방하라.

■ 5월 255
메마른 버들에 꽃이 피니 어찌 오래 가겠는가. 늙은 부인이 남편을 얻으니 추하다. 일이 처음부터 잘못되면 성사되지 않는다. 기쁨 속에서 근심이 생기니 경영하거나 꾀하는 일은 어려워진다. 늙은 부인의 근심이나 어머님의 병이 있다.

■6월 272

장딴지에 감응이 있으니 흉하나 편안하게 있으면 길하다. 지키지 못하고 일찍 움직이면 망동하니 흉하다. 안정하면서 분수를 지키면 저절로 좋은 일이 생긴다. 좋은 기회를 만나기 어려우니 경솔하게 움직이면 흉하다. 분주하면 나쁘고 노력하는 일 외에는 공이 없다.

■7월 156

뿔 위에서 만나니 부끄러울 일이 많다. 불운에 일이 생기고, 슬픈 회포 속에 정이 피어난다. 고단한 몸을 의지할 데가 한군데도 없구나. 선비는 장원하고, 승려나 도인은 주지가 된다. 인심은 흩어지고 경영하거나 꾀하는 일은 고생만 따를 뿐이다.

■8월 163

옛 덕을 누리는 것이니 위태로우나 결국은 길하다. 혹 영광스런 공직에 있더라도 성취하기 어렵다. 윗사람을 따르는 것은 좋으나 일을 주도하면 불가하다. 비록 위태로워도 옛것을 지키고 정도를 지키면 길하다. 정상을 잃지 않으면 모든 어려움이 침범하지 못한다.

■9월 111

숨어 있는 용이니 세상에 숨어 살아도 번민하지 않는다. 즐거울 때 행하고 걱정할 때 자제한다. 관직에서 물러나 관로에 막힘이 많다. 운이 막혀 일이 억제되며 거동에 재난이 생긴다. 여자는 경사가 많고 아들을 낳을 운이다.

■10월 514

미더움이 있으면 피도 가고 두려움도 사라지니 허물이 없다. 성실하게 미더움을 다하니 상해는 반드시 멀어진다. 동지의 천거나 발탁으로 오랜 직책에서 전직된다. 윗사람과 뜻이 맞아 오래 엄체된 것도 펴진다. 인정이 화합하나 운이 흉하면 혈육이 손상된다.

■11월 132

집 안에서 동지를 구하니 대동할 줄 모른다. 소견이 좁고 처사가 부정하다. 벼슬과 녹은 올라가지 않고, 작은 시험이라야 가망이 있다. 일에 부정이 많이 생기고, 종친이나 남들과 불목한다. 사랑과 미움이 한결같지 않고, 슬픔과 기쁨을 분간하지 못한다.

■12월 335

슬픔과 탄식을 막을 길이 없으니 슬픈 눈물이 비오듯 한다. 위태로운데 상하의 도움이 없고, 벼슬길이 험난하니 앞으로 나아가기 어렵다. 경영하는 일은 거듭 막히니 생각만 많고, 눈물과 탄식뿐이다.

지수사괘 3효(地水師卦 三爻)

군사를 죽게 하니 큰 공이 없다. 분수가 아닌 것을 범하면 반드시 실패한다. 직위를 받고 결원을 기다리나 선비는 공이 없다. 기쁨과 슬픔이 많으니 혹 수하의 복을 받는다. 운명과 상합되면 반드시 빈 고을에 오른다.

■ 정월　464

위로 소인과 친하면 어진 사람은 멀리 물러선다. 소인을 물리치면 군자의 무리가 나오게 된다. 성의와 신의가 깊으면 재난은 사라지고 복이 온다. 곁에 간신이 있으니 일에 실수와 허물이 생긴다. 만약 어진 사람을 만나면 재난은 거의 면제된다.

■ 2월　421

누이동생을 동서로 시집보내고 절름발이가 되어 걸어간다. 덕은 있으나 호응이 없으니 직분만 다할 뿐이다. 벼슬한 사람은 요장이 되고, 선비는 작은 시험이 좋다. 보통 사람은 작은 덕이 있어 꾀하는 것은 이루나 종이나 첩을 들이거나 세력가에게 몸을 맡긴다.

■ 3월　265

코 베이고 발 잘리니 뜻을 얻지 못한다. 강하려다 약해지고, 이익을 구하다 손해를 본다. 진취하며 경영하는 일은 처음에는 힘드나 나중에는 순탄하다. 타고난 영명한 성품으로 모두 좋게 만든다. 그러나 운이 불길하면 소송·형벌·초상제사가 따른다.

■ 4월　282

이끌리면 길하여 허물이 없고, 중정한 덕은 변함이 없다. 지성이 서리는 곳에 소박한 제사를 올리면 이롭다. 군신이 화합하니 지성과 공경을 모두 이룬다. 귀인이 이끌어주면 등용할 수 있다. 좋은 사람과 교류하거나 천거 있으니 경영하거나 꾀하는 일을 이룬다.

■ 5월　166

왕이 하사한 의복을 받으나 하루아침에 세 번 잃는다. 소송으로 받는 복은 공경할 것이 못된다. 성공과 실패, 진보와 후퇴가 있다. 소송이나 분쟁할 운이요 상복을 입을 운이다. 정도로 취한 것이 아니면 결국 잃는다.

■ 6월 153

엉덩이와 볼기에 살이 없으니 움직이는 것이 저주다. 사사로이 만나는 것을 조심하라. 함부로 행동하면 재난이 따른다. 퇴직이나 귀양을 갈 운이나 선비는 유리하다. 보통 사람은 재난과 매를 맞을까 두렵다. 하는 일이 어렵고, 허리와 발에 병이 침범한다.

■ 7월 121

본래 가는 데로 가면 허물이 없으리라. 이치를 따라 행사하고 도를 벗어나지 말라. 태평성대의 도가 있으면 영전할 기회가 있다. 어려서 배우고 자라서 행하니 명리를 이룬다. 비록 운은 좋으나 상복을 입을까 두렵다.

■ 8월 524

거의 보름이 된 달이다. 말도 짝을 잃었다. 같은 무리를 끊고 위를 따르면 허물이 없다. 벼슬한 사람은 높아지고, 선비는 월계관을 쓴다. 귀인을 만나며 윗사람의 덕을 본다. 그러나 배우자나 말을 잃을 수 있다.

■ 9월 142

밭갈이도 수확도 파종도 하지 않는다. 본래 소망이 없는데 소득이 있다. 가다듬고 행동에 힘쓰면서 때에 맞는 이치를 따른다. 승진과 명예를 성취하니 밖에서 이득을 얻는다. 농업이 좋으나 벼와 곡식은 적다.

■ 10월 345

마른 고기를 씹다 황금을 얻는다. 항상 위태로움과 두려움을 알면 원한과 허물은 자연히 사라진다. 법으로 간신을 제거하며 명예를 이룬다. 병자는 편안해지고 원망도 사라진다. 손으로 천금을 희롱하니 의식이 풍족하다.

■ 11월 133

숲 속에 복병이 있는데 높은 언덕에서 적을 살핀다. 3년이나 기회가 오지 않는다. 앞길이 가시밭이니 옛것을 지키면서 안정하라. 만약 높이 오르지 못하면 실직한다. 부모의 초상이 염려되고, 감옥과 소송도 두렵다.

■ 12월 236

군자는 표범으로 변하고 소인은 얼굴만 바뀐다. 나가면 흉하니 바르고 견고하게 있어야 길하다. 반드시 명예를 성취하고 문채가 왕성하다. 조심스럽게 법도를 지키면 재난을 면할 수 있다. 시비가 따르는데 낯을 바꿀까 두렵다.

지수사괘 4효(地水師卦 四爻) ䷆

진영으로 후퇴하면 허물이 없고 떳떳함을 잃지 않는다. 군사를 완전히 후퇴시키니 전복이나 패망과는 멀다. 관직의 길은 험난하며 선비는 사감생이다. 편안하게 있으면서 직업을 즐겁게 여기고 망동하지 말라. 객사를 성조하거나 여관에서 살게 된다.

■ 정월 665
험난함이 차지 못하고, 중정한 덕도 크지 않다. 물이 흘러도 차지 않고 이미 평평한 데까지 갔다. 직위에 있으며 위태롭지 않으니 작게 성취해야 이롭다. 꾀하는 일은 평탄해 위험은 없을 것이다. 처음에 다소 얻으나 결국은 차지 못한다.

■ 2월 682
안에서부터 친하니 실수하지 않는다. 나라에 몸을 맡기니 임금을 얻고 도에 합한다. 관직은 내직으로 제수받고, 여자는 어진 남편을 얻는다. 선비는 명예를 이루나 지방을 벗어날 수 없다. 귀인을 만나 의지하니 경영하거나 꾀하는 일은 뜻대로 된다.

■ 3월 566
흐트러져 그 피의 상해를 버리니 멀리 나가면 허물이 없다. 사리에 손순하면 상해는 없다. 무장으로 난리를 평정하고, 잠복이나 은둔에서 벗어난다. 험난함에서 나와 편안한 곳으로 가니 어둠을 등지고 밝은 곳을 향한다. 소송이나 감옥도 사라지고 질병도 낫는다.

■ 4월 553
자주 순종하니 부끄러움이 되고, 뜻이 궁하니 재난을 당한다. 만약 잘라 제지하지 못하면 더 깊게 들어간다. 벼슬한 사람은 귀양이나 강등되고, 선비는 손실이 있다. 여러 번 얻고 잃으니 부끄러움을 면할 수 없다. 너무 강해 맞아들지 않으니 곤궁한 액이 된다.

■ 5월 521
스스로 헤아려 보는 것이 좋은데 달리하면 편안하지 않다. 뜻은 변하지 않는 미더움 속에 있다. 관직자는 천거나 발탁되고, 선비는 끌어주는 사람을 만난다. 지조를 지켜 원만하게 이루나 편안함에 빠지면 실패한다. 기쁨 속에 근심이 있는데 사람과 재물이 손실된다.

■ 6월 124

호랑이 꼬리를 밟은 것처럼 두려운 상이나 마음가짐을 조심하면 뜻을 이룰 수 있다. 무관이 유리하니 무과를 보면 급제한다. 매사 조심하면 허물은 면할 것이다. 여자는 많이 흉한데 음란하며 불량할 것이다.

■ 7월 542

유익함은 밖에서 들어온다. 열 쌍의 거북이라도 어기지 못한다. 벼슬한 사람은 영전하며 명예를 이룬다. 상업을 하면 이익이 생기고, 제사를 지내면 복을 받는다. 불가에서 생활하면 명리도 좋다.

■ 8월 745

경상을 어기나 바르게 거처하면서 윗사람을 잘 따르라. 책임이 중대하나 큰 내는 건너지 말라. 남의 덕으로 성공해 직위를 지킨다. 작게 나아가면 뜻을 이룰 수 있다. 반드시 배를 타거나 험난한 곳을 건너는 일은 경계하라.

■ 9월 533

집안 식구가 엄숙하며 무서워하니 후회하나 길하고, 아내와 자녀가 희희낙락하면 결국 부끄러운 일이 생긴다. 웃음과 즐거움을 절제하지 못하면 결국 패가망신한다. 윤리를 바르게 하며 은의를 돈독하게 하라. 엄하여 너그러움이 적고, 진취도 평등하다.

■ 10월 636

머리까지 빠져 위태로우니 어찌 오래가랴. 물도 성하면 쇠퇴하고, 평화도 다하면 반드시 난리가 있다. 높은 것이 과하면 꺾어지고 물에 빠져 진취할 수 없다. 소인의 감염이나 배를 타다 물에 빠진다. 기제가 미제가 되니 슬프다.

■ 11월 134

작은 담 위에 올랐으나 의리를 공격할 수는 없다. 세를 타 공격하면 오히려 흉한 일을 당한다. 겸손하게 지키면 자연히 좋은 일이 생긴다. 등용은 어렵고 성과 못을 짓는다. 영화 속에 욕이 있고, 의심 속에 시비도 있다.

■ 12월 171

말미에 물러나 숨으니 위태로움과 어려움이 많다. 만약 전진하지 않으면 재해를 면할 수 있다. 물러나 숨으면 좋으나 나아가 행동하면 흉하다. 물러나 때를 기다려라. 경영하는 일은 막혀 어려우니 안정하면서 분수를 지켜라.

지수사괘 5효(地水師卦 五爻)

장자가 중도로 군사를 거느린다. 소인이 참여하면 비록 바른 일이라도 흉하다. 언론으로 정치를 잡고, 앞으로 나아가 명예를 이룬다. 전답과 재산이 날로 늘어나고, 육축도 번창한다. 위임할 사람을 얻으면 꾀하는 일을 이루고 뜻도 얻는다.

▪ 정월 766
어리석음을 격퇴할 때는 상하에 순탄하게 하라. 원수를 막는 것은 이로우나 원수가 되는 것은 불리하다. 외부의 유혹을 막고 순진함이 완전하게 하라. 사법관의 직위로 공은 뺏고 성공한다. 시비·투쟁·소송과 도적의 시끄러움도 있다.

▪ 2월 753
아버지 일을 주간하니 다소 후회가 있다. 일을 주간해 폐단을 제거할 때 모두 길하지는 못했다. 유신의 법은 어찌 하나의 뉘우침을 애석해 하겠는가. 몸소 왕도를 행하고 간사한 말을 믿지 말라. 일찍 움직이는 것은 불리하니 거슬리고 어긋남을 고쳐라.

▪ 3월 721
마치는 일은 속히 가라. 가상함이 합했기 때문이다. 아래를 덜어 위를 유익하게 하고, 자신을 덜어 윗사람을 받든다. 가정보다 나라를 더 생각하면 임금의 총애는 날로 늘어난다. 윗사람과 뜻이 합하니 반드시 우수하게 뽑힌다. 회계가 윤당하면 이롭고 모두 얻을 수 있다.

▪ 4월 324
어그러지고 이탈해 외로워하다 좋은 장부를 만난다. 그 뜻을 행할 수 있으니 위태로우나 허물이 없다. 동지에게 천거되거나 발탁되고, 선비는 주사를 만난다. 혼인은 짝을 얻고 위태로웠던 사람도 편안해진진다. 밖에서 도모하는 일은 처음에는 막혔다 나중에는 순탄해진다.

▪ 5월 742
양유을 얻지 못해 망령되게 윗사람에게 찾는다. 나아가면 그 무리를 잃게 된다. 벼슬한 사람은 귀양을 조심하고, 선비는 욕을 조심하라. 하는 일은 진퇴와 시비가 일정하지 않다. 병이 많으니 흉한 운을 만나면 죽을 수도 있다.

■ 6월　545

은혜하는 마음에 미더움 두면 묻지 않아도 대길하다. 위에서 혜택을 주면 밑에서도 은혜를 베푼다. 관직은 요로에 들어가고, 밝은 군주를 만난다. 앞으로 나아가 명예를 이루고, 경영하는 일은 뜻대로 된다. 비천한 사람이 존귀한 사람을 만나고, 지기도 많이 만난다.

■ 7월　733

꾸밈이 젖어들듯하니 오래 바르면 길하다. 꾸밈이 항상 바르면 결국 능멸하지 못한다. 도와주는 사람이 있으면 좋은 직위를 맡는다. 떠받들어 주는 사람이 많으니 명리를 이룬다. 밖에서는 시비로 시끄러울 수 있으나 해가 되지는 않는다.

■ 8월　836

처음에는 하늘에 오르나 나중에는 뒤에 땅 속으로 들어간다. 밝지 못하고 어두워 스스로 상하고 운명한 것이다. 관직에 막힘이 많으니 내쫓길까 두렵다. 처음에는 이루나 나중에는 막히고, 노인은 수명이 없다. 하늘에 오를 징조인데 나중에는 내쫓긴다.

■ 9월　334

갑자기 용신할 곳이 없다. 몸이 불에 타버리니 죽음이며 버림이다. 해는 바닷속에 잠기고 사람은 꿈속에 있다. 윗사람을 거역하니 재난을 피할 길이 없다. 만약 병화가 아니면 죽음에 이를 수 있다.

■ 10월　371

나그네가 자질구레하고 더럽게 구니 뜻이 궁박해 재난을 당한다. 재주가 미치지 못하니 지위가 있어도 감당하지 못한다. 야비하고 더러운 상이니 천하고 더러움을 면하기 어렵다. 국이 너무 얇으니 재난이 절박한다. 상업이나 여행은 불리하니 기로에서 잘 선택하라.

■ 11월　135

처음에는 우나 나중에는 웃고, 처음에는 어그러지나 나중에는 합한다. 두 사람이 같은 마음으로 황금을 나눈다. 먼저는 귀양을 가나 뒤에는 재기하고, 먼저는 막히나 뒤에는 만난다. 곧고 바르게 행하면 여럿이 돕는다. 기쁨과 슬픔이 교차하며 시비가 한결같지 않다.

■ 12월　112

용이 밭에 나타나니 대인을 보는 것이 이롭다. 말은 신용있게 하고 행실은 조심해라. 몸은 직위에서 초월하니 경사가 무쌍하다. 식구가 늘고 전답이 생기며 재물이 마르지 않는다. 귀인을 만나 모든 것이 뜻대로 된다.

연평 866

지수사괘 상효(地水師卦 上爻) ䷆

대군이 명령을 두니 공을 바르게 한다. 국가를 열고 집안을 잇는 일에 소인은 쓰지 말라. 권세로 공을 세우고 기예로 명성을 얻는다. 집안을 일으키고 자식이 대를 잇는다. 참소나 아첨을 방지하라. 분수를 넘는 일이 생길까 두렵다.

■ 정월 821
느껴 임하니 바르면 길하고, 올바른 뜻을 행한다. 그 길한 것을 고수하고 각기 일에 따른다. 기틀을 알고 상종하며 사람을 얻어 공동 구제한다. 시험에 비유하면 수석이 된다. 음양이 서로 감응하니 경영하거나 꾀하는 일이 뜻대로 된다.

■ 2월 424
누이동생 시집보낼 때 일 년을 기다려야 하는데 늦는 것도 때가 있다. 여자가 어질고 바르면 가볍게 남을 따르지 않는다. 시운이 불리하니 반드시 때를 기다려라. 관직자는 결원을 기다리고, 학교는 보궐을 기다린다. 밖에 있으면 돌아오지 못하며 혼인도 성사되지 않는다.

■ 3월 842
아름다운 회복이니 길하며 인(仁)에 내린다. 인을 얻고 인과 친하니 선이 되어 자연히 이익도 생긴다. 내쫓긴 사람도 복직되고 정지나 강등도 풀린다. 위태롭던 사람도 편안해지고 병자도 쾌유된다. 형통하며 부호가 되니 재물과 이익을 얻는다.

■ 4월 645
혜택을 받기 어려우니 베풀어도 빛이 나지 않는다. 작게 올바르면 길하나 크게 올바르면 흉하다. 위엄과 권세가 떠났으니 큰 일은 하기 어렵다. 망동하면 흉하니 시작한 일들은 불리하다. 이미 때를 잃었으니 무리해도 안 된다.

■ 5월 833
상하는데 남에게 사냥을 시켜 큰 머리를 얻는다. 큰 뜻을 얻어도 빨리 견고하게 하려고 하지 말라. 벼슬한 사람은 권세를 잡고, 선비는 장원한다. 보통 사람은 재앙과 뜻밖의 병이 생긴다. 신중하게 때를 기다리는 것이 좋다.

■ 6월 736

깨끗하게 꾸미면 허물이 없고, 위에서도 뜻을 얻는다. 참 모습을 잃지 않으니 절대 허물이 없다. 승진이나 영전할 운이니 앞으로 나아가면 뜻을 이룬다. 경영하거나 꾀하는 일이 소박하며 진실하니 허황이나 방탕에 빠지지 않는다. 혹 외척의 상을 당할 수 있다.

■ 7월 434

차양이 많아 대낮에도 두성을 본다. 있는 자리가 부당하니 밝지 못하다. 어둡고 유약하니 풍성하게 이루지 못한다. 어진 부하와 같은 덕을 서로 돕는다. 내부를 버리고 외부를 따르니 배를 타는 것이 불가하다.

■ 8월 471

날아가는 새라 흉하나 어쩔 수가 없다. 빨리 가다 흉을 만나나 구제할 길이 없다. 나는 곤충의 재앙이 있고, 뜻밖의 재난도 두렵다. 날면 하늘도 찌르나 빨리 가면 화근이 된다. 사물은 견고하지 못하고, 사람은 교량이 끊긴다.

■ 9월 235

대인은 범으로 변하며 그 문채가 빛난다. 개혁이 지당하면 모든 사람이 신뢰한다. 벼슬한 사람은 높이 영전하고, 선비는 높이 천거된다. 변통하는 일은 먼저 그 아름다움이 나타난다. 그러나 천민이나 여자는 이런 기쁨을 감당하기 어렵다.

■ 10월 212

안으로는 근심과 두려움을 품고 밖으로는 엄숙히 경계하라. 어두운 밤에 무력을 만나더라도 구원을 요청하지 말라. 졸연히 화를 막으면 재앙을 면할 수 있다. 무관이 유리하니 무관으로 진출하라. 만약 도적이 아니면 놀라거나 위험한 일이 많다.

■ 11월 136

교회에서 동지를 찾으나 뜻을 이루지 못한다. 인정은 서로 막히고 안팎이 같지 않다. 외롭더라도 절개를 지키면서 자신을 고결하게 하라. 벼슬길은 먼 곳에 있으나 좋은 기회를 만나기 어렵다. 만약 흉한 운을 만나면 교외로 나간다.

■ 12월 143

무고한 재난에 매어둔 소를 잃는다. 옛날의 기쁨이 수심이 되고, 일에 경쟁이 많다. 명암이 함께 오니 풍파가 그치지 않는다. 몸은 어려움에 처하며 손재를 당한다. 만약 소를 사들이지 않으면 시끄러워진다.

연평 871

지산겸괘 초효(地山謙卦 初爻) ䷎

겸손한 군자는 스스로 낮춰 기른다. 큰 내를 건너도 불길함이 없다. 지극히 겸손하면 대중도 같이 한다. 관직은 목민인데 보배를 품고 초빙을 기다린다. 먼 강호를 건너 상업이나 여행을 하라.

■ 정월 852
제사는 간소하게 지내는 것이 좋고, 기쁨만 있고 허물은 없다. 안으로 지성을 지키며 외부의 꾸밈을 일삼지 않는다. 영전할 운이요 제관으로 배향한다. 선비는 명예를 얻고, 보통 사람은 기쁨이 있다. 병은 편안해지고 하는 일은 이루어지나 초상이나 제사가 두렵다.

■ 2월 655
샘도 깨끗한 물이 차 있다. 공은 사물에까지 미친다. 재주와 덕은 모두 선하며 아름답다. 덕과 지위 모두 좋으니 임금의 총애를 받는다. 명예와 이익이 모두 있으니 등용이나 천거된다. 경영하거나 꾀하는 일은 반드시 이루고 복과 이익을 얻는다.

■ 3월 863
군사를 죽게 하니 큰 공이 없다. 분수가 아닌 것을 범하면 반드시 실패한다. 직위를 받고 결원을 기다리나 선비는 공이 없다. 기쁨과 슬픔이 많으니 혹 수하의 복을 받는다. 운명과 상합되면 반드시 빈 고을에 오른다.

■ 4월 766
어리석음을 격퇴할 때는 상하에 순탄하게 하라. 원수를 막는 것은 이로우나 원수가 되는 것은 불리하다. 외부의 유혹을 막고 순진함이 완전하게 하라. 사법관의 직위로 공은 뺏고 성공한다. 시비·투쟁·소송과 도적의 시끄러움도 있다.

■ 5월 464
위로 소인과 친하면 어진 사람은 멀리 물러선다. 소인을 물리치면 군자의 무리가 나오게 된다. 성의와 신의가 깊으면 재난은 사라지고 복이 온다. 곁에 간신이 있으니 일에 실수와 허물이 생긴다. 만약 어진 사람을 만나면 재난은 거의 면제된다.

■ 6월 421

누이동생을 동서로 시집보내고 절름발이가 되어 걸어간다. 덕은 있으나 호응이 없으니 직분만 다할 뿐이다. 벼슬한 사람은 요장이 되고, 선비는 작은 시험이 좋다. 보통 사람은 작은 덕이 있어 꾀하는 것은 이루나 종이나 첩을 들이거나 세력가에게 몸을 맡긴다.

■ 7월 265

코 베이고 발 잘리니 뜻을 얻지 못한다. 강하려다 약해지고, 이익을 구하다 손해를 본다. 진취하며 경영하는 일은 처음에는 힘드나 나중에는 순탄하다. 타고난 영명한 성품으로 모두 좋게 만든다. 그러나 운이 불길하면 소송·형벌·초상제사가 따른다.

■ 8월 282

이끌리면 길하여 허물이 없고, 중정한 덕은 변함이 없다. 지성이 서리는 곳에 소박한 제사를 올리면 이롭다. 군신이 화합하니 지성과 공경을 모두 이룬다. 귀인이 이끌어주면 등용할 수 있다. 좋은 사람과 교류하거나 천거 있으니 경영하거나 꾀하는 일을 이룬다.

■ 9월 166

왕이 하사한 의복을 받으나 하루아침에 세 번 잃는다. 소송으로 받는 복은 공경할 것이 못 된다. 성공과 실패, 진보와 후퇴가 있다. 소송이나 분쟁할 운이요 상복을 입을 운이다. 정도로 취한 것이 아니면 결국 잃는다.

■ 10월 153

엉덩이와 볼기에 살이 없으니 움직이는 것이 저주다. 사사로이 만나는 것을 조심하라. 함부로 행동하면 재난이 따른다. 퇴직이나 귀양을 갈 운이나 선비는 유리하다. 보통 사람은 재난과 매를 맞을까 두렵다. 하는 일이 어렵고, 허리와 발에 병이 침범한다.

■ 11월 121

본래 가는 데로 가면 허물이 없으리라. 이치를 따라 행사하고 도를 벗어나지 말라. 태평성대의 도가 있으면 영전할 기회가 있다. 어려서 배우고 자라서 행하니 명리를 이룬다. 비록 운은 좋으나 상복을 입을까 두렵다.

■ 12월 524

거의 보름이 된 달이다. 말도 짝을 잃었다. 같은 무리를 끊고 위를 따르면 허물이 없다. 벼슬한 사람은 높아지고, 선비는 월계관을 쓴다. 귀인을 만나며 윗사람의 덕을 본다. 그러나 배우자나 말을 잃을 수 있다.

지산겸괘 2효(地山謙卦 二爻) ▤▤ㆍ

겸손하며 바르니 중심을 얻는다. 속으로 겸손한 덕이 쌓이니 능히 외부로 발산할 수 있다. 수컷이 울면 암컷이 응하듯이 음양이 부르고 화답한다. 관직자는 직위가 바뀌니 앞으로 나아가면 명예를 이룬다. 경솔하면 좋지 않으니 물러나 지키는 것이 좋다.

▪ 정월 883
아름다움을 함축하고 가히 바르며 시기에 맞게 편다. 만일 왕사를 따르면 성취함은 없어도 유종의 미는 있다. 승진이나 영전할 기회가 있고 앞으로 나아갈 날이 온다. 꾀와 계략이 심원하니 경영에 수확이 있다. 여자가 이를 얻으면 덕이 있는 부인이 될 것이다.

▪ 2월 786
큰 과일을 먹지 않는 것은 장차 다시 생겨나게 하기 위함이다. 군자는 수레를 얻으나 소인은 집이 사라진다. 난리가 나면 치세를 생각하며 군자를 추대하기 원한다. 벼슬한 사람은 좋은 권세가를 만나 천거된다. 경영에 새로운 뜻을 세우고, 궁실을 성조한다.

▪ 3월 484
즐거워하면서 크게 얻으니 큰 뜻을 편다. 지성이며 의심되지 않으니 벗들도 단합하며 따른다. 책임이 중대하니 왕공도 순종한다. 귀인의 천거를 받고 명성이 점점 높아진다. 앞으로 나아가 명예를 얻고, 경영하는 일에서도 이익을 얻는다.

▪ 4월 441
벼락이 쳐도 두려움을 알면 복이 있다. 법도를 알면 나중에 웃음꽃이 피고, 편안하게 쉬지 않으면 결국은 안녕하다. 기뻐하는데 한번 울리면 사람도 놀란다. 많이 놀라나 나중에는 기쁨이 있다.

▪ 5월 285
모이는데 자리를 두나 뜻은 빛나지 못한다. 덕과 지위가 맞으면 움직여도 백성이 기뻐한다. 스스로 큰 선을 닦으면 복종하지 않는 것이 없다. 인정이 미덥지 못하며 도덕을 닦지 못한다. 인정이 화합하지 못하니 경영하거나 꾀하는 일이 막힌다.

■6월　262

주식이 곤궁하나 중간에 경사와 복이 있다. 나가면 흉한데 누구를 허물하랴. 곤궁해도 도를 행하는 것은 대신의 영명한 재주다. 귀인과 교류하며 경영하거나 꾀하는 일로 이익을 얻는다. 안정하면 길하나 움직이면 흉하고, 운이 흉하면 상을 당할 수도 있다.

■7월　186

이미 비운이 무너졌으니 처음에는 비색하나 나중에는 기쁘다. 비색함이 가면 통태함이 오는 것은 자연의 이치다. 정지와 강등, 막힘이 다시 풀린다. 곤궁하다 좋아지고, 소송자도 풀린다. 그러나 운이 흉하면 슬픔·탄식·통곡이 따른다.

■8월　173

일에 매여 숨지 못하니 병이 되고 위태로움이 있다. 공을 바라지만 펴지 못하니 큰 일은 성사되지 않는다. 질병에 걸리지 않으면 놀람과 위험이 있다. 식구가 늘고 아내를 얻을 운이다. 길흉이 상반하는 운이다.

■9월　141

망령됨과 사가 없으니 나아가면 뜻을 얻는다. 기거와 행동이 모두 천리에 맞는다. 거듭 도모해도 풍파가 전혀 없다. 임금도 얻고 백성도 얻어 명예를 이룬다. 보통 사람이 이와 같으면 가히 이익을 얻으리라.

■10월　544

중도로 행하니 공사가 따른다. 윗사람 같은 덕으로 아래를 이롭게 한다. 중한 책임을 맡아 임금의 총애도 깊어지고, 윗사람의 천거를 받아 명예를 이룬다. 성조·집수리·이사가 따르고 관청일도 펴진다.

■11월　I22

밟는 길이 탄탄하니 중심이 흔들리지 않는다. 마음을 가다듬고 절의를 지키며 안빈낙도한다. 시운이 오지 않으니 관직에서 물러나 귀향한다. 가리고 살피면서 일을 꾀하면 인사가 화해한다. 그러나 흉한 운을 만나면 명부에 이름을 새긴다.

■12월　325

어그러진 시기에 어진 사람의 도움을 받는다. 같은 당의 살을 씹으면 경사가 있다. 벼슬한 사람은 왕명을 받고. 선비는 과거에 오른다. 추대해주는 사람이 있으면 경영하는 일에 이익이 있다. 결혼하려는 사람은 짝을 얻으나 운이 흉하면 형상을 당한다.

지산겸괘 3효(地山謙卦 三爻) ䷖·

노력하고 겸손한 군자는 만민이 복종한다. 노력하고 자랑하지 않고 공이 있으면서도 공덕이라 하지 않는다. 벼슬한 사람은 높이 옮겨가고 선비는 기회를 만난다. 경영과 꾀하는 일에 이익을 얻고 마음과 힘껏 노력한다. 높아도 위태롭지 않고 차도 넘치지 않는다.

■ 정월 474
지극히 공손하면 허물이 없다. 고수하지 말고 때에 맞게 하라. 고집스럽게 변통할 줄 모르면 다소 허물이 된다. 안정하면서 직위를 지켜라. 작은 시험은 유리하다. 안빈하며 분수를 지키면 자연 손실과 폐단도 없다.

■ 2월 431
짝이 되는 주인을 만나 마음이 같으면 허물이 없다. 나가면 가상하나 열흘이 지나면 재앙이 생긴다. 반드시 밝은 군주를 만나 명예를 이룬다. 귀인과 교류하며 꾀하는 일을 이룬다. 그러나 너무 큰 일을 시작하면 반드시 재앙이 된다.

■ 3월 275
등심에 감응이 있으니 뜻이 사물을 감동시키지 못한다. 진퇴에 구속이 없고, 중심에는 사기가 없다. 같은 관료는 기뻐도 앞으로 나아가기는 어렵다. 인정이 어그러지며 떨어져 나가니 경영하거나 꾀하는 일은 시소하다. 사욕에 감응하면 사물을 감동시킬 수 없다.

■ 4월 252
마른 벼에 뿌리가 나고, 늙은 사내가 아내를 얻는다. 중도를 얻고 유순하니 능히 큰 공을 이룬다. 심하게 침체된 사람이 다시 일어나니 복직될 운이다. 첩을 들이는 운으로 아내를 얻고 아들을 낳는다. 승려는 제자를 얻거나 의붓자식을 둔다.

■ 5월 176
살찐 물러남이요 숨은 것이니 이롭지 않은 것이 없다. 사물에 막힘이 없어 초연하며 여유가 있으니 무슨 일이든 이루어지지 않겠는가. 관로가 편안하지 못하니 때를 기다려라. 경영하거나 꾀하는 일은 이롭고, 가정과 사업은 풍성해진다.

■6월 183

지위가 부당하니 부끄럽다. 항상 졸렬한 권모술수를 부리다 선을 해친다. 인정은 쉽게 변하니 움직이면 의심을 받는다. 관직에서 물러나 쉬면서 비난을 막아라. 시비와 분쟁이 비온 뒤 죽순 솟듯한다.

■7월 131

마음에 부끄러움이 없으니 자연히 내외가 화평하다. 남들과 마음이 통하니 무슨 허물이 있겠는가. 원한과 허물은 모두 사라지며 모든 가정에는 기쁨이 있다. 영전할 운이요 등용할 상이다. 동지와 협심하며 성조와 문을 수리한다.

■8월 534

가정이 부자니 대길하고 순함으로 지위에 있다. 아내가 가정을 부양하니 내직이 모두 좋아진다. 일은 순순히 하며 반드시 정도로 한다. 초월해 영전하고, 시험에 들어 상을 받는다. 꾀하는 일에 이익이 있고, 고독한 과부는 친한 사람을 만난다.

■9월 112

용이 밭에 나타나니 대인을 보는 것이 이롭다. 말은 신용있게 하고 행실은 조심해라. 몸은 직위에서 초월하니 경사가 무쌍하다. 식구가 늘고 전답이 생기며 재물이 마르지 않는다. 귀인을 만나 모든 것이 뜻대로 된다.

■10월 315

미더움으로 사귀며 신의로 뜻을 편다. 강유를 겸전하니 즐거워하지 않는 백성이 없다. 일에는 선후가 있으니 기회를 보아 나아가라. 시기를 살펴 움직이면 모든 일이 새롭게 된다. 그러나 경솔하며 거만하면 화를 당할 것이다.

■11월 123

애꾸눈으로 보며 절름발이로 걷는다. 호랑이 꼬리를 밟았으니 매우 흉하다. 하는 일이 바르지 못하니 반드시 상해가 따른다. 시비가 불리하니 감옥이나 송사가 따른다. 만약 깊이 살피지 않으면 자신과 가정이 망할 수 있다.

■12월 226

이끌려 즐거워하니 크게 빛나지 못한다. 함부로 교묘하게 기쁨을 찾으니 이르지 않는 곳이 없다. 시절이 오지 않으니 심사만 산란하다. 좋은 광채도 먼지 속에 있으니 경영하고 꾀하는 일이 잘 되지 않는다. 위로 가도 광채가 없으니 혹 더러운 데 오염될 수 있다.

연평 874

지산겸괘 4효(地山謙卦 四爻) ䷎

겸손하니 모두 좋으며 법을 어기지 않는다. 행동이나 일은 모두 겸손하게 한다. 관직자든 아니든 무소불통이다. 선비나 농업·공업·상업에 종사하는 사람은 물러나 양보하라. 만약 겸양 하지 못하면 반드시 손해를 본다.

■ 정월 675

큰 어려움에 부딪쳤는데 벗이 오니 절의로 대한다. 충정한 신하와 자식의 도움을 더욱 많이 받는다. 관직은 요직에 오르며 진취하여 적중한다. 좋은 사람이 이끌어주고 천거하니 이롭 지 않은 것이 없다. 신하는 충성하고 자식은 효도하니 가정이 화애롭다.

■ 2월 652

위로 끌어올릴 수 없으니 구제하는 공이 없다. 물장군이 깨져 물이 새니 사람을 구할 수 없 다. 물러난 곳에서 수양하면서 그릇을 감추고 때를 기다려라. 응원이 없으나 조심하면서 지 키면 화를 피할 수 있다. 덕은 족하나 힘은 약하니 사물에 미칠 수 없다.

■ 3월 576

기러기가 허공으로 날아가듯이 그 뜻이 초연하다. 사람으로 논하면 보통을 넘어간다. 나아 가는 것을 잃지 않고 현달하여 높이 된다. 선비는 명예를 얻어 한번 날면 하늘도 찌른다. 복의 근원이 영원하니 재앙이나 근심이 침범하지 않는다.

■ 4월 583

나의 소행으로 진퇴하게 된다. 좋은 것을 순응하면 도덕을 잃지 않을 것이다. 진퇴가 무상 하고, 쟁탈이 한결같지 않다. 득실이 정해져 있지 않으니 다시 잘 살펴봐라. 진실을 알면 설행하고, 어려움을 알면 물러서라.

■ 5월 531

있는 집에서 방어하면 자연히 후회할 일은 없다. 인정이 방탕하면 반드시 후회할 일이 생긴 다. 관직은 한직이며 작은 시험이 유리하다. 꾀하는 일은 이루어지며 혼인할 상이다. 승려 는 주지가 되고, 늙은이는 수명이 불리하다.

■ 6월 134

작은 담 위에 올랐으나 의리를 공격할 수는 없다. 세를 타 공격하면 오히려 흉한 일을 당한다. 겸손하게 지키면 자연히 좋은 일이 생긴다. 등용은 어렵고 성과 못을 짓는다. 영화 속에 욕이 있고, 의심 속에 시비도 있다.

■ 7월 512

계속 회복하며 중도를 지키니 실수가 없다. 스스로 진퇴를 살피면 중도를 잃지 않는다. 계속 이끌어줄 계단이 있고 발탁될 자리가 있다. 동지와 같이 가니 경영하거나 꾀하는 것을 이룬다. 그러나 운이 흉하면 실수를 반복한다.

■ 8월 715

거세된 돼지의 어금니이니 경사가 있다. 그 원인을 끊어버리면 자연히 악은 그친다. 관직자는 영전이나 발탁되고, 선비는 높이 천거된다. 경영하거나 꾀하는 일도 잘 되며 경사가 많다. 성공하려면 먼저 기미를 살펴야 한다.

■ 9월 523

북치며 파하고, 울며 노래한다. 인심이 밖으로 움직이니 어찌 편안하겠는가. 동료와 불목하며 진퇴가 있다. 기쁨 속에 근심이 있고, 즐거움 속에 슬픔이 있다. 명예와 이익을 구하나 득실은 반반이다.

■ 10월 626

쓰디쓴 절제이니 바르더라도 흉한데 그 도가 궁하다. 이미 처신이 극을 지났으니 흉을 면할 길이 없다. 지나친 고집으로 허물이 있고, 지나친 의심으로 슬픔이 있다. 명리를 구하나 모두 이롭지 않다. 법도를 잃어 허물이 생기고, 노인은 수명이 지키기 어렵다.

■ 11월 124

호랑이 꼬리를 밟은 것처럼 두려운 상이나 마음가짐을 조심하면 뜻을 이룰 수 있다. 무관이 유리하니 무과를 보면 급제한다. 매사 조심하면 허물은 면할 것이다. 여자는 많이 흉한데 음란하며 불량할 것이다.

■ 12월 161

송사를 길게 끌지 않으면 결국은 이롭다. 처사가 중정하니 머지않아 자명해진다. 송사에 비유하면 처음에는 지나 나중에는 이긴다. 일시적인 훼방도 큰 해가 되지 않고, 시비와 재앙도 결국은 해결된다.

연평 875

지산겸괘 5효(地山謙卦 五爻) ䷎

부자가 하지 않고 이웃과 함께하니 침략과 정벌에도 이롭다. 재물로 자신을 발전시키니 따르는 사람이 많다. 문무를 겸비하며 병권을 장악할 수도 있다. 과거에 오를 운인데 귀인을 만나 성사된다. 재리를 배로 얻으나 투쟁이나 소송을 조심하라.

■ 정월 776
그치는 도가 매우 좋으니 나중에는 길하다. 관직자는 자리를 옮기고, 선비는 명예를 이루고, 농민은 전답이 늘어나고, 상인은 이익을 얻고, 보통 사람은 복을 받는다. 그러나 운이 흉하면 반대가 된다.

■ 2월 783
떨어져 가는데 허물이 없고, 상하를 잃어버린다. 뜻은 당연히 정도를 따르니 가히 선하다. 명리를 다른 길에서 구하면 높이 된다. 지기를 만나기 어려우니 생애가 담박하다. 근심은 부모와 처자에 있다.

■ 3월 731
발을 꾸미니 차를 놓아두고 걷는다. 행동이 올바르며 절의와 의리를 지킨다. 자리에서 물러나거나 강등될 수 있다. 길에서 분주하며 쉬운 것을 버리고 어려움을 쫓는다. 친한 곳을 멀리하고 낯선 곳을 향해야 길하다.

■ 4월 334
갑자기 용신할 곳이 없다. 몸이 불에 타버리니 죽음이며 버림이다. 해는 바닷속에 잠기고 사람은 꿈속에 있다. 윗사람을 거역하니 재난을 피할 길이 없다. 만약 병화가 아니면 죽음에 이를 수 있다.

■ 5월 712
수레바퀴 통이 벗겨졌으나 중도를 얻어 허물은 없다. 처신이 중도를 얻었으니 움직여도 좋다. 학자는 성쇠와 강약의 깊이를 알아야 한다. 관직자는 사직하게 되니 진취는 불리하다. 실물·재난·시비를 겪은 후 얻을 수 있다.

■6월 515

미더움으로 서로 연결해 이웃에서 부를 얻는다. 덕을 쌓으면 신하도 그것을 받게 된다. 윗사람도 신용하고 아랫사람도 흠모하며 복종한다. 주동과 협의해 공을 세우고 명예를 이룬다. 다른 사람의 도움을 받아 모든 일을 뜻대로 이룬다.

■7월 723

천지가 교제하면 만물도 화생한다. 남녀의 정이 얽히면 만물이 화생하는 것이다. 셋이 가면한 사람을 잃게 된다. 도반은 벗이 되고 협력자도 많다. 경영하거나 꾀하는 일은 이롭고, 이혼한 사람은 배우자를 얻는다.

■8월 826

두텁게 임하니 길하며 뜻은 안에 있다. 존귀하면서도 비천함과 호응하고, 높으면서도 아랫사람을 따른다. 가르치며 생각하기, 포용과 보호를 무궁히 한다. 벼슬한 사람은 내직이며 국립대학에 간다. 원근에서 취하는 일은 이롭지 않은 것이 없다.

■9월 324

어그러지고 이탈해 외로워하다 좋은 장부를 만난다. 그 뜻을 행할 수 있으니 위태로우나 허물이 없다. 동지에게 천거되거나 발탁되고, 선비는 주사를 만난다. 혼인은 짝을 얻고 위태로웠던 사람도 편안해진진다. 밖에서 도모하는 일은 처음에는 막혔다 나중에는 순탄해진다.

■10월 361

꼬리에 물을 적셨으니 이보다 더 부끄러운 일이 있겠는가. 그 재주를 헤아려 볼 줄 모르니 알지 못함의 극치다. 앞길이 험난하게 막혔으니 전진하기 어렵고, 경영하는 일은 뜻대로 되지 않는다. 물을 건너거나 배를 탈 때는 조심하라.

■11월 125

일을 고려하지 않고 마음대로 독단한다. 천하에 공이 높아도 포상은 하나도 없다. 도덕성이 높아 대중의 사표가 되어도 명예는 이루지 못한다. 일찍 움직이거나 망동하면 환란만 거듭된다. 운수가 이와 같으니 처사를 조심하라.

■12월 142

밭갈이도 수확도 파종도 하지 않는다. 본래 소망이 없는데 소득이 있다. 가다듬고 행동에 힘쓰면서 때에 맞는 이치를 따른다. 승진과 명예를 성취하니 밖에서 이득을 얻는다. 농업이 좋으나 벼와 곡식은 적다.

지산겸괘 상효(地山謙卦 上爻) ䷝

지나치게 겸손할 때는 강한 무용으로 다스려라. 벼슬길에 오르나 변방으로 나가고, 선비는 작은 시험이 좋다. 투쟁이나 소송은 변명하지 않아도 자명해진다. 마음과 뜻이 깨끗하면 손실을 면할 수 있다. 한번 사심이 터지면 밝음을 등지고 어둠으로 향한다.

▪ 정월 831
위로 나아가는 것이 상했으니 기미를 보아 먼저 피하라. 가면 말이 있으니 어찌 좇히 괴이하랴. 관직은 정지되거나 강등되니 물러나 쉬는 상이다. 나르려다 날개 드리우니 발전하기 어렵다. 해가 흉년을 만났으니 재물과 곡식이 풍부하지 못하다.

▪ 2월 434
차양이 많아 대낮에도 두성을 본다. 있는 자리가 부당하니 밝지 못하다. 어둡고 유약하니 풍성하게 이루지 못한다. 어진 부하와 같은 덕을 서로 돕는다. 내부를 버리고 외부를 따르니 배를 타는 것이 불가하다.

▪ 3월 812
넓음도 포장하고 하수도 능멸하며 먼 곳을 잃지 않는다. 벗을 잃으면 광대하고 중도의 행실에 부합된다. 변방이나 강호를 지킨다. 앞으로 나아가 명예를 이루고, 경영하거나 꾀하는 일에 수확이 있다. 반드시 존귀한 분을 만나나 운이 흉하면 상해가 따른다.

▪ 4월 615
주식에서 기다리니 편안하게 때를 기다린다. 도로 극진히 행하면 반드시 소득이 있을 것이다. 임금의 잔치에서 음식을 먹고 식읍을 받을 영화가 있다. 반드시 독식과 재물이 있고, 혼인할 운이다. 잔치 음식을 베푸는 경사가 있다.

▪ 5월 823
달콤함으로 친히 임하고 지위가 부당하다. 이미 근심이 있으며 어물이 길지 못할 것이다. 세력과 지위를 빙자하면 무슨 이익이 있겠는가. 아첨의 실책이 있고, 만약 슬픈 수심이 없으면 원한과 고생이 따를 염려가 있다.

▪ 6월 726

덜지도 않고 유익하니 큰 뜻을 이룬다. 신하를 많이 얻는데 원근이 모두 복종한다. 혜택을 주고 소비하지 않으면 그 혜택이 넓어진다. 백성은 한마음이 되고 임금의 총애도 견고하다. 선비도 뜻을 얻어 출입이 더욱 유리해진다.

▪ 7월 424

누이동생 시집보낼 때 일 년을 기다려야 하는데 늦는 것도 때가 있다. 여자가 어질고 바르면 가볍게 남을 따르지 않는다. 시운이 불리하니 반드시 때를 기다려라. 관직자는 결원을 기다리고, 학교는 보궐을 기다린다. 밖에 있으면 돌아오지 못하며 혼인도 성사되지 않는다.

▪ 8월 461

강유 사이에 있으니 의당 허물은 없다. 밑에 있으면서 윗사람과 호응하니 어려움도 풀린다. 안녕하고 무사하니 옛날의 수심도 점점 사라진다. 선비는 과거에 급제하며 영전할 기회가 있다. 미혼자는 결합되며 경영하는 일은 잘 된다.

▪ 9월 225

나쁨을 제거할 수 있으나 한 번은 위태로워진다. 가선과 실선을 구분하지 못하면 위태롭고, 아첨과 가까워지면 흉하다. 벼슬길에는 아첨과 간신이 따르는데 선비는 탈락한다. 모르는 사가 발동해 비밀스러운 화락을 꾀한다.

▪ 10월 242

어린아이에게 매이면 장수를 잃게 된다. 사를 멀리하고 정도를 지켜라. 비리를 따르면 진실을 잃게 된다. 일이 안녕하지 못하고 소인이 시비한다. 마음이 두 곳에 묶여 있으니 스스로 지키기 어렵다. 정도를 버리고 사와 호응하면 허물도 클 것이다.

▪ 11월 126

일이 되어가는 것을 보고 길흉을 살펴라. 법에 맞게 주선하면 큰 경사가 있고, 개과천선하면 점점 형통한다. 고시를 치루면 반드시 장원한다. 재물과 비단에는 흠이 없으나 아버지 상을 당할까 두렵다.

▪ 12월 113

종일 부지런하며 조석으로 조심하라. 신중하게 처신하면 허물은 없을 것이다. 짐은 무거운데 힘은 모자라니 매사가 번거롭다. 일이 여의치 못하니 어찌 재물과 이익을 바라겠는가. 조급하게 움직이면 실패하고, 여자는 재난이 많다.

중지곤괘 초효(重地坤卦 初爻) ䷁.

서리를 밟으면 두터운 얼음이니 음이 비로소 응고됨이다. 선을 쌓은 집에는 반드시 남은 경사가 있고, 불선을 쌓은 집에는 반드시 남은 재앙이 있다. 관직자는 참소나 아첨을 조심하고, 선비는 투기를 조심하라. 원수와 원한을 조심하지 않으면 재난을 당한다.

■ 정월 862
군사에 중도를 지키니 길하고, 하늘의 총애를 받는다. 왕의 명령을 세 번이나 받고 천하를 생각한다. 벼슬한 사람은 임금의 친서로 벼슬을 받는다. 선비는 괴수되고 중은 은혜를 받는다. 반드시 귀하고 어진 사람을 만나 모든 일이 마음대로 된다.

■ 2월 665
험난함이 차지 못하고, 중정한 덕도 크지 않다. 물이 흘러도 차지 않고 이미 평평한 데까지 갔다. 직위에 있으며 위태롭지 않으니 작게 성취해야 이롭다. 꾀하는 일은 평탄해 위험은 없을 것이다. 처음에 다소 얻으나 결국은 차지 못한다.

■ 3월 853
빈 고을에 오르니 의심할 것이 없다. 나가는 데도 의심할 일이 없으니 뜻대로 한다. 관직은 승진이나 영전해 큰 군에 오른다. 선비는 명예를 얻고 경영하거나 꾀하는 일은 성사된다. 그러나 흉한 수를 만나면 모두 죽음에 이른다.

■ 4월 756
왕후도 섬기지 않고 고상하게 그 일만 한다. 강하고 밝은 재주로 무사하다. 도덕을 품에 안고 마음속에 누가 되지 않게 한다. 옛것을 지키면서 자신을 고결하게 한다. 운이 좋으면 경사도 있고, 귀인에게 발탁된다.

■ 5월 454
학문은 성현을 따르지 않고, 정치는 왕도를 따르지 않는다. 심력을 다하지만 하나도 공이 되지 않는다. 벼슬한 사람은 퇴보하고, 진취는 성사되지 않는다. 경영하거나 꾀하는 일은 힘만 들고 무익하다. 교화를 실행하지 못하니 혜택을 베풀 수 없다.

■ 6월 411

발이 건장하니 나가면 흉할 뿐이다. 밑에 있으면서 윗사람을 능멸하니 반드시 흉하다. 욕을 당하며 참소나 이간이 있고, 요행을 바라면 부끄러운 일만 생긴다. 움직일 때마다 후회하고, 시비·투쟁·소송이 따른다. 발에 병이 침범할 수 있으니 예방하라.

■ 7월 255

메마른 버들에 꽃이 피니 어찌 오래 가겠는가. 늙은 부인이 남편을 얻으니 추하다. 일이 처음부터 잘못되면 성사되지 않는다. 기쁨 속에서 근심이 생기니 경영하거나 꾀하는 일은 어려워진다. 늙은 부인의 근심이나 어머님의 병이 있다.

■ 8월 272

장딴지에 감응이 있으니 흉하나 편안하게 있으면 길하다. 지키지 못하고 일찍 움직이면 망동하니 흉하다. 안정하면서 분수를 지키면 저절로 좋은 일이 생긴다. 좋은 기회를 만나기 어려우니 경솔하게 움직이면 흉하다. 분주하면 나쁘고 노력하는 일 외에는 공이 없다.

■ 9월 156

뿔 위에서 만나니 부끄러울 일이 많다. 불운에 일이 생기고, 슬픈 회포 속에 정이 피어난다. 고단한 몸을 의지할 데가 한군데도 없구나. 선비는 장원하고, 승려나 도인은 주지가 된다. 인심은 흩어지고 경영하거나 꾀하는 일은 고생만 따를 뿐이다.

■ 10월 163

옛 덕을 누리는 것이니 위태로우나 결국은 길하다. 혹 영광스런 공직에 있더라도 성취하기 어렵다. 윗사람을 따르는 것은 좋으나 일을 주도하면 불가하다. 비록 위태로워도 옛것을 지키고 정도를 지키면 길하다. 정상을 잃지 않으면 모든 어려움이 침범하지 못한다.

■ 11월 111

숨어 있는 용이니 세상에 숨어 살아도 번민하지 않는다. 즐거울 때 행하고 걱정할 때 자제한다. 관직에서 물러나 관로에 막힘이 많다. 운이 막혀 일이 억제되며 거동에 재난이 생긴다. 여자는 경사가 많고 아들을 낳을 운이다.

■ 12월 514

미더움이 있으면 피도 가고 두려움도 사라지니 허물이 없다. 성실하게 미더움을 다하니 상해는 반드시 멀어진다. 동지의 천거나 발탁으로 오랜 직책에서 전직된다. 윗사람과 뜻이 맞아 오래 엄체된 것도 펴진다. 인정이 화합하나 운이 흉하면 혈육이 손상된다.

중지곤괘 2효(重地坤卦 二爻) ☷

곧고 모나고 크니 땅의 도가 빛난다. 소행에 의심이 없으니 이롭지 않은 것이 없다. 유순하며 중정한 덕이 무궁하다. 관직자는 지위가 높아지고 명예도 올라간다. 곡식과 비단이 많이 늘어나고, 어진 부인이 집안을 일으킨다.

■ 정월 873
노력하고 겸손한 군자는 만민이 복종한다. 노력하고 자랑하지 않고 공이 있으면서도 공덕이라 하지 않는다. 벼슬한 사람은 높이 옮겨가고 선비는 기회를 만난다. 경영과 꾀하는 일에 이익을 얻고 마음과 힘껏 노력한다. 높아도 위태롭지 않고 차도 넘치지 않는다.

■ 2월 776
그치는 도가 매우 좋으니 나중에는 길하다. 관직자는 자리를 옮기고, 선비는 명예를 이루고, 농민은 전답이 늘어나고, 상인은 이익을 얻고, 보통 사람은 복을 받는다. 그러나 운이 흉하면 반대가 된다.

■ 3월 474
지극히 공손하면 허물이 없다. 고수하지 말고 때에 맞게 하라. 고집스럽게 변통할 줄 모르면 다소 허물이 된다. 안정하면서 직위를 지켜라. 작은 시험은 유리하다. 안빈하며 분수를 지키면 자연 손실과 폐단도 없다.

■ 4월 431
짝이 되는 주인을 만나 마음이 같으면 허물이 없다. 나가면 가상하나 열흘이 지나면 재앙이 생긴다. 반드시 밝은 군주를 만나 명예를 이룬다. 귀인과 교류하며 꾀하는 일을 이룬다. 그러나 너무 큰 일을 시작하면 반드시 재앙이 된다.

■ 5월 275
등심에 감응이 있으니 뜻이 사물을 감동시키지 못한다. 진퇴에 구속이 없고, 중심에는 사기가 없다. 같은 관료는 기뻐도 앞으로 나아가기는 어렵다. 인정이 어그러지며 떨어져 나가니 경영하거나 꾀하는 일은 시소하다. 사욕에 감응하면 사물을 감동시킬 수 없다.

■ 6월   252

마른 벼에 뿌리가 나고, 늙은 사내가 아내를 얻는다. 중도를 얻고 유순하니 능히 큰 공을 이룬다. 심하게 침체된 사람이 다시 일어나니 복직될 운이다. 첩을 들이는 운으로 아내를 얻고 아들을 낳는다. 승려는 제자를 얻거나 의붓자식을 둔다.

■ 7월   176

살찐 물러남이요 숨은 것이니 이롭지 않은 것이 없다. 사물에 막힘이 없어 초연하며 여유가 있으니 무슨 일이든 이루어지지 않겠는가. 관로가 편안하지 못하니 때를 기다려라. 경영하거나 꾀하는 일은 이롭고, 가정과 사업은 풍성해진다.

■ 8월   183

지위가 부당하니 부끄럽다. 항상 졸렬한 권모술수를 부리다 선을 해친다. 인정은 쉽게 변하니 움직이면 의심을 받는다. 관직에서 물러나 쉬면서 비난을 막아라. 시비와 분쟁이 비온 뒤 죽순 솟듯한다.

■ 9월   131

마음에 부끄러움이 없으니 자연히 내외가 화평하다. 남들과 마음이 통하니 무슨 허물이 있겠는가. 원한과 허물은 모두 사라지며 모든 가정에는 기쁨이 있다. 영전할 운이요 등용할 상이다. 동지와 협심하며 성조와 문을 수리한다.

■ 10월   534

가정이 부자니 대길하고 순함으로 지위에 있다. 아내가 가정을 부양하니 내직이 모두 좋아진다. 일은 순순히 하며 반드시 정도로 한다. 초월해 영전하고, 시험에 들어 상을 받는다. 꾀하는 일에 이익이 있고, 고독한 과부는 친한 사람을 만난다.

■ 11월   112

용이 밭에 나타나니 대인을 보는 것이 이롭다. 말은 신용있게 하고 행실은 조심해라. 몸은 직위에서 초월하니 경사가 무쌍하다. 식구가 늘고 전답이 생기며 재물이 마르지 않는다. 귀인을 만나 모든 것이 뜻대로 된다.

■ 12월   315

미더움으로 사귀며 신의로 뜻을 편다. 강유를 겸전하니 즐거워하지 않는 백성이 없다. 일에는 선후가 있으니 기회를 보아 나아가라. 시기를 살펴 움직이면 모든 일이 새롭게 된다. 그러나 경솔하며 거만하면 화를 당할 것이다.

중지곤괘 3효(重地坤卦 三爻) ䷁

아름다움을 함축하고 가히 바르며 시기에 맞게 편다. 만일 왕사를 따르면 성취함은 없어도 유종의 미는 있다. 승진이나 영전할 기회가 있고 앞으로 나아갈 날이 온다. 꾀와 계략이 심원하니 경영에 수확이 있다. 여자가 이를 얻으면 덕이 있는 부인이 될 것이다.

■ 정월 484

즐거워하면서 크게 얻으니 큰 뜻을 편다. 지성이며 의심되지 않으니 벗들도 단합하며 따른다. 책임이 중대하니 왕공도 순종한다. 귀인의 천거를 받고 명성이 점점 높아진다. 앞으로 나아가 명예를 얻고, 경영하는 일에서도 이익을 얻는다.

■ 2월 441

벼락이 쳐도 두려움을 알면 복이 있다. 법도를 알면 나중에 웃음꽃이 피고, 편안하게 쉬지 않으면 결국은 안녕하다. 기뻐하는데 한번 울리면 사람도 놀란다. 많이 놀라나 나중에는 기쁨이 있다.

■ 3월 285

모이는데 자리를 두나 뜻은 빛나지 못한다. 덕과 지위가 맞으면 움직여도 백성이 기뻐한다. 스스로 큰 선을 닦으면 복종하지 않는 것이 없다. 인정이 미덥지 못하며 도덕을 닦지 못한다. 인정이 화합하지 못하니 경영하거나 꾀하는 일이 막힌다.

■ 4월 262

주식이 곤궁하나 중간에 경사와 복이 있다. 나가면 흉한데 누구를 허물하랴. 곤궁해도 도를 행하는 것은 대신의 영명한 재주다. 귀인과 교류하며 경영하거나 꾀하는 일로 이익을 얻는다. 안정하면 길하나 움직이면 흉하고, 운이 흉하면 상을 당할 수도 있다.

■ 5월 186

이미 비운이 무너졌으니 처음에는 비색하나 나중에는 기쁘다. 비색함이 가면 통태함이 오는 것은 자연의 이치다. 정지와 강등, 막힘이 다시 풀린다. 곤궁하다 좋아지고, 소송자도 풀린다. 그러나 운이 흉하면 슬픔·탄식·통곡이 따른다.

■ 6월 173

일에 매여 숨지 못하니 병이 되고 위태로움이 있다. 공을 바라지만 펴지 못하니 큰 일은 성사되지 않는다. 질병에 걸리지 않으면 놀람과 위험이 있다. 식구가 늘고 아내를 얻을 운이다. 길흉이 상반하는 운이다.

■ 7월 141

망령됨과 사가 없으니 나아가면 뜻을 얻는다. 기거와 행동이 모두 천리에 맞는다. 거듭 도모해도 풍파가 전혀 없다. 임금도 얻고 백성도 얻어 명예를 이룬다. 보통 사람이 이와 같으면 가히 이익을 얻으리라.

■ 8월 544

중도로 행하니 공사가 따른다. 윗사람 같은 덕으로 아래를 이롭게 한다. 중한 책임을 맡아 임금의 총애도 깊어지고, 윗사람의 천거를 받아 명예를 이룬다. 성조·집수리·이사가 따르고 관청일도 펴진다.

■ 9월 l22

밟는 길이 탄탄하니 중심이 흔들리지 않는다. 마음을 가다듬고 절의를 지키며 안빈낙도한다. 시운이 오지 않으니 관직에서 물러나 귀향한다. 가리고 살피면서 일을 꾀하면 인사가 화해한다. 그러나 흉한 운을 만나면 명부에 이름을 새긴다.

■ 10월 325

어그러진 시기에 어진 사람의 도움을 받는다. 같은 당의 살을 씹으면 경사가 있다. 벼슬한 사람은 왕명을 받고. 선비는 과거에 오른다. 추대해주는 사람이 있으면 경영하는 일에 이익이 있다. 결혼하려는 사람은 짝을 얻으나 운이 흉하면 형상을 당한다.

■ 11월 113

종일 부지런하며 조석으로 조심하라. 신중하게 처신하면 허물은 없을 것이다. 짐은 무거운데 힘은 모자라니 매사가 번거롭다. 일이 여의치 못하니 어찌 재물과 이익을 바라겠는가. 조급하게 움직이면 실패하고, 여자는 재난이 많다.

■ 12월 216

호소할 곳조차 없으니 결국 흉만 따른다. 벼슬길도 쉽지 않고 진취하기도 어렵다. 경영하거나 꾀하는 일이 심란하니 안정하는 것이 좋다. 골육이 무정하니 눈물을 막을 길이 없다. 대인이 아니면 화를 당한다.

중지곤괘 4효(重地坤卦 四爻) ䷁

주머니를 묶는 것처럼 하면 허물이 없고, 조심하면 해롭지 않다. 상하가 막히고 끊겼으니 자처하라. 승진이나 영전은 어려우니 현직에서 조심하라. 진취하기 어렵고, 경영이나 꾀하는 일도 막힌다. 조심하며 견고해야 뜻밖의 화를 면할 수 있다.

■ 정월   685
친히 돕는다는 뜻이며 지위가 중정하다. 왕이 세 번 짐승을 모니 어질다는 것을 알 수 있다. 역을 버리고 순리를 따르며, 자신을 용서하는 마음으로 남을 대한다. 관직자는 영전하고, 선비는 과거에 급제한다. 처음에는 힘드나 나중에는 순탄하니 이롭지 않은 것이 없다.

■ 2월   662
험난함의 연속이나 구하는 것은 다소 얻는다. 재주가 족하여 자위하니 마음은 항상 형통하다. 책임이 작으니 작은 시험은 이롭다. 사람이 출중하지 못하나 경영하는 일은 다소 이룬다. 험난함과 심장·복부·혈액 질환이 따른다.

■ 3월   586
살아가는 것을 보니 군자이면 허물이 없다. 자신을 반성하면서 시종 한마음으로 한다. 경영하거나 꾀하는 일은 막히니 만족하지 못한다. 병자는 살아나고, 임신하면 유리하다. 진취가 심난하니 물러나 수신하면서 반성하라.

■ 4월   573
기러기가 육지로 올라오나 편안한 곳이 아니다. 남편은 나가 돌아오지 않고, 부인은 임신하나 양육하지 못한다. 그러나 정도를 지키며 사를 막으면 허물은 없을 것이다. 귀양·강등·막힘·침체가 따를 운이다. 인정이 화목하지 못하니 도적이 침범한다.

■ 5월   541
크게 시작하면 이롭고, 크게 길해야 허물이 없다. 남에게 큰 이익을 주면 자연히 그 이익이 돌아온다. 그러나 모두 잘 하지 않으면 허물을 면할 수 없다. 관직자는 높이 영전하고, 진취하면 큰 우두머리가 된다. 크게 꾀하고 마음대로 된다.

■ 6월 144

바른 길을 지키면 허물이 없다. 실리와 진실한 마음으로 변하지 말라. 고요히 안정하면 저절로 좋은 소식이 온다. 덕이 넓고 겸손하니 신하의 도리가 극진하다. 옛 사업을 지키며 본분을 지켜라.

■ 7월 522

그늘 밑에서 학이 우니 그의 자식이 감화한다. 말과 행동은 영화가 되기도 하고 욕이 되기도 한다. 군자의 언행은 천지도 움직인다. 벼슬한 사람은 진급하며 재정 이익도 있다. 아들을 낳고 유리하나 노인은 병에 걸릴까 두렵다.

■ 8월 725

유익한데 복은 위에서 내린다. 열 쌍의 거북으로도 어길 수가 없다. 꾀하는 일은 하늘의 뜻과 부합하니 매우 선하다. 직위가 좋아 임금 곁에 있고, 선비는 장원한다. 하늘의 재물이 많이 생기니 이롭지 않은 것이 없다.

■ 9월 513

수레바퀴통이 벗겨지며 부부는 반목한다. 나아가도 이롭지 않고 물러서도 가정이 편안하지 못하다. 영화를 누리다 욕을 보고, 나아가려다 물러선다. 발이나 눈에 병이 생기고, 식구는 분리된다. 모든 재난이 함께 와 가문에 후회하거나 부끄러운 일이 생긴다.

■ 10월 616

구멍에 들어 있으니 오는 손님 셋이다. 비록 강폭하나 조심하면 결국은 길하다. 참으면서 조심하면 화를 면할 수 있다. 조심하면서 참소나 간신을 막고, 신중하게 의심과 시기를 꾀하라. 한번 흉한 운이 오면 감옥이나 무덤에 들어가게 된다.

■ 11월 114

진퇴를 알 수 없으니 시기에 맞게 나아가라. 순리를 따르면 길하나 망동하면 화가 생긴다. 시운이 불리하니 역량을 감추고 때를 기다려라. 의심이 생겨 결정하지 못하니 모든 게 어려워진다. 여자는 마음대로 되고, 승려와 도인은 편안하다.

■ 12월 151

쇠로 된 말뚝에 매두면 견고하며 바르니 길하다. 돼지가 껑충 뛰듯 함부로 움직이고 싶은 마음이 간절하다. 앞으로 나아가도 심란한데 좌천이 어인 일인고. 귀인의 도움을 받으며 출산양육할 운이다. 그러나 수가 나쁘면 질병·감옥·소송이 따른다.

연평 885

중지곤괘 5효(重地坤卦 五爻)

누런 치마이니 매우 길하다. 문채가 중도에 있다. 안에 아름다움이 가득하니 사지에까지 창달한다. 내직으로 선임되며 왕실에 들 영화가 있다. 모든 일이 안온하며 재물과 이익이 따른다. 여자는 덕이 있고 내조의 공이 있다.

■ 정월 786
큰 과일을 먹지 않는 것은 장차 다시 생겨나게 하기 위함이다. 군자는 수레를 얻으나 소인은 집이 사라진다. 난리가 나면 치세를 생각하며 군자를 추대하기 원한다. 벼슬한 사람은 좋은 권세가를 만나 천거된다. 경영에 새로운 뜻을 세우고, 궁실을 성조한다.

■ 2월 773
한계에 이르렀다. 등골뼈가 벌어질 것 같다. 사람이 거역하며 미워하니 어찌 위태롭지 않겠는가. 요직으로 옮길 수 있는데 진취하여 명예를 이룬다. 파손되며 안녕하지 못하니 위태롭다. 심장·눈·허리에 병이 생길까 두렵다.

■ 3월 741
스스로 지키지 못하는데 마음은 이미 동했다. 욕망에 미혹되어 자신을 잃으니 매우 흉하다. 염치를 버리고 함부로 음탕하게 굴면 꾸지람을 듣는다. 거역하며 재물을 다투지 말고 정도를 지켜야 면할 수 있다. 선비는 적극적으로 나아가면 먹을 것을 얻는다.

■ 4월 344
다리에 감응이 있으나 처하지 못한다. 스스로 하지 못하고 남을 따른다. 조용히 있는 것이 좋은데 움직이니 심히 부끄럽다. 모든 일에 부끄러움이 많으며 여자의 결혼만 유리하다. 간여한 일들은 보통을 벗어나기 어렵다.

■ 5월 722
바르면 이롭고 나가면 흉하니 덜지 않아야 한다. 뜻은 스스로 지키는 데 있으니 함부로 진출하지 말라. 지켜야 할 것을 바꾸면 흉해진다. 현직을 고수하며 현 사업을 확고하게 지켜라. 현 제도를 조심하면서 먼 계책은 세우지 마라.

■ 6월 525

믿음이 단단하니 지위가 정당하다. 견고한 성의와 신의로 맺어지면 천하도 무사하다. 군신이 한마음이 되니 총애와 신임이 깊어진다. 앞으로 나아가 명예를 이루며 이롭지 않은 것이 없다. 인정이 화합하니 모든 것을 이룰 수 있다.

■ 7월 713

좋은 말이 달리니 어렵고 올곧은 것이 이롭다. 윗사람과 뜻이 합하면 달리는 말과 같아진다. 태수(太守)가 되어 붉은 기를 꽂고, 선비는 비등한다. 지기가 서로 도우니 어려움도 이겨낸다. 열심히 노력하면 고생 끝에 얻을 것이다.

■ 8월 816

성이 구렁에 돌아오니 그 명령이 어지럽다. 인심이 방탕하면 난리가 여기서 생긴다. 관직자는 귀양을 가거나 강등되고 선비는 부끄러운 욕을 만나게 된다. 손실과 파괴의 운이니 질병도 두렵다. 수명이 불길하며 근후해야 재앙을 면한다.

■ 9월 314

그렇게 풍성하게 하지 않으면 가히 허물은 없을 것이다. 물리를 밝게 분별할 수 있으면서도 겸손하다. 해도 정오가 지나면 기울고, 물도 성한 뒤에는 쇠퇴한다. 분수를 지키면서 때를 기다리는 것이 좋다. 밝으면 손실이 있으니 눈병도 두렵다.

■ 10월 351

솥발이 자빠진 것처럼 나쁘니 더러움을 내보내야 이롭다. 만약 어진 첩을 얻으면 그 아들에게는 허물이 없다. 악은 버리고 좋은 것만 받으니 귀인을 따른다. 남의 덕으로 성사되고, 첩과 자식을 얻는다. 근심은 흩어지고 기쁨이 생기며, 천민은 귀하게 된다.

■ 11월 115

날아가는 용이 하늘에 있으니 대인을 만나면 이롭다. 같은 소리는 상응하고, 같은 기운은 서로 구한다. 꾀꼬리가 높은 나무에 오르듯 몸이 용문에 오른다. 성조에 필요한 재물을 얻을 상이나 여자는 남편궁이 불리해 고독하다.

■ 12월 132

집 안에서 동지를 구하니 대동할 줄 모른다. 소견이 좁고 처사가 부정하다. 벼슬과 녹은 올라가지 않고, 작은 시험이라야 가망이 있다. 일에 부정이 많이 생기고, 종친이나 남들과 불목한다. 사랑과 미움이 한결같지 않고, 슬픔과 기쁨을 분간하지 못한다.

연평 886

중지곤괘 상효(重地坤卦 上爻)

용이 들에서 싸우니 그 피가 검푸르고 누렇다. 둘 다 패하고 상처를 입으니 반드시 피의 재난을 본다. 화를 입고 강등·퇴출·파손할 위험이 있다. 선비는 크게 발전하나 근심과 해로움은 면하기 어렵다. 시비·분쟁·소송·파괴·실패·위험·사망 등이 따른다.

■ 정월 841

머지않아 회복하며 수신한다. 후회할 일이 없으니 매우 길하다. 관직이 청고하며 임금을 곁에서 돕는다. 선비는 장원하고 경영하는 일들은 이익을 본다. 개과천선하니 일마다 이롭지 않은 것이 없다.

■ 2월 444

벼락이 진흙에 빠졌으니 빛이 나지 않는다. 강하여 험난함에 처했는데 스스로 진동할 수가 없다. 중정하지 못하니 더욱 험난해진다. 야비하며 더럽고 덕이 없으니 되는 일이 하나도 없다. 결박이나 구속되어 빛을 볼 날이 없다.

■ 3월 822

느껴 임하고 또 길하니 이롭지 않은 것이 없다. 음양이 서로 감응하니 명을 순응하는 것은 아니다. 사를 제거하고 정도를 지키니 지위가 청고하다. 막히고 침체됨이 없다. 시기에 맞게 짐작하면 경영하거나 꾀하는 일에 이익이 있다.

■ 4월 625

달콤한 절제요 법도이니 길하고, 나가면 가상함이 있다. 자신을 지키면서 편안하게 행하면 천하도 기꺼이 따라준다. 수원이 감미로우면 내로 흘러도 쉬지 않는다. 관직자는 영전이나 발탁되고, 선비는 상달한다. 꾀하거나 바라는 일은 이루어지고, 행하는 일은 가상함이 있다.

■ 5월 813

평평하며 언덕 아닌 것이 없고, 가면 돌아오지 않는 것이 없다. 천지의 교제이니 어려우나 바르면 허물이 없다. 통태함이 다하면 비색이 오는 것은 하늘의 뜻이다. 책임을 이겨내고 질투와 간신을 조심하라. 두려워하면서 조심하면 편안하다.

■6월 716

하늘의 거리니 형통하며 큰 도를 행한다. 어진 사람이 뜻을 얻었으니 어진 길도 대통하게 된다. 예절·풍류·법에 어김이 없다. 꾀하는 일은 모두 이로우니 하늘과 거리에서 좋다. 천거하여 하늘에 오르고 진취하여 명예를 이룬다.

■7월 414

올바르면 후회할 일이 없고, 큰 차 바퀴통도 건장하다. 한격도 이미 열려 있으니 다시 곤궁해지지 않는다. 재앙이 사라지고 복이 따르니 진취할 수 있다. 시험을 보면 높이 장원하며 길도 넓게 뚫린다. 오래 조용하면 반드시 몽하고, 몽하면 길하다.

■8월 451

항구함에 빠져 올바르더라도 이로울리 없으니 흉하다. 급히 구하면서 깊이 들어가 항구한 도를 잃는다. 군주에게 신용을 얻지 못하고, 지기도 만나기 어렵다. 인정이 통하지 않으며 거리에서 방황한다. 서두르나 이루지 못한다. 그러나 안정하면서 지키면 흉은 면한다.

■9월 215

비린 잎도 과감하게 처결하듯 중도를 행하면 허물이 없다. 중도를 얻지 못하면 광대하지 못하다. 간신의 침해가 있으나 조금은 발전한다. 오래 막히다 한관으로 복직된다. 소송은 펴지며 병도 치유되고, 경영하거나 꾀하는 일은 뜻대로 된다.

■10월 232

신중하게 개혁하고 아름답게 실행한다. 유순하며 중정하니 망동하지 않는다. 앞길에 막힘이 없으니 경사를 누리리라. 벼슬한 사람은 영전하고, 선비는 명예를 이룬다. 보통 사람은 기쁨이 많고 모든 일이 잘 된다.

■11월 116

지나치게 과한 용이니 내려올 줄 모르다 후회한다. 귀하나 직위가 없고, 높으나 백성이 없다. 사고무친이니 움직이면 후회할 일이 생긴다. 귀양갈 운으로 눈앞에 재앙이 닥친다. 너무 강하면 꺾이는 법이고, 망동하면 손실이 따르는 법이다.

■12월 123

애꾸눈으로 보며 절름발이로 걷는다. 호랑이 꼬리를 밟았으니 매우 흉하다. 하는 일이 바르지 못하니 반드시 상해가 따른다. 시비가 불리하니 감옥이나 송사가 따른다. 만약 깊이 살피지 않으면 자신과 가정이 망할 수 있다.

참고문헌

- 『황극책수조수(皇極策數祖數)』 소강절 유편
- 『황극비결(皇極秘訣)』 생활철학 편저
- 『하락이수(河洛理數)』 송충석 편역
- 『하락이수 유년(河洛理數 流年)』 송충석 편역
- 『종합역리(綜合易理) 상·하』 송충석 편역
- 『하락이수정해(河洛理數精解)』 임삼업 편저
- 『원본주역(原本周易)』 박병대 편해
- 『매화역수(梅花易數)』 문명수 역저
- 『월영도(月影圖)』 백동기 편역
- 『주역신단(周易神斷)』 백운곡 지음
- 『내 눈으로 읽은 주역(역경편)』 김상섭 지음
- 『열역신서(閱易神書)』 김영생 편저
- 『역점(易占)』 문명상 편저
- 『원토정비결』 원공선사 지음
- 『토정비결』 백운곡 편저
- 『토정비결』 이재오 편역

쉽게 푼 역학(개정판)
쉽게 배워 적용할 수 있는 생활역학서!
이 책에서는 좀더 많은 사람들이 역학의 근본인 우주의 오묘한 진리와 법칙을 깨달아 보다 나은 삶을 영위하는데 도움이 될 수 있도록 가장 쉬운 언어와 가장 쉬운 방법으로 풀이했다. 역학계의 대가 김봉준 선생의 역작이다.
신비한 동양철학 71 ｜ 백우 김봉준 저 ｜ 568면 ｜ 30,000원 ｜ 신국판

사주명리학 핵심
맥을 잡아야 모든 것이 보인다
이 책은 잡다한 설명을 배제하고 명리학자에게 도움이 될 비법들만을 모아 엮었기 때문에 초심자가 이해하기에는 다소 어려운 부분도 있겠지만 기초를 튼튼히 한 다음 정독한다면 충분히 이해할 것이다. 신살만 늘어놓으며 감정하는 사이비가 되지말기를 바란다.
신비한 동양철학 19 ｜ 도관 박흥식 저 ｜ 502면 ｜ 20,000원 ｜ 신국판

물상활용비법
물상을 활용하여 오행의 흐름을 파악한다
이 책은 물상을 통하여 오행의 흐름을 파악하고 운명을 감정하는 방법을 연구한 책이다. 추명학의 해법을 연구하고 운명을 추리하여 오행에서 분류되는 물질의 운명 줄거리를 물상의 기물로 나들이 하는 활용법을 주제로 했다. 팔자풀이 및 운명해설에 관한 명리감정법의 체계를 세우는데 목적을 두고 초점을 맞추었다.
신비한 동양철학 31 ｜ 해주 이학성 저 ｜ 446면 ｜ 34,000원 ｜ 신국판

신수대전
흉함을 피하고 길함을 부르는 방법
신수는 대부분 주역과 사주추명학에 근거한다. 수많은 학설 중 몇 가지를 보면 사주명리, 자미두수, 관상, 점성학, 구성학, 육효, 토정비결, 매화역수, 대정수, 초씨역림, 황극책수, 하락리수, 범위수, 월영도, 현무발서, 철판신수, 육임신과, 기문둔갑, 태을신수 등이다. 역학에 정통한 고사가 아니면 추단하기 어려우므로 누구나 신수를 볼 수 있도록 몇 가지를 정리했다.
신비한 동양철학 62 ｜ 도관 박흥식 편저 ｜ 528면 ｜ 36,000원 ｜ 신국판 양장

정법사주
운명판단의 첩경을 이루는 책
이 책은 사주추명학을 연구하고자 하는 분들에게 심오한 주역의 이해를 돕고자 하는 의도에서 시작되었다. 음양오행의 상생 상극에서부터 육친법과 신살법을 기초로 하여 격국과 용신 그리고 유년판단법을 활용하여 운명판단에 첩경이 될 수 있도록 했고 추리응용과 운명감정의 실례를 하나하나 들어가면서 독학과 강의용 겸용으로 엮었다.
신비한 동양철학 49 ｜ 원각 김구현 저 ｜ 424면 ｜ 26,000원 ｜ 신국판 양장

내가 보고 내가 바꾸는 DIY사주
내가 보고 내가 바꾸는 사주비결
기존의 책들과는 달리 한 사람의 사주를 체계적으로 도표화시켜 한 눈에 파악할 수 있고, DIY라는 책 제목에서 말하듯이 개운하는 방법을 제시한다. 초심자는 물론 전문가도 자신의 이론을 새롭게 재조명해 볼 수 있는 케이스 스터디 북이다.
신비한 동양철학 39 ｜ 석오 전광 저 ｜ 338면 ｜ 16,000원 ｜ 신국판

인터뷰 사주학
쉽고 재미있는 인터뷰 사주학
얼마전만 해도 사주학을 취급하면 미신을 다루는 부류로 취급되었다. 그러나 지금은 하루가 다르게 이 학문을 공부하는 사람들이 폭증하고 있는 것으로 보인다. 젊은 층에서 사주카페니 사주방이니 사주동아리니 하는 것들이 만들어지고 그 모임이 활발하게 움직이고 있다는 점이 그것을 증명해준다. 그뿐 아니라 대학원에는 역학교수들이 점차로 증가하고 있다.
신비한 동양철학 70 ｜ 글갈 정대엽 편저 ｜ 426면 ｜ 16,000원 ｜ 신국판

사주특강
자평진전과 적천수의 재해석

이 책은『자평진전』과『적천수』를 근간으로 명리학의 폭넓은 가치를 인식하고, 실전에서 유용한 기반을 다지는데 중점을 두고 썼다. 일찍이『자평진전』을 교과서로 삼고,『적천수』로 보완하라는 서낙오의 말에 깊이 공감한다.

신비한 동양철학 68 │ 청월 박상의 편저 │ 440면 │ 25,000원 │ 신국판

참역학은 이렇게 쉬운 것이다
음양오행의 이론으로 이루어진 참역학서

수학공식이 아무리 어렵다고 해도 1, 2, 3, 4, 5, 6, 7, 8, 9, 0의 10개의 숫자로 이루어졌듯이 사주도 음양과 오행으로 이루어졌을 뿐이다. 그러니 용신과 격국이라는 무거운 짐을 벗어버리고 음양오행의 법칙과 진리만 정확하게 파악하면 된다. 사주는 음양오행의 변화일 뿐이고 용신과 격국은 사주를 감정하는 한 가지 방법에 지나지 않는다.

신비한 동양철학 24 │ 청암 박재현 저 │ 328면 │ 16,000원 │ 신국판

사주에 모든 길이 있다
사주를 알면 운명이 보인다!

사주를 간명하는데 조금이라도 도움이 됐으면 하는 바람에서 이 책을 썼다. 간명의 근간인 오행의 왕쇠강약을 세분하고, 대운과 세운, 세운과 월운의 연관성과, 십신과 여러 살이 미치는 암시와, 십이운성으로 세운을 판단하는 법을 설명했다.

신비한 동양철학 65 │ 정담 선사 편저 │ 294면 │ 26,000원 │ 신국판 양장

왕초보 내 사주
초보 입문용 역학서

이 책은 역학을 너무 어렵게 생각하는 초보자들에게 조금이나마 도움을 주고자 쉽게 엮으려고 노력했다. 이 책을 숙지한 후 역학(易學)의 5대 원서인『적천수(滴天髓)』,『궁통보감(窮通寶鑑)』,『명리정종(命理正宗)』,『연해자평(淵海子平)』,『삼명통회(三命通會)』에 접근한다면 훨씬 쉽게 터득할 수 있을 것이다. 이 책들은 저자가 이미 편역하여 삼한출판사에서 출간한 것도 있고, 앞으로 모두 갖출 것이니 많이 활용하기 바란다.

신비한 동양철학 84 │ 역산 김찬동 편저 │ 278면 │ 19,000원 │ 신국판

명리학연구
체계적인 명확한 이론

이 책은 명리학 연구에 핵심적인 내용만을 모아 하나의 독립된 장을 만들었다. 명리학은 분야가 넓어 공부를 하다보면 주변에 머무르는 경우가 많아, 주요 내용을 잃고 헤매는 경우가 많다. 그러므로 뼈대를 잡는 것이 중요한데, 여기서는「17장. 명리대요」에 핵심 내용만을 모아 학문의 체계를 잡는데 용이하게 하였다.

신비한 동양철학 59 │ 권중주 저 │ 562면 │ 29,000원 │ 신국판 양장

말하는 역학
신수를 묻는 사람 앞에서 술술 말문이 열린다

그토록 어렵다는 사주통변술을 쉽고 흥미롭게 고담과 덕담을 곁들여 사실적으로 생동감 있게 통변했다. 길흉을 어떻게 표현하느냐에 따라 상담자의 정곡을 찔러 핵심을 끌어내 정답을 내리는 것이 통변술이다.역학계의 대가 김봉준 선생의 역작.

신비한 동양철학 11 │ 백우 김봉준 저 │ 576면 │ 26,000원 │ 신국판 양장

통변술해법
가닥가닥 풀어내는 역학의 비법

이 책은 역학과 상대에 대해 머리로는 다 알면서도 밖으로 표출되지 않아 어려움을 겪는 사람들을 위한 실습서다. 특히 실명감정과 이론강의로 나누어 역학의 진리를 설명하여 초보자도 쉽게 이해할 수 있다. 역학계의 대가 김봉준 선생의 역서인「알기쉬운 해설·말하는 역학」이 나온 후 후편을 써달라는 열화같은 요구에 못이겨 내놓은 바로 그 책이다.

신비한 동양철학 21 │ 백우 김봉준 저 │ 392면 │ 26,000원 │ 신국판

술술 읽다보면 통달하는 사주학
술술 읽다보면 나도 어느새 도사
당신은 당신 마음대로 모든 일이 이루어지던가. 지금까지 누구의 명령을 받지 않고 내 맘대로 살아왔다고, 운명 따위는 믿지 않는다고, 운명에 매달리지 않는다고 말하는 사람들이 많다. 그러나 우주법칙을 모르기 때문에 하는 소리다.
신비한 동양철학 28 | 조철현 저 | 368면 | 16,000원 | 신국판

사주학
5대 원서의 핵심과 실용
이 책은 사주학을 체계적으로 공부하려는 학도들을 위해서 꼭 알아두어야 할 내용들과 용어들을 수록하는데 중점을 두었다. 이 학문을 공부하려고 많은 사람이 필자를 찾아왔을 깨 여러 가지 질문을 던져보면 거의 기초지식이 시원치 않음을 보았다. 따라서 용어를 포함한 제반지식을 골고루 습득해야 빠른 시일 내에 소기의 목적을 달성할 수 있을 것이다.
신비한 동양철학 66 | 글갈 정대엽 저 | 778면 | 46,000원 | 신국판 양장

명인재
신기한 사주판단 비법
이 책은 오행보다는 주로 살을 이용하는 비법을 담았다. 시중에 나온 책들을 보면 살에 대해 설명은 많이 하면서도 실제 응용에서는 무시하고 있다. 이것은 살을 알면서도 응용할 줄 모르기 때문이다. 그러나 이 책에서는 살의 활용방법을 완전히 터득해, 어떤 과와 어떤 살이 합하면 어떻게 작용하는지를 자세하게 설명하였다.
신비한 동양철학 43 | 원공선사 저 | 332면 | 19,000원 | 신국판 양장

명리학 | 재미있는 우리사주
사주 세우는 방법부터 용어해설 까지!!
몇 년 전 『사주에 모든 길이 있다』가 나온 후 선배 제현들께서 알찬 내용의 책다운 책을 접했다는 찬사를 받았다. 그러나 사주의 작성법을 설명하지 않아 독자들에게 많은 질타를 받고 뒤늦게 이 책 을 출판하기로 결심했다. 이 책은 한글만 알면 누구나 역학과 가까워질 수 있도록 사주 세우는 방법부터 실제간명, 용어해설에 이르기까지 분야별로 엮었다.
신비한 동양철학 74 | 정담 선사 편저 | 368면 | 19,000원 | 신국판

사주비기
역학으로 보는 역대 대통령들이 나오는 이치!!
이 책에서는 고서의 이론을 근간으로 하여 근대의 사주들을 임상하여, 적중도에 의구심이 가는 이론들은 과감하게 탈피하고 통용될 수 있는 이론만을 수용했다. 따라서 기존 역학서의 아쉬운 부분들을 충족시키며 일반인도 열정만 있으면 누구나 자신의 운명을 감정하고 피흉취길할 수 있는 생활지침서로 활용할 수 있을 것이다.
신비한 동양철학 79 | 청월 박상의 편저 | 456면 | 19,000원 | 신국판

사주학의 활용법
가장 실질적인 역학서
우리가 생소한 지방을 여행할 때 제대로 된 지도가 있다면 편리하고 큰 도움이 되듯이 역학이란 이와같은 인생의 길잡이다. 예측불허의 인생을 살아가는데 올바른 안내자나 그 무엇이 있다면 그 이상 마음 든든하고 큰 재산은 없을 것이다.
신비한 동양철학 17 | 학선 류래웅 저 | 358면 | 15,000원 | 신국판

명리실무
명리학의 총 정리서
명리학(命理學)은 오랜 세월 많은 철인(哲人)들에 의하여 전승 발전되어 왔고, 지금도 수많은 사람이 임상과 연구에 임하고 있으며, 몇몇 대학에 학과도 개설되어 체계적인 교육을 하고 있다. 그러나 아직도 실무에서 활용할 수 있는 책이 부족한 상황이기 때문에 나름대로 현장에서 필요한 이론들을 정리해 보았다. 초학자는 물론 역학계에 종사하는 사람들에게 큰 도움이 될 것이라고 믿는다.
신비한 동양철학 94 | 박흥식 편저 | 920면 | 39,000원 | 신국판

주역육효 해설방법(상 · 하)
한 번만 읽으면 주역을 활용할 수 있는 책
이 책은 주역을 해설한 것으로, 될 수 있는 한 여러 가지 사설을 덧붙이지 않고, 주역을 공부하고 활용하는데 필요한 요건만을 기록했다. 따라서 주역의 근원이나 하도낙서, 음양오행에 대해서도 많은 설명을 자제했다. 다만 누구나 이 책을 한 번 읽어서 주역을 이해하고 활용할 수 있도록 하는데 중점을 두었다.
신비한 동양철학 38 │ 원공선사 저 │ 상 810면 · 하 798면 │ 각 29,000원 │ 신국판

쉽게 푼 주역
귀신도 탄복한다는 주역을 쉽고 재미있게 풀어놓은 책
주역이라는 말 한마디면 귀신도 기겁을 하고 놀라 자빠진다는데, 운수와 일진이 문제가 될까. 8×8=64괘라는 주역을 한 괘에 23개씩의 회답으로 해설하여 1472괘의 신비한 해답을 수록했다. 당신이 당면한 문제라면 무엇이든 해결할 수 있는 열쇠가 이 한 권의 책 속에 있다.
신비한 동양철학 10 │ 정도명 저 │ 284면 │ 16,000원 │ 신국판

나침반 │ 어디로 갈까요
주역의 기본원리를 통달할 수 있는 책
이 책에서는 기본괘와 변화와 기본괘가 어떤 괘로 변했을 경우 일어날 수 있는 내용들을 설명하여 주역의 변화에 대한 이해를 돕는데 주력하였다. 그러나 그런 내용을 구분할 수 있는 방법을 전부 다 설명할 수는 없기에 뒷장에 간단하게설명하였고, 다른 책들과 설명의 차이점도 기록하였으니 참작하여 본다면 조금이나마 도움이 될 것이다.
신비한 동양철학 67 │ 원공선사 편저 │ 800면 │ 39,000원 │ 신국판

완성 주역비결 │ 주역 토정비결
반쪽으로 전해오는 토정비결을 완전하게 해설
지금 시중에 나와 있는 토정비결에 대한 책들은 옛날부터 내려오는 완전한 비결이 아니라 반쪽의 책이다. 그러나 반쪽이라고 말하는 사람은 없다. 그것은 주역의 원리를 모르기 때문이다. 그래서 늦은 감이 없지 않으나 앞으로 수많은 세월을 생각해서 완전한 해설판을 내놓기로 했다.
신비한 동양철학 92 │ 원공선사 편저 │ 396면 │ 16,000원 │ 신국판

육효대전
정확한 해설과 다양한 활용법
동양고전 중에서도 가장 대표적인 것이 주역이다. 주역은 옛사람들이 자연을 거울삼아 생활을 영위해 나가는 처세에 관한 지혜를 무한히 내포하고, 피흉추길하는 얼과 슬기가 함축된 점서인 동시에 수양·과학서요 철학·종교서라고 할 수 있다.
신비한 동양철학 37 │ 도관 박흥식 편저 │ 608면 │ 26,000원 │ 신국판

육효점 정론
육효학의 정수
이 책은 주역의 원전소개와 상수역법의 꽃으로 발전한 경방학을 같이 실어 독자들의 호기심을 충족시키는데 중점을 두었습니다. 주역의 원전으로 인화의 처세술을 터득하고, 어떤 사안의 답은 육효법을 탐독하여 찾으시기 바랍니다.
신비한 동양철학 80 │ 효명 최인영 편역 │ 396면 │ 29,000원 │ 신국판

육효학 총론
육효학의 핵심만을 정확하고 알기 쉽게 정리
육효는 갑자기 문제가 생겨 난감한 경우에 명쾌한 답을 찾을 수 있는 학문이다. 그러나 시중에 나와 있는 책들이 대부분 원서를 그대로 번역해 놓은 것이라 전문가인 필자가 보기에도 지루하며 어렵다는 느낌이 들었다. 그래서 보다 쉽게 공부할 수 있도록 이 책을 출간하게 되었다.
신비한 동양철학 89 │ 김도희 편저 │ 174쪽 │ 26,000원 │ 신국판

역점 | 우리나라 전통 행운찾기
쉽게 쓴 64괘 역점 보는 법

주역이 점치는 책에만 불과했다면 벌써 그 존재가 없어졌을 것이다. 그러나 오랫동안 많은 학자가 연구를 계속해왔고, 그 속에서 자연과학과 형이상학적인 우주론과 인생론을 밝혀, 정치·경제·사회 등 여러 방면에서 인간의 생활에 응용해왔고, 삶의 지침서로써 그 역할을 했다. 이 책은 한 번만 읽으면 누구나 역점가가 될 수 있으니 생활에 도움이 되길 바란다.

신비한 동양철학 57 | 문명상 편저 | 382면 | 26,000원 | 신국판 양장

이렇게 하면 좋은 운이 온다
한 가정에 한 권씩 놓아두고 볼만한 책

좋은 운을 부르는 방법은 방위·색상·수리·년운·월운·날짜·시간·궁합·이름·직업·물건·보석·맛·과일·기운·마을·가축·성격 등을 정확하게 파악하여 자신에게 길한 것은 취하고 흉한 것은 피하면 된다. 이 책의 저자는 신학대학을 졸업하고 역학계에 입문했다는 특별한 이력을 갖고 있기 때문에 더 많은 화제가 되고 있다.

신비한 동양철학 27 | 역산 김찬동 저 | 434면 | 16,000원 | 신국판

운을 잡으세요 | 改運秘法
염력강화로 삶의 문제를 해결한다!

행복과 불행은 누가 주는 것이 아니라 자기 자신이 만든다고 할 수 있다. 한 마디로 말해 의지의 힘, 즉 염력이 운명을 바꾸는 것이다. 이 책에서는 이러한 염력을 강화시켜 삶에서 일어나는 문제를 해결하는 방법을 알려준다. 누구나 가벼운 마음으로 읽고 실천한다면 반드시 목적을 이룰 수 있을 것이다.

신비한 동양철학 76 | 역산 김찬동 편저 | 272면 | 10,000원 | 신국판

복을 부르는방법
나쁜 운을 좋은 운으로 바꾸는 비결

개운하는 방법은 여러 가지가 있으나, 이 책의 비법은 축원문을 독송하는 것이다. 독송이란 소리내 읽는다는 뜻이다. 사람의 말에는 기운이 있는데, 이 기운은 자신에게 돌아온다. 좋은 말을 하면 좋은 기운이 돌아오고, 나쁜 말을 하면 나쁜 기운이 돌아온다. 이 책은 누구나 어디서나 쉽게 비용을 들이지 않고 좋은 운을 부를 수 있는 방법을 실었다.

신비한 동양철학 69 | 역산 김찬동 편저 | 194면 | 11,000원 | 신국판

천직 | 사주팔자로 찾은 나의 직업
천직을 찾으면 역경없이 탄탄하게 성공할 수 있다

잘 되겠지 하는 막연한 생각으로 의욕만 갖고 도전하는 것과 나에게 맞는 직종은 무엇이고 때는 언제인가를 알고 도전하는 것은 근본적으로 다르고, 결과도 다르다. 만일 의욕만으로 팔자에도 없는 사업을 시작했다고 하자. 결과는 불을 보듯 뻔하다. 그러므로 이런 때일수록 침착과 냉정을 찾아 내 그릇부터 알고, 생활에 대처하는 지혜로움을 발휘해야 한다.

신비한 동양철학 34 | 백우 김봉준 저 | 376면 | 19,000원 | 신국판

운세십진법 | 本大路
운명을 알고 대처하는 것은 현대인의 지혜다

타고난 운명은 분명히 있다. 그러니 자신의 운명을 알고 대처한다면 비록 운명을 바꿀 수는 없지만 향상시킬 수 있다. 이것이 사주학을 알아야 하는 이유다. 이 책에서는 자신이 타고난 숙명과 앞으로 펼쳐질 운명행로를 찾을 수 있도록 운명의 기초를 초연하게 설명하고 있다.

신비한 동양철학 1 | 백우 김봉준 저 | 364면 | 16,000원 | 신국판

성명학 | 바로 이 이름
사주의 운기와 조화를 고려한 이름짓기

사람은 누구나 타고난 운명이 있다. 숙명인 사주팔자는 선천운이고, 성명은 후천운이 되는 것으로 이름을 지을 때는 타고난 운기와의 조화를 고려해야 한다. 따라서 역학에 대한 깊은 이해가 선행함은 지극히 당연하다. 부연하면 작명의 근본은 타고난 사주에 운기를 종합적으로 분석하여 부족한 점을 보강하고 결점을 개선한다는 큰 뜻이 있다고 할 수 있다.

신비한 동양철학 75 | 정담 선사 편저 | 488면 | 24,000원 | 신국판

작명 백과사전
36가지 이름짓는 방법과 선후천 역상법 수록
이름은 나를 대표하는 생명체이므로 몸은 세상을 떠날지라도 영원히 남는다. 성명운의 유도력은 후천적으로 가공 인수되는 후존적 수기로써 조성 운화되는 작용력이 있다. 선천수기의 운기력이 50%이면 후천수기도의 운기력도50%이다. 이와 같이 성명운의 작용은 운로에 불가결한조건일 뿐 아니라, 선천명운의 범위에서 기능을 충분히 할 수 있다.
신비한 동양철학 81 │ 임삼업 편저 │ 송충석 감수 │ 730면 │ 36,000원 │ 사륙배판

작명해명
누구나 쉽게 활용할 수 있는 체계적인 작명법
일반적인 성명학으로는 알 수 없는 한자이름, 한글이름, 영문이름, 예명, 회사명, 상호, 상품명 등의 작명방법을 여러 사례를 들어 체계적으로 분석하여 누구나 쉽게 배워서 활용할 수 있도록 서술했다.
신비한 동양철학 26 │ 도관 박흥식 저 │ 518면 │ 19,000원 │ 신국판

역산성명학
이름은 제2의 자신이다
이름에는 각각 고유의 뜻과 기운이 있어 그 기운이 성격을 만들고 그 성격이 운명을 만든다. 나쁜 이름은 부르면 부를수록 불행을 부르고 좋은 이름은 부르면 부를수록 행복을 부른다. 만일 이름이 거지같다면 아무리 운세를 잘 만나도 밥을 좀더 많이 얻어 먹을 수 있을 뿐이다. 저자는 신학대학을 졸업하고 역학계에 입문한 특별한 이력으로 많은 화제가 된다.
신비한 동양철학 25 │ 역산 김찬동 저 │ 456면 │ 26,000원 │ 신국판

작명정론
이름으로 보는 역대 대통령이 나오는 이치
사주팔자가 네 기둥으로 세워진 집이라면 이름은 그 집을 대표하는 문패라고 할 수 있다. 따라서 이름을 지을 때는 사주의 격에 맞추어야 한다. 사주 그릇이 작은 사람이 원대한 뜻의 이름을 쓰면 감당하지 못할 시련을 자초하게 되고 오히려 이름값을 못할 수 있다. 즉 분수에 맞는 이름으로 작명해야 하기 때문에 사주의 올바른 분석이 필요하다.
신비한 동양철학 77 │ 청월 박상의 편저 │ 430면 │ 19,000원 │ 신국판

음파메세지 (氣)성명학
새로운 시대에 맞는 새로운 성명학
지금까지의 모든 성명학은 모순의 극치를 이룬다. 그러나 이제 새 시대에 맞는 음파메세지(氣) 성명학이 나왔으니 복을 계속 부르는 이름을 지어 사랑하는 자녀가 행복하고 아름다운 삶을 살아갈 수 있도록 하는데 도움이 되었으면 한다.
신비한 동양철학 51 │ 청암 박재현 저 │ 626면 │ 39,000원 │ 신국판 양장

아호연구
여러 가지 작호법과 실제 예 모음
필자는 오래 전부터 작명을 연구했다. 그러나 시중에 나와 있는 책에는 대부분 아호에 관해서는 전혀 언급하지 않았다. 그래서 아호에 관심이 있어도 자료를 구하지 못하는 분들을 위해 이 책을 내게 되었다. 아호를 짓는 것은 그리 대단하거나 복잡하지 않으니 이 책을 처음부터 끝까지 착실히 공부한다면 누구나 좋은 아호를 지어 쓸 수 있을 것이라고 생각한다.
신비한 동양철학 87 │ 임삼업 편저 │ 308면 │ 26,000원 │ 신국판

한글이미지 성명학
이름감정서
이 책은 본인의 이름은 물론 사랑하는 가족 그리고 가까운 친척이나 친구들의 이름까지도 좋은지 나쁜지 알아볼 수 있도록 지금까지 나와 있는 모든 성명학을 토대로 하여 썼다. 감언이설이나 협박성 감명에 흔들리지 않고 확실한 이름풀이를 볼 수 있을 것이다. 그리고 아름답고 멋진 삶을 살아갈 수 있는 이름을 짓는 방법도 상세하게 제시하였다.
신비한 동양철학 93 │ 청암 박재현 지음 │ 287면 │ 10,000원 │ 신국판

비법 작명기술
복과 성공을 함께 하려면
이 책은 성명의 발음오행이나 이름의 획수를 근간으로 하는 실제 이용이 가장 많은 기본 작명법을 서술하고, 주역의 괘상으로 풀어 길흉을 판단하는 역상법 5가지와 그외 중요한 작명법 5가지를 합하여 「보배로운 10가지 이름 짓는 방법」을 실었다. 특히 작명비법인 선후천역상법은 성명의 원획에 의존하는 작명법과 달리 정획과 곡획을 사용해 주역 상수학을 대표하는 하락이수를 쓰고, 육효가 들어가 응험률을 높였다.
신비한 동양철학 96 | 임삼업 편저 | 370면 | 30,000원 | 사륙배판

올바른 작명법
소중한 이름, 알고 짓자!
세상 부모들에게 가장 소중한 것이 뭐냐고 물으면 자녀라고 할 것이다. 그런데 왜 평생을 좌우할 이름을 함부로 짓는가. 이름이 얼마나 소중한지, 이름의 오행작용이 일생을 어떻게 좌우하는지 모르기 때문이다.
신비한 동양철학 61 | 이정재 저 | 352면 | 19,000원 | 신국판

호(雅號)책
아호 짓는 방법과 역대 유명인사의 아호, 인명용 한자 수록
필자는 오래 전부터 작명연구에 열중했으나 대부분의 작명책에는 아호에 관해서는 전혀 언급하지 않고, 간혹 거론했어도 몇 줄 정도의 뜻풀이에 불과하거나 일반작명법에 준한다는 암시만 풍기며 끝을 맺었다. 따라서 필자가 참고한 문헌도 적었음을 인정한다. 아호에 관심이 있어도 자료를 구하지 못하는 현실에 착안하여 필자 나름대로 각고 끝에 본서를 펴냈다.
신비한 동양철학 97 | 임삼업 편저 | 390면 | 20,000원 | 신국판

관상오행
한국인의 특성에 맞는 관상법
좋은 관상인 것 같으나 실제로는 나쁘거나 좋은 관상이 아닌데도 잘 사는 사람이 왕왕있어 관상법 연구에 흥미를 잃는 경우가 있다. 이것은 중국의 관상법만을 익히고 우리의 독특한 환경적인 특징을 소홀히 다루었기 때문이다. 이에 우리 한국인에게 알맞는 관상법을 연구하여 누구나 관상을 쉽게 알아보고 해석할 수 있도록 자세하게 풀어놓았다.
신비한 동양철학 20 | 송파 정상기 저 | 284면 | 12,000원 | 신국판

정본 관상과 손금
바로 알고 사람을 사귑시다
이 책은 관상과 손금은 인생을 행복하게 만든다는 관점에서 다루었다. 그야말로 관상과 손금의 혁명이라고 할 수 있다. 여러분도 관상과 손금을 통한 예지력으로 인생의 참주인이 되기 바란다. 용기를 불어넣어 주고 행복을 찾게 하는 것이 참다운 관상과 손금술이다. 이 책이 일상사에 고민하는 분들에게 해결방법을 제시해 줄 것이다.
신비한 동양철학 42 | 지창룡 감수 | 332면 | 16,000원 | 신국판

이런 사원이 좋습니다
사원선발 면접지침
사회가 다양해지면서 인력관리의 전문화와 인력수급이 기업주의 애로사항이 되었다. 필자는 그동안 많은 기업의 사원선발 면접시험에 참여했는데 기업주들이 모두 면접지침에 관한 책이 있으면 좋겠다는 것이다. 그래서 경험한 사례를 참작해 이 책을 내니 좋은 사원을 선발하는데 많은 도움이 될 것이라고 믿는다.
신비한 동양철학 90 | 정도명 지음 | 274면 | 19,000원 | 신국판

핵심 관상과 손금
사람을 볼 줄 아는 안목과 지혜를 알려주는 책
오늘과 내일을 예측할 수 없을만큼 복잡하게 펼쳐지는 현실에서 살아남기 위해서는 사람을 볼줄 아는 안목과 지혜가 필요하다. 시중에 관상학에 대한 책들이 많이 나와있지만 너무 형이상학적이라 전문가도 이해하기 어렵다. 이 책에서는 누구라도 쉽게 보고 이해할 수 있도록 핵심만을 파악해서 설명했다.
신비한 동양철학 54 | 백우 김봉준 저 | 188면 | 14,000원 | 사륙판 양장

완벽 사주와 관상
우리의 삶과 관계 있는 사실적 관계로만 설명한 책

이 책은 우리의 삶과 관계 있는 사실적 관계로만 역을 설명하고, 역에 대한 관심과 흥미를 갖게 하고자 관상학을 추록했다. 여기에 추록된 관상학은 시중에서 흔하게 볼 수 있는 상법이 아니라 생활상법, 즉 삶의 지식과 상식을 드리고자 했다.

신비한 동양철학 55 | 김봉준·유오준 공저 | 530면 | 36,000원 | 신국판 양장

사람을 보는 지혜
관상학의 초보에서 실용까지

현자는 하늘이 준 명을 알고 있기에 부귀에 연연하지 않는다. 사람은 마음을 다스리는 심명이 있다. 마음의 명은 자신만이 소통하는 유일한 우주의 무형의 에너지이기 때문에 잠시도 잊으면 안된다. 관상학은 사람의 상으로 이런 마음을 살피는 학문이니 잘 이해하여 보다 나은 삶을 삶을 영위할 수 있도록 노력해야 한다.

신비한 동양철학 73 | 이부길 편저 | 510면 | 20,000원 | 신국판

한눈에 보는 손금
논리정연하며 바로미터적인 지침서

이 책은 수상학의 연원을 초월해서 동서합일의 이론으로 집필했다. 그야말로 논리정연한 수상학을 정리하였다. 그래서 운명적, 철학적, 동양적, 심리학적인 면을 예증과 방편에 이르기까지 상세하게 기술했다. 이 책은 수상학이라기 보다 바로미터적인 지침서 역할을 해줄 것이다. 독자 여러분의 꾸준한 연구와 더불어 인생성공의 지침서가 될 수 있을 것이다.

신비한 동양철학 52 | 정도명 저 | 432면 | 24,000원 | 신국판 양장

이런 집에 살아야 잘 풀린다
운이 트이는 좋은 집 알아보는 비결

한마디로 운이 트이는 집을 갖고 싶은 것은 모두의 꿈일 것이다. 50평이니 60평이니 하며 평수에 구애받지 않고 가족이 평온하게 생활할 수 있고 나날이 발전할 수 있는 그런 집이 있다면 얼마나 좋을까? 그런 소망에 한 걸음이라도 가까워지려면 막연하게 운만 기대하고 있어서는 안 된다. 좋은 집을 가지려면 그만한 노력이 있어야 한다.

신비한 동양철학 64 | 강현술·박흥식 감수 | 270면 | 16,000원 | 신국판

점포, 이렇게 하면 부자됩니다
부자되는 점포, 보는 방법과 만드는 방법

사업의 성공과 실패는 어떤 사업장에서 어떤 품목으로 어떤 사람들과 거래하느냐에 따라 판가름난다. 그리고 사업을 성공시키려면 반드시 몇 가지 문제를 살펴야 하는데 무작정 사업을 시작하여 실패하는 사람들이 많다. 그래서 이 책에서는 이러한 문제와 방법들을 조목조목 기술하여 누구나 성공하도록 도움을 주는데 주력하였다.

신비한 동양철학 88 | 김도희 편저 | 177면 | 26,000원 | 신국판

쉽게 푼 풍수
현장에서 활용하는 풍수지리법

산도는 매우 광범위하고, 현장에서 알아보기 힘들다. 더구나 지금은 수목이 울창해 소조산 정상에 올라가도 나무에 가려 국세를 파악하는데 애를 먹는다. 따라서 사진을 첨부하니 많은 활용하기 바란다. 물론 결록에 있고 산도가 눈에 익은 것은 혈 사진과 함께 소개하였다. 이 책을 열심히 정독하면서 답산하면 혈을 알아보고 용산도 할 수 있을 것이다.

신비한 동양철학 60 | 전항수·주장관 편저 | 378면 | 26,000원 | 신국판

음택양택
현세의 운·내세의 운

이 책에서는 음양택명당의 조건이나 기타 여러 가지를 설명하여 산 자와 죽은 자의 행복한 집을 만들 수 있도록 했다. 특히 죽은 자의 집인 음택명당은 자리를 옳게 잡으면 꾸준히 생기를 발하여 흥하나, 그렇지 않으면 큰 피해를 당하니 돈보다도 행·불행의 근원인 음양택명당에 관심을 기울여야 한다.

신비한 동양철학 63 | 전항수·주장관 지음 | 392면 | 29,000원 | 신국판

용의 혈 | 풍수지리 실기 100선
실전에서 실감나게 적용하는 풍수의 길잡이
이 책은 풍수지리 문헌인 만두산법서, 명산론, 금랑경 등을 이해하기 쉽도록 주제별로 간추려 설명했으며, 풍수지리학을 쉽게 접근하여 공부하고, 실전에 활용하여 실감나게 적용할 수 있도록 하는데 역점을 두었다.
신비한 동양철학 30 | 호산 윤재우 저 | 534면 | 29,000원 | 신국판

현장 지리풍수
현장감을 살린 지리풍수법
풍수를 업으로 삼는 사람들이 진가를 분별할 줄 모르면서 많은 법을 알았다고 자부하며 뽐낸다. 그리고 재물에 눈이 어두워 불길한 산을 길하다 하고, 선하지 못한 물)을 선하다 한다. 이는 분수 밖의 것을 바라기 때문이다. 마음가짐을 바로 하고 고대 원전에 공력을 바치면서 산간을 실사하며 적공을 쏟으면 정교롭고 세밀한 경지를 얻을 수 있을 것이다.
신비한 동양철학 48 | 전항수·주관장 편저 | 434면 | 36,000원 | 신국판 양장

찾기 쉬운 명당
실전에서 활용할 수 있는 책
가능하면 쉽게 풀어 실전에 도움이 되도록 했다. 특히 풍수지리에서 방향측정에 필수인 패철 사용과 나경 9층을 각 층별로 설명했다. 그리고 이 책에 수록된 도설, 즉 오성도, 명산도, 명당 형세도 내거수 명당도, 지각형세도, 용의 과협출맥도, 사대혈형 와겸유돌 형세도 등은 국립중앙도서관에 소장된 문헌자료인 만산도단, 만산영도, 이석당 은민산도의 원본을 참조했다.
신비한 동양철학 44 | 호산 윤재우 저 | 386면 | 19,000원 | 신국판 양장

해몽정본
꿈의 모든 것
시중에 꿈해몽에 관한 책은 많지만 막상 내가 꾼 꿈을 해몽을 하려고 하면 어디다 대입시켜야 할지 모르는 경우가 많았을 것이다. 그러나 최대한으로 많은 예를 들었고, 찾기 쉽고 명료하게 만들었기 때문에 해몽을 하는데 어려움이 없을 것이다. 한집에 한권씩 두고 보면서 나쁜 꿈은 예방하고 좋은 꿈을 좋은 일로 연결시킨다면 생활에 많은 도움이 될 것이다.
신비한 동양철학 36 | 청암 박재현 저 | 766면 | 19,000원 | 신국판

해몽 | 해몽법
해몽법을 알기 쉽게 설명한 책
인생은 꿈이 예지한 시간적 한계에서 점점 소멸되어 가는 현존물이기 때문에 반드시 꿈의 뜻을 따라야 한다. 이것은 꿈을 먹고 살아가는 인간 즉 태몽의 끝장면인 죽음을 향해 달려가고 있는 인간이기 때문이다. 꿈은 우리의 삶을 이끌어가는 이정표와도 같기에 똑바로 가도록 노력해야 한다.
신비한 동양철학 50 | 김종일 저 | 552면 | 26,000원 | 신국판 양장

명리용어와 시결음미
명리학의 어려운 용어와 숙어를 쉽게 풀이한 책
명리학을 연구하는 이들은 기초공부가 끝나면 자연스럽게 훌륭하다고 평가하는 고전의 이론을 접하게 된다. 그러나 시결과 용어와 숙어는 어려운 한자로만 되어 있어 대다수가 선뜻 탐독과 음미에 취미를 잃는다. 그래서 누구나 어려움 없이 쉽게 읽고 깊이 있게 음미할 수 있도록 원문에 한글로 발음을 달고 어려운 용어와 숙어에 해석을 달아 이 책을 내게 되었다.
신비한 동양철학 103 | 원각 김구현 편저 |300면 | 25,000원 | 신국판

완벽 만세력
착각하기 쉬운 서머타임 2도 인쇄
시중에 많은 종류의 만세력이 나와있지만 이 책은 단순한 만세력이 아니라 완벽한 만세경전으로 만세력 보는 법 등을 실었기 때문에 처음 대하는 사람이라도 쉽게 볼 수 있도록 편집되었다. 또한 부록편에는 사주명리학, 신살종합해설, 결혼과 이사택일 및 이사방향, 길흉보는 법, 우주천기와 한국의 역사 등을 수록했다.
신비한 동양철학 99 | 백우 김봉준 저 | 316면 | 20,000원 | 사륙배판

정본만세력

이 책은 완벽한 만세력으로 만세력 보는 방법을 자세하게 설명했다. 그리고 역학에 대한 기본적인 내용과 결혼하기 좋은 나이·좋은 날·좋은 시간, 아들·딸 태아감별법, 이사하기 좋은 날·좋은 방향 등을 부록으로 실었다.

신비한 동양철학 45 │ 백우 김봉준 저 │ 304면 │ 사륙배판 26,000원, 신국판 16,000원, 사륙판 10,000원, 포켓판 9,000원

정본 │ 완벽 만세력
착각하기 쉬운 서머타임 2도인쇄

시중에 많은 종류의 만세력이 있지만 이 책은 단순한 만세력이 아니라 완벽한 만세경전이다. 그리고 만세력 보는 법 등을 실었기 때문에 처음 대하는 사람이라도 쉽게 볼 수 있다. 또 부록편에는 사주명리학, 신살 종합해설, 결혼과 이사 택일, 이사 방향, 길흉보는 법, 우주의 천기와 우리나라 역사 등을 수록하였다.

신비한 동양철학 99 │ 김봉준 편저 │ 316면 │ 20,000원 │ 사륙배판

원심수기 통증예방 관리비법
쉽게 배워 적용할 수 있는 통증관리법

『원심수기 통증예방 관리비법』은 4차원의 건강관리법으로 질병이 악화되는 것을 예방하여 건강한 몸을 유지하는데 그 목적이 있다. 시중의 수기요법과 비슷하나 특장점은 힘이 들지 않아 어린아이부터 노인까지 누구나 시술할 수 있고, 배우고 적용하는 과정이 쉽고 간단하며, 시술 장소나 도구가 필요 없으니 언제 어디서나 시술할 수 있다.

신비한 동양철학 78 │ 원공 선사 저 │ 288면 │ 16,000원 │ 신국판

운명으로 본 나의 질병과 건강
타고난 건강상태와 질병에 대한 대비책

이 책은 국내 유일의 동양오술학자가 사주학과 정통명리학의 양대산맥을 이루는 자미두수 이론으로 임상실험을 거쳐 작성한 자료다. 따라서 명리학을 응용한 최초의 완벽한 의학서로 질병을 예방하고 치료하는데 활용하면 최고의 의사가 될 것이다. 또한 예방의학적인 차원에서 건강을 유지하는데 훌륭한 지침서로 현대의학의 새로운 장을 여는 계기가 될 것이다.

신비한 동양철학 9 │ 오상익 저 │ 474면 │ 26,000원 │ 신국판

서체자전
해서를 기본으로 전서, 예서, 행서, 초서를 연습할 수 있는 책

한자는 오랜 옛날부터 우리 생활과 뗄 수 없음에도 잘 몰라 불편을 겪는 사람들이 많아 이 책을 내게 되었다. 이 책에서는 해서를 기본으로 각 글자마다 전서, 예서, 행서, 초서 순으로 배열하여 독자가 필요한 것을 찾아 연습하기 쉽도록 하였다.

신비한 동양철학 98 │ 편집부 편 │ 273면 │ 16,000원 │ 사륙배판

택일민력(擇日民曆)
택일에 관한 모든 것

이 책은 택일에 대한 모든 것을 넣으려고 최선을 다하였다. 동양철학을 공부하여 상담하거나 종교인·무속인·일반인들이 원하는 부분을 쉽게 찾아 활용할 수 있도록 칠십이후, 절기에 따른 벼농사의 순서와 중요한 과정, 납음오행, 신살의 의미, 구성조견표, 결혼·이사·제사·장례·이장에 관한 사항 등을 폭넓게 수록하였다.

신비한 동양철학 100 │ 최인영 편저 │80면 │ 5,000원 │ 사륙배판

모든 질병에서 해방을 1·2
건강실용서

우리나라는 아주 오랜 옛날부터 건강과 관련한 약재들이 산천에 널려 있었고, 우리 민족은 그 약재들을 슬기롭게 이용하며 나름대로 건강하게 살아왔다. 그러나 오늘날 현대의학에 밀려 외면당하며 사라지게 되었다. 이에 옛날부터 내려오는 의학서적인 『기사회생』과 『단방심편』을 바탕으로 민가에서 활용했던 민간요법들을 정리하고, 현대에 개발된 약재들이나 시술방법들을 정리했다.

신비한 동양철학 102 │ 원공 선사 편저 │1권 448면·2권 416면 │ 각 29,000원 │ 신국판

참역학은 이렇게 쉬운 것이다② ─ 완결편
역학을 활용하는 방법을 정리한 책
『참역학은 이렇게 쉬운 것이다』에서 미처 쓰지 못한 사주를 활용하는 방법을 정리한다는 의미에서 다시 이 책을 내게 되었다. 전문가든 비전문가든 이 책이 사주라는 학문을 이해하는 데 도움이 되고, 사주에 있는 가장 좋은 길을 찾아 행복하게 살았으면 합니다. 특히 사주상담을 업으로 하는 분들도 참고해서 상담자들이 행복하게 살도록 도와주었으면 한다.
신비한 동양철학 104 | 청암 박재현 편저 | 330면 | 23,000원 | 신국판

인명용 한자사전
한권으로 작명까지 OK
이 책은 인명용 한자의 사전적 쓰임이 본분이지만 그것에 국한하지 않고 작명법들을 그것도 일반적으로 통용되는 기본적인 것 외에 주역을 통한 것 등 7가지를 간추려 놓아 여러 권의 작명책을 군살없이 대신했기에 이 한권의 사용만으로 작명에 관한 모든 것을 충족하고도 남을 것이다. 5,000자가 넘는 인명용 한자를 실었지만 음(音)으로 한 줄에 수십 자, 획수로도 여러 자를 넣어 가능한 부피를 줄이려고 노력하였다. 그리고 작명하는데 한자에 관해서는 다양하게 활용할 수 있도록 하였고, 일반적인 한자자전의 용도까지 충분히 겸비하도록 하였다.
신비한 동양철학 105 | 임삼업 편저 | 336면 | 24,000원 | 신국판

바로 내 사주
행복한 인생을 만들어 갈 수 있는 방법을 소개하는 책
역학이란 본래 어려운 학문이다. 수십 년을 공부해도 터득하기 어려운 학문이라 많은 사람이 중간에 포기하는 일이 많다. 기존의 당사주 책도 수백 년 동안 그 명맥을 유지해왔으나 적중률이 매우 낮아 일반인들에게 신뢰를 많이 받지 못했다. 그래서 지금까지 30여 년 동안 공부하며 터득한 비법을 토대로 이 책을 내게 되었다. 물론 어느 역학책도 백 퍼센트 정확하다고 장담할 수는 없다. 이 책도 백 퍼센트 적중률을 목표로 했으나 적어도 80% 이상은 적중할 것이라고 자부한다.
신비한 동양철학 106 | 김찬동 편저 | 242면 | 20,000원 | 신국판

주역타로64
인간사 주역괘 풀이
타로카드는 서양 상류사회의 생활상을 담은 그림으로 되어 있다. 그 속에는 자연과 인간이 겪을 수 있는 경험과 역사가 압축되어 있다. 이러한 타로카드를 점(占) 목적으로 사용하는 것인데, 주역타로64점은 주역의 64괘를 64매의 타로카드에 담아 점 도구로 사용한다. 64괘는 우주의 모든 형상과 형태의 끊임없는 변화의 원리로 나타난 것이다. 그리고 주역타로는 일반 타로의 공통적인 스토리와는 다른 점이 많으나 그 기본 이론은 같다. 주역타로의 추상적이며 미진한 정보에 더해 인간사에 대한 주역괘풀이를 보탰으니 주역타로64를 점 도구로 활용하는 데 도움이 되었으면 한다.
신비한 동양철학 107 | 임삼업 편저 | 387면 | 39,000원 | 사륙배판

주역 평생운 비록
상수역의 하락이수를 활용한 비결
세상에는 예언서가 많지만 상수역(象數易)인 하락이수(河洛理數)는 주역의 384괘를 모두 포함하고, 내용은 주역의 원래 의미에 더 가깝고, 사람의 신분을 구별하는 등 내용이 풍부하다. 더구나 운명을 산술적으로 도출해 매우 논리적이므로 불확실한 미래를 알아보려는 목적에 충분히 부응할 수 있는 예언서라고 할 수 있다. 이 책을 자신의 미래를 예견하는 지침서로 삼아 더 행복한 삶을 영위해 나가는 데 도움이 되기 바란다.
신비한 동양철학 109 | 경의제 임삼업 편저 | 사륙배판

명리정종 정설(근간)
명리정종의 완결판
이 책의 원서인 명리정종(命理正宗)은 중국 명대의 신봉(神峰) 장남(張楠) 선생이 저술한 명리서(命理書)다. 명리학(命理學)의 5대 원서는 어느 것 하나 귀하지 않은 것이 없지만 명리정종(命理正宗)은 연해자평(淵海子平)을 깊이 분석하며 비판한 것이 특징이다. 따라서 초학자는 연해자평(淵海子平)을 공부한 후 이 책을 공부하는 것이 좋다.
신비한 동양철학 108 | 역산 김찬동 편역 | 신국판